Dr. Michael J. Schmid †
Handbuch der Mietnebenkosten

Schmid

Handbuch der Mietnebenkosten

Begründet von Dr. Michael J. Schmid †
weiland Richter am Bayerischen Obersten
Landesgericht a.D.

Fortgeführt von

Robert Harsch, Rechtanwalt, Lörrach
Dr. Annegret Harz, Rechtsanwältin, Fachanwältin für
Miet- und Wohnungseigentumsrecht, München
Heiko Ormanschick, Rechtsanwalt, Hamburg
Dr. Olaf Riecke, weiland Richter am AG Hamburg Blankenese

17., neu bearbeitete Auflage

Luchterhand Verlag 2021

Zitiervorschlag: *Schmid*, Handbuch der Mietnebenkosten, Rn.

Bibliografische Information der Deutschen Nationalbibliothek
Die Die Deutsche Nationalbibliothek verzeichnet diese Publikation in der Deutschen Nationalbibliografie; detaillierte bibliografische Daten sind im Internet über http://dnb.d-nb.de abrufbar.

ISBN: 978-3-472-09655-9

www.wolterskluwer.de
www.luchterhand-fachverlag.de

Alle Rechte vorbehalten.
© 2021 Wolters Kluwer Deutschland GmbH, Wolters- Kluwer- Straße 1, 50354 Hürth.

Das Werk einschließlich aller seiner Teile ist urheberrechtlich geschützt. Jede Verwertung außerhalb der engen Grenzen des Urheberrechtsgesetzes ist ohne Zustimmung des Verlages unzulässig und strafbar. Das gilt insbesondere für Vervielfältigungen, Übersetzungen, Mikroverfilmungen und die Einspeicherung und Verarbeitung in elektronischen Systemen.

Verlag und Autor übernehmen keine Haftung für inhaltliche oder drucktechnische Fehler.

Umschlagkonzeption: Martina Busch, Grafikdesign, Homburg Kirrberg
Satz: Newgen KnowledgeWorks (P) Ltd., Chennai, India
Druck und Weiterverarbeitung: Williams Lea & Tag GmbH, München

Gedruckt auf säurefreiem, alterungsbeständigem und chlorfreiem Papier.

Vorwort zur 17. Auflage

Seit der letzten Auflage dieses Buches, hat sich im Bereich der Mietnebenkosten in der Rechtsprechung Grundsätzliches bewegt. Innerhalb des Mietrechts nehmen die Betriebskosten einen der vorderen Plätze ein. Vergleicht man die in Fachzeitschriften veröffentlichten Entscheidungen zum Mietrecht der vergangenen zwei Jahre, zeigt sich, dass die meisten Urteile zur Kündigung ergingen, gefolgt von der Mieterhöhung und an dritter Stelle stehen die Mietnebenkosten.

An Grundsatzentscheidungen des BGH aus dieser Zeit seien vor allem erwähnt:
– Voraussetzungen von Betriebskostenabrechnungen bei Wohnanlagen mit Abgrenzungskriterien zur formellen Unwirksamkeit und inhaltlichen Richtigkeit (BGH, 29.1.2020 – VIII ZR 244/18);
– Folgen der verweigerten Einsicht in die Nebenkostenunterlagen (BGH, 10.4.2019 – VIII ZR 250/17);
– Anforderungen an die Bestimmtheit des Klagantrags bei der Saldoklage (BGH, 6.2.2019 – VIII ZR 54/18);
– Angabe der tatsächlichen Gesamtwohnfläche in der Abrechnung (BGH, 30.5.2018 – VIII ZR 220/17; 16.1.2019 – VIII ZR 173/17 für preisgebundenen Wohnraum);
– Unwirksamkeit einer formularvertraglichen Verwaltungspauschale bei den Hausmeisterkosten (BGH, 19.12.2018 – VIII ZR 254/17);
– Zulässigkeit rein verbrauchsabhängiger Verteilung von Heizkosten in einem Gewerberaummietvertrag (BGH, 30.01.2019 – XII ZR 46/18);
– Kostenverteilung bei sog. Rohrwärmeabgabe im Wohnungseigentumsrecht (BGH, 15.11.2019 – V ZR 9/19).

Aus der Instanzenrechtsprechung sei nur hervorgehoben, die Entscheidung des LG Limburg vom 31.8.2018 - 3 S 39/18. Diese erste Entscheidung zu § 33 Mess- und Eichgesetz kommt zum Ergebnis, dass die Verwendung ungeeichter Messeinrichtungen, etwa für Wasser oder Heizung, entgegen einer im Schrifttum vertretenen Ansicht nicht zu einem Beweisverwertungsverbot führt.

Gerade bei den Betriebskosten handelt es sich stets um Einzelfallentscheidungen. Dennoch ist das Betriebskostenrecht auch geprägt von allgemein zu beachtenden Grundsätzen, wie vor allem der vom BGH konsequent verfolgten Trennung zwischen der formellen Unwirksamkeit einer Abrechnung gegenüber deren inhaltlichen Unrichtigkeit. Werden deren Grundsätze nicht klar angewendet, können erhebliche Folgen eintreten. Formelle Fehler, wie der fehlende Kostenumlageschlüssel oder die nicht verständliche Abrechnung, führen zur Nichtigkeit der Abrechnung, während die inhaltliche Unrichtigkeit einer fristgerechten Berichtigung zugänglich ist.

Vorwort zur 17. Auflage

Das Buch zeigt, wie bisher, in erster Linie die Rechtsprechung mit Stand September 2020 auf und soll insbesondere durch die exemplarische Darstellung von besonders wichtigen Urteilen sowie Prüfungsschemen eine Arbeitshilfe zur Erstellung und Überprüfung von Betriebskostenabrechnungen sein.

Robert Harsch
Dr. Annegret Harz
Heiko Ormanschick
Dr. Olaf Riecke

Inhaltsübersicht

Teil I Bedeutung, Begriffsbestimmungen und andere Grundsatzfragen		1
A.	Bedeutung	1
B.	Begriffsbestimmungen	4
C.	Wirtschaftlichkeitsgrundsatz	13
D.	Umsatzsteuer	27
E.	Nebenkosten als Bestandteil der Miete	30
F.	Verrechnung von Teilzahlungen auf die Mietnebenkosten	36
G.	Umlegbare Kosten	38
H.	Nebenkosten bei beendetem Mietverhältnis	39
I.	Nicht zustande gekommenes Mietverhältnis	42
J.	Untermiete	43
K.	Wohnungs- und Teileigentum	44
L.	Schätzungen	45
M.	Übergangsprobleme	51
N.	Teilbarkeit und Teilunwirksamkeit von Formularklauseln	53
O.	Verwalterwechsel	66
Teil II Inklusivmieten und Pauschalen		69
A.	Inklusivmieten	69
B.	Pauschalen	78
Teil III Nebenkostenumlegung mit Abrechnung		99
A.	Voraussetzungen	99
B.	Vorauszahlungen	125
C.	Abrechnung	143
D.	Belegeinsicht – Fotokopien	203
E.	Einwendungen des Mieters	222
F.	Änderungen durch den Vermieter	234
G.	Nachzahlungen und Rückzahlungen	236
H.	Vermieter-/Mieterwechsel, Zwangsverwaltung, Insolvenz	244
Teil IV Kostenverteilung – Abrechnungsmaßstäbe		251
A.	Grundsätze	251
B.	Umlegungseinheit	257
C.	Festlegung der Abrechnungsmaßstäbe	262
D.	Einzelne Umlegungsmaßstäbe	279
E.	Vorautfeilungen	295
F.	Direkte Kostenzuordnung	302
G.	Veränderung der tatsächlichen Gegebenheiten	302
H.	Fehlerfolgen	303
Teil V Die einzelnen Mietnebenkosten		305
A.	Die einzelnen Betriebskosten – § 2 BetrKV	305
B.	Das Umlageausfallwagnis	412

Inhaltsübersicht

C.	Zuschläge und Vergütungen	413
D.	Sonstige Mietnebenkosten, insbesondere bei Geschäftsraummiete	418

Teil VI Die Heizkostenverordnung 431

A.	Regelungs- und Anwendungsbereich, Ausnahmen, rechtsgeschäftliche Regelungen	431
B.	Verbrauchserfassung	451
C.	Kostenverteilung	466
D.	Durchführung der Aufteilung	492
E.	Umfasste Kosten	492
F.	Kürzungsrecht	493
G.	Kostenumlegung bei Nichtanwendbarkeit der Heizkostenverordnung	501
H.	Heizkostenvorauszahlungen und Heizkostenabrechnung	503
I.	Einführung der Wärmelieferung (Wärmecontracting)	507

Teil VII Der Mietnebenkostenprozess 523

A.	Prozessuales	523
B.	Zwangsvollstreckung	547

Teil VIII Hinweise, Beispiele, Checklisten 551

A.	Hinweise zur Erleichterung der Nebenkostenumlegung	551
B.	Checkliste: Kontrolle der Nebenkostenvereinbarung	554
C.	Checkliste: Kostenpositionen bei der Vermietung von Gewerberäumen	557
D.	Beispiel einer Betriebskostenabrechnung	558
E.	Beispiel einer Betriebskostenabrechnung und eines Ansatzes des Umlageausfallwagnisses nach der NMV 1970	560
F.	Beispiel für eine verbrauchsabhängige Verteilung der Kosten der Wasserversorgung	565
G.	Checkliste: Zählerdifferenzen	566
H.	Beispiel für eine Grundsteueraufteilung nach Wohn- und Geschäftsräumen	566
I.	Beispiel: Verschiedene Abrechnungszeiträume Versorger/Vermieter	567
J.	Hinweise zur Überprüfung einer Mietnebenkostenabrechnung	567
K.	Checkliste: Überprüfung einer Nebenkostenabrechnung	569
L.	Checkliste: Überprüfung einer Heizkostenabrechnung nach der HeizkostenV	572
M.	Beispiel für eine Erhöhung der Betriebskostenvorauszahlungen durch den Vermieter	574
N.	Checkliste für die Überprüfung einer Erhöhung der Betriebskostenvorauszahlungen nach § 560 Abs. 4 BGB	574
O.	Beispiel für eine Herabsetzung der Betriebskostenvorauszahlungen durch den Mieter nach § 560 Abs. 4 BGB	574

Inhaltsübersicht

P.	Beispiel einer Erhöhung der Vorauszahlungen auf die Betriebskosten nach der NMV 1970.	574
Q.	Checkliste: Überprüfung einer Erhöhung der Betriebskostenvorauszahlungen nach der NMV 1970.	575
R.	Beispiel einer einseitigen Erhöhung der Betriebskostenpauschale	576
S.	Checkliste: Überprüfung einer Erhöhung der Betriebskostenpauschale nach § 560 BGB.	577
T.	Beispiel für eine Herabsetzung der Betriebskostenpauschale nach § 560 Abs. 3 BGB.	577
U.	Schema: Übergang zur verbrauchs- oder verursachungsbezogenen Abrechnung durch Erklärung des Vermieters.	577
V.	Beispiel einer Erklärung zur Einführung einer verbrauchsabhängigen Abrechnung der Kosten der Wasserversorgung	578
W.	Checkliste: Anpassung der Abrechnungsmaßstäbe an eine Änderung der Kostenverteilung im Wohnungs- und Teileigentum.	578
X.	Beispiel für eine Klage auf Betriebskostennachzahlung	579
Y.	Beispiel für eine Klageerwiderung auf die Klage auf Betriebskostennachzahlung	581

Teil IX Rauchwarnmelder in Mietwohnungen und Wohnungseigentumsanlagen ... 583

Teil X Gesetzes- und Verordnungstexte ... 625

Stichwortverzeichnis ... 837

Inhaltsverzeichnis

Vorwort zur 17. Auflage	V
Inhaltsübersicht	VII
Abkürzungsverzeichnis	XXI

Teil I Bedeutung, Begriffsbestimmungen und andere Grundsatzfragen 1
- A. Bedeutung 1
  - I. Grundsätzliches 1
  - II. Verhältnis der Mieter untereinander 1
  - III. Zweck der Nebenkostenumlegung 2
  - IV. Nebenkosten und Nebenleistungen 2
- B. Begriffsbestimmungen 4
  - I. Nebenkosten 4
  - II. Betriebskosten 4
  - III. Umlageausfallwagnis, Vergütungen, Zuschläge 12
  - IV. Sonstige Nebenkosten 12
- C. Wirtschaftlichkeitsgrundsatz 13
  - I. Grundsätzliches 13
  - II. Beurteilung der Wirtschaftlichkeit 13
  - III. Verstoß gegen den Wirtschaftlichkeitsgrundsatz 22
- D. Umsatzsteuer 27
  - I. Grundsätzliches 27
  - II. Zahlungspflicht des Mieters 28
  - III. Fallkonstellationen 29
- E. Nebenkosten als Bestandteil der Miete 30
  - I. Grundsätzliches 30
  - II. Begriff der Miete 31
  - III. Auswirkungen auf Einzelregelungen 32
- F. Verrechnung von Teilzahlungen auf die Mietnebenkosten 36
  - I. Grundsätzliches 36
  - II. Nebenkostenvorauszahlungen 37
  - III. Nachzahlungen 37
  - IV. Pauschalen 37
  - V. Anrechnung auf die Kaution 37
- G. Umlegbare Kosten 38
  - I. Grundsätzliches 38
  - II. Wohnraum 38
  - III. Geschäftsräume und sonstige Räume 38
- H. Nebenkosten bei beendetem Mietverhältnis 39
  - I. Grundsätzliches 39
  - II. Verspätete Rückgabe 41
  - III. Nachhaftung bei Gesellschaft als Mieterin 42

Inhaltsverzeichnis

I.	Nicht zustande gekommenes Mietverhältnis	42
J.	Untermiete	43
K.	Wohnungs- und Teileigentum	44
	I. Beschlusskompetenz der Wohnungseigentümer für Betriebskosten	44
	II. Kostenumlegung bei vermietetem Wohnungs- und Teileigentum	44
L.	Schätzungen	45
	I. Zulässigkeit von Schätzungen	45
	II. Einzelne Voraussetzungen für die Zulässigkeit einer Schätzung	46
	III. Durchführung einer Schätzung – Schätzgrundlagen	47
	IV. Darstellung in der Abrechnung	49
	V. Schadensersatz	50
	VI. Prozessuales	50
M.	Übergangsprobleme	51
	I. Betriebskostenverordnung	51
	II. Heizkostenverordnung	53
	III. Breitbandnetz	53
N.	Teilbarkeit und Teilunwirksamkeit von Formularklauseln	53
	I. Wann sind Betriebskostenklauseln überhaupt teilbar?	53
	II. Teilbare und mehrdeutige Vertragsklausel	54
	III. Teilbare nicht mehrdeutige Klausel; blue-pencil-test	56
	IV. Betriebskosten-AGB	57
	V. Vorrang der ergänzenden Vertragsauslegung	58
	VI. Übersicht zur (undogmatischen) BGH-Rechtsprechung zum Mietrecht . . .	60
	VII. Betriebskosten-Klauseln	62
	VIII. Pauschale oder Vorauszahlung oder keine Verpflichtung zur Tragung von kalten Betriebskosten?	63
O.	Verwalterwechsel	66
	I. Rechtslage im WEG-Recht	66
	II. Rechtslage im Mietrecht	68
	III. Rechtslage bei aufgehobener Zwangsverwaltung	68

Teil II Inklusivmieten und Pauschalen 69

A.	Inklusivmieten	69
	I. Grundsätzliches	69
	II. Veränderung der Miethöhe wegen veränderter Betriebskosten	69
	III. Übergang von der Inklusivmiete zur Nebenkostenumlegung	70
B.	Pauschalen	78
	I. Grundsätzliches	78
	II. Zulässige Vereinbarungen	79
	III. Notwendigkeit einer Vereinbarung	81
	IV. Inhalt der Vereinbarung	81
	V. Misslungene Abrechnungsvereinbarung als Vereinbarung einer Pauschale? . .	85
	VI. Änderung der Pauschalenvereinbarung	86
	VII. Schriftform	87
	VIII. Erhöhung und Senkung der Pauschale	88

Inhaltsverzeichnis

Teil III	**Nebenkostenumlegung mit Abrechnung**		99
A.	Voraussetzungen		99
	I.	Grundsätzliches	99
	II.	Vereinbarung	99
	III.	Bekanntgabepflicht bei preisgebundenem Wohnraum	119
	IV.	Einseitige Festlegung durch den Vermieter	121
	V.	Änderung	122
B.	Vorauszahlungen		125
	I.	Grundsätzliches	125
	II.	Vereinbarung	126
	III.	Einseitige Bestimmung	126
	IV.	Fälligkeit	127
	V.	Angemessenheit	127
	VI.	Erhöhung der Vorauszahlungen	131
	VII.	Herabsetzung der Vorauszahlungen	140
	VIII.	Einwendungen und Einreden	141
C.	Abrechnung		143
	I.	Grundsätzliches	143
	II.	Abrechnungspflicht	143
	III.	Teilabrechnungen und getrennte Abrechnungen	146
	IV.	Abrechnungsfrist	147
	V.	Abrechnungszeitraum	166
	VI.	Grundsätzliche Anforderungen an die Abrechnung	173
	VII.	Die Anforderungen an die Abrechnung im Einzelnen	178
	VIII.	Abweichende Vereinbarungen	201
	IX.	Fehlerfolgen	201
D.	Belegeinsicht – Fotokopien		203
	I.	Belegeinsicht	203
	II.	Fotokopien	213
	III.	Wegfall des Anspruchs	218
	IV.	Weigerung des Vermieters	218
	V.	Auskunftsanspruch	222
E.	Einwendungen des Mieters		222
	I.	Grundsätzliches	222
	II.	Gesetzliche Ausschlussfrist für Einwendungen	223
	III.	Schuldbestätigungsvertrag	231
	IV.	Verwirkung und Treu und Glauben	233
	V.	Vertragliche Einwendungsregelungen	233
F.	Änderungen durch den Vermieter		234
	I.	Erstellung einer neuen Abrechnung	234
	II.	Änderung	234
	III.	Abstellen auf die Einzelabrechnung	236
G.	Nachzahlungen und Rückzahlungen		236
	I.	Nachzahlungen	236
	II.	Rückzahlungen	240
	III.	Aufrechnung	244

Inhaltsverzeichnis

H.	Vermieter-/Mieterwechsel, Zwangsverwaltung, Insolvenz	244
	I. Vermieterwechsel	244
	II. Zwangsverwaltung	246
	III. Insolvenz des Vermieters	247
	IV. Mieterwechsel	248
	V. Insolvenz des Mieters	250

Teil IV Kostenverteilung – Abrechnungsmaßstäbe ... 251

A.	Grundsätze	251
	I. Bedeutung	251
	II. Einzelfallgerechtigkeit, Praktikabilität und Ökologie	251
	III. Stimmigkeit	252
	IV. Leer stehende Räume	252
	V. Mehrstufige Kostenverteilung	256
B.	Umlegungseinheit	257
	I. Preisgebundener Wohnraum	257
	II. Preisfreier Wohnraum und Geschäftsraum	259
	III. Änderung	262
	IV. Wirkung	262
C.	Festlegung der Abrechnungsmaßstäbe	262
	I. Grundsätzliches	262
	II. Erstmalige Festlegung	263
	III. Änderung	270
	IV. Änderung von Abrechnungskreisen	278
D.	Einzelne Umlegungsmaßstäbe	279
	I. Wohn- und Nutzfläche	279
	II. Personenzahl	289
	III. Verbrauchs- und Verursachungserfassung	291
	IV. Miteigentumsanteile	294
	V. Mieteinheit	294
	VI. Umbauter Raum	295
	VII. Sonstige Umlegungsmaßstäbe	295
E.	Vorausteilungen	295
	I. Abzug nicht umlegbarer Kosten	295
	II. Vorausteilung auf Umlegungseinheiten	295
	III. Aufteilung auf verschiedene Kostenpositionen	296
	IV. Sondervorteile und fehlende Benutzungsmöglichkeit	296
	V. Aufteilung nach Wohnräumen und Geschäftsräumen	297
F.	Direkte Kostenzuordnung	302
G.	Veränderung der tatsächlichen Gegebenheiten	302
H.	Fehlerfolgen	303
	I. Falsche Umlegungsmaßstäbe und unzulässige Umlegungseinheiten	303
	II. Fehler bei der Feststellung der tatsächlichen Grundlagen	303

Inhaltsverzeichnis

Teil V Die einzelnen Mietnebenkosten	305
A. Die einzelnen Betriebskosten – § 2 BetrKV	305
Nr. 1. Die laufenden öffentlichen Lasten des Grundstücks	305
I. Umlegbare Kosten	306
II. Kostenverteilung	307
III. Einzelfragen zur Durchführung der Umlegung	309
Nr. 2. Die Kosten der Wasserversorgung	309
I. Allgemeine Umlegungsvoraussetzungen	310
II. Umlegbare Kosten	311
III. Kostenverteilung	313
IV. Sonstiges	322
Nr. 3. Die Kosten der Entwässerung	322
I. Umlegbare Kosten	322
II. Umlegungsvereinbarung	323
III. Kostenverteilung	323
IV. Wirtschaftlichkeitsgrundsatz	324
Nr. 4. a) Die Kosten des Betriebs der zentralen Heizungsanlage einschließlich der Abgasanlage	325
I. Umlegbare Kosten	325
II. Kostenverteilung	330
Nr. 4. b) Die Kosten des Betriebs der zentralen Brennstoffversorgungsanlage	331
Nr. 4. c) Die Kosten der eigenständig gewerblichen Lieferung von Wärme, auch aus Anlagen im Sinne des Buchstabens a	331
I. Umlegbare Kosten	332
II. Kostenverteilung	333
III. Abrechnung	333
Nr. 4. d) Die Kosten der Reinigung und Wartung von Etagenheizungen und Gaseinzelfeuerstätten	334
I. Umlegbare Kosten	334
II. Umlegungsvereinbarung	334
Nr. 5. a) Die Kosten des Betriebs der zentralen Warmwasserversorgungsanlage	335
I. Kosten der Wasserversorgung	335
II. Kosten der Wassererwärmung	335
III. Kostenverteilung	335
Nr. 5. b) Die Kosten der eigenständig gewerblichen Lieferung von Warmwasser, auch aus Anlagen im Sinne des Buchstabens a	335
Nr. 5. c) Die Kosten der Reinigung und Wartung von Warmwassergeräten	336
Nr. 6. Die Kosten verbundener Heizungs- und Warmwasserversorgungsanlagen	336
Nr. 7. Die Kosten des Betriebs des Personen- oder Lastenaufzuges	336
I. Umlegbare Kosten	336

Inhaltsverzeichnis

II.	Kostenverteilung	338
Nr. 8.	Die Kosten der Straßenreinigung und Müllbeseitigung.	340
I.	Straßenreinigung/umlegungsfähige Kosten	340
II.	Müllbeseitigung	344
Nr. 9.	Die Kosten der Gebäudereinigung und Ungezieferbekämpfung.	350
I.	Kosten der Gebäudereinigung	350
II.	Ungezieferbekämpfung	356
Nr. 10.	Die Kosten der Gartenpflege	357
I.	Nutzung als Umlegungsvoraussetzung	357
II.	Umlegbare Kosten	358
III.	Kostenverteilung	366
IV.	Beweislast	367
V.	Sonstiges	367
Nr. 11.	Die Kosten der Beleuchtung	368
I.	Verhältnis zu anderen Positionen	368
II.	Umlegbare Kosten	369
III.	Kostenverteilung	369
IV.	Sonstiges	370
V.	Wohnungseigentum.	370
Nr. 12.	Die Kosten der Schornsteinreinigung.	370
Nr. 13.	Die Kosten der Sach- und Haftpflichtversicherung	370
I.	Umlegbare Kosten	370
II.	Kostenverteilung	375
III.	Angaben in der Abrechnung	376
IV.	Sonstiges	377
Nr. 14.	Die Kosten für den Hauswart	379
I.	Umlegbare Kosten	379
II.	Verhältnis zu anderen Positionen	393
III.	Umlegungsvereinbarung	394
IV.	Kostenverteilung	394
V.	Sonstiges	395
Nr. 15.	Die Kosten.	395
I.	Gemeinschafts-Antennenanlage	395
II.	Mit einem Breitbandnetz verbundene Verteilanlage	396
Nr. 16.	Die Kosten des Betriebs der Einrichtungen für die Wäschepflege	399
I.	Grundsätzliches	399
II.	Umlegungsfähige Kosten	400
III.	Kostenverteilung	401
Nr. 17.	Sonstige Betriebskosten	402
I.	Allgemeines	403
II.	Einzelfragen	403
B.	Das Umlageausfallwagnis	412
I.	Preisgebundener Wohnraum	412
III.	Sonstige Mietverhältnisse	413

C.	Zuschläge und Vergütungen		413
	I. Allgemeines		413
	II. Die einzelnen Zuschläge		414
	III. Vergütungen		417
D.	Sonstige Mietnebenkosten, insbesondere bei Geschäftsraummiete		418
	I. Verwaltungskosten		418
	II. Centermanagement und Objektbetreuung bei Geschäftsraum		424
	III. Werbemaßnahmen bei Geschäftsraum		425
	IV. Versicherungen bei Geschäftsraum		426
	V. Heiz- und Warmwasserkosten bei Geschäftsraum		427
	VI. Bewachungskosten bei Geschäftsraum		427
	VII. Instandhaltung/Instandsetzung		427
	VIII. Kosten bei Ein- und Auszug für Wohnraum		429
	IX. Sonstige Kosten bei Geschäftsraum		430

Teil VI Die Heizkostenverordnung 431

A.	Regelungs- und Anwendungsbereich, Ausnahmen, rechtsgeschäftliche Regelungen		431
	I. Ermächtigungsgrundlage und Verordnungszweck		431
	II. Regelungsumfang der HeizkostenV		431
	III. Regelungsbereich		433
	IV. Versorgung mit Wärme und Warmwasser		433
	V. Nutzer		434
	VI. Gebäudeeigentümer		434
	VII. Dem Gebäudeeigentümer Gleichgestellte		435
	VIII. Wärme- und Warmwasserlieferer		438
	IX. Ausnahmen		438
	X. Heizkostenverordnung und rechtsgeschäftliche Regelungen		444
B.	Verbrauchserfassung		451
	I. Pflicht zur Verbrauchserfassung		451
	II. Messgeräte (Ausstattungen zur Verbrauchserfassung)		460
	III. Kostentragung		465
C.	Kostenverteilung		466
	I. Pflicht zur Kostenverteilung		466
	II. Gesamtkosten für Wärme und Warmwasser		466
	III. Vorerfassung		469
	IV. Kostenverteilung auf die Nutzer		470
D.	Durchführung der Aufteilung		492
E.	Umfasste Kosten		492
	I. Grundsätzliches		492
	II. Die einzelnen Kostenpositionen		493
F.	Kürzungsrecht		493
	I. Grundsätzliches		493
	II. Verhältnis zu anderen Rechten		494

	III.	Voraussetzungen	495
	IV.	Wirkung	499
	V.	Schadloshaltung beim Abrechnungsunternehmen	500
G.	Kostenumlegung bei Nichtanwendbarkeit der Heizkostenverordnung.		501
	I.	Abrechnung außerhalb des Anwendungsbereiches der Heizkostenverordnung.	501
	II.	Einzelheizungen.	501
	III.	Anwendungsbereich des § 22 NMV 1970	502
	IV.	Fernwärme und Fernwarmwasser	502
H.	Heizkostenvorauszahlungen und Heizkostenabrechnung.	503
	I.	Grundsätzliches	503
	II.	Abrechnungseinheit	503
	III.	Abrechnungs- und Ablesezeitraum.	504
	IV.	Einzelangaben in der Abrechnung	505
	V.	Beweislast	507
I.	Einführung der Wärmelieferung (Wärmecontracting)	507
	I.	Vorbemerkung.	507
	II.	Verweisung an Wärmelieferer.	507
	III.	Vertragliche Regelung bei Mietbeginn	508
	IV.	Übergang zur Wärmelieferung bei bestehendem Mietverhältnis	509

Teil VII Der Mietnebenkostenprozess 523

A.	Prozessuales	523
	I.	Zuständigkeit	523
	II.	Klageantrag	523
	III.	Besondere Klageformen	524
	IV.	Substantiierung des Sachvortrages	535
	V.	Billiges Ermessen	541
	VI.	Wohn- und Nutzfläche	541
	VII.	Beweisfragen	542
	VIII.	Vorlage einer Abrechnung und Ablauf der Abrechnungsfrist im Prozess.	542
	IX.	Kosten	543
	X.	Streitwert und Beschwer	545
	XI.	Streitverkündung.	547
	XII.	Rechtskraft	547
B.	Zwangsvollstreckung.	547
	I.	Mietnebenkostenprozess	547
	II.	Pfändbarkeit von Mietnebenkostenforderungen	550
	III.	Vermögensauskunft.	550

Teil VIII Hinweise, Beispiele, Checklisten 551

A.	Hinweise zur Erleichterung der Nebenkostenumlegung.	551
	I.	Gestaltung des Mietvertrages	551
	II.	Vorbereitende Maßnahmen für die Abrechnung	552

Inhaltsverzeichnis

	III.	Durchführung der Abrechnung	553
	IV.	Besonderheiten bei der Vermietung von Wohnungs- und Teileigentum.	553
B.		Checkliste: Kontrolle der Nebenkostenvereinbarung	554
C.		Checkliste: Kostenpositionen bei der Vermietung von Gewerberäumen.	557
D.		Beispiel einer Betriebskostenabrechnung	558
E.		Beispiel einer Betriebskostenabrechnung und eines Ansatzes des Umlageausfallwagnisses nach der NMV 1970	560
F.		Beispiel für eine verbrauchsabhängige Verteilung der Kosten der Wasserversorgung	565
G.		Checkliste: Zählerdifferenzen	566
H.		Beispiel für eine Grundsteueraufteilung nach Wohn- und Geschäftsräumen	566
I.		Beispiel: Verschiedene Abrechnungszeiträume Versorger/Vermieter	567
J.		Hinweise zur Überprüfung einer Mietnebenkostenabrechnung	567
	I.	Allgemeines	567
	II.	Wann empfiehlt sich eine Kontrolle besonders?	567
	III.	Häufigste Fehler	568
	IV.	Belegeinsicht und Fotokopien.	568
K.		Checkliste: Überprüfung einer Nebenkostenabrechnung	569
L.		Checkliste: Überprüfung einer Heizkostenabrechnung nach der HeizkostenV	572
M.		Beispiel für eine Erhöhung der Betriebskostenvorauszahlungen durch den Vermieter	574
N.		Checkliste für die Überprüfung einer Erhöhung der Betriebskostenvorauszahlungen nach § 560 Abs. 4 BGB	574
O.		Beispiel für eine Herabsetzung der Betriebskostenvorauszahlungen durch den Mieter nach § 560 Abs. 4 BGB.	574
P.		Beispiel einer Erhöhung der Vorauszahlungen auf die Betriebskosten nach der NMV 1970	574
Q.		Checkliste: Überprüfung einer Erhöhung der Betriebskostenvorauszahlungen nach der NMV 1970.	575
R.		Beispiel einer einseitigen Erhöhung der Betriebskostenpauschale.	576
S.		Checkliste: Überprüfung einer Erhöhung der Betriebskostenpauschale nach § 560 BGB	577
T.		Beispiel für eine Herabsetzung der Betriebskostenpauschale nach § 560 Abs. 3 BGB.	577
U.		Schema: Übergang zur verbrauchs- oder verursachungsbezogenen Abrechnung durch Erklärung des Vermieters.	577
V.		Beispiel einer Erklärung zur Einführung einer verbrauchsabhängigen Abrechnung der Kosten der Wasserversorgung	578
W.		Checkliste: Anpassung der Abrechnungsmaßstäbe an eine Änderung der Kostenverteilung im Wohnungs- und Teileigentum.	578
X.		Beispiel für eine Klage auf Betriebskostennachzahlung	579
Y.		Beispiel für eine Klageerwiderung auf die Klage auf Betriebskostennachzahlung	581

Inhaltsverzeichnis

Teil IX	Rauchwarnmelder in Mietwohnungen und Wohnungseigentumsanlagen	583
I.	Einleitung	587
II.	Rechtsgrundlagen	587
III.	Träger der Einbau- und Wartungspflicht	589
IV.	Eigentumsverhältnisse an Rauchwarnmeldern	598
V.	Kostenverteilung	604
VI.	Beschlusskompetenzen	605
VII.	Zutrittsverschaffung gegenüber Sondereigentümer	613
VIII.	Umlagefähigkeit auf Mieter	613
IX.	Duldungspflicht des Mieters	620
X.	Fehlalarm (insbesondere Täuschalarm bzw. Täuschungsalarm)	622
Teil X	Gesetzes- und Verordnungstexte	625
Stichwortverzeichnis		837

Abkürzungsverzeichnis

a. A.	anderer Ansicht
a. a. O.	am angegebenen Ort
a. F.	alte(r) Fassung
abl.	ablehnend
Abs.	Absatz
Abschn.	Abschnitt
AG	Amtsgericht
AGBG	Gesetz zur Regelung des Rechts der Allgemeinen Geschäftsbedingungen (AGB-Gesetz)
Alt.	Alternative
Anh.	Anhang
Anl.	Anlage
Anm.	Anmerkung
Art.	Artikel
AVBFernwärmeV	Verordnung über allgemeine Bedingungen für die Versorgung mit Fernwärme
BayNotZ	Mitteilungen des bayerischen Notarvereins (Bayerische Notarzeitschrift)
BayObLG	Bayerisches Oberstes Landesgericht
BayObLGZ	Entscheidungen des Bayerischen Obersten Landesgerichts in Zivilsachen
BB	Betriebs-Berater
Bek.	Bekanntmachung
betr.	betreffend
BetrKostUV	Verordnung über die Umlage von Betriebskosten auf die Mieter (Betriebskosten-Umlageverordnung – BetrKostUV)
BetrKV	Verordnung über die Aufstellung von Betriebskosten (Betriebskostenverordnung – BetrKV)
BewG	Bewertungsgesetz (BewG)
BFH	Bundesfinanzhof
BGB	Bürgerliches Gesetzbuch
BGBl.	Bundesgesetzblatt
BGH	Bundesgerichtshof
BGHZ	Entscheidungen des Bundesgerichtshofs in Zivilsachen
BlGBW	Blätter für Grundstücks-, Bau- und Wohnungsrecht
Buchst.	Buchstabe
II. BV	Verordnung über wohnungswirtschaftliche Berechnungen (Zweite Berechnungsverordnung – II. BV)
BVerfG	Bundesverfassungsgericht
BVerfGE	Entscheidungen des Bundesverfassungsgerichts
BVerwG	Bundesverwaltungsgericht
BVerwGE	Entscheidungen des Bundesverwaltungsgerichts
BWNotZ	Zeitschrift für das Notariat in Baden-Württemberg
bzw.	beziehungsweise

Abkürzungsverzeichnis

ca.	circa
CuR	Contracting und Recht
d. h.	das heißt
DB	Der Betrieb
ders.	derselbe
DIN	Deutsche Industrienorm
DNotZ	Deutsche Notar-Zeitschrift
DtZ	Deutsch-Deutsche Rechts-Zeitschrift
DW	Die Wohnungswirtschaft
DWE	Der Wohnungseigentümer
DWW	Deutsche Wohnungswirtschaft
EGBGB	Einführungsgesetz zum Bürgerlichen Gesetzbuch
EichG	Gesetz über das Mess- und Eichwesen
EnEG	Gesetz zur Einsparung von Energie in Gebäuden (Energieeinsparungsgesetz)
EnEV	Verordnung über energiesparenden Wärmeschutz und energiesparende Anlagentechnik bei Gebäuden (Energieeinsparungsverordnung – EnEV)
ErbbauRG	Gesetz über das Erbbaurecht (Erbbaurechtsgesetz – ERbbauRG)
Erl.	Erläuterung
EStG	Einkommensteuergesetz
f. (ff.)	folgend(e)
FAH	Handbuch des Fachanwalts
FAK	Fachanwaltskommentar
FGG	Gesetz über die Angelegenheiten der freiwilligen Gerichtsbarkeit
Fn.	Fußnote
GE	Das Grundeigentum. Zeitschrift für die gesamte Grundstücks-, Haus- und Wohnungswirtschaft
GenG	Gesetz betreffend die Erwerbs- und Wirtschaftsgenossenschaften
GewO	Gewerbeordnung
GG	Grundgesetz für die Bundesrepublik Deutschland
ggf.	gegebenenfalls
GKG	Gerichtskostengesetz
GmbH	Gesellschaft mit beschränkter Haftung
GmbHG	Gesetz betreffend die Gesellschaften mit beschränkter Haftung
GuG	Grundstücksmarkt und Grundstückswert
GuT	Gewerbemiete und Teileigentum
GVG	Gerichtsverfassungsgesetz
h. M.	herrschende Meinung
Halbs.	Halbsatz
HeizkostenV	Verordnung über die verbrauchsabhängige Abrechnung der Heiz- und Warmwasserkosten (Verordnung über die Heizkostenabrechnung)
HGB	Handelsgesetzbuch
HKA	Die Heizkostenabrechnung

Abkürzungsverzeichnis

i. V. m.	in Verbindung mit
i. d. F.	in der Fassung
i. d. R.	in der Regel
IMR	Immobilienverwaltung & Recht
InsO	Insolvenzordnung
JR	Juristische Rundschau
JurBüro	Das Juristische Büro
JZ	Juristenzeitung
KG	Kammergericht; Kommanditgesellschaft
L	Leitsatz
LG	Landgericht
m.	mit
m. E.	meines Erachtens
m. w. N.	mit weiteren Nachweisen
MaBV	Verordnung über die Pflichten der Makler, Darlehens- und Anlagenvermittler, Bauträger und Baubetreuer (Makler- und Bauträgerverordnung)
MDR	Monatsschrift für Deutsches Recht
MHG	Gesetz zur Regelung der Miethöhe
MietRB	Der Miet-Rechts-Berater
n. F.	neue Fassung
NJW	Neue Juristische Wochenschrift
NJW-RR	NJW-Rechtsprechungsreport Zivilrecht
NMV 1970	Verordnung über die Ermittlung der zulässigen Miete für preisgebundene Wohnungen (Neubaumietenverordnung 1970)
Nr.	Nummer
NZM	Neue Zeitschrift für Miet- und Wohnungsrecht
o.	oben
OLG	Oberlandesgericht
OLGR	OLG-Report (ggf. mit Zusatz der Gerichte)
OWiG	Gesetz über Ordnungswidrigkeiten
PWW	Prütting Wegen Weinreich
Rn.	Randnummer
RG	Reichsgericht
RGZ	Entscheidungen des Reichsgerichts in Zivilsachen
Rpfleger	Der Deutsche Rechtspfleger
S.	Seite
s.	siehe
StGB	Strafgesetzbuch
str.	streitig

Abkürzungsverzeichnis

u.	und
u. a.	unter anderem
u. U.	unter Umständen
Urt.	Urteil
usw.	und so weiter
v.	vom/von
VG	Verwaltungsgericht
VGH	Verwaltungsgerichtshof
vgl.	vergleiche
Vorbem.	
WärmeLV	Vorbemerkung Verordnung über die Umstellung auf gewerbliche Wärmelieferung für Mietwohnraum (Wärmelieferverordnung – WärmeLV)
WE	Wohnungseigentum (Zeitschrift)
WEG	Gesetz über das Wohnungseigentum und das Dauerwohnrecht (Wohnungseigentumsgesetz)
WEZ	Zeitschrift für Wohnungseigentumsrecht
WuM	Wohnungswirtschaft & Mietrecht
II. WoBauG	Zweites Wohnungsbaugesetz (Wohnungsbau- und Familienheimgesetz)
WoBindG	Gesetz zur Sicherung der Zweckbestimmung von Sozialwohnungen (Wohnungsbindungsgesetz)
WoFG	Wohnraumförderungsgesetz
WoFlV	Verordnung zur Berechnung der Wohnfläche (Wohnflächenverordnung – WoFlV)
WoVermG	Gesetz zur Regelung der Wohnungsvermittlung
z. B.	zum Beispiel
z. T.	zum Teil
ZfIR	Zeitschrift für Immobilienrecht
Ziff.	Ziffer
zit.	zitiert
ZMR	Zeitschrift für Miet- und Raumrecht
ZPO	Zivilprozessordnung
ZVG	Gesetz über die Zwangsversteigerung und die Zwangsverwaltung (Zwangsversteigerungsgesetz)

Teil I Bedeutung, Begriffsbestimmungen und andere Grundsatzfragen

A. Bedeutung

I. Grundsätzliches

Die Zahlungen neben der Grundmiete erreichen eine nicht unbeträchtliche Höhe. Sie sind – wirtschaftlich – eine zweite Miete neben der eigentlichen Miete. Für die Mieter entscheidend ist der Gesamtbetrag ihrer Zahlungsverpflichtungen. Sie rechnen die Grundmiete und die Nebenkostenzahlungen zusammen. Rechtlich sind Betriebskosten keine zweite Miete oder eine zur eigentlichen Miete hinzutretende Kostenart, sie sind schlicht ein Anteil an der (Gesamt-)Miete im Sinne des § 535 Abs. 2 BGB (vgl. *Zehelein* NZM-Info 2019, Heft 10, S. VI unter Hinweis auf BT-Drucks. 14/4553, S. 37). Die Miete ist von ihrer gesetzgeberischen Ausgestaltung her eine Inklusivmiete, so dass die aus der Gebrauchsgewährung herrührenden Kosten grundsätzlich mit der vereinbarten Miete abgegolten werden (vgl. *BGH*, Urt. v. 19.12.2018, VIII ZR 254/17, ZMR 2019, 328 Rn. 11). 1000

Aus der Sicht des Vermieters dagegen sollen die Nebenkosten wirtschaftlich nur durchlaufende Posten sein. Der Vermieter kann auf die Mieter nur umlegen, was er selbst ausgeben muss. Der Vermieter muss die Nebenkosten berechnen, Belege bereithalten, eine Abrechnung erstellen oder eine Mieterhöhung wegen gestiegener Nebenkosten begründen und durchführen. Der Vermieter kann sich an Nebenkosten nie bereichern. Er kann immer nur den Aufwand an die Mieter weitergeben, der ihm selbst entsteht. Macht er einen Fehler kann das dazu führen, dass er Kosten aus eigener Tasche bezahlen muss. 1001

Durch die Zahlung von Mietnebenkostenvorauszahlungen entsteht entgegen einer vielfach geäußerten Meinung (z.B. *Lammel* AnwZert MietR 17/2013, Anm. 2) kein Treuhandverhältnis zwischen Mieter und Vermieter. Die Nebenkostenvorauszahlungen sind Bestandteil der Miete (Rdn. 1095 ff.). Der Vermieter kann darüber frei verfügen. Die Auffassung (*Lammel* AnwZert MietR 17/2013, Anm. 2), dass der Vermieter das Geld zu anderen Zwecken als zur Abdeckung der Nebenkosten nicht verwenden darf, findet im Gesetz keine Stütze. 1002

II. Verhältnis der Mieter untereinander

Die Mieter untereinander stehen in einer gewissen Solidargemeinschaft. Bei Nebenkosten, die nicht zu 100 % nach Verbrauch abgerechnet werden, kommt die Sparsamkeit des einen Mieters den anderen zugute, durch einen Mieter verursachte Kosten müssen die anderen mittragen. 1003

Für die Mieter untereinander ist es deshalb wichtig, nach welchem Verteilungsmaßstab die Kosten umgelegt werden (vgl. hierzu unten Teil IV). 1004

1005 Der häufige Streit um die Verteilungsschlüssel ist in Wahrheit ein Streit der Mieter untereinander, wird aber mit dem Vermieter ausgetragen, da dieser für die richtige Abrechnung verantwortlich ist.

III. Zweck der Nebenkostenumlegung

1006 Die Bedeutung der Nebenkosten muss auch vor dem Hintergrund des sozialen Wohnraummietrechts gesehen werden. Der Vermieter kann nicht pauschal alle Nebenkosten in die Miete einkalkulieren und bei einer Kostenerhöhung vom Mieter ohne Weiteres eine höhere Miete verlangen oder kündigen. Die Nebenkostenumlegung ist deshalb im Zusammenhang mit dem gesamten Miethöhesystem zu sehen (*Schmid* ZMR 2011, 341). Zur Umlagefähigkeit einzelner Betriebskostenpositionen bei Wohnraum vgl. die tabellarische Arbeitshilfe von *Stangl*, ZMR 2006, 95 ff.

1007 Für den Vermieter hat die Umlegung von Nebenkosten auch den Vorteil der Planungssicherheit. Bei langfristigen Mietverträgen, insbesondere bei der Geschäftsraummiete, dient die Nebenkostenumlegung der Absicherung des Vermieters gegen nicht kalkulierbare Kostenerhöhungen. Dieses Risiko soll den Mietern aufgebürdet werden. Das Interesse des Vermieters, Kostensteigerungen an den Mieter weitergeben zu können, ist von der Rechtsprechung anerkannt (*BGH* Urt. v 09.12. 2009 XII ZR 109/08, ZMR 2010, 351 = NJW 2010, 671 = MDR 2010, 313).

1008 Der Gesetzgeber bedient sich auch des Mietnebenkostenrechts, um Umweltschutzgedanken durchzusetzen. Siehe hierzu Rdn. 1075 und 4003.

1009 Die Erhöhung der Sicherheitsstandards für Wohnungen kann zu weiteren umlagefähigen Betriebskosten führen (zu Rauchwarnmeldern vgl. *LG Magdeburg* ZMR 2011, 957; allerdings nicht bezüglich Miete oder Leasing, *LG Düsseldorf* ZMR 2020, 650, *LG Hagen* ZMR 2016, 701; *AG Hamburg-Wandsbek* ZMR 2014, 804; verfehlt zu Wartungskosten *AG Dortmund* ZMR 2017, 491 mit Anm. *Riecke*), und zwar auch bei Fehlen einer sog. Mehrbelastungsklausel (vgl. Formulierung Rdn. 1219) im Mietvertrag (wegen Breitbandkabel statt Gemeinschaftsantenne vgl. die ergänzende Vertragsauslegung in *BGH* Urt. v. 27.06.2007, VIII ZR 202/06, ZMR 2007, 851 = ZfIR 2007, 669 mit Anm. *Schmid*).

IV. Nebenkosten und Nebenleistungen

1. Verhältnis von Nebenkosten und Leistungen des Vermieters

1010 Ein Großteil der Nebenkosten entfällt auf Positionen, die den Mietern unmittelbar zugutekommen. Der Vermieter ist nämlich in aller Regel nicht nur verpflichtet, die Räume als solche zur Verfügung zu stellen. Er muss je nach Mietvertrag auch Nebenleistungen erbringen, wie die Versorgung mit Heizung und Wasser, die Entsorgung von Müll und Abwasser, den Betrieb von Gemeinschaftseinrichtungen usw.

1011 Zwischen der Erfüllung mietvertraglicher Nebenpflichten durch den Vermieter und der Zahlung von Nebenkosten durch den Mieter besteht aber kein unmittelbarer rechtlicher Zusammenhang in dem Sinne, dass der Mieter für die Nebenleistung ein

Nebenentgelt bezahlt. Der Vermieter erfüllt vielmehr seine Gebrauchsgewährungspflicht nach § 535 Abs. 1 Satz 1 BGB.

Der Mieter bezahlt die Nebenkosten als Bestandteil der Miete (Rdn. 1095 ff.) nach § 535 Abs. 2 BGB unabhängig davon, ob einen Vorteil hat oder von der angebotenen Leistung Gebrauch macht (*AG Steinfurt* ZMR 2008, 804 = WuM 2008, 283). **1012**

Andererseits besteht aber in manchen Fällen auch ein Zusammenhang zwischen der Bezahlung von Betriebskosten und der Inspruchnahme von Vorteilen. Das zeigt sich vor allem bei einer verbrauchsabhängigen Abrechnung. Auch kommt eine Betriebskostenumlegung dann nicht in Betracht, wenn beim Vermieter die Kosten gar nicht anfallen, weil der Mieter Leistungen direkt und außerhalb des Mietvertrages von einem Dritten in Anspruch nimmt, z.B. bei einem Wärmelieferungsvertrag. **1013**

Hierbei handelt es sich aber nicht um eine Frage des Äquivalents von Leistung und Gegenleistung, sondern um die Frage, ob dem Vermieter überhaupt Kosten entstehen bzw. wie entstandene Kosten zu verteilen sind. Der Grundsatz, dass die Zahlung von Nebenkosten nicht eine unmittelbare Gegenleistung für spezielle Leistungen des Vermieters ist, bleibt hiervon unberührt. **1014**

2. Nebenkosten und Verpflichtung des Vermieters zu Nebenleistungen

In welchem Umfang der Vermieter zur Erbringung von Nebenleistungen verpflichtet ist, hängt von den vertraglichen Vereinbarungen ab. Auch die Erbringung üblicher Nebenleistungen kann mietvertraglich ausgeschlossen werden, wobei in Formularmietverträgen die Regelungen der §§ 305 ff. BGB zu beachten sind. Der Mieter ist dann darauf angewiesen, sich die Leistungen von Dritten zu beschaffen. Die Erhebung von Nebenkosten kann jedoch einen Rückschluss auf die Verpflichtung des Vermieters zulassen, die entsprechende Leistung zu erbringen (vgl. z.B. für Breitbandkabel und Gemeinschaftsantenne Rdn. 5551, 5555 ff.; für Heizung *KG* ZMR 2011, 279 = MDR 2010, 1311). **1015**

Wenn der Mieter die Nebenkosten nicht bezahlt, kann der Vermieter unter bestimmten Voraussetzungen die Versorgung einstellen. Während des Laufes des Mietverhältnisses wird eine solche Einstellung allerdings nur in Ausnahmefällen in Betracht kommen, da die gesetzliche Wertung von § 543 Abs. 2 Satz 1 Nr. 3, § 569 Abs. 3 BGB nicht dadurch umgangen werden kann, dass die Räume durch Einstellung der Versorgung unbenutzbar werden (*Schmid* ZfIR 2009, 505). **1016**

Bei gewerblichen Mietverhältnissen besteht nach Beendigung des Mietverhältnisses grundsätzlich keine Pflicht zur weiteren Versorgung mehr. Eine aus Treu und Glauben folgende nachvertragliche Pflicht zur weiteren Erbringung von Versorgungsleistungen besteht jedenfalls dann nicht, wenn dem Vermieter mangels Entgelts für seine Leistungen ein stetig wachsender Schaden droht (*BGH* Urt. v. 06.05.2009, XII ZR 137/07, ZMR 2010, 263 = MDR 2009, 919 = ZfIR 2009, 501 m. Anm. *Schmid*). **1017**

Für Wohnraummietverhältnisse deutet der BGH an, dass bereits die Eigenart des beendeten Mietverhältnisses die nachvertragliche Pflicht zur weiteren Erbringung der **1018**

Versorgungsleistungen begründen kann. Außerdem verweist der *BGH* auf die Räumungsfristen nach §§ 721, 765a, 794a ZPO. Bedeutung hat hier auch die Regelung des § 569 Abs. 3 Nr. 2 BGB, wonach die Kündigung noch bis zum Ablauf von zwei Monaten nach Eintritt der Rechtshängigkeit des Räumungsanspruches unwirksam werden kann. Diese Mieterschutzvorschriften liefen weitgehend leer, wenn der Vermieter bei Beendigung des Mietverhältnisses die Versorgung unterbrechen könnte. Man wird deshalb eine nachvertragliche Versorgungspflicht des Vermieters bis zu einem zumindest vorläufig vollstreckbaren Räumungsurteil und dem Ablauf einer eventuellen Räumungsfrist grundsätzlich bejahen müssen (*AG Berlin-Schöneberg* NZM 2011, 72 = NJW-RR 2010, 1522; *Schmid* ZfIR 2009, 505; **a.A.** *AG Lahnstein* WuM 2012, 140 = NJW-RR 2010, 1522, das auf die Zumutbarkeit im Einzelfall abstellt).

B. Begriffsbestimmungen

I. Nebenkosten

1019 Der Ausdruck Nebenkosten hat sich im allgemeinen Sprachgebrauch eingebürgert. Er wird in einem weiten Sinne verstanden. Gemeint sind alle Zahlungen, die der Mieter neben der Grundmiete erbringen muss (*Goetzmann* ZMR 2002, 566; vgl. die umfangreiche Einzelaufstellung in Teil V.), wobei vorwiegend auf regelmäßige Leistungen abgestellt wird. Insbesondere sind Nebenkosten die Betriebskosten (unten Rdn. 1021 ff. und Rdn. 5003 ff.), das Umlageausfallwagnis (Rdn. 5676 ff.), Vergütungen (unten Rdn. 5706 ff.) und Zuschläge (unten Rdn. 5688 ff.). Eine klare Abgrenzung hat sich jedoch auch im allgemeinen Sprachgebrauch nicht herausgebildet.

1020 Das Gesetz verwendet den Begriff Nebenkosten in § 41 Abs. 1 Satz 2 GKG und stellt ihn in Gegensatz zum Nettogrundentgelt. Damit können als Nebenkosten diejenigen Entgelte angesehen werden, die neben der Nettomiete zu entrichten sind.

II. Betriebskosten

1. Grundsätzliches

1021 Betriebskosten sind die Kosten, die dem Eigentümer (Erbbauberechtigten) durch das Eigentum am Grundstück (Erbbaurecht) oder durch den bestimmungsgemäßen Gebrauch des Gebäudes (oder der Wirtschaftseinheit), der Nebengebäude, Anlagen, Einrichtungen und des Grundstücks laufend entstehen (§ 556 Abs. 1 Satz 1 BGB; § 2 Abs. 1 Satz 1 BetrKV, § 27 Abs. 1 Satz 1 II. BV; Staudinger-*Artz* § 556 Rn. 14 ff.).

1022 Die Regelungen sprechen nur die Kosten des Eigentümers und des Erbbauberechtigten an. Sie gelten aber auch für den Wohnungseigentümer und den Wohnungserbbauberechtigten. Ferner ist der Begriff auch für Mietverhältnisse von Bedeutung, bei denen der Vermieter nicht Eigentümer oder Erbbauberechtigter ist, z.B. bei der Untermiete, insbesondere bei der gewerblichen Zwischenvermietung (§ 565 BGB). Bei Mietverhältnissen über Wohnraum ergibt sich dies aus der Verweisung des § 556 BGB auf die BetrKV. Bei sonstigen Mietverhältnissen kann die Anwendung der

BetrKV vereinbart werden; beschränkt sich die Umlegungsvereinbarung hierauf, können auch bei der Geschäftsraummiete nur solche Betriebskosten umgelegt werden, die auch für Wohnräume umlegungsfähig sind (*OLG Celle* ZMR 1999, 238 = WuM 2000, 130).

1023 Negativ grenzt § 1 Abs. 2 BetrKV die Betriebskosten ab von den Verwaltungskosten (Rdn. 1026) und der Erhaltung (Instandhaltung und Instandsetzung; Rdn. 1028 ff.). Auch Herstellungskosten im Sinne der II. BV (Rdn. 1035) sind keine Betriebskosten.

1024 Auf eine Erwähnung der ebenfalls nicht umlegungsfähigen Kostenarten, wie z.B. Kapital- oder Finanzierungskosten, wurde in der BetrKV mangels Klarstellungsbedürfnisses verzichtet (BR-Drs. 568/03 S. 29).

2. Kosten des Betriebes

a) Positive Abgrenzung

1025 Zum Betrieb einer Wohnanlage gehören Aufwendungen des Vermieters, die entweder durch öffentlich-rechtliche Vorschriften entstehen oder dem Mieter den Gebrauch der Mietsache erst ermöglichen (*Eisenhuth* WuM 1987, 88). Die theoretische Einordnung ist von Bedeutung für die Auslegung der einzeln in der BetrKV genannten Kostenpositionen, wird aber durch diese auch wieder in ihrer Bedeutung eingeschränkt. Kosten, die in § 2 BetrKV ausdrücklich genannt sind, sind nach den Intentionen der BetrKV immer Betriebskosten. Kosten, die ausdrücklich ausgenommen sind, können nicht berücksichtigt werden. Besonders zu prüfen ist vor allem bei § 2 Nr. 17 BetrKV (sonstige Betriebskosten – unten Rdn. 5598 ff.), ob es sich auch tatsächlich um Betriebskosten handelt (verneint für Trinkwasser-Check: *Schmid* ZMR 2015, 12).

b) Negative Abgrenzung

aa) Verwaltungskosten

1026 Das sind nach § 1 Abs. 2 Nr. 1 BetrKV, § 26 Abs. 1 II. BV die Kosten der zur Verwaltung des Gebäudes oder der Wirtschaftseinheit erforderlichen Arbeitskräfte und Einrichtungen, die Kosten der Aufsicht sowie der Wert der vom Vermieter persönlich geleisteten Verwaltungsarbeit sowie die Kosten für die gesetzlichen oder freiwilligen Prüfungen des Jahresabschlusses und für die Geschäftsführung. Zu einzelnen Verwaltungskosten s. Rdn. 5715 ff.

1026a Nicht umlegungsfähig sind auch sogenannte versteckte Verwaltungskosten. Um solche handelt es sich, wenn ein Dienstleister zu den an sich umlegungsfähigen Tätigkeiten Verwaltungsaufgaben des Vermieters übernimmt. Vgl. die ausdrückliche Regelung für den Hauswart in 2 Nr. 14 BetrKV; *v. Seldeneck* ZMR 2002, 393 [396] für einen Generalunternehmer. Als weiteres Beispiel ist zu nennen der Einzug und die Abrechnung (nicht nur Kostenverteilung) der Beheizungskosten durch Wärmelieferanten.

1027 Soweit Verwaltungskosten, insbesondere solche der Verbrauchserfassung und der Kostenverteilung in der BetrKV und in der HeizkostenV bei den einzelnen Betriebskosten ausdrücklich genannt sind, geht die spezielle Regelung jedoch den allgemeinen Abgrenzungsgrundsätzen vor (Rdn. 1025).

bb) Erhaltung; Instandhaltung und Instandsetzung

1028 Der *BGH* (Urt. v. 14.02. 2007, VIII ZR 123/06, ZMR 2007, 361 = MDR 2007, 769 = GE 2007, 439) bezeichnet die Begriffe Instandhaltung und Instandsetzung als weitgehend inhaltsgleich. Das ist zutreffend. Eine Differenzierung zwischen Instandsetzung und Instandhaltung erschließt sich nämlich weder aus der amtlichen Begründung noch aus dem Sinn der Regelung. Instandhaltungskosten sind nach § 28 Abs. 1 Satz 1 II. BV die Kosten, die während der Nutzungsdauer zur Erhaltung des bestimmungsmäßigen Gebrauches aufgewendet werden müssen, um die durch Abnutzung, Alterung und Witterungseinwirkung entstehenden baulichen oder sonstigen Mängel zu beseitigen. § 1 Abs. 2 Nr. 2 BetrKV übernimmt diese Definition, bezeichnet diese Kosten aber als Instandhaltungs- und Instandsetzungskosten. Zu den Instandsetzungskosten gehören grundsätzlich auch die Kosten für eine Wiederbeschaffung (*BGH* Urt. v. 07.04.2004, VIII ZR 167/03, ZMR 2004, 430 = WuM 2004, 290 Staudinger-*Artz* § 556 Rn. 45 und 46a).

1028a Damit ist klargestellt, dass der enge Instandhaltungsbegriff des § 28 II. BV auch für die Abgrenzung zu den Betriebskosten gilt. Nur die Beseitigung von Mängeln gehört zu Instandhaltung und Instandsetzung. Vorsorgemaßnahmen gehören dann zur Instandhaltung, wenn Erneuerungen schon vor dem Auftreten von Mängeln getätigt werden, um einen absehbaren Ausfall von vornherein zu verhindern (*BGH* Urt. v. 14.02.2007, VIII ZR 123/06, ZMR 2007, 361 = MDR 2007, 769 = GE 2007, 440). Maßnahmen zur Schadensvorsorge gehören nicht generell zu den Instandhaltungs- und Instandsetzungskosten, auch soweit es sich um Überwachungs-, Vorsorge- und Pflegemaßnahmen handelt, sondern können Betriebskosten sein (vgl. z.B. *AG Neukölln* GE 1988, 524; *Wall*, Betriebs- und Heizkosten Kommentar 5. Aufl. Rn. 4704 Fn. 1069 zur Funktions- und Sichtkontrolle; a.A. früher *Wall* WuM 1998, 527). Regelmäßig anfallende, nicht durch eine bereits aufgetretene Störung veranlasste Maßnahmen, die der Überprüfung der Funktionsfähigkeit und Betriebssicherheit einer technischen Einrichtung dienen, sind Betriebskosten (*BGH* Urt. v. 14.02.2007,VIII ZR 123/06, ZMR 2007, 361 = MDR 2007, 769 = GE 2007, 439). Zur Mangelbeseitigung und damit zur Instandsetzung gehört der regelmäßige Austausch von Verschleißteilen, auch wenn dieser vorsorglich erfolgt, da hier ein alterungsbedingter Mangel schon vorliegt, bevor das Verschleißteil endgültig unbrauchbar ist (*LG Hamburg* ZMR 2001, 971 = NZM 2001, 806; *Wall* WuM 1998, 527; a.A. *OLG Düsseldorf* DWW 2000, 193 = NZM 2000, 762).

1029 **Reparaturen** jeder Art, auch Kleinreparaturen können jedenfalls nicht als Betriebskosten auf den Mieter umgelegt werden. Allein durch die BetrKV wird die bisherige Rechtsprechung zur Umlegung von Reparaturkosten (vgl. insbesondere *BGH*, VIII ZR 91/88, NJW 1989, 2247 = ZMR 1989, 327 = MDR 1989, 907) nicht infrage gestellt. § 556 Abs. 1 Satz 1 BGB und die BetrKV gelten nur für Betriebskosten, enthalten aber keine Regelungen über sonstige Nebenleistungen des Mieters.

Ein besonderes Problem stellen **Wartungsverträge** dar (vgl. unten Rdn. 3069 ff., Staudinger-*Artz* § 556 Rn. 45a). Der Begriff »Wartung« hat nach dem allgemeinen Sprachgebrauch keinen klaren Inhalt (vgl. *LG München I* ZMR 2010, 717 und

B. Begriffsbestimmungen Teil I

LG München I ZMR 2014, 920). Vielmehr richten sich Art und Umfang der Tätigkeit nach den jeweiligen höchst unterschiedlichen Wartungsverträgen. Wartung kann nur reine Pflegearbeiten, aber auch Reparaturen und den Ersatz von Verschleißteilen umfassen. Der Begriff Wartung wird in § 2 Nr. 2 BetrKV verwendet, dort aber nicht definiert. Die Überschrift zu § 2 Nr. 5 Buchst. c) BetrKV enthält ebenfalls den Begriff Wartung, der im Text umschrieben wird als regelmäßige Prüfung der Betriebsbereitschaft und Betriebssicherheit und der damit zusammenhängenden Einstellung durch eine Fachkraft. Dadurch wird aber die Umlegung weiterer Erhaltungsmaßnahmen nicht ausgeschlossen (oben Rdn. 1028a).

Bei Wartungen, die über die bloße Kontrolle, Pflege und Erhaltung hinausgehen (häufig als Vollwartungsverträge bezeichnet) muss eine Aufteilung nach umlegungsfähigen und nicht umlegungsfähigen Kosten erfolgen (*Schmid* ZMR 1998, 258 m.w.N.). In der Abrechnung dürfen direkt/allein die bereits »bereinigten« Kosten angegeben werden (*BGH,* Urt. v. 20.01.2016, VIII ZR 93/15, ZMR 2016, 282: Zur formellen Ordnungsgemäßheit einer Betriebskostenabrechnung genügt es hinsichtlich der Angabe der »Gesamtkosten«, wenn der Vermieter bei der jeweiligen Betriebskostenart den Gesamtbetrag angibt, den er auf die Wohnungsmieter der gewählten Abrechnungseinheit umlegt/umlegen will. Dies gilt auch dann, wenn der Vermieter diesen Gesamtbetrag vorab um nicht auf den Mieter umlagefähige Kostenanteile bereinigt hat; einer Angabe und Erläuterung der zum angesetzten Gesamtbetrag führenden Rechenschritte bedarf es nicht). 1030a

Hierbei empfiehlt es sich, beim Unternehmer darauf zu dringen, dass in der Rechnung die einzelnen Positionen möglichst genau unter Angabe von Arbeits- und Materialaufwand aufgeschlüsselt werden. Die Betriebskosten können dann nach Lage des Einzelfalles herausgerechnet und umgelegt werden. Andernfalls ist eine Schätzung (Pauschalabzug) erforderlich (*LG Hamburg* ZMR 2001, 970, 971 = DWW 2002, 165). Bestehen auch für eine Schätzung nicht genügend Grundlagen, so können die gesamten Aufwendungen nicht als Betriebskosten berücksichtigt werden (*LG Hamburg* WuM 1989, 640). Darlegungs- und beweispflichtig für den Betriebskostenanteil ist der Vermieter (*LG Essen* WuM 1991, 702). Das gilt auch für die Tatsachen, die Grundlage für eine Schätzung bilden. 1031

Feste Prozentsätze, wie sie teilweise angenommen werden (vgl. für Aufzüge Rdn. 5195 ff.) werden der Reparaturbedürftigkeit im Einzelfall nicht gerecht. Auch ein Abstellen auf die Kalkulation der Wartungsfirma (so *AG Köln* ZMR 1995 Heft 6, Mietrechtliche Entscheidungen in Leitsätzen S. VIII) ist nicht zu befürworten. Zum einen liegen meist Mischkalkulationen vor, zum anderen besteht die Gefahr einer Manipulation zugunsten des Auftraggebers. 1032

Entsprechend dem Anteil von umlegungsfähigen und nichtumlegungsfähigen Kosten sind auch Rabatte (*AG Tiergarten* GE 1987, 115) und Rüstkosten (*Schmid* ZMR 1998, 257, 258) aufzuteilen. 1033

Auf Einzelfragen ist bei den einzelnen Nebenkosten im Teil V hingewiesen. Siehe dort auch zur Instandsetzungspauschale bei Einrichtungen zur Wäschepflege (Rdn. 5570). 1034

cc) Anschaffungen und Ersatzteile

1035 Keine Betriebskosten sind Aufwendungen für die Anschaffung von Geräten (Anlage 1 zu § 5 Abs. 5 II. BV Nr. 5, Staudinger-*Artz* § 556 Rn. 46b), Werkzeugen, Arbeitsmitteln, Batterien (a.A. *AG Lübeck* ZMR 2008, 302 = NZM 2008, 929) und Kleinteilen (*LG Wuppertal* WuM 1999, 342; *AG Lörrach* WuM 1996, 628). Das gilt grundsätzlich auch, wenn es sich um Ersatzbeschaffungen handelt (*AG Steinfurt* WuM 1999, 721; a.A. *AG Lichtenberg* NZM 2004, 96 = MM 2003, 246). Zu Reinigungsmitteln s. Rdn. 5197. Ebenfalls nicht umlegungsfähig sind Aufwendungen für die Beschaffung und Bevorratung von Ersatzteilen (*LG Hamburg* WuM 1989, 640). Besonderheit: Spielplatz s. Rdn. 5381. Zur Mangelbeseitigung und damit zur Erhaltung/Instandsetzung gehört auch der regelmäßige Austausch von Verschleißteilen, auch wenn dieser vorsorglich erfolgt, da hier ein alterungsbedingter Mangel schon vorliegt, bevor das Verschleißteil endgültig unbrauchbar ist (*LG Hamburg* ZMR 2001, 971 = DWW 2002, 165; *Wall* WuM 1998, 527; a.A. *OLG Düsseldorf* NZM 2000, 762 = DWW 2000, 193; *Kinne* GE 2005, 165, 167; vgl. auch Rdn. 1030). Die Umlegung von Neuanschaffungskosten kommt etwa in Betracht, wenn eine Eichung teurer wäre, zum Austausch von Spielsand Rdn. 5381.

3. Laufende Entstehung

1036 Betriebskosten sind nur solche Kosten, die laufend entstehen (Staudinger-*Artz* § 556 Rn. 15). Voraussetzung für eine Umlegung ist jedenfalls eine gewisse Wiederkehr der Entstehung der jeweiligen Kosten. Der *BGH* (Urt. v. 07.04.2004, VIII ZR 167/03, ZMR 2004, 430 = MietRB 2004, 202 = WuM 2004, 290; Urt. v. 14.02.2007, VIII ZR 123/06, MDR 2007, 769 = MietRB 2007, 137 = NJW 2007, 1356 = ZMR 2007, 361 = GE 2007, 439) stellte bisher lediglich darauf ab, ob die Maßnahme in regelmäßigen Abständen durchgeführt werden muss oder ob eine einmalige Maßnahme aus einem bestimmten Anlass vorliegt. Unperiodisch anfallende Kosten wurden bisher nicht als Betriebskosten angesehen. Das Merkmal der periodischen Wiederkehr wurde aber vom *BGH* bereits im Urteil vom 11.11.2009 im Ergebnis (»fünf bis sieben Jahren«) praktisch aufgegeben (VIII ZR 221/08, MDR 2010, 137 = NZM 2010, 79 = WuM 2010, 33) und im Urteil vom 13.01.2010 (VIII ZR 137/09, NZM 2010, 274 = ZMR 2010, 433 = GE 2010, 333) werden Turnus oder periodische Wiederkehr gar nicht mehr erwähnt. M. E. grenzt das Merkmal der laufenden Entstehung nur ab von einmalig entstehenden Kosten, insbesondere von den Baukosten und den Kosten, die nur aus bestimmten, nicht von vornherein als wiederkehrend feststehenden Ereignissen abhängen. Laufend bedeutet wiederkehrend, ohne dass das Wort etwas über den Zeitabstand oder die Regelmäßigkeit der Wiederkehr aussagt. Es kommt deshalb nicht darauf an, ob die Zeitabstände zwischen den einzelnen Maßnahmen gleich lang sind.

1036a Die laufende Entstehung kann bezogen werden allgemein auf die Mietverhältnisse, auf das ganze Gebäude oder auf das einzelne Mietverhältnis. Das ist wesentlich z.B. für Kosten, die nur beim Ein- oder Auszug eines Mieters anfallen. Solche Kosten fallen zwar im ganzen Hause immer wieder an, im einzelnen Mietverhältnis aber nur einmal. Der *BGH* (VIII ZR 19/07, MDR 2008, 313 = MietRB 2008, 129 =

WuM 2008, 85 = GE 2008, 193 = NZM 2008, 123) stellte in seiner Entscheidung zu den Nutzerwechselkosten auf das einzelne Mietverhältnis ab, ohne dies näher zu begründen. In der Entscheidung zu den Sperrmüllkosten (BGH Urt. v. 13.01.2010, VIII ZR 137/09, NZM 2010, 274 = ZMR 2010, 433 = GE 2010, 333: Auch laufende Sperrmüllkosten, die erforderlich würden, weil Mieter rechtswidrig Müll auf Gemeinschaftsflächen abgestellt hätten, seien umlagefähig) wird die Frage nicht problematisiert. Jedoch folgt schon aus dem Umstand, dass auch die Kosten der Beseitigung von Sperrmüll, der von Dritten abgestellt wird, auf die Mieter soll umgelegt werden können, dass es nicht auf das einzelne Mietverhältnis ankommen kann. M. E. muss von vornherein, abstrakt und generell feststehen, ob Kosten umlegbar sind oder nicht. Das verbietet es, auf das einzelne Mietverhältnis abzustellen. Wie soll z.B. bei der ersten Sperrmüllablagerung festgestellt werden, ob derselbe Mieter erneut Sperrmüll auf Gemeinschaftsflächen abstellt? Nicht viel anders ist es, wenn man die Abrechnungseinheit als Bezugsgröße ansieht. Auch hier weiß man nicht, wann wie oft Sperrmüll abgelagert wird oder Ungeziefer bekämpft werden muss. Außerdem würde die Umlegungsfähigkeit von Abrechnungseinheit zu Abrechnungseinheit wechseln. Sachgerecht ist es deshalb darauf abzustellen, ob die die jeweiligen Kosten verursachende Maßnahme generell immer wieder zu beobachten ist oder ob es sich nur um ganz vereinzelt auftretende Ausnahmefälle handelt, die nicht als laufende Vorkommnisse bezeichnet werden können.

Auf Einzelprobleme wird im Teil V hingewiesen. **1037**

Darlegungs- und beweispflichtig für die laufende Entstehung der Kosten ist der Vermieter. **1038**

4. Tatsächliches Entstehen der Kosten

a) Grundsätzliches

Betriebskosten sind nur tatsächlich entstehende Kosten, nicht fiktive Kosten (*AG Neuss* DWW 1987, 236; Wall WuM 2013, 648, 655). Preisnachlässe und Rabatte (Staudinger-*Artz* § 556a Rn. 20) mindern die Aufwendungen und sind deshalb in Abzug zu bringen. Ein Barzahlungsnachlass (Skonto) ist in entsprechender Anwendung von § 7 Abs. 1 Satz 1 II. BV nicht in Abzug zu bringen, soweit er handelsüblich ist. Rückvergütungen (»kick-back«) sind an die Mieter auszukehren (vgl. Rdn. 1043). **1039**

Kann nicht festgestellt werden, in welcher Höhe Kosten tatsächlich angefallen sind, so ist nicht auf Durchschnittswerte, sondern auf Mindestwerte abzustellen (*Schmid* NZM 1998, 499, vgl. Staudinger-*Artz* § 556a Rn. 18 und § 556 Rn. 142). Ein Ansatz von Erfahrungswerten (so *LG Frankfurt/M.* WuM 1996, 561 = NJWE-MietR 1996, 267) oder Annäherungswerten aus anderen Abrechnungszeiträumen (so *AG Bergisch-Gladbach* WuM 1998, 109) kann zu einem Wert über den tatsächlichen Kosten führen. Da der Vermieter das Risiko der Kostenerfassung trägt, ist eine solche mögliche Benachteiligung der Mieter nicht gerechtfertigt. Wie der Mindestbetrag zu ermitteln ist, ist eine Frage des Einzelfalles. Mehr oder weniger willkürliche Schätzungen sind nicht ausreichend (*OLG Nürnberg* WuM 1995, 308; *LG Berlin* ZMR 1998, 166 = GE 1998, 433). Es müssen vielmehr konkrete Tatsachen vorliegen, die den Schluss auf **1040** den Anfall der angegebenen Kosten zulassen (vgl. *LG Düsseldorf* DWW 1990, 240). In der Abrechnung muss darauf hingewiesen werden, dass eine Schätzung erfolgt ist (*AG Leipzig* ZMR 2004, 594 = WuM 2004, 24; *Schmid* GE 2008, 905, 908).

1041 Bei einer Abrechnung nach dem Abfluss-(Fälligkeits-)prinzip können Voraus- und Abschlagszahlungen bereits im Jahr ihrer Fälligkeit berücksichtigt werden. Bei einer Abrechnung nach dem Leistungsprinzip dürfen nur die endgültig entstandenen Kosten angesetzt werden. So ist z.b. bei den Wasserkosten nur der sich aus der endgültigen Abrechnung der Wasserwerke ergebende Betrag umlegungsfähig (*LG Gießen* NJW-RR 1996, 1163). Zur Kostenverteilung auf verschiedene Abrechnungszeiträume s. generell Rdn. 3198 ff. sowie zur Maßstabskontinuität *AG Hamburg-Blankenese* ZMR 2010, 613: Es dürfen nicht einzelne Positionen für ein bestimmtes Wirtschaftsjahr in derselben Abrechnung spontan nach verschiedenen Prinzipien abgerechnet werden; vgl. auch Staudinger-*Artz* § 556 Rn. 117a und *Wall*, Kommentar, 5. Aufl. Rn. 2021.

b) Rückzahlungen an den Vermieter

1042 Rückzahlungen, die der Vermieter von seinen Leistungserbringern erhält, mindern den tatsächlichen Aufwand und sind deshalb den Mietern gutzubringen.

1043 Rückvergütungen (»kick-back«) sind an die Mieter auszukehren. Unzulässig und möglicherweise von strafrechtlicher Relevanz ist es, wenn Leistungserbringer und Vermieter, die Rückvergütung von vornherein zulasten der Mieter in Form eines höheren Preises vereinbaren (vgl. *BGH* Urt. v. 16.04.2008 VIII ZR 75/07, ZMR 2008, 702 = MDR 2008, 736 = CuR 2008, 66).

1044 Wem die Rückzahlung zugutekommt, hängt davon ab, nach welchen Prinzip abgerechnet wird. Erfolgt die Rückzahlung erst nach einer Abrechnung, so kommt sie bei Anwendung des Fälligkeits- (Abfluss-)prinzips dem neuen Mieter zugute. Bei Anwendung des Zeitabgrenzungsprinzips muss der Vermieter eine neue Abrechnung erstellen und aufgrund dieser Abrechnungen Rückzahlungen an die (früheren) Mieter leisten. Das gilt auch, wenn das Mietverhältnis bereits beendet ist.

c) Beweislast

1044a Beweisbelastet dafür, dass die Kosten tatsächlich entstanden sind, ist der Vermieter. Mit der Vorlage von betriebsinternen Leistungsstatistiken und Eigenrechnungen kann dieser Beweis in der Regel nicht geführt werden (*AG Freiburg* WuM 1991, 121 f.; *LG Potsdam* WuM 1997, 677, 679 = NZM 1998, 760 = GE 1997, 1397). Erfahrungswerte können ein Indiz für den tatsächlichen Anfall der Kosten sein und gegebenenfalls in Verbindung mit anderen Beweismitteln den Kostenanfall in einer bestimmten Höhe belegen. Gegebenenfalls kommt eine Schätzung nach § 287 ZPO in Betracht (vgl. Rdn. 7031). Zur Beweislast bei einer Verbrauchs- oder Verursachungserfassung s. Rdn. 4264 ff.

1044b Zur Darlegungslast im Prozess und zum Bestreiten des Mieters s. Rdn. 7013 ff.

B. Begriffsbestimmungen Teil I

d) Eigenleistungen des Vermieters

Nach § 1 Abs. 1 Satz 2 BetrKV, § 27 Abs. 2 II. BV dürfen Sach- und Arbeitsleistungen des Eigentümers (Erbbauberechtigten), durch die Betriebskosten erspart werden, mit dem Betrag angesetzt werden, der für eine gleichwertige Leistung eines Dritten, insbesondere eines Unternehmers angesetzt werden könnte, jedoch ohne Umsatzsteuer (Staudinger-*Artz* § 556 Rn. 35d). Der Ausschluss der Umsatzsteuer dient der Ermittlung des ansetzbaren Betrages. Unberührt hiervon bleibt die Möglichkeit, auf diesen Betrag Umsatzsteuer in Rechnung zu stellen, wenn die besonderen Voraussetzungen hierfür vorliegen (Rdn. 1087 ff.). Zur Abrechnung der mit eigenen Arbeitskräften erbrachten Gartenpflege- und Hauswartdienste nach fiktiven Kosten eines Drittunternehmens vgl. *BGH* Urt. v. 14.11.2012, VIII ZR 41/12, ZMR 2013, 257 = MDR 2013, 81 = NZM 2013, 120. 1045

Die Verordnung differenziert dabei nicht zwischen den Leistungen einer natürlichen oder juristischen Person. Leistungen von Arbeitnehmern oder unselbstständigen Regiebetrieben des Vermieters können bis zu der Höhe umgelegt werden, die bei Beauftragung eines Dritten entstehen würden (BR-Drs. 568/03 S. 28; vgl. bereits *LG Hamburg* ZMR 1995, 32 f.). Unter Arbeitnehmer im Sinne der Berücksichtigung von Eigenleistungen können dabei nur solche verstanden werden, die in den allgemeinen Geschäftsbetrieb des Vermieters eingegliedert sind. Die Kosten von Arbeitnehmern, die speziell mit Aufgaben betraut sind, für deren Erfüllung die BetrKV eine Kostenumlegung vorsieht, z.B. Reinigungskräfte oder Hauswarte, sind nicht hierher zu rechnen. Die hierfür anfallenden Kosten sind – unter Berücksichtigung des Wirtschaftlichkeitsgrundsatzes – voll umlegbar. 1046

Der Eigenleistung gleichzustellen sind alle Leistungen, die ein Dritter unentgeltlich für den Vermieter erbringt (vgl. § 36 Abs. 2 Buchst. c) II. WoBauG für Selbsthilfe im Rahmen der Eigenleistung). Es kann ein allgemeiner Grundsatz angenommen werden, dass Leistungen, die ein Dritter für den Vermieter erbringt, diesem und nicht dem Mieter zugutekommen sollen (a.A. *LG Berlin* GE 2012, 205: das gilt nicht, wenn ein Dritter – hier: der Ehemann der Vermieterin – die Leistungen unentgeltlich erbringt). 1047

Den Eigenleistungen gleichgestellt werden Leistungen, die ein wirtschaftlich verflochtenes Unternehmen erbringt (*LG Hannover* WuM 2007, 407 – LS). Dem ist jedoch nicht zuzustimmen. Es entstehen Ungereimtheiten, wenn tatsächlich Umsatzsteuer gezahlt wird. Eine eventuell notwendige Korrektur zugunsten des Mieters kann über den Wirtschaftlichkeitsgrundsatz erfolgen. 1048

Eigenleistungen können auch dann umgelegt werden, wenn dies nicht ausdrücklich oder im Wege der Bezugnahme auf § 1 BetrKV (§ 27 II. BV a.F.) vereinbart ist (*AG Löbau* WuM 1994, 19 = RAnB 1994, 163; **a.A.** *AG Kiel* WuM 1990, 228). Zwar ist es richtig, dass Eigenleistungen keine tatsächlich entstehenden Betriebskosten sind. Die Gleichstellung mit den Ausgaben für Fremdleistungen soll aber gerade darüber hinweghelfen. 1049

5. Kosten des Vermieters

1050 Die Kosten müssen dem Eigentümer, d. h. dem Vermieter entstehen. Etwas anderes kann bei gewerblichen Mietverhältnissen gelten, wenn der Mieter zur Zahlung bestimmter Kosten verpflichtet ist, ohne dass es darauf ankommt, bei wem diese Kosten anfallen (*OLG Düsseldorf* GuT 2010, 203 = NZM 2010, 866). Bei der Vermietung von Wohnungseigentum entstehen die Kosten der Wohnungseigentümergemeinschaft als Verband und nicht dem Vermieter als Eigentümer. Trotz der Rechtsfähigkeit der Gemeinschaft der Wohnungseigentümer (vgl. § 10 Abs. 6 WEG; § 9a WEMoG) ist nach h.M. (vgl. *BGH*, Urt. v. 26.05.2004, VIII ZR 169/03, ZMR 2004, 662 = DWW 2004, 261 = WuM 2004, 403; *Riecke* ZMR 2001, 77 ff., Staudinger-*Artz* § 556 Rn. 86 und 113) für die Kostenumlegung nicht von den Beträgen auszugehen, die die Gemeinschaft der Wohnungseigentümer dem vermietenden Wohnungseigentümer in Rechnung stellt (anders 14. Aufl. und *Blank* NZM 2004, 365; *Schmid* ZMR 2008, 260; *ders.* ZMR 2011, 341, 345; s. Rdn. 1152).

6. Eigentum am Grundstück oder bestimmungsgemäßer Gebrauch

1050a Durch das Eigentum am Grundstück entstehen die Kosten, die den Eigentümer des Grundstücks als solchen treffen, z.B. die Grundsteuer. Durch den bestimmungsgemäßen Gebrauch entstehen Kosten, die ihren Grund in einer ordnungsgemäßen Benutzung haben. Keine Betriebskosten sind deshalb Kosten, die durch ein rechtswidriges Verhalten von Mietern oder von Dritten entstehen (*Schmid* WuM 2008, 519; a.A. *BGH* Urt. v. 13.01.2010, VIII ZR 137/09, NZM 2010, 274 = ZMR 2010, 433 = GE 2010, 333). Nicht durch den bestimmungsgemäßen Gebrauch entstehen Kosten, die mit dem Eigentum und der Gebrauchsgewährungspflicht nichts zu tun haben, z.B. Zuschüsse zu einem Mieterfest (*Kinne* GE 2005, 165).

III. Umlageausfallwagnis, Vergütungen, Zuschläge

1051 Zu den Nebenkosten gerechnet werden können auch das Umlageausfallwagnis, Vergütungen und Zuschläge. Insoweit handelt es sich um Regelungen der NMV 1970 für ihren Anwendungsbereich. Zu diesen Nebenkosten s. für das Umlageausfallwagnis Rdn. 5676 ff., für Vergütungen und Zuschläge Rdn. 5688 ff.

IV. Sonstige Nebenkosten

1052 Die Umlegung sonstiger Nebenkosten spielt nur außerhalb einer Vermietung zu Wohnzwecken eine Rolle. So kann z.B. bei der Geschäftsraummiete vereinbart werden, dass auch Verwaltungskosten oder Reparaturaufwendungen vom Mieter getragen werden müssen.

C. Wirtschaftlichkeitsgrundsatz

I. Grundsätzliches

1. Regelungen

Der Wirtschaftlichkeitsgrundsatz ist in § 556 Abs. 3 Satz 1 Halbs. 2, § 560 Abs. 5 BGB festgelegt (Staudinger-*Artz* § 556 Rn. 89 ff). Deutlicher ist die Umschreibung bei preisgebundenem Wohnraum. Der Ansatz der Bewirtschaftungskosten hat den Grundsätzen einer ordentlichen Bewirtschaftung zu entsprechen (§ 24 Abs. 2 Satz 1 II. BV). Bewirtschaftungskosten dürfen nur angesetzt werden, soweit sie bei gewissenhafter Abwägung aller Umstände und bei ordentlicher Geschäftsführung gerechtfertigt sind (§ 24 Abs. 2 Satz 2 II. BV, § 20 Abs. 1 Satz 2 NMV 1970). Diese Umschreibung kann für alle Mietverhältnisse herangezogen werden.

1053

§ 556 Abs. 3 Satz 1 Halbs. 2, § 560 Abs. 5 BGB, § 24 Abs. 2 Satz 1 II. BV, § 20 Abs. 1 Satz 2 NMV 1970 sind Ausdruck des auf § 242 BGB beruhenden allgemeinen Rechtsgedankens, dass der Vermieter nicht auf Kosten des Mieters unangemessene Ausgaben tätigen darf. Der Wirtschaftlichkeitsgrundsatz gilt deshalb für alle Mietverhältnisse, insbesondere auch für die Geschäftsraummiete (BGH Urt. v. 13.10.2010, XII ZR 129/09, MDR 2010, 1372 = NZM 2010, 864 = ZfIR 2011, 288; KG ZMR 2011, 711 = GE 2011, 545; OLG Düsseldorf, DWW 2013, 253 = ZMR 2014, 31 = MDR 2013, 1092; *Neuhaus* NZM 2011, 65, 67; *Schmid* ZMR 2011, 341, 346). Entgegen einer teilweise vertretenen Meinung (*Gather* DWW 2011, 362, 363) sind bei der Gewerberaummiete keine geringeren Anforderungen zu stellen als bei der Wohnraummiete.

1054

2. Unabdingbarkeit

Die Beachtung des Wirtschaftlichkeitsgrundsatzes kann nicht vertraglich ausgeschlossen werden (*Langenberg* NZM 2001, 794, 795). Für preisfreien Wohnraum ist dies ausdrücklich in § 556 Abs. 4, § 560 Abs. 6 BGB geregelt und ergibt sich im Übrigen aus Treu und Glauben.

1054a

Dies gilt sowohl für den generellen Ausschluss des Wirtschaftlichkeitsgebotes als auch für Einzelmaßnahmen. Unberührt bleibt jedoch das Recht der Vertragsparteien, Einzelmaßnahmen zur Gebrauchswerterhöhung zu vereinbaren (Rdn. 1061a), auch wenn diese über den üblichen Standards liegen und zusätzliche Kosten verursachen.

1054b

II. Beurteilung der Wirtschaftlichkeit

1. Allgemeines

Bei der Beurteilung der Wirtschaftlichkeit ist vom Standpunkt eines vernünftigen Vermieters auszugehen, der ein vertretbares Kosten-Nutzen-Verhältnis im Auge behält (*BGH* Urt. v. 13.10.2010, XII ZR 129/09, MDR 2010, 1372 = NZM 2010, 864 = ZfIR 2011, 288). Der Vermieter muss nicht die billigste Lösung wählen, sondern kann alle sachlichen Gesichtspunkte heranziehen, muss aber auf ein angemessenes

1055

Kosten-Nutzen-Verhältnis Rücksicht nehmen (*BGH* Urt. v. 28.11.2007, VIII ZR 243/06, NJW 2008, 440 = NZM 2008, 78 = ZMR 2008, 195 = DWW 2008, 143 = WuM 2008, 29). Dabei ist zu berücksichtigen, dass sich die ordentliche Geschäftsführung auf die Bewirtschaftung des Gebäudes bezieht. Das Gebäudemanagement ist aber zunächst von der Kostenumlegung auf die Mieter unabhängig. Folgt man allerdings der Auffassung des *BGH (*Urt. v. 28.11.2007,VIII ZR 243/06, NJW 2008, 440 = NZM 2008, 78 = ZMR 2008, 195 = DWW 2008, 143 = WuM 2008, 29) zur Annahme einer vertraglichen Nebenpflicht des Vermieters, so ist es konsequent, dem Mieter einen Anspruch auf Beachtung des Wirtschaftlichkeitsgrundsatzes einzuräumen (*Schmid* ZMR 2008, 599).

1056 Im Rahmen des Wirtschaftlichkeitsgebotes hat der Vermieter einen Entscheidungsspielraum, der teils als billiges Ermessen im Sinne des § 315 BGB (*OLG Celle* ZMR 1999, 238, 240 = NZM 1999, 501; *Winkler* WuM 2011, 203 [204]) teils als Beurteilungsspielraum (*Börstinghaus* MDR 2000, 1345) eingeordnet wird. Da die Wirtschaftlichkeit objektiv zu beurteilen ist, kommt es auf die persönlichen Kenntnisse und Möglichkeiten des Vermieters nicht an (a.A. *v. Seldeneck* NZM 2002, 549). Insbesondere kann nicht danach differenziert werden, ob es sich um einen Großvermieter oder den Vermieter nur einer Wohnung handelt (a.A. *Streyl* NZM 2006, 126).

1056a Eine Verpflichtung des Vermieters bereits bei der Baukonzeption auf den Anfall nur geringer Nebenkosten zu achten, kann gegenüber den späteren Mietern nicht angenommen werden (offen gelassen von *Rips* WuM 2001, 419 ff).

1056b Der Wirtschaftlichkeitsgrundsatz gilt nur innerhalb der vom Vermieter gewählten Versorgungsart und verpflichtet den Vermieter nicht, bei der Auswahl schon die wirtschaftlich vorteilhafteste Versorgungsvariante zu wählen (*BGH* Urt. v. 13.06.2007, VIII ZR 78/06, ZMR 2007, 685 = NZM 2007, 563 = GE 2007, 1051 für das Verhältnis Zentralheizung/Wärmecontracting).

2. Unnötige Kosten

a) Grundsatz

1057 Die Kosten für Maßnahmen, die **nicht erforderlich oder sinnlos** sind, können nicht auf die Mieter umgelegt werden. Aus der Erwähnung von Kostenpositionen in § 2 BetrKV folgt nicht, dass deren Aufwendung auch dem Wirtschaftlichkeitsgrundsatz entspricht (a.A. *LG Halle* ZMR 2009, 916 m. abl. Anm. *Schmid*). Auf Einzelfragen ist bei den jeweiligen Nebenkostenpositionen hingewiesen. Werden sinnlose Maßnahmen dem Vermieter als zweckmäßig vorgespiegelt, kann eine Anfechtung wegen arglistiger Täuschung in Betracht kommen (*AG Osnabrück* MietRB 2014, 51 = ZWE 2014, 100 für einen Wartungsvertrag über wartungsfreie Heizkostenverteiler).

b) Überprüfungs- und Wartungskosten

1058 Auch bei Überprüfungsmaßnahmen und Wartungen ist der Wirtschaftlichkeitsgrundsatz zu beachten. Dessen Einhaltung kann gerade bei Überprüfungsmaßnahmen schwierig zu beurteilen sein, da ein Schaden nicht evident ist, sondern gerade verhindert werden soll (*Schmid* GE 2011, 1595).

aa) Vertragliche Vereinbarungen

Die Parteien können – vorbehaltlich zwingender gesetzlicher Vorschriften – Vereinbarungen über die Durchführung oder Nichtdurchführung von Überprüfungen und deren Intervalle treffen (*Schmid* GE 2011, 1595). 1059

bb) Zwingende gesetzliche Vorschriften

Lässt der Vermieter Überprüfungen durchführen, die gesetzlich vorgeschrieben sind, z.b. die Messungen nach dem Bundesimmissionsschutzgesetz (§ 2 Nr. 4 Buchst. a BetrKV; § 7 Abs. 2 Satz 1 HeizkostenV), so kann ihm keinesfalls der Vorwurf eines unwirtschaftlichen Verhaltens gemacht werden. 1060

cc) Unfallverhütungsvorschriften der Berufsgenossenschaften

Soweit der Vermieter sich bezüglich der Prüfung der Betriebssicherheit von Anlagen an den Unfallverhütungsvorschriften der Berufsgenossenschaften orientiert und die dort vorgesehenen Maßnahmen zur Schadensverhütung ergreift, handelt er im Rahmen einer gewissenhaften und sparsamen Wirtschaftsführung (*BGH* Urt. v. 14.02.2007, VIII ZR 123/06, ZMR 2007, 361 = GE 2007, 439). 1060a

dd) Versicherungsbedingungen

Auch Versicherungsverträge können Überprüfungspflichten vorsehen und dadurch eine Obliegenheit des Versicherungsnehmers (Vermieter) begründen (vgl. *OLG Köln* ZfS 2008, 340). Eine Erforderlichkeit im Sinne des Wirtschaftlichkeitsgrundsatzes wird dadurch jedoch nur dann begründet, wenn die Überprüfung tatsächlich sinnvoll ist oder wenn die Versicherung zu anderen Bedingungen nirgends angeboten wird. 1060b

ee) Richtlinien der Unternehmerverbände

Besonders problematisch sind Empfehlungen von Institutionen, die den ausführenden Unternehmen nahestehen. Auf der einen Seite ist nicht zu verkennen, dass dort eine besondere Sachkompetenz vorhanden ist. Andererseits muss aber auch bedacht werden, dass diese Verbände den ihnen nahestehenden Unternehmen eher Gutes als Böses antun wollen und deshalb nicht als objektive Gutachter angesehen werden können. Für den Vermieter ist deshalb nicht leicht erkennbar, was sachlich notwendig oder überflüssig ist oder nur in größeren Zeitabständen durchgeführt werden muss. Abgesehen von den Fällen offensichtlicher Unsinnigkeit wird man dem Vermieter deshalb keinen Vorwurf daraus machen können, wenn er sich an den Empfehlungen dieser Institutionen orientiert. Sieht man mit dem *BGH* (Urt.v. 28.11. 2007, VIII ZR 243/06, ZMR 2008, 195 = GE 2008, 116) in der Verletzung des Wirtschaftlichkeitsgrundsatzes die Verletzung einer vertraglichen Nebenpflicht, so wird es in solchen Fällen für einen Schadensersatzanspruch des Mieters meist an einem Verschulden (§ 280 Abs. 1 Satz 2 BGB) des Vermieters fehlen. Zu weitgehend ist es jedoch, den Empfehlungen der Fachverbände die Vermutung der Angemessenheit zuzusprechen (Schmid GE 2011, 1595; a.A. *AG Köln* ZMR 2011, 222 = GE 2011, 1163). 1060c

ff) Normen

1060d Einige Überprüfungen sind in Normen vorgesehen, z.B. DIN 14406 für Feuerlöscher (vgl. Schmidt-Futterer/*Langenberg* Mietrecht § 556 Rn. 222). Vom Vermieter kann nicht verlangt werden, dass er klüger ist als die Leute, die die Normen ausgearbeitet haben, obgleich auch hier der Einfluss von Interessenverbänden nicht ausgeschlossen ist. Wenn sich der Vermieter an die Normen hält, liegt in der Regel kein vorwerfbarer Verstoß gegen den Wirtschaftlichkeitsgrundsatz vor (*Schmid* GE 2011, 1595).

gg) Entscheidung des Vermieters

1060e Abgesehen von diesen Fällen entscheidet der Vermieter über Durchführung und Häufigkeit der Überprüfung. Dabei ist es anerkannt, dass der Vermieter nicht willkürlich vorgehen kann, sondern sich im Rahmen eines Beurteilungsspielraumes bzw. des billigen Ermessens halten muss (Rdn. 1056). Unwirtschaftlich sind insbesondere Wartungsverträge für Einrichtungen und Anlagen, die keinem regelmäßigen Verschleiß unterliegen und von denen auch keine Gefahr ausgeht, wenn nicht im Einzelfall aufgrund besonderer Umstände ein Wartungsbedarf besteht.

c) Nicht geschuldete Zahlungen

1060f Kosten, die vom Vermieter dem Leistungserbringer **nicht geschuldet** werden, sind nicht umlegungsfähig (*LG Chemnitz* WuM 2003, 217, Staudinger-*Artz* § 556 Rn. 92). Das gilt auch für Trinkgelder (*LG Berlin* GE 1981, 235). Für verjährte Forderungen wird die Auffassung vertreten, dass deren Bezahlung dem Wirtschaftlichkeitsgrundsatz widerspricht (*Pfeifer* DWW 2000, 16).

1060g Eine **schlechte Aufgabenerfüllung** durch Angestellte oder Unternehmen reicht für sich alleine noch nicht aus, um die Höhe des hierfür gezahlten Entgelts nur teilweise als umlegungsfähig anzusehen (a.A. *AG Offenbach* WuM 1980, 114 LS; *AG Frankfurt/M.* WuM 1996, 778). Erst wenn der Vermieter kündigen oder Abzüge vom Entgelt machen kann, fehlt es an der Erforderlichkeit der Ausgaben. Unberührt bleibt die Minderung der Miete, wenn die schlechte Aufgabenerfüllung zu einer Gebrauchsbeeinträchtigung führt.

d) Säumnis des Vermieters

1060h Ebenfalls nicht umlegungsfähig sind Kosten, die wegen einer **Säumnis des Vermieters** entstehen, z.B. Säumniszuschläge, Mahngebühren (*v. Seldeneck* NZM 2002, 545) und Verzugszinsen.

e) Nicht anfallende Kosten und Doppelbeauftragung

1060i Enthält der Leistungskatalog des Leistungserbringers **Positionen, die im konkreten Mietobjekt** gar nicht anfallen, so wird eine Kürzung des umlegbaren Entgelts mit der Begründung vorgenommen, dass die Kalkulation der ausführenden Firma darauf gerichtet ist, auch diese Arbeiten auszuführen (*AG Flensburg* IMR 2014, 13; *AG Köln* WuM 1999, 466). Dem ist vom Grundsatz her zuzustimmen. Da solche Dienstleistungsverträge allerdings meist vorformuliert sind und eine gewisse Sorglosigkeit bei der Anpassung von Formularverträgen an den konkreten Einzelfall allenthalben zu beobachten ist, muss dem Vermieter der Nachweis offenbleiben, dass es sich lediglich um einen Fehler bei der Vertragsabfassung ohne Auswirkung auf das Entgelt gehandelt hat. Entsprechendes gilt bei einer **Doppelbeauftragung** verschiedener Unternehmer mit derselben Leistung (*v. Seldeneck* NZM 2002, 550).

3. Erforderlichkeit in Bezug auf das Mietobjekt

a) Grundsatz

Welche Maßnahmen erforderlich sind, hängt wesentlich vom **Charakter des Mietobjekts** ab, der sich aus der Lage, den baulichen Gegebenheiten, dem Repräsentationscharakter und dem Nutzungszweck ergibt (*LG Hamburg* ZMR 2001, 970 = NZM 2001, 806). 1061

Der Nutzungszweck bestimmt sich nach dem vertragsgemäßen Gebrauch und damit insbesondere auch nach dem jeweiligen Mietvertrag. Das kann dazu führen, dass innerhalb desselben Objekts bestimmte Kosten auf einen Teil der Mieter umgelegt werden können, auf einen anderen Teil jedoch nicht (vgl. z.b. für die Kosten einer Weihnachtsdekoration *OLG Celle* ZMR 1999, 238 ff. = NZM 1999, 501). Was für ein Einkaufscenter oder ein Bürogebäude eine absolute Notwendigkeit sein kann, kann für ein kleines Wohnhaus völlig überflüssig sein. So ist z.b. ein Pförtner nur in besonders großen Mietobjekten erforderlich (*LG Köln* WuM 1997, 230 = NJW-RR 1997, 1231). Bestimmte Standards können mietvertraglich vereinbart werden (*v. Seldeneck* NZM 2002, 546). Wenn keine vertraglichen Regelungen bestehen, ist die Erforderlichkeit nach objektiven Maßstäben zu beurteilen, nicht nach den subjektiven Vorstellungen des Vermieters (*Langenberg* NZM 2001, 783, 793). 1061a

Beim Bezug von Leistungen mit besonders niedrigem Nutzungswert für das Objekt ist die Erforderlichkeit besonders sorgfältig zu prüfen (weiter gehend *Kinne* GE 2003, 712, der hier generell einen Verstoß gegen den Wirtschaftlichkeitsgrundsatz annimmt). 1061b

b) Einzelfälle

Bei der **Auslegung der Kapazität** von Anlagen hat der Vermieter einen Spielraum. So wird es für zulässig angesehen, dass Anlagen so große Leistungsreserven haben, dass die Kapazität auch unter ungünstigsten Verhältnissen ausreicht, auch wenn dadurch höhere Betriebskosten entstehen (Schmidt-Futterer/*Langenberg* Mietrecht § 556 Rdn. 278 und § 560 Rdn. 71 ff). Zu Notmaßnahmen, wie etwa zur Beschaffung von Müllsäcken bei der Überfüllung von Mülltonnen, muss der Vermieter nur in Ausnahmefällen greifen (a.A. *AG Dannenberg* WuM 2000, 380, 381). Mehrkosten, die auf willkürlich überhöhten Kapazitäten beruhen, muss der Mieter jedoch nicht tragen (*Rips* WuM 2001, 419, 421). 1062

Entsprechendes gilt für die gärtnerische Gestaltung der **Freiflächen**. Der Vermieter hat hier einen Spielraum für die Art der Bepflanzung und muss nicht aus Kostengründen nur pflegeleichte Rasenflächen anlegen. Er kann auch turnusmäßige 1062a

Neubepflanzungen vornehmen und die Kosten nach § 2 Nr. 10 BetrKV umlegen (*AG Steinfurt* WuM 1999, 721 LS). Als unwirtschaftlich angesehen wurde z.b. eine übertrieben großzügige **Beleuchtungsanlage** (*LG Berlin* GE 1992, 989 f.). Für **Reinigungsarbeiten** in einem Wohnhaus wird eine Reinigung der Treppenhäuser und Flure einmal pro Woche und eine Fensterreinigung zweimal im Jahr für ausreichend angesehen (*AG Regensburg* WuM 2006, 110).

1062b Der Abschluss von Versicherungen entspricht nur dann dem Wirtschaftlichkeitsgrundsatz, wenn die Verwirklichung des versicherten Risikos nicht fernliegend ist (*BGH* Urt. v. 13.10.2010, XII ZR 129/09, MDR 2010, 1372 = NZM 2010, 864).

c) Veränderungen

1063 Sofern nicht ausdrückliche vertragliche Vereinbarungen bestehen, ist die Erforderlichkeit von Maßnahmen nicht statisch bezogen auf den Zeitpunkt der Vermietung zu beurteilen. **Änderungen der tatsächlichen Verhältnisse**, z.B. die Verschlechterung der Sicherheitslage (vgl. *OLG Celle* ZMR 1999, 238 ff. = NZM 1999, 501) können bisher nicht erforderliche Maßnahmen als angemessen erscheinen lassen.

1064 Stellt sich die Unwirtschaftlichkeit erst im Laufe der Zeit heraus, muss der Vermieter zu einer kostengünstigeren Handhabung übergehen (*Wall* WuM 1998, 65). Zu beachten sind dabei aber vertragliche Bindungen. Es kann deshalb mit einem bloßen Kostenargument nicht von einer verbrauchsabhängigen zu einer verbrauchsunabhängigen Abrechnung übergegangen werden (a.A. *Wall* WuM 1998, 65). Maßnahmen zur Kostensenkung muss der Vermieter ergreifen, wenn sie ihm zumutbar sind (*Langenberg* WuM 2001, 531).

1065 Dem Vermieter steht es frei, Verbesserungen am Mietobjekt vorzunehmen (*Gärtner* GE 1999, 1176, 1184). Begrenzt wird die Duldungspflicht lediglich durch § 555d BGB. Dabei sind im Rahmen der Erhöhung der Miete auch die Erhöhungen von Nebenkosten im Gefolge der Modernisierung zu berücksichtigen (*LG Berlin* GE 1993, 861). Ob die durch eine Verbesserungsmaßnahme zusätzlich entstehenden Kosten umlegbar sind, ist, soweit nicht bereits die Maßnahme als solche nicht erforderlich ist, nicht eine Frage der Wirtschaftlichkeit (a.A. *Klas* ZMR 1995, 5), sondern des Problems der »neuen Betriebskosten«, also der Frage, ob die Kosten bereits dem Grunde nach auf den Mieter umgelegt werden können. Siehe hierzu Rdn. 3082 ff.

4. Höhe der Kosten

1066 Nicht einer ordentlichen Geschäftsführung entspricht es, wenn sich der Vermieter auf unangemessene, marktunübliche, **überhöhte Entgeltvereinbarungen** mit Dritten einlässt (*OLG Celle* ZMR 1999, 238 = NZM 1999, 501; *OLG Düsseldorf* ZMR 2014, 31 = DWW 2013, 253). Der Preis muss ins Verhältnis zum Leistungsinhalt gesetzt werden (*LG Hamburg* ZMR 2001, 970 = NZM 2001, 806). Der Vermieter muss nicht unbedingt den billigsten Anbieter wählen (*AG Dortmund* NZM 2004, 26). Zur Abwägung s. Rdn. 1072 ff. Da sich ein exakt angemessenes Entgelt kaum abstrakt ermitteln lässt, wird es unter Heranziehung der Wesentlichkeitsgrenze des § 5 WiStG

C. Wirtschaftlichkeitsgrundsatz   Teil I

zugelassen, dass die aufgewendeten die üblichen Kosten um 20 % übersteigen können (vgl. *AG Köln*; zweifelnd *Kinne* GE 2003, 442).

Dies kann jedoch nicht als starre Grenze angesehen werden. Der Vermieter ist aus dem Wirtschaftlichkeitsgebot heraus grundsätzlich zu kostengünstiger Beschaffung, auch unter Ausnutzung besonders günstiger Beschaffungsmöglichkeiten verpflichtet, soweit ihm dies zumutbar ist. Er kann nicht von vornherein einen Anbieter auswählen, dessen Preise 20 % über dem Durchschnitt liegen. Dem Mieter muss deshalb die Möglichkeit bleiben, darzutun, dass die Leistungen bei gleichen sonstigen Gegebenheiten günstiger hätten erlangt werden können. Umgekehrt kann der Vermieter Gründe darlegen, die eine Überschreitung der 20 %-Grenze vertretbar erscheinen lassen. **1067**

Da im Rahmen der Wirtschaftlichkeit auch der Verwaltungsaufwand zu berücksichtigen ist (a.A. *LG Neubrandenburg* WuM 2001, 130), kann vom Vermieter nicht verlangt werden, dass er alle denkbaren Anbieter zur Abgabe eines Angebotes auffordert. Auch eine Ausschreibung ist nicht erforderlich (*Gärtner* GE 1999, 1176, 1188; *Zehelein* NZM 2014, 11, 14; a.A. *Streyl* NZM; 2006, 126). Dasselbe gilt für die Einholung von Vergleichsangeboten (a.A. *KG* GE 2008, 122; *Langenberg* WuM 2001, 531). Das Risiko bei marktunüblich hohen Vergütungen trägt ohnehin der Vermieter. Jedenfalls ist das Fehlen einer Ausschreibung dann unschädlich, wenn die Ausschreibung zu keiner Kosteneinsparung geführt hätte (*Streyl* NZM 2006, 125, 126). Nach besonders günstigen Anbietern muss der Vermieter nur mit zumutbarem Aufwand Ausschau halten. **1068**

Wirtschaftliche Verflechtungen zwischen dem Vermieter und dem Leistungserbringer lassen für sich alleine nicht auf einen Verstoß gegen das Wirtschaftlichkeitsgebot schließen (*AG Dortmund* NJW 2004, 300 = NZM 2004, 26 zur Umstellung auf Contracting), können aber eine erhöhte Darlegungslast für die Wirtschaftlichkeit begründen (*AG Köln* WuM 2007, 264). **1068a**

Gegen überhöhte **Gebühren und Steuern** muss der Vermieter mit Rechtsbehelfen vorgehen (*LG Berlin* GE 2003, 121; *Kinne* GE 2003, 712), gegebenenfalls auch mit einem Normenkontrollverfahren (*AG Demmin* WuM 2008, 337). Das gilt jedenfalls dann, wenn die Steuern oder Gebühren klar überhöht sind (*OLG Brandenburg* WuM 2007, 510 zum Kleingartenpachtvertrag). **1068b**

Entsprechendes gilt, wenn der Wohnungseigentümer bezogen auf die einzelne Wohnung die ihm von der Gemeinschaft der Wohnungseigentümer aufgegebenen Kosten abrechnet (vgl. Rdn. 1153 ff.). Der Vermieter ist aus dem Wirtschaftlichkeitsgrundsatz heraus verpflichtet, die Ungültigerklärung der fehlerhaften Eigentümerbeschlüsse gemäß § 43 Nr. 4 WEG (§ 43 Abs. 2 Nr. 4 iVm § 44 WEMoG) zu betreiben (*Schmid* ZMR 2008, 261 [262 – 263]). **1068c**

Die Akzeptierung eines gerichtlichen **Vergleichsvorschlags** verstößt nicht gegen den Wirtschaftlichkeitsgrundsatz (*OLG Brandenburg* WuM 2007, 510). **1068d**

5. Unwirtschaftliche Anlagen, Mängel, fehlende Überwachung

1069 Teilweise wird ein Verstoß gegen das Wirtschaftlichkeitsgebot auch angenommen, wenn unwirtschaftliche Anlagen verwendet oder Mängel nicht beseitigt werden und dadurch höhere Kosten entstehen (vgl. *LG Neubrandenburg* WuM 2013, 541; *Blank* WuM 2008, 311; *Dötsch* MietRB 2008, 328, 329). Die öffentlich-rechtlichen Energieeinsparungsvorschriften werden als Konkretisierung des Wirtschaftlichkeitsgrundsatzes angesehen (*Blank* WuM 2008, 311, 313). Hierbei handelt es sich jedoch nicht um ein Problem der Nebenkostenumlegung. Die Nebenkostenumlegung bezieht sich immer nur auf den Ist-Zustand und nicht auf den Soll-Zustand des Mietobjekts. Aus dem Nebenkostenrecht heraus besteht weder eine Verpflichtung des Vermieters, verbrauchsgünstige Anlagen anzuschaffen, noch ergibt sich hieraus die Pflicht zur Mängelbeseitigung. Maßgeblich für die Behandlung dieser Fälle ist die Gebrauchsgewährungspflicht nach § 535 Abs. 1 Satz 2 BGB. Die Umlegungsfähigkeit der beim gegenwärtigen Zustand der Mietsache anfallenden Kosten als solche wird dadurch nicht berührt. Erst recht verpflichtet der Wirtschaftlichkeitsgrundsatz nicht zu einer Modernisierung (*Zehelein* NZM 2014, 11, 15; *Streyl* NZM 2006, 127).

1070 Eine andere Frage ist es, ob der Forderung des Vermieters ein Schadensersatzanspruch des Mieters aus §§ 241 Abs. 2, 280 BGB (so Schmidt-Futterer/*Langenberg* Mietrecht § 560 Rdn. 115) oder aus § 536a BGB (so *v. Seldeneck* Betriebskosten im Mietrecht Rdn. 2652 ff.) entgegengehalten werden kann. Bei fehlender Überwachung ist zu differenzieren. Entstehen durch die ungenügende Überwachung Mängel, gelten die vorstehenden (Rdn. 1069) Grundsätze. Eine Pflicht zur Überwachung des kostenbewussten Verhaltens der Mieter wird ohnehin nicht angenommen werden können (**a.A.** z.B. für die Benutzung von Straßencontainern: *Schläger* ZMR 1998, 676). Hat dagegen die mangelnde Überwachung zur Folge, dass ungerechtfertigte Kosten berechnet, z.B. mehr Stunden als gearbeitet in Rechnung gestellt werden, so handelt es sich hierbei um eine Frage der Erforderlichkeit der Kosten (Rdn. 1060). Ungerechtfertigte Ansätze des Dienstleisters können nicht umgelegt werden.

6. Organisationskompetenz des Vermieters

1071 Sofern nicht abweichende vertragliche Regelungen bestehen, obliegt es der Organisationskompetenz des Vermieters, ob er selbst tätig wird oder die Aufgaben durch Angestellte oder selbstständige Unternehmer erledigen lässt (*BGH* Urt. v. 07.04.2004,VIII ZR 167/03, ZMR 2004, 430 = NZM 2004, 417 = WuM 2004, 290). Es müssen nur die Grundsätze der ordnungsgemäßen Bewirtschaftung beachtet werden. Besondere Gründe für einen Wechsel zwischen Eigen- und Fremdleistung muss der Vermieter nicht darlegen (a.A. *Langenberg* WuM 2001, 531; *Streyl* NZM 2006, 127). Eine Ausnahme gilt jedoch im Anwendungsbereich der NMV 1970. Hier muss bei nachträglichen Änderungen eine begründete Mieterhöhung nach § 4 Abs. 7 NMV 1970 (i.V.m. § 10 WoBindG) erfolgen.

1071a Der Wirtschaftlichkeitsgrundsatz verpflichtet den Vermieter auch nicht, einzelne Aufgaben, z.B. Reinigung, vertraglich den Mietern zu übertragen, sofern dies nicht vertraglich vereinbart ist (*AG Lübeck* ZMR 2008, 302 = NZM 2008, 929). Ausnahmen können je nach Sachlage bei der Vermietung von Einfamilienhäusern in Betracht kommen.

7. Verursachungsbezogene Abrechnung

Eine verursachungsbezogene Abrechnung führt durch Erfassung und Verteilung zu zusätzlichen Kosten. Da das Gesetz die verursachungsbezogene Abrechnung grundsätzlich vorsieht, kann eine Unwirtschaftlichkeit nicht allein mit den zusätzlichen Kosten begründet werden (vgl. *AG Brandenburg a.d. Havel* WuM 2010, 423 = GE 2004, 1458). 1071b

Unwirtschaftlichkeit ist jedoch anzunehmen, wenn die zusätzlichen Kosten außer Verhältnis zu den Kosten der abzurechnenden Position und zu den durch den Sparanreiz eingesparten Kosten stehen (*AG Bersenbrück* NJW-RR 2000, 1031 = WuM 1999, 467). 1071c

Eine starre Grenze wird sich hier ebenso wenig finden lassen wie eine allgemeingültige Berechnungsweise (vgl. zur Unverhältnismäßigkeit bei der Heizkostenabrechnung Rdn. 6056 ff.). Unter Berücksichtigung des Einspareffektes, der üblicherweise mit 15 % angesetzt wird (vgl. *OLG Köln* WuM 1998, 621 = NZM 1998, 919), und des Umweltschutzgedankens (Rdn. 1074a) sowie des Wunsches vieler Mieter nach einer verbrauchabhängigen Abrechnung wird man je nach den Umständen des Einzelfalles einen Kostenanteil für Erfassung und Verteilung bis zu 25 % an der jeweiligen Kostenposition als vertretbar ansehen können. 1071d

8. Interessenabwägung

Zur »gewissenhaften Abwägung aller Umstände« gehört schließlich eine Abwägung der Interessen von Mieter und Vermieter unter Berücksichtigung der Belange der Allgemeinheit insbesondere des Umweltschutzes (*LG Frankfurt/O.* NZM 1999, 1037 = WuM 1999, 403, 404; *LG Neubrandenburg* WuM 2001, 130). 1072

Dabei kommen auf **Vermieterseite** vor allem in Betracht das Interesse an Schutz und Erhaltung des Gebäudes und ein geringer Verwaltungsaufwand sowie die Kompetenz und Zuverlässigkeit des Vertragspartners (*BGH* Urt. v. 13.10.2010, XII ZR 129/09, NZM 2010, 864 = MDR 2010, 1372; *Gärtner* GE 1999, 1176, 1191), Betriebsgröße des Vertragspartners und Berücksichtigung der örtlichen Verhältnisse (*Kinne* GE 2003, 442). Auch der Wunsch des Vermieters, einen bereits bewährten Anbieter weiter zu beschäftigen, ist zu berücksichtigen (*Klas* ZMR 1995, 5, 7). 1073

Aufseiten der **Mieter** stehen vor allem geringe Kosten, aber auch eine ordnungsgemäße Erbringung der vom Vermieter geschuldeten Nebenleistungen im Vordergrund. 1074

Bei der Heranziehung des **Umweltschutzgedankens** ist Zurückhaltung geboten. Das Mietverhältnis ist ein privatrechtliches Rechtsverhältnis, das primär einen Austausch von Leistung und Gegenleistung und nicht die Wahrung der Belange der Allgemeinheit zum Inhalt hat. Umweltschutz auf Kosten des Mieters kann deshalb nicht Richtschnur für das Handeln des Vermieters sein. So wird man es nicht als wirtschaftlich ansehen können, wenn der Vermieter deutlich teureren »Ökostrom« einkauft und die 1074a

Kosten auf den Mieter umlegt. Abzustellen ist grundsätzlich auf durchschnittliche Standards. Nur dort, wo der Gesetzgeber bestimmte Vorschriften im Interesse des Umweltschutzes erlassen hat, wie z.b. die HeizkostenV (*LG Frankfurt/O.* NZM 1999, 1037 = WuM 1999, 403, 404; *LG Chemnitz* ZMR 2000, 94 = MDR 2000, 80 = NZM 2000, 63), kann dem Einwand der Unwirtschaftlichkeit bereits mit dem Argument begegnet werden, dass der Gesetzgeber die für den Mieter teurere Variante ausdrücklich im Interesse des Umweltschutzes vorgesehen hat (*Schmid* NZM 2000, 26).

1074b Nicht zu berücksichtigen sind Umstände, die außerhalb des eigentlichen Vertragsverhältnisses liegen, wie das Sponsoring von Fußballvereinen durch Energieversorger (*Winkler* WuM 2011, 203, 204).

9. Kostenkontrolle

1075 Der Vermieter muss laufend kontrollieren, ob die Ausgaben noch dem Wirtschaftlichkeitsgrundsatz entsprechen (*Streyl* NZM 2006, 125, 127). Maßnahmen zur Kostensenkung muss der Vermieter ergreifen, wenn sie ihm zumutbar sind (*Langenberg* WuM 2001, 531; *Zehelein* NZM 2014, 11, 15). Bei einem Betriebskostenmanagement durch externe Dienstleister sind deren Kosten nicht umlegbar (sehr str.; vgl. *Streyl* NZM 2006, 125, 127). Auch wenn dadurch Betriebskosten eingespart werden, handelt es sich um Verwaltungskosten.

III. Verstoß gegen den Wirtschaftlichkeitsgrundsatz

1. Preisfreier Wohnraum

a) Grundsätzliches

1076 Der *BGH* (Urt. v. 28.11.2007, VIII ZR 243/06, ZMR 2008, 195 = DWW 2008, 143 = WuM 2008, 29) sieht bereits in der Eingehung der Verpflichtung, die zu den unwirtschaftlichen Ausgaben führt, die Verletzung einer vertraglichen Nebenpflicht. Das hat zur Folge, dass eine Pflichtverletzung nur gegenüber den Mietern vorliegt, mit denen zu diesem Zeitpunkt bereits ein Mietvertrag bestand bzw. Vertragsverhandlungen aufgenommen worden waren. Der Schadensersatzanspruch ist auf Freistellung von den unwirtschaftlichen Kosten gerichtet (*OLG Düsseldorf* ZMR 2014, 31 = MDR 2013, 1092 = DWW 2013, 253). Das bedeutet, dass der Vermieter nicht berechtigt ist, die unnötigen Kosten dem Mieter in der Abrechnung zu belasten. Tut er dies gleichwohl, ist die Abrechnung fehlerhaft. Die Einwendung muss der Mieter in der Frist des § 556 Abs. 3 Satz 5 BGB geltend machen. Nach Ablauf der Frist gilt die Abrechnung als ordnungsgemäß und verbindlich. Ein Schadensersatzanspruch kann dann auch nicht mehr darauf gestützt werden, dass die Aufnahme der unnötigen Kosten in die Abrechnung die Pflichtverletzung darstellt (*Schmid* ZMR 2008, 599 [600]; **a.A.** *Streyl* NZM 2008, 23 [24]).

1076a Die schädigende Handlung liegt bereits in der Eingehung der Verpflichtung, die zu den erhöhten Ausgaben führt. Bereits damit ist der Anspruch auf Freihaltung von den Kosten entstanden (§ 199 Abs. 1 Nr. 1 BGB). Hinzukommen muss für den Verjährungsbeginn nach § 199 Abs. 1 Nr. 2 BGB die Kenntnis oder grob fahrlässige

Unkenntnis des Mieters von den Anspruch begründenden Umständen. Diese Umstände sind die Kenntnis von den tatsächlich entstandenen Kosten und das Wissen um kostengünstigere Möglichkeiten. Von den tatsächlichen Kosten erlangt der Mieter spätestens mit der Abrechnung Kenntnis. Wann der Mieter von günstigeren Möglichkeiten Kenntnis erhält, kann nur im Einzelfall beurteilt werden. Eine grundsätzliche Nachforschungspflicht zur Vermeidung der Annahme grober Fahrlässigkeit wird man nicht bejahen können. Sie kommt allenfalls dann in Betracht, wenn extrem hohe Kosten oder extreme Kostensteigerungen eine Erkundigungspflicht nahe legen (*Schmid* GE 2009, 298 [300]).

b) Verschulden

aa) Grundlagen

Zu einer Pflichtverletzung des Vermieters hinzukommen muss ein Verschulden. Nach § 276 Abs. 1 Satz 1 BGB hat der Vermieter Vorsatz und Fahrlässigkeit zu vertreten. Fahrlässig handelt nach § 276 Abs. 2 BGB, wer die im Verkehr erforderliche Sorgfalt außer Acht lässt. Es gilt deshalb kein individueller, sondern ein objektiv-abstrakter Sorgfaltsmaßstab. Deshalb kommt es auf die persönlichen Kenntnisse und Möglichkeiten des Vermieters nicht an (*Schmid* IMR 2012, 1; **a.A.** *v. Seldeneck* NZM 2002, 549). Insbesondere kann nicht danach differenziert werden, ob es sich um einen Großvermieter oder den Vermieter nur einer Wohnung handelt (**a.A.** *Streyl* NZM 2006, 126). Dies gilt umso mehr, als der *BGH* (Urt. v. 06.07.2011 VIII ZR 340/10, MDR 2011, 1095 = NZM 2011, 705) davon ausgeht, dass im Regelfall selbst der Mieter die Wirtschaftlichkeit beurteilen kann. 1076b

bb) Einzelfragen

(1) Gesetzliche Regelung

Bereits eine Pflichtverletzung und erst recht ein Verschulden scheiden aus, wenn der Vermieter zu bestimmten Maßnahmen gesetzlich verpflichtet ist, auch wenn die gesetzlich angeordneten Maßnahmen unter dem Gesichtspunkt der Wirtschaftlichkeit wenig sinnvoll erscheinen. Wie gesetzliche Regelungen sind auch die Unfallverhütungsvorschriften der Berufsgenossenschaften zu behandeln, da der Arbeitgeber und damit mittelbar auch der Vermieter faktisch gezwungen sind, sich danach zu richten (*BGH* Urt. v. 14.02.2007, VIII ZR 123/06, ZMR 2007, 361 = MDR 2007, 769). 1076c

(2) Empfehlungen

Besonders problematisch sind Empfehlungen (vgl. oben Rdn. 1060c) von Institutionen, die den ausführenden Unternehmen nahestehen. Dort ist zwar eine besondere Sachkunde vorhanden. Es muss aber auch bedacht werden, dass diese Verbände den ihnen nahestehenden Unternehmen verbunden sind und somit nicht als objektive Gutachter angesehen werden können. Für den Vermieter ist deshalb vielfach nicht erkennbar, was sachlich notwendig oder überflüssig ist. Abgesehen von den Fällen offensichtlicher Unsinnigkeit wird man dem Vermieter deshalb keinen Vorwurf daraus machen können, wenn er sich an den Empfehlungen dieser Institutionen orientiert. 1076d

Zu weitgehend ist es jedoch, den Empfehlungen der Fachverbände die Vermutung der Angemessenheit zuzusprechen (*Schmid* IMR 2012, 1; **a.A.** *AG Köln* GE 2011, 1163).

(3) Normen

1077 Siehe hierzu Rdn. 1060d.

(4) Unternehmerempfehlungen

1077a Bei Wartungsverträgen, die von einzelnen Unternehmen empfohlen (vgl. oben Rdn. 1060c) werden, trifft den Vermieter eine Überprüfungspflicht hinsichtlich der Wirtschaftlichkeit, da hier nicht selten das Wohl des Anbieters im Vordergrund steht (z.B. Wartungsverträge; vgl. *Wall* Betriebskosten-Kommentar, 5. Aufl. Rn. 1140).

(5) Ausschreibungen

1077b Ob der Vermieter zur Wahrung der Wirtschaftlichkeit verpflichtet ist, Ausschreibungen durchzuführen oder Vergleichsangebote (vgl. dazu *AG Hamburg-Blankenese*, Urt. v. 15.04.2020 – 539 C 16/18 mit Anm. *Hogenschurz* IMR 2020, 250) einzuholen, ist umstritten (vgl. Rdn. 1068 m.w.N.). In Zweifelsfällen ist dies jedenfalls für den Vermieter empfehlenswert, weil er durch die Vorlage der Ausschreibungsunterlagen die Einhaltung der verkehrsüblichen Sorgfalt dokumentieren kann (*Milger* NZM 2008, 1, 11).

(6) Vermietung von Eigentumswohnungen

1077c Bei Eigentumswohnungen/Wohnungseigentum (vgl. *Zehelein* Die Zukunft der Betriebskostenumlage bei vermieteter Eigentumswohnung, NZM 2019, 697 sowie *Zehelein*, Die Betriebskostenverteilung bei vermietetem Sondereigentum nach dem Gesetzentwurf zum WEModG, ZMR 2020, 272 ff.; zur Einsicht in Verwaltungsunterlagen nach WEMoG vgl. *Hinz*, ZMR 2020, 271, zu Wirtschaftsplan und Jahresabrechnung nach WEMoG vgl. *Hinz*, ZMR 2020, 378 f.) hat der einzelne Wohnungseigentümer allenfalls geringen, in der Regel aber keinen entscheidenden Einfluss darauf, welcher Vertragspartner zu welchem Preis beauftragt wird. Selbst wenn die Entscheidung von der Eigentümerversammlung getroffen wird, kann der vermietende Wohnungseigentümer überstimmt werden. Ihm kann eine Pflichtverletzung nur vorgeworfen werden, wenn er von der unwirtschaftlichen Maßnahme rechtzeitig erfährt und nicht dagegen vorgeht, ggf. muss er einen Wohnungseigentümerbeschluss über unwirtschaftliche Maßnahmen, die auch nicht ordnungsmäßiger Verwaltung im Sinne des § 21 WEG (§ 18 WEMoG) entsprechen, nach § 43 Nr. 4 WEG (§ 43 Abs. 2 Nr. 4 i.V.m. § 44 WEMoG) gerichtlich anfechten. Ansonsten besteht nach der Konstruktion des BGH kein Schutz des Mieters (*Schmid* ZMR 2008, 599 [601]).

c) Darlegungs- und Beweislast

aa) Grundsätzliches

1077d Geht man von einem Schadensersatzanspruch aus, ist es konsequent, dem Mieter die Beweislast für die den Schadensersatzanspruch begründenden Tatsachen aufzuerlegen (*LG Heidelberg* WuM 2010, 746 = ZMR 2011, 213; *Milger* NZM 2008, 1 [10]; *Streyl*

C. Wirtschaftlichkeitsgrundsatz   Teil I

NZM 2008, 23 [24]), mit Ausnahme des Verschuldens, wo sich der Vermieter nach § 280 Abs. 1 Satz 2 BGB entlasten muss.

Eine sekundäre Darlegungslast des Vermieters wird vom *BGH* (Urt. v. 06.07.2011, VIII ZR 340/10, NZM 2011, 705 = MDR 2011, 1095) weitgehend abgelehnt, da er die Ermittlung objektiver Gegebenheiten, wie ortsübliche Preise, auch für den Mieter als möglich erachtet (hiergegen: *Langenberg/Zehelein* NZM 2013, 169). 1077e

bb) Einzelheiten

Der Mieter muss zunächst **beziffert** vortragen, in welcher Höhe die vom Vermieter umgelegten Kosten unwirtschaftlich sind (*Milger* NZM 2008, 1 [10]). 1077f

Behauptet der Mieter, dass **andere Anbieter** billiger gewesen sind, muss er diese nennen und deren Preise benennen; dann obliegt es dem Vermieter darzutun, dass Gründe vorlagen, den Vertrag mit dem ausgewählten Anbieter zu schließen (*BGH* Urt. v. 13.06.2007, VIII ZR 78/06, ZMR 2007, 685, 686 = NZM 2007, 563; *OLG Düsseldorf* ZMR 2014, 31 = DWW 2013, 253; *Milger* NZM 2008, 1, 10). Dabei muss der Mieter Umstände darlegen und beweisen, die den regionalen Gegebenheiten und den besonderen Gegebenheiten des Mietobjekts Rechnung tragen; Angebote von Anbietern aus anderen Ländern genügen in der Regel nicht (vgl. *OLG Rostock* WuM 2013, 375 = MietRB 2013, 293). 1077g

Eine Bezugnahme auf **Betriebskosten- oder Heizkostenspiegel** ist nicht ausreichend, da die erforderlichen Kosten immer nur für das konkrete Objekt festgestellt werden können (*LG Heidelberg* WuM 2010, 746 = ZMR 2011, 213; *Milger* NZM 2008, 1, 11; a.A. *AG Frankfurt/M* WuM 2001, 615; *AG Hannover* WuM 2011, 30; *Streyl* NZM 2008, 23 [24]; vgl. auch *BGH* Urt. v. 11.08.2010, VIII ZR 45/10, ZMR 2011, 26 = NJW 2010, 3363 = WuM 2010, 627). Werden die Höchstwerte der Betriebskostenspiegel jedoch deutlich überschritten, kann dies nach Meinung des *AG Köln* (WuM 2008, 556) dazu führen, dass der Vermieter den Anschein der Unwirtschaftlichkeit widerlegen muss. Systematisch richtiger erscheint es, die Werte der Betriebskostenspiegel als ein Element im Rahmen der Beweiswürdigung nach § 286 ZPO heranzuziehen. 1077h

Nicht ausreichend ist auch Hinweis auf erhebliche **Kostensteigerungen** gegenüber dem Vorjahr, da Kostensteigerungen verschiedenste Ursachen haben können (a.A. *KG* ZMR 2006, 446 = GuT 2006, 70; *Streyl* NZM 2008, 23, 24). 1077i

Der Mieter kann zur behaupteten Unwirtschaftlichkeit auch ein **Privatgutachten** vorlegen (*Streyl* NZM 2008, 23, 24). 1077j

Der Vermieter kann die Erfüllung seiner Verpflichtungen, insbesondere die Einhaltung der verkehrsüblichen Sorgfalt, z.B. durch die Vorlage von **Ausschreibungsunterlagen** dokumentieren (*Milger* NZM 2008, 1, 11). 1077k

Häufig wird der Streit über die Wirtschaftlichkeit ein **Sachverständigengutachten** erfordern (vgl. *LG Karlsruhe* WuM 1996, 230; *Milger* NZM 2008, 1, 11). Steht fest, welches Entgelt marktüblich ist, wird dem Vermieter eine Überschreitung von 10 % 1077l

(*Milger* NZM 2008, 1, 11) bis 20 % (vgl. *AG Köln* WuM 1999, 221) zugestanden. Für darüber hinausgehende Beträge muss der Vermieter besondere Gründe dartun und beweisen, z.b. besondere Vorzüge des Vertragspartners, wie langjährige bewährte Zusammenarbeit (*Klas* ZMR 1995, 5, 7), Betriebsgröße des Vertragspartners und örtliche Verhältnisse (*Kinne* GE 2003, 442), besondere Kompetenz und Zuverlässigkeit des Vertragspartners (*Gärtner* GE 1999, 1176 ff.). Je höher die Überschreitung der üblichen Preise ist, umso gewichtiger müssen die Gründe für die getroffene Auswahl sein.

2. Preisgebundener Wohnraum

1078 Der Wirtschaftlichkeitsgrundsatz gilt im Kern auch bei preisgebundenem Wohnraum. Die in § 20 Abs. 1 Satz 2 NMV 1970 verwendete Formulierung spricht aber eindeutig für die Auffassung, dass unabhängig von einer Pflichtverletzung unwirtschaftliche Kosten überhaupt nicht umlegungsfähig sind (*Schmid* ZMR 2007, 177, 178): »Es dürfen nur solche Kosten umgelegt werden, die bei gewissenhafter Abwägung aller Umstände und bei ordentlicher Geschäftsführung gerechtfertigt sind«. Hier kommt es also auf die objektive Erforderlichkeit an und diese ist für jede Abrechnung festzustellen unabhängig davon, wann die Ursache für die Kosten verursachende Maßnahme gesetzt wurde, wer damals Mieter war und ob den Vermieter ein Verschulden trifft. Die Rechtsprechung des *BGH* ist deshalb auf die Vermietung von preisgebundenem Wohnraum nicht übertragbar. Das liegt im Trend der Judikatur des *BGH* (Urt. v. 08.03.2006, VIII ZR 78/05, NZM 2006, 340 = ZMR 2006, 358 m. Anm. *Rau/Dötsch*), Regelungen für preisgebundenen Wohnraum grundsätzlich nicht auf preisfreien Wohnraum zu übertragen.

3. Nichtwohnraummietverhältnisse

1079 Die Grundsätze des *BGH* über den Schadensersatz sind auf Gewerberaummietverhältnisse entsprechend anzuwenden. Die entsprechende Anwendung liegt näher als diejenige der Grundsätze für preisgebundenen Wohnraum.

4. Verjährung

1079a Der *BGH* knüpft an die Kosten verursachende Handlung des Vermieters an (Rdn. 1076).

1079b Bei Schadensersatzansprüchen gelten diese bereits bei Schadenseintritt als entstanden, auch wenn sich bestimmte Schadensfolgen erst später zeigen (*BGH* Urt. v. 21.02.2002, IX ZR 127/00, NJW 2002, 1414 = MDR 2002, 879). Die Verjährungsfrist läuft also für alle künftigen Abrechnungen, die von dem unwirtschaftlichen Handeln beeinflusst sind. Sieht der Vermieter den Fehler ein und stellt den Mieter in einer Abrechnung von den unnötigen Kosten frei, liegt darin ein Anerkenntnis in anderer Weise das zu einem Neubeginn der Verjährung nach § 212 Abs. 1 Nr. 1 BGB führt.

Man kann nämlich hierin, wenn sich der Verstoß gegen den Wirtschaftlichkeitsgrundsatz auf ein Dauerschuldverhältnis bezieht, ein Anerkenntnis dem Grunde nach sehen, das die Verjährung auch für die nächsten Abrechnungen unterbricht (*Schmid* ZMR 2008, 599, 600).

Dagegen führt ein Rechtsstreit über Nach- oder Rückzahlungen weder zu einer Hemmung Verjährung des Schadensersatzanspruches nach § 204 Abs. 1 Nr. 1 BGB noch zur Verjährungsfrist nach § 197 Abs. 1 Nr. 3 (Abs. 2) BGB, weil der Schadensersatzanspruch nicht streitgegenständlich ist. Der Mieter hat jedoch die Möglichkeit einer Zwischenfeststellungsklage nach § 256 Abs. 2 ZPO. In Betracht kommt auch eine Klage auf künftige Leistung nach § 258 oder § 259 ZPO, die darauf gerichtet ist, dass es der Vermieter zu unterlassen hat, den unwirtschaftlichen Betrag in die Abrechnung aufzunehmen (*Schmid* ZMR 2008, 599, 600). 1079c

D. Umsatzsteuer

I. Grundsätzliches

Umsatzsteuerrechtlich gilt für die Mietnebenkosten dasselbe wie für die Umsatzsteuerpflicht bei dem betreffenden Mietverhältnis überhaupt. Eine Trennung zwischen Grundmiete und Nebenkosten ist bei Ausübung der Option für die Umsatzsteuer nach § 9 Abs. 2 UStG nicht möglich, weil es sich um einen einheitlichen Umsatz handelt (*Westphal* ZMR 1998, 264). Ist im jeweiligen Mietverhältnis auf die Grundmiete Umsatzsteuer zu zahlen, sind steuerrechtlich auch die Nebenkosten umsatzsteuerpflichtig. Insoweit besteht also kein besonderes nebenkostenrechtliches Problem. 1080

Die Nebenleistungen des Vermieters, die üblicherweise durch die Zahlung der Nebenkosten abgedeckt werden, insbesondere die Betriebskosten nach der BetrKV, schließen die Umsatzsteuerfreiheit nach § 4 Nr. 12 UStG nicht aus (*Westphal* ZMR 1998, 801; *Geerling* NZM 1998, 262 je m.w.N.). Weitere Zusatzleistungen können aber insgesamt zur Annahme einer gewerblichen Tätigkeit führen (in den Einzelheiten umstritten, vgl. *Geerling* NZM 1998, 801). 1081

Umsatzsteuerrechtlich ist es allein Sache des Vermieters, ob er für die Umsatzsteuer optiert oder nicht. Nur seine Erklärung hat steuerrechtliche Bedeutung, unabhängig von einer eventuellen Verpflichtung gegenüber dem Mieter. Auch zivilrechtlich liegt es in der alleinigen Entscheidungsfreiheit des Vermieters, ob er von der Optionsmöglichkeit Gebrauch machen will oder nicht. Selbst wenn der Mieter am Vorsteuerabzug ein besonders starkes Interesse haben sollte, besteht keine Nebenpflicht des Vermieters für die Umsatzsteuer zu optieren. Eine solche Verpflichtung kann nur durch Vertrag begründet werden. 1082

Die Mietnebenkostenabrechnung ist eine Rechnung bzw. eine Gutschrift (*Beck/Herbert* GE 2004, 870) und muss deshalb die von § 14 UStG geforderten Angaben enthalten. Für die laufenden Nebenkostenvorauszahlungen gilt der Mietvertrag, der die Umsatzsteuerzahlungen ausweist, als Dauerrechnung (*OLG Düsseldorf* NZM 2006, 262 = GE 2005, 989) und muss deshalb die umsatzsteuerrechtlichen Angaben enthalten (*Herrlein* NZM 2005, 649).

II. Zahlungspflicht des Mieters

1083   Dass keine Umsatzsteuer aufgeschlagen werden darf, wenn **keine Umsatzsteuerpflicht** besteht, versteht sich von selbst. Dass der Vermieter die zu Unrecht in Rechnung gestellte Umsatzsteuer nach § 14 Abs. 3 UStG an das Finanzamt abführen muss, ist für die Zahlungspflicht des Mieters ohne Belang. Es handelt sich nämlich um nicht erforderliche und damit nicht umlegbare Kosten (Rdn. 1054 ff.). Auf sein Recht zur Option (Rdn. 1082) kann sich der Vermieter nicht berufen, wenn keine Optionsmöglichkeit besteht.

1084   Mietrechtlich muss der Mieter auch im Fall einer Option für die Umsatzsteuer diese zusätzlich zur geschuldeten Miete nur bezahlen, wenn dies **vertraglich vereinbart** ist (*LG Berlin* GE 1995, 497; *LG Hamburg* ZMR 1998, 294 = DWW 1998, 119). Ist im Mietvertrag festgelegt, dass der Mieter die auf die Miete entfallende Umsatzsteuer zu zahlen hat, so hat er die Umsatzsteuer auch auf die abgerechneten Nebenkosten zu zahlen, was sich aus einer ergänzenden Vertragsauslegung ergibt (*OLG Düsseldorf* ZMR 1996, 82 = NJW-RR 1996, 1035 und NZM 2000, 762 = DWW 2000, 196, 199; *OLG Schleswig* ZMR 2001, 618 = GE 2001, 851). Enthält der Mietvertrag die Verpflichtung des Mieters, Umsatzsteuer auf die gesamten Betriebskostenvorauszahlungen zu zahlen, so ergibt die Auslegung, dass Umsatzsteuer auch auf den endgültigen Nebenkostenabrechnungsbetrag zu zahlen ist (*LG Hamburg* ZMR 1998, 294, 295 = DWW 1998, 119).

1085   Enthält der Mietvertrag **keine Regelung über die Zahlung von Umsatzsteuer**, verbleibt es auch bei einem gewerblichen Mietverhältnis bei dem allgemeinen Grundsatz, dass die Umsatzsteuer in der Miete enthalten ist (*OLG Stuttgart* NJW 1973, 2066).

1086   Zum Problemkreis »Umsatzsteuer und Miete« vgl. *Herrlein* NZM 2013, 409–419.

1087   Die Regelungen von § 1 Abs. 1 Satz 2 BetrKV und § 27 Abs. 2 Satz 2 II. BV für **Eigenleistungen des Vermieters** schließen nur bei der Ermittlung des ansetzbaren Betrages die Berücksichtigung von Umsatzsteuer aus, sagen aber nichts darüber aus, ob auf den ermittelten Betrag Umsatzsteuer zahlen ist (*Schmid* NZM 1999, 294).

1088   Diese Grundsätze gelten entsprechend für die Nebenkosten, die nach Beendigung des Mietverhältnisses als Bestandteil der **Entschädigung** zu zahlen sind (vgl. Rdn. 1136 ff.), nicht jedoch für einen Schadensersatzanspruch (*BGH*, Urt. v. 22.10.1997, ZMR 1998, 137 = XII ZR 142/95, NJW-RR 1998, 803 ff. = NZM 1998, 192).

D. Umsatzsteuer

Der Mieter, der einen Anspruch auf Erstellung einer Rechnung hat, hat ein Zurückbehaltungsrecht in voller Höhe, bis eine ordnungsgemäße Rechnung erstellt ist (*Hüttemann/Jakobs* MDR 2007, 1229, 1233). 1089

III. Fallkonstellationen

1. Es besteht keine Umsatzsteuerpflicht und der Vermieter stellt auch keine Umsatzsteuer gesondert in Rechnung:

Umlegungsfähig sind die vom Vermieter gezahlten Beträge inklusive der darin enthaltenen Umsatzsteuer. Einer besonderen vertraglichen Vereinbarung bedarf es nicht, da die Umsatzsteuer Bestandteil der tatsächlich entstandenen Kosten ist (*Westphal* ZMR 1998, 263). Die in den Nebenkosten enthaltene, beim Vermieter angefallene Umsatzsteuer kann der Mieter nicht als Vorsteuer abziehen, weil die Umsatzsteuer nicht ihm unmittelbar in Rechnung gestellt wurde. Da es sich um einen umsatzsteuerfreien Vorgang handelt, kann der Vermieter bei Eigenleistungen selbst dann keine Umsatzsteuer ansetzen, wenn seine sonstigen Tätigkeiten umsatzsteuerpflichtig sind (*Westphal* ZMR 1998, 263). Allein in der Vereinbarung einer Bruttomiete »einschließlich gesetzlicher Nebenkosten« sieht das *OLG Düsseldorf* (ZMR 2001, 527 = NZM 2001, 468) noch keine Vereinbarung über die Zahlung von Umsatzsteuer, wenn keine Umsatzsteuerpflicht besteht. 1090

2. Es besteht keine Umsatzsteuerpflicht, der Vermieter stellt aber Umsatzsteuer in Rechnung:

Der Mieter muss die gesondert ausgewiesene Umsatzsteuer nicht bezahlen, der Vermieter muss die in Rechnung gestellte Umsatzsteuer an das Finanzamt abführen. Vorsteuern kann der Vermieter nicht abziehen, weil es sich um kein umsatzsteuerpflichtiges Geschäft handelt. Auch der Mieter kann, selbst wenn er an den Vermieter bezahlt hat, die Umsatzsteuer nicht als Vorsteuer geltend machen, weil es hierfür an einer umsatzsteuerpflichtigen Leistung des Vermieters fehlt. Da bereits die Inrechnungstellung von Umsatzsteuer die Ausübung des Optionsrechts beinhaltet (*BFH* BB 1995, 1337; str.), hat diese Fallkonstellation nur dann Bedeutung, wenn die materiellen Voraussetzungen für den Verzicht auf Umsatzsteuerbefreiung nicht vorliegen; z.B. der Mieter nimmt in Räumen, auf die § 9 Abs. 2 UStG anwendbar ist, umsatzsteuerfreie Geschäfte vor. Erwähnt der Mietvertrag die Umsatzsteuer, obwohl die Vermietung umsatzsteuerfrei ist, so ist der Vertrag in der Regel dahin auszulegen, dass dem Mieter keine Umsatzsteuer in Rechnung zu stellen ist (*BGH*, Urt. v. 28.07. 2004, XII ZR 292/02, ZMR 2004, 812 = NZM 2004, 785). Nicht ausgeschlossen ist es jedoch in diesen Fällen, dass sich eine Zahlungspflicht des Mieters aus einer ergänzenden Vertragsauslegung ergibt (*Ortmanns/Neumann* ZMR 2010, 91, 92 m.w.N.). Unberührt bleibt die Verpflichtung des Mieters, die in den umzulegenden Kosten enthaltene Umsatzsteuer zu bezahlen (Rdn. 1090). 1091

3. Es besteht Umsatzsteuerpflicht, die zusätzliche Zahlung von Umsatzsteuer ist aber nicht vereinbart:

Der Mieter muss nur die in den Nebenkosten enthaltene Umsatzsteuer bezahlen (Rdn. 1090). Eigene Umsatzsteuer des Vermieters muss der Mieter nicht bezahlen 1092

(Rdn. 1085). Da jedoch tatsächlich Umsatzsteuer anfällt (*Westphal* ZMR 1998, 264), muss diese der Vermieter selbst tragen. Gleichwohl kann der Mieter nach § 14 UStG eine Rechnung mit Umsatzsteuerausweis verlangen und seinerseits – bei Vorliegen der steuerrechtlichen Voraussetzungen – den Vorsteuerabzug geltend machen, da der Vorgang als solcher umsatzsteuerpflichtig ist.

4. Es besteht Umsatzsteuerpflicht und die Zahlung von Umsatzsteuer ist im Mietvertrag vereinbart:

1093 Der Mieter ist zur Zahlung der vom Vermieter in Rechnung gestellten Umsatzsteuer verpflichtet. Vermieter und Mieter sind beim Vorliegen der sonstigen Voraussetzungen vorsteuerabzugsberechtigt. Der Umsatzsteuer des Vermieters unterliegen auch die Nebenkosten und zwar unabhängig davon, ob die einzelnen Nebenkosten mit Vorsteuern belastet sind oder ob solche Vorsteuern nicht angefallen sind (*LG Hamburg* ZMR 1998, 294 = DWW 1998, 119; **a.A.** *OLG Schleswig* ZMR 2001, 618 = GE 2001, 851). Es handelt sich nicht um durchlaufende Posten im Sinne von § 10 Abs. 1 Satz 5 UStG, sondern um Entgelt nach § 10 Abs. l Satz 2 UStG (*LG Hamburg* ZMR 1998, 294 = DWW 1998, 119; *Westphal* ZMR 1998, 264). Das heißt, unabhängig davon, ob Nebenkosten überhaupt nicht mit Umsatzsteuer belastet sind (z.B. Grundsteuer oder Versicherungen) oder mit dem ermäßigten Steuersatz von ab 1.1.2021 wieder 7 % (Wasser) oder mit dem vollen Umsatzsteuersatz: Auf den Gesamtbetrag der umgelegten Nebenkosten entfallen ab 1.1.2021 wieder 19 % Umsatzsteuer (*LG Hamburg* ZMR 1998, 294 = DWW 1998, 119; **a.A.** andeutungsweise *OLG Braunschweig* WuM 1999, 173). Das gilt auch für Eigenleistungen des Vermieters, deren üblicher Wert auf den Mieter als Nebenkosten umgelegt wird (Rdn. 1045) und für Pauschalen. Um dem Grundsatz Rechnung zu tragen, dass der Vermieter an der Nebenkostenumlegung nichts verdienen soll, geht die herrschende Praxis (vgl. *LG Hamburg* ZMR 1998, 294 = DWW 1998, 119) von einer Abrechnung nach Nettobeträgen ohne die vom Vermieter gezahlte Umsatzsteuer aus.

5. (Teil-) Inklusivmiete und Pauschalen:

1094 Es bestehen keine Unterschiede zur Behandlung der Grundmiete (vgl. Staudinger-*Artz* § 556 Rn. 12, 66, 67).

E. Nebenkosten als Bestandteil der Miete

I. Grundsätzliches

1. Preisfreier Wohnraum

1095 Nach § 556 Abs. 1 BGB können die Parteien vereinbaren, dass der Mieter die Betriebskosten im Sinne der BetrKV trägt. Dabei können die Parteien grundsätzlich vereinbaren, dass die Betriebskosten als Pauschale oder als Vorauszahlung ausgewiesen werden (§ 556 Abs. 2 Satz 1 BGB). Zulässig ist auch die Vereinbarung einer

E. Nebenkosten als Bestandteil der Miete

Inklusivmiete, die sämtliche Betriebskosten enthält. Zu den Besonderheiten bei Anwendbarkeit der HeizkostenV s. Rdn. 6079 ff.

Daneben sind auch Kombinationen möglich, sogenannte Teilinklusivmieten, bei denen nur ein Teil der an sich umlegbaren Betriebskosten im Wege der Abrechnung und/oder als Pauschale umgelegt wird. In solchen Fällen ist bei einer Veränderung der Betriebskosten und bei einer Abrechnung jeweils darauf abzustellen, welche Betriebskosten der Grundmiete, der Pauschale oder der Umlegung mit Abrechnung zuzuordnen sind. Nur bei Positionen, die einer Pauschale zugeordnet sind, kann eine Erhöhung oder Senkung nach § 560 Abs. 1 BGB erfolgen. In die Abrechnung eingestellt werden dürfen nur Positionen, für die solches vereinbart ist. Veränderungen bei Betriebskosten, die in der Grundmiete enthalten sind, führen weder zu einer Mieterhöhung noch zu einer Mietsenkung. Zu den Umlegungsvereinbarungen s. Rdn. 2055 ff., 3033 ff. 1096

Die Grundmiete wird in der Regel als einheitlicher Betrag ausgewiesen (Sonderfälle: *BGH*, Urt. v. 19.12.2018, VIII ZR 254/17, ZMR 2019, 328 zur Verwaltungskostenpauschale als möglichem Teil der Grundmiete; *BGH*, B. v. 30.05.2017 – VIII ZR 31/17, ZMR 2018, 16 zum Zuschlag für Schönheitsreparaturen als offen gelegte Kalkulation des Vermieters). Grundsätzlich zulässig ist es jedoch, die Grundmiete aus mehreren Teilbeträgen zusammenzusetzen (*LG Berlin* NZM 1999, 405 = GE 1998, 1396 für Verwaltungskosten; *LG Frankfurt/M.* NZM 2001, 332 für »Sonderentgelte«). Da es sich dabei jedoch nicht um Betriebskosten handelt, kommt es weder zu einer Abrechnung nach § 556 Abs. 3 BGB noch zu einer Erhöhung oder Herabsetzung der Pauschale nach § 560 BGB. 1097

2. Preisgebundener Wohnraum

Bei preisgebundenem Wohnraum bestimmt sich die Mietstruktur nach den Preisbindungsvorschriften. Betriebskosten dürfen im öffentlich geförderten sozialen Wohnungsbau und im steuerbegünstigten oder frei finanzierten Wohnungsbau, der mit Wohnungsfürsorgemitteln gefördert worden ist, nicht in der Wirtschaftlichkeitsberechnung angesetzt werden (§ 27 Abs. 3 II. BV). Außerdem besteht hier die Möglichkeit einer Umlegung des Umlageausfallwagnisses und der Erhebung von Zuschlägen und Vergütungen (Rdn. 1051). 1098

3. Geschäftsräume

Bei der Vermietung von Räumen, die nicht Wohnraum sind, gilt der Grundsatz der freien Parteivereinbarung auch für die Mietstruktur. Es gelten die gleichen Grundsätze wie bei preisfreiem Wohnraum (Rdn. 1095 ff.), wobei zu beachten ist, dass die Bezahlung von Mietnebenkosten über die Betriebskosten hinaus vereinbart werden kann. 1099

II. Begriff der Miete

Auf eine Definition des Begriffs der Miete wurde vom Gesetzgeber ausdrücklich verzichtet (vgl. Bericht des Rechtsausschusses BT-Drucks. 14/5663). Gleichwohl stehen die Regelungen über die Betriebskosten bei Wohnraummietverhältnissen unter der 1100

Teilüberschrift »2. Die Miete«. Hieraus ist abzuleiten, dass die Zahlungen für Betriebskosten grundsätzlich Bestandteil der Miete sind (*Hinz* NZM 2010, 57, 58). Bei Mietverhältnissen, die keine Wohnraummietverhältnisse sind, und für sonstige Mietnebenkosten etwas anderes anzunehmen, besteht kein sachlicher Grund. Entsprechendes gilt bei preisgebundenem Wohnraum für Nebenkosten, die dort erhoben werden können (Rdn. 1124).

1101 Das Fehlen einer verbindlichen Definition macht es jedoch notwendig, bei Einzelregelungen zu prüfen, ob nach deren Sinn und Zweck »Miete« unter Einschluss oder Ausschluss der Mietnebenkosten zu verstehen ist (Rdn. 1102 ff.).

III. Auswirkungen auf Einzelregelungen

1. Mieterhöhung nach §§ 557 ff. BGB

1102 § 557 BGB gilt für Grundmiete und Betriebskosten. Die §§ 557a bis 559b BGB beziehen sich auf die Grundmiete. Was der Grundmiete unterfällt, richtet sich nach der Mietstruktur (Rdn. 1095 ff.). Betriebskosten, über die abzurechnen ist oder die als Pauschale ausgewiesen sind, gehören nicht zur Grundmiete. Für eine Veränderung der Betriebskosten gilt § 560 BGB.

1103 Geht ein Mietspiegel davon aus, dass alle Betriebskosten gesondert umgelegt werden oder als Pauschale ausgewiesen sind, muss eine entsprechende Anpassung erfolgen, wenn die Betriebskosten ganz oder teilweise in der Grundmiete enthalten sind. Unerheblich ist, ob es sich um verbrauchsabhängige oder verbrauchsunabhängige Kosten handelt (*BGH* Beschl. v. 08.07. 2008, VIII ZR 5/08, ZMR 2009, 102). Dabei genügt zwar für die formelle Wirksamkeit des Erhöhungsverlangens (§ 558a BGB) die Angabe von statistischen Durchschnittswerten. Für die schlüssige Darlegung des geforderten Betrages (§ 558 Abs. 1 BGB) sind jedoch die tatsächlich anfallenden Betriebskosten maßgebend (*BGH* Urt. v. 12.07. 2006, VIII ZR 215/05, ZMR 2006, 916 = NZM 2006, 864). Maßgeblich ist der zuletzt feststellbare Betriebskostenanteil. Dieser ergibt sich aus der Betriebskostenabrechnung für den dem Mieterhöhungsverlangen vorangegangenen Abrechnungszeitraum, soweit diese bereits vorliegt (*BGH* Urt. v. 23.05.2007, VIII ZR 138/06, NJW 2007, 2626 = ZMR 2007, 681). Bei der Berechnung der Kappungsgrenze nach § 558 Abs. 3 BGB bleiben Erhöhungen von Pauschalen und Vorauszahlungen nach § 560 BGB außer Betracht. Erst recht gilt dies für Nachzahlungsbeträge aus Abrechnungen. Sind Betriebskosten in der Grundmiete enthalten, bezieht sich die Kappungsgrenze auch hierauf (*BGH*, Urt. v. 19.11.2003, VIII ZR 160/03, NZM 2004, 218 = ZMR 2004, 327).

1103a Für den in der Bruttomiete enthaltenen Betriebskostenanteil ist der Vermieter darlegungs- und beweispflichtig (*AG Schöneberg* GE 2013, 1458). Ob der Betriebskostenanteil genannt werden muss, ist umstritten (bejahend: *AG Schöneberg* GE 2014, 125 m. abl. Anm. *Kinne* GE 2014, 95).

2. Mietwucher und Mietpreisüberhöhung

§ 291 Abs. 1 Nr. 1 und 3 StGB und § 5 WiStG stellen auf Vermögensvorteile bzw. Entgelte ab. Hierzu gehören auch die Zahlungen für Nebenkosten. Es wird damit verhindert, dass bei zulässiger Grundmietforderung über die Nebenkosten ein erhöhter Vorteil erlangt werden kann (*OLG Stuttgart* ZMR 1982, 176 = NJW 1982, 1160). Die Betriebskosten sind Bewirtschaftungskosten im Sinne des § 5 Abs. 2 Satz 2 WiStG (*Riecke* in Schmid/Harz, Mietrecht, § 5 WiStG Rn. 72).

1104

3. Mietsicherheiten

Bei Wohnraum ist die Höhe der Mietsicherheiten durch § 551 BGB begrenzt. Die als Pauschale oder Vorauszahlungen ausgewiesenen Betriebskosten dürfen in das Dreifache der Monatsmiete nach § 551 Abs. 1 BGB nicht eingerechnet werden. Entsprechendes gilt nach dem Sinn des Gesetzes für abzurechnende Betriebskosten auch dann, wenn Vorauszahlungen nicht vereinbart sind.

1105

§ 551 BGB gilt nach § 9 Abs. 5 Satz 2 WoBindG auch für preisgebundenen Wohnraum, wobei eine Kaution für den Ausfall von Betriebskosten nach § 9 Abs. 5 Satz 1 WoBindG generell nicht vereinbart werden darf. Bei der Vermietung von Geschäftsräumen kann die Mietsicherheit frei vereinbart werden.

1106

Zum Kautionseinbehalt bei beendetem Mietverhältnis s. Rdn. 1136, *BGH* vom 20.07.2016, VIII ZR 263/14, ZMR 2016, 768 zur Fälligkeit des Rückzahlungsanspruchs; zum früher stark umstrittenen Befriedigungsrecht des Vermieters nach Vertragsende durch Aufrechnung: bejahend *OLG Hamm* ZMR 2016, 619, *LG Hamburg*, ZMR 2017, 164; verneinend *LG Berlin* ZMR 2017, 730 = MietRB 2018, 4 mit pos. Anm. *Suilmann, AG Dortmund* WuM 2018, 204.

1107

4. Minderung

Nach der Rechtsprechung des *BGH* (Urt. v. 06.04.2005, XII ZR 225/03, NJW 2005, 1713 = ZMR 2005, 524 für Gewerberaum und Urt. v. 20.07. 2005, VIII ZR 347/04, NJW 2005, 2773 = ZMR 2005, 854 für Wohnraum) ist Bemessungsgrundlage für die Mietminderung die Bruttomiete einschließlich aller Nebenkosten, wobei es unerheblich ist, ob die Nebenkosten als Vorauszahlungen oder als Pauschale geschuldet werden. Dass nach dieser Rechtsprechung während des Bestehens des Mangels die Vorauszahlungen gemindert sind, bedarf keiner weiteren Erörterung. Da der geminderte Betrag bei den Vorauszahlungen fehlt, würde ohne Berücksichtigung der Minderung bei der Abrechnung die Nachzahlung umso höher. Die Minderung des auf die Nebenkosten entfallenden Betrages würde ins Leere gehen. Die Minderung muss deshalb auch bei der Abrechnung berücksichtigt werden (*OLG Köln* ZMR 2010, 850; *R. Becker* GE 2005, 1335; *Schmid* MDR 2005, 971; *Eisenschmid* WuM 2005, 491).

1108

Hierzu ist zunächst der endgültige Abrechnungsbetrag für den Mieter ohne Minderung zu ermitteln und dann um den Minderungsbetrag zu kürzen (*LG Berlin* GE 2006, 1235). Dazu muss ermittelt werden, für wie viele Tage die Miete um welchen Prozentsatz gemindert war. Hieraus ist dann der Jahresminderungsbetrag zu

1109

ermitteln. Dieser ist von den an sich umlegbaren Kosten abzuziehen. Hierauf sind die tatsächlich geleisteten Vorauszahlungen des Mieters anzurechnen, gleichgültig ob diese bereits gemindert waren oder ganz oder teilweise in voller Höhe gezahlt wurden. Nicht zu berücksichtigen sind Vorauszahlungen, die bereits wieder zurückgefordert wurden. Dabei lässt es der *BGH* (Urt. v. 13.04.2011, VIII ZR 223/10, ZMR 2011, 625 = WuM 2011, 284) zu, dass der nach Minderung geschuldete Gesamtbetrag (geminderte Grundmiete + geminderter Abrechnungsbetrag der Nebenkosten) den tatsächlich insgesamt geleisteten Zahlungen gegenübergestellt wird.

▶ Beispiel:

1109a Minderung an 50 Tagen um 10 %. Prozentsatz der Minderung auf das Jahr gerechnet. 50: 365 × 10 = 1,4 %. Abrechnungsbetrag ohne Berücksichtigung der Minderung: 1200 €. Minderung: 16,80 €. Geschuldet: 1183,20 €. Tatsächlich gezahlte Vorauszahlungen 1000 €. Nachzahlung 183,20 €. Es kann auch der Minderungsbetrag pro Tag berechnet werden: 1200 €: 365 = 3,29 €. 10 % = 0,33 € × 50 = 16,50 € (Differenz rundungsbedingt). Diese Berechnungsmethode empfiehlt sich bei unterschiedlichen Minderungsquoten an verschiedenen Tagen.

Die Minderung der Bruttomiete muss konsequenterweise auch bei einer Minderung wegen zu geringer Fläche erfolgen und zwar auch für eine Kostenverteilung nach dem Flächenmaßstab (*Schmid* ZMR 2005, 836; a.A. *BGH*, Urt. v. 20.07.2005, VIII ZR 347/04, ZMR 2005, 854 = NJW 2005, 2773). Eine doppelte Berücksichtigung der Minderfläche findet nicht statt. Der Ansatz der richtigen Fläche führt nur dazu, dass eine falsche Abrechnung richtig gemacht wird; die Minderung führt zu einem Ausgleich für die geringere Fläche.

1110 Zur Berücksichtigung einer Schlechtleistung, die zu einer Gebrauchsminderung führt, bei der Höhe der umlagefähigen Kosten s. Rdn. 1060g.

5. Modernisierung

1110a Nach § 555d Abs. 3, 4 BGB kann der Mieter die Duldung einer Modernisierungsmaßnahme verweigern, wenn ein Härtefall vorliegt. Dabei sind bei der Duldungspflicht die künftigen Mieterhöhungen nicht zu berücksichtigen, sondern nur bei der Mieterhöhung (§ 555d Abs. 2 Satz 2, § 559 Abs. 4 und 5 BGB).

6. Kündigung

1111 Die laufenden Betriebskostenzahlungen, gleichgültig ob sie in die Grundmiete einkalkuliert sind oder als Pauschale oder als Vorauszahlungen erhoben werden, sind Miete im Sinne des § 543 Abs. 2 Satz 1 Nr. 3 BGB und deshalb bei der Höhe des Mietrückstandes für die Kündigung mit zu berücksichtigen (*OLG Karlsruhe* ZMR 1982, 366 = WuM 1982, 241). Auch wenn sich die für eine fristlose Kündigung erforderliche Höhe des Mietrückstandes nur aus Zahlungsverzug mit den laufenden Nebenkosten ergibt, kann deshalb eine Kündigung nach § 543 Abs. 2 Satz 1 Nr. 3 BGB in Betracht kommen. Eine außerordentliche Kündigung ist gerechtfertigt, wenn sich der Mieter

E. Nebenkosten als Bestandteil der Miete

trotz Abmahnung beharrlich weigert, Nachzahlungen und erhöhte Vorauszahlungen zu leisten (*AG München* ZMR 2009, 696).

Nicht zur Miete im Sinne des § 543 Abs. 2 Satz 1 Nr. 3 BGB gehören jedoch Nachzahlungen aus einer Betriebskostenabrechnung, da die Vorschrift auf die regelmäßig wiederkehrenden Zahlungen abstellt (*OLG Koblenz* ZMR 1984, 351 = WuM 1984, 269; *LG Kleve* WuM 1996, 37; *AG Offenbach* NZM 2002, 214 – LS). Hier kommt nur eine Kündigung nach der Generalklausel § 543 Abs. 1 BGB oder bei Wohnraum eine ordentliche Kündigung nach § 573 Abs. 2 Nr. 1 BGB in Betracht (*AG Köpenick* WuM 2013, 679 = GE 2013, 1283; *Hinz* NZM 2010, 57 ff.). **1112**

Für den Fall einer Verurteilung zur Zahlung einer erhöhten Miete nach § 560 BGB (Rdn. 2081 ff., 3094 ff.) gilt die Sonderregelung des § 569 Abs. 3 Nr. 3 BGB. Die fristlose Kündigung nach § 543 Abs. 2 Satz 1 Nr. 3 BGB ist bei einem Mietverhältnis über Wohnraum nicht vor Ablauf von zwei Monaten nach rechtskräftiger Verurteilung zulässig, wenn nicht die Kündigungsvoraussetzungen schon wegen der bisher geschuldeten Miete erfüllt sind. Die Vorschrift gilt auch, wenn der Mieter verurteilt worden ist, einer rückwirkenden Mieterhöhung zuzustimmen (*BGH* Urt. v. 04.05.2005, VIII ZR 5/04, ZMR 2005, 697 = NZM 2005, 582). **1113**

Nicht zu folgen ist der Auffassung, dass das Sonderkündigungsrecht des § 11 WoBindG auch bei einer Nachforderung auf den durch die Vorauszahlungen nicht gedeckten Betrag für Betriebskosten besteht (so jedoch *LG Bonn* WuM 1981, 282). Zwar gilt über § 20 Abs. 4 Satz 1, § 4 Abs. 7 und 8 NMV 1970 auch hierfür § 10 WoBindG. Jedoch widerspräche ein solches Kündigungsrecht dem Wesen einer Abrechnung, das von vornherein Nachzahlungen impliziert. Entsprechendes gilt für eine Erhöhung der Vorauszahlungen. Auch die vergleichbare Vorschrift des § 561 BGB sieht in diesen Fällen keine Kündigungsmöglichkeit vor. Dagegen handelt es sich um eine echte Mieterhöhung und damit um eine das Sonderkündigungsrecht nach § 11 WoBindG auslösende Erklärung, wenn der Vermieter erstmals durch eine einseitige Erklärung eine Betriebskostenumlage vornimmt. **1113a**

Zur Kündigung des Mieters wegen Schlecht- oder Nichterstellung der Nebenkostenabrechnung s. Rdn. 3607. **1113b**

7. Wohnungsvermittlung

Nach § 6 Abs. 2 WoVermG wird neben der Angabe des Mietpreises auch verlangt, dass darauf hingewiesen wird, ob Nebenleistungen besonders zu vergüten sind. Bei der Berechnung des Entgeltes des Wohnungsvermittlers bleiben Nebenkosten, über die gesondert abzurechnen ist, außer Betracht (§ 3 Abs. 2 Satz 3 WoVermG). **1114**

8. Streitwert und Beschwer

Siehe hierzu Rdn. 7135. **1115**

F. Verrechnung von Teilzahlungen auf die Mietnebenkosten

I. Grundsätzliches

1116 Kommt der Mieter seinen Zahlungsverpflichtungen nur teilweise nach, stellt sich die Frage, ob eingehende Zahlungen auf die Grundmiete oder auf die Mietnebenkosten anzurechnen sind. Grundsätzlich bestimmt der Mieter, worauf die Teilzahlung anzurechnen ist. Dies kann ausdrücklich geschehen. Es gelten §§ 366, 367 BGB. Eine Tilgungsbestimmung kann sich aber auch aus den Umständen ergeben. Macht z.B. der Mieter ausdrücklich von einem Zurückbehaltungsrecht für Nebenkostenvorauszahlungen Gebrauch und zahlt nur die Grundmiete, kann der Vermieter keine Verrechnung auf Nebenkostenvorauszahlungen vornehmen. Zahlt der Mieter pünktlich eine gesamte Monatsmiete, so ist hieraus der Schluss zu ziehen, dass die fällige Miete (Grundmiete und Nebenkostenvorauszahlung) für den jeweiligen Monat getilgt werden soll (*LG Berlin* NZM 2002, 65). Eine solche stillschweigende Tilgungsbestimmung kann jedoch nicht mehr angenommen werden, wenn die am 3. Werktag fällige Miete erst am 11. des Monats eingeht (*OLG Düsseldorf* ZMR 2000, 605 = DWW 2000, 89). Sind verschiedene Abrechnungskreise gebildet, z.B. für Heizung und sonstige Kosten, kann in Ermangelung einer anderen Vereinbarung der Mieter bestimmen, worauf er bezahlt (*Pfeifer* MietRB 2008, 322).

1116a Wenn ohne nähere Bestimmung Teilbeträge bezahlt werden, wird die Teilleistung nach § 367 Abs. 1 BGB zunächst auf eventuell offene Kosten und dann offene Zinsen angerechnet. Sodann richtet sich die Anrechnung nach § 366 Abs. 2 BGB, wobei davon ausgegangen wird, dass sowohl die Grundmiete als auch die Nebenkostenschuld fällig sind. Es wird zunächst diejenige Schuld getilgt, welche dem Gläubiger die geringere Sicherheit bietet; von mehreren gleich sicheren die dem Schuldner lästigere, unter gleich lästigen die ältere Schuld und bei gleichem Alter jede Schuld verhältnismäßig.

1116b Abweichende Vereinbarungen über die Tilgungsreihenfolge sind zwar grundsätzlich möglich, solche zulasten des Mieters werden aber in Formularmietverträgen als unwirksam angesehen (vgl. *LG Berlin* NZM 2002, 66 = ZMR 2001, 109). Dem Schuldner darf nicht die Möglichkeit gezielter Zahlungen auf bestehende Rückstände genommen werden (*OLG Karlsruhe* NZM 2011, 95 = CuR 2010, 77). Insbesondere ist eine Klausel unwirksam, wonach der Vermieter eine Verrechnung auf offene Forderungen seiner Wahl vornehmen darf (*LG Berlin* GE 2005, 433).

1116c Sonderfall: Bei **behördlichen** Leistungen für Unterkunft und Heizung muss der Vermieter den in § 22 SGB II geregelten Auftrag der Sozialbehörden als (ggf. auch stillschweigend verfolgtes) Leistungsinteresse gegen sich gelten lassen. Dieses Interesse ist darauf gerichtet, die Unterkunft des Anspruchsberechtigten zu sichern, um dadurch gegenwärtigen und künftigen Wohnbedarf zu decken. Kann diesem Leistungsinteresse durch eine von mehreren denkbaren Verbuchungen des eingegangenen Betrages entsprochen werden, so ist eine andere Behandlung der Zahlung wegen Nichtbeachtung der (stillschweigenden) Tilgungsbestimmung unzulässig (*LG Berlin*, ZMR 2018, 418).

II. Nebenkostenvorauszahlungen

Beim Zusammentreffen von Nebenkostenvorauszahlungen und Grundmiete ist der Teilbetrag zunächst auf die Nebenkostenvorauszahlung zu verrechnen (*KG* ZMR 2006, 928 = GE 2006, 1231; *OLG Köln* ZMR 2010, 850; a.A. *AG Görlitz* NZM 2001, 336). Die Nebenkostenvorauszahlungen bieten nämlich dem Vermieter die geringere Sicherheit, weil sie u. U. nicht mehr geltend gemacht werden können, wenn die Abrechnungsfrist verstrichen ist (vgl. Rdn. 3285), was in der Regel vor Verjährung der Grundmiete der Fall ist. 1117

Werden Vorauszahlungen auf verschiedene Betriebskostenarten geschuldet (z.B. Heizkosten und sonstige Betriebskosten), erfolgt in Ermangelung eines sonstigen Kriteriums die Anrechnung verhältnismäßig. 1117a

III. Nachzahlungen

Treffen Nachzahlungen mit Vorauszahlungen zusammen, ist aus den vorgenannten (Rdn. 1117) Gründen eine Anrechnung zunächst auf die Vorauszahlungen vorzunehmen. Im Verhältnis von Nachzahlungsansprüchen aus einer Abrechnung zur Grundmiete kommt es auf den früheren Verjährungseintritt an. Endet die Verjährung gleichzeitig, ist die Schuld auf die Grundmiete die dem Mieter lästigere, da diese eher zu einer fristlosen Kündigung führen kann als ein Verzug mit der Mietnebenkostennachforderung (Rdn. 1111). Die Anrechnung der Teilzahlung richtet sich also hier nach den Umständen des Einzelfalles (*Schmid* NZM 2001, 705). 1118

IV. Pauschalen

Nebenkostenpauschalen stehen unter dem Vorbehalt der Angemessenheit (Rdn. 2046) und sind zum Zeitpunkt der Ermäßigung der Betriebskosten herabzusetzen. Sicherer für den Vermieter ist deshalb die Grundmiete. Somit sind Teilzahlungen zunächst auf die Pauschalen anzurechnen. 1119

V. Anrechnung auf die Kaution

Das *AG Görlitz* (NZM 2001, 336) wendet § 366 Abs. 2 BGB auch auf die Verrechnung von Betriebskostenvorauszahlungen und Grundmiete mit der Kaution an. Dem ist jedoch nicht zu folgen. Bei der Verrechnung mit der Kaution liegt nämlich keine Leistung des Mieters vor, sodass für die Anwendung von § 366 BGB von vornherein kein Raum ist. Bei der Verrechnung mit der Kaution handelt es sich nämlich um eine Aufrechnung des Vermieters gegen den Rückzahlungsanspruch des Mieters (*BGH* RE v. 01.07.1987, VIII ARZ 2/87, ZMR 1987, 412 = NJW 1987, 2372). Die Forderungen des Vermieters müssen unstreitig oder rechtskräftig tituliert sein (*LG Berlin*, Urteil vom 20.07.2017, 67 S 111/17, ZMR 2017, 730 = MietRB 2018, 4); Entscheidungsreife sollte im Prozess auch genügen (vgl. jetzt *BGH*, Urt. v. 24.07.2019, VIII ZR 141/17, ZMR 2019, 759: Nach erfolgter Abrechnung kann sich der Vermieter – ohne weitere Schritte ergreifen zu müssen – wegen seiner nunmehr bestimmten und bezifferten Ansprüche aus der Barkaution befriedigen. Dies gilt auch für streitige 1120

Forderungen des Vermieters). Welche seiner Forderungen der Vermieter zur Aufrechnung stellt, steht aber in dessen Belieben. Der Vermieter kann deshalb auch gegen Nebenkostenforderungen aufrechnen. Trifft der Vermieter keine Bestimmung, ist § 366 Abs. 2 BGB über § 396 Abs. 1 Satz 2 BGB entsprechend anzuwenden.

G. Umlegbare Kosten

I. Grundsätzliches

1121 An Nebenkosten kann nur umgelegt werden, was gesetzlich zugelassen und vereinbart oder bei preisgebundenem Wohnraum einseitig bestimmt ist. Dabei ist der Umfang des gesetzlich Zulässigen nach der Art des Mietverhältnisses verschieden geregelt.

II. Wohnraum

1. Allgemeines

1122 Bei der Klassifizierung eines Mietverhältnisses als Wohnraummietverhältnis kommt es auf den Vertragszweck, nicht auf den objektiven Charakter des Mietobjektes als Wohnraum an. Dieser muss auf die (überwiegende) Nutzung der Räume zu Wohnzwecken durch den Mieter gerichtet sein. So kann bei Anmietung einer Wohnung zur Weitervermietung kein Mietverhältnis über Wohnraum, sondern ein gewerbliches Mietverhältnis vorliegen (vgl. z.B. *OLG Frankfurt/M.* ZMR 1986, 360 = DWW 1986, 290). Zur Behandlung einer Bürogemeinschaft vgl. *Schmolke* ZMR 2013, 610

2. Preisgebundener Wohnraum (NMV 1970)

a) Anwendungsbereich

1123 Die NMV 1970 gilt nach Maßgabe des § 2 WoFÜG für nach altem Recht geförderten Wohnraum weiter. Wohnraum, der nach dem WoFG gefördert ist, ist kein preisgebundener Wohnraum. Siehe zum Anwendungsbereich § 1 NMV 1970 (Rdn. 10005).

b) Umlegbare Beträge

1124 Gesetzlich zulässig sind folgende Mietnebenkosten:
– Betriebskosten (§ 20 NMV 1970).
– Umlageausfallwagnis (§§ 20, 25a NMV 1970).
– Zuschläge (§ 26 NMV 1970).
– Vergütungen (§ 27 NMV 1970).

3. Preisfreier Wohnraum

1125 Umlegbar sind nur Betriebskosten (§ 556 Abs. 1 i.V.m. § 557 Abs. 3 und 4 BGB).

III. Geschäftsräume und sonstige Räume

1126 Es bestehen keine speziellen Beschränkungen. Die Umlegbarkeit wird nur begrenzt durch die guten Sitten (§ 138 BGB) und bei der Verwendung Allgemeiner

Geschäftsbedingungen durch das Verbot unangemessener Benachteiligung nach § 307 BGB. Bei ungewöhnlicher Vertragsgestaltung kann eine Klausel auch als überraschend im Sinne des § 305c Abs. 1 BGB eingestuft werden.

Siehe zu einzelnen Nebenkosten bei der Geschäftsraummiete Rdn. 3007, 3052 sowie die Aufstellungen bei *Pfeifer* DWW 2000, 13 ff., *Gather* DWW 2002, 56 und *Schmidt* NZM 2008, 563. 1127

H. Nebenkosten bei beendetem Mietverhältnis

I. Grundsätzliches

1. Dauer der Kostentragungspflicht

Der Mieter hat die Nebenkosten für die Dauer seiner Mietzeit zu tragen. Maßgeblich ist der Zeitpunkt der Beendigung des Mietverhältnisses. Ein vorzeitiger Auszug befreit nicht von der Zahlung der Nebenkosten (*AG Wipperfürth* WuM 1987, 195), kann aber je nach Umlegungsmaßstab zu einer faktischen Entlastung führen, z.b. einer Umlegung nach Personenzahl (Rdn. 4011 ff.) oder Umlegung nur nach Verbrauch (vgl. jedoch Rdn. 6131 für die Kaltverdunstungsvorgabe bei Heizkostenverteilern). Grundsätzlich unerheblich ist auch die melderechtliche Abmeldung (*AG Neuss* WuM 1996, 32; anderes gilt nur im Sonderfall, dass die Abmeldung für die Höhe der Gebühren relevant ist). 1128

Unerheblich ist auch, ob eine Weitervermietung erfolgt. Schließt sich an das Ende des bisherigen Mietverhältnisses nicht unmittelbar ein weiteres Mietverhältnis an, gilt der Vermieter für die Kostenverteilung als neuer Mieter. 1129

Zu einer rückwirkenden Betriebskostenerhöhung bei Betriebskostenpauschalen s. Rdn. 2108 ff. 1130

Bei abzurechnenden Nebenkosten wird eine Nachforderung nicht dadurch ausgeschlossen, dass das Mietverhältnis beendet ist (*LG Rostock* ZMR 2009, 924 = WuM 2009, 232; a.A. *LG Frankfurt/M.* NZM 2002, 336 für rückwirkend erhöhte Grundsteuer). Auch eine Abrechnung zulasten des Mieters und eine hieraus resultierende Nachforderung ist bei Vorliegen der allgemeinen Voraussetzungen hierfür noch möglich (*LG Berlin* GE 2005, 737 ff. für eine rückwirkende Erhöhung der Grundsteuer). 1131

Der Mieter kann nicht verlangen, dass bereits bei Beendigung des Mietverhältnisses eine **Abrechnung** erstellt wird. Die Abrechnung kann erst verlangt werden, wenn die gesamte Abrechnungseinheit abzurechnen ist. 1132

2. Kostenermittlung

Die Kostenermittlung für den alten und den neuen Mieter erfolgt bei **verbrauchsunabhängiger Umlegung** zeitanteilig. Bei Inklusivmieten ist ohnehin die Miete maßgebend. Erfolgt die Kostenverteilung nach der Zahl der Bewohner, muss zunächst die durchschnittliche Bewohnerzahl der jeweiligen Wohnung im Abrechnungszeitraum 1133 ermittelt werden. Hieraus errechnen sich dann die auf die betroffene Wohnung entfallenden Kosten. Diese sind dann unter Berücksichtigung einer unterschiedlichen Personenzahl der Bewohner dieser Wohnung auf Vor- und Nachmieter zu verteilen (*Schmid* ZMR 1998, 261).

1134 Bei einer Kostenverteilung nach **erfasstem Verbrauch** ist eine Zwischenablesung der Messgeräte erforderlich.

1135 Zu den Sonderregelungen nach § 9b HeizkostenV s. Rdn. 6223.

3. Kaution

1136 Die Abrechnung der Kaution kann nicht bis zum Ablauf der Abrechnungsfrist (vgl. *BGH*, Urt. v. 20.07.2016, VIII ZR 263/14, ZMR 2016, 768, *BGH*, Urt. v. 24.07.2019 – VIII ZR 141/17, ZMR 2019, 759, wonach es eine feste Abrechnungsfrist für die Kaution nicht gibt; überholt ist *AG Dortmund* ZMR 2018, 598; vgl. auch *Lützenkirchen* MDR 2019, 260) hinausgeschoben werden (*AG Ahrensburg* WuM 2007, 444). Wenn mit Nachzahlungen zu rechnen ist, kann von der Kaution ein angemessener Betrag einbehalten werden, der voraussichtlich die zu erwartende Nachzahlung deckt (*BGH* Urt. v. 18.01.2006, VIII ZR 71/05, ZMR 2006, 431 = GE 2006, 510).

Auch bei vermieteten Eigentumswohnungen muss eine zeitnahe Abrechnung der Betriebskosten erfolgen, die schnell Klarheit und Rechtssicherheit hinsichtlich der gegenseitigen Forderungen der Mietparteien verspricht. Anderenfalls würde der Mieter einer Eigentumswohnung gegenüber dem Mieter einer sonstigen frei finanzierten Wohnung benachteiligt (vgl. *Bueb*, JurisPR-Mietrecht 13/2020 Anm. 3 zu *AG Hamburg-Blankenese*, Urt. v. 18.12.2019, 531 C 200/19).

Dabei hält das *AG Köpenick* (GE 2010, 1208) den Vermieter für verpflichtet, bereits vor Ablauf der allgemeinen Abrechnungsfrist abzurechnen, im entschiedenen Fall drei Monate nach Ablauf des Abrechnungszeitraumes. Als angemessen wird man in jedem Fall einen Betrag in Höhe der Nachzahlung aus der letzten Abrechnung ansehen können, wenn nicht zwischenzeitlich die Vorauszahlungen erhöht wurden. Nach *AG Hamburg* (WuM 1997, 213) darf das Zurückbehaltungsrecht in Höhe von 3 bis 4 Vorauszahlungsbeträgen ausgeübt werden (so auch *Blank* in Schmidt-Futterer, § 551 Rn. 98 Fn. 280). Eine Ausnahme besteht für preisgebundenen Wohnraum nach § 9 Abs. 5 WoBindG, da dort Betriebskostenforderungen überhaupt nicht gesichert sind. In einem Formularmietvertrag unwirksam ist eine Klausel, die den Vermieter generell berechtigt, nach Auszug des Mieters einen Betrag in Höhe des zweifachen monatlichen Betriebskostenvorschusses **einzubehalten** (*OLG Düsseldorf* ZMR 2000, 211, 214 = NZM 2001, 380 ff.; *AG Köln* WuM 1990, 78). Gegen die ausdrückliche Vereinbarung eines Zurückbehaltungsrechts in angemessener Höhe bis zum Ablauf der Abrechnungsfrist sind jedoch aus § 307 BGB keine durchgreifenden Bedenken herzuleiten (*Goetzmann* ZMR 2002, 566 ff.). Ein Zurückbehaltungsrecht des Vermieters kann nur dann ausgeübt werden, wenn dies vertraglich vereinbart wird. Ist eine solche Klausel formularmäßig festgehalten, so muss sich aus ihr der Zeitpunkt ergeben, zu dem die Abrechnung spätestens zu erfolgen hat; anderenfalls ist die Klausel unwirksam, weil nach der insoweit maßgeblichen kundenfeindlichen Auslegung die Abrechnungsfrist ins Belieben des Vermieters gestellt werde. Die Frist darf nicht länger als ein Jahr nach Ablauf der Abrechnungsperiode bemessen werden (vgl. *Bueb*, JurisPR-Mietrecht 13/2020 Anm. 3 zu *AG Hamburg-Blankenese*, Urt. v. 18.12.2019, 531 C 200/19).

Mit Ablauf der Zeit, innerhalb derer der Vermieter abzurechnen hat (Rdn. 3144 ff.), entfällt das Zurückhaltungsrecht an der Kaution (*LG Kassel* WuM 1989, 511). **1136a**

Die Rückzahlung der Kaution hindert nicht die nachträgliche Geltendmachung von Nebenkostennachzahlungen (*LG Berlin* GE 2000, 893). Im Hinblick darauf, dass diese Frage umstritten ist (vgl. die Nachweise bei *OLG Düsseldorf* NZM 2001, 893 = ZMR 2001, 962), empfiehlt sich jedoch bei der Kautionsabrechnung ein ausdrücklicher Vorbehalt. **1136b**

II. Verspätete Rückgabe

1. Grundsätzliches

Werden die Mieträume nach Beendigung des Mietverhältnisses nicht zurückgegeben, kann der Vermieter nach § 546a Abs. 1 BGB für die Dauer der Vorenthaltung entweder die vereinbarte Miete oder die Miete verlangen, die ortsüblich ist; vgl. *BGH*, Urt. v. 18. 01. 2017, VIII ZR 17/16, ZMR 2017, 300: **Marktmiete**; *OLG Celle*, ZMR 2016, 535. Unerheblich ist, ob der Mieter noch Leistungen, die durch die Nebenkosten gedeckt werden in Anspruch nimmt, da die Inanspruchnahme von Leistungen nicht Voraussetzung der Zahlungspflicht ist (a.A. *Kinne* GE 2007, 825, 826). Zur Verpflichtung des Vermieters trotz beendetem Mietverhältnis noch Nebenleistungen zu erbringen s. Rdn. 1018. **1137**

2. Vorauszahlungen und Abrechnung

Erfolgt die Umlegung durch **Vorauszahlungen und Abrechnung** bedeutet dies, dass Vorauszahlungen jedenfalls im bisherigen Umfang weiter geschuldet sind. Außer bei verbrauchsabhängigen Kosten kommt es nicht darauf an, ob der Mieter Leistungen des Vermieters in Anspruch nimmt (a.A. *Kinne* GE 2007, 825, 826). Die Möglichkeit einer Anhebung auf das ortsübliche Niveau ermöglicht es jedoch dem Vermieter, zu niedrig vereinbarte Vorauszahlungen auf einen angemessenen Betrag durch einseitige Erklärung anzuheben, ohne dass die Beschränkungen des § 560 BGB beachtet werden müssen. Ortsüblich sind nämlich in aller Regel Vorauszahlungen, die den Abrechnungsbetrag voraussichtlich decken. Der Anspruch auf erhöhte Zahlungen tritt an sich mit der Beendigung des Mietverhältnisses automatisch ein (*BGH* Urt. v. 14.07.1999, XII ZR 215/97, ZMR 1999, 749 = NZM 1999, 803). Dem Mieter ist jedoch das Verlangen nach erhöhten Vorauszahlungen nach Treu und Glauben mitzuteilen. **1137a**

Mit der Vorauszahlungspflicht des Mieters korrespondiert die Abrechnungspflicht des Vermieters. Hierfür und für Nach- und Rückzahlungen gelten deshalb dieselben Grundsätze wie bei einem bestehenden Mietverhältnis (*Lützenkirchen* **1138**

GE 2013, 1176). Es gilt jedoch nicht Ausschlussfrist des § 556 Abs. 3 Satz 3 BGB (*Lützenkirchen* GE 2013, 1176; str.).

3. Pauschalen

1139 Weiter zu bezahlen sind auch Nebenkostenpauschalen. Eine Erhöhung kann auch hier ohne das Verfahren nach § 560 BGB geltend gemacht werden. Es besteht keine Bindung an die Frist des § 560 Abs. 2 BGB (*Lützenkirchen* GE 2013, 1176).

4. Inklusivmieten

1140 Bei Inklusivmieten erfolgt die Anhebung auf die Vergleichsmiete nicht im Verfahren nach §§ 558 ff. BGB. Dem Vermieter erwächst mit Beendigung des Mietverhältnisses ein Anspruch auf die (höhere) ortsübliche Miete (*BGH* Urt. v. 14.07.1999, XII ZR 215/97, ZMR 1999, 749 = NZM 1999, 803 ff.). Dabei bilden bei einer Inklusivmiete Grundmiete und Nebenkosten eine Einheit.

1141 Liegt die Vergleichsmiete nicht höher als die bisherige Miete, kann eine Erhöhung der Nutzungsentschädigung wegen gestiegener Betriebskosten nicht verlangt werden; vgl. *BGH*, Urt. v. 18. 01. 2017, VIII ZR 17/16, ZMR 2017, 300: Marktmiete kann verlangt werden.

III. Nachhaftung bei Gesellschaft als Mieterin

1141a Für die Nachhaftung eines Gesellschafters einer oHG oder Gesellschaft bürgerlichen Rechts (§ 160 HGB, § 736 Abs. 2 BGB) kommt es für die Haftung als solche darauf an, auf welchen Zeitraum sich die Abrechnung bezieht, nicht wann sie erfolgt (*KG* ZMR 2005, 952 = GE 2005, 1426) Die Forderung muss aber im Nachhaftungszeitraum fällig werden und geltend gemacht werden (§ 160 Abs. 1 HGB).

I. Nicht zustande gekommenes Mietverhältnis

1142 Die Mietnebenkostenumlegung im eigentlichen Sinn setzt das Bestehen eines Mietvertrages voraus. Hat der Mieter die Räume genutzt, obwohl ein Mietverhältnis nicht zustande gekommen ist, schuldet der vermeintliche Mieter eine **Nutzungsentschädigung** nach §§ 988 oder 812 BGB (*KG* NZM 2002, 563 = GE 2001, 693). Diese Nutzungsentschädigung umfasst auch die Nebenkosten.

1143 Eine **Abrechnung** im technischen Sinne wie bei einem zustande gekommen Mietverhältnis ist nicht erforderlich (offen gelassen von *KG* NZM 2002, 563 = GE 2001, 693). Erstattet werden muss nämlich der Wert der Nutzungen für den vermeintlichen Mieter nach § 818 Abs. 2 BGB. Das ist der objektive Verkehrswert (*BGH* Urt. v. 24.11.1981, X ZR 7/80, BGHZ 82, 299 = NJW 1982, 1154). Dieser Wert ist grundsätzlich unabhängig vom Kostenanfall beim Vermieter. Maßgeblich für die Zahlungspflicht ist die ortsübliche Vergleichsmiete (*KG* GE 2003, 185); nach *BGH* (Urt. v. 18. 01. 2017, VIII ZR 17/16, ZMR 2017, 300) die Marktmiete. Die verbrauchsunabhängigen Nebenkosten sind deshalb in üblicher und nicht in konkret angefallener Höhe zu berücksichtigen (*BGH* Urt. v. 06.08.2008, XII ZR 67/06, ZMR 2009, 103 = NZM 2008, 886 = MDR 2009, 19).

Problematisch ist die Behandlung verbrauchsabhängiger Kosten, die verbrauchsabhängig abgerechnet werden, da aufgrund der individuellen Beeinflussung die Anwendung eines objektiven Durchschnittswertes sachlich nicht gerechtfertigt erscheint. Der *BGH* (Urt. v. 06.08. 2008, XII ZR 67/06, ZMR 2009, 103 = NZM 2008, 886 = MDR 2009, 19) verlangt für die verbrauchsabhängigen Nebenkosten eine konkrete Darlegung und lässt hierfür die Vorlage von Abrechnungen genügen, wenn die dort enthaltenen Kosten ortsüblich sind. Es ist deshalb angezeigt, die verbrauchsabhängigen Kosten so zu behandeln, als wäre der Mietvertrag wirksam. Das läuft im Fall einer Verbrauchserfassung letztlich faktisch auf eine Abrechnung hinaus (*KG* GE 2003, 185). 1144

Für den Fall, dass der »Mieter« Zahlungen geleistet hat, ist zu berücksichtigen, dass nach der Saldotheorie von vornherein nur ein einheitlicher Anspruch auf den Überschuss der Aktiv- über die Passivposten besteht (*Fischer* NZM 2005, 569). Geleistete Nebenkostenvorauszahlungen sind ebenso wie eine eventuell geleistete Grundmiete in die Berechnung des geschuldeten Gesamtbetrages einzustellen. 1145

Der Anspruch **verjährt** nach allgemeinen Regeln. Maßgeblicher Zeitpunkt für den Verjährungsbeginn ist dabei der Zeitpunkt, zu dem nach dem gescheiterten Mietvertrag zu leisten gewesen wäre (*KG* NZM 2002, 563 = GE 2001, 693). Im Fall einer Anfechtung ist es nicht sachgerecht, auf den Zeitpunkt der Anfechtung abzustellen, da im Hinblick auf die Rückwirkung nach § 142 Abs. 1 BGB lediglich ein Bereicherungsanspruch an die Stelle des vertraglichen Anspruchs tritt (*Schmid* GE 2009, 298, 301). Auf den Zeitpunkt der Anfechtung ist abzustellen, wenn sich aus ungerechtfertigter Bereicherung ein höherer Anspruch ergibt als nach dem Vertrag (*Schmid* GE 2009, 298, 301). 1146

Da eine Abrechnung bei Pauschalen überhaupt nicht stattzufinden hat, kommt dem Zugang einer gleichwohl erfolgten Abrechnung für Nachforderungen in verjährungsrechtlicher Hinsicht keine Bedeutung zu. Insbesondere beginnt mit einer Abrechnung nicht eine neue Verjährungsfrist für den Saldo. Für Rückzahlungen liegt jedoch ein Anerkenntnis des »Vermieters« vor. 1147

J. Untermiete

Im Verhältnis zwischen Haupt- und Untermieter gelten die nebenkostenrechtlichen Vorschriften in gleicher Weise wie zwischen Vermieter und Hauptmieter. 1148

Eine Bindung des Untermieters an die Abrechnung des Hauptvermieters besteht nicht. Eine solche Bindung kann bei Wohnraummietverhältnissen auch nicht vereinbart werden, da ansonsten das Einwendungsrecht des Mieters nach § 556 Abs. 3 Satz 5 BGB entgegen § 556 Abs. 4 BGB eingeschränkt würde. Bei Nichtwohnraummietverhältnissen ist eine entsprechende Vereinbarung grundsätzlich möglich. Bei der Verwendung Allgemeiner Geschäftsbedingungen wird jedoch ein Verstoß gegen 1149

§ 307 BGB jedenfalls dann anzunehmen sein, wenn sich nicht der Untervermieter verpflichtet, die Abrechnung des Hauptvermieters zu überprüfen.

1150 Eine Einsicht in die Abrechnungsbelege hat der Untervermieter dem Untermieter beim Hauptvermieter zu ermöglichen. Ggf. hat er dem Untermieter eine schriftliche Vollmacht zu erteilen.

1151 Nimmt der Untervermieter auf die Abrechnung des Hauptvermieters Bezug, begründet ein Mangel der Abrechnung des Hauptvermieters auch einen Fehler der Abrechnung des Untervermieters (*OLG Köln* ZMR 2010, 850).

K. Wohnungs- und Teileigentum

I. Beschlusskompetenz der Wohnungseigentümer für Betriebskosten

1152 Nach § 16 Abs. 3 WEG (§ 16 Abs. 2 Satz 2 WEMoG) können die Wohnungseigentümer den Kostenverteilungsschlüssel für Betriebskosten im Sinne des § 556 Abs. 1 BGB mehrheitlich beschließen und ändern. Diese eindeutige Verweisung verbietet es, einen eigenen Betriebskostenbegriff für das Wohnungseigentumsrecht zu entwickeln (Hügel/Elzer/*Hügel* Das neue WEG-Recht, § 5 Rn. 13; *Schmid* MDR 2007, 989; a.A. *Schmidt* ZMR 2007, 913, 923 unter Berufung auf einen nicht näher erläuterten Sinn und Zweck der Vorschrift). Es gilt der mietrechtliche Betriebskostenbegriff des § 556 Abs. 1 Satz 2 BGB. Die Verweisung erstreckt sich auch auf die Fortgeltung der BetrKV (§ 556 Abs. 1 Satz 3 BGB). Daraus folgt, dass nicht nur der abstrakte Betriebskostenbegriff des § 556 Abs. 1 Satz 2 BGB heranzuziehen ist, sondern auch seine konkrete Ausprägung und teilweise Erweiterung durch § 2 BetrKV. Schließlich bezieht sich die Verweisung auch auf die Ermächtigung zum Erlass einer Rechtsverordnung über die Aufstellung der Betriebskosten (§ 556 Abs. 1 Satz 3 BGB). Das ist zwar an sich wenig sinnvoll und wohl in der Hauptsache damit zu erklären, dass zur Zeit des ersten Entwurfs der seinerzeitigen Neufassung des § 16 Abs. 3 WEG per 1.7.2007 (damals noch § 16 Abs. 2 Satz 2–4 WEG-E) diese Ermächtigung noch in § 19 WoFG a.F. enthalten war. Insgesamt ist jedoch aus der pauschalen Verweisung auf § 556 Abs. 1 BGB abzuleiten, dass für die Beschlusskompetenz der Wohnungseigentümer der mietrechtliche Betriebskostenbegriff in der konkreten Ausprägung, die er durch die BetrKV in ihrer jeweiligen Fassung erhält, maßgeblich ist. Unterstrichen wird dieses Ergebnis durch die gesonderte Erwähnung der Verwaltungskosten, die keine Betriebskosten sind, im Referentenentwurf (ZMR-Sonderdruck November 2004) aber noch als solche bezeichnet wurden (*Schmid* ZMR 2005, 27, 28). Die Rechtsvereinheitlichung ist im Regierungsentwurf (BT-Drucks. 16/887) ausdrücklich als Grund für die Verweisung genannt.

II. Kostenumlegung bei vermietetem Wohnungs- und Teileigentum

1153 Bei der Vermietung von Wohnungs- und Teileigentum stehen sich im Grundsatz zwei Prinzipien gegenüber: Die gebäudebezogene Abrechnung und die wohnungsbezogene Abrechnung (*Blank* NZM 2004, 365, 367). Zu Einzelheiten vgl. *Riecke* in Riecke/Schmid, WEG, Anhang zu § 16 WEG.

1153a Bei der gebäudebezogenen Abrechnung werden die Kosten auf die einzelnen Mieter so verteilt, als ob das Gebäude einem Eigentümer gehören würde. Der Vermieter muss sich die Daten für die Mieterabrechnung beschaffen und unter Außerachtlassung der für Abrechnung der Wohnungseigentümer untereinander geltenden Regelungen die Abrechnung nach mietrechtlichen Grundsätzen erstellen. Diese Abrechnungsmethode entspricht der jedenfalls bisher herrschenden Meinung (*BGH* Urt. v. 26.05.2004, VIII ZR 169/03, WuM 2004, 403 = DWW 2004, 261 = ZMR 2004, 662).

1153b Bei der wohnungsbezogenen Abrechnung ist maßgebend, welche Kosten von der Gemeinschaft der Wohnungseigentümer dem Vermieter in Rechnung gestellt werden. Diese sind die Grundlage für die Umlegung auf den Mieter, sodass es nicht auf die Zahlungen der Wohnungseigentümer(gemeinschaft) an die Leistungserbringer ankommt. Jedenfalls nach Anerkennung der Rechtsfähigkeit der Gemeinschaft der Wohnungseigentümer als Verband (vgl. § 10 Abs. 6 WEG; § 9a Abs. 1 WEMoG) hat diese Auffassung an Bedeutung gewonnen (*Blank* NZM 2004, 365; *Schmid* ZMR 2008, 260; *Horst* DWW 2011, 2, 5; vgl. auch *Milger* NZM 2008, 757, 762), weil die Kosten zunächst der Gemeinschaft der Wohnungseigentümer als Verband und dann erst dem einzelnen Wohnungseigentümer als Vermieter entstehen (vgl. Rdn. 1050).

1153c Eine verbindliche gesetzliche Regelung besteht nicht. Die Abrechnungsmethode kann zwischen Vermieter und Mieter vertraglich vereinbart werden. Fehlt eine Regelung, kann der Vermieter die Abrechnungsmethode einseitig bestimmen. Dieses Wahlrecht wird mit der ersten Abrechnung ausgeübt. Die gewählte Methode ist dann bis zu einer anderweitigen vertraglichen Regelung bindend (*Schmid* ZMR 2008, 260, 265).

1153d Der Vermieter einer Eigentumswohnung hat grds. auch dann innerhalb der Jahresfrist des § 556 Abs. 3 Satz 2 BGB über die Betriebskosten abzurechnen, wenn der Beschluss der Wohnungseigentümer über die Jahresabrechnung noch nicht vorliegt. Nach Ablauf der Frist kann er eine Nachforderung nur geltend machen, wenn der Vermieter die Verspätung nach § 556 Abs. 3 Satz 2 Halbsatz 2 BGB nicht zu vertreten hat, wofür er darlegungs- und beweisbelastet ist. Eine hiervon abweichende Vereinbarung ist gemäß § 556 Abs. 4 BGB unwirksam (*BGH*, Urt. v. 25.01.2017, VIII ZR 249/15, ZMR 2017, 303; *BGH*, B. v. 14.03.2017, VIII ZR 50/16, ZMR 2017, 630). Auf Einzelheiten der Umlegung von Mietnebenkosten bei vermietetem Wohnungs- und Teileigentum wird bei den jeweiligen Einzelfragen eingegangen.

L. Schätzungen

I. Zulässigkeit von Schätzungen

1154 Schätzungen sind nach der Rechtsprechung des *BGH* (Urt. v. 20.02.2008, VIII ZR 27/07, ZMR 2008, 691 = GE 2008, 662 ff. = NZM 2008, 403; BGH VIII ZR 156/11, ZMR 2012, 341 = NZM 2012, 230) nicht grundsätzlich unzulässig. Diese Rechtsprechung erging zur Abgrenzung von umlegbaren und nicht umlegbaren Kosten (Hauswart) und zur Verteilung auf verschiedene Betriebskostenpositionem (Strom). Zu diskutieren ist die Zulässigkeit von Schätzungen auch, wenn es um den Anfall der Kosten überhaupt und um die Verteilung einheitlich angefallener Kosten auf verschiedene Abrechnungseinheiten geht. Dass mehrere Wohnungen von der Schätzung betroffen sind, schließt die Zulässigkeit der Schätzung nicht aus. § 9a Abs. 2 HeizkostenV (vgl. *Wall*, Kommentar 5. Aufl. Rn. 6502 ff.) ist außerhalb der Kostenverteilung nach der HeizkostenV nicht anwendbar.

II. Einzelne Voraussetzungen für die Zulässigkeit einer Schätzung

1155   Nicht äußern musste sich der *BGH* bisher zu den Voraussetzungen, unter denen eine Schätzung zulässig ist. Sicherlich hat der Vermieter nicht das Recht, anstelle einer vorgeschriebenen oder vereinbarten Verbrauchserfassung generell oder willkürlich Schätzungen vorzunehmen. Folgende Kriterien können herangezogen werden:

1. Unmöglichkeit der Verbrauchserfassung

1156   Eine Schätzung kann grundsätzlich erfolgen, wenn aus zwingenden Gründen eine ordnungsgemäße Verbrauchserfassung nicht möglich ist. Es können hier die zu § 9a HeizkostenV entwickelten Grundsätze herangezogen werden. Siehe deshalb Rdn. 6199 ff.

1157   Zur Zutrittsverweigerung vgl. *Wall*, Kommentar 5. Aufl. Rn. 6506 sowie unten Rdn. 6203.

1158   Der *BGH* (Urt. v. 20.02.2008, VIII ZR 27/07, ZMR 2008, 691 = GE 2008, 662 ff. = NZM 2008, 403) gestattet eine Schätzung auch dann, wenn keine Zwischenzähler vorhanden sind, auch wenn solche vorhanden sein sollten. Das kann jedoch nicht verallgemeinert werden. Eine Schätzung wegen des Fehlens von Zählern kann nur im Einzelfall erfolgen, wenn sie sachgerecht ist. Die Zulässigkeit einer Schätzung berührt insbesondere nicht ein bestehendes Recht des Mieters vom Vermieter die Anbringung von Zählern zu verlangen (*Schmid* GE 2008, 905, 908).

2. Unwirtschaftlichkeit

1159   Eine verursachungsbezogene Abrechnung veranlasst durch Erfassung und Verteilung zusätzliche Kosten. Dass eine Verbrauchserfassung auch wegen Unwirtschaftlichkeit entfallen kann, bringt § 11 Abs. 1 Nr. 1 Buchst. a) HeizkostenV zum Ausdruck. Wenn eine Verursachungserfassung grundsätzlich erforderlich ist, kann eine Unwirtschaftlichkeit nicht allein mit den zusätzlichen Kosten begründet werden (*Schmid* GE 2008, 905, 906). Unwirtschaftlichkeit ist jedoch anzunehmen, wenn die zusätzlichen Kosten außer Verhältnis zu den Kosten der abzurechnenden Position stehen (*AG Bersenbrück* NJW-RR 2000, 1031 = NZM 2000, 863). Eine starre Grenze wird sich hier kaum finden lassen.

3. Anfall der Kosten

1160   Grundsätzlich obliegt es dem Vermieter, die umlegbaren Kosten nach dem tatsächlichen Anfall zu erfassen. In Einzelfällen kann es jedoch zu Erfassungsmängeln kommen, z.B. bei Ausfall von Hauptzählern oder wenn Ausgaben zwar angefallen sind, ihre Höhe aber nicht mehr rekonstruierbar ist. In diesen Fällen kann der Vermieter den Betrag umlegen, der mindestens angefallen ist (s. hierzu im Einzelnen Rdn. 1044a ff.).

L. Schätzungen

Weitergehend will das *OLG Düsseldorf* (ZMR 2008, 890 = GuT 2008, 204) einen Ansatz von Erfahrungswerten zulassen, wenn der Vermieter die notwendigen Daten für die Abrechnung nicht mehr beschaffen kann. Dem ist jedoch nicht für die Fälle zuzustimmen, in denen der Vermieter die Nichterfassung zu vertreten hat (*LG Itzehoe* WuM 2011, 26), wobei der Vermieter das Verhalten des Ableseunternehmens als seines Erfüllungsgehilfen nach § 278 BGB zu vertreten hat.

4. Ausreichende Schätzgrundlagen

Eine Schätzung darf nicht willkürlich sein. Für die Schätzung müssen Tatsachen vorliegen, die einen Schluss darauf zulassen, dass das Schätzergebnis mit Wahrscheinlichkeit den tatsächlichen Gegebenheiten nahekommt (*BayObLG* ZMR 2005, 137 = WuM 2004, 679, 680). Eine Schätzung scheidet deshalb dann aus, wenn überhaupt keine Tatsachen vorhanden sind, die auf die ungefähre Richtigkeit des Schätzergebnisses schließen lassen (*LG Hamburg* WuM 1989, 640). Bei der Kostenverteilung muss dann auf andere Abrechnungsmaßstäbe ausgewichen werden. Führt das zu einem unbilligen Ergebnis kann auch ein Entfall der Umlegungsfähigkeit der von dem Mangel betroffenen Kosten erfolgen (vgl. *LG Itzehoe* WuM 2011, 26). 1161

Zur Schätzung von Hauswart- und Reinigungskosten vgl. *AG Dortmund* WuM 2015, 626 Rn. 26. 1162

III. Durchführung einer Schätzung – Schätzgrundlagen

1. Allgemeines

Da eine Schätzung oder Pauschalierung immer nur ein Annäherungswert ist, hat der Vermieter einen Beurteilungsspielraum (*BayObLG* ZMR 2005, 137 = WuM 2004, 679, 680 zum Wohnungseigentum), der dem billigen Ermessen im Sinne des § 315 BGB entspricht. Das bezieht sich insbesondere auf die Gewichtung der Schätzkriterien, wenn mehrere in Betracht kommen. Anders als bei § 9a HeizkostenV können auch mehrere Schätzgrundlagen kombiniert werden. 1163

2. Schätzgrundlagen

a) Andere Abrechnungszeiträume

Ein sachgerechtes Schätzkriterium ist grundsätzlich der Verbrauch in anderen Abrechnungszeiträumen (*LG Berlin* GE 2008, 669; *KG* ZMR 2008, 620 = GE 2008, 669, 670). 1164

Dieses Vergleichskriterium ist jedoch nur eingeschränkt brauchbar, wenn besondere Umstände gerade im betroffenen Abrechnungszeitraum vorgelegen haben, z.B. ein längerer Krankenhaus- und Kuraufenthalt oder eine Veränderung der Zahl der Bewohner. Es ist insbesondere nur mit Vorsicht heranzuziehen, wenn die Wohnung im Vergleichszeitraum von einem anderen Mieter bewohnt wurde. 1165

Andere Abrechnungszeiträume können auch herangezogen werden, wenn es um eine Vorerfassung des Verbrauchs von Gewerberäumen (vgl. *LG Berlin* GE 2008, 669; *KG* ZMR 2008, 620 = GE 2008, 669, 670) oder die Aufteilung von Kosten auf 1166 mehrere Kostenpositionen (*Schmid* GE 2008, 905 [907]) geht. Das gilt auch für die Aufteilung von Hauswarttätigkeiten in umlegbare und nicht umlegbare Kosten, wenn im Vergleich zu den Vorjahren keine wesentliche Veränderung vorliegt.

b) Vergleichbare Wohnungen

1167 Dieses Kriterium ist in § 9a Abs. 1 Satz 1 HeizkostenV vorgesehen, dürfte aber in anderen Fällen kaum Bedeutung erlangen. Insbesondere beim Verbrauch von Wasser und der Verursachung von Müll kommt es weniger auf die Vergleichbarkeit der Wohnungen als auf die Lebensgewohnheiten der Bewohner an (*Schmid* GE 2008, 905 [907]).

c) Durchschnittsverbrauch im Haus

1168 Bedenken bestehen dagegen, wenn als Ersatzwert der Durchschnittsverbrauch des Hauses angesetzt wird (*Schmid* GE 2008, 905, 907). Unzulässig ist auch eine Schätzung in der Weise, dass der Anteil der Wohnfläche in das Verhältnis zum Durchschnittsverbrauch aller abgelesenen Wohnungen im Haus gesetzt wird (*AG Charlottenburg* GE 2011, 207). Das läuft dem Zweck der Wertung des individuellen Verbrauches gerade zuwider und ist deshalb mit dem Grundgedanken der verbrauchsabhängigen Abrechnung nicht vereinbar. Wer die Ablesung unberechtigt verweigert, wird sich hierauf aber nach Treu und Glauben nicht berufen können (vgl. *AG Brandenburg a.d. Havel* GE 2004, 1459). Erst recht sind bundes- oder landesweite Durchschnittsverbräuche keine geeignete Schätzgrundlage (*Wall*, Betriebskosten-Kommentar 5. Aufl. Rn. 1780 ff, 6526).

d) Zähler mit abgelaufener Eichfrist

1169 Die Verwendung von Zählern, deren Eichfrist abgelaufen ist, ist verboten und nach § 25 EichG mit Geldbuße bedroht (*BayObLG* ZMR 2005, 969 = WuM 2005, 479 zum WEG). Ein Verstoß gegen das Eichrecht führt aber nicht dazu, dass die Messwerte als nicht vorhanden behandelt werden müssen. § 33 Abs. 1 MessEG n.F. statuiert kein grundsätzliches, auch zivilprozessual wirkendes Verwendungsverbot. Das Ziel des MessEG, die Richtigkeit des Eichvorgangs zu gewährleisten, rechtfertigt auch keine analoge Anwendung des § 134 BGB (*LG Limburg*, Urt. v. 31.08.2018, 3 S 39/18, ZMR 2019, 27).

e) Kapazität von Geräten

1170 Die Kapazität von Anlagen und deren Energieaufnahme kann in Verbindung mit der Betriebsdauer brauchbare Hinweise auf den Verbrauch liefern (*AG Mitte* GE 2005, 1253; *Schmid* WuM 2004, 643, 644).

f) Hochrechnungen

1171 Verursachungsermittlungen, die nicht gesetzlich vorgeschrieben sind, müssen, vor allem wenn sie nicht automatisiert durchgeführt werden können, nicht das ganze Jahr über stattfinden. Das gilt insbesondere bei Hauswarttätigkeiten, bei denen eine minutengenaue Erfassung das ganze Jahr über bei Hauswart und Vermieter einen unangemessenen Aufwand erfordern würde. Es wird deshalb als ausreichend angesehen,

L. Schätzungen

wenn der Stundennachweis für repräsentative Zeiträume geführt wird und dann eine Hochrechnung auf das ganze Jahr erfolgt (vgl. *AG Neuruppin* WuM 2004, 538, 539).

g) Verträge

Auch wenn es in Fällen der Kostenaufteilung auf die tatsächlich erbrachten Leistungen und nicht auf das in einem Vertrag festgelegte Verhältnis ankommt, kann die Leistungsbeschreibung in Verträgen als Indiz herangezogen werden (*BGH* Urt. v. 20.02.2008, VIII ZR 27/07, ZMR 2008, 691 = GE 2008, 662 ff. = NZM 2008, 403). Allerdings ist dabei Vorsicht geboten. Da der Mieter am Vertragsschluss nicht beteiligt, ist die Versuchung groß, dass Vermieter und Anbieter die Kosten für den Vermieter zulasten der Mieter möglichst gering halten. 1172

h) Erfahrungswerte

Beim Kostenanfall kann der Ansatz von Erfahrungswerten den Mieter benachteiligen. 1173

Betriebskostenangaben in Mietspiegeln oder Betriebskostenspiegel können deshalb nur mit besonderer Vorsicht herangezogen werden, da kein Haus wie das andere ist und die jeweiligen Besonderheiten nicht berücksichtigt sind (*Schmid* GE 2005, 905, 907). 1174

i) Verschulden

Verschuldensgesichtspunkte bleiben bei Schätzungen grundsätzlich außer Betracht (vgl. *Beuermann* GE 2008, 633). Das schließt es aber nicht aus, aus dem Verhalten eines Beteiligten Rückschlüsse zu ziehen. So ist es nicht zu beanstanden, wenn einem Mieter, der grundlos die Ablesung verhindert hat, ein höherer Betrag zugeschätzt wird. Die Verweigerung der Ablesung ohne Grund indiziert nämlich, dass der Mieter einen hohen Verbrauch verbergen will. Außerdem kann der Mieter, der die ordnungsgemäße Verbrauchserfassung schuldhaft vereitelt hat, sich nach Treu und Glauben (§ 242 BGB) nicht darauf berufen, dass der Vermieter eine ihn möglicherweise benachteiligende Schätzmethode gewählt hat (vgl. *AG Brandenburg a.d. Havel* GE 2004, 1459). 1175

IV. Darstellung in der Abrechnung

Für die formellen Anforderungen an eine Abrechnung hat es der *BGH* (Urt. v. 20.02.2008, VIII ZR 27/07, ZMR 2008, 691 = GE 2008, 662 ff. = NZM 2008, 403) inzident (*Derckx* NZM 2008, 395, 396) genügen lassen, dass überhaupt erkennbar ist, dass eine Schätzung vorgenommen wurde. 1176

Nicht für eine formell ordnungsmäßige Abrechnung ausreichend war es bisher (BGH Urt. v. 20.02.2008, VIII ZR 1/06, ZMR 2007, 359 = NZM 2007, 244), sofern ein Pauschalabzug vorgenommen wird, dies aber aus der Abrechnung nicht erkennbar war. Die Angabe nur der um nicht umlegte Kostenteile bereinigten Beträge reicht jetzt aber aus (*BGH* Urt. v. 20.01.2016, VIII ZR 93/15, ZMR 2016, 282). Umstritten ist, ob bereits aus der Abrechnung erkennbar sein muss, dass der Abzug auf einer Schätzung oder einer Pauschalierung beruht (*AG Leipzig* ZMR 2004, 594 = WuM 2004, 24). Nur so wird für den Mieter erkennbar, dass Veranlassung besteht, 1177 die Berechtigung des pauschalen Abzugs zu prüfen. Der Mieter darf nicht dahin irregeführt werden, dass es bei den angesetzten Kosten um die tatsächlichen Kosten handelt (*Schmid* NZM 1998, 499).

1178 Für die formelle Ordnungsmäßigkeit der Abrechnung genügt es, wenn in ihr der Hinweis »geschätzt« oder »pauschal« enthalten ist. Eine Angabe der Schätzgrundlagen ist nicht Voraussetzung für die formelle Ordnungsmäßigkeit (*Schmid* GE 2008, 905, 909). Der Vermieter kann deshalb unerläuterte Pauschalabzüge vornehmen, ohne dass dadurch die Abrechnung formell unwirksam wird (vgl. *Schach* GE 2008, 632). Da die Kostenverteilung in der Regel eine Verhältnismäßigkeitsrechnung ist, muss auch darauf hingewiesen werden, dass (nur) in anderen Wohnungen Schätzungen vorgenommen wurden.

V. Schadensersatz

1179 Rechnet der Vermieter nur nach einer Schätzung ab, obwohl er zu einer Abrechnung nach Verursachungserfassung verpflichtet gewesen wäre, so verletzt er eine mietvertragliche Nebenpflicht und haftet bei Verschulden auf Schadensersatz (*Schmid* NZM 1998, 500). Ein Verschulden des Vermieters ist auch darin zu sehen, dass er es unterlassen hat, gegen Mieter, die die Durchführung der Abrechnung nicht ermöglicht haben, rechtzeitig mit einer einstweiligen Verfügung vorzugehen (vgl. Rdn. 6223a). Ein Verschulden seiner Erfüllungsgehilfen, z.B. des Messdienstes, hat der Vermieter nach § 278 BGB zu vertreten. Den Mieter trifft jedoch der schwer zu führende Nachweis eines Schadens, d.h. er muss darlegen und beweisen, dass er bei korrekter Abrechnung hätte weniger zahlen müssen.

VI. Prozessuales

1. Grundsatz

1180 Im Prozess geht es darum, ob die Schätzungen materiell-rechtlich zulässig sind, ob die Schätzgrundlagen zutreffend sind und ob die aufgrund dieser Tatsachen angenommenen Werte vertretbar sind.

2. Zulässigkeit der Schätzung

1181 Der Vermieter muss die Tatsachen darlegen und gegebenenfalls beweisen, aus denen sich ergibt, dass eine Schätzung überhaupt zulässig ist, insbesondere, dass die eigentlich geschuldete verbrauchsabhängige Abrechnung nicht möglich ist (*Schmid* NZM 1998, 499, 500).

3. Schätzgrundlagen

1182 Der *BGH* (Urt. v. 20.2.2008, VIII ZR 27/07, ZMR 2008, 691 = GE 2008, 662 ff. = NZM 2008, 403) lässt ein schlichtes Bestreiten des Mieters jedenfalls so lange zu, als der Vermieter auf das pauschale Bestreiten hin seinen Sachvortrag nicht konkretisiert. Aus dieser zunächst rechtsdogmatisch etwas unklar erscheinenden Konstruktion lässt sich m. E. Folgendes ableiten: Der Vermieter muss nicht bereits in der Klagschrift das Ergebnis der Abrechnung mit den Einzelheiten untermauern, aus denen die materielle

Richtigkeit der Abrechnung folgt (*KG* ZMR 1998, 627 = NZM 1998, 620). Erst wenn der Mieter die inhaltliche Richtigkeit der Abrechnung bestreitet, muss der Vermieter die Tatsachen im Einzelnen darlegen und beweisen, aus denen sich die Richtigkeit des von ihm behaupteten Abrechnungsergebnisses ergibt (vgl. Rdn. 7088 ff.). Für die Schätzgrundlagen bedeutet dies konkret, dass es zunächst genügt, wenn der Vermieter die Abrechnung vorlegt, aus der sich ergibt, dass Schätzungen vorgenommen wurden. Erst wenn der Mieter – auch unsubstantiiert – Zulässigkeit und Richtigkeit des Schätzwertes bestreitet, muss der Vermieter die Schätzung und deren Ergebnis mit Tatsachenvortrag untermauern (*Schmid* GE 2008, 905, 909).

Bei der Heranziehung anderer Abrechnungszeiträume obliegt es dem Vermieter den jeweiligen Verbrauch darzutun. Dies kann durch Vorlage der Abrechnung relativ einfach geschehen. Bei einem etwa gleichen Verbrauch in anderen Abrechnungszeiträumen spricht zumindest ein Anscheinsbeweis für einen entsprechenden Verbrauch auch im streitigen Abrechnungszeitraum. Behauptet der Mieter, es seien im Abrechnungsjahr besondere Umstände vorhanden gewesen, die zu einem geringen Verbrauch geführt hätten, hat der Mieter dies zu beweisen. Das gilt insbesondere für Umstände, die in der Sphäre des Mieters liegen, wie z.B. eine längere Abwesenheit. 1183

4. Gegenrechte des Mieters

Macht der Mieter geltend, dass er bei ordnungsgemäßer Verbrauchserfassung weniger zu zahlen gehabt hätte, so trifft ihn die Beweislast für die Tatsachen aus denen sich dies ergibt. Macht der Mieter einen Schadensersatzanspruch geltend, muss er die objektive Pflichtverletzung und den Schaden beweisen; der Vermieter muss gegebenenfalls beweisen, dass ihn kein Verschulden trifft (*Schmid* NZM 1998, 499, 500). 1184

5. Überprüfung der Ermessensentscheidung

Das bei der Schätzung ausgeübte Ermessen ist gemäß § 315 BGB gerichtlich überprüfbar (*OLG Hamburg* ZMR 2004, 769, 770 zum WEG). Eine Korrektur kommt nur bei einem Ermessensfehlgebrauch in Betracht. 1185

6. Schätzung durch das Gericht

Hält der Ansatz des Vermieters der gerichtlichen Überprüfung nicht stand, muss das Gericht einen Wert ermitteln. Da Streitgegenstand nur der zwischen dem Vermieter und dem einzelnen Mieter streitige Betrag ist, kann die Erholung eines Sachverständigengutachtens zu dem höchstwahrscheinlichen Wert oft unverhältnismäßig hohe Kosten verursachen. Es kommt deshalb eine gerichtliche Schätzung nach § 287 ZPO in Betracht (*Schmid* NZM 1998, 499, 500). 1186

M. Übergangsprobleme

I. Betriebskostenverordnung

Die ab 1.1.2004 geltende Neuregelung beinhaltet die **BetrKV**, deren § 2 die bisherige Anlage 3 zu § 27 II. BV ersetzt. Die Aufzählung der einzelnen Kostenpositionen in 1187

§ 2 BetrKV entspricht der Systematik und der Nummerierung der Anlage 3 zu § 27 II. BV. Der Text der aufgehobenen Anlage 3 zu § 27 II. BV ist in Rdn. 10010 abgedruckt. Auf Einzelfragen ist bei den jeweiligen Problemen eingegangen.

1188 Neben sprachlichen und redaktionellen Änderungen bringt § 1 BetrKV eine Definition des Betriebskostenbegriffes, der im Ergebnis keine Änderung gegenüber der bisherigen Rechtslage bewirkt. In den Katalog des § 2 BetrKV sind einige Positionen neu aufgenommen worden, nämlich die Kosten für
– Eichungen (Nr. 2 und 4 Buchst. a);
– Wartung von Gaseinzelfeuerstätten (Nr. 4 Buchst. d);
– Müllkompressoren, Müllschlucker, Müllabsauganlagen und Müllmengenerfassungsanlagen sowie die Kosten der Berechnung und Aufteilung der bei der Müllmengenerfassung anfallenden Kosten (Nr. 8);
– Elementarschadensversicherung (Nr. 13);
– Gebühren für die Kabelweitersendung nach dem Urheberrechtsgesetz (Nr. 15).

1189 Bis auf die Wartungskosten für Gaseinzelfeuerstätten, die Kosten der Müllmengenerfassung und die Gebühren nach dem Urheberrechtsgesetz (vgl. *BGH*, Urt. v. 17.09.2015, I ZR 228/14, MDR 2014,103) wurden die neu genannten Kosten schon bisher nach überwiegender Meinung als umlegungsfähig angesehen.

1190 Eine Übergangsregelung gibt es nicht, sodass auf die allgemeinen Grundsätze über die ergänzende Vertragsauslegung zurückzugreifen ist (vgl. Rdn. 1220 ff.).

1191 Für den Übergang von der Anlage 3 zu § 27 Abs. 1 II. BV zu der ab 1.1.2004 geltenden BetrKV bedeutet dies konkret:
– Die Vereinbarung der Umlegung aller Kosten nach der Anlage 3 zu § 27 Abs. 1 II. BV bewirkt entsprechend dem vermuteten Parteiwillen (vgl. auch unten Rdn. 3035), dass alle Kostenarten, die in § 2 BetrKV genannt sind, ab 1.1.2004 umgelegt werden können und zwar auch die neu aufgenommenen Kosten (vgl. *BGH*, Urt. v. 10.02.2016, VIII ZR 137/15, ZMR 2016, 287; **a.A.** *Lützenkirchen* MDR 2004, 138, der eine Erweiterung auf die neuen Kosten generell ablehnt; differenzierend *Wall* WuM 2004, 12 je nachdem, ob nur auf § 27 II. BV oder auf die Anlage 3 zu § 27 II. BV a.F. Bezug genommen ist).
– Erst recht gilt dies, wenn auf die Anlage 3 zu § 27 Abs. 1 II. BV »in der jeweils geltenden Fassung« Bezug genommen wird.
– Sind im Vertrag bestimmte Kostenpositionen durch Bezugnahme oder Wiedergabe des Wortlauts der jeweiligen Nummer der Anlage 3 zu § 27 Abs. 1 II. BV genannt, so gilt für die Beschreibung der Kostenposition die Neuregelung, auch wenn nicht die Umlegung aller Betriebskosten nach der Anlage 3 zu § 27 Abs. 1 II. BV vereinbart ist. *Beispiel*: Sind in einem Mietvertrag die Kosten der Müllabfuhr so bezeichnet, wie es der Nr. 8 der Anlage 3 zu § 27 Abs. 1 II. BV entsprach, so sind nunmehr die in § 2 Nr. 8 BetrKV genannten Kosten umlegbar.
– Sind die umzulegenden Kosten unabhängig von der Formulierung der Anlage 3 zu § 27 Abs. 1 II. BV bezeichnet, ist insbesondere nur Teil der dort genannten Kosten als umzulegend vereinbart, verbleibt es beim bisherigen Umfang der Kostenumlegung (*Wall* WuM 2004, 13).

- Kostenarten, die bisher der Nr. 17 der Anlage 3 zu § 27 II. BV unterfielen und nunmehr ausdrücklich genannt sind (Rdn. 1149), sind weiterhin umlegbar, wenn sie im Mietvertrag ausdrücklich genannt sind. Waren sie nicht genannt, konnten sie auch nicht umgelegt werden (Rdn. 2060). Da aber die Umlegungsmöglichkeit als solche bereits gegeben war, ist durch die BetrKV keine neue Situation entstanden, sodass eine Umlegung weiterhin nicht möglich ist (*Langenberg* NZM 2004, 47).
- Ist eine erweiterte Kostenumlegung möglich, so gilt dies erst für Abrechnungszeiträume, die nach dem 31.12.2003 begonnen haben.
- Eine einvernehmliche Anpassung des Mietvertrags an die neue Rechtslage ist jederzeit möglich.
- Bei preisgebundenem Wohnraum erfolgt die Umlegung neuer Kosten durch eine schriftliche und begründete Mieterhöhung nach § 20 Abs. 4 Satz 1, § 4 Abs. 7 NMV 1970, § 10 WoBindG.

II. Heizkostenverordnung

Seit 1. Januar 2009 (Art. 3 der Änderungsverordnung) gilt die HeizkostenV in novellierter Form – Verordnung zur Änderung der Verordnung über Heizkostenabrechnung vom 2. Dezember 2008 (BGBl. I S. 2375). Auf Abrechnungszeiträume, die vor dem 1. Januar 2009 begonnen haben, ist diese Verordnung in der bis zum 31. Dezember 2008 geltenden Fassung weiter anzuwenden (§ 12 Abs. 6 HeizkostenV).

1192

III. Breitbandnetz; Telekommunikation

Die derzeitige Fassung von § 2 Nr. 15 Buchst. b) BetrKV beruht auf Art. 4 des Gesetzes zur Änderung telekommunikationsrechtlicher Regelungen und ist in Kraft seit dem 10.05.2012. Entgegen der früheren Fassung der Verordnung ist die Kostenumlegung nicht mehr auf ein Breitbandkabelnetz beschränkt. Sofern ältere Verträge auf § 2 Nr. 15 BetrKV Bezug nehmen oder den Text wiederholen, ist im Wege der ergänzenden Vertragsauslegung (vgl. Rdn. 1220) davon auszugehen, dass die Beschränkung auf Breitbandkabelanschlüsse auch für diese Verträge entfällt.

1193

N. Teilbarkeit und Teilunwirksamkeit von Formularklauseln

I. Wann sind Betriebskostenklauseln überhaupt teilbar?

Der XII. Zivilsenat des *BGH* bejaht die Teilbarkeit (*Pfeiffer* in Wolf/Lindacher/Pfeiffer, AGB-Recht 6. Aufl. § 307 Rn. 347 ff.) von Vertragsklauseln u.a. in 2 Entscheidungen:

1194

»Die in § 8/II des Mietvertrages unter dem 7. Spiegelstrich getroffene Vereinbarung über die Umlage von Verwaltungskosten ist wirksam (BGH, Urt. v. 10.09.2014, XII ZR 56/11, MDR 2014, 1308, Rn. 11).

Der Vermieter kann die Verwaltungskosten im Rahmen des Ortsüblichen und Notwendigen umlegen… Es benachteiligt § 8/II des Mietvertrages die Mieterin gemäß § 307 Abs. 1 und 2 BGB dagegen unangemessen, soweit ihr anteilig die Erhaltungslast für das gesamte Einkaufszentrum auferlegt wird. Die Überwälzung der gesamten Kosten der Instandhaltung des

Einkaufszentrums weicht insoweit erheblich vom gesetzlichen Leitbild des Mietvertrages ab (BGH, Urt. v. 10.09.2014, XII ZR 56/11, MDR 2014, 1308, Rn. 21).

1195 Die Klausel (zur Kfz-Miete) enthält zwei voneinander sachlich zu trennende Regelungsbereiche, nämlich unter dem ersten und dritten Spiegelstrich Regelungen über die schuldhafte Herbeiführung des Schadensfalls, unter dem zweiten Spiegelstrich eine Festlegung der versicherungsähnlich erfassten Schadensereignisse. Diese Regelungsbereiche sind inhaltlich unabhängig und können losgelöst voneinander bestehen (BGH, Urt. v. 14.01.2015, XII ZR 176/13, MDR 2015, 273, Rn. 24).«

1196 Das *BAG* (Urt. v. 27.01.2016, 5 AZR 277/14, NJW 2016, 1979, Rn. 25) entschied:

»Der Teilbarkeit einer Klausel steht nicht entgegen, dass der verbleibende Teil – Ausschlussfristenregelung für »alle übrigen beiderseitigen Ansprüche aus dem Arbeitsverhältnis« – wegen der Auflösung der sprachlichen Verschränkung auslegungsbedürftig wird. Dies lässt nicht die inhaltliche Eigenständigkeit der verbleibenden Regelung entfallen, sondern betrifft deren Transparenz.«

1197 Der XI. Zivilsenat des *BGH* (Urt. v. 20.10.2015, XI ZR 166/14, MDR 2016, 102 = NJW 2016, 560 Rn. 32) judizierte:

»Die inhaltlich sowie ihrer sprachlichen Fassung nach nicht teilbare Klausel kann auch nicht in Anwendung des Rechtsgedankens des § 315 Abs. 3 Satz 2 BGB teilweise aufrechterhalten werden. Dem widerstreite das Verbot der geltungserhaltenden Reduktion.«

1198 Der Xa. Zivilsenat des *BGH* (Urt. v. 26.02.2009, Xa ZR 141/07, MDR 2009, 674) entschied:

»Die verbotswidrige Begrenzung der Haftung hat zur Folge, dass Nummer 10.7 Satz 1 der Reise- und Zahlungsbedingungen unwirksam ist. Verstößt eine Formularbestimmung gegen ein Klauselverbot, so kann sie nur unter der Voraussetzung teilweise aufrechterhalten bleiben, dass sie sich nach ihrem Wortlaut aus sich heraus verständlich und sinnvoll in einen inhaltlich zulässigen und einen unzulässigen Regelungsteil trennen lässt. Dies ist hier nicht möglich. Die Klausel enthält in Nummer 10.7 Satz 1 eine einzige Regelung, mit der für sämtliche vertraglichen Ansprüche des Reisenden die Verjährung auf ein Jahr abgekürzt wird. Um zu einem inhaltlich zulässigen Inhalt zu gelangen, müsste die Klausel um eine Ausnahmeregelung für die Verjährung der in § 309 Nr. 7 Buchst. a und b BGB aufgeführten Schadensersatzansprüche ergänzt werden. Hierbei würde es sich indessen um eine geltungserhaltende Reduktion auf den erlaubten Inhalt handeln, die nicht in Betracht kommt.«

II. Teilbare und mehrdeutige Vertragsklausel

1199 Nicht nur überraschende, sondern auch mehrdeutige Klauseln werden erst gar nicht Vertragsbestandteil, § 305c Abs. 1 BGB, wobei Auslegungszweifel zu Lasten des Verwenders/des Vermieters gehen, § 305c Abs. 2 BGB.

Ein fern liegendes Verständnis der Klausel ist ohne Relevanz und kann nicht zur Mehrdeutigkeit führen.

Hierzu entschied der XI. Zivilsenat des *BGH* (Urt. v. 16.07.2013, XI ZR 260/12, MDR 2013, 1246 Rn. 31; *BGH*, Urt. v. 21. 04. 2009, XI ZR 78/08, MDR 2009, 877 = BGHZ 180, 257 Rn. 11) schon mehrfach:

N. Teilbarkeit und Teilunwirksamkeit von Formularklauseln　　　Teil I

»Die scheinbar »kundenfeindlichste« Auslegung ist im Ergebnis regelmäßig die dem Kunden günstigste.
Außer Betracht zu bleiben haben insoweit nur solche Verständnismöglichkeiten, die zwar theoretisch denkbar, praktisch aber fern liegend und nicht ernstlich in Betracht zu ziehen sind.«

Dagegen als (noch) naheliegend hat der VIII. Zivilsenat des *BGH* (Urt. v. 15.03.2015, VIII ZR 185/14, ZMR 2015, 685) eine kundenfeindlichste Auslegung zu Schönheitsreparaturen eingestuft: 　　　1200

»Auch das hier verwendete Klauselwerk (§ 4 Nr. 6 des Mietvertrages: Der Mieter ist verpflichtet, die während des Mietverhältnisses anfallenden Schönheitsreparaturen auf eigene Kosten durchzuführen. Die Schönheitsreparaturen sind fachgerecht und wie folgt auszuführen: Tapezieren, Anstreichen der Wände und Decken, das Streichen der Fußböden, der Heizkörper einschließlich der Heizrohre, der Innentüren sowie der Fenster und Außentüren von innen. [...]) ermöglicht ein solches Verständnis nicht nur, sondern legt es sogar nahe. In der für einen Mieter als Gegner des Klauselverwenders ungünstigsten Auslegung könnte der Mieter bei entsprechendem Zustand der Mieträume sogar bereits unmittelbar nach Mietbeginn zur Renovierung verpflichtet sein, obwohl die Abnutzung der Wohnung nicht auf ihn zurückgeht.«

Kommt man nach Ausschöpfung aller in Betracht kommenden Auslegungsmöglichkeiten einer Klausel zu den Betriebskosten zu **zwei vertretbaren** unterschiedlichen Ergebnissen, greift bereits vor einer AGB-Kontrolle die Unklarheitenregel, d. h. die Klausel wird – zumindest im mehrdeutigen eigenständigen Teil – gar nicht erst Vertragsinhalt. Hierbei bleiben allerdings Verständnismöglichkeiten unberücksichtigt, die zwar theoretisch denkbar, praktisch aber fern liegend sind und für die an solchen Geschäften typischerweise Beteiligten nicht ernsthaft in Betracht kommen (*BGH*, Urt. v. 20.01.2016, VIII ZR 152/15, ZMR 2016, 284, Rn. 19). 　　　1201

Den *BGH* stört insoweit auch nicht, wenn Amtsgerichte etwa eine **vertragliche** kurze **Abrechnungsfrist** zulasten des Verwenders/Vermieters (auch) als **Ausschlussfrist** verstanden; § 556 Abs. 3 Satz 3 BGB sieht das für die längere **gesetzliche** Abrechnungsfrist ja vor. Dies hielt der VIII. Zivilsenat des *BGH* (Urt. v. 20.01.2016, VIII ZR 152/15, ZMR 2016, 284, Rn. 22, 23) wohl für zu fern liegend: 　　　1202

»Bereits der Wortlaut der Klausel spricht dafür, dass dort nur Regelungen über eine Abrechnungsfrist und nicht zugleich über Sanktionen für den Fall einer verspäteten Abrechnung getroffen worden sind (so auch AG Tempelhof-Kreuzberg, GE 2000, 1543; a.A. AG Diez, DWW 1994, 25; AG Spandau, GE 2007, 297).«

Die Betriebskostenklausel muss transparent und bestimmt genug formuliert sein. Nach der Klauselauslegung verbleibende Zweifel gehen zulasten des Vermieters. Maßgeblich für die Auslegung ist der Zeitpunkt des Vertragsschlusses (*Wall*, Betriebs- und Heizkosten-Kommentar, 5. Aufl. Rn. 1510). Allenfalls über einen konkludenten Vertragsschluss kann durch die spätere tatsächliche Handhabung eine Verpflichtung des Mieters begründet werden. 　　　1203

Das *LG Aachen* (Urt. v. 24.04.1997, 2 S 455/96, WuM 1997, 647) befand: 　　　1204

»Die Formulierung in der Nebenkostenregelung des Mietvertrages »Gebühren laut Bescheid über Grundbesitzabgaben« genügt nicht den Anforderungen an die inhaltliche Bestimmtheit einer wirksamen Betriebskostenvereinbarung. Mangels mietvertraglicher Vereinbarung sind die Kosten für Müllabfuhr, Kleineinleitergebühr und die Grundsteuer demnach nicht als Betriebskosten umlagefähig.«

III. Teilbare nicht mehrdeutige Klausel; blue-pencil-test

1205 Die Unzulässigkeit der geltungserhaltenden Reduktion beginnt erst dort, wo keine inhaltlich voneinander trennbare, einzeln aus sich heraus verständliche, wirksame Regelung übrigbleibt, wenn man den unwirksamen Teil streicht.

Zu Gaslieferungsverträgen entschied der auch für Wohnraummiete zuständige VIII. Zivilsenat des *BGH* (Urt. v. 23.01.2013, VIII ZR 80/12, NZM 2013, 474 Rn. 25):

»Nach § 306 Abs. 1, 2 BGB bleibt der Vertrag vielmehr unter Wegfall der unwirksamen Klausel im Übrigen bestehen, wobei an die Stelle der unwirksamen Klausel die dispositiven gesetzlichen Bestimmungen treten. Es ist dem nationalen Gericht die inhaltliche Abänderung einer wegen unangemessener Benachteiligung unwirksamen Klausel, die dazu führen würde, der Klausel mit einem (noch) zulässigen Inhalt Geltung zu verschaffen (geltungserhaltende Reduktion), verboten.«

1206 Das *BAG* (Urt. v. 27.01.2016, 5 AZR 277/14, NJW 2016, 1979, Rn. 29) entschied zum blue-pencil-test:

Die Teilbarkeit einer AGB führt nicht dazu, dass der unwirksame Teil einer Klausel »unter dem blauen Stift verschwindet«. Vielmehr kann der Vertragstext weiterhin zur Auslegung der verbleibenden Regelung herangezogen werden.

Diese »Fortwirkung eines nichtigen Klauselteils« überzeugt nicht. Entweder ist der abteilbare Klauselteil nichtig/unwirksam oder eben nicht. Richtigerweise fällt der unwirksame Teil komplett weg. Das ist die logische Konsequenz des blue-pencil-tests.

1207 Dazu heißt es bereits im Urteil des X. Zivilsenats des *BGH* (Urt. v. 18.04.1989, X ZR 31/88, BGHZ 107, 185 ff. = MDR 1989, 810, Rn. 20; ähnlich auch *BGH*, Urt. v. 25.09.1998, VIII ZR 244/97, ZMR 1998, 550 zu Kfz-Leasing-AGB):

»Der Senat schließt sich der vom VIII. Zivilsenat des Bundesgerichtshofs vertretenen Auffassung an, nach der inhaltlich voneinander trennbare, einzeln aus sich heraus verständliche Regelungen in Allgemeinen Geschäftsbedingungen auch dann Gegenstand einer gesonderter Wirksamkeitsprüfung sein können, wenn sie in einem äußeren sprachlichen Zusammenhang mit anderen, unwirksamen Regelungen stehen (vgl. BGH NJW 1982, 178, 181; 2311, 2312 f.; 1984, 2687, 2688; 1985, 320, 325; WM 1987, 1338, 1340). Dieselbe Auffassung vertritt der III. Zivilsenat des Bundesgerichtshofs (NJW 1984, 2816, 2817; 1988, 2106, 2107). ... Wenn der als unwirksam beanstandete Klauselteil von so einschneidender Bedeutung ist, dass von einer gänzlich neuen, von der bisherigen völlig abweichenden Vertragsgestaltung gesprochen werden muss, ergreift die Unwirksamkeit der Teilklausel die Gesamtklausel (BGH NJW 1984, 2816, 2817).«

1208 Zur Lückenfüllung steht in erster Linie dispositives Gesetzesrecht (vgl. § 306 Abs. 2 BGB), ggf. auch Richterrecht (*BAG*, Urt. v. 21.04.2005, 8 AZR 425/04, NZA 2005, 1053 Rn. 34: *Die unzulässige Vertragsstrafenregelung wegen schuldhaft vertragswidrigen Verhaltens des Arbeitnehmers kann ohne weiteres aus § 12 des Arbeitsvertrags herausgestrichen werden, wobei die restliche Regelung nach dem »blue-pencil-test« verständlich und wirksam bleibt.*), zur Verfügung. Da der Verwender das Risiko der (Teil-) Nichtigkeit zu tragen hat, kann die Lücke in der Regel auch nicht über § 313 BGB (Störung der Geschäftsgrundlage) geschlossen werden. Verbleibt eine sinnvolle und dem Transparenzgebot genügende – rechtlich isoliert betrachtet nicht zu beanstandende – Restklausel, so bleibt diese wirksam. Weder § 139 BGB (*Schiemann* in: Eckpfeiler des Zivilrechts, 2011, Kap. C, Rn. 54 konstatiert bereits, dass im Rahmen der ergänzenden Vertragsauslegung von der »Regel des § 139 BGB« kaum etwas übriggeblieben ist. Es werde schon eher die umgekehrte Regel des Gemeinen Rechts angewandt: »utile per inutile non vitiatur« (frei übersetzt: Das Gültige darf durch Ungültiges nicht in Mitleidenschaft gezogen werden) noch das Verbot geltungserhaltender Reduktion führen zur Gesamtnichtigkeit der Klausel.

Als Beispiel kann die Rechtsprechung zur Teilnichtigkeit von Vertragsklauseln zur Kautionshöhe und Kautionsfälligkeit angeführt werden; vgl. *Bieber* in: MünchKomm-BGB, 8. Aufl. 2020, § 551 Rn. 11, 13 und 28 m.w.N. sowie die Rechtsprechung zur Teilnichtigkeit nur der Quotenklausel bei den Schönheitsreparaturen-AGB; *Riecke* in: 10 Jahre MietRRefG – eine Bilanz –, 2011, S. 216 unter III.3. m.w.N. Ein Gegenbeispiel ist die rigide Rechtsprechung zur Klauselkombination bei den Schönheitsreparaturen als solchen; vgl. *Häublein* in: MünchKomm-BGB, 8. Aufl. 2020, § 535 Rn. 136 ff., 154 m.w.N.

IV. Betriebskosten-AGB

BGH-Fall: Der Formularmietvertrag aus 2007 enthält in § 4 (»Miete«) zu den Betriebskosten folgende Regelungen: **1209**

Ziffer 1: »Vorauszahlungen auf die übrigen Betriebskosten gemäß Anlage 3 zu § 27 Abs. 2 Zweite Berechnungsverordnung (Abwasser, Gebühren, Steuern, Versicherung etc.) 100 EUR.« [...]

Ziffer 3: »Für Art und Umfang der Betriebskosten ist die Anlage 3 zu § 27 Abs. 1 Zweite Berechnungsverordnung in der jeweils geltenden Fassung maßgebend.«

Das *LG Kleve* (Urt. v. 28.05.2016, 6 S 122/13; überholt: vgl. *BGH*, Urt. v. 10.02.2016, VIII ZR 137/15, ZMR 2016, 287) hielt diese Vertragsklausel vorschnell für unwirksam, weil § 27 der Zweiten Berechnungsverordnung eine Anlage 3 nur bis zum 31. Dezember 2003 enthielt. Seit dem 1. Januar 2004 sei eine entsprechende Aufstellung der Betriebskosten in § 2 Betriebskostenverordnung enthalten. Eine Bezugnahme auf **aufgehobene** Vorschriften sei unwirksam. Die im Mietvertrag enthaltene Verweisung gehe ins Leere. Auch der Zusatz »in ihrer jeweils geltenden Fassung« ändere hieran nichts, denn der nunmehr geltende § 27 Abs. 1 der Zweiten Berechnungsverordnung enthält keine Anlage mehr. Die vom Vermieter verwendete Regelung sei damit zumindest unklar und eine Heranziehung von § 2 Betriebskostenverordnung, der an Stelle der Anlage 3 zu § 27 Zweite Berechnungsverordnung getreten ist, nicht möglich. **1210**

Dagegen entschied der VIII. Zivilsenat des *BGH* (Urt. v. 10.02.2016, VIII ZR 137/15, ZMR 2016, 287 Rn. 11 und 19): **1211**

»Zu einer wirksamen Umlagevereinbarung von Betriebskosten in der Wohnraummiete – auch in einem Formularvertrag – bedarf es nicht der Aufzählung der einzelnen Betriebskosten. Vielmehr hat es der Senat – jedenfalls soweit es **nicht** um »sonstige« Betriebskosten im Sinne von **Nr.** 17 der Anlage 3 zu § 27 der Zweiten Berechnungsverordnung geht – genügen lassen, dass auf die Betriebskosten gemäß der Anlage 3 zu § 27 der Zweiten Berechnungsverordnung verwiesen wird. ... Der Begriff der Betriebskosten ist seit langem gesetzlich definiert und durch die Aufzählung der einzelnen Betriebskostenarten in einer hierzu ergangenen Verordnung und dem darin enthaltenen Betriebskostenkatalog erläutert.«

1212 Wenn die Formularklausel aus Sicht des Verwenders/Vermieters auch die »sonstigen Betriebskosten« gemäß Nr. 17 im Betriebskostenkatalog des § 2 BetriebskostenVO erfassen sollte, so ist sie teilnichtig. Subsidiär gilt § 535 Abs. 1 Satz 3 BGB, wonach diese Kosten dann vom Vermieter zu tragen sind.

Dies gilt etwa für die Kosten der Dachrinnenreinigung (*BGH*, Urt. v. 07.04.2004, VIII ZR 167/03, ZMR 2004, 430), der Wartung (zum Begriff »Wartungskosten« vgl. im WEG-Recht *LG München I*, Urt. v. 23.06.2014, 1 S 13821/13, ZMR 2014, 920: »Dieser Begriff könnte auch Kosten erfassen, welche als Instandhaltungs- oder Instandsetzungskosten zu qualifizieren sind. ... Aufgrund der Verwendung des allgemeinen Begriffs »Wartungskosten« kann eine Aussage darüber, ob diese Betriebskosten i.S.d. § 16 Abs. 3 WEG darstellen, nicht getroffen werden, dem Beschluss fehlt ein bestimmter Regelungsgehalt.« Ähnlich *LG München I*, Urt. v. 18.03.2010, 36 S 4706/09, ZMR 2010, 717: »Die Frage, ob über die hier nicht einschlägigen Fälle des § 2 Nr. 1 – 16 BetrKV hinaus allgemein Wartungskosten unter den Betriebskostenbegriff fallen, insbesondere in Gestalt des § 2 Nr. 17 BetrKV, ist nicht nur höchst umstritten, sondern der Begriff der Wartung stellt sich dabei in keiner Weise als konturiert dar.«) der Feuerlöscher und Rauchwarnmelder (*AG Dortmund*, Urt. v. 30.01.2017, 423 C 8482/16, WuM 2017, 203).

1213 Zumindest bei neu abzuschließenden Mietverträgen sollte der Vermieter diese Belastung durch eine ausreichend spezifizierte Umlagevereinbarung (*Wall*, 5. Aufl., Rn. 1519 und Rn. 4710 ff.) für sonstige Betriebskosten vermeiden (*Cramer*, ZMR 2016, 505, 512) Im »Alt-Mietvertrag« dürfte eine mietvertraglichen Mehrbelastungsklausel – lautend z. B. »Der Vermieter ist berechtigt, im Rahmen ordnungsmäßiger Bewirtschaftung neu entstehende oder nachträglich anfallende Betriebskosten i.S. von § 2 BetrKVO auf die Mieter umzulegen und die Vorauszahlungen auf die Betriebskosten in angemessener Höhe neu festzulegen« – (*AG Schönebeck*, Urteil vom 04.05.2011, 4 C 148/11, ZMR 2011, 646; als Vorinstanz zu *LG Magdeburg*, Urteil vom 27.09.2011, 1 S 171/11, ZMR 2011, 957) hilfreich sein.

V. Vorrang der ergänzenden Vertragsauslegung

1214 Bei Teilnichtigkeit einer Klausel besteht Veranlassung zu prüfen, ob über die Grundsätze der ergänzenden Vertragsauslegung (*Busche* in: MünchKomm-BGB, 7. Aufl. 2015, § 157 Rn. 26 ff.: Es darf nicht zu einer Willensfiktion kommen.) der Mietvertrag – ohne Verstoß gegen das Verbot der geltungserhaltenden Reduktion – zu

Ende gedacht werden kann und darf (*Busche* in: MünchKomm-BGB, 7. Aufl. 2015, § 157 Rn. 28: Vertragsrechtsfortbildung; kein Fall des § 157 BGB).

Der IV. Zivilsenat des *BGH* (Urt. v. 11.09.2013, IV ZR 17/13, MDR 2013, 1347 Rn. 14) entschied: **1215**

»Jedoch muss auch bei einer ergänzenden Vertragsauslegung die Entscheidung des Gesetzgebers beachtet werden, den Vertrag grundsätzlich mit dem sich aus den Normen des dispositiven Gesetzesrechts, welche der ergänzenden Vertragsauslegung vorgehen, ergebenden Inhalt aufrecht zu erhalten. Diese kommt daher nur in Betracht, wenn sich die mit dem Wegfall einer unwirksamen Klausel entstehende Lücke nicht durch dispositives Gesetzesrecht füllen lässt und dies zu einem Ergebnis führt, das den beiderseitigen Interessen nicht mehr in vertretbarer Weise Rechnung trägt, sondern das Vertragsgefüge einseitig zugunsten des Kunden verschiebt.«

Der III. Zivilsenat des *BGH* (Urt. v. 26.06.2014, III ZR 299/13, MDR 2014, 1129 Rn. 13) entschied: **1216**

»Eine ergänzende Vertragsauslegung ist zulässig, wenn eine Vereinbarung der Parteien in einem regelungsbedürftigen Punkt fehlt und keine Regelung des dispositiven Gesetzesrechts eingreift. Dabei ist es unerheblich, ob die Parteien bewusst auf eine ins Einzelne gehende Regelung verzichtet haben, ob die »Lücke« von Anfang an bestanden hat oder sich erst nachträglich ergibt.

Bei einer erforderlichen Ergänzung des Vertragsinhalts ist darauf abzustellen, was redliche und verständige Parteien in Kenntnis der Regelungslücke nach dem Vertragszweck und bei sachgemäßer Abwägung ihrer beiderseitigen Interessen nach Treu und Glauben vereinbart hätten.

Von einer Vertragslücke kann nur gesprochen werden, wenn ein Vertrag innerhalb des tatsächlich gegebenen Rahmens oder innerhalb der wirklich gewollten Vereinbarungen der Parteien eine ersichtliche Lücke aufweist.

Die ergänzende Vertragsauslegung (= richterliche Vertragsergänzung) darf nicht zu einer Erweiterung des Vertragsgegenstandes führen; lediglich der Vertragsinhalt, nicht aber der Vertragswille darf ergänzt werden.«

Das *OLG Düsseldorf* (Urt. v. 23.05.2002, 10 U 96/01, ZMR 2002, 595; zustimmend *Wall*, aaO, Rn. 1513) entschied zum Pachtrecht: **1217**

»Insoweit ergibt eine gemäß §§ 133, 157, 242 BGB an Treu und Glauben und der Verkehrssitte orientierte Vertragsauslegung, dass die Pächter unabhängig von der fehlenden Einzelfestlegung der **Nebenkosten** jedenfalls den ausgewiesenen Betrag von 500 DM auch ohne konkrete Abrechnung zahlen sollten. Dies beruht auf der Erwägung, dass nach der allgemeinen Lebenserfahrung anzunehmen ist, eine vertragliche Bestimmung solle nach dem Willen der Parteien einen bestimmten rechtserheblichen Inhalt haben und deshalb einer möglichen Auslegung der Vorzug zu geben ist, bei welcher der Vertragsnorm eine tatsächliche Bedeutung zukommt, wenn sich diese Norm ansonsten als (teilweise) sinnlos erweisen würde.«

Bei Zweifeln daran, ob die Pauschale für den Mieter wirtschaftlich günstiger als eine Vorauszahlung in selber Höhe ist, wird man dem Mieter einen Auskunftsanspruch (*Wall*, 5. Aufl., Rn. 1514) gewähren müssen. **1218**

Denn die Vereinbarung einer Pauschalierung nimmt dem Mieter letztlich die Möglichkeit, bezüglich der betreffenden Kosten die Einhaltung des Gebots der Wirtschaftlichkeit einzufordern und damit Zahlungen, die sich als nicht erforderlich oder nicht angemessen herausstellen, abzuwehren oder zurückzufordern (*OLG Hamm*, ZMR 2017, 803).

1219 Bei der Auslegung der durch den zu beurteilenden konkreten Mietvertrag geschaffenen unter den Mietvertragsparteien geltenden als teilweise lückenhaft erkannten Regelung ist im Rahmen der ergänzenden Vertragsauslegung zu fragen, was unter diesen Umständen jede Partei als im Sinne eines gerechten Interessenausgleichs liegend und der anderen Partei zumutbar ansehen konnte (*Larenz*, Methodenlehre der Rechtswissenschaft, 4. Aufl. S. 286).

1220 Der Richter darf hierbei nicht eigene Wertungsmaßstäbe an die Stelle derjenigen der Mietvertragsparteien setzen. Er muss vielmehr die aus dem Mietvertrag vorgegebene (Teil-)Regelung zu Ende denken. Leitbild ist die innere Teleologie des Mietvertrages, Maßstab ein fairer Interessenausgleich. Mit der ergänzenden Vertragsauslegung wird aber **nur** geholfen, wenn der lückenhafte Mietvertrag keine angemessene den typischen Interessen beider Vertragspartner Rechnung tragende Lösung bedeuten würde (*Coester* in: Eckpfeiler des Zivilrechts, 2011, Kap. E Rn. 71).

1221 Gerade wenn der Mietvertrag bei der Überwälzung von Betriebskosten – wie oft – vom gesetzlichen Leitbild des § 535 Abs. 1 Satz 3 BGB (*Emmerich* in: Eckpfeiler des Zivilrechts, 2011, Kap. O. Miete, Rn. 26) abweicht, dürfen erkannte Vertragslücken nicht einfach mit dem dispositiven Recht gefüllt werden.

1222 Entstehen Betriebskosten nachvertraglich z. B. infolge einer nach § 555d BGB duldungspflichtigen Bagatell-Modernisierungsmaßnahme, so nimmt der BGH (vgl. zu Breitbandkabelkosten *BGH*, Urt. v. 27.06.2007, VIII ZR 202/06, ZMR 2007, 851 = ZfIR 2007, 669 m. Anm. *Schmid*) im Wege der ergänzenden Vertragsauslegung eine Umlegungsfähigkeit der (neu entstandenen) Betriebskosten an, auch wenn keine wirksame Umlegungsvereinbarung besteht. Das Fehlen oder Wegfallen einer ausdrücklichen Vereinbarung steht deshalb in diesen Fällen einer Umlegung der Betriebskosten nicht entgegen.

1223 Eine ergänzende Vertragsauslegung ist möglich und geboten, wenn der Mieter vor Entstehen und Bekanntsein der – meist öffentlich-rechtlichen – Rechtsgrundlage für die **neuen** »sonstigen Betriebskosten« in seinem Mietvertrag **alle** nach Anlage 3 zu § 27 II. BV oder § 2 BetriebskostenVO bei Vertragsschluss umlagefähigen Kosten wirksam übernommen hatte.

VI. Übersicht zur (undogmatischen) BGH-Rechtsprechung zum Mietrecht

1224 1. Bei Schönheitsreparaturen-AGB fasst der BGH alle Klauseln (willkürlich) zusammen, die sich mit der **Vornahme von Malerarbeiten** des Mieters befassen. Das Postulat der »einheitlichen Reparaturpflicht« muss als Kurzbegründung hierfür herhalten (vgl. *Häublein* in: MünchKomm-BGB, 8. Aufl. 2020, § 535 Rn. 154 sowie *BGH*, Urt. v. 18.03.2015, VIII ZR 21/13, ZMR 2015, 689 = NJW 2015, 1874).

N. Teilbarkeit und Teilunwirksamkeit von Formularklauseln   Teil I

Der VIII. Zivilsenat des *BGH* (Urt. v. 18.02.2009, VIII ZR 210/08, ZMR 2010, 261; a.A. *LG Berlin*, ZK 67, GE 2008, 997) entschied:

»Die im Mietvertrag enthaltene Klausel, wonach der Mieter Fenster und Balkontür von außen zu streichen hat, ist unwirksam; die Verpflichtung des Mieters, die Schönheitsreparaturen in der Wohnung auszuführen, bleibt davon unberührt.«.

Teichmann (JZ 2016, 1090 ff) will bei einer wegen Überschreitung der Zulässigkeitsgrenzen unwirksamen Schönheitsreparaturenklausel nicht § 535 Abs. 1 Satz 2 BGB anwenden, sondern die Ausnahmevorschrift des § 28 Abs. 4 Satz 2 (gemeint: 3) der II. BV für preisgebundenen Wohnraum. Das erscheint abwegig.

»Die Übertragung der Schönheitsreparaturen auf den Mieter durch die in einem Formularmietvertrag enthaltene Klausel »Schönheitsreparaturen trägt der Mieter (vgl. § 13) einschließlich Streichen von Außenfenstern, Balkontür und Loggia.« in Verbindung mit der ergänzenden Klausel (§ 13) »Trägt der Mieter die Schönheitsreparaturen, hat er folgende Arbeiten fachgerecht auszuführen: Tapezieren, Anstreichen der Wände und Decken, das Streichen der Fußböden, Reinigen und Abziehen und Wiederherstellung der Versiegelung von Parkett, das Streichen der Heizkörper einschließlich der Heizrohre sowie der Türen und Fenster.« ist wegen unangemessener Benachteiligung des Mieters **insgesamt unwirksam**. Die Unwirksamkeit ist nicht auf die Textbestandteile »einschließlich Streichen von Außenfenstern, Balkontür und Loggia« und »sowie der Türen und Fenster« beschränkt.«

Der VIII. Zivilsenat des *BGH* (Urt. v. 22.09.2004, VIII ZR 360/03, ZMR 2005, 34 = NJW 2004, 3775) hatte bereits zuvor das Aufsplitten in einzelne Klauseln als unbehelflich angesehen: »Eine mietvertragliche Regelung (zu Schönheitsreparaturen) .... ist auch dann wegen unangemessener Benachteiligung des Mieters unwirksam, wenn die Verpflichtung als solche und die für ihre Erfüllung maßgebenden starren Fristen zwar in **zwei verschiedenen Klauseln** enthalten sind, zwischen diesen Klauseln aus der Sicht eines verständigen Mieters jedoch ein innerer Zusammenhang besteht, so dass sie als einheitliche Regelung erscheinen«.

2. Geht es um die unwirksamen (*BGH*, Urt. v. 18.03.2015, VIII ZR 242/13, ZMR 2015, 690 ff. = NJW 2015, 1871) sog. Quotenklauseln (vgl. *Riecke* in 10 Jahre MietRRefG – eine Bilanz –, S. 216) soll dagegen eine Trennbarkeit vorliegen; eine unwirksame Quotenabgeltungsklausel führt nicht zur Unwirksamkeit der formularmäßigen Übertragung der Schönheitsreparaturen auf den Wohnraummieter (*BGH*, Urt. v. 18.11.2008, VIII ZR 73/08, NZM 2009, 197).

3. Ebenso entschied der VIII. Zivilsenat des *BGH* (Urt. v. 25.01.2006, VIII ZR 3/05, ZMR 2006, 270 = NJW 2006, 1059 Rn. 21) zum Kündigungsverzicht:

»Eine Aufteilung der Klausel in einen wirksamen Teil – etwa hinsichtlich eines Kündigungsverzichts **von vier Jahren** – und einen unwirksamen Teil kommt nicht in Betracht. Eine solche Rückführung der Klausel würde gegen das allgemein anerkannte Verbot der geltungserhaltenden Reduktion von Formularklauseln auf einen zulässigen Kern verstoßen. Es ist nicht Aufgabe der Gerichte, für eine den Gegner des Klauselverwenders unangemessen benachteiligende und deshalb unwirksame Klausel eine Fassung zu finden, die einerseits dem Verwender möglichst günstig, andererseits gerade noch rechtlich zulässig ist.«

1225

1226

1227

1228

1229

1230 4. Dagegen wird vom VIII. Zivilsenat des *BGH* eine bloße Teilnichtigkeit von Vertragsklauseln zur Kautionshöhe und Kautionsfälligkeit angenommen (vgl. *Bieber* in: MünchKomm-BGB, 8. Aufl. 2020, § 551 Rn. 11, 13 und 28 unter Hinweis auf *BGH*, Urt. v. 30.06.2004, VIII ZR 243/03, ZMR 2004, 666 = NJW 2004, 3045, Rn. 20, 25, 26, 29):

»Auch bei Vorliegen einer Individualvereinbarung, führt die Teilunwirksamkeit nicht nach § 139 BGB zur Nichtigkeit der gesamten Kautionsabrede, da – ebenso wie hinsichtlich der unwirksamen Fälligkeitsbestimmung – anzunehmen ist, dass die Parteien im Falle der Kenntnis der Teilnichtigkeit allein eine Kaution von drei Monatsmieten vereinbart hätten.

Die Unwirksamkeit der Bürgschaftsvereinbarung führt nicht gemäß § 551 BGB zur Nichtigkeit der Kautionsvereinbarung. Es ist die Vereinbarung über die Sicherheitsleistung nur **insoweit unwirksam**, als sie das nach § 551 Abs. 1 BGB höchstzulässige Maß überschreitet.

Der Wortlaut des § 551 Abs. 4 BGB lässt sowohl die Auslegung zu, dass die Vereinbarung insgesamt unwirksam ist als auch die Auslegung, dass nur die das zulässige Maß überschreitende Vereinbarung unwirksam ist. Letzteres entspricht dem Sinn und Zweck des § 551 BGB.

Es ist die bloße **Teil**unwirksamkeit mit dem Sinn und Zweck des § 551 BGB auch dann vereinbar, wenn der Mieter die Kaution auf Verlangen des Vermieters tatsächlich in voller Höhe vor dem Einzug geleistet hat. Es wäre im Hinblick auf den Schutzzweck des § 551 BGB verfehlt, eine Kautionsregelung insgesamt für unwirksam zu erklären, weil eine Teilregelung zur Fälligkeit unwirksam ist.«

VII. Betriebskosten-Klauseln

1231 Der VIII. Zivilsenat des *BGH* (Urt. v. 20. 01.2016, VIII ZR 152/15, ZMR 2016, 284, Rn. 20 ff.) entschied:

Einer unter der Geltung des § 4 Abs. 1 Satz 1 und 2 MHG von einem Vermieter in einem Wohnraummietvertrag gestellten Formularklausel, die bestimmt: »Spätestens am 30. Juni eines jeden Jahres ist über die vorangegangene Heizperiode abzurechnen. […]«, ist keine Ausschlusswirkung dahin beizumessen, dass der Vermieter mit Ablauf dieser Frist gehindert ist, Heizkostennachforderungen geltend zu machen.

1232 Die Vereinbarung einer Umlegung von Antennenkosten führt jedenfalls dann im Wege der ergänzenden Vertragsauslegung zur Umlegbarkeit der Breitbandkabelkosten, wenn es sich um eine duldungspflichtige Modernisierung handelt (*BGH*, Urt. v. 27.06.2007, VIII ZR 202/06, ZMR 2007, 851 = ZfIR 2007, 669 m. Anm. *Schmid*).

1233 Die Umlage von »Verwaltungskosten« in Allgemeinen Geschäftsbedingungen eines Mietvertrages über Geschäftsräume ist weder überraschend im Sinne von § 305c BGB, noch verstößt sie gegen das Transparenzgebot gemäß § 307 Abs. 1 Satz 2 BGB, auch wenn die Klausel keine Bezifferung oder höhenmäßige Begrenzung der Verwaltungskosten enthält.

1234 Die formularmäßige Auferlegung der Instandhaltung und Instandsetzung gemeinschaftlich genutzter Flächen und Anlagen auf den Mieter ohne Beschränkung der

N. Teilbarkeit und Teilunwirksamkeit von Formularklauseln — Teil I

Höhe nach verstößt gegen § 307 Abs. 1, 2 BGB. Die formularmäßig vereinbarte Klausel eines Gewerberaummietvertrages, die dem Mieter eines in einem Einkaufszentrum belegenen Ladenlokals als Nebenkosten nicht näher aufgeschlüsselte Kosten des »Center-Managements« gesondert auferlegt, ist intransparent und daher gemäß § 307 Abs. 1 Satz 2 BGB unwirksam (*BGH*, Urt. v. 10.09.2014, XII ZR 56/11, MDR 2014, 1308).

Die vom Vermieter gestellte Formularklausel, wonach die Nebenkosten im Verhältnis der Fläche des Mieters zu den »tatsächlich vermieteten Mietflächen im Objekt« erfolgen soll, ist wegen Abwälzung des Leerstandsrisikos auf den Mieter auch in einem Gewerbemietverhältnis nach § 307 BGB unwirksam. Die wegen Unwirksamkeit des vertraglichen Umlagemaßstabs bestehende Vertragslücke ist durch **ergänzende Vertragsauslegung** gemäß §§ 133, 157 BGB grundsätzlich dahin zu schließen, dass die Umlage im Verhältnis zur gesamten Nutzfläche des Objekts vorgenommen werden soll (Kammergericht, ZMR 2016, 687). 1235

VIII. Pauschale oder Vorauszahlung oder keine Verpflichtung zur Tragung von kalten Betriebskosten?

Zu folgender Klausel: 1236

> »Miete und Nebenkosten« 3.1. Die Miete beträgt monatlich DM 580,77, 3.2. Nebenkosten, Heizkosten zur Zeit DM./.; Betriebskostenvorschuss zur Zeit DM 232,50. Zur Zeit geltende monatliche Gesamtmiete DM 813,42, 3.3. Außerdem hat der Mieter nachfolgende Nebenkosten, soweit nicht bereits in 3.1 und 3.2 enthalten, in der zulässigen Höhe anteilig im Verhältnis der Wohnfläche zu tragen ...«

[Eine Einfügung findet sich in der Bestimmung nicht.]

entschied der XII. Zivilsenat des BGH (Urteil vom 02.05.2012, XII ZR 88/10, ZMR 2012, 614 = NZM 2012, 608):

> »Infolge der bestehenden Unklarheit ist eine inhaltlich bestimmte Vereinbarung über die Umlage von Betriebskosten nicht zustande gekommen. Der Mietvertrag enthält keine Rechtsgrundlage für einen Anspruch auf Zahlung abrechenbarer Betriebskosten. Auch wenn die Verwendung des Begriffs »Betriebskosten« als ausreichend angesehen wird, so kann dies hier nicht gelten. Es belaufen sich die **Vorauszahlungen auf rund 40 % der Miete**, obwohl Heizkosten, die in der Regel einen beträchtlichen Anteil der Betriebskosten ausmachen, gerade nicht in dem Betrag enthalten sind. Angesichts dieser Höhe der Vorauszahlungen kann nicht ausgeschlossen werden, dass mit »Betriebskosten« bzw. »Nebenkosten« auch Positionen gemeint sein sollten, die in der Anlage 3 zu § 27 Zweite Berechnungsverordnung nicht enthalten sind.«

Der VIII. Zivilsenat des *BGH* (Urt. v. 07.06.2016, VIII ZR 274/15, ZMR 2016, 682) entschied: 1237

> »Es ist unschädlich, wenn im Formularmietvertrag sowohl die Variante »Betriebskostenpauschale« als auch die Variante »Betriebskostenvorauszahlung« angekreuzt ist und die Betriebskosten nicht näher bezeichnet sind. Im Zweifel ist dann nur eine Pauschale geschuldet; ganz befreit von den Betriebskosten wird der Mieter aber nicht.«

Riecke

1238 Das *OLG Düsseldorf* (ZMR 2002, 595 = NZM 2002, 526) entschied zur Auslegung der Regelung in einem Pachtvertrag *»Zur Deckung der Nebenkosten wird vom Pächter eine monatliche Vorauszahlung von 500 DM geleistet«*, dass hier eine nicht abzurechnende Pauschale vereinbart wurde, wenn die umlagefähigen Kostenarten nicht spezifiziert sind.

1239 Ist dagegen im Vordruck weder Pauschale noch Vorauszahlung ausgewählt und ergeben sich auch sonst keine Hinweise auf den Willen der Parteien, liegt keine Vereinbarung vor und es ist von einer Inklusivmiete auszugehen. Dasselbe gilt bei Widersprüchen, die sich im Wege der Auslegung nicht beheben lassen (*Zehelein* in: MünchKomm-BGB, 8. Aufl. 2020, § 556 Rn. 6 ff.).

1240 Ganz undogmatisch entschied das *AG Darmstadt* (WuM 2011, 597):

> Enthält der formularmäßig verwendete Mietvertrag eine unklare Regelung über die Betriebskosten, so führt dies nach der Unklarheitenregel des § 305c Abs. 2 BGB dazu, dass von der Vereinbarung einer Betriebskostenpauschale auszugehen ist.«

1241 Das *AG München* (NZM 1999, 415) judizierte:

> »Enthält ein Wohnungsmietvertrag die Klausel »Nebenkostenvorauszahlung 100,00 DM«, ohne dass die abzurechnenden Nebenkosten konkret bezeichnet werden, ist dies als Vereinbarung einer Nebenkostenpauschale zu werten.«

1242 Ähnlich äußerte sich auch das *AG Neuss* (ZMR 1997, 305):

> »Fehlt es im Mietvertrag an einer inhaltlich hinreichend bestimmten Nebenkostenvereinbarung, so handelt es sich bei einem monatlichen Festbetrag, der von dem Mieter neben der Grundmiete zu zahlen ist, nicht um eine Nebenkostenvorauszahlung, sondern um eine Nebenkostenpauschale.«

1243 Für die Rückerstattung aller Nebenkostenvorauszahlungen sprach sich – zu Unrecht – das *OLG Dresden* (ZMR 2001, 265 = NZM 2000, 827 mit abl. Anm. *Langenberg*; überholt: vgl. *BGH*, v. 10.02.2016, VIII ZR 137/15, ZMR 2016, 287) aus:

> »Sieht der Mietvertrag zwar vor, dass der Mieter Nebenkosten monatlich vorauszuzahlen hat, enthält er jedoch keine Angaben darüber, welche Nebenkosten vom Mieter zu tragen sind und ist der im Vertragsformular für die Auflistung der vom Mieter zu tragenden Nebenkosten vorgesehene Leerraum von den Parteien durchgestrichen, hat der Vermieter die vom Mieter gezahlten Vorauszahlungen zu erstatten, § 812 Abs. 1 S. 2 BGB.«
> Eine Umdeutung in eine Nebenkostenpauschale oder eine Bruttokaltmiete ist dann nicht möglich.

1244 Der VIII. Zivilsenat des *BGH* (Urt. v. 09.03.2011, VIII ZR 132/10, ZMR 2011, 536 = NZM 2011, 400) befasste sich mit dem Sonderfall der Umdeutung einer – nach dem früheren Mietpreisbindungsrecht für Altbauten in Berlin – unzulässigen Vereinbarung über abzurechnende Betriebskostenvorauszahlungen in eine gesetzlich seinerzeit zulässige Abrede über die Zahlung einer Betriebskostenpauschale.

1245 Anders ist die Rechtslage, wenn nur einzelne Betriebskostenpositionen von der Nichtigkeit betroffen sind (vgl. *LG Köln*, WuM 1985, 346). Es soll dann eine Teilinklusivmiete vorliegen, d.h. inklusive einzelner BK-Arten, die nicht wirksam auf den Mieter überwälzt wurden. Es verbleibe kein Betrag, der als BK-Pauschale angesehen werden könne (so *Langenberg/Zehelein*, BK, Kap. B. Rn. 80).

Der **Fall** (nach *AG Pinneberg*, ZMR 2017, 815): 1246

Die Mietvertragsklausel lautete:

»Es wird eine Nebenkostenpauschale in Höhe von DM 120,- erhoben. Eine Abrechnung findet nur statt, wenn die tatsächlichen Gesamtnebenkosten von der geleisteten Vorauszahlung um mehr als 5 % abweichen. Die Abrechnung erfolgt nach den Gesamtnebenkosten unter Berücksichtigung der Pauschale nach Wohnfläche«.

Die Klausel wurde vom *AG Pinneberg* als hinreichend bestimmt, eindeutig, transparent und damit wirksam angesehen.

Wörtlich genommen lässt hier die Formulierung, wenn die »geleisteten (nicht: vertraglich 1247 geschuldeten) Vorauszahlungen um mehr als 5 % abweichen...« die Auslegung zu, dass es nicht auf die geschuldeten, sondern auf die erbrachten/geleisteten Beträge ankommt.

Dann dürfte der Vermieter immer schon bei Ausbleiben einer monatlichen Pauschalzahlung pro Jahr (1/12 = 8,3 %) abrechnen und die »Pauschale« als Vorauszahlung behandeln.

Außerdem ist von geleisteten Vorauszahlungen die Rede, obwohl es sich bis zum Eintritt der Bedingung (»mehr als 5 %ige Abweichung«) um eine Pauschale handeln soll.

Sogar der Maßstab »Wohnfläche« wird zum Teil als unbestimmt angesehen. Aber: So- 1248 fern ohne nähere Erläuterungen auf die Wohnfläche abgestellt wird, mag davon auszugehen sein, dass der Begriff der Wohnfläche – der jedenfalls nach allgemeinem Sprachgebrauch nicht mit einer bestimmten Berechnung verbunden ist (*BGH*, Urt. v. 30.11.1990, V ZR 91/89 – DNotZ 1991, 673) – aufgrund der Verkehrssitte im Zweifel entsprechend der Zweiten Berechnungsverordnung bzw. der Wohnflächenverordnung auszulegen ist (s. etwa *BayObLG*, NJW 1996, 2106).

Hinsichtlich der kalten Betriebskosten liegt eine Vorauszahlungsvereinbarung vor, nach der die Vertragsparteien aber keine wechselseitigen Ansprüche auf Nach- bzw. Rückzahlungen geltend machen können, wenn die tatsächlichen Kosten die Vorauszahlung nur um bis zu 5 % übersteigen bzw. darunterliegen. Der Ausdruck »Pauschale« ist hier missverständlich.

Es wird hinreichend deutlich, dass auch hinsichtlich der kalten Betriebskosten unter einer klar umrissenen Bedingung eine Abrechnung nach Wohnfläche erfolgen soll.

Wenn unklar ist, ob eine Pauschale oder eine Vorauszahlung vereinbart wurde, so ist 1249 der wirkliche Parteiwille zu erforschen.

Selbst bei einer objektiv unklaren Regelung kann es darauf ankommen wie die Regelung in den letzten Jahrzehnten »gelebt« wurde.

Im Pinneberger Fall (*AG Pinneberg*, ZMR 2017, 815) wurden Guthaben ausgekehrt und Nachzahlungen geleistet, und zwar seit den 80er Jahren.

Teil I Bedeutung, Begriffsbestimmungen und andere Grundsatzfragen

1250 Zusammenfassend lässt sich feststellen:
1. Eine Klausel, die zwei Betriebskostenpositionen umfasst/enthält, ist (fast immer) teilbar.
2. Mehrdeutige Klauseln werden erst gar nicht Vertragsbestandteil; Auslegungszweifel gehen zu Lasten des Verwenders/des Vermieters.
3. Ist ein abteilbarer Klauselteil nichtig/unwirksam, so fällt dieser unwirksame Teil komplett weg als Folge des sog. blue-pencil-tests.
4. Eine Klausel zur »Umlagevereinbarung der Betriebskosten« ist – auch ohne Aufzählung der einzelnen Betriebskosten – in der Wohnraummiete wirksam, und zwar hinsichtlich der in § 2 Nrn. 1–16 (nicht auch Nr. 17) Betriebskostenverordnung (in Verbindung mit § 556 Abs. 1 Satz 2 BGB) erwähnten Kosten.
Es sollte der gesamte Katalog des § 2 Betriebskostenverordnung in den schriftlichen Formular-Mietvertrag aufgenommen und bei Nr. 17 u.a. explizit aufgeführt werden: Dachrinnenreinigung, Wartung der Feuerlöscher und der Rauchwarnmelder etc.
Die Erwähnung nur einzelner Betriebskostenarten deutet darauf hin, dass auch nur diese künftig vom Mieter getragen werden sollen (Teilinklusivmiete).
5. Gerade wenn der Mietvertrag bei der Überwälzung von Betriebskosten – wie oft – vom gesetzlichen Leitbild des § 535 Abs. 1 Satz 3 BGB abweicht, dürfen erkannte Vertragslücken nicht einfach mit dem dispositiven Recht gefüllt werden; hier hat die ergänzende Vertragsauslegung Vorrang.
Ergibt die Prüfung vor dem Hintergrund der weitgehend wirksam auf den Mieter überwälzten Betriebskosten eine Lücke im Mietvertrag bei den »sonstigen nachträglich erst entstandenen Betriebskosten«, so ist diese im Wege ergänzender Vertragsauslegung (vgl. *BGH*, Urt. v. 09.07.2014, VIII ZR 36/14, ZMR 2014, 965) dahin zu schließen ist, dass der Mieter auch die »sonstigen Kosten« zu tragen hat.
6. Die AGB-Rechtsprechung im Mietrecht zu Betriebskosten, Schönheitsreparaturen und Mietkaution lässt keine klare dogmatische Linie erkennen.
7. Ergibt die Prüfung, dass der Mieter auf jeden Fall Betriebskosten tragen sollte, ist aber unklar, ob als Vorauszahlung nebst Abrechnung oder als Pauschale, dann gilt im Zweifel letzteres, weil und wenn es für den Mieter (rechtlich und wirtschaftlich) günstiger ist; insoweit hat der Mieter einen Auskunftsanspruch.

1251 *(unbesetzt)*

O. Verwalterwechsel

1252 Hier geht es in der Praxis meist um die Frage, wer gemäß § 556 BGB die Betriebs- oder nach § 28 WEG die Jahresabrechnung erstellen muss, wenn keine Vertragsabsprachen zwischen Vermieter und Hausverwalter oder Verband (§ 10 Abs. 6 WEG; § 9a WEMoG) und WEG-Verwalter bestehen.

I. Rechtslage im WEG-Recht

1253 Endet das Verwalteramt während des Wirtschaftsjahres, so muss der ausgeschiedene Verwalter für das laufende Wirtschaftsjahr keine Abrechnung mehr erstellen.

Zu einer nachwirkenden Verwalterpflicht zählt die Erstellung der Jahresabrechnung, wenn der darauf gerichtete Anspruch der Wohnungseigentümer in der Amtszeit des Verwalters entstanden war (Riecke/Schmid/*Abramenko*, WEG, 5. Aufl., § 28 Rn. 103 ff.; *Hügel/Elzer*, WEG, 2. Aufl., § 28 Rn. 74).

Die Jahresabrechnung kann zwar durch einen Dritten erstellt werden (vgl. *BGH*, v. 23.06.2016, I ZB 5/16, ZMR 2016, 972 = NJW 2016, 3536 Rn. 26). Das ist regelmäßig der Fall, wenn es um die Abrechnung des Wirtschaftsjahres geht, in dessen Verlauf der Verwalter ausscheidet. Diese schuldet, da die Jahresabrechnung erst nach Ablauf des Wirtschaftsjahres zu erstellen ist, stets der neue Verwalter. Trotzdem soll nach abzulehnender Ansicht des *BGH* (B. v. 23.06.2016, I ZB 5/16, ZMR 2016, 972) die Zwangsvollstreckung nach § 888 ZPO erfolgen.

Streitig war lange Jahre, wer die Abrechnung für den abgelaufenen Abrechnungszeitraum erstellen muss, in dem der ausgeschiedene Verwalter noch bestellt war. Der *BGH* (v. 16.02.2018, V ZR 89/17, ZMR 2018, 523) entschied jetzt: 1254

»Die Pflicht zur Erstellung der Jahresabrechnung gemäß § 28 Abs. 3 WEG (§ 28 Abs. 2 Satz 2 WEMoG) trifft den WEG-Verwalter, der im Zeitpunkt der Entstehung der Abrechnungspflicht Amtsinhaber ist.

Scheidet der Verwalter im Laufe des Wirtschaftsjahres aus seinem Amt aus, schuldet er – vorbehaltlich einer abweichenden Vereinbarung – die Jahresabrechnung für das abgelaufene Wirtschaftsjahr unabhängig davon, ob im Zeitpunkt seines Ausscheidens die Abrechnung bereits fällig war.«

Nach § 28 Abs. 1 und 3 WEG ist in der Regel das Kalenderjahr auch das Wirtschaftsjahr. 1255

Die Pflicht zur Erstellung der Abrechnung <u>entsteht</u> dann am ersten Tag des folgenden Wirtschaftsjahres, also am 1. Januar des Folgejahres. Das folgt aus dem Wortlaut des § 28 Abs. 3 WEG (§ 28 Abs. 2 Satz 2 WEMoG). Offengelassen hat der *BGH* (v. 16.02.2018, V ZR 89/17, ZMR 2018, 523), ob bereits der 31.12. oder erst der 1.1. des Folgejahres die maßgebliche Zäsur darstellen.

Bei einem Verwalterwechsel zum Ende des Kalenderjahres trifft die Abrechnungspflicht für das abgelaufene Wirtschaftsjahr deshalb nicht den ausgeschiedenen, sondern den neuen Verwalter (vgl. Staudinger/*Häublein*, BGB [2018], § 28 WEG Rn. 135; *Hügel/Elzer*, WEG, 2. Aufl., § 28 Rn. 74; *Greiner*, Wohnungseigentumsrecht, 4. Aufl., § 10 Rn. 142; a.A. *Först* IMR 2019, 131: Abrechnungspflicht entsteht bereits am 31.12. des Jahres um 23.59 Uhr). Der ausgeschiedene Verwalter muss nur eine Rechnungslegung auf den Zeitpunkt seines Ausscheidens liefern.

Nach anderer – vom *BGH* (v. 16.02.2018, V ZR 89/17, ZMR 2018, 523) abgelehnter – Auffassung kommt es darauf an, wer im Zeitpunkt der **Fälligkeit** Verwalter ist. Für die Frage, wer die Erstellung der Jahresabrechnung schuldet, kann es nur auf das Entstehen der Abrechnungspflicht nach § 28 Abs. 3 WEG (§ 28 Abs. 2 Satz 2 WEMoG) ankommen. Die Fälligkeit sagt nämlich nichts darüber aus, wer die Leistung schuldet. Durch sie wird lediglich der Zeitpunkt bestimmt, von dem an der Gläubiger die Leistung verlangen kann. 1256

II. Rechtslage im Mietrecht

1257 Bei einem Verwalterwechsel ist nicht der ausgeschiedene, sondern der neue Hausverwalter verpflichtet, die Betriebskostenabrechnung für das abgelaufene Wirtschafts- bzw. Kalenderjahr zu erstellen (*AG Magdeburg*, ZMR 2005, 992).

1258 Zur Gegenansicht vgl. *LG Hamburg* (Urt. v. 16.09.1999, 327 S 64/99, Hamburger-GE 1999, 410):

»Bei einem Verwalterwechsel zum Ende eines Abrechnungsjahres ist nicht der neue, sondern der alte (ausgeschiedene) Hausverwalter verpflichtet, die Betriebskostenabrechnung für das abgelaufene Wirtschaftsjahr für die Mieter zu erstellen.«

1259 Mit Ablauf des Jahres entstand die Pflicht für die zum Ablauf desselben Jahres ausgeschiedene Verwaltung zur Abrechnung der Nebenkosten für das gerade abgelaufene Jahr.

Auch durch die Aufhebung des Verwaltungsvertrages kam es nicht zu einer Suspendierung von der Pflicht zur Anfertigung der Nebenkostenabrechnung. Es endeten nur die Pflichten, die in die Zukunft wiesen, nicht jedoch die schwebenden Verpflichtungen. Dieses Ergebnis entspricht auch dem Umstand, dass durch die laufende Vergütung der Verwaltung, die sich nach den eingehenden Beträgen (Mieten und Umlagen) richtet, auch die Abrechnung dieser Beträge mit abgegolten werden sollte. Das bedeutet nämlich, dass die Verwaltung ihre Entlohnung für die Abrechnung bereits im Vorwege erhalten hat.

Zustimmend insoweit *J. Happ* (Hamburger GE 2000, 420), der dieses Ergebnis begrüßt und die Entscheidung auch auf das WEG-Recht übertragen will, wenn auch mehr aus pragmatischen Gründen.

III. Rechtslage bei aufgehobener Zwangsverwaltung

1260 Das *LG Potsdam* (WuM 2001, 289) ist der Ansicht:

»Der Zwangsverwalter, der noch nach Beendigung der Zwangsverwaltung hinsichtlich der Klage auf Zahlung rückständigen, in der Zeit der Zwangsverwaltung fällig gewordenen Mietzinses prozessführungsbefugt und aktivlegitimiert ist, ist umgekehrt auch zur Abrechnung der Betriebs- und Nebenkosten jedenfalls aus den Abrechnungsperioden, die vollständig, in die Zeit der Zwangsverwaltung fallen, verpflichtet«.

Das *AG Wedding* (Grundeigentum 1998, 3601) dagegen entschied:

»Nach Beendigung der Zwangsverwaltung kann eine Klage auf Erteilung einer Betriebskostenabrechnung nur gegen den Vermieter und nicht gegen den ehemaligen Verwalter erhoben werden. Das gilt auch für die Abrechnungszeiträume, in denen die Zwangsverwaltung bestand«.

Dem folgte das *LG Berlin* (ZK 67, Grundeigentum 1998, 743):

»Nach Aufhebung der Zwangsverwaltung gehört es nicht mehr zu den Pflichten des Zwangsverwalters, die Betriebskostenabrechnungen zu erstellen. Eine darauf abzielende Klage kann nur gegen den Eigentümer erhoben werden.«

Teil II Inklusivmieten und Pauschalen

A. Inklusivmieten

I. Grundsätzliches

Die Inklusivmiete ist der gesetzliche Ausgangsfall der Mietstruktur (*Hinz* ZMR 2001, 331). Mangels Vereinbarung der Mietvertragsparteien darüber, dass der Mieter bestimmte in der Betriebskostenverordnung bezeichnete Betriebskosten trägt, ist die Miete als Inklusivmiete anzusehen (BGH 19.12.2018 – VIII ZR 254/17, ZMR 2019, 328). Zu den Besonderheiten bei Anwendbarkeit der HeizkostenV s. Rdn. 6079 ff. und BGH ZMR 2006, 766. Betriebskosten, deren Umlage nicht wirksam vereinbart oder zulässigerweise durch einseitige Erklärung zu bestimmen ist (s. Rdn. 2015), gelten als in der Miete enthalten. Es handelt sich dann um eine (Teil-) Inklusivmiete. Siehe zur Mietstruktur allgemein Rdn. 1095 ff. 2000

Bei preisgebundenem Wohnraum sind die Betriebskosten zwar nicht in der Kostenmiete enthalten, dürfen aber auch dort nur bei entsprechenden rechtsgeschäftlichen Regelungen umgelegt werden (Rdn. 3001). In die Durchschnittsmiete dürfen die Betriebskosten seit 31.12.1985 (Ablauf der Übergangsfrist des § 25b NMVO) nicht mehr eingerechnet werden, der Vermieter preisgebundenen Wohnraums darf seither Betriebskosten nur als gesondert abzurechnende Kosten auf den Mieter abwälzen (§ 20 NMV). Er kann die bisherige Mietstruktur für die Zukunft durch einseitige Erklärung gem. § 10 WoBindG ändern (s. BGH VIII ZR 120/09 v. 14.04.2010 ZMR 2010, 599) und Rdn. 2014. Ein Ansatz von Betriebskosten in der Wirtschaftlichkeitsberechnung ist im öffentlich geförderten sozialen Wohnungsbau und im steuerbegünstigten oder freifinanzierten Wohnungsbau, der mit Wohnungsfürsorgemitteln gefördert worden ist, nach § 27 Abs. 3 II. BV nicht zulässig. 2001

Bei der Geschäftsraummiete sind die Vorschriften der Heizkostenverordnung zu beachten, ansonsten obliegt es der freien Parteivereinbarung eine Inklusivmiete zu vereinbaren. 2001a

II. Veränderung der Miethöhe wegen veränderter Betriebskosten

1. Wohnraum

Bei **preisgebundenem Wohnraum** ist eine Erhöhung der Kostenmiete wegen gestiegener Betriebskosten nicht möglich. 2002

Auch bei **preisfreiem Wohnraum** ist bei Mietverträgen, die seit dem 1.9.2001 abgeschlossen worden sind, eine Mieterhöhung wegen Steigerung der in der Grundmiete enthaltenen Betriebskosten nicht möglich. Eine Vereinbarung, die ein einseitiges Erhöhungsrecht des Vermieters vorsehen würde, wäre nichtig (*Weitemeyer* WuM 2001, 171). Unbenommen bleibt es den Parteien jedoch, gestiegene Betriebskosten zum Anlass für eine einvernehmliche Mieterhöhung zu nehmen (§ 557 Abs. 1 BGB) oder nach § 556a Abs. 2 BGB vorzugehen. 2003

2004 Der Umstand, dass die Betriebskosten ganz oder teilweise nicht umgelegt werden, ist bei der Feststellung der ortsüblichen Vergleichsmiete zu berücksichtigen (Rdn. 1103).

2004a Die Mietstruktur ist nicht für immer festgeschrieben. Durch § 556a Abs. 2 BGB hat der Vermieter die Möglichkeit, bei preisfreiem Wohnraum einseitig den vereinbarten Umlegungsmaßstab zu ändern. Die Regelung gilt auch für Mietverhältnisse, die am 01.09.2001 bereits bestanden (*BGH* VIII ZR 97/11, ZMR 2012, 80). Damit erfolgte eine Angleichung an §§ 21 Abs. 2 S. 3, 22a NMV 1970.

2005 **Übergangsregelungen:** Die für Betriebskostenpauschalen geltenden Regelungen des § 560 BGB (Rdn. 2081 ff.) sind nach Art. 229 § 3 Abs. 4 EGBGB auch auf Inklusivmieten und Teilinklusivmieten anzuwenden, wenn das Mietverhältnis am 1.9.2001 bestanden hat und im Mietvertrag vereinbart ist, dass der Mieter eine Erhöhung der Betriebskosten zu tragen hat (*AG Köln* v. 10.08.2010, 212 C 403/09, BeckRS 2012, 3998). Ohne eine solche Vereinbarung kann eine Erhöhung nicht erfolgen.

2. Geschäftsraum

2006 Bei Geschäftsräumen obliegt es der freien Parteivereinbarung, wie sich Erhöhungen der Betriebskosten auf eine (Teil-) Inklusivmiete auswirken sollen. Besteht keine Regelung, führt eine Nebenkostenerhöhung nicht zu einer Mieterhöhung. In Ausnahmefällen kann bei unvorhergesehenen beträchtlichen Kostensteigerungen eine Mietanpassung nach den Regeln über den Wegfall der Geschäftsgrundlage erfolgen (§ 313 BGB).

III. Übergang von der Inklusivmiete zur Nebenkostenumlegung

1. Einvernehmliche Regelung

2007 Die Mietparteien können im Wege der Vertragsänderung die gesonderte Umlegung von Nebenkosten im gleichen Umfang vereinbaren, wie dies beim Neuabschluss eines Vertrages möglich ist (vgl. Rdn. 1121 ff. und Rdn. 2014).

2008 Die damit verbundene Änderung der Mietstruktur ist eine wesentliche Änderung des Mietvertrages und bedarf deshalb, wenn eine vereinbarte Festlaufzeit erhalten bleiben soll, der Schriftform des § 550 BGB (i.V.m. § 578 BGB s. auch *Ormanschick/Riecke* MDR 2002, 248).

2009 Stimmt der Mieter einem Mieterhöhungsverlangen nach § 558 BGB zu, das mit hinreichender Deutlichkeit eine Umstellung von einer Inklusivmiete zu einer Betriebskostenabrechnung beinhaltet, liegt darin eine Vertragsänderung auch hinsichtlich der Betriebskosten (*LG Hamburg* ZMR 2010, 118; *LG Berlin* ZMR 1998, 165; a. A. *LG Berlin* GE 2010, 694; s. auch *Artz* ZMR 2006, 165 ff. und *BGH* Urt. v. 13.02.2008 – VIII ZR 14/06; ZMR 2008, 443 zur Änderung durch konkludentes Verhalten; s. auch BGH 09.07.2014 – VIII ZR 36/14, WuM 2014, 550 zur Änderung durch Zahlung nachdem vermieterseits telefonisch oder schriftlich der Änderungswunsch angekündigt worden war.).

A. Inklusivmieten Teil II

Auch sonst kann im Einzelfall eine stillschweigende Zustimmung zur Vertragsänderung angenommen werden, wenn der Vermieter die Umstellung angekündigt hat oder hinreichend deutlich vornimmt und der Mieter vorbehaltlos auf eine Abrechnung hin zahlt, sofern für den Mieter die Änderung der Mietstruktur erkennbar ist. Immer erforderlich ist entsprechendes Erklärungsbewusstsein auf Seiten des Vermieters und des Mieters, aus Sicht der jeweils anderen Partei, muss der entsprechende Vertragsänderungswille erkennbar sein. 2010

2. Möglichkeiten einseitiger Regelungen kraft Gesetzes

a) HeizkostenV

Die Beachtung der Vorschriften der HeizkostenV können Mieter und Vermieter verlangen, sofern dies im Ursprungsvertrag nicht erfolgt war (vgl. Rdn. 6081). Es hat dann eine Vertragsanpassung zu erfolgen (vgl. Rdn. 6084) und dies kann nur eine Anpassung für die Zukunft sein (LG Potsdam NJOZ 2015, 1835). 2011

b) Geschäftsraummiete

Abgesehen von der HeizkostenV gibt es keine gesetzliche Regelung, die eine einseitige Änderung der Mietstruktur ermöglichen würde. 2012

c) Preisgebundener Wohnraum

Da bei preisgebundenem Wohnraum Betriebskosten nicht in der Wirtschaftlichkeitsberechnung enthalten sein dürfen (Rdn. 2001), stellt sich das Problem einer Herausnahme dieser Kosten nicht. 2013

Sollten Betriebskosten gleichwohl noch in der Miete enthalten sein, widerspricht dies seit der am 01.05.1984 in Kraft getretenen Änderung des § 20 NMV dem Preisbindungsrecht. Die Übergangsregelung des § 25b NMV 1970 (außer Kraft) betraf nur Abrechnungszeiträume, die längstens im Jahr 1986 endeten. Seither kann der Vermieter Betriebskosten nur als gesondert abzurechnende Kosten auf den Mieter überbürden. Seit 01.01.1987 ist eine Nettomiete zu bilden. Der Vermieter kann jedoch weiterhin durch einseitige Gestaltungserklärung nach § 10 WoBindG die Betriebskosten im Wege der Abrechnung umlegen, d. h. die Mietstruktur für die Zukunft ändern (*BGH* ZMR 2010, 599; *LG Freiburg* v. 16.03.2017, 3 S 224/16, BeckRS 2017,147167 *LG Koblenz* WuM 1996, 560). Die in der Miete enthaltenen Beträge müssen herausgerechnet werden. Dies sollte anhand einer formell ordnungsgemäßen Betriebskostenabrechnung erfolgen. Der entsprechende, sich hieraus ergebende Betrag ist als Vorauszahlung auf die danach zwingend abzurechenden Betriebskosten zu erheben (*BGH* Urt. v. 16.03.2011, Az.: VIII ZR 121/10; WuM 2011; 280 Rz. 9; *BGH* Urt. v. 14.04.2010, Az.: VIII ZR 120/09, ZMR 2010, 599). Siehe zur einseitigen Umlegung allgemein Rdn. 3054 ff. 2014

d) Preisfreier Wohnraum
aa) Grundsätzliches

2015 § 556a Abs. 2 BGB gestattet dem Vermieter abweichend von einer bestehenden Vereinbarung, einen **einseitigen Eingriff in die Mietstruktur** durch Herausnahme einzelner Betriebskosten aus der Inklusivmiete, unter den nachstehend dargestellten Voraussetzungen (Rdn. 2022 ff.). Unberührt hiervon bleibt jedoch die **Leistungspflicht des Vermieters**. Insbesondere kann der Vermieter den Mieter nicht ohne dessen Zustimmung darauf verweisen, bestimmte Leistungen von einem Dritten zu beziehen. Für eine Direktabrechnung bedarf es einer entsprechenden Vereinbarung mit dem Mieter, die schon im Mietvertrag enthalten sein kann. Bei einer Formularklausel sollten sich die Parteien am Wortlaut des früheren und außer Kraft getretenen § 4 Abs. 5 MHG orientieren.

2016 § 556a Abs. 2 BGB gilt auch für die **Heiz- und Warmwasserkosten** (a. A. *OLG Düsseldorf* Urt. v. 30.03.2006, Az.: I-10 U 143/05; WuM 2006, 381). Er steht insoweit neben § 2 HeizkostenV (vgl. hierzu Rdn. 6079 ff.). Der Vermieter kann deshalb zu einer verbrauchsabhängigen Abrechnung sowohl über § 2 HeizkostenV als auch nach § 556a Abs. 2 BGB kommen. Der in § 556a Abs. 1 Satz 1 BGB normierte Vorrang anderweitiger Vorschriften gilt jedoch auch im Rahmen des § 556a Abs. 2 BGB, sodass auch hierbei die Verteilungsregelungen der HeizkostenV zu beachten sind. Dem Mieter bleibt nur der Weg über § 2 HeizkostenV.

2017 Dem Vermieter ist durch § 556a Abs. 2 BGB nur ein Recht eingeräumt. Der **Mieter hat keinen Anspruch** darauf, dass der Vermieter von der Änderungsmöglichkeit Gebrauch macht (a. A. *Rips* WuM 2001, 419 [421] für den Fall, dass Erfassungsgeräte vorhanden sind). Erst recht folgt aus § 556a BGB kein Anspruch des Mieters auf Einbau von Erfassungsgeräten (*Rips* WuM 2001, 419; *Sternel* ZMR 2001, 937 [939]). Aus dem Einbau eines Wasserzählers in einer einzelnen Wohnung kann der Mieter nicht ohne Weiteres herleiten, dass vermieterseits Wasserkosten künftig verbrauchsabhängig abgerechnet werden (*BGH* Urt. 12.03.2008, Az.: VIII ZR 188/07; WuM 2008, 288). Der Mieter ist auch nicht berechtigt, selbst Messgeräte einzubauen und dann vom Vermieter für seine Wohnung eine verbrauchsabhängige Abrechnung zu verlangen (*Beuermann* GE 2003, 364; a.A. *AG Berlin-Tiergarten* GE 2003, 306).

2018 Der Vermieter kann für verschiedene Kostenpositionen **gleichzeitig oder nacheinander** zur verursachungsbezogenen oder verbrauchsbezogenen Abrechnung übergehen.

2019 *(unbesetzt)*

2020 Sehr zweifelhaft ist, ob sich der Mieter auf eine wirtschaftliche Unzweckmäßigkeit berufen kann, wenn eine verursachungsbezogene Abrechnung erheblich mehr kostet, als sie an erhoffter Einsparung bringt (vgl. *Schläger* ZMR 1994, 189 [192]). Einerseits enthält § 556a Abs. 2 BGB keine dem § 11 Abs. 1 Nr. 1 Buchst. b) HeizkostenV entsprechende Regelung. Andererseits ist aber der Wirtschaftlichkeitsgrundsatz zu beachten. Dem Wirtschaftlichkeitsgrundsatz ist der Vorrang einzuräumen, da der Vermieter hier anders als bei der HeizkostenV nach seinem Ermessen vorgehen kann. Der Vermieter handelt ermessensmissbräuchlich, wenn abzusehen ist, dass die den

Mietern durch eine verursachungsbezogene Abrechnung entstehenden Kosten außer jedem Verhältnis zu möglichen Einsparungen stehen (*Schmid* WuM 2001, 427).

Eine zum Nachteil des Mieters **abweichende Vereinbarung** ist unwirksam (§ 556a Abs. 3 BGB). Abweichungen zugunsten des Mieters sind möglich. Insbesondere kann das einseitige Änderungsrecht des Vermieters vertraglich auch ganz ausgeschlossen werden.

2021

Die Regelung des § 556a BGB ist auch auf Verträge anzuwenden, die vor dem 01.09.2001 bestanden (BGH v. 21.09.2011 – VIII ZR 97/11, ZMR 2012, 89).

2021a

bb) Voraussetzungen

(1) Es muss eine **Verbrauchs- oder Verursachungserfassung** durchgeführt werden. Es genügt also nicht ein Umlegungsmaßstab, der lediglich dem unterschiedlichen Verbrauch Rechnung trägt, wie z.B. eine Verteilung nach Personenzahl oder die einseitige Umstellung der Erfassung der Müllgebühren von Wohnflächen auf Personenzahl (*LG Hamburg* ZMR 1998, 36). Erst recht genügt nicht der bloße Wunsch des Vermieters, von einer Inklusivmiete zu einer Nettomiete übergehen zu wollen. Die Änderungsmöglichkeit beschränkt sich auf Kostenarten, bei denen eine Verursachungs- oder Verbrauchserfassung erfolgt. Nicht möglich ist deshalb die völlige Umstellung einer Inklusivmiete auf eine Nettomiete (*LG Augsburg* ZMR 2004, 269; WuM 2004, 148 zur Umstellung auf Wohnflächenmaßstab; *Börstinghaus* NZM 2004, 121 ff.; a.A. *AG Augsburg* ZMR 2003, 847 = WuM 2003, 566, m. abl. Anm. *Schulte* WuM 2003, 625 und *Stürzer* WuM 2003, 626 = WE 2004, 17 m. abl. Anm. *Ormanschick*;) oder der einseitige Übergang von einer Inklusivmiete zu einer Pauschale. Dies gilt insbesondere dann, wenn der Leistungsträger eine Mindestmenge oder eine feste Grundgebühr für den Nutzer in Rechnung stellt.

2022

(2) Es muss zumindest eine teilweise **verbrauchs- oder verursachungsabhängige Abrechnung** erfolgen (*BGH* VIII ZR 183/09 v. 06.10.2010 ZMR 2011, 195). Nicht ausgeschlossen wird die Änderung dadurch, dass eine Kombination zwischen einem Festanteil und einem Verbrauchsanteil gewählt wird. Zur Abrechnung bei Müllgebühren s. *BGH* VIII ZR 78/15 v. 06.04.2016 ZMR 2016, 521. Da die Abrechnung auch nur teilweise verursachungsabhängig erfolgen kann, darf jedem Mieter auch eine fiktive Mindestverursachung, auf quotaler Basis von Wohnfläche und Mindestmenge, zugerechnet werden S. *BGH* a.a.O. ZMR 2016, 521 f. (a. A. *AG Schwedt/Oder* WuM 2013, 317).

2023

Wie Verbrauch oder Verursachung erfasst werden, hängt von der jeweiligen Kostenart ab. Der Vermieter muss durch technische Einrichtungen, Maßnahmen oder auf eine andere zuverlässige Weise die Voraussetzungen hierfür schaffen. Abgesehen von den besonderen Vorschriften der HeizkostenV obliegen Art und Durchführung der Erfassung dem Vermieter. Es muss sich jedoch um eine echte Erfassung handeln. Bloße Schätzungen oder nicht aussagekräftige Methoden genügen nicht. Andererseits wird die Wirksamkeit der Änderung der Mietstruktur nicht dadurch infrage gestellt, dass im Einzelfall eine Erfassung scheitert.

2024

2025 Die Einzelheiten der Kostenumlegung, insbesondere das Verhältnis von Verbrauchs- und Festkostenanteil, bestimmt der Vermieter. Zulässig ist, alle Kosten nach Verbrauch umzulegen (*BGH* VIII ZR 183/09 ZMR 2011, 195. Zu dem je nach Betriebskostenposition zulässigen Umlegungsmaßstab s. Ausführungen Rdn. 5000 ff.

2025a (3) Ob eine **wirtschaftliche Unzweckmäßigkeit** der Zulässigkeit der Umstellung entgegensteht, wenn eine verursachungsbezogene Abrechnung erheblich mehr kostet, als sie an erhoffter Einsparung bringt (vgl. *Schläger* ZMR 1994, 189 [192]), ist zweifelhaft, sofern gegen den Wirtschaftlichkeitsgrundsatz verstoßen wird. Die Umstellung dient auch dazu, die Mieter zu sparsamerer Nutzung der Ressourcen wie z. B. Wasser anzuhalten und eine gerechtere Verteilung der Kosten auf die jeweiligen Verursacher zu erreichen (s. oben Rdn. 2020).

2025b (4) Die Umstellung muss **billigem Ermessen** im Sinne des § 315 BGB entsprechen (*Weidenkaff* in Palandt, BGB, § 556a Rn. 8).

2026 (5) Sind die Kosten in der Miete enthalten, was bei einer Inklusivmiete der Fall ist, ist die Miete herabzusetzen (§ 556a Abs. 2 Satz 3 BGB). Auch wenn die Kosten in einer Betriebskostenpauschale enthalten sind, ist diese entsprechend zu reduzieren (*AG Brandenburg* NJOZ 2018, 857). Die **Herabsetzung der Miete** ist zwar nicht ausdrücklich als Wirksamkeitsvoraussetzung bezeichnet. Dass es sich gleichwohl um eine Wirksamkeitsvoraussetzung handelt, ergibt sich aber aus dem notwendigen Gleichklang zwischen der gesonderten Erhebung von Betriebskosten und der Mietsenkung, da die Umstellung nicht zu einer Bereicherung des Vermieters führen soll. Die Mietsenkung muss zusammen mit der Änderung erklärt werden. Andernfalls ist die Erklärung unwirksam (*AG Brandenburg* NJOZ 2018, 857; *AG Münster* WuM 1994, 613).

2027 Nicht geregelt ist, wie die Herabsetzung zu erfolgen hat. Richtschnur der Anpassung muss sein, dass die Änderung für den Vermieter kostenneutral ist. Die Betriebskostenanteile, um die die Miete herabgesetzt werden soll, sind zu ermitteln. Dies kann dadurch geschehen, dass die Gesamtkosten für die betroffene Kostenart in der Abrechnungseinheit festgestellt und sodann nach dem gewählten Umlegungsmaßstab rechnerisch auf die einzelnen Mieter umgelegt werden. Um den sich hieraus ergebenden Betrag ist die Miete zu kürzen. Maßgebend für den Zeitpunkt der Ermittlung ist der Termin der Fertigstellung der Erfassungs- oder Verursachungsmöglichkeit (s. *BGH* VIII ZR 97/11; WuM 2011, 682 ff.). Demgegenüber ist das *AG Köln* (ZMR 2004, 119 zur Umstellung der Teilinklusivmiete auf eine Nettomiete ohne Rücksicht auf Trennung von Verbrauchs- und Festkosten) der Auffassung, dass für die Höhe der herauszurechnenden Betriebskosten der Zeitpunkt der letzten Mieterhöhung maßgebend sein soll.

2028 Eine Steigerung von anderen Betriebskosten, die die Umstellung nicht erfasst, bleibt unberücksichtigt (*Langenberg* NZM 2001, 783 [791]).

cc) Durchführung

2029 (1) Der Vermieter gibt eine **einseitige empfangsbedürftige Erklärung** ab. Nach Auffassung des Landgerichts Berlin kann die Erklärung auch stillschweigend abgegeben werden, z.B. durch Übersendung einer verbrauchsabhängigen Abrechnung (*LG Berlin* GE 2007, 1552), die dann allerdings erst für das Folgejahr wirkt (Rdn. 2032). Dem Mieter muss die Erklärung zugehen. Er muss aber nicht zustimmen.

(2) Wird die Erklärung durch einen **Bevollmächtigten** abgegeben, ist zweckmäßigerweise eine Vollmachtsurkunde im Original beizufügen, da ansonsten die Erklärung nach § 174 BGB mit der Folge der Unwirksamkeit zurückgewiesen werden kann. 2029a

(3) Die Erklärung bedarf der **Textform** des § 126b BGB. Fehlt es hieran, ist die Erklärung nach § 125 BGB unwirksam. Schriftform ist auch im Fall des § 550 BGB nicht erforderlich (*Schmid* NZM 2002, 483). 2030

(4) Eine **Begründung** ist nicht erforderlich, da das Gesetz im Gegensatz zu anderen Regelungen eine solche nicht vorschreibt (vgl. *BGH* Urt. v. 16.07.2003, Az.: VIII ZR 286/02; ZMR 2003, 824 ff.; *Bohlen* ZMR 2004, 469 ff.). 2030a

(5) Auch bestehen **keine Fristen**; für einen zukünftigen Abrechnungszeitraum muß die Erklärung aber rechtzeitig zugehen (§ 130 BGB). Der letzte Werktag des vorangehenden Abrechnungszeitraumes genügt (*Weidenkaff* in Palandt, BGB, § 556a Rn. 7 nicht unterstrichen). 2031

(6) Die Erklärung des Vermieters muss daher **vor Beginn eines Abrechnungszeitraumes** abgegeben werden, für den sie erstmals wirken soll (§ 556a Abs. 2 Satz 2 BGB). Sie gilt nur für künftige Abrechnungszeiträume, eine Umstellung in der laufenden Abrechnungsperiode ist nicht möglich, nicht auch nur zeitanteilig, da immer die gesamte Abrechnungsperiode erfasst werden muss (*LG Berlin* WuM 2010, 428). Formularvertraglich ist eine abweichende Regelung nicht möglich (*OLG Rostock* GE 2009, 324). 2032

(7) Die Erklärung muss den Umfang der **Vertragsänderung klar erkennen lassen** (*Blank* WuM 1993, 503 [508]). Insbesondere muss der künftige Umlegungsmaßstab so eindeutig dargestellt werden, dass der Mieter die Betriebskostenabrechnung nachprüfen kann (*LG Hamburg* ZMR 1998, 36). Sollen Vorauszahlungen erhoben werden (unten Rdn. 2034), ist auch deren Höhe anzugeben (*Kinne* GE 2007, 889 [890]), s. Rdn. 2034. 2032a

(8) Eine **unwirksame Erklärung** kann erneut abgegeben werden, jedoch ohne Rückwirkung. Akzeptiert der Mieter die Abrechnung trotz Unwirksamkeit der Umstellungserklärung, kann nach Lage des Einzelfalls eine vertragliche Änderung angenommen werden (*Kinne* GE 2007, 889 [890]). Die Regeln zur konkludenten Änderung, kommen auch hier zur Anwendung. 2032b

dd) Folgen

(1) Mit dem Wirksamwerden der einseitigen Änderung wird die getroffene Regelung **Vertragsbestandteil** und steht damit einer entsprechenden Vereinbarung gleich. Das hat insbesondere zur Folge, dass der Vermieter hinsichtlich der gleichen Position keine weitere einseitige Änderung aufgrund des § 556a Abs. 2 BGB vornehmen kann. 2033

(2) Da die Erklärung des Vermieters sich mit dem **Beginn des nächsten Abrechnungszeitraumes** auswirkt, ist eine Rückwirkung ausgeschlossen. Das gilt auch für den Fall, dass während des Abrechnungsjahres die von der HeizkostenV vorgeschriebenen 2033a

Messgeräte angebracht werden (*Kinne* GE 2008, 156; *LG Berlin* WuM 2010, 428; a. A. *AG Berlin-Lichtenberg* GE 2008, 205).

2034 (3) Der Vermieter ist auch berechtigt, auf den voraussichtlichen Umlegungsbetrag **Vorauszahlungen** zu erheben (*Schmid* ZMR 2001, 761 f.; *Langenberg* NZM 2001, 791). Das ist zwar nicht ausdrücklich geregelt, entspricht aber dem Grundsatz, dass die laufenden Aufwendungen, die bisher durch die Inklusivmiete gedeckt waren, auch weiterhin durch laufende Zahlungen gedeckt werden. Es entspricht ferner der Regelung des § 556 Abs. 1 Satz 1 und Abs. 2 BGB, der die Ausweisung der Betriebskosten als Vorauszahlungen vorsieht.

ee) Duldungspflicht des Mieters

2034a Eine verbrauchsabhängige Kostenverteilung erfordert, z.b. bei Wasser, die Anbringung von Zählern. Diese müssen dann in allen Wohnungen des Gebäudes vorhanden sein (*BGH* Urt. v. 12.03.2008, Az.: VIII ZR 188/07; WuM 2008, 288). Die Duldungspflicht zur Anbringung der Zähler beurteilt sich nach § 555d BGB. Hinsichtlich der Zählerablesung folgt die Duldungspflicht aus dem Sachzusammenhang. Das gesamte Regelungswerk wäre sinnlos, wenn der Mieter die verbrauchsbezogene Abrechnung durch Verweigerung der Ablesung verhindern könnte. Besteht eine generelle Duldungspflicht, so steht diese doch im Einzelfall unter den Beschränkungen von Treu und Glauben (§ 242 BGB). Das bedeutet, dass bei der Ablesung auf die Interessen des Bewohners tunlichst Rücksicht zu nehmen ist.

2034b Der Vermieter bzw. die von ihm beauftragten Unternehmen müssen den Termin unmissverständlich und **rechtzeitig ankündigen**. Hilfreich sind hier die Vorgaben der Richtlinien zur Durchführung der verbrauchsabhängigen Heiz- und Wasserkostenabrechnungen (Text s. Wall Betriebskostenkommentar, 5. Aufl. Rdn. 5702). Die Ankündigungsfrist sollte 10 Tage bis zwei Wochen betragen (*Schmid/Ormanschick* in: Harz/Riecke/Schmid, Handbuch des FA Miet- und Wohnungseigentumsrecht, Kap. 5 Rn. 570; a. A. *AG Münster* WuM 1987, 230 und *AG Brandenburg a.d. Havel* NZM 2005, 257 = GE 2004, 1459: eine Woche). Das von *Lammel* (HeizkostenV, § 6 Rn. 10) vorgeschlagene Abstellen auf die Bewohnerstruktur ist wenig hilfreich, da diese den ausführenden Unternehmen meist nicht bekannt und oft inhomogen ist und zudem einem ständigen Wandel unterliegt. Eine möglichst frühzeitige Ankündigung, ist in jedem Fall empfehlenswert.

2034c Eine besondere **Form** der Mitteilung über die bevorstehende Ablesung ist nicht vorgeschrieben; jedoch muss der Mieter in zumutbarer Weise rechtzeitig Kenntnis erlangen können (vgl. *Lammel* HeizkostenV, 4. Aufl., § 6 Rdn. 12). Das bedeutet bei einer Mitteilung durch Aushang zumindest, dass bei mehreren Hauseingängen an jedem Eingang und am Eingang zur Tiefgarage ein Anschlag angebracht wird (vgl. *Kinne* GE 2006, 1025).

2034d Die Ankündigung muss den Termin auch stundenmäßig möglichst genau angeben. Eine **Zeitspanne** von mehr als zwei Stunden ist für den Mieter nicht zumutbar.

A. Inklusivmieten   Teil II

Auf die berufliche Situation des Mieters ist Rücksicht zu nehmen, sodass auch **Termi-** 2034e
ne am Abend und am Samstag verlangt werden können (*Horst* GE 2008, 587). Insoweit wird man jedoch vom Mieter erwarten können, dass er sich mit dem Vermieter oder dem ausführenden Unternehmen in Verbindung setzt und auf seine Situation hinweist.

Der Mieter ist nicht verpflichtet, bereits beim ersten Termin den Zutritt zu seiner 2034f
Wohnung durch Zuhilfenahme Dritter zu ermöglichen (*LG München I* NJW-RR 2001, 1638 = WuM 2001, 190). Es muss deshalb ein zweiter Termin im Abstand von mindestens zwei Wochen eingerichtet werden (*LG München I* NJW-RR 2001, 1638 = WuM 2001, 190 zur Wirksamkeit entsprechender Formularklauseln). Bei Verhinderung auch beim zweiten zumutbaren Termin wird man eine Pflicht zur Inanspruchnahme der Hilfe Dritter bejahen müssen (vgl. *LG Berlin* GE 1989, 39).

Außerdem kann der Bewohner verlangen, dass sich der Ableser **legitimiert**. Vor allem 2034g
dann, wenn der Ablesetermin allgemein lesbar, z.B. an der Haustüre angeschlagen wird, ist die Gefahr nicht von der Hand zu weisen, dass sich ein unbefugter Dritter den Zugang zur Wohnung dadurch erschleicht, dass er sich als Ableser ausgibt.

3. Möglichkeiten einseitiger Regelungen kraft Vertrages

a) Wohnraum

Die Regelung des § 556a Abs. 2 BGB ist zugunsten des Mieters zwingend (Rdn. 2021). 2035
Eine vertragliche Regelung, die dem Vermieter einseitige Befugnisse über § 556a Abs. 2 BGB hinaus einräumt, kann deshalb bei Wohnraum nicht getroffen werden, da ansonsten die Rechte des Vermieters zulasten des Mieters erweitert würden.

b) Sonstige Räume

Für sonstige Räume, insbesondere bei Geschäftsraummiete, gilt § 556a BGB nicht 2036
(§ 578 Abs. 2 BGB). Dem Vermieter kann deshalb durch Vertrag ein einseitiges Änderungsrecht eingeräumt werden.

Da kein gesetzliches Verbot besteht, kann von einer Inklusivmiete nicht nur zu einer 2037
Abrechnung, sondern auch zu einer Pauschale übergegangen werden. Praktische Bedeutung hat diese Möglichkeit nicht.

Bei der Verwendung von Formularmietverträgen oder sonstigen Allgemeinen Ge- 2038
schäftsbedingungen ist § 308 Nr. 4 BGB zu beachten, dessen Grundsätze über §§ 307, 310 BGB auch bei der Geschäftsraummiete angewendet werden. Nach *OLG Celle* (Urt. v. 06.09.1995, Az.: 2 U 127/94; ZMR 1996, 209) ist der Vorbehalt eines einseitigen Leistungsänderungsrechts unwirksam, wenn er zu einer wesentlichen Veränderung des Leistungsgefüges führen kann. Die Rechtsprechung stellt sehr strenge Anforderungen an die Wirksamkeit der Änderungsklausel. Sie ist grundsätzlich nur wirksam, wenn sie schwerwiegende Änderungsgründe nennt und in ihren Voraussetzungen und Folgen erkennbar die Interessen des Vertragspartners angemessen berücksichtigt (*BGH* Urt. v. 12.01.1994, Az.: VIII ZR 165/92; NJW 1994, 1060; BGHZ 124, 351 (362f)). Zu einer angemessenen Berücksichtigung der Interessen des

Mieters gehört es insbesondere, dass die Grundmiete herabgesetzt wird, da ansonsten eine zusätzliche finanzielle Belastung des Mieters einträte.

2039 *(unbesetzt)*

2040 Beim Übergang zu einer Pauschale kann die Erhöhung der Pauschale nur vorgesehen werden, wenn unter denselben Erhöhungsvoraussetzungen auch eine Erhöhung der Inklusivmiete möglich wäre, da ansonsten eine nicht gerechtfertigte Belastung des Mieters eintreten würde.

2041 Eine dem § 556a Abs. 2 BGB nachgebildete Vertragsklausel wird man aufgrund der gesetzlichen Wertung auch bei Nichtwohnräumen als zulässig ansehen, da der Gewerberaummieter nach Auffassung des Gesetzgebers nicht schutzwürdiger ist als der Wohnraummieter (*Schmid* GE 2001, 1026).

B. Pauschalen

I. Grundsätzliches

2042 Die Vereinbarung einer Pauschale für Betriebskosten ist in § 556 Abs. 2 Satz 1 BGB für preisfreien Wohnraum ausdrücklich vorgesehen. Der *BGH* legt auch formularmäßig im Wohnraummietvertrag getroffene Regelungen zu Betriebskosten großzügig aus. Allein die Vereinbarung, dass der Mieter »die Betriebskosten« zu tragen hat, ist ausreichend (*BGH* 10.02.2016 – VIII ZR 137/15, ZMR 2016, 287 Rz. 15 f, 19). Unter Bezugnahme auf diese Entscheidung, geht er davon aus, dass es ohne Bedeutung ist, »ob insoweit eine Pauschale (die ggf. nach § 560 Abs. 1, 3 BGB angepasst werden kann) oder aber Vorauszahlungen mit Abrechnungspflicht vereinbart sind« (*BGH* 07.06.2016 – VIII ZR 274/15, ZMR 2016, 682 (683). Im Einzelfall ist durch Auslegung zu ermitteln, was die Parteien vereinbaren wollten. Für preisgebundenen Wohnraum ist eine Pauschale unzulässig s. Rdn. 2052. Bei sonstigen Mietverhältnissen, können Pauschalen vereinbart werden, da gesetzliche Regelungen nicht entgegenstehen.

Zur Frage unklarer Umlagevereinbarung (s. eingehend Rdn. 1242 ff.). Zu Ausnahmen im Anwendungsbereich der HeizkostenV s. Rdn. 6080 ff.

2043 Bei der Pauschale handelt es sich um einen Festbetrag, durch den die erfassten Kosten abgegolten werden sollen. Eine Abrechnung findet nicht statt.

2043a Deckt eine Pauschale verbrauchsabhängige Kosten ab, ist der Mieter nach § 241 Abs. 2 BGB verpflichtet, einen übermäßigen, über das gewöhnliche und der Pauschale zugrunde liegende Maß hinausgehenden Verbrauch zu vermeiden. Ansonsten ist er dem Vermieter zum Schadensersatz nach § 280 BGB verpflichtet (*LG Oldenburg* ZMR 2002, 200 zu Stromverbrauch). Diese Ersatzpflicht ist gerichtet auf Erstattung der tatsächlichen Kosten abzüglich der Pauschalzahlungen. Die Annahme einer Pflichtverletzung ist jedoch auf extreme Fälle zu beschränken, da der Vermieter das Risiko mangelnder Kostendeckung trägt.

B. Pauschalen   Teil II

Bei der Feststellung der ortsüblichen Vergleichsmiete ist die Vereinbarung einer Be-   2043b
triebskostenpauschale zu berücksichtigen.

II. Zulässige Vereinbarungen

1. Wohnraum

a) Wohnraum allgemein

Die Pauschale ist als eine Art der Betriebskostenumlegung ausdrücklich genannt   2044
(§ 556 Abs. 1, Abs. 2 Satz 1 BGB). Die Pauschale dient somit nur der Tragung von
Betriebskosten (zum Begriff s. auch *BGH* Urt. v. 10.02.2016, Az.: VIII ZR 137/15
ZMR 2016, 287) durch den Mieter. Die Heizkostenverordnung schreibt eine verbrauchsabhängige Kostenverteilung gem. § 6 HeizkostenV vor, sodass im Anwendungsbereich der Verordnung Heiz- und Warmwasserkostenpauschalen nur vereinbart werden können, wenn ein Ausnahmetatbestand vorliegt (§§ 2, 11 HeizkostenV,
s. unten 6104a ff). Andere als die in § 556 Abs. 1 S. 2 u. 3 BGB genannten Kosten des
Vermieters, dürfen deshalb in die Pauschale nicht einbezogen werden. Solche Kosten
sind, auch wenn sie gesondert ausgewiesen (Rdn. 1097) und als Pauschale bezeichnet
sind, keine Betriebskostenpauschale im Sinne des Wohnraummietrechts. Dasselbe gilt
für pauschale Entgelte des Mieters für besondere Zusatzleistungen des Vermieters (vgl.
LG Krefeld NZM 2000, 1222 für betreutes Wohnen).

Eine einheitliche Pauschale für Betriebskosten gem. § 2 BetrKV und sonstige Kos-   2045
ten verstößt in Formularmietverträgen gegen das Transparenzgebot des § 307 Abs. 1
Satz 2 BGB und führt zur Unwirksamkeit der Klausel. In Individualverträgen ist eine
solche Pauschale wirksam, aber wie ein besonders ausgewiesener Teil des Grundmiet-
zinses zu behandeln, sodass eine Erhöhung wegen gestiegener Betriebskosten gem.
§ 560 BGB ausgeschlossen ist (*Schmid* WuM 2001, 424 m. w. N.).

Keine Regelung enthält das Gesetz darüber, in welcher **Höhe** eine Pauschale verein-   2046
bart werden darf. Wie hoch die Betriebskosten letztlich sein werden, steht bei Abschluss des Mietvertrages häufig nicht fest. Die Pauschale soll einerseits nicht zu einer
verdeckten höheren Miete führen, andererseits soll sie aber auch die voraussichtlich
entstehenden Kosten decken. Während § 556 Abs. 2 S. 2 BGB für Vorauszahlungen
ausdrücklich festlegt, dass so erfasste Betriebskosten nur in angemessener Höhe vereinbart werden dürfen, fehlt eine entsprechende Regelung im Gesetz darüber, in welcher Höhe eine Pauschale vereinbart werden darf.

Streitig ist, ob bei erstmaliger Vereinbarung einer Pauschale dieselben Grundsätze anzuwenden sind, wie bei Festlegung der angemessenen Höhe einer Vorauszahlung (s.
hierzu Rdn. 2066a).

Die Pauschale muss bei Wohnraummietverhältnissen als **Festbetrag** vereinbart sein.   2047
Variable Pauschalen, insbesondere ein Prozentsatz von der Grundmiete oder eine Kop-
pelung an einen bestimmten Index, können nicht wirksam vereinbart werden (*Schmid*
WuM 2001, 424). Das ergibt sich aus der abschließenden Regelung des § 560 BGB
(vgl. Rdn. 2121). Möglich ist, für einen Teil der Betriebskosten eine Pauschale, für die

Harz   79 übrigen Betriebskosten Vorauszahlungen zu vereinbaren. Häufig wird eine Pauschale für die Betriebskosten vereinbart, deren Höhe für einen längeren Zeitraum voraussichtlich feststehend sein wird, wie z. B. die Grundsteuer, in älteren Verträgen wurde dies häufig für Treppenreinigung und Antenne vereinbart..

2048 Eine **Erhöhung** der Pauschale kann nur nach Maßgabe des § 560 BGB erfolgen (Rdn. 2082 ff.). Die in § 560 Abs. 3 BGB vorgesehene **Ermäßigung** (Rdn. 2068) der Pauschale darf nicht ausgeschlossen werden (vgl. zu § 560 BGB Rdn. 2117). Die Vorschrift des § 560 Abs. 3 BGB gilt nicht für von vornherein zu hoch angesetzte Pauschalen (*BGH* a. a. O. ZMR 2012, 181).

b) Besondere Wohnraummietverhältnisse

2049 Die Regelung des § 560 BGB über die Veränderung von Betriebskosten gilt nach § 549 Abs. 2 und 3 BGB nicht für Mietverhältnisse über Wohnraum,
– der nur zu vorübergehendem Gebrauch vermietet ist,
– der Teil der vom Vermieter selbst bewohnten Wohnung ist und den der Vermieter überwiegend mit Einrichtungsgegenständen auszustatten hat, sofern der Wohnraum nicht dem Mieter zum dauernden Gebrauch mit seiner Familie oder mit Personen überlassen ist, mit denen er einen auf Dauer angelegten gemeinsamen Haushalt führt.
– den eine juristische Person des öffentlichen Rechts oder ein anerkannter privater Träger der Wohlfahrtspflege angemietet hat, um ihn Personen mit dringendem Wohnbedarf zu überlassen, wenn sie den Mieter bei Vertragsschluss auf die Zweckbestimmung des Wohnraums und auf die Ausnahme von § 560 BGB hingewiesen hat.
– der sich in einem Studenten- oder Jugendwohnheim befindet.

2050 Wohl aber gilt für solche Mietverhältnisse § 556 Abs. 2 BGB.

2051 Hieraus ist abzuleiten, dass zwar die Beschränkung auf Betriebskosten (Rdn. 2042) und die angemessene Höhe (Rdn. 2043a und 2066a) gilt, nicht aber das Verbot einer variablen Pauschale (Rdn. 2047). Hierbei ist jedoch das Preisklauselgesetz zu beachten. Zu Erhöhungen und Ermäßigungen s. Rdn. 2071 ff.

c) Preisgebundener Wohnraum

2052 Bei preisgebundenem Wohnraum ist die Vereinbarung einer Betriebskostenpauschale unzulässig, da das Preisbindungsrecht eine solche Pauschale nicht vorsieht.

2. Geschäftsraum

2053 Es bestehen abgesehen von der HeizkostenV keine speziellen gesetzlichen Beschränkungen (s. *Schmid/Zehelein* in Ghassemi/Tabar/Guhling/Weitemeyer Geschäftsraummiete § 560 Rdn. 2). Insbesondere darf die Pauschale auch andere Kosten als Betriebskosten i. S. von § 2 BetrKV umfassen. Dies soll jedoch nicht gelten, sofern nicht umlagefähige Kosten mietvertraglich als Pauschale vereinbart wurden, die unter dem unbestimmten Rechtsbegriff »Betriebs- und Nebenkosten« zusammengefaßt sind und eine Erhöhung der Pauschale mit einer Aufstellung begründet wird, in der die Positionen »Afa« und »Reparatur« enthalten sind. Eine stillschweigende Vereinbarung zur Umlegung findet auch dann nicht statt, wenn der Mieter ohne weitere Prüfung erhöhte Pauschalen zahlt (OLG Naumburg ZMR 2007, 618). Es können auch mehrere Pauschalen für verschiedene Mietnebenkosten vereinbart werden. Die Pauschalen können – vorbehaltlich der Beachtung des Preisklauselgesetzes – auch variabel ausgestaltet sein, z.b. in Abhängigkeit zur Grundmiete stehen. Lediglich dann, wenn eine unangemessene Benachteiligung des Mieters vorliegt oder dieser über die wahre Höhe der Kosten getäuscht wird, kann die Anwendung allgemeiner Vorschriften (§§ 123, 138, 242, 307 BGB) zur teilweisen oder gänzlichen Unwirksamkeit der Pauschalvereinbarung führen. Wenn der Mieter nicht getäuscht wird, können Pauschalen auch unabhängig von den tatsächlichen Gegebenheiten vereinbart werden (*OLG Düsseldorf* ZMR 2002, 595 ff; *Schmid* GE 2001, 1028). § 560 BGB ist auf Geschäftsraummietverhältnisse nicht anwendbar.

III. Notwendigkeit einer Vereinbarung

Eine Pauschale wird grundsätzlich nur geschuldet, wenn dies vertraglich vereinbart ist. Zur Vereinbarung eines einseitigen Bestimmungsrechts des Vermieters bei Nichtwohnräumen s. Rdn. 2038 ff., wenn von einer Inklusivmiete zu einer Pauschale übergegangen werden soll. Theoretisch kann bei Nichtwohnraummietverhältnissen dem Vermieter unter den Voraussetzungen der Rdn. 2038 ff. auch die Befugnis eingeräumt werden, von einer Abrechnung zu einer Pauschale überzugehen. Praktisch kommen solche Vereinbarungen kaum vor. 2054

IV. Inhalt der Vereinbarung

1. Vereinbarung der Pauschale

Die Vereinbarung muss klar erkennen lassen, dass es sich um eine Pauschale handelt. Wurde der Begriff »Vorauspauschale« im Mietvertrag gebraucht und sodann für 20 Jahre keine Abrechnung erstellt, kann ein neuer Eigentümer trotz des vorgenannten Begriffs eine Betriebskostenabrechnung erstellen, da die »Vorauspauschale« trotz der unklaren Wortwahl als Vereinbarung einer Vorauszahlung zu verstehen ist (*BGH*, Urt. v. 13.02.2008, Az.: VIII ZR 14/06; WuM 2008, 225). Ist keine eindeutige Vereinbarung getroffen und ergibt sich auch durch Auslegung nicht der Wille einer Nebenkostenumlegung mit Abrechnung oder die Absicht eine Pauschale zu vereinbaren (*BGH* a. a. O. ZMR 2016, 683), ist die Klausel in Formularmietverträgen wegen Verstoßes gegen das Transparenzgebot des § 307 Abs. 1 Satz 2 BGB und die Unklarheitenregel des § 305c Abs. 2 BGB unwirksam. Nach Ansicht von *Lehmann-Richter* (WuM 2012, 647) kommt es bei nicht behebbaren Zweifeln, ob eine Vorauszahlung oder Pauschale vereinbart wurde, darauf an, welche Regelung für den Mieter finanziell günstiger ist, die Vorauszahlung oder die Pauschale. Er geht davon aus, dass der Mieter insoweit ein jährlich wiederkehrendes Wahlrecht hat, auf welche Auslegungsvariante er sich berufen will. Ist in einem Vordruck weder Pauschale noch Vorauszahlung genannt und ergeben sich auch durch Auslegung keine Hinweise, liegt 2055 überhaupt keine Vereinbarung vor und es handelt sich um eine Inklusivmiete. Bei Individualvereinbarungen ist die Vertragsauslegung im Einzelfall maßgebend. Der *BGH* (Urt. v. 09.03.2011, Az.: VIII ZR 132/10; ZMR 2011, 536) ist in einem Ausnahmefall, bei einer nach früherem Mietpreisbindungsrecht für Altbauten in Berlin unwirksam getroffenen Vereinbarung über abzurechnende Betriebskostenvorauszahlungen, im Wege der Umdeutung von einer Betriebskostenpauschale ausgegangen, insbesondere auch, weil die Pauschale mehrmals im Verlauf des Mietverhältnisses erhöht worden war. Die Beweislast dafür, dass zuzüglich zur Grundmiete eine Pauschale vereinbart worden ist, trifft den Vermieter (*Schmid* WuM 2001, 424 [425]).

2056 Eine genaue Abgrenzung hat insbesondere dann zu erfolgen, wenn ein Teil der Betriebskosten als Pauschale und ein anderer Teil im Wege der Vorauszahlung mit Abrechnung umgelegt wird. Hier muss vor allem darauf geachtet werden, dass dieselben Kosten nicht zwei Mal umgelegt werden. Passiert ein solches Versehen gleichwohl, wird man mangels anderer Anhaltspunkte davon ausgehen können, dass verursachungsunabhängige Kosten der Pauschale und verursachungsbezogene Kosten der verursachungsbezogenen Abrechnung zuzurechnen sind. Eine völlige Unwirksamkeit der Nebenkostenvereinbarung insoweit entspräche nicht dem Parteiwillen.

2056a Die Verwendung des Wortes »pauschal« und das Fehlen von Regelungen über die Abrechnung sprechen für die Vereinbarung einer Pauschale (*OLG Düsseldorf* Urt. v. 11.03.2008, Az.: 24 U 152/07; ZMR 2008, 710).

2. Was umfasst die Pauschale?

2057 Aus der Vereinbarung muss sich ergeben, welche Betriebskosten (s. hierzu *BGH* Urt. v. 10.02.2016, Az.: VIII 137/15 ZMR 2016, 287) von der Pauschale umfasst sind, denn nur dann kann der Mieter eine eventuelle Erhöhung der Betriebskostenpauschale (Rdn. 2081 ff.) überprüfen oder ggf. einen Anspruch auf Herabsetzung der Betriebskostenpauschale geltend machen kann. Der *BGH* (a. a. O. ZMR 2016, 287) hält es für ausreichend – auch formularmäßig – den Begriff »Betriebskosten« zu verwenden, um Klarheit über die erfassten Kosten zu schaffen.

2058 Eine Vereinbarung, die auch unter Heranziehung aller Auslegungskriterien nicht erkennen lässt, welche Mietnebenkosten umfasst sind, ist wegen Unbestimmtheit unwirksam (*BGH* Urt. v. 02.05.2012, Az.: VIII ZR 88, 10 m. w. N.; WuM 2012, 453; Zum Ganzen s. *Lehmann-Richter* WuM 2012, 647 ff.).

2059 Wird eine **Betriebskostenpauschale** vereinbart, so bezieht sich die Vereinbarung auf alle Betriebskosten, die in § 2 BetrKV genannt sind. Das Wort Betriebskostenpauschale ist in § 560 Abs. 3 BGB genannt. Es bedeutet inhaltlich nichts anderes als die Ausweisung der Betriebskosten als Pauschale i. S. von § 556 Abs. 2 Satz 1 BGB in Abgrenzung zu der hier gleichfalls genannten Vorauszahlung. Der Begriff Betriebskosten ist in Kernbereich und Tragweite für den Durchschnittsmieter verständlich (*BGH* Urt. v. 10.02.2016, Az.: VIII ZR 137/15; ZMR 2016, 287 = NJW 2016, 6; OLG *Frankfurt/M.* NZM 2000, 757).

2060 Zur Bezugnahme auf die BetrKV und § 556 BGB s. Rdn. 3009 ff.

B. Pauschalen Teil II

Nach der Rechtsprechung des *BGH* (Urt. v. 07.04.2004, Az.: VIII ZR 167/03; ZMR 2004, 430 ff. = DWW 2004, 188 = GE 2004, 613) ist die Umlegung »sonstiger Betriebskosten« nach § 2 Nr. 17 BetrKV nur insoweit wirksam vereinbart, als die jeweiligen Kostenarten exakt einzeln bezeichnet sind (s. auch BGH 20.01.1993 – VIII ZR 10/92, ZMR 1993, 263). Diese zwar zu abzurechnenden Betriebskosten ergangene Entscheidung, ist auf Pauschalen entsprechend anzuwenden (*Schmid* GuT 2010, 324 [325]).   2061

Zur Bezeichnung nicht ausdrücklich genannter Einzelkosten in anderen Positionen s. Rdn. 5002.   2062

Es können mehrere Pauschalbeträge für verschiedene Betriebskostenarten vereinbart werden (*Schmid* GuT 2010, 324). Möglich ist es auch, eine Pauschale für bestimmte Betriebskostenarten und eine Abrechnung für andere Positionen vorzusehen (*Schmid* WuM 2001, 424 [425]). Ist für einzelne Kostenarten ausdrücklich eine **Abrechnung** vereinbart, wird die Auslegung in aller Regel ergeben, dass diese Kosten nicht von der Pauschale umfasst sein sollen, auch wenn ansonsten für die Pauschale ohne nähere Differenzierung auf die BetrKV Bezug genommen wird.   2063

Lediglich die Verwendung der Worte »**Nebenkosten oder Nebenkostenpauschale**« ist zu unbestimmt (vgl. Rdn. 1019 ff.). Bei einer Pauschale kann auch keine Reduktion im Sinne eines Minimalkonsenses auf bestimmte Nebenkosten, insbesondere auf Betriebskosten i. S. der BetrKV, erfolgen, da die Höhe der Pauschale von den von ihr umfassten Kosten abhängt und anders als bei einer Abrechnung ein Ausgleich der geleisteten Zahlungen nicht erfolgt.   2064

Die **Umstände des Einzelfalles** können jedoch ergeben, dass die Parteien lediglich eine Falschbezeichnung gewählt und Betriebskosten gemeint haben. Die Pauschale umfasst dann das von den Parteien tatsächlich Gewollte, nämlich die Betriebskosten nach der BetrKV (vgl. *Schmid* NZM 2000, 1041, 1042). Möglich ist es auch, dass die **Vertragsauslegung** ergibt, dass bestimmte Kosten von der Pauschale umfasst sein sollen (vgl. *AG St. Wendel* und *LG Saarbrücken* WuM 1998, 722).   2065

Besonders bei **gewerblichen Mietverhältnissen** muss genau konkretisiert werden, welche Kosten die einzelnen Pauschalen oder die Gesamtpauschale umfassen. Wird in einem Gewerberaummietvertrag der Begriff Betriebskosten verwendet, ist die Vereinbarung mangels anderweitiger Anhaltspunkte dahin auszulegen, dass nur solche Betriebskosten umfasst sind, die bei der Vermietung von Wohnraum umlegungsfähig sind (*OLG Celle*, Urt. v. 16.12.1998, Az.: 2 U 23/98; ZMR 1999, 238). Wenn in einem Gewerberaummietvertrag einzelne Kostenpositionen nicht abweichend definiert sind, sind die Vertragsklauseln unter Heranziehung der entsprechenden Regelungen des § 2 BetrKV auszulegen (*OLG Düsseldorf* DWW 2000, 199 ff.).   2066

3. Festlegung der Höhe und Erhöhungsmöglichkeit

Nach überwiegend vertretener Auffassung ist die Angemessenheitsgrenze des § 556 Abs. 2 Satz 2 BGB für die erstmalige Festlegung der Höhe von Betriebskostenpauschalen nicht anzuwenden (*BGH*, Urteil v. 16.11.2011 – VIII ZR 106/11, ZMR   2066a

2012, 181; *Wall* a. a. O. Rdn. 1609: Langenberg § 556 BGB Rdn. 23 m. w. N.; a. A. *Schmid* WuM 2001, 424; *Zehelein* MüKo § 556 BGB Rdn. 30; *Horst* MDR 2001, 724). Nach *Langenberg* (Schmidt/Futterer/Langenberg, 556 BGB Rdn. 23 ff.) ist zulässig, dass die einzelnen Ansätze nach oben gerundet in die Berechnung einfließen oder aufgrund einer überschlägigen Berechnung ermittelt werden, wobei es zulässig sein soll, einen geschätzten Sicherheitszuschlag zu machen, um Steigerungen der Betriebskosten aufzufangen. *Langenberg* vertritt weiter die Auffassung, dass der Vermieter seine Kalkulation bei erstmaliger Berechnung der Pauschale nicht offen zu legen braucht und hieraus folgt, dass der Mieter keinen Anspruch auf Offenlegung der Kalkulation hat und daher mit Argumenten gegen eine nicht kostenorientiere Bewirtschaftung durch den Vermieter ausgeschlossen ist. Der *BGH* a. a. O. weist darauf hin, dass die Parteien im Rahmen ihrer Vertragsautonomie berechtigt sind, die Höhe der Betriebskostenpauschale festzulegen. Der Vermieter ist grundsätzlich, auch nach Auffassung des *BGH*, nicht verpflichtet, seine anfängliche Kalkulation der Pauschale offen zu legen. Allerdings weist Langenberg zutreffend darauf hin, dass Differenzen im Allgemeinen dann erst auftreten, wenn die Pauschale die Betriebskosten nicht mehr deckt und die Frage ansteht, ob und gegebenenfalls um welchen Betrag die Pauschale erhöht werden kann, sofern eine entsprechende vertragliche Regelung besteht (§ 560 Abs. 1 BGB).

Eine unbegrenzt hohe Betriebskostenpauschale kann nicht zugelassen werden, daher muss die Vereinbarung einer Betriebskostenpauschale in angemessener Höhe erfolgen, zumindest unter Beachtung der Vermeidung eines auffälligen Missverhältnisses von Leistung und Gegenleistung (§ 138 BGB). Nach anderer Ansicht (*Schmid* a. a. O.; *Zehelein* a. a. O.) sind dieselben Grundsätze anzuwenden wie bei Beurteilung der Angemessenheit von Vorauszahlungen. Hieraus folgt, dass eine zu hohe Betriebskostenpauschale, auf das angemessene Maß zu reduzieren ist, da hinsichtlich des darüberhinausgehenden Betrages die Vereinbarung unwirksam sein dürfte. Fraglich ist, ob dies, wie Langenberg annimmt, erst vorliegt, wenn § 5 WiStG bzw. § 134 BGB greifen. Für Betriebskosten, die sämtlich als Pauschale umgelegt werden, sieht das Landgericht Berlin (NZM 2016, 97) dieses Missverhältnis bei einer Differenz von 40 % zu Durchschnittskosten noch nicht und lehnt die Anwendung von § 138 Abs. 2 BGB ab. Dem Mieter steht zur Geltendmachung seiner Rechte ein Auskunftsanspruch gemäß § 242 BGB zu, wenn er konkrete Anhaltspunkte für eine nachträgliche Ermäßigung der Betriebskosten hat (*BGH* a. a. O., ZMR 2012, 181).

Der Wirtschaftlichkeitsgrundsatz ist zu wahren. Streitig ist, ob das aus dem Wirtschaftlichkeitsgrundsatz folgende Gebot schon durch Vereinbarung unangemessener Preise verletzt wird (s. *Langenberg* a. a. O. § 560 BGB Rdn. 114). Nach Auffassung des *BGH* (Urteil v. 28.11.2007 – VIII ZR 43/06) soll keine Verletzung des Wirtschaftlichkeitsgebots vorliegen, wenn der Vermieter einen unwirtschaftlichen Versorgungs- oder Leistungsvertrag bereits abgeschlossen hatte, als noch kein Mietvertrag bestand. Zu einer Änderungsvereinbarung soll der Vermieter allerdings verpflichtet sein, sobald er hierzu die Möglichkeit hat.

Eine Erhöhung der Pauschale ist nur bei entsprechender Vereinbarung möglich (Rdn. 2081 ff.). Hierauf ist bereits bei Abschluss der Pauschalenvereinbarung, i. d. R. des Mietvertrages, zu achten. 2067

4. Ermäßigung und Auskunftsanspruch des Mieters

Gegenüber dem Vermieter hat der Mieter einen Auskunftsanspruch zur Höhe der von einer Pauschale abgedeckten Betriebskosten gem. § 242 BGB nur dann, wenn konkrete Anhaltspunkte für eine nachträgliche Ermäßigung der Betriebskosten vorhanden sind (*BGH*, Urteil v. 16.11.2011, Az.: VIII ZR 106/11 ZMR 2012, 181; s. auch *Schmid* NZM 2012, 444). 2068

Unter Hinweis auf die herrschende Literatur geht der BGH a. a. O. davon aus, dass der Vermieter grundsätzlich nicht verpflichtet ist, seine anfängliche Kalkulation einer Betriebskostenpauschale offen zu legen. Ein solcher Anspruch könne auch nicht aus § 560 Abs. 3 BGB hergeleitet werden, insbesondere da die Vorschrift nicht für von vorneherein zu hoch angesetzte Pauschalen gilt. Ein Auskunftsanspruch des Mieters zur tatsächlichen Höhe der von einer Pauschale abgedeckten Betriebskosten komme gem. § 242 BGB nur in Betracht, wenn konkrete Anhaltspunkte für eine nachträgliche Ermäßigung der Betriebskosten bestehen. Allerdings stellt der BGH hierbei darauf ab, dass Ermäßigungen einzelner Betriebskosten nicht relevant seien, wenn sie durch Erhöhungen in anderen Bereichen ausgeglichen werden. 2068a

Die in der Literatur vertretene Auffassung (z. B. von *Lehmann-Richter*, WuM 2012, 647 ff.), dass dem Mieter ein jährliches Auskunftsrecht im Hinblick auf die Höhe der Betriebskosten zustehe, lehnt der *BGH* a. a. O. ab und vertritt ferner die Auffassung, dass dem Mieter ein Auskunftsrecht nur dann zustehe, wenn konkrete Anhaltspunkte dafür vorliegen, dass sich die von der Pauschale erfassten Betriebskosten insgesamt ermäßigt haben. 2068b

Der *BGH* stellt ausdrücklich fest, dass die Vereinbarung einer Betriebskostenpauschale dem Vermieter die genaue Abrechnung der Betriebskosten ersparen soll und diese Vereinbarung ihn damit von einem jährlich anfallenden Arbeitsaufwand entlaste. 2068c

V. Misslungene Abrechnungsvereinbarung als Vereinbarung einer Pauschale?

Der *BGH* (Beschluss v. 07.06.2016 – VIII ZR 274/15, ZMR 2016, 682) hat im Anschluss an sein Urteil zur Vereinbarung der Umlage von »Betriebskosten« im Wohnraummietvertrag auf den Mieter vom 10.02.2016 (VIII ZR 137/15, ZMR 2016, 287) entschieden, dass es nicht darauf ankomme, ob vertraglich, auch formularvertraglich, eine Pauschale oder eine Vorauszahlung mit Abrechnungspflicht vereinbart ist. Zur gesonderten Tragung der Betriebskosten, ist der Mieter verpflichtet. 2069

Im Wege der Auslegung nach §§ 133, 157 BGB müsse im Einzelfall die tatsächliche Absicht der Parteien zum Umlagemodus ermittelt werden. Wenn der Mietvertrag keine Regelung zum Umlageschlüssel oder genaue Beträge bei einzelnen Kostenarten enthält, kann dies dafür sprechen, dass die Vereinbarung einer Pauschale beabsichtigt ist (s. *Langenberg/Zehelein* Betriebskosten- und Heizkostenrecht, 9. Auflage, E. Rdn. 11).

Wenn zwischen den Parteien streitig ist, ob der im Mietvertrag genannte Betrag als Pauschale oder als Vorauszahlung zu behandeln ist und der Vermieter geltend macht, dass die Absprache als Vereinbarung von Vorauszahlungen zu verstehen sei, trägt er die Beweislast für diese für ihn günstigere Variante, während der Mieter die Qualifikation als Pauschale beweisen muss, da dies in der Regel für den Mieter günstiger ist (s. Schmidt-Futterer/Langenberg § 556 Rdn. 530, zum Problem s. eingehend Rdn. 1242 ff), es sei denn man gelangt zur Annahme einer vereinbarten Inklusivmiete.

2069a Bei Geschäftsraummietverhältnissen führt die Unwirksamkeit einer Umlagevereinbarung hinsichtlich der Betriebs- bzw. Nebenkosten nicht dazu, dass die hierfür angesetzten Vorauszahlungen gänzlich aus der Miete entfallen. Es liegt insoweit eine Inklusivmiete oder eine Nebenkostenpauschale vor (*OLG Frankfurt* a. M., 2 U 143/17, ZMR 2018, 924 und *OLG Düsseldorf* ZMR 2002, 595).

2070 Sind bei einem Formularmietvertrag mehrere Auslegungen möglich, ist die für den Mieter günstigere Auslegung maßgeblich, wenn der Vermieter Verwender des Formulars ist (§ 305c Abs. 2 BGB). Die für den Mieter günstigste Auslegung ist, dass die Nebenkosten möglichst weitgehend in der Grundmiete enthalten sind (*LG Berlin* ZMR 2001, 188). Ist unklar, ob eine Pauschale oder eine Abrechnung mit Vorauszahlungen vereinbart ist, ist für den Mieter in der Regel die Pauschale günstiger (*Pfeilschifter* WuM 2002, 73 [74]). Definitiv feststellen lässt sich dies nur durch eine Saldierung sämtlicher Abrechnungen am Vertragsende (s. *Lehmann-Richter* WuM 2012, 647 (648)).

VI. Änderung der Pauschalenvereinbarung

1. Einvernehmliche Regelung

2071 Die Vereinbarung über die Mietnebenkostenpauschale kann **einvernehmlich** geändert werden, an einer solchen vertraglichen Änderung müssen alle Mietvertragsparteien mitwirken (*BGH* Urt. 16.03.2016, VIII ZR 326/14; ZMR 2016, 519 ff). An eine konkludente Änderung sind hohe Anforderungen zu stellen (s. Rdn. 2010). Auch die »Bestätigung« einer Pauschalierung der Nebenkosten sieht der *BGH* (a. a. O. ZMR 2016, 519) kritisch, allein in der Nichtabrechnung kann kein Angebot auf Änderung der Umlagenvereinbarung gesehen werden; gleiches gilt für den Verzicht auf eine Abrechnung (*BGH* 13.02.2008, VIII ZR 14/06, ZMR 2008, 442). Möglich ist ein Übergang zur Inklusivmiete oder zu einer Umlegung mit Abrechnung.

2. Einseitige Änderung

2072 Für einseitige Änderungen kraft gesetzlicher Regelungen oder kraft Vertrages gelten die gleichen Grundsätze wie bei der Inklusivmiete (Rdn. 2007 ff.).

2073 Bei **Herabsetzung der Miete** bei Übergang zur (ggf. auch teilweisen erfolgenden) verursachungsbezogenen Abrechnung (Rdn. 2026 ff.) ist jedoch zu berücksichtigen, dass die Betriebskosten hier nicht in der Grundmiete, sondern in der Pauschale enthalten sind. § 556a Abs. 2 Satz 3 BGB ist deshalb nicht unmittelbar anwendbar. Jedoch erfordert der Normzweck eine entsprechende Anwendung.

2074 *(unbesetzt)*

Wird nur ein Teil der von der Pauschale umfassten Kosten in Zukunft abgerechnet, 2075
ist nicht die Grundmiete, sondern die Pauschale entsprechend herabzusetzen, wobei
die gleichen Grundsätze wie bei der Herabsetzung einer Inklusivmiete (Rdn. 2026 ff.)
gelten. Werden sämtliche von der Pauschale umfassten Kosten künftig abgerechnet,
gerät die Pauschale in Wegfall.

VII. Schriftform

Wird der Mietvertrag über Räume und Grundstücke für längere Zeit als ein Jahr nicht 2076
in schriftlicher Form (§§ 126, 126a BGB) geschlossen, so gilt er für unbestimmte
Zeit. Die Kündigung ist jedoch frühestens zum Ablauf eines Jahres nach Überlassung des Mietgegenstandes zulässig (§ 550 BGB [i. V. m. § 578 Abs. 1 BGB]). Die
Wirksamkeit der Vereinbarung als solche wird von der fehlenden Schriftform nicht
berührt. Das Schriftformerfordernis gilt auch für Änderungsverträge. Die Festlaufzeit eines Vertrages, kann deshalb durch eine nachträgliche nicht formgemäße Änderung verloren gehen. Davon abgesehen empfiehlt sich schon aus Beweiszwecken eine
schriftliche Festlegung.

Das Schriftformerfordernis gilt jedoch nicht, wenn das Gesetz selbst für die Vertrags- 2077
änderung andere Verfahren vorsieht (*Schmid* GE 2002, 1039; a.A. *Ormaschick/Riecke*
MDR 2002, 247), wie für den Abrechnungsmaßstab für Betriebskosten in § 556a
Abs. 2 Satz 1 BGB und für die Veränderung der Betriebskosten in § 560 BGB durch
einseitige Erklärung (*Schmid* NZM 2002, 483). Es handelt sich dabei um Sonderregelungen, die dem § 550 BGB vorgehen, und zudem um einseitige Erklärungen
und nicht um Verträge (vgl. für ein Mieterhöhungsverlangen nach § 558a BGB bei
gewillkürter Schriftform: *BGH* Urt. v. 10.11.2010, Az.: VIII ZR 300/09; ZMR 2011,
277–278 = MDR 2011, 20 = NZM 2011, 117). In der Praxis nicht selten ist es allerdings, dass der Vermieter nicht einseitig tätig wird, obwohl er dies könnte, sondern
aus Akzeptanzgründen den Mieter um Zustimmung zu dem ersucht, was er auch
einseitig durchsetzen könnte. Stimmt der Mieter zu, liegt ein Änderungsvertrag vor,
der auch bei Wohnraummietverhältnissen nach § 557 Abs. 1 BGB möglich ist (vgl.
Rdn. 3088). § 550 BGB findet in diesem Fall Anwendung, da es für die rechtliche
Einordnung als Vertrag auf die Durchführung der Änderung und nicht nur auf das
praktische Ergebnis ankommt (*Schmid* GE 2011, 242 [243]). Den Rechtsfolgen des
§ 550 BGB kann dann allenfalls noch mit dem Einwand von Treu und Glauben begegnet werden.

Die h. M. (vgl. z.B. *BGH* Urt. v. 18.10.2000, Az.: XII ZR 179/98; ZMR 2001, 97 ff. 2078
m. w. N.) differenziert zwischen **wesentlichen Abreden und unwesentlichen Nebenpunkten**. Sind nur unwesentliche Nebenabreden von der Schriftform nicht umfasst,
soll dies unschädlich sein. Die sog. Erheblichkeitsschwelle war umstritten, auch im
Hinblick auf die hierfür heranzuziehende finanzielle Grenze. Wengleich die Entscheidung des *BGH* (Urt. v. 25.11.2015, Az.: XII ZR 114/14; NJW 2016, 311 m.
w. N. zum Streitstand der prozentualen Erhöhungsgrenze für die Wesentlichkeit) zu
einer Mieterhöhung um 1,5 % ergangen ist, hat sie Relevanz auch für Mietnebenkostenveränderungen, da der *BGH* davon ausgeht, dass jede Änderung der Miethöhe

wesentlich und damit schriftformschädlich ist. Gerade bei der Geschäftsraummiete sind Schriftformprobleme häufig. Hier kann eine Veränderung um einen solchen Prozentsatz zur erheblichen Erhöhungen führen, sodass auch bei unter diesem Prozentsatz liegenden Veränderungen Schriftformschädlichkeit gegeben sein kann.

2079 Schon angesichts der regelmäßig beachtlichen Höhe der Mietnebenkosten, handelt es sich bei Vereinbarungen hierüber um wesentliche Abreden (*OLG Hamm*, Az.: 30 U 4/11; Juris a.A. *OLG Koblenz* NZM 2002, 293). Vereinbarungen über die Nebenkosten und deren dauerhafte, auf mehr als ein Jahr angelegte und vom Vermieter nicht frei widerrufbare Änderungen, sollten deshalb jedenfalls bei einem Mietvertrag mit einer vorgesehenen Festlaufzeit von mehr als einem Jahr schriftformwahrend getroffen werden. Als unwesentlich angesehen wurde die nachträgliche Übernahme der Niederschlags- und Schmutzwassergebühr, die 1,16 % der Jahresbruttomiete ausmachte (*LG Münster* GuT 2010, 232, Entscheidung erging vor o. a. Entscheidung des BGH). Eine wesentliche und damit schriftformwahrend zu treffende Änderung, ist immer die Umstellung der vertraglich vorgesehenen Direktabrechnung des Mieters mit dem Versorger auf Zahlung eines Betrages unmittelbar an den Vermieter (*BGH* Urt. v. 13.01.2013, Az.: XII ZR 142/12; ZMR 2014, 327).

2080 Für die Wahrung der Schriftform wird es als ausreichend angesehen, dass die Umlegung von Mietnebenkosten schriftlich vereinbart ist. § 2 BetrKV wird lediglich als Erläuterung dessen angesehen, was die Parteien unter Nebenkosten verstanden haben; eine entsprechende Anlage muss deshalb weder unterschrieben sein (*BGH* Urt. v. 21.01.1999, Az.: VIII ZR 93/97; ZMR 1999, 535; *OLG Celle* NZM 1999, 501; ZMR 1999, 238). noch beigefügt werden (*BGH* Urt. v. 10.02.2016 – VIII ZR 137/15, ZMR 2016, 287). Gleichwohl empfiehlt es sich, die Nebenkostenabrede insgesamt in die Schriftform einzubeziehen. Bei der Verwendung von Anlagen, insbesondere für Einzelaufstellungen der Nebenkosten außerhalb von § 2 BetrKV, kann dies dadurch geschehen, dass der Vertragstext auf die entsprechenden Anlagen Bezug nimmt (vgl. z.B. *BGH* Urt. v. 30.06.1999, Az.: XII ZR 55/97; ZMR 1999, 691).

VIII. Erhöhung und Senkung der Pauschale

1. Gesetzliche Regelung

a) Anwendungsbereich des § 560 BGB

2081 Die Veränderungen von Betriebskosten regelt § 560 BGB. Diese Vorschrift gilt nur für preisfreien Wohnraum (*OLG Rostock* GuT 2008, 200). Sie gilt nicht für besondere Wohnraummietverhältnisse (§ 549 Abs. 2 und 3 BGB – Rdn. 2049). Der mietvertraglich vereinbarte Änderungsvorbehalt ist erforderlich, um die Betriebskostenpauschale zu erhöhen. Häufig wird dies als »Mehrbelastungsabrede« bezeichnet. Diese ist bei formularvertraglicher Vereinbarung auf ihre Wirksamkeit hin zu prüfen (s. Rdn. 3104). § 560 BGB gilt nicht für preisgebundenen Wohnraum, da Pauschalen hier unzulässig sind (Rdn. 2052).

2081a Bei Geschäftsraummietverhältnissen und den in § 549 Abs. 2 und 3 BGB bezeichneten Mietverhältnissen, trägt der Mieter das Risiko eines fehlenden Ausgleiches für das

Herabsinken der Nebenkosten (*Schmid* WuM 2001, 424 [427]). Da der Mieter dieses Risiko übernommen hat, kann er sich bei fehlenden vertraglichen Regelungen nur ausnahmsweise darauf berufen, dass die Pauschale in Relation zu den Ausgaben des Vermieters unangemessen hoch ist (vgl. § 313 Abs. 1 BGB). Das entsprechende Risiko bei steigenden Betriebskosten trägt der Vermieter, wenn eine vertragliche Regelung fehlt, hier, wie bei allen Mietverhältnissen.

Ein Beispiel für eine Erhöhung der Betriebskostenpauschale findet sich in Rdn. 8018, eine Checkliste zur Überprüfung in Rdn. 8019 und ein Beispiel für eine Herabsetzung der Betriebskostenpauschale in Rdn. 8020. 2081b

b) Erhöhung der Betriebskostenpauschale

aa) Erhöhung der Betriebskosten

Es muss eine Erhöhung der Betriebskosten eingetreten sein (§ 560 Abs. 1 Satz 1 BGB). Die Erwartung einer Kostensteigerung genügt nicht (*Kinne* ZMR 2001, 868 [873]). 2082

Die Betriebskosten müssen sich **insgesamt** erhöht haben (*LG Berlin* MDR 1981, 849). Das bedeutet, dass bei einer Erhöhung einzelner Kostenarten eventuelle Senkungen bei anderen Kostenpositionen in Abzug zu bringen sind (*AG Berlin-Charlottenburg* GE 1990, 105). Zu weitgehend ist jedoch die Auffassung dieses Gerichts, dass mit einer Erhöhung bis Jahresende gewartet werden müsse, um eventuelle Betriebskostensenkungen berücksichtigen zu können. Unerheblich ist, ob die Erhöhung auf einem gestiegenen Verbrauch oder auf Preiserhöhungen beruht (*LG Berlin* NZM 2000, 333). 2083

Berücksichtigt werden können dabei nur die **Betriebskosten, die in der Pauschale** enthalten sind (Rdn. 2057 ff.). Abzurechnende Betriebskosten und solche, die mit der Teilinklusivmiete abgegolten sind, bleiben außer Betracht (*Schmid* WuM 2001, 424 [425]). 2084

Der **Anfall neuer Betriebskosten** steht einer Erhöhung der bisherigen Betriebskosten gleich (vgl. *LG Frankfurt/M.* WuM 1990, 271,[274]). Neu sind alle Betriebskosten, die bei Abschluss des Mietvertrages noch nicht angefallen sind oder deren Umlegung bei Wohnraummietverhältnissen neu zugelassen wird (teilweise a.A.: *AG Neustadt a.d. Weinstraße* ZMR 1997, 305, das eine Beschränkung auf öffentliche Abgaben und Maßnahmen, die dem Mieter Vorteile bringen, vornehmen will). Wird ein Untermietvertrag abgeschlossen, der hinsichtlich der Nebenkosten auf den Hauptmietvertrag Bezug nimmt, kommt es im Verhältnis Hauptmieter/Untermieter auf den Zeitpunkt des Abschlusses des Untermietvertrages an (*OLG Naumburg* GuT 2006, 131). 2085

Voraussetzung für die Erhöhung der Pauschale ist, dass die neuen Betriebskosten von der Vereinbarung über die pauschale Umlegung erfasst sind (*Kinne* ZMR 2001, 868 [873]). Siehe hierzu Rdn. 2044 ff. Bei der Beurteilung, ob dies der Fall ist, sind verschiedene Varianten zu unterscheiden: 2085a

– **Ausdrückliche Regelung über die Behandlung neuer Betriebskosten:** Maßgeblich ist, was die Parteien vereinbart haben. 2085b

2086 – **Pauschalenvereinbarung im Mietvertrag:** Die neu angefallene Betriebskostenart ist bereits als Bestandteil der Pauschale genannt, bisher aber noch nicht angefallen. Das ist insbesondere dann der Fall, wenn im Vertrag nur der Begriff »Betriebskosten« (BGH a. a. O. ZMR 2016, 287) genannt wurde oder auf die BetrKV Bezug genommen ist (s. *BGH* Urt. v. 27.09.2006, Az.: VIII ZR 80/06; ZMR 2007, 25). Beispiel: Die Umlegung der Hauswartkosten war als Bestandteil der Pauschale vorgesehen, ein Hauswart wurde aber erst im Laufe des Mietverhältnisses eingestellt. Hier liegt bereits eine Vereinbarung vor, mit der Folge, dass die Kosten zu einer Erhöhung der Betriebskostenpauschale führen können.

2087 – **Fehlen einer speziellen Regelung:** Wird im Mietvertrag der Begriff »Betriebskosten« genannt, ist davon auszugehen, dass dieser als allgemein feststehend verstandene Begriff alle Betriebskosten im Sinne von § 556 Abs. 1 S. 2 BGB i. V. m. § 2 BetrKV umfasst (*BGH* Urt. v. 10.02.2016 VIII ZR 137/15 ZMR 2016, 287). Nennt der Mietvertrag diesen Begriff nicht und erwähnt er die neue Betriebskostenart nicht, so sind die Grundsätze der ergänzenden Vertragsauslegung heranzuziehen (*OLG Köln* Urt. v. 13.07.1994, Az.: 16 U 9/94; ZMR 1995, 69). Es kommt mithin darauf an, was die Parteien redlicherweise vereinbart hätten, wenn sie das Entstehen der neuen Betriebskostenart bedacht hätten. In der Regel ist von einer künftigen Umlegbarkeit der neuen Betriebskosten auszugehen (*AG Leverkusen* NJW-RR 1994, 400). Das gilt insbesondere dann, wenn sämtliche bei Vertragsabschluss bereits angefallenen Betriebskosten in die Pauschale einbezogen sind.

2088 – Diese Grundsätze können auch dann gelten, wenn eine Betriebskostenart in einer vorgedruckten **Aufstellung im Mietvertrag gestrichen** ist. Hier muss durch Auslegung ermittelt werden, ob die Streichung nur dem Hinweis gedient hat, dass diese derzeit nicht anfallen oder ob auch ein Ausschluss für die Zukunft gewollt war (*AG Leverkusen* NJW-RR 1994, 400).

2089 – Mietvertrag mit **Pauschale und Abrechnung** für verschiedene Kostenarten: Je nach Art der Nebenkostenposition muss im Wege der ergänzenden Vertragsauslegung geklärt werden, ob die neue Betriebskostenart der Pauschale oder den abzurechnenden Nebenkosten zuzuordnen ist. Das wird sich meist nur anhand der jeweiligen Einzelregelungen feststellen lassen. Im Zweifel ist davon auszugehen, dass verbrauchs- und verursachungsbezogene Kosten abzurechnen sind, während verursachungsunabhängige Kosten der Pauschale zuzuordnen sind.

2090 – **Neue Kosten infolge Modernisierung:** Die vorstehenden Grundsätze galten schon nach altem Recht (bis 30.06.2013) für neue Betriebskosten, die infolge einer Modernisierungsmaßnahme, z.B. Einbau einer Zentralheizung, oder einer vom Vermieter nicht zu vertretenden baulichen Änderung entstanden sind. § 555c Abs. 1 Nr. 3 BGB verlangt vom Vermieter, die voraussichtlichen künftigen Betriebskosten zu nennen, die durch die Modernisierungsmaßnahme entstehen. Hieraus folgt das Recht des Vermieters, die Pauschale entsprechend anzupassen (*Dickersbach*, WuM 2013, 575 (576). Soweit Kosten nach der HeizkostenV umzulegen sind, widerspricht eine Pauschale zwingendem Recht (Rdn. 6079 ff.). Dem vermuteten Parteiwillen entspricht deshalb die verbrauchsabhängige Kostenverteilung.

B. Pauschalen   Teil II

Entsprechend dem **Wirtschaftlichkeitsgrundsatz** (Rdn. 1053 ff.), der auch gem. 2091
§ 560 Abs. 5 BGB zu beachten ist, führen neue Betriebskosten nicht zu einer Erhöhung der Pauschale, wenn die Kosten verursachende Maßnahme wirtschaftlich nicht vertretbar ist (s. Rdn. 1057) (*BGH*; Urt. v. 27.09.2006, Az.: VIII ZR 80/06 ZMR 2007, 25 = GE 2006, 1473). Die Maßnahme, die zum Entstehen der neuen Betriebskosten führt, muss aber nicht einer praktischen Notwendigkeit entsprechen. Es besteht grundsätzlich eine freie Entscheidungsbefugnis des Vermieters. Dieser muss sich lediglich an die Grundsätze einer ordnungsgemäßen Bewirtschaftung halten (*BGH* Urt. v. 07.04.2004, Az.: VIII ZR 167/03; ZMR 2004, 430 ff., s. auch *Beyer* NZM 2007, 1 ff.). Ob der Mieter vom Anfall der zusätzlichen Kosten einen Vorteil hat, ist unerheblich.

bb) Vergleichszeitpunkt

Vergleichszeitpunkt ist der Zeitpunkt des Mietvertragsabschlusses, wenn die Betriebskostenpauschale seither unverändert geblieben ist (AG Berlin-Neukölln GE 1991, 253). Kernpunkt einer Erhöhungsmöglichkeit ist, dass die ursprünglich vereinbarten Betriebskosten und die neu verlangten Kosten nachvollziehbar für den Mieter dargestellt werden. Es ist erforderlich, die ursprünglich vereinbarte Pauschale so darzustellen, dass sich die Erhöhungsdifferenz für den Mieter aus der Gegenüberstellung ergibt. Wenn allerdings eine Erhöhung nach mehreren Jahren erfolgt, ist eine Darstellung der Kostenentwicklung für jedes einzelne Jahr nicht erforderlich (AG Berlin-Neukölln GE 1991, 523). 2092

Daher sollte bei erstmaliger Vereinbarung der Pauschale eine zumindest vermieterintern aufgestellte Berechnung erfolgen, um bei einer späteren Erhöhung der Pauschale die Nachprüfung zu ermöglichen, woraus die Kostensteigerung resultiert. Die Kostensteigerung muss schlagwortartig angegeben werden. Erforderlich ist eine Gegenüberstellung der vollständigen früheren und der neuen Betriebskosten.

Wurde die Betriebskostenpauschale erhöht oder ermäßigt, gleichgültig, ob einseitig oder durch einvernehmliche Regelung, ist der Zeitpunkt der Wirksamkeit der Veränderung maßgebend (*AG Köln* WuM 1987, 162). Unerheblich ist, wie lange der Vergleichszeitpunkt zurückliegt (*Kinne* ZMR 2001, 868[873]). Er darf jedoch nicht vor Mietvertragsabschluss liegen (*Kinne* GE 2005, 1530).

Der Vergleichszeitpunkt muss für jedes einzelne Mietverhältnis gesondert bestimmt werden. 2093

Bei der **Vermietung von Eigentumswohnungen** tritt die Erhöhung ein, wenn sich die Beträge, die der Wohnungseigentümergemeinschaft in Rechnung gestellt und auf die Wohnungseigentümer umgelegt werden, tatsächlich erhöht haben. Eine bloße Erhöhung der Vorauszahlungen im Wirtschaftsplan nach § 28 Abs. 5 WEG und die damit verbundene Pflicht des Wohnungseigentümers zur Zahlung an die Wohnungseigentümergemeinschaft reichen nicht aus, da der Wohnungseigentümer an dem Gemeinschaftsguthaben beteiligt ist und deshalb endgültig erst durch die Zahlung nach außen belastet wird (vgl. *BFH* BB 1998, 1165 ff.). 2094

2095 Ein bestimmter zeitlicher Abstand zwischen den Erhöhungserklärungen ist nicht vorgeschrieben (*Kinne* ZMR 2001,868 [873]).

cc) *Vereinbarung der Erhöhungsmöglichkeit*

2096 § 560 Abs. 1 Satz 1 BGB macht die Möglichkeit einer einseitigen Erhöhung der Betriebskostenpauschale ausdrücklich von einer entsprechenden Vereinbarung im Mietvertrag abhängig. Bei vor dem 01.09.2001 geschlossenen Altverträgen ist die Erhöhung möglich, wenn der Vorbehalt, respektive die Mehrbelastungsklausel wirksam ist (*AG München* ZMR 2014, 893). Diese Mehrbelastungsabrede kann auch formularvertraglich getroffen werden (*Wall* a. a. O. Rdn. 2706 m. w. N.) und ist auf ihre Wirksamkeit zu prüfen (s. Rdn. 3104). Eine solche Vereinbarung kann auch noch während des Mietverhältnisses getroffen werden (*Schmid* WuM 2001, 424 [425]). Ist die Erhöhungsmöglichkeit nur für bestimmte Betriebskostenarten vereinbart, kommt es auf diese Positionen an (*Sternel* ZMR 2001, 937 [943]). Ohne eine solche Vereinbarung verbleibt es für die Dauer des Mietverhältnisses bei der ursprünglich vereinbarten Pauschale. Selbst bei erheblichen Kostensteigerungen ist nach dem eindeutigen Gesetzeswortlaut eine Erhöhung ohne vertragliche Grundlage nicht möglich. Da der Vermieter mit der Vereinbarung einer Pauschale ohne Erhöhungsmöglichkeit das Risiko der Kostensteigerung übernommen hat, helfen ihm auch die Grundsätze über die Veränderung der Geschäftsgrundlage nicht weiter (§ 313 Abs. 1 BGB).

2097 Das Vereinbarungserfordernis gilt auch für Mietverträge, die vor dem 1.9.2001 eingegangen worden sind (Art. 229 § 3 Abs. 4 BGB).

dd) *Erhöhungsbetrag*

2098 Der Erhöhungsbetrag ist die Differenz zwischen den Betriebskosten zum Vergleichszeitpunkt (Rdn. 2092) und zum Zeitpunkt der Abgabe der Erhöhungserklärung (*AG Waiblingen* WuM 1988, 129). Bei einer ursprünglich zu niedrig angesetzten Pauschale kann also nicht auf den vollen, an sich umlegungsfähigen Betrag erhöht werden. Der anfängliche »Sockelbetrag« bleibt unverändert. Der Vorteil eines zu geringen Ansatzes bleibt dem Mieter erhalten, führt aber auch nicht dazu, dass bei der Erhöhung ein Abschlag vom Differenzbetrag zu machen ist. War dagegen die Betriebskostenpauschale zu hoch, so bildet der Anteil des Mieters an den tatsächlich anfallenden Betriebskosten die Obergrenze für eine Erhöhung.

ee) *Durchführung der Erhöhung*

(1) Einseitige empfangsbedürftige Erklärung

2099 Die Erhöhung erfolgt durch **einseitige empfangsbedürftige Erklärung**. Im Streitfall ist deshalb auf Zahlung und nicht auf Zustimmung zu klagen.

(2) Textform

2100 Die Erhöhungserklärung bedarf der **Textform** (§ 126b BGB).

(3) Abrechnungsmaßstab

Die Erhöhung muss anteilig, d.h. nach exakt definierten Umlegungsmaßstäben, auf die Mieter umgelegt werden. Dabei sind, sofern nicht vertragliche Vereinbarungen bestehen, trotz des zu eng gefassten Begriffes »Abrechnungsmaßstab« die Grundsätze des § 556a BGB heranzuziehen, soweit sie sich nicht auf eine verbrauchs- oder verursachungsbezogene Abrechnung beziehen. 2101

(4) Begründung

Allgemeines

Nach § 560 Abs. 1 Satz 2 BGB ist die Erklärung nur wirksam, wenn in ihr der **Grund für die Umlage bezeichnet und erläutert wird**. Das Erfordernis der Bezeichnung und Erläuterung ist recht unbestimmt. Nach dem Zweck der Regelung soll der Mieter in die Lage versetzt werden, die Berechtigung der Erhöhung zu überprüfen. Eine Beifügung von Belegen ist nicht erforderlich (*Kinne* GE 2005, 1528). 2102

Darstellung der Kostenerhöhung

Die Kostenerhöhung muss nachvollziehbar dargestellt werden. Die Nachprüfung muss ohne vorherige Belegeinsicht möglich sein (AG Berlin-Charlottenburg MM 2013, Nr. 12, 29). Hierfür wird die Angabe der Gesamthöhe der Kosten sowie eine Gegenüberstellung der vollständigen früheren und der neuen Betriebskosten verlangt (*AG Bayreuth* WuM 1989, 423; *LG Berlin* ZMR 1996, 144). Das ist deshalb erforderlich, weil sich die Kosten insgesamt erhöht haben müssen, also auch ein eventuelles Absinken von Betriebskosten in anderen Positionen zu berücksichtigen ist. Bei der Erhöhung unter Heranziehung neuer Kostenarten muss die Erhöhungserklärung hierzu einen Hinweis enthalten (*AG Bayreuth* WuM 1989, 423). Der Mieter muss erkennen können, wie sich die Differenz zwischen alten und neuen Kosten errechnet. Das Erfordernis einer Erläuterung macht es notwendig, zumindest stichwortartig ist anzugeben, worauf die Kostensteigerung beruht (*LG Berlin* ZMR 1996, 144), z.B. Lohnerhöhung, gestiegene Gebühren, Wegfall der Grundsteuerermäßigung (*OLG Karlsruhe* NJW 1981, 1051) oder erhöhter Verbrauch. Für unveränderte Kosten, ist eine Erläuterung entbehrlich (*Kinne* GE 2005, 1528). Erfolgt eine Erhöhung erst nach mehreren Jahren, so ist eine Darstellung der Kostenentwicklung für jedes einzelne Jahr nicht erforderlich (*AG Berlin-Neukölln* GE 1991, 523). 2103

Umstritten ist, ob auch eine Berechnung erforderlich ist (bejahend: *Kinne*, ZMR 2001, 868 [874]; verneinend: *Langenberg* in: Schmidt-Futterer, § 560 Rn. 26). Dass anders als bei § 559b Abs. 1 Satz 2 BGB nicht von einer Berechnung, sondern von einer Erläuterung die Rede ist, begründet keinen sachlichen Unterschied (*Weidenkaff* in: Palandt, § 560 Rn. 12; a.A. *Langenberg* in: Schmidt-Futterer, § 560 Rn. 26. Ohne eine zumindest grobe Berechnung kann die Kostensteigerung nicht nachvollzogen werden, sodass es dann auch an einer Erläuterung fehlen würde. Überzogen sind jedoch die Anforderungen von *Kinne* (*Kinne* ZMR 2001, 868 [874]), der z.B. die Angabe eines Datums von Gebührenbescheiden verlangt. 2104

2105 Bei der Vermietung von Eigentumswohnungen muss sich der Vermieter die notwendigen Informationen vom Verwalter beschaffen. Die Vorlage von Wirtschaftsplänen oder Abrechnungen nach dem WEG genügt nur dann, wenn diese bereits mit den erforderlichen Erläuterungen versehen sind.

Umlegungsmaßstäbe

2106 Die Umlegungsmaßstäbe müssen angegeben werden, sofern sie nicht bereits aus dem Mietvertrag oder aus früheren Umlegungen bekannt sind (vgl. *BGH* Urteil vom 23.11.1981, Az.: VIII ZR 298/80; ZMR 1982, 108 = NJW 1982, 573; überzogen die Anforderungen von *Kinne* ZMR 2001, 868, 874). Ohne Vereinbarung ist auf § 556a Abs. 1 S. 1 BGB zurückzugreifen.

Rückwirkende Erhöhung

2106a Macht der Vermieter eine rückwirkende Erhöhung der Betriebskosten nach § 560 Abs. 2 Satz 2 BGB geltend, ist es für die Erläuterung auch erforderlich, dass der Vermieter die Rückwirkung und den Zeitpunkt seiner Kenntnisnahme mitteilt.

ff) Folge der Erhöhungserklärung

2107 **Grundsätzlich** schuldet der Mieter die Erhöhung vom Beginn des der Erklärung folgenden übernächsten Monats an (§ 560 Abs. 2 Satz 1 BGB). Maßgeblich ist also nicht der Zeitpunkt der Erhöhung der Betriebskosten, sondern der Zeitpunkt des Zuganges der Erhöhungserklärung. Da es sich nicht um eine fristgebundene Erklärung im Sinne des § 193 BGB handelt, sind auch Samstage, Sonn- oder Feiertage zu berücksichtigen (*Kinne* GE 2005, 1535).

2108 Eine **Rückwirkung der Erhöhungserklärung** ist nur unter besonderen Voraussetzungen gegeben (§ 560 Abs. 2 Satz 2 BGB):

2109 – Die Betriebskosten müssen sich rückwirkend erhöht haben. Diese Rückwirkung muss bereits beim Vermieter bestehen, z.B. rückwirkende Erhöhung der Grundsteuer.

2110 – Der Vermieter muss die Erhöhungserklärung innerhalb von drei Monaten nach seiner Kenntnis von der Erhöhung abgeben. Maßgeblich ist die tatsächliche Kenntnis des Vermieters. Bei einem behördlichen Bescheid kommt es darauf an, wann die Erhöhung endgültig feststeht, und zwar auch dann, wenn gegen den Bescheid Rechtsmittel eingelegt sind (*LG München I*, DWW 1978, 99). Da das Gesetz auf die Abgabe der Erklärung und nicht auf den Zugang beim Mieter abstellt, genügt die rechtzeitige Absendung (a. A. *Kinne* GE 2005, 1536).

2111 – Die Rückwirkung ist begrenzt auf den Beginn des der Erklärung vorausgehenden Kalenderjahres.

2112 – Eine rückwirkende Erhöhung ist unter den vorgenannten Voraussetzungen auch dann möglich, wenn zum Zeitpunkt des Zuganges der Erhöhungserklärung das Mietverhältnis bereits beendet ist (a. A. *Kinne* ZMR 2001, 868 [875]). Grundlage für die Erhöhung ist der Mietvertrag, der durch den Ablauf der Mietzeit nicht rückwirkend beseitigt wird.

B. Pauschalen   Teil II

– Wegen der Unwirksamkeit abweichender Vereinbarungen gem. § 560 Abs. 6   2113
  BGB (Rdn. 2121) kann nicht vereinbart werden, dass bei einer Erhöhung bzw.
  Neueinführung von Betriebskosten der Vermieter berechtigt ist, den entsprechen-
  den Mehrbetrag vom Zeitpunkt der Erhöhung an umzulegen (*OLG Frankfurt/M.*
  Urt. v. 19.12.1991, Az.: 6 U 108/90, WuM 1992, 57 [62]).

gg) Kontrollrechte des Mieters

Der Mieter kann die Berechtigung der Erhöhung der Pauschale durch Einsicht in die   2114
Belege bzw. in Ausnahmefällen Anforderung von Fotokopien überprüfen. Die zur Abrechnung dargestellten Grundsätze (Rdn. 3613 ff.) gelten entsprechend.

(unbesetzt)   2115

hh) Fehlerfolgen

Fehlt es an der **Textform**, ist die Erklärung nach § 125 BGB unwirksam. **Wider-**   2116
sprüchliche Berechnungen führen zur Unwirksamkeit der Erklärung (*LG Berlin,*
GE 1999, 1033). Offensichtliche Schreib- und Rechenfehler sind jedoch unschädlich.
Inhaltliche Mängel, die zu einem falschen Erhöhungsbetrag führen, machen nicht
die gesamte Erhöhungserklärung unwirksam. Die Erhöhung ist auf den richtigen Betrag zu reduzieren (*LG Berlin* ZMR 1995, 353). Eine unwirksame Erhöhungserklärung schließt eine **erneute Erklärung** nicht aus, jedoch ohne Rückwirkung. Geleistete
Zahlungen können gem. § 812 BGB herausverlangt werden. Ein Verstoß gegen die
Erläuterungspflicht kann auch Schadensersatzansprüche des Mieters wegen Rechts-
beratungskosten begründen (*AG Hannover* WuM 1985, 122).

c) Herabsetzung der Pauschale

Ermäßigen sich die Betriebskosten, so ist die Betriebskostenpauschale vom Zeitpunkt   2117
der Ermäßigung an entsprechend herabzusetzen (§ 560 Abs. 3 Satz 1 BGB), s. auch
BGH a.a.O. ZMR 2012, 181 und *Schmid* NZM 2012, 444 ff.

§ 560 Abs. 3 BGB gilt nicht für zu hoch angesetzte Pauschalen, da diese insoweit   2117a
nicht wirksam vereinbart sind, als sie die angemessene Höhe überschreiten (vgl.
Rdn. 2046).

Maßgeblich ist hier der **Zeitpunkt der tatsächlichen Ermäßigung** der Betriebskosten,   2117b
nicht derjenige der Mitteilung an den Mieter.

Die Betriebskosten müssen sich **in ihrer Gesamtheit** ermäßigt haben (*AG Berlin-*   2117c
Charlottenburg GE 1990, 105). Die Ermäßigung einzelner Betriebskostenpositionen,
kann deshalb durch eine Steigerung anderer Betriebskostenarten ausgeglichen sein
(*BGH* Urt. v. 16.11.2011, Az.: VIII ZR 106/11; ZMR 2012, 181 ff.).

Für den **Vergleichszeitraum** gilt dasselbe wie bei Betriebskostenerhöhungen   2118
(Rdn. 2087 ff.). Sobald die Betriebskosten unter das Level des maßgeblichen Zeitpunktes absinken, muss von diesem Zeitpunkt an die Pauschale gesenkt werden, unabhängig davon, wann der Vermieter die entsprechende Erklärung abgibt. Die Senkung der Pauschale, wird deshalb zumeist mit **Rückwirkung** zu versehen sein. Bereits

geleistete Überzahlungen kann der Mieter aus ungerechtfertigter Bereicherung nach §§ 812 ff. BGB zurückverlangen.

2119 Die Verpflichtung zur Herabsetzung hängt nicht davon ab, dass zuvor bereits eine Erhöhung der Betriebskostenpauschale erfolgt ist (*Sternel* ZMR 2001, 937 [943]; *Schmid* WuM 2001, 424 [427]). Die zum früheren § 4 MHG entwickelte gegenteilige Auffassung (vgl. z.B. *LG Mannheim* NZM 1999, 365) ist überholt. § 560 Abs. 3 Satz 1 BGB macht die Verpflichtung zur Herabsetzung einer Pauschale nicht von einer vorherigen Erhöhung derselben abhängig.

2120 Die Herabsetzung der Pauschale tritt nicht automatisch ein, sondern ist von einer **Erklärung des Vermieters** abhängig. Der Vermieter ist verpflichtet, diese Erklärung unverzüglich abzugeben (§ 560 Abs. 3 Satz 2 BGB). Sie ist formlos wirksam (a.A. *Kinne* GE 2005, 1536) und bedarf keiner Erläuterung (a.A. *Kinne* GE 2005, 1536). Erforderlichenfalls muss der Mieter auf die Abgabe dieser Erklärung klagen. Ein einseitiges Herabsetzungsrecht seitens des Mieters besteht nicht.

2121 Die Verpflichtung zur unverzüglichen Mitteilung der Ermäßigung der Betriebskosten durch den Vermieter, würde vom Wortlaut her eine ständige Verpflichtung des Vermieters zur Beobachtung der Betriebskosten und zu einer sofortigen Herabsetzung begründen. Das würde jedoch zu einem unwirtschaftlichen Verwaltungsaufwand führen und wäre auch nicht praktikabel, da nicht alle Kosten stets gleichzeitig anfallen und deshalb die Ermäßigung in der Gesamtheit (oben Rdn. 2117) nur unter Heranziehung eines gewissen **Beobachtungszeitraumes** beurteilt werden kann. In Anlehnung an § 556 Abs. 3 Satz 1 BGB wird man einen Beobachtungszeitraum von einem Jahr für angemessen ansehen können (a.A. *Kinne* ZMR 2001, 868 [875]).

2122 Ein **Auskunftsanspruch** des Mieters gegen den Vermieter zur tatsächlichen Höhe der bei der Wohnraummiete von einer Pauschale abgedeckten Betriebskosten gemäß § 242 BGB besteht nur, wenn konkrete Anhaltspunkte für eine nachträgliche Ermäßigung der Betriebskosten vorhanden sind (*BGH* Urt. v. 16.11.2011, Az.: VIII ZR 106/11; ZMR 2012, 181 ff.).

2122a Erleidet der Mieter durch verspätete Herabsetzung der Pauschale einen Schaden, z.B. einen Zinsschaden, kommt ein **Schadensersatzanspruch** in Betracht. Voraussetzung für einen Schadensersatzanspruch ist eine Mahnung (§§ 280, 286 BGB).

2122b Bis zur Erteilung der Auskunft bzw. bis zur Herabsetzung der Pauschale hat der Mieter ein **Zurückbehaltungsrecht** (vgl. *BayObLG*, MDR 1996, 1114).

d) Relative Unabdingbarkeit

2122c Nach § 560 Abs. 6 BGB sind Vereinbarungen, die zum Nachteil des Mieters von den Regelungen des § 560 BGB abweichen unwirksam. Eine einvernehmliche Erhöhung anstelle einer einseitigen Erklärung steht einer Mieterhöhung nach § 558 BGB nicht im Wege, wenn die Voraussetzungen des § 560 BGB vorliegen (*BGH*

Urt. v. 18.07.2007, Az.: VIII ZR 285/06, ZMR 2007, 774). Abweichende Vereinbarungen, z.B. ein späteres Wirksamwerden der Erhöhung zugunsten des Mieters, sind möglich.

2. Vertragliche Regelungen

a) Einvernehmliche Veränderung der Höhe der Pauschale

Die Parteien können die Höhe der Pauschale vertraglich in gleicher Weise verändern, wie sie diese erstmals vereinbaren können (§ 557 Abs. 1 BGB) s. hierzu *Schmid* WuM 2001, 424 [425]. Dabei empfiehlt es sich, bei Mietverträgen mit Festlaufzeit die Schriftform (Rdn. 2076 ff.) einzuhalten, da eine Veränderung der Pauschale in der Regel nicht als unwesentlicher Nebenpunkt anzusehen sein wird. 2123

§ 560 BGB ist nicht anzuwenden, wenn die Parteien im konkreten Einzelfall eine Erhöhung der Pauschale vereinbaren (*Eisenhardt* WuM 2011, 200 [202]). 2123a

b) Vertragliche Änderungsvorbehalte für den Vermieter

aa) Wohnraum

Wegen des zwingenden Charakters der Erhöhungsregelung des § 560 BGB (Rdn. 2121), kann in dessen Anwendungsbereich (Rdn. 2081) ein vertraglicher Änderungsvorbehalt zugunsten des Vermieters nicht wirksam vereinbart werden. Bei den in § 549 Abs. 2 und 3 genannten besonderen Mietverträgen, sind Erhöhungsvereinbarungen zulässig (*Schmid* WuM 2001, 424 [426]). Es gelten dieselben Einschränkungen wie bei den nachstehend (Rdn. 2125) zu behandelnden, praktisch bedeutsameren Vereinbarungen zur Geschäftsraummiete. 2124

bb) Geschäftsraum

Die Vorschriften über die Erhöhung und Herabsetzung der Pauschale i. S. v. § 560 BGB sind nicht analog anzuwenden (*OLG Rostock* GuT 2008, 200). Es besteht grundsätzlich Vertragsfreiheit. Erhöhungsvereinbarungen sind zulässig und für eine Erhöhung auch notwendig (*Schmid* GuT 2010, 324 [325]). Das in § 560 BGB vorgesehene Verfahren kann, aber muss nicht vereinbart werden. Ein dem § 560 BGB nachgebildetes Verfahren steht bei der Verwendung von Formularmietverträgen im Einklang mit § 307 BGB, da der Geschäftsraummieter nach den Vorstellungen des Gesetzgebers nicht schutzwürdiger ist als der Wohnraummieter. 2125

Um sich den Vorteil der Einfachheit der Pauschale zu erhalten und der zu erwartenden Kostensteigerung gleichwohl Rechnung zu tragen, ist es am einfachsten für die Mietnebenkostenpauschale eine stufenweise Erhöhung, ähnlich einer Staffelmiete, zu vereinbaren oder die Höhe der Pauschale an einen Index zu binden, ähnlich einer Indexmiete. Die Voraussetzungen für die Wirksamkeit einer Indexmietvereinbarung, sind auch insoweit zu erfüllen. Ist bereits die Grundmiete dynamisch ausgestaltet, kann die Pauschale mit einem Prozentsatz der Grundmiete festgelegt werden und nimmt dann an der Dynamisierung teil (*Schmid* GuT 2010, 324 [325]). 2126

2127 Zulässig ist es aber auch, die Erhöhung an ein tatsächliches Ansteigen der von der Pauschale umfassten Kosten zu knüpfen. Bei mehreren Mietern in einer Anlage, wird man auch verlangen müssen, dass der Vermieter offen legt, nach welchem Abrechnungsmaßstab er die Kosten verteilt hat. Damit nähert sich der Aufwand schon fast dem einer Abrechnung (*Schmid* GuT 2010, 324 [325]).

2128 Der Mietvertrag kann auch vorsehen, dass der Vermieter die jeweilige Höhe der Pauschale nach billigem Ermessen festsetzt. Dabei wird auch hier zu beachten sein, dass jedenfalls in Formularmietverträgen nur eine Änderung für die Zukunft möglich ist, wenn sich die Nebenkosten nicht rückwirkend (Rdn. 2105) erhöht haben. Andernfalls könnte der Vermieter eine verdeckte Abrechnung einführen, was dem Wesen einer Pauschale widerspricht. Das verstieße als unangemessene Benachteiligung und Verstoß gegen das Transparenzgebot gegen § 307 Abs. 1 Satz 2 BGB. Der Hinweis auf »angemessene« Vorauszahlungen ermöglicht keine Erhöhung, wenn an anderer Stelle des Mietvertrages ein bestimmter Betrag genannt ist (*OLG Rostock* GuT 2008, 200).

2129 Der Vermieter kann vertraglich auch verpflichtet werden, die Pauschale herabzusetzen, wenn die Kosten gesunken sind.

c) Stillschweigende Änderung durch vorbehaltlose Zahlung

2130 Ist die vom Vermieter beabsichtigte einseitige Erhöhung der Pauschale unwirksam, kann die Erklärung nach § 140 BGB in einen Antrag auf einvernehmliche Änderung der Höhe der Pauschale umgedeutet werden. In der Zahlung durch den Mieter wird man allerdings nicht immer eine Zustimmung sehen können. Das Zahlen ist ein rein tatsächlicher Vorgang und es entspricht nicht der Lebenserfahrung, dass jemand bewusst Zahlungen leistet, ohne hierzu verpflichtet zu sein. Voraussetzung für die Annahme eines Rechtsbindungswillens des Mieters ist es, dass dieser die Unwirksamkeit der einseitigen Erklärung erkennt. Der Vermieter kann deshalb nicht generell davon ausgehen, dass der Mieter mit der Zahlung einer Vertragsänderung zustimmt. Der BGH (Urt. v. 09.07.2014 – VIII ZR 36/14 zu Abrechnung) geht davon aus, dass nicht durch schlichte Zahlung eine Änderung der vertraglichen Vereinbarungen erfolgt, sondern hierfür besondere Umstände hinzutreten müssen (vgl. hierzu Rdn. 3059 ff.). Die Beweislast für das Zustandekommen eines Änderungsvertrages trägt der Vermieter.

2131 Aus der Sonderregelung des § 556 Abs. 3 Satz 5 und 6 BGB für Abrechnungen (Rdn. 3264 ff.) ergibt sich, dass der Gesetzgeber bloßes Zahlen nicht als Rechtsverzicht ansieht. Diese Regelung kann jedoch wegen der Rechtsähnlichkeit der Erhöhung einer Pauschale, mit einer Abrechnung analog angewendet werden. Auch bei der Erhöhung einer Pauschale besteht ein Bedürfnis dafür, dass nach einer gewissen Zeit die Verbindlichkeit nicht mehr infrage gestellt wird. Die analoge Anwendung führt dazu, dass der Mieter mit Einwendungen gegen die Pauschalenerhöhung ausgeschlossen ist, wenn er sie nicht binnen Jahresfrist erhebt, es sei denn, er hat die verspätete Geltendmachung nicht zu vertreten.

Teil III Nebenkostenumlegung mit Abrechnung

A. Voraussetzungen

I. Grundsätzliches

Die Nebenkostenumlegung mit Abrechnung beinhaltet, dass die umzulegenden Nebenkosten erfasst und auf die Mieter verteilt werden. Die Erhebung von Vorauszahlungen ist allgemein üblich, aber nicht notwendig. 3000

(unbesetzt) 3001

Die Umlegung von Mietnebenkosten mit Abrechnung setzt eine entsprechende Vereinbarung voraus (§ 556 Abs. 1 BGB), die sich auf die Abrechnung als solche und auf die abzurechnenden Kosten beziehen muss. In bestimmten Fällen genügt auch eine einseitige Erklärung des Vermieters. Auch die HeizkostenV gibt für sich allein grundsätzlich kein Recht, Nebenkosten umzulegen und abzurechnen. Aus § 20 NMV 1970 ergibt sich ebenfalls nur die Zulässigkeit der Betriebskostenumlegung, nicht aber ein unmittelbarer Anspruch auf Zahlung. 3002

Die **Beweislast** für das Zustandekommen der Vereinbarung trifft den Vermieter (*OLG Düsseldorf* ZMR 2003, 109). Unklarheiten darüber, ob eine Vereinbarung getroffen wurde, gehen zulasten des Vermieters. Eine Vermutung für eine gewollte Nebenkostenumlegung besteht nicht (*LG Landau i.d. Pfalz* WuM 2001, 613). Wer sich jedoch auf eine vom schriftlichen Mietvertrag abweichende Vereinbarung beruft, hat diese zu beweisen (*OLG Koblenz* GuT 2002, 43). 3003

Welche Nebenkosten überhaupt umlegbar sind, richtet sich nach der Art des Mietverhältnisses. 3004

II. Vereinbarung

1. Vereinbarung der Abrechnung

Aus der Vereinbarung muss sich ergeben, dass die Betriebskosten im Wege einer Abrechnung umgelegt werden. 3005

Wird im Formularvertrag sowohl angekreuzt, dass der Mieter eine **Pauschale** bezahlt als auch die Zahlung von **Abschlägen**, liegt keine Unwirksamkeit vor. Denn von der Frage, ob auf den Mieter Betriebskosten umgelegt wurden ist diejenige zu unterscheiden, wie dies geschieht (*BGH*, Urt. v. 7.6.2016 – VIII ZR 274/15, MM 2017, 27 = ZMR 2016, 682 = NZM 2016, 720 m. Anm. *Ludley*). Der BGH ergänzt damit seine Entscheidung vom 10.2.2016 – VIII ZR 137/15; hierzu *Heix*, NZM 2016, 457). 3006

Wird im Mietvertrag über gewerbliche Räume zwischen der Grundmiete und Nebenkostenvorauszahlungen unterschieden und wird auf eine **Anlage** Bezug genommen, welche bestimmte Kostenarten auflistet, auf welche Vorauszahlungen zu leisten sind und die sich am Katalog des § 2 BetriebskostenVO orientiert, ist es für den Mieter 3007 überraschend isv § 305c BGB, wenn in einer Ziffer eine Pauschale für Instandhaltung und –setzung enthalten ist (*OLG Hamm*, Urt. v. 8.6.2017 – I-18 U 9/17, GE 2017, 1221 = ZMR 2017, 803).

3008 Sind in den Mietverträgen der Parteien zwei verschiedene Betriebskostenpositionen als umgelegt gekennzeichnet gilt, wenn der Vermieter als Verwender nicht die Geltung des von ihm als vereinbart bezeichneten Exemplars beweisen kann, zugunsten des Mieters die diesem günstige Regelung (*LG Nürnberg-Fürth*, Urt. v. 25.10.2016 – 7 S 1846/16, WuM 2016, 739).

3009 Werden »Abschlagszahlungen« vereinbart, so ist dies auszulegen als Vereinbarung von Vorauszahlungen mit Abrechnungspflicht (*AG Lingen/Ems* WuM 1996, 714). Wird einem Mieterhöhungsverlangen zugestimmt, in dem auch Nebenkostenvorauszahlungen genannt sind und wird in den Folgejahren entsprechend verfahren, liegt eine konkludente Änderung der Mietstruktur vor (*LG Hamburg* ZMR 2010, 118).

3010 Die Umdeutung einer unwirksamen Abrechnungsvereinbarung in eine Pauschalzahlung ist in der Regel nicht möglich (Rdn. 2069).

2. Einzelaufzählung der Kostenpositionen

3011 Die umzulegenden Nebenkostenpositionen können im Mietvertrag einzeln aufgeführt werden. Umlegbar sind dann nur die genannten Kostenarten. Positionen, die in der Aufstellung nicht genannt sind, gelten als in der Miete enthalten und können nicht umgelegt werden (*LG Köln* WuM 1985, 346).

3012 Werden in einer Nebenkostenumlegungsvereinbarung Begriffe verwendet, die in § 2 BetrKV genannt sind, und werden diese Bezeichnungen nicht abweichend definiert, sind die Vertragsklauseln unter Heranziehung der entsprechenden Regelungen des § 2 BetrKV auszulegen. Sie haben dann den gleichen Bedeutungsgehalt wie in der BetrKV. Das gilt auch bei **gewerblichen** Mietverhältnissen (*OLG Düsseldorf* NZM 2000, 762 = DWW 2000, 193 = GE 2000, 888). Im Einzelfall kann die Auslegung jedoch einen anderen Willen der Vertragsparteien ergeben (*OLG Jena* NZM 2002, 70).

3013 Zur Auslegung wohnungseigentumsrechtlicher Vereinbarungen und Beschlüsse wurden diese Grundsätze bisher nicht herangezogen (*OLG Hamm* ZMR 2005, 146). Nach der Fassung des § 16 Abs. 3 WEG sind jedoch jedenfalls für Beschlüsse nach dieser Vorschrift die mietrechtlichen Begriffe maßgebend.

3014 Besonders bei der Verwendung von Einzelaufstellungen ist auf eine sorgfältige Vertragsabfassung zu achten. Unklarheiten, Widersprüche und Auslassungen gehen zulasten des Vermieters. Unschädlich sind bloße Falschbezeichnungen, wenn ohne weiteres erkennbar ist, was gemeint ist (*LG Berlin* GE 2007, 225).

3. Bezugnahme auf die BetrKV und andere Vorschriften

3015 Es kann als gesicherte obergerichtliche Rechtsprechung (vgl. z.B. *BGH* NJW 2009, 2058; GuT 2012, 133) angesehen werden, dass die Bezugnahme auf § 2 BetrKV

A. Voraussetzungen Teil III

für eine wirksame Nebenkostenumlegungsvereinbarung ausreicht, und zwar auch in Formularmietverträgen und auch dann, wenn der Text des § 2 BetrKV dem Mietvertrag nicht beigefügt ist. Der *BGH* hat in ständiger Rechtsprechung für die Bezugnahme auf die **Anlage 3 zu § 27 der II. BerechnungsVO** entschieden, dass dem Bestimmtheits- und Klarheitsgebot Rechnung getragen wird, wenn der Wohnungsmietvertrag auf die Anlage zu § 27 der II. BerechnungsVO Bezug nimmt und sofern es sich nicht um »sonstige Betriebskosten« im Sinn von Nr. 17 der Anlage handelt (*BGH* Urt. v. 8.4.2009 – VIII ZR 128/08, ZMR 2009, 675 = WuM 2009, 351; v. 27.6.2007 – VIII ZR 202/06, ZMR 2007, 851 = WuM 2007, 571; v. 7.4.2004 – VIII ZR 167/03, ZMR 2004, 430 = WuM 2004, 290).

Gleiches gilt bei **Geschäftsraum** (*BGH,* Urt. v. 2.5.2012 – XII ZR 88/10, ZMR 2012, 614 = GuT 2012, 133). Der allgemeine Verweis gibt dem Mieter nach Auffassung des BGH hinreichende Klarheit, dass er die dort genannten Betriebskosten dem Grunde nach übernimmt. 3016

Im Schrifttum werden zu Recht Bedenken gegen eine generelle Bezugnahme geäußert. Insoweit wird ein Verstoß gegen § 305 Abs. 2 Nr. 2 BGB bejaht (*Derleder* PiG 23 (1986) S. 15, 26; *Geldmacher* DWW 1994, 337; Sternel III Rn. 312; a.A. Langenberg III B Rn. 42) oder auf die Unverständlichkeit abgehoben (*LG München I* WuM 1984, 106).

In heute noch nicht beendeten Mietverträgen vor dem 1.1.2004 mit Bezugnahme gilt die Anlage 3 zu § 27 der II. BerechnungsVO weiter (*LG Lüneburg,* Urt. v. 17.9.2014 – 6 S 92/13, GE 2015, 58; *Blank* in Blank/Börstinghaus, 3. Aufl. § 556 BGB Rn. 87; *Wall* a.a.O. Rn. 1549; für die Miete von Geschäftsraum Lindner-Figura/Oprée/Stellmann Kap. 11 Rn. 65). 3017

▶ Hinweis:

Es ist nicht möglich, einseitig § 2 BetriebskostenVO anstatt wie bisher die Anlage 3 zu § 27 der II. BerechnungsVO anzuwenden, da es insbesondere nicht um die Einführung neuer Betriebskosten geht, sondern um die Änderung der rechtlichen Lage (*Wall* a.a.O. Rn. 1548). Die Parteien können selbstredend Entsprechendes nachträglich vereinbaren. 3018

§ 2 BetriebskostenVO ersetzt ab 1.1.2004 § 27 der 2. BerechnungsVO und deren Anlage 3. Deshalb stellen sich zwei Problematiken: Zum einen die pauschale Bezugnahme auf § 2 der BetriebskostenVO und die Frage einer Bezugnahme in nach dem 1.1.2004 geschlossenen Mietverträgen auf die II. BerechnungsVO. 3019

Durch die nach dem BGH generelle Zulässigkeit der Bezugnahme in Altverträgen auf die Anlage 3 zu § 27 der II. BerechnungsVO wird auch diejenige auf § 2 BetriebkostenVO individuell, aber auch formularvertraglich generell bejaht (*Langenberg* B III Rn. 35; *Wall* in Betriebs- und Heizkostenkommentar Rn. 1546). 3020

Ferner stellt sich die Frage der Wirksamkeit der Bezugnahme in einem **nach** dem 1.1.2004 geschlossenen Mietvertrag auf die außer Kraft gesetzte Regelung der Anlage 3 zu § 27 der 2. Berechnungsverordnung. Das wurde überwiegend verneint 3021

(*AG Hanau*, Urt. v. 9.7.2014 – 37 C 106/14, NZM 2015, 47 = WuM 2014, 723; *Blum* WuM 2014, 723; *Wall* in Betriebskostenkommentar Rn 1552). Zur Begründung wurde ein Verstoß gegen § 307 BGB angenommen (*Wall* a.a.O.) oder auf das Fehlen der Veröffentlichungsfiktion abgestellt (*Lützenkirchen* § 556 BGB Rn. 319). Ferner wurde auch § 305 Abs. 2 Nr. 2 BGB hervorgehoben und ausgeführt, dass es einem Mieter nicht mehr zumutbar sei, sich Kenntnis von einer Regelung zu verschaffen, die nicht weiter gilt.

Durch die Entscheidung vom 10.2.2016 (VIII ZR 137/15, ZMR 2016, 287 = NZM 2016, 235 = WuM 2016, 211) hat der BGH sich hiergegen gewandt und festgestellt, dass es bedeutungslos sei, dass die Anlage 3 zu § 27 der II. BerechnungsVO bei Mietvertragsabschluss nicht mehr in Kraft war, sondern zwischenzeitig durch die im Wesentlichen inhaltsgleiche Betriebskostenverordnung ersetzt wurde.

3022 Eine Bezugnahme **auf § 556 Abs. 1 BGB** wird gleichermaßen für zulässig erachtet, weil der Katalog des § 2 BetriebskostenVO durch § 556 Abs. 1 BGB in Bezug genommen wird (*Langenberg* III B Rn. 39; *Lützenkirchen* § 556 BGB Rn. 319: deshalb auch kein Verstoß gegen § 307 Abs. 1 S. 2 BGB; *Wall* in Betriebs- und Heizkostenkostenkommentar § Rn. 1546). Das erscheint nicht unbedenklich. Der durchschnittliche, rechtlich und wirtschaftlich nicht gebildete Mieter –auf dessen Sicht es ankommt– wird von sich aus den doppelten Verweis zunächst auf § 556 BGB und sodann dessen Bezugnahme auf »die Betriebskostenverordnung vom 25.11.2003 (BGBl. I S. 2346, 234)« und deren Fortgeltung kaum verstehen. Allerdings verlangt der BGH kein rechtliches Verständnis (*BGH* VIII ZR 262/92 NJW 1994, 1004).

3023 Zu »sonstigen« Betriebskosten im Sinne des § 2 Nr. 17 BetrKV s. jedoch Rdn. 5598 ff.

3024 Unschädlich ist es auch unter Berücksichtigung des Transparenzgebots (§ 307 Abs. 1 Satz 2 BGB), wenn der Betriebskostenkatalog auch Positionen enthält, die sich gegenseitig ausschließen (vgl. § 2 Nr. 4–6 und 15 BetrKV) oder die im Mietobjekt (derzeit) nicht anfallen (*Schmid* DWW 2002, 119; a.A. *Pfeilschifter* WuM 2002, 76). Der Mieter wird dadurch nicht benachteiligt, weil nicht anfallende Kosten auch nicht umgelegt werden können. Außerdem ist die Vereinbarung zweckmäßig für den Fall, dass solche Kosten später anfallen.

3025 Der *BGH* (13.1.2010 – VIII ZR 137/09, NJW 2010, 1198 = ZMR 2010, 433 = GE 2010, 333) lässt die Bezugnahme auch bei **preisgebundenem Wohnraum** genügen.

3026 (*unbesetzt*)

3027 Wird in einem **Mietvertrag über Geschäftsräume** auf die BetrKV Bezug genommen oder deren Wortlaut dem Vertrag beigefügt, können nur solche Betriebskosten umgelegt werden, die auch bei der Vermietung von Wohnraum anfallen und dort ebenfalls umlegungsfähig sind (*OLG Celle*, ZMR 1999, 238 = NZM 1999, 501). Die Regelungen der BetriebskostenVO können hier jedoch durch besondere Vereinbarungen ergänzt werden.

A. Voraussetzungen   Teil III

In der Vereinbarung in einem gewerblichen Mietvertrag »Nebenabgaben und Kosten, 3028
die mit dem Betrieb des Mietgegenstandes zusammenhängen, trägt der Mieter.... Es
sind dies insbesondere Strom- und Heizungskosten einschließlich Wartung, Wasserversorgung, Müllabfuhr...« liegt keine Bezugnahme auf die II. Berechnungsverordnung (*OLG Schleswig*, Urt. v. 10.2.2012 – 4 U 7/11, MietRB 2012, 164). Geschuldet
sind aber die namentlich aufgeführten Positionen.

Die im gewerblichen Mietvertrag geregelte Klausel »Sämtliche Betriebskosten werden 3028a
von dem Mieter getragen. Hierunter fallen –insbesondere die Kosten der Be- und
Entwässerung sowie der Heizung- einschließlich Zählermiete und Wartungskosten«
genügt nach Auffassung des *OLG Celle* nicht dem Bestimmtheitsgebot mit Ausnahme
der erwähnten Kostenarten. (*OLG Celle*, 9.11.2018 – 2 U 81/18,ZMR 2019, 263 =
MietRB 2019, 76). Bei Geschäftsraum greife die Auffassung des BGH im Urteil vom
10.2.2016 – VIII ZR 137/15, ZMR 2016, 287) nicht. Denn der Betriebskostenkatalog in § 556 BGB könne bei Geschäftsräumen etwa um Verwaltungskosten und
Reparaturen erweitert werden, sodass das Argument des BGH zur Wohnraummiete
im Zusammenhang mit dem allgemeinen Begriffsverständnis keine Anwendung finden könne.

Die formularmäßige Regelung im gewerblichen Mietvertrag »Der Mieter trägt die 3028b
Nebenkosten« oder »die umlagefähigen Nebenkosten« genügt nach Auffassung des
OLG Frankfurt a.M. zur wirksamen Übertragung der in § 556 BGB aufgezählten
Kosten (*OLG Frankfurt a.M.*, 19.4.2018 – 2 U 142/17, NZM-info 2018, H. 13 V).

Als überraschend nach § 305c BGB und damit unwirksam wird die Klausel im Ge- 3028c
schäftsraummietvertrag gewertet »Der Mieter ist verpflichtet, neben der Miete die
Mietnebenkosten zu zahlen, auf die er gemäß § ... Vorauszahlungen leistet. Mietnebenkosten sind alle Betriebskosten isd Betriebskostenverordnung vom 25.11.2003 ...
sowie die in der Anlage 2 ergänzend aufgeführten Positionen und Kostenarten. Soweit
danach Wartungen abgerechnet werden können, handelt es sich um Systemwartungen, die kleinere Instandhaltungen sowie den Austausch von Klein- und Verschleißteilen beinhalten...Die Kosten der Instandhaltung und Instandsetzung, die Kosten der
Instandhaltung und Instandsetzung gemeinschaftlicher Flächen, Anlagen und Einrichtungen werden pauschal mit 4 % der Jahresgrundmiete angesetzt«»(OLG Hamm,
8.6.2017 – I-18 U 9/17, GE 2017, 1221).

(*unbesetzt*)   3029

Nach der Rechtsprechung des *BGH* (Urt. v. 7.4.2004 – VIII ZR 167/03, ZMR 2004, 3030
430 = GE 2004, 613 = WuM 2004, 290 = NZM 2004, 219 = DWW 2004, 188) ist
die Umlegung »sonstiger Betriebskosten« nach § 2 Nr. 17 BetrKV nur insoweit wirksam vereinbart, als die jeweiligen Kostenarten einzeln bezeichnet sind.

Im Urteil vom 10.2.2016 (VIII ZR 137715, ZMR 2016, 287 = WuM 2016, 211) hat 3031
es der BGH genügen lassen, dass in der Wohnraummiete auch formularvertraglich bestimmt ist, dass der Mieter »die Betriebskosten trägt«(hierzu Rdn. 5002 a), um den
gesamten Katalog des § 2 BetriebskostenVO umzulegen. Für die sonstige Betriebskosten nach 3 2 Nr. 17 BetriebskostenVO vgl. unter Rdn. 5598 ff.

Harsch   103

3032 zu den Folgen teilnichtiger Betriebskostenvereinbarungen vgl. unter Rdn. 1200 ff.

4. Bestimmtheit

a) Grundsätzliches

aa) Bestimmtheitserfordernis

3033 Eine Vereinbarung zur Mietnebenkostenumlegung muss dem Mietvertrag klar und eindeutig zu entnehmen sein. Es bedarf deshalb einer ausreichend klaren Regelung, aus der sich ergibt, dass der Mieter neben der Grundmiete ganz oder anteilig Betriebskosten zu tragen hat. In der Entscheidung vom 8.4.2020 – XII ZR 120/18 hat der BGH zum Grundsatz der Bestimmtheit ausgeführt, dass
– Jede schuldrechtliche Vereinbarung und so auch die Betriebskostenumlage muss bestimmt oder bestimmbar sein (*BGH*, 24.7.2013 – XII ZR 104/12, NJW 2013, 3361;bereits BGHZ 55, 248 = WM 1971, 310).
– Für die Transparenz einer Individualvereinbarung sind die Bestimmtheit oder Bestimmbarkeit ausreichend, da die entsprechende Regelung ausgehandelt und der Mieter so weiß, was ihn trifft. So ist die einzelvertraglich ausgehandelte Regelung, wonach der Geschäftsraummieter »die Betriebskosten zu tragen hat« ausreichend (hierzu auch unter Rdn. 3043 – das gilt bei der Wohnraummiete auch für die formularvertragliche Regelung). Dabei schadet es nicht, wenn eingangs beispielhaft bestimmte Kostenarten erwähnt sind (»insbesondere sind zu übernehmen Grundsteuer, Wasser ...«).
– Soweit die Parteien nichts Anderes geregelt haben, ist der Betriebskostenbegriff der §§ 556Abs. 1 S. 2 u. 3 BGB, 2 BetrkVO auch bei der Gewerberaummiete maßgebend.

3034 – Hingegen ist bei der formularvertraglichen Übertragung § 307 Abs. 1 S. 2 BGB zu beachten. Denn hier bestehen vom Verwender, das ist meist der Vermieter, Vorgaben zur Betriebskostenübernahme. Die Regelung darf den Mieter nicht unangemessen benachteiligen. Beim Formularvertrag ist eine ausdrückliche, inhaltlich bestimmte Regelung erforderlich, damit der Mieter sich ein wenigstens grobes Bild davon verschaffen kann, was an Kosten auf ihn zukommen kann. In diesem Bereich ist die objektive, nicht am Willen der Parteien ausgerichtete Auslegung maßgebend (BGH, XII ZR 183/13, NJW-RR 2016, 572), während bei der einzelvertraglichen Regelung der tatsächliche Wille zu ergründen ist. Auf die Frage der unangemessenen Benachteiligung kommt es bei der Individualvereinbarung –entgegen *BGH*, 17.2.2016 – XII ZR 183/13, NJW-RR 2016, 572) nicht (mehr) an.

bb) Maßgeblichkeit des Parteiwillens

3035 Lässt sich ein übereinstimmender Parteiwille feststellen, muss diesem Rechnung getragen werden, auch wenn er im Wortlaut der Vertragsurkunde nicht oder nur unvollkommen zum Ausdruck kommt. Es ist deshalb stets der **wirkliche Parteiwille** zu ermitteln (*Schmid* GE 2013, 29), was bei der einzelvertraglichen (individuellen) Regelung gilt (*BGH*, 8.4.2020 – XII ZR 120/18). Dabei ist der Vermieter dafür **darlegungs- und beweispflichtig**, dass und in welchem Umfang sich die Parteien auf eine Nebenkostenumlegung verständigt haben (*OLG Düsseldorf,* GE 2002, 1427 = ZMR 2003, 109). Dieser Beweis kann im Einzelfall schwierig zu führen sein, wenn der Mietvertrag nicht klar gefasst ist. Die Vereinbarung einer Vorauszahlung und Abrechnung wird darauf hindeuten, dass jedenfalls bestimmte Nebenkosten umzulegen sind. Die Höhe der angegebenen Vorauszahlung kann ein Indiz für den Umfang der Nebenkostenumlegung sein. Waren sich die Parteien einig, dass Nebenkosten im üblichen Umfang umgelegt werden, spricht dies für eine Umlegung der in § 2 BetrKV genannten Kostenpositionen, da eine solche Umlegung in den weit überwiegenden Fällen aller Wohnraumvermietungen üblich ist und die Mindestumlegung in fast allen Geschäftsraummietverträgen darstellt (vgl. *Schmid,* NZM 2000, 1041).

Diese Grundsätze sind auch bei der Verwendung eines Mietvertragsformulars in einem Individualprozess anzuwenden. Eine individuelle mündliche oder stillschweigende Vereinbarung hat Vorrang vor dem formularmäßigen Text (§ 305b BGB). Legen die Parteien der Vertragsklausel übereinstimmend eine von ihrem objektiven Sinn abweichende Bedeutung bei, ist diese maßgebend (*BGH,* NJW 1995, 1496). Da es sich um eine Auslegung handelt, gilt nicht das Verbot der geltungserhaltenden Reduktion nach § 306 BGB. Ein Verstoß gegen das Transparenzgebot des § 307 BGB kann nicht angenommen werden, wenn die Auslegung ergibt, dass Betriebskosten gemeint sind, da dieser Begriff als bekannt angenommen wird (*BGH,* 18.4.2020 – XII ZR 120/18). 3036

cc) Nebenkosten und Betriebskosten

Da es keinen feststehenden Begriff der Nebenkosten gibt, wird bei Verwendung dieses Wortes oder ähnlicher nicht fest umrissener Begriffe teilweise eine völlige Unwirksamkeit der Nebenkostenvereinbarung wegen Unbestimmtheit angenommen (vgl. die Einzelfallaufstellung unten II.). Jedoch ist vorab zu prüfen, ob nicht der Parteiwille zumindest auf die Umlegbarkeit bestimmter Kostenpositionen gerichtet ist. Es ist durchaus nicht fernliegend, dass sich die Parteien im Einzelfall bei Vertragsabschluss darüber einig sind, dass die Betriebskosten nach der BetrKV umgelegt werden sollen und der Begriff Mietnebenkosten oder Nebenkosten, der sich im **allgemeinen Sprachgebrauch** durchaus häufig findet, lediglich eine unschädliche Falschbezeichnung für den juristisch korrekten Ausdruck Betriebskosten ist (vgl. *Schmid,* NZM 2001, 1041 [1042]). Die Umlegung bestimmter Nebenkosten kann sich auch aufgrund eines festgestellten Minimalkonsenses ergeben (*OLG Düsseldorf,* Urt. v. 29.6.2000 – 10 U 116/99, GE 2000, 1028 = NZM 2001, 588 = DWW 2000, 196 für den Passus »Grundbesitzabgaben«, der nach Auffassung des OLG zumindest die Grundsteuer umfasst, obwohl damit bei verständiger Würdigung auch Wasser- und Kanalgebühren, Müllabfuhr, Straßenreinigungsgebühren etc. umfasst sind). 3037

Auch der BGH verwendet mitunter den Ausdruck »Nebenkosten« (*BGH,* 13.1.2010 – VIII ZR 137/09, ZMR 2010, 433 = WuM 2010, 153; 2.5.2012 – XII ZR 88/10, ZMR 2012, 614 = GE 2012, 822; 20.1.2016 – VIII ZR 93/15, ZMR 2016, 282 = WuM 2016, 670; 21.3.2018 – VIII ZR 84/17). 3037a

Der Vermieter erbringt durch die Raumüberlassung und die Nebenleistungen eine einheitliche Leistung, während der Mieter ebenso eine einheitliche Gegenleistung 3038 durch die Zahlung von Miete und der Betriebskosten erbringt (*BGH*, 21.3.2018 – VIII ZR 84/17).

dd) Zeitpunkt

3039 Die Vereinbarung muss bereits bei Vertragsschluss ausreichend bestimmt sein. Spätere Erläuterungen, z.b. bei Überbringung der Abrechnung, können den Mangel der ausreichenden Vereinbarung nicht mehr heilen (*LG Aachen*, WuM 1997, 471).

3040 Unbestimmte Nebenkostenvereinbarungen können jedoch durch spätere Konkretisierungen Wirksamkeit erlangen (*Schmid* GE 2013, 29 [30]).

ee) Unwirksamkeit

3041 Lässt sich eine bestimmte Vorstellung der Parteien vom Vereinbarungsinhalt nicht feststellen, ist die entsprechende Regelung des Mietvertrages unwirksam.

3042 Genügen einzelne Regelungen dem Bestimmtheitsgebot nicht, hat dies auf die übrigen Vereinbarungen i.d.R. keinen Einfluss, da anzunehmen ist, dass der Vertrag auch ohne die unwirksamen Teile geschlossen worden wäre (vgl. § 139 BGB; *KG*, GE 2004, 234).

b) Einzelfragen

aa) Individualisierung der umzulegenden Kosten/Unwirksamkeit

3043 – »Der Mieter trägt neben der Miete anteilig die **Kosten der Nebenkosten**« ist zu unklar (*AG Neuss*, ZMR 1994, 571).
– Ebenso: Der Mieter hat »**alle Nebenkosten**« zu tragen (*LG Aachen*, NZM 2001, 707; a.A. für die Gewerberaummiete *KG*, Beschl. v. 29.12.2006 – 12 U 117/06, ZMR 2007, 449 = NZM 2008, 128). Das Gesetz verwendet ausschließlich den Begriff der Betriebskosten, die vom Mieter anhand der BetriebskostenVO bestimmt werden können.
– »Der Mieter trägt **die Betriebskosten**« wurde früher als zu unbestimmt angesehen (*Harsch* MietRB 2012, 164). Der BGH hat sich auch für die formularvertragliche Form dafür ausgesprochen, dass der Begriff schon seit langem (1957) bekannt ist und vom Mieter leicht festgestellt werden kann, was hierunter fällt; *BGH*, 10.2.2016 – VIII ZR 137/15, MietRB 2016, 93 = ZMR 2016, 287, ebenso für den **gewerblichen** Mieter *KG*, Beschl. v. 29.12.2006 – 12 U 117/06, MietRB 2012, 449; *OLG München*« Urt. v. 10.1.1997 – 21 U 2464/95, ZMR 1997, 233).
– »Sämtliche Betriebskosten werden von dem Mieter getragen. Hierunter fallen insbesondere die Kosten der Be- und Entwässerung sowie der Heizungs- einschließlich Zählermiete und Wartungskosten...«. Die Klausel wurde für den Geschäftsraummietvertrag einzelvertraglich ausgehandelt und für rechtswirksam gewertet (*BGH*, 8.4.2020 – XII ZR 120/18).
– »Es besteht zwischen den Parteien Einigkeit, dass der Mieter **alle anfallenden Nebenkosten** –soweit gesetzlich zulässig- zu tragen hat« ist zu unbestimmt (a.A. *OLG München* Urt. v. 10.1.1997 – 21 U 2464/95, ZMR 1997, 233 für Anwaltskanzlei)

A. Voraussetzungen   Teil III

- »Der Mieter trägt **sämtliche umlagefähigen Kosten**, die zum Betrieb des Hauses erforderlich sind« (*AG Köln*, WuM 1987, 274).
- »**Sämtliche anfallenden Nebenkosten/Betriebskosten** gehen anteilig zulasten des Mieters« (*OLG Düsseldorf*, ZMR 2003, 109).
- Der Mieter trägt »alle hier **nicht gesondert aufgeführten Kosten in Ansehung des Mietobjekts**« (*OLG Düsseldorf*, NZM 2002, 700).
- »Der Mieter hat **Hausgebühren** zu bezahlen« (*LG Stuttgart*, WuM 1987, 161).
- Der Mieter trägt die Kosten »für die folgenden Betriebskostenarten«, wenn dann **keine Kostenarten genannt** sind (*LG Berlin*, Urt. v. 3.12.2002 – 64 S 241/02, GE 2002, 1063).
- Muss der Mieter »die nachstehenden Nebenkosten« tragen und sind in der Spalte für die »nachstehenden Vorschüsse« diese nur für **einige Kostenpositionen** ausgefüllt, sind nur diese umlegbar (*LG Berlin*, Urt. v. 3.12.2002 – 64 S 241/02, GE 2002, 1063, zit. bei GE 2015, 356, wobei allerdings der Regelungswortlaut der Entscheidung nicht zu entnehmen ist).
- Enthält der Mietvertrag die Regelung »**Neben der Miete werden folgende Betriebskosten i.S.d. § 27 der II. BVO (heute § 2 BetriebskostenVO) umgelegt**« und schließt sich hieran eine Auflistung verschiedener umlagefähiger Kosten an, sind nur diese kenntlich gemachten Kosten umlagefähig. Der Hinweis auf die BetriebskostenVO steckt nur den Rahmen ab, welche Kosten als umlegbar vereinbart werden können, was durch die anschließende Kenntlichmachung erfolgt (*LG Frankfurt a.M.*, Urt. v. 30.8.1985 – 2/17 S 178/85, WuM 1986, 93).
- Ist geregelt, dass der Mieter **alle Betriebskosten nach der Betriebskostenverordnung trägt** und finden sich im Anschluss daran eine Auflistung der einzelnen Kostenarten, die jeweils ausdrücklich zu kennzeichnen sind und **unterbleibt** die Kennzeichnung, ist nach hier vertretener Ansicht keine Umlegung erfolgt.
- Wird im Mietvertrag ein einheitlicher Gesamtbetrag vereinbart, ohne weitere Betriebskosten zu regeln, setzt sich die Miete aus der Grundmiete und den Betriebskosten zusammen. Daran ändert sich auch nichts dadurch, dass ein Passus gestrichen ist, wonach die Betriebskosten in der Miete »enthalten – nicht enthalten sind« (*LG Berlin*, Urt. v. 26.1.2015 – 67 S 241/14, GE 2015, 387). Gleiches muss gelten, wenn etwa nur der Teil gestrichen ist, wonach die Betriebskosten in der Miete enthalten sind.
- »Betriebskosten i.S.v. **den Grundbesitz belastenden Kosten**« ist unwirksam (*LG Hamburg*, ZMR 1997, 358 f.).
- »Gebühren laut Bescheid über **Grundbesitzabgaben**« (*LG Aachen*, WuM 1997, 471) oder nur »Grundbesitzabgaben« (*AG Köln*, WuM 1998, 419 f. m. abl. Anm. *Sommerfeld*; offen gelassen von *AG Aachen*, WuM 1999, 205; vgl. Rdn. auch 3021).
- »**Kosten für das Management**« ist zu unbestimmt (*OLG Düsseldorf*, GE 2012, 483).
- »**Sonstige Kosten im Zusammenhang mit Betrieb und Unterhaltung des Gebäudes**« ist auch gegenüber dem **gewerblichen** Alleinmieter eines Grundstücks intransparent und deshalb nach § 307 Abs. 1 BGB unwirksam (*OLG Düsseldorf*, ZMR 2012, 184 = IMR 2012, 190 = GE 2012, 202).

- Die Formulierung »Die Nebenkosten für Betriebskosten werden in Form monatlicher Abschlagszahlungen erhoben« stellt weder eine ausreichende Verweisung auf die Anlage 3 zu § 27 II. BV a.f. dar, noch genügt sie sonst dem Bestimmtheitsgrundsatz (*BGH*, 2.5.2012 – XII ZR 88/10, ZMR 2012, 614 = GE 2012, 822 = GuT 2012, 133).
- Ebenfalls keine ausreichende Bezeichnung enthält die Formulierung »**Nebenabgaben und Kosten, die mit dem Betrieb des Mietgegenstandes zusammenhängen, insbesondere**....« (*OLG Schleswig*, Urt. v. 10.2.2012 – 4 U 7/11, MietRB 2012, 164).
- Ist in einem Mietvertragsformular, das für die Aufzählung einzelner Nebenkosten **vorgesehene Feld nur mit einem Strich versehen**, werden auch dann keine Nebenkosten geschuldet, wenn Vorauszahlungen vereinbart sind (*OLG Dresden*, MDR 2001, 82 = NZM 2000, 827).
- »**Sonstige Kosten im Zusammenhang mit Betrieb und Unterhaltung des Gebäudes**« ist auch gegenüber dem gewerblichen Alleinmieter eines Grundstücks intransparent und deshalb nach § 307 Abs. 1 BGB unwirksam (*OLG Düsseldorf*, GE 2012, 202 = ZMR 2012, 184 = IMR 2012, 190).

bb) Einschränkende Auslegung

3044 Werden bei einer Liste von Kostenarten nur bei einigen Positionen **Vorauszahlungen** verlangt, ist mangels anderer Anhaltspunkte davon auszugehen, dass letztlich auch nur die Kosten für diese Positionen geschuldet sind (*AG Hamburg-Blankenese*, Urt. v. 16.10.2015 – 532 C 149/14, ZMR 2016, 118: zumindest, wenn die Vertragsparteien viele Jahre hinweg, im entschiedenen Fall 22 Jahre, so abgerechnet haben, dass nur die mit einem Vorauszahlungsbetrag versehenen Kostenarten umgelegt wurden; *AG Hamburg*, Urt. v. 28.9.2016 – 49 C 508/15; *AG Dortmund*, Urt. v. 10.2.2015 – 425 C 10220/14, juris, zit. b. *AG Hamburg* a.a.O; *AG Hamburg-Blankenese*, ZMR 2013, 359; *AG Freiburg*, WuM 1990, 84; *Langenberg* in Schmidt-Futterer § 556 BGB Rn. 52; a.A. *AG Neuss* DWW 1987, 298; *AG Schwetzingen* WuM 1987, 31). Für die abweichende Meinung wird angeführt, dass der Vermieter nicht gehalten sei, für alle umzulegenden Kosten auch Abschläge zu verlangen.

3045 Zutreffend ist die erstgenannte Ansicht deswegen, weil der Mieter aus dessen Sicht diejenigen Beträge für umlegbar ansieht, welche mit einem Vorauszahlungsbetrag versehen sind, sodass dieser Umstand sich auch so darstellt, als wenn bestimmte Positionen angekreuzt sind oder anders kenntlich gemacht sind und Zweifel nach § 305c BGB zulasten des Verwenders gehen müssen (*AG Hamburg-Blankenese*, Urt. v. 16.10.2015 – 532 C 149/15, ZMR 2016, 118, wo zusätzlich auf eine entsprechende lange Übung als starkes Indiz für das beiderseitige Verständnis der Regelung hingewiesen wird).

3046 Sind in einem Formularmietvertrag **einzelne Nebenkosten** aufgeführt, sind nur diese als umlegungsfähig vereinbart, auch wenn an anderer Stelle des Formulars in vollem Umfang auf § 2 BetrKV Bezug genommen wird (*AG Tempelhof-Kreuzberg*, Urt. v. 11.7.2016 – 20 C 10/16, GE 2017, 300; *AG München*, WuM 1990, 32). Entsprechendes gilt, wenn einer Auflistung der Zusatz »etc.« beigefügt wird

A. Voraussetzungen

(*AG Mannheim*, DWW 2002, 36) oder für die Formulierung »Alle übrigen Unkosten sind vom Mieter zu tragen« (*OLG Düsseldorf*, ZMR 2003, 23 [24]). Für die genannten Positionen ist die Vereinbarung wirksam (*OLG Karlsruhe*, WuM 1986, 9).

In einer Individualvereinbarung kann die Formulierung »**Alle Nebenkosten werden vom Mieter getragen**« Grundlage für die Umlegung bestimmter Nebenkosten sein, wenn eine an §§ 133, 157 BGB orientierte Auslegung nach den Gesamtumständen ergibt, dass zumindest die Umlegung bestimmter Nebenkosten vereinbart sein soll (vgl. *AG St. Wendel* und *LG Saarbrücken*, WuM 1998, 722). 3047

Eine Individualvereinbarung, wonach die Wohnungsmieter **sämtliche Kosten für eine Eigentumswohnung** gemäß Verwalterabrechnung übernehmen, ist gem. §§ 134, 556 BGB insoweit nichtig, als andere als die in § 2 BetrKV genannten Kosten erfasst sind, i.Ü. wirksam (*LG Wiesbaden*, ZMR 1999, 409). In einem Formularvertrag wäre Unwirksamkeit gem. § 307 BGB anzunehmen. Das gilt auch bei der Vermietung von **Geschäftsräumen** (*LG Karlsruhe*, GuT 2002, 177; *Schmid* GE 2013, 29 [31]; a.A. OLG Frankfurt am Main, WuM 1985, 91; offen gelassen von *OLG Düsseldorf*, GE 2002, 1561 = ZMR 2003, 22). 3048

Eine Klausel, die es dem Vermieter erlaubt, bei einer **Erhöhung der Betriebskosten den Mehrbetrag** auf die Mieter umzulegen, deckt nicht die Umlegung von Betriebskosten, deren Umlegung bisher nicht vereinbart war (*AG Hamburg-Blankenese*, ZMR 2013, 359). 3049

cc) Ausreichende Vereinbarungen

Mit »**Bewirtschaftungs- und Verbrauchskosten**« soll in einem **Gewerberaummietvertrag** die Umlegung der in § 2 Nr. 1–16 BetrKV genannten Kosten vereinbart sein (*KG*, GE 2007, 845, m.E. allenfalls für Individualvereinbarungen zutreffend). 3050

Sollen »**Nebenkosten in ihrer tatsächlichen Höhe – ohne Beschränkung auf den Kostenkatalog in der Anlage 3 zu § 27 II. BV –**« umgelegt werden, können bei der Gewerberaummiete die Kosten der Anlage 3 zu § 27 II. BV und darüber hinaus weitere im Vertrag genannte Kostenarten umgelegt werden (*OLG Düsseldorf*, ZMR 2001, 882, 885). 3051

Eine Vereinbarung über eine Umlegung **aller Nebenkosten, soweit gesetzlich zulässig**, ist in einem **Geschäftsraummietvertrag** wirksam und betrifft die in § 2 BetrKV genannten Kosten (*OLG München*, ZMR 1997, 233). 3052

Unter Bezugnahme auf die Entscheidung des *BGH* zur Wohnraummiete vom 10.2.2016 – VIII ZR 137/15, NZM 2016, 235 = ZMR 2016, 297 (Wirksamkeit der Formularklausel »Der Mieter trägt die Betriebskosten« – Rdn. 343) hat das *OLG Frankfurt a.M.* (14.2.2018 – 2 U 142/17, NZM-info 2018, Heft 13 unter V) zur Geschäftsraummiete die Formularregelung für wirksam gewertet, wonach der Mieter »die Nebenkosten« oder »die umlagefähigen Nebenkosten« trägt. Umfasst seien dann jedenfalls die Kosten des § 2 BetriebskostenVO. Nach hier vertretener Auffassung ist der Begriff der »Nebenkosten« zu unbestimmt, weil er weitergeht als der der »Betriebskosten« (Rdn. 3037). Den Begriff der Betriebskosten kann der Mieter durch 3052a

Nachschlagen oder Erkundigen eruieren, was für die »Nebenkosten« oder »Mietnebenkosten« nicht gilt.

c) Abrechnungsmaßstäbe

3053 Eine Regelung, wonach Betriebskosten »grundsätzlich nach dem Verhältnis der Wohnfläche« umgelegt werden, ist zu unbestimmt (*AG Charlottenburg*, IMR 2013, 425 zum Wohnungseigentum).

3054 Eine vertragliche Regelung kann sich auch aus einer ergänzenden Vertragsauslegung ergeben (z.B. *BGH*, 27.6.2007 – VIII ZR 202/06, ZMR 2007, 851 = GE 2007, 1310 = WuM 2007, 572 = ZMR 2007, 771 für eine Umlegung der Kabelkosten nach Wohnungen). Eine **stillschweigende** Vereinbarung einer zumindest teilweise verbrauchsabhängigen Abrechnung kann angenommen werden, wenn bei Besichtigung der Wohnung Zähler vorhanden sind (*AG Köpenick*, GE 2006, 785 m. Anm. *Kinne* GE 2006, 753).

d) Einzelne Kostenarten

3055 Eine Vereinbarung, wonach »**Grundbesitzabgaben**« umgelegt werden, ist nicht hinreichend bestimmt und ermöglicht auch nicht die Umlegung von Grundsteuer (*AG Köln*, WuM 1988, 419 f. m. abl. Anm. *Sommerfeld*). Demgegenüber »tendiert« das OLG Düsseldorf (DWW 2000, 196) dazu, zumindest die Grundsteuer unter den Begriff »Grundbesitzabgaben« zu subsumieren und für umlegungsfähig zu erachten. Die Vereinbarung der Umlegung von »Gemeindeabgaben« hält das *OLG Hamm* (ZMR 2005, 617) in einem **gewerblichen** Mietvertrag für ausreichend bestimmt und sieht davon auch die Grundsteuer mitumfasst. M. E. ist in diesen Fällen in einem Formularmietvertrag mangelnde Transparenz anzunehmen; bei einem Individualvertrag kommt es darauf an, was die Parteien unter den jeweiligen Schlagworten verstanden haben.

3056 Sind nur »**Wasserkosten**« erwähnt, werden Abwasserkosten nicht erfasst (*AG Dortmund*, WuM 1987, 359; a.A. *LG Berlin*, GE 1996, 125, das unter »Wassergeld« auch die Kosten für die Entwässerung versteht).

3057 Sind nur die **Heizkosten** ausdrücklich genannt, wird von einem Bruttokaltmietzins ausgegangen (*LG Berlin*, GE 1994, 19).

3058 Die mietvertragliche Vereinbarung der Umlegung der »**Kosten der Prüfung und Wartung von Gasleitungen**« umfasst nicht die Kosten der jährlichen Wartung der Gastherme (*AG Darmstadt*, NZM 2013, 361 = NJW-RR 2013, 850).

3059 Ist in einem **gewerblichen** Mietvertrag vereinbart, dass der Mieter die **Kosten der Straßenreinigung und Fußwegreinigung und die Kosten des Winterdienstes** anteilmäßig zu tragen hat, so kann die Auslegung des Vertrages ergeben, dass diese Verpflichtung nicht nur den öffentlichen Grund erfasst, sondern auch alle von den Kunden zu benutzenden Grundstücksflächen einschließlich der zur gemeinsamen Nutzung bestimmten Kraftfahrzeugstellplätze (*LG Hannover* MDR 1994, 796). Die

Vereinbarung einer Umlegung von »Grundbesitzabgaben« reicht für die Umlegung von Straßenreinigungsgebühren nicht aus (*AG Köln*, WuM 1998, 419 m. abl. Anm. *Sommerfeld*). Dasselbe gilt für den Begriff »Anliegerbeiträge«, auch in einem gewerblichen Mietvertrag (a.a. *LG Berlin* GE 2006, 1480).

Die Vereinbarung der Umlegung »**notwendiger oder üblicher Versicherungen**« ist für sich allein auch bei der **Geschäftsraummiete** zu unbestimmt (*KG* GE 2004, 234). Werden in einem Gewerberaummietvertrag ohne weitere Spezifizierung die »Kosten der Sach- und Haftpflichtversicherung« als umlegungsfähig vereinbart, ist der Vertrag dahin auszulegen, dass nur die in Nr. 13 genannten Kosten umlegbar sind (*OLG Brandenburg*, NZM 2000, 572). Die Kosten für Wartung und Prüfung einer Trockensteigleitung können nicht den Versicherungskosten zugeordnet werden (*LG Berlin*, GE 2013, 550 = WuM 2013, 612). Die Vereinbarung einer Umlegung von Versicherungskosten unter der Überschrift »Gebrauch und Pflege der Mietsache, Schönheitsreparaturen« ist überraschend im Sinne des § 305c Abs. 1 BGB (*KG* IMR 2008, 159). 3060

Versicherungsbeiträge können bei der Geschäftsraummiete über Nr. 13 BetrKV hinaus umgelegt werden. Allerdings wird bei ungewöhnlichen Versicherungen eine überraschende Klausel im Sinne von § 305c Abs. 1 BGB anzunehmen sein. Die bloße Bezeichnung »Versicherungen« ohne nähere Aufschlüsselung ist jedenfalls dann zu unbestimmt, wenn in der Betriebskostenvereinbarung die Beschränkung auf die in § 2 BetrKV genannten Kosten ausdrücklich ausgeschlossen ist (*BGH* Urt. v. 26.9.2012 – XII ZR 112/10, GE 2012, 1696 = NZM 2013, 85 = IMR 2013, 16). 3061

(unbesetzt) 3062–3066

Kosten einer Überwachungsanlage sind nicht Kosten des »**Wach- und Schließdienstes, sowie etwaige Hausmeisterkosten**« (*OLG Düsseldorf* GE 2012, 202 = ZMR 2012, 184 = IMR 2012, 190). 3067

Die Vereinbarung einer Umlegung von **Antennenkosten** kann im Wege der ergänzenden Vertragsauslegung zu einer Umlegbarkeit der Kosten für das Breitbandnetz führen (*LG Frankfurt a.M.*, NZM 2000, 1177 = ZMR 2000, 763). Das setzt aber voraus, dass der Mieter bei Vertragsabschluss vom Vorhandensein des Kabelanschlusses wusste oder dass er dem Anschluss zugestimmt hat (*Schmid* GE 2013, 29 [32]). Wird im Wege einer duldungspflichtigen Modernisierungsmaßnahme die Gemeinschaftsantenne abgebaut und ein Anschluss an das Breitbandnetz vorgenommen, können im Wege der ergänzenden Vertragsauslegung die Betriebskosten für das Breitbandnetz umgelegt werden (*BGH*, 27.6.2007 – VIII ZR 202/06, GE 2007, 1310 = WuM 2007, 572 = ZMR 2007, 771). Die bloße Nutzung reicht nicht (a.A. *LG Frankfurt a.M.* NZM 2000, 1177 = ZMR 2000, 763). Je nach Sachlage kann aber in der Nutzung eine stillschweigende Zustimmung gesehen werden. 3068

Wartungskosten sind nur umlegungsfähig, wenn ihre Umlegung **vereinbart** ist. Das Erfordernis einer Vereinbarung ist relativ unproblematisch, wenn die Überprüfungskosten einer der in § 2 Nr. 1 bis 16 BetrKV genannten Kostenposition unterfallen. Es genügt die Wiedergabe des Textes von § 2 BetrKV oder die Bezugnahme hierauf (*BGH*, 7.4.2004 – VIII ZR 167/03, GE 2004, 613 = ZMR 2004, 430; vgl. aber 3069

BGH, 10.2.2016 – VIII ZR 137/15, ZMR 2016, 287 = WuM 2016, 211 = NZM 2016, 235). Bei Kosten, die der Nr. 17 des § 2 BetrKV unterfallen, ist jedoch eine ausdrückliche Vereinbarung erforderlich (*BGH*, GE 2007, 439), d.h. die Kosten verursachende Maßnahme muss genannt sein. Das ist gerade für Wartungskosten von besonderer Bedeutung, da Kontrollen und Überprüfungen in den Einzelregelungen von § 2 Nr. 1 bis 16 BetrKV nur teilweise genannt sind und deshalb weiter gehend nur nach § 2 Nr. 17 BetrKV umgelegt werden können (vgl. hierzu *Schmid*, GE 2011, 1595 [1597 ff.]).

3070 Die bloße Vereinbarung einer Umlegung von »Wartungskosten« ohne nähere Ausdifferenzierung ist nicht wirksam (*Schmid*, GE 2013, 166). Die Betriebskosten müssen nämlich ihrer Art nach konkretisiert werden, damit sich der Mieter ein Bild machen kann, welche Kosten auf ihn zukommen (*BGH*, 2.5.2012 – XII ZR 88/10, ZMR 2012, 614 = GE 2012, 822). Das ist nicht der Fall, wenn dem Mieter nicht erkennbar ist, welche Gegenstände auf seine Kosten gewartet werden sollen.

3071 Dagegen erscheint der Begriff »Wartung« hinreichend bestimmt und in Verbindung mit dem zu wartenden Gegenstand ausreichend; z.B. Wartungskosten für **Feuerlöscher** (*Schmid*, GE 2011, 1595 [1598]).

3072 Als wirksam wertet der BGH die formularvertragliche Regelung ohne höhenmäßige Begrenzung »*Die in diesen Mieträumen befindliche Gasheizung ist Eigentum des Vermieters. Die jährliche Wartung wird vom Vermieter durch Sammelauftrag bei der Firma... durchgeführt. Der Mieter hat diese anteiligen Kosten nach erfolgter Arbeit und Rechnungslegung dem Vermieter zu erstatten*« (*BGH*, Urt. v. 7.11.2012 – VIII ZR 119/12, ZMR 2013, 257 = WuM 2013, 31 – Abgrenzung zu *BGH*, Urt. v. 15.5.1991 – VIII ZR 38/90, WuM 1991, 381). Die Vereinbarung der Umlegung von »Wartungskosten für Betriebsvorrichtungen« genügt nach einer Ansicht dem Bestimmtheitserfordernis jedenfalls dann, wenn Beispiele beigefügt sind. Es sind dann auch weitere Betriebsvorrichtungen erfasst als die nur beispielhaft aufgeführten (*OLG Koblenz*, IMR 2013, 244 = MietRB 2014, 42).

3073 Gleiches soll gelten, für die Formulierung »*Der Mieter trägt sämtliche Wartungskosten*« im gewerblichen Mietvertrag (*OLG Frankfurt a.M.*, Urt. v. 16.10.2015 – 2 U 216/14, GE 2016, 326 = MietRB 2016, 36). Die Klausel sei weder überraschend noch intransparent, da der gewerbliche Mieter –hier in einem neu gebauten Einkaufszentrum- damit rechnen müsse, alle Wartungskosten tragen zu müssen. Eine nähere Benennung der einzelnen Kostenarten sei nicht verlangt. Dem ist nicht zuzustimmen. Bei fehlender Vereinbarung, welche konkreten Wartungskosten zu übernehmen sind, können nicht alle möglichen Kostenarten einer Wartung wirksam übernommen sein. Als überraschend mag man die Klausel nicht werten, wenn sich der Passus unter den Betriebskosten findet. Aber unklar ist sie auch für den Gewerbemieter allemal, der überhaupt nicht abschätzen kann, welche Kosten dem Grunde und der Höhe nach auf ihn zukommen. Das Bestimmtheitsgebot, das gerade im Bereich des Betriebskostenrechts hohe Bedeutung hat, ist klar verletzt.

A. Voraussetzungen   Teil III

Unwirksam ist auch die Formularklausel »*Betreibt der Mieter die Heizung selbst (z.B.* 3074
*Etagenheizung), ist er verpflichtet, diese in Betrieb zu halten, zu reinigen und warten zu
lassen und alle Betriebskosten zu tragen*« (*AG Karlsruhe* Urt. v. 28.1.2014 – 5 C 452/13,
ZMR 2014, 458). Die Klausel bestimmt eine unzulässige Vornahmeklausel und keine
Wartungskostenübernahme.

Werden bei der Geschäftsraummiete **Verwaltungskosten** umgelegt (zum Begriff 3075
Rdn. 1026 ff.), so genügen die Begriffe Verwaltungskosten oder Kosten der Hausverwaltung dem Bestimmtheitserfordernis und dem Transparenzgebot für eine
Umlegungsvereinbarung (*BGH* Urt. v. 10.9.2014 – XII ZR 56/11, GE 2014,
1523; *LG Frankfurt a.M.*, NZM 2008, 366 = GuT 2008, 31; a.A. *OLG Rostock*,
DWW 2008, 22 = GuT 2008, 200). Es gilt dann die Definition von § 1 Abs. 2
Nr. 1 BetrKV (KG, GE 2004, 234).

Dem Transparenzgebot des § 307 Abs. 1 Satz 2 BGB widerspricht es, unbezifferte Hausverwaltungskosten in einer Position Nr. 17 »sonstige Betriebskosten« anzuführen (*LG Frankfurt a.M.* GE 2006, 1404 = ZMR 2007, 39 = a.A. *OLG Köln*,
NZM 2008, 366 = GuT 2008, 31; *Lützenkirchen*, GE 2006, 614; *Ludley*,
NZM 2006, 851 [853]). Verwaltungskosten sind keine Betriebskosten (§ 1 Abs. 2
Nr. 1 BetrKV). Der Mieter muss deshalb unter dieser Überschrift nicht mit Verwaltungskosten rechnen (*Schmid*, GuT 2006, 300 [301]; *ders*. WuM 2008, 199 [200];
a.A. *Beuermann*, GE 2006, 1335). 3076

Die über die Grundmiete und die Betriebskosten hinausreichende Vereinbarung »*Der* 3077
Mieter zahlt 1.499,99 € nettokalt…sowie eine monatliche Verwaltungskostenpauschale von z.Zt. 34.38 €« ist unwirksam, da sie gegen § 556 Abs. 1 i.V.m. Abs. 4 BGB,
§ 1 Abs. 2 Nr. 1 BetrKV verstößt (*BGH*, 19.12.2018 – VIII ZR 254/17, MietRB
2019, 68). *LG Berlin*, Urt.v. 12.10.2017 – 67 S 196/17, ZMR 2018, 45 = GE 2017,
1408 m. abl. Anm. *Bieber*, GE 2017, 1374DWW 2018, 22 = MietRB 2017, 348).
Als Teil der Grundmiete kann sie schon deshalb nicht erklärt werden, weil der Teil
nicht unveränderlich ist (»z.Zt.«; hierzu *Weitemeyer* in Staudinger § 556 BGB Rn. 47).

Im **Geschäftsraummietvertrag** (in der Wohnraummiete ohnehin) ist folgende Passage 3078
unwirksam:

> »Zu den Nebenkosten gehören »die Kosten für den Hausmeister, ohne dass ein Abzug für
> evtl. geleistete Verwaltungs- und Instandhaltungstätigkeit erfolgen muss, für die Hausverwaltung, die Kosten werden pauschal mit 4 % der Jahresnettomiete berechnet, Kosten der
> Instandhaltung und Instandsetzung. Die Kosten der Instandhaltung und Instandsetzung
> gemeinschaftlicher Flächen, Anlagen und Einrichtungen werden pauschaliert mit 4 % der
> Jahresgrundmiete abgesetzt«.

Die Regelung wurde als überraschend i.S.v. § 305c BGB bewertet, da sie an einer Stelle im Vertrag aufgeführt war, an der wegen der Vertragsausgestaltung nur abrechenbare Kosten zu erwarten waren. Die inhaltliche Unwirksamkeit folgte daraus, dass der
Mieter unbegrenzt zur Tragung der Hausmeisterkosten verpflichtet wird. Der Zusammenhang mit der im Vertrag ebenfalls enthaltenen Übernahme der Wartungskosten
und der Instandhaltung des Mietobjekts führe zudem zu einem Summierungseffekt

(*OLG Hamm*, Urt. v. 8.6.2017 – I-18 U 9/17, MietRB 2017, 286, Bespr. *Lehmann-Richter*).

3079 **Kosten für das Management** ist zu unbestimmt (*OLG Düsseldorf*, GE 2012, 483).

3080 Die bloße Bezeichnung Kosten des »**Centermanagers**« (*BGH* GE 2012, 1696 = NZM 2013, 85 = IMR 2013, 16) oder »**Centermanagement**« ist zu unbestimmt, auch wenn der Zusatz »kaufmännisch und technisch« hinzugefügt wird (*KG*, GE 2003, 234).

3081 Entsprechendes gilt für die Bezeichnung »**Objektbetreuung**« (*LG Köln* ZMR 2010, 966 = MietRB 2011, 45).

5. Neue Betriebskosten

a) Grundsätzliches

3082 *(unbesetzt)*

3083 Während des laufenden Mietvertrages können neue Betriebskostenarten entstehen. In solchen Fällen stellt sich die Frage nach der nachträglichen Umlegbarkeit auf den Mieter. Die Parteien können über die Umlegung neuer Betriebskosten nach deren Entstehen eine Vereinbarung treffen. Es kann auch bereits **im Mietvertrag** die Umlegbarkeit neuer Betriebskosten vereinbart werden (*BGH*, 20.9.2006 – VIII ZR 80/06, WuM 2006, 612 = ZMR 2007, 25 = GE 2006, 1473; *Zehelein*, WuM 2016, 400: eigentlich kein Fall neuer Betriebskosten).

3084 Klauseln dieser Art lauten etwa

»Neben der Miete werden folgende Betriebskosten i.S.d. § 27 der II. Berechnungsverordnung (heute der BetriebskostenVO) umgelegt... Werden öffentliche Abgaben neu eingeführt oder entstehen Betriebskosten neu, so können diese vom Vermieter im Rahmen der gesetzlichen Vorschriften umgelegt und angemessene Vorauszahlungen festgesetzt werden«. Diese Klausel wurde vom *BGH* (a.a.O.) nicht für unwirksam erklärt, weil der Mieter durch den erwähnten Katalog der Anlage 3 zu § 27 der II. BVO (heute § 2 BetrKVO) damit rechnen musste, dass infolge der Mehrbelastungsklausel Betriebskosten gegenüber dem Zeitpunkt der vertraglichen Einigung hinzukommen können. Im entschiedenen Fall war die Position der Sach- und Haftpflichtversicherung (die der Vermieter dann während des laufenden Mietvertrags abschloss und neu einführte) im Mietvertrags bereits erwähnt.

3085 Die Problematik bei der Formulierung von Mehrbelastungsregelungen besteht darin, dass die Kostenarten noch nicht feststehen. Denn Betriebskosten, die bei Vertragsschluss bereits anfielen, dürfen durch eine Mehrbelastungsregelung nicht auf den Mieter umgelegt werden (*AG Dortmund*, Urt. v. 10.2.2015 – 425 C 10220/14, juris; *Wall* Rn. 1571).

3086 Vor allem kann je nach Art der Formulierung auch das Transparenzgebot für eine Unwirksamkeit sprechen. Denn die Belastung mit Kosten, die der Mieter dem Grunde

A. Voraussetzungen　　　　　　　　　　　　　　　　　　　　　　　　Teil III

und der Höhe nach nicht übersehen kann, können im Einzelfall dem Klarheitsgebot nach § 307 Abs. 1 S. 2 BGB zuwiderlaufen (*Wall* Rn. 1575).

Nach überzeugender Auffassung (*Wall* Rn. 1575) ist es erforderlich, die Kostenarten　3087 im Mietvertrag ausreichend zu bezeichnen. Dies lässt sich bei der Formulierung so bewerkstelligen, dass man die Kostenarten nach § 2 BetrKVO zur Hand nimmt und mit den zu Mietbeginn klar übertragenen Kosten vergleicht. Das muss sich auch auf Kostenarten beziehen, die bei Vertragsschluss nach § 17 als sonstige Kostenarten umgelegt werden könnten, wenn sie seinerzeit bereits anfielen. Einfacher könnte es sein, generell Bezug zu nehmen auf die BetriebskostenVO und ihren § 2. Allerdings sind in diesem Fall Kostenarten, die bei Vertragsbeginn gar nicht anfallen, auch nicht umgelegt.

▶ Formulierungsbeispiel: Generelle Kostenumlage mit
Neueinführungsregelung

»Der Mieter trägt alle Betriebskosten nach § 2 Betriebskostenverordnung. Entstehen　3087a *von diesen Betriebskosten nach Vertragsabschluss Kostenarten, die bei Vertragsschluss tatsächlich noch nicht anfielen, können diese in der auf die Kostenentstehung folgenden Abrechnung für den abzurechnenden Zeitraum umgelegt werden: Modernisierungsbedingte Betriebskosten ...«* (vgl. auch Rdn. 3097; zur Mehrbelastungsklausel Rdn. 3104).

Geklärt sind die Dinge für die Neueinführung von Betriebskosten noch nicht erschöpfend. Ob eine mietvertragliche Vereinbarung zur Umlegbarkeit neu entstandener Kosten denn überhaupt Voraussetzung für die Umlegung neuer Betriebskosten ist, wird unterschiedlich gesehen (bej. *Beuermann* GE 2007, 405; vern. *AG Berlin-Neukölln* GE 2007, 455; *Blank* NZM 2007, 233, Langenberg C Rn. 55; *Schach* GE 2006, 1436, der jedoch bereits die Erwähnung der BetrKV im Mietvertrag für ausreichend erachtet; *Wall* Rn. 1577). Jedenfalls bei **Gewerberaummietverhältnissen** ist eine solche Vereinbarung nicht erforderlich (*KG* GE 2007, 987).　3088

b) Nichtpreisgebundener Wohnraum

Von seiner Auffassung, dass bei Fehlen einer vertraglichen Regelung auch bei abzurech-　3089 nenden Nebenkosten § 560 Abs. 1 BGB anzuwenden sei (*BGH* WuM 2004, 290), ist der *BGH* durch Urteil vom 27.6.2007 – VIII ZR 202/06, ZMR 2007, 851 = ZfIR 2007, 669 m. Anm. *Schmid*) stillschweigend abgerückt und wendet nunmehr zutreffend die Grundsätze der **ergänzenden Vertragsauslegung** an. Es kommt deshalb darauf an, was die Parteien redlicherweise vereinbart hätten, wenn sie die neuen Betriebskosten bedacht hätten. Ist eine Betriebskostenumlegung in höchstzulässigem Umfang vereinbart, spricht dies dafür, dass auch die neuen Betriebskosten als umlegungsfähig vereinbart worden wären. Nicht gefolgt werden kann deshalb der Auffassung des *LG Landau i.d. Pfalz* (WuM 2001, 613), das eine erweiterte Umlegung nur zulassen will, wenn der Mietvertrag einen entsprechenden Vorbehalt enthält. Die Erwähnung nur einzelner Betriebskostenarten deutet darauf hin, dass auch künftig nur diese Positionen umlegungsfähig sein sollen. Eine Beschränkung auf öffentliche

Abgaben und Maßnahmen, die dem Mieter Vorteile bringen, ist bei Wohnraummietverhältnissen nicht erforderlich (teilweise a.A. *AG Neustadt a.d. Weinstraße,* ZMR 1997, 305). Der Wohnraummieter ist durch die Begrenzung auf die Betriebskosten nach der BetrKV hinreichend geschützt.

c) Preisgebundener Wohnraum

3090 Die Umlegung neuer Betriebskosten erfolgt durch eine begründete Mieterhöhung nach § 20 Abs. 4 Satz 1, § 4 Abs. 7 NMV 1970, § 10 WoBindG (*AG Wuppertal* ZMR 1984, 372). Die Umlegungsmöglichkeit kann vertraglich ausgeschlossen werden. Eine Betriebskostenabrechnung, in der erstmalig neue Kostenarten in Rechnung gestellt werden, ist als Umlagevereinbarung im preisgebundenen Wohnraum nicht ausreichend, da hieraus nicht zu entnehmen ist, inwieweit sich die durchschnittliche Miete durch die Umstellung der Mietstruktur verringert hat (*Günther*, MietRB 2016, 207, 208).

d) Geschäftsräume

3091 Die Grundsätze der ergänzenden Vertragsauslegung gelten auch bei der Geschäftsraummiete. Allerdings kann hier bei einer vereinbarten Umlegung von Nebenkosten über den Bereich der Betriebskosten hinaus in der Regel nicht von einer Umlegbarkeit ausgegangen werden. Da eine gesetzliche Begrenzung für die Geschäftsraummiete fehlt, würde die Vermutung der Umlegbarkeit aller neuen Nebenkosten für den Geschäftsraummieter ein unzumutbares Risiko begründen. Man wird deshalb mangels anderer Anhaltspunkte davon ausgehen können, dass nur neue Kosten, die dem Vermieter zwangsläufig entstehen, z.B. neue öffentliche Abgaben, umlegungsfähig sind. Neue Kosten, deren Entstehung allein vom Willen des Vermieters abhängt, wird der Geschäftsraummieter in der Regel nicht zu tragen haben. Maßgeblich sind jedoch immer die Umstände des Einzelfalls.

e) Einzelfälle

aa) Regelungen im Mietvertrag

3092 Die neue Kostenart ist im Mietvertrag als umlegungsfähig enthalten, solche Kosten sind jedoch bisher nicht angefallen, z.B. Einstellung eines Hauswarts erst während des Mietverhältnisses. Da bereits eine Vereinbarung vorliegt, sind die neuen Kosten umlegbar (*BGH*, 7.4.2004 – VIII ZR 167/03, ZMR 2004, 430 = WuM 2004, 290 [291]). Eine solche Vereinbarung ist auch in Formularverträgen wirksam (*Schmid*, DWW 2002, 119; a.A. *Pfeilschifter*, WuM 2002, 76).

3093 Dabei ist zu berücksichtigen, dass der BGH in der Entscheidung vom 10.2.2016 I-VIII ZR 137/15 (ZMR 2016, 287 = WuM 2016, 211) die bloße Vereinbarung »*Der Mieter trägt die Betriebskosten*« für ausreichend erachtet, dass alle Betriebskosten i.S.d. § 2 BetriebskostenVO geschuldet sind. Die Regelung stellt sich also, verlangt man keine gesonderte Mehrbelastungsklausel für neue Kostenarten als ausreichende Rechtsgrundlage zur Umlage »neuer« Betriebskosten dar.

In einer vorgedruckten Aufzählung ist die nunmehr anfallende Betriebskostenposition gestrichen. Es muss durch Auslegung ermittelt werden, ob die Streichung nur dem Hinweis gedient hat, dass diese Kosten damals nicht angefallen sind, oder ob ein Ausschluss auch für die Zukunft gewollt war (*AG Leverkusen*, NJW-RR 1994, 400). Eine Vermutung für eine künftige Umlegbarkeit besteht nicht (a.A. *AG Leverkusen*, NJW-RR 1994, 400), kann aber dadurch begründet werden, dass alle damals angefallenen Betriebskosten als umzulegen vereinbart wurden. 3094

Sind einzelne Nebenkostenpositionen enumerativ aufgezählt, obgleich bei Vertragsschluss auch andere Kosten angefallen sind, spricht dies dafür, dass es bei der Umlegung der genannten Kosten auch für die Zukunft sein Bewenden haben soll. Die Umlage sonstiger (neuer) Betriebskosten in einer Mehrbelastungsklausel wird für zulässig erachtet, wenn es sich tatsächlich um Kosten i.S. des § 2 Nr. 17 BetriebskostenVO handelt, wobei der Grundsatz der Wirtschaftlichkeit zu beachten ist und zudem eine Umlageerklärung des Vermieters entsprechend § 560 Abs. 1 Satz 2 BGB erforderlich ist (*Blank* NZM 2007, 233, 234; gegen die Hineinnahme des Wirtschaftlichkeitsgrundsatzes *Zehelein*, WuM 2016, 403). 3095

bb) Gesetzlich neu zugelassene Betriebskosten

Wird die Umlegung einer bestimmten Betriebskostenart gesetzlich neu zugelassen, entspricht es dem zu vermutenden Parteiwillen, dass diese Kosten umlegbar sein sollen, wenn bisher alle Betriebskostenpositionen als umlegungsfähig vereinbart waren. Ansonsten wird man eine gesonderte Vereinbarung verlangen müssen. Ob auch dynamische Verweisungsklauseln auf die BetrKV zulässig sind (vgl. *Gather* DWW 2000, 299) erscheint nicht unzweifelhaft, ist aber im Ergebnis zu bejahen (vgl. *BGH*, JZ 2002, 354 ff.). Die exakte Bezeichnung nur einzelner Kosten spricht für eine dauerhafte Beschränkung der Kostenumlegung auf diese Positionen. 3096

cc) Modernisierung

Modernisierungen haben unter Umständen das Entstehen neuer Betriebskosten zur Folge, z.B. bei Einbau eines Lifts (*BGH*, 21.1.2004 – VIII ZR 99/03, ZMR 2004, 341 = NJW-RR 2004, 586 [587]) oder bei Umstellung von Einzelöfen auf Zentralheizung (*AG Hamburg*, WuM 2000, 82) oder bei einem Einbau von Rauchmeldern (*AG Lübeck*, ZMR 2008, 302). Für die Betriebskosten gilt nicht § 559 BGB. 3097

Dass die erhöhten oder neuen Betriebskosten grundsätzlich umlegbar sind, ergibt sich mittelbar aus § 555c Abs. 2 Satz 2 Nr. 3 BGB (*Dickersbach* in: Lützenkirchen, Mietrecht, § 555c Rn. 38). Vertragliche Regelungen können jedoch etwas anderes ergeben. Fehlt eine vertragliche Regelung gelten auch hier die Grundsätze der ergänzenden Vertragsauslegung (*BGH*, 27.6.2007 – VIII ZR 202/06, ZMR 2007, 851 = ZfIR 2007, 669). Erspart sich der Mieter eigene Aufwendungen oder hat er einen sonstigen Vorteil, ist im Zweifel von einer Umlegbarkeit der Kosten auszugehen (vgl. *LG Berlin* NZM 2002, 64). 3098

In der Modernisierungsankündigung nach § 555c BGB sind auch die voraussichtlichen Betriebskosten zu nennen (§ 555c Abs. 1 Satz 2 Nr. 3 BGB). Bei 3099 verbrauchsabhängigen Kosen ist eine Schätzung nach Erfahrungs- oder Durchschnittswerten möglich (*Dickersbach* in: Lützenkirchen, Mietrecht, § 555c Rn. 38). Fehlt der Hinweis, tritt jedoch kein Aufschub der Zahlungspflicht entsprechend § 559b Abs. 2 Satz 2 BGB ein (*Sternel* NZM 2001, 1063). Für die Betriebskosten gilt § 559 BGB nicht (zu § 554a.F. *LG Berlin*, Urt. v. 19.2.2014 – 65 S 56/12, WuM 2014, 283).

6. Rückwirkungsklauseln

3100 **Bedeutung** hat die Rückwirkungsklausel bei abzurechnenden Nebenkosten für Zeiträume, über die bereits Abrechnung erteilt ist. Die Rückwirkungsklausel schließt nämlich sowohl die Berufung des Mieters auf Verwirkung (Rdn. 3338 ff.) aus (*OLG Frankfurt/M.* DIV 1999, 112, 114), als auch insoweit die Annahme eines Schuldbestätigungsvertrages (Rdn. 3271). Für die Offenhaltung der Nachforderung ist deshalb kein **Vorbehalt** erforderlich (*OLG Frankfurt/M.* DIV 1999, 112; zum Vorbehalt im Mietrecht *Harsch*, ZMR 2017, 223). Zur Klarstellung ist jedoch ein Hinweis empfehlenswert. Eine rückwirkende Umlegung ist nach dem Wirtschaftlichkeitsgrundsatz ausgeschlossen, wenn die Forderung gegen den Vermieter bereits verjährt war (*Pfeifer* DWW 2000, 13,16).

3101 Für **preisgebundenen Wohnraum** ist die rückwirkende Erhöhung von Betriebskosten in § 20 Abs. 4, § 4 Abs. 7 Satz 1 NMV 1970, § 10 Abs. 3 WoBindG geregelt. Eine besondere vertragliche Rückwirkungsklausel ist deshalb entbehrlich, eine zum Nachteil des Mieters abweichende Vereinbarung unwirksam.

3102 Bei Mietverhältnissen über **preisfreien Wohnraum** enthält § 560 Abs. 2 Satz 2 BGB eine Rückwirkungsregelung für Betriebskostenpauschalen (Rdn. 2108 ff.). Diese Regelung ist auf abzurechnende Betriebskosten nicht anzuwenden (a.A. zum früheren § 4 Abs. 3 MHG der *BGH*: Für unwirksam hat der BGH im Urteil vom 20.1.1993 – VIII ZR 10/92 (ZMR 1993, 263 = WuM 1993, 109) folgende Formulierung bewertet: »*Soweit zulässig, ist der Vermieter bei Erhöhung bzw. Neueinführung von Betriebskosten berechtigt, den entsprechenden Mehrbetrag* vom Zeitpunkt der Entstehung *umzulegen*«. Seinerzeit lag wegen der umfassenden Rückwirkung ein Verstoß gegen § 4 Abs. 2 MHG vor).

3103 Bei abzurechnenden Betriebskosten können rückwirkende Erhöhungen aufgeteilt auf die Abrechnungszeiträume in die jeweiligen Abrechnungen einbezogen werden. Sind die Abrechnungen bereits erstellt, gelten die Grundsätze über die Änderung der Abrechnung. Da insoweit kein gesetzliches Nachforderungsverbot besteht, sind auch Klauseln wirksam, die in diesem Rahmen eine Umlegung rückwirkend erhöhter Betriebskosten zulassen (a.A. *LG Limburg* WuM 1999, 219 ff.). Bei einer rückwirkenden Betriebskostenerhöhung wird es meist an einem Vertretenmüssen des Vermieters im Sinne des § 556 Abs. 3 Satz 3 BGB fehlen.

3104 Eine sog. **Mehrbelastungsklausel** hält der Inhaltskontrolle nicht stand, wenn sie bei mieterungünstigster Auslegung auch die rückwirkende Erhöhung von Betriebskosten zulässt (*AG Hamburg-Blankenese*, Urt. v. 12.12.2012 – 531 C 216/12, ZMR 2013, 359).

A. Voraussetzungen

▶ **Beispiel:**

Der Mietvertrag zählt bestimmte Kostenarten und deren Höhen auf. Danach schließt sich die Formulierung an »*Soweit die genannten Beträge zur Deckung dieser Betriebskosten nicht ausreichen oder andere Betriebskosten i.S.d. § 27 II BV, in dessen jeweils geltender Fassung, sowie öffentliche Abgaben seit der letzten Vereinbarung der Miete sich* **erhöhen** *oder neu eingeführt werden, ist der Vermieter berechtigt, gemäß § 4 Abs. 2,3 MHG den Mehrbetrag anteilig auf den Mieter umzulegen oder bei verbrauchsabhängigen Betriebskosten die Vorauszahlungen zu erhöhen bzw. neu zu erheben*«.

Bei der **Geschäftsraummiete** bestehen gegen eine Vertragsklausel, die den Mieter verpflichtet, bei einer Erhöhung oder Neueinführung von Betriebskosten den Mehrbetrag vom Zeitpunkt der Entstehung der Mehrbelastung an zu bezahlen, keine Bedenken (*OLG Frankfurt/M.* NZM 2000, 243 = DIV 1999, 112 m. Anm. *Schmidt; OLG Düsseldorf* IMR 2008, 48 für eine Individualvereinbarung). Dies gilt unabhängig davon, ob die Erhöhung voraussehbar war oder nicht (*Schmidt* MDR 1999, 1297). Auch hier empfiehlt sich die Klarstellung, dass die Umlegung im Wege der Abrechnung erfolgt. Das wird sich allerdings in der Regel bereits durch Auslegung ergeben, wenn die Betriebskostenumlegung nur im Wege der Abrechnung vorgesehen ist. Andernfalls ist klarzustellen, dass die Grundmiete oder die Nebenkostenpauschale entsprechend erhöht werden können. 3105

Eine rückwirkende Umlegung ist nach dem **Wirtschaftlichkeitsgrundsatz** ausgeschlossen, wenn die Forderung gegen den Vermieter bereits verjährt war (*Pfeifer* DWW 2000, 16). 3106

III. Bekanntgabepflicht bei preisgebundenem Wohnraum

1. Verpflichtung des Vermieters

Art und Höhe der umzulegenden Betriebskosten sind dem Mieter bei Überlassung der Wohnung bekannt zu geben (§ 20 Abs. 1 Satz 3 NMV 1970). Dies wird von der ganz herrschenden Meinung (vgl. z.B. *LG Köln* WuM 1991, 259) dahin interpretiert, dass die Mitteilung bereits bei Abschluss des Mietvertrages zu erfolgen hat. 3107

Der Ausdruck »bei Überlassung« wird nicht im Sinne einer Wohnungsübergabe aufgefasst, sondern es kommt auf die Vereinbarung der Umlage im Mietvertrag oder einer vergleichbaren Vereinbarung an (*Günther*, MietRB 2017, 207, 208 m.w.N.). 3108

Bei Mietverträgen ab dem 1.5.1984 (Änderung der NeubaumietenVO und der II. BerechnungsVO durch die Verordnung zur Änderung wohnungswirtschaftlicher Vorschriften, BGBl. I 1984 S. 546) ist deshalb maßgeblich, ob die Umlage von Betriebskosten vereinbart worden ist., wobei auch das **Umlageausfallwagnis** auf den Mieter umlegbar ist, sofern Entsprechendes vereinbart wurde (*Günther*, MietRB 2017, 207, 208; s.a. Rdn. 1098). 3109

(unbesetzt) 3110

3111 Hinsichtlich der Höhe kann dabei nur auf die derzeitigen oder voraussehbaren Kosten abgestellt werden, da künftig entstehende Kosten nicht stets sicher zu kalkulieren sind. Ausreichend ist die Angabe der Kosten zum Zeitpunkt der letzten Zusammenstellung (*AG Aachen* DWW 1989, 332), in der Regel also die auf die Wohnung bei der letzten Abrechnung entfallenden Betriebskosten (*LG Mannheim* WuM 1994, 693). Bei Neuvermietungen kann auf allgemeine Erfahrungssätze zurückgegriffen werden (*LG Mannheim* WuM 1994, 694).

3112 § 20 Abs. 1 Satz 3 NNMV erfordert die Bekanntgabe der zu tragenden Betriebskosten bei Wohnungsüberlassung nach deren Art und Höhe. Hierzu genügt es, die Art der Kosten durch Bezugnahme auf die BetriebskostenVO und die etwa zu erwartenden Kosten durch den Gesamtbetrag der Vorauszahlungen mitzuteilen (*BGH*, 13.1.2010 – VIII ZR 137/09, ZMR 2010, 433 = GE 2010, 333 = NZM 2010, 274). Eine Bezugnahme auf die BetriebskostenVO ist ausreichend (s. hierzu Rdn. 3014 ff.).

3113 Fraglich ist, ob man die Rechtsprechung des *BGH* zu preisfreiem Wohnraum vom 10.2.2016 (VIII ZR 137/15, WuM 2016, 211 = ZMR 2016, 287 = MietRB 2016, 93), wonach es zur wirksamen Übertragung der Betriebskosten genügt dem Mieter einer preisgebundenen Wohnung aufzuerlegen »die Betriebskosten zu tragen« ausreicht, um sie ihm »bekannt zu geben«. Die Entscheidung des *BGH* bezieht sich zunächst einmal auf die Wirksamkeit der Umlegung als solcher, die selbstredend auch bei preisgebundenem Wohnraum erforderlich ist. Der Sinn des § 20 Abs. 1 Satz 3 NMV liegt darin, dass der Mieter bei Vertragsabschluss erkennen können soll, was an Betriebskosten auf ihn zukommt (*Stöver*, WuM 1984, 261). Der Mieter preisgebundenen Wohnraums sollte vor nicht überblickbaren Kosten geschützt werden, die bisher in der Kostenmiete enthalten waren, die jetzt zusätzlich auf ihn zukommen würden. Die Vorschrift des § 20 NMV wurde zum 1.5.1984 in Kraft gesetzt. Bis dahin war eine gesonderte Umlage auf den Mieter nicht möglich. Die Betriebskosten waren wie erwähnt in der Kostenmiete enthalten. Hinter § 20 Abs. 1 Satz 3 NMV steckt also die Offenlegung der zusätzlichen Art und zu schätzenden Höhe der zukünftigen Kosten (*Heitgreß*, WuM 1984, 263).

3113a Der Begriff der »Bekanntgabe« der Art der umzulegenden Kosten ist aber dann erfüllt, wenn der Mieter bei Vertragsabschluss prüfen kann, welche Kosten er als Betriebskosten zu erwarten hat. In Entsprechung der Entscheidung des BGH aus 2016 ist der Begriff der Betriebskosten bereits seit 1957 durch Gesetz und Verordnung geklärt und dem Mieter im Allgemeinen bekannt, sodass davon auszugehen ist, dass auch bei preisgebundenem Wohnraum die Übertragung »der Betriebskosten« ausreicht, sofern alle Kostenarten nach § 2 BetriebskostenVO umgelegt werden sollen. Einzeln wären dagegen zu nennen solche nach § 17 BetriebskostenVO oder der Fall, dass nur bestimmte Kostenarten übertagen sein sollen.

3113b Die Höhe der ungefähr zu erwartenden Kosten kann durch den Gesamtbetrag der geforderten Vorauszahlungen mitgeteilt werden; einer Aufschlüsselung der Vorauszahlungen auf die einzelnen Betriebskosten bedarf es nicht (*BGH*, 13.1.2010 – VIII ZR 137/09, NJW 2010, 1198 = ZMR 2010, 433 = GE 2010, 333).

A. Voraussetzungen   Teil III

2. Folgen unterbliebener Mitteilung

Nicht geregelt sind die Folgen einer unterbliebenen Mitteilung. 3114

Auf jeden Fall wird man dem § 20 Abs. 1 Satz 3 NMV 1970 einen einklagbaren An- 3115
spruch auf Auskunftserteilung entnehmen können.

Nach einer Meinung (*LG Hagen* WuM 1986, 375; *Blum* WuM 2006, 656) soll das 3116
Unterbleiben der Mitteilung die Betriebskostentragungspflicht ausschließen. Eine so
weit gehende Folge wird man jedoch angesichts des Fehlens einer ausdrücklichen Regelung nicht annehmen können, zumal auch § 559b Abs. 2 Satz 2 BGB für einen
vergleichbaren Fall nur einen zeitlichen Aufschub gewährt. Mit § 4 Abs. 2 Satz 2
HeizkostenV ist § 20 Abs. 1 Satz 3 NMV 1970 nicht vergleichbar, da dort bereits ein
Mitwirkungsrecht des Mieters bei der Anschaffung vorgesehen ist.

Die h.M. (*OLG Oldenburg* ZMR 1997, 416 m.w.N.; offen gelassen von *BGH* 3117
NJW 2010, 1198 = ZMR 2010, 433 = GE 2010, 333) versagt dem Vermieter für
die erste Abrechnungsperiode für nicht spezifizierte Betriebskosten die Umlegung.
Eine nachträgliche Mitteilung kann den Mangel nicht rückwirkend heilen. Auch
eine bloße Übersendung der Betriebskostenabrechnung genügt nicht (*LG Itzehoe*
ZMR 2010, 41; a.A. *LG Berlin* GE 2010, 204). Da die Umlegung zunächst unwirksam ist, ist eine Erhöhungserklärung nach § 10 WoBindG erforderlich (*LG Trier*
DWW 2004, 153). Auch eine solche Erhöhung wird jedoch mit dem Argument
ausgeschlossen, dass dem Mieter die Höhe der Betriebskosten bereits bei Anmietung
bekannt sein muss (*LG Itzehoe* ZMR 2010, 41). Das überzeugt jedoch nicht, da die
Erhöhungsmöglichkeit nach § 10 WoBindG nicht voraussetzt, dass der Mieter die
Voraussetzungen für eine solche Erhöhung kennt. Wenn der Vermieter schon im
Mietvertrag nicht enthaltende Kosten nachträglich umlegen kann, dann muss das erst
recht für Kosten gelten, die nur nicht ausreichend spezifiziert sind.

Ein Schadensersatzanspruch wird sich aus einer unterbliebenen oder falschen Mit- 3118
teilung kaum ergeben, da nur die geschuldeten Kosten zu bezahlen sind (im Ergebnis
ebenso *LG Mannheim* WuM 1994, 693). Ein Schaden ist nur gegeben, wenn der
Mietvertrag bei ordnungsmäßiger Mitteilung nicht abgeschlossen worden wäre und
wenn der Mieter eine günstigere Anmietung hätte vornehmen können.

IV. Einseitige Festlegung durch den Vermieter

1. HeizkostenV

Zur Anpassung der Mietverträge an die HeizkostenVO Rdn. 6094 ff. 3119

2. Übergang zur verursachungsbezogenen Abrechnung bei preisfreiem Wohnraum

3. Beitrittsgebiet

Im Gebiet der ehemaligen DDR konnte bis 31.12.1997 der Vermieter nach § 14 3120
MHG a.F. durch einseitige Erklärung Betriebskosten auf den Mieter umlegen.
Aus der Erklärung musste klar erkennbar sein, welche Betriebskosten umgelegt

werden; eine Erläuterung war nicht erforderlich (*BGH*, 20.9.2006 – VIII ZR 279/05, WuM 2006, 686). Diese Umlegungserklärungen bleiben wirksam (Art. § 229 § 3 Nr. 4 EGBGB i.V.m. § 14 MHG a.F.). Die einseitig getroffenen Regelungen stehen einer vertraglichen Vereinbarung gleich. Eine Bindung an die früher geltenden Kappungsgrenzen und Abrechnungsmaßstäbe besteht nicht mehr (*LG Stendal* ZMR 2004, 42).

4. Preisgebundener Wohnraum

3121 Die Betriebskostenumlegung kann vertraglich geregelt werden. Es gelten dann die oben (Rdn. 3003 ff.) dargestellten Anforderungen.

3122 Eine Vereinbarung ist aber hier im Hinblick auf § 10 WoBindG nicht notwendig (*OLG Hamm* WuM 1997, 542 = ZMR 1997, 592; *LG Hamburg* WuM 1994, 196). Es genügt eine einseitige Erklärung des Vermieters. Deren Zulässigkeit und Wirkung richten sich nach § 10 WoBindG. Insbesondere ist die Umlegung grundsätzlich nur für künftige Abrechnungszeiträume zulässig und kann nicht erfolgen, wenn und soweit die Umlegung vertraglich ausgeschlossen ist oder sich ein solcher Ausschluss aus den Umständen ergibt (*OLG Hamm* WuM 1997, 542, 543). Dabei spricht es für einen vertraglichen Ausschluss der Umlegung weiterer Kosten, wenn im Mietvertrag bestimmte Kosten als umlegungsfähig genannt sind (*AG Hildesheim* WuM 1990, 557).

3123 Entsprechendes gilt für Betriebskosten, die bei Vertragsabschluss bereits angefallen sind, aber nicht umgelegt wurden (*LG Mönchengladbach* WuM 1999, 272) und für neu entstandene Betriebskosten (*AG Wuppertal* ZMR 1994, 372).

3124 Beim **Wegfall der Preisbindung** gilt die einseitig festgelegte Betriebskostenumlegung weiter. Änderungen können aber nicht mehr nach § 10 WoBindG erfolgen.

3125 Ist in einem Mietvertrag über zunächst preisgebundenen Wohnraum eine Umstellung auf die Nettomiete (vgl. Rdn. 2014 ff.) nicht erfolgt und für die Zeit nach Wegfall der Preisbindung keine Vereinbarung über die Umlegung von Betriebskosten getroffen, so müssen die Grundsätze über die ergänzende Vertragsauslegung angewendet werden (*AG Bonn* WuM 1984, 339). In der Regel wird dies zu einer Umlegung der in § 2 BetrKV genannten Betriebskosten führen, da auch bei preisgebundenem Wohnraum die Umlegung von Betriebskosten die Regel ist. Teilweise wird hierzu ein Änderungsvertrag verlangt, dem der Mieter zuzustimmen verpflichtet ist (str. vgl. *LG Aachen* WuM 1995, 545; *LG Kiel* WuM 1995, 546; *AG Neuss* WuM 1990, 557 m.w.N.). Ist ausdrücklich eine Bruttokaltmiete vereinbart gewesen, so gibt das *LG Berlin* (GE 1991, 45) einen solchen Zustimmungsanspruch nicht, sondern verweist den Vermieter auf eine Mieterhöhung nach § 558 BGB.

V. Änderung

1. Änderungsvertrag

3126 Die Mietvertragsparteien können die Vereinbarung über die Mietnebenkostenumlegung einvernehmlich ändern und zwar auch dann, wenn damit eine Erhöhung der

Gesamtmiete verbunden ist (vgl. § 557 Abs. 1 BGB). Sehr weitgehend nehmen dabei das *AG München* und *LG München I* (NZM 2004, 421) bei einer Einbeziehung weiterer Betriebskosten in die Abrechnung eine Aufklärungspflicht des Vermieters an und lassen bei einer Verletzung der Aufklärungspflicht die Anfechtung nach § 123 BGB zu.

Die Änderungsvereinbarung kann auch **stillschweigend** geschlossen werden (hierzu ausführlich *Zehelein*, WuM 2016, 400, 402). Erforderlich ist dafür ein Verhalten der einen Vertragspartei, das aus der Sicht der anderen Partei einen entsprechenden Vertragsbindungswillen erkennen lässt. **3127**

Der *BGH* (Urt. v. 10.10.2007 – VIII ZR 279/06, GE 2008, 46 = WuM 2007, 694 = NJW 2008, 283 = GE 2008, 534 = ZMR 2008, 107 m. Anm. *Schmid; BGH*, Beschl. v. 29.5.2000 – XII ZR 35/00, NJW-RR 2000, 1463) verlangt für eine **stillschweigende** Vertragsänderung, dass aus der Sicht des Mieters der Übersendung einer Betriebskostenabrechnung, die vom Mietvertrag abweicht, der Wille des Vermieters zu entnehmen sein muss, eine **Änderung des Mietvertrages** herbeizuführen. Der Vermieter muss nach den Gesamtumständen davon ausgehen können, dass der Mieter einer Umlegung weiterer Betriebskosten zustimmt. Das ist meistens nicht der Fall. Die Übersendung einer Abrechnung stellt sich für den Mieter ohne irgendwelche Besonderheiten nur als das Ergebnis der Anwendung der bisherigen Vereinbarungen dar und er zahlt in der Vorstellung, hierzu verpflichtet zu sein. Auf beiden Seiten kann kein rechtsgeschäftlicher Änderungswille angenommen werden. Ein sorgfältiger Erklärungsempfänger darf normalerweise nicht darauf vertrauen, dass einem unbegründeten Anspruchsbegehren auch künftig entsprochen wird (*BGH*, NJW 2006, 54 [56]). **3128**

Erforderlich ist, dass für den Mieter aufgrund **besonderer** Umstände der **Änderungswille des Vermieters erkennbar** sein muss (*BGH*, Urt. v. 10.9.2014 – XII ZR 56/11, GE 2014, 1523; v. 9.7.2014 – VIII ZR 36/14, WuM 2014, 550 = ZMR 2014, 965). Erst recht kann aus einer bloßen Untätigkeit des zur Abrechnung verpflichteten Vermieters nicht die Änderung einer Regelung betreffend die Abrechnung der Betriebskosten in eine Pauschalabgeltungsregelung abgeleitet werden (*BGH, 13.2.2008 – VIII 14/06*, ZMR 2008, 443 = DWW 2008, 175 = WuM 2008, 225). Nach einer Entscheidung des *BGH* können die für eine Änderung erforderlichen besonderen Umstände bejaht werden, wenn der Vermieter die Erweiterung der Betriebskosten dem Mieter zuvor **ankündigt** und die neuen Kosten sodann in die Abrechnung aufnimmt. Sofern der Mieter die Abrechnung vorbehaltlos hinnimmt, liegt hierin die konkludente Zustimmung zur Vertragsänderung (*BGH*, Urt. v. 9.7.2014 – VIII ZR 36/14, WuM 2014, 550 = GE 2014, 113; Anm. *Kinne* GE 2014, 1090). **3129**

Andererseits liegt in der jahrelangen **vorbehaltlosen Zahlung** nicht geschuldeter Betriebskosten allein kein Umstand, der für den Mieter erkennbar auf den Willen des Vermieters zu einer Vertragsänderung schließen lässt (*BGH* Urt. v. 10.9.2014 – XII ZR 56/11, GE 2014, 1523; v. 28.5.2014 –XII ZR 6/13, G 2014, 1002 m. Anm. *Bieber* GE 2014, 971). Es müssen deshalb weitere Umstände im Einzelfall hinzukommen, die sich für den Mieter als Absicht des Vermieters, weitere Betriebskosten vereinbaren zu wollen, darstellen. Falsch ist die Annahme, dass eine kürzere als eine **3130** fünfjährige Übung grundsätzlich nicht ausreicht (*KG*, Urt. v. 31.3.2014 – 8 U 135/13, GE 2015, 55).

3131 Damit verleiben für eine stillschweigende Vertragsänderung nur wenige besonders gelagerte Ausnahmefälle (*Schach* GE 2008, 524). Hierfür ist es erforderlich, dass über die bloße Abrechnung hinaus Umstände vorliegen, aus denen der Mieter erkennen kann, dass sich gegenüber dem bisherigen Vertragszustand etwas ändern soll. Ob hierfür, wie der *BGH* meint, bei einem gewerblichen Mietverhältnis bereits ein **Vermieterwechsel** ausreicht, erscheint höchst zweifelhaft (ebenso *Kinne* GE 2015, 19). Jedenfalls ist dem Mieter bei einem Wechsel von Vermieter oder Hausverwalter eine besonders sorgfältige Überprüfung der Abrechnung anzuraten (Rdn. 8010).

3132 Dem Vermieterwechsel, verbunden mit der künftigen Inrechnungstellung nicht geschuldeter Kostenpositionen, die über sechs Jahre hinweg unbeanstandet bezahlt werden, wird vertragsändernde Wirkung zugeschrieben (*KG*, Urt. v. 31.3.2014 – 8 U 135/13, GE 2015, 55 für bisher nicht vereinbarte Instandhaltungs- und Verwaltungskosten). Die Entscheidung wird kritisiert von *Kinne* (GE 2015, 19).

3133 Ein Änderungsvertrag zugunsten des Mieters ist nicht schon dann anzunehmen, wenn der Vermieter versehentlich bestimmte Betriebskosten über Jahre hinweg nicht abrechnet (*AG Dachau* ZMR 1998, 441).

3134 Anders gelagert sind die Fälle, in denen der Abrechnung und Zahlung nur eine klarstellende Funktion beigemessen wird. Haben die Parteien zunächst nur **mündlich** und unspezifiziert die Betriebskostenumlegung vereinbart, hat der Vermieter dann eine schriftliche Konkretisierung vorgenommen und der Mieter vorbehaltlos die Vorauszahlungen geleistet, so liegt darin das Einverständnis mit der Vereinbarung (*LG Koblenz* WuM 1990, 312; *LG Saarbrücken* NZM 1999, 408 für die Vereinbarung einer Miete »kalt«).

3135 Das kann auch dann angenommen werden, wenn eine ursprünglich zu unbestimmte Vereinbarung durch eine Abrechnung konkretisiert wird, die der Mieter ausgleicht (*OLG Düsseldorf* NZM 2002, 700; *LG Berlin* GE 2002, 1566). Besteht eine klare Vereinbarung und ist lediglich die Abrechnung fehlerhaft, weil zusätzliche Betriebskosten abgerechnet werden, fehlt es zumindest aufseiten des Mieters an einem Rechtsbindungswillen für die Änderung (*LG Darmstadt* WuM 1989, 582; *AG Mannheim* DWW 2002, 36), auch wenn die Abrechnungen über mehrere Jahre hinweg akzeptiert wurden (*LG Mannheim* NZM 1999, 365; a.A. *AG Köln* DWW 2008, 260).

3136 Umgekehrt kann auch der Mieter nicht von einer Vertragsänderung zu seinen Gunsten ausgehen, wenn der Vermieter über mehrere Jahre bestimmte Betriebskosten nicht umlegt (a.A. aufgrund der früheren Rechtsprechung des *BGH* konsequent: *AG Gießen* NJW-RR 2005, 309).

3137 Die jahrelange Praktizierung eines Abrechnungsverhaltens kann jedoch bei einer unklaren Regelung einen entscheidenden Anhaltspunkt dafür geben, was die Parteien selbst unter der Regelung verstanden und damit gewollt haben (*OLG Düsseldorf* ZMR 2003, 22 [23] und IMR 2008, 239 m. Anm. *Bolz*).

Ist im Mietvertrag festgehalten, dass der Mieter Heizkosten und Wasser übernimmt, des weiteren Kabelfernsehen und ist zusätzlich geregelt, dass abgerechnet werden nur die Wasser- und Heizkosten und wird dies 18 Jahre lang so gehandhabt, wird von einer stillschweigenden Vereinbarung ausgegangen (*AG Recklinghausen*, Urt. v. 29.8.2016 – 52 C 82/16, WuM 2016, 762). Die Frage der stillschweigenden Vertragsänderung dürfte sich in diesem Fall gar nicht stellen, da die Auslegung ergibt, dass eben nur Wasser und Heizung abgerechnet werden. 3138

Wird ein tatsächliches Verhalten als stillschweigende Zustimmung gedeutet, obwohl ein Erklärungsbewusstsein fehlt, so ist eine Willenserklärung abgegeben. Es besteht ein Anfechtungsrecht analog § 119 BGB. Da die Anfechtung nach § 121 Abs. 1 BGB nur unverzüglich erklärt werden kann, empfiehlt sich eine vorsorgliche sofortige Anfechtung, wenn die Möglichkeit der Annahme einer Vertragsänderung erkannt wird (*Schmid* NZM 2003, 58). 3139

2. Anspruch auf Änderung

Nur in ganz besonders gelagerten Ausnahmefällen kann der Vermieter zur Vermeidung von Unzuträglichkeiten einen Anspruch auf Zustimmung zu einer Vertragsänderung gemäß § 242 BGB haben (*AG Frankfurt/O.* WuM 1997, 432; a.A. *AG Kerpen* WuM 1997, 471 jeweils zu Reinigungspflichten des Mieters). Bloße Verwaltungsprobleme infolge einer unzweckmäßigen Vertragsgestaltung reichen hierfür nicht (*AG Frankfurt/O.* WuM 1997, 432). 3140

3. Einseitige Maßnahmen

Sieht der Mietvertrag über eine preisgebundene Wohnung nur die Umlage einzelner Betriebskosten vor (Teilinklusivmiete), kann der Vermieter durch einseitige Erklärung – für die Zukunft – die Umlage weiterer Betriebskosten im Sinne des § 27 II. BV erreichen, indem er dem Mieter diese nach Art und Höhe bekannt gibt; dies kann auch dadurch geschehen, dass er dem Mieter eine – formell ordnungsgemäße – Betriebskostenabrechnung erteilt, die derartige Betriebskosten umfasst (*BGH*, 14.4.2010 – VIII ZR 120/09, NJW 2010, 1744 = NZM 2010, 436 = ZMR 2010, 599). 3141

Eine einseitige Möglichkeit des Vermieters abzurechnende Nebenkosten in eine Pauschale umzuwandeln oder sie in eine erhöhte Grundmiete einzurechnen, besteht nicht. Die Vereinbarung eines entsprechenden Änderungsvorbehalts wird in aller Regel an § 308 Nr. 4, § 307 BGB, § 556 BGB scheitern. 3142

B. Vorauszahlungen

I. Grundsätzliches

Eine gesetzliche Verpflichtung des Mieters zur Leistung von Vorauszahlungen besteht nicht (*BayObLG* WuM 1994, 694, 695). Der Vermieter kann deshalb Vorauszahlungen nur verlangen, wenn dies vereinbart oder zulässigerweise einseitig bestimmt ist. Von der Erhebung von Vorauszahlungen kann auch abgesehen 3143 werden (*BGH,* 11.2.2004 – VIII ZR 195/03, ZMR 2004, 347 = NJW 2004, 1112 = NZM 2004, 251 = GE 2004, 416).

3144 Die Vorauszahlungen müssen nicht nach Einzelpositionen aufgegliedert sein, wenn eine Gesamtabrechnung erfolgt. Eine Aufteilung ist jedoch dann erforderlich, wenn verschiedene Abrechnungen erstellt werden.

II. Vereinbarung

3145 Eine vertragliche Festlegung von Vorauszahlungen ist bei allen Mietverhältnissen zulässig. Eine Ausnahme besteht nur bei preisgebundenem Wohnraum für Einrichtungen zur Wäschepflege.

3146 Notwendige Voraussetzung für eine Vorauszahlungspflicht ist, dass die Betriebskostenumlegung als solche wirksam ist. Für nicht geschuldete Kosten können auch keine Vorauszahlungen verlangt werden (*AG Neuss* DWW 1997, 77 = ZMR 1997, 305). Zur Umdeutung einer Vorauszahlung in eine Pauschale s. Rdn. 2069.

3147 Die Vereinbarung einer »Abschlagszahlung« ist auszulegen als eine Vereinbarung von Vorauszahlungen mit Abrechnungspflicht (*AG Lingen/Ems* WuM 1996, 714).

3148 Die Vorauszahlungsvereinbarung kann auch durch **schlüssiges Verhalten**, insbesondere durch Zahlung zustande kommen (vgl. *LG Berlin* ZMR 2002, 52). Eine Zahlung über neun Jahre hinweg begründet eine stillschweigende Vereinbarung (*OLG Düsseldorf* GE 2005, 1486).

3149 Bei der Frage, ob im Einzelfall eine Pauschale oder eine Vorauszahlung geregelt ist, ist im Zweifel – also etwa dann, wenn das eine oder andere nicht unstreitig ist oder sich aus einer Übung ergibt – auf den Wortlaut abzustellen. Verwendet der Mietvertrag bei der Kostenumlegung den Begriff der Pauschale, in umstehenden Vertragsregelungen jedoch den Begriff der Vorauszahlung, deutet dieser Umstand auf eine Vorauszahlung als gewollt hin (*AG Gelsenkirchen,* Urt. v. 31.10.2014 – 211 C 170/14, ZMR 2015, 131).

3149a Ist die Umlageregelung zu den Betriebskosten unwirksam, führt dies nicht dazu, dass die Vorauszahlungen ganz aus der Miete herausfallen, sondern es liegt eine Inklusivmiete oder Betriebskostenpauschale vor (so jedenfalls *OLG Frankfurt a.M.*, 14.2.2018 – 2 U 142/17, NZM-info 2018, Heft 13 unter V).

III. Einseitige Bestimmung

3150 Vorauszahlungen kann der Vermieter in folgenden Fällen durch einseitige Erklärung verlangen:

3151 **Bei preisgebundenem Wohnraum** ebenso wie bei der einseitigen Festlegung der Betriebskostenumlegung. Durch eine vertragliche Regelung ohne Änderungsvorbehalt wird jedoch das einseitige Bestimmungsrecht ausgeschlossen.

3152 **Bei preisfreiem Wohnraum** beim Übergang zur verbrauchsabhängigen Abrechnung vgl. Rdn. 2015 ff., 2072 ff. Ferner bei der Durchführung von

Modernisierungsmaßnahmen, wenn hierdurch umlegbare Betriebskosten entstehen. Die Möglichkeit der einseitigen Festsetzung von Vorauszahlungen ist Annex zur einseitigen Umlegungsmöglichkeit, da die laufenden Kosten grundsätzlich durch die laufenden Einnahmen gedeckt werden sollen.

Bei allen Mietverhältnissen, wenn eine entsprechende vertragliche Vereinbarung besteht. Ferner, wenn zu einer verbrauchsabhängigen Abrechnung nach der HeizkostenV übergegangen wird (Rdn. 6105). 3153

IV. Fälligkeit

Ebenso wie die Nebenkosten als solche sind auch die Nebenkostenvorauszahlungen **Bestandteil der Miete** (*BGH*, Urt. v. 6.4.2005 – XII ZR 225/03, WuM 2005. 384; v. 20.7.2005 – VIII ZR 347/04, WuM 2005, 573; LG Berlin, Urt. v. 19.2.2014 – 65 S 56/12, WuM 2014, 283), wenn auch unterschiedlicher Art. Es kommt nicht darauf an, ob die Betriebskosten als Abschlagszahlung oder Pauschale bezahlt werden. Soweit nichts anderes vereinbart ist, sind deshalb die Nebenkostenvorauszahlungen zusammen mit der Grundmiete zu entrichten. Abweichende Vereinbarungen sind zulässig. 3154

Auch in Allgemeinen Geschäftsbedingungen kann es grundsätzlich dem Vermieter überlassen werden, die Fälligkeit der Vorauszahlungen durch einseitige Erklärung zu bestimmen (vgl. *LG Frankfurt/M.* WuM 1990, 271, 274). Der Vermieter hat dabei nach billigem Ermessen zu handeln (§ 315 BGB). 3155

Die **Nutzungsentschädigung** nach § 546a BGB wegen verspäteter Rückgabe der Mietsache umfasst auch die Zahlung von Betriebskostenvorschüssen (*BGH*, Urt. v. 27.5.2015 – XII ZR 66/13, MDR 2015, 998; *OLG Brandenburg*, Urt. v. 6.10.2015 – 6 U 7/14, MietRB 2016, 37). Nach Eintritt der Abrechnungsreife können keine Abschläge mehr gefordert werden. 3156

V. Angemessenheit

1. Grundsatz

Die Vorauszahlungen müssen angemessen sein. Für Wohnraum ist dies ausdrücklich in § 556 Abs. 2 Satz 2 BGB und in § 20 Abs. 3 Satz 1 NMV geregelt. Auf andere Mietverhältnisse sind diese Vorschriften entsprechend anzuwenden, da sie Ausdruck des allgemeinen Rechtsgedankens sind, dass Vorauszahlungen den Abrechnungsbetrag tunlichst nicht übersteigen sollen (*KG* MDR 2010, 1311; *Schmid* GE 2001, 1027; *Gather* DWW 2011, 362 [364]). 3157

Angemessen sind die Vorauszahlungen, wenn die zu erwartenden Kosten ungefähr gedeckt werden. Die Angemessenheit wird nicht dadurch ausgeschlossen, dass gewisse Überzahlungen eintreten können, weil künftige Kosten nie genau kalkuliert werden können (*BayObLG* WuM 1995, 694). Zwar gilt nicht § 315 BGB (vgl. *Seitz* DtZ 1992, 175); jedoch verbleibt dem Vermieter ein gewisser Beurteilungsspielraum. Die Grenze der Angemessenheit wird überschritten, wenn durch die Vorauszahlungen erhebliche Zinsgewinne bzw. Zinsverluste entstehen (*Warbeck* GE 1981, 996). 3158

Dabei ist es auch zu berücksichtigen, wenn bestimmte Nebenkosten gar nicht anfallen können, z.b. Heizkosten, wenn die Heizanlage stillgelegt ist (*KG* MDR 2010, 1311 = DWW 2010, 375).

3159 Abzustellen ist bei der Angemessenheitsprüfung grundsätzlich auf die jeweilige Mieteinheit, nicht auf das gesamte Mietobjekt. Bei einer Neuvermietung lässt es sich jedoch noch nicht absehen, wie sich das Nutzungsverhalten auf die verbrauchsabhängigen Kosten auswirken wird. Es kann deshalb von Durchschnittswerten ausgegangen werden.

2. Zu niedrige Vorauszahlungen

a) Grundsätzliches

3160 Die bloße Vereinbarung von Vorauszahlungen schafft für den Mieter keinen Vertrauenstatbestand dahin, dass die Vorauszahlungen in etwa die anfallenden Nebenkosten abdecken (*BGH*, 11.2.2004 – VIII ZR 195/03, ZMR 2004, 347 = NJW 2004, 1102 = NZM 2004, 251 = GE 2004, 416).

b) Arglisteinwand, Treu und Glauben

3161 Etwas anderes hat allerdings dann zu gelten, wenn der Vermieter vor oder bei Abschluss des Mietvertrages im Mieter den Eindruck erweckt, dass die Vorauszahlungen die Kosten ungefähr decken, um dem Mieter ein besonders günstiges Angebot vorzutäuschen (*BGH*, 11.2.2004 – VIII ZR 195/03, ZMR 2004, 347 = NJW 2004, 1102 = NZM 2004, 251; *OLG Düsseldorf* IMR 2012, 189). In diesem Fall kann dem Vermieter der Einwand der Arglist entgegengehalten werden. Für künftige Kostensteigerungen trifft den Vermieter eine Aufklärungspflicht allenfalls dann, wenn ihm die Kostensteigerung bekannt ist oder er damit rechnet (*BGH*, 30.1.1991 – VIII ZR 361/89, ZMR 1991, 170 = WuM 1991, 282). Ansonsten trägt der Mieter das Risiko, dass die Vorauszahlungen den Endbetrag nicht decken. Wenn er dieses Risiko nicht eingehen will, muss er bei Abschluss des Mietvertrages genaue Aufklärung, Zusicherungen oder Ähnliches verlangen (*LG Berlin* GE 1992, 989).

3162 Der Arglisteinwand erfordert nur den vom Mieter zu erbringenden Nachweis einer vorsätzlichen Täuschung. Bedingter Vorsatz oder falsche Angaben »ins blaue Hinein« genügen (*Schmid* DWW 2004, 288). Da es sich um keinen Schadensersatzanspruch handelt, kommt es nicht darauf an, wie sich der Mieter ohne die Täuschung verhalten hätte.

3163 In solchen Fällen wird man in der Regel dem Vermieter einen Nachzahlungsbetrag, der 20 % der Vorauszahlungen übersteigt, versagen müssen (*Schmid* DWW 2004, 288).

c) Anfechtung

3164 Eine arglistige Täuschung über die Höhe der Nebenkosten gibt dem Mieter ein Anfechtungsrecht nach § 123 BGB (*KG*, ZMR 2007, 963). Eine Anfechtung bringt aber den gesamten Mietvertrag zu Fall (§§ 142, 139 BGB). Allein der Umstand, dass der Vermieter nicht von sich aus darauf hinweist, dass die Vorauszahlungen nicht kostendeckend sind, begründet noch keine arglistige Täuschung (*OLG Rostock* ZMR 2009, 527 = IMR 2009, 121).

d) Kündigung

Ein Recht des Mieters zu einer fristlosen Kündigung nach § 543 BGB kommt in Betracht, wenn der Gesamtbetrag der Zahlungen unter Berücksichtigung der Nachzahlungen für den Mieter unzumutbar hoch ist (vgl. *LG Düsseldorf* NZM 2002, 604). Die Unzumutbarkeit kann sich auch aus dem arglistigen Verhalten des Vermieters ergeben, wenn die Vorauszahlungen bewusst zu niedrig angesetzt wurden (*Lützenkirchen* WuM 2004, 64). Eine Kündigung führt allerdings zum Verlust der Mieträume. 3165

e) Schadensersatz

Ein Verschulden bei Vertragsschluss liegt nicht bereits in der Vereinbarung von zu niedrigen Vorauszahlungen, sondern ist nur zu bejahen, wenn **besondere Umstände** hinzutreten, z.B. eine Täuschung oder eine Zusicherung (*BGH* NJW 2004, 1102) oder eine ausdrückliche Bezeichnung der Vorschüsse als angemessen (*AG Wismar* ZMR 2004, 200 [201]). Eine Aufklärungspflicht kann den Vermieter treffen, wenn er aus der Abrechnung des Vorjahres weiß, dass Vorauszahlungen nicht einmal die verbrauchsunabhängigen Kosten decken (*AG Göttingen* WuM 2007, 574). Eine Aufklärungspflicht besteht auch dann, wenn für den Mieter der Gesamtbetrag von Grundmiete und Nebenkosten entscheidend und dies dem Vermieter erkennbar ist (*KG* ZMR 2007, 963). 3166

Zu ersetzen ist ein **Schaden**, wenn ohne den Irrtum über die wirklichen Kosten der Vertrag so nicht zustande gekommen wäre (*BGH,* 24.6.1998 – XII ZR 126/96, ZMR 1998, 610). Ein Schadensersatzanspruch erfordert dann die Feststellung, dass der Mietvertrag jedenfalls zu diesen Bedingungen nicht abgeschlossen worden wäre, wenn die wirklichen Kosten bekannt gewesen wären und dass der Mieter eine günstigere Anmietung hätte vornehmen können (vgl. *LG Berlin* ZMR 1999, 637; *AG Dortmund* DWW 1990, 182) oder dass der Mieter von der Anmietung Abstand genommen hätte (*BGH,* 24.6.1998 – XII ZRR 126/96, ZMR 1988, 610, 611; *LG Frankfurt/M.* NZM 2002, 485). Hierzu kann entgegen der Auffassung des *LG Berlin* (ZMR 1999, 637) nicht unterstellt werden, dass die vereinbarten Vorauszahlungen bei einem langjährigen Mietverhältnis keine Bedeutung für den Mieter haben. Zwar ist mit Veränderungen stets zu rechnen. Ein niedriger Anfangsbetrag indiziert aber auch für die Zukunft relativ niedrige Kosten. 3167

Beruft sich der Mieter darauf, dass der Vertrag zu diesen Bedingungen nicht zustande gekommen wäre, so kann der Schaden in der Vereinbarung und Bezahlung einer zu hohen Grundmiete liegen (vgl. für einen Kaufvertrag *BGH* NJW 2001, 2875). 3168

Ein Schaden kann auch darin liegen, dass der Mieter im Vertrauen auf niedrige Kosten anderweitige Vermögensdispositionen getroffen hat (*LG Hamburg* WuM 2002, 117). 3169

Bei einem Änderungsvertrag zur Umstellung der Brutto- auf die Nettomiete erleidet der Mieter einen Schaden, wenn die Vorauszahlungen den Abrechnungsbetrag nicht 3170 decken und deshalb eine verkappte Mieterhöhung vorliegt (*AG Berlin-Charlottenburg* GE 2003, 192).

3171 Als Schaden angesehen werden kann auch der Vertragsschluss als solcher. Das führt dann über § 249 Abs. 1 BGB dazu, dass der Vertrag auf Verlangen des Mieters rückgängig zu machen ist (*KG, ZMR* 2007, 963). Voraussetzung ist, dass die Höhe der Nebenkostenvorauszahlung kausal für den Abschluss des Mietvertrages war. Außerdem führt diese Lösung zum Verlust der Mieträume.

3172 Worauf der Schadensersatzanspruch gerichtet ist, hängt weitgehend von den Umständen des Einzelfalls ab. Grundsätzlich wird die Auffassung vertreten, dass der Schadensersatzanspruch auf Freihaltung von den die Vorauszahlungen übersteigenden Kosten gerichtet ist *AG Wismar* ZMR 2004, 200; *Lehmann-Richter* WuM 2004, 254; offen gelassen von *BGH* NJW 2004, 1102 = WuM 2004, 246). Das erscheint jedoch zu weitgehend und führt bei einer Erhöhung der Betriebskosten zu Schwierigkeiten. Systemgerechter ist es, den Schaden in der Vereinbarung und Bezahlung einer zu hohen Grundmiete zu sehen und den Schadensausgleich über die Verringerung dieser Grundmiete vorzunehmen.

3173 **Darlegungs- und Beweislast**: Der Mieter muss darlegen und gegebenenfalls beweisen, dass die Vorauszahlung objektiv zu niedrig war, was sich meist schon aus der Abrechnung ergibt. Er muss ferner die besonderen Umstände beweisen, die eine Pflichtverletzung des Vermieters begründen. Der Vermieter muss beweisen, dass er die Pflichtverletzung nicht zu vertreten hat (§ 280 Abs. 1 Satz 2 BGB). Folgt man der Auffassung, dass der Schadensersatzanspruch auf Freihaltung von den die Vorauszahlungen übersteigenden Kosten gerichtet ist, sind weitere Darlegungen nicht erforderlich.

3174 Stellt man darauf ab, dass der Vertrag zu den vereinbarten Bedingungen nicht zustande gekommen wäre, erfordert der Ersatz des Vertrauensschadens nicht den Nachweis, dass sich der Vermieter auf eine niedrigere Grundmiete eingelassen hätte. Unklarheiten gehen zulasten des Aufklärungspflichtigen. Der Mieter wird so behandelt, als wäre es ihm gelungen, den Vertrag günstiger abzuschließen (*KG* ZMR 2007, 963). Der Mieter muss darlegen und beweisen, welcher Mietminderwert sich aus den höheren Betriebskosten ergibt (vgl. *BGH* NJW 2001, 2875).

f) Umdeutung in eine Pauschale

3175 Die Umdeutung zu niedrig angesetzter Vorauszahlungen in eine Betriebskostenpauschale widerspricht dem Willen der Parteien bei Vertragsabschluss und lässt sich auch nicht mit einem Schadensersatzanspruch begründen (a.A. *AG München* ZMR 2000, 620 m. abl. Anm. *Geldmacher* ZMR 2000, 837).

g) Zusicherung

3176 Wird zugesichert, dass die Vorauszahlungen den Abrechnungsbetrag decken, kann der Vermieter keine Nachforderungen erheben (*Lehmann-Richter* WuM 2004, 254). Eine Zusicherung muss ausdrücklich und unmissverständlich sein. Die bloße Mitteilung einer Berechnung reicht hierfür nicht aus (*LG Berlin* GE 2000, 893). Der

Umfang der Zusicherung ergibt sich aus der Vertragsauslegung im Einzelfall. Danach ist auch zu beurteilen, ob sich die Zusicherung nur auf den ersten oder auch weitere Abrechnungszeiträume erstreckt und ob sie auch im Fall unvorhersehbarer Kostensteigerungen gilt. Ist die Zusicherung schuldhaft falsch, liegt auch ein Verschulden bei Vertragsschluss vor (*BGH* NJW 2004, 1102).

3. Zu hohe Vorauszahlungen

Sind die Vorauszahlungen von vornherein unangemessen hoch, so ist die Vereinbarung unwirksam, soweit sie die angemessene Höhe überschreitet (*Kinne* GE 1990, 1178; a.A. *AG Hamburg* WuM 1988, 89, das dem Mieter lediglich einen Anspruch auf Herabsetzung zubilligt). In der angemessenen Höhe bleibt die Vereinbarung wirksam (*BayObLG* WuM 1995, 694, 695). 3177

(unbesetzt) 3178

VI. Erhöhung der Vorauszahlungen

1. Vertragliche Regelung

a) Vereinbarung im Einzelfall

Die Mietvertragsparteien können jederzeit im Rahmen der Angemessenheit eine Erhöhung der Betriebskostenvorauszahlungen frei **vereinbaren**. § 560 Abs. 6 BGB schließt eine solche Vereinbarung nicht aus, da für vertragliche Regelungen § 557 Abs. 1 BGB vorgeht (*Schmid* WuM 2001, 425). 3179

Stimmt der Mieter einem formlosen Mieterhöhungsverlangen »wegen gestiegener Unkosten« zu, so liegt darin eine Vereinbarung über die Erhöhung der Nebenkostenvorauszahlungen, nicht der Grundmiete (*AG Gießen* DWW 1989, 225, 226). 3180

b) Vereinbarung einer Zustimmungsverpflichtung

Im Mietvertrag kann, außer bei preisgebundenem Wohnraum, bereits vereinbart werden, dass der Mieter verpflichtet ist, bei einer zu erwartenden Steigerung der umlegungsfähigen Kosten, einer angemessenen Erhöhung der Vorauszahlungen **zuzustimmen**. Dabei muss bei preisfreiem Wohnraum im Hinblick auf § 560 Abs. 6 BGB beachtet werden, dass der Mieter nicht schlechter gestellt werden darf als bei einer einseitigen Erhöhung. Außerdem ist bei Verträgen mit Festlaufzeit das Schriftformerfordernis des § 550 BGB zu beachten, da es sich bei dieser Konstellation um einen Änderungsvertrag handelt. Ob im Hinblick auf den vorläufigen Charakter der Vorauszahlungen nur eine formfreie unwesentliche Änderung angenommen werden kann, erscheint zumindest zweifelhaft. 3181

Erforderlich ist für den vertraglich vereinbarten Zustimmungsanspruch, dass der Vermieter die voraussichtlichen Kostensteigerungen in einer Weise erläutert, die dem Mieter eine Nachprüfung ohne wesentliche Schwierigkeiten ermöglicht (*LG Mannheim* WuM 1978, 124; *AG Köln* WuM 1980, 42). Dabei auf die letzte Abrechnung abzustellen, ist zwar zweckmäßig; jedoch ist die Erhöhung – in Ermangelung einer 3182 anderen vertraglichen Regelung – nur bei preisfreiem Wohnraum (Rdn. 3090) davon abhängig, dass eine Abrechnung erfolgt ist (a.A. *AG Köln* WuM 1980, 64; *AG Lüneburg* WuM 1980, 64). Wird allerdings auf eine frühere Abrechnung abgestellt, muss diese auch richtig und aussagekräftig sein (*LG Göttingen* WuM 1990, 443).

3183 Bei der Vermietung von Wohnungseigentum kann der Erhöhungsanspruch grundsätzlich auf den Wirtschaftsplan nach § 28 Abs. 5 WEG gestützt werden. Der Mieter muss sich jedoch nicht auf den Wirtschaftsplan als solchen verlassen, da er in keinen Rechtsbeziehungen zur Wohnungseigentümergemeinschaft steht (*LG Darmstadt* WuM 1976, 156; *Wolf* WuM 1978, 137).

3184 Empfehlenswert ist eine solche Vereinbarung in der Regel nicht, da im Streitfall zuerst auf Zustimmung geklagt werden muss, bevor Zahlung verlangt werden kann (a.A. ohne Begründung: *OLG Frankfurt a.M.* ZMR 2013, 708 = ZfIR 2013, 584 = MietRB 2013, 203). Zur Möglichkeit einer Stufenklage s. Rdn. 7006 ff. Soweit gesetzliche Regelungen bestehen, ist es einfacher von diesen Gebrauch zu machen. Ansonsten kann ein einseitiges Erhöhungsrecht des Vermieters vereinbart werden.

2. Einseitige Erhöhung durch den Vermieter

a) Preisfreier Wohnraum

3185 § 560 Abs. 4 BGB ermöglicht eine Erhöhung der Betriebskostenvorauszahlungen durch **einseitige Erklärung** (*AG Hamburg-Bergedorf* NZM 2002, 435). Die Vorschrift gilt nur für preisfreien Wohnraum mit Ausnahme der in Rdn. 2049 genannten besonderen Mietverhältnisse.

aa) Voraussetzungen

(1) Vereinbarung von Vorauszahlungen

3186 Es müssen Betriebskostenvorauszahlungen vereinbart sein. Der Vereinbarung steht es gleich, wenn die Betriebskostenvorauszahlungen ausnahmsweise durch einseitige Erklärung festgelegt worden sind, da eine solche Festlegung für die Zukunft einer Vereinbarung gleichsteht. § 560 Abs. 4 BGB ermöglicht jedoch nicht die erstmalige Festlegung von Betriebskostenvorauszahlungen (*Schmid* MDR 2011, 1449).

(2) Kein Ausschluss des Erhöhungsrechts

3187 Die Erhöhungsmöglichkeit als solche muss nicht vereinbart, darf aber nicht vertraglich ausgeschlossen oder beschränkt sein (§ 557 Abs. 3 BGB).

(3) Vorherige Abrechnung

3188 Die Erhöhung ist nur nach einer Abrechnung möglich. Die Abrechnung muss **formell wirksam** sein (*LG Bremen* WuM 2006, 199), da eine Abrechnung, die nicht einmal den formellen Mindestanforderungen entspricht, den Abrechnungsanspruch des Mieters nicht erfüllt und keinerlei Rechtswirkungen entfaltet (*Kinne* GE 2003, 510). In zwei insgesamt recht unklaren Entscheidungen vom 15.05.2012 (NZM 2012, 455) vertritt der *BGH* zunächst die Auffassung, dass eine materielle Unrichtigkeit der

Abrechnung die Erhöhungsmöglichkeit ausschließt, lässt dann aber im Laufe der Entscheidungsgründe eine Erhöhung doch zu, wenn auch nach Fehlerberichtigung ein Saldo zulasten des Mieters verbleibt oder eine bereits absehbare Kostensteigerung die Erhöhung rechtfertigt.

M.E. muss es dabei bleiben, dass für eine Erhöhungsmöglichkeit als solche das Vorliegen einer formellen Abrechnung genügt (*BGH* NJW 2008, 508). Materielle Fehler der Abrechnung sind dann zu berücksichtigen, wenn die Abrechnung zur Begründung der Angemessenheit der neuen Vorauszahlungen dienen soll (*Blank* IMR 2012, 272). 3189

Der Vermieter trägt die Darlegungs- und Beweislast für eine Erhöhungsmöglichkeit. Stellt sich durch ein Gutachten heraus, dass trotz fehlender technischer Defekte der Ablesevorrichtungen der erhebliche Anteil an den Heizkosten durch den Mieter nur dadurch verursacht sein konnte, dass dieser fast 32° C Dauertemperatur gehabt haben musste, ist dies unplausibel und rechtfertigt keine Erhöhung (*AG Köln*, Urt. v. 17.6.2011 – 208 C 629/09, WuM 2014, 233). 3190

Nach dem Gesetzeswortlaut genügt **jedwede vorangegangene Abrechnung**. Es kann deshalb aus dem Gesetz nicht abgeleitet werden, dass eine Erhöhung nur möglich ist, wenn bereits für den letzten Abrechnungszeitraum abgerechnet ist (*BGH*, 18.5.2011 – VIII ZR 271/19, NJW 2011, 2350 = ZMR 2011, 789). Auch eine nach § 556 Abs. 3 Satz 2 BGB verspätete Abrechnung für eine frühere Abrechnungsperiode kann Grundlage einer Erhöhung sein (*LG Berlin* ZMR 2010, 115; *Blank* NZM 2008, 745 [757]). Die Erhöhung wird deshalb auch nicht dadurch ausgeschlossen, dass für einen späteren Abrechnungszeitraum bereits Abrechnungsreife eingetreten ist (*Schmid* WE 2005, 175; a.A. *AG Hamburg-Bergedorf* NZM 2002, 435 = ZMR 2002, 675 m. abl. Anm. *Schmid*; *AG Hamburg-Harburg* ZMR 2006, 784). 3191

Eine **gleichzeitige Mitteilung der Erhöhungserklärung mit der Abrechnung** ist als zulässig anzusehen, da eine gesonderte Versendung einen Tag später eine unnötige Förmelei wäre (*LG Itzehoe* WuM 2011, 26; *AG Dortmund* WuM 2004, 148; *Both* NZM 2009, 894 [898]). Das *LG Berlin* (GE 2011, 612) lässt es sogar zu, dass die Erhöhungserklärung kurze Zeit vor der Abrechnung zugeht, was mit dem Wortlaut des § 560 Abs. 4 BGB schwerlich zu vereinbaren ist. 3192

§ 560 Abs. 4 BGB gewährt nur ein **einmaliges Erhöhungsrecht** pro Abrechnung (*Derckx* NZM 2004, 326). Andernfalls würde auch nur eine Abrechnung ständige Erhöhungsmöglichkeiten eröffnen, was vom Gesetzgeber ersichtlich nicht gewollt ist. Weitere Erhöhungen sind erst wieder nach Zugang einer neuerlichen Abrechnung möglich, auch wenn zwischenzeitlich erhebliche Kostensteigerungen eingetreten sind (*Schmid* MDR 2011, 1449 [1450]). 3193

Nicht als Erhöhungsvoraussetzung festgeschrieben ist, dass sich die **Angemessenheit** der künftigen Vorauszahlungen gerade **aus der Abrechnung** ergibt. Es ist deshalb nicht Voraussetzung für die Erhöhung, dass die Abrechnung mit einer Nachzahlung endet (*Derckx* NZM 2004, 325; a.A. *LG Berlin* NZM 2004, 339; *AG Hamburg-Bergedorf* NZM 2002, 435 = ZMR 2002, 675 m. abl. Anm. *Schmid*). 3194

3195 § 560 Abs. 4 BGB beschränkt sich darauf, die Abrechnung zur Voraussetzung für eine Erhöhungserklärung zu machen. Da **eine zeitliche Begrenzung** nicht besteht, ist ein zeitlicher Zusammenhang mit dem Zugang der Abrechnung an den Mieter nicht erforderlich. Der Vermieter kann deshalb nach einer Abrechnung die weitere Kostenentwicklung abwarten.

(4) Erhöhung der Betriebskosten

3196 Anders als § 560 Abs. 1 S. 1 BGB für die Erhöhung von Betriebskostenpauschalen macht § 560 Abs. 4 BGB die Erhöhungsmöglichkeit vom Wortlaut her nicht von einer Erhöhung der Betriebskosten abhängig. Gleichwohl wird man eine Erhöhung der Betriebskosten als Voraussetzung verlangen müssen (*Schmid* MDR 2011, 1449 [1450]; a.A. *Derckx* NZM 2004, 325). Das ergibt sich aus der Überschrift des § 560 BGB »Veränderung von Betriebskosten«. Die Betriebskosten müssen sich insgesamt erhöht haben (*BGH*, Urt. v. 28.9.2011 – VIII ZR 294/10, ZMR 2012, 90 = GE 2011, 1547). Erhöhungen können durch Ermäßigungen ausgeglichen werden. Der Anfall neuer Betriebskosten steht einer Erhöhung der bisherigen Betriebskosten gleich, wenn die neuen Betriebskosten von der Vereinbarung über die Umlegung erfasst sind (d, vgl. Rdn. 3102a; a.A. *Both* NZM 2009, 894 [900], der eine Berücksichtigung erst nach einer Abrechnung über die neuen Kosten zulassen will).

3197 Eine Erhöhung ist nicht möglich, wenn der Umlegung der Kosten entgegensteht, dass die Kosten verursachende Maßnahme unwirtschaftlich ist (vgl. § 560 Abs. 5 BGB und Rdn. 1053 ff.).

(5) Verschiedene Abrechnungskreise

3198 Sind für verschiedene Kostengruppen, z.B. Heizkosten und sonstige Betriebskosten, getrennte Vorauszahlungen vereinbart, ist auch eine Trennung bei der Anpassung erforderlich. Die Voraussetzungen müssen für die jeweilige Kostengruppe vorliegen (*LG Duisburg* WuM 2006, 199).

(6) Widersprüchliche Erklärungen

3199 Das Erhöhungsrecht steht sowohl dem **Vermieter** als auch dem **Mieter** zu. Die Erhöhungsmöglichkeit des Vermieters wird nicht durch eine Anpassungserklärung des Mieters ausgeschlossen. Nach § 560 Abs. 4 BGB hat jede Vertragspartei die Anpassungsmöglichkeit, ohne dass eine zeitliche Priorität bestehen würde. Der Mieter kann deshalb eine Erhöhung durch den Vermieter nicht dadurch blockieren, dass er seinerseits nach der Abrechnung eine Herabsetzung oder aus taktischen Gründen eine geringfügige Erhöhung der Vorauszahlungen erklärt. Stehen die Anpassungserklärung des Mieters und des Vermieters zueinander in Widerspruch, ist maßgeblich, welche Erklärung der Angemessenheit am nächsten kommt.

bb) Durchführung der Erhöhung

3200 ie Erhöhung erfolgt durch eine **einseitige empfangsbedürftige Willenserklärung**. Sie wird wirksam, wenn sie dem Mieter zugeht (§ 130 BGB).

Die Erhöhungserklärung bedarf der **Textform** des § 126b BGB. Ein Verstoß gegen die Formvorschrift führt zur Unwirksamkeit der Erklärung (§ 125 BGB). 3201

Eine **Begründung** ist nicht vorgeschrieben (*AG Potsdam* GE 2007, 918). Sie lässt sich auch nicht aus allgemeinen Grundsätzen herleiten, da das Gesetz an anderer Stelle, insbesondere in § 560 Abs. 1 Satz 2 BGB, Begründungen ausdrücklich vorschreibt, was aber hier gerade nicht geschehen ist (vgl. *BGH*, 16.7.2003 – VIII ZR 286/02, NJW 2003, 2900 = ZMR 2003, 824 = MDR 2004, 49 = GE 2003, 1152). 3202

Gleichwohl ist der *BGH* (Urt. v. 28.9.2011 – VIII ZR 294/10, ZMR 2012, 90 = GE 2011, 1547) der Meinung, dass die Anpassung zumindest nachträglich der anderen Partei gegenüber gerechtfertigt werden muss, wenn diese die Angemessenheit bestreitet. Das erweckt Bedenken. Man wird die »Rechtfertigung« kaum als Wirksamkeitsvoraussetzung für die Erhöhungserklärung ansehen können. Das hätte nämlich zur Folge, dass die Erklärung zuerst wirksam ist, dann bei einem Bestreiten des Mieters unwirksam wird und schließlich nach einer Begründung durch den Vermieter wieder wirksam wird (*Schmid* MDR 2011, 1449,1451). Die Anforderungen des BGH an die Begründung sind allerdings gering. Es genügt, jedenfalls für die Begründung gegenüber dem Mieter, dass die Erhöhung plausibel gemacht wird. 3203

Wenn man überhaupt eine Begründungspflicht bejaht, so kann diese nur aus § 242 BGB als vertragliche Nebenpflicht abgeleitet werden, damit der Mieter entscheiden kann, ob er die Erhöhung akzeptiert oder nicht. Die Verletzung einer solchen Pflicht würde nicht zu einer Unwirksamkeit der Erhöhungserklärung führen, sondern nur Schadensersatzansprüche nach §§ 280 ff. BGB auslösen, insbesondere für Anwaltskosten (*Schmid* ZMR 2012, 93). Außerdem könnte man ein Anerkenntnis des Mieters als sofortiges im Sinne des § 93 ZPO ansehen, wenn der Vermieter trotz vorheriger Aufforderung erst im Prozess die Gründe für die Erhöhung darlegt (*Schmid* MDR 2011, 1449 [1451]). 3204

Unklar sind die Ausführungen des BGH (Urt. v. 28.9.2011 – 294/10, ZMR 2012, 90 = GE 2011, 1547) zu der Frage, was im **Prozess bewiesen** werden muss. M.E. hat der Tatrichter nicht nur zu beurteilen, ob die zu erwartende Höhe der Betriebskosten plausibel gemacht ist. Es ist vielmehr zu trennen zwischen den Tatsachen, auf die die Prognose gestützt wird, und der Prognose selbst. Die Tatsachen müssen bewiesen werden, die Prognose muss nur plausibel sein. Wird etwa, um bei einem Beispiel des *BGH* zu bleiben, die Erhöhung darauf gestützt, dass die Anzahl der Bewohner gestiegen ist, so muss dargelegt und gegebenenfalls bewiesen werden, wie viele Personen jetzt in der Wohnung leben. Dagegen genügt eine plausible Schätzung dafür, wie sich die Mehrung der Personen auf die voraussichtlich anfallenden Kosten auswirkt. Am einfachsten ist es, sich mit dem Ergebnis der letzten Abrechnung zu begnügen, da dann der BGH für den Regelfall keine weiteren Darlegungen verlangt (*Schmid* ZMR 2012, 93). Voraussetzung hierfür ist, dass diese Abrechnung richtig ist. 3205

Eine kurze Begründung ist jedoch empfehlenswert, um die Akzeptanz beim Mieter zu fördern. 3206

cc) Wirkung

3207 Die Erhöhungserklärung hat die Wirkung, dass **die neuen Vorauszahlungen an die Stelle der bisherigen Vorauszahlungen treten**, ohne dass es einer Zustimmung des Mieters bedarf. Im Streitfall ist deshalb unmittelbar auf Zahlung und nicht auf Zustimmung zu klagen.

3208 Keine Regelung enthält das Gesetz darüber **ab wann die erhöhten Vorauszahlungen geschuldet werden**. Da anders als in § 560 Abs. 2 Satz 1 BGB keine bestimmte Frist genannt ist, tritt die erhöhte Zahlungspflicht sofort ein (*Derckx* NZM 2004, 325). Das heißt, bei der nächsten Fälligkeit einer Vorauszahlung ist der erhöhte Betrag geschuldet (a.A. *AG Köln* ZMR 2004, 920, das § 560 Abs. 2 BGB analog anwenden will).

3209 Der Zugang der Erhöhungserklärung erfolgt in der Regel während des Laufes einer Abrechnungsperiode. Damit stellt sich die Frage nach der Möglichkeit einer **Rückwirkung** der Erhöhung auf den Beginn des laufenden oder früherer Abrechnungszeiträume. Die Möglichkeit einer Erhöhung für einen zurückliegenden Zeitraum ist nicht vorgesehen, aber anders als in § 20 Abs. 4 Satz 2 NMV 1970 auch nicht ausdrücklich ausgeschlossen.

3210 M.E. ist § 20 Abs. 4 Satz 2 NMV 1970 als Ausdruck eines allgemeinen Rechtsgedankens auf preisfreien Wohnraum analog anzuwenden. Die Erhebung von Vorauszahlungen für zurückliegende Zeiträume widerspricht dem Wesen einer Vorauszahlung. Eine rückwirkende Erhöhung besteht auch für Betriebskostenpauschalen grundsätzlich nur eingeschränkt (§ 560 Abs. 3 Satz 2 BGB). Die Möglichkeit einer rückwirkenden Erhöhung von Vorauszahlungen ist deshalb zu verneinen (*BGH*, Urt. v. 18.5.2011 – VIII ZR 271/10, ZMR 2011, 789 = MDR 2011, 1097 = NZM 2011, 544).

dd) Umfang der Erhöhung

3211 Eine Erhöhung kann auf eine **angemessene Höhe** erfolgen. Maßgeblich ist also nicht der Erhöhungsbetrag, sondern der Betrag der neuen Vorauszahlung.

3212 **Angemessen sind die Vorauszahlungen**, wenn die zu erwartenden Kosten ungefähr gedeckt werden. Das Vorliegen einer Abrechnung ist zwar Voraussetzung für eine Erhöhung. Damit wird aber nicht ausgeschlossen, dass die künftigen Vorauszahlungen höher sind als der Umlegungsbetrag der letzten Abrechnung (*Eisenhardt* WuM 2011, 200 [201]). Das erfordert aber eine plausible Darlegung; ein abstrakter Sicherheitszuschlag wegen möglicher Preissteigerungen kann nicht vorgenommen werden (*BGH*, Urt. v. 28.9.2011 – VIII ZR 294/10, ZMR 2012, 90 = GE 2011, 1547). Ist der neue Betrag unangemessen hoch, bleibt die Erklärung als solche wirksam. Der Höhe nach wird jedoch nur der angemessene Betrag geschuldet (*Derckx* NZM 04, 325).

3213 Die vorangegangene Abrechnung kann, aber muss nicht das Maß für die künftige Höhe der Vorauszahlungen sein. Es kann auch eine völlige Neukalkulation der Betriebskosten erfolgen (*Schmid* ZMR 2012, 93). Das Gesetz verbietet solches nicht. Eine solche Schätzung ist sogar notwendig, wenn die Erhöhung darauf gestützt wird, dass neu entstandene Betriebskosten umgelegt werden. Allerdings ist dabei zu beachten, dass überhaupt eine Erhöhung der Betriebskosten vorliegen muss, was dann letztlich doch einen Vergleich mit den bisherigen Betriebskosten erfordert (*Schmid* MDR 2011, 1449 [1450/1451]), sodass auch bei einer solchen Berechnungsweise die Richtigkeit der früheren Abrechnung eine Rolle spielen kann.

Maßgeblich sind nicht die Verhältnisse in der Abrechnungseinheit insgesamt, sondern die zu erwartenden **Kosten für das jeweilige Mietverhältnis**. Es werden also nicht die zu erwartenden Gesamtkosten auf die Mieter aufgeteilt. Vielmehr sind die zu erwartenden Kosten für die jeweilige Mieteinheit zu schätzen, was insbesondere bei einer (teilweisen) verbrauchsabhängigen Kostenverteilung von Bedeutung ist, wenn in den Vorjahren der Verbrauch besonders hoch oder besonders niedrig war. 3214

Ist der neue Betrag **unangemessen hoch**, bleibt die Erklärung als solche wirksam. Der Höhe nach wird jedoch nur der angemessene Betrag geschuldet (*Derckx* NZM 2004, 325). 3215

Die **monatliche Vorauszahlung** errechnet sich grundsätzlich nach der Formel »voraussichtliche Jahreskosten: 12 = monatliche Vorauszahlung« (*BGH*, Urt. v. 28.9.2011 – VIII ZR 294/10, ZMR 2012, 90 = GE 2011, 1547). Diese bei der erstmaligen Festlegung der Vorauszahlungen brauchbare Regel führt bei der Erhöhung der Vorauszahlungen zu Schwierigkeiten. Da nämlich die Erhöhung erst nach einer Abrechnung erfolgen kann, sind in der Regel bereits einige Monate des laufenden Abrechnungsjahres vergangen. Eine rückwirkende Erhöhung ist als ausgeschlossen anzusehen. Das Abstellen auf den rechnerischen Monatsbetrag führt deshalb dazu, dass für die bereits vergangenen Monate ein Fehlbetrag besteht, der erst bei der Abrechnung ausgeglichen werden kann. Verbliebe schließlich die Möglichkeit, den sich für das laufende Abrechnungsjahr prognostizierten Erhöhungsbetrag auf die verbleibenden Monate zu verteilen und die Vorauszahlungen so zu erhöhen, dass der Minderbetrag für die vergangenen Monate durch den Erhöhungsbetrag für die verbleibenden Monate ausgeglichen wird. Das würde aber zu der im Hinblick auf die Angemessenheit bedenklichen Konsequenz führen, dass für das nächste Abrechnungsjahr die Vorauszahlungen zu hoch wären, weil in den Vorauszahlungen ein Ausgleich für zunächst zu niedrige Vorauszahlungen enthalten ist. Einen Ausweg könnte eine gespaltene Erhöhung in der Weise bieten, dass für den Rest der laufenden Abrechnungsperiode ein höherer Vorauszahlungsbetrag festgesetzt wird als für die darauf folgenden Abrechnungszeiträume. Dem steht aber entgegen, dass das Gesetz gestaffelte Betriebskostenvorauszahlungen nicht vorsieht. 3216

Die Kombination von Notwendigkeit einer vorhergehenden Abrechnung, Angemessenheit und Rückwirkungsverbot führt deshalb dazu, dass bei Steigerungen der Betriebskosten, die Vorauszahlungen den Kostenerhöhungen hinterherhinken und der Vermieter deshalb zu einer Vorfinanzierung gezwungen wird. Diese für ihn missliche Konsequenz kann der Vermieter dadurch abmildern, dass er die Abrechnungen möglichst früh erstellt und in die Vorauszahlungserhöhungen bereits zu erwartende Kostensteigerungen einkalkuliert. 3217

ee) Unterlassene Erhöhung

3218 Der Vermieter ist zu einer Erhöhung berechtigt, aber nicht verpflichtet. Der Mieter kann deshalb gegenüber einer Nachzahlung aus einer Abrechnung nicht einwenden, dass der Vermieter von einer Erhöhungsmöglichkeit keinen Gebrauch gemacht hat. Das gilt selbst dann, wenn der Vertrag ausdrücklich eine Erhöhungsmöglichkeit enthält (*LG Bonn* WuM 1981, 282).

ff) Teilweise Unabdingbarkeit

3219 Generelle Regelungen, die sich auf künftige Erhöhungen der Betriebskostenvorauszahlungen beziehen, sind nach § 560 Abs. 6 BGB nur eingeschränkt zulässig. Zum Nachteil des Mieters kann von § 560 Abs. 4 BGB nicht abgewichen werden.

3220 Nicht möglich sind deshalb z.b. ein Absehen von der Textform für Erklärungen des Vermieters, eine rückwirkende Erhöhung von Vorauszahlungen, eine Erhöhungsmöglichkeit ohne vorangegangene Abrechnung (*Derckx* NZM 2004, 325) oder eine Erhöhung über die Angemessenheitsgrenze hinaus.

3221 Abweichungen zugunsten des Mieters sind möglich bis hin zum völligen Ausschluss des Erhöhungsrechts. Vereinbart werden kann auch, dass die Erhöhung nicht bereits mit dem Zugang der Erklärung wirksam wird, sondern erst zu einem späteren Zeitpunkt (a.a. *Lützenkirchen* OLGR Beilage zu 13/2001 S. 8), da eine solche Regelung für den Mieter günstig ist.

gg) Darlegungs- und Beweislast

3222 Die Angemessenheit des geänderten Betrages hat derjenige darzulegen und zu beweisen, der die Anpassung vorgenommen hat (a.a. *LG Itzehoe* WuM 2011, 26, das bei einer Erhöhung durch den Vermieter dem Mieter die Darlegungslast aufbürdet). Hierzu ist die Rechtsprechung des *BGH* (28.9.2011 – VIII ZR 294/10, ZMR 2012, 90 = GE 2011, 1547) jedoch unklar, wenn ausgeführt wird, dass die zu erwartende Höhe der Betriebskosten nicht bewiesen, sondern nur plausibel gemacht werden muss, was der Tatrichter zu beurteilen hat. Das ist zu pauschal. Es ist zu trennen zwischen den Tatsachen, auf die die Prognose gestützt wird, und der Prognose selbst. Die Tatsachen müssen bewiesen werden, die Prognose muss nur plausibel sein (*Schmid* MDR 2011, 1449 [1452]).

b) Preisgebundener Wohnraum

3223 Für die Erhöhung der Vorauszahlungen verweist § 20 Abs. 4 Satz 1 NMV 1970 auf § 4 Abs. 7 und 8 NMV 1970, wo wiederum auf § 10 WoBindG verwiesen wird.

3224 **Voraussetzung** für die Erhöhung der Vorauszahlungen ist, dass sich die Betriebskosten insgesamt erhöht haben, sodass die Vorauszahlungen in ihrer Gesamtheit nicht mehr ausreichen (*LG München I* WuM 1989, 637). Maßgebend sind also nicht die Einzelbeträge, sondern der Gesamtbetrag. Das Entstehen neuer Betriebskosten steht einer Erhöhung gleich. Die Erhöhung darf nicht vertraglich ausgeschlossen sein (§ 10 Abs. 4 WoBindG).

Die **Formvorschriften** des § 10 Abs. 1 WoBindG müssen beachtet werden. 3225

Aus § 10 Abs. 1 Satz 2 WoBindG ergibt sich die Notwendigkeit, in der Erklärung die Erhöhung **zu berechnen und zu erläutern**. Nach dem Gesetzeswortlaut muss die Berechnung auch erläutert werden (a.A. *LG Koblenz* WuM 1996, 560). Hierfür genügen keine allgemein gehaltenen Prognosen, sondern es müssen konkrete Zahlen angegeben werden (*AG Köln* WuM 1988, 436). Die Begründungspflicht darf nicht überspannt werden, da die künftige Kostenentwicklung naturgemäß eine Schätzung erfordert und ein Ausgleich bei der Abrechnung erfolgt. Eine Bezugnahme auf die letzte Abrechnung ist ausreichend, wenn sich der Grund für die Erhöhung hieraus ergibt. Wird zur Begründung eine frühere Abrechnung herangezogen, so ist dies nur ausreichend, wenn diese Abrechnung zumindest formell ordnungsgemäß ist (*LG Berlin* ZMR 2002, 666). 3226

Der **Zeitpunkt der Erhöhung** wird durch § 10 Abs. 1 Satz 1 WoBindG bestimmt. Danach wirkt die Erhöhung auf den Ersten des folgenden Monats. Wird die Erklärung erst nach dem Fünfzehnten eines Monats abgegeben, wirkt die Erhöhung zum Ersten des übernächsten Monats. 3227

Eine Erhöhung für einen **zurückliegenden Zeitraum** ist nach § 20 Abs. 4 Satz 2 NMV 1970 nicht zulässig. Das gilt auch dann, wenn sich die Betriebskosten rückwirkend erhöht haben. 3228

Für die **Angemessenheit** gilt dasselbe wie für preisfreien Wohnraum. 3229

c) Geschäftsräume und besondere Mietverhältnisse

Für Geschäftsräume und für die in § 549 Abs. 2 und 3 BGB genannten besonderen Mietverhältnisse bestehen **keine gesetzlichen Regelungen** über eine einseitige Erhöhung der Nebenkostenvorauszahlungen. 3230

Das hat zur Folge, dass bei **Fehlen einer vertraglichen Regelung** eine einseitige Anpassung der Vorauszahlungen grundsätzlich nicht möglich ist (*Schmid* DWW 2002, 120; a.A. *v. Seldeneck* Betriebskosten im Mietrecht Rn. 3934). 3231

Nur in extremen Fällen können die Grundsätze des Fortfalls der Geschäftsgrundlage eingreifen (§ 313 BGB), wenn sich die tatsächlichen Kosten von den Vorauszahlungen unvorhergesehen so weit entfernt haben, dass dem Vermieter die **Vorfinanzierung nicht mehr zumutbar ist**. Das führt allerdings nicht zu einem einseitigen Erhöhungsrecht, sondern nur zu einer Verpflichtung des Mieters, der Erhöhung zuzustimmen. 3232

Es kann jedoch ein **einseitiges Erhöhungsrecht vertraglich vereinbart** werden. Eine entsprechende Klausel kann auch in Formularmietverträgen enthalten sein (*LG Frankfurt/M.* WuM 1990, 271, 274). Eine Bindung an die Regelungen des § 560 Abs. 4 BGB besteht nicht. 3233

Voraussetzungen und Folgen richten sich in erster Linie nach den vertraglichen Vereinbarungen. Der Vermieter muss bei der Erhöhung nach billigem Ermessen (§ 315 BGB) handeln und insbesondere den Grundsatz der Angemessenheit beachten. 3234

3235 Ist eine einseitige Erhöhungsmöglichkeit entsprechend den Kosten der letzten Abrechnung vereinbart, so ist unabhängig vom Zeitpunkt der Erhöhung zur Ermittlung des Monatsbetrages der Jahresbetrag durch 12 zu teilen (*OLG Dresden* GuT 2002, 87).

3236 Da der Grundsatz der Angemessenheit auch bei der Gewerberaummiete gilt, kann auch hier kein abstrakter Sicherheitszuschlag erfolgen (a.A. *Gather* DWW 2011, 362 [365]).

3237 Vereinbart werden kann auch, dass der Mieter verpflichtet ist, bei einer Kostenerhöhung **der Erhöhung der Vorauszahlungen zuzustimmen**. Dabei ist aber zu fordern, dass die neue Höhe sich im angemessenen Rahmen bewegen muss.

VII. Herabsetzung der Vorauszahlungen

1. Vertragliche Regelungen

3238 Die Mietparteien können einvernehmlich eine Herabsetzung der Vorauszahlungen vereinbaren.

2. Einseitige Erklärung

a) Preisfreier Wohnraum

3239 Werden die Vorauszahlungen infolge eines Absinkens der Betriebskosten unangemessen hoch, können beide Parteien nach § 560 Abs. 4 BGB eine Anpassung in Form einer Herabsetzung vornehmen. Diese Regelung gilt nicht für die in § 549 Abs. 2 und 3 BGB genannten Mietverhältnisse.

3240 Voraussetzungen und Folgen sind genauso geregelt wie bei einer einseitigen Erhöhung. Die **Beweislast** dafür, dass eine Herabsetzung der Vorauszahlungen stattgefunden hat, trifft den Mieter (*Schmid* ZMR 2009, 335).

3241 Eine Verpflichtung des Vermieters zur Herabsetzung der Vorauszahlungen besteht nicht. Dem Mieter steht auch kein Zurückbehaltungsrecht zu, wenn die Vorauszahlungen durch Absinken der Kosten zu hoch geworden sind, weil sich § 556 Abs. 2 Satz 2 BGB nur auf die (erstmalige) Vereinbarung bezieht und § 560 Abs. 4 BGB hierzu eine Sonderregelung ist (a.A. *Sternel* ZMR 2001, 937, 938).

3242 Ein Auskunftsanspruch des Mieters über den Anfall von Betriebskosten wird in der Regel nicht bestehen, da der Mieter durch die vorangegangene Abrechnung hinreichend informiert ist. Etwas anderes gilt, wenn der Vermieter jahrelang nicht abrechnet oder wenn außergewöhnliche Kostensenkungen zu vermuten sind.

3243 Hält der Mieter die Abrechnung für falsch, kann er selbst eine Abrechnung erstellen und damit die Angemessenheit der herabgesetzten Vorauszahlungen begründen. Seine Erklärung ist wirksam, wenn der herabgesetzte Betrag angemessen ist (*BGH*, IMR 2013, 133).

3244 Das Herabsetzungsrecht des Mieters kann weder ausgeschlossen noch beschränkt oder erschwert werden (§ 560 Abs. 6 BGB). Die Erklärung des Mieters darf z.B. nicht an eine strengere Form als die Textform gebunden werden (Schriftform oder Einschreiben). Ebenso unwirksam wäre ein Hinausschieben des Wirksamkeitszeitpunktes.

b) Preisgebundener Wohnraum

Besondere Vorschriften für die Herabsetzung von Betriebskostenvorauszahlungen bestehen nicht. Aus der Regelung, dass die Betriebskosten angemessen sein müssen, ergibt sich jedoch mietpreisrechtlich die Unwirksamkeit unangemessen hoher Vorauszahlungen, sodass kraft Gesetzes eine Unwirksamkeit des überhöhten Anteils eintritt (§ 8 Abs. 2 Satz 1 WoBindG). Das schließt ein einseitiges Herabsetzungsrecht des Mieters nach § 560 Abs. 4 BGB aus. Der Vermieter hat dem Mieter die Absenkung der Vorauszahlungen mitzuteilen. 3245

c) Geschäftsräume und besondere Mietverhältnisse

Für Geschäftsräume und für die in § 549 Abs. 2 und 3 BGB genannten besonderen Mietverhältnisse bestehen **keine gesetzlichen Regelungen** über eine einseitige Senkung der Nebenkostenvorauszahlungen. 3246

Vertragliche Regelungen können ohne gesetzliche Beschränkungen getroffen werden. Fehlen solche ist eine einseitige Herabsetzung durch den Mieter nicht möglich. 3247

Regelungen zum Wohnraum können in der Gewerberaummiete grundsätzlich ebenfalls vereinbart werden (*OLG Naumburg*, Urt. v. 22.7.1993 – 2 RE-Miet 1/92, WuM 1995, 142). So ist es zulässig, eine Ermäßigung der Abschläge zu regeln (*»Ermäßigen sich die Betriebskosten, so sind sie im Zeitpunkt der Ermäßigung entsprechend herabzusetzen«*: *OLG Düsseldorf*, Beschl. v. 16.8.2016 – I-24 U 25/16, MietRB 2017, 6). 3248

Werden die Vorauszahlungen durch ein deutliches Absinken der gesamten **Nebenkosten unangemessen und für den Mieter unzumutbar hoch**, hat der Mieter aus Treu und Glauben einen Anspruch auf Herabsetzung der Vorauszahlungen (*AG Hamburg-Wandsbek* WuM 1996, 28). 3249

Ein einseitiges Herabsetzungsrecht des Mieters besteht jedoch nicht. Der Herabsetzungsanspruch muss gegebenenfalls im Klagewege durchgesetzt werden. Bis zur Erfüllung des Herabsetzungsanspruches kann für den Mieter hinsichtlich künftiger Vorauszahlungen ein Zurückbehaltungsrecht nach § 273 BGB in Betracht kommen (*BayObLG* WuM 1995, 694). 3250

d) Beweislast

Die Beweislast dafür, dass eine Herabsetzung der Vorauszahlungen stattgefunden hat, trifft den Mieter (*Schmid* ZMR 2009, 335). 3251

VIII. Einwendungen und Einreden

Die **Verjährung** richtet sich nach den allgemeinen Vorschriften der §§ 195 ff. BGB. Es gilt die regelmäßige Verjährungsfrist (*Brückner* GE 2006, 1594). 3252

3253 *(unbesetzt)*

3254 Die Vorauszahlungen gelten aber mit dem Eintritt der Verjährung nicht als bezahlt, sodass der offene Betrag auch in der Abrechnung unberücksichtigt bleibt (vgl. *BGH* MDR 1999, 221).

3255 Der Anspruch auf Erstattung überzahlter Betriebskostenvorschüsse wird mit Zugang der Abrechnung fällig. Die Verjährung beginnt ab diesem Zeitpunkt (*LG Berlin*, Urt. v. 21.3.2017 – 63 S 206/16, MietRB 2018, 5).

3256 Hiervon zu unterscheiden ist die Verjährung des Anspruchs auf Rückzahlung von Vorschüssen, wenn der Vermieter nicht abrechnet. In diesem Fall beginnt die Verjährung mit dem Entstehen der Forderung, also mit der Fälligkeit. Bei der Rückforderung von Vorschüssen ist dies schon mit dem Ablauf der Abrechnungsfrist des § 556 Abs. 3 Satz 2 BGB der Fall, denn sonst könnte der Vermieter die Fälligkeit hinauszögern (*LG Berlin* a.a.O.; krit. zurecht *Abramenko*, MietRB 2018, 6: Bei fortbestehendem Mietvertrag kann der Mieter Vorschussrückzahlung nicht verlangen, sondern ein Zurückbehaltungsrecht an den laufenden Abschlägen reklamieren (*BGH*, Urt. v. 29.3.2006 – VIII ZR 191/05, ZMR 2006, 672).

3257 Rückständige Vorauszahlungen können nach ganz h.M. nicht mehr geltend gemacht werden, wenn der Vermieter für den fraglichen Zeitraum **abgerechnet** hat, da dann nur noch der Abrechnungssaldo maßgeblich ist (*BGH* Urt. v. 26.9.2012 – XII ZR 112/10, NJW 2013, 41; v. 16.6.2010 – VIII ZR 258/09, ZMR 2010, 847 = NJW 2011, 145; v. 28.5.2008 – VIII 261/07, NZM 2008, 567; *KG*, Beschl. v. 16.6.2014 – 8 U 29(14, ZMR 2014, 973; bereits *OLG Hamburg*, Urt. v. 2.11.1988 – 4 U 150/88, ZMR 1989, 18 = NJW-RR 1989, 82; *OLG Frankfurt* Urt. v. 23.4.1999 – 24 U 110/97, ZMR 1999, 628).

3258 Der Vermieter kann jedoch, zumindest solange die Abrechnungsfrist noch nicht abgelaufen ist, hilfsweise die Vorauszahlungen für den Fall geltend machen, dass die Abrechnung nicht als formell ordnungsgemäß anerkannt wird (vgl. *BGH* NJW 2000, 2818).

3259 Ob allein der Ablauf der Vorauszahlungsperiode die weitere Geltendmachung von Vorauszahlungen ausschließt ist umstritten (bej. *AG Hamburg-Bergedorf* ZMR 2004, 826). Nach a.A. ist es unter dogmatischen als auch unter Praktikabilitätsgesichtspunkten ist es jedoch vorzugswürdig, den Anspruch auf die Vorauszahlungen bestehen zu lassen und die Abrechnung lediglich als Rechtsgrund für die die Sollvorauszahlungen überschreitenden oder unterschreitenden Beträge anzusehen (*Schmid* NZM 2007, 555).

3260 Besteht aufgrund einer schlechten Vermögenslage des Vermieters die Gefahr, dass die Leistungserbringer, z.B. Versorgungsunternehmer, die weitere Versorgung des Hauses einstellen, kann der Mieter die **Unsicherheitseinrede** des § 321 BGB erheben (*Derleder* NZM 2004, 568 [572]).

3261 *(unbesetzt)*

3262 Die Verpflichtung zur Zahlung von Vorschüssen entfällt nicht dadurch, dass durch die Betriebskosten abgedeckte Leistung nicht erbracht wird, vielmehr ist der

C. Abrechnung

Ausgleich über eine Mietminderung herbeizuführen (*Kinne* GE 2010, 1314; a.A. *KG* ZMR 2011, 279 = GE 2010, 1335 jeweils zum Heizungsausfall).

Rückständige Vorauszahlungen können auch nach Beendigung des Mietverhältnisses verlangt werden (*OLG Düsseldorf* DWW 2004, 87). 3263

C. Abrechnung

I. Grundsätzliches

Die Abrechnung ist zunächst eine **Tatsachenerklärung**, ein Rechenvorgang. Sie legt dar, welche Einnahmen und Ausgaben angefallen sind (*BGH*, Urt. v. 28.4.2010 – VIII ZR 263/09, NJW 2010, 1965 = MDR 2010, 798 = ZMR 2010, 749 = WuM 2010, 356) und verneint ausdrücklich einen rechtsgeschäftlichen Erklärungswert. Das ist insoweit zutreffend, als es für eine Willenserklärung typisch ist, dass sie eine Rechtsfolge bezweckt (*Kolbe*, JZ 2013, 441 [442] *Jacoby*, ZMR 2017, 781 zur Natur der Abrechnung.). 3264

Die Betriebskostenabrechnung muss den allgemeinen Anforderungen des § 259 BGB entsprechen und damit eine aus sich heraus verständliche geordnete Zusammenstellung der umgelegten Kostenarten im Abrechnungsjahr mit Einnahmen und Ausgaben ausweisen. Der Mieter soll in die Lage versetzt werden, die Positionen zu erkennen und seinen Anteil gedanklich und rechnerisch nachprüfen können (st. Rspr., zuletzt *BGH*, 7.2.2018 – VIII ZR 189/17 m.w.N.). 3264a

Die Abrechnung entfaltet aber auch ohne einen zielgerichteten Willen des Vermieters rechtliche Wirkung. Mit dem Zugang der Abrechnung werden Nach- und Rückzahlungsbeträge fällig, die Abrechnungsfrist (§ 556 Abs. 3 Satz 2 BGB) wird gewahrt, die Einwendungsfrist (§ 556 Abs. 3 Satz 5 BGB) in Lauf gesetzt. Man wird deshalb dem Wesen der Abrechnung am ehesten gerecht, wenn man sie als rechtsgeschäftsähnliche Handlung einordnet (*Blank*, DWW 2009, 91 [95]; *Schmid*, DWW 2006, 59; *ders.* ZMR 2011, 341 [346]). Eine rechtsgeschäftsähnliche Handlung wird nämlich definiert als willentliche Erklärung, bei der die Rechtsfolge eintritt, weil das Gesetz sie anordnet und nicht weil sie als primäres Ziel der Erklärung gilt. 3265

(unbesetzt) 3266

II. Abrechnungspflicht

1. Grundsätzliches

a) Abrechnungsanspruch

Werden auf die Nebenkosten Vorauszahlungen geschuldet, so ist hierüber abzurechnen (§ 556 Abs. 3 Satz 1 BGB; § 20 Abs. 3 Satz 2 NMV 1970). Diese Vorschriften sind Anspruchsgrundlage, nicht § 259 BGB (*Eisenhardt* WuM 2011, 143; a.A. *BGH*, 28.4.2010 – VIII ZR 263/09, ZMR 2010, 749 = WuM 2010, 356). Bei der Vermietung von Nichtwohnraum folgt die Abrechnungspflicht aus dem allgemeinen 3267

Grundsatz, dass Vorauszahlungen nicht auf Dauer angelegt, sondern nur Vorleistungen auf die endgültige Schuld sind.

3268 Rechnet der Vermieter über Betriebskosten ab, für die keine Umlagevereinbarung vorliegt, führt dieser Umstand nicht zur formellen Unwirksamkeit der Abrechnung. Dies gilt auch, wenn eine Betriebskostenpauschale vereinbart wurde (*BGH*, Beschl. v. 18.2.2014 – VIII ZR 83/13, WuM 2014, 336; v. 31.1.2012 – VIII ZR 335/10, GE 2012, 543; v. 18.5.2011 – VIII ZR 240/10, WuM 2011, 420). Der inhaltliche Fehler muss vom Mieter innerhalb der Frist des 3 556 Abs. 3 S. 6 BGB gerügt werden, um Präklusion zu verhindern.

3269 Der Mieter hat einen Anspruch auf Erteilung einer Abrechnung, den er erforderlichenfalls gerichtlich geltend machen kann, sobald Abrechnungsreife (Rdn. 3152) eingetreten ist. Mehreren Mietern steht der Anspruch als Gesamthandsgläubiger nach § 432 BGB zu (AG Pankow-Weißensee GE 2013, 1460).

b) Abrechnung ohne Vorauszahlungen?

3270 Wenn keine Vorauszahlungen geschuldet sind, gibt es streng genommen auch keine Abrechnung. Hieraus wird abgeleitet, dass keine Abrechnungspflicht besteht und auch keine Abrechnungsfrist gilt (*AG Potsdam* ZMR 2011, 48; *LG München II* NZM 2012, 342). Das entspricht zwar dem Wortlaut und der Systematik des § 556 Abs. 3 Satz 3 BGB, aber nicht dessen Gesetzeszweck. Auch der Mieter, der keine Vorauszahlung schuldet, hat ein Interesse an einer baldigen Klärung seiner Zahlungsverpflichtung, sodass eine analoge Anwendung der Vorschriften über die Abrechnung geboten ist. Eine planwidrige Regelungslücke liegt vor, da der Gesetzgeber bei der Regelung der Abrechnung den Fall, dass keine Vorauszahlungen geschuldet sind, nicht bedacht hat.

c) Zugang

3271 Die Abrechnung muss der Mieter erhalten. Wird innerhalb eines Prozesses um die Abrechnung eine Abrechnung neu erstellt, geändert oder erläutert, ist der Prozessbevollmächtigte des Mieters für die Entgegennahme einer solchen Erklärung als bevollmächtigt anzusehen, sofern nicht dem Vermieter bzw. dessen Prozessbevollmächtigten eine diesbezügliche Einschränkung der Vollmacht bekannt ist (vgl. *BGH* ZMR 1982, 108 = NJW 1982, 573).

d) Verjährung

3272 Der Anspruch auf Abrechnung verjährt nach § 195 BGB in drei Jahren (*LG Neubrandenburg* WuM 2007, 390; *AG Mitte*, Urt. v. 17.4.2014 – 12 C 477/12, GE 2015, 1167). Maßgeblicher Zeitpunkt für den Verjährungsbeginn ist nach § 199 Abs. 1 Nr. 1 BGB der Schluss des Jahres, in dem der Anspruch entstanden ist. Entstanden ist der Anspruch, sobald der Mieter die Abrechnung verlangen kann.

C. Abrechnung Teil III

▶ **Beispiel (in Anlehnung an AG Mitte GE 2015, 1167)**

Die Abrechnung über das Kalenderjahr 2015 muss dem Mieter bis spätestens 31.12.2016 vorliegen (§ 556 Abs. 3 S. 2 BGB). Der Anspruch auf Abrechnungserteilung beginnt am 1.1.2017. Die Verjährungsfrist beginnt mit dem Schluss des Jahres, in dem der Abrechnungsanspruch fällig wird, also am 31.12.2017 (§ 199 Abs. 1 Nr. 1 BGB), sodass die Verjährung am 31.12.2020 eintritt (§ 195 BGB).

Beispiel (nach *AG Wedding*, 24.5.2019 – 22c C 576/18, MM 2020, 30)

Die Betriebskosten für die Abrechnungsperiode vom 1.1.2017 bis 31.12.2017 mussten bis spätestens 31.12.2018 abgerechnet sein. Der Abrechnungsanspruch des Mieters begann am 1.1.2019, dessen Ende lief am 31.12.2018 ab. Der Anspruch verjährt zum 31.12.2021.

Beispiel (nach *AG Wedding* a.a.O.)

Die Heizkostenabrechnung umfasst den Zeitraum vom 1.5.2017 bis 30.4.2018. Die Abrechnung war zum 30.4.2019 zu erstellen. Die Verjährung des Abrechnungsanspruchsbegann am 31.12.2019 und endet zum 31.12.2022.

Die Verjährung kann im Einzelfall gehemmt sein (§ 203 BGB). Das ist der Fall, wenn die Vertragsparteien Verhandlungen über den Anspruch führen. Der Verhandlungsbegriff ist weit auszulegen, sodass jeder Meinungsaustausch über den Anspruch genügt, sofern nicht sofort und eindeutig jeder Ersatz abgelehnt wird (*BGH*, Urt. v. 8.5.2001 – VI ZR 208/00, NJW-RR 2001, 1168). Erklärt der Vermieter auf die Aufforderung des Mieters zur Erteilung einer Abrechnung, es seien keine Rechnungen zu finden, wird der Begriff der Verhandlung bejaht (*AG Mitte*, Urt. v. 17.4.2014 – 12 C 477/12, GE 2015, 1167). Schweben Verhandlungen, wirkt die Hemmung grundsätzlich auf den Zeitpunkt zurück, in dem der Gläubiger den Anspruch geltend gemacht hat (*OLG Hamm*, NJW-RR 1988, 101. Das ist der Zeitpunkt, zu dem der Vermieter zur Abrechnungserstellung aufgefordert wird. 3273

Der Zeitraum, während dem die Hemmung besteht, wird nicht in die Verjährungsfrist eingerechnet (§ 209 BGB). Zusätzlich ist zu beachten, dass die Verjährung frühestens drei Monate nach dem Ende der Hemmung eintritt (§ 203 S. 2 BGB). 3274

▶ **Beispiel**

Fordert also der Mieter den Vermieter im Beispielsfall am 31. Oktober 2017 auf, die seit 1. Januar fällige Abrechnung vorzulegen und antwortet der Vermieter am 5. Dezember, er habe keine Unterlagen, wird durch die Antwort (noch) verhandelt. Die Hemmung wirkt auf den 31. Oktober zurück. Die Hemmung läuft vom 31. Oktober bis 5. Dezember, da die Antwort des Vermieters als Verweigerung der Abrechnungserstellung aufzufassen ist. Diese Zeit wird in die Verjährung nicht eingerechnet. Die Verjährungsfrist läuft am 5. Februar 2018 ab.

Hat der Vermieter die verspätete Abrechnung nicht zu vertreten, ist der Anspruch des Mieters zunächst wegen vorübergehender Unmöglichkeit ausgeschlossen und entsteht erst, wenn dem Vermieter die Abrechnung möglich ist (*Schmid* GE 2010, 298 [299]). 3275

III. Teilabrechnungen und getrennte Abrechnungen

3276 Eine **Teilabrechnung** muss der Vermieter nicht erstellen, weder für einzelne Betriebskostenarten (*Gather* DWW 2001, 196) noch bei einem Mieterwechsel (§ 556 Abs. 3 Satz 4 BGB). Es handelt sich dabei um einen allgemeinen Grundsatz, der auch bei Mietverhältnissen über Gewerberäume gilt (*OLG Düsseldorf* ZMR 2009, 275). Der Vermieter ist jedoch zu Teilabrechnungen berechtigt (*BGH*, Urt. v. 12.12.2012 – VIII ZR 264/12, ZMR 2013, 268 = NZM 2013, 84 = MietRB 2013, 66; *Langenberg* NZM 2001, 757), wenn vertraglich nichts anderes bestimmt ist.

3277 Ein Ausschluss einer Teilabrechnung ist als stillschweigend vereinbart anzusehen, wenn ein einheitlicher Vorauszahlungsbetrag geleistet wird, da dem eine einheitliche Abrechnung entspricht. Die Parteien können auch die Verpflichtung zu Teilabrechnungen vereinbaren.

3278 Dagegen schließt § 556 Abs. 3 Satz 1 BGB Abrechnungen für bestimmte Teile des Abrechnungsjahres aus. Keine unzulässige Teilabrechnung ist jedoch eine Abrechnung, die zwar in zwei Zeitabschnitte aufgeteilt ist, aber das gesamte Abrechnungsjahr umfasst (*BGH*, Urt. v. 23.6.2010 – VIII ZR 227/09, ZMR 2010, 933 = WuM 2010, 493 = GE 2010, 1191).

3279 Von einer Teilabrechnung zu unterscheiden sind **getrennte Abrechnungen** (*Langenberg* NZM 2001, 787). Häufigstes in der Praxis vorkommendes Beispiel ist die getrennte Abrechnung von Heiz-/Warmwasserkosten und den anderen Betriebskosten (vgl. *OLG Hamburg* ZMR 1989, 18). Sind verschiedene Abrechnungen vereinbart, gelten für jede dieser Abrechnungen und unabhängig von der anderen die allgemeinen Abrechnungsgrundsätze.

3280 Ob eine einheitliche Abrechnungspflicht besteht oder ob getrennte Abrechnungen zu erstellen sind, richtet sich nach den vertraglichen Vereinbarungen.

3281 Wenn keine ausdrückliche Regelung getroffen ist, ist eine Auslegung erforderlich. Dabei spricht es für eine getrennte Abrechnung, wenn verschiedene Abrechnungszeiträume vereinbart sind, z.B. Heizkosten nach der Heizperiode, andere Nebenkosten nach dem Kalenderjahr (*Langenberg* NZM 2001, 787) oder wenn separate Vorauszahlungen erhoben werden (*AG Melsungen* WuM 2009, 459; a.A. *LG Neuruppin* ZMR 2010, 768).

3282 Möglich ist es, mit dem Guthaben aus einer Abrechnung gegen eine Zahlung aus der anderen Abrechnung aufzurechnen (*LG Neuruppin* ZMR 2010, 768). Dies gilt aber nicht, wenn im Mietvertrag getrennte Vorauszahlungen geregelt sind und der Vermieter für eine Abrechnung die Abrechnungsfrist des § 556 Abs. 3 S. 2 BGB verstreichen lässt (*AG Leonberg*, Urt. v. 15.1.2015 – 8 C 306/14, WuM 2015, 431).

▶ Beispiel (AG Leonberg a.a.O.):

Der Wohnungsmietvertrag legt für die allgemeinen Betriebskosten eine Vorauszahlung von 120 € fest. In der Rubrik der Heiz- und Warmwasserkosten ist kein Betrag eingesetzt. Der Mieter erhält zwei getrennte Abrechnungen. Diejenige der allgemeinen Betriebskosten ist unstreitig rechtzeitig zugegangen, sie enthält ein Guthaben des Mieters von 23 €. Die Abrechnung der Heizkosten ist nach Beweisaufnahme verspätet zugegangen, sie kam zu einer Nachzahlung zulasten des Mieters mit 790 €. Der Vermieter musste 23 € nachleisten. Sein Guthaben aus der Heizabrechnung wurde nicht zugesprochen. Hier wird deutlich, dass die getrennte Erstellung von Abrechnungen Risiken birgt.

Gegen eine getrennte Abrechnung spricht es, wenn ein einheitlicher Vorauszahlungsbetrag für alle umzulegenden Kosten vereinbart ist, weil über eine einheitliche Vorauszahlung sinnvollerweise nur einheitlich abgerechnet werden kann. Allein die Tatsache, dass im Mietvertrag einzelnen Kostenpositionen bestimmte Beträge zugeordnet sind, spricht weder für die eine noch für die andere Variante (a.A. *Langenberg* NZM 2001, 878). Im Zweifel ist entsprechend dem in § 556 Abs. 3 Satz 4 BGB zum Ausdruck gekommenen Regelfall von einer einheitlichen Abrechnung auszugehen. 3283

Besteht keine Berechtigung des Vermieters zu getrennten Abrechnungen, werden aber gleichwohl solche erstellt, sind alle Abrechnungen als Einheit zu betrachten (*OLG Düsseldorf* ZMR 2008, 45). 3284

IV. Abrechnungsfrist

1. Jahresfrist

a) Anwendungsbereich

aa) Wohnraum

§ 20 Abs. 3 Satz 4 NMV 1970, § 556 Abs. 3 Satz 2 BGB schreiben vor, dass die Abrechnung dem Mieter spätestens bis zum Ablauf des zwölften Monats nach dem Ende des Abrechnungszeitraumes zuzuleiten bzw. mitzuteilen ist. Dieser Zeitpunkt wird auch als Eintritt der Abrechnungsreife bezeichnet (vgl. *BGH,* 27.11.2002 – VIII ZR 108/02, ZMR 2003, 334 = GE 2003, 250). 3285

Der Vermieter kann die Abrechnungsfrist grundsätzlich **voll ausschöpfen** (*OLG Düsseldorf* ZMR 1998, 219). Er muss es aber nicht, da es sich um eine Höchstfrist handelt (*BGH,* Urt. v. 20.1.2016 – VIII ZR 152/15, ZMR 2016, 282 = GE 2016, 253 = WuM 2016, 164). Die Abrechnungsfrist wird durch die Beendigung des Mietverhältnisses nicht tangiert (*AG Wetzlar* NZM 2006, 260). 3286

Nach Beendigung des Mietverhältnisses wird dem Vermieter allerdings ein Kautionseinbehalt versagt, wenn er nicht schon innerhalb zumutbarer Frist abrechnet (*AG Köpenick* GE 2010, 1208 m. zust. Anm. *Beuermann* GE 2010, 1154). 3287

bb) Geschäftsraum

Auch hier wird ein Zeitraum von **einem Jahr** nach Ablauf des Abrechnungszeitraumes für die Abrechnung als regelmäßig längste Frist für angemessen erachtet (*BGH,* Urt. v. 17.11.2010, WuM 2011, 220 = ZMR 2011, 365; v. 27.1.2010 – XII ZR 22/07, GuT 2010, 26 = NZM 2010, 240; *OLG Hamburg* ZMR 1989, 19; *OLG Düsseldorf,* Urt. v. 16.2.2016 – 24 U 63/15; *OLG Düsseldorf,* GuT 2005, 53 = ZMR 2016, 3288

440). Konsequent wird man auch hier eine längere Abrechnungsfrist zugestehen müssen, wenn der Vermieter die Verzögerung nicht zu vertreten hat.

cc) Abweichende Vereinbarungen

3289　Eine Verlängerung der Abrechnungsfrist wirkt sich zum Nachteil des Mieters aus und ist deshalb nach § 556 Abs. 4 BGB, § 20 Abs. 3 Satz 4 NMV 1970 bei Wohnraummietverhältnissen unwirksam. Bei der Geschäftsraummiete kann grundsätzlich eine längere Abrechnungsfrist vereinbart werden. Bei der Verwendung von Formularmietverträgen ist hierfür allerdings im Hinblick auf § 307 BGB ein triftiger Grund zu fordern (*Schmid* GE 2001, 1025, 1027) und die Frist darf nicht unangemessen lang sein (*Langenberg* NZM 2001, 785). Eine Abrechnungsfrist von mehr als zwei Jahren nach Ende des Abrechnungszeitraumes wird man formularmäßig nicht zugestehen können.

3290　Die **Verkürzung** der Frist ist zulässig (*BGH*, Urt. v. 20.1.2016 – VIII ZR 152/15, ZMR 2016, 282 GE 2016, 321 = WuM 2016, 164); *Kinne* GE 2004, 1572; zweifelnd *Langenberg* NZM 2001, 785), für den Vermieter aber nicht empfehlenswert. Die vereinbarte kürzere Frist ist keine Ausschlussfrist.

3291　Der *BGH* (a.a.O.) hat damit eine bislang umstrittene Rechtsfrage beantwortet (schon früher *AG Berlin-Wedding GE 2001, 207*; *AG Tempelhof-Kreuzberg* GE 2000, 1543; *Kinne* GE 2007, 253; a.A. *AG Berlin-Spandau* GE 2007, 297; *AG Dietz* DWW 1994, 25). Im entschiedenen Fall ging es um die Formularklausel in einem Wohnungsmietvertrag»**Spätestens am 30. Juni eines jeden Jahres ist über die vorangegangene Heizperiode abzurechnen**«. Dieser Regelung wird, da Entsprechendes nicht ausdrücklich zusätzlich festgehalten wurde, keine Ausschlusswirkung für Nachforderungen beigemessen. Dieses Ergebnis findet der BGH im Wege der wörtlichen und der sinnentsprechenden Auslegung. Für letztere Überlegung ist maßgebend, dass für den Vermieter, der sich eine Abrechnungspflicht binnen zweier Monate ab Ende der Heizperiode auferlegt kein Anlass bestehe, ohne Ausgleich auch noch die Vergünstigung zu gewähren, von möglichen Nachforderungen frei zu werden, wenn erst nach Fristablauf abgerechnet werde, was auch vom Mieter nicht erwartet werde.

3292　Bei Gewerberaummietverhältnissen können Abrechnungsfristen vereinbart werden (*KG* GE 2011, 545).

dd) Keine Vorauszahlungsverpflichtung

3293　Sind Vorauszahlungen nicht geschuldet, gelten die Regelungen über die Abrechnungsfrist analog.

b) Fristwahrung

aa) Fristablauf

3294　Die Zwölfmonatsfrist endet immer am Monatsende, auch wenn der Abrechnungszeitraum nicht an einem Monatsende endet. § 193 BGB ist nach § 186 BGB anzuwenden (*AG Ribnitz-Damgarten* WuM 2007, 18). Fällt der letzte Tag der Abrechnungsfrist auf einen Sonntag, Feiertag oder Sonnabend, so tritt an die Stelle eines solchen Tages der nächste Werktag (*Kinne* GE 2004, 1572).

Die Abrechnungsfrist wird durch die Frist für die Abgabe der **Steuererklärung** (§ 149 Abs. 2 AO) auch dann nicht verkürzt, wenn mit der Abrechnung ein Steuerabzug geltend gemacht werden soll (*Ludley* ZMR 2007, 331 [337]). 3295

Nimmt der Vermieter für jede Betriebskostenart eine gesonderte Abrechnung vor, gilt die Abrechnungsfrist für jede Betriebskostenart; werden alle Betriebskosten zusammen abgerechnet, gilt die Frist für den festgelegten Abrechnungszeitraum (*Heix* WuM 1993, 329). Ist jedoch nur eine Abrechnung zu erstellen, kommt es auf den hierfür maßgebenden Abrechnungszeitraum an, auch wenn in Abrechnung Kosten enthalten sind, die frühere Abrechnungszeiträume betreffen (*BGH*, Urt. v. 30.4.20008 – VIII ZR 240/07, GE 2008, 843 = WuM 2008, 404). 3296

Ein Anerkenntnis des Mieters, noch etwas zuschulden, ist auf die Abrechnungsfrist ohne Einfluss. Die für die Verjährung geltende Vorschrift des § 212 Abs. 1 Nr. 1 BGB ist nicht analog anwendbar (*BGH*, Urt. v. 9.4.2008 – VIII ZR 84/07, NZM 2008, 477). 3296a

Wie sich aus § 556 Abs. 3 Satz 4 BGB und § 20 Abs. 3 Satz 4 am Ende NMV 1970 ergibt, ist eine längere Abrechnungsfrist dann möglich, wenn der Vermieter die Verspätung nicht zu vertreten hat. 3297

bb) Eingang beim Mieter

Zuleiten bedeutet trotz der vielleicht missverständlichen Wortwahl nicht Aufgabe zur Post, sondern Eingang beim Mieter (*BGH*, Urt. v. 21.1.2009 – VIII ZR 107/08, ZMR 2009, 512 = NJW 2009, 2197 = MDR 2009, 558 = NZM 2009, 274 = IMR 2009, 153; *AG Ribnitz-Damgarten* WuM 2007, 18; a.A. *AG Bremen* WuM 1995, 593). Der Vermieter hat nämlich seine Abrechnungspflicht erst erfüllt, wenn der Mieter die Abrechnung auch erhält. Erst dann ist der Leistungserfolg eingetreten. Auf die Möglichkeit einer Belegeinsicht innerhalb der Frist kommt es nicht an (*LG Aachen* IMR 2009, 379). 3298

Es reicht aus, wenn die Abrechnung am letzten Tag der Frist, auch an Silvester, bis Mitternacht beim Mieter eingeht (*AG Hamburg-St. Georgen* WuM 2005, 775; a.A. für einen Einwurf in den Briefkasten des Mieters nach 18 Uhr: LG Hamburg, Urt. v. 2.5.2017 – 316 S 77/16, WuM 2017, 464; *AG Ribnitz-Damgarten* WuM 2007, 18 und für ein Telefax nach 19 Uhr an die Kanzlei des bevollmächtigten Anwalts: *AG Köln* ZMR 2005, 543 = NZM 2005, 740 jeweils für Silvester). Die Abrechnung ist nämlich keine Willenserklärung, auf die § 130 BGB anzuwenden wäre (a.A. ohne Diskussion des Problems: *BGH*, 21.1.2009 – VIII ZR 107/08, ZMR 2009, 512 = NJW 2009, 2197 = MDR 2009, 558 = NZM 2009, 274 = IMR 2009, 153), sodass es unerheblich ist, wann mit einer Kenntnisnahme durch den Mieter zu rechnen ist; es genügt der Eingang innerhalb der Frist (*Schmid* DWW 2006, 59; *ders.* GE 2008, 455, 456). 3299

3300 Ein Einwurf in den Wohnungsbriefkasten wahrt die Frist nicht, wenn die Wohnung erkennbar untervermietet ist; der Untermieter ist nicht Empfangsbote des Mieters (*LG München I* NZM 2008, 166 = NJW-RR 2008, 319).

cc) Mängel der Abrechnung

3301 Für die Fristwahrung genügt es, dass der Mieter eine formell ordnungsgemäße Abrechnung (Rdn. 3238 ff.) erhält (*BGH*, Urt. v. 17.11.2004 – VIII ZR 115/04, NJW 2005, 219 = ZMR 2005, 121 = GE 2005, 543 = WuM 2005, 61). Inhaltliche Fehler sind für die Fristwahrung unschädlich, können aber den Nachforderungsanspruch begrenzen. Betrifft der formelle Mangel nur einzelne Abrechnungspositionen, ist die Frist nur für diese Positionen nicht gewahrt.

2. Nicht fristgerechte Abrechnung

a) Geltendmachung des Erfüllungsanspruches

3302 Rechnet der Vermieter nicht innerhalb der zur Verfügung stehenden Zeit ab, kann der Mieter Klage auf Erteilung einer Abrechnung erheben. Der Anspruch des Mieters auf Abrechnung wird durch den Fristablauf nicht berührt (*Heix* WuM 1993, 329; *Gather* DWW 2001, 196).

b) Ausschlussfrist für Nachforderungen

aa) Wohnraum

(1) Grundsätzliches

3303 Die Frist der §§ 556 Abs. 3 Satz 3, 20 Abs. 3 Satz 4 NMV 1970 ist für Nachforderungen des Vermieters eine Ausschlussfrist, es sei denn, der Vermieter hat die Geltendmachung erst nach Ablauf der Jahresfrist nicht zu vertreten. Damit führt eine verschuldete Fristversäumung zum Verlust des Nachzahlungsanspruches. Auf den Umfang der Fristüberschreitung kommt es nicht an (*AG Bergheim* ZMR 2008, 632).

3304 Stellt der Vermieter, um die Ausschlussfrist für Nachforderungen zu wahren, bewusst falsche Werte wie die des Vorjahres in die Abrechnung ein, liegt eine **Scheinabrechnung** und damit eine Umgehung des § 556 Abs. 3 Satz 3 BGB vor, welche die Nachforderung ausschließt (*LG Bonn*, Urt. v. 8.1.2015 – 6 S 138/14, ZMR 2015, 358 m. Anm. *Klein/Viethen*; *AG Siegburg*, Urt. v. 30.5.2014 – 126 C 5/14, WuM 2014, 553).

3305 Sind für Betriebskostenarten **verschiedene Vorauszahlungen** festgelegt, beispielsweise für die Heizkosten und sonstigen Betriebskosten, liegen zwei Abrechnungskreise vor, die unterschiedlichen Wertungen unterliegen (*Langenberg* G Rn. 77; a.A. *Lützenkirchen* § 556 BGB Rn. 309). Für jeden Kreis läuft die Ausschlussfrist getrennt (*AG Ludwigsburg*, Urt. v. 15.5.2015 – 7 C 3065/14, WuM 2015, 429; *AG Melsungen*, Urt. v. 19.3.2009 – 4 C 21/07–71, WuM 2009, 459; *Langenberg* in Schmidt-Futterer § 556 BGB Rn. 478). Rechnet der Vermieter nach Ablauf der Abrechnungsfrist erst ab, ist eine Verrechnung eines Guthabens aus einem Kreis mit einer Nachzahlung aus dem anderen unzulässig (*AG Ludwigsburg* a.a.O.).

C. Abrechnung   Teil III

Höchstrichterlich ist die Problematik der »Abrechnungskreise allerdings noch nicht entschieden. Der BGH hat es dahingestellt sein lassen, ob mit der Vereinbarung gesonderter Vorauszahlungen überhaupt eine verbindliche Festlegung auf »Abrechnungskreise« erfolgt (*BGH*, Urt. v. 26.10.2011 – VIII ZR 268/10, ZMR 2012, 263 = GE 2012, 162 = NZM 2012, 153 = WuM 2012, 25). Relevant wird die Frage vor allem, wie die Entscheidung des AG Ludwigsburg a.a.O. zeigt dann, wenn ein von zwei oder bei mehreren Abrechnungspaketen einzelne Kreise vor und die übrigen nach Ablauf der Abrechnungsfrist abgerechnet werden, sodass sich Nachzahlungen und Guthaben ergeben und sich die Frage einer Verrechnung stellt. 3306

Ein Anerkenntnis des Mieters, Nachforderungen zu bezahlen, hindert den Eintritt der Ausschlusswirkung nicht; § 212 Abs. 1 Nr. 1 BGB ist nicht entsprechend anwendbar (*BGH*, 9.4.2008 – VIII ZR 84/07 WuM 2008, 351 = GE 2008, 795). Prozesstaktisch kann es deshalb für den Mieter je nach Lage des Einzelfalls von Vorteil sein, Einwendungen gegen die Abrechnung erst nach Ablauf der Abrechnungsfrist geltend zu machen (vgl. *Milger* NJW 2009, 630). 3307

(2) Nachforderungen

Um Nachforderungen im Sinne des Gesetzes handelt es sich nur, wenn der Vermieter nach Fristablauf einen Betrag verlangt, der eine bereits erteilte Abrechnung oder, falls eine rechtzeitige Abrechnung nicht erstellt ist, die Summe der Vorauszahlungen des Mieters übersteigt (*BGH*, Urt. v. 31.10.2007 – VIII ZR 261/06, GE 2007, 1686 = NZM 2008, 35 = WuM 2007, 700 = ZMR 2008, 38 m. Anm. Schmid; *BGH*, 17.11.2004 – VIII ZR 115/04, NJW 2005, 219 = ZMR 2005, 121 = GE 2005, 543). Das gilt auch, wenn die erste Abrechnung mit einem Guthaben des Mieters geendet hat (*BGH* NJW 2008, 1150 m. Anm. *Schmid*). Ausgeschlossen sind deshalb auch Ansprüche aus ungerechtfertigter Bereicherung (§§ 812 ff. BGB), wenn der Vermieter aufgrund einer falschen Abrechnung eine Rückzahlung geleistet hat (*AG Mettmann* NJW-RR 2004, 1531). 3308

Leistet der Mieter keine Vorauszahlungen und rechnet der Vermieter erst nach Ablauf der Abrechnungsfrist ab, ergibt sich in jedem Fall eine Nachzahlung zulasten des Mieters. Nach der Rechtsprechung des BGH handelt es sich beim hier errechneten Zahlungsbetrag nicht um eine Nachzahlung i.S.v. § 556 Abs. 3 S. 3 BGB (*BGH*, Urt. v. 31.10.2007 – VIII ZR 261/06, GE 2007, 1686 = NZM 2008, 35 = WuM 2007, 700 = ZMR 2008, 38). Deshalb ist der Vermieter berechtigt, den Zahlungsbetrag vom Mieter trotz Versäumung der Abrechnungsfrist zu verlangen, begrenzt auf die Summe der nicht entrichteten Abschläge, da der Vermieter nicht Vorteile daraus ziehen dürfte, dass bei Leistungen der Abschläge ein Guthaben zu seinen Gunsten wegen Verfristung nicht mehr verlangt werden dürfte (*LG Berlin*, Urt. v. 1.11.2004 – 34 O 387/04, GE 2005, 57; *Langenberg* in Schmidt-Futterer § 556 BGB Rn. 475; a.A. *LG Bonn*, Urt. v. 16.1.2014 – 6 S 48/13, ZMR 2014, 639, ohne aber auf *BGH* a.a.O. einzugehen). 3309

Das gilt auch dann, wenn der Vermieter nicht geleistete Soll-Vorauszahlungen als Zahlungen in die Abrechnung eingestellt hat (*AG Rheda-Wiedenbrück* NZM 2007, 85; 3310

Flatow WuM 2010, 606 [610]; a.A. *LG Krefeld* GE 2011, 408 m. abl. Anm. *Kinne* GE 2011, 373). Sind keine Vorauszahlungen vereinbart, ergreift der Ausschluss die gesamten Kosten (*LG Berlin* GE 2007, 1252).

(3) Abrechnungsfehler

3311 Die Abrechnung, die innerhalb der Frist dem Mieter zugeht, muss **formell ordnungsgemäß** sein (Rdn. 3442 ff.). Fehlt es hieran, tritt die Ausschlusswirkung ein. Wenn Erläuterungen für die Nachvollziehbarkeit erforderlich sind, müssen auch diese innerhalb der Frist erfolgen (*AG Leipzig* NJW-RR 2005, 238).

3312 Endet die formell mangelhaft Abrechnung mit einem Guthaben des Mieters und wird die formelle Ordnungsmäßigkeit nach Ablauf der Abrechnungsfrist hergestellt, bleibt es bei dem ausgewiesenen Guthaben; der Mieter kann aus der Fristüberschreitung keine Rechte (mehr) herleiten (*AG Tempelhof-Kreuzberg* GE 2008, 1630).

3313 **Materielle Fehler** berühren die Fristwahrung als solche nicht (*BGH*, 17.11.2004 – VIII ZR 115/04 NJW 2005, 219 = ZMR 2005, 121) und können innerhalb der Abrechnungsfrist zugunsten und zulasten des Mieters korrigiert werden, wenn die allgemeinen Voraussetzungen hierfür vorliegen. Aus der Korrektur kann sich auch eine (höhere) Nachzahlung ergeben (*BGH*, Urt. v. 17.11.2004 – VIII ZR 115/04, NJW 2005, 219 = ZMR 2005, 121; *AG Mitte*, Urt. v. 9.6.2015 – 5 C 443/14, GE 2015, 1296).

3314 Nach Fristablauf ist zwar eine Korrektur als solche möglich, kann aber wegen der Ausschlussfrist nicht zu (höheren) Nachforderungen führen (*BGH,* 17.11.2004 – VIII ZR 115/04, NJW 2005, 219 = ZMR 2005, 121; *Gies* NZM 2002, 515). Der *BGH* (a.a.O.), lässt die Korrektur einer bereits früher erteilten Abrechnung weder in den Einzelpositionen noch insgesamt zu. Das ist vom Gesetzwortlaut und vom Gesetzeszweck her bedenklich (*Schmid* NJW 2008, 1151, 1152). Die Nachforderung ist das Gesamtergebnis und nicht eine einzelne Rechenposition und der Mieter ist auch nur hinsichtlich des Gesamtbetrages schutzwürdig.

3315 Ist die Abrechnung formell nicht zu beanstanden, liegt aber inhaltliche Unrichtigkeit wegen einer Falschbezeichnung von Kostenpositionen vor, die erst nach Ablauf der Frist des § 556 Abs. 3 S. 2 BGB berichtigt wird, ist der Vermieter mit Nachforderungen bezüglich der betreffenden Kosten ausgeschlossen (*AG Lüdenscheid*, Urt. v. 15.5.2014 – 92 C 41/13, WuM 2014, 421).

3316 Gegen die Berufung auf die Abrechnungsfrist kann der Vermieter dem Mieter den Einwand von Treu und Glauben entgegenhalten, wenn das Versehen für den Mieter offensichtlich ist (»auf den ersten Blick erkennbar«) und vom Vermieter alsbald nach Ablauf der Abrechnungsfrist korrigiert wird (*BGH*, Urt. v. 30.3.2011 – VIII ZR 133/10, WuM 2011, 370 = IMR 2011, 274 m. abl. Anm. *Mayer*). Ein solcher Fehler wird angenommen, wenn mit der Abrechnung eine Heizkostenabrechnung übersandt wird, in der Abrechnung selbst aber die Heizkosten mit 0 angegeben sind (*LG Berlin* Urt. v. 20.11.2013 – 65 S 152/13, GE 2014, 123 = WuM 2014, 109). Auch der Mieter würde nach einer erkennbar fehlerhaften Addition hin nicht zur Nachzahlung verurteilt werden (AG Berlin a.a.O.; *LG Saarbrücken*, Urt. v. 28.9.2012 – 12 C 77/12, WuM 2012, 617).

Eine Korrektur zugunsten des Mieters ist immer möglich. Verbleibt gleichwohl ein Nachzahlungsbetrag, wird die Nachforderung nicht dadurch ausgeschlossen, dass die Korrektur erst nach Fristablauf erfolgt, da keine neuen Forderungen erhoben werden (*LG Berlin* GE 2001, 924). 3317

(unbesetzt) 3318–3320

(4) Vertretenmüssen

Der Forderungsverlust tritt nicht ein, wenn der Vermieter die verspätete Geltendmachung nicht zu vertreten hat. 3321

Beschaffung von Unterlagen: Nicht zu vertreten hat der Vermieter grundsätzlich die späte Übersendung eines Grundsteuerbescheides (*Grundmann* NJW 2001, 2500) oder von Rechnungen erst kurz vor oder nach Fristablauf (*Sternel* ZMR 2001, 937 [940]). Der Vermieter ist aber verpflichtet, alle zumutbaren Bemühungen zu unternehmen, um sich die für die Abrechnung erforderlichen Unterlagen rechtzeitig zu beschaffen, die Abrechnung fristgerecht zu erstellen und zu versenden. Hierzu gehört es auch, dass der Vermieter auf dritte Personen einwirkt, Rechnungen und Belege so rechtzeitig zu übersenden, dass der Vermieter seinerseits die Abrechnung rechtzeitig erstellen kann (*Gies* NZM 2002, 515; *AG Gronau* DWW 1988, 213, in den allgemeinen Ausführungen allerdings zu weitgehend). Ein bloßes Zuwarten bis zum Eingang der Rechnungen kann ein Verschulden begründen (*AG Köpenick* WuM 2007, 577 = GE 2007, 990). Bei der Kausalitätsprüfung wird man allerdings berücksichtigen müssen, dass die frühzeitige Anforderung von Rechnungen, die automatisiert und massenweise versandt werden, oft fruchtlos ist. 3322

Auf die Möglichkeit einer **Teilabrechnung** kann der Vermieter nicht verwiesen werden (a.A. *Sternel* ZMR 2001, 937 [940]), da er hierzu nicht verpflichtet ist. 3323

Ferner wird man es dem Vermieter nicht anlasten können, wenn ein von seiner Seite nicht mutwilliger **Rechtsstreit mit Dritten**, dessen Ergebnis sich auf die Abrechnung auswirkt, nicht rechtzeitig entschieden wird, z.B. ein Streit mit einem Dritten über die Rechnungshöhe von Betriebskosten oder ein Rechtsstreit über die Höhe von umlegbaren Gebühren. 3324

Umstände, die in der **Verwaltungssphäre** des Vermieters liegen, wie EDV-Ausfall oder hoher Krankenstand (vgl. *Langenberg* NZM 2001, 785), können die Verspätung nur entschuldigen, wenn die Ausfälle unvorhersehbar waren und mit zumutbaren Mitteln keine Abhilfe geschaffen werden kann (vgl. *AG Siegburg* WuM 2001, 245 [246]; a.A. *Sternel* ZMR 2001, 937 [940], der generell ein Vertretenmüssen annimmt). Dem Vermieter obliegt es, eine Datensicherung in zumutbarem Umfang, gegebenenfalls durch eine externe Datenabsicherung, vorzunehmen (*AG Annaberg* NZM 2008, 686). 3325

Fehler in der Abrechnung hat der Vermieter in der Regel zu vertreten (*LG Bonn* WuM 2004, 266; *AG Mettmann* NJW-RR 2004, 1531; a.A. *AG Witten* ZMR 2005, 3326

209, das bei Rechenfehlern generell keinen Nachforderungsausschluss annimmt). Keinen Entschuldigungsgrund stellt es deshalb in der Regel dar, dass der Vermieter eine zunächst formell unwirksame Abrechnung neu erstellen muss (*BGH*, 9.4.2008 – VIII ZR 84/07,GE 2008, 795).

3327 *(unbesetzt)*

3328 Das Risiko eines **Rechtsstreits mit dem Mieter** über die formelle Ordnungsmäßigkeit der Abrechnung trägt der Vermieter. Dieser kann sich deshalb nicht auf eine von ihm nicht zu vertretende Dauer des Prozesses berufen (*Langenberg* WuM 2001, 527; a.A. *Gies* NZM 2002, 515). In Betracht kommt jedoch angesichts der umstrittenen Anforderungen an die Ordnungsmäßigkeit einer Abrechnung ein entschuldigender Rechtsirrtum.

3329 Zurechnen lassen muss sich der Vermieter ein **Verschulden Dritter**, die er gerade zum Zwecke der Erstellung heranzieht (§ 278 BGB), z.B. eine Verzögerung der Abrechnung durch den Wohnungsverwalter (*AG Potsdam* GE 2003, 1084 = WE 2004, 183) oder eine Messdienstfirma (*AG Wuppertal* WuM 2010, 901; *Sternel* ZMR 2001, 937 [940]; a.A. *Langenberg* WuM 2001, 527).

3330 Weist der Mieter eine Abrechnung entsprechend § 174 BGB zurück und geht die nochmals übersandte Abrechnung erst nach Fristablauf zu, hat es der Vermieter nach § 278 BGB zu vertreten, dass der **Bevollmächtigte** keine Vollmachtsurkunde beigefügt hat (*Kinne* GE 2004, 1572 [1578]).

3331 Der **Zwangsverwalter** muss sich das Verhalten des Vollstreckungsschuldners (Vermieters) zurechnen lassen. Er kann sich insbesondere nicht darauf berufen, dass Zwangsverwaltung erst kurz vor Ablauf der Abrechnungsfrist angeordnet wurde (*AG Dortmund* WuM 2007, 697; *Milger* NJW 2011, 1249 [1251]).

3332 Der *BGH* (Urt. v. 21.1.2009 – VIII ZR 247/08, NJW 2009, 2127 = MDR 2009, 558 = ZMR 2009, 512 = WE 2010, 34 m. abl. Anm. *Ormanschick*) sieht die **Post** als Erfüllungsgehilfen des Vermieters an; ein Verlust der Abrechnung oder eine verspätete Zustellung schließen deshalb ein Verschulden des Vermieters nicht aus. Wird eine Einschreibesendung nicht abgeholt, ist sie nicht zugegangen. Ein fehlendes Verschulden des Vermieters ist in diesen Fällen nicht anzunehmen (*LG Berlin* GE 2010, 1345). Eine Nachforschungspflicht, ob der Mieter die Abrechnung erhalten hat, trifft den Vermieter nur in besonderen Fällen, z.B. wenn der Mieter längere Zeit nicht auf die Abrechnung reagiert und keine Nachzahlung leistet (vgl. *AG Duisburg-Ruhrort* WuM 2004, 203). In jedem Fall hat es der Vermieter als eigenes Verschulden zu vertreten, wenn er die Sendung zu spät in den Briefkasten wirft (*LG Berlin* GE 2008, 471). Empfehlenswert ist eine so rechtzeitige Absendung, dass der Vermieter bei Ausbleiben der Nachzahlung noch innerhalb der Frist eine erneute Mitteilung vornehmen kann (*Schmid* MietRB 2008, 342).

3333 *(unbesetzt)*

3334 Sehr umstritten ist die Frage, mit wem es heimgeht, dass die Abrechnung nicht rechtzeitig zugestellt werden kann, wenn dem Vermieter die neue Anschrift des umgezogenen Mieters nicht bekannt ist. Nach einer Ansicht muss der Mieter dem Vermieter als nachvertragliche Pflicht die neue Adresse bekanntgeben oder bei der Post einen Nachsendeauftrag erteilen (*AG Frankfurt*, 20.3.2019 – 30 C 2096/18(14), WuM 2019, 618, das mit § 242 BGB arbeitet; *AG Lichtenberg*, 18.9.2009 – 110 C 17W09, GE 2009, 1503; *AG Neukölln*, 22.9.2009 – 15 C 206/09, GE 2009, 1323; *AG Bad Neuenahr-Ahrweiler*, 23.5.2007 – 3 C 177/07, NZM 2008, 205; *Wall*, WuM 2019, 618 zu *AG Frankfurt*, 20.3.2019 – 380 C 2096/18 (14);(*Kinne* GE 2007, 191; a.A. *AG und LG Hannover* WuM 2007, 629; *Streyl* ZMR 2011, 188). Dass sich der Vermieter bei Auszug nach der neuen Anschrift erkundigt, ist naheliegend aber nicht verpflichtend. Es ist Sache des Mieters dafür zu sorgen, dass ihn Post erreicht (*AG Bad Neuenahr-Ahrweiler* NZM 2008, 205). Ihn trifft die nachvertragliche Pflicht, bis zur vollständigen Abwicklung des Mietverhältnisses für den Vermieter erreichbar zu sein. Vorsorglich sollte der Vermieter jedoch von einer Möglichkeit der öffentlichen Zustellung nach § 132 Abs. 2 ZPO Gebrauch machen (vgl. *Streyl* ZMR 2011, 188)..

Nach anderer Ansicht ist es grundsätzlich Sache des Vermieters, sich kundig zu machen, wie die neue Anschrift des Mieters lautet (*LG Hannover*, 3.5.2007 – 13 S 21/07, WuM 2007, 629; *AG Köln*, 11.3.2016 – 208 C 495/15, WuM 2017, 265; weitere Bsp. bei *Wall*, WuM 2019, 619). Für den rechtzeitigen Zugang der Abrechnung ist der Vermieter darlegungs- und beweispflichtig. Diese Ansicht hat für sich, dass es Fälle gibt, in denen der Mieter nicht für verpflichtet gehalten werden kann, seinen neuen Wohnsitz mitzuteilen. Es kommt schlussendlich stets auf den Einzelfall an. **3334a**

Bei bewusster Vereitelung des Zustellung (*Wall* a.a.O.), etwa durch Unterlassen der Ummeldung hat der Vermieter die Verzögerung nicht zu vertreten. Auch die Bekanntgabe einer falschen Anschrift zur Irreführung des Vermieters zählt hierher. **3334b**

Ob die ausdrückliche Weigerung des Mieters, die neue Anschrift bekannt zu geben, den Vermieter von seiner Pflicht zur eigenen Erkundigung befreit (so *Wall* a.a.O.), ist fraglich.

Nach einschränkender Ansicht entfällt das Verschulden des Vermieters nicht, wenn der Mieter sich weigert, die neue Anschrift mitzuteilen, sofern der Vermieter nicht alle Möglichkeiten ausgeschöpft hat, um die neue Adresse herauszufinden. Auf das Bestehen eines Postnachsendeauftrags unter der bisherigen Anschrift darf der Vermieter 17 Monate nach Wohnungsübergabe nicht vertrauen (*AG Köln*, Urt. v. 11.3.2016 – 208 C 495/15, WuM 2017, 265). **3335**

In jedem Fall hat es der Vermieter als eigenes Verschulden zu vertreten, wenn er die Sendung zu spät in den Briefkasten wirft (*LG Berlin* GE 2008, 471). Empfehlenswert ist eine so rechtzeitige Absendung, dass der Vermieter bei Ausbleiben der Nachzahlung noch innerhalb der Frist eine erneute Mitteilung vornehmen kann (*Schmid* MietRB 2008, 342 [343]). **3336**

Der BGH hat durch das Urteil vom 25.1.2017 – VIII ZR 249/15 (ZMR 2017, 303 = MietRB 2017, 139 = WuM 2017, 138) ein bisher umstrittenes Problem im Zusammenhang mit der rechtzeitigen Vorlage der Betriebskostenabrechnung des Vermieters **3337** bei der Vermietung der **Eigentumswohnung** entschieden und folgende Grundsätze aufgestellt:

3338 Der Vermieter einer Eigentumswohnung muss die Betriebskostenabrechnung gegenüber seinem Mieter auch dann binnen der Jahresfrist nach § 556 Abs. 3 S. 2 BGB vorlegen, wenn zu diesem Zeitpunkt der Beschluss der Wohnungseigentümer nach § 28 Abs. 5 WEG über die Jahresabrechnung (§ 28 Abs. 3 WEG) des Verwalters noch nicht vorliegt. Dieser Beschluss ist nicht ungeschriebene Voraussetzung für die Abrechnung der Betriebskosten nach § 556 Abs. 3 BGB.

3339 Der Wohnungseigentumsverwalter ist nicht Erfüllungsgehilfe (§ 278 BGB) des vermietenden Eigentümers im Zusammenhang mit der Erstellung der Betriebskostenabrechnung.

3340 Will der Vermieter sich nach § 556 Abs. 3 S. 3 BGB entlasten, dass er die Verspätung nicht zu vertreten habe muss er konkret darlegen, welche Bemühungen er unternahm, um die rechtzeitige Erstellung der Abrechnung sicherzustellen.

3341 Die Rechtsprechung wird sich in Einzelfällen besonders mit der letztgenannten Problematik des fehlenden Vertretenmüssens zu befassen haben. Vom Grundsatz her muss der Vermieter die Verwaltung auf rechtzeitige Abrechnungserstellung drängen, ggf. unter Fristsetzung aufzufordern. Dem vermietenden Eigentümer steht das Recht auf Einsicht in die Betriebskostenunterlagen zu. Man wird von ihm verlangen können, dass er hiervon Gebrauch macht, sofern er erkennt, dass die Verwaltung die Abrechnung für die Eigentümer nicht rechtzeitig zur Erfüllung der eigenen Abrechnungspflicht wird erstellen können. Der Vermieter kann ggf. sachkundiger Hilfe bedienen. Rechnet die Verwaltung Kosten nach Miteigentumsanteilen ab und beinhaltet der Mietvertrag eine anderen Verteilerschlüssel, muss der Vermieter ohnehin nach seinen Vereinbarungen mit dem Mieter abrechnen, die gesamtkosten also entsprechend auf den einzelnen Mieter nach dem Mietvertrag umlegen.

3342 Der vermietende Wohnungseigentümer muss alle rechtlichen Möglichkeiten ausschöpfen, um die Abrechnung erstellen zu können (vgl. *LG Berlin* GE 1991, 93), wozu auch eine Klage gegen den Verwalter gehören kann.

3342a Ist eine Eigentumswohnung vermietet und teilt der Vermieter seinem Mieter mit, dass eine Abrechnungserstellung wegen eines Rechtsstreits zwischen der WEG und einem Mitglied im Zusammenhang mit der Einholung eines Gutachtens zur Abrechnung nicht innerhalb der Jahresfrist möglich ist, ist die Fristversäumnis nicht verschuldet (*LG München I*, 18.1.2018 – 31 S 11267/17, WuM 2018, 427).

3343 In einer weiteren Entscheidung zum Wohnungseigentumsrecht hat der BGH festgehalten, dass die Pflicht zur Erstellung der Jahresabrechnung (§ 28 Abs. 3 WEG) denjenigen Verwalter trifft, der bei Entstehung der Abrechnungspflicht Amtsinhaber ist. Scheidet der Verwalter im Lauf des folgenden Wirtschaftsjahres aus, schuldet er (vorbehaltlich einer hierzu anderweitigen Vereinbarung) die Abrechnung für das abgelaufene Jahr unabhängig davon, ob die Abrechnung bei seinem Austritt schon fällig war (*BGH*, 16.2.2018 – V ZR 89/17, ZMR 2018, 523).

Der Verwalter haftet bei Verschulden dem Wohnungseigentümer auf Schadensersatz, wenn durch verspätete Abrechnung für die Wohnungseigentümer dem Vermieter ein zusätzlicher Verwaltungsaufwand entsteht. Dasselbe gilt für einen Zinsschaden des Vermieters, wenn der Verwalter nicht unverzüglich Einsicht die Abrechnungsunterlagen gewährt. Voraussetzung ist, dass sich der Verwalter, insbesondere aufgrund einer Mahnung, in Verzug befindet (vgl. *OLG Düsseldorf* ZMR 2007, 287). 3344

(5) Wegfall des Abrechnungshindernisses

Ist die Fristversäumung zunächst entschuldigt, so muss der Vermieter nach Wegfall des Abrechnungshindernisses die Abrechnung dem Mieter innerhalb von drei Monaten zuleiten (*BGH*, 5.7.2006 – 220/05, ZMR 2006, 847). Geschieht dies nicht, tritt die Ausschlusswirkung ein. 3345

(6) Darlegungs- und Beweislast

Nach der Fassung von § 556 Abs. 3 Satz 3 BGB, § 20 Abs. 3 Satz 4 NMV 1970 trifft den Vermieter die **Darlegungs- und Beweislast** für die Tatsachen, aus denen sich ergibt, dass er die Versäumung der Ausschlussfrist nicht zu vertreten hat. 3346

(7) Abweichende Vereinbarungen

Eine zum Nachteil des Mieters abweichende Vereinbarung ist unwirksam (§ 556 Abs. 4 BGB). Das gilt auch für die Vereinbarung bestimmter Hinderungsgründe, wenn es sich dabei nicht objektiv um Gründe handelt, die ein Vertretenmüssen ausschließen (*Langenberg* NZM 2001, 789). Ein vereinbarte kürzere Abrechnungsfrist hat keine Ausschlusswirkung, sofern die Parteien nicht auch das vereinbart haben. 3347

(8) Rechtsentsprechende Anwendung

Die analoge Anwendung des § 556 Abs. 3 S. 3 BGB wird bejaht bei den **Wohnungsberechtigten**, da insoweit eine planwidrige Regelungslücke vorliege und auch in diesem Bereich eine zeitnahe Abrechnung gewährleistet werden soll (*BGH*, 16.03.2018 – V ZR 60/17, ZMR 2018, 659; *BGH*, 25.9.2009 – V ZR 36/09; *LG Köln*, Urt. v. 20.9.2017 – 13 S 50/17, ZMR 2018, 325 = NZM 2017, Heft 20, VI; *AG Frankenberg-Eder*, 17.2.2017 – 6 C 67/16, ZMR 2017, 896). Dies habe auch zu gelten, wenn der Wohnberechtigte keine Vorauszahlungen leisten müsse (*BGH*, 16.03.2018 *LG Köln* a.a.O.; LG Berlin, 29.6.2007 – 63 S 469/06, BeckRS 2007, 18366; *Langenberg* in: Schmidt-Futterer § 556 BGB Rn. 446 a.A. *LG München II*, 22.3.2011 – 12 S 4491/10; *Weitemeyer* in: Staudinger (2014) § 556 BGB Rn. 106). Im entschiedenen Fall enthielt der Notarvertrag die Formulierung »Betriebs- und Nebenkosten, die auch von einem Mieter zu tragen wären«, die so verstanden wurde, dass der Wohnungsberechtigte damit alle, einem Mieter umlegbaren Betriebskosten auferlegt sind. Ansonsten muss der Wohnungsberechtigte die verbrauchsabhängigen Kosten wie Gas, Heizung, Wasser, Strom, Müll tragen, weil es sich dabei nicht um Kosten der Wohnung, sondern um die erst durch die Ausübung des Wohnungsrechts verursachten Nutzkosten handelt (*BGH*, 20.9.2017 – VIII ZR 279/16, ZMR 2018, 21 = NZM 2017, 730; 21.10.2012 – V ZR 57/11, NZM 2012, 313 = NJW 2012, 522; *Herrler* in: Palandt § 1093 BGB Rn. 10). 3348

bb) Geschäftsraum

3349 Der *BGH* (Urt. v. 28.5.2014 – XII ZR 6/13, ZMR 2014, 705; v. 10.7.2013 – XII ZR 62/12, ZMR 2014, 109 = NJW 2010, 1065 = MDR 2010, 496 = NZM 2010, 240) nimmt auch bei der Gewerberaummiete eine Abrechnungsfrist von **einem Jahr** an, sofern die Parteien nichts anderes vereinbart haben oder der Vermieter die verspätete Abrechnung nicht zu vertreten hat, lehnt jedoch eine analogen Anwendung der Ausschlussfrist des § 556 Abs. 3 Satz 3 BGB ab und prüft stattdessen Verwirkung.

3350 Eine dem § 556 BGB entsprechende Regelung kann vertraglich vereinbart werden (*KG* GE 2011, 545). Die Vereinbarung einer Ausschlussfrist kann auch in Allgemeinen Geschäftsbedingungen erfolgen. Allerdings wird man hier im Hinblick auf § 307 BGB auch eine Vereinbarung verlangen müssen, dass der Nachforderungsausschluss nicht eintritt, wenn der Vermieter die Verspätung nicht zu vertreten hat und nach Behebung des Abrechnungshindernisses innerhalb von drei Monaten abrechnet. Den Vermieter mit Nachforderungen auch dann auszuschließen, wenn er die Verspätung nicht zu vertreten hat, wäre nämlich eine unbillige Benachteiligung. Dass auch ohne ausdrückliche Regelung der Nachforderungsausschluss nur bei Verschulden eintritt, kann nicht angenommen werden. § 556 Abs. 3 Satz 3 BGB ist nach der Rechtsprechung des *BGH* nicht analog anwendbar und auf § 276 BGB kommt es nicht an, da es sich um keinen Schadensersatzanspruch handelt (a.A. *Neuhaus* IMR 2010, 90).

3351 Die Vereinbarung einer Abrechnungsfrist deutet für sich allein noch nicht darauf hin, dass die Parteien auch eine Ausschlussfrist vereinbaren wollten (*BGH*, Urt. v. 20.1.2016 – VIII ZR 152/15, WuM 2016, 164; vgl. Rdn. 3148a; *OLG Düsseldorf* GuT 2006, 132; a.A. *AG Berlin-Spandau* GE 2007, 297). Maßgeblich ist jedoch immer die Vertragsauslegung im Einzelfall (*BGH* a.a.O.; *LG Limburg* WuM 1977, 120).

c) Verwirkung

3352 Der Rechtsgedanke der Verwirkung, der auch im Miet- und Pachtrecht gilt, ist ein Unterfall der unzulässigen Rechtsausübung aufgrund widersprüchlichen Verhaltens. Danach ist ein Recht verwirkt, wenn der Berechtigte es längere Zeit hindurch nicht geltend gemacht und der Verpflichtete sich darauf eingerichtet hat und nach dem gesamten Verhalten des Berechtigten darauf einrichten durfte, dass dieser das Recht auch in Zukunft nicht geltend machen werde *(BGH*, Urt. v. 27.1.2010 – XII ZR 22/07, ZMR 2010, 520 = NZM 2010, 240 = GE 2010, 406). Die Annahme der Verwirkung setzt neben dem Zeitablauf das Vorliegen besonderer, ein **Vertrauen des Verpflichteten** begründenden Umstände, voraus (*BGH,* 21.2.2012 – VIII ZR 146/11, ZMR 2012, 616 = WuM 2012, 317 = GE 2012, 823).

3353 Im Hinblick auf die Ausschlustatbestände bei verspäteter Abrechnung hat die Verwirkung bei **Wohnraummietverhältnissen** nur noch in besonders gelagerten Fällen Bedeutung, insbesondere wenn der Vermieter die späte Abrechnung nicht zu vertreten hat. § 556 Abs. 3 Satz 3 BGB ist ein gesetzlich geregelter Unterfall der Verwirkung, schließt aber eine Verwirkung nach allgemeinen Grundsätzen nicht aus (*BGH,* 21.2.2012 – VIII ZR 146/11, ZMR 2012, 616 = WuM 2012, 317 = GE 2012, 823).

Die bloße Überschreitung einer Abrechnungsfrist genügt nicht, um das **Zeitmoment** der Verwirkung zu erfüllen (*OLG Düsseldorf* GE 2003, 323; offenlassend *BGH,* Urt. v. 17.11.2010 – XII ZR 124/09, ZMR 2010, 520 = MDR 2011, 19 = NZM 2010, 240 = GE 2010, 128 für Fristüberschreitung bei Geschäftsraum von einem halben Jahr und eineinhalb Jahren; Schmidt-Futterer/*Langenberg* Mietrecht § 556 Rn. 522). Die häufige Formulierung »jahrelang« (z.B. *Wolff/Eckert/Ball*, Handbuch der gewerblichen Miet-, Pacht- und Leasingrechts, Rn. 542) hilft wenig weiter. 3354

Es kann für den Regelfall ein befriedigendes Ergebnis erzielt werden, wenn man für das Zeitmoment die regelmäßige Verjährungsfrist von drei Jahren (§ 195 BGB) heranzieht (*Schmid* GE 2010, 306 [307]; vgl. auch *KG* GE 2001, 693; *AG Köln,* Urt. v. 16.7.2013 – 226 C 49/12, WuM 2015, 672). Damit wird dem Umstand Rechnung getragen, dass es der Vermieter in der Hand hat, die Fälligkeit der Nachzahlung und damit den Beginn der Verjährung durch eine verspätete Abrechnung hinauszuschieben. 3355

Auch die Überschreitung einer **vereinbarten** Abrechnungsfrist begründet für sich alleine noch keine Verwirkung (*LG Limburg* WuM 1997, 120, 121; a.A. *AG Neuss* WuM 1997, 121 für den Fall, dass der Mieter ein gewerblicher Zwischenvermieter ist). 3356

▶ Hinweis:

Fehlt es an Umständen, die ein Vertrauen darauf begründen, dass der Vermieter die Kosten nicht mehr abrechnet, kann die Beurteilung, ob im Einzelfall das Zeitmoment entfällt, dahingestellt bleiben *(BGH,* Urt. v. 17.11.2010 – XII ZR 124/09, ZMR 2010, 520 = MDR 2011, 19 = NZM 2010, 240 = GE 2011, 128). 3357

Je länger die Abrechnungsfrist überschritten ist, umso eher wird eine Verwirkung angenommen werden können. M. E. kann für den Regelfall ein befriedigendes Ergebnis erzielt werden, wenn man für das Zeitmoment die regelmäßige Verjährungsfrist von drei Jahren (§ 195 BGB) heranzieht (vgl. *KG* GE 2001, 693; *LG Frankfurt/M.* NZM 2001, 667; *AG Köln,* Urt. v. 16.7.2013 – 226 C 49/12, WuM 2015, 672: Abrechnung für 2008 wird 2009 erstellt und im Dezember 2012 per Mahnbescheid geltend gemacht). Damit wird dem Umstand Rechnung getragen, dass es der Vermieter in der Hand hat, die Fälligkeit und damit den Beginn der Verjährung durch verspätete Abrechnung hinauszuschieben. Aus der Sicht des Mieters kommt es auf den tatsächlichen Zeitablauf an und nicht auf den rechtlichen Eintritt der Fälligkeit. Ob der Mieter auch darauf vertrauen darf, er werde nicht mehr mit Nachzahlungen belastet, hängt von den Umständen des Einzelfalls ab. 3358

Für die Beurteilung der Verwirkung ist auf jeden einzelnen Abrechnungszeitraum abzustellen, nicht auf den Zeitpunkt der letzten erfolgten Abrechnung (*BGH,* 21.2.2012 – VIII ZR 146/11, ZMR 2012, 616 = GuT ZMR 2012, 616 = WuM 2012, 317 = GE 2012, 823). Das Unterbleiben einer Abrechnung über viele Jahre hinweg kann jedoch Auswirkungen auf die Beurteilung des Vertrauenstatbestandes haben. 3359

3360 Für den Bezugszeitpunkt des Zeitmoments kann dahinstehen, ob oder wann die Forderung aufgrund formeller Mängel wirksam entstanden und fällig geworden ist. Es kommt auf den Zeitpunkt an, zu dem die Möglichkeit bestand die Forderung geltend zu machen (*LG Berlin* NZM 2002, 286; *AG Köln*, Urt. v. 16.7.2013 – 226 C 49/12, WuM 2015, 672).

3361 Generell umstritten ist, inwieweit ein (fehlendes) Verschulden des Gläubigers Einfluss auf die Verwirkung hat (Palandt/*Grüneberg* § 242 Rn. 94 m.w.N.). Der *BGH* (Urt. v. 11.11.2009 – VIII ZR 221/08, WuM 2010, 33 = GE 2010, 197) sieht es als Voraussetzung der Verwirkung an, dass der Vermieter ohne eigenes Verschulden an der Abrechnung verhindert war.

3362 Im Prozess muss der **Mieter** alle die Verwirkung begründenden Umstände **darlegen** und gegebenenfalls **beweisen**, insbesondere auch, dass er sich darauf eingerichtet hat, dass keine Nachzahlungen mehr anfallen (*LG Gießen* NJW-RR 1996, 1163).

3363 Moniert der Mieter nach Erhalt der Abrechnung zwei Mal verschiedene Kostenarten und reagiert der Vermieter hierauf nicht, sondern macht über drei Jahre danach die Nachforderung gerichtlich geltend, wurde der Darlegungslast entsprochen (*AG Köln*, Urt. v. 16.7.2013 – 226 C 49/12, WuM 2015, 672; ähnlich *AG Köln*, Urt. v. 20.7.2013 – 226 C 57/13, WuM 2015, 672: Mieter beanstandet nach der Abrechnung einzelne Positionen, worauf der Vermieter nach einem Vierteljahr erklärt, die Sache werde jetzt geklärt, aber nicht reagiert und nach weiteren 2.5 Jahren die Nachforderung einklagt). Hieraus kann der Mieter den Schluss ziehen, dass die Forderung nicht weiter verfolgt wird (*LG Köln* Beck RS 2012. ß9576; *AG Plön* WuM 1988, 132).

3364 Bejaht das Gericht den Verwirkungstatbestand, kommt es bei einer vom Mieter verlangten Nachzahlung auf den Einwand des Mieters gegen die formelle Rechtswirksamkeit nicht mehr an (*AG Köln*, Urt. v. 16.7.2013 – 226 C 49/12, WuM 2015, 672).

3365 Beispiele aus der Rechtsprechung (*Harsch*, MietRB 2016, 270, 273 ff., dort auch weitere Rechtsprechungsbeispiele)

Der Mieter zahlt 20 Jahre die vereinbarten Betriebskostenvorauszahlungen, über die jedoch nicht abgerechnet wird. Der BGH (13.2.2008 – VIII ZR 14/06, MietRB 2008, 161 = WuM 2008, 225 = ZMR 2008, 443) ließ den alleinigen langen Zeitablauf für eine Verwirkung nicht genügen.

Im Mietvertrag sind für Heizung und sonstige Betriebskosten getrennte Abschläge geregelt. Die Heizkosten werden regelmäßig abgerechnet, nicht die übrigen Kosten. Dadurch, dass die Heizkosten abgerechnet wurden durfte der Mieter erwarten, dass es bei der Nichtabrechnung der sonstigen Kosten bleiben würde (*LG Hamburg*, Urt. v. 3.9.2004 – 311 S 26/04, NZM 2005, 216).

Das Jahr 2011 wird im Oktober 2012 abgerechnet. Zur Abrechnung folgt ein Schriftwechsel. Im August 2013 lehnt der Mieter die Nachzahlung ab und stellt Klage anheim. Diese wird im Dezember 2015 eingereicht. Das Umstandsmoment wurde darin erblickt, dass der Mieter nach dem Anheimstellen der Klage immer stärker darauf vertrauen durfte, dass die Klage nicht mehr kommen würde (*LG Berlin*, Urt. v. 16.10.2001 – 64 S 158/01, NZM 2002, 286).

d) Zurückbehaltungsrecht

Der Mieter hat ein Zurückbehaltungsrecht nach § 273 BGB für weitere Nebenkostenvorauszahlungen, wenn die Abrechnung für einen vorangegangenen Zeitraum nicht rechtzeitig erfolgt oder formell unwirksam ist (*BGH*, Beschl. v. 20.1.2015 – VIII ZR 208/14, = GE 2015, 377; v. 6.2.2013 – VIII ZR 184/12, ZMR 2013, 422 = GE 2013, 480 = NJW 2013, 1595; v. 29.3.2006 – VIII ZR 191/05, ZMR 2006, 672 = NJW 2006, 2552; BGH ZMR 1984, 339 und WuM 2006, 383). Das Zurückbehaltungsrecht besteht nur bis zur Vorlage einer ordnungsgemäßen Abrechnung (*BGH*, Urt. v. 28.5.2008 – VIII ZR 261/07, ZMR 2008, 777 = NJW 2008, 2260 = GE 2008, 855). Der Ablauf der Abrechnungsfrist ist danach ohne Bedeutung (*LG Itzehoe* ZMR 2009, 369). Materielle Einwendungen sind im Mietnebenkostenprozess geltend zu machen (*AG Pinneberg* ZMR 2003, 494). Die Verjährung des Anspruchs auf Abrechnung schließt die (weitere) Geltendmachung des Zurückbehaltungsrecht nicht aus (§ 215 BGB). 3366

Auch wenn die Abrechnung nur in einzelnen Positionen formell unwirksam ist, erstreckt sich das Zurückbehaltungsrecht auf die gesamten Vorauszahlungen. Etwas anderes kann nur gelten, wenn die Vorauszahlungen für die betreffenden Positionen im Mietvertrag getrennt ausgewiesen sind. Die Gegenansicht (*Beuermann* GE 2008, 170) bringt die Schwierigkeit mit sich, dass aus einheitlichen Vorauszahlungsbeträgen ein angemessener Teil herausgerechnet werden müsste. Der Betrag, der zurückgehalten werden kann, ist auf den Betrag der Vorauszahlungen für den betreffenden Zeitraum begrenzt, da ein weiter gehendes Interesse des Mieters an der Abrechnung nicht besteht (*KG* GE 2002, 129; *LG Berlin*, Urt. v. 2.10.2015 – 65 S 184/15, MietRB 2016, 32). 3367

Ein Zurückbehaltungsrecht auch für die Grundmiete wird verneint, da zwischen Abrechnungspflicht und Verpflichtung zur Zahlung der Grundmiete weder Gegenseitigkeit im Sinne des § 320 BGB noch ein Zusammenhang im Sinne des § 273 BGB besteht (*OLG Düsseldorf* ZMR 2001, 25 = MDR 2000, 1427 = DWW 2001, 210; a.A. mit beachtlichen Gründen *Lützenkirchen* WuM 2003, 68; offen gelassen vom *BGH*, ZMR 2010, 263 = ZfIR 2009, 501 m. Anm. *Schmid*). 3368

Kein Zurückbehaltungsrecht besteht für in der Vergangenheit nicht geleistete Vorauszahlungen (*OLG Düsseldorf* ZMR 2001, 25; anders bei beendetem Mietverhältnis: *OLG Düsseldorf* GE 2008, 926). 3369

Das Zurückbehaltungsrecht kann grundsätzlich auch in einem Formularmietvertrag wirksam ausgeschlossen werden, wenn der Mieter ein Unternehmer ist (*OLG Düsseldorf* ZMR 2001, 25 = DWW 2001, 210). Der Ausschluss des Zurückbehaltungsrechts greift jedoch dann nicht, wenn der Anspruch auf Abrechnung unstreitig ist (*OLG Düsseldorf* ZMR 2002, 37). Praktische Bedeutung wird deshalb der Ausschluss des Zurückbehaltungsrechts in Allgemeinen Geschäftsbedingungen nur dann 3370 erlangen, wenn Streit darüber besteht, ob bereits eine formell ordnungsgemäße Abrechnung vorliegt.

3371 Das Zurückbehaltungsrecht besteht solange, bis eine ordnungsgemäße Abrechnung vorliegt (*BGH,* Urt. v. 28.5.2008 – VIII ZR 261/07, ZMR 2008, 777 = GE 2008, 855 = NJW 2008, 2260), was auch im Prozess geschehen kann (*BGH* Urt. v. 9.3.2005 – VIII ZR 57/04, ZMR 2005, 439 = GE 2005, 543).

3372 Einwendungen inhaltlicher Art sollen im Betriebskostenprozess geltend gemacht werden müssen (*AG Pinneberg* ZMR 2003, 494). Dem ist nicht zu folgen, da hierdurch der Lauf der Einwendungsfrist verkürzt würde.

e) Keine Nachforderungen von Rückständen

3373 Nicht nur eine Einrede, sondern ein Ausschluss des Anspruches auf rückständige Vorauszahlungen wird von der ganz h.M. (*BGH,* Beschl. v. 30.10.2000 – 3 Wx 318/00 NZM 2001, 234 und GE 2007, 142; *OLG Frankfurt/M.* ZMR 1999, 628; *OLG Hamburg* ZMR 2004, 509; *OLG Düsseldorf* GuT 2005, 53; *OLG Brandenburg* WuM 2006, 579) angenommen, wenn der Vermieter nicht fristgerecht abgerechnet hat, obwohl ihm dies möglich gewesen wäre. Das erscheint allerdings bedenklich, da die Annahme eines Forderungsuntergangs weder dogmatisch geboten noch von den praktischen Auswirkungen her notwendig ist. Sachgerechtere Ergebnisse lassen sich erzielen, wenn man sowohl bei Eintritt der Abrechnungsreife als auch nach erteilter Abrechnung den Vorschussanspruch weiter bestehen lässt und die Abrechnung nur als Rechtsgrund für die Vor- und Nachzahlungen ansieht (*Schmid* NZM 2007, 555). Der Mieter ist hinsichtlich pflichtwidrig nicht geleisteter Vorauszahlungen nicht schutzwürdig und hat im Übrigen die sonstigen Rechte, die sich aus einer pflichtwidrig unterlassenen Abrechnung ergeben.

3374 Ein Ausschluss von Nachforderungen kann allerdings auch vom Standpunkt der h.M. in den Fällen nicht angenommen werden, in denen eine Abrechnung nach Soll-Vorauszahlungen für zulässig angesehen wird (Rdn. 3261 ff.). In diesen Fällen jedenfalls ist die Abrechnung nämlich nur der Rechtsgrund für die Zahlung der Spitzenbeträge (*Schmid* ZMR 2003, 336).

f) Verzugszinsen

3375 Der Ausschluss von nachzufordernden Vorauszahlungen entsprechend der h.M. (Rdn. 3181) hat zur Folge, dass auch Verzugszinsen nur bis zum Ablauf der Abrechnungsfrist verlangt werden können (*OLG Düsseldorf* DWW 2000, 86). Bis zu diesem Zeitpunkt sind dem Vermieter Verzugszinsen auch dann zuzusprechen, wenn in der Hauptsache wegen Versäumung der Abrechnungsfrist Klageabweisung in der Hauptsache erfolgt (*BGH,* 26.9.2012 – XII ZR 112/10, NZM 2013, 85; *Geldmacher* NZM 2001, 922). Das Ergebnis der Abrechnung ist hierfür ohne Bedeutung (*BGH,* 26.9.2012 – XII ZR 112/10, NZM 2013, 85).

C. Abrechnung

g) Rückforderungsanspruch des Mieters

Rechnet der Vermieter nicht fristgerecht über die Betriebskosten eines Abrechnungszeitraumes ab, so kann der Mieter bei beendetem Mietverhältnis sogleich die vollständige Rückzahlung der geleisteten Vorauszahlungen verlangen, ohne zuerst auf Erteilung einer Abrechnung zu klagen (*BGH*, Beschl. v. 20.1.2015 – VIII ZR 208/14, GE 2015, 377; v. 6.2.2013 – VIII ZR 184/12, ZMR 2013, 422 = GE 2013, 480; v. 29.3.2006 – VIII ZR 191/05, ZMR 2006, 672 = GE 2006, 844 = NJW 2006, 2552; *BGH* NJW 2005, 1499 = GE 2005, 543). 3376

Gleiches gilt, wenn die Abrechnung formell unwirksam ist (*BGH*, Beschl. v. 20.1.2015 – VIII ZR 208/14, GE 2015, 377; OLG Düsseldorf, Urt. v. 25.4.2017 –I-24 U 152/16, MietRB 2018, 3). Ist die Abrechnung formell wirksam, können deshalb Vorauszahlungen wegen inhaltlicher Unrichtigkeit nicht zurückverlangt werden. Der Mieter kann aber die formelle Wirksamkeit bestreiten und hilfsweise die Überzahlung an Betriebskosten substantiiert geltend machen (*OLG Düsseldorf* a.a.O.). Der Rückzahlungsanspruch ist nicht davon abhängig, dass noch ein fälliger und durchsetzbarer Anspruch auf Erteilung einer Abrechnung besteht (*KG* GuT 2010, 200). 3377

Entsprechendes gilt im Fall eines Vermieterwechsels, soweit die Abrechnung noch dem alten Vermieter obliegt, die Miete aber an den neuen zu zahlen ist (*LG Berlin* NZM 2008, 571). Der Anspruch ist mit Ablauf der Abrechnungsfrist fällig (*Harsch* MietRB 2012, 105). 3378

Der Vermieter kann jedoch weiterhin, auch im Rückforderungsprozess eine Abrechnung vorlegen oder den Abrechnungsbetrag in einem neuen Prozess geltend machen (*BGH*, Urt. v. 9.3.2005 – VIII ZR 57/04, ZMR 2005, 439 = NJW 2005, 1499 = GE 2005, 543 = DWW 2005, 230). Ist das Urteil auf Rückzahlung noch nicht vollstreckt, kann der Vermieter nach Erteilung der Abrechnung Vollstreckungsgegenklage erheben (*BGH*, 10.8.2010 – VIII ZR 319/09, ZMR 2011, 25 = WuM 2010, 631 = GE 2010, 1414). 3379

Der Vermieter hat keinen Anspruch auf Nachzahlung mieterseits einbehaltener Vorauszahlungen, sofern verspätet abgerechnet wird und ein fehlerhafter Ansatz von Sollvorauszahlungen vorgenommen wird. 3379a

Beispiel (*AG Bremen*, 23.11.2018 – 16 C 4/18, MietRB 2019, 133

Die Vorauszahlungen des Wohnraummieters betrugen 159 €. Wegen fehlender Abrechnungen für 2014 und 2015 kürzte der Mieter die Abschläge von März 2015 bis Juli 2016 auf 40 €. Die Abrechnungen wurden in der Klage im Januar 2018 nachgeholt. Hierin stellt der Vermieter die Vorauszahlungen mit Soll 159 € ein. Die Klage hatte keinen Erfolg, da die Abrechnungen verspätet erfolgten. Die Berücksichtigung der Soll- statt der Istzahlungen musste der Vermieter gegen sich gelten lassen (*BGH*, 30.3.2011 – VIII ZR 133/10, MietRB 2011, 243).

Entrichtet der Mieter während der Abrechnungsperiode die Vorauszahlungen ganz oder zum Teil nicht, handelt es sich beim Differenzbetrag wegen der nicht geleisteten Abschläge nicht um Nachforderungen iSv § 556 Abs. 3 S. 3 BGB (*Langenberg* 3379a in: Schmidt-Futterer § 556 BGB Rn. 475). Nachforderungen beziehen sich nur auf den über die Vorauszahlungen hinausgehenden Beträge. Bei geringeren tatsächlich geleisteten Abschlägen kann der Vermieter Nachzahlung bis zu deren vertraglicher Höhe verlangen (*AG Ansbach*, 16.8.2018 – 2 C 1600/17, ZMR 2019, 596).

3380 Hat der Mieter mit dem Rückzahlungsanspruch gegen eine Forderung des Vermieters aufgerechnet, verliert die Aufrechnungserklärung mit dem Zugang einer Abrechnung ihre Wirkung, soweit dem Vermieter Forderungen zustehen (*BGH* Urt. v. 10.8.2010 – VIII ZR 319/09, ZMR 2011, 112 = WuM 2010, 688 = GE 2010, 1613). Der Rückzahlungsanspruch wird jedoch als fortbestehend angesehen, wenn der Vermieter zwar abrechnet, aber keine Belegeinsicht gewährt (*AG Charlottenburg* GE 2010, 1625).

3381 Betrifft ein formeller Abrechnungsmangel nur einzelne Positionen, z.B. die Hauswartkosten, können (nur) die hierauf entfallenden Kosten zurückverlangt werden (*Beuermann* GE 2008, 170 [171]).

3382 Ein Rückforderungsanspruch wird verneint, wenn das Mietende durch eine fristlose Kündigung wegen Zahlungsverzugs nach § 543 Abs. 2 Nr. 3 BGB herführt worden ist und die Aufrechnung mit dem Rückforderungsanspruch dazu dienen soll, eine Unwirksamkeit der Kündigung nach § 569 Abs. 3 Nr. 2 BGB herbeizuführen (*AG Köln* ZMR 2007, 281).

3383 Bei noch laufendem Mietverhältnis wird der Rückforderungsanspruch versagt und der Mieter auf das Zurückbehaltungsrecht hinsichtlich laufender Vorauszahlungen verwiesen (*BGH*, Urt. v. 29.3.2006 – VIII ZR 191/05, ZMR 2006, 672 = NZM 2006, 533 = WuM 2006, 383 = GE 2006, 844). Der Mieter kann eine eigene Abrechnung erstellen und ein sich hieraus ergebendes Guthaben geltend machen (*LG Berlin* GE 2008, 268).

3384 Eine Besonderheit besteht bei einer Zwangsverwaltung mit Zwangsversteigerung. Soweit der frühere Eigentümer zur Abrechnung verpflichtet ist, können bis zur Abrechnung die Vorauszahlungen zurückgefordert werden, weil dem neuen Eigentümer gegenüber kein Zurückbehaltungsrecht besteht (*AG Charlottenburg* GE 2009, 582).

h) Schadensersatz

3385 Erleidet der Mieter durch die verspätete Abrechnung einen Schaden, insbesondere einen **Zinsschaden** im Fall einer Rückzahlung, kann er einen Schadensersatzanspruch aus Verzug geltend machen, wenn die allgemeinen Verzugsvoraussetzungen vorliegen. Der Schaden muss dargelegt und gegebenenfalls bewiesen werden. § 288 Abs. 1 BGB kommt bis zur Abrechnung nicht zur Anwendung, weil sich Verzug so lange nicht auf die Zahlung, sondern auf die Vornahme der Abrechnung bezieht (*Beuermann* GE 2010, 1306; a.A. *LG Potsdam* GE 2010, 1345).

3386 Rechnet ein Serviceunternehmen falsch ab, ergibt sich ein Anspruch des Vermieters auf Schadensersatz aus § 280 Abs. 1 BGB, sofern ihm ein Schaden entsteht.

► Beispiel:

(*LG Berlin*, GE 2015, 382, bestätigt durch *KG*, Urt. v. 1.7.2016 – 14 U 23/12, GE 2016, 1275)

Der Vermieter beauftragt ein Energiedienstunternehmen mit der Erbringung eines Abrechnungsservice für die Heizungs- und Warmwasserverbräuche der Wohnungen. Die Abrechnung auf die einzelnen Wohnungen ist aufgrund eines Fehlers bei der Ermittlung der Verbräuche falsch, sodass manche Wohnungen zuviel und andere zu wenig Kosten zahlen. Der Fehler bestand darin, dass die Stände der Zähler »Allgemein« und »Warmwasser« addiert wurden, obwohl der Warmwasserzähler nachgeschaltet war, sodass die Kosten den Wohnungen falsch zugeordnet wurden.

Aus §§ 634 Nr. 1, 635 BGB bestand zunächst ein Nachbesserungsanspruch auf Neuerstellung der Abrechnungen aus Werkvertragsrecht (Verjährung nach § 834a Abs. 1 Nr. 3 BGB). Daran anschließend besteht der Schadensersatzanspruch, der darauf gerichtet ist, dem Vermieter die Überzahlungen an diejenigen Mieter zu ersetzen, die zu Unrecht ein Guthaben erhalten hatten. Der Schaden war nicht deshalb gemindert, weil andere Mieter ein Guthaben erhielten, das ihnen nicht zustand, denn die Abrechnungen konnten wegen Fristablaufs (§ 556 Abs. 3 S. 2 u. 3 BGB) nicht mehr korrigiert werden. Die Fristversäumnis war vom Vermieter zu vertreten, da § 278 BGB Anwendung fand. Die benachteiligten Mieter wiederum konnten ihre Nachzahlungen verlangen, denn sie hatten die verspätete Geltendmachung nicht zu vertreten (§ 556 Abs. 3 S. 5 u. 6 BGB). Denn der Ablesefehler des Versorgers wäre selbst durch Belegeinsicht nicht zu erkennen gewesen. Der Vermieter darf nach Ansicht des Gerichts im Übrigen auch ohne Verlangen des Mieters dessen Zuvielzahlungen auszugleichen, was dem Interesse an einem vertrauensvollen Mietverhältnis entspricht. Der bloße Freistellungsanspruch des Vermieters gegen das Unternehmen wäre unzumutbar, was das Verhältnis der Mieter zum Vermieter weiter beeinträchtigt hätte (*LG Berlin*, Urt. v. 20.1.2015 – 22 O 187/12, GE 2015, 382; einschr. *Kinne* GE 2015, 358, der es auch bei Belastung mit möglichen Rückforderungsansprüchen der betreffenden Mieter noch am Schaden fehlen lässt).

i) Kündigung

Nach einer Auffassung zählen **Betriebskostennachforderungen** nicht zum laufenden Mietzins nach § 543 Abs. 2 S. 1 Nr. 3 BGB, sodass die Kündigung grundsätzlich unwirksam ist (*OLG Koblenz*, Beschl. v. 26.7.1984 –WuM 1984, 269 – 4 W RE-386/84, ZMR 1984, 351; *LG Dessau-Roßlau*, Urt. v. 29.12.2016 – 5 S 141/16; *Zehelein* in: Langenberg/Zehelein II G Rn. 82). 3387

Als ein Grund zur fristlosen Kündigung wird eine unentschuldigte Verzögerung der Abrechnung selbst dann nicht angesehen, wenn der Mieter Gefahr läuft, Ansprüche gegen seinen Untermieter zu verlieren (*OLG München* ZMR 1997, 233, 234). 3388

Die Kündigung des Vermieters wegen angeblichen versuchten Prozessbetrugs ist nicht berechtigt, wenn der Mieter gegenüber einer Inrechnungstellung von Hauswartkosten 3389 in der Abrechnung behauptet, es sei gar kein Hausmeister vorhanden und sie aufgrund konkreter Umstände wie einem Hinweis im Treppenhaus auch nicht erkennen konnten, dass der Hausmeister alle 14 Tage tätig war, beim Mieter aber, ohne sich als Hausmeister auszugeben, nur ein Mal eine Reparatur in der Wohnung durchführte (*AG Köpenick*, Urt. v. 25.11.2014 – 3 C 124/14, GE 2015, 129).

3390 Kündigt der Vermieter nach § 543 Abs. 2 S. 1a, b BGB fristlos, wird die Kündigung nach § 543 Abs. 2 S. 2 BGB nur bei vollständiger Zahlung der Miete (einschließlich der Vorauszahlungen auf die Betriebskosten) innerhalb der Schonfrist unwirksam (*BGH*, Urt. v. 24.8.2016 – VIII ZR 261/15, DWW 2016, 330 = MietRB 2016, 313 = ZMR 2017, 30)

j) Kaution

3391 Ein Einbehalt der Kaution für zu erwartende Nachzahlungen entfällt (*OLG Düsseldorf* DWW 2000, 307; a.A. *AG Mitte*, Urt. v. 21.1.2015 – 17 C 247/14, GE 2015, 389; *Neumann/Spangenberg* NZM 2005, 577). Ist der Vermieter mit der Geltendmachung von Nachforderungen ausgeschlossen, kann er diese auch nicht gegen die Kaution aufrechnen.

3392 Im Urteil vom 20.7.2016 (VIII ZR 263/14, GE 2016, 1146 = MietRB 2016, 311 = NZM 2016, 762 = ZMR 2016, 768) hat der BGH die Rechtsnatur einer Betriebskostennachzahlung als **wiederkehrende Leistung i.S.v. § 216 Abs. 3 BGB** gewertet, weswegen es dem Vermieter verwehrt ist, sich wegen bereits verjährter Nachforderungen aus der Mietkaution zu befriedigen.

3393 Bezüglich ausstehender Vorauszahlungen kann der Vermieter nicht aufrechnen, wenn dem Mieter ein Zurückbehaltungsrecht zusteht (*OLG Düsseldorf* ZMR 2008, 709). Mit einer Betriebskostennachzahlungsforderung kann der Vermieter gegen den Anspruch des Mieters auf Freigabe des Sparbuches nicht aufrechnen, da es an der Gleichartigkeit der Forderungen (§ 387 BGB) fehlt. Der Vermieter muss zunächst das Sparkonto verwerten (*AG Brandenburg*, Urt. v. 22.6.2017 – 31 C 112/16, MietRB 2018, 39; vgl. auch *BGH*, 25.1.2017 – VIII ZR 249/15, ZMR 2017, 303).

3394 *(unbesetzt)*

V. Abrechnungszeitraum

1. Grundsätzliches

3395 Der Abrechnungszeitraum (Abrechnungsperiode) legt fest, für welchen Zeitabschnitt die Kosten abgerechnet werden.

3396 Der Vermieter ist nicht berechtigt, einen Abrechnungszeitraum in zwei Teilabrechnungszeiträume aufzuspalten (*OLG Düsseldorf* DWW 2002, 28). Eine solche Aufspaltung ist auch im Fall eines Vermieterwechsels nicht zulässig (*LG Berlin* GE 2005, 433).

3397 Der Ansatz eines falschen Abrechnungszeitraumes führt dazu, dass die Abrechnung bereits formell nicht ordnungsgemäß ist (*OLG Düsseldorf* ZMR 1998, 167, 168).

C. Abrechnung

Bei der Vermietung von Wohnungseigentum soll der Vermieter zur Erleichterung der Abrechnung darauf achten, dass der Abrechnungszeitraum der Wohnungseigentümer, in der Regel das Kalenderjahr (§ 28 Abs. 3 WEG), auch für die Mieterabrechnung gilt (*Drasdo* DWW 2004, 316 [318]). Eine Anpassung an das Abrechnungsjahr der Wohnungseigentümergemeinschaft wird für zulässig erachtet (*Drasdo* NZM 2004, 375). 3398

2. Abrechnungszeitraum bei Wohnraum

Nach § 556 Abs. 3 Satz 1 BGB, § 20 Abs. 3 Satz 2 NMV 1970 muss die Abrechnung jährlich erfolgen. Der Abrechnungszeitraum muss sich nicht mit dem Kalenderjahr decken. In Betracht kommt auch der Jahreszeitraum, innerhalb dessen regelmäßig die Abrechnungen der Versorgungsträger erteilt werden, oder das Mietjahr (*BGH*, Urt. v. 30.4.2008 – VIII ZR 240/07 GE 2008, 853). Letzteres ist allerdings nur dann zweckmäßig, wenn das Mietobjekt nur aus einer Mieteinheit besteht. Der Beginn des Abrechnungsjahres kann auch vertraglich vereinbart werden (*Kinne* GE 2003, 505). Soweit keine vertragliche Vereinbarung besteht, ist der Vermieter in der Wahl des Abrechnungszeitraum frei (*BGH*, Urt. v. 30.4.2008 – VIII ZR 270/07, GE 2008, 853). 3399

Längere Abrechnungszeiträume sind unzulässig und können nur in Ausnahmefällen vereinbart werden, z.B. bei Anpassung des Abrechnungsjahres an das Kalenderjahr (*BGH*, Urt. v. 27.7.2011 – VIII ZR 316/10, ZMR 2011, 941 = MDR 2011, 1091 = GE 2011, 1153). 3400

Auch kürzere Abrechnungszeiträume können grundsätzlich nicht gewählt werden (*LG Berlin* GE 1991, 935; a.A. *Drasdo* NZM 2004, 373). Im Einzelfall kann sich jedoch ein kürzerer Abrechnungszeitraum dadurch ergeben, dass die Wohnung erst während des festgelegten Abrechnungszeitraumes bezugsfertig wird oder dass durch die Änderung des Abrechnungszeitraumes ein Rumpfjahr entsteht (Rdn. 3196). Werden für ein Jahr zwei Teilabrechnungen erstellt, was z.B. bei einem Eigentümerwechsel zulässig ist, bilden die beiden Abrechnungen eine Abrechnungseinheit (*BGH*, Urt. v. 23.6.2010 – VIII ZR 227/09, ZMR 2010, 933 = WuM 2010, 493 = GE 2010, 1191). 3401

Ein Mieterwechsel führt nicht zu einer Änderung des Abrechnungszeitraumes insgesamt, sondern nur zu einer Kostenaufteilung für diese Wohnung. Eine Zwischenabrechnung kann der Mieter, sofern vertraglich nichts anderes vereinbart ist, nicht verlangen (*AG Wetzlar* NZM 2006, 260). 3402

Es müssen nicht alle Betriebskosten zusammen abgerechnet werden; z.B. können die Heizkosten gesondert nach der Heizperiode abgerechnet werden (*OLG Hamburg* ZMR 1989, 18). Bei getrennter Abrechnung muss aber für jede Betriebskostenart der Jahreszeitraum gewahrt sein. 3403

3. Abrechnungszeitraum bei Geschäftsraummietverhältnissen

Bei Mietverhältnissen, die nicht über Wohnraum abgeschlossen sind, kann der Abrechnungszeitraum frei vereinbart werden (vgl. *OLG Düsseldorf* ZMR 1998, 219). Durchweg üblich und zweckmäßig ist jedoch auch hier eine jährliche Abrechnung. 3404

Wird keine abweichende Vereinbarung getroffen, gilt deshalb nach der Verkehrssitte der Jahreszeitraum.

3405 Die Frist für die Abrechnungsreife beträgt bei **Gewerberaum** ohne Vereinbarung ebenfalls ein Jahr (*BGH*, Urt. v. 27.5.2015 – XII ZR 66/13, ZMR 2015, 754; *OLG Düsseldorf*, Beschl. v. 16.8.2016 – I-24 U 25/16, MietRB 2017, 6; v. 16.2.2016 –I-24 U 63/15, MDR 2016, 702; bej. auch *Zehelein* in Langenberg/Zehelein III G Rn. 104).

4. Änderung des Abrechnungszeitraumes

3406 Eine einseitige Änderung des einmal festgelegten Abrechnungsjahrs kann der Vermieter grundsätzlich nicht vornehmen (*LG Berlin* GE 1987, 281). Eine Ausnahme hiervon wird unter Beachtung des billigen Ermessens nach § 315 BGB zugelassen, wenn für die Änderung vernünftige Gründe vorliegen, z.B. bei einer Anpassung an die Abrechnungsperiode des Stromlieferanten (*LG Berlin* GE 2002, 1627; *AG Köln* WuM 1997, 232).

3407 Keine Bedenken bestehen gegen eine Änderung des Abrechnungsjahrs im allseitigen Einvernehmen und der damit verbundenen Bildung eines Rumpfjahres, wenn sich das bisher gehandhabte Abrechnungsjahr als unzweckmäßig erwiesen hat. Ein Nachteil für den Mieter ist damit nämlich nicht verbunden.

3408 § 556 Abs. 3 und 4 BGB steht einer einmaligen einvernehmlichen Änderung der Abrechnungsperiode zum Zwecke der Umstellung auf eine kalenderjährliche Abrechnung nicht entgegen (*BGH*, 27.7.2011 – VIII ZR 316/10, ZMR 2011, 941 = WuM 2011, 511).

5. Auf den Abrechnungszeitraum entfallende Kosten

a) Grundsätzliches

3409 Die auf den Abrechnungszeitraum entfallenden Kosten können nach verschiedenen Prinzipien ermittelt werden. Im Wesentlichen stehen sich zwei Methoden gegenüber: Das **Leistungsprinzip** (auch Zeitabgrenzungs- oder Verbrauchsprinzip genannt) stellt darauf ab, welche Kosten für den jeweiligen Zeitraum angefallen sind.

3410 Demgegenüber spielt es beim **Abflussprinzip** keine Rolle, welchen Abrechnungszeitraum die Kosten betreffen. Teilweise wird hier darauf abgestellt, wann tatsächlich Zahlungen geleistet werden (*LG Berlin* GE 2007, 1552; *AG Hamburg-Blankenese*, Urt. v. 14.1.2015 – 531 C 227/13, ZMR 2015, 135; *Schach* GE 2008, 444/445). Hiergegen spricht, dass es nicht Voraussetzung für die Betriebskostenumlegung ist, dass die Forderungen der Dritten bereits bezahlt sind (*LG Düsseldorf* DWW 1999, 354).

3411 Teilweise wird auch darauf abgestellt, wann der Vermieter die Rechnungen erhält (*LG Wiesbaden* NZM 2002, 944). Sachgerecht ist es jedoch, in Übereinstimmung mit dem *BGH* Urt. v. 20.2.2008 – VIII ZR 49/07 (NZM 2008, 277 = GE 2008, 471 = IMR 2008, 110 ZMR 2008, 444 = DWW 2008, 162 = WuM 2008, 223) und in Anlehnung an § 24 Abs. 2 Satz 2 II. BV (*Schmid* ZMR 2008, 260 [261]) auf den Zeitpunkt abzustellen, in dem die Forderung des Dritten fällig wird. Damit werden

Zufälle und Manipulationsmöglichkeiten vermieden, die dadurch entstehen könnten, dass z.B. Versicherungsprämien einmal im Januar und einmal im Dezember bezahlt werden. Vermieden wird dadurch auch die Gefahr, dass durch Nichtbezahlen von Rechnungen eine mit § 556 Abs. 3 Satz 2 BGB nicht vereinbare Nachforderung entsteht (vgl. *Schach* GE 2008, 444 [445]). Die Bezeichnung Fälligkeitsprinzip ist deshalb treffender (*Schmid* NZM 2008, 918; a.A. *Langenberg* WuM 2009, 19 [20], der auf den Zahlungszeitpunkt abstellt).

Der **Verbrauchserfassungszeitraum** und der **Abrechnungszeitraum** des Vermieters müssen sich nicht decken, was der *BGH*, Urt. v. 30.4.2008 – VIII ZR 240/07 – VIII ZR (NJW 2008, 2328 = GE 2008, 853 = WuM 2008, 404) aus der Zulässigkeit des Abflussprinzips herleitet. Dies erscheint jedoch nur dann überzeugend, wenn auch nach dem Fälligkeits- oder Abflussprinzip abgerechnet wird. 3412

Bei einer Abrechnung nach dem Leistungsprinzip erscheint es dagegen angezeigt, den Verbrauch dem jeweiligen Abrechnungszeitraum zuzuordnen. In der Praxis ist es jedoch häufig nicht möglich taggenau abzulesen, sei es, weil es die Messdienstfirmen nicht einrichten können oder weil der Zutritt zu einer Wohnung gerade nicht möglich ist. Ein Auseinanderfallen von Abrechnungszeitraum und Ablesezeitraum um einige Wochen berührt deshalb in der Regel die Ordnungsmäßigkeit der Abrechnung nicht (*LG Dortmund* ZMR 2005, 865; im Winter höchstens ein Monat: Eisenschmid/Wall/Wall Betriebskosten-Kommentar Rn. 1820). 3413

Eine Ablesung Ende Februar ist zu spät, wenn der Abrechnungszeitraum das Kalenderjahr ist (*AG Nordhorn* WuM 2003, 326). In Einzelfällen, z.B. bei einem Mieterwechsel können unbillige Ergebnisse durch eine rechnerische Korrektur vermieden werden (vgl. *OLG Schleswig-Holstein* DWW 1990, 355; *OLG Düsseldorf* GuT 2010, 203 = NZM 2010, 866). Bei verspäteter Ablesung des Heizungsverbrauches ist eine Rückrechnung auf das Ende der Abrechnungsperiode unter Anwendung der Gradtagzahlen nicht zulässig (*LG Osnabrück* NZM 2004, 95 = NJW-RR 2004, 1639). 3414

b) Auswahl der Methode

aa) Grundsätzliches Wahlrecht des Vermieters

Nach der Rechtsprechung des *BGH* (20.2.2008 – VIII ZR 49/07, NZM 2008, 277 = GE 2008, 471 = IMR 2008, 110 sowie ZMR 2008, 444 = DWW 2008, 162 = WuM 2008, 223) kann der Vermieter grundsätzlich sowohl nach dem Abfluss- als auch nach dem Leistungsprinzip abrechnen. 3415

In der gleichen Abrechnung für eine Kostenart das Abflussprinzip, für die andere das Leistungsprinzip anzuwenden, ist zwar zulässig (*BGH*, 30.4.2008 – VIII ZR 240/07, NJW 2008, 2328 = GE 2008, 853 = WuM 2008, 404; a.A. *AG Hamburg-Blankenese*, Urt. v. 14.1.2015 – 531 C 227/13, ZMR 2015, 135). 3416

Empfehlenswert ist das jedoch nicht. Zum einen entsteht im Mieter leicht der Argwohn einer Manipulation. Zum anderen gerät der Vermieter in die Gefahr, dass die Abrechnung als nicht nachvollziehbar und damit formell fehlerhaft angesehen 3417 wird. Der Vermieter muss nämlich in diesem Fall bei jeder einzelnen Position mitteilen, nach welchem Prinzip er vorgegangen ist (*Schach* GE 2008, 444 [445]; *Derckx* NZM 2008, 394 [395]).

3418 Für **preisgebundenen** Wohnraum bestehen keine Sondervorschriften, die eine Anwendung des Abflussprinzips ausschließen würden. Insbesondere kann aus § 20 Abs. 4 Satz 1, § 4 Abs. 7 und 8 NMV 1970 kein Verbot des Abflussprinzips hergeleitet werden. Der Anwendungsbereich dieser Vorschriften wird zwar bei Anwendung des Abflussprinzips stark eingeschränkt. Sie haben jedoch weiterhin Bedeutung für die Fälle, in denen fällige Zahlungen nicht in die Abrechnung eingestellt wurden und die verspätete Geltendmachung im Sinne des § 20 Abs. 3 Satz 4 NMV 1970 nicht zu vertreten ist.

bb) Einschränkungen

(1) Vertragliche Vereinbarungen

3419 Die Abrechnungsmethode kann vertraglich geregelt werden. Dann ist der Vermieter hieran gebunden (*BGH*, Urt. v. 20.2.2008 – VIII ZR 49/07, ZMR 2008, 444 = NZM 2008, 277 = GE 2008, 471 = IMR 2008, 110).

3420 Problematisch ist, ob die **bisherige Handhabung** eine Bindungswirkung erzeugt hat. Von einer stillschweigenden vertraglichen Vereinbarung wird man kaum ausgehen können, wenn die Parteien in Übereinstimmung mit der bisher herrschenden Meinung angenommen haben, dass die Abrechnung nach dem Leistungsprinzip erfolgen muss. Eine Bindung kann sich jedoch daraus ergeben, dass man in der Wahl der Abrechnungsmethode ein einseitiges Leistungsbestimmungsrecht sieht, sodass der Vermieter an eine einmal gewählte Methode gebunden ist (so *Blank* IMR 2008, 110; a.A. wohl *Schach* GE 2008, 444 (445]).

3421 Es liegt auf der Hand, dass Vermieter nicht willkürlich und/oder jeweils zu seinem eigenen Vorteil von einer Abrechnungsmethode zur anderen wechseln kann (*AG Hamburg-Blankenese*, Urt. v. 14.1.2015 – 531 C 227/13, ZMR 2015, 135. Zu überlegen ist jedoch, ob nicht der Mieter nach Treu und Glauben (§ 242 BGB) eine einmalige Änderung des Systems hinnehmen muss. Wie der BGH (Urt. v. 20.2.2008 – VIII ZR 49/07, ZMR 2008, 444 = GE 2008, 471 = IMR 2008, 110 = NZM 2008, 277) ausführt, wird eine Abrechnung nach dem Leistungsprinzip von schutzwürdigen Belangen des Mieters nicht gefordert. Das Handeln des Vermieters ist auch nicht willkürlich, wenn bisher davon auszugehen war, dass eine Abrechnung nach dem Abflussprinzip nicht möglich ist. Um die Abrechnung im Vergleich zu derjenigen des Vorjahres nachvollziehbar zu machen, ist der Wechsel des Abrechnungsprinzips mitzuteilen.

3422 In neu abzuschließenden Mietverträgen empfiehlt es sich, die Möglichkeit einer Abrechnung nach dem Abflussprinzip ausdrücklich vorzusehen.

(2) Besonders gelagerte Fälle eines Mieterwechsels

3423 Der BGH (Urt. v. 20.2.2008 – VIII 49/07, ZMR 2008, 444 = NZM 2008, 277 = GE 2008, 471 = IMR 2008, 110) lässt offen, ob der Vermieter in »besonders gelagerten Fällen eines Mieterwechsels« nach Treu und Glauben (§ 242 BGB) gehindert sein kann, nach dem Abflussprinzip abzurechnen. Aus dieser Formulierung ist zu entnehmen, dass ein »normaler« Mieterwechsel nicht genügt, um die Anwendung des Abflussprinzips auszuschließen. Welche außergewöhnlichen Umstände vorliegen müssen, hat der BGH nicht angedeutet. Man wird hierzu auch nur abstrakt sagen können, dass ein solcher Fall vorliegt, wenn innerhalb kurzer Mietzeit erhebliche Kosten anfallen, die mehrere Abrechnungszeiträume betreffen. Als weiteres Beispiel wird ein stark schwankender Verbrauch in verschiedenen Abrechnungszeiträumen genannt (*Streyl* WuM 2010, 550). In der Regel wird hieran eine Abrechnung nach dem Abflussprinzip nicht scheitern.

c) Einzelheiten zum Leistungsprinzip

Es kommt darauf an, welchem Abrechnungszeitraum die Kosten nach dem Grund ihrer Entstehung zuzuordnen sind (*LG Hamburg* ZMR 2001, 971, 973; *AG Leipzig* WuM 2002, 376; *AG Nürnberg* NZM 2002, 859; *Eisenschmid* WuM 2001, 215, 221). In einem früheren Abrechnungszeitraum entstandene Kosten können in einem späteren Abrechnungszeitraum nicht mehr berücksichtigt werden (*AG Tübingen* WuM 1991, 122). Eine Nachforderung ist nur möglich, wenn der Vermieter die Abrechnung für den betroffenen Abrechnungszeitraum noch ändern kann. 3424

Deckt sich der Abrechnungszeitraum des Ver- oder Entsorgers nicht mit dem für das Mietverhältnis geltenden Abrechnungszeitraum, müssen die Kosten auf die betroffenen Abrechnungszeiträume verteilt werden, z.B. nach Zeitanteil oder Verbrauch (*AG Leipzig* WuM 2002, 376). Die Ablesung der Mieterzähler ist zum Ende des Abrechnungszeitraums vorzunehmen (a.A. wohl *LG Münster* NZM 2004, 498: Ablesung entsprechend dem Abrechnungszeitraum des Versorgers). 3425

Fallen in einem Abrechnungszeitraum Kosten an, die sich auf **mehrere** Abrechnungszeiträume beziehen, z.B. Eichkosten, Baumfällkosten, so sind sie auf die verschiedenen Abrechnungszeiträume aufzuteilen (*AG Hagen* DWW 1990, 211 m. Anm. *Geldmacher* DWW 1991, 220). 3426

Entsprechend dem Grundsatz, dass nur tatsächlich entstandene Betriebskosten umgelegt werden dürfen, können die Kosten erst im Jahr der Entstehung und gegebenenfalls in den folgenden Jahren umgelegt werden (*AG Neuss* DWW 1988, 284). Die vorherige Umlegung zur Bildung einer Rücklage oder Rückstellung zur Finanzierung späterer Kosten ist nicht zulässig. 3427

Bei der Vermietung von **Wohnungseigentum** kann die Jahresabrechnung nach § 28 WEG meist nicht unverändert übernommen werden, weil es sich dabei, von wenigen Ausnahmen abgesehen, um eine reine Einnahmen- und Ausgabenrechnung handelt. Fällig gewordene, aber im Abrechnungszeitraum noch nicht bezahlte Rechnungen sind daher grundsätzlich nicht in diesen Jahresabschluss einzustellen (vgl. z.B. *OLG Hamm* ZMR 1997, 251 ff.; *OLG Karlsruhe* WuM 1988, 240 m.w.N.). 3428

Für die Abrechnung mit dem Mieter müssen unter Umständen Rechnungsabgrenzungen und Aufteilungen vorgenommen werden. Auf die Abrechnung innerhalb der 3429

Wohnungseigentümergemeinschaft hat dies keinen Einfluss. Der Vermieter muss sich notwendige Informationen beim Verwalter beschaffen (*BayObLG* WuM 1998, 750). Die verschiedenen Abrechnungsprinzipien können u.U. dazu führen, dass der Vermieter in einem Jahr mehr an umlegungsfähigen Kosten erhält, als er an die Wohnungseigentümergemeinschaft zu bezahlen hat (*Riecke* WuM 2003, 669).

3430 Der BGH hat im Urteil vom 25.1.2017 (VIII ZR 249/15, GE 2017, 345 = ZMR 2017, 303; BGH v. 14.3.2017 – VIII ZR 50/16, GE 2017, 723 = ZMR 2017, 630; Rdn. 3162 ff.) entschieden, dass der Vermieter einer Eigentumswohnung grundsätzlich auch dann innerhalb der Frist des § 556 Abs. 3 S. 2 BGB abrechnen muss, wenn zu diesem Zeitpunkt der Beschluss der Wohnungseigentümer nach § 28 Abs. 3 WEG über die Jahresabrechnung des Verwalters noch nicht vorliegt. Eine hiervon abweichende Regelung im Mietvertrag verstößt gegen § 556 Abs. 4 BGB.

3431 Der Verwalter ist allerdings nicht Erfüllungsgehilfe (§ 278 BGB) des Vermieters bei der Erstellung der Betriebskostenabrechnung. Will der Vermieter sich aber darauf berufen, dass er eine Verspätung nicht zu vertreten habe, muss er dies darlegen und beweisen. Der Vermieter muss hierzu vortragen, was er alles unternommen hat, um eine rechtzeitige Abrechnung durch die Verwaltung sicherzustellen (auch *BGH*, Urt. v. 21.1.2009 – VIII ZR 107/08, ZMR 2009, 512). Immerhin steht dem einzelnen Eigentümer ein Anspruch gegen den Verwalter auf rechtzeitige Abrechnung zur Seite. Dementsprechend wird man verlangen müssen, dass nach Bemerken, dass die Abrechnung verspätet kommen könnte der Vermietende Eigentümer eine Aufforderung an die Verwaltung unter Fristsetzung stellen muss, wobei er ggf. auch gerichtliche Schritte zu unternehmen hat (so *Briesemeister*, GE 2017, 324).

3432–3435 *(unbesetzt)*

d) Einzelheiten zum Abflussprinzip

aa) Keine Aufteilung auf verschiedene Abrechnungszeiträume

3436 Dass keine Kostenaufteilung auf verschiedene Abrechnungszeiträume erfolgt, liegt bereits im Wesen des Abflussprinzips. So können z.B. Eichkosten im Jahr der Fälligkeit der Kosten ohne Rücksicht auf die Eichgültigkeitsdauer in die Abrechnung eingestellt werden. Bei einem vom Abrechnungsjahr des Vermieters abweichenden Abrechnungsjahr der Ver- und Entsorger ist eine Aufteilung und Umrechnung nicht erforderlich (*BGH*, Urt. v. 30.4.2008 – VIII ZR 240/07, WuM 2008, 404 = NJW 2008, 2328 = GE 2008, 853).

bb) Abschlags- und Vorauszahlungen

3437 Abschlagszahlungen und Vorauszahlungen des Vermieters an den Leistungserbringer sind bereits zum Zeitpunkt ihrer Fälligkeit in die Abrechnung einzustellen. Ein Abwarten bis zu einer Abrechnung der Leistungserbringer ist nicht erforderlich. Nach- und Rückzahlungen sind in dem Abrechnungszeitraum zu berücksichtigen, in dem deren Fälligkeit eintritt.

C. Abrechnung

cc) Nachzahlungen des Vermieters

Auch Nachzahlungen des Vermieters sind grundsätzlich in dem Abrechnungszeitraum zu berücksichtigen, in dem sie fällig werden. Das Problem spielt vor allem dann eine Rolle, wenn der Grundsteuerbescheid rückwirkend geändert wird und eine Nachzahlung für vier Jahre zu leisten ist (vgl. *Hohgrebe* GE 2003, 1540 ff.). Hier kann in Ausnahmefällen eine Abweichung vom Abflussprinzip nach § 242 BGB in Betracht kommen, wenn das Mietverhältnisse erst im Jahr der Fälligkeit der Nachzahlung beginnt und alsbald endet.

3438

dd) Kosten der Verbrauchserfassung

Die Kosten der Verbrauchserfassung, insbesondere also die Kosten der Messdienste, fallen in der Regel erst in dem betroffenen Abrechnungszeitraum folgenden Jahr an. Sie sind deshalb bei Anwendung des Abflussprinzips entgegen den bisherigen Gepflogenheiten auch erst in diesem Jahr anzusetzen.

3439

ee) Vermietung von Eigentumswohnungen

Ausgehend von der Zulässigkeit des Abflussprinzips ist es naheliegend, bei der Vermietung von Eigentumswohnungen eine wohnungsbezogene Abrechnung vorzunehmen und in die Mieterabrechnung diejenigen umlegbaren Kosten einzustellen, die der Vermieter der Gemeinschaft der Wohnungseigentümer schuldet (*Blank* IMR 2008, 110; *ders.* NZM 2004, 365; *Schmid* ZMR 2008, 260 ff.). Bei konsequenter Anwendung dieses Prinzips kommt es darauf, zu welchem Zeitpunkt Zahlungen des Wohnungseigentümers an die Gemeinschaft bzw. Rückzahlungen von der Gemeinschaft fällig geworden sind.

3440

(unbesetzt)

3441

VI. Grundsätzliche Anforderungen an die Abrechnung

1. Formelle Wirksamkeit und materielle Richtigkeit

Es hat sich eingebürgert zwischen einer formellen Wirksamkeit und einer materiellen Richtigkeit der Abrechnung zu unterscheiden, weshalb auch in diesem Buch diese Begriffe noch verwendet werden. Genau genommen gibt es jedoch keine »formelle« Wirksamkeit. Eine Abrechnung ist wirksam oder unwirksam (*Schmid* ZMR 2011, 15). Nur eine den formellen Kriterien entsprechende Abrechnung ist überhaupt eine Abrechnung (*Blank* DWW 2009, 91 [92]). Das scheint nunmehr auch der *BGH* (WuM 2010, 493) so zu sehen, wenn er bei der Wirksamkeit das Wort »formell« in Klammern und in Anführungszeichen setzt.

3442

Die Differenzierung zwischen formellen und materiellen Mängeln der Abrechnung kann aufgegeben werden (*Schmid* ZMR 2011, 341 [348]). Für die an das Vorliegen einer Abrechnung anknüpfenden Rechtsfolgen ist allein maßgebend, ob überhaupt eine Abrechnung vorliegt. Das ist dann der Fall, wenn der Vermieter ein Rechenwerk präsentiert, das Angaben über behauptete Ausgaben, die Verteilung dieser Ausgaben

3443

auf die einzelnen Mieter, die Berücksichtigung der Vorauszahlungen und eine Schuld oder ein Guthaben enthält. Unerheblich ist, ob diese Angaben zutreffend, schlüssig oder auch nur nachvollziehbar sind. Im Hinblick auf die Ausschlussfrist des § 556 Abs. 3 Satz 3 BGB muss die Abrechnung ein Ergebnis zugunsten oder zulasten des Mieters ausweisen.

2. Die Formeln des BGH

3444 Um die Anforderungen an eine Abrechnung zu umschreiben, hat der *BGH* bestimmte Formeln entwickelt:
- Der Mieter muss die ihm angelasteten Kosten bereits aus der Abrechnung erkennen und überprüfen können, sodass die Einsicht in die Belege nur noch der Kontrolle und der Beseitigung von Zweifeln dient (BGH, Urt. v. 19.7.2017 – VIII ZR 3/17, ZMR 2017, 875 = WuM 2017, 529; BGH, Beschl. v. 25.4.2017 – VIII ZR 237/16, WuM 2017, 402; 16.9.2009 – VIII ZR 346/08, ZMR 2011, 102 =WuM 2009, 669; 22.9.2010 – VIII ZR 285/09, ZMR 2011, 112 = WuM 2010, 688 = NJW 2011, 143).
- Eine Abrechnung ist formell ordnungsgemäß, wenn sie den allgemeinen Anforderungen des § 259 BGB entspricht, also eine geordnete Zusammenstellung der Einnahmen und Ausgaben enthält. Soweit keine besonderen Abreden getroffen sind, sind bei Gebäuden mit mehreren Wohneinheiten in die Abrechnung folgende Mindestangaben aufzunehmen: eine Zusammenstellung der Gesamtkosten, die Angabe und – soweit zum Verständnis erforderlich – Erläuterung der zugrunde gelegten Verteilungsschlüssel, die Berechnung des Anteils des Mieters und der Abzug der Vorauszahlungen des Mieters *(BGH, 29.1.2020 – VIII ZR 244/18, MietRB 2020, 99; Urt. v. 11.8.2010 – VIII ZR 319/09 = ZMR 2011, 25 = NJW 2010, 3363 = GE 2010, 1261; bereits BGH, NJW 1982, 573 = MDR 1982, 483 = ZMR 1982, 108)*.
- Ob die Betriebskostenabrechnung die formellen Voraussetzungen erfüllt, die an ihre Wirksamkeit zu stellen sind, richtet sich danach, ob der Mieter in der Lage ist, die zur Verteilung anstehenden Kostenpositionen zu erkennen und anhand des ihm mitgeteilten Verteilerschlüssels den auf ihn entfallenden Anteil an diesen Kosten rechnerisch nachzuprüfen (*BGH*, Urt. v. 23.6.2010 – VIII ZR 227/09, NJW 2010, 3228 = WuM 2010, 493 = ZMR 2010, 933); *OLG Dresden*, 9.8.2019 – 5 U 936/19, ZMR 2020, 24.
- Die Abrechnung von Betriebskosten bei **mehreren Gebäuden** erfordert als Mindestangaben eine Zusammenstellung der Gesamtkosten (hierzu aber Rdn. 3492, 3511), die Angabe und soweit erforderlich die Erläuterung des Verteilerschlüssels, die Berechnung des Anteils des Mieters und den Abzug der geleisteten Vorauszahlungen (*BGH*, Urt. v. 20.1.2016 – VIII ZR 93/15, GE 2016, 253 = ZMR 2016, 282; v. 6.5.2015 – VIII ZR 194/14 juris; v. 11.8.2010 – VIII ZR 45/10, WuM 2010, 627; v. 19.11.2008 – VIII ZR 295/07, NZM 2009, 78; v. 28.5.2008 – VIII ZR 261/07, NJW 2008, 2260; vom 9.4.2008 – VIII ZR 64/07, NJW 2008, 2258).

C. Abrechnung   Teil III

Zusammenfassend: Die Betriebskostenabrechnung ist formell wirksam, wenn sie den 3445
Anforderungen des § 259 BGB entspricht, also eine geordnete Zusammenstellung
der Einnahmen und Ausgaben enthält und wenn es dem Mieter ermöglicht wird, die
zur Verteilung anstehenden Kosten zu erkennen und den auf ihn entfallenden Anteil gedanklich und rechnerisch nachzuprüfen (*BGH*, Urt. v. 19.7.2017 – VIII ZR 3/
17, ZMR 2017, 875; 12.11.2014 – VIII ZR 112/14, ZMR 2015, 111 = GE 2015,
49 = NZM 2015, 129; unter Einbezug *BGH*, Urt. v. 9.10.2013 – VIII ZR 22/13, GE
2013, 1651 = WuM 2013, 734; v. 15.2.2012 – VIII ZR 197/11, GE 2012, 607 =
NJW 2012, 1502; v. 23.6.2010 – VIII ZR 227/09, GE 2010, 1191 = WuM 2010,
493; ähnlich *BGH*, Urt. v. 22.10.2014 – VIII ZR 97/14, ZMR 2015, 110).

Ein anschauliches **Beispiel** enthält der Sachverhalt zu *BGH* v. 12.11.2014 – VIII ZR 3446
112/14 (GE 2015, 49 = NZM 2015, 129 = ZMR 2015, 111):

Aus der zur Überprüfung stehenden Abrechnung ergab sich
– der **Gesamtbetrag** der umzulegenden Heiz- und Warmwasserkosten (Heizung
  6.483,24 €; Warmwasser 3.171,03 €).
– ferner der **Verteilerschlüssel**. Die Umlage nach den Grundkosten (jeweils 30 %
  der Gesamtkosten) war nach dem Flächenmaßstab erfolgt; angegeben waren die
  Gesamtfläche und die der Wohnung, sodass der sich ergebende Anteil rechnerisch
  nachprüfbar war. Bei der Umlage nach dem Verbrauch (70 % der Gesamtkosten,
  bei den Heizkosten 4.538,27 €, bei den Warmwasserkosten 2.219,72 €) konnte
  der Abrechnung entnommen werden, dass bei den Heizkosten Verbrauchseinheiten und beim Warmwasser die Menge zugrunde lag.
– Für die **Wohnung** war die konkrete Warmwassermenge mit 22.82 Kubikmeter an- 3447
  gegeben, für jeden Raum wurden die konkreten Verbrauchseinheiten mit Summe
  8.260,75 Einheiten eingestellt. Ferner war in der Abrechnung die Gesamtsumme
  aller Verbrauchseinheiten im Gesamtobjekt mit 22.702,97 Einheiten angegeben,
  sodass der Anteil des Mieters an Heizungsverbrauchskosten von 1.651,30 € nachvollziehbar war. Gleiches galt für die Umlage von 70 % der Warmwasserkosten
  nach Verbrauch, die nach dem Verhältnis des für die Wohnung angegebenen Verbrauchs mit 22.82 Kubikmeter zum Gesamtverbrauch mit 232.51 Kubikmeter im
  Abrechnungsobjekt verteilt wurden.

▶ Hinweis:

Als (grobe) Faustregel wird die Überlegung herangezogen: Erweist sich die Abrechnung für den Mieter als unverständlich im Sinne von nicht nachvollziehbar,
ist sie formell fehlerhaft. Sagt sich der Mieter, dass in der Abrechnung etwas falsch
berechnet sei, spricht dies für die inhaltliche Unrichtigkeit (so anschaulich *Wall*
Rn. 1715). Zusammengefasst lässt sich sagen, dass der formelle Gesichtspunkt
das inhaltliche und rechnerische Verständnis, die Nachvollziehbarkeit umfasst
und unrichtige Zahlen der inhaltlichen Richtigkeit zuzuordnen sind (*Blank* WuM
2016, 173).

Sowohl die Einzelangaben als auch die Abrechnung insgesamt müssen für einen ju- 3448
ristisch und betriebswirtschaftlich nicht vorgebildeten Empfänger klar, übersichtlich

und aus sich heraus verständlich sein (*BGH*, Urt. v. 19.11.2008 – VIII ZR 295/07; *BGH* NJW 2005, 219).

3449 Notwendig, aber auch ausreichend ist es, dass der Mieter die ihm angelasteten Kosten bereits aus der Abrechnung klar ersehen und überprüfen kann, sodass die Einsichtnahme in dafür vorliegende Belege nur noch zur Kontrolle und zur Behebung von Zweifeln erforderlich ist (*BGH*, Urt. v. 16.9.2009 – VIII ZR 346/08, ZMR 2010, 102 = NZM 2009, 906).

3450 Die Abrechnung muss nicht aus sich heraus eine vollständige Überprüfung auf ihre materielle Richtigkeit erlauben, sondern nur so detailliert sein, dass der Mieter ersehen kann, welche Gesamtbeträge vom Vermieter in Rechnung gestellt worden sind und mit welchen Rechenschritten er daraus den auf den einzelnen Mieter entfallenden Betrag errechnet hat (*BGH*, Urt. v. 25.11.2009 – VIII ZR 322/08, MDR 2010, 377 = NZM 2010, 315 = WuM 2010, 156).

3451 Die in der Abrechnung enthaltenen Verbrauchswerte müssen nicht auf einer Ablesung beruhen, sondern können auch auf einer **Schätzung** aufgrund des Vorjahresverbrauchs basieren. Der Vermieter muss nicht erläutern und darlegen, auf welche Weise er bei einer unterbliebenen Ablesung des Verbrauchs die nach § 9a Abs. 1 Heizkostenverordnung anzusetzenden Verbrauchswerte ermittelt hat, sodass es auch keiner Beifügung der Vorjahresabrechnung oder weiterer Angaben zur Prüfung der inhaltlichen Richtigkeit der Abrechnung bedarf. Damit würde die Abrechnung überfrachtet (*BGH*, Urt. v. 12.11.2014 – VIII ZR 112/14, ZMR 2015, 111 = NZM 2015, 129 = GE 2015, 49; *BGH*, Urt. v. 28.5.2008 – VIII ZR 261/07, GE 2008, 855 = NJW v2008, 2260).

3452 Enthält die Betriebskostenabrechnung bei allen Kostenpositionen nur die Vorjahreswerte, um die Abrechnungsfrist zu wahren, liegt formelle Unwirksamkeit vor (*AG Siegburg*, Urt. v. 30.5.2014 – 126 C 5/14, WuM2014, 553).

3. Die Anwendung der Formeln

3453 An die Anforderungen in formeller Hinsicht sind keine zu hohen Anforderungen zu stellen (*BGH*, Urt. v. 20.1.2016 – VIII ZR 93/15, ZMR 2016, 282 = GE 2016, 253; v. 15.2.2012 – VIII ZR 197/11, ZMR 2012, 525 = NJW 2012, 1502). Allerdings lässt der BGH auch eine Abrechnung nach Soll-Vorauszahlungen den formellen Anforderungen genügen (*BGH, 16.9.2009 – VIII ZR 346/08, ZMR 2010, 102 = NZM 2009, 906*), obwohl sich hieraus die tatsächlich geleisteten Vorauszahlungen gerade nicht ergeben (*Schmid* NZM 2010, 264 [265]). Eine Position »Versicherung« wird als ausreichend erachtet (*BGH, 16.9.2009 – VIII ZR 346/08, ZMR 2010, 102 = NZM 2009, 906*), obwohl hier der Mieter gerade nicht erkennen kann, ob nur die Kosten einer Sach- und Haftpflichtversicherung (§ 2 Nr. 13 BetrKV) umgelegt sind (*Schmid* ZMR 2011, 15). Das Erfordernis der Nachprüfbarkeit ist in solchem Zusammenhang praktisch aufgegeben und auf die Belegeinsicht verschoben. Deutlich erkennbar ist die Tendenz die Anforderungen an die formelle Ordnungsmäßigkeit gegenüber früheren, insbesondere instanzgerichtlichen Entscheidungen herabzusetzen

C. Abrechnung

(*Schmid* NZM 2010, 264 ff.). Der *BGH* bezeichnet selbst die Anforderungen als gering.

Damit nähert man sich einer reinen Wortinterpretation, wonach Abrechnung jedes Rechenwerk über Art und Umfang der im Abrechnungszeitraum angefallenen Betriebskosten ist (vgl. *Blank* NZM 2008, 745 [747]; *Schmid* GE 2011, 310 [311]). Letztlich reduziert sich dann die »formelle« Abrechnung auf eine Erfassung der Gesamtkosten, zumindest nach Kostengruppen, für die unterschiedlichen Abrechnungsmaßstäbe gelten, eine Verteilung dieser Kosten auf die einzelnen Mieter und eine Berücksichtigung der Vorauszahlungen (*Schmid* NZM 2010, 264 [266]). So weitgehend ist die Rechtsprechung jedoch bisher offen ausgeführt noch nicht. Es ist vielmehr von einer gewissen Kasuistik auszugehen, die im Folgenden dargestellt wird. 3454

Der *BGH* lässt es (Urt. v. 13.4.2011 – VIII ZR 223/10, ZMR 2011, 734 = WuM 2011, 284 = IMR 2011, 218) sogar zu, dass jedenfalls im Fall einer Minderung eine Gesamtabrechnung über die Zahlungen des Mieters und den geschuldeten Gesamtbetrag erfolgt, wobei die Mietnebenkostenabrechnung lediglich deren Bestandteil ist (vgl. *Lehmann-Richter* IMR 2011, 218). 3455

Eine weitere Ausnahme macht der *BGH* (Urt. v. 15.3.2011 – VIII ZR 243/10, GE 2011, 683 = WuM 2011, 281) für vermietete **Doppelhaushälften**. Die für Mehrfamilienhäuser entwickelten Grundsätze sind nicht uneingeschränkt anzuwenden. Kosten, die für beide Doppelhaushälften (Grundsteuer, Kaminfegerkosten, Wasser und Entwässerung und –als offensichtlich halbierte Kosten- die Sachversicherung) können ohne zusätzliche Angabe des Gesamtbetrags für das Gebäude in die Abrechnung gestellt und müssen nicht zuerst zusammengezählt und dann wieder verteilt werden. 3456

Anders verhält es sich, wenn ein Drittanbieter Kosten zusammenfasst und einheitlich in Rechnung stellt, wie es bei gemeinsamer Versorgung der Doppelhaushälften durch eine Heizung oder bei Versicherungen der Fall sein kann. Hier sind die Gesamtkosten anzugeben und aufzuteilen (*Lammel*, WuM 2014, 387, 389). Für Wirtschaftseinheiten hat der *BGH* allerdings entschieden, dass bei einheitlicher Rechnungstellung von Drittunternehmen ohne Aufteilung auf die einzelnen Gebäude die Angabe des Gesamtbetrags für die Wohnanlage nicht mehr erforderlich ist. 3457

Wiederum anders ist es, wenn getrennte Rechnungen vorliegen (*BGH*, Urt. v. 15.3.2011 – VIII ZR 243/10, GE 2011, 683 = WuM 2011, 281). 3458

Die Frage der formellen Ordnungsmäßigkeit der Betriebskostenabrechnung ist als Fälligkeitsvoraussetzung nach einer Ansicht **von Amts wegen** zu prüfen (*AG Aschaffenburg*, Urt. v. 31.7.2014 – 115 C 638/13, ZMR 2015, 33). 3459

(unbesetzt) 3460

4. Preisgebundener Wohnraum

Auf preisgebundenen Wohnraum wird man die großzügige Rechtsprechung des BGH nicht unbedingt in jeder Hinsicht ausdehnen können (*Schmid* NZM 2010, 264). 3461

Bei preisgebundenem Wohnraum erfordert § 10 Abs. 1 Satz 2 WoBindG i.V.m. § 20 Abs. 4 Satz 1, § 4 Abs. 7 und 8 NMV 1970 eine Berechnung und Erläuterung. Allerdings zeigt der *BGH* (Urt. v. 13.1.2010 – VIII ZR 137/09, GE 2010, 333 = ZMR 2010, 433 = NZM 2010, 274 = WuM 2010, 153) auch hier eine Tendenz zur Großzügigkeit. Es genügt eine schriftliche Erklärung des Vermieters, in der die Forderung berechnet und erläutert ist, letztlich also wohl eine Abrechnung wie sie auch für sonstige Mietverhältnisse gefordert wird. Das entspricht dem Umstand, dass nur die Nachforderung erläutert werden muss, was durch die Abrechnung geschieht. Es muss nicht die Abrechnung selbst erläutert werden. § 10 WoBindG verlangt keine Erläuterung der Erläuterung. Je weiter jedoch die Anforderungen an eine Abrechnung bei preisfreien Wohnräumen und Geschäftsräumen herabgesetzt werden, umso mehr wird für preisgebundenen Wohnraum das Erfordernis einer zusätzlichen Erläuterung naheliegen.

3462 Bei preisgebundenem Wohnraum setzt die grundsätzliche Pflicht zur Erläuterung der Nachforderung nicht voraus, dass der Vermieter jeglichen Grund für eine Erhöhung der Kosten angeben muss. So ist es entbehrlich, einen Anstieg des Verbrauchs oder allgemeine Kostensteigerungen zu erläutern, was in der Regel auch für den regelmäßigen Anstieg kommunaler Gebühren anbelangt. Erläuterungen sind nur erforderlich, wenn die Kosten im **Vergleich zu den Vorjahren nicht nachvollziehbar** sind, im Übrigen bleibt die Rechtsprechung des *BGH* zur Abrechnung im preisfreien Wohnraum einschlägig (*LG Berlin*, Urt. v. 30.5.2017 – 63 S 97/16, GE 2017, 780).

VII. Die Anforderungen an die Abrechnung im Einzelnen

1. Schriftliche Niederlegung und Schriftform

a) Preisfreier Wohnraum und Geschäftsraum

3463 Für die Nachvollziehbarkeit ist in der Regel eine schriftliche Niederlegung, jedoch bei preisfreiem Wohnraum und Geschäftsraum nicht Schriftform im Sinne des § 126 BGB – insbesondere keine eigenhändige Unterschrift – erforderlich (*Schmid* GE 2001, 310 [311]). Auch die Anforderungen der Textform (§ 125b BGB) müssen nicht erfüllt sein (*Langenberg* WuM 2003, 671). Ein E-Mail ist ausreichend, wenn der Mieter grundsätzlich Erklärungen per E-Mail entgegennimmt. Eine nur mündliche Abrechnung ist für den Mieter nicht in zumutbarer Weise nachprüfbar (*Schmid* DWW 2002, 258; a.A. *Lützenkirchen* DWW 2002, 200). Nur Lücken ausfüllende mündliche Erläuterungen werden jedoch für ausreichend erachtet (*Blank* NZM 2008, 745 [749]).

b) Preisgebundener Wohnraum

3464 Da § 4 Abs. 7 und 8 NMV 1970 auf § 10 WoBindG verweisen, wird bei preisgebundenem Wohnraum für die Abrechnung Schriftform verlangt (*LG Berlin* GE 1992, 717), und zwar nicht nur schriftliche Niederlegung, sondern die Schriftform des § 126 BGB, die gemäß § 126a BGB durch die elektronische Form ersetzt werden kann, gegebenenfalls unter Zuhilfenahme der Erleichterungsmöglichkeit nach § 10 Abs. 1

Satz 5 WoBindG. Die maschinelle Unterschrift nach § 10 Abs. 1 Satz 5 WoBindG genügt bei einer Betriebskostenabrechnung bereits dann, wenn die Abrechnung soweit technisch möglich, mithilfe einer automatischen Einrichtung gefertigt wird.

Unschädlich ist es insbesondere, dass die Aufwendungen des Vermieters und die Verbrauchswerte der Mieter einzeln eingegeben werden müssen (*BGH,* 29.9.2004 – VIII ZR 341/03, ZMR 2004, 901 = NZM 2005, 61). 3465

Es genügt die Angabe des Namens der juristischen Person; die Nennung des Namens der natürlichen Person, die die Abrechnung abgefasst oder veranlasst hat, ist nicht erforderlich (*BGH,* 7.7.2010 – VIII ZR 321/09, NZM 2010, 734 = GE 2010, 117 = IMR 2010, 374). 3466

Im Fall einer Beifügung von Anlagen genügt es, dass das Abrechnungsschreiben vor der Unterschrift auf die Anlagen hinweist, diese genau bezeichnet und die Anlagen ihrerseits auf die Abrechnung Bezug nehmen (*LG Berlin* ZMR 1998, 429 und GE 2001, 923). 3467

Diesbezügliche Fehler führen zur Unwirksamkeit der Abrechnung in zumindest entsprechender Anwendung des § 125 Satz 1 BGB (*Schmid* GE 2011, 310 [311]). 3468

2. Verfasser der Abrechnung

Die Abrechnung muss erkennen lassen, dass sie vom Vermieter oder einem zur Abrechnung Ermächtigten stammt, wobei ein üblicher Briefkopf in der Abrechnung oder im Zuleitungsschreiben genügt. Entgegen der Auffassung des BGH (9.10.2013 – VIII ZR 22/13, ZMR 2014,198 m. abl. Anm. *Schmid*) muss die von einer Hausverwaltung erstellte Abrechnung erkennen lassen, für wen sie erstellt wird (alter oder neuer Vermieter). 3469

3. Vollmacht

Wird die Abrechnung von einem Vertreter (z.B. Hausverwaltung) erstellt und dem Mieter zugeleitet muss das Vertreterhandeln erkennbar sein. Um eine Zurückweisung nach § 174 Abs. 1 BGB zu vermeiden, empfiehlt sich die Beifügung einer Originalvollmacht (*Langenberg* WuM 2003, 671; *Kinne* GE 2004, 1572 [1573]). 3470

Die Abrechnung ist richtiger Ansicht nach eine **rechtsgeschäftsähnliche Erklärung** (*Schmid* DWW 2006, 59), auf die § 174 BGB anwendbar ist (*Dickersbach* WuM 2008, 439). Unabhängig davon, ob man die Abrechnung als Willens- oder als Wissenserklärung ansieht, muss ein Dritter, der die Abrechnung erstellt hierzu vom Vermieter ermächtigt sein (*Schmid* GE 2001, 310 [311]; a.A. *LG Kleve* ZMR 2007, 620). Überlässt der Vermieter die Abrechnung einem Dritten, ist in der Regel von einer stillschweigend erteilten Vollmacht auszugehen. 3471

4. Mietobjekt

Die Abrechnung muss das Mietobjekt erkennbar machen (*Kinne* GE 2003, 504). Das wird sich in der Regel aus den Umständen, insbesondere aus der Adressierung an den 3472

Mieter ergeben. Eine besondere Individualisierung kann jedoch z.b. erforderlich sein, wenn in einem Gebäude mehrere Objekte von einem Mieter angemietet sind. Unschädlich ist es, wenn im Fall der Bildung einer Wirtschaftseinheit in der Abrechnung nicht alle Hausnummern der Gebäude angegeben sind (*BGH*, 13.3.2012 – VIII ZR 291/11, WuM 2012, 345).

5. Mieter

3473 Die Abrechnung muss an den Mieter gerichtet sein, bei mehreren Mietern an alle. Wird sie nur an einen gerichtet, ist sie diesem gegenüber wirksam, nicht aber den Mitmietern gegenüber (*BGH*, 28.4.2010 – VIII ZR 263/09, ZMR 2010, 749 = NJW 2010, 1965 = MietRB 2010, 189; *Langenberg* WuM 2003, 671; weiter gehend *LG Berlin* GE 2006, 1235, das die Abrechnung generell für formunwirksam hält). Eine Empfangsvollmacht hilft über die fehlende Adressierung an alle Mieter nicht hinweg (*LG Frankfurt/M.* MDR 2009, 137 = ZMR 2009, 365 = NZM 2009, 481; *LG Berlin* GE 2009, 1193).

6. Abrechnungszeitraum

3474 Aus der Abrechnung muss ersichtlich sein, auf welchen Zeitraum sie sich bezieht. Die formelle Ordnungsmäßigkeit fehlt bei Wahl eines falschen Abrechnungszeitraumes (*LG Gießen* NJW-RR 1996, 1163; *LG Bremen* WuM 2006, 199), Überschreitung des Abrechnungszeitraums (*Langenberg* WuM 2003, 672; a.A. *Blank* NZM 2008, 745 [749]) oder einer unzulässigen Aufspaltung eines Abrechnungszeitraumes in Teilabschnitte (*OLG Düsseldorf* ZMR 2002, 46). Hier nur einen materiellen Fehler anzunehmen, würde es unmöglich machen, eine korrekte Kostenzuordnung zu den jeweiligen Abrechnungszeiträumen vorzunehmen (*Schmid* GE 2011, 310 [312]).

7. Auf den Abrechnungszeitraum entfallende Kosten

3475 Nach der Rechtsprechung des *BGH* (20.2.2008 – VIII ZR 49/07, ZMR 2008, 444 = GE 2008, 471 = NZM 2008, 277 = IMR 2008, 110) kann grundsätzlich sowohl nach dem Leistung-/Zeitabgrenzungsprinzip als auch nach dem Fälligkeits-/Abflussprinzip abgerechnet werden (Rdn. 3410, 3436). Ist ausnahmsweise eine Abrechnung nur nach einem der Prinzipien zulässig und wird nach dem falschen Prinzip abgerechnet, stellt dies keinen formellen, sondern einen materiellen Mangel der Abrechnung dar.

3476 Eine Aufgliederung ist bei Anwendung des Leistungsprinzips erforderlich, wenn sich der Abrechnungszeitraum des Ver- oder Entsorgers nicht mit dem Abrechnungszeitraum des Vermieters deckt. Hier wird eine Erläuterung eventueller Verschiebungen (Rdn. 3199) verlangt (*OLG Braunschweig* WuM 1999, 173, 174). Vgl. das Beispiel in Rdn. 8009. Dargestellt werden muss auch die Verteilung unperiodisch anfallender Kosten auf mehrere Abrechnungszeiträume (*Kinne* GE 2003, 506).

3477 Als formell unwirksam wurde eine Abrechnung gewertet, die den Abrechnungszeitraum 30.4. bis 30.4 des Folgejahres erwähnte, wobei gerade für diesen Zeitraum keine Zusammenstellung der Gesamtkosten und keine Berechnung des Mieteranteils erfolgte. Die beigefügten Anlagen bezogen sich zudem auf den Zeitraum 1.1. bis 31.12. des ersten Jahres (*AG Stuttgart*, Urt. v. 7.4.2016 – 37 C 4905/15, WuM 2016, 522).

8. Verständlichkeit und Nachvollziehbarkeit

Die Unverständlichkeit der Abrechnung ist ein formeller Mangel, der zu ihrer Unwirksamkeit führt (*BGH,* 9.4.2008 – VIII ZR 84/07, NJW 2008, 2258 = NZM 2008, 477 = WuM 2008, 351 = GE 2008, 795). Ist die Abrechnung von einem **durchschnittlichen, juristisch und betriebswirtschaftlich nicht versierten Mieter** nicht nachzuvollziehen, ist sie formell unwirksam (*BGH,* 9.4.2008 – VIII ZR 84/07, NJW 2008, 2258 = NZM 2008, 477 = WuM 2008, 351 = GE 2008, 795 = DWW 2008, 322 L). Demgegenüber stellt der *BGH* (ZMR 2012, 263 = MDR 2012, 82 = CuR 2011, 165) bei der Heizkostenabrechnung auf das Verständnis des mit den einschlägigen Rechtsvorschriften vertrauten Mieters ab. Man wird dies dahin verallgemeinern können, dass der Vermieter grundsätzlich nicht verpflichtet ist, Rechtsvorschriften mitzuteilen oder zu erläutern. 3478

Ohne Bedeutung für die formelle Wirksamkeit der Heizkostenabrechnung ist es, ob die ausgewiesenen Verbrauchswerte auf abgelesenen Messeinheiten oder auf einer Schätzung nach § 9a HeizkostenVO beruhen (*BGH,* Urt. v. 24.8.2016 – VIII ZR 261/15, WuM 2016, 658). 3479

Als insgesamt formell unwirksam wurde eine Betriebskostenabrechnung bewertet, welcher der Verteilerschlüssel ebenso wenig nicht zu entnehmen war wie der Heizkostenabrechnung, wobei die Heizkosten den weit überwiegenden Betriebskostenteil ausmachten (*LG Nürnberg-Fürth,* Urt. v. 25.10.2016 – 7 S 1846/16, WuM 2016, 739). Für den Bereich der Miete von Gewerberäumen wurde entschieden, dass die Abrechnung formell unwirksam ist, wenn sie keinen Verteilerschlüssel enthält, was jedenfalls dann gilt, wenn der Mietvertrag den Umlageschlüssel nicht festlegt (*OLG Dresden,* 9.8.2019 – 5 U 936/19, ZMR 2020, 24 = MietRB 2020, 38). 3480

9. Erläuterungen

a) Abkürzungen

Erläuternde Hinweise, die bereits zur Darstellungspflicht gehören (vgl. *AG Dortmund* WuM 2004, 148 = NZM 2004, 220) sind erforderlich, wenn die tabellarische Darstellung aus sich heraus nicht hinreichend verständlich ist (vgl. *KG* NZM 1998, 620 = ZMR 1998, 627 = GE 1998, 796). Dabei sollten die Abrechner generell berücksichtigen, dass das EDV-Programm, mit dem sie arbeiten dem Durchschnittsmieter in der Regel nicht vertraut ist. Deshalb sollten nur Programme verwendet werden, die allgemein verständliche Ergebnisse liefern (ebenso *Blank* WuM 2016, 173). 3481

b) Nachholung von Erläuterungen

Die **Nachholung** einer erforderlichen Erläuterung wird grundsätzlich, auch mündlich für zulässig erachtet (*BGH,* 11.8.2010 – VIII ZR 45/10, NJW 2010, 3363 = MDR 2010, 1102 = WuM 2010, 627 = ZMR 2011, 26; *Kinne* GE 2003, 444; *Blank* 3482

NZM 2008, 745 [749]; krit. hierzu *Schmid* ZMR 2011, 15 [16]). Die Erläuterung kann auch noch im Prozess erfolgen (*OLG Düsseldorf* IMR 2014, 67). Fälligkeit der Nachforderung tritt dann aber erst mit dem Zugang der Erläuterung beim Mieter ein. Dieser Zeitpunkt ist auch für die Wahrung der Abrechnungsfrist maßgebend (*BGH*, 11.8.2010 – VIII ZR 45/10, NJW 2010, 3363 = MDR 2010, 1102 = WuM 2010, 627 = ZMR 2011, 26).

3483 Teilweise wird – ohne klare dogmatische Einordnung – die Auffassung vertreten, dass der Mieter einen Anspruch auf **zusätzliche Erläuterung** hat, wenn er nachvollziehbare Bedenken gegen den Kostenansatz vorträgt (*OLG Düsseldorf* ZMR 2001, 882, 885; *LG Hamburg* WuM 1997, 180; *Lützenkirchen* WuM 2002, 184; *Beuermann* GE 2005, 1112). Dem ist nicht zuzustimmen. Entweder ist die Abrechnung nachvollziehbar; dann bedarf sie keiner Erläuterung.

3484 Oder sie ist nicht nachvollziehbar; dann ist sie ohnehin nicht ordnungsgemäß. Den Vermieter trifft auch anlässlich einer Belegeinsicht keine Erläuterungspflicht (*Schmid* GE 2001, 310 [313]; a.A. *OLG Düsseldorf* GE 2006, 1230). Der *BGH* (8.3.2006 – VIII ZR 78/05, ZMR 2006, 358 = NZM 2006, 340 = GE 2006, 502) hat eine solche Erläuterung zwar als zweckmäßig aber nicht als verpflichtend bezeichnet.

▶ Beispiele unverständlicher Abkürzungen:

3485
- »Mieter 1« oder »Gesamtzeitanteile« (*AG Köln* WuM 2002, 285).
- »Gesamtsumme« als Produkt aus der Gesamtwohnfläche des Hauses und den zwölf Monaten des Jahres (*BGH*, 9.4.2008 – VIII ZR 84/07, NJW 2008, 2258 = WuM 2008, 351 = GE 2008, 795).
- Entsprechendes gilt für nicht allgemein bekannte **Abkürzungen** wie »BH-KOSTE« für Hausbetreuung (*BGH*, Urt. v. 19.11.2008 – VIII ZR 295/07, WuM 2009, 42 = NZM 2009, 78) oder
- »Str.Intern, Rgl.Hzg.Übergabe, Str.Hpt.Übergabe« (*LG Berlin* GE 2002, 1627).
- »Kosten/UE« (*AG Dortmund* WuM 2004, 148; *AG Witten* ZMR 2005, 209; a.A. *LG Dortmund* ZMR 2005, 865);
- »VHKV-Einheiten« (*AG Dresden* WuM 2010, 451).
- »HKV 1–3« für Heizkostenverteiler (*AG Aschaffenburg*, Urt. v. 31.7.2014 – 115 C 638/13, ZMR 2015, 33, 35; ebenso Schmid ZMR 2015, 36).
- »Fußbod.Hzg. Nr. 1+2« als Aufteiler nach Nutzergruppen ohne Erläuterung (*AG Aschaffenburg*, Urt. v. 31.7.2014 – 115 C 638/13, ZMR 2015, 33; a.A. *Schmid* ZMR 2015, 36: damit ist die Nutzergruppe gemeint, deren Räume mit einer Fußbodenheizung versehen sind).
- Die Umlage nach Personenmonaten ist zulässig und verständlich, wenn der Ausdruck »Personenmonate« verwendet wird, ohne diesen näher zu erläutern (*BGH*, Urt. v. 22.10.2014 – VIII ZR 97/14, WuM 2014, 722). Anders ist es nach hier vertretener Ansicht, wenn sich in der Abrechnung nur die Abkürzung »PM« findet.
- Ist der Verteilerschlüssel in der Abrechnung mit »Menge Ges.« und »Menge Whg.« überschrieben oder werden nur einfache Zahlen mitgeteilt, liegt Unverständlichkeit vor (AG Aschaffenburg, Urt. v. 31.7.2014 – 115 C 638/13,

ZMR 2015, 33; zust. Anm. *Schmid*, ZMR 2015, 36: wenn für den Mieter nicht erkennbar, um welche Menge es sich handelt und die Zahlen nicht benannt sind).
- Eine Abrechnungsposition »**Dienstleistungen**« ist ohne nähere Spezifizierung nicht ausreichend (*LG Berlin* NZM 2001, 707).
- Dasselbe gilt für eine Position »**Personalkosten**« (*OLG Düsseldorf* GE 2009, 1489) oder
- »**Wartungsverträge**« (*OLG Düsseldorf* GE 2009, 1489).
- Auch eine Position »**Rechnungen für Lieferungen und Leistungen**« genügt den formellen Anforderungen nicht (*OLG Düsseldorf* GE 2009, 1489).
- »**ME-Anteil**« für Miteigentumsanteil wird als verständlich angesehen, wenn sich dies aus dem Mietvertrag ergibt (*LG Karlsruhe*, Urt. v. 8.1.2014 – 9 S 294/13, ZMR 2014, 796).
- Verständlich ist deshalb umso mehr auch der Verteilerschlüssel »MITEIGENTUM« (*BGH*, Urt. v. 19.11.2008 – VIII ZR 295/07, WuM 2009, 42 = NZM 2009, 78).
- Gleiches muss gelten für die Abkürzung »Pers.« für Personen.

c) Flächenmaßstab

Der **Flächenmaßstab** ist in der Regel aus sich heraus verständlich (*BGH*, Urt. v. 20.10.2010 – VIII ZR 73/10, ZMR 2011, 198 = NZM 2010, 895; v. 11.8.2010 – VIII ZR 45/10, ZMR 2011, 26; v. 19.11.2008 – VIII ZR 295/07, NZM 2009, 78). Dies gilt jedenfalls, wenn die üblichen Abkürzungen wie qm für Quadratmeter verwendet werden. 3486

Ist der Flächenmaßstab aus sich heraus nachvollziehbar, bedarf es nach einer Ansicht nicht der ausdrücklichen Angabe des Verteilerschlüssels, sofern im Mietvertrag eine Abrechnung anhand der Mietfläche vorgesehen ist und in der Berechnung die maßgeblichen Daten zur Gesamtmietfläche und der betreffenden Teilfläche des Mieters enthalten sind (*OLG Düsseldorf*, Urt. v. 4.7.2013 – 10 U 52/13, ZMR 2014, 441). 3487

Die Abrechnung entbehrt auch dann nicht der formellen Ordnungsgemäßheit, wenn verschiedene Flächenschlüssel oder gemischte Verteilerschlüssel verwendet werden, sofern sie für den Mieter nachvollziehbar sind (*BGH*, Urt. v. 28.5.2008 –VIII ZR 261/07, ZMR 2008, 777 = NZM 2008, 567; *OLG Düsseldorf*, Urt. v. 4.7.2013 – 10 U 52/12, ZMR 2014, 441). 3488

Erfolgten erforderliche Erläuterungen des Flächenschlüssels schon in einer vorangegangenen Abrechnung oder auf vorangegangene Nachfrage des Mieters, ist eine nochmalige Erläuterung in der Abrechnung ebenfalls entbehrlich (*BGH*, Urt. v. 13.10.2010 – VIII ZR 46/10, ZMR 2011, 118; v. 11.8.2010 – VIII ZR 45/10 ZMR 2011, 26; *OLG Düsseldorf*, Urt. v. 4.7.2013 – 10 U 52/12, ZMR 2014, 441). Der BGH hat schon früher die Entbehrlichkeit einer Erläuterung des Verteilerschlüssels bejaht, wenn dem Mieter der Schlüssel aus früheren Abrechnungen bekannt war (*BGH*, Urt. v. 23.11.1981 – VIII ZR 298/80, NJW 1982, 573). 3489

3490 Der Vermieter kann den unverständlichen Verteilerschlüssel auch noch **im Rechtsstreit nachholen**, ohne dass es einer berichtigten Abrechnung bedarf (*BGH*, Urt. v. 23.11.1981 – VIII ZR 29880, ZMR 1982, 108 = NJW 1982, 573; *OLG Düsseldorf*, Urt. v. 4.7.2013. 10 U 52/12, ZMR 2014, 441 m.w.N.).

3491 **Kostensteigerungen** einzelner Betriebskosten muss der Vermieter nicht schon in der Abrechnung erläutern und auch nur dann, wenn der Vortrag des Mieters diese veranlasst. Zunächst muss der Mieter die Belege einsehen. Erst wenn hierdurch die Fragen nicht beantwortet werden können und der Mieter dies nachvollziehbar darlegt, muss der Vermieter weitergehend erläutern (*BGH*, Beschl. v. 13.9.2011 – VIII ZR 45/11, ZMR 2012, 173 = NZM 2012, 96; *OLG Düsseldorf*, Urt. v. 4.7.2013 – 10 U 52/12, ZMR 2014, 441).

d) Abrechnungseinheiten und bereinigte Gesamtkosten

3492 Im Urteil vom 20.1.2016 – VIII ZR 93/15 (ZMR 2016, 282 = WuM 2016, 170 m. Anm. *Blank*) hat der *BGH* seine frühere Rechtsprechung (Urt. v. 14.2.2007 – VIII ZR 1/06, ZMR 2007, 359; v. 9.10.2013 – VIII ZR 22/13, ZMR 2014, 198) aufgegeben, wonach zur formellen Ordnungsmäßigkeit der Abrechnung auch bei Wohnanlagen die Angabe der Gesamtkosten stets erforderlich sei. Es genügt nun, bei der jeweiligen Betriebskostenart denjenigen Gesamtbetrag anzugeben, den der Vermieter auf die Mieter der jeweiligen Abrechnungseinheit (Gebäude) umlegt.

3493 Dies gilt ferner, wenn dieser Gesamtbetrag schon um nicht umlagefähige Kosten (z.B. Reparaturarbeiten oder Verwaltungskosten, die vom Hausmeister erledigt werden) bereinigt sind. Der BGH hebt hervor, dass es in solchen Fällen künftig keiner Erläuterung der zum angesetzten Gesamtbetrag erforderlichen Rechenschritte mehr bedarf (vgl. auch *BGH*, Urt. v. 10.2.2016 – VIII ZR 33/15, ZMR 2016, 434 = GE 2016, 387). Das hat der BGH danach bestätigt:

3494 Die Abrechnung, in der die getrennt nach Kostenarten aufgeführten Beträge nur mit den Einzelbeträgen pro Kostenart angegeben sind, ohne dass für jede Art eine Summe gebildet ist, ist nicht formell unwirksam, bestätigt durch *BGH*, Beschl. v. 25.4.2017 – VIII ZR 237/16, WuM 2017, 402).

3495 In der genannten Entscheidung wurde zudem ausgeführt, dass es unschädlich ist, wenn nicht hinter jeder Kostenart der Einzelanteil des Mieters steht, sondern alle nach Fläche umgelegten Betriebskosten addiert sind und hieraus durch Anwendung des Verteilerschlüssels der insgesamt vom Mieter zu übernehmende Anteil ausgerechnet ist.

3496 Nicht zu beanstanden soll es sein, wenn in der Abrechnung für die Betriebskostenart »Rauchwarnmelder« der Betrag zusammengefasst wird, der aus der Sicht des Vermieters umgelegt werden kann, was etwa für die Miet- und Wartungskosten der Fall ist (*AG Halle/Saale*, Urt. v. 16.8.2016 – 95 C 307/16, ZMR 2016, 708). Das Gericht hält die Mietkosten nicht für umlegungsfähig und bejaht das Erfordernis des Herausrechnens.

3497 Hingegen wurde es als formell unwirksam erachtet, wenn in der Abrechnung die Kostenposition Mülltransport und Hausreinigung nicht voneinander getrennt ausgewiesen sind (*AG Köln*, Urt. v. 27.10.2015 – 205 C 158/15, WuM 2017, 428). Gleiches gilt für die Zusammenfassung der Kosten für Hausmeisterservice, Hausreinigung, Gartenpflege, Außenreinigung, Technik, Winterdienst, Mülltonnendienst unter »HSM/Reinigung Gartenpflege (*AG Köln*, Urt. v. 13.11.2015 – 227 C 110/15, WuM 2017, 612 unter Berufung auf *BGH*, Urt. v. 15.7.2009 – VIII ZR 340/08, ZMR 2009, 839 = ZMR 2010, 102).

e) Beifügung von Unterlagen

Verträge mit Dritten, z.B. Hausmeister, müssen der Abrechnung nicht beigefügt werden (a.A. *OLG Nürnberg* WuM 1995, 308 für einen wohl besonders gelagerten Fall; ähnlich *LG Bonn* WuM 1998, 353). Die Kontrolle der erbrachten Dienstleistungen gehört zur Überprüfung der Abrechnung. Zu weitgehend ist die Forderungen nach einer getrennten Angabe der Ausgaben für die einzelnen beschäftigten Personen und Mitteilung von deren Namen (*Schmid* GE 2001, 310 [312]; a.A. *OLG Karlsruhe* WuM 2003, 46 zu einer Abrechnung nach dem WEG). 3498

f) Kostensteigerungen

Eine Erläuterung der einzelnen Ansätze ist bei preisfreiem Wohnraum und Geschäftsraum grundsätzlich nicht erforderlich, selbst wenn extreme **Kostensteigerungen** gegenüber dem Vorjahr vorliegen (*BGH*, 28.5.2008 – VIII ZR 261/07, WuM 2008, 407 = NZM 2008, 567 = ZMR 2008, 777 = GE 2008, 855 = IMR 2008, 221; *OLG Düsseldorf*, MietRB 2012, 104). Allerdings ist in solchen Fällen eine Erläuterung empfehlenswert. Der Mieter kann ansonsten den Kostenanfall im Prozess schlicht bestreiten und spätestens dann muss der Vermieter eine Darlegung vornehmen (*LG Kiel* WuM 1996, 628; *AG Köln* WuM 1996, 628). Nicht erforderlich ist jedenfalls eine Erläuterung von Umständen, die dem Mieter bereits bekannt sind (*Lützenkirchen* MDR 1998, 137). 3499

Ebenfalls nicht erläutert werden müssen **gesetzlich vorgeschriebene Abrechnungsweisen**; sich hieraus ergebende Verständnisprobleme sind dem Vermieter nicht zuzurechnen (*BGH*, 20.7.2005 – VIII ZR 371/04, ZMR 2005, 937 = DWW 2005, 328 = NJW 2005, 3135 = GE 2005, 1118 für § 9 Abs. 2 HeizkostenV). 3500

Auch Abweichungen von **Betriebskostenübersichten** begründen keine Erläuterungspflicht (*Beuermann* GE 2005, 1112 [1113]). 3501

(unbesetzt) 3502

g) Heizkostenabrechnung

Der Vermieter ist nicht gehalten darzulegen und zu erläutern, auf welche Weise er die Verbrauchswerte für die Wohnung ermittelt hat (*BGH*, Urt. v. 6.5.2015 – VIII ZR 193/14, WuM 2015, 423 = ZMR 2015, 704; 12.11.2014 – VIII ZR 112/14; 26.10.2011 – VIII ZR 268/10, ZMR 2012, 263; 28.5.2008 – VIII ZR 261/07, WuM 2008, 407, ZMR 2008, 777; 20.7.2005 – VIII ZR 371/04, ZMR 2005, 937; *LG Ellwangen*, Urt. v. 10.6.2016 – 1 S 159/13, WuM 2016, 497). 3503

3504 *(unbesetzt)*

g) Widersprüche

3505 Widersprechen die Erläuterungen dem Inhalt der Abrechnung führt dies in den betroffenen Teilen zur formellen Unwirksamkeit (*AG Köln* ZMR 2013, 816).

10. Kostenpositionen des Vorjahres

3506 Die Ordnungsmäßigkeit der Abrechnung erfordert auch nicht eine Gegenüberstellung mit den **Kostenpositionen des Vorjahres**. Eine Abrechnung bezieht sich immer nur auf den jeweiligen Abrechnungszeitraum (*BGH,* 12.11.2014 – VIII ZR 112/14, GE 2015, 49 = NZM 2015, 129 = ZMR 2015, 111; *BGH,* 28.5.2008 – VIII ZR 261/07, ZMR 2008, 777 = WuM 2008, 407 = NZM 2008, 567 = GE 2008, 855 = IMR 2008, 221).

3507 Die formelle Ordnungsmäßigkeit der Heizkostenabrechnung erfordert nach der Rechtsprechung des BGH nur die summenmäßige Angabe der Verbrauchswerte und der entsprechenden Kosten (*BGH,* Urt. v. 25.11.2009 – VIII ZR 322/98, WuM 2010, 156). Eine Angabe von Anfangs- und Endbestand und deshalb auch die entsprechenden Datumsangaben sind danach nicht erforderlich.

3508 Nicht ausreichend ist die bloße Mitteilung der **Zählerstände**, aus denen sich für den Mieter der Verbrauch erst errechnet (*BGH* a.a.O.; AG Bergheim. Urt. v. 20.8.2012 – 23 C 189/12, WuM 2014, 689), was umso mehr gelten muss, wenn Anfangs- und Endbestand keine Datumsangaben enthalten, sondern wenn sich nur zahlenmäßige Werte finden.

▶ Beispiel:

Zulässig ist also:

Heizöl	Datum	Liter	Betrag
Anfangsbestand		2000	2400 €
Bezug	31.5.2015	5000	6000 €
Zwischensumme		7000	8400 €
Restbestand		3000	3600 €
Verbrauch		4000	4800 €

Der Preis pro Liter beträgt im Beispiel der Einfachheit halber 1.20 € ohne Kostensteigerungen oder –senkungen. Die Werte für den Verbrauch sind eindeutig ausgewiesen. Es würde nach dem BGH auch ausreichen, lediglich den Verbrauch aufzunehmen und Anfangs- und Endbestand wegzulassen. Bei Beheizung mit Gas ist dem uneingeschränkt zuzustimmen, da der exakte Verbrauch ohnehin nur jeweils für die Abrechnungsperiode abgelesen und aufgeführt wird. Bei Beheizung mit Öl ist der Mieter aber nicht in der Lage, den Gesamtverbrauch rechnerisch nachzuvollziehen, wenn nur dieser ohne Anfangs- und Endbestand ersichtlich ist. Der BGH lässt es zutreffend auch genügen, dass ein errechneter Verbrauch, der mit dem Bezug identisch ist, nur die inhaltliche Richtigkeit betrifft. Diese Problematik findet sich bei vielen Abrechnungen. Gerade bei Heizöl ist es eher unwahrscheinlich, dass der Verbrauch, zudem wenn er mit »auffallend geraden Zahlen« wiedergegeben wird, exakt mit dem Bezug gleichzusetzen sein soll.

Etwas anderes gilt nur dann, wenn Daten aus Vorjahren für die Nachvollziehbarkeit des angegebenen Betrages erforderlich sind (*AG Köln* ZMR 1994, 336, z.B. bei fortlaufenden Zählern). 3509

11. Vorlage von Belegen

Eine Vorlage von Belegen, Erteilung von Fotokopien oder ein ausdrückliches Anerbieten zur Einsichtnahme in die Belege ist für die Ordnungsmäßigkeit der Abrechnung als solcher nicht erforderlich (*LG Mannheim* WuM 1996, 630). Unzureichend ist es umgekehrt auch, vorhandene Unterlagen dem Mieter auszuhändigen und es diesem zu überlassen, sich selbst eine Übersicht zu erarbeiten (*OLG Zweibrücken* NJW-RR 1998, 715). 3510

12. Angabe der Gesamtkosten und ihre Zusammensetzung

a) Einzelne Kostenarten

Notwendig, aber auch ausreichend ist es, dass der Mieter aus der Abrechnung feststellen kann, welche Kosten Berücksichtigung gefunden haben (*BGH* NJW 1982, 573). Hierzu gehört eine Spezifizierung nach den einzelnen Kostenpositionen (*AG Aachen* WuM 1999, 305). Die Spezifizierung sollte sich tunlichst nach den jeweils vereinbarten Kostenpositionen, bei Wohnraum i.d.R. nach dem Katalog des § 2 BetrKV (*Kinne* GE 2003, 504) richten. Als Grundsatz gilt, dass das Abrechnungsschema der strukturellen Gliederung im Mietvertrag folgen soll (*OLG Düsseldorf* GE 2009, 1489; *KG* WuM 2012, 273). In der herrschenden Rechtsprechung wird jedoch eine Zusammenfassung zusammenhängender Kosten für zulässig erachtet. 3511

Der *BGH* (Urt. v. 16.9.2009 – VIII ZR 346/08, DWW 2009, 384 = NZM 2009, 906 = WuM 2009, 669 = ZMR 2010, 102 m. krit. Anm. *Schmid*) ließ schon früher die Angabe »**Versicherung**« genügen, wobei nicht einmal die Angabe Sach- und Haftpflichtversicherung verlangt. **Frischwasser und Abwasser** dürfen in einer Position abgerechnet werden (*BGH* Urt. v. 15.7.2009 – VIII ZR 340/08, ZMR 2010, 266 = NZM 2009, 698 = WuM 2009, 516). Die Zusammenfassung verschiedener **Stromkosten** unter der Position »Allgemeinstrom« wird nicht als problematisch angesehen (*BGH* WuM 2010, 493 = GE 2010, 1191; hiergegen *Schmid* ZMR 2011, 15). Eine Aufnahme der **Kaltwasser und Entwässerungskosten** in die Heizkostenabrechnung soll die formelle Ordnungsmäßigkeit nicht berühren (*LG Itzehoe* WuM 2011, 17; a.A. *Schmid* IMR 2010, 453). Die Zusammenfassung der Positionen **Frisch- und Schmutzwasser** ist aber jedenfalls dann nicht zu beanstanden, wenn die Umlage einheitlich nach dem Zählerverbrauch für Frischwasser vorgenommen wird (*BGH*, Urt. v. 15.7.2009 – VIII ZR 340/08, ZMR 2010, 266 = NZM 2009, 698). 3512

Bei einer Abrechnung nach Verbrauchswerten genügt die summenmäßige Angabe der **Verbrauchswerte** und der dafür angefallen Kosten (*BGH*, Urt. v. 25.11.2009 – VIII 3513

ZR 322/08, MDR 2010, 377 = NZM 2010, 315 = GE 2010, 477). Eine Zusammenfassung der Kosten für **Heizung und Warmwasser** wird jedenfalls für zulässig erachtet, wenn ein einheitlicher Heizkostenvorschuss vereinbart ist, der auch die Warmwasserkosten umfasst (*LG Berlin*, Beschl. v. 22.3.2013 – 63 S 568/12, ZMR 2015, 299, ZMR 2013, 799: Der Mietvertrag enthielt die Verpflichtung zur Zahlung eines »Heizkostenvorschusses«).

3514 Für unzulässig hält der *BGH* (Urt. v. 22.9.2010 – VIII ZR 285/09, ZMR 2011, 112 = MDR 2010, 1373 = GE 2010, 1613 = WuM 2010, 748) eine Zusammenfassung von Kostenarten, zwischen denen **kein enger Zusammenhang** besteht und für deren Zusammenfassung auch kein sachlicher Grund ersichtlich ist, z.B. Wasserversorgung/Strom, Straßenreinigung/Müllbeseitigung/Schornsteinreinigung, Hausmeister/Gebäudereinigung/Gartenpflege. Eine unzureichende Aufgliederung führt zur formellen Mangelhaftigkeit der Abrechnung (*KG* WuM 2012, 273). Nachdem der *BGH* die Anforderungen an die formelle Ordnungsmäßigkeit weiter lockert (Rdn. 3442), erscheint es eher fraglich, ob man die nicht erfolgte Trennung noch unter diesen Aspekt fassen kann.

3515–3516 *(unbesetzt)*

3517 Umgekehrt wird es als verwirrend und damit als formeller Mangel angesehen, wenn die gleichen Abrechnungspositionen in der Abrechnung mehrfach genannt sind (*AG Neuss* ZMR 2013, 899).

3518 Die Gesamtkosten sind grundsätzlich auch dann anzugeben, wenn sich in dem Objekt nur zwei Wohnungen befinden (*LG Münster* WuM 2014, 146).

b) Kostenaufteilung

3519 Die Gesamtkosten sind grundsätzlich auch dann anzugeben, wenn einzelne Kostenteile nicht umlegungsfähig sind, z.B. Verwaltungstätigkeiten des Hauswarts. Der *BGH* hat durch das Urteil vom 20.1.2016 (VIII ZR 93/15, = MietRB 2016, 161 = WuM 2016, 170 m. krit. Anm. *Blank*) zur Angabe der **Gesamtkosten** aber seine frühere Rechtsprechung (Urt. v. 9.10.2013 – VIII ZR 22/13; WuM 2013, 734; v. 14.2.2007 – VIII ZR 1/06, ZMR 2007, 359 = GE 2007, 438 = NZM 2007, 244 = NJW 2007, 1059) aufgegeben. Danach genügte zur formellen Ordnungsmäßigkeit nur die Angabe von bereinigten Gesamtkosten. Dieses Erfordernis wurde bei folgenden Sachverhalten angenommen:
– Von einem Dritten (z.B. vom Wasserwerk) werden bei einer **Wohnanlage** mit mehreren Gebäuden Betriebskosten einheitlich in Rechnung gestellt,
– bei einzelnen Kostenarten (z.B. bei der Hausmeisterposition) fallen Arbeiten an, die auf den Mieter **nicht umgelegt** werden dürfen wie etwa Verwaltungskosten bei der Wohnraummiete oder
– im Hinblick auf eine teilgewerbliche Nutzung muss ein **Vorwegabzug** durchgeführt werden.

3520 Hieran hält der BGH nicht mehr fest und hat entschieden, dass es zur Erfüllung der Mindestanforderungen an eine Betriebskostenabrechnung ausreicht, dass die

C. Abrechnung Teil III

Gesamtkosten bei der jeweiligen Kostenart als Summe der Kosten angegeben sind, die der Vermieter auf die Wohnungsmieter der gewählten Abrechnungseinheit (in der Regel das Gebäude) umlegt. Diese Rechtsprechungsänderung fußt auf der Überlegung, dass an eine Abrechnung in formeller Hinsicht keine allzu hohen Anforderungen gestellt werden dürfen (*BGH*, Urt. v. 15.2.2012 – VIII ZR 197/11, ZMR 2012, 525 = NJW 2012, 1502), weswegen der *BGH* zu hoch oder zu gering angesetzte Vorauszahlungen oder die Angabe der Sollzahlen statt der tatsächlichen Leistungen des Mieters nur als inhaltlichen Fehler einstuft (*BGH*, Urt. v. 18.5.2011 – VIII ZR 240/10, ZMR 2011, 784 = NJW 2011, 2786). Gleiches gilt für die Angabe einer »Null Vorauszahlungen« (*BGH*, Urt. v. 15.2.2012 – VIII ZR 197/11 a.a.O.).

Ferner wurde die Nichtvornahme eines Vorwegabzugs (Rdn 3241 ff.) für einzelne gewerbliche Einheiten nur als materieller Fehler eingestuft (*BGH*, Urt. v. 11.8.2010 – VIII ZR 45/10, WuM 2010, 627; v. 7.12.2011 – VIII ZR 118/11, NJW-RR 2012, 215 a.a.O.). 3521

Nach neuer Rechtsprechung ist es also ausreichend:
– den Gesamtbetrag bei der jeweiligen Kostenart oder auch mehrere Kostenarten zusammenzufassen und den Gesamtbetrag der zusammengefassten Kostenarten anzugeben, den der Vermieter auf die Wohnungsmieter der gewählten Abrechnungseinheit umlegt,

und nicht mehr erforderlich:
– zusätzliche Angaben zu den Betriebskosten der gesamten Wohnanlage zu machen oder
– insoweit die angewendeten Rechenschritte zwecks Erläuterung anzugeben.

Ob der Vermieter die Beträge richtig festgestellt oder nicht umlagefähige Kostenteile angesetzt hat oder ob der Vorwegabzug bei einzelnen Kosten richtig vorgenommen wurde hat, betrifft die inhaltliche Richtigkeit der Abrechnung, was vom Mieter durch Belegeinsicht überprüft werden kann (*BGH*, Urt. v. 14.2.2007 – VIII ZR 1/06, ZMR 2007, 359 = GE 2007, 438). 3522

Werden unabhängig davon, ob es sich um eine Wohnungsanlage mit mehreren Gebäuden handelt bereits vom Leistungserbringer getrennte Rechnungen erstellt, z.B. für umlegungsfähige und nicht umlegungsfähige Hauswarttätigkeiten, bedurfte es schon vor dem Urteil vom 20.1.2016 von vornherein keiner Aufteilung. Es genügte die Angabe der umlegungsfähigen Beträge (*BGH*, Urt. v. 13.1.2010 – VIII ZR 137/09, ZMR 2010, 433 = GE 2010, 333 = NZM 2010, 274 = WuM 2010, 153). Ein solches Vorgehen ist dem Vermieter zu empfehlen, um Streitigkeiten über das Aufteilungsverhältnis zu vermeiden. Der Mieter wird allerdings darauf zu achten haben, dass nicht zulasten der umlegungsfähigen Kosten manipuliert wird. 3523

Die Aufnahme nicht umlegungsfähiger Positionen ist ein materieller Fehler (*LG Mannheim* WuM 1996, 630; *LG Berlin* ZMR 1995, 353) unabhängig davon, ob die Kosten nach der BetrKV überhaupt nicht umlegungsfähig sind oder ob es sich um Kosten handelt, deren Umlegung nicht vereinbart ist. Entsprechendes gilt für Ansatz falscher Zahlen, sei es falscher Rechnungsbeträge oder falscher Ableseergebnisse. 3524

13. Vorausteilungen

3525 Die Vorausteilung hinsichtlich nicht umlagefähiger Kostenanteile –insbesondere bei den Hausmeisterkosten, die oft auch Reparaturen und Verwaltungskosten oder Schönheitsreparaturen umfassen- musste nach bisheriger Rechtsprechung des BGH vorgenommen werden. Es genügte deswegen nicht, die bereits um nicht umlegbare Kosten bereinigten Kosten anzugeben (*BGH*, Urt. v. 2.4.2014 – VIII ZR 201/13, WuM 2014, 420; v. 7.12.2011 – VIII ZR 118/11, WuM 2012, 22; v. 28.5.2008 – VIII ZR 261/07, WuM 2008, 407; v. 3.10.2007 – VIII ZR 261/06, WuM 2007, 700; v. 14.2.2007 – VIII ZR 1/06, WuM 2007, 196).

3526 Nach neuer BGH-Rechtsprechung genügt die Angabe der bereinigten Beträge (*BGH*, 20.1.2016 – VIII ZR 93/15, ZMR 2016, 282 = MietRB 2016, 161 = WuM 2016, 170 m. Anm. *Blank*)

3527 Wenn der Vermieter mit dem Hauswart **getrennte Verträge** über umlagefähige und nicht umlagefähige Arbeiten unterhält, bedarf es einer Aufschlüsselung der Kosten und ihrer Erläuterung ohnehin nicht (*BGH*, Urt. v. 10.2.2016 – VIII ZR 33/15, GE 2016, 387; v. 13.1.2010 – VIII ZR 137/09, ZMR 2010, 433 = GE 2010, 333 = NZM 2010, 274).

3528 Nicht zu vergleichen ist die Problematik des Vorwegabzugs nicht umlegbarer Betriebskosten mit der der »**jahresübergreifenden**« Abrechnung, bei welcher der Vermieter die auf das abzurechnende Kalenderjahr entfallenden Kosten aufgrund der jahresübergreifenden Rechnungen des Versorgers mittels einer »Simulationsrechnung« des Versorgers ermitteln muss, die auf den internen Zwischenabrechnungen des Hausmeisters zum Jahresende basiere (*BGH*, Urt. v. 2.4.2014 – VIII ZR 201/13, ZMR 2014, 624 = WuM 2014, 420). In solchen Fällen keine formelle Unwirksamkeit vor.

3529 Entsprechendes gilt für eine Aufteilung einheitlich entstandener Kosten auf **Wohn- und Gewerberäume**. Bei einer Aufteilung zwischen Wohn- und Geschäftsräumen müssen die Gesamtfläche und die Summen der Wohn- und Gewerbeflächen angegeben werden (*Kinne* GE 2003, 506).

3530 *(unbesetzt)*

3531 Dagegen handelt es sich bei dem gänzlichen **Fehlen einer erforderlichen Vorausteilung** um einen materiellen Mangel der Abrechnung, da ein sachlicher Fehler vorliegt (*BGH*, Urt. v. 20.1.2016 – VIII ZR 93/15, WuM 2016, 170 m. Anm. *Blank*; v. 2.4.2014 – VIII ZR 201/13, ZMR 2014, 624 = WuM 2014, 420; *BGH* NJW 2010, 3363 = MDR 2010, 1102 = WuM 2010, 627; a.A. *LG Berlin* DWW 1997, 152; *AG Potsdam* GE 2003, 1084; *Blank* a.a.O.). Ausführungen dazu, warum eine Aufteilung nicht erfolgt, muss die Abrechnung nicht enthalten (a.A. *AG Berlin-Mitte* NJW-RR 2002, 656; *Lützenkirchen* MDR 1998, 136; *Kinne* GE 2003, 507). Es würde sich um eine nicht erforderliche Erläuterung handeln.

3532 Diese Grundsätze gelten auch für **preisgebundenen** Wohnraum (*BGH*, Urt. v. 11.8.2010 – VIII ZR 45/10, ZMR 2011, 26 = WuM 2012, 22 = GE 2012, 123).

14. Minderung

Wenn in der Abrechnung eine Mietminderung berücksichtigt wird, muss dies aus der Abrechnung erkennbar sein, andernfalls liegt ein formeller Mangel vor. Wird dagegen die Minderung zu Unrecht nicht berücksichtigt, handelt es sich um einen materiellen Fehler. Es gilt hier nichts anderes als für die Darstellung eines Vorwegabzuges (a.A. *Wagner* IMR 2014, 43). 3533

15. Verbrauchsangaben

Bei den Brennstoffkosten genügt für die formelle Wirksamkeit die Angabe des Verbrauches; eine Angabe von Anfangs- und Endbestand ist nicht erforderlich (*BGH* GE 2010, 477 = MDR 2010, 377 = NZM 2010, 315 = WuM 2010, 156, Rdn. 3237 b). Demgemäß wird man es auch für ausreichend ansehen können, dass dem Mieter nur sein Einzelverbrauch mitgeteilt wird, nicht jedoch die Zählerstände, aus denen sich der Verbrauch errechnet (Rdn. 3508, 3534, 7092; a.A. für eine »materielle« Anforderung: Schmidt-Futterer/*Langenberg* Mietrecht § 556 Rn. 350). Entsprechendes gilt für sonstige verbrauchsabhängige Abrechnungen, z.B. Wasser. Da die Einzeldaten jedoch von den Ablesefirmen ohnehin geliefert werden, empfiehlt sich eine Weitergabe an den Mieter. In jedem Fall unzureichend ist die Angabe »nach gesonderter Abrechnung«, wenn diese gesonderte Abrechnung nicht beigefügt ist (*AG Langen* IMR 2011, 91). 3534

Für die inhaltliche Richtigkeit ist es allein entscheidend, ob der tatsächliche Verbrauch zutreffend angegeben ist (*BGH*, 17.11.2010 – VIII ZR 112/10 MDR 2011, 92 = ZMR 2011, 362 = WuM 2011, 21). 3535

16. Mitteilung und Erläuterung der Abrechnungsmaßstäbe

Wie dies im Einzelnen zu geschehen hat, ist abhängig von dem gewählten Umlegungsmaßstab und auch von der jeweiligen Kostenart; vgl. deshalb die Ausführungen bei den einzelnen Umlegungsmaßstäben bei den einzelnen Positionen. 3536

Eine **Erläuterung** des Abrechnungsmaßstabes ist nur dann geboten, wenn dies zum Verständnis der Abrechnung erforderlich ist (*BGH*, Urt. v. 8.12.2010 – VIII ZR 27/10, ZMR 2011, 454 = WuM 2011, 101; zur Erläuterung bei Vorwegabzügen Rdn. 3146, 3222, 4179). 3537

Angaben sind entbehrlich, wenn sie dem Mieter **bereits bekannt** sind, z.B. aus dem Mietvertrag oder aus vorangegangenen Abrechnungen (*BGH* NJW 1982, 573; *BGH*, Urt. v. 13.10.2010 – VIII ZR 46/10 WuM 2010, 741 = NJW-RR 2011, 90) oder aus einer Änderungsmitteilung. 3538

Das gilt auch für die Aufteilungskriterien zwischen Wohnräumen und sonstigen Räumen in einer Abrechnungseinheit (*AG Hamburg* WuM 1995, 660). Für die formelle Ordnungsmäßigkeit der Abrechnung reicht es aus, dass der durchschnittliche Mieter in der Lage ist, die Art des Verteilungsschlüssels der einzelnen Kostenpositionen zu erkennen und den auf ihn entfallenden Anteil rechnerisch nachzuprüfen; allgemein verständliche Abrechnungsmaßstäbe bedürfen keiner Erläuterung 3539

(*BGH*, Urt. v. 19.11.2008 – VIII ZR 295/07 WuM 2009, 42 = NZM 2009, 78 = GE 2009, 189).

3540 Wenn sich Vervielfältiger, Teiler oder andere Umrechnungswerte, die nicht bereits bekannt sind, nicht nachvollziehbar aus der Abrechnung ergeben, handelt es sich um einen formellen Mangel (teilweise a.A. *LG Hamburg* WuM 1997, 180). Ist die Geltung eines »von der Hausverwaltung praktizierten Kostenschlüssels« vereinbart, was wohl nur individualvertraglich möglich ist, so muss dieser dem Mieter verständlich bekannt gemacht werden (*LG Frankfurt/M.* WuM 2011, 100).

3541 Zu einer ordnungsgemäßen Abrechnung gehört es bei Anwendung des **Flächenmaßstabes**, dass die Gesamtfläche in das Verhältnis zu der gemieteten Fläche gesetzt wird (*OLG Nürnberg* WuM 1995, 308). Gesamtfläche und Mietfläche müssen deshalb angegeben werden (vgl. *BGH*, Urt. v. 28.5.2008 – VIII ZR 261/07, NJW 2008, 2260 = WuM 2008, 407 = NZM 2008, 567 = ZMR 2008, 777 = GE 2008, 855 = IMR 2008, 221; vgl. aber zu besonderen Fallgestaltungen bei Wohnanlagen und einheitlich von Dritten ohne Aufschlüsselung in Gebäude in Rechnung gestellter Kosten sowie zu Vorautteilungen bei nicht umlegbaren Kosten (*BGH*, Urt. v. 20.1.2016 – VIII ZR 93/15, ZMR 2016, 282).

3542 Werden für verschiedene Kostenarten verschiedene Flächen angesetzt, muss erkennbar sein, wie es zu den unterschiedlichen Flächen kommt (*BGH*, Urt. v. 8.12.2010 – VIII ZR 27/10, ZMR 2011, 454 = WuM 2011, 101; *OLG Düsseldorf* GE 2003, 1210).

3543 Erläutert werden müssen auch von der Gesamtfläche abweichende Flächenansätze, wenn Grundlage der Kostenverteilung nicht die Gesamtfläche ist (*KG* GE 2005, 1424,1425; *LG Leipzig*, Urt. v. 23.6.2017 – 01 S 312/16, ZMR 2017, 810) oder wenn verschiedene Abrechnungskreise gebildet werden (*LG Leipzig*, NJW-RR 2005, 238; a.A. wohl *LG Itzehoe*, Urt. v. 27.2.2015 – 9 S 89/13, ZMR 2015, 853).

3544 Eine Erläuterung der angesetzten Flächenwerte ist nicht allein deshalb erforderlich, weil diese für aufeinander folgende Abrechnungsjahre Unterschiede aufweisen (*BGH*, 28.5.2008 – VIII ZR 261/07, ZMR 2008, 777 = WuM 2008, 407 = NZM 2008, 567 = GE 2008, 855 = IMR 2008, 221).

▶ Beispiel:

3544a *LG Leipzig*, Urt. V. 23.6.2017 – 01 S 312/16, ZMR 2017, 810.

Die Abrechnung enthält verschiedene Flächenangaben (Mietfläche, Nutzfläche, beheizbare Nutzfläche) ohne Erläuterung. Aus der Abrechnung heraus ist nicht erkennbar, weswegen verschiedene Flächenangaben bei den verschiedenen Kostengruppen existieren und wie man zu den jeweiligen qm-Zahlen kommt. Für den durchschnittlichen Mieter, auf dessen Sicht es ankommt ist nicht nachvollziehbar, weshalb die beheizbare Nutzfläche um 930 qm über der reinen Nutzfläche liegen soll und warum beide Werte wiederum geringer sind als die »Mietfläche«, die bei den kalten Betriebskosten zugrunde gelegt wird.

3545 Aus sich heraus nicht verständlich ist ein Abrechnungsmaßstab »Personen x Tage« (*LG Berlin* GE 2009, 780). Der Abrechnungsmaßstab »**Personen**« ist allgemein verständlich und bedarf in der Abrechnung keiner Erläuterung (s. hierzu Rdn. 4150). Allgemeinverständlich sind auch **Prozentzahlen** (BGH, Urt. v. 13.12.2011 – VIII ZR 286/10 WuM 2012, 98) und Bruchteilsangaben (*BGH*, Beschl. v. 18.1.2011 – VIII ZR 89/10, WuM 2011, 367).

Ein formeller Mangel liegt vor, wenn die Angaben zum Abrechnungsmaßstab ganz fehlen (*LG Frankfurt*/O. ZMR 2011, 125; *AG Wetzlar* ZMR 2008, 634) oder nicht nachvollziehbar sind (BGH, Urt. v. 9.4.2008 – VIII ZR 84/07, NJW 2008, 2258 = NZM 2008, 477 = WuM 2008, 351 = GE 2008, 795) oder die Einzelbeträge lassen sich mit den angegebenen Abrechnungsmaßstäben nicht ermitteln (*LG Itzehoe* ZMR 2003, 39). Steht der in der Abrechnung selbst angegebene Abrechnungsmaßstab in Widerspruch zu den beigefügten Erläuterungen, wird ein formeller Mangel angenommen (*AG Charlottenburg* GE 2011, 618; *Kinne* GE 2011, 586). 3546

Hiervon zu unterscheiden sind die Fälle, in denen die Angaben in der Abrechnung zwar schlüssig sind, aber nicht mit den tatsächlichen oder rechtlichen Gegebenheiten übereinstimmen. Die Anwendung falscher Abrechnungsmaßstäbe berührt die formelle Ordnungsmäßigkeit der Abrechnung nicht (*BGH*, Urt. v. 17.11.2004 – VIII ZR 115/04, NJW 2005, 219 = ZMR 2005, 121), auch wenn sie in mehrfach Hinsicht falsch sind (*BGH*, Urt. v. 16.7.2008 – VIII ZR 57/07, ZMR 2008, 885 = WuM 2008, 556 = NZM 2008, 747 = GE 2008, 1120 = CuR 2008, 87). 3547

Das gilt auch bei Abrechnungsfehlern z.B. für die Verwendung falscher Zahlen bei verursachungsbezogener Abrechnung und Anwendung falscher Umrechnungsfaktoren bei Messgeräten (a.A. *AG Berlin-Neukölln* GE 2007, 990) und die Angabe einer falschen Wohnfläche, insbesondere wenn die richtigen Maße der Abrechnung zugrunde liegen und sich der richtige Wert aus der Berechnung und anderen Umständen ohne Weiteres feststellen lässt (*LG Hamburg* WuM 1997, 180). 3548

Bei verschiedenen Abrechnungsmaßstäben muss für die formelle Ordnungsmäßigkeit erkennbar sein, welcher Maßstab auf welche Kostenposition angewendet wird (*LG Itzehoe* ZMR 2003, 38). 3549

17. Abrechnungseinheiten

Die Frage, ob der Vermieter bei einer Betriebskostenabrechnung mehrere Gebäude zu einer Abrechnungseinheit zusammenfassen darf, betrifft nicht die formelle Wirksamkeit, sondern die materielle Richtigkeit. Die an eine Abrechnung in formeller Hinsicht zu stellenden Mindestanforderungen gebieten es nicht, dass die der Abrechnung zugrunde gelegte Abrechnungseinheit durch nähere Bezeichnung der davon umfassten Gebäude erläutert wird (*BGH*, Beschl. v. 22.11.2011 – VIII ZR 228/11, ZMR 2012, 344 = WuM 2012, 97). 3550

18. Berechnung des Anteils des Mieters

Aus den Gesamtkosten der Abrechnungseinheit (z.B. das Gebäude) muss nach den Abrechnungsmaßstäben der Anteil des Mieters nachvollziehbar ermittelt werden (*Kinne* GE 2003, 507). Andernfalls wird ein formeller Mangel angenommen (*Schmid* GE 2001, 310 [315]). 3551

19. Mieterwechsel

3552 Bei einem Mieterwechsel ist die nachvollziehbare Kostenaufteilung zwischen Vor- und Nachmieter Voraussetzung für die formelle Ordnungsmäßigkeit (*Blank* NZM 2008, 745 [748]). Bestand das Mietverhältnis nicht während des gesamten Abrechnungszeitraumes, muss die Abrechnung die Aufteilung auf die anteilige Mietzeit erkennen lassen (*LG Berlin* NZM 2001, 707). Bei Anwendung der Gradtagszahlenmethode muss diese nicht erläutert werden (vgl. Rdn. 6233; a.A. *LG Freiburg* WuM 1983, 265).

20. Angabe der Vorauszahlungen

a) Grundsätzliches

3553 Grundsätzlich sind die tatsächlich gezahlten Beträge anzugeben, damit der Mieter überprüfen kann, welche Zahlungen der Vermieter berücksichtigt hat (*BGH*, Urt. v. 18.5.2011 – VIII ZR 240/10, ZMR 2011, 784 = NJW 2011, 2786; Beschl. v. 23.9.2009 – VIII ZA 2/08, ZMR 2010, 272 = NJW 2009, 3575; *BGH* GE 2003, 250 = ZMR 2003, 334 m. Anm. *Schmid*; GE 2009, 1489 = NZM 2009, 906 = WuM 2009, 671). Das Erfordernis einer Abrechnung nach Ist-Zahlen ist trotz des Mehraufwandes für den Vermieter verfassungsrechtlich nicht zu beanstanden (*BerlVerfGH*, Beschl. v. 11.10.2001 – 7/01, NJW-RR 2002, 80 NZM 2001, 1124). Eine Angabe der Vorauszahlungen im Anschreiben zur Abrechnung ist ausreichend (*OLG Düsseldorf* MietRB 2012, 104).

3554 Tatsächlich ist aber der BGH (Urt. v. 15.2.2012 – VIII ZR 197/11, MDR 2012, 511 = ZMR 2012, 525 m. abl. *Schmid*) davon abgerückt, die Position »Vorauszahlungen des Mieters« als Mindestanforderung an eine formelle Abrechnung anzusehen (*Milger*, MDR 2013, 385 [387]). Das Argument, eine unangemessene Benachteiligung des Mieters sei damit nicht verbunden, weil der Mieter selbst weiß, was er gezahlt hat (*Milger*, MDR 2013, 385 [387]), vermag nicht zu überzeugen. Der Mieter weiß nicht, ob die Zahlung auch tatsächlich beim Vermieter angekommen ist und wie sie der Vermieter verrechnet hat.

3555 Sind die Vorauszahlungen falsch, beispielsweise zu niedrig oder gar nicht angegeben, betrifft dies nicht die Wirksamkeit der Abrechnung, sondern ihre inhaltliche Richtigkeit (*BGH*, Urt. v. 11.5.2016 – VIII ZR 209/15, MietRB 2016, 249 = ZMR 2016, 436; *LG Heidelberg*, WuM 2011, 217 = MietRB 2011, 139). Das gilt auch für den Fall, dass anstelle der Ist-Vorauszahlungen die Soll-Vorauszahlungen angegeben werden (*BGH*, NZM 2009, 906 = ZMR 2010, 272).

3556 Vorauszahlungen für Heizkosten und sonstige Betriebskosten können zusammengefasst angegeben werden (*LG Berlin*, GE 2003, 121), wenn eine einheitliche Abrechnung erfolgt.

b) Sollvorauszahlungen

Der *BGH* (Urt. v. 27.11.2002 – VIII ZR 108/02, ZMR 2003, 334 = NZM 2003, 196 = GE 2003, 250) hat eine Abrechnung nach Soll-Vorauszahlungen für den Fall zugelassen, dass
- der Mieter für den Abrechnungszeitraum keinerlei Zahlungen erbracht hat und
- die offenen Vorauszahlungsansprüche vom Vermieter bereits eingeklagt sind und
- zum Zeitpunkt des Zuganges der Abrechnung noch keine Abrechnungsreife eingetreten ist.

3557

Weiter hat es der *BGH* (Urt. v. 22.1.2003 – VIII ZR 244/02, ZMR 2003, 413 = NZM 2003, 277 = NJW 2003, 1246 = WuM 2003, 204) in einem Sonderfall für zulässig erachtet, dass der Vermieter für die Zeit bis zur Neuvermietung die Bruttomiete verlangt, auf die hierin enthaltenen Vorauszahlungen die nach seiner Abrechnung geschuldeten Betriebskosten anrechnet und den zugunsten des Mieters sich ergebenden Saldo mit der noch geschuldeten Nettomiete verrechnet:

3558

▶ **Beispiel (nach BGH a.a.O.):**

Im Mai 2015 wird ab 1. August eine Wohnung für 4 Jahre unter Kündigungsausschluss vermietet. Kurz nach Mietbeginn kündigt der Mieter wegen persönlicher Umstände auf den 31.1.2016, räumt im Januar und zahlte keine Miete mehr. Im Anschluss hieran vereinbaren die Parteien, dass der Mietvertrag beendet sei, sobald ein geeigneter Nachmieter gefunden wäre. Die Wohnung wird zum 1.8.2016 wieder vermietet. Der Vermieter verlangt die Bruttomiete für Februar bis Juli 2016 und für den anschließenden Zeitraum vom 1.8.2016 bis zum ursprünglichen Vertragsende die monatliche Differenz zwischen der Miete mit dem ausgeschiedenen Mieter und der mit dem Nachmieter vereinbarten Nettomiete. Der BGH hält fest, dass der Mieter im Ergebnis nicht schlechter gestellt werde als bei einer isolierten Betriebskostenabrechnung, weil ihm der überschießende Betrag auf jeden Fall gutgebracht wird.

Hieran anknüpfend hält es das *KG* (Beschl. v. 16.6.2014 – 8 U 29/14, ZMR 2014, 973 = WuM 2014, 551) für zulässig, während eines laufenden Rechtsstreits über die Vorschüsse oder nach dessen Abschluss unter Berücksichtigung schon eingeklagter oder titulierter Sollvorauszahlungen abzurechnen, auch wenn diese nur einen Teil des Abrechnungszeitraums betreffen und der Mieter im Übrigen die Vorschüsse geleistet hat und die Klage nur in Höhe eines sich zugunsten des Vermieters ergebenden Saldos zu erweitern bzw. eines zugunsten des Mieters sich ergebenden Saldos für erledigt zu erklären (*Langenberg* II G Rn. 81).

3559

Hat der Vermieter ausstehende Vorauszahlungen eingeklagt und droht der Ablauf der Abrechnungsfrist, kann er die Abrechnung auf den Saldo umstellen, wobei bei Annahme einer Klageänderung jedenfalls die Sachdienlichkeit nicht zu verneinen ist (*Zehelein*, WuM 2014, 3, 7). Oder der Vermieter kann eine Abrechnung nach den eingeklagten Soll-Abschlägen erstellen und den ursprünglichen Klagegrund beibehalten (*BGH*, Urt. v. 22.1.2003 – VIII ZR 244/02, ZMR 2003, 413 = NZM 2003, 277 = NJW 2003, 1246 = WuM 2003 204).

3560

3561 Werden die Vorauszahlungen eingeklagt, nachdem die Betriebskostenabrechnung bereits vorlag, bleibt es beim Grundsatz, dass nur der Saldo gefordert werden kann (*KG*, Beschl. v. 16.6.2014 – 8 U 29/14, ZMR 2014, 973 = WuM 2014, 551). Nach Ablauf der Abrechnungsfrist kann der Vermieter keinen Anspruch auf nicht geleistete Vorauszahlungen mehr geltend machen, wenn er in die Abrechnung statt der tatsächlichen Abschläge die Sollzahlungen einstellt und dies nicht erläutert (*LG Aachen*, Urt. v. 10.3.2016 – 2 S 245/15, ZMR 2016, 778).

3562 Der Vermieter kann aus Gründen der Vereinfachung auch zunächst auf Soll-Basis abrechnen und Vorauszahlungen bis dahin nicht gerichtlich geltend machen. Der Mieter von **Geschäftsraum** wird durch den hier nicht einschlägigen § 556 Abs. 3 S. 2 BGB nicht daran gehindert, aufgrund einer Abrechnung Betriebskosten bis zum Betrag der geschuldeten Vorauszahlungen geltend zu machen (*BGH*, Urt. v. 31.10.2007 – VIII ZR 261/06, ZMR 2008, 38 = NJW 2008, 142; *KG*, Beschl. v. 16.6.2014 – 8 U 29/14, ZMR 2014, 973 = WuM 2014, 551).

3563 Wird wegen verspäteter Rückgabe der Mietsache nach § 546a BGB **Nutzungsentschädigung** verlangt, sind auch die Betriebskostenabschläge umfasst (*BGH*, Urt. v. 27.5.2015 – XII ZR 66/13, MDR 2015, 998; *OLG Brandenburg*, Urt. v. 6,10.2015 – 6 U 7/14, MietRB 2016, 37). Der Grundsatz, dass nach Eintritt der Abrechnungsreife eine Abrechnung nach Soll-Zahlen nicht mehr zulässig ist, gilt auch bei der Zahlung von Nutzungsentschädigung nach § 546a BGB wegen verspäteter Rückgabe der Mietsache (*OLG Brandenburg*, Urt. v. 6.10.2015 – 6 U 7/14, MietRB 2016, 37).

3564 Der *BGH* hat nicht dazu Stellung genommen, in welchen sonstigen Fällen die Angabe von Sollzahlen genügt. Entscheidendes Kriterium wird sein, ob aus der Sicht des Mieters ein Interesse an der Darstellung der geleisteten Zahlungen besteht. Das wird gerade in den problematischen und für den Vermieter aufwendigen (vgl. *Jablonski* GE 2002, 1182) Fällen gegeben sein, in denen es um die Verrechnung unzureichender und unregelmäßiger Zahlungen geht.

3565 Eine Vereinbarung über die Abrechnung nach Sollzahlen ist bei Nichtwohnraummietverhältnissen möglich (*Jablonski* GE 2002, 1185), bei Wohnraummietverhältnissen aber im Hinblick auf § 556 Abs. 4 BGB und die zwingenden Vorschriften des Mietpreisrechts bedenklich.

3566 Wenn nach Sollzahlen abgerechnet wird, muss dies aus der Abrechnung erkennbar sein (vgl. *Schach* GE 2003, 232).

3567 Eine Bindung der Parteien an das Ergebnis der Abrechnung entfällt nicht bereits, wenn der Vermieter Tilgungsbestimmungen des Mieters ignoriert oder unabhängig von den geleisteten Abschlägen stets die geforderten Sollvorschüsse als geleistet in die Abrechnung einstellt (*LG Berlin*, Beschl. v. 29.11.2017 – 64 S 39/17, GE 2018, 330; *LG Bonn*, Urt. v. 16.1.2014 – 6 S 43/13, ZMR 2014, 638; *LG Aachen*, Urt. v. 10.3.2016 – 2 S 245/15, ZMR 2016, 298).

3568 (*unbesetzt*)

c) Minderung

Im Fall einer **Mietminderung** (Rdn. 1108) lässt es der BGH (Urt. v. 13.4.2011 – VIII ZR 223/10, ZMR 2011, 704 = WuM 2011, 284 = GE 2011, 749 = NJW 2011, 1806) zu, dass den unter Berücksichtigung der Minderung tatsächlich geschuldeten Gesamtkosten (Grundmiete und Mietnebenkosten) die tatsächlich geleisteten Zahlungen (Grundmiete und Mietnebenkostenvorauszahlungen) gegenübergestellt werden, ohne dass es einer Aufspaltung der Minderung in einen Grundmieten- und einen Nebenkostenanteil bedarf. Dadurch verschiebt sich die Berücksichtigung der geleisteten Vorauszahlungen aus der Nebenkostenabrechnung in eine Schlussabrechnung. 3569

Das Urteil des BGH betrifft den Sachverhalt, dass die Klage auf die Begleichung der Nettomiete zuzüglich der geschuldeten Betriebskostenabschläge gerichtet war. Anders ist es, wenn der Kläger eine Nachforderung geltend macht, die aus einer Abrechnung resultiert und in einem Vorprozess Minderungsbeträge festgestellt wurden. Diese konnten nur vorläufig sein und sind neu zu berechnen (*LG Köln*, Urt. v. 8.5.2013 – 9 S 278/12, WuM 2014, 25). Dabei konnte dahinstehen, ob die im Vorprozess festgelegte Minderungsquot 3570

d) Fehlerfolgen

Sind die Vorauszahlungen falsch angegeben, betrifft dies nicht die Wirksamkeit der Abrechnung, sondern ihre inhaltliche Richtigkeit (*LG Heidelberg* WuM 2011, 217 = MietRB 2011, 139). Das gilt auch für den Fall, dass anstelle der Ist-Vorauszahlungen die Sollvorauszahlungen angegeben werden (*BGH*, Urt. v. 23.9.2009 – VIII ZR 08, NZM 2009, 906 = ZMR 2010, 272). Die tatsächlich geleisteten Zahlungen sind dann bei der materiellen Richtigkeit der Abrechnung zu prüfen. 3571

Für den Vermieter ergibt sich jedoch das Problem, dass er bei der Angabe von Sollzahlungen nicht gezahlte Beträge nicht als fehlend ausweist und sie deshalb aus der Abrechnung heraus nicht geltend machen kann. Folgt man entgegen der hier vertretenen Auffassung der h.M., dass nach einer Abrechnung die Vorauszahlungen nicht mehr geltend gemacht werden können, so hat der Vermieter überhaupt keinen Anspruch, solange er nicht die Abrechnung auf Ist-Zahlen umstellt (*Zehelein* WuM 2014, 3 [7]). 3572

21. Feststellung des Gesamtergebnisses

Das ist die Feststellung des Nachzahlungs- oder Rückzahlungsbetrages (*LG Frankfurt/ M.* ZMR 1999, 764). 3573

22. Steuerdienliche Angaben

Damit der Mieter den Steuerabzug für haushaltsnahe Dienstleistungen und Handwerkerleistungen nach § 35a EStG geltend machen kann, muss entweder bereits die Abrechnung die entsprechenden Kosten ausweisen oder es muss eine Bescheinigung des Vermieters erstellt werden (Rn. 42 des BFM Anwendungsschreibens zu § 35a EStG vom 15.2.2010 zu erreichen über die Homepage des Bundesfinanzministeriums und hierzu *Arndt* NZM 2010, 267). 3574

3575 Hierunter fallen beispielsweise Gartenpflege, Hausreinigung, Hauswart, Schornsteinfeger, Aufzugswartung (*LG Berlin*, Urt. v. 18.10.2017 – 18 S 339/16, GE 2017, 1473 = MM 2017, 28).

3576 Man wird den Vermieter trotz Fehlens einer dem § 14 UStG entsprechenden Regelung nach Treu und Glauben für verpflichtet halten können, eine entsprechende Bescheinigung auszustellen bzw. entsprechende Angaben in der Abrechnung zu machen (*Blümmel* GE 2007, 760; zweifelnd *Kinne* GE 2007, 764). Eine Vergütung hierfür kann er nicht verlangen (*Herrlein* WuM 2007, 56; *Schmid* GE 2001, 310 [316]; a.A. *Beuermann* GE 2007, 336).

3577 Das *LG Berlin* (Urt. v. 18.10.2017 – 18 S 339/16, GE 2017, 1473 = MM 2017, 28) hält fest, dass der Vermieter zwar keine »Steuerbescheinigung nach § 35a EStG« ausstellen müsse. Der Mieter muss aber die Möglichkeit haben, selbst anhand der Abrechnung zu ermitteln, welche Dienstleistungen erbracht wurden und welche Beträge hierauf entfallen. Das *OLG Köln* (17.7.2017 – 22 U 60/16, ZMR 2018, 216) erklärt, dass § 14 Abs. 4 Nr. 2 UStG als Angabe auch die dem leistenden Unternehmer vom Finanzamt erteilte Steuernummer oder die ihm vom Bundeszentralamt für Steuern erteilte Umsatzsteuer-ID-Nummer verlangt. Ist diese Nummer im Mietvertrag nicht vorhanden und hat der Vermieter dem Mieter kein sonstiges Dokument hierzu gegeben, das die ID-Nummer enthält und auf den Mietvertrag Bezug nimmt, besteht ein Zurückbehaltungsrecht des Mieters.

3578 Verneint man eine Verpflichtung des Vermieters zu steuerdienlichen Angaben, hat der Mieter jedenfalls das Recht, gegen Kostenerstattung die für das Finanzamt notwendigen Kopien zu erhalten (*Ludley* ZMR 2007, 331 [334]). Da der Vermieter ein Wahlrecht hat, ob er die Angaben zu § 35a EStG in die Abrechnung aufnimmt oder eine Bescheinigung erteilt, wird die Ordnungsmäßigkeit der Abrechnung durch das Fehlen der Angaben zu § 35a EStG nicht beeinträchtigt. Zu umsatzsteuerrechtlichen Angaben s. Rdn. 1082a.

3579 Im Formularvertrag ist eine Klausel, wonach der Vermieter nicht verpflichtet ist, dem Mieter die Bescheinigung auszustellen, unwirksam (*LG Berlin* a.a.O.).

23. Schätzungen

3580 Ob Schätzungen zulässig und richtig sind, betrifft die materielle Richtigkeit der Abrechnung (*BGH*, Urt. v. 12.11.2014 – VIII ZR 112/14, ZMR 2015, 111 = NZM 2015, 129 = GE 2015, 49 für auf Vorjahresbasis geschätzte Heizungs- und Warmwasserverbrauchswerte; *BGH* Urt. v. 20.2.2008 – VIII ZR 27/07, NZM 2008, 403 = DWW 2008, 216 = ZMR 2008, 691 = GE 2008, 662; a.A. *LG Leipzig* ZMR 2004, 594; *Schmid* GE 2005, 905; zur Betriebskostenschätzung vgl. *Heilmann*, NZM 2018, 698 ff.).

3581 Der Vermieter kann deshalb unerläuterte Pauschalabzüge vornehmen, ohne dass dadurch die Abrechnung formell unwirksam wird (vgl. *Schach* GE 2008, 632). Auch Fehler bei der Schätzung betreffen nur die inhaltliche Richtigkeit (*Schmid* GE 2011, 310 [316].

Formell fehlerhaft ist die Abrechnung, wenn Schätzungen nicht als solche ausgewiesen sind (*Schmid* GE 2008, 905 [909]). Etwas anderes folgt nicht aus der Entscheidung des BGH vom 12.11.2014 (VIII ZR 112/14, ZMR 2015, 111 = NZM 2015, 129 = GE 2015, 49). Dort war am Ende der Abrechnung angegeben, dass die aufgeführten Werte für Heizung und Warmwasser nach dem prozentualen Vorjahresverbrauch auf die eingesetzten Beträge geschätzt worden waren. Weitergehend nimmt das *LG Berlin* (GE 2011, 612) bereits einen formellen Fehler an, wenn die Schätzgrundlagen nicht angegeben sind. S.a. Rdn. 1178.

24. Ermessen

Kann der Vermieter nach billigem Ermessen handeln, z.B. bei der Festlegung von Abrechnungsmaßstäben ist die Abrechnung bei Unbilligkeit nicht formell ordnungsgemäß (*LG München I* ZMR 2003, 431; *AG Hamburg* WuM 1996, 778, 779). Im Rahmen der Prüfung der Abrechnung in einem Nach- oder Rückforderungsprozess kann keine Bestimmung durch Urteil nach § 316 Abs. 3 Satz 2 BGB erfolgen.

3583

25. Schreib- und Rechenfehler

Sie berühren die formelle Ordnungsmäßigkeit nicht, sondern betreffen nur die materielle Richtigkeit.

3584

26. Falschbezeichnungen

Sie berühren die formelle Ordnungsmäßigkeit nicht, sondern betreffen nur die materielle Richtigkeit. Falschbezeichnungen sind unschädlich, wenn das Gemeinte aus der Abrechnung ohne weiteres erkennbar ist (*LG Berlin* GE 2003, 121; *LG Kleve* ZMR 2007, 620).

3585

Auch wenn die Abrechnung formell richtig ist, inhaltlich wegen Falschbezeichnung einer Betriebskostenart aber inhaltlich unrichtig und die Falschbezeichnung erst nach Ablauf der Frist des § 556 Abs. 3 S. 2 BGB berichtigt wurde, ist bezüglich dieser Kostenart keine Nachforderung mehr zulässig (*AG Lüdenscheid*, Urt. v. 15.5.2014 – 92 C 41/13, WuM 2014, 421 für Versicherungskosten, das aber von formeller Unwirksamkeit ausgeht, weil die Versicherungskosten namentlich nicht genannt wurden, sondern eine andere Kostenart. Es wurde eine Zeile »verrutscht«).

3586

27. Vorbehalte

Abrechnungen können unter dem Vorbehalt einer Nachforderung ergehen, wenn es der Vermieter nicht zu vertreten hat, dass er nicht alle Positionen abrechnen kann, z.B. weil mit einer Grundsteuernachforderung zu rechnen ist (*BGH*, Urt. v. 12.12.2012 – VIII ZR 264/12, ZMR 2013, 268).

3587

Hat der Vermieter das Abrechnungshindernis zu vertreten, ist einem Vorbehalt die Wirksamkeit zu versagen. Der Vermieter hätte es nämlich sonst in der Hand, durch die Aufnahme eines Vorbehalts in die fristgemäße Abrechnung die Abrechnungsfrist des § 556 Abs. 3 BGB dadurch auszuhebeln, dass er aufgrund des Vorbehalts die Abrechnung später ändert und (weitere) Nachforderungen geltend macht (*Schmid*, ZMR 2013, 269).

3588

3589 Sachlich nicht gebotene Vorbehalte, die der Abrechnung ihre Verbindlichkeit nehmen (»Irrtum vorbehalten«) begründen einen formellen Mangel der Abrechnung (*Schmid* ZMR 1999, 407).

28. Vermietung von Wohnungs- und Teileigentum

3590 Die vorstehenden Grundsätze gelten auch bei der Vermietung von Eigentumswohnungen. Auf eine vom Wohnungseigentumsverwalter vorgelegte Betriebskostenaufstellung kann verwiesen werden, wenn diese der Abrechnung beigefügt ist (*LG Wuppertal* WuM 1999, 342).

3591 Eine teilweise vorgeschlagene materielle Bindung des Mieters an die Abrechnung der Wohnungseigentümergemeinschaft (*Abramenko* ZMR 1999, 679) ist bei Wohnraummietverhältnissen rechtlich nicht möglich (*Riecke* WE 2000 Heft 1 S. 9 f.). Vorzugswürdig ist es jedoch ohnehin, nicht auf die von der Wohnungseigentümergemeinschaft gezahlten Beträge abzustellen, sondern darauf, welche Beträge dem vermietenden Wohnungseigentümer in Rechnung gestellt wurden (Rdn. 1152 ff.).

3592 An den Mieter einer Eigentumswohnung kann der Bescheid oder die Rechnung eines Dritten (z.B. der Gemeinde zur Grundsteuer) schlicht weitergegeben werden, wenn die betreffende Kostenart speziell für die einzelne Wohnung erhoben wird. Es ist in solchen Fällen für einen gesetzlichen oder vertraglichen Abrechnungsschlüssel kein Raum (*BGH*, Urt. v. 17.4.2013 – VIII ZR 252/12, ZMR 2014, 108; v. 15.3.2011 – VIII ZR 243/10, WuM 2011, 281; v. 13.9.2011 – VIII ZR 45/11, ZMR 2012, 173 = WuM 2011, 684).

3593 Unbereinigt ist die bloße »Durchreichung« der Hausgeldabrechnung der Wohnungseigentümergemeinschaft an den Mieter nicht wirksam (*AG Mitte*, Urt. v. 14.10.2014 – 14 C 496/13, GE 2015, 327 = WuM 2015, 158). Ist mietvertraglich vereinbart, dass einerseits die kalten Betriebskosten und andererseits die Heiz- und Warmwasserkosten abgerechnet werden, muss diese Abrechnungsweise auch in der Betriebskostenabrechnung getrennt erfolgen (*AG Mitte* a.a.O.). Es handelt sich dann um verschiedene Abrechnungen.

3594 Rechnet der Vermieter der Eigentumswohnung über die Betriebskosten nach Miteigentumsanteilen und nicht laut Mietvertrag nach der Wohnfläche ab, muss er den Verteilschlüssel erläutern, wobei noch Identität der Größen vorliegen muss (Langenberg IV Rn. 201; *Kinne* GE 2015, 286). Diese Auffassung ist richtig, denn sonst kann es zu Mehrbelastungen für den Mieter kommen. In aller Regel entsprechen die Miteigentumsanteile allerdings auch der Wohnungsgröße.

3595 Bei Nichtwohnraummietverhältnissen kann vereinbart werden, dass Mieter an die Abrechnung der Wohnungseigentümer gebunden ist. Diese Bindung steht jedoch unter dem Vorbehalt, dass die Abrechnung nicht offenbar unbillig ist (§§ 317, 319 BGB analog; *OLG Frankfurt/M*. WuM 1985, 91).

3596 Ohne besondere Vereinbarung ist der Verwalter nicht verpflichtet, eine Abrechnung zu erstellen, die unverändert gegenüber dem Mieter verwendet werden kann (*BayObLG*

WuM 2005, 480). Die Nichtverwertbarkeit der Wohnungseigentümerabrechnung für die Mieterabrechnung begründet auch keinen Schadensersatzanspruch gegen die Wohnungseigentümergemeinschaft (*AG Erfurt* MietRB 2013, 336). Die Wohnungseigentümergemeinschaft ist für die Mieterabrechnung auch nicht Erfüllungsgehilfin des Vermieters (*Reichert* MietRB 2013, 336; vgl. auch Stichwort Wohnungseigentum).

29. Heiz- und Warmwasserkosten

Zu Besonderheiten bei der Abrechnung von Heiz- und Warmwasserkosten siehe Rdn. 6265 ff.   3597

VIII. Abweichende Vereinbarungen

Eine zum Nachteil des Wohnraummieters von § 556 Abs. 1, Abs. 2 Satz 2, Abs. 3 BGB abweichende Vereinbarung ist unwirksam (§ 556 Abs. 4 BGB). Praktisch ist § 556 BGB zur Gänze relativ unabdingbar. Dass eine von § 556 Abs. 2 Satz 1 BGB abweichende Regelung nicht zu treffen ist, ergibt sich aus der Natur der Sache.   3598

Abweichende vertragliche Regelungen zur Gestaltung der Abrechnung sind jedoch grundsätzlich möglich (*BGH*, 14.2.2007 – VIII ZR 1/06, ZMR 2007, 359 = NJW 1982, 573 = ZMR 1982, 108 und NZM 2007, 244). Bei preisgebundenem Wohnraum sind jedoch die zwingenden Regelungen von § 20 Abs. 1 Satz 1, § 4 Abs. 7 und 8 NMV 1970, § 10 WoBindG zu beachten (vgl. Rdn. 3208 ff.). Bei preisfreiem Wohnraum ist es umstritten, ob von den allgemeinen Anforderungen auch zulasten des Mieters abgewichen werden kann. Da das Gesetz keine Regelungen für die Gestaltung der Abrechnung trifft, wird man dies grundsätzlich bejahen können (*Abramenko* ZMR 1999, 678 m.w.N.).   3599

Ein Mindestmaß an Aussagekraft muss jedoch verbleiben, damit noch von einem Abrechnen i.S.v. § 556 BGB gesprochen werden kann. Das erfordert zumindest eine globale Angabe der Gesamtkosten, die Mitteilung des auf die Mieteinheit entfallenden Betrages und den Abzug der Vorauszahlungen.   3600

Zu weitgehend ist die Auffassung des *LG Münster* (NJW-RR 2004, 443), dass der Mieter die mangelnde Nachvollziehbarkeit nicht mehr rügen kann, wenn er entsprechende Abrechnungen jahrelang stillschweigend hingenommen hat (*Schmid* GE 2011, 310 [317]).   3601

IX. Fehlerfolgen

1. Abrechnungsanspruch

Ist die Abrechnung nicht formell ordnungsgemäß, verbleibt dem Mieter sein Anspruch auf Erteilung einer ordnungsgemäßen Abrechnung. Entspricht dagegen die Abrechnung den formellen Anforderungen und behauptet der Mieter lediglich eine inhaltliche Unrichtigkeit, so kann er nicht auf die Erteilung einer geänderten Abrechnung klagen (*LG Hamburg* WuM 1998, 727; *AG Tempelhof-Kreuzberg* GE 2002, 932). Der Streit um die inhaltliche Unrichtigkeit ist in einem Verfahren über Nach- bzw. Rückzahlungen auszutragen (*LG Hamburg* WuM 1998, 408).   3602

2. Fristversäumung

3603 Wird die Ordnungsmäßigkeit nicht innerhalb der Abrechnungsfrist hergestellt, treten die Folgen der Fristversäumung ein.

3. Teilweise Unwirksamkeit

3604 Bezieht sich der Mangel nur auf einzelne Betriebskostenpositionen, bleibt die Abrechnung im Übrigen unberührt, wenn die jeweiligen Einzelpositionen unschwer herausgerechnet werden können (*BGH*, Urt. v. 13.10.2010 – VIII ZR 46/10 WuM 2010, 741 = NJW-RR 2011, 90); die betroffenen Positionen werden jedoch insgesamt von der Gesamtschuld abgezogen (BGH, Urt. v. 14.2.2007 – VIII ZR 1/06, ZMR 2007, 359 = NZM 2007, 244; *Flatow* WuM 2010, 606 [609]). Eine sich aus der Betriebskostenabrechnung ergebende Nachforderungen verbleibt dem Vermieter insoweit, als sie auch ohne Berücksichtigung der unwirksam abgerechneten Positionen besteht (*BGH*, Urt. v. 13.10.2010 – VIII ZR 46/10, WuM 2010, 741 = NJW-RR 2011, 90).

4. Anspruch auf Neuberechnung

3605 Weist die Abrechnung einen inhaltlichen Fehler auf und kann der Mieter den geschuldeten Betrag nicht selbst berechnen, so kann er vom Vermieter eine Neuberechnung verlangen (*BGH*, Urt. v. 17.11.2004 – VIII ZR 115/04, ZMR 2005, 121 = NZM 2005, 13 [14]). Gegen den Zahlungsanspruch kann er ein Zurückhaltungsrecht geltend machen. Verzug tritt nicht ein. Weitergehend verneint das *LG Leipzig* (ZMR 2009, 129) bereits die Fälligkeit, was aber im Widerspruch zu einer formell ordnungsmäßigen Abrechnung steht (*Schmid* GE 2011, 310 [318]).

3605a Hat der Mieter eine formell ordnungsgemäße Abrechnung erhalten, geben ihm inhaltliche Fehler keinen Neuabrechnungsanspruch, wenn er unter Hinziehung der Belege die Abrechnung selbst berichtigen kann (*OLG Frankfurt a.M.*, 14.2.2018 – 2 U 142/17, NZM-info 2018, Heft 13 unter V).

5. Fälligkeit von Nachzahlungen

3606 Nur eine formell ordnungsgemäße Abrechnung kann auch die Fälligkeit eines Nachzahlungsanspruches begründen (*BGH*, Beschl. v. 19.12.1993 – VIII ARZ 5/90, NJW 1991, 836 = ZMR 1991, 133 = WuM 1991, 150). Eine Teilfälligkeit ist grundsätzlich möglich, wenn der formelle Mangel nur einzelne Positionen der Abrechnung betrifft (*AG Wetzlar* WuM 2001, 30). Zu einer Nachzahlung kann das aber nur dann führen, wenn feststeht, dass sich auch ohne die zunächst insgesamt nicht zu berücksichtigenden Positionen eine Nachzahlung ergibt (*BGH*, Urt. v. 14.2.2007 – VIII ZR 1/06, NJW 2007, 1059 = WuM 2007, 196 = ZMR 2007, 359 = GE 2007, 438 = NZM 2007, 244 = DWW 2007, 114) oder wenn für die jeweils abgerechneten Positionen gesonderte Vorauszahlungen mit gesonderten Abrechnungen vereinbart sind.

6. Kündigung

3607 Eine Kündigung kann auf eine falsche Abrechnung grundsätzlich nicht gestützt werden. Der Mieter kann jedoch nach § 543 Abs. 1 BGB kündigen, wenn der Vermieter das Vertrauensverhältnis dadurch zerstört hat, dass er vorsätzlich nicht umlegbare Positionen in die Abrechnung aufgenommen und dem Mieter Belegeinsicht verweigert hat (*LG Berlin* GE 2003, 1081).

7. Steuerdienliche Angaben

Fehlen steuerdienliche Angaben, hat der Mieter ein Zurückbehaltungsrecht für Nachzahlungen und bis zu einer angemessenen Höhe auch für weitere Vorauszahlungen. 3608

8. Schadensersatzanspruch des Mieters

Eine fehlerhafte Abrechnung kann bei Verschulden des Vermieters auch zu einem Schadensersatzanspruch des Mieters aus §§ 241, 280 BGB führen (*OLG Düsseldorf* ZMR 2007, 269 = GE 2007, 290). Die Einschaltung eines Rechtsanwalts ist regelmäßig als notwendig anzusehen. (*Flatow* WuM 2010, 606 [607]). Zur vorgängigen Befassung des Mietervereins oder einer Verbraucherzentrale ist der Mieter nicht verpflichtet (offen gelassen von *OLG Düsseldorf* ZMR 2007, 269 = GE 2007, 290). Überprüft ein Rechtsanwalt die Abrechnung, ist Gegenstandswert für die Gebührenberechnung der geforderte Nachzahlungsbetrag, auch wenn die gesamte Abrechnung überprüft wird (*AG Düsseldorf* ZMR 2009, 762). 3609

9. Rückgewähr einer Überzahlung

Dem Anspruch des Mieters auf Rückgewähr einer Überzahlung aus § 812 BGB kann der Vermieter den Einwand der Entreicherung nach § 818 Abs. 3 BGB auch dann nicht entgegenhalten, wenn andere Mieter infolge eines Fehlers bei der Kostenverteilung zu wenig bezahlt haben (*LG Düsseldorf* DWW 1988, 210). 3610

10. Sonstiges

(unbesetzt) 3611

11. Schadensersatzanspruch gegen den Abrechnungsersteller

Stellt der Vermieter die Abrechnung nicht selbst her, sondern bedient er sich z.B. eines Hausverwalters, kommen Schadensersatzansprüche des Vermieters gegen diesen in Betracht (*Harsch* MietRB 2011, 105). 3612

D. Belegeinsicht – Fotokopien

I. Belegeinsicht

1. Anspruchsvoraussetzungen

Ein Belegeinsichtsrecht des Mieters ist ausdrücklich normiert in § 29 Abs. 1 NMV 1970 für preisgebundenen Wohnraum. Bei sonstigen Mietverhältnissen wird dieses Recht aus § 259 BGB abgeleitet (*BGH*, Urt. v. 8.3.2006 – VIII ZR 78/05, ZMR 2006, 358). 3613

3613a Vor einem Bestreiten des Mieters von Kostenansätzen in der Abrechnung wird im Regelfall die vorherige Einsicht in die Unterlagen oder das erfolglose Einsichtsverlagen gefordert (*OLG Karlsruhe*, 14.11.2017 – 8 U 87/15, ZMR 2019, 19; *OLG Düsseldorf*, 8.6.2000 – 10 U 94/99, juris; 5.9.2002 – 10 U 150/01, 27.4.2006 – I-10 U 169/05; Rn. 7008).

3613b Demgegenüber hält es das AG Gelsenkirchen nicht für erforderlich, Einsicht in die Unterlagen zu nehmen, wenn der Mieter bestreitet, dass etwa Hausmeisterarbeiten im bestimmter Zeit -ein häufiges Argument- überhaupt durchgeführt wurden. Denn dass Rechnungen vorliegen, bedeutet nicht per se, dass Leistungen überhaupt erbracht wurden (*AG Gelsenkirchen*, 22.8.2019 – 201 C 229/19, WuMN 2020, 151).

3614 **Mehrere Mieter** einer Wohnung können den Anspruch nur einmal und einheitlich geltend machen.

3615 Ob bei **preisgebundenem Wohnraum** der Anspruch nur einem Mieter zusteht, der auch wohnungsberechtigt im Sinne des Wohnungsbindungsgesetzes ist oder ob es hierauf nicht ankommt, hängt zunächst davon ab, ob man der Auffassung folgt, dass auch der Nichtwohnberechtigte den Rückforderungsanspruch wegen zu viel gezahlter Miete nach § 8 Abs. 2 WoBindG hat (vgl. *LG Münster* ZMR 1987, 379 = WuM 1987, 420 m.w.N.).

3616 Gewährt man den Rückforderungsanspruch, besteht in jedem Fall ein Informationsbedürfnis und damit auch das Informationsrecht. Aber auch sonst wird man dem Gesetzeswortlaut folgend auch dem Nichtwohnberechtigten den Anspruch aus § 29 NMV 1970 zugestehen müssen (*Fischer-Dieskau/Pergande/Schwender* Anm. 2 zu § 29 NMV 1970; a.A. *LG Münster* ZMR 1987, 379 = WuM 1987, 420). Der

3617 Da abgesehen von preisgebundenem Wohnraum vertragliche Regelungen zur Nebenkostenabrechnung selbst getroffen werden können, sind auch Vereinbarungen zur Belegeinsicht zulässig (*Schmid* DWW 2002, 120).

3618 Dabei wird allerdings in Allgemeinen Geschäftsbedingungen ein völliger Ausschluss der Kontrollrechte an § 307 BGB scheitern. Zulässig erscheint es jedoch, eine bestimmte Art des Kostennachweises, z.B. Fotokopien oder Belegeinsicht zu vereinbaren (*Schmid* DWW 2002, 120).

2. Anspruchsinhalt

3619 Der Mieter muss sein Recht auf Einsicht geltend machen (*Schmid* ZMR 2015, 106). Das Verlangen geht auf Einsicht in die Abrechnungsunterlagen (*BGH*, Urt. v. 8.3.2006 – VIII ZR 78/05, ZMR 2006, 358). Das Einsichtsrecht erstreckt sich auf **alle Unterlagen**, auf denen die Abrechnung beruht (a.A. *LG Frankfurt/M*. ZMR 1999, 764 m. abl. Anm. *Rau*, das unter Berufung auf § 259 Abs. 1 BGB Einsicht nur bei auftretenden Zweifelsfragen gewähren will).

3620 Verlangt der Mieter die »Vorlage« bestimmter Belege, soll nach einer Ansicht das Verlangen unwirksam sein, da hierauf kein Anspruch besteht (*LG Berlin*, Urt. v. 6.6.2014 – 63 S 238/13, GE 2014, 937). Die Entscheidung ist abzulehnen. Mit der »Vorlage« ist

D. Belegeinsicht – Fotokopien

nach allgemeinem Verständnis auch die Einsicht gemeint, zumal die Einsicht in Belege auch deren Vorlage mit umfasst (zutr. *Schmid* ZMR 2015, 106: Wortklauberei).

Als unsubstantiiert wurde es gewertet, dass der Mieter behauptete, der Vermieter sei »um Belegeinsicht gebeten worden« (*AG Elmshorn*, Urt. v. 9.12.2016 – 51 C 146/15 S. 9). Das ist nicht überzeugend, denn die Belegeinsicht dient gerade dazu herauszufinden, ob anhand der Unterlagen noch unbekannte Einwendungen gegen einzelne Kostenposten erforderlich sind. Das hat nichts damit zu tun, dass die Einsicht in die Belege nur der Kontrolle und Beseitigung von Zweifeln dient. Ausreichend ist es nach hier vertretener Auffassung, wenn der Mieter die pauschale Erklärung abgibt, er wolle Einsicht in die Betriebskostenunterlagen nehmen. 3621

Die Einsicht umfasst auch **Rechnungen und Verträge mit Dritten**, soweit sie für den Nachweis der Zahlungsansprüche erforderlich sind (*BGH* WuM 2012, 276). Hierunter fallen beispielsweise der Hausmeistervertrag und die Lohnabrechnungen (*LG Berlin*, Urt. 5.5.2006 – 416/02, GE 2006, 849). 3622

Noch ungeklärt ist, ob der Mieter bei Abrechnung nach dem Abflussprinzip –der Vermieter stellt hier nach Darstellung des *LG Berlin* a.a.O. die im betreffenden Abrechnungszeitraum bezahlten Rechnungen in die Abrechnung; vgl. aber Rdn. 3410- ein Recht auf Einsicht in die **Zahlungsbelege** hat. Dies wird teilweise bejaht. Der Mieter habe, wenn nach dem Abflussprinzip abgerechnet werde, ein Recht zu prüfen, ob sein Kostenteil zutreffend errechnet wurde, ob die Rechnungen tatsächlich beglichen wurden, ob Nachlässe vorgenommen wurden(*LG Berlin*, 30.1.2018 – 63 S 192/17, MietRB 2019, 260; *LG Berlin*,13.2.2019 – 65 S 196/18, WuM 2019, 377). 3622a

Nach a.A. hat der Mieter kein Recht, die Zahlungsnachweise (sondern eben nur die Rechnungen) einzusehen, da es als unerheblich angesehen wird, ob Rechnungen bezahlt sind oder nicht (*LG Kiel*, 15.3.1996 – 4 T 37/96, WuM 1996, 631 für Eigenbelege des Vermieters, die Zahlungen betreffen; *Beuermann*, GE 2019, 702; *Blank* in Blank/Börstinghaus § 556 BGB Rn. 186, allerdings ohne Begründung; *Langenberg/Zehelein* Rn. 287). 3622b

Werden getrennte Verträge mit dem Hauswart über umlegbare und nicht umlegbare Kosten geschlossen, besteht hinsichtlich der letzteren kein Einsichtsrecht (BGH, Urt. v. 10.2.2016 – VIII ZR 33/15, GE 2016, 387). Wird Einsicht in die Heizkostenunterlagen gewünscht, sind auch umfasst die Ableseprotokolle sowie die Verteiler (*LG Berlin*, Urt. v. 4.7.2008 – 63 S 482/07, GE2008, 452). 3623

Kein Anspruch besteht darauf, dass Einsicht in die Belege der Vorlieferanten der Vertragspartner des Vermieters gewährt wird (*BGH* IMR 2013, 355 für die Einkäufe des Wärmecontractors). Da es auf die Bezahlung durch den Vermieter nicht ankommt, besteht kein Anspruch auf Einsicht in die Zahlungsbelege (*Blank* NZM 2004, 369; a.A. *LG Berlin* GE 2006, 849). 3624

Dem Mieter steht kein Anspruch auf **Auskunft** gegen den Vermieter zu, bevor er nicht Einsicht in die Abrechnungsunterlagen genommen hat. Der Auskunftsanspruch besteht nach § 242 BGB nur, wenn die Einsichtnahme nicht ausreicht. 3625

3626 Bei der Frage, ob ein Mieter, der seine Betriebskostenabrechnung prüfen will, einen Anspruch gegen den Vermieter reklamieren kann, dass ihm Einsicht in die Abrechnungsdaten anderer Mieter im Haus oder der Wohnanlage gewährt wird, wurde bisher unter der Geltung des Bundesdatenschutzgesetzes, das zum 24.5.2018 außer Kraft trat, **§ 28 Abs. 1 S. 1 Nr. 2 BDSG** herangezogen.

3627 Das BDSG wurde als Ergänzung zu der der seit 25.5.2018 geltenden **Datenschutz-Grundverordnung VO (EU) 2016/679** als **Datenschutz-Anpassungs- und Umsetzungsgesetz EU** beschlossen und trat ebenfalls trat am 25.5.2018 in Kraft (zur DSGVO vgl. *Flatow*, NZM 2020,623).

3628 Zu beachten ist aber, dass nach § 1 Abs. 5 BDSG neu die Regelungen der Datenschutz-GrundVO Anwendung finden. Die Verordnung geht deshalb vor.

3629 *(unbesetzt)*

3630 In der Entscheidung vom 7.2.2018 (VIII ZR 189/17 DWW 2018, 214 = MietRV 2018, 194 = WuM 2018, 288 = ZMR 2018, 573; Anm. *Lammel* WuM 2018, 409) hat sich der BGH für das **Einsichtsrecht des Mieters auch in die Daten anderer Nutzer** ausgesprochen und auf den Gesamtverbrauchswert und dessen Kenntnis des Mieters zur Beurteilung der Abrechnung Bezug genommen. Ein besonderes Interesse muss danach nicht dargelegt werden.

3631 Wird die Einsicht verweigert, steht dem Mieter am Nachzahlungsbetrag ein **Zurückbehaltungsrecht** zu. Der BGH befasste sich in diesem Zusammenhang erstmals mit der Frage, ob sich die Rechtsfolge der verweigerten Belegeinsicht stets auf die in § 274 Abs. 1 BGB vorgesehene Verurteilung des Mieters zur Leistung **Zug um Zug** beschränkt oder ob die Verweigerung auch zur Klagabweisung führen kann. Der BGH schloss sich der Ansicht an, die es für sinnwidrig erachtet, den Mieter, der die Abrechnung erst noch nachprüfen will sogleich zur Zahlung des ungeprüften Betrags zu verpflichten, der nach Erhalt der Zug um Zug zu erteilenden Belegeinsicht dann auch so im titulierten Umfang zu erbringen wäre. Der Sinn der Prüfung liegt gerade darin, dem Mieter vorab zu ermöglichen, etwaige Abrechnungsmängel festzustellen.

3632 In der genannten Entscheidung bat der Mieter »ihm die Ablesebelege betreffend die Heizverbrauchseinheiten der anderen in der Liegenschaft befindlichen Wohnungen vorzulegen bzw. darzulegen, welche Ableseeinheiten in welchen Wohnungen und Gewerbemieteinheiten entstanden« sind. Hierin sah der BGH zu Recht kein Verlangen nach Zusendung aller Originalbelege.

3633 In der Rechtsprechung hatte sich zur Einsichtsmöglichkeit in die Daten **anderer Wohnungsnutzer** eine herrschende Ansicht entwickelt, die den Interessen des Vermieters grundsätzlichen Vorrang einräumt (*LG Berlin*, Urt. v. 13.1.2017 – 63 S 132/16, GE 2017, 294 = ZMR 2017, 806; *LG Dortmund*, Urt. v. 28.10.2014. 9 S 1/14, WuM 2015, 115; *LG Potsdam*, Urt. v. 17.8.2011 – 4 S 31/11, WuM 2011, 631; *LG Karlsruhe*, Beschl. v. 20.2.2009 – 9 S 523/08, DWW 2009, 103; *LG Berlin*, Urt. v. 3.4.2003 – 62 S 387/02, MM 2007, 297; *AG Hamburg-Blankenese*, Urt. v. 14.1.2015 – 531 C 227/13, ZMR 2015, 135 für Kontoauszugskopien mit geschwärzten Zahlungsvorgängen; bereits *AG Dortmund*, Urt. v. 15.4.1986 – 132 C 532/85, WuM 1986, 378;

a.A. für Ablesebelege von Heizung und Warmwasser: *AG Neustadt a.d. Weinstraße* ZMR 1984, 324).

Zu verlangen ist aber nach wie vor, dass sich das Einsichtsrecht nur auf Daten bezieht, die für die Nachprüfung und Nachvollziehbarkeit der konkreten Betriebskostenabrechnung von Bedeutung sind (*LG Berlin*, Urt. v. 5.5.2006 – 63 S 416/02, GE 2006, 849, *AG Coesfeld*, Urt. v. 7.9.2017 – 11 C 24/17, WuM 2017, 740; *Harsch* WuM 2015, 399, 401). Betriebskostenpositionen, um die es im Einzelfall nicht geht, sind auszunehmen. Zudem muss darauf geachtet werden, dass die konkreten Namen der Fremdmieter geschwärzt oder sonst unkenntlich gemacht werden (*Harsch* WuM 2015, 399, 401). Insoweit sei auch auf den früheren § 3a Satz 2 BDSG verwiesen, der beispielhaft regelte, dass die nach § 3a Satz 1 BDSG grundsätzlich gebotene Datenvermeidung dadurch sicherzustellen ist, dass die Daten anonymisiert oder pseudonymisiert werden. Auf diese Weise fielen diese Daten nicht unter das Bundesdatenschutzgesetz (*BVerfGE* 65, 1, 45; 320, 437; *Harsch* WuM 2015, 399, 401; *Jarass* in Jarras/Pieroth Art. 2 GG Rn. 60a).

3634

Art. 4 DS-GVO spricht in Ziffer 5 (nur) noch von der Pseudonymisierung von Daten, nicht wie das frühere BDSG von einer Anonymisierung. Das bedeutet aber nicht, dass der Begriff der Anonymisierung keine Bedeutung mehr hätte (*Gola* in: Gola Art. 4 DS-GVO Rn. 40, wo zwischen pseudonymisierten Daten und anonymen Informationen getrennt wird).

3635

Nach **Art. 6 Abs. 1 S. 1 Nr. a** DS-GVO ist die Datenverarbeitung rechtmäßig, wenn die betroffene Person ihre Einwilligung zur Verarbeitung der Daten für einen oder mehrere bestimmte Zwecke erteilt hat. Mietrechtlich relevant dürfte künftig **Art. 6 Abs.. 1 S. 1 Nr. c** werden. Danach ist die Datenverarbeitung ferner rechtmäßig, wenn die Verarbeitung für die **Erfüllung einer rechtlichen Verpflichtung** erforderlich ist, der der Verantwortliche unterliegt. Die rechtliche Verpflichtung meint nicht eine vertraglich begründete, sondern eine solche kraft objektiven Rechts, auch aus dem Bereich des Zivilrechts, besonders des Vertragsrechts (*Schulz* in: Gola, DS-GVO, Art. 6 Rn. 41).

3636

Unter Bezugnahme auf die neue Rechtsprechung des BGH vom 7.2.2018 (Rdn. 3630) wird man davon ausgehen können, dass auch unter datenschutzrechtlichen Aspekten die Öffnung von Daten anderer Mieter im Haus auf Verlangen eines prüfungswilligen Mieters zu bejahen ist, auch wenn der BGH sich nicht mit dem Datenschutz als solchem befasst hat. Die Bekanntgabe geschwärzter Daten anderer Wohnungsnutzer kann unter lit. c gefasst werden, da der Vermieter insoweit eine Rechtspflicht gegenüber dem Mieter erfüllt, der u.a. seine Kostenanteile im Hinblick auf die Gesamtkosten prüfen will.

3637

(unbesetzt)

3638–3644

▶ **Hinweis:**

Die gebotene Interessenabwägung scheidet aus, wenn der betroffene Mieter, dessen Daten zur Einsicht gewünscht werden, mit der Zurverfügungstellung einverstanden ist.

3645

c) Sonstige Einzelheiten des Einsichtsrechts

3646 Das Einsichtsrecht bezieht sich auf die beim Vermieter **vorhandenen Unterlagen**. Den Vermieter trifft grundsätzlich keine Pflicht, sich bestimmte Unterlagen zur Einsicht für den Mieter erst zu beschaffen (*Schmid* ZMR 2003, 15; a.A. *AG Lübeck* WuM 1987, 197, das den Vermieter sogar für verpflichtet hält, das Grundbuch zu beschaffen!). Auch Kosten, die ohne förmliche Rechnung bezahlt werden, sind umlegbar. Erst recht gilt dies, wenn der Vermieter die Rechnung auf elektronischem Wege erhält (*Schmid* ZMR 2003, 16).

3647 Der Anspruch auf Belegeinsicht des einzelnen **Wohnungseigentümers** gegenüber der Verwaltung erstreckt sich auf alle Unterlagen des Verwalters (*BGH*, Urt. v. 11.2.2011 – V ZR 66/10, ZMR 2011, 489, 568 = WuM 2011, 314 = NZM 2011, 279). Nach hier vertretener Auffassung hat der Mieter einen Anspruch auf Einsicht in die seine Betriebskostenabrechnung betreffenden Belege, aber nicht in weitere, die Wohnungseigentümer betreffenden Kosten wie Verwaltung, Instandsetzung etc.

3648 Eine Ausnahme von der Notwendigkeit, die Unterlagen beim Vermieter einzusehen gilt dann, wenn die Unterlagen überhaupt woanders bereitgehalten werden, z.B. bei einer externen Buchhaltung oder beim Verwalter nach dem Wohnungseigentumsgesetz. Hier muss sich der Vermieter entweder die Unterlagen beschaffen oder dem Mieter die Einsicht ermöglichen (*LG Frankfurt/M.* WuM 1997, 52; zum Ort der Belegeinsicht s.u. Rdn. 3303 ff.).

3649 Demgegenüber sieht das *LG Mannheim* (WuM 1996, 630 m. abl. Anm. *Windisch*) als Belege des Vermieters nur die Abrechnung des Verwalters nach dem Wohnungseigentumsgesetz und die dazugehörenden Anlagen an. Für diese Auffassung sprechen Praktikabilitätsgründe.

3650 Gleichwohl kann ihr nicht gefolgt werden, weil dadurch die Überprüfungsmöglichkeiten des Mieters zu stark eingeschränkt würden (*Riecke* ZMR 2001, 79). Auch bei einer auf die einzelne Wohnung bezogenen Abrechnung folgt aus § 259 BGB ein Recht des Mieters auf Einsicht in die der Wohnungseigentümerabrechnung zugrundeliegenden Belege, damit der Mieter prüfen kann, ob die ihm vom Vermieter in Rechnung gestellten Beträge nicht überhöht sind (*Schmid* ZMR 2008, 260 [264]; im Ergebnis ebenso *Blank* NZM 2004, 365 [371]).

3651 Der Mieter ist nicht verpflichtet, in jedem Fall die Belege einzusehen, bevor er Einwendungen gegen die Abrechnung erhebt. Die Einsicht in die Unterlagen ist hierzu nicht Voraussetzung per se. Ergibt sich aus der Abrechnung selbst bereits eine Fehlerhaftigkeit, ist die Einsicht nicht erforderlich. Dies ist der Fall, wenn keine Trennung von Heiz- und Warmwasserkosten in der Abrechnung erfolgt (*LG Hamburg*, Urt. v. 9.1.2018 – 334 S 31/16, WuM 2018, 88). Die Einsicht ist auch generell schon nicht erforderlich, wenn die Abrechnung formell fehlerhaft und damit nichtig ist.

3651a Der Vermieter kann sich auf den Ablauf der Einwendungsfrist des § 556 Abs. 3 S. 5 BGB berufen, wenn der Mieter erst nach Fristablauf um das Recht zur Einsichtnahme bemüht ist. Dies gilt auch, wenn der Vermieter früher mitgeteilt hat, die Einsicht könne nicht am Wohnungsort erfolgen (*AG Erfurt*, 15.3.2018 – 4 C 107/17, WuM 2018, 601).

D. Belegeinsicht – Fotokopien

Aus dem Belegeinsichtsrecht lässt sich auch keine **Aufbewahrungspflicht** ableiten. Die Aufbewahrung ist aber schon aus Beweisgründen zu empfehlen. 3652

Der Mieter hat das Recht, die vorhandenen **Originalunterlagen** einzusehen, muss sich also nicht auf Abschriften oder Kopien verweisen lassen, was auch bei großer Entfernung zwischen Mieter und Vermieter/Verwaltung gilt (*LG Kempten*, Urt. v. 16.11.2016 – 53 S 740/16, ZMR 2017, 248; *AG Hamburg* WuM 1991, 282). 3653

Im neueren Schrifttum wird vertreten, dass der Mieter künftig kein Recht auf Vorlage der Originalbelege mehr haben sollte, wenn der Vermieter ein »**papierloses Büro**« führt. Dementsprechend müsse es ihm auch verwehrt sein, ein Zurückbehaltungsrecht zu reklamieren nur mit der Begründung, es seien ihm keine Originale Vorgelegt worden. Diese Praxis und damit die bisher noch h.M. seien durch die zunehmende Digitalisierung überholt (instruktiv *Lützenkirchen*, NZM 2018, 266 ff.). *Lützenkirchen* kommt so zum Ergebnis, dass die elektronisch erzeugte Rechnung als Datei das Original darstellt, das mittels Ausdrucks lesbar gemacht werden kann, sodass die Frage eines Anspruchs dahingestellt bleiben kann. Bei gescannten Dokumenten könne der Mieter das Original verlangen, sofern er begründete Zweifel hat, was ebenso für Fotokopien zur Belegprüfung gelte (so auch OLG Düsseldorf, 21.5.2015 – 10 U 29/15, BeckRS 2015, 1791, hierzu *Kettler*, IMR 2016, 73). 3653a

Grundsätzlich wird es daher als ausreichend angesehen, dass dem Mieter im Einsichtstermin Kopien oder Ausdrucke der Betriebskostenunterlagen vorgelegt werden, wenn ein papierloses Büro geführt wird und die Originale nach drei Monaten vernichtet werden. Bei Zweifeln der Übereinstimmung mit den Originalen müsse der Mieter darlegungspflichtig sein. Rügt der Mieter die Unvollständigkeit von Belegen, und die zu kurze Zeit – im entschiedenen Fall aber 3 Stunden- muss er näher dazu vortragen, welche Punkte noch vertieft werden mussten, um Einwendungen erheben zu können. Da der Vermieter in der Wahl zwischen Leistungs- und Abrechnungsprinzip frei sei (vgl. hierzu *BGH*, 20.2.2008- VIII ZR 49/07, WuM 2008.223BGH, 7.2.2018 –VIII ZR 189/07) und auch innerhalb der Abrechnung gemischt nach beiden Methoden abrechnen könne, sei das Recht auf Einsicht in die Zahlungsunterlagen zwingend (*LG Berlin*, 30.10.2018 – 63 S 192/17, ZMR 2019, 122 = GE 2019, 857 = MietRB 2019, 260 = WuM 2019, 377). 3653b

Der Vermieter ist aber nicht daran gehindert, die Originalbelege einzuscannen, dann zu vernichten und dem Mieter Ausdrucke zur Verfügung zu stellen (*AG Mainz* ZMR 1999, 114 mit zust. Anm. *Schmid; Schmid* ZMR 2003, 15; a.A. *AG Hamburg* WuM 2002, 499; *Goch* WuM 2001, 498). Unberührt hiervon bleibt die Nachweispflicht in einem eventuellen Prozess, in dem die Beweiskraft der Ausdrucke zu prüfen ist (*Schmid* ZMR 1999, 114). 3654

3. Durchführung der Belegeinsicht

Erscheint der Mieter nach vorherige Ankündigung zwecks Einsicht in die Unterlagen oder beim privaten Kleinvermieter werktags in den frühen Abendstunden, ist unverzüglich Einsicht zu gewähren, denn der Anspruch ist sofort fällig (*OLG Karlsruhe*, 14.11.2017 -8 U 87/15, ZMR 2019, 19). 3655

3655a Das *OLG Karlsruhe* hält der Vermieter allerdings nicht für verpflichtet, auf eine Aufforderung des Mieters zur »Terminabsprache zwecks Belegeinsicht« zu reagieren, denn zu einer Besichtigungszeit, die nach Datum und Uhrzeit vereinbart wird, sei der Vermieter nicht verpflichtet, zumal er –im gegebenen Fall- dem Mieter zwei Mal Einsicht angeboten hatte, die dieser nicht wahrnahm (*OLG Karlsruhe* a.a.O.). Ähnlich meint das *LG Berlin*, dass der Vermieter auf ein Schreiben des Mieters wegen einer Terminanfrage nicht zu reagieren verpflichtet sei, da es sich um eine Bringschuld handle. Bleibe der Vermieter untätig, müsse der Mieter zu den üblichen Zeiten vorstellig werden (*LG Berlin*, 14.6.2019 – 63 S 255/18, ZMR 2019, 865 = MietRB 2019, 34).

Zum Einsichtsrecht gehört es auch, dass der Mieter **in zumutbarer Weise** Kenntnis nehmen kann. So ist bei EDV-gespeicherten Unterlagen eine Wiedergabe auf dem Bildschirm und bei mikroverfilmten Unterlagen die Zurverfügungstellung eines Lesegerätes zu verlangen. Wenn eine solche Einsichtnahme nicht zumutbar ist, sind Rückkopien oder Ausdrucke zu fertigen. Die Kosten hierfür hat der Vermieter zu tragen (*Schmid* ZMR 2003, 16).

3656 Die »klassische Belegeinsicht« gibt es beim Vermieter des Mehrfamilienhauses. Wohnungsunternehmen verwenden üblicherweise eine Software. Problematisch ist dies, wenn nicht die Rechenschritte, sondern nur die Ergebnisse ausgewiesen sind (*Blank* WuM 2016,173). In solchen Fällen muss der Vermieter schon von sich aus die erläuternden Zusatzinformationen erteilen.

3657 Die Zumutbarkeit der Kenntnisnahme erfordert es auch, dass die Belege geordnet vorgelegt werden (*LG Duisburg* WuM 2002, 32; *AG Köln* WuM 1996, 426), wobei das **Ordnungssystem** in der Regel dem System der Abrechnung entsprechen soll. Ein gewisser Prüfungsaufwand ist jedoch dem Mieter zuzumuten.

3658 Bei einer vermieteten **Eigentumswohnung** müssen die Belege, die nicht umlegbare Kosten betreffen, nicht vorab ausgesondert werden (*LG Berlin* WuM 2006, 617).

3659 Der Vermieter ist auch nicht verpflichtet, den einzelnen Rechnungen zu einer Abrechnungsposition eine zusammenfassende Übersicht voranzustellen (a.A. *Lützenkirchen* MDR 1998, 136) oder die Belege für jede Kostenposition mit einem Deckblatt zu versehen, auf dem die Einzelbeträge der Belege aufgeführt sind (a.A. *LG Duisburg* WuM 2002, 32).

3660 Der Mieter ist berechtigt, mit von ihm selbst mitgebrachten Geräten die Belege **abzufotografieren** (*AG München* NZM 2010, 78).

3661 Einen Anspruch auf Überprüfung in **Abwesenheit des Vermieters**, insbesondere auf Übersendung der Originalbelege hat der Mieter nicht (*AG Gelsenkirchen* WuM 1996, 349).

3662 Die Belegeinsicht ist in den Geschäftsräumen des Vermieters oder der Hausverwaltung zu den üblichen Geschäftszeiten wahrzunehmen (*Schmid* ZMR 2015, 106). Auch wenn die Fälligkeit des Einsichtsrechts nach § 271 Abs. 1 BGB nach Abrechnungszugang gegeben ist (*Schmid* ZMR 2014, 106), sollte beim privaten Kleinvermieter eine vorherige Terminabsprache erfolgen.

D. Belegeinsicht – Fotokopien　　　　　　　　　　　　　　　　　　　　　　**Teil III**

Eine Verpflichtung zur mündlichen **Erläuterung** besteht nicht (a.A. *OLG Düsseldorf* 　3663
GuT 2006, 233, das sich zu Unrecht auf *BGH*, Urt. v. 8.3.2006 – VIII ZR 78/05,
ZMR 2006, 358 = WuM 2006, 200 beruft).

Verlangt wird, dass der Mieter seine Einwendungen gegen die Abrechnung nach un- 　3664
verschuldetem Ablauf der Einwendungsfrist binnen dreier Monate erklärt (*AG Elmshorn*, Urt. v. 14.10.2015 – 51 C 146/15 S. 9; *AG Wedding*, Urt. v. 16.6.2014 – 19a
C 15/14, GE 2014, 945).

(unbesetzt)　　　　　　　　　　　　　　　　　　　　　　　　　　　　　　　　3665

4. Ort der Belegeinsicht

Der BGH (Urt. v. 8.3.2006 – VIII ZR 78/05, ZMR 2006, 358) geht ohne nähere 　3666
Begründung davon aus, dass die Belege beim Vermieter einzusehen sind (a.A. weiterhin *Scheffler* WuM 2007, 229). Als dogmatischer Ansatzpunkt kann eine analoge
Anwendung des § 811 BGB herangezogen werden (vgl. *AG Bremen* WuM 2002, 32;
Riecke ZMR 2001, 77 [79]). Nach dem Wortlaut des § 29 NMV 1970 hat der Vermieter auch nur Einsicht zu gewähren, ist also nicht zu einem Transport der Belege
verpflichtet. Zum Schutz des Mieters ist jedoch eine zumindest analoge Anwendung
des § 269 Abs. 1 BGB insoweit geboten, als dass es auf den Sitz des Vermieters oder
seiner Verwaltung zum Zeitpunkt des Abschlusses des Mietvertrages ankommt. Für
den Mieter dürfen Erschwerungen nicht dadurch eintreten, dass der Vermieter seinen
Verwaltungssitz verlegt, der Sitz der Hausverwaltung wechselt oder ein neuer Vermieter in das Mietverhältnis eintritt (vgl. *LG Freiburg* IMR 2011, 182).

Nicht überzeugend begründen lässt sich dagegen die Auffassung, dass der Mieter 　3667
generell bei weiter Entfernung zum Sitz des Vermieters oder der Verwaltung ein
Recht darauf hat, dass die Belege an den Ort des Mietobjekts verbracht werden (a.A.
LG Freiburg NZM 2012, 23 = GE 2011, 693 m. zust. Anm. *Schach* GE 2011, 655).
Der Mieter ist durch das Recht, in solchen Fällen Fotokopien zu verlangen, hinreichend geschützt.

Selbstredend steht dem Mieter das Recht zu, die Belege am Ort des Vermieters ein- 　3668
zusehen, selbst bei großer Entfernung (*AG Bingen*, Urt. v. 18.1.2016 – 21 C 197/15,
ZMR 2016, 549).

Ohne Begründung meint der *BGH* (Urt. v. 13.9.2006 – VIII ZR 71/06, ZMR 2006, 　3669
918 = WuM 2006, 618 = NZM 2006, 926), dass der Mieter in die **Räume eines Bevollmächtigten** (hier: Rechtsanwalt) verwiesen werden kann. Das erscheint zweifelhaft, da es der Vermieter durch die Auswahl des Bevollmächtigten in der Hand hätte,
auch den Ort der Belegeinsicht zu bestimmen. Man wird deshalb die Verweisung an
einen Bevollmächtigten nur dann für ausreichend ansehen können, wenn für den
Mieter dadurch keine Erschwernis eintritt, sodass das Beharren auf einer Einsicht
beim Vermieter rechtsmissbräuchlich wäre.

Gegen eine **mietvertragliche Regelung** über den Ort der Belegeinsicht ergeben sich 　3670
auch aus § 307 BGB keine durchgreifenden Bedenken (*Schmid* DWW 2002, 121;

teilweise a.A. *Römer* WuM 1996, 393; *Goch* WuM 2001, 498). Eine solche Vereinbarung ist sachgerecht. Die Interessen des Mieters sind hinreichend gewahrt, wenn ihm das Recht auf Übersendung von Fotokopien verbleibt. Eine unangemessene Benachteiligung wäre es jedoch, den Mieter auf die Räume der jeweiligen Hausverwaltung zu verweisen, da diese Verwaltungen und damit die Orte der Belegeinsicht wechseln können (vgl. *AG Wiesbaden* WuM 2000, 312).

3671 Bei der **Vermietung von Eigentumswohnungen** befinden sich die Unterlagen beim Verwalter und zahlreiche Verwalterverträge enthalten die ausdrückliche Regelung, dass die Belege nur in den Geschäftsräumen der Verwaltung eingesehen werden können. Ohne eine solche Regelung ist es streitig, wo der Wohnungseigentümer Belegeinsicht nehmen kann (vgl. *Schmid* WuM 2015, 10, 12; Schmid BlGBW 1982, 46). Wenn der Sitz der Verwaltung und der Ort der Wohnanlage identisch sind, wird auch ohne besondere Vereinbarung ein Einsichtsrecht grundsätzlich nur in den Räumen des Wohnungseigentumsverwalters gewährt (*OLG Hamm* ZMR 1998, 587).

3672 Zunächst gilt, dass der Mieter Einsicht nur dort verlangen kann, wo sie auch der vermietende Eigentümer fordern könnte (*Schmid* WuM 2015, 10, 12: Rechtsgedanke § 269 BGB, wonach sich der Leistungsort auch nach den Umständen, besonders nach der Natur des Schuldverhältnisses richtet).

3673 In der Regel muss der Mieter einer Wohnung mangels anderweitiger Regelung Einsicht am Sitz des Vermieters nehmen (*BGH* NJW 2006, 1419). Bei einer Eigentumswohnung ist der Sitz des Verwalters maßgebend (*BGH* NJW 2011, 1137; *Hügel/Elzer* § 28 WEG Rn. 240).

3674 Zweckmäßig ist eine mietvertragliche Regelung, wonach der Mieter einen Anspruch darauf hat, dass ihm der Vermieter die Einsicht in die Belege in den Geschäftsräumen des Verwalters ermöglicht (*Riecke* ZMR 2001, 79; *Schmid* WuM 2015, 10, 12; z.T. a.A. *Römer* WuM 1996, 393; *Goch* WuM 2001, 498). In Betracht kommt auch eine Regelung im Verwaltervertrag, die den Verwalter verpflichtet, die Belege am Ort der Wohnung vorzulegen (*Römer* WuM 1996, 392).

3675 Unzulässig ist die vertragliche Regelung, die dem Mieter auferlegt, die Unterlagen am jeweiligen Ort der Verwaltung einzusehen (*AG Wiesbaden*, Urt. v. 19.4.2000 – 92 C 46/100–18, WuM 2001, 312), da der Ort der Verwaltung wechseln kann (*Schmid* WuM 2015, 10, 12).

3676 Bei weiter Entfernung der Verwaltung schon bei Beginn des Mietvertrags steht dem Mieter ein Anspruch auf Fotokopien zu (*Hügel/Elzer* § 28 WEG Rn. 240; *Schmid* WuM 2015, 10, 12, 14).

5. Hilfspersonen und Bevollmächtigung

3677 Zumindest dann, wenn der Mieter zu einer sachgerechten Überprüfung selbst nicht in der Lage ist, kann er sich bei der Belegeinsicht fachkundiger Hilfe bedienen (*BGH*, Urt. v. 13.9.2006- VIII ZR 105/06, WuM 2006, 616).

D. Belegeinsicht – Fotokopien

Das Einsichtsrecht kann auch durch einen bevollmächtigten Dritten ausgeübt werden (*AG Hamburg* WuM 1991, 282). Der Vertreter kann nur zurückgewiesen werden, wenn in dessen Person ein wichtiger Grund vorliegt, insbesondere wenn die Gefahr einer nicht objektiven Prüfung besteht oder wenn der Dritte mit der Einsichtnahme ausschließlich eigene Interessen verfolgt (*LG Hamburg* WuM 1985, 400). 3678

Diese Grundsätze gelten auch für den Mieter einer Eigentumswohnung (*Schmid* WuM 2015, 10, 14). 3679

Der Verwalter oder dessen Mitarbeiter können bei der Einsichtnahme zugegen sein (*Schmid* WuM 2015, 10, 13). 3680

II. Fotokopien

1. Anspruch des Mieters

a) Preisgebundener Wohnraum

Ein **Recht auf die Erteilung von Fotokopien** ist nur in § 29 Abs. 2 NMV 1970 normiert. Danach kann der Mieter anstelle der Einsicht in die Berechnungsunterlagen die Überlassung von Ablichtungen verlangen. Bei Mikroverfilmung geht dieser Anspruch auf Überlassung eines Abzuges und bei EDV-gespeicherten Unterlagen auf Überlassung eines Ausdruckes. Der formularmäßige Ausschluss des Rechts auf Übersendung von Belegkopien wird als gemäß § 307 BGB unwirksam angesehen (*LG Duisburg* WuM 2002, 32; *AG Dinslaken* WuM 2001, 497 m. Anm. *Goch*). 3681

Seine Schranke findet der Anspruch auf Erteilung von Ablichtungen in Treu und Glauben. Der Vermieter wird deshalb nicht für verpflichtet angesehen, dem Mieter auf dessen globale Anforderung hin alle vorhandenen Belege zu kopieren (*LG Düsseldorf* ZMR 1998, 167; *LG Frankfurt/M.* ZMR 1999, 764; *AG Neubrandenburg* WuM 1994, 531). Diese Einschränkung ist aber auf Fälle des Rechtsmissbrauchs zu begrenzen, da § 29 NMV 1970 keine Beschränkung vorsieht (vgl. *LG Duisburg* WuM 2002, 32). Die Unzumutbarkeit muss der Vermieter darlegen (*AG Köln* WuM 2000, 152). 3682

Der Anspruch auf Fotokopien besteht nach dem eindeutigen Verordnungswortlaut nur **anstelle der Einsicht**. Es kann also nicht Einsicht in die Originalbelege und Erteilung von Fotokopien verlangt werden (*AG Wuppertal* WuM 1990, 560; *Schmid/Harz/Schmid* Mietrecht § 29 NMV 1970 Rn. 19; a.A. *Römer* WuM 1996, 393; *AG Bonn* WuM 1996, 629 und für die Einsicht in die Verwaltungsunterlagen einer Wohnungseigentümergemeinschaft *BayObLG* WuM 2000, 431). Folgt man dieser Auffassung nicht, so kann jedenfalls außerhalb von preisgebundenen Mietverhältnissen im Hinblick auf die Vertragsfreiheit eine entsprechende vertragliche Regelung getroffen werden (*Schmid* DWW 2002, 121). 3683

b) Sonstige Mietverhältnisse

Außerhalb des Anwendungsbereiches der NMV 1970 hat der Mieter grundsätzlich keinen Anspruch auf Übersendung von Fotokopien. 3684

3685 Etwas anderes gilt nach § 242 BGB, wenn dem Mieter eine Einsichtnahme nicht zumutbar ist (*BGH*, Urt. v. 19.1.2010 – VIII ZR 83/09, WuM 2010, 296; Urt. v. 8.3.2006 – VIII ZR 78/05, NJW 2006, 419 = WuM 2006, 200 = ZMR 2006, 358 [361] m. abl. Anm. *Rau/Dötsch*).

3686 **Einzelfälle:** Als Beispiel nennt der BGH weite **Entfernung**. Dabei wird eine Entfernung von 21 km nicht als unzumutbar angesehen (*BGH* Urt. V. 11.2.2011 – V ZR 66/10, ZMR 2011, 489, 568 = NJW 2011, 1137 = NZM 2011, 279 = GE 2011, 491 = ZfIR 2011, 291 = MDR 2011, 413 = WuM 2011, 314 zum Wohnungseigentum). Die Zurücklegung gewisser Wegstrecken innerhalb der Gemeinde des Mietobjekts wird für zumutbar angesehen (*Harren* MietRB 2012, 67). Als Orientierung werden auch etwa 30 km angesetzt (*AG Halle (Saale)*, Urt. v. 20.2.2014 – 93 C 2240/13, WuM 2014, 337; krit. *Emmert* WuM 2014, 322, 324).

3687 Allerdings müssen die jeweiligen Umstände herangezogen werden wie die Möglichkeit der Anreise mit dem eigenen Fahrzeug oder die Benutzung öffentlicher Verkehrsmittel mit einem Erfordernis des ein- oder mehrmaligen Umsteigens (*AG Halle [Saale]*, *Urt. v. 20.2.2014 – 93 C 2240/13, WuM 2014, 337*). Liegen der Ort der Wohnung und der Sitz des Vermieters 50 km auseinander und verfügt der Vermieter über ein Büro in 20 km Entfernung von seinem Sitz, muss er die Unterlagen dorthin verbringen, um dem Mieter die Einsicht zu ermöglichen. Dies gilt auch, wenn mindestens zehn Aktenordner in die Zweigstelle verbracht werden müssen und nur eine Hilfskraft dort sporadisch und halbtags tätig ist. Im entschiedenen Fall kam hinzu, dass die Vermieterin von der Zweigstelle aus Anzeigen zur Wohnungsvermietung schaltet und Mietverträge abschließt (*AG Günzburg*, Urt. v. 28.10.2013 – 2 C 837/13, WuM 2014, 166).

3688 Der Mieter ist nicht verpflichtet, im Internet nach einer möglicherweise näherliegenden zuständigen Hausverwaltung des Vermieters zu suchen, wenn in der Abrechnung oder im Mietvertrag keine Angaben hierzu enthalten sind (*AG Halle/Saale*, Urt. v. 20.2.2014 – 93 C 2240/13, WuM 2014, 337).

3689 Nicht zumutbar ist die nur teilweise Vorlage von Belegen mit dem Erfordernis weiterer Einsichtnahmen (*AG Charlottenburg*, Urt. v. 20.3.2013 – 213 C 371/12, MM 2013, 29; *Emmert* WuM 2014, 323).

3690 Eine Zusage der Zusendung von Belegen durch den Vermieter ist verbindlich (*AG Mainz*, Urt. v. 21.9.2006 – 86 C 149/06, 619).

3691 Bei der Frage der Zumutbarkeit ist nicht nur an die Entfernung zu denken sondern auch an eine **Erkrankung**, die dem Mieter das Aufsuchen der Räume des Vermieters unmöglich oder unzumutbar macht (*Schmid* ZMR 2006, 341 [343]). Weiter werden angeführt **hohes Alter** des Mieters (*AG Dortmund* MietRB 2012. 67); **Sehbehinderung** des Mieters (*AG Dortmund* MietRB 2012. 67 m. abl. Anm. *Harren*). Benötigt der Mieter Kopien für **steuerdienliche Zwecke**, ist der Vermieter zur Erteilung verpflichtet (vgl. Rdn. 3212a). Allgemeine Erwägungen wie das Interesse des Mieters an einer **Durchsicht zu Hause** oder die **Vorlage an einen sachkundigen Berater** lässt der BGH (Urt. v. 8.3.2006 – VIII ZR 78/05, ZMR 2006, 358 [361] m. abl. Anm. *Rau/*

D. Belegeinsicht – Fotokopien — Teil III

Dötsch) nicht gelten. Deshalb kann sich der Mieter einen Anspruch auf eine Belegkopie auch nicht dadurch verschaffen, dass er die Umlegbarkeit der dort dokumentierten Zahlung in Zweifel zieht (Rdn. 3315; a.A. *Lützenkirchen* BGH-Report 2006, 631). Fotokopien kann der Mieter jedoch dann verlangen, wenn das **Verhältnis zum Vermieter so zerrüttet** ist, dass ihm eine Einsichtnahme in die Belege in der Wohnung des Vermieters nicht zumutbar ist (*AG Bergisch Gladbach* ZMR 2012, 198). Das **Abfotografieren** der Belege mit einer Digitalkamera wird für den Mieter als zumutbar erachtet (*AG Charlottenburg* GE 2010, 1205).

Ein Recht auf unmittelbare Übersendung der Kopien an einen Dritten, z.B. Mieterverein, hat der Mieter nicht (a.A. *AG Bremen* WuM 2002, 32); der Vermieter kann jedoch einem entsprechenden Wunsch des Mieters nachkommen (*AG Schwerin*, Urt. v. 29.10.2014 – 16 C 283/14, GE 2015, 59). — 3691a

Allerdings bejaht der *BGH* (MDR 2013, 847 = NJW 2013, 2954 = VersR 2013, 841) eine Verpflichtung die Korrespondenz mit dem Bevollmächtigten zu führen, wenn folgende Voraussetzungen gegeben sind: Die Vollmacht muss umfassend sein und dem Vermieter in eindeutiger und unmissverständlicher Weise durch den Vollmachtgeber oder durch den Vertreter unter Vorlage einer Vollmachtsurkunde mitgeteilt sein; die Korrespondenz mit dem Bevollmächtigten darf dem Vermieter nicht unzumutbar sein, insbesondere darf in der Person des Vertreters kein wichtiger Grund für eine Ablehnung vorhanden sein; hat der Mieter bereits Auskünfte und Unterlagen erhalten, muss das gegenüber dem Bevollmächtigten nicht wiederholt werden (*Schmid*, IMR 2013, 309; *ders.* GE 2013, 1038). — 3692

Der Vermieter kann nicht verlangen, dass der Mieter die Einsicht am Sitz des Bevollmächtigten des Vermieters wahrnimmt, wenn Vermieter und Mieter im selben Ort wohnen und der Rechtsanwalt des Vermieters in 15 km Entfernung (*AG Aachen*, Urt. v. 26.3.2014 – 110 C 176/13, WuM 2014, 369). — 3693

Zur Einschaltung eines Dritten ist der Mieter jedoch nicht verpflichtet. Der Anspruch auf Übersendung von Kopien kann deshalb nicht mit dem Argument verneint werden, der Mieter könne mit der Einsicht den Mieterverein am Ort der Hausverwaltung beauftragen (*Emmert* WuM 2014, 322; a.A. *LG Münster*, Beschl. v. 25.10.2010 – 3 S 160/10, WuM 2011, 30; *AG Dülmen/LG Münster* WuM 2011, 30; offenl. *BGH*, Urt. v. 13.4.2010 – VIII ZR 80/09, WuM 2010, 363). — 3694

Zutreffend ist die erstgenannte Ansicht schon wegen der dem Mieter entstehenden Kosten. Der Rechtsanwalt wird die persönliche Einsicht in den meisten Fällen nur nach einer entsprechenden Honorarvereinbarung zu übernehmen bereit sein (*Emmert* a.a.O.). Die Mietervereine verlangen für ein Tätigwerden den Eintritt in die gebührenpflichtige Mitgliedschaft, wobei im Einzelfall noch nicht gesagt ist, dass die dortigen Berater persönliche Einsicht nehmen. — 3695

Die Überlassung von Kopien kann vertraglich vereinbart werden. Dabei empfiehlt es sich, auch Regelungen über den Umfang und die Kosten zu treffen (*Schmid* ZMR 2006, 341 [343]; *Rau/Dötsch* ZMR 2006, 362 [363]). Eine solche Vereinbarung kann generell oder anlässlich einer Belegeinsicht für den Einzelfall getroffen — 3696 werden. Die bloße Übersendung einzelner Kopien gefälligkeitshalber begründet keine vertragliche Verpflichtung zur Übersendung weiterer Abrechnungsunterlagen (*BGH*, Urt. v. 13.9.2006 – VIII ZR 71/06, ZMR 2006, 918 = WuM 2006, 618).

3697 An eine Zusage, dem Mieter Kopien zu übersenden, ist der Vermieter jedoch gebunden (*AG Köln*, Beschl. V. 11.11.2014 – 221 C 143/14, WuM 2015, 758 für Belegübersendung; *AG Mainz* WuM 2006, 619).

3698 Solange die zugestandene Belegeinsicht nicht ermöglicht wird, steht dem Mieter ein Zurückbehaltungsrecht zu (*AG Köln*, Beschl. v. 11.11.2014 – 221 C 143/14, WuM 2015, 758).

3699 Der Anspruch auf Fotokopien besteht nur **anstelle der Einsicht**. Es kann also nicht Einsicht in die Originalbelege und Erteilung von Fotokopien verlangt werden (*AG Wuppertal*, WuM 1990, 560; a.A. *Römer* WuM 1996, 393; *AG Bonn*, WuM 1996, 629 und für die Einsicht in die Verwaltungsunterlagen einer Wohnungseigentümergemeinschaft *BayObLG*:, WuM 2000, 431 [432]). Folgt man dieser Auffassung nicht, so kann eine entsprechende Vereinbarung außerhalb von preisgebundenen Mietverhältnissen im Hinblick auf die Vertragsfreiheit getroffen werden (*Schmid* DWW 2002, 118).

3700 Der Mieter einer **Eigentumswohnung** hat keinen Anspruch darauf, dass ihm die Verwaltung, wenn auch gegen Kostenerstattung, Fotokopien anfertigt (*Schmid* WuM 2015, 10, 14). Der Mieter kann aber mittels eines Handys oder anderer Geräte Aufnahmen der ihn betreffenden Unterlagen anfertigen. Der Mieter der Eigentumswohnung hat gegenüber der Verwaltung ferner keinen Anspruch auf Auskunft und Erläuterung der Abrechnung oder einzelner Unterlagen, aber gegenüber seinem Vermieter (*Schmid* WuM 2015, 10, 13).

3701 Die Belege dürfen nicht ungeordnet vorgelegt werden, wenngleich von der üblichen Buchhaltung, Belegsammlung und Dokumentierung nicht extra abgewichen werden muss (*Abramenko* in Riecke/Schmid, § 28 WEG Rn. 154).

3702 Eine Verurteilung des Mieters zur Zahlung einer Nachforderung **Zug-um-Zug** gegen die Einsichtnahme scheidet aus, da es nicht sachgerecht ist, den Mieter schon zur Zahlung gegen Gestattung der Einsichtnahme in die Unterlagen zu verpflichten. Denn die Ausübung eines Zurückbehaltungsrechts führt zum Hinausschieben der Fälligkeit (*LG Berlin*, Urt. v. 17.10.2013 – 67 S 164/13, WuM 2014, 28; *LG Hannover*, Urt. v. 8.2.2010 – 1 S 29/09, ZMR 2010, 450 m.w.N.). Zudem kann sich erst durch die Einsichtnahme ergeben, dass weitere Gründe für ein Zurückbehaltungsrecht gegeben sind.

3703 Der Mieter kann verlangen, dass er Einsicht in die Verbrauchsdaten aller Nutzer erhält, sofern er sonst nicht nachvollziehen kann, ob die Kostenumlage an sich berechtigt erfolgt. Dies kann etwa bei den Wasser- und Heizkosten der Fall sein, weil dort Leitungsverluste auftreten können. Erst wenn der Mieter die Einzelverbrauchsdaten kennt kann er prüfen, ob sie zutreffend zusammengezählt wurden oder ob sie vom gesamtverbrauch in unzumutbarem Ausmaß abweichen (*LG Berlin*, Urt. v. 17.10.2013 – 67 S 164/13, WuM 2013, 28; *LG Berlin*, Urt. v. 12.7.2013 – 65 S 141/12, GE 2013,

1143). Zu Fragen des Datenschutzes im Zusammenhang mit der Einsichtnahme in die Unterlagen aller Mieter vgl. unter Rdn. 3626 ff.

2. Kostenerstattung

§ 29 Abs. 2 Satz 1 NMV 1970 sieht für preisgebundenen Wohnraum vor, dass die Ablichtungen nur gegen **Erstattung der Auslagen des Vermieters** verlangt werden können. Diese Vorschrift ist auf andere Mietverhältnisse entsprechend anzuwenden, wenn ein Anspruch Übersendung von Kopien besteht oder wenn der Vermieter auf Verlangen des Mieters Kopien übersendet, ohne hierzu verpflichtet zu sein (vgl. *AG Münster* WuM 2007, 41). 3704

Der Vermieter kann seine Kosten konkret darlegen (*AG Hamburg-Wandsbek* WuM 2001, 362), was allerdings häufig schwierig und mit Verwaltungsaufwand verbunden ist. Für die Höhe der Kostenerstattung sind im Prinzip die Selbstkosten einschließlich der Vorhalte-, Wartungs- und Arbeitskosten maßgebend. Soweit *Korrolis* (WE 2000, 77) den Arbeitsaufwand nicht einbeziehen will, ist dem nicht zu folgen. Der Kostenerstattungsanspruch ergibt sich nämlich nicht aus § 670 BGB, sondern aus § 29 Abs. 2 Satz 1 NMV 1970 (analog). 3705

Nicht zu berücksichtigen sind jedoch Kosten, die auch bei einer Belegeinsicht entstanden wären. Den Kostenaufwand kann der Vermieter konkret darlegen (*AG Hamburg-Wandsbek* WuM 2001, 362). Von Dritten dem Vermieter in Rechnung gestellte Kosten müssen angemessen sein, da ansonsten ein Verstoß gegen den Wirtschaftlichkeitsgrundsatz vorliegt (*AG Pinneberg* ZMR 2005, 595, das allerdings zu starr auf den fixen Betrag von 0,25 € abstellt). 3706

Kosten, die der vermietende **Wohnungseigentümer** aufgrund eines Beschlusses nach § 21 Abs. 7 WEG an den Verwalter zu zahlen hat, sind vom Mieter zu erstatten, wenn sie angemessen sind. Da die wohnungseigentumsrechtliche Rechtsprechung einen Betrag von 0,50 € pro Seite nicht beanstandet (*BayObLG* NZM 2004, 509), kann dem vermietenden Wohnungseigentümer unwirtschaftliches Verhalten nicht vorgeworfen werden. Wird ein unangemessen hoher Betrag beschlossen, kann der Wohnungseigentümer den Beschluss anfechten, da die Zahlung überhöhter Beträge nicht ordnungsmäßiger Verwaltung entspricht (§ 21 Abs. 2 WEG). 3707

Aus Vereinfachungsgründen ist hier jedoch eine Pauschalierung in entsprechender Anwendung von § 287 ZPO zuzulassen. Die Rechtsprechung gewährt Beträge zwischen 0,05 € (*AG Oldenburg* WuM 1993, 412; *AG Pankow/Weißensee* NZM 2002, 655) und 0,50 € (*AG Oldenburg* WuM 2000, 232; *AG Bremen* WuM 2005, 129 m. abl. Anm. *Derckx* WuM 2005, 226). 3708

Letzterer Auffassung ist schon im Hinblick auf den Arbeitsaufwand zuzustimmen. Die Tendenz geht allerdings zu Beträgen im unteren oder mittleren Bereich der Spanne mit dem wohl häufigsten Betrag von 0,25 € (*LG Berlin* GE 2002, 1563; *AG Halle* (*Saale*), Urt. v. 20.2.2014 – 93 C 2240/13, WuM 2014, 337; *AG Münster* WuM 2007, 41). 3709

Bei einer Versendung der Kopien sind auch die **Portokosten** zu erstatten (*Römer* WuM 1996, 393). 3710

3711 Übersendet der Vermieter aber unaufgefordert Kopien, kann er grundsätzlich keine Kostenerstattung verlangen. Gleiches gilt im nachfolgenden

Beispiel *(AG Bingen,* Urt. v. 18.1.2016 – 21 C 197/15, ZMR 2016, 549)

Der Mieter verlangt Belegeinsicht an seinem Wohnsitz. Alternativ stellt er dem Vermieter anheim, ihm Kopien zuzusenden, spricht sich aber gegen die Kosten aus. Er bietet aber die Zurverfügungstellung per Fax oder Mail an, was kostensparend sei. Unter dem Gesichtspunkt von Treu und Glauben wird dem Vermieter die Erstattung der Kosten versagt.

3712 In entsprechender Anwendung von § 811 Abs. 2 Satz 2 BGB kann der Vermieter die Erteilung von Fotokopien von einem Kostenvorschuss abhängig machen *(LG Duisburg* WuM 2002, 32; *LG Leipzig* DWW 205, 374; a.A. *OLG Düsseldorf* WE 2002, 16, das eine Vorleistungspflicht des Vermieters annimmt). Dabei ist jedoch zu fordern, dass der Vermieter den ungefähren Betrag mitteilt, der durch die Kopien anfallen wird, denn diesen kann der Mieter nicht von vornherein kennen *(AG Halle a.d. Saale,* Urt. v. 20.2.2014 – 93 C 2240/13, WuM 2014, 337).

3713 Die vertragliche Vereinbarung eines angemessenen Betrages für die Überlassung der Fotokopien ist zulässig *(Schmid* DWW 2002, 121).

III. Wegfall des Anspruchs

3714 Der Mieter kann den Anspruch auf Belegeinsicht oder Fotokopien nicht mehr geltend machen, wenn er hieran kein berechtigtes Interesse mehr hat. Das ist in der Regel dann der Fall, wenn der Vermieter keine Nachforderungen mehr geltend macht, eventuelle Rückzahlungsansprüche verjährt oder verwirkt sind oder Einwendungen gegen die Abrechnung nicht mehr geltend gemacht werden können (vgl. *LG Köln* WuM 2002, 53; *Dickersbach* ZMR 2008, 355 [358]). Auch in diesen Fällen besteht der Anspruch noch, wenn Belege aus den Vorjahren für eine aktuelle Abrechnung von Bedeutung sind.

3715 Der Mieter kann sich auf fehlende Belegeinsicht auch dann nicht mehr berufen, wenn er vier ihm angebotene Einsichtstermine nicht wahrgenommen hat *(LG Berlin* NZM 2002, 65).

IV. Weigerung des Vermieters

1. Erfüllungsanspruch

3716 Das Schweigen des Vermieters auf eine Terminanfrage des Mieters nach einem Termin zur Einsichtnahme in die Belege bedeutet noch keine Verweigerung der Einsicht. Von sich aus müsse der Vermieter, so das LG Berlin, nicht tätig werden, da es sich nicht um eine Bringschuld handele. Bleibe der Vermieter untätig, müsse der Mieter sich zu den üblichen Zeiten zum Vermieter begeben, soweit dieser am selben Ort ansässig sei oder das Büro zur Einsicht in derselben Gemeinde liege *(LG Berlin,* 14.6.2019 – *LG Berlin,* 14.6.2019 – 63 S 255/18, ZMR 2019, 865 = MietRB 2020, 34).

Der Mieter kann bei einer Verweigerung der Belegeinsicht oder der Erteilung von Fotokopien Klage auf Leistung erheben (*BGH*, Beschl. v. 22.6.2010 – VIII ZR 288/ 09, ZMR 2011, 21 = WuM 2010, 630 = GE 2010, 1534 = ZMR 2011, 21). Der Vermieter kann auch dazu verurteilt werden, den Mieter dazu zu ermächtigen, in Unterlagen Einsicht zu nehmen, die sich bei einem Dritten befinden. 3716a

Der Anspruch auf Abrechnung und der Anspruch auf Vorlage von Belegen sind verschiedene prozessuale Ansprüche (*OLG München* OLG-Report 1994, 117). 3717

2. Fälligkeit von Nachzahlungen

a) Die Rechtsprechung des BGH zur sofortigen Fälligkeit

Die durch die Übersendung der Abrechnung nach Ansicht des *BGH* (Beschl. v. 19.1.2.1991 – VIII ARZ 5/90, WuM 1991, 150; v. 9.3.2005 – VIII ZR 57/ 04, ZMR 2005, 439; v. 11.11.2004 – IX ZR 237/ß3, ZMR 2005, 281; v. 8.3.2006 – VIII ZR 78/05, ZMR 2006, 358 = WuM 2006, 200) eingetretene Fälligkeit von Nachzahlungen führt nach Ansicht des BGH zum Ausschluss einer **Prüfungsfrist** für den Mieter, wobei auf § 271 Abs. 1 BGB abgestellt wird, wonach der Gläubiger die Leistung sofort verlangen kann, wenn eine Leistungszeit weder bestimmt noch aus den Umständen zu entnehmen ist. Dieses Ergebnis lässt sich mit dem *BGH* dadurch vermeiden, dass dem Mieter ein Zurückbehaltungsrecht zugestanden wird (*BGH*, Urt. v. 8.3.2006 – VIII ZR 78/05, ZMR 2006, 359; s. nachfolgend). 3718

Setzt der Vermieter eine Frist oder bestimmt der Mietvertrag eine solche zur Zahlung, ist der Leistungszeitpunkt nach § 271 Abs. 1 BGB bestimmt. Bei vertraglicher Fristbemessung ist § 308 Nr. 5 BGB zu beachten, sodass zu kurze Fristen unwirksam sind, was etwa für die Formularklausel gilt, wonach Betriebskostennachzahlungen binnen Wochenfrist auszugleichen sind (*Blank* in Blank/Börstinghaus § 556 BGB Rn. 233 m.w.N.; *Wall* Rn. 2246). 3719

Die Klausel »Der sich aus der Abrechnung ergebende Nachzahlungsbetrag ist zum nächsten Mietzahlungstermin auszugleichen, sofern die Abrechnung bis zum 15. eines Monats zugegangen ist« beinhaltet nach einer Auffassung keine eigenständige Regelung zur Fälligkeit, sondern setzt einen fälligen Anspruch des Vermieters voraus (*OLG Düsseldorf*, Urt. v. 23.2.2000 – 10 U 160/97, ZMR 2000, 453 für Geschäftsraum). 3720

b) Verzug nach § 286 BGB

Anwendbar sind aber auch die Regelung über den Verzug nach § 286 BGB. Der Mieter als **Verbraucher** nach § 13 BGB kommt auch bei Fristsetzung nicht in Zahlungsverzug, sofern er nicht nach § 286 Abs. 3 BGB auf die Folgen der Fristversäumung hingewiesen wird (*LG München I*, Beschl. v. 1.4.2015 – 15 T 4454/15, ZMR 2015, 617). Der Mieter einer Wohnung ist Verbraucher i.S.v. § 13 BGB. 3721

c) Bejahende Ansichten zum Prüfungsrecht

Dass der Mieter das Recht besitzt, die Betriebskostenabrechnung durch Einsichtnahme in die Unterlagen prüfen zu dürfen, sieht auch der BGH nicht anders (*BGH*, 3722

Urt. v. 5.4.2006 – VIII ZR 163/05, ZMR 2006, 358 = NZM 2006, 200 = GE 2006, 502), verlangt aber offenbar, dass dieses Recht aufgrund der sofortigen Nachzahlungsfälligkeit im Nachhinein wahrgenommen und erforderlichenfalls reklamiert wird. Die Konsequenz der Sichtweise des BGH ist deshalb, dass der Mieter, sofern der Vermieter darauf besteht, den Nachzahlungsbetrag sofort leisten muss, obwohl ihm keine Zeit mehr bleibt, die Abrechnung prüfen zu können. Stellt sich die Unrichtigkeit der Abrechnung heraus, muss der Mieter die zu viel bezahlten Beträge zurückfordern und muss zumindest mit der Miete aufrechnen. Der Mieter muss deshalb seine Einwendungsrechte sozusagen im Nachhinein geltend machen, es sei denn wiederum, er macht –theoretisch– sofort sein Recht auf Einsicht in die Belege geltend und beruft sich, wenn diese nicht gewährt wird, auf sein Zurückbehaltungsrecht, was auch nach Ansicht des BGH die Fälligkeit hinausschiebt (*BGH*, Urt. v. 8.3.2006 – VIII ZR 78/05, ZMR 2006, 358 = WuM 2006, 200).

3723 Der Mieter muss sich aber zuvor darüber schlüssig werden können, ob er hiervon Gebrauch machen will. Deshalb wird nach Lösungen gesucht, auf welchem Weg man doch zu einer Prüfungsmöglichkeit des Mieters kommt, ohne dass Fälligkeit eintritt.

3724 So wird eine Prüfungsfrist allgemein aus § 242 BGB hergeleitet (*AG Sinzig*, Urt. v. 30.10.2007 – 7 C 624/07, WuM 2008, 86).

3725 Eine im Schrifttum vertretene Ansicht wendet § 271 Abs. 1 BGB bei der Abrechnung der Betriebskosten nicht an und leitet dies aus der Natur der Betriebskostenabrechnung und damit aus den Umständen (§ 271 Abs. 1, 2. Alt. BGB) her, sodass § 271 BGB entgegen der Ansicht des BGH nicht anwendbar ist (*Blank* in Blank/Börstinghaus § 556 BGB Rn. 232; *Römer* WuM 1996, 595; *Winning* WuM 2008, 87).

3726 Die Richtigkeit dieser Ansicht folgt bereits aus der Überlegung, dass der Mieter nach einer Prüfung festgestellt haben muss, ob die Abrechnung formell unrichtig ist, da in diesem Fall ohnehin keine Fälligkeit vorliegt, auch wenn man verlangt, dass der Mieter die formelle Unrichtigkeit einredeweise geltend machen muss.

3727 Zu beachten ist, dass der Mieter nicht in Verzug kommt, sofern die Nichtzahlung auf Umständen beruht, die er nicht zu vertreten hat. Hieraus wird geschlossen, dass ein Nicht-Vertreten-Müssen während einer Prüfungsfrist den Verzug ausschließt (*Schmid* WuM 1996, 319).

3728 Nach hier vertretener Ansicht zwingt der Gesichtspunkt einer möglichen formellen Uniwirksamkeit der Abrechnung, dem Mieter eine –wenigstens kurz zu bemessende- Frist zuzubilligen, um die Abrechnung zum Zwecke der Feststellung ihrer formellen oder (bloß) inhaltlichen Unrichtigkeit prüfen zu können. Auch wenn man mit dem BGH § 271 Abs. 1 BGB anwendet, lässt sich das Prüfungsrecht aus § 242 BGB ableiten. Ist eine Abrechnung formell unrichtig, war sie zu keinem Zeitpunkt fällig, sodass sich das Erfordernis der sofortigen Zahlungspflicht nicht überzeugend vertreten lässt.

3729 Die Länge der Prüfungsfrist wird im Schrifttum nicht einheitlich beantwortet. Die Ansichten schwanken zwischen zwei Wochen (*LG Berlin*, Urt. v. 1.9.2000 – 64 S 477/99, ZMR 2001, 33), einem Monat (*Blank* in Blank/Börstinghaus § 556 BGB

Rn. 233; *Wall* Rn. 2241, 2251: Anlehnung an die 30-Tage-Frist des § 286 Abs. 3 BGB; ebenso *AG Naumburg*, Urt. v. 7.8.2003 – 13 C 60/03, WuM 2004, 690).

Nach anderer Ansicht erfolgt eine Anlehnung an § 10 Abs. 2 Wohnungsbindungsgesetz und § 560 Abs. 2 BGB (*AG Sinzig*, Urt. v. 30.10.2007 – 7 C 624/07, WuM 2008, 86; *AG Potsdam*, Urt. v. 16.12.1999 – 26 C 473/99, NZM 2001, 378; *Langenberg* I Rn. 21). Dies bedeutet, dass die Fälligkeit des Saldos zum ersten des folgenden Monats eintritt, sofern der Mieter die Abrechnung vor dem 15. des Monats zugeht, sonst zum ersten des übernächsten Monats (*AG Potsdam* a.a.O.). 3730

Zu berücksichtigen ist bei der Fristbemessung, dass Betriebskostenabrechnungen den Mieter oft überfordern und er die Abrechnung deswegen vom Mieterverein oder einem Rechtsanwalt prüfen lassen will. Deswegen erscheinen vier Wochen als angemessen und erforderlich. 3731

3. Zurückbehaltungsrecht

Verweigert der Vermieter Belegeinsicht oder geschuldete Kopien, hat der Mieter ein Zurückbehaltungsrecht jedenfalls für die **laufenden Nebenkostenvorauszahlungen** (*BGH*, Beschl. v. 22.6.2010 – VIII ZR 288/09, WuM 2010, 630 = GE 2010, 1534 = ZMR 2011, 21; v. 8.3.2006 – VIII ZR 78/05, WuM 2006, 200; *AG Münster*, 06.04.2018 – 61C 2796/17, WuM 2018, 429). Es gilt hier dasselbe wie bei Versäumung der Abrechnungsfrist. 3732

Gesteht der Vermieter dem Mieter freiwillig die Übersendung der Belege zu, steht dem Mieter ein Zurückbehaltungsrecht an der Nachzahlung zu, bis der Anspruch erfüllt ist (*AG Köln*, Beschl. v. 11.11.2014 – 221 C 143/14, WuM 2015, 758). 3733

Dagegen besteht kein Zurückbehaltungsrecht hinsichtlich eines geforderten **Nachzahlungsbetrages** (*LG Berlin* GE 1984, 133; *Schmid* WuM 1996, 320; *Römer* WuM 1996, 598; a.A. *BGH*, Beschl. v. 22.11.2011 – VIII ZR 38/11, ZMR 2012, 542 = WuM 2012, 276 = CuR 2012, 76; *LG Hanau* WuM 1981, 102; *LG Hamburg* WuM 1997, 500; *AG Köln* ZMR 1999, 343; *AG Weißwasser* WuM 2002, 233). Die Geltendmachung des Zurückbehaltungsrechts führt nämlich nur zu einer Verurteilung Zug und Zug (§ 274 BGB) gegen Zahlung, womit das Ziel einer vorherigen Überprüfung nicht erreicht werden kann. Um dieses Ziel zu erreichen, kann nicht entgegen dem eindeutigen Gesetzeswortlaut des § 274 BGB von einer Verurteilung Zug um Zug abgesehen und die fehlende Fälligkeit verneint werden (a.A. *OLG Düsseldorf* ZMR 2000, 453 m. Anm. *Schmid*; *LG Kempten*, Urt. v. 16.11.2016 – 53 S 740/16, ZMR 2017, 248; *LG Hannover*, ZMR 2010, 450; *LG Düsseldorf*, Urt. v. 19.3.1998 – 21 S 600/97; *LG Hamburg* WuM 1997, 500; *AG Dortmund* WuM 2011, 31). Nimmt man gleichwohl ein Zurückbehaltungsrecht an, so entfällt dieses, wenn der Vermieter im Prozess Belegeinsicht gewährt (*LG Düsseldorf* ZMR 1998, 167). 3734

4. Einwand des Rechtsmissbrauches

Verlangt der Vermieter eine Nachzahlung und weigert er sich gleichzeitig, dem berechtigten Verlangen des Mieters auf Überprüfung der Abrechnung zu entsprechen, 3735 so verstößt er gegen Treu und Glauben (*OLG Düsseldorf* ZMR 2000, 453 [454]). Das führt dazu, dass der Geltendmachung der Forderung die von Amts wegen zu beachtende Einwendung des Rechtsmissbrauches entgegensteht, ohne dass es eines Zurückbehaltungsrechts bedarf (*Schmid* ZMR 2000, 455).

V. Auskunftsanspruch

3736 Über die Ansprüche auf Abrechnung, Belegeinsicht und Fotokopien hinaus, besteht auch nicht unter § 242 BGB ein Auskunftsanspruch. So kann der Mieter beispielsweise nicht auf Auskunft klagen
– wie die Gesamtkosten für bestimmte Positionen ermittelt wurden
– über welchen Zähler der Strom der Außenbeleuchtung läuft
– wer von wann bis wann zu welchen vertraglichen Bedingungen und zu welchem Tätigkeitskatalog die Hausmeistertätigkeit ausübte
– in welcher Höhe bestimmte Positionen Kostenanteile enthalten, die nur zur Tiefgarage zählen
– in welcher Weise die Garagen in der Verteilung von Kanalgebühren, Müll, Grundsteuer, Versicherungen, Strom Außenbeleuchtung, Hausmeister, Winterdienst etc. berücksichtigt wurden.

3737 In solchen Fällen reicht die Einsicht in die Abrechnungsunterlagen aus. Stellt sich heraus, dass die Abrechnung unrichtig ist, kann der Mieter Zahlungsklage erheben (*AG Wiesbaden*, Urt. v. 15.11.2013 – 93 C 3906/12, WuM 2014, 380; Anm. *Wall* WuM 2014, 538; a.A. *AG Bremen* WuM 2009, 689 ohne Nennung einer Anspruchsgrundlage).

3738 Steht von vornherein fest, dass die Einsicht in die Abrechnungsunterlagen keinen Aufschluss zu den Fragen des Mieters geben, entfällt die Einsicht als Voraussetzung der Auskunft (*Flatow* WuM 2012, 235, 238; *Wall* WuM 2014, 538). Die Problematik stellt sich besonders bei der Prüfung der Einhaltung des Sparsamkeitsgrundsatzes (*Wall* WuM 2014, 538). Heizölpreise, Stundenlöhne, gemeindliche Leistungen kann der Mieter selbst eruieren, während interne Preisvergleiche und Kalkulationen, Rabatte der Kenntnis des Vermieters vorbehalten sind (*Flatow* WuM 2012, 235).

E. Einwendungen des Mieters

I. Grundsätzliches

3739 Der Zugang der Abrechnung hat zunächst keine konstitutive Wirkung. Ist die Abrechnung nicht formell ordnungsgemäß, verbleibt dem Mieter sein Anspruch auf Erstellung einer ordnungsgemäßen Abrechnung (Rdn. 3253). Einwendungen gegen die materielle Richtigkeit der Abrechnung werden im Prozess über Nachforderungen oder Rückforderungen berücksichtigt.

3740 Der Mieter ist deshalb grundsätzlich nicht genötigt, eine von ihm für fehlerhaft gehaltene Abrechnung zu beanstanden. Hiervon gibt es jedoch wichtige Ausnahmen.

II. Gesetzliche Ausschlussfrist für Einwendungen

1. Dogmatische Einordnung

Die gesetzlichen Ausschlussfristen für Einwendungen sind rechtsdogmatisch als Normen anzusehen, die eine Obliegenheit des Mieters begründen, eventuelle Fehler der Abrechnung dem Vermieter innerhalb der Frist mitzuteilen (*Schmid* ZMR 2011, 341 [348]). Die schuldhafte Verletzung dieser Obliegenheit wird dadurch sanktioniert, dass die Richtigkeit der Abrechnung unwiderleglich vermutet wird (*Schmid* ZMR 2002, 727 [729]; a.A. *Sternel* ZMR 2001, 937 [940], der auf Verwirkung abstellt). 3741

2. Preisfreier Wohnraum

a) Grundsätzliches

Nach § 556 Abs. 3 Satz 5 BGB hat der Mieter Einwendungen gegen die Abrechnung spätestens bis zum Ablauf des zwölften Monats nach Zugang der Abrechnung dem Vermieter mitzuteilen. Die Frist endet nach § 192 BGB am letzten Tag des Kalendermonats (*LG Frankfurt a.d. Oder* WuM 2013, 40). Ist dieser Tag ein Samstag, Sonntag oder Feiertag läuft die Frist nach § 193 BGB bis zum nächsten Werktag (*Wall* WuM 2013, 345 [346]). 3742

Nach Ablauf dieser Frist kann der Mieter Einwendungen nicht mehr geltend machen, es sei denn, der Mieter hat die verspätete Geltendmachung nicht zu vertreten (§ 556 Abs. 3 Satz 6 BGB). 3743

Einwendungen, die bereits gegen eine frühere Abrechnung erhoben wurden, müssen bei jeder Abrechnung mit dem gleichen Fehler erneut vorgebracht werden (*BGH*, 12.5.2010 – VIII ZR 185/09, NZM 2010, 470 = WM 2010, 420 = GE 2010, 901 = ZfIR 2010, 478 L. = NJW 2010, 2276 m. abl. Anm. *Derckx* = NJW-Special 2010, 450 m. zust. Anm. *Drasdo*). Nach Ablauf dieser Frist kann der Mieter Einwendungen nicht mehr geltend machen, es sei denn, der Mieter hat die verspätete Geltendmachung nicht zu vertreten (§ 556 Abs. 3 Satz 6 BGB). 3744

Der Vermieter kann sich auf den Ablauf der Einwendungsfrist des § 556 Abs. 3 S. 5 BGB berufen, wenn der Mieter erst nach Fristablauf um das Recht zur Einsichtnahme bemüht ist. Dies gilt auch, wenn der Vermieter früher mitgeteilt hat, die Einsicht könne nicht am Wohnungsort erfolgen (*AG Erfurt*, 15.3.2018 – 4 C 107/17, WuM 2018, 601). 3744a

b) Voraussetzungen

aa) Vereinbarung der Betriebskostenumlegung

Voraussetzung für die Anwendung des § 556 Abs. 3 Satz 5 BGB ist nach Meinung des BGH (Urt. v. 12.1.2011 – VIII ZR148/10, ZMR 2011, 373 = NJW 2011, 842 = WuM 2011, 158 = IMR 2011, 89 = NZM 2011, 240) nicht, dass eine Umlegung von Betriebskosten mit Abrechnung überhaupt vereinbart ist. Das erscheint zweifelhaft, 3745 da bei Vereinbarung einer Inklusivmiete bereits der Anordnungsbereich des § 556 Abs. 3 BGB nicht eröffnet ist (*Schmid* ZMR 2002, 727 [729]).

bb) Wirksame Abrechnung

3746 Nur eine formell ordnungsgemäße Abrechnung setzt nach der Rechtsprechung des BGH (Urt. v. 8.12.2010 – VIII ZR 27/10, WuM 2011, 101 = ZMR 2011, 454 = NJW 2011, 1867) die Einwendungsfrist in Lauf. Betrifft der formelle Mangel nur einzelne Positionen wird nur für diese die Einwendungsfrist nicht in Lauf gesetzt, wohl aber für die übrigen (BGH WuM 2011, 101 = ZMR 2011, 454 = NJW 2011, 1867).

3747 Stellt der Vermieter Kostenpositionen in die Abrechnung ein, die vertraglich nicht geschuldet sind, liegt nur ein inhaltlicher Fehler vor. Dieser muss vom Mieter innerhalb der Frist des § 556 Abs. 3 S. 6 BGB reklamiert werden, um die Präklusion zu verhindern (*BGH*, Beschl. v. 18.2.2014 – VIII ZR 83/13, WuM 2014, 336; v. 18.5.2011 – VIII ZR 240/10, WuM 2011, 420; v. 31.1.2012 – VIII ZR 335/10, GE 2012, 543).

3748 Der Einsendungsausschluss des § 556 Abs. 3 S. 6 BGB gilt grundsätzlich auch für Kostenarten, die nach § 556 Abs. 1 S. 1 BGB iVm der BetrKVO in der Wohnraummiete nicht umlegbar ist.

3749 *(unbesetzt)*

cc) Frist

3750 Die Frist beginnt mit dem Zugang (§ 130 BGB) der Abrechnung und endet mit Ablauf des zwölften Monats nach Zugang der Abrechnung (§ 556 Abs. 3 Satz 5 BGB). § 193 BGB findet bei Fristablauf an einem Samstag, Sonntag oder Feiertag Anwendung (*Kinne* GE 2012, 662).

3751 Abzulehnen ist die vereinzelte Ansicht des *LG Berlin* vom 25.10.2016 (63 S 35/16, GE 2016, 1508), wonach die Einwendungsfrist für den Mieter taggenau 12 Monate nach Abrechnungszugang endet. Geht sie also am 1.9. zu, soll sie am 2.9. des Folgejahres enden. Diese Ansicht widerspricht dem Wortlaut des § 556 Abs. 3 S. 5 BGB i.V.m. § 192 BGB (zutr. *LG Frankfurt/Oder*, Urt. v. 20.11.2012 – 16 S 47/12, WuM 2013, 40).

3752 Um die Einwendungsfrist in Lauf zu setzen, muss eine formell wirksame Abrechnung vorliegen. Ist sie insgesamt formell nicht ordnungsgemäß, etwa weil sie nicht nachvollziehbar ist oder die Verteilerschlüssel nicht angegeben sind, wird die Frist nicht in Lauf gesetzt, sodass der Mieter auch nach Ablauf der Einwendungsfrist Einwendung erheben kann. Sind nur einzelne Abrechnungspost von der formellen Unwirksamkeit betroffen, gilt die Abrechnungsfrist für die nicht betroffenen Positionen (*LG Berlin*, Urt. v. 21.7.2009 – 63 S553/08, GE 2009, 1127).

▶ **Beispiel (LG Berlin GE 2009, 1127):**

3752a Die Abrechnung enthielt keinen Verteilerschlüssel für die Grundsteuer. Der Mieter erhob nach Fristablauf Einwendungen gegen die Abrechnung, woraufhin der Vermieter während des Nachforderungsprozesses Korrekturen vornahm. Was die Grundsteuer betraf, galt die Einwendungsfrist für den Mieter nicht.

Nach der hier vertretenen Ansicht (die von *Schmid* früher vertretene Auffassung unter Rdn. 338b zum völligen Fehlen einer näheren Begründungspflicht für den Mieter wird nicht weiter verfolgt) ist zu unterscheiden zwischen der formellen und inhaltlichen Monierung. Bei einer gänzlich formell unwirksamen Abrechnung ist eine solche gar nicht gegeben, jedenfalls nicht im Sinne von § 259 BGB. Deswegen ist der Mieter nicht verpflichtet, die formelle Unwirksamkeit zu **rügen**. Es wird hierzu auch vertreten, dass die formelle Ordnungsgemäßheit vom Gericht von Amts wegen zu prüfen ist (Rdn. 3207e). Geht es dagegen um die inhaltliche Richtigkeit, muss der Mieter näher erklären, dass und weshalb er die Abrechnung oder einzelne Posten davon für nicht in Ordnung hält. 3753

Erstellt der Vermieter wirksam eine neue Abrechnung beginnt eine neue Frist zu laufen (*AG Mitte*, Urt. v. 9.6.2015 – 5 C 443/14, GE 2015, 1296). 3754

Ob bei einer Änderung der Abrechnung die Frist im Umfang der Änderung oder insgesamt neu läuft ist umstritten (für den beschränkten Fristneubeginn *Schmid* GE 2008, 516; a.A. *AG Mitte*, Urt. v. 9.6.2015 – 5 C 443/14, GE 2015, 1296). Von einer Änderung ist auszugehen, wenn die Abrechnung nur inhaltlich korrigiert wird (vgl. *LG Berlin* GE 2001, 923). Eine Neuerstellung liegt vor, wenn die Abrechnung nicht formell ordnungsmäßig war. 3755

Rechnet der Vermieter Wärmelieferungskosten, die dem § 556c BGB (siehe dort) unterfallen ab und hat er dem Mieter die Umstellung nicht nach § 11 Abs. 1 und 2 WärmeLV angekündigt, so beginnt die Einwendungsfrist frühestens, wenn der Mieter eine Mitteilung erhalten hat, die § 11 Abs. 1 und entspricht (§ 11 Abs. 3 WärmeLV). 3756

Verlangt der Mieter Einsicht in die Belege der Abrechnung auch der **anderen Mieter** und wird ihm dies verweigert, kann der Vermieter sich im Prozess nicht auf den Ablauf der Einwendungsausschlussfrist berufen (*LG Berlin*, Urt. v. 13.1.2017 – 63 S 132/16, GE 2017, 294; zur Frage des Datenschutzes Rdn. 3626 ff.). 3757

Zur Fristwahrung ist es erforderlich, dass der Vermieter die Mitteilung innerhalb der Frist erhält. Dass die rechtzeitige Absendung genügt, ist im Gesetz nicht vorgesehen (*Schmid* GE 2008, 516). Umstritten ist, ob ein bloßer Eingang beim Vermieter genügt oder ob ein Zugang im Sinne des § 130 BGB beim Vermieter erforderlich ist. Letzteres dürfte der h. M. entsprechen. 3758

dd) Form

Die Mitteilung des Mieters bedarf keiner bestimmten Form. Eine solche kann wegen § 556 Abs. 4 BGB auch nicht vereinbart werden (*Schmid* ZMR 2002, 730). Die Einwendung kann mündlich, schriftlich oder durch Geltendmachung von Einwendungen in einem Prozess über die Abrechnung erfolgen. Bloßes Nichtzahlen einer Nachforderung genügt jedoch nicht (vgl. *BGH*, 12.5.2010 – VIII ZR 185/09, ZMR 2010, 669 = NZM 2010, 470 = NJW 2010, 2276 m. abl. Anm. *Derckx* = 3759

NJW-Special 2010, 450 m. zust. Anm. *Drasdo*), da hierdurch nicht erkennbar wird, dass die Abrechnung beanstandet wird. Das Nichtzahlen kann auch auf Zahlungsunfähigkeit, Zahlungsunwilligkeit oder der Annahme von Gegenrechten beruhen (*Schmid*, ZAP 2013, 351 [352]).

ee) Substantiierung

3760 Eine Spezifizierung oder Begründung der Einwendungen schreibt das Gesetz nicht vor. Der Mieter muss deshalb nach einer im Schrifttum früher vertretenen Ansicht nicht darlegen, warum er die Abrechnung für falsch hält (*Schmid* ZMR 2002, 730).

3761 Bei Erklärungen, die eine Begründung erfordern, legt das Gesetz dies ausdrücklich fest (z.B. § 560 Abs. 1 Satz 2 BGB), woraus zu schließen ist, dass dort, wo das Gesetz keine Begründung vorschreibt, eine solche auch nicht erforderlich ist (*BGH*, Urt. v. 16.7.2003 – VIII ZR 286/02, ZMR 2003, 824 = NZM 2003, 757 = GE 2003, 1152).

3762 Die auch hier vertretene h. M.(*OLG Düsseldorf, Urt. v. 6.5.2003 – 24 U 99/ 02, juris; AG Hamburg, 15.9.2016 – 48 C 51/16, WuM 2016, 663; LG Karlsruhe IMR 2012, 227 m. zust. Anm. Schulze Steinen; LG Berlin, Beschl. v. 11.7.2017 – 67 S 129/17, GE 2017, 1021; AG Wedding* GE 2012, 1639; *Hinz* NZM 2009, 97 [99]; *Kinne* GE 2012, 662 [663]) verlangt dagegen substantiierten Vortrag. Es muss danach erkennbar sein, welche Abrechnungsposten aus welchen Gründen moniert werden. Allgemeine Anforderungen lassen sich nicht aufstellen. Es kommt im Einzelfall darauf an, was der Mieter rügt.

3763 So wird es für ausreichend angesehen, dass der Mieter darauf hinweist, dass die Betriebskosten sich nicht nachvollziehbar gegenüber dem Vorjahr erhöht haben (*AG Hamburg* a.a.O.; *AG Berlin-Wedding*, Urt. v. 16.6.2014 – 19a C 15/14, BeckRS 2014, 14944) oder dass sich der Verteilerschlüssel mit den Gesamt- und Einzelkosten nicht in Einklang bringen lässt (*AG Hamburg* a.a.O; *Langenberg* in Langenberg/Zehelein H VI Rn. 262).

3764 Wurde im Auftrag des Mieters der Mieterverein tätig und hat dieser lediglich pauschal die Abrechnung beanstandet (»Die Abrechnung ist nicht nachvollziehbar und damit unwirksam«; Die Abrechnung ist damit formell unwirksam«) muss der Mieter sich entgegenhalten lassen (*BGH*, Urt. v. 25.10.2006 – VIII ZR 102/06, ZMR 2007, 103).

ff) Mehrere Mieter

3765 Ist eine Wohnung von mehreren Mietern gemietet, wird die Auffassung vertreten, dass es genügt, wenn nur ein Mieter die Einwendungen erhebt (so *Kinne* GE 2012, 662). Dem ist jedoch nicht zu folgen. Entsprechend der Rechtsprechung des *BGH* (Urt. v. 28.4.2010 – VIII ZR 263/09, ZMR 2010, 749 = NJW 2010, 1965 = MietRB 2010, 189), wonach eine Abrechnung, die nur an einen Mieter gerichtet ist, nur diesem gegenüber Rechtswirkungen entfaltet, wirken auch Einwendungen eines Mieters nur dessen Gunsten. Allerdings wird man in vielen Fällen, z.B. bei Ehegatten als

Mitmieter, davon auszugehen haben, dass die Einwendungen auch im Namen der Mitmieter erhoben werden (*Schmid*, ZAP 2013, 351 [354]).

c) Nicht-Vertreten-Müssen

Der Einwendungsausschluss tritt nicht ein, wenn der Mieter die verspätete Geltendmachung nicht zu vertreten hat. Wann dies der Fall ist, kann weitgehend nur anhand des jeweiligen Einzelfalles beurteilt werden. Einige Leitlinien lassen sich jedoch aufstellen. — 3766

Überprüfungsobliegenheit: Grundsätzlich wird man vom Mieter eine sorgfältige Überprüfung der Abrechnung auch durch Einsicht in die Abrechnungsbelege bzw. Fotokopien derselben verlangen müssen (*Streyl* WuM 2005, 505 [507]); stark einschränkend *Sternel* ZMR 2001, 940). Die Fristversäumung ist dann nicht zu vertreten, wenn der Vermieter eine Belegprüfung nicht rechtzeitig ermöglicht (*AG Hamburg*, Urt. v. 15.9.2016 – 48 C 51/16, WuM 2016, 663; *Lützenkirchen* NZM 2002, 512; *Schmid* ZMR 2002, 731). — 3767

Dazu wird auch vertreten, dass es ist aber nicht grundsätzlich erforderlich ist, dass der Mieter vorab zur Vorbereitung seiner Einwendungen Einsicht in die Belege nimmt, um die Verspätung seiner Beanstandungen zu vermeiden, da Entsprechendes dem Gesetz nicht entnommen werden kann und vom regelungszweck auch nicht verlangt wird (*AG Hamburg* a.a.O.; ähnlich *OLG Düsseldorf*, Urt. v. 6.5.2003 – 24 U 99/02, juris Rn. 16; *AG Wetzlar*, Urt. v. 4.6.2012 – 38 C 264/12, juris). — 3768

Nicht erkennbare Fehler: Nicht zu vertreten hat der Mieter das Unterlassen von Einwendungen, wenn der Fehler für ihn nicht erkennbar ist (*Schmid* GE 2008, 516 [518]). — 3769

Unrichtige Auskünfte seitens des Vermieters: Wenn der Vermieter auf Nachfrage unrichtige Auskünfte erteilt, hat es der Mieter nicht zu vertreten, wenn er sich damit zunächst zufrieden gibt (*Schmid* ZMR 2002, 731). — 3770

Hinderungsgründe, die in der Person des Mieters liegen, sind von diesem nur dann nicht zu vertreten, wenn sie unvorhersehbar waren oder nicht durch zumutbare Vorsorge ausgeglichen werden konnten, z.B. eine überraschende Erkrankung (*Langenberg* NZM 2001, 787). Der verhinderte Mieter muss, wenn ihm das möglich ist, einen Dritten beauftragen (*Kinne* GE 2004, 1572 [1581]). — 3771

Rechtsunkenntnis: Der Mieter kann sich nicht auf die Unkenntnis der Frist des § 556 Abs. 3 BGB berufen (*Lützenkirchen* NZM 2002, 512 [513]; *Schmid* ZMR 2002, 727 [730]). Dagegen wird es als verschuldensausschließend angesehen, wenn der Mieter über eichrechtliche Vorschriften nicht Bescheid und hiervon erst nach Ablauf der Einwendungsfrist erfährt (*AG Hall in Westfalen* ZMR 2013, 811). — 3772

Verschulden Dritter: Das Verschulden seiner Gehilfen (z.B. Mieterverein oder Anwalt) hat der Mieter entsprechend § 278 BGB zu vertreten (*Schmid* ZMR 2002, 727 [730]). Weist der Vermieter die Einwendungen entsprechend § 174 BGB zurück und — 3773 geht die nochmals übersandte Einwendung erst nach Fristablauf ein, hat es der Vermieter nach § 278 BGB zu vertreten, dass der Bevollmächtigte keine Vollmachtsurkunde beigefügt hat (*Schmid* GE 2008, 516 [518]). Hat der Mieter gar keine Vollmachtsurkunde ausgestellt, trifft ihn ein eigenes Verschulden (*Schmid* MietRB 2008, 342 [343]).

3774 Oft werden Betriebskostenabrechnungen per **Einschreiben mit Rückschein** versandt. Der Nachweis der Zustellung erfolgt durch den Rückschein (§ 175 S. 2 ZPO). Allerdings wird damit nicht auch bewiesen, dass das Schreiben mit bestimmten Inhalt zugegangen ist (*Hüßtege* in Thomas/Putzo § 175 ZPO Rn. 6). Für das Einschreiben des Mieters mit Einwendungen gegen die Abrechnung gilt wie generell, dass die Benachrichtigung des beim Zustellungsversuch nicht anwesenden Vermieters über die Postlagerung den Zugang nicht ersetzt. Ferner besteht grundsätzlich auch keine Pflicht, ein Einschreiben abzuholen.

3775 Eine Ausnahme wird jedoch gemacht, wenn eine Verwaltung die Vermieterseite vertritt und dem Mieter ausschließlich ihre Postadresse für Abwicklungsfragen zum Mietvertrag bekannt gibt. In solchen Fällen gibt es für den Empfänger des Einschreibens Treuepflichten, wenn mit dem Eingang rechtsgeschäftlicher Erklärungen des Mieters gerechnet werden muss. Nach § 242 BGB ist der Vermieter in diesem Fall so zu stellen, als wäre ihm das Einschreiben rechtzeitig zugegangen (*LG Berlin*, Urt. v. 28.10.2015 – 65 S 276/15, MM 2016, 29 für eine Kündigung durch den Mieter, die am 21. Dezember versandt und vom Verwalter nicht abgeholt wurde, wobei sich der Vermieter den Zugang per 3. Werktag im Januar zurechnen lassen musste).

3776 Der BGH hat bereits durch Urteil vom 3.11.1976 (VIII ZR 140/75, NJW 1977, 194) entschieden, dass beim Bestehen von Rechtsbeziehungen zwischen dem Erklärenden und dem Erklärungsempfänger ein Postfach regelmäßig zu leeren ist, was jedenfalls dann gilt, wenn der Vermieter eine Verwaltung betraut hat. In diesem Fall sind Vorkehrungen dafür zu treffen, dass Schreiben gewöhnlich am nächsten Tag abgeholt werden. Versendet der Vermieter eine Betriebskostenabrechnung, muss er nach hier vertretener Ansicht auch regelmäßig damit rechnen, dass der Mieter Einwendungen gegen die Abrechnung innerhalb der Einwendungsfrist erhebt.

3777 **Post:** Es stellen sich die gleichen Probleme wie bei der Versendung der Abrechnung.

3778 **Verschulden des Vermieters:** Unerheblich ist das Verschulden des Vermieters am Fehler in der Abrechnung (*Schmid* ZMR 2002, 730; a.A. *Sternel* ZMR 2001, 937 [940]). Würde man auf ein Verschulden des Vermieters abstellen, würde die Regelung weitgehend leerlaufen, da Abrechnungsfehler in der Regel auf Fahrlässigkeit beruhen.

3779 **Wegfall des Hinderungsgrundes:** Fällt der Grund für eine unverschuldete Verhinderung weg, muss der Mieter seine Einwendungen alsbald vorbringen. Analog der Rechtsprechung des *BGH* (Urt. v. 5.7.2006 – VIII ZR 220/05, ZMR 2006, 847) zur Abrechnungsfrist wird man dem Mieter eine Frist von drei Monaten gewähren können (*Schmid* GE 2008, 516 [518]).

d) Folgen nicht rechtzeitiger Einwendungen

Grundsatz: Nach Fristablauf kann der Mieter Einwendungen gegen die Abrechnung grundsätzlich nicht mehr geltend machen (§ 556 Abs. 3 S. 6 BGB). Die Regelung gilt nicht für **Geschäftsräume** (*AG Hannover*, Urt. v. 9.2.2016 – 426 C 3047/15, ZMR 2017, 66; Palandt/*Weidenkaff* § 556 BGB Rn. 2). Das hat zur Folge, dass die Abrechnung als ordnungsgemäß und verbindlich gilt. Damit ist auch ein Schadensersatzanspruch wegen falscher Abrechnung ausgeschlossen. 3780

Formell mangelhafte Abrechnung: Geht man davon aus, dass eine formell mangelhafte Abrechnung die Einwendungsfrist nicht in Lauf setzt, so ist auch das Unterbleiben von Einwendungen unschädlich. 3781

Fehler bei der Anwendung der Abrechnungsmaßstäbe werden durch den Fristablauf ebenso geheilt wie das Unterlassen einer notwendigen Vorabteilung (*Schmid* ZMR 2002, 730; a.A. *Lützenkirchen* NZM 2002, 513). 3782

Umlegung nicht umlegbarer Kosten: Der Einwendungsausschluss gilt auch dann, wenn **Kostenarten** umgelegt sind, die nach § 556 Abs. 1 BGB nicht umgelegt werden dürften (*Sternel* ZMR 2001, 939; *Schmid* ZMR 2002, 729; a.A. *Langenberg* WuM 2001, 529; offen gelassen von *BGH*, Urt. v. 10.10.2007 – VIII ZR 279/06, ZMR 2008, 107 m. Anm. *Schmid*). Es kann nämlich durchaus streitig sein, welche Kosten unter den Katalog des § 2 BetrKV fallen. 3783

Umlegung nicht vereinbarter Kosten: Bei einer vertragswidrigen Umlegung ist zu differenzieren: Liegt keine Vereinbarung über eine Umlegung mit Abrechnung vor, kommen § 556 Abs. 3 Satz 5 und 6 BGB überhaupt nicht zur Anwendung. Der Mieter kann sich auf das Fehlen einer Abrechnungsvereinbarung unbefristet berufen (*Schmid* ZMR 2003, 729). Besteht aber eine Abrechnungsvereinbarung und stellt der Vermieter Kostenpositionen ein, deren Umlegung nicht vereinbart ist, ist der Anwendungsbereich des § 556 Abs. 3 BGB eröffnet; es handelt sich um einen bloßen Abrechnungsfehler, der durch die Versäumung der Einwendungsfrist geheilt wird (*BGH*, Urt. v. 10.10.2007 – VIII ZR 279/06, ZMR 2008, 107 m. Anm. *Schmid*; *BGH*, Urt. v. 12.5.2010 – VIII ZR 185/09, ZMR 2010, 669 = NZM 2010, 470 = WM 2010, 420 = GE 2010, 901 = ZfIR 2010, 478 L. = NJW 2010, 2276 m. abl. Anm. *Derckx* = NJW-Special 2010, 450 m. zust. Anm. *Drasdo*). Dies gilt insbesondere für Kosten, die durch eine Teilinklusivmiete (*BGH* NJW 2008, 1521) oder eine Pauschale (*BGH*, Urt. v. 12.1.2011 – VIII ZR 148/10, ZMR 2011, 373 = GE 2011, 329) abgegolten sein sollen. 3784

Beschränkung auf bestimmte Punkte: Erhebt der Mieter Einwendungen nur gegen bestimmte Punkte einer Abrechnung, so ist es eine Frage des Einzelfalles, ob nach Fristablauf weitere Einwendungen geltend gemacht werden können (*Schmid* ZMR 2002, 730; a.A. *Lützenkirchen* NZM 2002, 513). Dabei ist zunächst die Erklärung des Mieters auszulegen, ob die Einwendungen auf die genannten Punkte beschränkt werden oder ob die Abrechnung generell beanstandet wird und die angeführten Punkte nur beispielhafte Rügen sind. 3785

3786 Nach strengerer Ansicht ist der Mieter stets mit solchen Einwendungen gegen bestimmte Positionen nach Fristablauf ausgeschlossen, die er nicht fristgemäß konkret moniert hat (*AG Hamburg*, Urt. v. 15.9.2016 – 48 C 51/16, WuM 2016, 663).

3787 **Fehlen der Geschäftsgrundlage:** Nach allgemeinen Rechtsgrundsätzen wird der Einwendungsausschluss zu verneinen sein beim Fehlen der Geschäftsgrundlage (vgl. § 313 BGB), wenn also beide Parteien von falschen Voraussetzungen ausgegangen sind (vgl. *OLG Hamburg* WuM 1991, 598). Im Hinblick auf das gesetzliche Ziel eines Abrechnungsfriedens wird man dabei an die Unzumutbarkeit des Festhaltens an der Abrechnung strenge Anforderungen stellen müssen (*Schmid* ZAP 2013 351 [353]; a.A. *Langenberg* WuM 2001, 529, der diese Grundsätze überhaupt nicht mehr anwenden will). Die Diskrepanz muss besonders groß und der Abrechnungsfehler offensichtlich sein (vgl. *OLG Hamburg* WuM 1991, 598; *LG Koblenz* WuM 1997, 685). Beispiel: Infolge eines Zahlendrehers wird ein Nachzahlungsbetrag von 918,00 € statt 198,00 € ausgewiesen.

3788 **Arglist:** Bei einem arglistigen Verhalten kann dem Vermieter die Berufung auf die Ausschlussfrist versagt sein (vgl. *LG Berlin* GE 2007, 847).

3789 **Ansprüche aus der bestehenden Abrechnung** werden durch den Ausschluss von Einwendungen berührt nicht die (*Gather* DWW 2001, 196).

3790 **Verjährung:** Der Einwendungsausschluss hindert nicht die Einrede der Verjährung (*Streyl* WuM 2005, 505 [506]).

e) Unabdingbarkeit

3791 Eine zum Nachteil des Mieters abweichende Vereinbarung ist unwirksam. Änderung zugunsten des Mieters, insbesondere eine gänzliche Abbedingung der Regelung oder die Vereinbarung einer längeren Frist sind möglich.

f) Darlegungs- und Beweislast

3792 Der Vermieter muss den Zeitpunkt des Zuganges der Abrechnung an den Mieter beweisen. Den Mieter trifft die Beweislast für den Zeitpunkt des Zuganges der Einwendungen an den Vermieter und dafür, dass er die Verspätung nicht zu vertreten hat (*Schmid* ZMR 2002, 731; *Streyl* WuM 2005, 505 [508]). Ferner muss der Mieter die Voraussetzungen für den Wegfall der Geschäftsgrundlage beweisen.

3. Preisgebundener und nach dem WoFG geförderter Wohnraum

3793 Auf preisgebundenen Wohnraum kann § 556 Abs. 3 Satz 5 und 6 BGB nicht angewendet werden, da die Preisbindungsvorschrift des § 8 WoBindG Vorrang hat (*BGH*, Urt. v. 20.7.2005 – VIII ZR 371/04, ZMR 2005, 937 = WuM 2005, 579 [580] = GE 2005, 1118). Zudem enthält § 20 Abs. 3 NeubaumietenVO keine entsprechende Regelung (*BGH* a.a.O.; *AG Dortmund*, Urt. v. 22.3.2016 – 425 C 9513/15, ZMR 2016, 457; Anm. *Flatow*, WuM 2016, 338). Ein überhöhter Nachzahlungsbetrag übersteigt das preisrechtlich zulässige Entgelt. Ein Einwendungsausschluss würde dazu führen, dass das überhöhte Entgelt zu bezahlen ist und, falls bereits bezahlt ist, für den Rückforderungsanspruch die Verjährungsfrist des § 8 Abs. 2 Satz 3 WoBindG unterlaufen würde (*Schmid* ZMR 2002, 731; a.A. *Langenberg* NZM 2001, 784; *Dickersbach* NZM 2006, 281). Für Wohnraum, der nach dem WoFG gefördert ist, ergibt sich die gleiche Rechtsfolge aus § 28 Abs. 2 WoFG (*Schmid* GE 2008, 516).

4. Geschäftsräume

§ 556 BGB ist in der Verweisungsnorm des § 578 BGB nicht erwähnt. Eine entsprechende Anwendung von § 556 Abs. 3 BGB auf Gewerberaummietverhältnisse wird von der ganz h.M. (*BGH*, Urt. v. 27.1.2010 – XII ZR 22/07, NJW 2010, 1065 = MDR 2010, 496 = NZM 2010, 240; *Ludley* NZM 2014, 374 ff.) abgelehnt. 3794

Das hat zur Folge, dass der Gewerberaummieter in der Erhebung von Einwendungen nicht zeitlich beschränkt ist. Für eine Verwirkung wird es vielfach am Umstandsmoment fehlen. Der bloße Zeitablauf von drei Jahren genügt nicht, da damit nur das Zeitmoment erfüllt ist (a.a. *KG* IMR 2014, 17). Nur im Einzelfall kann eine späte Geltendmachung von Einwendungen gegen Treu und Glauben verstoßen. 3795

Unwirksam ist nach hier vertretener Auffassung eine Formularklausel des Inhalts 3796

»Die Abrechnung gilt als anerkannt, wenn der Mieter dieser nicht innerhalb von sechs Wochen nach Zugang unter Angabe von Gründen schriftlich widersprochen hat. Der Vermieter wird die Mieter bei Beginn der Frist auf diese Ausschlussfrist besonders hinweisen«.

Das OLG Köln (Beschl. v. 7.6.2016 – 22 U 114/14, NZM 2016 Heft 12, V) hat insoweit Bedenken geäußert, als der Mieter die Regelung auch so verstehen kann, dass er nach Fristablauf mit seinen Einwendungen vollständig ausgeschlossen ist. Die Klausel verstößt gegen § 307 Abs. 1 S. 1, Abs. 2 Nr. 1 BGB. Sie benachteiligt den Mieter unangemessen, da die Anerkenntnisfiktion bereits nach kurzer Zeit eintritt.

III. Schuldbestätigungsvertrag

Die Parteien können nach Zugang der Abrechnung an den Mieter den Saldo als für beide Parteien verbindlich anerkennen. Einem solchen (negativen) deklaratorischen Schuldanerkenntnis stehen weder Preisbindungsvorschriften noch § 556 Abs. 4 BGB entgegen. Es handelt sich dabei nämlich nicht um eine Vereinbarung, die Einwendungen von vornherein ausschließt, sondern um die Anerkennung einer konkreten Schuld (*Sternel* ZMR 2001, 940; a.A. *Langenberg* NZM 2001, 788). Da die Parteien während des Mietverhältnisses eine Mieterhöhung vereinbaren können, steht es ihnen auch frei, in dem Mietteilbereich Betriebskosten einen bestimmten Betrag als verbindlich anzuerkennen (*Schmid* ZMR 2002, 731). 3797

Eine solche Vereinbarung muss aber ausdrücklich getroffen werden oder sich aus bestimmten konkreten Umständen ergeben. Die früher vertretene Auffassung, dass allein die **vorbehaltlose Zahlung** bzw. Entgegennahme des Abrechnungssaldos zur Annahme eines Schuldbestätigungsvertrages führt, lässt sich seit der Geltung des § 556 Abs. 3 Satz 5 BGB nicht mehr aufrechterhalten (*BGH*, Urt. v. 12.1.2011 – VIII ZR 3798

296/09, ZMR 2011, 375 = MDR 2011, 214 = WuM 2011, 108 = NZM 2011, 242). Wenn nämlich dem Mieter eine gesetzliche Frist für das Erheben von Einwendungen gesetzt ist, kann nicht ein Zahlungsvorgang als stillschweigender Verzicht auf die volle Ausnutzung der Frist angesehen werden (*Schmid* ZMR 2001, 940).

3799 Auch bei **Gewerberaummietverhältnissen** führt die Zusendung der Abrechnung und der vorbehaltlose Ausgleich oder die Entgegennahme einer Erstattung durch den Mieter alleine nicht zu einer Schuldbestätigung (*BGH*, Urt. v. 28.5.2014 – XII ZR 6/13, ZMR 2014, 705; v. 10.7.2013 – XII ZR 62/12, ZMR 2014, 109 = DWW 2013, 323 = GE 2013, 1130 = IMR 2013, 366; a.A. *AG Brandenburg a.d.H.* GE 2007, 789).

3800 Ein deklaratorisches Schuldanerkenntnis kann zwar auch **konkludent** erfolgen. Dies setzt aber eine rechtsgeschäftliche Erklärung als Angebot zum Abschluss eines Bestätigungsvertrags voraus, wodurch die Parteien das Schuldverhältnis ganz oder zum Teil dem Streit oder der Ungewissheit entziehen wollen. Die Übersendung der Betriebskostenabrechnung ist reine Wissenserklärung ohne rechtsgeschäftlichen Bindungswillen und auch der Mieter, der eine Nachzahlung vorbehaltlos leistet, gibt damit keine rechtsgeschäftliche Erklärung ab (*BGH*, Urt. v. 28.5.2014 – XII ZR 6/13, ZMR 2014, 705; v. 10.7.2013 – XII ZR 62/12, ZMR 2014, 109). Für die Annahme einer verbindlichen Schuldbestätigung bedarf es neben der Übersendung der Abrechnung weiterer Umstände, die auf den rechtsgeschäftlichen Bindungswillen der Parteien schließen lassen. Das kann der Fall sein, wenn die Parteien über einzelne Positionen streiten und sodann der Saldo ausgeglichen wird oder wenn eine Stundungs- oder Ratenzahlungsvereinbarung getroffen wird (*BGH*, Urt. v. 28.5.2014 – XII ZR 6/13, ZMR 2014, 705; v. 10.7.2013 – XII ZR 62/12, ZMR 2014, 109).

3801 Ein **Vorbehalt** schließt die Annahme eines Schuldbestätigungsvertrags in jedem Fall aus (*LG Berlin* GE 2004, 817). Es wird deshalb empfohlen in die Abrechnung einen Korrekturvorbehalt aufzunehmen (*Kroll* GE 2007, 756 [757]). Umgekehrt kann auch ein Verzicht des Vermieters auf weitere Nachforderungen nicht angenommen werden, wenn er eine Nachzahlung entgegennimmt (im Ergebnis ebenso *Kinne* GE 2007, 1411; a.A. *AG Potsdam* GE 2007, 1495).

3802 Ist ein Schuldbestätigungsvertrag zustande gekommen, sind die Parteien mit allen Einwendungen ausgeschlossen, die zum Zeitpunkt des Schuldbestätigungsvertrages bekannt waren oder bei sorgfältiger Überprüfung hätten erkannt werden können (*LG Köln* ZMR 2001, 547). Die Beweislast dafür, dass Fehler nicht erkennbar waren oder dass mit einer Nachforderung umlegbarer Kosten nicht zu rechnen war, trägt derjenige, der sich auf diese Umstände beruft.

3802a Formularvertragliche Regelungen, die festlegen, dass die Abrechnung binnen einer bestimmten Zeit, zumeist einigen Wochen eingesehen werden kann, andernfalls sie als anerkannt gilt, verstoßen sowohl bei Wohn- als auch bei Gewerberaumverträgen gegen § 308 Nr. 5 BGB, sofern die gesetzlichen Voraussetzungen einer angemessenen Frist als auch der besondere Hinweis bei Beginn der Frist auf die vorgesehene Bedeutung der Regelung fehlt (*BGH*, 10.9.2014 – XII ZR 56/11, NJW 2014, 3722; *OLG*

Dresden, 9.8.2019 – 5 U 936/19, ZMR 2020, 24 = MietRB 2020, 38KG, 6.6.2016 – 8 U 40/15).

IV. Verwirkung und Treu und Glauben

Die Ausschlussfristen des § 556 Abs. 3 BGB berühren die Möglichkeit einer Verwirkung nicht (*BGH* Urt. v. 21.2.2012 – VIII ZR 146/11, ZMR 2012, 616 = GE 2012, 823 = WuM 2012, 317 zur Ausschlussfrist bei verspäteter Abrechnung). Gleichwohl kommt für Einwendungen des Mieters eine Verwirkung nicht in Betracht, da die Möglichkeit, Einwendungen zu erheben kein Recht ist (*Schmid* ZMR 2002, 727 [728]), das verwirkt werden könnte. 3803

Das schließt es allerdings nicht aus, dass das Berufen auf Einwendungen, die sehr spät erhoben werden, wegen Verstoßes gegen Treu und Glauben (§ 242 BGB) im Einzelfall unbeachtlich sein kann. Eine bloße Zahlung innerhalb der Einwendungsfrist reicht hierfür nicht aus (*Schmid* ZMR 2002, 731 a.A. *Langenberg* WuM 2001, 529). Bei Wohnraummietverhältnissen dürfte der auf § 242 BGB gestützte Verspätungseinwand kaum Bedeutung erlangen. Denkbar sind jedoch Fälle im Bereich der Geschäftsraummiete, wenn man mit der h.M. § 556 Abs. 3 BGB hierauf nicht anwendet. 3804

V. Vertragliche Einwendungsregelungen

Bei Mietverhältnissen über **Wohnraum** sind vertragliche Vereinbarungen, nach denen der Mieter die Richtigkeit der Abrechnung anerkennt oder mit Einwendungen ausgeschlossen ist, wenn er nicht innerhalb einer bestimmten Frist widerspricht, unwirksam. Für preisfreien Wohnraum ergibt sich dies aus § 556 Abs. 4 BGB, für preisgebundenen Wohnraum aus den Preisbindungsvorschriften. 3805

Bei **Geschäftsraummietverhältnissen** können Anerkenntnisklauseln vereinbart werden (*Ludley* NZM 2014, 374 ff.) Ein Einwendungsausschluss steht einer Genehmigungsfiktion gleich (*KG* ZMR 2002, 955). Bei der Verwendung von Formularmietverträgen müssen dabei jedoch die Wirksamkeitsvoraussetzungen nach § 308 Nr. 5, § 307 BGB beachtet werden (vgl. *OLG Düsseldorf* ZMR 2000, 452 ff. m. Anm. *Schmid* = DWW 2000, 123; *KG* ZMR 2011, 116): 3806
– Die Anerkenntnisklausel muss im Mietvertrag oder in einer Nachtragsvereinbarung enthalten sein.
– Der Vermieter muss bereits im Vertrag verpflichtet sein, bei Fristbeginn auf die Anerkenntnisfiktion hinzuweisen.
– auf die Bedeutung der Unterlassung eines Widerspruches muss in der Abrechnung besonders hingewiesen werden.
– Die Widerspruchsfrist muss angemessen sein. Das *OLG Köln* (Beschl. v. 7.6.2016 – 22 U 114/14, NZM 2016, Heft 12, V) hat eine Frist von sechs Wochen für zweifelhaft erklärt; einschränkend *KG*, Urt. v. 28.6.2010 – 8 U 167/09, ZMR 2011, 116: 1 Monat.

3807 Keinesfalls genügt ein nur einseitiger Hinweis des Vermieters im Abrechnungsschreiben, dass die Abrechnung nach einer bestimmten Frist als anerkannt gilt, wenn der Mieter nicht widerspricht (*KG* MDR 2012, 756 = IMR 2012, 236).

F. Änderungen durch den Vermieter

I. Erstellung einer neuen Abrechnung

3808 Der Vermieter muss eine neue Abrechnung erstellen, wenn die **bisherige Abrechnung insgesamt nicht formell ordnungsgemäß** ist. Der Abrechnungsanspruch des Mieters ist dann nämlich noch nicht erfüllt. Aber auch wenn der Vermieter die bisherige Abrechnung nur nachbessert, handelt es sich um eine neue Abrechnung, die dann aus der bisherigen Abrechnung und der Ergänzung besteht. Sie wird zudem einen anderen Saldo ausweisen.

3809 Zum Vorteil des Vermieters kann es nicht gereichen, dass die neue Abrechnung ein vermietergünstigeres Ergebnis zeigt, Damit ist der Vermieter ausgeschlossen (*BGH*, Urt. v. 30.3.2011 – VIII ZR 133/10, WuM 2011, 370 = ZMR 2011, 710; *Harsch*, MietRB 2018, 53, 57 zur Änderungsproblematik insgesamt).

3810 Zu beachten ist, dass die Korrektur der Abrechnung **binnen 3 Monaten** nach Wegfall des Hindernisses vorzunehmen ist (*BGH*, Urt. v. 30.3.2011 – VIII ZR 133/10, ZMR 2011, 710). Der BGH versteht diese Frist offensichtlich taggenau (*Harsch* a.a.O.).

3811 Eine neue Abrechnung ist auch zu erstellen, wenn der Vermieter die bisherige Abrechnung wirksam **angefochten** hat (vgl. *AG Hamburg* WuM 1990, 444). Eine Anfechtung wird allerdings meist am Fehlen eines Anfechtungsgrundes scheitern, da in der Regel nur ein unbeachtlicher Kalkulationsirrtum vorliegt.

II. Änderung

3812 Eine **Berichtigung inhaltlicher Fehler** ist grundsätzlich zulässig (*KG* IMR 2009, 375; *LG Berlin* GE 2005, 1353). An dem Fortbestand einer falschen Abrechnung hat der Mieter kein schützenswertes Interesse.

3813 Es besteht grundsätzlich auch kein **Anspruch** des Mieters auf eine Änderung der Abrechnung wegen inhaltlicher Fehler, da der Abrechnungsanspruch erfüllt ist (*BGH*, Urt. v. 30.3.2011 – VIII 133/10, ZMR 2011, 711). Dies gilt etwa für falsch angesetzte Vorauszahlungen, unzutreffende Kostenhöhen etc. (*Harsch*, MietRB 2018, 53, 58 m.w.N.). Materielle Fehler sind im Streit über Nach- oder Rückzahlungen zu berücksichtigen (*OLG Düsseldorf*, Urt. v. 9.7.2015 – I-10 U 126/14, MietRB2015, 133). Einen Anspruch auf Änderung der Abrechnung hat der Mieter bei inhaltlichen Fehlern nur dann, wenn er aufgrund des Fehlers das Abrechnungsergebnis nicht selbst feststellen kann (*BGH*, Urt. v. 17.11.2004 – VIII ZR 115/04, ZMR 2005, 121 = NZM 2005, 13). Für einen weiter gehenden Anspruch des Mieters auf eine materiell richtige Abrechnung zu jeder Position dürfte sich auf der Grundlage der

F. Änderungen durch den Vermieter　　　　　　　　　　Teil III

BGH-Rechtsprechung keine Anspruchsgrundlage finden lassen (a.A. *Langenberg* NZM 2006, 641 [644]).

Allerdings darf der Mieter eine Abrechnungsberichtigung selbst vornehmen, sofern ihm dies möglich ist (*BGH*, Urt. v. 6.2.2013 – VIII ZR 184/12, WuM 2013, 235 = ZMR 2013, 422; *Hinz*, ZMR 2013, 414). Eine **Berichtigungspflicht** des Mieters kann es aber grundsätzlich nicht geben, da die Abrechnung Sache des Vermieters ist (*Harsch*, MietRB 2010, 179; *Harsch*, MietRB 2018, 53, 59). Eine Ausnahme kann zugelassen werden, wenn der Fehler dem Mieter leicht erkennbar ist wie etwa ein »Zahlendreher« oder erkennbaren Additionsfehlern (*BGH*, Urt. v. 17.11.2004 – VIII ZR 115/04, ZMR 2005, 121). 3814

Nach Ablauf der Abrechnungsfrist darf der Vermieter eine höhere Nachzahlung gegenüber der ersten Abrechnung nicht verlangen (*BGH* a.a.O.). Um Nachforderungen handelt es sich aber nur, wenn eine schon erteilte Abrechnung oder einen Betrag verlangt wird der, falls der Vermieter keine rechtzeitige Abrechnung vornahm die Summe der Abschläge übersteigt. Dies gilt entsprechend, soweit der Mieter geschuldete Abschläge nicht oder nur teilweise leistet. Betriebskosten bis zum Betrag der geschuldeten Vorauszahlungen kann der Vermieter auch mit einer nach Fristablauf erteilten Abrechnung reklamieren (*LG Berlin*, Urt. v. 29.12.2017 -63 S 41/17, GE 2018, 194). Im Rahmen der Vertragsfreiheit ist es aber zulässig zu regeln, dass eine neue Abrechnung zu erstellen ist. 3815

Eine solche Vereinbarung kann auch **stillschweigend** geschlossen werden. Das ist insbesondere anzunehmen, wenn der Vermieter Einwendungen des Mieters Rechnung trägt und wenn der Mieter die neue Abrechnung als maßgeblich anerkennt.

Bei einem **Fehlen der Geschäftsgrundlage** kann eine Anpassung der Abrechnung an die tatsächlichen Gegebenheiten erfolgen. 3816

Bei einer **rückwirkenden Veränderung** der Kosten ist der Vermieter bei einer Verringerung des Umlegungsbetrages verpflichtet, die Abrechnung zu ändern. Bei einer Erhöhung des Umlegungsbetrages ist er zu einer Änderung berechtigt, wenn die Abrechnungsfrist noch nicht abgelaufen ist oder die Voraussetzungen für die Umlegung rückwirkend erhöhter Nebenkosten analog § 560 Abs. 2 Satz 2 BGB vorliegen (*LG Rostock* GE 2009, 1253; a.A. *LG Berlin* GE 2005, 737). Ein weiteres Bestehen des Mietverhältnisses ist nicht Voraussetzung für eine Nachforderung (*LG Rostock* GE 2009, 1253). Bei einer Abrechnung nach dem Abfluss-/Fälligkeitsprinzip wird allerdings eine Rückwirkung nicht in Betracht kommen, da eine rückwirkende Fälligkeit nicht eintritt. Bei Mietverhältnissen über **Gewerberäume** ist dem Vermieter die Berufung auf die Änderung versagt, wenn die Berichtigung nicht zeitnah erfolgt (*KG* IMR 2009, 375). 3817

Die Änderung kann je nach Lage des Einzelfalles durch einen **Schuldbestätigungsvertrag** ausgeschlossen sein (Rdn. 3797).

III. Abstellen auf die Einzelabrechnung

3818 Maßgeblich ist jeweils die Abrechnung für den einzelnen Mieter. Das gilt insbesondere für die Fristberechnung und das Vertretenmüssen. Differenzen hinsichtlich des gesamten Umlegungsbetrages für die Abrechnungseinheit, die sich aus der Veränderung von Einzelforderungen ergeben können, gehen zugunsten oder zulasten des Vermieters.

G. Nachzahlungen und Rückzahlungen

I. Nachzahlungen

1. Fälligkeit

a) Grundsatz

3819 Die Fälligkeit einer Nachzahlung setzt den **Zugang einer formell ordnungsgemäßen Abrechnung** voraus (*BGH*, Urt. v. 8.3.2006 – VIII ZR 78/05, ZMR 2006, 358 = WuM 2006, 200; Beschl. v. 19.12.1990 – VIII ARZ 5/90, NJW 1991, 836 = ZMR 1991, 133 = WuM 1991, 150). Ist die Abrechnung formell ordnungsgemäß (Rdn. 3442 ff.), weist aber inhaltliche Mängel auf, so wird dadurch die Fälligkeit des tatsächlich geschuldeten Betrages nicht berührt. Ohne Belang für die Fälligkeit ist die Einwendungsfrist des § 556 Abs. 3 Satz 5 BGB (*Horst* DWW 2002, 15).

Fälligkeit tritt selbst dann ein, wenn der Nachzahlungsbetrag falsch ist und vom Mieter anhand der Abrechnung auch nicht errechnet werden kann. Der BGH (Urt. v. 17.11.2004 – VIII ZR 115/04, ZMR 2005, 121 = WuM 2005, 61) gibt dem Mieter jedoch in solchen Fällen einen Anspruch auf Neuberechnung. Bis zur Erfüllung dieses Anspruchs hat der Mieter ein Zurückbehaltungsrecht, jedenfalls gerät er nach § 286 Abs. 4 BGB mangels Verschuldens nicht in Verzug (*Schmid* WuM 2006, 481).

3820 Eine **Teilfälligkeit** ist grundsätzlich möglich, wenn der formelle Mangel nur einzelne Positionen der Abrechnung betrifft (*AG Wetzlar* WuM 2001, 30). Zu einer Nachzahlung kann das aber nur dann führen, wenn feststeht, dass sich auch ohne die zunächst insgesamt nicht zu berücksichtigenden Positionen eine Nachzahlung ergibt (*BGH*, Urt. v. 14.2.2007 – VIII ZR 1/06, ZMR 2007, 359 = GE 2007, 438) oder wenn für die jeweils abgerechneten Positionen gesonderte Vorauszahlungen mit gesonderten Abrechnungen vereinbart sind Der formelle Mangel kann nur innerhalb der Abrechnungsfrist beseitigt werden und so zu einer Nachzahlung führen (*LG Itzehoe* ZMR 2006, 697).

3821 Bei **preisgebundenem Wohnraum** richtet sich die Fälligkeit nach § 20 Abs. 4 Satz 1, § 4 Abs. 7 und 8 NMV 1970, § 10 Abs. 2 WoBindG (*Horst* DWW 2002, 15). Geht die Abrechnung dem Mieter bis zum 15. des Monats zu, tritt Fälligkeit am 1. des Folgemonats ein, bei einem Zugang nach dem 15. wird der Nachzahlungsbetrag am 1. des übernächsten Monats fällig.

Bei der Vermietung von **Wohnungs- und Teileigentum** hängt die Fälligkeit einer Nachforderung nicht davon ab, dass die Abrechnung nach § 28 WEG (bestandskräftig) beschlossen ist (*Riecke* WE 2002, 221). 3822

b) Überprüfungsfrist

Entgegen einer früher überwiegend vertretenen Meinung wird die Fälligkeit nach der Rechtsprechung des BGH nicht durch eine dem Mieter zu gewährende Überprüfungsfrist hinausgeschoben, was mit der stringenten Handhabung des § 271 Abs. 1 BGB zusammenhängt, wonach der Gläubiger die Leistung sofort verlangen kann, wenn eine Zeit für die Leistung weder bestimmt noch den Umständen zu entnehmen ist (*BGH*, Urt. v. 8.3.2006 – VIII ZR 78/08, ZMR 2006, 358 [360]; v. 9.3.2005 – VIII ZR 57/04, ZMR 2005, 439; v. 11.11.2004 – IX ZR 237/03, ZMR 2005, 281). In der Praxis setzt der Vermieter im Regelfall eine Zahlungsfrist, sodass der Mieter sich entsprechend einrichten und die Abrechnung zuvor prüfen kann. 3823

c) Rechtsgeschäftliche Fälligkeitsregelungen

Vertragliche Fälligkeitsregelungen sind grundsätzlich möglich (*AG Hamburg-Bergedorf*, ZMR 2013, 203; *Ludley* NZM 2014, 374 ff.). Das gilt auch für Formularmietverträge, da ein Zahlungsziel den Mieter gegenüber einer sofortigen Fälligkeit (§ 271 BGB) begünstigt. Eine solche Vereinbarung kann auch in Formularmietverträgen getroffen werden. Als angemessen wird man eine Mindestfrist von vier Wochen ansehen müssen. Ob ein vereinbartes Zahlungsziel als Fälligkeitsregelung oder als Zahlungsfrist, die bereits einen fälligen Anspruch voraussetzt, auszulegen ist (vgl. *OLG Düsseldorf* ZMR 2000, 454), ist eine Frage des Einzelfalles. 3824

Bestimmt der Vermieter einseitig eine Zahlungsfrist, so tritt Fälligkeit nicht vor Ablauf dieser Frist ein (*OLG Düsseldorf* WuM 2006, 381 [383]). 3824a

Regelt der Mietvertrag »Ergibt sich eine Nachzahlungsforderung des Vermieters, die ein Zehntel der Summe der Vorauszahlungen einer Abrechnungsperiode übersteigt, ist der Mieter bis zum Beweis einer vom Vermieter nicht zu vertretenden Kostensteigerung im Vergleich zu den Kosten der Abrechnungsperiode bei Vertragsschluss, die zum Zeitpunkt des Mietvertragsschlusses weder bekannt noch vorhersehbar war, von der Nachzahlung befreit«, liegt hierin ersichtlich eine Individualvereinbarung, die als solche rechtswirksam ist (*AG Pankow/Weißensee*, Beschl. v. 6.12.2013 – 3 C 170/13, ZMR 2015, 465). 3824b

d) SEPA-Lastschrift

Mit der Fälligkeit der Forderung ist der Vermieter grundsätzlich berechtigt, von einer Lastschriftermächtigung Gebrauch zu machen. Der BGH (Urt. v. 10.1.1996 – XII ZR 271/94, ZMR 1996, 248) hat jedoch angedeutet, dass der Vermieter verpflichtet ist, den Mieter auf die bevorstehende Belastung des Kontos rechtzeitig hinzuweisen. Das geschieht in der Regel bereits durch die Übersendung der Abrechnung. Eine Wartezeit von mindestens zwei Wochen erscheint angemessen (a.A. für Mobilfunkverträge 3825

BGH NZM 2003, 367: nur fünf Tage ausreichend). Zusätzlich sind die Voraussetzungen für eine SEPA-Lastschrift zu beachten.

2. Verzug

3826 Der Verzugseintritt richtet sich nach den allgemeinen Grundsätzen des § 286 BGB. Erforderlich ist deshalb nach § 286 Abs. 1 BGB grundsätzlich eine Mahnung (*AG Naumburg* WuM 2004, 690).

Im Vertrag kann eine Frist vereinbart werden, innerhalb derer der Mieter ab Zugang der Rechnung zu zahlen hat (Rdn. 3431). Nach Fristablauf kommt der Mieter auch ohne Mahnung nach § 286 Abs. 2 Nr. 2 BGB in Verzug (*Gruber* WuM 2002, 252). Eine einseitige Bestimmung eines Zahlungszeitpunktes durch den Vermieter alleine genügt für § 286 Abs. 2 Nr. 1 oder 2 BGB jedoch nicht (*OLG Düsseldorf* WuM 2006, 381 [383]). Soll nach Ablauf einer Zahlungsfrist Verzug eintreten (mit der Abrechnung verbundene vorsorgliche Mahnung) muss dies unzweideutig zum Ausdruck kommen (*BGH*, Urt. v. 25.10.2007 – III ZR 91/07, MDR 2008, 67 = GuT 2007, 348). Eine solche Frist muss auch angemessen sein. Elf Tage werden als zu wenig angesehen (*AG Saarbrücken* ZMR 2013, 739), wobei zu Unrecht auf § 315 BGB, statt auf § 271 BGB abgestellt wird. M.E. ist eine Frist von einer Woche angemessen und ausreichend.

3827 Die Nebenkostenabrechnung ist eine einer Rechnung gleichartige Zahlungsaufstellung im Sinne des § 286 Abs. 3 BGB (*Schmid* ZMR 2000, 663). Verzug tritt deshalb ein, wenn nicht innerhalb von 30 Tagen nach Fälligkeit und Zugang der Abrechnung bezahlt wird. Da der private Wohnungsmieter Verbraucher im Sinne des § 13 BGB ist, kommt dieser nach § 286 Abs. 3 Satz 1 Halbs. 2 nur in Verzug, wenn der Vermieter auf den Verzugseintritt nach 30 Tagen in der Abrechnung besonders hinweist (*Horst* DWW 2002, 14).

3828 Der Mieter kommt jedoch nicht in Verzug, solange er die Nichtzahlung nicht zu vertreten hat (§ 286 Abs. 4 BGB). Da dem Mieter ein Überprüfungsrecht durch Belegeinsicht zusteht (Rdn. 3613 ff.), hat er das Unterlassen der Nachzahlung nicht zu vertreten, solange er von diesem Recht unverschuldet keinen Gebrauch machen kann (*AG Naumburg* WuM 2004, 690). Zur Vermeidung des Verzuges muss der Mieter umgehend sein Überprüfungsrecht beim Vermieter einfordern. Verlangt der Mieter erst nach Verzugseintritt Belegeinsicht, so endet der Verzug mit Wirkung für die Zukunft, wenn der Vermieter keine Einsicht gewährt (*Beuermann* GE 2005, 1112 [1113]).

3. Verjährung

3829 Es gelten die allgemeinen Regeln der §§ 194 ff. BGB.

Die Verjährung beginnt nach § 199 BGB grundsätzlich mit der Fälligkeit, also mit dem Zugang einer ordnungsmäßigen Abrechnung (*BGH* MDR 1991, 524; *OLG Düsseldorf* DWW 2000, 215 und GE 2003, 323; *OLG Köln* ZMR 2002, 660; a.A. *Jennißen* NZM 2002, 238). Umstritten ist, ob im Fall einer zulässigen Nachberechnung auf den Zeitpunkt der Berichtigung (so *LG Berlin* GE 2004, 817) oder auf den Zeitpunkt der ursprünglichen Abrechnung (so *LG Rostock* ZMR 2009, 924 = WuM 2009, 232) abzustellen ist. Richtigerweise ist für die Nachforderung aufgrund der Berichtigung auf den Zugang der Berichtigung abzustellen, da der Mehrbetrag erst in diesem Zeitpunkt fällig wird (a.A. *LG Düsseldorf* WuM 2010, 749 = NZM 2010, 243), im Übrigen aber auf den Zeitpunkt der ersten Abrechnung, da der dort ausgewiesene Nachzahlungsbetrag bereits fällig wurde (*Schmid* IMR 2010, 458; *Flatow* WuM 2010, 606 [613]). Unerheblich ist, ob der Vermieter mit der rückwirkenden Erhöhung rechnen musste oder nicht (a.A. *Streyl* WuM 2011, 99). Die von der Gegenmeinung vorgeschlagene Erhebung einer Feststellungsklage würde nur zu einem zusätzlichen Aufwand führen (*Schmid* DWW 2011, 369 [370]).

Der Ablauf der Abrechnungsfrist ist nicht maßgebend (*Schmid*, ZMR 2013, 269; offen gelassen von *BGH*, Urt. v. 12.12.2012 – VIII ZR 264/12, ZMR 2013, 268 = NZM 2013, 84 = DWW 2013, 94 = MietRB 2013, 52). Das *KG* (GE 2003, 117) will jedoch den Vermieter, der nicht rechtzeitig abrechnet, gemäß §§ 162, 242 BGB so behandeln, als ob die Fälligkeit der Forderung schon mit der Abrechnungsreife eingetreten wäre. Hierfür gibt es jedoch keine gesetzliche Grundlage. 3830

Mit einer verjährten Forderung aus einer Nebenkostenabrechnung kann gegen den Anspruch des Mieters auf Rückgewähr der Kaution nicht aufgerechnet werden, wenn dieser Anspruch bei Eintritt der Verjährung noch nicht fällig war (*LG Berlin* GE 2013, 1340). 3831

4. Verwirkung

Die Frage der Verwirkung wird vor allem für den Fall diskutiert, dass der Vermieter nicht fristgerecht abrechnet (zur Verwirkung Rdn. 3352 ff.). 3832

Ist eine Abrechnung erfolgt, wird für Nachforderungsansprüche eine Verwirkung nur in ganz besonderen **Ausnahmefällen** in Betracht kommen. Mit der Kenntniserlangung vom Nachzahlungsbetrag muss sich nämlich der Mieter auf die Nachzahlung einstellen und kann deshalb in der Regel nicht damit gehört werden, dass er mit einer Geltendmachung des Nachzahlungsanspruches nicht rechnen musste, zumal die kurze Verjährungsfrist von drei Jahren kaum Raum für Verwirkung lässt (*KG* ZMR 2007, 364 = GE 2007, 591). Erst recht kommt eine Verwirkung künftiger Nachforderungen kaum in Betracht, selbst wenn der Vermieter jahrelang auf die Geltendmachung von Nachzahlungen verzichtet hat (*AG Hagen* MietRB 2011, 205).

Wird jedoch nur ein Teil der Betriebskosten abgerechnet, so kann dies zur Verwirkung des Anspruches auf Nachzahlung für die übrigen Betriebskosten führen (*LG Hannover* WuM 1991, 599). Entsprechendes gilt, wenn der Vermieter erst nach einiger Zeit übersehene Beträge nachberechnet (*AG Gronau* WuM 1996, 284; *Flatow* WuM 2010, 606 [613]), sofern eine Nachberechnung überhaupt noch möglich ist. Legt der Vermieter über Jahre hinweg überhaupt nur einen Teil der Betriebskosten um, die er nach dem Mietvertrag umlegen könnte, so kann er zwar Nachforderungen für abgerechnete Zeiträume nicht mehr geltend machen; für noch nicht abgerechnete Zeiträume ist der Anspruch jedoch nicht verwirkt (*AG Neuss* WuM 1990, 85). 3833

Verwirkung wurde auch in einem Fall angenommen, in dem der Vermieter für einen früheren Abrechnungszeitraum erst abgerechnet hatte, nachdem die folgende Periode bereits abgerechnet war (*AG Jülich* ZMR 1992, 27).

3834 Eine Verwirkung kann es begründen, wenn nach einem Streit über die Richtigkeit der Abrechnung der Vermieter erst nach vier Jahren eine neue Abrechnung erstellt und deren Saldo dann geltend macht (*LG Berlin* NZM 2002, 286).

3835 Für nachträgliche Betriebskostenerhöhungen schließt eine Rückwirkungsklausel den Einwand der Verwirkung aus. Verwirkung kann in solchen Fällen nur dann zum Tragen kommen, wenn die Nachbelastung unangemessen lange verzögert wird.

5. Sonstige Gegenrechte

3836 Siehe zu einem angenommenen Zurückbehaltungsrecht und zum Einwand des Rechtsmissbrauchs bei verweigerter Überprüfungsmöglichkeit Rdn. 3425 ff. Ein zeitlich nicht befristeter Verzicht auf Nachzahlungen wegen schlechter wirtschaftlicher Verhältnisse des Mieters gilt so lange, bis er widerrufen wird (vgl. *OLG Düsseldorf* GuT 2005, 11).

II. Rückzahlungen

1. Rückzahlung aus einer Abrechnung

3837 Es handelt sich um einen vertraglichen Anspruch, der teilweise unmittelbar aus dem Vertrag (*BGH*, Urt. v. 11.11.2004 – IX ZR 237/03, ZMR 2005, 281 = NZM 2005, 342 = GuT 2005, 13; *Schmid* WuM 1997, 158), teilweise aus einer ergänzenden Vertragsauslegung (*OLG Koblenz* ZMR 2002, 519) hergeleitet wird. Der Anspruch ist bedingt durch den Ablauf des Abrechnungszeitraums (*BGH* a.a.O.). Dieser Anspruch ist kein Anspruch aus ungerechtfertigter Bereicherung nach § 812 BGB (*OLG Koblenz* ZMR 2002, 519), weshalb sich der Vermieter nicht auf einen Wegfall der Bereicherung nach § 818 Abs. 3 BGB berufen kann.

Rückzahlungen sind mit dem Zugang einer ordnungsgemäßen Abrechnung fällig (*BGH*, 11.11.2004 – IX ZR 237/03, ZMR 2005, 281 = NZM 2005, 342 = GuT 2005, 13).

3838 Für den **Verzug** des Vermieters ist § 286 Abs. 3 Satz 1 BGB entsprechend anzuwenden. Verzug tritt deshalb 30 Tage nach Zugang der Abrechnung ein (*Schmid* ZMR 2000, 661 [663]).

3839 Für die **Verjährung** gelten §§ 194 ff. BGB. Abzustellen ist dabei für den Verjährungsbeginn auf das Ende des Jahres, in dem Mieter eine formell ordnungsmäßige Abrechnung erhält (*Wiek* GuT 2003, 3; a.A. *OLG Koblenz* GuT 2002, 84). Mit der Verjährung des Anspruches auf Abrechnung verjährt nicht ein eventueller Rückzahlungsanspruch des Mieters. Der Vermieter kann nämlich trotz der Verjährung noch abrechnen. Außerdem kann der Mieter eine eigene Abrechnung erstellen und eine Rückforderung geltend machen (*LG Berlin* GE 2008, 268). Die Verjährung beginnt in diesen Fällen dann, wenn der Mieter seine Abrechnung dem Vermieter übergibt (*Schmid* IMR 2010, 458).

Der **Mieter** hat einen weiteren Rückforderungsanspruch **verwirkt**, wenn er erst zwei Jahre nach Entgegennahme eines errechneten Guthabens und zwischenzeitlich eingetretenem Vermieterwechsel die Fehlerhaftigkeit der Abrechnung geltend macht (*LG Düsseldorf* WuM 1990, 69), wenn die Voraussetzungen für einen Einwendungsausschluss nicht vorliegen. Eine Verwirkung kann auch vorliegen, wenn der Mieter eine vertragliche Regelung über längere Zeit in einem bestimmten Sinne ausgelegt hat und sich jetzt auf einen abweichenden Standpunkt stellt, obwohl sich der Vermieter auf die bisherige Handhabung verlassen hat (*LG Kleve* WuM 2001, 30 [31]). 3840

Eine Anrechnung auf künftige Zahlungen des Mieters ist nur mit dessen Einverständnis zulässig. Eine **Aufrechnung** mit fälligen Gegenforderungen ist nach allgemeinen Grundsätzen möglich. Selbst wenn man hinsichtlich der Nebenkosten ein Treuhandverhältnis annehmen würde, kann der Vermieter mit Nachforderungen aus einem Abrechnungszeitraum gegen Rückzahlungsansprüche aus einem anderen Abrechnungszeitraum aufrechnen, weil es sich um ein einheitliches Treuhandverhältnis handeln würde (*LG Berlin* ZMR 1999, 637). 3841

2. Unterbliebene und korrigierte Abrechnung

Der Anspruch auf Rückzahlung entsteht in dem Zeitpunkt, in dem das Mietverhältnis beendet und die Abrechnungsfrist abgelaufen ist (vgl. *KG* ZMR 2010, 600; *AG Charlottenburg* IMR 2010, 422). Rechnet der Vermieter später noch ab, richtet sich die Verjährung für ein eventuelles Guthaben aus dieser Abrechnung nach dem Zugang der Abrechnung (*Neumann/Spangenberg* NZM 2005, 576 [578]). 3842

Korrigiert der Vermieter inhaltliche Fehler der Abrechnung zulasten des Mieters, so kann das entsprechend der Rechtsprechung zu Nachforderungen nach Ablauf der Abrechnungsfrist die Rückzahlungsforderung des Mieters nicht mindern (*Lützenkirchen* BGH-Report 2005, 219 [220]). 3843

Bei einer inhaltlich falschen Abrechnung kann der Mieter eine eigene Abrechnung erstellen und ein sich hieraus ergebendes Guthaben geltend machen (*LG Berlin* GE 2008, 268). Nach Beendigung des Mietverhältnisses kann der Mieter Rückzahlung verlangen, wenn der Vermieter substantiierte Einwendungen gegen die Richtigkeit der Abrechnung nicht ausräumen kann (*LG Marburg* ZMR 2009, 42). 3844

3. Fehlende Belegeinsicht

Im bestehenden Mietverhältnis verweist der BGH (Urt. v. 22.6.2010 – VIII ZR 288/09, ZMR 2011, 21 =WuM 2010, 630 = GE 2010, 1534) auch bei fehlender Belegeinsicht auf das Zurückbehaltungsrecht und die Klage auf Gewährung von Belegeinsicht; eine Rückzahlung der Vorauszahlungen kommt nicht in Betracht. Anders wird bei beendetem Mietverhältnis zu entscheiden sein (vgl. *AG Charlottenburg* GE 2010, 1625). 3845

4. Rückzahlung nicht geschuldeter Zahlungen

3846 Nebenkosten, die bezahlt wurden, ohne dass eine Verpflichtung hierzu bestand, können aus ungerechtfertigter Bereicherung nach §§ 812 ff. BGB zurückverlangt werden. Das gilt auch, wenn eine Änderung der Abrechnung ergibt, dass der bereits geleistete Nachzahlungsbetrag zu hoch war. Die Beweislast trifft in diesen Fällen den Mieter, wenn der Vermieter substantiiert Tatsachen behauptet, aus denen sich ein Rechtsgrund für die Zahlung ergibt (*OLG Hamm* ZMR 2005, 617; *OLG Düsseldorf* GuT 2010, 203 = NZM 2010, 866). Ein solcher Rückforderungsanspruch kann in besonders gelagerten Fällen durch Treu und Glauben ausgeschlossen sein, z.B. wenn eine unwirksame Nebenkostenvereinbarung zur Vereinbarung einer niedrigeren Grundmiete geführt hat (*AG Wiesbaden* ZMR 1999, 409). Eine Verwirkung des Rückforderungsanspruchs kommt nur in Betracht, wenn besondere Umstände für den Vermieter den Schluss zulassen, dass der Mieter nichts zurückfordern werde (*LG Berlin* GE 2010, 1542).

3847 Zuviel gezahlte Vorauszahlungen können bis zur Abrechnung nach § 812 BGB zurückverlangt werden. Die zum Baurecht ergangene Rechtsprechung (*OLG Bremen*, Urt. v. 16.1.2014 – 3 U 44/13, ibr-online), wonach eine versehentlich doppelt geleistete Abschlagszahlung nur im Rahmen der Schlussrechnung ausgeglichen werden kann, beruht auf den Besonderheiten des Baurechts und kann auf die Mietnebenkosten nicht übertragen werden. Sobald die Abrechnung zugegangen ist, sind die Vorauszahlungen zum Abrechnungsposten geworden und können nur noch innerhalb der Abrechnung berücksichtigt werden.

3848 Hat der Mieter eine Nachzahlung geleistet, obwohl der Vermieter die Ausschlussfrist von § 556 Abs. 3 Satz 3 BGB versäumt hat, so besteht ein Rückforderungsanspruch nach §§ 812 ff. BGB. Der Rückforderungsanspruch ist nicht in analoger Anwendung von § 214 Abs. 2 Satz 1 BGB ausgeschlossen (*BGH*, Urt. v. 18.1.2006 – VIII ZR 94/05, NJW 2006, 903 [904] = ZMR 2006, 268). Der Anspruch ist ausgeschlossen, wenn ein selbstständiges Schuldanerkenntnis vorliegt, und nach § 814 BGB, wenn der Mieter wusste, dass er zur Zahlung nicht verpflichtet ist (*Schmid* GE 2005, 1230). Entsprechendes gilt bei preisgebundenem Wohnraum für die Versäumung der Frist des § 20 Abs. 3 Satz 4 NMV 1979. § 8 Abs. 2 WoBindG steht nicht entgehen, da die Zahlung trotz Versäumnis der Abrechnungsfrist keine Zahlung aufgrund einer unwirksamen Vereinbarung ist.

3849 Der Anspruch aus § 812 BGB **verjährt** nach den §§ 194 ff. BGB. Für das Entstehen des Anspruchs im Sinne des § 199 BGB ist auf den Zeitpunkt der Zahlung abzustellen, da bereits mit der Zahlung der Rückforderungsanspruch fällig wird (*Schmid* IMR 2010, 458; *Flatow* WuM 2010, 606 [613]). Für die Kenntnis Anspruches genügt es, dass der Mieter die Tatsachen kennt, aus denen sich das Fehlen des Rechtsgrundes ergibt (*BGH* NJW 2008, 1729).

3850 Darüber hinaus gilt für preisgebundenen Wohnraum die Sonderregelung des § 8 WoBindG. Entgelte, die die Kostenmiete übersteigen, sind zurückzuerstatten und vom Empfang an zu verzinsen. Der Anspruch verjährt nach Ablauf von vier Jahren nach der jeweiligen Leistung, jedoch spätestens nach Ablauf eines Jahres von der Beendigung des Mietverhältnisses an.

5. Vorbehaltszahlung

Es gibt zwei Arten von Vorbehalten gibt. Es muss danach differenziert werden, ob der Mieter sich die Rückforderung für den Fall vorbehalten will, dass er die Unrichtigkeit der Abrechnung beweist (vgl. *BGH*, Urt. v. 8.2.1984 – Ivb ZR 52/82, NJW 1984, 2826; zum Vorbehalt im Mietrecht *Harsch*, ZMR 2017, 223 ff.) oder ob der Mieter unter der Bedingung des Bestehens der Forderung leistet und damit die Darlegungs- und Beweislast beim Vermieter verbleibt (vgl. BGH NJW 1999, 494). Die Erfüllungswirkung des § 362 BGB tritt nur ein, wenn der Mieter lediglich den Rückforderungsausschluss nach § 814 BGB vermeiden und sich die Rückforderung aus § 812 BGB für den Fall vorbehalten will, dass er das Nichtbestehen der Forderung beweist. Anders ist es, wenn der Schuldner in der Weise unter Vorbehalt leistet, dass den Leistungsempfänger in einem späteren Rückforderungsstreit auch die Beweislast für das Bestehen des Anspruchs treffen soll. Der Gläubiger muss eine solche, unter einem erfüllungshindernden Vorbehalt angebotene Leistung nicht anzunehmen; er unterwirft sich aber dem Vorbehalt, wenn er sie gleichwohl annimmt; denn dadurch bringt er zum Ausdruck, dass er mit den Bedingungen des Schuldners einverstanden ist (vgl. zum Ganzen: *BGH* NJW 2007, 1269). 3851

Wird der Vorbehalt nicht näher bestimmt, ist eine Auslegung erforderlich. Ein erfüllungshindernder Vorbehalt ist insbesondere für die Fälle anerkannt, in denen der Schuldner nur zur Abwendung eines empfindlichen Übels (*BGHZ* 152, 233, 244) zahlt. Hier muss der Gläubiger davon ausgehen, dass der Schuldner die mit der Erfüllung verbundene Umkehr der Beweislast nicht hinnehmen will. Das ist bei Mietverhältnissen im Zweifel anzunehmen, da der Mieter die Vorbehaltszahlung in der Regel nur leistet, um die Gefahr einer Kündigung zu vermeiden (*Schmid* IMR 2013, 395). 3852

Bei den Formulierungen »*unter Vorbehalt der jederzeitigen Rückforderung für den Fall, dass sich im Nachhinein ergeben sollte, dass diese Forderung ganz oder teilweise nicht mit schuldbefreiender Wirkung erfolgt ist*« oder »*Zahlung erfolgt unter Vorbehalt der rechtlichen Klärung*« tritt Erfüllung nicht ein. Der reine Ausschluss der Wirkungen des § 814 BGB folgt aus dem Wortlaut nicht. Es wird unter der Bedingung geleistet, dass die Forderung besteht (*Harsch* a.a.O.). 3853

Ein einfacher Vorbehalt liegt in der Formulierung »*Unter Vorbehalt der Prüfung*« (*LG Berlin*, Urt. v. 24.5.2016 – 67 S 149/16, ZMR 2016, 690). 3854

Im Betriebskostenrecht kommt der Vorbehalt meist im Hinblick auf eine Nachzahlung zulasten des Mieters vor. Der BGH wertet die Abrechnung nicht im Sinn einer Willenserklärung, sondern als bloßen Rechenvorgang (§ 259 BGB) ohne rechtsgeschäftlichen Charakter zum Zweck, die Fälligkeit zu bewirken (*BGH*, Urt. v. 12.1.2011 – VIII ZR 296/09, ZMR 2011, 375). Wird die Nachzahlung vom Mieter unter Vorbehalt geleistet, kann der Mieter den Betrag nicht mit der Begründung zurückverlangen, dass der der Abrechnung zugrunde liegende Verteilerschlüssel unbillig sei. Der Vermieter 3854a kann aber verpflichtet sein, die verbrauchsabhängigen Kosten nach einem gesonderten Verteilerschlüssel zu verteilen (*LG Düsseldorf*, Urt. v. 3.12.1993 – 21 S 513/92, WuM 1994, 30 für den Verteilerschlüssel für die Wasserkosten nach qm, wenn von 24 Wohnungen nur 2 eine Größe von 100 qm haben, die sonstigen zwischen 25 und 45 qm).

III. Aufrechnung

3855 Da der Abrechnungssaldo mit der Abrechnung fällig wird, kann mit ihm aufgerechnet werden. Der Mieter kann auch dann aufrechnen, wenn eine Abrechnung des Vermieters vorliegt, der Mieter diese aber für falsch hält und für sich ein Guthaben errechnet (*BGH*, IMR 2013, 133). Ob die Aufrechnung durchgreift, hängt davon ab, ob die Berechnung des Mieters richtig ist.

H. Vermieter-/Mieterwechsel, Zwangsverwaltung, Insolvenz

I. Vermieterwechsel

1. Rechtsgeschäftlicher Vermieterwechsel

3856 Bei einem rechtsgeschäftlichen Vermieterwechsel durch dreiseitigen Vertrag zwischen Mieter, altem und neuem Vermieter obliegt es in erster Linie den Parteien, Absprachen über die Behandlung der Zahlungen für noch nicht endgültig abgewickelte Abrechnungszeiträume zu treffen. § 566 BGB ist bei einem rechtsgeschäftlichen Vermieterwechsel nicht anwendbar (*Schmid*, ZWE 2013, 311 [314]; ders. WuM 2013, 643 [646]). Die Parteien können Vereinbarungen treffen (*Schmid*, WuM 2013, 643 [646]). Fehlen solche, so können die für einen gesetzlichen Vermieterwechsel entwickelten Grundsätze entsprechend angewendet werden.

2. Erbfall

3857 Bei einem Vermieterwechsel durch Erbfall ergeben sich keine Probleme, da der Erbe nach § 1922 BGB in alle Rechte und Pflichten des verstorbenen Vermieters eintritt.

3. Gesetzlicher Eintritt in das Mietverhältnis

a) Grundsätzliches

3858 Zu den Voraussetzungen für einen gesetzlichen Eintritt eines neuen Vermieters in das Mietverhältnis vgl. § 565 BGB (gewerbliche Zwischenvermietung), § 566 BGB (i.V.m. § 578 BGB), (Grundstücksveräußerung – »Kauf bricht nicht Miete«), §§ 567 ff. BGB (i.V.m. § 578 BGB) (Belastung des Grundstücks mit bestimmten dinglichen Rechten), § 1056 BGB (Ende des Nießbrauchs), § 1059d BGB (Übertragung des Nießbrauchs), § 2135 BGB (Nacherbfolge), § 37 WEG (Dauerwohnrecht), § 11 ErbbauRG (Veräußerung des Erbbaurechts), § 57 ZVG (Zwangsversteigerung).

3859 Der neue Vermieter ist grundsätzlich auch an die Nebenkostenregelungen des Mietvertrages gebunden. Das gilt jedoch dann nicht, wenn der Vermieter aus

H. Vermieter-/Mieterwechsel, Zwangsverwaltung, Insolvenz Teil III

mietvertragsfremden Gründen, z.B. wegen eines Arbeitsverhältnisses, von der Erhebung der Betriebskosten abgesehen hat. An eine solche Sondervereinbarung ist der Erwerber nicht gebunden (*LG Wiesbaden* ZMR 2002, 278).

b) Vermieterwechsel innerhalb eines Abrechnungszeitraumes

Erfolgt innerhalb eines Abrechnungszeitraumes ein Vermieterwechsel, so berührt dies die Mieter, wenn sie nicht einer abweichenden Vereinbarung zustimmen, nicht. Insbesondere sind die Mieter an dem internen Kostenausgleich zwischen altem und neuem Vermieter nicht beteiligt. Eine Zwischenabrechnung müssen die Mieter nicht hinnehmen (*BGH*, Urt. v. 14.9.2000 – III ZR 211/99, ZMR 2001, 17). Die Duldung einer Zwischenablesung von Messgeräten ergibt sich für die Mieter jedoch aus Treu und Glauben. 3860

Da die Abrechnung erst nach Ende des Abrechnungszeitraumes erfolgen kann und deshalb auch dann erst der Anspruch auf Abrechnung entsteht, ist zur Erstellung der Abrechnung der neue Vermieter verpflichtet. Dem neuen Vermieter gebühren auch die Nachzahlungen und er ist zur Erstattung von Überzahlungen verpflichtet, da diese Ansprüche erst nach Ablauf der Abrechnungsperiode entstehen (*Schenkel* NZM 1999, 6; str.), jedenfalls erst mit Zugang der Abrechnung fällig werden (*BGH*, 14.9.2000 – III ZR 211/99, ZMR 2001, 17). 3861

Im Verhältnis zwischen dem alten und dem neuen Vermieter besteht eine Pflicht zum Zusammenwirken, wobei grundsätzlich der frühere Vermieter dem neuen Vermieter eine Zusammenstellung für den Zeitraum seiner Vermieterstellung überlassen muss (*BGH*, 14.9.2000 – III ZR 211/99, ZMR 2001, 17, 19). 3862

c) Vermieterwechsel nach Ablauf eines Abrechnungszeitraumes

Für Abrechnungszeiträume, die bei Vermieterwechsel bereits geendet haben, sind die Ansprüche auf Abrechnung, Nachzahlungen und Erstattungen bereits entstanden, unabhängig von ihrer Fälligkeit. Der frühere Vermieter bleibt deshalb abrechnungspflichtig. Nachzahlungen und Rückzahlungen sind von diesem auszugleichen (*BGH*, Urt. v. 9.10.2013 – VIII ZR 22/13, WuM 2013, 734; v. 3.12.2003 – VIII ZR 168/03, NZM 2004, 188 = WuM 2004, 94; *BGH*, Urt. v. 14.9.2000 – III ZR 211/99, ZMR 2001, 17 = GE 2000, 1471). Das gilt erst recht, wenn das Mietverhältnis vor Eigentumsumschreibung geendet hat (*BGH*, Urt. v. 4.4.2007 – VIII ZR 219/06, ZMR 2007, 529 = NJW 2007, 1818 = WuM 2007, 267 = GE 2007, 718). 3863

Der Mieter hat deshalb gegen den neuen Vermieter kein **Zurückbehaltungsrecht**, wenn der frühere Vermieter nicht rechtzeitig abrechnet (*BGH*, Urt. v. 17.9.2000 – III ZR 211/99, ZMR 2001, 17, 18; *LG Berlin* NZM 1999, 616) und kann auch nicht mit einem Rückzahlungsanspruch gegen die Miete aufrechnen (*BGH*, Urt. v. 3.12.2003 – VIII ZR 168/03, ZMR 2004, 250 = NZM 2004, 188 = WuM 20004, 94). Ein bestehendes Zurückbehaltungsrecht entfällt mit dem Eintritt des Vermieterwechsels (vgl. *BGH* ZMR 2006, 761 für die Mängelhaftung). 3864

3865 Der bisherige Vermieter kann jedoch Nachzahlungsansprüche an den neuen Vermieter abtreten (vgl. *BGH,* 17.9.2000 – III ZR 211/99, ZMR 2001, 17; *OLG Düsseldorf* ZMR 2003, 252) und der neue Vermieter kann den früheren von Rückzahlungsansprüchen freistellen und an den Mieter leisten.

3866 Auch kann der neue Vermieter im Einvernehmen mit dem bisherigen Vermieter als dessen Vertreter die Abrechnung erstellen (*BGH*, Urt. v. 17.9.2000 – III ZR 211/99, ZMR 2001, 17 = GE 2000, 1471). Das führt aber für sich allein noch nicht dazu, dass der Mieter den neuen Vermieter auf Rückzahlungen in Anspruch nehmen kann (a.A. *AG Hamburg* WuM 1995, 660). Dieses Ergebnis wäre nur durch Vertrag zugunsten Dritter, Schuldübernahme oder Schuldbeitritt zu erreichen. Nachforderungen können an den neuen Vermieter abgetreten werden.

II. Zwangsverwaltung

1. Erstellung der Abrechnung

3867 Bei einer Zwangsverwaltung obliegt die Erstellung der Abrechnung dem Zwangsverwalter. Das gilt bei einem zum Zeitpunkt des Wirksamwerdens der Anordnung der Zwangsverwaltung noch laufenden Mietverhältnis uneingeschränkt, auch wenn die Abrechnungsperiode bereits vor der Beschlagnahme des Grundstücks abgelaufen ist (*BGH*, Urt. v. 3.5.2006 – VIII ZR 168/05, ZMR 2006, 601 = WuM 2006, 402 [403]; *Heider/zur Nieden* NZM 2010, 601 [602]). Für zu diesem Zeitpunkt bereits beendete Mietverhältnisse hat der Zwangsverwalter für frühere Abrechnungszeiträume abzurechnen, sofern eine eventuelle Nachforderung nach § 1123 Abs. 2 Satz 1 BGB von der Beschlagnahme erfasst wird (*BGH*, Urt. v. 26.3.2003 – VIII ZR 333/02, NZM 2003, 473 = WuM 2003, 390).

3868 Nach Beendigung der Zwangsverwaltung bleibt der Zwangsverwalter nach h.M. (vgl. *LG Potsdam* WuM 2001, 289; AG Köln WuM 2013, 109; *Reismann* WuM 1998, 390 m.w.N.) berechtigt und verpflichtet, die Abrechnung für die Zeiträume zu erstellen und auszugleichen, die während der Zwangsverwaltung geendet haben. Vorzugswürdig ist jedoch die Auffassung, dass im Fall der Zwangsversteigerung der Ersteher und im Fall der Aufhebung der Zwangsverwaltung der Schuldner abrechnungspflichtig ist (*LG Berlin*, GE 2013, 875; *Börstinghaus* NZM 2004, 481 [490]). Für Abrechnungszeiträume, die vor der Zwangsverwaltung geendet haben, ist in jedem Fall wieder der Schuldner abrechnungspflichtig (*AG Charlottenburg* GE 2009, 582). Der Ersteher ist abrechnungspflichtig, wenn die Abrechnungsperiode nach dem Zuschlag endet; in diesem Fall ist der Zwangsverwalter verpflichtet, die geleisteten aber nicht verbrauchten Vorauszahlungen an den Ersteher auszukehren (*BGH*, Urt. v. 11.10.2007 – IX ZR 156/06 NZM 2008, 100 = WuM 2007, 698 = IMR 2008, 32).

3869 Eine Abrechnung durch den Zwangsverwalter steht nach Aufhebung der Zwangsverwaltung einer solchen durch den Eigentümer/Vermieter gleich (*KG* IMR 2009, 375).

3870 Verletzt der Zwangsverwalter seine Abrechnungspflicht, haftet er auch dem Mieter gegenüber (*LG Berlin* GE 2013, 875).

2. Nach- und Rückzahlungen

Unter den gleichen Voraussetzungen ist der Zwangsverwalter verpflichtet, ein etwaiges Vorauszahlungsguthaben an den Mieter auszuzahlen und zwar auch dann, wenn ihm die betreffenden Vorauszahlungen nicht unmittelbar zugeflossen sind (*BGH*, Urt. v. 26.3.2003 – VIII ZR 333/02, NZM 2003, 473 = WuM 2003, 390 = ZMR 2004, 568).

3871

Das wird auch dann angenommen, wenn der Mieter die vom Vermieter erstellte Abrechnung noch vor Anordnung der Zwangsverwaltung erhalten hat (*OLG Rostock* NZM 2006, 520).

Von der Beschlagnahme umfasste Nachzahlungen sind an den Zwangsverwalter zu leisten. Von der Beschlagnahme erfasst sind auch Mietnebenkostenforderungen und zwar sowohl Vorauszahlungen als auch Nachforderungen, wobei bei diesen auf die Fälligkeit (Rdn. 3428) der Nachforderung abzustellen ist (*LG Berlin* ZMR 2001, 34; GE 2003, 51).

Schuldet der Zwangsverwalter die Rückzahlung (Rdn. 3465), kann auch gegen die an diesen zu zahlende Miete aufgerechnet werden (*OLG Rostock* NZM 2006, 520; a.A. *AG Berlin-Wedding* GE 2007, 1391). Bei Überschreitung der Abrechnungsfrist hat der Mieter ein Zurückbehaltungsrecht auch gegenüber dem Zwangsverwalter (*Haut*, RPfleger 2003, 603).

3872

III. Insolvenz des Vermieters

1. Abrechnungen

Zur Erstellung von Abrechnungen ist der Insolvenzverwalter verpflichtet, und zwar auch für Abrechnungszeiträume, die vor der Eröffnung des Insolvenzverfahrens geendet haben (*Derleder* NZM 2009, 8 [15]). Das folgt aus dem umfassenden Verfügungs- und Verwaltungsrecht des Verwalters nach § 80 InsO. Für den Abrechnungszeitraum, in den die Eröffnung des Insolvenzverfahrens fällt, müssen getrennte Abrechnungen für die Zeit und vor nach der Eröffnung des Insolvenzverfahrens erstellt werden (*Reismann* GuT 2010, 326 [328]), weil hier zwischen Insolvenz- und Masseforderungen unterschieden werden muss.

3873

Aus der umfassenden Abrechnungspflicht des Insolvenzverwalters ergibt sich auch, dass Mieter ein Zurückbehaltungsrecht für weitere Nebenkostenvorauszahlungen hat, wenn nicht innerhalb der Abrechnungsfrist abgerechnet wird und zwar für Abrechnungszeiträume, die vor Eröffnung des Insolvenzverfahrens geendet haben (anders *BGH* WM 2013, 138 für den anders gelagerten Fall der Kautionsanlage).

3873a

2. Zahlungen des Mieters

Vom Mieter zu leistende Zahlungen sind an den Insolvenzverwalter zu erbringen. Das gilt sowohl für laufende Vorauszahlungen als auch für Nachforderungen aus Abrechnungen, auch wenn die Abrechnungszeiträume vor Insolvenzeröffnung geendet haben (*Reismann* WuM 2001, 269).

3874

3. Rückzahlungen

3875 Problematisch ist die Einordnung von Rückzahlungsansprüchen des Mieters als einfache Insolvenzforderung oder als Masseverbindlichkeiten nach § 55 Abs. 1 Nr. 2 InsO i.V.m. § 108 InsO. Hierbei sind folgende Fallgruppen zu unterscheiden:
- Die Rückforderung betrifft einen Abrechnungszeitraum, der bereits vor Eröffnung des Verfahrens geendet hat und über den bereits vor Eröffnung des Verfahrens abgerechnet worden ist. Es handelt sich um eine einfache Insolvenzforderung, da der Rückforderungsanspruch bereits vor Eröffnung des Verfahrens fällig geworden ist (§ 108 Abs. 3 InsO).
- Entsprechendes gilt, wenn der Abrechnungszeitraum vor Verfahrenseröffnung geendet hat, die Abrechnung aber erst nach Verfahrenseröffnung erfolgt ist. Zwar wird die Rückforderung erst mit der Abrechnung fällig (Rdn. 3228). Dem Grunde nach entstanden ist die Rückzahlungsforderung aber bereits mit dem Ende des Abrechnungszeitraumes (*Reismann* WuM 1998, 390; ebenso zum vergleichbaren Fall der Abrechnung nach dem WEG *Beutler/Vogel* ZMR 2002, 804; a.A. *Derleder* NZM 2004, 561 [574]).
- Das Insolvenzverfahren wird während des Laufes einer Abrechnungsperiode eröffnet. Erstattungsansprüche des Mieters aus der Zeit bis zur Eröffnung des Verfahrens sind Insolvenzforderungen (§ 108 Abs. 3 InsO), für die Zeit danach Masseforderungen (*BGH*, Urt. v. 21.12.2006 – IX ZR 7/06, GE 2007, 288). Nach § 55 Abs. 2 Satz 2 InsO handelt es sich um eine Masseverbindlichkeit, wenn die Verfügungsbefugnis über das Vermögen des Schuldners auf den (»starken«) vorläufigen Insolvenzverwalter übergegangen ist und dieser die Mietsache in Anspruch genommen hat. Für den »schwachen« Insolvenzverwalter gilt dies nicht (*Dahl* NZM 2008, 585 [586]).
- Erst recht ist der Rückzahlungsanspruch eine Masseverbindlichkeit, wenn der Abrechnungszeitraum voll in der Zeit des Insolvenzverfahrens liegt.

3876 Soweit die Rückforderungsansprüche Masseverbindlichkeiten sind, kann der Mieter auch aufrechnen. Eine Aufrechnung ist auch möglich mit Rückforderungen für Abrechnungszeiträume vor der Insolvenzeröffnung, wenn die Abrechnung erst in der Insolvenz erfolgt (*BGH*, Urt. v. 21.12.2006 – IX ZR 7/06, GE 2007, 288).

Nach Aufhebung des Insolvenzverfahrens muss sich der Mieter in allen Angelegenheiten wieder an den Vermieter für halten (*Reismann* GuT 2010, 326, 328).

IV. Mieterwechsel

1. Mieterwechsel kraft Gesetzes

3877 Ein gesetzlicher Mieterwechsel erfolgt nur beim Tode eines Mieters nach Erbrecht und nach Maßgabe der §§ 563 ff. BGB.

3878 Die Nebenkosten hat der neue Mieter vom Zeitpunkt des Todes des Mieters an zu tragen. Das gilt auch für Nachzahlungen aus einem laufenden Abrechnungszeitraum. Bereits geleistete Betriebskostenvorauszahlungen kommen dem neuen Mieter zugute.

Ihm gebührt deshalb auch ein eventuelles Guthaben aus dem laufenden Abrechnungszeitraum.

Für zum Todeszeitpunkt rückständige Betriebskostenvorauszahlungen und Nachzahlungen aus früheren Abrechnungszeiträumen haften die neuen Mieter und die Erben dem Vermieter gegenüber gesamtschuldnerisch; im Innenverhältnis haftet jedoch der Erbe allein (§ 563b Abs. 1 BGB). 3879

Rückzahlungsansprüche aus der laufenden Abrechnungsperiode stehen jedenfalls im Verhältnis zum Vermieter dem neuen Mieter zu. Für Rückzahlungen aus Abrechnungsperioden, die zum Zeitpunkt des Mieterwechsels bereits abgelaufen waren, ist der Erbe berechtigt, da kein pauschaler Eintritt des neuen Mieters in frühere Ansprüche aus dem Mietvertrag erfolgt. 3880

2. Vertraglicher Mieterwechsel

Bei einem vertraglichen Mieterwechsel sind die getroffenen Vereinbarungen maßgebend. Sind keine ausdrücklichen vertraglichen Vereinbarungen getroffen, muss der Wille der Parteien durch Auslegung ermittelt werden. Dabei sind grundsätzlich zwei Konstruktionen möglich: 3881

Durch Vertrag zwischen Vermieter, altem und neuem Mieter tritt der neue Mieter in vollem Umfang an die Stelle des alten Mieters. Rechte und Pflichten gehen dann auf den neuen Mieter über. Nebenkostenverbindlichkeiten, die bereits in der Person des Vormieters entstanden sind, sind vom Nachmieter jedoch nur dann zu tragen, wenn dies vereinbart ist (*AG Osnabrück* WuM 1999, 484). 3882

Der Vermieter schließt mit dem alten Mieter einen Mietaufhebungsvertrag und mit dem neuen Mieter einen selbstständigen Mietvertrag. Zwischen Vor- und Nachmieter besteht dann keine Verbindung. Es gelten die allgemeinen Grundsätze für die Beendigung eines Mietverhältnisses (vgl. Rdn. 1127 ff.). 3883

3. Mieterwechsel anlässlich der Scheidung

Nach § 1568a Abs. 3 BGB kann dem Vermieter durch gemeinsame Mitteilung der Ehegatten oder durch Entscheidung des Familiengerichts die Fortsetzung des Mietverhältnisses mit einem Ehegatten aufgezwungen werden. Der ausgeschiedene Mieter haftet für alle bis zu seinem Ausscheiden bereits fälligen Ansprüche, sodann haftet nur der neue Mieter (*Götz/Brudermüller* NJW 2010, 5 [8]; *Götz* NZM 2010, 383). Da das Mietverhältnis fortgesetzt wird, hat der Vermieter keine gesonderten Abrechnungen zu erstellen; ein eventueller Ausgleich hat zwischen den geschiedenen Ehegatten zu erfolgen (vgl. *Drasdo* NJW-Special 2010, 353). 3884

4. Kostenaufteilung

Eine Kostenaufteilung zwischen altem und neuem Mieter erfolgt bei verbrauchsabhängiger Abrechnung entsprechend dem Verhältnis der erfassten Verbrauchsanteile. 3885

3886 Bei einer verursachungsunabhängigen Kostenverteilung erfolgt die Kostenaufteilung zeitanteilig. Dabei ist taggenau abzurechnen. Für die Anwendung der kaufmännischen Berechnungsmethode (Monat zu 30 Tage; Jahr zu 360 Tage) besteht weder eine Rechtsgrundlage noch ein Bedürfnis (*Blum* WuM 2011, 69).

V. Insolvenz des Mieters

3887 Nachzahlungsansprüche gegenüber dem Mieter aus abgelaufenen Abrechnungsperioden sind Insolvenzforderungen, auch wenn der Vermieter erst nach der Insolvenzeröffnung oder nach dem Wirksamwerden der Enthaftungserklärung gemäß § 109 Abs. 1 Satz 2 InsO abgerechnet hat (*BGH*, Urt. v. 13.4.2011 – VIII ZR 295/10, ZMR 2012, 11 = WuM 2011, 282 = ZIP 2011, 924 = GE 2011, 684). Sie gelten, auch wenn eine Abrechnung noch nicht erfolgt ist, nach § 41 InsO (i.V.m. § 304 Abs. 1 InsO) als fällig (*Schläger* ZMR 1999, 524). Ihre Bezifferung setzt aber eine Abrechnung voraus. Nebenkostenforderungen ab Beginn des Insolvenzverfahrens sind Masseverbindlichkeiten. Für den Abrechnungszeitraum, in den die Eröffnung des Insolvenzverfahrens fällt, ist eine Trennung erforderlich (*Horst* ZMR 2007, 167, 174). Nachforderungen, die einen Zeitraum vor Insolvenzeröffnung betreffen, sind auch dann einfache Insolvenzforderungen, wenn der Vermieter erst nach Insolvenzeröffnung oder nach dem Wirksamwerden der Erklärung nach § 109 Abs. 1 Satz 2 InsO abrechnet (*BGH*, Urt. v. 13.4.2011 – VIII ZR 295/10, ZMR 2012, 11 = NZM 2011, 404 = WuM 2011, 282 = GE 2011, 684 = ZIP 2011, 924).

3888 Ansprüche auf Rückzahlung von Mietnebenkostenvorauszahlungen stehen der Masse zu. Der Vermieter kann gegenüber einem Anspruch auf Auszahlung des Abrechnungsguthabens mit rückständiger Mieter aufrechnen (*BGH*, Urt. v. 11.11.2004 – IX ZR 237/03, ZMR 2005, 281 = NZM 2005, 342 = GuT 2005, 13).

3889 Abrechnungen müssen während des Insolvenzverfahrens an den Insolvenzverwalter gerichtet werden. Gibt der Insolvenzverwalter eine Erklärung nach § 109 Abs. 1 InsO ab, so wird nach Ablauf der dort bestimmten Frist das Mietverhältnis wieder mit dem Mieter fortgesetzt, sodass Abrechnungen diesem zuzuleiten sind (*AG Köpenik*, GE 2013, 361 = WuM 2013, 306). Um sicher zu gehen wird empfohlen, die Abrechnung sowohl dem Insolvenzverwalter als auch dem Mieter zuzuleiten (*Kinne* GE 2013, 306).

3890 Nach einer Freigabeerklärung des Insolvenzverwalters nach § 109 Abs. 1 Satz 2 InsO ist der Mieter und nicht der Insolvenzverwalter Schuldner einer nach Ablauf der in § 109 Abs. 1 Satz 1 InsO genannten Frist fällig werdenden Nachzahlung (*AG Berlin-Charlottenburg* GE 2011, 272). Umgekehrt entfällt die Massezugehörigkeit einer Rückzahlungsforderung, wenn der Insolvenzverwalter eine Erklärung nach § 109 Abs. 1 Satz 2 InsO abgibt und die Frist des § 109 Abs. 1 Satz 1 InsO abgelaufen ist (*AG Göttingen* ZIP 2009, 1973 m.w.N. auch zur Gegenmeinung).

Teil IV Kostenverteilung – Abrechnungsmaßstäbe

A. Grundsätze

I. Bedeutung

Die Kostenverteilung betrifft wirtschaftlich das Verhältnis der Zahlungsverpflichtungen der **Mieter untereinander**, nämlich die Frage, wie die umlegungsfähigen Gesamtkosten auf die einzelnen Mietparteien verteilt werden. Gegebenenfalls sind vor der endgültigen Kostenverteilung Vorauftauteilungen vorzunehmen. 4000

Für den Vermieter ist der Umlegungsmaßstab an sich kostenneutral. Gleichwohl müssen die Vermieter auf die Anwendung des richtigen Umlegungsmaßstabes achten, da sich Fehler zu ihrem Nachteil auswirken. Der Vermieter ist nämlich derjenige, der die Umlegung vornimmt und damit auch für die Richtigkeit der Umlegung verantwortlich ist. 4001

Das Problem der Umlegungsmaßstäbe steht im Vordergrund bei der Kostenumlegung im Wege der **Abrechnung**. Der Umlegungsmaßstab ist aber auch bei **Pauschalen** und **Vorauszahlungen** von Bedeutung. Bei der Beurteilung der Höhe der Pauschale und bei einer Erhöhung oder Senkung der Pauschale muss nämlich anhand der Umlegungsmaßstäbe der auf das jeweilige Mietverhältnis entfallende Betrag ermittelt werden. Dass die zu enge gefasste Überschrift des § 556a BGB den »Abrechnungsmaßstab« nennt, schließt es nicht aus, diese Grundsätze auch bei Pauschalen anzuwenden. 4002

II. Einzelfallgerechtigkeit, Praktikabilität und Ökologie

Die Kostenverteilung soll einerseits möglichst gerecht, andererseits aber auch praktikabel sein. Während das Verursachungsprinzip eine gerechte Kostenverteilung bringt, dienen starre Abrechnungsmaßstäbe, wie z.B. das Verhältnis der Wohnflächen, einer einfachen Abrechnung. Wenn der Verwaltungsaufwand höher ist als die eingesparten Beträge, dient dies niemandem, da auch die Mieter entweder direkt oder über die Kalkulation der Grundmiete mit den Verwaltungskosten belastet werden. Gewisse Ungenauigkeiten müssen im Interesse der Vereinfachung der Abrechnung hingenommen werden (*Beyer* GE 2007, 950). 4003

Es muss deshalb nicht stets der gerechteste aller denkbaren Verteilungsmaßstäbe angewendet werden, sondern es können auch Praktikabilitäts- und Kostengesichtspunkte berücksichtigt werden (*LG Mannheim* NZM 1999, 365; *Blank* DWW 1992, 67). Für verschiedene Kostenarten können verschiedene Abrechnungsmaßstäbe gewählt werden (*LG Stendal* ZMR 2004, 42). 4004

In diesem Zusammenhang ist insbesondere auf die Besonderheiten bei der **Vermietung von Wohnungs- und Teileigentum** hinzuweisen. Der vermietende Wohnungseigentümer kann dem Mieter nicht mehr Kosten in Rechnung stellen, als er selbst zu bezahlen hat. Er kann aber auch nicht mehr Kosten umlegen, als dem für den Mieter geltenden Umlegungsmaßstab entspricht. Aus diesem Grund und auch zur 4005

Vereinfachung der Abrechnung empfiehlt es sich, die Kostenverteilung mit dem Mieter so zu regeln, wie die Wohnungseigentümer untereinander abrechnen. Zweckmäßig ist es, mit dem Mieter zu vereinbaren, dass der für die Wohnungseigentümergemeinschaft geltende Umlegungsmaßstab auch für den Mieter verbindlich ist oder dass der Vermieter insoweit nach billigem Ermessen handeln kann. Eine wohnungsbezogene Abrechnung würde die Schwierigkeiten weitgehend vermeiden.

4006 *(unbesetzt)*

III. Stimmigkeit

1. Notwendigkeit abgestimmter Regelungen

4007 Die Abrechnungsmaßstäbe müssen so gewählt werden, dass sie für die gesamte Umlegungseinheit stimmig sind. Dadurch wird gewährleistet, dass die Summe der Einzelbeträge dem gesamten Umlegungsbetrag entspricht. Zweckmäßigerweise wird deshalb eine Kostenart bei einem Umlegungsvorgang nur nach einem einheitlichen Umlegungsmaßstab verteilt.

4008 Sofern nicht zwingende gesetzliche Vorschriften entgegenstehen, sind jedoch verschiedene Umlegungsmaßstäbe, z.B. eine verbrauchsabhängige neben einer verbrauchsunabhängigen Kostenverteilung, rechtlich nicht unzulässig (vgl. AG Frankfurt/O., WuM 1997, 432).

2. Unstimmige Regelungen

4009 Führt die Maßgeblichkeit verschiedener Umlegungsmaßstäbe für verschiedene Mieter dazu, dass der Vermieter **keine 100 %-ige Kostendeckung** erreicht, geht dies y zu seinen Lasten. Der vom unterschiedlichen Umlegungsmaßstab begünstigte Mieter kann sich hierauf berufen. Er ist grundsätzlich (Ausnahmen s. Rdn. 4122) auch nicht verpflichtet, einer Änderung zur Angleichung der Umlegungsmaßstäbe zuzustimmen (*AG Frankfurt/O.* WuM 1997, 432).

4010 Würde dagegen die Anwendung der festgelegten Umlegungsmaßstäbe dazu führen, dass der Vermieter **mehr erhält, als an Kosten insgesamt entstanden** ist, greift der Grundsatz ein, dass der Vermieter nie mehr als die entstandenen Kosten umlegen kann. Die auf die Mieter rein rechnerisch entfallenden Beträge müssen deshalb reduziert werden. Wie dies zu geschehen hat, ist eine Frage des Einzelfalles, insbesondere der maßgeblichen unterschiedlichen Umlegungsmaßstäbe. Mangels anderer Anhaltspunkte wird der Überschussbetrag nach dem Verhältnis der Wohn- oder Nutzflächen auf die Mieter aufzuteilen und diesen bei der Berechnung des Endbetrages gutzubringen sein.

IV. Leer stehende Räume

1. Grundsätzliches

4011 Ein Leerstand bringt sowohl für Vermieter als auch für Mieter erhebliche Probleme. Leider hat sich der BGH bisher nicht zu klaren und praktikablen Regelungen durchringen können, was in Anbetracht der komplexen Problematik auch schwierig sein dürfte.

Der BGH (3.8.2013 – VIII ZR 180/12, GE 2013, 411) überlässt es dem Tatrichter, aufgrund der jeweiligen Umstände des Einzelfalls (insbesondere Umfang und Dauer des Leerstandes und Höhe der streitigen Kosten) zu entscheiden, inwieweit die Berücksichtigung des Leerstandes aus Gründen der **Billigkeit** erforderlich ist. So kann es in Betracht kommen, bei einer Kostenverteilung nach **Personen** auch für die Zeiten des Leerstandes eine fiktive Person anzusetzen und auf diese Weise eine Beteiligung des Vermieters an den Leerstandskosten zu erreichen; dies dürfte sich insbesondere für Angaben anbieten, deren Kosten nicht von der Anzahl der im Abrechnungsobjekt wohnenden Personen abhängt (Entwässerung, Gemeinschaftsantenne, Müllgebühren nach Fixkosten). Bei Wasserkosten ist auch eine Aufteilung nach **Grundkosten** und **Verbrauchskosten** denkbar, sodass der Vermieter im Hinblick auf den Leerstand nur mit einem Teil der Grundkosten belastet wird. Ferner mag es, insbesondere bei geringfügigem Leerstand, im Einzelfall auch angemessen sein, von einer Berücksichtigung ganz abzusehen (*BGH* a.a.O.). 4012

Für Kosten, die verbrauchsabhängig anfallen, erfasst und verursachungsabhängig umgelegt werden, kann die erfasste Verursachung zugrunde gelegt werden. 4013

Enthalten verbrauchsabhängige Kosten aber auch verbrauchsunabhängige Bestandteile, wie Grundgebühren bei der Wasserversorgung, kann es die Billigkeit erfordern, dass bei einem Leerstand diese Kosten nicht in vollem Umfang von den vorhandenen Mietern zu tragen sind (*BGH*, 6.10.2010 – VIII ZR 183/09, ZMR 2011, 195GE 2010, 1615 und *Kinne*, GE 2013, 525). 4014

Die auf den leer stehenden Raum entfallenden verbrauchsunabhängigen Kosten, die auch verbrauchsunabhängig umgelegt werden, hat derjenige zu tragen, der über den Raum verfügen kann. Das ist bei unvermieteten Räumen der Vermieter (vgl. z.B. *AG Coesfeld* WuM 1996, 155; *AG Köln*, WuM 1998, 290), bei vermieteten Räumen, die der Mieter nicht nutzt, der Mieter (*AG Wipperfurth* WuM 1987, 195). Bei einer Umlegung nach dem Flächenmaßstab dürfen deshalb leer stehende Flächen nicht ausgeklammert werden (*AG Leipzig* ZMR 2004, 120). 4015

Eine Formularklausel, die die Umlage der Betriebskosten »im Verhältnis der Fläche des Mieters zu den tatsächlich vermieteten Mietflächen im Objekt« erfolgt, ist aufgrund der Abwälzung des Leerstandsrisikos auf den Mieter –auch- im Gewerberaummietvertrag nach § 307 BGB nichtig. Die insoweit bestehende Vertragslücke ist nach §§ 133, 157 BGB grundsätzlich so zu schließen, dass die Umlage im Verhältnis zur gesamten Nutzfläche des Objekts erfolgen muss (*KG*, Urt. v. 6.6.2016 – 8 U 40/15, GE 2016, 971 = MietRB 2016, 317 = NZM 2017, 368 = ZMR 2016, 687; *OLG Hamburg*, Urt. v. 22.8.1990 – 4 U 51/89, WuM 2001, 343), was jedenfalls für Allgemeine Geschäftsbedingungen gilt (*AG Görlitz* WuM 1997, 649). 4016

(unbesetzt) 4017

Im **Individualvertrag** wird man solche Vereinbarungen grundsätzlich als zulässig ansehen können (a.A. *Langenberg* WuM 2002, 589, der in der Übernahme der 4018

Leerstandskosten eine variable Mieterhöhung sieht). Die Überführung des Leerstandsrisikos auf den Mieter muss dabei klar und unmissverständlich zum Ausdruck kommen (*OLG Hamburg* WuM 2001, 343). Die leer stehenden Räume werden bei der Kostenverteilung wie genutzte behandelt. Der auf die unvermieteten Räume entfallende Betrag kann jedoch auf niemanden umgelegt werden und verbleibt deshalb beim Vermieter (*BGH*, 21.1.2004 – VIII ZR 137/03, ZMR 2004, 343 = NJW 2003, 2902 und ZMR 2004, 343 = WuM 2004, 150).

4019 Vertreten wird auch, dass bei der Gewerberaummiete die verbrauchsabhängigen Kosten auf die vermieteten Flächen umgelegt werden (v. Brunn/Emmerich, Rn. 326; *Burbulla*, MietRB 2016, 317).

4020 Besonders problematisch ist die Umlegung verbrauchsunabhängiger Kosten bei einer Kostenumlegung nach **Personenzahl**. Der *BGH* (8.1.2013 – VIII ZR 180/12, GE 2013, 411) verweist hier auf die Billigkeit. Das lässt dem Tatrichter einen weiten Ermessensspielraum. Eine Anwendung bestimmter Formeln, wie sie von *Kinne* (GE 1013, 525) vorgeschlagen wird, ist danach nicht erforderlich.

2. Generelle Änderung des Abrechnungsmaßstabes

4021 Ein Leerstand gibt dem Vermieter grundsätzlich kein Recht, den Abrechnungsmaßstab bei einem vereinbarten Änderungsvorbehalt einseitig zu ändern oder vom Mieter die Zustimmung zu einer Vertragsänderung zu verlangen (*LG Berlin* GE 2005, 1069). Der *BGH* (31.5.2006 – VIII ZR 159/05, ZMR 2006, 758 = WuM 2006, 440 = GE 2006, 1030) bezeichnet jedoch einen Abänderungsanspruch wegen **Wegfalls der Geschäftsgrundlage** (§ 313 BGB) als möglich, wenn dem Vermieter ein Festhalten an der bisherigen Regelung nicht zugemutet werden kann.

4022 Dem Mieter wird ein gleicher Anspruch auf der Grundlage von § 242 BGB zuerkannt (*BGH,* Urt. v. 20.9.2006 – VIII ZR1 03/06, NJW 2006, 3557 = NZM 2006, 895 = ZMR 2006, 919 = MDR 2007, 329 = MietRB 2007, 1; BGH, Urt. v. 6.10.2010 – VIII ZR 183/09, NZM 2010, 855 = GE 2010, 1615 = IMR 2010, 506 = MietRB 2011, 38). Es muss jedoch sichergestellt sein, dass sich für die Mieter nicht ein ständig wechselnder Abrechnungsmaßstab ergibt (*Breiholdt* WE 2007, 15).

4023 Der Anpassungsanspruch scheitert deshalb oft schon daran, dass Leerstände schwer prognostizierbar sind und sich deshalb die Situation im nächsten Abrechnungszeitraum, zu dem die Änderung frühestens wirksam werden könnte, ganz anders darstellen kann. Der Anpassungsanspruch wird deshalb auf die Fälle zu beschränken sein, in denen aufgrund besonderer Umstände feststeht, dass die Räume über mehrere künftige Abrechnungszeiträume hinweg ungenutzt bleiben. Ferner muss der Leerstand unvermeidbar und darf nicht Folge einer beabsichtigten Entmietung sein (*Sternel* NZM 2006, 812; *Wall* WuM 2006, 444).

4024 Der *BGH* hat sich nicht dazu geäußert, **wie hoch** ein Leerstand sein muss, um einen Änderungsanspruch zu begründen. Diskutiert werden 20 % (*LG Halle*, Urt. v. 17.3.2005 – 2 S 264/04); 20–30 % (vgl. *Maaß* ZMR 2006, 761), bei kleineren Wohnanlagen 70–80 % (*Sternel* NZM 2006, 812). 6 % sind zu wenig

A. Grundsätze   Teil IV

(*AG Charlottenburg* ZMR 2005, 872). Als **Richtschnur** kann es dienen, dass der *BGH* (NZM 2010, 624) bei § 10 Abs. 2 Satz 3 WEG eine Mehrbelastung von 25 % der Kosten gegenüber einem anderen Abrechnungsmaßstab als regelmäßige Untergrenze bereits für eine (einfache) Unbilligkeit ansieht. Darunter kann auch eine nicht mehr hinnehmbare Mehrbelastung oder eine krasse Unbilligkeit (so *BGH*, 20.9.2006 – VIII ZR 103/06, ZMR 2006, 919 = NZM 2006, 895 = MDR 2007, 329 = MietRB 2007, 1) nicht angesetzt werden (*Schmid* NZM 2011, 235 [236]). Ein Wegfall der Nutzung von 47 % der Gesamtfläche erfüllt bei einem gewerblich genutzten Objekt die Voraussetzungen für eine unbillige Belastung des Vermieters (*OLG Düsseldorf* GE 2011, 689 = IMR 2011, 230).

Mit der Problematik eines **hohen Leerstandes** durch den geplanten Abriss eines 28-Familienhauses und der dadurch bedingten hohen Kosten für Heizung und Warmwasser für den Mieter befasste sich der BGH im Urteil vom 10.12.2014 – VIII ZR 9/14 (GE 2015, 114 = WuM 2015, 94 = ZMR 2015, 284; krit. Anm. *Abramenko* ZMR 2015, 275; aufgehoben *LG Frankfurt/O.* ZMR 2014, 984):   4025

Die Beklagte war Mieterin einer 47.46 qm großen Wohnung einer Baugenossenschaft in einem 28-Familienhauses, das im Rahmen der städtischen Vorhaben abgerissen werden sollte. Zu Ende des Abrechnungszeitraums waren nur wenige Wohnungen noch belegt. Der Vermieter legte von den Heizungs- und Warmwasserkosten im Abrechnungsjahr von knapp 8.000 € die Hälfte mit 50 % nach der Wohnfläche und die andere Hälfte nach Verbrauch um. Der Gesamtverbrauch des Gebäudes betrug 78.2 Kubikmeter, worauf auf die Mieterin 23.8 Kubikmeter entfielen. Hieraus ergab sich für die Mieterin ein Betrag von rund 1.200 €, wovon der Vermieter wiederum die Hälfte ansetzte und auf die andere Hälfte kulanzweise verzichtete. Die Mieterin meinte, der Vermieter hätte wegen des hohen Leerstandes die Kosten für Warmwasser nach der Wohnfläche umlegen müssen. Der BGH sah dies anders und hebt hervor, dass auch bei hohem Leerstand die Vorschriften der HeizkostenVO zwingend anzuwenden sind und lehnt eine analoge Anwendung des § 9a HeizkostenVO (Geräteausfall)mangels vergleichbarer Sachverhalte ab.

Frage des Einzelfalls ist, bei welchen Sachverhalten sich eine nach der HeizkostenVO errechnete Forderung nach Treu und Glauben (§ 242 BGB) für den Mieter als **unzumutbare Belastung** darstellt. Der BGH hält fest, dass es eine **absolute Verteilgerechtigkeit** bei den Betriebskosten ohnehin nicht gibt, was zu berücksichtigen ist (*BGH*, Urt. v. 6.10.2010 – VIII ZR 183/09, NJW 2010, 3645). Ferner ist zu bedenken, dass hohe Leerstände wegen der damit verbundenen Mietausfälle und dem vom Vermieter zu tragenden Flächenanteil des Leerstandes auch den Vermieter teuer kommen. Vorliegend hatte der Vermieter bereits den für die Mieterin günstigsten Schlüssel mit 50 % gewählt. Auch wenn sich dabei für die relativ kleine Wohnung ein relativ hoher Anteil für Heizung und Warmwasser ergab, schien dem BGH das Ergebnis unter weiterer Berücksichtigung, dass der Vermieter freiwillig auf die Hälfte des Mieteranteils verzichtete als nicht völlig unzumutbar.   4026

Bei einer Leerstandsquote von 68 % bedeutet die Umlegung der Heiz- und Warmwasserkosten mit 40 % Grundkosten und 60 % nach einer Ansicht eine grobe   4027

Benachteiligung für den Mieter, der deshalb einen Anpassungsanspruch aus § 241 Abs. 2 BGB auf 50 % reklamieren könne (*AG Arnstadt*, Urt. v. 23.2.2017 – 1 C 156/16, WuM 2017, 208; krit. hierzu *Wall*, WuM 2017, 583, der zutreffend darauf hinweist, dass das AG Arnstadt die Grundsätze des BGH nicht folgerichtig angewandt habe, da der BGH nicht auf eine Leerstandsquote abhebt, sondern auf die leerstandsbedingte Kostenmehrbelastung des Mieters).

3. Mangelproblematik

4028 Nicht behandelt ist das Problem, ob der Leerstand mit der Folge hoher Kosten im Einzelfall als **Mangel** nach § 536 BGB anzusehen ist. Nach der Entscheidung des AG Frankfurt/Oder vom 24.11.2005 – 2.5 C 1002/04 (ZMR 2005, 131) gehört es zum allgemeinen Lebensrisiko eines Mieters, dass nicht jede Wohnung im Haus vermietet und dadurch unbeheizt ist. Wegen der Fluktuation in einem Mehrfamilienhaus gäbe es auch keinen Anlass von einem Mangel auszugehen, wenn zeitweilig Wohnungen leer stünden.

4029 Bei der **Geschäftsraummiete** wird ein Mangel der Mietsache abgelehnt, wenn der Mieter sich auf einen Leerstand im Einkaufszentrum beruft und den dadurch verursachte Umsatzrückgang. Ein Fehler liege nicht vor, weil es hier lediglich um mittelbare negative Einflüsse von außen ginge (*BGH*, Urt. v. 26.5.2004 – XII ZR 149/02, MDR 2004, 1233 = NZM 2004, 618 = MietRB 2004, 261: fehlende Vollvermietung des Einkaufszentrums kein Mangel; bereits *BGH* v. 1.7.1981 – VIII ZR 192/80, MDR 1982, 135 = NJW 1981, 2405; *OLG Düsseldorf*, Urt. v. 4.5.2010 – I-24 U 195/09, ZMR 2011, 118 = MietRB 2010, 225, Bespr. *Lehmann-Richter*).

4030 Im Schrifttum wird der durch hohen Leerstand bedingte höhere Kostenanteil des Mieters als unmittelbarer Nachteil angesehen, da sich die Kosten für den Mieter –wie die Entscheidung des BGH vom 10.12.2014 zeigt- vervielfachen können. Deswegen wird im Schrifttum vertreten, dass sich der Leerstand aufgrund geplanten Hausabrisses als Mangel der Mietsache darstelle mit der Folge eines Schadensersatzanspruchs auf Freistellung von den leerstandsbedingten Mehrkosten nach § 536a Abs. 1 BGB, sofern kein Abänderungsanspruch aus § 313 Abs. 1 BGB bestehe (*Abramenko* ZMR 2015, 275, 277).

4031 Bei **preisgebundenem Wohnraum** ist das Leerstandsrisiko durch das **Umlageausfallwagnis** des § 25a NMV 1970 generell abgegolten. Es handelt sich insoweit um eine abschließende Sonderregelung, die die Anwendung des § 313 BGB in diesen Fällen ausschließt (a.A. *Maaß* ZMR 2006, 761, der den Abänderungsanspruch bei einem über 2 % hinausgehenden Leerstand gewährt).

V. Mehrstufige Kostenverteilung

4032 Im Zentrum der Kostenverteilung steht die Umlegung der Kosten auf die **Mieter einer Umlegungseinheit**.

4033 Es gibt jedoch auch Fälle, in denen zunächst überhaupt festgestellt werden muss, welche Kosten auf die Umlegungseinheit entfallen; so bei **einheitlich entstandenen**

Kosten, wenn diese Kosten **mehrere Umlegungseinheiten** betreffen oder ein Pauschalpreis Leistungen für umlegbare und nicht umlegbare Kosten enthält. In diesen Fällen ist zunächst zu ermitteln, welche Kosten in der jeweiligen Umlegungseinheit umlegbar sind. Dieser Kostenanteil ist dann auf die einzelnen Mieter umzulegen.

Notwendig sein können aber auch **Voraufteilungen innerhalb einer Umlegungseinheit**. Siehe hierzu insbesondere für Heizkosten Rdn. 6163 ff. 4034

Eine Voraufteilung ist auch erforderlich, wenn **Kosten für verschiedene Kostenpositionen** einheitlich anfallen, z.b. Bedienung der Heizungsanlage durch den Hauswart (Rdn. 6249). Zur Aufteilung der Gesamtkosten vgl. Rdn. 3492 ff; 3511 ff. 4035

B. Umlegungseinheit

I. Preisgebundener Wohnraum

1. Grundsätzliches

Nach § 27 Abs. 1 Satz 1 II. BV ist bei den in § 1 II. BV genannten Mietverhältnissen auf das Gebäude oder die Wirtschaftseinheit abzustellen. 4036

2. Gebäude

Der Begriff des Gebäudes ist nicht definiert. Maßgeblich ist die Verkehrsanschauung. Danach versteht man unter Gebäude ein eigenständiges Haus. Bei einem Wohnblock mit mehreren Eingängen und Treppenhäusern wird von mehreren Gebäuden ausgegangen (*Sternel* ZMR 1995, 444). Meist wird aber in solchen Fällen eine Wirtschaftseinheit vorliegen. 4037

Nebengebäude werden dem Gebäude zugerechnet. 4038

3. Wirtschaftseinheit

Eine Wirtschaftseinheit ist nach § 2 Abs. 2 Satz 3 II. BV eine Mehrheit von Gebäuden, die demselben Eigentümer gehören, in örtlichem Zusammenhang stehen und deren Errichtung ein einheitlicher Finanzierungsplan zugrunde gelegt worden ist oder zugrunde gelegt werden soll. Nur bei der nachträglichen Bildung einer Wirtschaftseinheit ist es erforderlich, dass die Wohnungen keine wesentlichen Unterschiede im Wohnwert aufweisen. 4039

Nach einer engeren Ansicht (*OLG Koblenz* v. 27.2.1990, WuM 1990, 268; 8.5.1987, WuM 1987, 208; *AG Dortmund*, Urt. v. 19.12.2017 – 425 C 5534/17, GE 2018, 201 = MietRB 2018, 36) sind erforderlich: 4040
– die einheitliche Gebäudeverwaltung
– ein unmittelbarer örtlicher Zusammenhang der Gebäude, wobei es ausreicht, dass ein zusammenhängendes Bau- und Wohngebiet gebildet ist, sodass keine unmittelbare Nachbarschaft vorliegen muss
– zwischen den Gebäuden dürfen keine wesentlichen Unterschiede bestehen
– die Gebäude müssen gleichartig genutzt werden und dieselbe Nutzungsart besitzen.

Ungeklärt ist, ob für jedes Abrechnungsjahr die Voraussetzungen zur Bildung einer Wirtschaftseinheit gegeben sein müssen.

▶ **Beispiel (AG Dortmund a.a.O.):**

4040a Die Mieterin bewohnt ein Reihenhaus. Die Häuserreihe besteht aus acht Reihenhäusern, wobei der Vermieter nur noch eines verwaltet. Die ursprünglich 1953 vereinbarte Wirtschaftseinheit umfasste mehrere Mehrfamilienhäuser und Freiflächen. Die Gebäude liegen zum Teil bis zu zwei km vom Reihenhaus der Mieterin entfernt. In der Zwischenzeit hatte der Vermieter eine Wirtschaftseinheit aus 32 Häusern mit noch mehr Wohnungen und 6.600 qm Wohnfläche gebildet. Das wurde als nicht mehr zulässig angesehen. Wirtschaftseinheiten müssen nach dieser Ansicht nicht nur vereinbart sein, sondern –das ist neu an der Entscheidung- die **tatsächlichen Voraussetzungen müssen für jedes Abrechnungsjahr vorliegen**. Ein örtlicher Zusammenhang war zudem nicht mehr gegeben. Deswegen habe der Grundsatz der Abrechnung nach kleinstmöglichen Einheiten zu gelten (*Langenberg* in Schmidt-Futterer § 556a BGB Rn. 63).

4041 Eine vertragliche Bildung einer Wirtschaftseinheit ist bei **preisgebundenem** Wohnraum nicht möglich (*AG Aachen*, Urt. v. 26.6.2003 – 80 C 169/03 WuM 2003, 501).

4042 Nach Beendigung der Preisbindung bleibt eine ursprüngliche Vereinbarung zur Bildung von Wirtschaftseinheiten nach altem Recht (§ 3 Abs. 2. S. 2 II. Berechnungs-VO) bestehen (*AG Dortmund*, Urt. v. 19.12.2017 – 425 C 5534/17, GE 2018, 201).

4043 Durch die Einführung der Betriebskostenverordnung vom 25.11.2003 ist zwar der Begriff der Wirtschaftseinheit entfallen. Ebenso enthielt die Definition des § 19 Abs. 2 WoFG diejenige der Betriebskosten nach § 27 Abs. 1 der II. BVO, nicht aber mehr den Begriff der Wirtschaftseinheit. Die Verordnungsbegründung (BR-Drs. 568/03) weist aber darauf hin, dass auch für Förderzusagen nach dem 31.12.2001 damit keine Änderungen im Zusammenhang mit der Bildung von Wirtschaftseinheiten verbunden seien (a.A. *Langenberg* in Langenberg/Zehelein F Rn. 12, der aber die Rechtsprechung des BGH zur Bildung von Wirtschaftseinheiten für preisfreien Wohnraum im preisgebundenem Wohnraum zum Zuge kommen lassen will).

4044 **Eigentümer** im Sinne dieser Vorschrift sind auch die Erbbauberechtigten. Bei dem Eigentümer kann es sich auch um eine Eigentümergemeinschaft handeln, z.B. eine Wohnungseigentümer- oder Bruchteilsgemeinschaft oder eine Erbengemeinschaft. Gebäude verschiedener Eigentümer, die nicht Wohnungseigentümer, Bruchteilseigentümer oder Gesamthandsberechtigte sind, können nicht zu einer Wirtschafts- und Abrechnungseinheit zusammengefasst werden (*AG Hamburg* WuM 1993, 619).

4045 Für den **örtlichen Zusammenhang** ist es nicht erforderlich, dass alle Gebäude auf demselben Grundstück oder auf unmittelbar aneinandergrenzenden Grundstücken stehen. Es muss lediglich objektiv ein örtlicher Zusammenhang bestehen, der auch vorliegen kann, wenn gegenüberliegende Gebäude durch eine Straße getrennt sind (*AG Hamburg-Wandsbek* WuM 2008, 409). Nicht ausreichend ist jedoch allein der Umstand, dass sich die Gebäude in derselben Stadt befinden und einzelne Arbeiten zu einem Pauschalpreis vergeben sind (*AG Siegen* ZMR 1996, 426). Bauliche Gegebenheiten (nur eine Zufuhr von Gas und Wasser) können die Bildung einer Umlegungseinheit rechtfertigen (*LG Bonn* WuM 1998, 353).

Gewisse Einschränkungen für die gemeinsame Abrechnung nimmt das *LG Bonn* (Mietrechtliche Entscheidungen in Leitsätzen ZMR 1996 Heft 3 S. IV) auch bei Vorliegen einer Wirtschaftseinheit vor: Danach muss zwar die Abrechnung nach Wirtschaftseinheiten im Mietvertrag nicht erwähnt sein und wird auch nicht dadurch ausgeschlossen, dass für die einzelnen Objekte separate Ablesevorrichtungen vorhanden sind. Verlangt wird jedoch, dass zumindest teilweise die Nebenkosten **für alle Gebäude desselben Eigentümers zugleich anfallen** und die gemeinsame Abrechnung deshalb eine sinnvolle Arbeitserleichterung für diesen darstellt. 4046

Der teilweise (vgl. z.B. *LG Itzehoe* ZMR 2004, 198; *AG Hamburg-Wandsbek* WuM 2008, 409; *AG Rathenow* WuM 2001, 412, das immerhin zugunsten des Vermieters den Wirtschaftlichkeitsgrundsatz anerkennt) behauptete Grundsatz, dass der Vermieter zur **Abrechnung nach kleinstmöglichen Einheiten** verpflichtet sein soll, findet im Gesetz nicht nur keine Stütze, sondern widerspricht dem Wortlaut der §§ 27, 2 II. BV. Gerechtigkeitserwägungen spielen im Ergebnis keine Rolle (a.A. *LG Bonn* WuM 1998, 353, 354). Kein Mieter kann sich einen sparsamen Mitmieter aussuchen, weder in einer kleinen noch in einer großen Abrechnungseinheit. Auch der Umstand, dass bei großen Umlegungseinheiten die »Kontrollbefugnisse« des Mieters (wohl die Überprüfung der Abrechnung durch Belegeinsicht) erschwert werden, steht für sich allein der Bildung einer großen Umlegungseinheit nicht entgegen. Die Überprüfungsbefugnis kann sich immer nur auf eine vorhandene Abrechnung beziehen, aber keine Anforderungen an die Grundlagen der Abrechnung stellen. 4047

4. Auftragsvergabe für mehrere Wirtschaftseinheiten

Das Gebot der Abrechnung nach Wirtschaftseinheiten schließt es nicht aus, dass der Vermieter bei der Auftragsvergabe oder bei Versicherungen einen einheitlichen Vertrag für mehrere Wirtschaftseinheiten abschließt (a.A. *LG Darmstadt* WuM 2000, 311). 4048

II. Preisfreier Wohnraum und Geschäftsraum

1. Grundsätzliches

Außer für preisgebundenen Wohnraum gibt es keine ausdrückliche Regelung über die Bildung einer Abrechnungseinheit. Grundsätzlich ist deshalb nach der Verkehrsanschauung davon auszugehen, dass ein Gebäude auch eine Abrechnungseinheit bildet. Zur HeizkostenV s. Rdn. 6257. 4049

Bei der Vermietung von **Wohnungs- und Teileigentum** ist Umlegungseinheit grundsätzlich nicht die einzelne Mieteinheit, sondern das gesamte Gebäude (so die bisher h.M., *BGH*, 26.5.2004 – VIII ZR 169/03, WuM 2004, 403 = DWW 2004, 261 = ZMR 2004, 682; s. jedoch Rdn. 1152), bei Mehrhausanlagen die gesamte Wohnungseigentumsanlage, wenn die mietrechtlichen Voraussetzungen für die Zusammenfassung zu einer Umlegungseinheit gegeben sind. 4050

4051 Neben den in dieser Weise umzulegenden Beträgen können bei Vorliegen der allgemeinen Voraussetzungen die Kosten umgelegt werden, die gerade für die Mieteinheit entstehen, z.B. die Grundsteuer. Das setzt aber eine entsprechende Vereinbarung voraus (*BGH*, 15.4.2004 – VIII ZR 130/03, WuM 2004, 403). Zur wohnungsbezogenen Abrechnung allgemein s. Rdn. 1152.

2. Vertragliche Regelung

4052 Der Vermieter kann mit allen betroffenen Mietern eine Vereinbarung dahin treffen, dass mehrere Gebäude zu einer Abrechnungseinheit zusammengefasst werden (vgl. *LG Berlin* GE 1989, 679; *LG Itzehoe* ZMR 2006, 779). Umgekehrt kann aber auch ausdrücklich vereinbart werden, dass für jedes Haus einer Mehrhausanlage eine Einzelabrechnung erstellt wird.

4053 Ob bereits die Bezeichnung des Mietobjekts mit Straße und Hausnummer eine Vereinbarung über die Abrechnungseinheit enthält, hat der *BGH* (20.7.2005 – VIII ZR 371/04, ZMR 2005, 937 = DWW 2005, 328 = WuM 2005, 579 = GE 2005, 1118) offen gelassen. Die Frage ist zu verneinen, da die Lagebeschreibung in der Regel nur der Bezeichnung des Mietobjekts dient (a.A. *LG Itzehoe* ZMR 2007, 539; *LG Bonn* NZM 2005, 516, das einen besonderen Hinweis auf die Bildung einer Wirtschaftseinheit im Mietvertrag verlangt; *AG Pinneberg* ZMR 2004, 595, das eine ausdrückliche Vereinbarung verlangt). Der Adressangabe misst der *BGH* (14.7.2010 – VIII ZR 290/09, ZMR 2011, 22 = NJW 2010, 3229 = WuM 2010, 629 = GE 2010, 1415) jedenfalls dann keine Bedeutung zu, wenn eine hausbezogene Abrechnung von Beginn des Mietverhältnisses an nicht möglich ist (gemeinsame Heizungsanlage).

3. Fehlen einer vertraglichen Regelung

4054 Fehlt eine vertragliche Regelung, kann der Vermieter nach billigem Ermessen (§ 315 BGB) bestimmen, ob mehrere Gebäude zu einer Abrechnungseinheit zusammengefasst werden (*BGH*, 20.7.2005 – VIII ZR 371/04, DWW 2005, 328 = WuM 2005, 579 = GE 2005, 1118; WuM 2010, 742 = GE 2010, 1682, ZMR 2005, 937 = MietRB 2010, 1).

4055 Bei der Beurteilung des billigen Ermessens werden weitgehend die Regelungen der Zweiten Berechnungsverordnung herangezogen:
   a) Die Gebäude müssen **einheitlich verwaltet** sein, jedoch nicht notwendig dem gleichen Eigentümer gehören (*LG Itzehoe* ZMR 2009, 369).
   b) Die Gebäude müssen in einem unmittelbaren **örtlichen Zusammenhang** stehen, Rdn. 4045.
   c) Zwischen den einzelnen Gebäuden dürfen **keine wesentlichen Unterschiede im Nutzungswert** bestehen. Das bedeutet, dass für sie dieselben Kriterien zu gelten haben: Sie müssen nach demselben bautechnischen Stand errichtet worden sein und dieselbe Bauweise und dieselbe Ausstattung aufweisen. Dazu gehört, dass die einzelnen Gebäude und die sich darin befindlichen Räume einen vergleichbaren Zuschnitt haben.

4056 Dass sich in der Wirtschaftseinheit **Wohn- und Gewerberäume** befinden, ist nach einer Ansicht unschädlich (*LG Bonn*, Urt. v. 27.11.1997 – 6 S 247/97,

WuM 1998, 353, 354 m. Anm. *Schönhardt*). Dieselbe Nutzungsart ist aber nicht gegeben, wenn neben der Wohnungsnutzung ein Teil der Gebäude für Büroflächen, Arztpraxen, Einzelhandel, Gastronomie genutzt werden. Gleiches gilt für die teilweise Nutzung als Hostel (*AG Nürnberg*, Urt. v. 25.11.2016 – 14 C 10463/15, WuM 2017, 207).

Dass ein unterschiedlicher Nutzungswert bereits deshalb angenommen werden kann, weil ein Gebäude siebenstöckig und die anderen nur zweistöckig sind (so *AG Köln* WuM 2000, 152), erscheint ohne Hinzutreten weiterer Umstände zweifelhaft. Werden aber drei 20stöckige Hochhäuser, zwei 15stöckiger Hochhäuser und flachere Häuser mit jeweils vier Stockwerken zusammengefasst handelt es sich um verschiedene Bauweisen, die nicht miteinander zu vergleichen sind (AG Nürnberg a.a.O., auch zur Zusammenfassung von 44 Gebäuden unterschiedlicher Nutzung und Bauweise). 4057

Ein Einfamilienhaus ist mit einem Mehrfamilienhaus in der Regel nicht vergleichbar (*LG Hamburg* WuM 2004, 498). Sind bestimmte Einrichtungen, z.B. Lift, nicht in allen Gebäuden vorhanden, schließt das die Bildung einer Abrechnungseinheit nicht aus (*OLG Düsseldorf* GuT 2003, 14). 4058

d) Die Gebäude müssen eine **gleichartige Nutzung** haben. Ein Gebäude mit reiner Gewerbenutzung kann deshalb grundsätzlich nicht mit einem Gebäude mit überwiegender oder reiner Wohnnutzung zusammengefasst werden (*LG Köln* NZM 2001, 617). 4059

e) Die Nebenkosten müssen zumindest teilweise **gemeinsam** anfallen. Ist eine Trennung gemeinsam anfallender Koten nicht oder nur mit unverhältnismäßigen Schwierigkeiten oder Kosten möglich, entspricht die Bildung einer Abrechnungseinheit in der Regel billigem Ermessen (*BGH*, 20.7.2005 –VIII ZR 371/04, ZMR 2005, 937 = DWW 2005, 328 = WuM 2005, 579 = GE 2005, 1118; *LG Frankfurt/M*. ZMR 2010, 853 jeweils für eine gemeinsame Heizungsanlage). 4060

f) Es darf keine abweichende vertragliche Regelung bestehen, die eine Zusammenfassung ausschließt. 4061

Liegen diese Voraussetzungen vor, so kann eine Zusammenfassung zu einer Abrechnungseinheit erfolgen. Eine »tatsächliche Notwendigkeit« (so *AG Dortmund*, MietRB 2013, 37) muss nicht bestehen. Sie wird sich aus Gründen der Vereinfachung der Verwaltung in der Regel dann empfehlen, wenn die Nebenkosten für die Häuser gemeinsam anfallen und erst aufgeteilt werden müssten. Andererseits wird es aber, falls nicht besondere Umstände vorliegen, auch nicht unbillig im Sinne der §§ 315, 316 BGB sein, wenn gleichwohl für jedes Haus gesondert abgerechnet wird. 4062

Ein unterschiedlicher Verbrauch in den einzelnen Häusern schließt eine gemeinsame Abrechnung nicht von vornherein aus. Etwas anderes kann gelten, wenn die Verbrauchsunterschiede erheblich sind (*LG Siegen* WuM 1991, 281 f.). Dabei lässt sich eine feste Zahl kaum angeben. Bei einem Unterschied um das Dreifache wird Unbilligkeit anzunehmen sein (vgl. *LG Aachen* DWW 1991, 284). Sind bestimmte Einrichtungen, z.B. ein Aufzug, nicht in allen Gebäuden vorhanden, schließt das die Bildung einer Abrechnungseinheit nicht aus (*OLG Düsseldorf* GuT 2003, 14). Auch dass bestimmte Einrichtungen nur den Mietern bestimmter Gebäude zur Verfügung 4063 stehen, kann der Bildung einer Wirtschaftseinheit nicht entgegengehalten werden (a.A. *AG Köln* WuM 2000, 36 für verschiedene Mülltonnen).

4064 Eine Bildung von Abrechnungseinheiten nur für einzelne Kostenpositionen wird zwar zugelassen (*LG Köln* NZM 2001, 617), erscheint aber weder rechtsdogmatisch begründbar noch praktisch zweckmäßig. Einheitlich anfallende Kosten können im Wege einer Vorausteilung auf die einzelnen Abrechnungseinheiten verteilt werden.

4065 Eine Verpflichtung zur Abrechnung nach kleinstmöglichen Einheiten besteht auch hier nicht.

4066 Eine während der Preisbindung zulässig gebildete Wirtschaftseinheit bleibt für Altmieter auch nach Beendigung der Preisbindung verbindlich (*AG Hamburg-Wandsbek* WuM 2008, 409).

III. Änderung

4067 Der *BGH* (13.9.2011 – VIII ZR 145/11, ZMR 2012, 173 = NZM 2012, 96 = WuM 2011, 684) gestattet es dem Vermieter, eine Abrechnungseinheit im Laufe des Mietverhältnisses zu bilden, insbesondere wenn sich eine Notwendigkeit hierfür dadurch ergibt, dass zwischenzeitlich eine gemeinsame Heizungsanlage zur Versorgung mehrerer Gebäude errichtet worden ist. Die Bildung der Abrechnungseinheit kann auch stillschweigend mit der Betriebskostenabrechnung erfolgen; einer gesonderten vorherigen Ankündigung bedarf es nicht.

4068 Eine Verpflichtung zur Änderung wird von der hier abgelehnten Auffassung angenommen, sobald der Vermieter in der Lage ist, kleinere Abrechnungseinheiten zu bilden (*AG Köln* WuM 1997, 232).

4069 Bei **preisgebundenem Wohnraum** kann eine Wirtschaftseinheit nachträglich nur mit Zustimmung der Bewilligungsstelle gebildet werden (§ 2 Abs. 6 II. BV).

IV. Wirkung

4070 Die Zusammenfassung mehrerer Gebäude zu einer Abrechnungseinheit bewirkt, dass eine gemeinsame Abrechnung erfolgt. Ein Einbau von Zwischenzählern für jedes einzelne Haus ist nicht erforderlich (*BGH*, 2.2.2011 – VIII ZR 2011, 458 = WuM 2011, 159).

C. Festlegung der Abrechnungsmaßstäbe

I. Grundsätzliches

1. Gesetzliche Vorgaben

4071 Bei der Anwendung der Umlegungsmaßstäbe gibt es eine Rangfolge.

4072 Zunächst sind die gesetzlichen Vorschriften zu beachten. Durch diese wird entweder der Umlegungsmaßstab bereits zwingend genau festgelegt oder es wird ein Rahmen

C. Festlegung der Abrechnungsmaßstäbe — Teil IV

bestimmt, innerhalb dessen die Parteien eine freie Vereinbarung oder der Vermieter eine einseitige Regelung treffen können. Teilweise gelten die gesetzlichen Regelungen überhaupt nur, wenn die Parteien nichts anderes vereinbaren.

Soweit keine gesetzlichen Vorschriften bestehen oder diese es zulassen, ist sodann die Vereinbarung der Parteien maßgebend. Durch Parteivereinbarung kann es auch dem Vermieter überlassen werden, den Umlegungsmaßstab ganz oder innerhalb eines bestimmten Rahmens zu bestimmen, sofern nicht zwingende gesetzliche Vorschriften entgegenstehen. 4073

Der Vermieter kann den Verteilungsmaßstab einseitig bestimmen, wenn dies gesetzlich vorgesehen ist, die Parteien dies vereinbart haben oder weder eine gesetzliche noch eine vertragliche Regelung besteht. 4074

2. Berechnungsweisen der Versorger

Die Kostenverteilung auf die einzelnen Mieter ist grundsätzlich unabhängig von den Berechnungsgrundsätzen der Versorger für deren Leistungen (a.A. für Wassergrundgebühren bei einem Leerstand: *AG Medebach* DWW 2003, 190 m. zust. Anm. *Pfeifer*). Grundlage der Nebenkostenabrechnung ist der vom Vermieter zu zahlende Gesamtbetrag. Auf Ausnahmen ist bei den Einzelproblemen hingewiesen. 4075

II. Erstmalige Festlegung

1. Preisgebundener Wohnraum

a) Grundsatz: Wohnfläche

Die Umlegung nach dem Verhältnis der Wohnflächen ist im Anwendungsbereich der Neubaumietenverordnung 1970 der Grundsatz (§ 20 Abs. 2 Satz 1 NMV 1970). 4076

Soweit nicht Sonderregelungen bestehen, müssen die Betriebskosten nach diesem Verteilungsschlüssel umgelegt werden. Abweichungen sind nicht zulässig. Flächenangaben im Mietvertrag haben deshalb keinen Einfluss auf die Kostenverteilung (*Kraemer* Beilage zu WuM 12/1998 S. 18). 4077

Die Wohnfläche ist gemäß § 2 NMV 1970 nach der II. BV zu berechnen. 4078

b) Ausnahmen

Ausnahmen gelten für 4079
– Wasserversorgung und Entwässerung (§ 21 NMV 1970),
– Wärme und Warmwasser (§ 22 NMV 1970 und HeizkostenV, Rdn. 6000 ff.),
– Müllbeseitigung (§ 22a Abs. 2 NMV 1970),
– zentrale Brennstoffversorgungsanlage (§ 23 NMV 1970, unten Rdn. 5119),
– Aufzüge (§ 24 Abs. 2 NMV 1970)
– Breitbandkabelnetz (§ 24a Abs. 2 NMV 1970),
– Einrichtungen zur Wäschepflege (§ 25 Abs. 2 NMV 1970).

4080 Wenn die Abweichung vom Flächenmaßstab nur zulässig, aber nicht zwingend vorgeschrieben ist, ist der Vermieter in der Regel nicht verpflichtet, vom Wohnflächenmaßstab abzuweichen (*LG Mannheim* NZM 1999, 365, 366; *LG Berlin* NZM 1999, 1003).

c) Vertragliche Regelungen

4081 Entsprechend dem zwingenden Charakter des Preisbindungsrechts kann von den vorgeschriebenen Umlegungsmaßstäben grundsätzlich durch Vertrag nicht abgewichen werden. Das gilt auch für mittelbare Abweichungen, z.B. durch Vereinbarung unrichtiger Wohnflächen. Soweit allerdings Wahlrechte des Vermieters bestehen, kann sich dieser vertraglich binden und mit dem Mieter einen der zugelassenen Abrechnungsmaßstäbe vereinbaren (*Schmid* DWW 2010, 242 [246]).

2. Preisfreier Wohnraum

a) Gesetzliche Regelung

aa) Wohnfläche

4082 Regelmäßiger Abrechnungsmaßstab ist nach § 556a Abs. 1 Satz 1 BGB der Anteil der Wohnfläche. Dieser Umlegungsmaßstab kommt zur Anwendung, wenn die Parteien nichts anderes vereinbart haben, nicht die vorrangige Regelung des § 556a Abs. 1 Satz 2 BGB eingreift und keine anderweitigen Vorschriften bestehen. Anderweitige Vorschriften enthält die HeizkostenV (Rdn. 6000 ff.). Eine vertragliche Vereinbarung fehlt auch dann, wenn die getroffene Regelung unwirksam ist (*Langenberg* WuM 2001, 529).

4083 Befinden sich in einer Abrechnungseinheit Wohnräume und sonstige Räume, sind unbeschadet der Notwendigkeit einer Vorauftteilung die Nutzflächen den Wohnflächen gleichzustellen (vgl. § 20 Abs. 2 Satz 2 Halbs. 2 NMV 1970 sowie *Gather* DWW 2001, 196).

bb) Verbrauch oder Verursachung

4084 Betriebskosten, die von einem erfassten Verbrauch oder einer erfassten Verursachung durch die Mieter abhängen, sind nach einem Maßstab umzulegen, der dem unterschiedlichen Verbrauch oder der unterschiedlichen Verursachung durch die Mieter Rechnung trägt (§ 556a Abs. 1 Satz 2 BGB).

4085 Diese Vorschrift hat als Sonderregelung **Vorrang** vor dem allgemeinen Grundsatz des Wohnflächenanteils (*Gather* DWW 2001, 196). Auch wenn es nicht ausdrücklich erwähnt ist, haben wie bei § 556a Abs. 1 Satz 1 BGB anderweitige Vorschriften Vorrang gegenüber § 556a Abs. 1 Satz 2 BGB.

4086 Ebenfalls nicht ausdrücklich erwähnt ist der Vorrang **vertraglicher Regelungen**. Der Vorrang ergibt sich jedoch daraus, dass in § 556a Abs. 3 BGB eine Abweichung von § 556a Abs. 1 BGB nicht ausgeschlossen wird und dass dem Vermieter in § 556a Abs. 2 BGB eine einseitige Abänderungsbefugnis vertraglicher Regelungen bei einer

C. Festlegung der Abrechnungsmaßstäbe   Teil IV

Verursachungserfassung eingeräumt wird. Die Vertragsparteien können deshalb anstelle eines konkreten Umlageschlüssels ein einseitiges **Leistungsbestimmungsrecht** des Vermieters vereinbaren, da § 556a Abs. 1 S. 1 BGB abdingbar ist (*BGH*, Urt. v. 5.11.2014 – VIII ZR 257/13, ZMR 2015, 207 = GE 2015, 50 = NZM 2015, 130 = WuM 2015, 33 m. abl. Anm. *Lammel* WuM 2015, 70; i.E. zust. *Langenberg* NZM 2015, 152).

Eine solche Regelung ist auch formularvertraglich wirksam, wenn die einseitige Festlegung des Verteilerschlüssels entsprechend §§ 315, 316 BGB nach billigem Ermessen erfolgen muss (*BGH* a.a.O.). Ein solcher Fall liegt vor, wenn der Mietvertrag regelt, dass der Vermieter über die Betriebskosten der ersten Abrechnungsperiode den Umlageschlüssel nach billigem Ermessen festlegt. Wirkung entfaltet die Bestimmung für die Zukunft (*BGH* a.a.O). 4087

Der Mieter kann grundsätzlich keine verbrauchsabhängige Abrechnung verlangen, wenn eine Umlegung nach Wohnfläche vereinbart ist (*LG Berlin* NZM 2001, 707; a.A. *AG Köln* IMR 2012, 231 m. abl. Anm. *Riecke*). Ebenso kann der Vermieter nicht durch eine bloße Ankündigung zur verbrauchsabhängigen Abrechnung übergehen (a.A. wohl *AG Potsdam* ZMR 2009, 458). 4088

Voraussetzung ist eine **tatsächliche Verbrauchs- oder Verursachungserfassung**. § 556a Abs. 1 Satz 2 BGB begründet keine Verpflichtung des Vermieters eine Verursachungserfassung durchzuführen. 4089

Sieht jedoch der Mietvertrag eine verbrauchsabhängige Abrechnung vor, hat der Mieter auch einen Anspruch darauf, dass die erforderlichen Geräte angebracht und instand gehalten, insbesondere dass die notwendigen **Eichungen** durchgeführt werden (*Schmid* GE 2008, 905 [909]). 4090

Der Mieter hat kein Recht, selbst Messgeräte einzubauen und dann vom Vermieter eine verbrauchsabhängige Abrechnung zu verlangen (*Beuermann* GE 2003, 364; a.A. *AG Berlin-Tiergarten* GE 2003, 396). Das Vorhandensein von Zählern, die nicht auf Veranlassung des Vermieters eingebaut worden sind, ist unbeachtlich (*Kinne* GE 2006, 752). 4091

Der Regelung unterfällt nicht ein Umlegungsmaßstab, der ohne Verursachungserfassung dem unterschiedlichen Verbrauch Rechnung trägt, wie die Umlegung nach Personenzahl. 4092

Der Abrechnungsmaßstab muss dem unterschiedlichen Verbrauch oder der unterschiedlichen Verursachung Rechnung tragen. Demzufolge ist es zulässig, aber nicht notwendig, dass sich die Kostenumlegung zu 100 % nach dem Verbrauch richtet. Möglich ist auch eine Kombination von **Festkostenanteil und Verursachungsanteil**. 4093

Das Verhältnis von Festkostenanteil und Verursachungsanteil kann vertraglich bestimmt werden. Fehlt eine vertragliche Regelung, kann der Vermieter eine einseitige Bestimmung nach billigem Ermessen treffen. Für die Änderung einer einmal getroffenen Festsetzung gelten die Voraussetzungen für die Änderung der Umlegungsmaßstäbe. 4094

b) Vertrag

aa) Grundsätzliches

4095 Wie bereits erwähnt haben vertragliche Vereinbarungen Vorrang vor den Regelungen des § 556a Abs. 1 BGB. Der Mieter kann deshalb grundsätzlich keine verbrauchsabhängige Abrechnung verlangen, wenn eine Umlegung nach Wohnfläche vereinbart ist (*LG Berlin* NZM 2001, 707). Zu beachten ist, dass die Verteilungsmaßstäbe mit allen betroffenen Mietern in gleicher Weise vereinbart werden müssen, da sich andernfalls eine vernünftige Kostenverteilung nicht durchführen lässt.

4096 Eine vertragliche Regelung kann sich auch aus einer **ergänzenden** Vertragsauslegung ergeben (z.B. *BGH,* 27.6.2007 – VIII ZR 202/06, ZMR 2007, 851 = GE 2007, 1310 = ZfIR 2007, 669 m. Anm. *Schmid* für eine Umlegung der Kabelkosten nach Wohnungen). Eine **stillschweigende** Vereinbarung einer zumindest teilweise verbrauchsabhängigen Abrechnung kann angenommen werden, wenn bei Besichtigung der Wohnung Zähler vorhanden sind (*AG Berlin-Köpenick* GE 2006, 785 m. Anm. *Kinne* GE 2006, 753).

4097 Bei den Mietverhältnissen, die bereits am 1.9.2001 bestanden haben, sind die zu diesem Zeitpunkt praktizierten Abrechnungsmaßstäbe Vertragsbestandteil (*Franke* ZMR 2001, 955). Sie müssen deshalb nicht geändert werden (*Horst* MDR 2001, 743). Wurden die Betriebskosten nach der inzwischen außer Kraft getretenen BetrKUV umgelegt, so waren die dort vorgesehenen Abrechnungsmaßstäbe zu verwenden und gelten nunmehr als vereinbart (*LG Berlin* ZMR 2005, 713).

bb) Einschränkung der Vertragsfreiheit

4098 (1) Eine Sittenwidrigkeit nach § 138 BGB liegt selten vor, ist aber durchaus möglich. Sie kommt in Betracht, wenn der Vermieter selbst im Hause wohnt und sich durch die Vereinbarung von Mietnebenkosten entlasten will, oder wenn er zur Begünstigung eines Mieters den anderen übermäßig mit Kosten belastet, z.B. durch die Vereinbarung fiktiver Wohnflächen, die erheblich von den tatsächlichen Gegebenheiten abweichen. Meist wird aber hier die Grenze der Sittenwidrigkeit nicht erreicht sein oder es wird sich kein Mieter finden, der sich hierauf einlässt.

4099 (2) Größere Bedeutung hat bei der Verwendung Allgemeiner Geschäftsbedingungen § 307 BGB, wobei verschiedene Anwendungsvarianten in Betracht kommen je nach dem, zu wessen Gunsten und Lasten sich die Vereinbarung auswirkt. Dabei wird im Folgenden davon ausgegangen, dass die Allgemeinen Geschäftsbedingungen – wie meist – vom Vermieter gestellt sind, da Vereinbarungen über die Abrechnungsmaßstäbe nur sinnvoll sind, wenn sie mit allen Mietern abgestimmt sind.

4100 *(unbesetzt)*

4101 Es stellt sich deshalb die Frage, ob eine Unbilligkeit, die sich nur im Verhältnis der Mieter zueinander auswirkt, für § 307 BGB überhaupt relevant ist. Überwiegend wird angenommen, dass die Benachteiligung unmittelbar oder mittelbar den Vertragspartner und nicht einen Dritten treffen muss. Ein Mieter kann sich also nicht darauf

C. Festlegung der Abrechnungsmaßstäbe — Teil IV

berufen, dass ein anderer Mieter benachteiligt (*Schmid* ZAP 2012, 541 [545]) wird. Dem Nachteil beim Mieter muss aber nicht ein entsprechender Vorteil beim Vermieter gegenüberstehen; der Vorteil kann auch bei einem Dritten eintreten. Da sich Abrechnungsmaßstäbe immer zum Vorteil des einen und zum Nachteil des anderen Mieters auswirken, ist deshalb praktisch immer die Frage der Unbilligkeit zu prüfen.

Relevant wird § 307 BGB in jedem Fall dann, wenn die Regelung dem Vermieter auch nur mittelbar einen Vorteil bietet. Dieser kann in einer Verwaltungsvereinfachung liegen, aber auch darin, dass sich bestimmte Abrechnungsmaßstäbe in bestimmten Situationen zum Vorteil des Vermieters auswirken. Das ist insbesondere dann der Fall, wenn der Vermieter selbst in die Nebenkostenverteilung einzubeziehen ist (*Schmid* DWW 2010, 242/243). **4102**

Beim formularvertraglichen einseitigen Leistungsbestimmungsrecht zugunsten des Vermieters für die Zukunft liegt kein Verstoß gegen § 307 Abs. 2 BGB vor, wenn die Festlegung nach billigem Ermessen erfolgen muss (*BGH*, Urt. v. 5.11.2014 – VIII ZR 257/13, WuM 2015, 33 = ZMR 2015, 207). **4103**

cc) Einzelfragen

(1) Die mietvertragliche Regelung kann sich auch darauf beschränken, dass dem **Vermieter** die Bestimmung der Verteilungsmaßstäbe **überlassen** wird. **4104**

Wird von dieser Möglichkeit Gebrauch gemacht, so muss bei der Verwendung Allgemeiner Geschäftsbedingungen auf die Beachtung des billigen Ermessens ausdrücklich hingewiesen werden (*BGH*, Urt. v. 5.11.2014 – VIII ZR 25713, WuM 2015, 33). Die Bestimmung eines nur »geeigneten« Verteilungsmaßstabes ohne Rücksicht auf Billigkeit durch einseitige Erklärung des Vermieters kann in einem Formularvertrag nicht vereinbart werden (*BGH*, 20.1.1993 – VIII ZR 10/92, ZMR 1993, 263, 264). **4105**

Ferner darf die Klausel nicht darüber hinwegtäuschen, dass die Regelungen des § 6 HeizkostenV über die Umlegungsmaßstäbe zu beachten sind (*BGH* ZMR 1993, 263, 264) und dass bei erheblichem Leerstand ein Anspruch auf Änderung des Abrechnungsmaßstabs bestehen kann (*BGH,* 20.1.1993 – VIII ZR 10/92; *BGH,* 6.10.2010 – VIII ZR 183/09, ZMR 2011, 195 = GE 2010, 1615 = IMR 2010, 506). **4106**

(2) Grundsätzlich lässt es die allgemeine Vertragsfreiheit auch zu, dass **Regelungen Dritter** für verbindlich erklärt werden. Das ist insbesondere für die Vermietung von **Wohnungseigentum** von Bedeutung. Hier entspricht es einem praktischen Bedürfnis, dass die Umlegungsmaßstäbe mit dem Mieter einer Eigentumswohnung denjenigen entsprechen, die für die Wohnungseigentümergemeinschaft gelten. Eine solche vertragliche Vereinbarung ist möglich (*Blank* DWW 1992, 67) und zwar auch in einem Formularvertrag (*AG Düsseldorf* DWW 1991, 373 sowie grundlegend *BGH* JZ 2002, 354 ff. zu § 4e HeimG m. Besprechung *Oetker* JZ 2002, 337). **4107**

Da die Rechtsprechung bei Änderungsklauseln in Formularverträgen im Hinblick auf § 308 Nr. 4 (§§ 307, 310) BGB strenge Maßstäbe anlegt (vgl. *LG Hamburg* ZMR 1998, 36; Rdn. 4109), sollte die Klausel den Zusatz enthalten, dass die Änderung nur verbindlich ist, wenn der Mieter hierdurch nicht unbillig benachteiligt wird **4108**

(*Schmid* DWW 2002, 122). Die Regelung muss klar sein und darf nicht auch die Umlegung von nicht umlegbaren Kosten erfassen (vgl. *AG Elmshorn* ZMR 2005, 820).

4109 (3) Auch **dynamische Verweisungsklauseln** können vereinbart werden und zwar auch in einem Formularvertrag (*AG Düsseldorf*, DWW 1991, 373; *Schmid* DWW 2010, 242 [243] sowie grundlegend *BGH* JZ 2002, 354 ff. zu § 4e HeimG a.F. m. Bespr. *Oetker* JZ 2002, 337; a.A. *Riecke* ZMR 2009, 290; *Breiholdt* ZMR 2009, 291). Da die Bedenken gegen die dynamischen Verweisungsklauseln auch aus § 305c Abs. 1 BGB (überraschende Klauseln) hergeleitet werden (*Riecke* ZMR 2009, 290), soll der Mieter beweisbar auf diese Vereinbarung besonders hingewiesen werden (*Schmid* MietRB 2009, 276 [278]. Da die Rechtsprechung bei Änderungsklauseln in Formularverträgen im Hinblick auf § 308 Nr. 4 (§ 307) BGB strenge Maßstäbe anlegt, sollte die Klausel den Zusatz enthalten, dass die Änderung nur verbindlich ist, wenn der Mieter hierdurch nicht unbillig benachteiligt wird (*Schmid* DWW 2002, 122).

4110 (4) Alternativ bietet sich die Möglichkeit eines vertraglichen Änderungsvorbehaltes an.

c) Festlegung durch den Vermieter

aa) Voraussetzungen

4111 Eine einseitige Festlegung durch den Vermieter ist möglich, wenn dies im Gesetz vorgesehen oder zulässigerweise vereinbart ist (*BGH*, Urt. v. 5.11.2014 – VIII ZR 257/13, ZMR 2015, 207 = WuM 2015, 33). Ferner besteht ein einseitiges Bestimmungsrecht des Vermieters auch dann, wenn sich der Umlegungsmaßstab weder aus dem Gesetz noch aus einer vertraglichen Vereinbarung ergibt (*BGH*, 20.1.1993 – VIII ZR 10/92, ZMR 1993, 263; *KG* GE 2004, 423).

4112 Da bei preisfreiem Wohnraum die Abrechnungsmaßstäbe in § 556a BGB vorgegeben sind, besteht ein einseitiges Bestimmungsrecht nur für die nähere Ausgestaltung der verursachungsbezogenen Kostenverteilung oder bei entsprechender Vereinbarung.

4113 Die **Beweislast** für ein einseitiges Leistungsbestimmungsrecht trifft denjenigen, der ein solches behauptet. Der Vermieter ist also beweispflichtig, wenn er den Verteilungsmaßstab einseitig festgelegt hat. Der Mieter, der eine Festsetzung nach billigem Ermessen verlangt, muss beweisen, dass keine anderweitige Regelung besteht. Behauptet der Vermieter, er müsse nicht nach billigem Ermessen handeln, muss er dies beweisen (*Palandt/Grüneberg* § 315 Rn. 20).

bb) Billiges Ermessen

4114 Wenn der Vermieter die Umlegungsmaßstäbe einseitig bestimmt, muss er nach billigem Ermessen (§ 315 BGB) vorgehen (*BGH*, Urt. v. 5.11.2014 – VIII ZR 257/13, ZMR 2015, 207 = GE 2015, 50 = NZM 2015, 130; Anm. *Langenberg*, NZM 2015, 152). Entspricht die getroffene Regelung nicht der Billigkeit, ist sie gemäß § 315 Abs. 3 Satz 1 BGB für den Mieter unverbindlich. Hierauf kann sich der Mieter berufen, ohne zuvor den Weg der Bestimmung durch Urteil gemäß § 315 Abs. 3 Satz 2 BGB gehen zu müssen (*Schopp* ZMR 1990, 364 m.w.N.).

C. Festlegung der Abrechnungsmaßstäbe — Teil IV

Was billigem Ermessen entspricht, ist anhand des **Einzelfalles** zu beurteilen. Maßgebend sind die Interessen des Vermieters und der Gesamtheit der Mieter (vgl. *BGH* BGHZ 41, 271) sowie ökologische Gesichtspunkte. Eine Orientierung am Verbrauch entspricht billigem Ermessen, jedoch ist der Vermieter, wie sich aus der Wertung des § 556a BGB ergibt, zur Wahl eines verursachungsbezogenen Maßstabes nicht verpflichtet (a.A. *KG* GE 2004, 423). Bei der Ermessensausübung gibt es nur in Ausnahmefällen eine einzige richtige Entscheidung (Ermessensreduzierung auf null). In aller Regel hat der Vermieter die Wahl unter den Möglichkeiten eines bis an die Grenzen der Billigkeit reichenden Ermessensspielraumes (*OLG Düsseldorf* ZMR 2000, 215; *AG Siegburg* WuM 1995, 120). — 4115

Dabei ist eine **generalisierende Betrachtungsweise** zulässig und in der Regel auch notwendig (vgl. *OLG Hamm* ZMR 1987, 300). Ein Abstellen auf die Lebensgewohnheiten des einzelnen Mieters und die dadurch bedingte Kostenverursachung ist nicht geboten (vgl. *AG Freiburg* WuM 1993, 745). — 4116

Generell wird man sagen können, dass aufgrund der gesetzlichen Wertung davon auszugehen ist, dass diejenigen Verteilungsmaßstäbe nicht unbillig sind, die das Gesetz für andere Regelungsbereiche vorsieht (vgl. *LG Wuppertal* WuM 1989, 520; *Blank* DWW 1992, 67), so z.B. die Umlegungsmaßstäbe nach §§ 20 ff. NMV 1970 (*LG Mannheim* NZM 1999, 365, 366). Dass ein Umlegungsmaßstab ungewöhnlich ist, macht ihn noch nicht unbillig (a.A. *AG Menden* ZMR 1999, 34, 35). — 4117

Nicht der Billigkeit entspricht es in der Regel, einen Mieter mit Kosten zu belasten, von denen nur andere Mieter einen Nutzen haben. — 4118

Aus der Regelung des § 556a Abs. 1 Satz 2 BGB zur verursachungsbezogenen Abrechnung kann nicht entnommen werden, dass andere Abrechnungsmaßstäbe unbillig im Sinne des § 315 BGB sind (a.A. *Langenberg* NZM 2001, 790). Das Gesetz gibt hierfür keinen Anhalt. — 4119

Unerheblich ist es, ob ein Umlegungsmaßstab abstrakt gesehen unbillig ist. Der Mieter kann sich nur darauf berufen, dass für ihn **die Auswirkungen unbillig sind** (*LG Berlin* NJW-RR 1999, 1608, 1610). Entgegen einer weitverbreiteten Tendenz ist bei der Billigkeitsprüfung nicht isoliert auf eine einzelne Kostenart abzustellen. Maßgeblich ist, ob die Kostenumlegung insgesamt, also bezogen auf alle Positionen der Billigkeit entspricht (vgl. *Schmid* ZMR 1998, 259). — 4120

Die bloße Hinnahme eines unbilligen Umlegungsmaßstabes lässt den Einwand der Unbilligkeit für die Zukunft nicht entfallen (a.A. *AG Menden* ZMR 1999, 34, 35). — 4121

Die **Beweislast** für die Tatsachen, aus denen sich die Billigkeit ergibt, trägt der Vermieter (*BGH* NJW 2009, 2894; *OLG Düsseldorf* ZMR 2000, 215). Das *OLG Düsseldorf* (ZMR 2000, 215) verlangt jedoch, dass zunächst der Mieter die Billigkeit der getroffenen Leistungsbestimmung substantiiert bestreitet. — 4122 *cc) Klarheitsgebot*

4122a Zur Vermeidung formeller Unwirksamkeit muss der jeweilige Verteilerschlüssel klar und für den durchschnittlich gebildeten, juristisch und betriebswirtschaftlich nicht gebildeten Mieter (*BGH*, Urt. v. 22.10.2014 – VIII ZR 97/14, ZMR 2015, 110) bereits aus sich heraus verständlich sein. Andernfalls muss die Abrechnung entsprechende Erläuterungen erfahren (*BGH* NJW 1982, 573 = ZMR 1982, 108; *Schmid* ZMR 2015, 35). Eine Form der Erläuterung muss nicht eingehalten werden (*BGH*, 11.8.2010 – VIII ZR 45/10, ZMR 2011, 26 = WuM 2010, 627 = MDR 2010, 1102; *Blank* NZM 2008, 745, 749; krit. *Schmid* ZMR 2011, 15). Die Erläuterung kann noch im Prozess erfolgen (*Schmid* ZMR 2015, 35, 36 u.H.a. *OLG Düsseldorf* IMR 2014, 67).

4122b Der Schlüssel in der Abrechnung ist beispielsweise unklar, wenn er mit »Menge« überschrieben wird, ohne sich weiter erschließt, wie sich die Mengenverhältnisse, beispielsweise bei einzelnen Kostenarten mit »1.000« angegeben und für die Einzelwohnung mit »500« zusammensetzt oder wie sie errechnet wurden oder wenn lediglich Zahlen erfasst sind (*AG Aschaffenburg*, Urt. v. 31.7.2014 – 115 C 638/13, ZMR 2015, 33 m. krit. Anm. *Schmid*).

3. Geschäftsraum

4123 Bei der Geschäftsraummiete gibt es abgesehen von der HeizkostenV keine gesetzlichen Vorgaben für die Kostenverteilung. Wenn auch keine vertragliche Vereinbarung getroffen ist, legt der Vermieter die Abrechnungsmaßstäbe einseitig nach billigem Ermessen fest (*KG* GE 2004, 423; *LG Berlin*, Urt. v. 27.2.2013 – 25 S 75/12, ZMR 2014, 359 mit die Wohnraummiete betreffenden Zitaten). Bei der geschäftsraummiete folgt das Bestimmungsrecht bei fehlender vertraglicher wirksamer Regelung (Rdn. 4065) aus der ergänzenden Vertragsauslegung (*Langenberg* F Rn. 10).

III. Änderung

1. Grundsätzliches

4124 Der Vermieter kann einen einmal bestehenden Umlegungsmaßstab nicht beliebig ändern (*OLG Frankfurt a.M.* IMR 2011, 231; *LG Bautzen* WuM 2001, 288; AG Charlottenburg GE 2013, 1345). Hierzu ist vielmehr eine besondere rechtliche Grundlage erforderlich, die sich aus Gesetz oder Vertrag ergeben kann. Das gilt bei der Vermietung von Wohnungs- und Teileigentum auch dann, wenn die Wohnungseigentümer durch Mehrheitsbeschluss nach § 16 Abs. 3 oder § 21 Abs. 7 WEG die Kostenverteilung ändern.

4125 Unter Umständen kann auch eine Verpflichtung des Vermieters bestehen, den Umlegungsmaßstab zu ändern.

4126 Bei der Auswahl der geänderten Verteilungsmaßstäbe müssen dieselben Grundsätze wie bei der erstmaligen Festlegung beachtet werden. Das heißt, zu der Prüfung, ob die

C. Festlegung der Abrechnungsmaßstäbe — Teil IV

Änderung überhaupt zulässig ist, tritt die Prüfung, ob auch der geänderte Verteilungsmaßstab zulässig ist.

Bei **preisgebundenem** Wohnraum führt die Verbrauchserfassung durch Wasserzähler unmittelbar zu einer Änderung des Abrechnungsmaßstabes auf die verursachungsabhängige Abrechnung der Kosten für Wasser und Entwässerung, weil dieser Maßstab zwingend vorgeschrieben ist (§ 21 Abs. 2 Satz 3, Abs. 4 Satz 2 NMV 1970). 4127

2. Vertragliche Änderung

Entsprechend dem Grundsatz der Vertragsfreiheit können einmal festgelegte Umlegungsmaßstäbe durch **Vereinbarung der Parteien** ebenso geändert werden, wie sie erstmalig festgelegt werden können. Theoretisch ist ein solcher Vertrag auch zwischen dem Vermieter und einer einzelnen Mietpartei möglich. Praktisch ist aber die Zustimmung aller betroffenen Mieter erforderlich, da ansonsten Unstimmigkeiten innerhalb der Abrechnungseinheit auftreten. Ein Angebot des Vermieters eines Mehrfamilienhauses zu einer Änderung steht deshalb unter der stillschweigenden Bedingung, dass ein Einvernehmen mit allen Mietern erzielt wird (*AG Köln* WuM 1998, 692). 4128

Bei der Vermietung von Eigentumswohnungen kann eine Änderung des Abrechnungsmaßstabes zwischen dem vermietenden Wohnungseigentümer und dem einzelnen Mieter erfolgen. Auf eine solche Änderung hinzuwirken, liegt im Interesse des vermietenden Wohnungseigentümers, wenn innerhalb der Wohnungseigentümergemeinschaft die Abrechnungsmaßstäbe geändert werden. 4129

Der Abrechnungsmaßstab kann auch konkludent geändert werden (*BGH* WuM 2005, 774). Allein aus dem Umstand, dass Mieter einen nicht vertragsgemäßen Abrechnungsmaßstab in der Vergangenheit unbeanstandet gelassen hat, kann jedoch noch nicht auf einen rechtsgeschäftlichen Änderungswillen geschlossen werden (*LG Leipzig* NZM 2002, 486). 4130

3. Gesetzliche Änderungsbefugnisse

a) HeizkostenV

Für alle Mietverhältnisse gelten die in der HeizkostenV vorgesehenen Änderungsmöglichkeiten (Rdn. 6180 ff.). Die HeizkostenV hat Vorrang vor § 556a Abs. 2 Satz 1 BGB, da diese Vorschrift eine abweichende Vereinbarung voraussetzt, eine solche aber durch § 2 HeizkostenV überlagert wird (Rdn. 6079 ff.). 4131

Liegt ein Ausnahmefall des § 11 HeizkostenV vor und haben die Parteien gleichwohl die Anwendung der HeizkostenV vereinbart (Rdn. 6052) liegt eine rechtsgeschäftliche Regelung vor, die die Anwendung von § 556a Abs. 2 BGB nicht von vornherein ausschließt. 4132

b) *Einführung einer verursachungsabhängigen Abrechnung bei Wohnraummietverhältnissen*

aa) *Grundsätzliches*

4133 § 556a Abs. 2 BGB gibt dem Vermieter unter den dort genannten Voraussetzungen ein Recht zur einseitigen Änderung des Abrechnungsmaßstabes. Die Vorschrift gilt nur für Wohnraummietverhältnisse.

4134 Die Möglichkeit des § 556a Abs. 2 BGB kann bei der Vermietung von Eigentumswohnungen bei Vorliegen seiner Voraussetzungen auch genutzt werden, um einer Änderung des Verteilungsmaßstabes nach § 16 Abs. 3 WEG Rechnung zu tragen (*Schmid*, MietRB 2014, 55 [57]).

4135 § 556a Abs. 2 Satz 1 BGB bietet jedoch keine Rechtsgrundlage für eine Änderung eines bereits festgelegten Verhältnisses von Festkosten und Verbrauchsanteil (*Schmid*, MietRB 2014, 55 [57]; a.A. *Maaß*, ZMR 2002, 206). Deshalb kann der Vermieter grundsätzlich auch nicht einseitig bisher anders abgerechnete Entwässerungskosten in die Heizkostenabrechnung aufnehmen (*Schmid*, IMR 2010, 453). § 556a Abs. 2 BGB kommt somit nur zur Anwendung, wenn die betreffende Kostenart bisher ohne Berücksichtigung der erfassten Verursachung abgerechnet wurde. Nicht erforderlich ist, dass die Verursachungserfassungsgeräte erst neu angebracht werden.

4136 Ändert der Vermieter bei einer Inklusivmiete die Abrechnung von Wasser, Strom, Heizung auf verbrauchsabhängig, ist die Miete um die bislang enthaltenen Betriebskosten herabzusetzen (*AG Brandenburg*, Urt. v. 22,6,2017 – 31 C 112/16, MietRB 2018, 38).

4137 Nach § 556a Abs. 3 BGB kann von den Regelungen des § 556a Abs. 2 BGB nicht zum Nachteil des Mieters abgewichen werden.

bb) *Voraussetzungen*

(1) *Abweichende Vereinbarung*

4138 Für die Änderungsmöglichkeit nach § 556a Abs. 2 Satz 1 BGB ist Voraussetzung, dass die Parteien eine von § 556a Abs. 1 BGB abweichende **Vereinbarung** getroffen haben. Als abweichende Vereinbarung in diesem Sinne ist es auch anzusehen, wenn der Abrechnungsmaßstab zunächst vom Vermieter einseitig bestimmt worden ist, weil dadurch eine Bindung des Vermieters eingetreten ist, die einer vertraglichen Regelung gleichkommt. Fehlt eine Vereinbarung führt bereits die Tatsache der Verursachungs- oder Verbrauchserfassung nach § 556a Abs. 1 Satz 2 BGB zur verursachungsbezogenen Abrechnung (*Schmid* in: MüKoBGB, § 556a Rz. 34).

4139 Die Änderungsbefugnis besteht auch bei Pauschalmieten und Betriebskostenpauschalen (*LG Itzehoe*, Urt. v. ZMR 2011, 215; *Blank* in Blank/Börstinghaus § 566a BGB Rn. 45 m.w.N.).

(2) Verursachungserfassung

Es muss eine Verbrauchs- oder Verursachungserfassung durchgeführt werden Es genügt also nicht ein Umlegungsmaßstab, der lediglich dem unterschiedlichen Verbrauch Rechnung trägt, wie z.b. eine Verteilung nach Personenzahl (*Schmid*, MietRB 2014, 55 [57]). Die Änderungsmöglichkeit beschränkt sich auf Kostenarten, bei denen eine Verursachungserfassung erfolgt. Nicht möglich ist deshalb die völlige Umstellung einer Inklusivmiete auf eine Nettomiete (*Börstinghaus*, NZM 2004, 121 ff.). 4140

(3) Verbrauchsabhängige Abrechnung

Die künftige Kostenumlegung muss dem erfassten Verbrauch oder der erfassten Verursachung Rechnung tragen. Es muss zumindest eine teilweise verbrauchs- oder verursachungsabhängige Abrechnung erfolgen. Nicht ausgeschlossen wird die Änderung dadurch, dass eine Kombination zwischen einem Festanteil und einem Verbrauchsanteil gewählt wird (*BGH* MietRB 2011, 38 = MDR 2010, 1373). Wie Verbrauch oder Verursachung erfasst werden, hängt von der jeweiligen Kostenart ab. Abgesehen von den besonderen Vorschriften der HeizkostenV obliegen Art und Durchführung der Erfassung dem Vermieter. Das gilt insbesondere für das Verhältnis von Verbrauchs- und Festkostenanteil (*Schmid*, MietRB 2014, 55 [57]). 4141

(4) Wirtschaftlichkeitsgrundsatz

Eine wirtschaftliche Unzweckmäßigkeit kann der Zulässigkeit der Umstellung entgegensteht, wenn eine verursachungsbezogene Abrechnung erheblich mehr kostet, als sie an erhoffter Einsparung bringt (vgl. Schläger, ZMR 1994, 192). Zwar enthält § 556a Abs. 2 BGB keine dem § 11 Abs. 1 Nr. 1 Buchst. a) HeizkostenV entsprechende Regelung. Jedoch ist der Wirtschaftlichkeitsgrundsatz zu beachten. Dem Wirtschaftlichkeitsgrundsatz ist hier der Vorrang einzuräumen, da der Vermieter hier anders als bei der HeizkostenV nach seinem Ermessen vorgehen kann. Der Vermieter handelt ermessensmissbräuchlich, wenn abzusehen ist, dass die den Mietern durch eine verursachungsbezogene Abrechnung entstehenden Kosten außer jedem Verhältnis zu möglichen Einsparungen stehen (*Schmid*, WuM 2001, 427). 4142

cc) Durchführung

Die Änderung erfolgt durch einseitige Erklärung in Textform (§ 126b BGB), die vor Beginn eines Abrechnungszeitraumes abgegeben werden muss (§ 556a Abs. 2 Satz 2 BGB). 4143

Dem Mieter muss die Erklärung zugehen. Er muss aber nicht zustimmen. 4144

Eine Begründung ist nicht erforderlich, da das Gesetz im Gegensatz zu anderen Regelungen eine solche nicht vorschreibt (vgl. *BGH,* 16.7.2003 – VIII ZR 2003, 824 = MDR 2004, 49 = NJW 2003, 2900 = GE 2003, 1152). 4145

Eine unwirksame Erklärung kann erneut abgegeben werden, jedoch ohne Rückwirkung. Akzeptiert der Mieter die Abrechnung trotz Unwirksamkeit der Umstellungserklärung, kann nach Lage des Einzelfalls eine vertragliche Änderung angenommen werden (*Kinne*, GE 2007, 889 [890]). 4146 *dd) Folgen*

4147 Mit dem Wirksamwerden der einseitigen Änderung wird die getroffene Regelung Vertragsbestandteil und steht damit einer entsprechenden Vereinbarung gleich. Das hat insbesondere zur Folge, dass der Vermieter hinsichtlich der gleichen Position keine weitere einseitige Änderung aufgrund des § 556a Abs. 2 BGB vornehmen kann (*Schmid*, MietRB 2014, 55 [57]).

4148 Die Erklärung des Vermieters wirkt sich mit dem Beginn des nächsten Abrechnungszeitraumes aus. Eine Rückwirkung ist ausgeschlossen (*Kinne*, GE 2008, 156).

c) Preisgebundener Wohnraum

4149 556a Abs. 2 BGB ist auf preisgebundenen Wohnraum entsprechend anzuwenden. Abweichende Vorschriften des Preisbindungsrechts stehen nicht entgegen. Die Förderung der verbrauchsabhängigen Abrechnung entspricht auch bei preisgebundenem Wohnraum dem Gesetzeszweck.

4150 Für die Durchführung der Änderung ist ebenfalls auf § 556a Abs. 2 BGB zurückzugreifen. Da es nicht um Vorauszahlungen und Nachzahlungen geht, findet § 20 Abs. 4 Satz 1 NMV 1970 keine Anwendung. Es handelt sich auch nicht um eine Mieterhöhung im Sinne des § 10 WoBindG.

4151 Praktische Bedeutung erlangt die Änderungsbefugnis allerdings nur für die Kostenarten, für die nicht ohnehin eine verursachungsbezogene Abrechnung zwingend vorgeschrieben ist und soweit die §§ 20 ff. NMV 1970 nicht abschließende Sonderregelungen enthalten.

d) Geschäftsraummietverhältnisse

4152 Auf die Geschäftsraummiete sind die für Wohnraum geltenden Vorschriften nicht entsprechend anwendbar. § 556a BGB ist in der Verweisungsnorm des § 578 BGB nicht erwähnt. Auch von der Interessenlage her ist eine analoge Anwendung nicht gerechtfertigt. Sowohl Art und Umfang der umzulegenden Nebenkosten als auch die unterschiedlichen Nutzungsgegebenheiten sind mit Wohnraummietverhältnissen nicht vergleichbar. Ein einseitiger Eingriff in die Umlegungsvereinbarung kann deshalb ganz andere Auswirkungen haben als bei Wohnraummietverhältnissen.

e) Störung der Geschäftsgrundlage

4153 Eine wesentliche Veränderung der Umstände, die zu einer Störung der Geschäftsgrundlage führt, gibt dem Vermieter kein Recht zu einer einseitigen Änderung, sondern nach § 313 BGB nur einen Anspruch auf Zustimmung zur Änderung. § 556a BGB gilt nicht für die Vermietung von Geschäftsräumen. Deshalb ist zur Vertragsänderung die Zustimmung des Mieters erforderlich. Die irrige Vorstellung seitens des Vermieters von Gewerberaum, dass der vertragliche Umlageschlüssel zur Deckung der anfallenden Betriebskosten führt, rechtfertigt keinen Anspruch des Vermieters auf Zustimmung durch den Mieter zur Vertragsanpassung nach § 313 Abs. 2 BGB. Die irrige Kalkulation des Vermieters zählt zu dessen Risiko. Anders kann es sein, wenn

4. Vertraglicher Änderungsvorbehalt

a) Voraussetzungen

Die mietvertragliche Regelung kann sich auch darauf beschränken, dass dem Vermieter die Bestimmung der Verteilungsmaßstäbe überlassen wird (*Breiholdt* ZMR 2009, 291; a.A. *AG Oberhausen* DWW 2003, 231; *Blank* NZM 2004, 367). Im Mietvertrag kann weiter vereinbart werden, dass der Vermieter den Umlegungsmaßstab einseitig ändern kann. § 556a BGB schließt eine solche Vereinbarung nicht aus (*LG Bonn* WuM 1988, 220; *Schmid* DWW 2002, 123; a.A. *Blank* DWE 2005, 107). Es handelt sich um eine Vereinbarung nach § 556a Abs. 1 BGB, für die die Unabdingbarkeitsregelung des § 556a Abs. 3 BGB nicht gilt. Auch § 557 Abs. 4 BGB steht nicht entgegen, auch wenn die Änderung des Abrechnungsmaßstabs zu einer höheren Belastung des Mieters führt (Schmid, MietRB 2014, 55 [58]; a.A. *Lehmann-Richter* ZWE 2009, 345). § 556a BGB, der Vereinbarungen über den Abrechnungsmaßstab zulässt, ist nämlich lex specialis zu § 557 BGB. Die Änderung des Abrechnungsmaßstabs ist keine Änderung der Miethöhe. Eine höhere Miete kann lediglich Folge der Änderung des Abrechnungsmaßstabs sein. 4154

Bei Formularmietverträgen ist zu beachten, dass die Rechtsprechung eine Änderungsklausel nach §§ 307, 308 Nr. 4 BGB für unwirksam hält, wenn nicht die Änderungsbefugnis ausdrücklich an das Vorliegen sachlicher Gründe gebunden ist und diese Gründe in der Klausel genannt sind (*BGH* NJW 1994, 1060 = MDR 1995, 260; *LG Hamburg* ZMR 1988, 36). Auf die Beachtung des billigen Ermessens muss in der Änderungsklausel hingewiesen werden (*LG Frankfurt/M.* WuM 1990, 271, 273). Behält sich der Vermieter die Bestimmung eines nur »geeigneten« Umlegungsmaßstabes ohne einen Hinweis auf die Billigkeit und die Einschränkungen des § 6 HeizkostenV (Rdn. 6169 ff.) vor, ist die Formularklausel unwirksam (*BGH*, 20.1.1993 – VIII ZR 10/92, ZMR 1993, 263). 4155

Bei einer vertraglich vereinbarten Änderungsmöglichkeit hängt die Zulässigkeit der Änderung zunächst vom Vertrag ab. Geändert werden kann nur unter den Voraussetzungen und in dem Umfang, in dem dies der Mietvertrag zulässt. 4156

Sind die Voraussetzungen für eine Änderung vertraglich nicht näher bestimmt, kann der Vermieter nicht willkürlich tätig werden, sondern ist durch das billige Ermessen sowohl für das Ob als auch für das Wie der Änderung gebunden. In der Regel muss für die Änderung ein Grund vorhanden sein (*LG Bonn* WuM 1988, 220), z.B. dass sich der bisherige Maßstab als unzweckmäßig oder unbillig erwiesen hat. 4157

Ist ein wirksamer Änderungsvorbehalt vereinbart, so entspricht die Änderung des Abrechnungsmaßstabs in der Regel billigem Ermessen, wenn die Wohnungseigentümer den Kostenverteilungsschlüssel im Rahmen einer ordnungsmäßigen Verwaltung ändern (*Schmid* MietRB 2009, 276 [278]). Auch die Verwaltung der Wohnungseigentümer muss nach § 21 Abs. 4 WEG billigem Ermessen entsprechen. Allerdings ist 4158 hierbei (nur) auf das Interesse der Wohnungseigentümer abzustellen. Bei der Kostenverteilung werden jedoch wesentliche Wertungsunterschiede nicht auftreten. Eine bewusste Benachteiligung der vermieteten Wohnungen würde den Gleichbehandlungsgrundsatz verletzen und damit ordnungsmäßiger Verwaltung widersprechen (vgl. *BGH,* 1.10.2010 – V ZR 220/09, ZMR 2011, 141 = NJW 2010, 3508 = MDR 2011, 20 = ZMR 2011, 141). Unbilligkeiten können sich deshalb nur in Einzelfällen ergeben. Es empfiehlt sich eine Änderung der Abrechnungsmaßstäbe innerhalb der Wohnungseigentümergemeinschaft im Mietvertrag ausdrücklich als Fall einer Änderungsmöglichkeit aufzuführen.

4159 Billigem Ermessen entspricht in der Regel nur eine Änderung für künftige Abrechnungszeiträume (*OLG Frankfurt/M.* ZMR 2004, 182). Das erfordert eine Mitteilung an den Mieter vor Beginn des Abrechnungszeitraums (*AG Charlottenburg* GE 2013, 1345). Falls vertraglich nicht etwas anderes vereinbart ist, kann deshalb der Vermieter nicht nach Ablauf der Abrechnungsperiode den Umlegungsmaßstab für einzelne Betriebskostenarten einseitig ändern (*OLG Hamburg* WuM 1992, 76).

b) Durchführung

4160 Die Änderung gegenüber dem Mieter erfolgt in diesen Fällen durch einseitige Erklärung des Vermieters, die sofern nichts anderes vereinbart ist, keiner besonderen Form bedarf. Die Änderungserklärung muss gegenüber allen betroffenen Mietern abgegeben werden.

c) Folge

4161 Nach einer wirksamen Änderung tritt der neue Abrechnungsmaßstab an die Stelle des bisherigen. Eine erneute Änderung ist wiederum nur unter den vertraglich festgelegten Voraussetzungen möglich, sofern nicht ein gesetzlicher Änderungstatbestand eingreift.

5. Änderung bei Verweisung auf Regelungen Dritter

4162 Ist vereinbart, dass Regelungen Dritter maßgeblich sein sollen, so tritt mit einer Änderung dieser Regelungen ohne weiteres eine Änderung des Umlegungsmaßstabes ein. Der Vermieter ist jedoch nach Treu und Glauben verpflichtet, den Mieter hierüber möglichst umgehend zu informieren.

6. Verpflichtung zur Änderung

a) Verpflichtung des Vermieters

4163 Die Annahme einer Verpflichtung des Vermieters setzt voraus, dass diesem eine einseitige Änderung überhaupt rechtlich möglich ist. Das ist dann der Fall, wenn der Vermieter aufgrund gesetzlicher oder vertraglicher Regelungen ein einseitiges Änderungsrecht hat.

4164 Besteht ein solches Recht nicht, kann der Vermieter zu einer Änderung nur verpflichtet sein, wenn alle betroffenen Mieter der Änderung zustimmen oder wenn deren

C. Festlegung der Abrechnungsmaßstäbe   Teil IV

Widerspruch wegen rechtsmissbräuchlichen Verhaltens unbeachtlich ist. Voraussetzung ist also in diesen Fällen eine Bereitschaft oder eine Verpflichtung aller Mieter zur Zustimmung.

Eine Verpflichtung zu einer rückwirkenden Änderung kann in aller Regel nicht angenommen werden, da sich auch der Vermieter darauf verlassen können muss, dass er die Abrechnung wie von ihm geplant und vorbereitet durchführen kann. Insbesondere ist eine Änderung bereits erfolgter Abrechnungen unzumutbar (*AG Lippstadt* WuM 1995, 594, 595; *AG Moers* WuM 1996, 96, 97; *AG Weimar* WuM 1997, 119). 4165

Für die Zukunft wird jedoch eine Änderungsverpflichtung des Vermieters nach §§ 242, 315 BGB angenommen, wenn der bisherige Maßstab grob unbillig ist oder im Laufe der Zeit unbillig geworden ist (*LG Düsseldorf* WuM 1996, 777), für einen Mieter zu nicht mehr hinnehmbaren Belastungen führt (*LG Aachen* WuM 1991, 503 für den konkret entschiedenen Fall zweifelhaft) und ein Wechsel des Maßstabes möglich und zumutbar ist (*LG Mannheim* NZM 1999, 365). 4166

Die Unbilligkeit muss evident sein und ein anderer Maßstab muss zu gerechteren Ergebnissen führen (*LG Mannheim* NZM 1999, 365). Auf dieser Grundlage nimmt das *LG Stuttgart* (MietRB 2013, 353 m. krit. Anm. *Schach*) eine Verpflichtung des Vermieters zur Vorerfassung des Verbrauches eines Mieters an, wenn dieser im Vergleich zu anderen Mietern extrem viel Wasser verbraucht. 4167

Dabei ist jedoch ein strenger Maßstab anzulegen (*OLG Düsseldorf* WuM 2003, 287). Bloße Zweifel an der Billigkeit des Abrechnungsmaßstabes genügen nicht, um ein auf Änderung des gesetzlichen Abrechnungsmaßstabes gerichtetes Verlangen des Mieters zu rechtfertigen (*BGH* GE 2008, 661). Durch die Festlegung der Umlegungsmaßstäbe wird ein Vertrauenstatbestand geschaffen, auf den sich sowohl der Vermieter als auch die anderen Mieter berufen können. 4168

M. E. ist deshalb die Änderungsverpflichtung auf Fälle zu beschränken, in denen der bisherige Umlegungsmaßstab aufgrund nicht vorhersehbarer Umstände zu schlechthin untragbaren Ergebnissen führt. Allein mit Treu und Glauben kann ein Änderungsanspruch nicht begründet werden. Es müssen schon besondere Umstände vorliegen, die eine Weigerung des Vermieters als rechtsmissbräuchlich erscheinen lassen würden (für eine bloße Interessenabwägung: *AG Moers* WuM 1996, 96). 4169

Auch ein übereinstimmendes Verlangen aller Mietparteien, was in der Praxis ohnehin selten sein wird, führt nicht zu einer Änderungsverpflichtung des Vermieters, selbst wenn der technische Aufwand für die Änderung zumutbar erscheint (a.A. *AG Weimar* WuM 1997, 119; *Schläger* ZMR 1994, 191, 195), kann jedoch im Rahmen der Gesamtabwägung berücksichtigt werden (*AG Moers* WuM 1996, 96). 4170

Ein neuer Abrechnungsmaßstab ist vom Vermieter auch dann festzulegen, wenn der bisherige Abrechnungsmaßstab unwirksam ist (*KG* GE 2004, 423). Dabei handelt es sich allerdings streng genommen nicht um eine Änderung, da noch kein wirksamer Maßstab bestimmt war. 4171

4172 Bei einer Störung der Geschäftsgrundlage besteht nach § 313 BGB ein Anspruch auf Anpassung des Vertrages. Der Vermieter kann also verpflichtet sein, einer Vertragsänderung zuzustimmen. Das setzt allerdings voraus, dass alle Mieter zu einer Vertragsänderung bereit oder zur Zustimmung verpflichtet sind.

4173 Bei vermietetem Wohnungseigentum werden sich der Änderungsanspruch des Mieters gegen den Vermieter und der Anspruch des vermietenden Wohnungseigentümers gegen die übrigen Wohnungseigentümer auf Änderung des Abrechnungsmaßstabes nach § 10 Abs. 2 Satz 3 WEG in der Regel decken (vgl. *Derleder* WuM 2008, 444 [452]).

b) Zustimmungsverpflichtung der Mieter

4174 Auch hier wird man den Zustimmungsanspruch auf Ausnahmefälle beschränken und ähnliche Grundsätze wie für die Verpflichtung des Vermieters anwenden müssen (vgl. *LG Bautzen* WuM 2001, 289). Dabei müssen besonders strenge Anforderungen gestellt werden. Die Beseitigung eines Nachteils für einen Mieter führt nämlich zwangsläufig zu Nachteilen anderer Mieter (vgl. oben Rdn. 1003 f.). Wer im Vertrauen auf günstige Nebenkosten eine Wohnung gemietet hat, genießt einen Vertrauensschutz, der nicht mit Billigkeitserwägungen beseitigt werden kann. Eine Verpflichtung des Mieters, einer Änderung zuzustimmen, besteht nur, wenn der Vermieter selbst zu einer Änderung verpflichtet ist. Insbesondere besteht keine Verpflichtung des Mieters, einer Änderung nur deshalb zuzustimmen, weil der Vermieter unzweckmäßige oder unterschiedliche Maßstäbe gewählt hat (*AG Frankfurt/O*. WuM 1997, 432).

4175 Eine Störung der Geschäftsgrundlage kann zu einer Zustimmungsverpflichtung des Mieters nach § 313 BGB führen. Bei der Vermietung von Eigentumswohnungen kann eine Störung der Geschäftsgrundlage vorliegen, wenn die Parteien bewusst gerade den für die Kostenverteilung unter den Wohnungseigentümern zugrunde gelegten Maßstab vereinbart haben und dieser geändert wurde, ohne dass der Vermieter hiergegen mit Aussicht auf Erfolg hätte vorgehen können (*Schmid* GE 2007, 1094 [1095]; offen gelassen von *OLG Frankfurt/M*. ZMR 2004, 182 [183]; a.A. *Drasdo* ZMR 2008, 421 [424]). Wenig praktikabel erscheint der Vorschlag (*Lehmann-Richter* ZWE 2009, 345 [350]) darauf abzustellen, ob sich die Änderung zugunsten oder zulasten des Mieters auswirkt. Wenn verbrauchsabhängige Komponenten im Abrechnungsmaßstab enthalten sind, lässt sich das nämlich nicht generell feststellen.

4176 Je nach Sachlage kann sich eine Streitverkündung im Beschlussanfechtungsverfahren nach dem WEG empfehlen (*Drasdo* DWW 2004, 321), wenn zweifelhaft ist, ob die Änderung ordnungsmäßiger Verwaltung und damit billigem Ermessen entspricht (*Schmid* GE 2007, 1094 [1095]).

IV. Änderung von Abrechnungskreisen

4177 § 556a Abs. 2 BGB wird analog angewendet, wenn die Zuordnung einzelner Kosten zu vertraglich vereinbarten Abrechnungskreisen geändert werden soll (*LG Itzehoe* NZM 2011, 360 für eine Einbeziehung der Kaltwasser- und Entwässerungskosten in den Abrechnungskreis Heizkosten). Demgegenüber hält der *BGH* (13.3.2012 – VIII ZR 291/11 =WuM 2012, 345) eine Änderung der Kostenzuordnung zu verschiedenen Abrechnungskreisen bereits aus Zweckmäßigkeitsgründen für zulässig.

D. Einzelne Umlegungsmaßstäbe

I. Wohn- und Nutzfläche

1. Grundsätzliches

Der Begriff der Wohnfläche ist im Recht der Wohnraummiete auch im frei finanzierten Bereich grundsätzlich anhand der für preisgebundenen Wohnraum zum Zeitpunkt des Abschlusses des Mietvertrags geltenden Bestimmungen zu bestimmen (*BGH*, 17.4.2019 – VIII ZR 33/18, MietRB 2019, 196 = MM 2019, 35 = WuM 2019, 319; BGH, 23.5.2007 – VIII ZR 231/06, NJW 2007 = WuM 2007, 441). Etwas anderes gilt u.a., sofern ein anderer Modus zur Berechnung ortsüblich ist (*BGH* a.a.O.). Das Verhältnis der Wohn- und Nutzflächen ist als Regelmaßstab vorgesehen in § 556a Abs. 1 BGB, § 20 Abs. 2 Satz 1 NMV 1970 und in § 7 Abs. 1 Satz 2, § 8 Abs. 1 HeizkostenV für den verbrauchsunabhängigen Anteil. 4178

Eine Kostenverteilung nach Wohn- bzw. Nutzfläche entspricht bei der gebotenen generalisierenden Betrachtungsweise auch der **Billigkeit**. Je größer die vermietete Fläche ist, umso teurer ist die Mieteinheit in der Regel auch, sodass sozialen Gesichtspunkten Rechnung getragen wird. Eine größere Fläche bietet auch die Möglichkeit einer größeren Nutzung, sodass auch die generelle Möglichkeit einer größeren Kostenverursachung gegeben ist. 4179

Man kann deshalb diesem Verteilungsmaßstab auch dann nicht den Einwand der Unbilligkeit entgegenhalten, wenn die Wohnungen innerhalb der Abrechnungseinheit unterschiedlich belegt sind (*OLG Hamm* GE 1984, 223; *LG Wuppertal* WuM 1989, 520; *AG Köln* ZMR 1997, 30; a.A. *LG Aachen* DWW WuM 1993, 410; *LG Düsseldorf* WuM 1994, 30). Auch wenn Gebühren personenzahlbezogen anfallen, ist der Vermieter nicht gezwungen, sie auch personenbezogen umzulegen. Grobe Unbilligkeit liegt selbst dann nicht vor, wenn eine Abrechnung nach Personenzahl für eine Mietpartei zu einer Halbierung der Belastung führen würde (a.A. *AG Lippstadt* WuM 1995, 594 f.). Dies gilt vor allem deshalb, weil eine personenbezogene Abrechnung dem Vermieter in der Regel nicht zumutbar ist. 4180

(unbesetzt) 4181

2. Flächenberechnung

a) Grundsätzliches

Bei **preisgebundenem Wohnraum** erfolgt die Berechnung der Wohnfläche (vgl. § 2 NMV 1970) nach der II. BV (abgedruckt unter Rdn. 9005). 4182

4183 Nach § 42 II. BV in der seit 1.1.2004 geltenden Fassung verbleibt es für **Wohnflächenberechnungen, die bis zum 31.12.2003 erfolgt sind**, bei dieser Berechnung. Hierfür gelten also weiter die §§ 42 ff. II. BV a.F. (abgedruckt unter Rdn. 9009). Soweit danach der Vermieter ein einseitiges Bestimmungsrecht hat, gilt der Einfrierungsgrundsatz des § 4a II. BV, d. h. der Vermieter kann die getroffene Bestimmung nicht mehr einseitig ändern. Dieser Grundsatz wird in § 43 Abs. 1 Satz 2, § 44 Abs. 4 Satz 3 II. BV a.F. wiederholt.

4184 Soweit **nach dem 31.12.2003** bauliche Änderungen vorgenommen werden, die eine Neuberechnung der Wohnfläche erforderlich machen, sind die Vorschriften der WoFlV (Rdn. 9008) anzuwenden (§ 42 Satz 2 II. BV n. F.).

4185 Für **sonstige Mietverhältnisse** gibt es keine gesetzliche Regelung für die Flächenberechnung zur Nebenkostenabrechnung. Das gilt auch für Mietverhältnisse über Wohnraum, der nach dem WoFG gefördert ist. Nach § 1 Abs. 1 WoFlV gilt diese nur für die Wohnfläche, die nach dem WoFG berechnet wird. Insoweit handelt es sich jedoch nur um spezielle Vorschriften des WoFG, insbesondere § 10 dieses Gesetzes. Die Betriebskosten sind zwar auch in § 28 Abs. 4 Nr. 1 WoFG erwähnt. Dort wird aber keine bestimmte Berechnungsweise vorgeschrieben, sondern auf die §§ 556, 556a und 560 BGB verwiesen.

4186 *(unbesetzt)*

4187 Für die Flächenberechnung werden verschiedene Verfahren vorgeschlagen:
- Anwendung der Vorschriften der WoFlV (*BGH*, 24.3.2004 – VIII ZR 44/03, ZMR 2004, 501 = NZM 2004, 454 für den Regelfall, *LG Paderborn* WuM 1998, 289; *AG Bergheim* WuM 1998, 36). Zwar ist die Aufstellung von Vorschriften über die Berechnung der Wohnfläche nunmehr Sache der Länder (§ 19 WoFG – Rdn. 9002). Soweit und solange landesrechtliche Regelungen nicht erlassen sind, gilt die WoFlV weiter. Der Text ist in Rdn. 9008 abgedruckt. Für Flächenberechnungen bei Gewerberäumen werden diese Regelungen nicht herangezogen (*KG* GE 2006, 53).
- Abstellen auf DIN 277 Teil 1 für Gewerbeimmobilien (vgl. *KG* GE 2006, 53; *Durst/v. Zitzewitz* NZM 1999, 605). Diese stellt allerdings für den Wohnraummieter eine unangemessene Benachteiligung im Sinne des § 307 BGB dar, da sie die Besonderheiten einer Wohnraumnutzung nicht berücksichtigt (*Eisenschmid* WuM 2006, 241 [242]).
- Richtlinien der Gesellschaft für immobilienwirtschaftliche Forschung e.V. (gif) zur Berechnung der Mietfläche für gewerblichen Raum (MF/G), für Wohnraum (MF/W) und der Verkaufsfläche im Einzelhandel (MF/V) (vgl. *Durst/v. Zitzewitz* NZM 1999, 605; *Schul/Wichert* ZMR 2002, 634/635).
- Berechnung nach Achsmaß bei einfach strukturierten Objekten (*Schießer* MDR 2003, 1401 ff.).
- Berechnung nach den Außenlinien der Umfassungswände, bei angrenzenden Mietobjekten nach der Mittellinie der Trennwand (*KG* ZMR 2004, 752).
- Ausmessen der Grundfläche (*Blank* NZM 2008, 745 [755]).

D. Einzelne Umlegungsmaßstäbe Teil IV

- Maßgeblichkeit der Verhältnisse des Einzelfalls (*BayObLG* WuM 1983, 254 für eine Mieterhöhung).
- Eigene Flächenberechnungsmethoden des Vermieters (*Durst/v. Zitzewitz* NZM 1999, 605) oder vereinbarte eigene Flächenberechnungen (*KG* ZMR 2010, 951).

Da es keine gesetzliche Regelung gibt und auch im allgemeinen Sprachgebrauch keine klaren Konturen erkennbar sind (*BGH*, 4.10.2000 – XII ZR 44/98, NZM 2001, 234), können m. E. grundsätzlich alle Berechnungsmethoden angewendet werden. Klar ist, dass innerhalb einer Abrechnungseinheit für die Kostenverteilung dieselbe Berechnungsmethode Anwendung finden muss (*Kraemer* NZM 1999, 162). **4188**

b) Vereinbarte Berechnungsmethode

Die Berechnungsmethode kann in einem **Individualvertrag** frei vereinbart werden (BGH, 24.3.2004 – VIII ZR 133/03, ZMR 2004, 500 = NZM 2004, 454 [455]; *Schul/Wichert* ZMR 2002, 633 [635]; *Blank* MietRB 2011, 325). Das kann auch stillschweigend geschehen (*BGH*, 22.2.2006 – VIII ZR 219/04, ZMR 2006, 439). Dann ist der Mietvertrag nach §§ 133, 157 BGB auszulegen, wobei besondere örtliche Üblichkeiten oder ein besonderer Wohnungszuschnitt (z.B. ausgedehnter Spitzboden) zu beachten sind (*BGH*, 24.3.2004 – VIII ZR 133/03, ZMR 2004, 500 = NZM 2004, 454). **4189**

Bei **Formularmietverträgen** darf keine unbillige Benachteiligung einzelner Mieter i.S.d. § 307 BGB erfolgen. Außerdem muss die Klausel dem Transparenzgebot des § 307 Abs. 1 Satz 2 BGB genügen. Hierfür wird verlangt, dass die Berechnungsvorschriften dem Mietvertrag beigefügt werden (*Joachim* GuT 2004, 207). Bei Anwendung der WoFlV erscheint jedoch ein Verweis hierauf ausreichen (vgl. zur Verweisung auf die BetrKV § 556 BGB Rdn. 3009). Zur Vermeidung späterer Streitigkeiten ist die Vereinbarung einer bestimmten Berechnungsmethode empfehlenswert (*Kinne* GE 2012, 370; *Schmid* GuT 2012, 98). **4190**

c) Fehlen einer ausdrücklichen Vereinbarung

Fehlt eine ausdrückliche Vereinbarung und enthält der Vertrag Flächenangaben, so ist durch Auslegung (§§ 133, 157 BGB) zu ermitteln, welche Berechnungsmethode von den Parteien gewollt ist (*BGH*, 19.1.2012 – V ZR 141/11, GE 2012, 370 = WuM 2012, 164). **4191**

Der **Begriff der Wohnfläche** ist mangels anderer Anhaltspunkte unter Berücksichtigung der Verkehrssitte zu bestimmen (*BGH*, 17.4.2019 – VIII ZR 33/18, WuM 2019, 319 = MM 2019, 35).*BGH* GE 2012, 370 = WuM 2012, 164). Entsprechendes gilt bei der Gewerberaummiete für die Berechnung von dort vereinbarten Flächen. Grundsätzlich ist bei Wohnraum davon auszugehen, dass nach dem Willen der Parteien die WoFlV zugrunde zu legen ist, es sei denn, die Parteien haben dem Begriff der Wohnfläche im Einzelfall eine abweichende Bedeutung beigemessen oder eine andere Berechnungsmethode ist ortsüblich (*BGH*, 17.4.2019 – VIII ZR 33/18, WuM **4192**

2019, 319) oder nach der Art der Wohnung naheliegender; wurde der Mietvertrag vor dem 1.1.2004 geschlossen, treten anstelle der WoFlV die §§ 42 ff. II. BV (*BGH*, 23.5.2007 – VIII ZR 231/06, ZMR 2007, 764).

4193 Eine **Verkehrssitte** setzt voraus, dass abweichend von den sonst anwendbaren Bestimmungen, bei Wohnraum der Wohnflächenverordnung ein anderes Regelwerk, also die II. BerechnungsVO, die DIN 283 oder die DIN 277 insgesamt angewendet wird (BGH, 17.4.2019 – VIII ZR 33/18, WuM 2019, 319Anschluss an *BGH*, 23.5.2007 – VIII ZR 231/06, ZMR 2007, 764 = NJW 2007, 2624 = WuM 2007, 441).

4194–4196 *(unbesetzt)*

4197 Für **Gewerberaummietverhältnisse** bestehen entsprechende Anknüpfungspunkte nicht.

Ist keine bestimmte Berechnungsmethode vereinbart und lässt sich eine solche auch nicht aus den Umständen, insbesondere den Vertragsverhandlungen oder den ortsüblichen Gepflogenheiten entnehmen, bestimmt der Vermieter die Berechnungsmethode einseitig (*Schmid* in: Schmid/Harz, Mietrecht, § 556a Rn. 161). Dabei muss das billige Ermessen nach § 315 BGB gewahrt werden (*Langenberg* NZM 2001, 783 [791]).

4198 Besteht eine Verkehrssitte, ist sie unabhängig davon maßgebend, ob sie den Parteien bekannt ist oder nicht (*BGH*, 2.2.2012 – V ZB 184/11, GE 2012, 370 = WuM 2012, 164).

4199 Enthält der Mietvertrag keine Flächenangaben, so gelten die vorstehenden Grundsätze entsprechend, wenn eine Flächenbestimmung notwendig ist. Zwar fehlt dann das Anknüpfungskriterium der Auslegung einer bestimmten Vereinbarung. Es ist jedoch davon auszugehen, dass die Parteien generell nach den ortsüblichen Gepflogenheiten verfahren wollen.

d) Prozessuales

4200 Zur prozessualen Behandlung der Problematik hat der *BGH in der Entscheidung vom 2.2.2012 (V ZB 184/11,* GE 2012, 370 = WuM 2012, 164) folgende Grundsätze aufgestellt:
– Ob die von einer Partei behauptete Verkehrssitte besteht, ist keine Rechts-, sondern eine Tatfrage.
– indem entsprechenden Beweisantrag ist zu entsprechen; andernfalls liegt ein Verstoß gegen den Anspruch auf rechtliches Gehör vor.
– Geeignete Beweismittel sind eine amtliche Auskunft der Architektenkammer und ein Sachverständigengutachten.

4201 Kein geeignetes Beweismittel ist die Auskunft eines Maklerverbandes, der keine Behörde ist.

4202 Flächenberechnungen sind, vor allem bei Mieterhöhungen für Wohnungen, ein Massengeschäft. Es wäre gänzlich prozessunökonomisch, in einer Großstadt hunderte gleicher Gutachten zum Bestehen der notwendigerweise gleichen Verkehrssitte einzuholen.

Es bieten sich einige andere Möglichkeiten an (*Schmid* GuT 2012, 98 [99]): 4203
Pragmatisch wird sich das Problem in der Regel dadurch lösen, dass jedenfalls die anwaltlich vertretenen Parteien das Bestehen einer vom Gericht anerkannten Verkehrssitte ohne besondere Gründe in anderen Verfahren nicht mehr bestreiten. Außerdem besteht die Möglichkeit, Gutachten aus anderen Verfahren nach § 411a ZPO verwerten. In Betracht kommt auch eine aus mehreren gleichliegenden Verfahren erworbene eigene Sachkunde des Gerichts. Schließlich wird zur Flächenermittlung in vielen Verfahren ohnehin ein Sachverständigengutachten erforderlich sein. Dabei wird man davon ausgehen können, dass zumindest ein ortsansässiger Sachverständiger auch über die erforderliche Sachkenntnis hinsichtlich des Bestehens einer Verkehrssitte verfügt. Der Gutachtensauftrag kann deshalb auch ausdrücklich hierauf erstreckt werden.

3. Vereinbarte Flächen

a) Grundsätzliches

aa) Zulässigkeit einer Flächenvereinbarung

Kraemer (NZM 1999, 162) weist zutreffend darauf hin, dass die Vereinbarung einer 4204
einzelnen Mietfläche mit einem einzelnen Mieter sinnlos ist, weil es nicht auf die absolute Fläche, sondern auf das Flächenverhältnis ankommt. Es müsste deshalb ein Flächenverhältnis vereinbart werden. Dann kann man aber gleich auf die einfachere prozentuale Umlegung zurückgreifen und gegebenenfalls eine Ca.-Größe als Berechnungsgrundlage angeben (vgl. Redaktion in WE 1999 Heft 9 S. 15; *Schmid* ZMR 2008, 43).

Gleichwohl wird die Vereinbarung bestimmter Flächen auch für die Nebenkostenabrechnung von der überwiegenden Rechtsprechung weitgehend zu Unrecht zugelassen 4205
(*BGH*, Urt. v. 31.10.2007 – VIII ZR 261/06, NJW 2008, 142 = WuM 2007, 700 = ZMR 2008, 38 m. abl. Anm. *Schmid*, soweit die Abweichung nicht mehr als 10 % beträgt; a.A. zu Recht u.a. *Beyer* NJW 2010, 1025 [1029]; *Langenberg* F Rn. 82). Dabei wird die Rechtsprechung des BGH zur Sollbeschaffenheit der Mietsache und die Bejahung eines zur Minderung führenden Mangels (*BGH*, Urt. v. 24.2.2004 – VIII ZR 295/03, WuM 2004, 336; v. 24.3.2004 – VIII ZR 133/03, WuM 2004, 268; v. 24.3.2004 – VIII ZR 44/03, WuM 2004, 337) auf den Wohnflächenanteil als Berechnungsfaktor einer Betriebskostenabrechnung angewandt.

(unbesetzt) 4206

Im Urteil vom 18.11.2015 – VIII ZR 266/14, NZM 2016, 42 = WuM 2016, 34 = 4207
ZMR 2016, 194 hat der BGH seine Rechtsprechung aufgegeben, wonach die bei Vertragsabschluss getroffene Vereinbarung einer Wohnfläche für den Vermieter im Rahmen einer **Mieterhöhung** nach § 558 BGB dann bindend ist, wenn die tatsächliche Fläche gegenüber der vereinbarten bis zu 10 % überschritten wird. Bei einer höheren als 10 %igen Flächenüberschreitung hat der BGH ein Festhalten an der Flächenregelung für die jeweils nachteilig betroffene Partei für unzumutbar gehalten (*BGH*, Urt. v. 23.5.2007 – VIII ZR 138/06, WuM 2007, 450; *Beyer* WuM 2016, 92). Die

Entscheidung vom 18.11.2015 bezieht sich auf den Komplex der Mieterhöhung nach § 558 BGB bis zur ortsüblichen Vergleichsmiete.

4208 Der BGH hält nunmehr fest, dass auch Abweichungen von bis zu 10 % ungeeignet sind, die bei einer Mieterhöhung zu berücksichtigende Wohnungsgröße durch einen von den tatsächlichen Verhältnissen abweichenden Wert festzulegen. Damit ist jetzt stets die tatsächliche Größe der Wohnung maßgebend, aber eben nur bei der Mieterhöhung und bei der Abgrenzung zur Erheblichkeit eines Mangels.

4209 Betriebs- und Heizkosten, die nach gesetzlichen Vorgaben (§§ 556a Abs. 1 BGB, § 7 Abs. 1 HeizkV) ganz oder teilweise nach Wohnfläche umgelegt werden, sind im Allgemeinen nach der **tatsächlichen Fläche** der Wohnung umzulegen (*BGH*, 30.5.2018 – VIII ZR 220/17, MietRB 2018, 193 = WuM 2018, 426, Anm. Wall, WuM 2018, 496; NZM 2018, 671 Anm. Lehmann-Richter.).). Der BGH hat insoweit seine Rechtsprechung zur 10 %igen Grenze (*BGH*, 31.10.2007 – VIII ZR261/06, WuM 2007, 700 = ZMR 2008, 38) aufgegeben. Zwar stellt eine vertraglich vereinbarte Wohnfläche eine vertragliche Beschaffenheitsvereinbarung dar, weswegen ein zur Minderung berechtigender Mangel als erheblich zu werten ist, sofern er über 10 % über der vereinbarten Wohnfläche nach oben abweicht. Das heißt indessen nicht, dass stets von der vereinbarten Fläche ausgegangen werden muss. Auch bei Mieterhöhungen ist stets von der tatsächlichen Größe auszugehen. Maßgebend ist ferner die tatsächliche Fläche aller Wirtschaftseinheiten im Gebäude.

4210 In die Abrechnung ist im Allgemeinen der jeweilige Anteil der tatsächlichen Wohnfläche an der in der Wirtschaftseinheit (z.B. Mehrfamilienhaus) **tatsächlich** vorhandenen Gesamtwohnfläche maßgebend (*BGH*, 30.5,2018 – VIII ZR 220/17, WuM 2018, 496).

4211–4212 *(unbesetzt)*

bb) Vorliegen einer Flächenvereinbarung

4213 Bei nicht näher spezifizierter Flächenangabe im Mietvertrag ist im Einzelfall zu prüfen, ob es sich nur um eine Beschreibung des Mietobjektes handelt oder um eine verbindliche Umlegungsregelung. Das wird immer eine Frage der Vertragsauslegung im Einzelfall sein. Bei einem beiden Parteien bewussten Abweichen von den tatsächlichen Gegebenheiten liegt immer eine Vereinbarung vor.

4214 Die Angabe einer »Mietfläche« ist nicht als Vereinbarung einer Wohnfläche anzusehen (*AG Tempelhof-Kreuzberg* GE 2008, 1267); ebenso die Angabe einer »Mietraumfläche« (*LG Krefeld* WuM 2008, 593]).

4215 *(unbesetzt)*

4216 Die Angabe einer Wohnfläche in einem **Inserat** (*LG Dortmund*, Urt. v. 4.11.2010 – 11 S 133/10, InfoM 2010, 536; *LG Berlin*, Beschl. v. 16.5.1994 – 61 S 365/93, GE 1994, 763) oder **Maklerexposé** reicht zur Annahme einer konkludenten Wohnflächenvereinbarung nicht aus. Gleiches gilt für **telefonische Auskünfte** des Maklers (*LG München I*, Urt. v. 21.1.2016 – 31 S 23070/14, MietRB 2016, 62), wenn der Mietvertrag gleichermaßen keine Angaben enthält.

D. Einzelne Umlegungsmaßstäbe   Teil IV

Anders verhält es sich, wenn dem Mieter durch den Vermieter und dem von diesem   4217
beauftragten Makler konkrete Maße durch Aushändigung einer Grundrissskizze und
eine Wohnflächenberechnung genannt werden (*BGH*, Urt. v. 23.6.2010 – VIII ZR
256/09, WuM 2010, 480 = MietRB 2010, 289 = MDR 2010, 916).

Beim Verkauf eines Hausgrundstücks verneint der BGH ebenfalls eine Beschaffenheits-   4218
vereinbarung in einem Exposé oder in der Internetanzeige (*BGH*, Urt. v. 6.11.2015 –
V ZR 78/14, DWW 2016, 65: Im Exposé und im Internet wurde eine Wohnfläche
mit ca. 200 qm und eine Nutzfläche mit ca. 15 qm angegeben und den Käufern auf
Nachfrage Grundrisszeichnungen für EG, OG, DG ausgehändigt, aus denen sich eine
Fläche mit 215.3 qm ergab. Später wurde eine tatsächliche Gesamtfläche mit 171.74
qm ausgerechnet. Im notariellen Vertrag fanden die Angaben des Verkäufers keinen
Niederschlag. § 434 Abs. 1 S. 1 BGB wurde vom *BGH* abgelehnt.

cc) Einseitige Bestimmung

Durch eine einseitige Bestimmung des Vermieters kann die Festlegung fiktiver Flä-   4219
chen nicht erfolgen, da eine von den tatsächlichen Gegebenheiten abweichende Festlegung einen oder mehrere Mieter benachteiligt und deshalb nicht billigem Ermessen
entspricht.

(unbesetzt)   4220

dd) Flächenänderungen

Ändern sich durch Um-, An- oder Abbauten die Flächen, muss eine Anpassung der   4221
Vereinbarung mit allen Mietern erfolgen. Dabei muss entweder auf § 313 BGB (Störung der Geschäftsgrundlage) oder auf die Grundsätze der ergänzenden Vertragsauslegung zurückgegriffen werden (*Schmid* GuT 2008, 19 [21]).

b) Einzelfälle

Die Umsetzung der Rechtsprechung des *BGH* kann erhebliche praktische Schwierig-   4222
keiten bereiten:

aa) Vereinbarung aller Einzelflächen und Gesamtflächen in allen Mietverträgen

Wenn in jedem Mietvertrag alle Einzelflächen und die Gesamtfläche, die der Summe   4223
der Einzelflächen entspricht, angegeben sind, lässt sich das Verteilungsverhältnis unschwer ermitteln.

(unbesetzt)   4224–4232

4. Anwendung der Wohnflächenverordnung

a) Grundsätzliches

Die WoFlV wurde als Bundesrecht erlassen aufgrund der Ermächtigungsgrundlage des   4233
§ 19 Abs. 1 Satz 2 WoFG a.F.; § 19 WoFG in der Fassung des Föderalismusreform-
Begleitgesetzes vom 5.9.2006 (BGBl. I S. 2098) ermächtigt nunmehr die Länder,
Vorschriften zur Berechnung der Grundfläche und zur Anrechenbarkeit auf die

Wohnfläche zu erlassen. Soweit und solange solche Regelungen nicht erlassen sind, gilt die WoFlV weiter (*Hinz* WuM 2008, 633, 645).

4234 Für Balkone, Loggien, Dachgärten und Terrassen enthält § 4 Nr. 4 WoFlV einen Regelansatz von einem Viertel und einen Höchstansatz von der Hälfte. Der Ansatz kann – vorbehaltlich einer Regelung in einer Fördervereinbarung – mietvertraglich festgelegt werden. Fehlt eine Vereinbarung kann der Vermieter den Ansatz für die Nebenkostenumlegung nach billigem Ermessen bestimmen. Dabei müssen für eine Abweichung vom Regelansatz besondere Gründe vorhanden sein. Maßgeblich wird dabei meist der Nutzungswert sein. Terrassen, die nicht unmittelbar von der Wohnung aus betreten werden können, werden nicht angerechnet (*AG Hamburg* WuM 2007, 405).

4235 Ein »**Hobbyraum**« ist kein Zubehörraum sondern Wohnraum, wenn er durch Fenster belichtet, zentral beheizt, mit Rauputz versehen, mit Teppichboden ausgelegt und von Erdgeschoss aus über eine Treppe zu erreichen (*BVerwG* ZMR 1998, 191 [193])). Wird ein Hobbyraum als Wohnraum vermietet, ist er bei Flächenberechnung als solcher zu berücksichtigen (*BGH,* 20.2.2008 – VIII ZR 27/07, ZMR 2008, 691 = NZM 2008, 403 = GE 2008, 662).

4236 Flächen **außerhalb** der Wohnung gehören nicht zur Wohnfläche einer Wohnung, z.B. Treppenpodeste, auch wenn sie von den Bewohnern genutzt werden können (*LG Frankfurt* ZMR 2011, 382 zu § 42 II. BV a.F.). Entsprechendes gilt für eine Diele, die den Zugang zu einer weiteren Wohnung bildet (*AG Hamburg-Altona* ZMR 2011, 557).

b) Besonderheiten der Wohnflächenberechnung für Mietnebenkosten

4237 Die Vorschriften der WoFlV und der §§ 42 ff. II. BV a.F. sind nicht auf die Betriebskostenumlegung zugeschnitten und würden uneingeschränkt angewendet zu teilweise grob unbilligen Ergebnissen führen.

4238 Es sind deshalb folgende **Einschränkungen** zu machen:
– Räume, die den Anforderungen des **Bauordnungsrechts** nicht genügen (§ 2 Abs. 3 Nr. 2 WoFlV, § 42 Abs. 4 Nr. 3 II. BV a.F.), sind bei der Wohnflächenberechnung zu berücksichtigen, da andernfalls eine sachlich nicht zu rechtfertigende Privilegierung der Mieter dieser Räume eintreten würde. Das gilt insbesondere für Hobbyräume, die bauordnungsrechtlich keine Wohnräume sind, aber vielfach ähnlich oder gleich einem Wohnraum genutzt werden (vgl. *LG Berlin* GE 2012, 485).
– Wohnfläche, die **vom Mieter selbst geschaffen** wurde, kann bei der Wohnflächenberechnung grundsätzlich nicht einbezogen werden (*LG Berlin* NZM 1999, 307). Das beruht darauf, dass dem Vermieter hierfür keine Kosten entstanden sind. Für die Betriebskostenumlegung gilt dieses Argument jedoch nicht, sodass eine Berücksichtigung zu erfolgen hat.
– **Zubehörräume** (§ 2 Abs. 3 Nr. 1 WoFlV), die nur einer Mietpartei zur Verfügung stehen, können besondere Betriebskosten verursachen, insbesondere wenn sie beheizt sind (z.B. Keller) oder über einen Warm- und/oder Kaltwasseranschluss

D. Einzelne Umlegungsmaßstäbe   Teil IV

verfügen (z.B. Garagen). Sie sind dann bei der Verteilung der Kosten mit einzubeziehen. Dem unterschiedlichen Nutzungswert oder der unterschiedlichen Kostenverursachung kann entweder dadurch Rechnung getragen werden, dass die Räume entsprechend dem geringeren Nutzungswert und einer geringeren Kostenverursachung analog § 4 Nr. 4 WoFlV nur mit einer geringeren Grundfläche, höchstens bis zur Hälfte ihrer Grundfläche in die Wohnflächenberechnung miteinbezogen werden (vgl. *LG Berlin* GE 2001, 923). Um den damit verbundenen Bewertungsschwierigkeiten zu entgehen, erscheint es jedoch zweckmäßiger, eine Vorautteilung entsprechend der Trennung von Wohn- und Geschäftsräumen vorzunehmen. Dadurch werden aber die Zubehörräume nicht zu Geschäftsräumen. Bei einem einheitlichen Mietverhältnis, z.B. über eine Wohnung mit Tiefgaragenstellplatz, gilt einheitlich Wohnraummietrecht, sodass auch insoweit nur Betriebskosten im Sinne der BetrKV umgelegt werden können.

- **Geschäftsräume** (§ 2 Abs. 3 Nr. 2 WoFlV) sind in die Berechnung einzubeziehen, wenn sie sich innerhalb der Wohnung befinden, z.B. ein häusliches Arbeitszimmer. Zum gleichen Ergebnis kommt *Hinz* (WuM 2008, 633 [642]), der das Arbeitszimmer von vornherein als Wohnraum qualifiziert.
- Gehören **selbstständige Räume**, die nach §§ 42 ff. II. BV a.F. oder §§ 2, 4 WoFlV nicht oder nur zum Teil berücksichtigt werden, nicht ausschließlich zu einer bestimmten Wohnung, sind diese Vorschriften nicht anwendbar. Dienen die Räume allen Mietern der Abrechnungseinheit, bleiben sie bei der Flächenberechnung außer Betracht. Nutzt die Räume der Vermieter selbst oder sind sie gesondert vermietet, müssen sie bei der Ermittlung der Gesamtfläche berücksichtigt werden. Dem unterschiedlichen Nutzungswert oder der unterschiedlichen Kostenverursachung kann dadurch Rechnung getragen werden, dass eine Vorautteilung nach Wohnraum und Nichtwohnraum erfolgt.

Für die Betriebskostenumlegung ist das Verhältnis der Wohnflächen der einzelnen Mieter maßgebend. Flächen, die nicht oder nicht in vollem Umfang berücksichtigt werden, bleiben auch bei der Ermittlung der **Gesamtwohnfläche** außer Betracht.   4239

Entsprechende Korrekturen sind je nach Sachlage auch bei **anderen Berechnungsmethoden** erforderlich.   4240

5. Beweislast

Die Beweislast für die Richtigkeit des Flächenansatzes trifft den Vermieter. Es genügt aber, dass in der Abrechnung bestimmte Flächenangaben enthalten sind (*BGH*, 22.10.2014 – VIII ZR 41/14, ZMR 2015, 205 = WuM 2014, 744). Der Mieter muss sodann, wenn er die Angaben bezweifelt, substantiiert bestreiten, was für die Fläche seiner Wohnung als auch für die Gesamtfläche gilt. Dabei wird man im Regelfall davon ausgehen müssen, dass die Wohnung vermessen wird, wobei keine bestimmte Vermessungsmethode angewendet werden muss. Erforderlich ist, dass das Ergebnis einer laienhaften, im Rahmen der Möglichkeiten des Mieters liegenden Vermessung vorgetragen wird (*BGH* a.a.O.; *Hinz*, ZMR 2018, 1, 7). Ansatzpunkte für das Bestreiten der Gesamtfläche durch den Mieter können nach Ansicht von *Börstinghaus*   4241 sein: Dass die Fläche der Mieterwohnung unrichtig angegeben ist, unterschiedliche Wanddicke in den Etagen, das Vorhandensein von Erkern in anderen Stockwerken, Vorhandensein von Balkonen und verschiedene Angaben in Abrechnungen (*Börstinghaus*, WImmo 2016, 87 -120, zit. b. *Hinz* a.a.O.). Dabei wird dem Mieter ein Einsichtsrecht in die Baupläne zugestanden, während bei der Einsicht in andere Mietverträge bestimmte, nicht relevante Daten zu anonymisieren sind (*Hinz* a.a.O.; *Will*, WuM 2017, 502, 510; zu Daten der Abrechnung anderer Mieter (*BGH*, 7.2.2018 – VIII ZR 189/17, WuM 2018, 288 – Rdn. 3626; *Harsch*, WuM 2015, 400).

6. Abrechnung

4242 Zu einer ordnungsgemäßen Abrechnung gehört es, dass die Gesamtfläche in das Verhältnis zu der gemieteten Fläche gesetzt wird (*OLG Nürnberg* WuM 1995, 308). Gesamtfläche und Mietfläche müssen deshalb angegeben werden (vgl. *BGH*, 28.5.2008 – VIII ZR 261/07, NZM 2008, 777 = NJW 2008, 2260 = WuM 2008, 407 = NZM 2008, 567 = ZMR 2008, 777 = GE 2008, 855 = IMR 2008, 221).

4242a Sofern die Betriebskosten nach einem gesetzlich festgelegten Schlüssel wie in §§ 556a Abs. 1 BGB, 7 Abs. 1 HeizkostenVo ganz oder zum Teil nach der Wohnfläche umgelegt werden, muss in der Abrechnung im Allgemeinen der betreffende Anteil der **tatsächlichen** Wohnfläche an der in der Wirtschaftseinheit tatsächlich vorhandenen Gesamtwohnfläche verwendet werden (*BGH*, 30.5.2018 – VIII ZR 220/17, WuM 2018, 425).

4242b Werden die Betriebskosten bei **preisgebundenen** Wohnraum nach § 20 Abs. 2 S. 1 NMV 1970 nach Wohnfläche umgelegt, ist wie im Urteil des *BGH* vom 30.5.2018 auf die **tatsächliche** Wohnfläche der preisgebundenen Wohnung abzustellen (*BGH*, 16.1.2019 – VIII ZR 173/17, GE 2019, 313).

4243 Bei einer Aufteilung zwischen Wohn- und Geschäftsräumen müssen die Gesamtfläche und die Summen der Wohn- und Gewerbeflächen angegeben werden (*Kinne* GE 2003, 506; vgl. aber Rdn. 3146 zur formellen Ordnungsmäßigkeit der Angabe von Gesamtkosten in Sonderfällen einheitlicher Rechnungsstellung von Leistungen in Wohnanlagen oder bei nicht umlegbaren Kosten und erforderlichem Vorwegabzug entsprechend dem Urteil des BGH vom 20.1.2016 – VIII ZR 93/15, ZMR 2016, 282 = WuM 2016, 170).

4244 Werden bei den Heizkosten und den übrigen Nebenkosten verschiedene Flächen angesetzt, muss erkennbar sein, dass es sich einmal um die Wohn-/Nutzfläche, das andere Mal um die beheizbare Fläche handelt (*OLG Düsseldorf* GE 2003, 1210).

4245 Bei der Bildung von Abrechnungseinheiten muss in der Betriebskostenabrechnung nur die Gesamtfläche angegeben werden; nicht erforderlich ist die Flächenangabe für die einzelnen Häuser (*LG Frankfurt/M.* ZMR 2010, 853).

4246 Zu weitgehend erscheint die Auffassung des *AG Brühl* (WuM 1996, 631), wonach der Mieter für Nachzahlungen ein Zurückbehaltungsrecht hat, bis ihm die Grundrisszeichnungen zugänglich gemacht sind.

II. Personenzahl

1. Grundsätzliches

Soweit nicht zwingende Vorschriften entgegenstehen (oben Rdn. 4046, 4049), können die Nebenkosten auch nach der Anzahl der Bewohner der einzelnen Wohnungen verteilt werden. Eine Umlegung nach der Anzahl der Bewohner kann auch in einem Formularmietvertrag vereinbart werden (*Milger* NZM 2008, 757 [758]). 4247

Für die Anwendung dieses Umlegungsmaßstabes wird meist angeführt, dass er gerechter ist, als eine Verteilung nach Wohnfläche, weil mehr Personen auch mehr Betriebskosten verursachen. Eine Verteilung nach der Personenzahl wird deshalb als Maßstab angesehen, der **dem unterschiedlichen Verbrauch Rechnung trägt**, aber nicht dem unterschiedlichen erfassten Verbrauch. 4248

Hier muss jedoch insbesondere auf den erheblichen Verwaltungsaufwand und die notwendige Differenzierung bei der Abrechnung hingewiesen werden. Der Vermieter muss stets die Anzahl der Bewohner überprüfen. Bei jedem Ein- und Auszug verändert sich das Verhältnis der Kostentragung. Die möglicherweise erzielbare größere Einzelfallgerechtigkeit steht deshalb in aller Regel in keinem Verhältnis zum Aufwand. Das gilt insbesondere für große Abrechnungseinheiten (*AG Siegburg* WuM 1995, 120). Die Anwendung dieses Verteilungsmaßstabes kann deshalb vom Vermieter **grundsätzlich nicht verlangt werden** (*LG Mannheim* NZM 1999, 365; *AG Siegburg* WuM 1995, 120; *AG Köln* ZMR 1997, 30; a.A. *AG Weimar* WuM 1997, 119). 4249

Zumutbar ist dem Vermieter eine Abrechnung nach Personenzahl allenfalls dann, wenn bereits der Ver- oder Entsorger nach Personenzahl abrechnet und dem Vermieter die Daten übernahmefähig zur Verfügung stellt. Nach Treu und Glauben kann sich in diesen Fällen eine Verpflichtung zur personenbezogenen Abrechnung ergeben, wenn Ver- oder Entsorger aus sozialen Gründen eine Kostenermäßigung für bestimmte Personenkreise gewähren. Eine allgemeine Verpflichtung des Vermieters, Gebühren, die personenbezogen anfallen auch personenbezogen umzulegen, besteht jedoch nicht (*Schönhardt* WuM 1998, 355). Dem steht bereits die allgemeine Wertung des § 556a Abs. 1 BGB entgegen (vgl. *Langenberg* NZM 2001, 789). 4250

2. Zahl der Bewohner

a) Bewohner

Erfolgt die Verteilung nach der Anzahl der Bewohner, kommt es auf die tatsächliche Benutzung an, nicht auf die melderechtliche Registrierung (*BGH*, 23.1.2008 – VIII ZR 82/07, WuM 2008, 151 = GE 2008, 401). Der Vermieter muss die Zahl der Bewohner feststellen. Zu diesem Zweck kann er von den Mietern Auskunft verlangen, wie viele Personen in welchem Zeitraum in der Wohnung gewohnt haben (*Herrlein* ZMR 2007, 249). Streng genommen müsste die Bewohnerzahl taggenau festgestellt werden. Der *BGH* (15.9.2010 – VIII ZR 181/09, ZMR 2011, 108 = GE 2010, 1534) hat jedoch angedeutet, dass auch eine Ermittlung zu einzelnen (gröberen) Stichtagen 4251 zulässig ist. Welche Zeitabstände dabei toleriert werden, ist offen. Man wird zumindest eine monatliche Feststellung verlangen müssen (*Schmid* GE 2010, 1589 [1590]).

4252 Besucher werden nicht mitgezählt, auch wenn die Besuche »mehr oder weniger« häufig sind (*AG Ahaus* WuM 1997, 232). Als »Besuch« werden Aufenthalte bis zu vier oder sechs Wochen angesehen (*Herrlein* ZMR 2007, 249). Dabei werden die Aufenthalte nicht zusammengezählt. Auch bei wiederholten Besuchen wird der Besucher nicht zum Bewohner (*Schmid* GE 2010, 1589 [1590]).

4252a Kleinkinder und Neugeborene sind als eine Person anzusetzen *(AG Saarbrücken, 14.3.2018 – 3 C 129/17, WuM 2018, 428)*. Sie sind ab dem Geburtsmonat voll zu berücksichtigen *(AG Saarbrücken, 14.3.2018 – 3 C 129/17, WuM 2018, 428)*.

b) Melderechtliche Registrierung

4253 Um den damit verbundenen Schwierigkeiten zu entgehen, wird daran gedacht, vertraglich auf die melderechtliche Registrierung abzustellen und danach die Kosten zu verteilen. Der *BGH* (23.1.2008 – VIII ZR 82/07, WuM 2008, 151 = GE 2008, 401 = NZM 2008, 242) scheint eine solche Vereinbarung für zulässig zu erachten, hat die Frage aber letztlich offen gelassen (*Blank* NZM 2008, 745 [755]). Teilweise wird für eine solche Regelung in Allgemeinen Geschäftsbedingungen wegen Ungeeignetheit des Maßstabes Unwirksamkeit nah § 307 BGB angenommen (*Milger* NZM 2008, 757 [758]).

4254 Seit 01.11.2015 gilt ein bundeseinheitliches Meldewesen (Art. 1 Nr. 3 des Gesetzes zur Änderung des Gesetzes zur Fortentwicklung des Meldewesens vom 20.11.2014, BGBl. I S. 1738 Bundesmeldegesetz; hierzu auch *Bahl/Blümmel*, GE 2015, 1120). Es sieht Mitwirkungspflichten des Wohnungsgebers, das ist in aller Regel der Vermieter, bei der An- und Abmeldung von Personen vor (§ 19 BMG). Andererseits kann sich der Wohnungsgeber durch Rückfrage bei der Meldebehörde über die An- und Abmeldung durch den Mieter vergewissern.

3. Zu- und Abschläge

4255 Zu- oder Abschläge für Säuglinge (*AG Wuppertal* DWW 1988, 282), Hundehaltung, Autowaschen, Wasch- und Geschirrspülmaschinen (*AG Bergisch Gladbach* WuM 1994, 549) oder sonstige Umstände, die mit den Bewohnern und ihren Lebensgewohnheiten zusammenhängen, sind nicht zu machen (vgl. *LG Mannheim* NZM 1999, 365 ff.). Die Heranziehung solcher Umstände kann aber vertraglich vereinbart werden (*AG Hannover* WuM 2001, 469).

4. Abrechnung

4256 Der Abrechnungsmaßstab »Personen« ist allgemein verständlich und bedarf in der Abrechnung keiner Erläuterung (*BGH,* 15.9.2010 – VIII ZR 181/09, ZMR 2011, 108 = GE 2010, 1534). In der Abrechnung müssen die zu den Stichtagen (Rdn. 4146a) ermittelte Gesamtpersonenzahl und die für die Wohnung des jeweiligen Mieters angesetzte Personenzahl angegeben werden. Dabei genügt es, wenn die Gesamtpersonenzahl mit einem Bruchteil angegeben ist (*BGH,* 15.9.2010 – VIII ZR 181/09, ZMR 2011, 108 = DWW 2011, 57 = GE 2010, 1534), wobei das Zustandekommen des Bruchteils auf dem Zeitfaktor beruht (*Schach* GE 2010, 1453).Weitere Angaben sind nicht erforderlich um die formalen Anforderungen an eine Abrechnung zu erfüllen. Insbesondere ist es nicht erforderlich, der Abrechnung eine Belegungsliste beizufügen. Die Ermittlung der Personenzahlen betrifft die inhaltliche Richtigkeit der Abrechnung (*BGH*, 15.9.2010 – VIII ZR 181/09, ZMR 2011, 108 = DWW 2011, 57 = GE 2010, 1534).

Der Verteilerschlüssel nach »**Personenmonaten**« ist zulässig und dem durchschnittlich gebildeten, juristisch und betriebswirtschaftlich nicht gebildeten Mieter (*BGH*, Beschl. v. 18.1.2011 – VIII ZR 89/10, WuM 2011, 367; Urt. v. 8.12.2010 – VIII ZR 27/10, ZMR 2011, 454) ohne weitere Erläuterung verständlich, wie es für die Umlegung nur nach der Personenzahl der Fall ist (*BGH*, Urt. v. 22.10.2014 – VIII ZR 97/14, ZMR 2015, 110). Bei Vereinbarung der Umlage nach Personenmonaten ist auch Wohnraum, der von Mietern als Lagerraum genutzt wird mit mindestens einer Person zu berücksichtigen (*AG Saarbrücken*, 14.3.2018 – 3 C 129/17, WuM 2018, 428).   4257

▶ Beispiel nach BGH, ZMR 2015, 110:

In der Abrechnung ist bei der Kostenart Müllbeseitigung angeführt »32.20 Personenmonate x 4.347004 € je Personenmonat = 139.98 €« und bei der Position Frisch- und Abwasser »32.20 Personenmonate x 23,44394746 € je Personenmonat = 754.75 €«. Auf der Rückseite der Abrechnung ist unter der Überschrift »Berechnung und Verteilung Betriebskosten« bei der Position Müllbeseitigung angegeben »244.91 €: 56.34 Personenmonate = 4.3470004 € je Personenmonat« und bei der Position Frisch- und Abwasser »1.320,58 €: 56.34 Personenmonate = 23.4394746 € je Personenmonat«Angegeben sind damit die Gesamtkosten, die Gesamtzahl der Einheiten (56.34 Personenmonate) und die auf den Mieter entfallenden Einheiten (32.20 Personenmonate) sowie das rechnerische Ergebnis. Es muss nicht angegeben werden, wie der Vermieter die Gesamtpersonenzahl ermittelt hat, (*BGH*, Urt. v. 15.9.2010 – VIII ZR 181/09 ZMR 2010, 108), was auch für die Abrechnung nach Personenmonaten gilt (*BGH*, Urt. v. 22.10.2014 – VIII ZR 97/14, ZMR 2015, 110). Die formelle Wirksamkeit der Abrechnung erfordert eine Erläuterung nicht. Insbesondere ist es nicht erforderlich, dass dem Mieter eine Belegungsliste beigefügt wird, da insoweit eine Überfrachtung der Abrechnung gegeben wäre (*BGH*, Urt. v. 22.10.2014 – VIII ZR 97/14, ZMR 2015, 110; Urt. v. 15.9.2009 – VIII ZR 181/09, ZMR 2010, 108.).

5. Beweislast

Der Vermieter muss im Prozess darlegen und, wenn der Mieter bestreitet, beweisen, wann wie viele Personen in den einzelnen Wohnungen wohnten (*Schmid* GE 2010, 1589 [1590])   4258

III. Verbrauchs- und Verursachungserfassung

1. Grundsätzliches

Auch Kosten, deren Höhe von einem Verbrauch oder einer Verursachung beeinflusst werden, beinhalten häufig Festkostenbestandteile, die unabhängig vom Verbrauch an   4259 den Ver- bzw. Entsorger zu bezahlen sind. Typisches Beispiel sind die Wasserkosten. § 2 Nr. 2 BetrKV und § 21 Abs. 1 NMV 1970 erwähnen die Grundgebühren ausdrücklich.

4260 Bei Kosten, deren Höhe von einem Verbrauch abhängt, fallen aber auch andere Komponenten der Gesamtkosten verbrauchsunabhängig an, so die gesamten Kosten der Verbrauchserfassung, Berechnung und Aufteilung der Kosten für Wasser (§ 2 Nr. 2 BetrKV, § 21 Abs. 1 NMV 1970), Heizung und Warmwasser (§ 2 Nr. 4 bis 6 BetrKV, §§ 7, 8 HeizkostenV) und Müll (§ 2 Nr. 8 BetrKV, § 22a NMV 1970) sowie die Kosten der technischen Betreuung bei Heizung und Warmwasser (§ 2 Nr. 4 bis 6 BetrKV, §§ 7, 8 HeizkostenV) und Einrichtungen für die Wäschepflege (§ 2 Nr. 16 BetrKV, § 25 Abs. 1 NMV 1970).

4261 Eine Umlegung nur nach Verbrauch ist auch dann zulässig, wenn in den Lieferkosten auch verbrauchsunabhängige Grundgebühren enthalten sind (*BGH*, 6.10.2010 – VIII ZR 183/09, ZMR 2011, 195 = NZM 2010, 855 = GE 2010, 1615 = IMR 2010, 506; *Schmid* DWW 2010, 242, 243/244; a.A. *OLG Dresden* WuM 2010, 158 = IMR 2010, 172). In **Allgemeinen Geschäftsbedingungen** darf jedoch in solchen Fällen die Möglichkeit einer Änderung des Abrechnungsmaßstabs bei Leerstand nicht ausgeschlossen sein (*BGH*, 6.10.2010 – VIII ZR 183/09, ZMR 2011, 195 = NZM 2010, 855 = GE 2010, 1615 = IMR 2010, 506).

4262 Möglich ist auch eine Kombination von Festkostenanteil und Verursachungsanteil. Das Verhältnis von Festkostenanteil und Verursachungsanteil kann vertraglich bestimmt werden. Fehlt eine vertragliche Regelung, kann der Vermieter eine einseitige Bestimmung nach billigem Ermessen vornehmen (*Schmid* NZM 2011, 235, 237). Auch hier stellt sich jedoch das Leerstandproblem wie vorstehend.

4263 Schließlich bietet sich auch noch die Möglichkeit an, die reinen Verbrauchs- und Verursachungskosten entsprechend der Verursachung umzulegen und die Kosten, die unabhängig von einem Verbrauch entstehen nach Wohnfläche. Diese Variante führt auch bei einem Leerstand zu angemessenen Ergebnissen, da der Vermieter die nicht durch einen Verbrauch verursachten Kosten anteilig trägt. Ein übermäßiger Verwaltungsaufwand ist damit in der Regel nicht verbunden. Der Wohnflächenmaßstab wird meist auch bei anderen Kostenpositionen angewendet, sodass er bekannt ist. Die Aufteilung in verbrauchsabhängig und verbrauchsunabhängig entstandene Kosten entsprechend der dem Vermieter vorliegenden Rechnungen bereitet ebenfalls keine großen Schwierigkeiten (*Schmid* NZM 2011, 235 [237]).

2. Beweislast

4264 Die Beweislast für die Richtigkeit der Verbrauchserfassung trifft den Vermieter (*LG Berlin* ZMR 1997, 156). Da der Mieter zu einer Kontrolle nicht verpflichtet ist, kann er die Richtigkeit der festgestellten Werte im Prozess nach § 138 Abs. 4 ZPO mit Nichtwissen bestreiten (*Schmid* ZMR 1997, 452; a.A. *LG Berlin* ZMR 1997, 145). Gleichwohl ist eine Kontrolle für den Mieter empfehlenswert, da sich der Vermieter auf das Zeugnis des Ablesers und seine Unterlagen berufen kann.

D. Einzelne Umlegungsmaßstäbe   Teil IV

Ein Sachverständigenbeweis zu behaupteten falschen Messergebnissen muss erholt werden, wenn die Tatsachen, die die Fehlerhaftigkeit belegen hinreichend spezifiziert sind (*BerlVerfGH* GE 2007, 1620).

Hat der Mieter oder mit dessen Einverständnis ein Dritter ein **Ableseprotokoll** unterschrieben, so ist dies in der Regel ein so starkes Indiz für die Richtigkeit der Ablesung, dass faktisch der Nutzer beweisen muss, dass der Ablesewert falsch ist (*OLG Köln* GE 1986, 341, 345; *LG Hannover* ZMR 1989, 97; *Schmid* ZMR 1997, 453; a.A. *Gruber* NZM 2000, 843). Jedenfalls muss der Mieter darlegen, warum die Werte trotz der erteilten Quittung nicht korrekt sein sollen (*KG* MDR 2011, 22 = ZMR 2011, 35 = GE 2010, 1268 = DWW 2010, 264). 4265

Die Unterschrift unter das Ableseprotokoll beinhaltet jedoch kein deklaratorisches Schuldanerkenntnis (*Schmid* ZMR 1997, 452; *Gruber* NZM 2000, 843; a.A. *LG Berlin* ZMR 1997, 145). Dem Mieter steht deshalb der Beweis für die Unrichtigkeit offen. 4266

Wird das Ableseprotokoll nicht vom Mieter selbst, sondern von einem Dritten unterschrieben treten diese Wirkungen nur ein, wenn der Dritte bevollmächtigt war. Hiervon kann dann und nur dann ausgegangen werden, wenn der Mieter von der Ablesung rechtzeitig informiert war (*KG* ZMR 2008, 364 = GE 2008, 122 = IMR 2008, 162). 4267

Der Vermieter ist auch für das ordnungsgemäße **Funktionieren der Messgeräte** darlegungs- und beweispflichtig. Werden jedoch geeignete Messeinrichtungen verwendet und sind diese ordnungsgemäß angebracht, gewartet und erforderlichenfalls geeicht, so spricht eine **tatsächliche Vermutung** für eine ordnungsgemäße Funktion (*BGH*, Urt. v. 17.11.2010 – VIII ZR 112/10, ZMR 2011, 362 = MDR 2011, 92 = WuM 2011, 21 = GE 2011, 126; *LG Heidelberg* Urt. v. 31.3.2014 – 5 S 48/13, ZMR 2014, 987). Eventuelle Fehler muss dann der Mieter darlegen und beweisen (a.A. *AG Lüdenscheid* WuM 2011, 161), es sei denn, dass so viele Anzeichen für Fehler sprechen, dass diese entkräftet werden müssen (*OLG Köln* GE 1986, 341 [345] – vgl. aber Rdn. 5072, 5073). 4268

Wird gegen die **Vorschriften des Eichrechts** verstoßen, muss der Vermieter beweisen, dass die Geräte trotz fehlender Eichung richtig angezeigt haben oder dass sich eventuelle Unrichtigkeiten nicht zum Nachteil des Mieters auswirken (*Schmid* GE 2001, 681). Hierfür kann neben einem Sachverständigengutachten zur Richtigkeit der Anzeige im Einzelfall bereits der Vortrag geeigneter Grundlagen für eine richterliche Schätzung nach § 287 ZPO genügen, wie etwa die Vorlage der Verbrauchswerte der letzten unbeanstandeten Abrechnungsperiode (*BGH*, 17.11.2010 – VIII ZR 112/10, ZMR 2011, 362 = MDR 2011, 92 = WuM 2011, 21 = GE 2011, 126). Abgesehen von der Sonderregelung des § 9a HeizkostenV kann im Fall einer Schätzung die Anzeige eines nicht geeichten Zählers als Schätzgrundlage mit herangezogen werden (*Schmid* DWW 2008, 242). 4269

Noch ungeklärt ist höchstrichterlich, ob § 33 Abs. 1 MessEG n.F. ein grundsätzlich, auch zivilprozessual wirkendes Verwendungsverbot statuiert. Dies wird in der Instanzenrechtsprechung verneint. Das Urteil des *BGH* vom 17.11.2010 - VII ZR 112/ 4269a

10 finde weiterhin Anwendung. Es sei zu trennen zwischen der in § 33 festgelegten Pflicht zur Verwendung nur geeichter Geräte einerseits sowie den Folgen eines Verstoßes hiergegen *(LG Limburg, 31.8.2018 – 3 S 39/18, ZMR 2019, 27; ebenso Zehelein, NZM 2017, 794)*. Eine Abkehr von der bisherigen Rechtsprechung sei nicht geboten. Dem Verwender der Messgeräte ist es hiernach unbenommen, ein Gutachten für die Behauptung zu beantragen, dass seine verwendeten Daten zutreffend sind, auch wenn die Verwendung der Daten nicht geeichter Geräte öffentlich-rechtlich untersagt ist.

3. Erfassungsmängel

4270 Bei **Erfassungsmängeln** ist eine verbrauchsabhängige Abrechnung häufig nicht möglich. Der Vermieter hat dann einen anderen Umlegungsmaßstab nach billigem Ermessen zu bestimmen. Dem einzelnen Mieter bleibt jedoch der – nur schwer zu führende – Nachweis offen, dass er bei korrekter Verbrauchserfassung weniger zu zahlen gehabt hätte. Auch haftet der Vermieter auf Schadensersatz, wenn er die Unmöglichkeit der verbrauchsabhängigen Abrechnung verschuldet hat (vgl. *Schmid* NZM 1998, 500).

4271 *(unbesetzt)*

IV. Miteigentumsanteile

4272 Eine Verteilung nach Miteigentumsanteilen spielt vor allem bei der Vermietung von Wohnungs- und Teileigentum eine große Rolle, kann aber auch bei sonstigen Miteigentümergemeinschaften in Betracht kommen, wenn zwischen den Miteigentümern intern eine ähnliche Regelung wie beim Wohnungseigentum besteht.

4273 Eine Kostenverteilung nach Miteigentumsanteilen ist im Mietverhältnis grundsätzlich zulässig (*BGH, 26.5.2004 – VIII ZR 169/03, WuM 2004, 403 und NJW 2005, 219 = ZMR 2005, 121*), aber nicht notwendig (*BGH WuM 2004, 403*). Die Miteigentumsanteile können allerdings willkürlich dem Sondereigentum zugeordnet werden. Die hieran anknüpfende Kostentragungspflicht wird man für den Mieter nur dann als billig ansehen können, wenn sich keine wesentlichen Unterschiede gegenüber anderen Verteilungsmaßstäben ergeben oder wenn der Mieter bei Vertragsschluss auf die unter Umständen erhöhte Kostenbelastung hingewiesen wurde (einschränkend *Langenberg* NZM 2004, 361, der diesen Maßstab nur zulassen will, wenn die Miteigentumsanteile in etwa dem Wohnflächenverhältnis entsprechen). In der Praxis entsprechen jedoch die Miteigentumsanteile in der Regel ungefähr der Wohnungsgröße, sodass die Billigkeit meist gewahrt ist.

V. Mieteinheit

4274 Denkbar ist auch, dass jede Mieteinheit mit gleichen Kosten belastet wird. Dies wird allerdings in der Regel nur in Betracht kommen, wenn die Mieteinheiten auch annähernd vergleichbar, insbesondere ungefähr gleich groß sind, oder wenn jede Mieteinheit den gleichen Nutzen hat. Letzteres wird z.B. für die Breitbandkabelgebühren bejaht (*Kinne* GE 2003, 442; vgl. auch § 24a Abs. 2 Satz 2 NMV 1970 und Rdn. 5279). Ein gleicher Nutzen kann auch für die Tätigkeit des Hauswarts angenommen werden (a.A. *Kinne* GE 2003, 442), da die Hauswartstätigkeiten unabhängig von der Wohnungsgröße anfallen.

VI. Umbauter Raum

Dieser Umlegungsmaßstab kommt vor allem dann in Betracht, wenn unterschiedliche Raumhöhen zu einem unterschiedlichen Verbrauch führen können, wie z.b. bei Heizkosten. § 7 Abs. 1 Satz 2 HeizkostenV sieht deshalb für die Festkosten als Umlegungsmaßstab den umbauten Raum oder den umbauten Raum der beheizten Räume vor (vgl. unten Rdn. 6173).   4275

Regelungen zur Berechnung des umbauten Raumes, die auch verwendet werden können, wenn ihre Anwendung nicht vorgeschrieben ist (vgl. *LG Berlin* GE 2002, 1627), enthält die Anlage 2 zur II. BV (abgedruckt unter Rdn. 9004).   4276

VII. Sonstige Umlegungsmaßstäbe

Verteilung der Kosten einer Glasversicherung nach dem Verhältnis der **Scheibengrößen**.   4277

Bei einer Umlegung nach **Prozentzahlen** kann der jeweilige Prozentanteil grundsätzlich frei vereinbart werden. Ist nur allgemein eine prozentuale Aufteilung vereinbart oder sind sie vom Vermieter einseitig bestimmt, müssen für die Abrechnung die Bemessungsgrundlagen offengelegt werden (*OLG Nürnberg* MieWoEG Stichwort: »Betriebskosten: Kosten der Hausverwaltung«).   4278

Eher selten ist eine Verteilung der Kosten nach dem **Verhältnis der Leerraummieten**. Sofern nicht Sonderbestimmungen bestehen, ist eine solche Kostenverteilung zulässig (*AG* und *LG Köln* WuM 1989, 483). Nachteilig ist, dass sich bei jeder Mietänderung auch das Umlegungsverhältnis ändert, was zu einem erhöhten Verwaltungsaufwand und einer Erschwerung der Abrechnung führt.   4279

Eine Abrechnung nach dem **Verhältnis der Einzelmieten** entspricht nicht der Billigkeit, da dadurch das Leerstandsrisiko auf den Mieter verlagert wird (*AG Görlitz* ZMR 2003, 269).   4280

E. Vorauftelungen

I. Abzug nicht umlegbarer Kosten

Erbringt der Vermieter für umlegbare und nicht umlegbare Kosten eine einheitliche Zahlung, muss vor der Kostenumlegung der Aufwand für die nicht umlegbaren Leistungen herausgerechnet werden. Vgl. hierzu insbesondere für die Hauswartkosten Rdn. 5465 ff.   4281

II. Vorauftelung auf Umlegungseinheiten

Entstehen Kosten für mehrere Umlegungseinheiten einheitlich, müssen sie vor der Verteilung auf die einzelnen Mieter auf die Umlegungseinheiten aufgeteilt werden.   4282

4283 Nach welchen Kriterien dies zu erfolgen hat, richtet sich nach der Art und Weise des einheitlichen Anfalls und den jeweiligen tatsächlichen Gegebenheiten. Vereinbarungen hierzu sind zwar möglich, kommen aber in der Praxis kaum vor. Der Vermieter hat deshalb die Aufteilung nach billigem Ermessen vorzunehmen. Bei einzelnen Kostenpositionen werden im Teil V solche Voraufteilungen behandelt.

4284 Ist eine Verbrauchsmessung möglich, sollte der Vermieter eine solche durchzuführen. Unterbleibt sie, kann gemäß § 287 ZPO eine Schätzung durchgeführt werden (*LG Köln* NZM 2001, 617). Grundsätzlich ist es aber auch nicht zu beanstanden, wenn eine Kostenaufteilung zwischen mehreren Häusern nach dem Verhältnis der Flächen der einzelnen Häuser stattfindet (*LG Berlin* GE 2002, 65). In diesem Fall müssen für die Nachvollziehbarkeit der Abrechnung alle Flächen genannt werden (*LG Köln* WuM 2001, 496).

4285 Innerhalb der jeweiligen Abrechnungseinheiten erfolgt dann die Verteilung des hierauf entfallenden Betrages nach den dort geltenden Abrechnungsmaßstäben.

III. Aufteilung auf verschiedene Kostenpositionen

4286 Fallen einheitlich Kosten an, die mehrere Kostenpositionen betreffen, ist eine Voraufteilung aus Gründen der Übersichtlichkeit und Nachvollziehbarkeit der Abrechnung erforderlich. Sie ist insbesondere dann notwendig, wenn unterschiedliche Abrechnungsmaßstäbe bestehen oder eine Kostenposition nicht auf alle Mieter umlegbar ist.

4287 Die Aufteilung hat in der Weise zu erfolgen, dass die Gesamtkosten nach dem Verhältnis des Aufwandes der jeweiligen Kostenposition zugeordnet werden.

IV. Sondervorteile und fehlende Benutzungsmöglichkeit

4288 Haben einzelne Mieter besondere Rechte, die anderen Mietern nicht zustehen, z.B. Gartenanteile oder Parkplätze, so sind die übrigen Mieter von der Umlegung der dadurch entstehenden Kosten auszunehmen (*BGH*, 13.12.2011 – VIII ZR 286/10, WuM 2012, 98; *LG Berlin* GE 2001, 923 für Entwässerungskosten, an deren Entstehung die Tiefgarage nicht beteiligt ist). Eine Kostenfreistellung kann jedoch nicht schon dann verlangt werden, wenn der Mieter von einer Einrichtung keinen Gebrauch machen will oder für die Benutzung kein Bedürfnis hat (*AG Gera* WuM 2002, 285). Sie hat jedoch dann zu erfolgen, wenn ein Ausschluss von der Nutzung vereinbart ist (*OLG Köln* NZM 2008, 106). Unerheblich ist, abgesehen von einer verursachungsbezogenen Abrechnung auch der Umfang der Nutzung (*LG Mainz*, WuM 2004, 624). Auf Einzelfragen ist bei den jeweiligen Kostenpositionen im Teil V hingewiesen.

4289 Die Kosten sind dann zwischen den von der Umlegung nicht ausgenommenen Mietern entsprechend den geltenden Abrechnungsmaßstäben zu verteilen. Hat nur ein Mieter eine Nutzungsmöglichkeit werden diesem die Kosten direkt zugeordnet.

4290 Entsprechendes gilt, wenn Räume oder Flächen an Dritte vermietet sind (*LG Itzehoe* ZMR 2010, 690).

V. Aufteilung nach Wohnräumen und Geschäftsräumen

1. Preisgebundener Wohnraum

Nach § 20 Abs. 2 Satz 2 NMV 1970 sind Betriebskosten, die nicht für Wohnraum entstanden sind, grundsätzlich vorweg abzuziehen. Das heißt, dass – soweit möglich – festgestellt werden muss, welche Kosten ausschließlich den Nichtwohnraum betreffen. Diese Kosten müssen dann von den Gesamtkosten abgezogen und der verbleibende Rest kann auf die Wohnungen verteilt werden. Die auf Nichtwohnraum entfallenden Kosten können nach allgemeinen Grundsätzen auf die Mieter dieser Räume verteilt werden. 4291

§ 20 Abs. 2 S. 2 regelt, dass Betriebskosten, die nicht für Wohnraum entstanden sind, vorweg abzuziehen sind; kann hierbei nicht festgestellt werden, ob die Betriebskosten auf Wohnraum oder Geschäftsraum entfallen, sind sie für den Wohnraum und den anderen Teil des Gebäudes oder der Wirtschaftseinheit im Verhältnis des umbauten Raums oder der Wohn- und Nutzflächen zu verteilen. 4292

Für **Tiefgaragenstellplätze** wird diese Regelung nicht angewendet, da es sich dabei nicht um Geschäftsräume handele, sondern eine Kostenaufteilung nach vernünftigen und nachvollziehbaren Gesichtspunkten gemäß § 315 BGB zugelassen. (*LG Berlin* GE 2001, 923). Dem wird zugestimmt, wenn die Stellplätze auch von Wohnungsmietern genutzt werden bzw. angemietet werden können, aber nicht wenn die Stellplätze ausschließlich gewerblich genutzt werden (vgl. *Kinne* GE 2003, 442). 4293

Bei Wohnraum, der der Preisbindung unterliegt kann der Vermieter die Ausgliederung einzelner, an Drittpersonen vermieteter Garagen dadurch vermeiden, indem er die Kostenmiete durch Gutschreibung der Vermietungserträge senkt (*LG Mannheim*, Urt. v. 2.6.2015 – 11 O 103/14, ZMR 2015, 717; *LG Frankfurt* a.M., Urt. v. 20.9.2013 – 2–11 S 335/12, zit.b. *LG Mannheim* a.a.O.). 4294

Gleiches gilt bei der Vermietung von Wohnraum, der nicht preisgebunden ist (*LG Dortmund*, Urt. V. 5.8.1997 – 1 S 513/95, NZM 1998, 573; *Langenberg* in Schmidt-Futterer § 556a BGB Rn. 89). 4295

Für die **Durchführung der Voraufteilung** wird verlangt, dass die auf die Geschäftsräume entfallenden Kosten durch **Messeinrichtungen** oder andere Vorkehrungen erfasst werden (*AG Stollberg* ZMR 2002, 361; *Kinne* WE 2003, 184). Dem ist nur insoweit zuzustimmen, als die Vorerfassung möglich und mit wirtschaftlich vertretbarem Aufwand durchzuführen ist. Sind Messeinrichtungen vorhanden, werden diese aber nicht genutzt, liegt ein Erfassungsfehler vor. Da der Fehler nachträglich nicht mehr behoben werden kann, kann für die möglicherweise benachteiligte Nutzergruppe ein Abzug geschätzt werden. 4296

Eine hinreichend sichere Aufteilung ist vielfach **nicht möglich**. Für solche Fälle bestimmt § 20 Abs. 2 Satz 2 Halbs. 2 NMV 1970, dass die Kosten für den Wohnteil und den anderen Teil des Gebäudes oder der Wirtschaftseinheit die Kosten im Verhältnis des umbauten Raumes oder der Wohn- und Nutzflächen aufzuteilen sind. Bei der Berechnung des umbauten Raumes ist dabei die Anlage 2 zur II. BV zugrunde zu 4297 legen (§ 20 Abs. 2 Satz 3 NMV 1970). Teilweise werden für die Ermittlung des Anteils, der auf die Nichtwohnräume entfällt, auch Schätzungen zugelassen (*LG Berlin* GE 2001, 698).

4298 Der Unmöglichkeit ist es gleichzustellen, wenn eine Aufteilung nur mit einem **unvernünftigen und unvertretbaren Aufwand** möglich wäre (*AG Frankfurt/M.* ZMR 1997, 244; a.A. *AG Köln* ZMR 1995 Heft 6 Mietrechtliche Entscheidungen in Leitsätzen. S. VIII). Dabei werden an die Unvertretbarkeit des Aufwandes teilweise strenge Anforderungen gestellt. Ein gewisses Rechenwerk wird für zumutbar erachtet (*LG Frankfurt/M.* ZMR 1997, 642 für die Ermittlung des Grundsteueranteils anhand der Zahlen des Einheitswertbescheides). Im Prozess muss der Vermieter darlegen, dass eine gesonderte Erfassung mit vertretbarem Aufwand nicht möglich ist (*LG Berlin* ZMR 2001, 110).

4299 Auf einen Vorwegabzug kann auch dann verzichtet werden, wenn durch andere Be- oder Verrechnungsweisen sichergestellt ist, dass den Wohnraummietern kein Nachteil entsteht (*LG Dortmund* NZM 1998, 573; *LG Freiburg* WuM 2000, 614).

4300 Wie der Abzugsbetrag zu errechnen ist, bestimmt sich nach der jeweiligen Kostenart und den dort gegebenen Möglichkeiten der gesonderten Kostenermittlung. Unzureichend ist es, wenn pauschal für alle Betriebskosten ein **prozentualer Anteil** entsprechend dem Verhältnis des umbauten Raumes abgezogen wird (*LG Berlin* ZMR 1998, 429). Kann nicht festgestellt werden, ob die Betriebskosten auf Wohnraum oder Geschäftsraum entfallen, sind sie im Verhältnis des umbauten Raumes (Anlage 2 zur II. BV – Rdn. 9004; Rdn. 4173a) oder der Wohn- und Nutzflächen aufzuteilen. Bei einer Verteilung nach Flächen sind der reinen Wohnfläche (ohne gemeinsame Flächen wie Treppenhaus, Flure und Keller) auch nur die reinen Nutzflächen (bei Garagenstellplätzen ohne Zufahrtswege) gegenüberzustellen (*LG Berlin* GE 2007, 1189).

4301 Die Aufteilung muss sich aus der **Abrechnung** in einer Weise ergeben, dass der Mieter in die Lage versetzt wird, die Aufteilung auf ihre zumindest rechnerische Schlüssigkeit hin zu überprüfen. Das erfordert grundsätzlich die Angabe der Gesamtkosten. Allerdings hat der BGH (für den Bereich des preisfreien Wohnraums) im Urteil vom 20.1.2016 – VIII ZR 93/15 (ZMR 2016, 282 = WuM 2016, 170 m. Anm. *Blank*) seine frühere Rechtsprechung vom 14.2.2007 – VIII ZR 1/06 (ZMR 2007, 359 = GE 2007, 438 = NJW 2007, 1059 = WuM 2007, 196) und vom 9.10.2013 – VIII ZR 22/13 (ZMR 2014, 198 = WuM 2013, 734) aufgegeben. Danach war eine Betriebskostenabrechnung formell unwirksam, wenn mehrere Gebäude zu einer Wirtschaftseinheit zusammengefasst waren und von dritter Seite Kosten berechnet wurden, ohne dass eine Aufschlüsselung auf das einzelne Gebäude als Abrechnungseinheit vorgenommen wurde und eine Erläuterung fehlte (*BGH*, Urt. v. 9.10.2013 – VIII ZR 22/13, ZMR 2014, 198 = WuM 2013, 734). Gleiches galt, wenn ein Teil der Kosten nicht umlagefähig sind wie besonders beim Hausmeister, der zusätzlich Reparaturen, Renovierungen, Verwaltungstätigkeiten durchführt (*BGH*, Urt. v. 14.2.2007 – VIII ZR 1/06, NJW 2007, 1059 = ZMR 2007, 359 = WuM 2007, 196 = GE 2007, 438).

E. Vorabteilungen   Teil IV

Jetzt genügt es nach dem BGH zur formellen Ordnungsmäßigkeit, was die Angabe 4302
der Gesamtkosten anbelangt, dass bei der jeweiligen Kostenart der Gesamtbetrag angegeben wird, der auf die Wohnungsmieter der gewählten Abrechnungseinheit (in der Regel also das betreffende Gebäude, dessen Wohnungen abgerechnet werden) genannt wird. Praktisch wird diese Rechtsprechung bei Wohnanlagen.

(unbesetzt) 4303

Gleiches gilt nach der geänderten BGH-Rechtsprechung, wenn der Gesamtbetrag 4304
vorab um nicht umlagefähige Kostenanteile bereinigt wurde, wobei es jetzt einer Angabe und Erläuterung der zum angesetzten Gesamtbetrag führenden Rechenschritte nicht mehr bedarf.

Wird eine Aufteilung nicht vorgenommen, obwohl sie –abgesehen von den eben ge- 4305
nannten Sonderfällen- den Umständen nach erforderlich sein kann, wird hierfür eine Erläuterung in der Abrechnung verlangt (*AG Halle-Saalkreis* WuM 1995, 718). Erläutert werden müssen soll auch, warum ein vorheriger Abzug des gewerblichen Anteils nicht möglich war (*AG Wiesbaden* WuM 1996, 96).

Ist eine Aufteilung nicht hinreichend erläutert, ist die Abrechnung insoweit nicht for- 4306
mell ordnungsgemäß und die betroffenen Positionen sind aus der Abrechnung zunächst vollständig zu streichen (*LG Berlin* GE 2001, 923). Ein Nachschieben von Erläuterungen ist m. E. möglich und zwar auch noch im Prozess (a.A. wohl *LG Berlin* GE 2001, 923), aber nur innerhalb der Abrechnungsfrist.

Eine abweichende vertragliche Regelung ist bei preisgebundenem Wohnraum nicht 4307
möglich.

2. Preisfreier Wohnraum

a) Grundsatz

Es gibt keinen allgemeinen Erfahrungssatz des Inhalts, wonach eine gewerbliche 4308
Nutzung stets höhere Kosten als eine Nutzung zu Wohnzwecken verursacht (*BGH* ZWE 2011, 170). Rechnet der Vermieter preisfreien Wohnraums über Betriebskosten in gemischt genutzten Abrechnungseinheiten ab, ist – soweit die Parteien nichts Anderes vereinbart haben – ein Vorwegabzug der auf Gewerbeflächen entfallenden Kosten für alle oder einzelne Betriebskostenarten jedenfalls dann nicht geboten, wenn diese Kosten nicht zu einer ins Gewicht fallenden Mehrbelastung der Wohnraummieter führen (*BGH*, 8.3.2006 – VIII ZR 78/05, ZMR 2006, 358, WuM 2006, 200 = GE 2006, 502). Unerheblich ist, ob die Fläche der Wohnräume oder der Geschäftsräume überwiegt (*BGH*, 13.10.2010 – VIII ZR 46/10, WuM 2010, 741 = NJW-RR 2011, 90).

Liegen die Voraussetzungen, unter denen eine Trennung erforderlich ist, vor, kann 4309
auch der **Gewerberaummieter** die Trennung verlangen. Er kann sich jedoch nicht darauf berufen, dass die Wohnungsmieter benachteiligt werden (*OLG Düsseldorf* ZMR 2005, 943, offen gelassen von *KG* GuT 2006, 233).

b) Vereinbarung

4310 Der *BGH* (8.3.2006 – VIII ZR 78/05, ZMR 2006, 358 = NJW 2006, 1419 = WuM 2006, 200 = GE 2006, 502) hebt ausdrücklich hervor, dass der Vorwegabzug dann erforderlich ist, wenn die Mietvertragsparteien das vereinbart haben. Bestehende vertragliche Vereinbarungen bleiben also erhalten. Hierauf können sich sowohl der Wohnraummieter als auch der Mieter von Geschäftsräumen berufen. Umgekehrt kann m. E. auch eine an sich gebotene Vorerfassung ausgeschlossen werden.

c) Erhebliche Mehrbelastung

aa) Erheblichkeit

4311 Bei der Prüfung der Erheblichkeit ist nach der Rechtsprechung des *BGH* (11.8.2010 – VIII ZR 45/10, ZMR 2011, 26 = NJW 2010, 3363 = MDR 2010, 1102 = WuM 2010, 627) hinsichtlich der einzelnen Betriebskostenarten zu differenzieren und auf die konkreten Gegebenheiten des Gebäudes und die Art der gewerblichen Nutzung abzustellen. Gleichwohl ist m. E. grundsätzlich aber auch eine abstrakt generelle Betrachtungsweise geboten. Das heißt, der jeweilige Geschäftstyp ist in Relation zu setzen zu einer durchschnittlichen Wohnraumnutzung. Ein Abstellen auf die jeweiligen Lebensgewohnheiten der einzelnen Wohnungsmieter, das Geschäftsgebaren der einzelnen Gewerberaummieter und die dadurch konkret verursachten Kosten ist praktisch nicht durchführbar. Konkrete Vorgaben hat der *BGH* nicht gemacht. In Anlehnung an andere Entscheidungen (vgl. zur Minderfläche z.B. *BGH*, 24.3.2004 – VIII ZR 295/03 ZMR 2004, 495) wird man eine Mehrbelastung bis zu 10 % in jedem Fall als unerheblich ansehen können (a.A. *LG Aachen* WuM 2010, 422: 3 %). Das Unterlassen eines notwendigen Vorwegabzugs stellt einen materiellen Fehler der Abrechnung dar (*BGH*, 24.3.2004 – VIII ZR 295/03, ZMR 2004, 495; *BGH*, 11.8.2010 – VIII ZR 45/10, ZMNR 2011, 26 = NJW 2010, 3363 = MDR 2010, 1102 = WuM 2010, 627).

4312 Das Abstellen auf einzelne Betriebskostenarten erfordert es m.E. aber auch, dass ein Ausgleich geschaffen werden kann. So fallen etwa in einer Familienwohnung mehr Kosten für Wasser und Abwasser an als in einem Büro. Das gleiche Büro kann aber bei erheblichem Parteiverkehr einen erhöhten Stromverbrauch durch Liftbenutzung und Treppenhauslicht und erhöhte Reinigungskosten verursachen. Ob der Mieter besser oder schlechtergestellt wird, kann aber nur aufgrund einer Gesamtbetrachtung aller Betriebskosten ermittelt werden. Ansonsten könnte der Gewerberaummieter seinerseits Unbilligkeit einwenden, wenn nach der Rosinentheorie eine Voraufteilung nur dort vorgenommen wird, wo sie den Wohnraummieter begünstigt.

4313 Eine erheblich größere Kostenverursachung wurde als möglich angenommen für ein
– Lebensmittelgeschäft (*LG Aachen* WuM 2006, 615),
– Gaststätten hinsichtlich Wasser und Müll (*Pfeifer* MietRB 2010, 24 [27]),
– Friseurgeschäfte und Metzgereien (*Kinne* GE 2003, 184),
– Discounter und Gaststätte für Gebäudereinigung (*BGH*, 11.8.2010 – VIII ZR 45/10, ZMR 2011, 26 =NJW 2010, 3363 = MDR 2010, 1102 = WuM 2010, 627);
– für ein Restaurant gehobener Klasse, wenn erhöhte Gartenpflegekosten anfallen (*Pfeifer* MietRB 2010, 24 [25]),

– einen Gewerbebetrieb mit elektronischen Geräten, die eine erhöhte Wartung der Blitzschutzanlage erfordern.

Verneint wurde die Erheblichkeit in der Regel 4314
– für eine Physiotherapiepraxis (*LG Berlin* GE 2007, 223),
– einen Hundesalon (*AG Berlin-Wedding* GE 2007, 525),
– Kindergärten und Obdachlosenpensionen (*LG Berlin* GE 2002, 1124),

Büros, Arztpraxen und Läden hinsichtlich Gartenpflege und Versicherung (*BGH*, 11.8.2010 – VIII ZR 45/10, ZMR 2011, 26 = NJW 2010, 3363 = MDR 2010, 1102 = WuM 2010, 627).

Bei der Müllentsorgung ist eine Vorausteilung generell nur erforderlich, wenn das 4315 Müllaufkommen bezogen auf die als Abrechnungsmaßstab dienende Fläche überproportional ist (*LG Heidelberg* WuM 2010, 746).

Die Aufteilung kann unterbleiben, wenn sie einen unvertretbaren Verwaltungs- 4316 aufwand erfordert, z.B. die Erfassung der Benutzung des Personenaufzugs (*Pfeifer* MietRB 2010, 24 [26]).

bb) Darlegungs- und Beweislast

Der *BGH* (8.3.2006 – VIII ZR 78/05, ZMR 2006, 358 = WuM 2006, 200 = 4317 GE 2006, 502) stellt auf §§ 315, 316 BGB ab. Im Rahmen dieser Regelungen trifft grundsätzlich den Bestimmungsberechtigten, hier also den Vermieter, die Beweislast dafür, dass die Billigkeit gewahrt ist (vgl. BGHZ 41, 271, 279; *OLG Düsseldorf* ZMR 2000, 215). Hier handelt es sich aber nach der Konstruktion des *BGH* um eine Ausnahme von dem Grundsatz der einheitlichen Abrechnung, sodass die Beweislast den Mieter trifft (*BGH*, 25.10.2006 – VIII ZR 251/05, ZMR 2007, 101 = GE 2006, 1544; *LG Berlin* GE 2007, 223; a.A. *LG Frankfurt/M.* WuM 2010, 449). Das gilt auch für die Widerlegung der Behauptung, dass die Vorausteilung einen unvertretbaren Verwaltungsaufwand erfordert (a.A. *Pfeifer* MietRB 2010, 24 [26]). Den Vermieter trifft allerdings eine sekundäre Darlegungslast für Umstände, die der Mieter nicht kennen kann (*BGH*, 11.8.2010 – VIII ZR 45/10, ZMR 2011, 26 = NJW 2010, 3363 = MDR 2010, 1102 = WuM 2010, 627).

d) Flächenberechnung

Schwierigkeiten können daraus entstehen, dass bei Anwendung des Flächenmaßstabes 4318 die Wohnfläche und die Nutzfläche einheitliche Anwendung finden müssen. Gravierende Unterschiede sind jedoch zu vermeiden, wenn für beide Flächen ähnliche Berechnungsmethoden verwendet werden. Gegebenenfalls sind die für andere Zwecke verwendeten Methoden den Erfordernissen der Nebenkostenabrechnung anzupassen.

e) Abrechnung und Veränderung von Betriebskosten

Wird eine Trennung vorgenommen, gilt für die Gestaltung der Abrechnung bzw. die 4319 Begründung der Erhöhung nach § 560 BGB das oben Rdn. 4179 Ausgeführte entsprechend.

3. Verschiedenartige Gewerbebetriebe

4320 Eine Vorabteilung kann auch bei verschiedenen Gewerbebetrieben notwendig sein, wenn einzelne Betriebe spezifisch höhere Kosten verursachen (*KG* GuT 2006, 233). Verneint wurde dies in Relation zwischen einer Anwaltskanzlei einerseits und einem Internet-Café, einem türkischen Imbiss und einer Arztpraxis andererseits (*KG* GuT 2006, 233).

F. Direkte Kostenzuordnung

4321 Die direkte Kostenzuordnung unterscheidet sich von einem Direktbezug des Mieters vom Leistungserbringer (Rdn. 1016) dadurch, dass die Kosten verursachende Maßnahme vom Vermieter geschuldet und erbracht wird. Demzufolge hat der Mieter auch nicht an den Dritten, sondern an den Vermieter zu bezahlen.

4322 Bei einer direkten Kostenzuordnung findet keine Verteilung der Kosten innerhalb der Mieter eines Objektes statt, sondern die von einem Mieter verursachten Kosten werden direkt an diesen weitergegeben. Ein solches Vorgehen setzt voraus, dass die Kosten nicht für mehrere Mieter einheitlich entstehen. In Betracht kommen hier insbesondere Kosten, die nur für einen Gewerbebetrieb in einem Mietobjekt entstehen. Bei einer Eigentumswohnung entsteht die Grundsteuer direkt für die vermietete Wohnung.

4323 Die direkte Kostenzuordnung ist regelmäßig interessengerecht (*BGH*, 26.5.2004 – VIII ZR 169/03, ZMR 2004, 662 = GE 2004, 879). Dieser Maßstab ist jedoch nicht vorrangig und bedarf deshalb jedenfalls bei Wohnraummietverhältnissen einer ausdrücklichen Vereinbarung, da ansonsten § 556a Abs. 1 Satz 1 BGB gilt (*BGH*, 26.5.2004 – VIII ZR 169/03, ZMR 2004, 662 = GE 2004, 879).

4324 Im Wege der direkten Kostenzuordnung weitergegeben werden auch die umlegbaren Kosten bei der Vermietung des Mietobjekts an nur einen Mieter, da hier naturgemäß eine Kostenverteilung ausscheidet.

4325 Eine direkte Kostenzuordnung hat auch dann zu erfolgen, wenn einem Mieter ausschließlich eine bestimmte Fläche zugewiesen ist, z.B. ein Gartenanteil oder eine Garage (*Schmid* DWW 2004, 298 m.w.N.).

G. Veränderung der tatsächlichen Gegebenheiten

4326 Einer Veränderung der tatsächlichen Gegebenheiten, z.B. einer Veränderung der Personenzahl oder der Fläche durch An-, Aus-, Um- oder Rückbauten, ist **bei der Anwendung der Umlegungsmaßstäbe** Rechnung zu tragen. Es handelt sich dabei nicht um eine Änderung der Umlegungsmaßstäbe, sondern um ihre richtige Anwendung aufgrund veränderter Umstände. Auf die Voraussetzungen für eine Änderung der Umlegungsmaßstäbe kommt es deshalb nicht an.

4327 Für den Flächenmaßstab bedeutet dies, dass bei einer Veränderung der Fläche eine neue Flächenberechnung zu erfolgen hat. Bei einer Änderung der baubedingten Nutzungsart, z.B. Ausbau eines Speichers zu Wohnraum oder Rückbau eines

H. Fehlerfolgen	Teil IV

Dachgeschossausbaues zu einem Speicher muss die Gewichtung des Raumes bei der Wohnflächenberechnung geändert werden. Bei einer Umwandlung von Wohnraum in Nichtwohnraum kann sich die Anwendung der Grundsätze über eine Voraufteilung als notwendig erweisen.

Maßgeblicher Zeitpunkt ist der Abschluss der Bauarbeiten bzw. der Änderung der Nutzungsart. Dieser Zeitpunkt wird vielfach innerhalb eines Abrechnungszeitraumes liegen. Den Veränderungen muss dann zeitanteilig Rechnung getragen werden. Das bedeutet, dass der Abrechnungszeitraum in Unterzeiträume aufzuteilen und für diese jeweils der anteilige Betrag an den Mietnebenkosten zu ermitteln ist. Die Summe der Beträge für die Unterzeiträume bildet dann den Abrechnungsbetrag für den gesamten Abrechnungszeitraum. Eine Zwischenabrechnung hat nicht zu erfolgen. 4328

Etwas anderes kann allerdings dann gelten, wenn nicht nur die Anwendung eines bestimmten Umlegungsmaßstabes vereinbart ist, sondern wenn auch eine **Regelung über die tatsächlichen Grundlagen** im Mietvertrag getroffen ist, z.B. die Festlegung starrer Flächengrößen. 4329

Hier ist es eine Frage der Vertragsauslegung im Einzelfall, ob und in welcher Weise Veränderungen zu berücksichtigen sind. Haben die Parteien bei Vertragsschluss mit Veränderungen gerechnet und halten sich die Veränderungen im Rahmen der Erwartungen, spricht dies dafür, dass es bei den bisherigen Bezugsgrößen verbleibt. Wurde eine Veränderung nicht in Erwägung gezogen oder würden nach der Veränderung bei Beibehaltung der bisherigen Bezugsgrößen grob unbillige Ergebnisse entstehen, kann die ergänzende Vertragsauslegung zur Notwendigkeit einer Anpassung führen. 4330

H. Fehlerfolgen

I. Falsche Umlegungsmaßstäbe und unzulässige Umlegungseinheiten

(unbesetzt) 4331

Auf die Behauptung, es werde ein unzulässiger Umlegungsmaßstab angewendet, kann ein Zurückbehaltungsrecht gegenüber einem Anspruch auf Zustimmung zur Mieterhöhung nicht gestützt werden (*LG Berlin* NZM 1999, 368, 370). 4332

II. Fehler bei der Feststellung der tatsächlichen Grundlagen

1. Falsche Tatsachen

Wird der richtige Umlegungsmaßstab angewendet, aber von falschen Tatsachen, z.B. unrichtigen Flächen, ausgegangen, berührt dies die formelle Ordnungsmäßigkeit der Abrechnung nicht. Die Abrechnung ist gegebenenfalls im Prozess zu berichtigen. Entsprechendes gilt für die Erhöhung einer Pauschale. 4333

2. Fehler bei der Festlegung der Abrechnungsmaßstäbe

Fehler bei der Festlegung der Umlegungsmaßstäbe können ein **Anfechtungsrecht** nach §§ 119 ff. BGB begründen, wenn die Voraussetzungen für eine Anfechtung vorliegen 4334

(*Schopp* ZMR 1990, 363). Bei einer einseitigen Festlegung hat ein Anfechtungsrecht nur der Vermieter, bei vertraglicher Regelung jeder, bei dem die Anfechtungsvoraussetzungen vorliegen. Zu beachten ist dabei insbesondere, dass nicht jeder Irrtum, insbesondere nicht ein Motiv- oder Kalkulationsirrtum zur Anfechtung berechtigt. In Betracht kommt vor allem ein Irrtum über eine Sacheigenschaft, insbesondere über die Größe des vermieteten Objekts.

4335 *(unbesetzt)*

4336 Eine Anfechtung führt zu einer rückwirkenden Unwirksamkeit der Erklärung (§ 142 BGB). Die Umlegungsmaßstäbe müssen auch für die Vergangenheit neu festgelegt werden.

4337 Liegen die Voraussetzungen für eine Anfechtung nicht vor, kommt eine **Anpassung** wegen Störung der Geschäftsgrundlage nach § 313 BGB in Betracht.

4338 Ob die Anpassung auch für die Vergangenheit oder nur für noch nicht abgerechnete und künftige Abrechnungszeiträume zu erfolgen hat, ist eine Frage des Einzelfalles. Eine Änderung für die Vergangenheit wird deshalb nur bei erheblichen Abweichungen infrage kommen und wenn Nachforderungen und Rückzahlungen überhaupt noch verlangt werden können.

3. Zukünftige Abrechnungen

4339 Für die Zukunft, d. h. für alle noch nicht erstellten Abrechnungen ist der Vermieter nach Aufdeckung des Fehlers berechtigt und zugunsten des Mieters verpflichtet, die richtigen tatsächlichen Verhältnisse zugrunde zu legen, soweit nicht etwas Anderes vereinbart ist, z.B. eine von den tatsächlichen Verhältnissen unabhängige Flächengröße (*OLG Düsseldorf* DWW 2000, 194). Da es sich dabei nur um ein sachlich richtiges Vorgehen handelt und nicht um eine Änderung des Abrechnungsmaßstabes, bedarf es weder einer Ankündigung noch eines Zuwartens bis zum Beginn des nächsten Abrechnungszeitraums (*AG Trier* WuM 2006, 168).

Teil V Die einzelnen Mietnebenkosten

A. Die einzelnen Betriebskosten – § 2 BetrKV

Die einzelnen Betriebskosten sind aufgeführt in § 2 BetrKV. Zu einigen Positionen enthält auch die NMV 1970 Regelungen. **5000**

Die folgende Darstellung folgt dem Aufbau des § 2 BetrKV, geht aber auch auf andere Fragen im Zusammenhang mit den einzelnen Nebenkostenpositionen ein. Insbesondere werden auch Nebenkostenprobleme erörtert, die für Nichtwohnraummietverhältnisse von Bedeutung sind. **5001**

Bei einem Teil der einzelnen Kostenpositionen (Nrn. 1, 8, 13) werden nur Beispiele genannt (»namentlich«). Die anderen Positionen enthalten eine abschließende Aufzählung. Hieraus wird der Schluss gezogen, dass nicht genannte Einzelkosten, die der jeweiligen Position zugeordnet werden können, auch nicht nach Nr. 17 umlegbar sind (*Hess/Latinovic* NZM 1999, 344 m.w.N.). Dem ist jedoch nicht zu folgen, da Nr. 17 als Auffangtatbestand ausgestaltet ist (*Schmid* DWW 2004, 288). **5002**

Durch sein Urteil vom 10.2.2016 (VIII ZR 137/15, WuM 2016, 211 = ZMR 2016, 287) hat der BGH klargestellt, dass es für die Wohnraummiete (umso mehr muss dies für den Bereich der Geschäftsraummiete gelten) auch im Formularvertrag zur Übertragung aller Kostenarten der BetriebskostenVO nicht der namentlichen Aufführung der Kostenpositionen bedarf. Es muss auch nicht ausdrücklich auf § 556 Abs. 1 S. 2 BGB und/oder die BetriebskostenVO Bezug genommen oder diese beigefügt werden. Seit vielen Jahren, schon seit 1957 ist der Betriebskostenbegriff allgemein bekannt, sodass der Mieter erkennen oder leicht feststellen kann, was hierunter zu verstehen ist. Dieser Begriff bedarf deshalb keiner Erläuterung oder Aufschlüsselung. Der *BGH* (MDR 2010, 1372 = IMR 2010, 522) war schon früher allerdings bei den Versicherungskosten, ohne die Frage zu problematisieren davon ausgegangen, dass es für die Umlegung neuer Versicherungskosten genügt, wenn sich der Mieter verpflichtet hat, neu eingeführte Betriebskosten vom Zeitpunkt ihrer Entstehung an zu zahlen, auch wenn sie im Mietvertrag nicht genannt sind. Es genügt also die Formulierung »**Der Mieter trägt die Betriebskosten**«. **5003**

Anders verhält es sich selbstredend, wenn nur einzelne Kostenarten umgelegt werden sollen oder wenn sonstige Betriebskosten nach § 2 Nr. 17 BetriebskostenVO vereinbart werden oder wenn infolge bestimmter Formulierungen im Vertrag unklar ist, welche Kostenarten übertragen sind (*BGH* a.a.O.). **5004**

Zulässig muss auch sein, dass etwa »die Betriebskosten« auf den Mieter übertragen werden und Ausnahmen davon ausdrücklich danach ausgeschlossen sind. **5005**

Nr. 1. Die laufenden öffentlichen Lasten des Grundstücks

Hierzu gehört namentlich die Grundsteuer.

I. Umlegbare Kosten

1. Umlegungsfähige Kosten

5006 Zu den öffentlichen Lasten gehören neben der Grundsteuer z.B. Realkirchensteuern und Deichgebühren (*Kinne* ZMR 2001, 2) sowie Beiträge zu Wasser- und Bodenverbänden (*Stangl* ZMR 2006, 95). Zu den öffentlichen Lasten werden auch die Kosten der Feuerstättenschau gerechnet (*AG Soest* GE 2014, 129). Von den Gemeinden erhobene Straßenausbaubeiträge, die als Deckungsgrundlage für Investitionsaufwendungen dienen und wiederkehrend erhoben werden, sind Erschließungskosten nach § 5 Abs. 2 II. BV und werden nicht den öffentlichen Lasten im Sinne der Nr. 1 zugeordnet (*AG Greiz* WuM 1999, 133; *Ruff* DWW 2004, 48 [51]). Eine Fremdenverkehrsabgabe ist keine öffentliche Last des Grundstücks (*OLG Schleswig* IMR 2012, 287). Nicht umlegungsfähig ist auch die Grunderwerbsteuer (*Ruff* DWW 2004, 48 [51]).

2. Umlegungsvereinbarung

5007 Eine Vereinbarung, wonach »Grundbesitzabgaben« umgelegt werden, ist nicht hinreichend bestimmt und ermöglicht auch nicht die Umlegung von Grundsteuer (*AG Köln* WuM 1988, 419 f. m. abl. Anm. *Sommerfeld*). Demgegenüber »tendiert« das *OLG Düsseldorf* (DWW 2000, 196, 197) dazu, zumindest die Grundsteuer unter den Begriff »Grundbesitzabgaben« zu subsumieren und für umlegungsfähig zu erachten. Die Vereinbarung der Umlegung von »Gemeindeabgaben« hält das *OLG Hamm* (ZMR 2005, 617) in einem gewerblichen Mietvertrag für ausreichend bestimmt und sieht davon auch die Grundsteuer mitumfasst. M. E. ist in diesen Fällen in einem Formularmietvertrag mangelnde Transparenz anzunehmen; bei einem Individualvertrag kommt es darauf an, was die Parteien unter den jeweiligen Schlagworten verstanden haben.

5008 Die formularvertragliche Regelung in einem Mietvertrag über Geschäftsräume »Die Grundsteuer zahlt die Vermieterin. Erhöhungen gegenüber der bei Übergabe des Objekts erhobenen Grundsteuer tragen die Mieter« ist bezüglich der Erhöhungen mehrdeutig und nach § 305c Abs. 2 BGB unwirksam (*BGH*, 17.02.2016, XII ZR 183/13, ZMR 2016, 368, MietRB 2016, 130 = NZM 2016, 315 m. Anm. *Fritz*) In diesem Fall war das Grundstück bei Vertragsabschluss noch unbebaut. Da in der Klausel von dem »Objekt« die Rede ist, kann die Formulierung so verstanden werden, dass eine Erhöhung der von vornherein auf das Mietobjekt bezogenen Grundsteuer maßgebend sei. Das Mietobjekt sei aber nicht das unbebaute Grundstück, sondern die vereinbarten Räume. Mit der erhobenen Grundsteuer sei also die gemeint, die später für das bebaute Grundstück festgesetzt werde.

5009 Die Zusammenfassung der Positionen »Grundsteuer« und »Straßenreinigung« als »Städtische Abgaben« in einer Abrechnung der Betriebskosten ist formell unwirksam, da eine summenmäßige Zusammenfassung nur bei solchen Kostenarten erfolgen darf, die nach ihrem Entstehungsgrund gleichartig sind (*AG Aachen*, 16.03.2016, 115 C 448/15, WuM 2016, 288).

II. Kostenverteilung

1. Einzelverteilung

Im Anwendungsbereich der NMV 1970 erfolgt die Umlegung nach dem Verhältnis der Wohnfläche (§ 20 Abs. 1 Satz 1 NMV 1970). Bei nicht preisgebundenem Wohnraum gelten die allgemeinen Grundsätze (vgl. oben Teil IV).

5010

Bei **Wohnungs- und Teileigentum** wird die Grundsteuer für das jeweilige Wohnungs- und Teileigentum festgesetzt. Es ist deshalb zweckmäßig, mit dem Mieter zu vereinbaren, dass dieser Betrag umgelegt wird. Eine solche direkte Weiterleitung der Grundsteuer hat auch dann zu erfolgen, wenn keine solche Vereinbarung getroffen ist. § 556a Abs. 1 BGB oder eine mit dem Mieter für sonstige Nebenkosten vereinbarter Abrechnungsmaßstab greifen nicht sein. Seine frühere gegenteilige Auffassung hat der *BGH* (Urt. v. 17.4.2013 – VIII ZR 252/12, ZMR 2014, 108 = GE 2013, 680) ausdrücklich aufgegeben. Theoretisch möglich, aber ohne praktische Bedeutung ist es, dass die Parteien auch für die Grundsteuer einen anderen Kostenverteilungsmodus vereinbaren.

5011

2. Leerstand

Die Grundsteuer für unvermietete Räume ist vom Vermieter zu tragen. Führt ein Leerstand zu einer Grundsteuerermäßigung nach § 33 GrStG, kann der Vermieter den Ermäßigungsbetrag nicht nur auf die leer stehenden Räume anrechnen, sondern muss den ermäßigten Betrag der Kostenverteilung insgesamt zugrunde legen (*Ruff*, WuM 2003, 379 [382]).

5012

3. Vorauflteilung

Wird ein Grundstück teils zu Wohnzwecken, teils gewerblich genutzt, wird im Einheitswertbescheid, auf den der Grundsteuerbescheid über den Grundsteuermessbescheid letztlich zurückgreift, für Gewerberäume bezogen auf den Quadratmeter Wohn- oder Nutzfläche meist ein höherer Wert angesetzt als für Wohnräume. Für den Bereich des preisgebundenen Wohnraums regelt die Sondervorschrift des § 20 Abs. 2 Satz 2 NMV 1970 in bestimmten Fällen die Notwendigkeit eines Vorwegabzugs bei den Betriebskosten, die nicht dem Wohnbereich zuzuordnen sind.

5013

Für die Grundsteuer im Bereich des **preisfreien** Wohnraums mit **gewerblichen** Objekten hielt der BGH im Urteil vom 13.10.2010 (VIII ZR 46/10, WuM 2010, 741; ebenso AG Köln, Urt. v. 31.5.2015 – 213 C 116/14, WuM 2015, 428; im Ergebnis ebenso für das Ertragswertverfahren *LG Frankfurt/M.* ZMR 1997, 642 f. = WuM 1997, 630 f.; *LG Hamburg* ZMR 2001, 971; *LG Braunschweig* ZMR 2003, 113) fest, dass ein Vorwegabzug erfolgen musste, wenn die gewerbliche Teilnutzung bei der Abrechnung nach dem Flächenmaßstab zu einer erheblichen Mehrbelastung der Wohnungsmieter führte. Eine Mehrbelastung wurde für erheblich erachtet, wenn sie über 5 % beträgt (*AG Köln* a.a.O.; *Beyer* NJW 2010, 1025, 1030; *Pfeiffer* MietRB 2011, 25, 28; *Langenberg* F Rn. 162). Für gemischt genutzte Grundstücke wird der Einheitswert grundsätzlich nach dem Ertragswertverfahren festgesetzt. Hierunter versteht man das

5014

Ergebnis einer Multiplikation der nach dem Ertragswertverfahren ermittelten Jahresrohmiete mit dem Vervielfältiger entsprechend der Tabellen zum Bewertungsgesetz, der wiederum von der Grundstücksart, der Bauart sowie Bauausführung, dem Baujahr, der Einwohnerzahl der Gemeinde abhängt und mit dem Grundsteuermessbetrag vervielfältigt wird (*Langenberg* F Rn. 203; *Laug* WuM 1993, 171).

5015 Durch Urteil vom 10.5.2017 (VIII ZR 79/16, MietRB 2017, 215 = NZM 2017, 520 = WuM 2017, 399 = ZMR 201, 877) hat der *BGH* folgende Grundsätze aufgestellt:
– Wird ein Grundstück zum Teil gewerblich und zum Teil zu Wohnzwecken genutzt, muss ein Vorwegabzug für die gewerblichen Einheiten nicht durchgeführt werden. Denn es fehlt an den Voraussetzungen des § 556a BGB, da die Grundsteuer nicht vom Verhalten des Mieters abhängt und deswegen auch nicht als verbrauchsabhängig anzusehen ist. Deshalb verfängt auch das Argument nicht mehr, wonach eine gewerbliche Nutzung erhebliche Mehrkosten verursache.
– Ist im Mietvertrag bestimmt, dass als Umlegungsmaßstab für die Nebenkosten das Verhältnis der Wohn- und Nutzfläche des Hauses als vereinbart gilt, beinhaltet diese Regelung lediglich, dass die Betriebskostenumlage nach dem Flächenschlüssel erfolgt. Auch wenn der Rechtsvorgänger des Vermieters früher einen Vorwegabzug durchführte, ist dies für die weitere Umlage ohne Vorwegabzug bedeutungslos.

5016 In diesem Zusammenhang sei auf die Entscheidungen des *BGH* vom 22.2.2016 (65 T – 207/15, GE 2016, 396 und vom 20.1.2016 – VIII ZR 93/17 – Rdn. 3146, 4179, 3222) verwiesen. Danach erfordert die formelle Wirksamkeit der Abrechnung nicht die Angabe, ob die Gesamtfläche nur die Wohn- oder auch gewerblich genutzte Flächen enthält. Das darf aber nicht damit verwechselt werden, dass ein Vorwegabzug als solcher vorgenommen werden muss. Ob dies der Fall war ist eine Frage inhaltlicher Richtigkeit.

5017 Ändert die Hausverwaltung die bisherige Abrechnungspraxis, wonach die Grundsteuer auf die Wohn- und Geschäftsraummieter anteilig nach Fläche umgelegt wurde dahin, dass die Steuer jetzt zwischen Wohnungsmietern, Stellplatzmietern und gewerblichen Mietern aufgeteilt wird, stellt dies eine Pflichtverletzung gegenüber dem Eigentümer dar, die zum Ersatz der nicht auf die Mieter umgelegten Stellplatzgrundsteueranteile verpflichtet (*LG Mannheim* Urt. v. 2.6.2015 – 11 O 103/14, ZMR 2015, 718 a. A. LG Berlin a. a. O.).

5018 Gibt es für ein Grundstück, auch wenn es mehrere Abrechnungseinheiten umfasst, nur einen Grundsteuerbescheid, kann eine Verteilung nach Wohnfläche auf alle Abrechnungseinheiten erfolgen (*LG Köln* NZM 2001, 617).

▶ Hinweis:

Das *BVerfG* hat im Urteil vom 10.4.2018 die Bemessungsgrundlage für die Grundsteuer als verfassungswidrig erklärt. Die Wertverhältnisse zur Bewertung in den westlichen Bundesländern stamme vom 1.1.1964, in den östlichen Ländern vom 1.1.1935. In den damit zunehmenden Wertverzerrungen liegt ein Verstoß gegen den Gleichheitsgrundsatz vor (*BVerfG*, 10.4.2018 – 1 BvL 11/14, 1 BvR 889/12, 1 BvR 639/11, 1 BvL 1/15, 1 BvL 12/14, WuM 2018, 349). Die Einheitsbewertung muss bis 31.12.2010 neugeregelt werden. Für weitere 5 Jahre nach Verkündigung und Festlegung, längstens bis 31.12.2024 bleibt die bisherige Regelung der Einheitsbewertung zulässig (zu einem Berechnungsbeispiel für die Grundsteuererhebung mit unterschiedlichen kommunalen Hebesätzen vgl. *Hummelsheim* in: Deckert, Der Verwalterbrief 2018 Heft 7/8 S. 7).

4. Wohnungseigentum

Öffentliche Abgaben für die die Gemeinschaft der Wohnungseigentümer in Anspruch genommen wird, können nach einem gemäß § 16 Abs. 3 WEG beschlossenen Abrechnungsmaßstab verteilt werden (*Schmid* MDR 2007, 989 [990]). 5019

III. Einzelfragen zur Durchführung der Umlegung

Bei einer Grundsteuererhöhung ist als Basisjahr das Jahr des Mietvertragsabschlusses oder das Jahr der letzten Mieterhöhung zugrunde zu legen, wenn eine Mieterhöhung nach § 560 BGB auf eine Erhöhung der Grundsteuer gestützt wird (*AG Köln* WuM 1987, 162). 5020

Vereinbart werden kann auch, dass nur die Grundsteuererhöhungsbeträge und zwar im Wege einer Abrechnung umgelegt werden. Basisjahr ist dann das Jahr des Vertragsabschlusses, da die Erhöhungen nicht in der Grundmiete, sondern in den Abrechnungen berücksichtigt werden (a.A. *AG Köln* ZMR 1994, 336, das auf das Jahr der letzten Mieterhöhung abstellen will). 5021

Um die Abrechnung bzw. die Mieterhöhung nachvollziehbar zu machen, müssen in diesen Fällen das Basisjahr, der damalige Betrag und der Betrag im Abrechnungszeitraum bzw. im Jahr der Erhöhung angegeben werden. Die bloße Angabe des Differenzbetrages wird nicht für ausreichend erachtet (*AG Köln* ZMR 1994, 336). 5022

Ist zum Abrechnungszeitpunkt noch kein Grundsteuerbescheid ergangen oder ist mit einer **rückwirkenden Erhöhung** der Grundsteuer zu rechnen, empfiehlt sich ein **Vorbehalt**. Auch ohne Vorbehalt wird vertreten, dass nach Vertragsende eine Nachforderung von Grundsteuer zulässig ist, sofern die Steuer grundsätzlich geschuldet ist (*LG Heidelberg* v. 28.5.2020 -5 S 42/19, MietRB 2020, 264; *LG Rostock* v. 27.2. 2009 - 1 S 200/08, ZMR 2009, 924, Anm. *Both*; *LG Frankfurt/M.* v. 13.11. 2001 - 2-11S 191/01, NZM 2002, 336).Zu beachten ist aber, dass die Nachforderung binnen drei Monaten nach Zugang des Bescheides zu reklamieren ist (*BGH* v. 5.7.2006 - VIII ZR 220/05, NZM 2006, 740; *Pfeifer*, MietRB 2020, 264). Nachforderungen für Zeiten vor Vertragsbeginn sind nicht umlegbar (*LG Heidelberg* a.a.O.). Bei einer Nutzungsänderung (Bebauung) muss mit einer Grundsteuererhöhung gerechnet werden mit der Folge, dass eine Nachbelastung ohne Vorbehalt nicht möglich wäre (*AG Brühl* WuM 1999, 237). Eines Vorbehaltes bedarf es nicht, wenn der Mietvertrag eine Rückwirkungsklausel enthält (Rdn. 3100). Bei einer **nachträglichen Senkung** der Steuer, z.B. aufgrund eines Antrages nach § 33 GrStG muss die Abrechnung zugunsten des Mieters geändert werden (*Ruff* WuM 2003, 380 [382]). 5023

Nr. 2. Die Kosten der Wasserversorgung

Hierzu gehören die Kosten des Wasserverbrauchs, die Grundgebühren, die Kosten der Anmietung oder anderer Arten der Gebrauchsüberlassung von Wasserzählern sowie die Kosten ihrer Verwendung einschließlich der Kosten der Eichung sowie der Kosten der Berechnung und Aufteilung, die Kosten der Wartung von Wassermengenreglern, die Kosten des Betriebs einer hauseigenen Wasserversorgungsanlage und einer Wasseraufbereitungsanlage einschließlich der Aufbereitungsstoffe.

I. Allgemeine Umlegungsvoraussetzungen

1. Grundsätzliches

5024 Umlegungsfähig sind nur **laufend entstehende Kosten** (Rdn. 1036 ff.). Nicht umlegungsfähig sind einmalige Gebühren, wie Anschlussgebühren oder besondere Gebühren, z.B. für die Erweiterung der kommunalen Wasserversorgungsanlage.

5025 Der Wasserverbrauch muss **mit dem allgemeinen Wohngebrauch in Zusammenhang stehen**. Keine laufenden Verbrauchskosten sind Wasserkosten, die durch Schäden, z.B. infolge eines Wasserrohrbruches, undichter Leitungen (*AG Salzgitter* WuM 1996, 285), schadhafter Dichtungen (*Kinne* ZMR 2001, 3) oder defekter Toilettenspülungen (*Stangl* ZMR 2006, 95) anfallen. Besteht jedoch gegen den Mieter ein Schadensersatzanspruch wegen einer Beschädigung oder unterlassener Mitteilung des Defekts, können die Wasserkosten in der Regel aus Vereinfachungsgründen bei einer vollständigen Abrechnung nach Verbrauch diesem Mieter in der Betriebskostenabrechnung belastet werden. Nicht umlegungsfähig sind Kosten für einen Verbrauch, der durch Baumaßnahmen verursacht ist, die vom Vermieter oder von anderen Mietern durchgeführt werden (*LG Berlin* ZMR 1998, 166).

5026 Nicht umlegungsfähig sind auch die Kosten für Wasser, das vom Mieter verkauft oder sonst für nutzungsfremde Zwecke verwendet wird (*BayObLG* WuM 1997, 186 zum Wohnungseigentum für den Fall, dass Wasser nach »Bearbeitung« oder »Veredelung« verkauft wird). Das wirft insbesondere dann Probleme auf, wenn von einem Mieter Wasser für gewerbliche Zwecke verbraucht wird. Werden Waschmaschinen aufgrund eines selbstständigen Automatenvertrages benutzt müssen die hierfür anfallenden Wasserkosten abgezogen werden.

5027 Nr. 2 BetrKV setzt allerdings nicht voraus, dass das Wasser innerhalb einer Wohnung verbraucht wird, wenn ein Zusammenhang mit der bestimmungsgemäßen Nutzung des Grundstücks besteht. Insbesondere wird die Umlegung nicht dadurch ausgeschlossen, dass das Wasser für Gemeinschaftsflächen verbraucht wird, z.B. Putzwasser (*AG Ibbenbühren* WuM 2000, 83).

5028 Der nicht umlegungsfähige Wasserverbrauch muss nicht durch Zwischenzähler erfasst werden (a.A. *LG Berlin* ZMR 1998, 166, 167), jedoch empfiehlt sich dies, weil der Vermieter im Streitfall beweisen muss, dass der Wasserverbrauch umlegungsfähig ist (*LG Karlsruhe* WuM 1996, 230). Das kann für den Vermieter insbesondere dann zu erheblichen Schwierigkeiten führen, wenn außen angebrachte Wasserhähne ohne Zähler sind und eine Wasserentnahme durch Mieter oder dritte Personen nicht ausgeschlossen werden kann. Das kann bis zu einer völligen Versagung der Umlegung der Wasserkosten gehen (vgl. *AG Brandenburg a.d.H.* GE 2010, 1751).

A. Die einzelnen Betriebskosten – § 2 BetrKV   Teil V

Die Umlegung kann auch dann bis zum Ende der Mietzeit anteilig erfolgen, wenn der Mieter vorher geräumt hat und die Wohnung leer steht (*AG Wipperfürth* WuM 1987, 195). 5029

Abzurechnen ist bei Anwendung des Leistungsprinzips auf der Basis der tatsächlich angefallenen Kosten, nicht auf der Basis von Abschlagszahlungen, die das Versorgungsunternehmen angefordert hat (*AG Hannover* WuM 1994, 435; anders bei Anwendung des Leistungsprinzips; vgl. Rdn. 3409, 3424). 5030

2. Verhältnis zu anderen Positionen

Bei den Wasserkosten für das Warmwasser hat der Vermieter ein ausdrücklich geregeltes Wahlrecht. 5031

Eine entsprechende Regelung treffen § 2 Nr. 16 BetrKV und § 25 Abs. 1 NMV 1970 für den Wasserverbrauch maschineller Wascheinrichtungen. 5032

Wasser wird auch verbraucht für die Gebäudereinigung und für die Gartenpflege. Die Wasserkosten sind in § 2 Nr. 9 und 10 BetrKV nicht ausdrücklich erwähnt, können aber diesen Kosten zugerechnet werden. In entsprechender Anwendung der vorgenannten Vorschriften wird man auch insoweit dem Vermieter ein Wahlrecht zugestehen können, bei welcher Position der Ansatz erfolgt. Aus Vereinfachungsgründen empfiehlt sich ein Ansatz bei der Position Wasserversorgung (a.A. *Milger* NZM 2008, 757 [761], die bei einer Abrechnung nach Verbrauch nur eine gesonderte Erfassung zulässt). 5033

II. Umlegbare Kosten

1. Kosten des Wasserverbrauchs und Grundgebühren

Das sind die laufenden Kosten, die von dem Wasserversorgungsunternehmen dem Vermieter in Rechnung gestellt werden, und zwar verbrauchsabhängige und verbrauchsunabhängige Kosten. Die Grundgebühren werden teilweise auch als Zählermiete bezeichnet, was an ihrer Umlegungsfähigkeit nichts ändert (*Ruff* DWW 2004, 79, 81). 5034

Bei **Geschäftsraum** kann der Vermieter die nach Mietvertragsabschluss neu eingeführten Grundgebühren der Wasserversorgung im Wege der ergänzenden Vertragsauslegung nach der Fläche umlegen, auch wenn der Mietvertrag die Kosten der Wasserversorgung und Entwässerung nach Verbrauch regelt (*LG Berlin*, Urt. v. 27.2.2013 – 25 S 75/12, ZMR 2014, 359). 5035

Nach dem *LG Berlin* ist es zulässig, eine Vorwegerfassung vorzunehmen, wenn nicht alle Wohnungen mit Wasserzählern versehen sind, wobei die verbleibenden Wohnungen die Kosten nach Fläche zu tragen haben (*LG Berlin* GE 2010, 1742). Vertreten wird auch, dass die Kosten nach Verbrauch umgelegt werden müssen, wenn nur eine Wohnung von mehreren mit Wasserzählern ausgestattet ist (*LG Berlin* GE 1999, 1052). 5036

2. Kosten der Verbrauchserfassung und Kostenaufteilung

5037 Nicht als Kosten der Wasserversorgung umlegbar sind die Kosten für einen Erwerb von Wasserzählern. Eine Umlegung der Anschaffungskosten kommt jedoch nach § 559 BGB bzw. § 11 II. BV in Betracht (*Schläger* ZMR 1994, 192).

5038 Unter Nr. 2 fallen die Kosten für die Anmietung oder anderer Arten der Gebrauchsüberlassung von Wasserzählern.

5039 Werden zur Erfassung des Verbrauches verschiedener Mietergruppen (z.B. Wohnraum/Gewerberaum) Zwischenzähler verwendet, so sind die dadurch entstehenden Betriebskosten den Gesamtkosten zuzurechnen. Die Gegenmeinung (*Kinne* ZMR 2001, 2) verkennt, dass der Zwischenzähler zur Verbrauchserfassung für beide Gruppen dient, wobei es gleichgültig ist, ob der Verbrauch der einen oder der anderen Gruppe gemessen und dann vom Gesamtverbrauch abgezogen wird.

5040 Umgelegt werden können auch die Kosten der Verwendung von Wasserzählern. Hierzu gehören insbesondere die Kosten einer vorgeschriebenen **Eichung**. Sind die Kosten für einen Geräteaustausch nicht höher als die Eichkosten, können statt der Eichkosten diese Kosten angesetzt werden (*LG Berlin* GE 2007, 1123). Die Eichkosten können entsprechend der Dauer des Eichzeitraums in Jahresraten umgelegt werden (*LG Berlin* GE 2007, 1123). Bei einer Verteilung nach dem Abfluss-/Fälligkeitsprinzip können sie im Jahr des Anfalls voll umgelegt werden (*Beyer* GE 2007, 951).

5041 Die Kosten der Berechnung und Aufteilung sind vor allem die Kosten der Messdienstfirmen. Umgelegt werden können aber auch eigene Kosten des Vermieters sowie der Wert seiner Arbeitsleistung (§ 1 Abs. 1 Satz 2 BetrKV; § 27 Abs. 2 II. BV – vgl. Rdn. 1045 f.).

3. Wartungskosten für Wassermengenregler

5042 Wassermengenregler sind Geräte, die die Durchlaufmenge unabhängig vom Wasserdruck regeln. Demgegenüber verändern Durchflussbegrenzer die Wassermenge abhängig vom Wasserdruck. Deren Wartungskosten unterfallen nicht der Nr. 2 (*Both* Betriebskostenlexikon Rn. 249).

5043 Zum Begriff der Wartung s. Rdn. 1030, 3069, 3072 ff.

4. Kosten der hauseigenen Wasserversorgungsanlage

5044 Umlegungsfähig sind nur die Betriebskosten, nicht die Kosten der Errichtung oder von Reparaturen. Betriebskosten sind z.B. die Stromkosten für die Wasserpumpe (*Kinne* ZMR 2001, 3) und die Kosten für eine behördlich angeordnete **Trinkwasseruntersuchung** des Brunnens (*AG Wesel*, Urt. v. 20.6.1990 – 26 C 115/90 WuM 1990, 443; *AG Altena*, Urt. v. 5.6.1981 – 2 C 63/81, WuM 1982, 2). Letzteres kann allerdings nur dann gelten, wenn es sich um regelmäßige Untersuchungen handelt, da es ansonsten am Merkmal der »laufenden« Entstehung (Rdn. 5014) fehlt. Umlegbar sind auch die Betriebskosten für Druckerhöhungsanlagen, wenn der Wasserdruck aus dem Netz des Wasserlieferanten nicht ausreicht (*Kinne* ZMR 2001, 3).

5. Kosten der Wasseraufbereitungsanlage

Wasseraufbereitungsanlagen sind Einrichtungen, durch die das Frischwasser in irgendeiner Weise verbessert wird. Hierzu gehören insbesondere Filteranlagen und Entkalkungsgeräte. Die Aufbereitung muss nicht zwingend erforderlich sein; es genügt eine Verbesserung. Der Schutz von Leitungen und Geräten vor Verkalkung reicht aus (*AG Steinfurt* WuM 2004, 567). Der Vermieter ist für die Verbesserung der Wasserqualität im Streitfall beweispflichtig (*AG Lörrach* WuM 1995, 593). 5045

Zu den Kosten der Wasseraufbereitungsanlage gehören auch die Kosten der Aufbereitungsstoffe. und Mittel, die dem Korrosionsschutz dienen (vgl. hierzu Rdn. 1028a). 5046

III. Kostenverteilung

1. Anwendungsbereich der NMV 1970

Nach § 21 Abs. 2 Satz 1 NMV 1970 sind zunächst die Kosten abzuziehen, die nicht mit der üblichen Benutzung der Wohnungen zusammenhängen. Das sind zunächst die oben unter Rdn. 5015 und 5016 genannten Kosten. Ferner sind entsprechend dem Grundsatz des § 20 Abs. 2 Satz 2 NMV 1970 die auf Geschäftsräume entfallenden Kosten abzuziehen. Diese Kosten können anhand vergleichbarer Objekte **geschätzt** werden (*LG Berlin* GE 2001, 698). Unerheblich ist, ob sich die Trennung im Ergebnis zugunsten oder zuungunsten der Wohnungsmieter auswirkt (*LG Berlin* ZMR 2001, 111). Bei der Vorerfassung muss der Verbrauch jeder Mietergruppe erfasst werden; eine Differenzrechnung aus dem Gesamtverbrauch und dem Verbrauch einer Nutzergruppe ist nicht zulässig. Nach der Rechtsprechung des *BGH* (Urt. v. 25.11.2009 – VIII ZR 69/09, WuM 2010, 35; wie hier für Heizung: *BGH*, Urt. v. 16.7.2008 – VIII ZR 57/07, ZMR 2008, 885 = WuM 2008, 556) ist der Vermieter hingegen nicht gehalten, bei der Abrechnung von Wasserkosten verpflichtet, verschiedene Nutzergruppen gesondert durch Zähler zu erfassen, sofern nichts Gegenteiliges vereinbart wurde. Der Wohnungsverbrauch kann so ermittelt werden, dass der durch Zwischenzähler gemessene Verbrauch für Geschäftsraum vom Gesamtverbrauch laut Hauptzähler abgezogen werden kann. 5047

Die verbleibenden Kosten dürfen nach dem Verhältnis der Wohnflächen oder nach einem Maßstab, der dem unterschiedlichen Wasserverbrauch der Wohnparteien Rechnung trägt, umgelegt werden (§ 21 Abs. 2 Satz 2 NMV 1970). 5048

Zur Feststellung des unterschiedlichen Verbrauches werden vor allem Wasserzähler verwendet. Wenn der mit der üblichen Benutzung der Wohnungen zusammenhängende Verbrauch in allen Wohnungen des Gebäudes mit Wasserzählern erfasst wird, muss der Vermieter die auf die Wohnungen entfallenden Kosten nach dem erfassten unterschiedlichen Verbrauch der Wohnparteien umlegen (§ 20 Abs. 2 Satz 3 NMV 1970). 5049

Als zulässiger Verteilungsmaßstab wird auch die Zahl der Bewohner angesehen (vgl. hierzu Rdn. 4247 ff. und zur Berücksichtigung von Besonderheiten insbesondere Rdn. 4252). Eine solche Umlegung hat jedoch vor allem in größeren Mietobjekten den Nachteil eines erheblichen Verwaltungsaufwandes, weil laufend die Zahl der 5050

Bewohner festgestellt werden muss (vgl. hierzu ausführlich Rdn. 4143). Das Beharren des Vermieters auf einer Abrechnung nach Wohnfläche ist deshalb grundsätzlich nicht rechtsmissbräuchlich (*AG Köln* ZMR 1987, 473).

2. Preisfreier Wohnraum

5051 Hat der Wasserversorger Zähler in den einzelnen Wohnungen installiert und rechnet aufgrund dieser Zähler nach Wohnungen ab, kann der Vermieter die für die Wohnung in Rechnung gestellten Beträge unmittelbar weitergeben (*BGH*, Urt. v. 16.4.2008 – VIII ZR 75/07, ZMR 2008, 702 = NZM 2008, 442).

5052 Von besonderer Bedeutung sind gerade für den Wasserverbrauch die Regelungen des § 556a BGB für die verbrauchsabhängige Abrechnung. Der Vermieter ist zu einer Umlegung der Wasserkosten nach Verbrauch nicht nach § 556 Abs. 1 Satz 2 BGB verpflichtet, solange nicht alle Wohnungen des Gebäudes mit Wasserzählern ausgestattet sind (*BGH*, Urt. v. 12.3.2008 – VIII ZR 188/07 NZM 2008, 444 = GE 2008, 661). Der Vermieter ist jedoch berechtigt, eine Vorerfassung durchzuführen und dann nach Nutzergruppen mit oder ohne Zähler abzurechnen (*Milger* NZM 2008, 757, 760). Empfehlenswert ist eine solches Verfahren wegen des zusätzlichen Aufwandes für den Regelfall nicht.

5053 Eine Umlegung nach Personenzahl kann in der Regel nicht verlangt werden (*AG Duisburg* WuM 1994, 549; *AG Siegburg* WuM 1995, 120; str.). Siehe zur Abrechnung nach Personenzahl Rdn. 4247 ff.

5054 Bei dritten Personen und anderer Umstände kommt es auf den Einzelfall an. Sehr umstritten ist der **Besuch**. Nach einer Ansicht wird der Besuch generell nicht berücksichtigt (*AG Ahaus* Urt. v. 13.11.1996 – 5 C 788/96, WuM 1997, 232; zum Besuch *Langenberg* IV F Rn. 93).

5055 Nach anderer Ansicht sind persönliche Lebensgewohnheiten, die zu einem erhöhten Betriebskostenverbrauch führen, nicht zu berücksichtigen (*Lützenkirchen* in Erman § 556a Rn. 16: anders beim langfristigen Besuch).

5056 Nach hier vertretener Ansicht fehlt es am Merkmal der laufenden Entstehung, wenn sich der Besuch nicht des Öfteren oder gar regelmäßig in der Wohnung aufhält (*Harsch*, MietRB 2015, 119, 124 m.w.H.).

5057 Bei **Säuglingen** gehen die Ansichten ebenfalls auseinander. Nach einer Ansicht zählen sie nicht (*LG Mannheim* Urt. v. 27.1.1999 – 4 S 141/98, NZM 1999, 365). Demgegenüber müssen sie richtigerweise berücksichtigt werden, was schon aus der Verwendung des »Personenschlüssels« folgt (*Harsch* MietRB 2015, 119, 124; *Schmid* GE 2010, 1589 u.H.a. *AG Wuppertal* DWW 1988, 262).

5058 **Haustiere** dürfen indessen schon deswegen nicht berücksichtigt werden, weil es am Merkmal des Personenschlüssels fehlt, auch wenn dadurch ein gewisser Wasserverbrauch verbunden ist (*Harsch*, MietRB 2015, 119, 124). Entsprechende Vereinbarungen können jedoch getroffen werden (*AG Hannover* WuM 2001, 409).

5059 Unerheblich ist, wie der Versorger seine Entgelte strukturiert, insbesondere ob er pro Wohnung eine Grundgebühr erhebt (a.A. *AG Medebach* DWW 2003, 190).

Haben die Parteien vereinbart, dass die Wasserkosten nach Verbrauch umzulegen sind, gilt das auch für die Grundgebühren (für einen Leerstand siehe jedoch Rdn. 4010 ff.). Umstritten ist jedoch, ob der Vermieter teilweise eine Abrechnung nach Fläche vornehmen kann oder muss, wenn Grundgebühren erst nach Abschluss der Vereinbarung eingeführt werden (bejahend: *LG Berlin* IMR 2013, 370 = MietRB 2013, 354 m. Anm. *Harsch*; verneinend: *Fleßner* IMR 2013, 370). M.E. besteht keine Veranlassung zu einer Änderung des Abrechnungsmaßstabs, da auch Grundgebühren nach dem Verbrauchsmaßstab abgerechnet werden können, wie sich aus § 556a Abs. 1 Satz 2 BGB ergibt. 5060

3. Geschäftsraummiete

Für die Geschäftsraummiete bestehen keine ausdrücklichen Regelungen. Bei einer Verteilung nach Mieteinheiten kann sich der Gewerberaummieter grundsätzlich nicht darauf berufen, dass die übrigen Mieteinheiten zu Wohnzwecken genutzt werden (*OLG Düsseldorf* IMR 2009, 385). Befinden sich in einer Umlegungseinheit Wohn- und Gewerberäume, gilt bei preisgebundenem Wohnraum § 20 Abs. 2 Satz 2 NMV 1970. 5061

4. Vorerfassung außerhalb der NMV 1970

Eine gesonderte Erfassung des gewerblichen Verbrauches durch Wasserzähler und ein Abzug der Kosten vor Umlegung auf die Wohnraummieter sind nur bei deutlichen Unterschieden erforderlich. Bei der Vorerfassung muss der Verbrauch jeder Mietergruppe erfasst werden; eine Differenzrechnung aus dem Gesamtverbrauch und dem Verbrauch einer Nutzergruppe ist nicht zulässig (a. A. *BGH*, Urt. v. 25.11.2009 – VIII ZR 69/09, WuM 2010, 35; wie hier für Heizung: BGH, Urt. v. 16.7.2008 – VIII ZR 57/07, ZMR 2008, 887 = WuM 2008, 556). Die Differenzierung des BGH zwischen Heizungs- und Warmwasserverbrauch ist nicht überzeugend, da allein toleranzbedingt Messdifferenzen zwischen verschiedenen Zählern bis zu 20 % auftreten können (vgl. Rdn. 5084 ff.). 5062

Die Notwendigkeit einer Vorerfassung wurde verneint für 5063
- die Toiletten einer Friseurladens, nicht aber für den Salon selbst (*AG Hamburg* WuM 2002, 265);
- einen Hundesalon (*AG Berlin-Wedding* GE 2007, 725);
- einen Juwelierladen (*AG Hamburg* WuM 2002, 265);
- ein Optiker-Geschäft (*BGH*, Urt. v. 12.3.2008 – VIII ZR 188/07 GE 2008, 661);
- ein Reisebüro (*AG Hamburg* WuM 2002, 265);
- einen Kindergarten (*Kinne* GE 2011, 588 [589]).

Bejaht wird die Notwendigkeit einer Vorerfassung für 5064
- Saunen (*Kinne* GE 2003, 443);
- Wäschereien (*Kinne* GE 2003, 443);
- Gaststätten (*BGH* GE 2008, 661);
- Metzgerei (*Kinne* GE 2011, 588 [589]);
- Getränkehersteller (*Kinne* GE 2003, 443).

5. Kostenverteilung bei Verwendung von Zählern

a) Allgemeines

5065 Bei einer Verbrauchserfassung durch Wasserzähler kann der erfasste Verbrauch in der Regel nicht einfach mit einem bestimmten Wasserpreis multipliziert werden (*LG Gießen* NJW-RR 1987, 473). Insbesondere kann der Vermieter nicht einen solchen Preis selbst bestimmen. Ein Ansatz nur des Verbrauchspreises des Wasserlieferanten würde nicht alle Kosten, insbesondere nicht die Grundgebühren und die Verteilungskosten abdecken.

5066 Der Umlegungsbetrag ist aus den endgültigen Gesamtkosten nach dem festgestellten Verbrauch anteilig zu ermitteln. Die Höhe der Umlage muss sich aus der Abrechnung, ggf. unter Heranziehung der Belege nachvollziehbar ergeben (*AG Hamburg* WuM 2000, 213). Ein Berechnungsbeispiel findet sich in Rdn. 8006. Das Verlangen nach Angabe der Zählerstände (*LG Köln* WuM 2001, 496) überspannt die Anforderungen an die Nachvollziehbarkeit der Abrechnung.

5067 *(unbesetzt)*

5068 Anders als bei den Heizkosten (*BGH,* 16.7.2008 – VIII ZR 57/07, ZMR 2008, 885 = NZM 2008, 767 = GE 2008, 1120 = MDR 2008, 1147) wird es bei den Wasserkosten zugelassen, dass ein Wert aus der Differenz zwischen Gesamtverbrauch und gemessenem Verbrauch anderer Auslassstellen errechnet wird (*BGH,* 25.11.2009 – VIII ZR 69/09, DWW 2010, 20 = GE 2010, 117). Dagegen bestehen schon im Hinblick auf die bei den Messgeräten zulässigen Toleranzen Bedenken (*Schmid* ZMR 2010, 283).

b) Bedeutung der eichrechtlichen Bestimmungen

5069 Wasserzähler müssen geeicht sein und sind in regelmäßigen Abständen nachzureichen. Auf die Einhaltung der eichrechtlichen Bestimmungen hat der Mieter einen Anspruch.

▶ Hinweis:

Das darf aber nicht damit verwechselt werden, dass der Mieter keinen Anspruch darauf hat, das Kaltwasserzähler eingebaut werden (*LG Berlin* GE 2016, 530). Dies ist Auswirkung dessen, dass der Mieter grundsätzlich keinen Modernisierungsanspruch hat.

5070 Am 01.01. 2015 ist das **Mess- und Eichgesetz** (Gesetz über das Inverkehrbringen und die Bereitstellung von Messgeräten auf dem Markt, ihre Verwendung und Eichung sowie über Fertigpackungen vom 25.07.2013 (BGBl. I S. 2722) sowie die Mess- und Eichverordnung (BGBl I S. 2010) in Kraft getreten. Die bisherige Eichordnung trat außer Kraft (hierzu näher *Ruff,* WuM 2016, 255 ff.) An der sechsjährigen Gültigkeit der Eichung von Kaltwasserzählern hat sich nichts geändert (§ 34 Abs. 1 S. 1 MessEG, Anl. 7 Nr. 5.5.1 MessEV). Bei der Wasserabrechnung dürfen nur geeichte Zähler verwendet werden, da § 37 Abs. 1 MessEG ungeeichte Zähler nicht erlaubt (*Ruff,* WuM 2016, 257).

Sind Messergebnisse vorhanden dürfen sie auch herangezogen werden. Der Vermieter ist jedoch für das ordnungsgemäße **Funktionieren der Messgeräte** darlegungs- und beweispflichtig. Werden jedoch geeignete Messeinrichtungen verwendet und sind diese ordnungsgemäß angebracht, gewartet und erforderlichenfalls geeicht, so spricht eine tatsächliche Vermutung für eine ordnungsgemäße Funktion (*BGH*, Urt. v. 17.11.2010 – VIII ZR 112/10, ZMR 2011, 362 = MDR 2011, 92 = WuM 2011, 21 = GE 2011, 126). Eventuelle Fehler muss dann der Mieter darlegen und beweisen a.A. *AG Lüdenscheid* WuM 2011, 161), es sei denn, dass so viele Anzeichen für Fehler sprechen, dass diese entkräftet werden müssen (*OLG Köln* GE 1986, 341 [345]). 5071

▶ Hinweis:

Im Hinblick auf § 33 Abs. 1 MessEG -Verwendungsverbot ungeeichter Zähler- wird das Urteil des BGH für nicht mehr aktuell gehalten, das es dem Verwender ermöglichte nachzuweisen, dass ein ungeeichter Wasserzähler dennoch ordnungsgemäß funktioniert (*Ruff* a.a.O., 257). Das ist nicht unbestritten. So wird vertreten, dass ein Verwendungsverbot für Daten ungeeichter Wasserzähler auch nach Einführung des § 33 Abs. 1 MessEG für die Betriebskostenabrechnung nicht besteht (*Zehelein*, NZM 2017, 794, 795, 802), dass es dem Verwender von Daten ungeeichter Messgeräte nach den Vorgaben der Richtlinie 2014/32 EU nicht verwehrt ist, im Zivilprozess durch ein Gutachten nachzuweisen, dass die Daten richtig sind und dass die Entscheidung des BGH vom 17.11.2010 (Rdn. 5052) nach wie vor Geltung ha (*Zehelein* a.a.O.). 5072

Wird gegen die Vorschriften des Eichrechts verstoßen, muss der Vermieter beweisen, dass die Geräte trotz fehlender Eichung richtig angezeigt haben oder dass sich eventuelle Unrichtigkeiten nicht zum Nachteil des Mieters auswirken (*Schmid* GE 2001, 681). Hierfür kann neben einem Sachverständigengutachten zur Richtigkeit der Anzeige im Einzelfall bereits der Vortrag geeigneter Grundlagen für eine richterliche Schützung nach § 287 ZPO genügen, wie etwa die Vorlage der Verbrauchswerte der letzten unbeanstandeten Abrechnungsperiode (*BGH*, Urt. v. 17.11.2010 – VIII ZR 112/10, ZMR 2011, 362 = MDR 2011, 92 = WuM 2011, 21 = GE 2011, 126). Abgesehen von der Sonderregelung des § 9a HeizkostenV kann im Fall einer Schätzung die Anzeige eines nicht geeichten Zählers als Schätzgrundlage mit herangezogen werden (*Schmid* DWW 2008, 242 [243]). 5073

c) Erfassungsmängel

Kann wegen Erfassungsmängeln, insbesondere wegen Ausfalls des **Hauptzählers**, nicht mehr festgestellt werden, welcher Verbrauch in der Abrechnungseinheit überhaupt entstanden ist, so ist unabhängig von der Abrechnung mit dem Lieferanten für die Kostenverteilung auf die Mieter nach den konkreten Umständen ein Mindestverbrauch zu schätzen (*Schmid* NZM 1998, 499; a.A. *AG Bergisch-Gladbach* WuM 1998, 109: durchschnittliche Verbrauchsmenge zweier Abrechnungsperioden). Dieser Mindestverbrauch ist dann nach dem Verhältnis der Einzelzähler auf die Mieter umzulegen. 5074

5075 Beim **Ausfall von Zählern, die den Einzelverbrauch messen**, ist eine verbrauchsabhängige Abrechnung nicht mehr möglich (*Schmid* WE 2001, 206). Mit dem Fehlen eines Einzelwertes bricht nämlich die gesamte Verhältnisrechnung in sich zusammen. Im Hinblick auf die Messtoleranzen kann einer Auslassstelle auch nicht als Differenz des Hauptzählers zur Summe der Einzelzähler errechnet werden (*Milger* NZM 2008, 757 [760]; a.A. *AG Löbau* WuM 2008, 486; *Wagner* IMR 2008, 185). Der Vermieter kann dann einen anderen Umlegungsmaßstab wählen, i.d.R. das Wohn- bzw. Nutzflächenverhältnis (vgl. *LG Kleve* ZMR 2007, 620). Dem Mieter bleibt jedoch der – allerdings meist schwer zu führende – Nachweis, dass er wenig verbraucht hat und ihn deshalb ein geringerer Kostenanteil trifft (*Schmid* NZM 1998, 500). Ein pauschaler Abzug von 15 %, wie ihn § 12 HeizkostenV vorsieht, findet im Gesetz keine Stütze (*AG Berlin-Spandau* GE 2007, 1127; a.A. *LG Kleve* ZMR 2007, 620).

5076 Weist der Mieter den Vermieter auf Unregelmäßigkeiten bei dem Kaltwasserzähler der Toilettenspülung hin –der Zähler drehe sich auch, wenn kein Wasser abgenommen werde-, wird der Vermieter nicht für verpflichtet gehalten, die Spülung zu kontrollieren, wenn er aufgrund der Angabe des Mieters, es werde kein Wasser abgenommen davon ausgehen darf, dass die Kontrolle schon mieterseits durchgeführt wurde (*AG Münster*, Urt. v. 1.4.2014 – 3 C 4087/13, WuM 2014, 368).

5077 Steigt der Wasserverbrauch gegenüber dem Vorjahr erheblich an und kann der Mieter Umstände darlegen und ggf. beweisen, die es plausibel erscheinen lassen, dass der gemessene Verbrauch nicht auf dem Verhalten des Mieters beruht, sondern auf einem Mietmangel (hier: defekte Toilettenspülung), kann der Mehrverbrauch nicht umgelegt werden. Der Kaltwasserverbrauch kann als Mindestverbrauch in solchen Fällen geschätzt werden (*LG Rostock*, Urt. v. 19.5.2017 – 1 S 198/16, GE 2017, 719). Zu mangelbedingten Wasserverlusten vgl. *Hinz* ZMR 2018, 645 ff.).

▶ **Beispiel (LG Rostock GE 2017, 719):**

2012 hatte der Mieter einen Wasserverbrauch von unter 70 Kubikmeter, im Jahr darauf den 4-fachen Verbrauch, während der Verbrauch 2014 wieder die Höhe aus 2012 aufzeigte Ende 2013 hatte der Mieter einen Mangel am Toilettenspülkasten angezeigt. Das LG lehnt bereits den Betriebskostenbegriff ab, da dieser mit dem bestimmungsgemäßen Verbrauch zusammenhänge. Ein Anspruch des Vermieters aus §§ 280 Abs. 1, 249, 536c Abs. 1 BGB bestehe nicht, da der Vermieter nicht erklären konnte, dass der Mieter den Mangel schon früher zumindest grob fahrlässig nicht kannte und es dem Vermieter deshalb möglich gewesen wäre, den Mehrverbrauch zu vermeiden.

5078 Nach anderer, auch hier vertretener Ansicht (*Langenberg* in: Schmidt-Futterer § 556 BGB Rn. 110) muss der Vermieter bei ungewöhnlichen hohem Wasserverbrauch eine Kontrolle durchführen und nach der Ursache suchen, wobei dem Mieter ein Schadensersatzanspruch erwächst, wenn der Vermieter diese Pflicht nicht erfüllt.

5079 Zumindest mittelbar von Bedeutung auch für das Betriebskostenrecht ist das Urteil des BGH zu ungewöhnlichen hohen Stromkosten vom 7.2.2018 – VIII ZR 148/17. Es ging um Kaufrecht. Ein älteres Ehepaar mit dem zeitweise in der Wohnung

A. Die einzelnen Betriebskosten – § 2 BetrKV   Teil V

sich aufhaltenden Enkel sollte, wie der Stromversorger behauptete von einem jährlichen Abrechnungszeitraum auf den folgenden einen Verbrauch an Strom in Höhe von nahezu 32.000 kWh zum Preis von über 9.000 Euro haben, was eine Verzehnfachung des bisherigen Durchschnittsverbrauchs, also um mehr als 1.000 Prozent des Vorjahresverbrauchs bedeutete. Der Stromversorger ließ den Stromzähler von einer staatlich anerkannten Prüfstelle kontrollieren, die keinen Funktionsfehler feststellte. Der Zähler wurde daraufhin entsorgt.

Der BGH kam zum Ergebnis, dass die verlangte Vergütung für den Strom (§ 433 Abs. 2 BGB) nicht geschuldet sei, da der Stromversorger seiner Beweislast zu dem behaupteten Stromverbrauch nicht genügte. Es ging dabei um § 17 Abs. 1 S. 2 Nr. 1 u. 2 StromGVV vom 26.11.2011 (BGBl. I S. 2391). Der BGH führte aus: Nach der genannten Regelung berechtigen Einwände, die der Kunde gegen Rechnungen des Grundversorgers erhebt dann zum Zahlungsaufschub oder zur Zahlungsverweigerung, wenn die ersthafte Möglichkeit eines offensichtlichen Fehlers besteht. Der sich auf § 17 Abs. 1 S. 2 Nr. 1 berufende Kunde genüge seiner Darlegungslast bereits dann, wenn er Tatsachen vortrage, die dem Tatrichter unter Berücksichtigung aller Umstände des Einzelfalls den Schluss auf die »ernsthafte Möglichkeit eines offensichtlichen Fehlers« ermöglichen. Nr. 2 ermöglicht den Zahlungsaufschub, wenn der in der Rechnung ausgewiesene Verbrauch ohne ersichtlichen Grund **mehr als doppelt** so hoch ist wie im vorherigen Zeitraum. Der Kunde muss eine Nachprüfung der Messeinrichtung fordern. Die ernsthafte Möglichkeit eines offensichtlichen Fehlers stand auch nicht die Bestätigung der Fehlerfreiheit des Zählers entgegen. Angesichts der Verzehnfachung des Vorjahresverbrauchs und des Zuschnitts des Haushalts des Kunden konnte gleichwohl die Möglichkeit des offensichtlichen Fehlers bejaht werden.   5080

Auf das Betriebskostenrecht übertragen: Es bietet sich an, bei einer Kostensteigerung bei den verbrauchsabhängigen Kostenarten wie Wasser und Heizung als Anhaltsrichtwert für einen nicht mehr als »gewöhnlich« zu bezeichnenden Verbrauch die Verdoppelung des Vorjahresverbrauchs heranzuziehen. Der Mieter muss zunächst Tatsachen vortragen, die die Möglichkeit eines offensichtlichen Abrechnungsfehlers begründen können. Hierzu muss die erhebliche Verbrauchssteigerung, die nicht durch ein Wohnverhalten des Mieters zu erklären ist, ausreichen. Es ist dann Sache des Vermieters, im Rahmen seiner Darlegungs- und Beweislast Umstände vorzutragen, welche die fehlende Plausibilität des Ergebnisses widerlegen. Hat der Vermieter bzw. das Abrechnungsunternehmen die Messeinrichtung wie etwa den Wasser- oder Wärmezähler vor deren Prüfung »entsorgt«, muss in Anwendung der Grundsätze der Beweisvereitlung der Vermieter von vornherein beweispflichtig sein.   5081

Entsprechendes gilt für **Ablesefehler** an Einzelgeräten. Die Richtigkeit der Ablesung wird jedoch vermutet, wenn der Mieter oder sein Vertreter ein Ableseprotokoll unterschrieben haben (*LG Hannover* ZMR 1989, 97). Für Ablesefehler am Hauptzähler gilt dasselbe wie für einen Ausfall des Hauptzählers.   5082

Um die verbrauchsabhängige Abrechnung aufrechtzuerhalten, wird von der Rechtsprechung die Auffassung vertreten, dass eine Schätzung **analog § 9a HeizkostenV** zulässig ist (*AG Hohenschönhausen* ZMR 2003, 934). Werden die Zähler vom Vermieter   5083 vertragswidrig überhaupt nicht abgelesen, befreit das den Mieter nicht von Zahlungspflicht, vielmehr erfolgt eine Abrechnung nach Fläche. Dem Mieter steht allerdings ein **Schadensersatzanspruch** zu (*BGH*, 13.3.2012 – VIII ZR 218/11, WuM 2012, 316 = ZMR 2012, 615).

d) Zählerdifferenz

5084 Bereits aus technischen Gründen wird sich die Summe der durch die Einzelzähler ermittelten Werte kaum jemals mit dem am Hauptzähler festgestellten Verbrauch exakt decken (vgl. hierzu ausführlich *Wall* WuM 1998, 63 ff.) Es ist deshalb allgemein anerkannt, dass **Zählerdifferenzen bis zu 20 %** (*LG Braunschweig* WuM 1999, 294; *AG Rheine*, Urt. v. 26.1.2015 – 10 C 331/14, WuM 2015, 388), nach *Wall* (WuM 1998, 63, 69) bis zu 25 %, bei der Abrechnung unberücksichtigt bleiben. Eine Checkliste zur Behandlung von Zählerdifferenzen findet sich unter Rdn. 8007.

5085 Zeigt der Hauptwasserzähler einen höheren Verbrauch an, als es der Summe der Einzelzählerwerte entspricht, so ist nach h.M. (*LG Braunschweig* WuM 1999, 294; *AG Dortmund* DWW 1992, 180) die vom Hauptwasserzähler angezeigte Verbrauchsmenge nach dem Verhältnis aufzuteilen, das sich aus dem Verhältnis der jeweiligen Anzeige der Einzelwasserzähler untereinander ergibt. Dieser rechnerische Umweg ist jedoch entbehrlich, da es nicht auf das Verhältnis der Einzelwerte zum Gesamtverbrauch, sondern zu den Gesamtkosten ankommt. Entsprechendes gilt, wenn der Hauptwasserzähler weniger anzeigt als die Summe der Einzelwerte. Im Ergebnis ist deshalb die Zählerdifferenz in diesen Fällen für die Kostenverteilung ohne Belang.

5086 Bei Differenzen, die über die Toleranzgrenze hinausgehen, kommt es für die rechtliche Behandlung der Zählerdifferenz auf die Ursache an:

5087 Zunächst ist zu berücksichtigen, dass ein Vergleich der Summe der Einzelwerte mit dem am Hauptzähler gemessenen Verbrauch nur dann möglich ist, wenn der Hauptzähler und die Einzelzähler **zeitgleich** abgelesen werden. Bei unterschiedlichen Ablesezeitpunkten ergibt nämlich ein Vergleich der Summe der Einzelwerte aus einem Verbrauchszeitraum mit dem am Hauptzähler ermittelten Verbrauch für einen anderen Zeitraum von vornherein keinen Sinn.

5088 Beruht die Differenz darauf, dass **Wasserauslassstellen für den gemeinschaftlichen Verbrauch**, z.B. für Reinigung oder Gartenbewässerung, nicht mit Zählern versehen sind, kommt es auf die Vereinbarung über die Nebenkostenumlegung an. Sind sämtliche Positionen, für die Wasser verbraucht wird, umlegbar, wird man es in Analogie zu § 2 Nr. 5 und Nr. 16 BetrKV, § 25 Abs. 1 NMV 1970 sowie § 5 Abs. 2, § 8 HeizkostenV zulassen können, dass der Wasserverbrauch nach dem Verhältnis des Verbrauches in den einzelnen Wohnungen umgelegt wird, also in die verbrauchsabhängige Abrechnung einfließt (*Schmid* WE 2001, 206). Sind dagegen Wasserverbräuche außerhalb der Wohnung nicht umlegungsfähig, sind diese Kosten vom Vermieter zu tragen. Die Höhe dieser Kosten kann mangels anderer Anhaltspunkte nach der Zählerdifferenz ermittelt werden, wenn die Richtigkeit der Verbrauchserfassung im Übrigen feststeht.

Sind sonstige Ursachen für Zählerdifferenzen ausgeschlossen und übersteigt die Differenz die Toleranzgrenze, ist nach den Grundsätzen des Anscheinsbeweises von einem nicht umlegungsfähigen **Leitungsverlust** auszugehen (*AG Salzgitter* WuM 1996, 285). In diesen Fällen kann der auf die Differenz entfallende Betrag überhaupt nicht umgelegt werden (*LG Braunschweig* WuM 1999, 294). Auch hier kann jedoch die Berechnung der umlegbaren Kosten nicht in der Weise vorgenommen werden, dass nur der in der Wohnung gemessene Verbrauch entsprechend dem Einstandspreis des Vermieters umgelegt wird, da dadurch die nicht den Verbrauchspreis betreffenden Kosten unberücksichtigt blieben. Die umlegungsfähigen Kosten müssen vielmehr in der Weise ermittelt werden, dass Basis für die Berechnung des Verbrauchspreises nicht die Anzeige des Hauptzählers ist, sondern die Summe der Einzelverbrauchswerte. Die Differenz muss der Vermieter selbst tragen. 5089

Ist auch ein Leitungsverlust ausgeschlossen und bleibt die Ursache ungeklärt, kann eine verbrauchsabhängige Abrechnung überhaupt nicht erfolgen. 5090

e) Betretungsrecht

Der Vermieter bzw. dessen Beauftragte sind berechtigt, die Wohnung zum Zwecke der Ablesung der Zähler mit einer Ankündigungsfrist von mindestens zwei Wochen (vgl. *LG München I* WuM 2001, 190; a.A. *Bierbaum* GE 2000, 848: 24 Stunden) zu betreten. Zu Einzelheiten der Duldungspflicht s. Rdn. 2034a. 5091

f) Mieterwechsel

Bei einem Mieterwechsel hat eine Zwischenablesung stattzufinden. Unterbleibt sie, ist eine Schätzung oder eine zeitanteilige Aufteilung erforderlich. Eine Kürzung des Abrechnungsbetrages analog § 12 Abs. 1 HeizkostenV kommt nicht in Betracht, da es sich hierbei um eine Ausnahmevorschrift handelt, die Verpflichtungen aus der HeizkostenV zivilrechtlich zu sanktionieren (a.A. *AG Hamburg* ZMR 2006, 132 [133]). 5092

g) Darlegungs- und Beweislast

Der Vermieter muss beweisen, dass das Rohrleitungssystem mangelfrei ist, die Messgeräte fehlerfrei arbeiten, richtig abgelesen worden sind und die abgelesenen Daten richtig verarbeitet worden sind (*LG Cottbus* GE 2011, 409). 5093

Bei einem deutlichen **Anstieg des Wasserverbrauchs** im Vergleich zum Vorjahr hält das *AG Lichtenberg* (GE 2007, 1389) den Vermieter für verpflichtet, Defekte in der Rohrleitung und sonstige in seinem Verantwortungsbereich liegende Ursachen auszuschließen. 5094

Haben die Parteien eine Betriebskostenpauschale vereinbart, macht sich der Mieter schadensersatzpflichtig, wenn er einen deutlich erhöhten Anstieg der Wasserkosten infolge eines defekten Schwimmerventils zu vertreten hat. Das ist etwa der Fall, wenn er den Wasserverlust bemerkt und den Vermieter nicht informiert (*AG München*, Urt. v. 27.2.2016 – 411 C 17290714, ZMR 2016, 788). 5095

IV. Sonstiges

5096 Sofern nicht ausdrücklich etwas anderes vereinbart ist, kommt der **Wasserversorgungsvertrag** zwischen dem Lieferanten und dem Grundstückseigentümer und nicht mit dem Mieter zustande (*AG Bielefeld* ZMR 2001, 624). Ist der Versorger bereit, Verträge mit den einzelnen Mietern abzuschließen, so ist der Mieter, der bisher das Wasser vom Vermieter erhalten hat, ohne besondere Vereinbarung nicht verpflichtet einen Vertrag mit dem Versorger abzuschließen (vgl. *BGH*, Urt. v. 16.4.2008. VIII ZR 75/07, ZMR 2008, 702 = NZM 2008, 442). Eine entsprechende Verpflichtung kann jedoch auch in Allgemeinen Geschäftsbedingungen getroffen werden (*Milger* NZM 2008, 757 [759]).

5097 Die Anbringung von Zählern kann beim **Wohnungseigentum** ordnungsmäßiger Verwaltung entsprechen und als Maßnahme der Kostenverteilung nach § 16 Abs. 3 WEG beschlossen werden. Dabei zieht das *OLG Düsseldorf* (WuM 2009, 600) für die Beurteilung der Wirtschaftlichkeit und damit der ordnungsmäßigen Verwaltung die Regelung des § 11 Abs. 1 Nr. 1 Buchst. b) HeizkostenV zur Beurteilung heran.

Nr. 3. Die Kosten der Entwässerung

Hierzu gehören die Gebühren für die Haus- und Grundstücksentwässerung, die Kosten des Betriebs einer entsprechenden nicht öffentlichen Anlage und die Kosten des Betriebs einer Entwässerungspumpe.

I. Umlegbare Kosten

5098 Zu den Kosten des Betriebs der **Entwässerungsanlage** gehören auch Aufwendungen, die erforderlich sind, um den Betrieb der Anlage aufrechtzuerhalten (*AG Greiz* WuM 1999, 65). Hierzu gehören insbesondere Strom- und Wartungskosten (*Kinne* ZMR 2001, 4).

5099 Bei einer eigenen Klär- und Sickergrube gehören hierzu die Kosten der Abfuhr und Reinigung (*Stangl* ZMR 2006, 95).

5100 Die Kosten für die Beseitigung einer **Abwasserrohrverstopfung** sind Reparaturkosten und keine laufenden Kosten der Entwässerung (*OLG Hamm* WuM 1982, 201). Kosten einer **Dachrinnenreinigung** gehören nicht zu Nr. 3 sondern zu Nr. 17 oder sind bei einer bereits eingetretenen Verstopfung nicht umlegungsfähig (*BGH*, Urt. v. 7.4.2004 – VIII ZR 167/03, ZMR 2004, 430 = WuM 2004, 290).

5101 Im Gegensatz zur Regelung für die Wasserkosten nach Nr. 2 sind hier die **Kosten für eine verbrauchsabhängige Abrechnung** nicht umlegungsfähig und zwar auch dann nicht, wenn die Abwasserkosten nach dem Frischwasserverbrauch berechnet werden. Mehrkosten, die zu der Abrechnung des Frischwassers hinzukommen, hat der Vermieter zu tragen.

5102 *(unbesetzt)*

Einmalige Gebühren sind nicht umlagefähig (vgl. Rdn. 1026). 5103

Die Abrechnung erfolgt bei Anwendung des Leistungsprinzips nicht auf der Basis 5104
von **Abschlagszahlungen** sondern nach der Abrechnung des Entsorgers (*AG Hannover* WuM 1994, 435). Bei Anwendung des Leistungs-(Fälligkeits-)prinzips sind Abschlagszahlungen bereits im Abrechnungsjahr ihrer Fälligkeit zu berücksichtigen.

II. Umlegungsvereinbarung

Sind laut Mietvertrag nur »Wasserkosten« umlegungsfähig, so kann hieraus nicht die 5105
Befugnis zur Umlegung von Entwässerungskosten abgeleitet werden (*AG Dortmund* WuM 1987, 359). Entsprechendes muss für die Formulierung »Wassergeld« (a.a. *OLG Dresden* GuT 2002, 87; *LG Berlin* GE 2008, 1063) und »Frischwasser« (a.a. *AG Berlin-Schöneberg* GE 2003, 889 für eine vom Mieter entworfene Klausel) gelten. Frischwasser und Entwässerung sind grundsätzlich unterschiedliche Kostenarten (*LG Bochum*, 22.1.2018 – I-6 O 216/17, ZMR 2018, 593). Primär maßgeblich ist jedoch der festgestellte Parteiwille (*LG Hannover* NZM 2004, 343). Die Vereinbarung einer Umlegung von »Grundbesitzabgaben« reicht für die Umlegung der Abwassergebühren nicht aus (*AG Köln* WuM 1998, 420 mit abl. Anm. *Sommerfeld*). Eine Vereinbarung über die Umlegung der Kosten der »Entwässerung« umfasst auch die Aufwendungen für das Abführen des Oberflächenwassers, und zwar auch dann, wenn insoweit eine besondere Ausweisung im Gebührenbescheid erfolgt (*OLG Düsseldorf* WuM 2000, 591; vgl. auch *LG Hannover* NZM 2004, 343 = NJW-RR 2004, 730; zur stillschweigenden Vertragsänderung im Hinblick auf das Niederschlagswasser und einem gewerblichen Mietvertrag vgl. *LG Bochum* a.a.O.).). Mit der Bezeichnung »Abwasser« ist in der Regel die Entwässerung gemeint (*LG Mannheim* NZM 2003, 398).

Zu beachten ist aber, dass die bloße Bezugnahme auf die Betriebskosten nach der 5106
Anlage 3 zu § 27 der II. Berechnungsverordnung ausreicht, um die Kosten des Frischwassers und der Entwässerung wirksam umzulegen, was sowohl bei Wohnraum als auch bei Gewerberaum gilt (*BGH*, Urt. v. 10.2.2016 – VIII ZR 137/15, GE 2016, 385). Hieraus ergibt sich das Dilemma für den Vermieter, dass es sich nachteilig auswirken kann, wenn er im Vertrag ausdrücklich auf die »Wasserkosten« abhebt (»Weniger wäre mehr gewesen«).

III. Kostenverteilung

1. Preisfreier Mietraum

Bei preisfreiem Mietraum gelten die allgemeinen Umlegungsgrundsätze (oben Teil 5107
IV). Eine Umlegung nach der Personenzahl kann nicht verlangt werden (*AG Siegburg* WuM 1995, 120). Eine Umlegung der Entwässerungskosten zusammen mit den Heizkosten nach den Abrechnungsmaßstäben der HeizkostenV ist nur bei entsprechender vertraglicher Vereinbarung zulässig (*Schmid* IMR 2010, 453; a.A. *LG Itzehoe* WuM 2011, 17). Frischwasser und Abwasser dürfen in einer Position abgerechnet werden (*BGH*, Urt. v. 15.7.2009 – VIII ZR 340/08, ZMR 2009, 839 = WuM 2009, 516 = NZM 2009, 906).

5108 Werden die Abwasserkosten nach dem Frischwasserverbrauch berechnet, ist eine Voraufteilung zwischen Wohn- und Gewerberäumen nötig, wenn diese auch für die Kosten der Wasserversorgung zu erfolgen hat.

5109 Ist vereinbart, dass Wasser- und Abwasserkosten nach dem **gemessenen Wasserverbrauch** umgelegt werden, so trägt der Mieter auch dann die vollen Abwassergebühren, wenn der Entsorger bei der Bemessung der Abwassergebühr auch entwässerte Flächen berücksichtigt (*LG Aachen* NZM 1998, 333), insbesondere die Kosten für das Abführen von Oberflächenwasser gesondert ausweist (*OLG Düsseldorf* WuM 2000, 591; *LG Berlin* GE 2008, 1063). Eine Änderung in der Preisgestaltung des Versorgers ist deshalb kein Grund für eine Änderung des Umlegungsmaßstabes (a.A. *LG Berlin* GE 2003, 1159). Bei Neuvereinbarungen oder aus anderen Gründen bestehenden Änderungsmöglichkeiten kann jedoch eine Angleichung an das Preissystem des Versorgers in der Weise erfolgen, dass der Flächenwasseranteil nach dem Verhältnis der Wohn- bzw. Nutzflächen verteilt wird. Die Aufteilung muss aus der Abrechnung ersichtlich sein (*OLG Braunschweig* WuM 1999, 173).

5110 Probleme entstehen bei einer systemwidrigen Abrechnung des Entsorgers, z. B. wenn dieser die Vorjahreswerte an Frischwasserverbrauch der Abrechnung zugrunde legt (vgl. *AG Münster* WuM 2000, 152). Um Ungerechtigkeit, z.B. im Fall eines Mieterwechsels, wenigstens abzumildern, wird der Kostenverteilung innerhalb der Abrechnungseinheit der aktuelle Verbrauch zugrunde zu legen sein. Das Problem besteht nur bei Anwendung des Leistungsprinzips.

5111 Die Umlegung kann auch dann bis zum Ende der Mietzeit anteilig erfolgen, wenn der Mieter vor Beendigung des Mietverhältnisses geräumt hat (*AG Wipperfürth* WuM 1987, 195) und die Wohnung bis zum Mietende leer steht.

2. Anwendungsbereich der NMV 1970

5112 Nach § 21 Abs. 3 Satz 2 NMV 1970 sind die Kosten der Entwässerung nach dem Maßstab des § 21 Abs. 2 NMV 1970 umzulegen. Das heißt, der Umlegungsmaßstab für die Entwässerungskosten muss dem Umlegungsmaßstab für die Versorgung mit Frischwasser entsprechen. Das gilt auch dann, wenn das Entsorgungsunternehmen andere Kriterien als den Frischwasserverbrauch bei der Kostenberechnung berücksichtigt. Die Umlegung hat auch dann nach dem erfassten Frischwasserbezug zu erfolgen, wenn die Wasserzähler vom Wasserlieferanten eingebaut sind und die Wasserlieferungsverträge mit den einzelnen Mietern bestehen (*AG Köln* WuM 2008, 222).

IV. Wirtschaftlichkeitsgrundsatz

5113 Der Wirtschaftlichkeitsgrundsatz erfordert es, dass ein bei den Entwässerungskosten möglicher Abzug für nicht in die Kanalisation eingeleitetes Wasser (Sprengwasserabzug) in Anspruch genommen wird (*AG Brandenburg a.d.H.* GE 2010, 1751).

Nr. 4. a) Die Kosten des Betriebs der zentralen Heizungsanlage einschließlich der Abgasanlage

Hierzu gehören die Kosten der verbrauchten Brennstoffe und ihrer Lieferung, die Kosten des Betriebsstroms, die Kosten der Bedienung, Überwachung und Pflege der Anlage, der regelmäßigen Prüfung ihrer Betriebsbereitschaft und Betriebssicherheit einschließlich der Einstellung durch eine Fachkraft, der Reinigung der Anlage und des Betriebsraums, die Kosten der Messungen nach dem Bundes-Immissionsschutzgesetz, die Kosten der Anmietung oder anderer Arten der Gebrauchsüberlassung einer Ausstattung zur Verbrauchserfassung sowie die Kosten der Verwendung einer Ausstattung zur Verbrauchserfassung einschließlich der Kosten der Eichung sowie der Kosten der Berechnung und Aufteilung.

I. Umlegbare Kosten

1. Kosten der verbrauchten Brennstoffe und ihrer Lieferung

a) Brennstoffkosten

Anzusetzen sind die Kosten der tatsächlich verbrauchten Brennstoffe (so *BGH*, Urt. v. 1.2.2012 – VIII ZR 156/11, MDR 2012, 336 = ZMR 2012, 341 m. Anm. *Schmid*). Das führt zu Schwierigkeiten, wenn eine bestimmte Heizungsart vereinbart ist, der Vermieter aber andere Brennstoffe verwendet. Das *AG Weilheim* (ZMR 2014, 133) hat in einem Fall (Öl statt Hackschnitzel) die Umlegung der Brennstoffkosten völlig versagt. 5114

Bei leitungsgebundener Versorgung (z.B. Gas, Strom) sind die Lieferpreise anzusetzen (*AG Berlin-Schöneberg* GE 1986, 1177). 5115

Bei nicht leitungsgebundener Versorgung (z.B. Öl, Kohle) gilt folgende Kostenermittlung (vgl. *AG Wittlich* WuM 2002, 377): 5116

Wert des Anfangsbestandes (= Wert des Endbestandes des Vorjahres)
\+ *Preis der Zukäufe*
− *Wert des Endbestandes*
= *Gesamtkosten der Brennstoffe.*

Für die Bewertung des Endbestandes ist der Preis der letzten Lieferung maßgebend (a.A. *Lammel* HeizkostenV § 7 Rn. 83 für den Fall, dass sich der Restbestand aus mehreren Lieferungen zusammensetzt). 5117

Teilweise wird auch die Auffassung vertreten, dass der Preisansatz nach dem Grundsatz »first in – first out« erfolgen kann (*AG Halle a.d. Saale*, ZMR 2013, 202). 5118

Ein bloßer Ansatz der nachgelieferten Mengen ist bei Anwendung des Leistungsprinzips unzulässig (*AG Wittlich* WuM 2002, 377). Bei festen Brennstoffen (Kohle, Koks) kann die Feststellung der vorhandenen Mengen zu den Stichtagen auf praktische Schwierigkeiten stoßen. Das rechtfertigt es jedoch nicht, nur auf die Kosten der angelieferten Brennstoffe abzustellen (a.A. *Lammel* HeizkostenV § 7 Rn. 83). Man 5119 wird hier jedoch Schätzungen zulassen müssen. Dabei obliegt es dem Vermieter, die tatsächlichen Grundlagen für eine Schätzung zu schaffen.

5120 Ist Heizöl wegen Verunreinigung nicht mehr verwendbar und ist der Grund für die Verunreinigung ungeklärt, gehen die Kosten zulasten des Vermieters (vgl. *AG Trier* WuM 2004, 626, das allerdings für den Fall der Umlegung zu Unrecht einen formellen Fehler der Abrechnung annimmt).

5121 Der Vermieter ist verpflichtet, die Brennstoffe kostengünstig einzukaufen. Verstößt er gegen diese Verpflichtung, kann der Abrechnung nur ein angemessener Preis zugrunde gelegt werden (*AG Rotenburg a. d. F.* WuM 1992, 139). Vgl. zum Wirtschaftlichkeitsgrundsatz allgemein Rdn. 1053 ff.

5122 Für den jeweiligen Brennstoffbestand und die Liefermengen ist der Vermieter beweispflichtig (a.A. *AG Wuppertal* DWW 1998, 210).

b) Lieferkosten

5123 **Kosten der Lieferung** sind nur die unmittelbaren Lieferkosten. Nicht nach der Heizkostenverordnung umlegungsfähig sind deshalb die Kosten für die Überwachung der Ölanlieferung (*AG Berlin-Charlottenburg* GE 1986, 1075) und für die Hausreinigung nach der Anlieferung von Brennstoffen. Reinigungskosten sind bei Nr. 9 ansetzbar.

5124 *(unbesetzt)*

5125 Trinkgelder für Brennstofffahrer sind nicht umlegungsfähig (Rdn. 1058).

5126 Nicht zu den Lieferkosten zählen ferner eigene Arbeiten des Gebäudeeigentümers für die Abwicklung der Brennstoffbeschaffung (*Lammel* HeizkostenV § 7 Rn. 89). Etwas Anderes kann nach § 1 Abs. 1 Satz 2 BetrKV nur dann gelten, wenn der Gebäudeeigentümer die Brennstoffe selbst abholt und dadurch Lieferkosten erspart.

2. Kosten des Betriebsstroms

5127 Betriebsstrom ist nur der Stromverbrauch für die Anlage selbst, nicht sonstiger Stromverbrauch wie etwa für die Beleuchtung des Heizungsraumes (*Lammel* HeizkostenV § 7 Rn. 90). Da der Heizungsraum auch nicht der gemeinsamen Benutzung durch die Bewohner dient, kann der Strom für die Beleuchtung auch nicht nach Nr. 11, sondern nur nach Nr. 17 BetrKV umgelegt werden.

5128 Streng genommen muss der Verbrauch durch einen Zwischenzähler gemessen werden. Im Hinblick auf die Unverhältnismäßigkeit eines dadurch entstehenden Aufwandes wird man jedoch eine Schätzung für zulässig erachten müssen. Dabei gibt es keine bestimmte Relation zwischen Brennstoffkosten und den Stromkosten (*LG Hannover* WuM 1991, 540). Die Grundlagen für die Schätzung müssen zwar nicht schon in der Abrechnung aber im Prozess offengelegt werden, vor allem dann, wenn die Kosten von den üblichen Werten abweichen (*AG Hamburg* WuM 1989, 522). Werden die Schätzgrundlagen im Prozess nicht dargelegt, kann der Mieter schlicht bestreiten und muss nicht einen anderen Anteil darlegen (*BGH*, 20.2.2008 – VIII ZR 27/07, ZMR 2008, 691 = NZM 2008, 403 = GE 2008, 662).

Die Abrechnung muss keine Angaben zu den Kosten des Betriebsstroms enthalten, wenn diese nicht umgelegt werden (*BGH*, 13.9.2011 – VIII ZR 45/11, ZMR 2012, 173). 5129

3. Kosten der Bedienung, Überwachung und Pflege der Anlage

Hierzu gehören nur die Kosten, die mit dem laufenden Betrieb verbunden sind, nicht Reparatur- und Ersatzbeschaffungskosten (*OLG Düsseldorf* NZM 2000, 762). 5130

Nicht umgelegt werden können deshalb die Kosten einer Heizöltankbeschichtung (*LG Frankenthal* ZMR 1985, 302); ebenso nicht die Kosten einer Tankreinigung, wenn diese nur als Vorarbeiten für die Beschichtung notwendig sind (*LG Hamburg* WuM 1989, 522). 5131

Der Pflege der Anlage zugerechnet werden laufende kleinere Instandhaltungsarbeiten wie der Austausch von verschleißanfälligen Teilen, z.B. Dichtungen, Filter, Düsen (*OLG Düsseldorf* NZM 2000, 762 – zweifelhaft; vgl. grundsätzlich Rdn. 1028). 5132

Pflegekosten sind nach der hier vertretenen Auffassung (Rdn. 1028 ff.) auch die Kosten für Korrosionsschutzmaßnahmen (a.A. *AG Friedberg/Hessen* WuM 2000, 381). 5133

Bedienungskosten sind nach eindeutigem Verordnungswortlaut auch bei vollautomatischen Zentralheizungen ansetzbar, selbst wenn der Aufwand geringfügig ist (a.A. *LG Hannover* WuM 1996, 776). 5134

Eigenleistungen des Vermieters müssen im Streitfall konkret dargelegt werden. Eine interne Vereinbarung mit einer bestimmten Betriebsabteilung über anzusetzende Kosten ist nicht ausreichend (*AG Nordhausen* WuM 1999, 486). 5135

4. Kosten der regelmäßigen Prüfung der Betriebsbereitschaft und Betriebssicherheit einschließlich der Einstellung durch eine Fachkraft

Umlegungsfähig sind nur die Prüfungs- und Einstellungskosten, nicht die Kosten von Reparaturen, deren Notwendigkeit bei der Prüfung festgestellt wird. Das Entlüften und das Nachfüllen von Wasser ist ebenfalls hierher zu rechnen (*Eisenschmid/Wall* Betriebskostenkommentar Rn. 2962). 5136

Bei einer Gaszentralheizung gehören zur Überprüfung der Betriebssicherheit auch Druck- und Dichtigkeitsprüfungen der zugehörigen Gasleitungen (*LG Hannover* ZMR 2007, 865). Eine Dichtigkeitsprüfung alle zwölf Jahre ist ausreichend; eine häufigere Prüfung verstößt gegen den Wirtschaftlichkeitsgrundsatz (*AG Köln* ZMR 2011, 222). 5137

Bei der Vermietung eines Einfamilienhauses kann der Mieter in einem Formularvertrag nicht verpflichtet werden, die Wartung der Heizungsanlage selbst zu veranlassen (*AG Peine* NZM 2005, 799). 5138

5. Kosten der Reinigung der Anlage und des Betriebsraumes

5139 Hierzu gehören die Reinigungskosten für die gesamte Anlage einschließlich der Tankreinigung (*BGH*, Urt. v. 11.11.2009 – VIII ZR 221/08 NJW 2010, 226 = WuM 2010, 33 = MDR 2010, 137 = GE 2010, 118) und die Schornsteinreinigung (*Lammel* § 7 Rn. 104). Da es sich um keine Instandsetzungskosten handelt, bedarf es auch in einem Formularmietvertrag nicht der Nennung einer Kostenobergrenze (a.A. *LG Landau i.d. Pfalz* WuM 2005, 720).

6. Kosten der Messungen nach dem Bundes-Immissionsschutzgesetz

5140 Hierzu gehören nur die Kosten der vorgeschriebenen Messungen, nicht sonstige Messkosten.

7. Kosten der Anmietung oder anderer Arten der Gebrauchsüberlassung einer Ausstattung zur Verbrauchserfassung

5141 Der Vermieter kann der Möglichkeit der Umlegung dieser Kosten verlustig gehen, wenn er § 4 Abs. 2 Satz 2 HeizkostenV nicht beachtet (vgl. Rdn. 6135 ff.).

5142 Hierzu gehören bei einer Funkablesung grundsätzlich auch die Kosten für die Anmietung der Funkanlage (a.A. *LG Berlin* WuM 2004, 340). Die Funkablesung ermöglicht eine gleichzeitige Ablesung bei allen Nutzern, ohne dass deren Wohnungen betreten werden müssen. Sie hat gegenüber einer Ablesung vor Ort erhebliche Vorteile. Nur im Einzelfall können deshalb unverhältnismäßig hohe Kosten gegen den Wirtschaftlichkeitsgrundsatz verstoßen.

5143 Kosten für die Anmietung sonstiger Gerätschaften sind in dieser Position nicht umlegungsfähig (*LG Bonn* WuM 1989, 398; *AG Bad Kreuznach* BayHausBesZ 1989, 341 für die Anmietung eines Flüssiggastankes). Nicht als Betriebskosten umlegbar sind Leasingkosten für Brenner, Öltank und Zuleitungen (*BGH*, Urt. v. 17.12.2008 – VIII ZR 92/08, ZMR 2009, 354 = NJW 2009, 667 = WuM 2009, 115).

8. Kosten der Verwendung einer Ausstattung zur Verbrauchserfassung einschließlich der Eichkosten und der Kosten der Berechnung und Aufteilung

5144 Unerheblich ist es, ob die Kosten beim Vermieter selbst entstehen oder ob Kosten Dritter weitergegeben werden.

5145 Kosten einer **Ausstattung zur Verbrauchserfassung** sind auch die Kosten der vorgeschriebenen Eichungen. Sind die Kosten für einen Geräteaustausch nicht höher als die Eichkosten, können auch diese Kosten angesetzt werden (*Wall* WuM 1998, 67).

5146 Keine Betriebskosten sind Kosten für die erstmalige Beschaffung von Geräten, auch im Fall einer Umrüstung nach § 9 Abs. 2 Satz 1 HeizkostenV (*Kinne* GE 2009, 492). Es kann jedoch eine Mieterhöhung nach § 559 BGB, § 11 II. BV erfolgen (vgl. *Kinne* GE 2009, 492). Nicht umlegungsfähig sind die Kosten für eine Ersatzbeschaffung defekter Geräte und Reparaturkosten (*Wall* WuM 1998, 67).

Zu den Betriebskosten der Wärmezähler werden auch die Kosten für deren Wartung und die Kosten für Erneuerung der zu ihrem Betrieb benötigten Batterien gerechnet (*AG Steinfurt* WuM 1999, 721). 5147

Kosten der **Berechnung und Aufteilung** sind insbesondere die Kosten der Messdienstfirmen, wobei es auf die Art der Messgeräte und die Durchführung der Berechnung und Aufteilung nicht ankommt (a.A. *Lammel* HeizkostenV § 7 Rn. 72 m.w.N.). Ferner der Verwaltungsaufwand für die Kostenzusammenstellung, die Korrespondenz mit der Messdienstfirma und die Kontrolle der von dieser erstellten Abrechnungen sowie der mit einem Mieterwechsel verbundene zusätzliche Verwaltungsaufwand. Verwaltungskosten, die nach Feststellung des Endergebnisses anfallen, sind nicht mehr umlegungsfähig. Die Versendung der Abrechnung gehört nicht mehr zur Berechnung und Aufteilung. Portokosten sind deshalb nicht umlagefähig; ebenso wenig die mit einer Belegeinsicht durch den Mieter verbundenen Kosten. 5148

Verbrauchserfassungskosten werden dann nicht als umlegungsfähig angesehen, wenn wegen des Ausfalles der Wärmezähler überhaupt nicht verbrauchsabhängig abgerechnet werden kann (*LG Hannover* WuM 1991, 540). 5149

Überhöhte Kosten für Messdienstfirmen sind nicht umlegungsfähig (*AG Bersenbrück* WuM 1999, 467, das allerdings zu Unrecht auf eine Relation zu den Gesamtkosten abstellt und nicht darauf, ob preiswertere Anbieter vorhanden sind). 5150

Ein unmittelbarer **Anspruch der Ablesefirma** gegen den Mieter besteht nicht. Nach § 307 BGB unwirksam ist die Mitteilung der Messdienstfirma an die Mieter, dass im Fall einer Abwesenheit bei einem angekündigten Termin ein zweiter Termin stattfindet, für den der Mieter die Kosten für Fahrt- und Zeitaufwand direkt an den Ableser bezahlen soll (*LG München I* WuM 2001, 190). 5151

Zur Tragung der Kosten für eine Zwischenablesung s. Rdn. 6241 ff. Beim Wohnungseigentum besteht eine Beschlusskompetenz nach § 16 Abs. 3 WEG, da die Kosten zwar nicht als Betriebskosten aber als Verwaltungskosten angesehen werden. 5152

9. Kosten der Verbrauchsanalyse

Nach § 7 Abs. 2 Satz 1 HeizkostenV gehören zu den Kosten des Betriebs der zentralen Heizungsanlage auch die Kosten einer Verbrauchsanalyse. Wenn die amtliche Begründung (BR-Drucks 570/08 Begründung Satz 14) davon spricht, dass die »berücksichtigungsfähigen« Kosten um die Kosten der Verbrauchsanalyse »erweitert« werden, meint sie wohl damit eine Grundlage für die Kostenumlegung geschaffen zu haben. Dabei wird nicht gesehen, dass die HeizkostenV nur die Kostenverteilung, aber nicht die Kostenumlegung regeln kann (*Schmid* GE 2009, 27; ders. NZM 2009, 104, 106) a.A. *Pfeiffer* GE 2009, 156 [162]). Auf § 556 Abs. 1 Satz 4 BGB kann sich die Verordnung nicht stützen, da diese Ermächtigungsgrundlage nicht zitiert ist. Nach der Rechtsprechung des Bundesverfassungsgerichts (*BVerfGE* 101, 1 [41, 43]) führen Verstöße gegen das Zitiergebot des Art. 80 Abs. 1 Satz 3 GG zur Nichtigkeit der Rechtsverordnung. Eine Verordnung, die auf mehreren Ermächtigungsgrundlagen beruht, muss diese vollständig zitieren. Die Kosten der Verbrauchsanalyse sind auch 5153 keine sonstige Betriebskosten nach § 2 Nr. 17 BetrKV, sondern Verwaltungskosten (*Schmid* MDR 2009, 129 [130]). Verwaltungskosten sind als Betriebskosten nur dann umlegungsfähig, wenn sie in der BetrKV ausdrücklich genannt sind. Ansonsten kann eine Umlegung von Verwaltungskosten zwar vereinbart werden, aber nur mit einem festen Betrag (*LG Berlin* NZM 1999, 405), was der von der HeizkostenV geforderten Kostenverteilung gerade widerspricht. Darüber hinaus ist die Umlegung sonstiger Betriebskosten nach § 2 Nr. 17 BetrKV nur dann wirksam vereinbart, wenn die jeweilige Kostenart bezeichnet ist (*BGH*, Urt. v. 7.4.2004 – VIII ZR 167/03, ZMR 2004, 430 = WuM 2004, 290), was bei Altverträgen naturgemäß nicht der Fall ist.

5154 Da keine Verpflichtung zur Erstellung einer Verbrauchsanalyse besteht, könnte eine Kostentragung auch nicht über eine ergänzende Vertragsauslegung begründet werden. In verfassungskonformer Auslegung kann die Vorschrift nur mit der Maßgabe Geltung haben, dass die Kosten einer Verbrauchsanalyse dann nach den Vorschriften der HeizkostenV zu verteilen sind, wenn sie auf den Nutzer überhaupt umlegbar sind (*Schmid* GE 2009, 27). Bei Wohnraummietverhältnissen ist das, wie gezeigt, nicht möglich.

5155 Bei anderen Mietverhältnissen ist eine Umlegung zulässig, erfordert aber eine Vereinbarung. Eine Bezugnahme auf die HeizkostenV kann zwar als ausreichend angesehen werden, aber nur dann, wenn die Vereinbarung seit dem 01.01.2009 getroffen wurde (vgl. *BGH*, Urt. v. 22.2.2006 – VIII ZR 362/04, NZM 2006, 534 = NJW 2006, 2185 = WuM 2006, 322 = ZMR 2006, 595) oder wenn vereinbart ist, dass sich die Kostenumlegung nach der HeizkostenV in ihrer jeweiligen Fassung richten soll.

10. Leasing- und Mietkosten

5156 Nicht als Betriebskosten umlegbar sind Leasingkosten für Brenner, Öltank und Zuleitungen (*BGH*, Urt. v. 17.12.2008 – VIII ZR 92/08, ZMR 2009, 354 = NJW 2009, 667 = WuM 2009, 115). Die Kosten für die Anmietung eines Flüssiggastanks werden ebenfalls nicht umlegungsfähig angesehen (*AG Bad Kreuznach* BayHausBesZ 1989, 341).

11. Kraft-Wärme-Kopplung

5157 Stammt die Wärme aus Anlagen der Kraft-Wärme-Kopplung kann es Schwierigkeiten bereiten, zu ermitteln, welche Kosten auf die Stromerzeugung und welche auf die Wärmeerzeugung entfallen. Hierzu gibt es die Richtlinie VDI 2077/3.1. (DW 2013, 42). Diese Richtlinie ist nicht verbindlich (a.A. *Woschick*, DW 2013, 42) und schließt andre Berechnungsmethoden nicht aus.

II. Kostenverteilung

5158 Siehe hierzu grundsätzlich Rdn. 6000 ff. Beim Wohnungseigentum ist eine Änderung des Abrechnungsmaßstabs durch Beschluss nur möglich, wenn auch die Voraussetzungen des § 6 Abs. 4 HeizkostenV gegeben sind (*Schmid* ZMR 2007, 844).

Eichkosten bzw. Austauschkosten sind bei Anwendung des Leistungsprinzips auf die 5159
Dauer der Gültigkeit der Eichung gleichmäßig auf die Abrechnungszeiträume zu verteilen (*LG Berlin* GE 2003, 121; *Wall* WuM 1988, 67; s. grundsätzlich Rdn. 3200). Entsprechendes gilt für die Kosten der Tankreinigung (*Wall* WuM 2006, 21 [22]). Demgegenüber hat der BGH (Urt. v. 11..11.2009 – VIII ZR 221/08, NZM 2010, 79 = MDR 2010, 137 = GE 2010, 118) angenommen, dass die Kosten einer nicht jährlich stattfindenden Öltankreinigung im Jahr der Reinigung voll umgelegt werden können. Zweifelhaft ist, ob das auch nach der Rechtsprechung des *BGH* (Urt. v. 1.12.2012 – VIII ZR 156/11, MDR 2012, 336 = ZMR 2012, 341 m. Anm. *Schmid*) zu den Brennstoffkosten noch Gültigkeit hat.

Eine **Einzelumlegung zusätzlicher Kosten** auf einen Mieter kann erfolgen, wenn die- 5160
ser die Ablesung entgegen seinen Verpflichtungen (Rdn. 6123 ff.) schuldhaft nicht ermöglicht hat (*AG Hamburg* WuM 1996, 348). Dies gilt jedoch nicht, wenn der Termin aus triftigem Grund rechtzeitig abgesagt und mit der Ablesefirma ein neuer Termin vereinbart wurde (*AG Hamburg* WuM 1996, 348, das anscheinend bereits einen Anspruch der Ablesefirma gegen den Vermieter verneint).

Nr. 4. b) Die Kosten des Betriebs der zentralen Brennstoffversorgungsanlage

Hierzu gehören die Kosten der verbrauchten Brennstoffe und ihrer Lieferung, die Kosten des Betriebsstroms und die Kosten der Überwachung sowie die Kosten der Reinigung der Anlage und des Betriebsraums.

Zentrale Brennstoffversorgungsanlagen sind Einrichtungen, aus denen flüssige oder 5161
gasförmige Brennstoffe in die einzelnen Wohnungen fließen (Eisenschmid/Wall/*Wall* Betriebskosten-Kommentar Rn. 3002).

Anders als in Nr. 4 Buchst. a) sind bei lit. B die Kosten der Bedienung und Pflege der 5162
Anlage nicht genannt. Zu den Kosten der Überwachung gehören auch Kosten für die Überprüfung der Leitungen vom Tank zur Heizung (*Schach* GE 2005, 334 [337]).

Da nur die Brennstoffversorgung zentral erfolgt, nicht aber die Zurverfügungstellung 5163
von Heizung und Warmwasser ist die HeizkostenV nicht anwendbar.

Die Kosten der zentralen Brennstoffversorgungsanlage dürfen bei preisgebundenem 5164
Wohnraum nach § 23 Abs. 2 NMV 1970 nur nach dem Brennstoffverbrauch umgelegt werden. Der Brennstoffverbrauch der einzelnen Mietparteien muss deshalb erfasst werden.

Nr. 4. c) Die Kosten der eigenständig gewerblichen Lieferung von Wärme, auch aus Anlagen im Sinne des Buchstabens a

Hierzu gehören das Entgelt für die Wärmelieferung und die Kosten des Betriebs der zugehörigen Hausanlagen entsprechend Buchstabe a.

I. Umlegbare Kosten

1. Umlagefähige Kosten

a) Entgelt für die Wärmelieferung

5165 Vom Grundsatz her ist das gesamte Entgelt, das der Wärmelieferer erhält, umlegbar, auch wenn darin als unselbstständige Kalkulationsposten Investitionen, Finanzierungskosten, Amortisationen, Reparaturen, Pacht von Räumlichkeiten und ein Unternehmergewinn enthalten sind (*BGH*, Urt. v. 16.7.2003 – VIII ZR 286/02, ZMR 2003, 824 = WuM 2003, 501; *LG München II* MDR 2001, 210). Der Katalog der Einzelkosten nach § 2 Nr. 4 Buchst. a) BetrKV, § 7 Abs. 2 HeizkostenV ist hier nicht von Belang (*AG München* WuM 2002, 434).

5166 Das Entgelt für die Wärmelieferung im Sinne der Nr. 4 Buchst. a) kann jedoch nicht ausschließlich nach der Vereinbarung zwischen Vermieter und Wärmelieferer bestimmt werden. Das würde nämlich dazu führen, dass an sich nicht umlegungsfähige Kosten in der Weise auf den Mieter umgelegt werden, dass der Wärmelieferer als Nebenleistung Aufgaben des Vermieters übernimmt und seinen Aufwand dafür in den Wärmelieferungspreis einkalkuliert. Das gilt auch für Investitionskosten für Hausanlagen (*LG Gera* ZMR 2001, 350 = WuM 2000, 681; a.A. *Burmeister/Kues* ZMR 2001, 352). Kosten, die mit der eigentlichen Wärmelieferung nichts zu tun haben, müssen herausgerechnet werden, sofern sie nicht nach anderen Vorschriften umlegungsfähig sind (*Emmert* IMR 2010, 454). Erst recht unzulässig ist es, in den Wärmelieferungspreis Beträge aufzunehmen, die dann als »kick-back« an den Vermieter zurückfließen (*BGH* CuR 2008, 66).

b) Betriebskosten für die Hausanlagen

5167 Unter Hausanlagen im Sinne dieser Vorschrift wird die Übergabestation samt den zugehörigen Einrichtungen, die zwischen der Leitung des Lieferanten und den zu den einzelnen Nutzern führenden Hausleitungen liegen, verstanden (*LG Gera* ZMR 2001, 350).

5168 Umgelegt werden können bei Wohnraum nur Betriebskosten (Rdn. 1021 ff.), nicht die Kosten der Anlage selbst. Das gilt auch, wenn die Hausanschlussstation vom Wärmelieferanten gestellt wird und die Kosten hierfür im Wärmelieferungspreis enthalten sind (*LG Gera* ZMR 2001, 350; *Schmid* ZMR 2001, 690; a.A. *AG München* WuM 2002, 434; *Burmeister/Kues* ZMR 2001, 352) oder wenn eine sog. Kompaktstation angemietet oder geleast wird (Eisenschmid/Wall/*Wall* Betriebskosten-Kommentar Rn. 3005; a.A. *AG Leipzig* NZM 2009, 858). Bedenklich erscheint es deshalb, alle Kosten der Kundenanlage, einschließlich der Instandhaltungs- und Finanzierungskosten, für umlegungsfähig anzusehen, wenn die Anlage dem Wärmelieferanten übereignet ist und von diesem betrieben wird (so jedoch *LG Berlin* GE 2009, 1254). Zu den Betriebskosten der Hausanlage gehören auch die Kosten des Kaltwassers, das für den Wärmetauscher erforderlich ist (*LG Berlin* GE 2006, 1041).

c) Pachtzahlungen an den Vermieter

Erhält der Vermieter vom Contractor Zahlungen, insbesondere Pachtzahlungen für die vom Vermieter errichtete Heizungsanlage oder den Heizungsraum, sind diese Zahlungen in der Abrechnung nicht zugunsten des Mieters zu berücksichtigen (a.A. *Milger* NZM 2008, 1 [5]). Hierfür besteht keine Rechtsgrundlage. Bei preisgebundenem Wohnraum sind solche Zahlungen jedoch Erträge im Sinne des § 31 II. BV, wenn sie laufend gezahlt werden. 5169

d) Wirtschaftlichkeitsgrundsatz

Der Umstand, dass der Vermieter überhaupt das Wärmecontracting gewählt hat, begründet noch keinen Verstoß gegen den Wirtschaftlichkeitsgrundsatz (*BGH*, Urt. v. 13.6.2007 – VIII ZR 78/06, ZMR 2007, 685 = GE 2007, 1051). Unwirtschaftlich handelt der Vermieter nur, wenn unter den Anbietern von Wärme ohne sachlichen Grund einen teuren auswählt. Hierzu verlangt der BGH (ZMR 2007, 685 = GE 2007, 1051) vom Mieter einen konkreten Vortrag, dass ein anderer preiswerterer Wärmecontractor vorhanden gewesen wäre. 5170

2. Umlegungsvereinbarungen

Zur Bedeutung vertraglicher Regelungen bei der Wärmelieferung s. generell Rdn. 6016 ff. 5171

Für die Nichtwohnraummietverhältnisse gilt die BetrKV nicht. 5172

Für den Übergang zu Wärmecontracting siehe Teil VI. 5173

3. Wirtschaftlichkeitsgrundsatz

Dass der Vermieter überhaupt das Wärmecontracting gewählt hat, begründet keinen Verstoß gegen den Wirtschaftlichkeitsgrundsatz. Unwirtschaftlich handelt der Vermieter nur, wenn er unter den Anbietern ohne sachlichen Grund einen teureren auswählt. Hierzu muss der Mieter im Prozess konkret vortragen, dass ein preiswerterer Wärmecontractor vorhanden gewesen wäre (*BGH*, Urt. v. 13.6.2007 – VIII ZR 78/06, ZMR 2007, 685 = NJW-RR 2007, 1242 = GE 2007, 1051). 5174

II. Kostenverteilung

Siehe hierzu grundsätzlich Rdn. 6000 ff. Wenn die Betriebskosten für die Hausanlagen nicht im Wärmelieferungspreis enthalten sind, gilt der Ausnahmetatbestand des § 11 Nr. 4 HeizkostenV. 5175

III. Abrechnung

In der Abrechnung müssen nur die vom Wärmelieferer in Rechnung gestellten Beträge angegeben werden, nicht dessen interne Kalkulationsposten (*LG Bochum* WuM 2004, 477). Eine Aufgliederung ist erforderlich, wenn das Entgelt nur teilweise umlegbar ist (vgl. Rdn. 6020). 5176

5176a Wenn die Betriebskosten für die Hausanlagen nicht im Wärmelieferungspreis enthalten sind, gilt der Ausnahmetatbestand des § 11 Nr. 4 HeizkostenV.

Nr. 4. d) Die Kosten der Reinigung und Wartung von Etagenheizungen und Gaseinzelfeuerstätten

5177 Hierzu gehören die Kosten der Beseitigung von Wasserablagerungen und Verbrennungsrückständen in der Anlage, die Kosten der regelmäßigen Prüfung der Betriebsbereitschaft und Betriebssicherheit und der damit zusammenhängenden Einstellung durch eine Fachkraft sowie die Kosten der Messungen nach dem Bundes-Immissionsschutzgesetz.

I. Umlegbare Kosten

5178 Für Etagenheizungen und Gaseinzelfeuerstätten trifft Buchst. d) teilweise eine ähnliche Regelung wie Nr. 4 Buchst. a) für die zentrale Heizungsanlage.

5179 Die Wartungskosten können unter Beachtung des Wirtschaftlichkeitsgrundsatzes ohne höhenmäßige Begrenzung auf den Mieter umgelegt werden (*BGH*, 12.12.2012 – VIII ZR 264/12, ZMR 2013, 268 = NZM 2013, 84 = GE 2013, 49).

5180 Besonders erwähnt sind die Kosten der Beseitigung von Wasserablagerungen und Verbrennungsrückständen in der Anlage. Die Reinigung des Öltanks fällt nicht darunter, weil die Ablagerungen im Öltank weder Wasserablagerungen noch Verbrennungsrückstände sind.

5181 Da nur die Kosten der Heizungen selbst genannt sind und die Überprüfung der Betriebssicherheit nicht erwähnt ist, sind in dieser Position die Kosten einer Dichtigkeitsprüfung der Gaszuleitungen nicht umlegungsfähig (*AG Kassel* NZM 2006, 537 = WuM 2006, 149; a.A. *LG Hannover* ZMR 2007, 865; *AG Bad Wildungen* WuM 2004, 669). Es handelt sich um sonstige Betriebskosten nach Nr. 17.

5182 Nicht genannt sind auch die Kosten für das Gas selbst. Die Verordnung geht davon aus, dass die Gaskosten vom Mieter unmittelbar an den Lieferanten gezahlt werden. Dieser kann jedoch den Vermieter in Anspruch nehmen, wenn nicht zuvor mit dem Mieter ein Versorgungsvertrag geschlossen wurde (*BGH*, 15.1.2008 – VIII ZR 351/06, GE 2008, 471). Bezahlt der Vermieter die Gaskosten, handelt es sich um sonstige Betriebskosten nach § 2 Nr. 17 BetrKV.

II. Umlegungsvereinbarung

5183 Die mietvertragliche Vereinbarung von »Kosten der Prüfung und Wartung von Gasleitungen« umfasst nicht die Kosten der jährlichen Wartung der Gastherme (*AG Darmstadt* NJW-RR 2013, 850).

Nr. 5. a) Die Kosten des Betriebs der zentralen Warmwasserversorgungsanlage

Hierzu gehören die Kosten der Wasserversorgung entsprechend Nummer 2, soweit sie nicht dort bereits berücksichtigt sind, und die Kosten der Wassererwärmung entsprechend Nummer 4 Buchstabe a.

I. Kosten der Wasserversorgung

Die Kosten der Wasserversorgung sind nur dann als Kosten des Betriebs der zentralen Warmwasserversorgungsanlage abzurechnen, wenn sie nicht gesondert abgerechnet werden. Insoweit besteht also auch ein Wahlrecht. Maßgeblich sind zunächst die mietvertraglichen Vereinbarungen, wenn solche nicht bestehen, hat der Vermieter ein einseitiges Bestimmungsrecht. In Betracht kommt insbesondere eine Abrechnung zusammen mit dem Kaltwasser (Nr. 2). Wenn die Abrechnung zusammen mit dem Kaltwasser erfolgt, sind die hierfür geltenden Abrechnungsmaßstäbe anzuwenden, nicht diejenigen der HeizkostenV. 5184

Eine Umlegung nach Nr. 5 Buchst. a) wird in der Regel nur dann in Betracht kommen, wenn der Wasserverbrauch durch einen Zwischenzähler oder in anderer Weise erfasst wird (vgl. *Lammel* HeizkostenV § 8 Rn. 17). 5185

Umstritten ist, ob die Kosten der regelmäßigen Trinkwasseruntersuchung hier oder bei Nr. 17 anzusetzen sind (vgl. Rdn. 5658). 5186

Kanalgebühren dürfen in diese Position nicht eingestellt werden, auch wenn die Abwasserkosten nach dem Frischwasserverbrauch berechnet werden (*AG Aachen* ZMR 2008, 383). Hiervon zu unterscheiden ist die bloße Aufnahme dieser Kosten in das Formular »Heizkostenabrechnung« weil die Kostenteilung durch das gleiche Abrechnungsunternehmen erfolgt (vgl. *LG Itzehoe* NZM 2011, 360). 5187

(unbesetzt) 5188

II. Kosten der Wassererwärmung

Für die Kosten der Wasserwärmung verweist Nr. 5 Buchst. b) auf Nr. 4 Buchst. a). Umstritten ist, ob die Kosten der regelmäßigen Trinkwasseruntersuchung hier oder bei Nr. 17 anzusetzen sind (hierzu Rdn. 5658). 5189

III. Kostenverteilung

Siehe hierzu grundsätzlich Rdn. 6000 ff. 5190

Nr. 5. b) Die Kosten der eigenständig gewerblichen Lieferung von Warmwasser, auch aus Anlagen im Sinne des Buchstabens a

Hierzu gehören das Entgelt für die Lieferung des Warmwassers und die Kosten des Betriebs der zugehörigen Hausanlagen entsprechend Nummer 4 Buchstabe a.

Die Regelung entspricht Nr. 4 Buchst. c); vgl. oben Rdn. 5120. Zur Kostenverteilung s. Rdn. 6000 ff. 5191

Nr. 5. c) Die Kosten der Reinigung und Wartung von Warmwassergeräten

Hierzu gehören die Kosten der Beseitigung von Wasserablagerungen und Verbrennungsrückständen im Inneren der Geräte sowie die Kosten der regelmäßigen Prüfung der Betriebsbereitschaft und Betriebssicherheit und der damit zusammenhängenden Einstellung durch eine Fachkraft.

5192 Dem Buchst. c unterfallen Warmwassergeräte, die in der Wohnung selbst aufgestellt sind – im Gegensatz zur zentralen Warmwasserversorgungsanlage. Die Beseitigung von Kalkablagerungen geht über eine Reinigung und Wartung hinaus und ist deshalb nicht umlegungsfähig (*Stangl* ZMR 2006, 95 [96]). Für die Umlegung von Wartungskosten gibt es keine Obergrenze (*BGH*, 7.11.2012 – VIII ZR 119/12, ZMR 2013, 257 = WuM 2013,31 = MietRB 2013, 51).

Nr. 6. Die Kosten verbundener Heizungs- und Warmwasserversorgungsanlagen

a) bei zentralen Heizanlagen entsprechend Nummer 4 Buchstabe a und entsprechend Nummer 2, soweit sie nicht dort bereits berücksichtigt sind;
   oder

b) der eigenständig gewerblichen Lieferung von Wärme entsprechend Nummer 4 Buchstabe c und entsprechend Nummer 2, sie nicht dort bereits berücksichtigt sind;
   oder

c) bei verbundenen Etagenheizungen und Warmwasserversorgungsanlagen entsprechend Nummer 4 Buchstabe d und entsprechend Nummer 2, soweit sie nicht dort bereits berücksichtigt sind.

5193 Eine Kostenaufteilung ist nur nach § 9 HeizkostenV für den Anwendungsbereich dieser Verordnung vorgeschrieben (vgl. unten Rdn. 6158 ff.).

5194 Ansonsten gelten die allgemeinen Grundsätze bzw. §§ 22, 23 NMV 1970 (vgl. Rdn. 6007).

Nr. 7. Die Kosten des Betriebs des Personen- oder Lastenaufzuges

Hierzu gehören die Kosten des Betriebsstroms, die Kosten der Beaufsichtigung, der Bedienung, Überwachung und Pflege der Anlage, der regelmäßigen Prüfung der Betriebsbereitschaft und Betriebssicherheit einschließlich der Einstellung durch eine Fachkraft sowie die Kosten der Reinigung der Anlage.

I. Umlegbare Kosten

5195 Die Kosten des **Betriebsstroms** sind grundsätzlich durch einen Zwischenzähler zu ermitteln (*Kinne* ZMR 2001, 4; vgl. Rdn. 4169). Nur wenn die hierdurch anfallenden Kosten unwirtschaftlich hoch sind oder der Zwischenzähler ausgefallen ist, ist eine Schätzung zulässig (*Kinne* GE 2007, 494 [495]). Hierfür können der Stromverbrauch in anderen Abrechnungszeiträumen und unter Berücksichtigung der Besonderheiten des Hauses auch Erfahrungswerte in vergleichbaren Objekten herangezogen werden (*Schmid* GE 2009, 757).

Kosten der **Beaufsichtigung** und **Überwachung** sind die Kosten für einen Aufzugswart (*Kinne* ZMR 2001, 4) und die Kosten einer Überwachungsanlage mit Notrufmöglichkeit (*LG Heidelberg*, Urt. v. 31.3.2014 – 5 S 48/13, ZMR 2014, 988: nicht aber die Miete der Notrufanlage; *Langenberg* in Schmidt-Futterer § 556 BGB Rn. 133 *LG Gera* WuM 2001, 615; *AG Frankfurt-Höchst* WuM 2001, 615) und einer Alarmanlage (*LG Braunschweig* ZMR 2003, 114). Umlegbar sind die Wartungs- und Betriebskosten (*AG Hamburg* WuM 1989, 126) sowie die Kosten einer Anmietung (*LG Gera* WuM 2001, 615), nicht aber die Kosten der Anschaffung und des erstmaligen Anschlusses (*OLG Düsseldorf* ZMR 2012, 184 = GE 2012, 202). 5196

Zu den Kosten der **Pflege** der Anlage gehören auch Reinigungsmittel und Schmierstoffe (*Kinne* ZMR 2001, 4). Der Austausch von Teilen stellt jedoch eine nicht umlegungsfähige Reparatur dar (*Kinne* GE 2007, 494 [495]). 5197

Kosten der **Prüfung der Betriebsbereitschaft und Betriebssicherheit** sind Aufwendungen für regelmäßige Überprüfungen, insbesondere für solche, die öffentlich-rechtlich vorgeschrieben sind. 5198

Hierunter und nicht unter Kosten der Instandsetzung fallen nach hier vertretener Auffassung auch die Kosten einer Nachprüfung durch den Technischen Überwachungsverein nach festgestellten Mängeln der Aufzugsanlage. Denn hierdurch wird nicht nur die eigentliche Mängelbeseitigung geprüft, sondern auch die Funktionsfähigkeit und damit die Betriebsbereitschaft und -sicherheit des Lifts. 5199

Die Kosten der **Einstellung** durch eine Fachkraft umfassen auch Aufwendungen für eine Störungsbeseitigung, die eine Reparatur nicht erfordert (*LG Berlin* GE 1987, 89). 5200

Nach Nr. 7 umlegbar sind nur die Kosten der **Reinigung** der Aufzugsanlage. Reinigungskosten für den Fahrkorb gehören zu Nr. 9. 5201

Versicherungen sind nach Maßgabe der Nr. 13 umzulegen. 5202

Sehr weitgehend rechnet das *AG Frankfurt-Höchst* (WuM 2001, 615) die Kosten eines Feuerwehreinsatzes zur **Personenbefreiung** den Aufzugskosten zu. 5203

Vollwartungsverträge (vgl. hierzu generell Rdn. 1030 ff.) spielen vor allem bei Aufzügen eine große Rolle. Der Abschluss eines Vollwartungsvertrages verstößt nicht gegen die Grundsätze einer ordnungsgemäßen Bewirtschaftung (*LG Berlin* GE 1988, 523). 5204

Für den Reparaturkostenanteil werden unterschiedliche **pauschale Abzüge** gemacht: 20 %: *LG Berlin* GE 1987, 89; 40–50 %: LG Duisburg, Urt. v. 2.3.2004 – 13 S 265/03, WuM 2004, 717; *AG Berlin-Mitte*, Urt. v. 9.6.2015 – 5 C 443/14, GE 2010, 1296; 50 % *AG Duisburg*, Urt. v. 29.4.2015 – 45 C 2556/14, WuM 2015, 525 bei fehlenden Schätzungsgrundlagen; *AG Rheinbach* WuM 1988, 221; *Langenberg* in Schmidt-Futterer § 556 BGB Rn. 137: 20 % und 30 % zu gering). Die Schätzung nach § 287 ZPO setzt aber hinreichende Anhaltspunkte für ein ungefähres Ansetzen des Wertes voraus. Zumindest muss der Vermieter den Vollwartungsvertrag vorlegen. 5205

Teilweise wird auch auf die Kalkulation der Wartungsfirma abgestellt (*LG Braunschweig* ZMR 2003, 114). Richtigerweise ist jedoch der Material- und Arbeitsaufwand für Reparaturen im Einzelfall zu ermitteln (*Kinne* GE 2007, 494 [496]).

II. Kostenverteilung

1. Vermietungen ohne Preisbindung

5206 Hier gelten die allgemeinen Grundsätze (oben Teil IV). § 556a BGB sieht keine Ausnahme vom Regelmaßstab Wohnfläche vor.

5207 Die formularmäßige Beteiligung des Mieters einer **Erdgeschosswohnung** an den Aufzugskosten beteiligen diesen nicht unangemessen *(BGH,* Urt. v. 20.9.2006 – VIII ZR 103706, NJW 2006, 3557 = ZMR 2006, 919 = WuM 2006, 613 = GE 2006, 1398). Gegenteiliger Ansicht ist der BGH (Urt. v. 8.4.2009 – VIII ZR 128/08, GE 2009, 711 = ZMR 2009, 675 m. Anm. *Schmid*) für den Fall, dass zu einer Abrechnungseinheit zwei Häuser gehören, aber nur in einem ein Lift ist; der Unterschied ist schwer nachvollziehbar. Auch der Gewerberaummieter, dessen Geschäftslokal keinen unmittelbaren Zugang zum Treppenhaus hat, kann formularmäßig wohl nicht zur Kostentragung herangezogen werden (*Schmid* GE 2009, 757). Soweit Wohnungen an den Aufzugskosten nicht beteiligt werden, ist bei einer Kostenumlegung nach Wohnfläche die Gesamtfläche um die Fläche dieser Wohnungen zu reduzieren (*Schmid* ZMR 2009, 676).

5208 Ein Erreichen des Kellers, der Tiefgarage oder einer anderen Gemeinschaftseinrichtung reicht jedoch für die Möglichkeit der Kostenumlegung aus (*Schmid* ZMR 2009, 667; offen gelassen von BGH, 8.4.2009 – VIII ZR 128/08, ZMR 2009, 675 = GE 2009, 711). Eine Regelung durch Individualvereinbarung ist möglich (*Schmid* GE 2009, 757 [758]).

5209 Bei einseitiger Bestimmung ist auch das billige Ermessen zu beachten, sodass sich die Herausnahme von Wohnungen und Geschäftsräumen (*LG Braunschweig* ZMR 2003, 114) ohne Vorteil vom Aufzug hier in gleicher Weise stellt wie bei preisgebundenem Wohnraum.

5210 Eine Kostenverteilung nach Personenzahl ist unzweckmäßig, aber grundsätzlich zulässig. Ein Ausschluss von Kleinkindern bei der Zählung ist nicht geboten. Diese können den Lift zwar selbstständig nicht betätigen, aber mitbenutzen (a.A. *Derleder* WuM 2008, 444 [450]).

2. Anwendungsbereich der NMV 1970

5211 Die Kosten sind nach § 24 Abs. 2 Satz 1 NMV 1970 grundsätzlich nach dem Verhältnis der Wohnflächen umzulegen. Das gilt auch bei einer Wirtschaftseinheit, die aus mehreren Gebäuden besteht. Eine Ausklammerung der Gebäude ohne Lift erscheint sachgerecht, muss aber nicht erfolgen (*LG Berlin* GE 2007, 54; a.A. *Kinne* ZMR 2001, 5). Ein Ausgleich ist bei der Bildung der Einzelmiete nach § 3 Abs. 3 NMV 1970 zu schaffen (*LG Berlin* GE 2007, 54).

A. Die einzelnen Betriebskosten – § 2 BetrKV   Teil V

Im Einvernehmen mit allen Mietern kann der Vermieter jedoch auch einen anderen Umlegungsmaßstab vereinbaren (§ 24 Abs. 2 Satz 1 NMV 1970). Bei Eigentumswohnungen kann dies auch eine Umlegung nach Miteigentumsanteilen sein (*AG Düsseldorf* DWW 1991, 373). 5212

Nach § 24 Abs. 2 Satz 2 NMV 1970 kann Wohnraum im Erdgeschoss von der Umlegung ausgenommen werden, auch soweit der Vermieter einseitig tätig werden kann, mit der zwangsläufigen Folge, dass sich die auf die übrigen Wohnungen entfallenden Kosten erhöhen. Es gibt aber auch Mietobjekte, die von dem Aufzug keinen Vorteil haben, z. B. weil der Aufzug auf dem betroffenen Stockwerk nicht hält. Hierfür kann die Regelung über Erdgeschosswohnungen entsprechend angewendet werden (vgl. *AG Verden* ZMR 1994, 336). Dasselbe gilt für Abrechnungseinheiten, die aus mehreren Häusern bestehen, für die Gebäude, in denen kein Aufzug vorhanden ist (für ein generelles Umlegungsverbot auf die dort befindlichen Wohnungen: *Kinne* ZMR 2001, 5). 5213

Die Herausnahme einer Wohnung von der Umlegung wird in der Regel dann billigem Ermessen entsprechen, wenn die Mieter von dem Aufzug keinen Vorteil haben. Ein solcher Vorteil ist jedoch schon dann gegeben, wenn der Aufzug in die Tiefgarage führt oder wenn die Mieter Speicher- oder Kellerabteile haben (*AG Köln* WuM 1998, 233). Für den Fall, dass eine Wirtschaftseinheit aus mehreren Gebäuden besteht, erscheint eine Ausklammerung der Gebäude ohne Lift sachgerecht (vgl. *BayObLG* NZM 1999, 850 zum Wohnungseigentum) und wird teilweise zwingend gefordert (*Kinne* ZMR 2001, 5). 5214

Einen Anspruch auf Kostenfreistellung haben die Mieter jedoch nicht (*AG Leverkusen* WuM 1988, 436; *AG Düsseldorf* DWW 1991, 373; *AG Berlin-Tempelhof-Kreuzberg* GE 1992, 679). Die gegenteilige Auffassung (vgl. z.B. *LG Braunschweig* WuM 1990, 558; *AG Verden* ZMR 1994, 336) verkennt, dass es sich bei § 24 Abs. 2 Satz 2 NMV um eine Kannvorschrift handelt, somit die Verordnung ausdrücklich die Möglichkeit einräumt, von der Kostenausnehmung abzusehen, ohne dass dafür besondere Gründe vorliegen müssen. Die Beteiligung der Erdgeschosswohnungen an den Aufzugskosten ist nach dem Verordnungswortlaut die Regel (*LG Berlin* WuM 1990, 559). 5215

In jedem Fall ist eine Umlage auf den Mieter einer Erdgeschosswohnung zulässig, wenn die Umlage der Aufzugskosten mietvertraglich vereinbart ist (*LG Berlin* GE 1990, 559; *LG Duisburg* WuM 1991, 597). Dies kann auch in einem Formularmietvertrag geschehen, da die Beteiligung aller Wohnungen die Regel ist und deshalb von den Grundgedanken bestehender Regelungen nicht abgewichen wird (*LG Berlin* GE 2007, 54; a.A. *AG Augsburg* ZMR 2002, 827). Ein Ausgleich ist bei der Bildung der Einzelmiete nach § 3 Abs. 3 NMV 1970 zu schaffen (*LG Berlin* GE 2007, 54). 5216

3. Vorerfassung

Bei der Vermietung von **Wohn- und Gewerberäumen** in einem Objekt ist eine getrennte Abrechnung in der Regel nicht erforderlich (anders bei preisgebundenem 5217

Wohnraum nach § 20 Abs. 1 NMV 1970). Nur ein vernachlässigenswerter Mehrverbrauch wird insbesondere bei Arztpraxen angenommen (*LG Braunschweig* ZMR 2003, 114). Es kommt auf den Einzelfall an. Da eine konkrete Erfassung praktisch nicht möglich ist, muss bei erheblichem, unterschiedlichem Publikumsverkehr auf Schätzungen zurückgegriffen werden.

5218 Die Kosten von Aufzügen in verschiedenen Häusern einer Abrechnungseinheit dürfen zusammen abgerechnet werden (vgl. Rdn. 3492, 3550, 4049; a.A. *LG Berlin* GE 1988, 465).

4. Wohnungseigentum

5219 Beim Wohnungseigentum erstreckt sich die Beschlusskompetenz nach § 16 Abs. 3 WEG bei Vollwartungsverträgen nur auf den Betriebskostenanteil, nicht auf den Reparaturanteil (*Schmid* MDR 2007, 989 [991]). Eine Differenzierung der Kostentragung nach Stockwerken widerspricht nicht ordnungsmäßiger Verwaltung (*LG Nürnberg-Fürth* ZMR 2009, 638 = IMR 2009, 281).

Nr. 8. Die Kosten der Straßenreinigung und Müllbeseitigung

Zu den Kosten der Straßenreinigung gehören die für die öffentliche Straßenreinigung zu entrichtenden Gebühren und die Kosten nicht öffentlicher Maßnahmen; zu den Kosten der Müllbeseitigung gehören namentlich die für die Müllabfuhr zu entrichtenden Gebühren, die Kosten entsprechender nicht öffentlicher Maßnahmen, sowie die Kosten des Betriebs von Müllkompressoren, Müllschluckern, Müllabsauganlagen sowie des Betriebs von Müllmengenerfassungsanlagen einschließlich der Kosten der Berechnung und Aufteilung.

I. Straßenreinigung/umlegungsfähige Kosten

1. Erfasste Flächen

5220 Die Vorschrift betrifft die Kosten für die Reinigung der öffentlichen Straßen. Entsprechende Maßnahmen auf dem Grundstück selbst können über die Positionen Hausmeister (Nr. 14) oder Gartenpflege (Nr. 10) umgelegt werden. Für die Abgrenzung ist darauf abzustellen, ob die Fläche nach öffentlichem Recht dem allgemeinen Verkehr gewidmet ist. Zu den Straßen gehören auch Fuß- und Radwege.

5221 Zu den Straßen gehören auch Fuß- (Wall in: Eisenschmid/Wall, Rn. 3390) und Radwege. Bei Passagen, Arkaden und ähnlichen Durchgängen kommt es darauf an, ob diese nach öffentlichem Recht dem allgemeinen Verkehr gewidmet sind. Ist dies der Fall gilt § 2 Nr. 8 BetrKV. Handelt es sich um einen privaten Weg, bestimmt sich die Kostenumlegung nach § 2 Nr. 10 BetrKV.

2. Erfasste Tätigkeiten

5222 Zur Straßenreinigung gehört bereits dem Wortlaut nach die Beseitigung von Verschmutzungen. Hierzu gerechnet werden aber auch die Beseitigung von Eis und Schnee und das Streuen bei Glätte (*BGH*, ZMR 1985, 120).

3. Umlegbare Kosten

Umlegbar sind die Kosten für die Arbeitsleistung selbst. Umlegbar ist auch der Betrag eines Mietnachlasses, der einem Mieter für die Übernahme der Reinigungstätigkeit gewährt wird (*Kinne*, ZMR 2001, 5). 5223

Reinigungsmittel (*Kinne* ZMR 2001, 5) und Streugut (*BGH* WuM 2004, 666), die der Vermieter verwendet oder von einem Dritten in Rechnung gestellt bekommt, gehören zu den Kosten der Straßenreinigung. 5224

Umlegbar ist auch der Betrag eines Mietnachlasses, der einem Mieter für die Übernahme der Reinigungstätigkeit gewährt wird (*Kinne* ZMR 2001, 5). 5225

Die Kosten für die Anschaffung und Ersatzbeschaffung von Geräten zur Schnee- und Schmutzbeseitigung sind nicht umlegbar (vgl. Rdn. 1035; a.A. *Kinne* ZMR 2001, 5). Dasselbe gilt für die Kosten einer Reparatur dieser Geräte (vgl. Rdn. 1028 ff.; a.A. *Kinne* ZMR 2005, 1219 [1220]). Umlegbar sind die Wartungskosten (*Kinne* ZMR 2001, 5) und die Treibstoffkosten. 5226

4. Umlegungsvereinbarungen

Ist in einem gewerblichen Mietvertrag vereinbart, dass der Mieter die Kosten der Straßen- und Fußwegreinigung und die Kosten des Winterdienstes anteilmäßig zu tragen hat, so kann die Auslegung des Vertrages ergeben, dass diese Verpflichtung nicht nur den öffentlichen Grund erfasst, sondern auch alle von den Kunden zu benutzenden Grundstücksflächen einschließlich der zur gemeinsamen Nut 5227

Die Vereinbarung einer Umlegung von »Grundbesitzabgaben« reicht für die Umlegung von Straßenreinigungsgebühren nicht aus (*AG Köln* WuM 1998, 419 m. abl. Anm. *Sommerfeld*). Dasselbe gilt für den Begriff »Anliegerbeiträge«, auch in einem gewerblichen Mietvertrag (a.A. *LG Berlin* GE 2006, 1480 [1481]). 5228

Ist mietvertraglich vereinbart, dass diese Reinigungsarbeiten vom Mieter erledigt werden, so kann der Vermieter nicht einseitig Dritte beauftragen und die Kosten umlegen (*LG Karlsruhe* WuM 1992, 368). 5229

5. Abrechnungsmaßstäbe

Es gelten generell die allgemeinen Grundsätze (oben Teil IV). 5230

Eine Vorausteilung nach Wohn- und Geschäftsräumen ist für die Kosten der Straßenreinigung und des Winterdienstes nicht erforderlich, da diese Kosten für alle Räume gleich anfallen (*LG Braunschweig* ZMR 2003, 114). Etwas anderes kann dann gelten, wenn im Einzelfall durch den Gewerbebetrieb erheblich höhere Gebühren veranlasst werden (*Wall* in: Eisenschmid/Wall, Rn. 3396).

6. Abrechnung

Auch insoweit bestehen keine Besonderheiten. Zu weitgehend verlangt das *LG Berlin* (ZMR 1998, 284, 286) bei preisgebundenem Wohnraum eine Spezifizierung der Gebühren nach Reinigungsklassen. 5231

7. Vornahme durch die Mieter

a) Verpflichtung des Mieters

5232 Der Mieter kann sich jedenfalls individualvertraglich zur Übernahme der Straßenreinigung einschließlich des Winterdienstes verpflichten (*BGH*, Urt. v. 22.1.2008 – VI ZR 126/07, WuM 2008, 235; *Hitpaß* WuM 2011, 662; *Lützenkirchen* § 535 BGB Rn. 226).

5233 Problematischer ist die Übernahme in Allgemeinen Geschäftsbedingungen. Mit der Übernahme der Straßenreinigung, insbesondere der Räum- und Streupflicht ist nämlich auch eine Übernahme der **Verkehrssicherungspflicht** verbunden. Bei **Gewerberaummietverhältnissen** wird eine Übernahme der Verkehrssicherungspflicht durch den Mieter für zulässig erachtet (Palandt/*Weidenkaff* § 535 Rn. 60; inzident wohl auch BGH, Urt. v. 4.6.1996 – VI ZR 75/95, VersR 1996, 1151 = NJW 1996, 2646 = ZMR 1996, 477). Bei einem Mietvertrag über **Wohnraum** wird sie teilweise nur dann für wirksam gehalten, wenn eine entsprechende Orts- oder Verkehrssitte besteht (Schmidt-Futterer/*Eisenschmid* Mietrecht § 535 Rn. 142a).

5234 Dem ist jedoch nicht zu folgen (*Hitpaß* ZMR 2008, 935 [939]; ders. WuM 2011, 662; *Schmid* VersR 2011, 731; ders. ZMR 2012, 337 [338]). Hält man eine Übertragung der Verkehrssicherungspflicht grundsätzlich und individualvertraglich für zulässig, so könnten sich Bedenken gegen eine formularmäßige Übertragung lediglich aus § 305 ff. BGB ergeben. Eine Heranziehung von § 309 Nr. 7 Buchst. a) BGB (so Schmidt-Futterer/*Eisenschmid* Mietrecht § 535 Rn. 142a) erscheint nicht gerechtfertigt, da ja gerade die Verpflichtung zur Schadensverhinderung übertragen werden soll (*Schmid* VersR 2011, 731).

5235 Bejaht wird aber eine unangemessene Benachteiligung (§§ 307 Abs. 1 S. 1, Abs. 2 Nr. 1 BGB (*Knops* in Herrlein/Kandelhard § 535 BGB Rn. 76 m.w.N.; a.A. *OLG Frankfurt* NJW 1989, 41 = WuM 1988, 399). Bedeutung gewinnen kann auch § 305c Abs. 1 BGB, wenn die Übertragung der Verkehrssicherungspflicht überraschend ist. Das wird bei vermieteten Einfamilienhäusern in der Regel nicht, bei großen Miethäusern meist der Fall sein. Für alles, was dazwischenliegt, kommt es auf die Umstände des Einzelfalles an. Für den Vermieter empfiehlt sich in jedem Fall ein besonderer, am besten gesondert zu dokumentierender Hinweis, da eine Überraschung im Sinne des § 305c Abs. 1 Satz 1 BGB nicht vorliegt, wenn der Mieter die Klausel kennt oder mit ihr rechnen muss (vgl. *BGH* NJW 2010, 671).

5236 Bei der Vermietung eines Einfamilienhauses kann sich die Übertragung der Räum- und Streupflicht auf den Mieter ausnahmsweise aus einer ergänzenden Vertragsauslegung ergeben, wenn dem Mieter erkennbar ist, dass der Vermieter zu einer Sicherung nicht in der Lage ist (Eisenschmid/Wall/*Wall* Betriebskosten-Kommentar Rn. 3404). Auch eine konkludente Übernahme der Verkehrssicherungspflicht, z.B. durch jahrelanges Räumen und Streuen, wird als ausreichend angesehen (*LG Hildesheim* MDR 2007, 1194). Dabei sind jedoch strenge Anforderungen zu stellen. Nicht jede Tätigkeit des Mieters, die vielleicht nur aus Gutmütigkeit erfolgt, kann eine Verpflichtung begründen, von der der Mieter so leicht nicht mehr loskommt und durch die er nicht nur mit Arbeit sondern auch mit einem enormen Haftungsrisiko belastet wird. Das Vorhandensein eines Rechtsbindungswillens des Mieters muss deshalb aus der Sicht des Vermieters gegeben sein (*Schmid* VersR 2011, 731).

Die Verpflichtung des Mieters zur Durchführung der Arbeiten beinhaltet nicht auch die Verpflichtung zur Beschaffung von Streugut, wenn dies nicht extra vereinbart ist (*AG Solingen* WuM 1979, 239; a.A. *AG Essen* ZMR 1980, 316; *Hitpaß* ZMR 2008, 935 [941]). Es kommt auf die Vertragsauslegung im Einzelfall an (*Hitpaß/Kappus*, NJW 2013, 565 [570]). 5237

b) Anwendung werkvertraglicher Grundsätze

Der BGH (6.6.2013 – VII ZR 355/12NZM 2013, 696) hat entschieden, dass Werkvertragsrecht anwendbar ist, wenn sich ein Unternehmer verpflichtet, eine bestimmte Fläche von Schnee- und Eis freizuhalten. Die Erwägungen, die der BGH zum Winterdienst eines Unternehmers angestellt hat, gelten in gleicher Weise für eine Winterdienstverpflichtung des Mieters (vgl. hierzu ausführlich *Schmid* NZM 2013, 669 ff.). 5238

c) Änderung

Ist mietvertraglich vereinbart, dass die Arbeiten vom Mieter erledigt werden, so kann der Vermieter nicht einseitig Dritte beauftragen und die Kosten umlegen (*LG Karlsruhe* WuM 1992, 368). Er kann aber die Winterdienstregelung nach werkvertraglichen Grundsätze jederzeit nach § 649 BGB kündigen, muss dann allerdings die Vergütung, auch in Form eines Mietnachlasses weiter bezahlen (*Schmid* NZM 2013, 669 [671]; a.A. die h.M. vgl. *Steinen* IMR 2013, 263 m.w.N.). 5239

Mit der Annahme eines Kündigungsrechts entfällt das Bedürfnis für die bisher teilweise vertretene Konstruktion, dass der Vermieter aus Treu und Glauben (*AG Stuttgart*, WuM 2004, 475; a.A. *AG Kerpen*, WuM 1997, 471) nach § 242 BGB oder nach § 313 BGB wegen Wegfalls der Geschäftsgrundlage (*Horst*, MietRB 2012, 36) einen Anspruch auf Vertragsänderung hat, wenn es durch mangelhafte Arbeitsausführung zu erheblichen Unzuträglichkeiten kommt. 5240

Bejaht man die Möglichkeit einer Regelung in Allgemeinen Geschäftsbedingungen, kann jedoch auch vereinbart werden, dass der Vermieter nach billigem Ermessen die Arbeiten an Dritte vergeben und die Kosten umlegen kann (*AG Dortmund* MietRB 2012, 36 m. krit. Anm. *Horst*). Eine solche Änderung muss vor Beginn eines Abrechnungszeitraums erklärt werden (*AG Köln* WuM 2008, 226; *Schmid* WuM 2011, 659 [661]). 5241

Die Anwendung des Werkvertragsrechts führt auch dazu, dass § 613 BGB nicht anwendbar ist, der Mieter die Leistung also nicht persönlich erbringen muss. Das hat auch Auswirkungen auf das Freiwerden des Mieters von seiner Leistungspflicht zu sehen. § 275 Abs. 3 BGB setzt voraus, dass der Schuldner die Leistung persönlich zu erbringen hat. Hierauf kann sich der Mieter nicht berufen, da er die Leistung nicht persönlich zu erbringen hat. § 275 Abs. 1 BGB wird wohl nie zur Anwendung kommen, da es immer jemanden gibt, der den Winterdienst versehen kann. Dass sich kein 5242

Dritter findet, der zur Übernahme bereit ist, macht die Leistung nicht unmöglich (*Schmid* NZM 2013, 669 [670]; a.A. *LG Münster*, WuM 2004, 193) rem hohen Vergütung praktisch immer jemand finden wird, der den Winterdienst verrichtet, kommt es darauf an, ob der Aufwand für den Mieter noch zumutbar ist. Maßgeblich sind hierbei die Umstände des Einzelfalles (*BGH*, NJW 2010, 2341). Dabei ist nach § 275 Abs. Satz 2 BGB auch zu berücksichtigen, ob der Mieter das Leistungshindernis zu vertreten hat. Das wird bei Alter oder Krankheit in der Regel zu verneinen sein.

8. Wohnungseigentum

5243 Der Abrechnungsmaßstab für die Kosten der Straßenreinigung kann nach § 16 Abs. 3 WEG festgelegt und geändert werden. Danach kann auch beschlossen werden, dass die Reinigungskosten nach Wohnungseigentumseinheiten umgelegt werden (*Schmid* ZMR 2012, 337, 339; a.A. *LG Nürnberg-Fürth*, ZMR 2009, 638). Eine Unbilligkeit ist darin nicht zu sehen, weil die Straßenreinigung meist auf einer öffentlich-rechtlichen Verpflichtung beruht und im Wesentlichen allen Wohnungseigentümern in gleicher Weise zugutekommt.

II. Müllbeseitigung

1. Umlegbare Kosten

a) Einzelne Kosten

5244 § 2 Nr. 8 BetrkVO spricht von der Müllbeseitigung und zählt nicht enumerativ auf, was hierunter fällt. Unter den Begriff der Müllkosten zählen auch die Wertstoffe (*Schmid* WuM 2015, 395, *Schläger* NZM 1998, 676).

5245 Bis zum 31.12.2003 sprach die Regelung von den Kosten der Müllabfuhr. Dieser Ausdruck wird wörtlich verstanden (*LG Lüneburg*, Urt. v. 17.9.2014 – 6 S 92/13, GE 2015, 58), sodass hierunter keine Kosten gefasst werden, die vor dem Abtransport entstanden waren (*LG Lüneburg* a.a.O.; *Schmid* WuM 2015, 395).

5246 Die umlegbaren Kostenpositionen sind »namentlich« aufgezählt. Es können deshalb unter dieser Position auch weitere, nicht ausdrücklich genannte Kosten erfasst werden, die sich als Betriebskosten für die Müllbeseitigung darstellen, z.B. die Kosten für die **Reinigung der Müllbehältnisse**. Rechnet man diese Kosten nicht hierher, sind sie nach § 2 Nr. 17 BetrKV umlegungsfähig (vgl. *Schmid* DWW 2004, 288).

5247 Nicht erfasst sind die Kosten für die Anschaffung von **Abfallbehältern**. Es handelt sich um Baukosten nach Nr. II. 5. der Anlage 1 zu § 5 Abs. 5 II. BV (*OLG Naumburg* ZMR 2007, 618).

5248 Unabhängig von der Bezeichnung als Müll oder Wertstoff können auch die Kosten für die Leerung einer **Komposttonne** hier angesetzt werden (*Schläger* ZMR 1998, 676; a.A. *AG Uelzen* NZM 1998, 75).

5249 Die Kosten der **Sperrmüllbeseitigung** rechnet der BGH (Urt. v. 10.2.2016 – VIII ZR 33/15, ZMR 2016, 434 = GE 2016, 387; BGH, 13.1.2010 – VIII 137/09, ZMR

A. Die einzelnen Betriebskosten – § 2 BetrKV

2010, 433 = NJW 2010, 1198 = MDR 2010, 375 = NZM 2010, 274) auch dann zu den umlegungsfähigen Betriebskosten, wenn der Sperrmüll rechtswidrig von Dritten abgestellt wurde. Gegen diese allgemeine Aussage bestehen jedoch Bedenken. Soweit der Sperrmüll rechtswidrig abgestellt wurde, liegt kein bestimmungsgemäßer Gebrauch im Sinne des § 1 BetrKV vor (*Schmid*, MietRB 2010, 120). Der *BGH* argumentiert jedoch mit den Kosten der ordnungsgemäßen Bewirtschaftung, welche die regelmäßige Pflege der Außenanlagen beinhalte. Ob diese Kosten laufend entstehen, ist eine Frage des Einzelfalls.

Bei der Beurteilung der **laufenden Entstehung** verfährt der BGH zwar großzügig und verlangt weder einen Turnus noch eine regelmäßige Wiederkehr (Urt. v. 13.1.2010 – VIII ZR 137/09, ZMR 2010, 433 = NZM 2010, 274 = ZMR 2010, 433 = GE 2010, 333) und lässt einen Abstand von fünf bis sieben Jahren für die laufende Entstehung ausreichen (Urt. v. 11.11.2009 – VIII ZR 221/08, MDR 2010, 137 = NZM 2010, 79 = GE 2010, 118). Es wird deshalb auch für die Sperrmüllbeseitigung nur eine »gewisse« Regelmäßigkeit verlangt (*LG Berlin* GE 2011, 58). Im Urteil vom 10.2.2016 (VIII ZR 33/15, GE 2016, 387) führt hingegen der Umstand, dass die Kosten der Sperrmüllbeseitigung oder der Verunreinigung der Außenanlagen durch Dritte nur gelegentlich oder in unregelmäßigen Abständen anfallen, nicht zur Verneinung des Charakters dieser Kosten als wiederkehrend. 5250

Die Umlage der Sperrmüllkosten kann im Einzelfall unbillig sein (§ 242 BGB). Dies wird angenommen, wen bei einer Abrechnungseinheit von mehreren Häusern an verschiedenen Straßen und die weiter voneinander entfernt liegen, Sperrmüll durch Drittpersonen auf öffentlichen Platz niedergelegt wird und die Mieterschaft damit belastet werden soll (*AG Münster*, 7.1.2019 – 6 C 1967/18, WuM 2019, 440). 5250a

Sehr umstritten ist auch, inwieweit die Kosten für ein **Müllmanagement** bei Nr. 8 angesetzt werden können (verneinend: *LG Berlin*, Urt. v. 7.7.2009 – 63 S 443/08, GE 2009, 1254; *AG Uelzen*, Urt. v. 10.10.2013 – 13 C 5183/13 ZMR 2014,216, aber aufgehoben durch *LG Lüneburg*, Urt. v. 17.9.2014 – 6 S 92/13, GE 2015, 58) bejahend *AG Mainz* WuM 2003, 450; a.A. *LG Lüneburg* a.a.O.: wenn dadurch eine Betriebskostenersparnis verbunden ist; im Wesentlichen verneinend *AG Berlin-Mitte*, Urt. v. 10.11.2004 – 21 C 109/05, MM 2005, 75 = WuM 2005, 393; für eine nachträgliche Mülltrennung verneinend *LG Tübingen* WuM 2004, 497; zum Abfallmanagement im Betriebskostenrecht vgl. *Sentek*, NZM 2017, 721 ff.). 5251

Bei Wohnraum, der der Preisbindung unterliegt setzt die Umlage der Kosten des Müllmanagements voraus, dass der Vermieter insoweit eine gesonderte Erklärung vor der Umlage abgibt, sofern er dies auch bei anderen, nicht vereinbarten Kostenarten so gehandhabt hat (*AG Münster*, 7.1.2019 – 6 C 1967/18, WuM 2019, 440).

Unter Müllmanagement wird vor allem die Nachbehandlung und Nachsortierung des Mülls verstanden in Verbindung mit einer Verkleinerung des Volumens der Müllbehälter, um Müllabfuhrgebühren zu sparen (vgl. *Wall* WuM 2005, 393 und *Gabriel* DWW 2005, 366 ff.). Das Müllaufkommen des Gebäudes wird analysiert, um den kostengünstigsten Mix aus grauer Tonne, Biotonne, gelbe Tonne, Glastonne nach Art, 5252

Größe und Leerungshäufigkeit zu finden. Zusätzlich ist das Umsortieren von Abfall umfasst (*Blümmel* GE 2015, 19).

5253 Da die Kosten der Müllbeseitigung in Nr. 8 nur »namentlich« aufgeführt sind, ist ein Ansatz grundsätzlich möglich, muss dies nach einer Ansicht besonders vereinbart werden. Ist nur die Umlage der Müllabfuhr geregelt, soll dies nach einer Ansicht nicht ausreichend sein (vgl. *AG Uelzen,* Urt. v. 10.10.2013 – 13 C 5183/13, ZR 2014,216; *Schmid* WuM 2015, 395, 397).

5254 Bei einer Einführung während des laufenden Mietvertrags gelten die Grundsätze der Entstehung neuer Kosten, sodass über eine ergänzende Vertragsauslegung von der künftigen Umlegbarkeit ausgegangen wird, besonders wenn bei Vertragsbeginn alle Kosten umgelegt wurden (*Schmid* WuM 2015, 395, 397).

5255 Nach a.A. ist die gesonderte Vereinbarung nicht erforderlich, da § 2 Nr. 8 BetrkVO die Umlage der Managementkosten ohne zusätzlich Regelung zulässt (*Blümmel* GE 2015, 18).

5256 Die Kosten für die **Reinigung der Tonnenräume** sind bei Nr. 9 oder bei den Hauswartkosten (Nr. 14) anzusetzen.

5257 Fallen **aus besonderem Anlass** zusätzliche Müllbeseitigungskosten an, sind auch diese umlegungsfähig (*OLG Düsseldorf,* DWW 2000, 193, 194).

5258 Die gesonderte Beseitigung von **Gartenabfällen** wird den Gartenpflegekosten (Nr. 10) zugeordnet (*Schläger* ZMR 1998, 676). Werden solche Abfälle jedoch über die normale Müllabfuhr entsorgt, sind die Kosten solche der Nr. 8.

5259 Die Kosten für die **Reinigung der Tonnenräume** sind bei Nr. 9 oder bei den Hauswartkosten (Nr. 14) anzusetzen.

5260 Nicht umlegungsfähig sind die Kosten für die Anschaffung von **Abfallbehältern.** Es handelt sich um Baukosten nach Nr. II. 5. der Anlage 1 zu § 5 Abs. 5 II. BV (*OLG Naumburg,* ZMR 2007, 618).

5261 **Mietkosten** für Müllkompressoren, Müllschlucker, Müllabsauganlagen und Müllmengenerfassungsanlagen werden überwiegend nicht als erfasst angesehen (*Wall* WuM 2004, 10 [11]).

5262 Die **unberechtigte Verursachung** zusätzlicher Müllkosten gehört nicht mehr zum vertragsgemäßen Gebrauch des Gebäudes und begründet einen Schadensersatzanspruch des Vermieters gegenüber dem Mieter (*AG Trier,* WuM 1999, 551). Das ist z.B. dann anzunehmen, wenn Mieter in die Papiertonne Restmüll einwerfen und dadurch eine kostenpflichtige gesonderte Leerung erforderlich wird. Dagegen besteht keine mietrechtliche Verpflichtung der Mieter, bestimmte Abfälle zu Straßencontainern zu bringen (*Schmid* WuM 2008, 519, 520; a.A. *Schläger* ZMR 1998, 676).

b) Wirtschaftlichkeit

5263 Die Müllabfuhrkosten sind in Höhe der für das Haus **benötigten Kapazitäten** umlegungsfähig. Dabei ist auf die tatsächliche Notwendigkeit abzustellen und nicht auf die

Richtwerte des Entsorgungsunternehmens (a.A. *AG Dannenberg* WuM 2000, 381; teilweise auch *AG Köln* WuM 2013, 253). Die Verweisung auf zusätzliche Müllsäcke kommt nur in Ausnahmefällen in Betracht (teilweise a.A. *AG Dannenberg* WuM 2000, 381, 383). Der Vermieter ist verpflichtet, gelegentlich zu überprüfen, ob Überkapazitäten vorhanden sind und diese dann abzubauen (*OLG Naumburg* ZMR 2003, 260; AG Gelsenkirchen, Urt. v. 25.6.2013 – 3b C 334/12, ZMR 2015, 41: Vermieter muss erklären, weswegen drei Müllgefäße zu je 240 Litern gegen einen 1.100 Liter umfassenden Container ersetzt werden sollten).

Nach dem Wirtschaftlichkeitsgebot hat der Vermieter auch zugunsten einzelner Mieter **Befreiungsmöglichkeiten** vom Anschluss- und Benutzungszwang für die Biotonne zu nutzen (*LG Neubrandenburg* WuM 2001, 130). Das gilt jedoch nicht, wenn dadurch praktische oder organisatorische Schwierigkeiten entstehen (insoweit a.A. *LG Neubrandenburg* WuM 2001, 130). 5264

Der Vermieter ist ferner verpflichtet, verschiedene Müllbehälter zur **Mülltrennung** zur Verfügung zu stellen, wenn dadurch geringere Kosten entstehen (*AG Frankfurt/M.* WuM 2001, 631; *AG Köln* WuM 2002, 54). Insbesondere sind kostenlose Wertstofftonnen anzufordern (*LG Köln* IMR 2013, 497). Voraussetzung für eine solche Verpflichtung ist allerdings das Vorhandensein ausreichender räumlicher Gegebenheiten. Die Schaffung von befestigten Stellplätzen für die Mülltonnen kann dem Vermieter zumutbar sein (*LG Köln* ZMR 2013, 636). 5265

Der Vermieter ist nicht verpflichtet, zur Reduzierung des Müllanfalles alles ihm Zumutbare (was?) zu tun, dass die Mieter Straßencontainer nutzen (a.A. *Schläger* ZMR 1998, 669,676). Auch Kosten, die dadurch entstehen, dass unsortierter Müll abgelagert wird, sind umlegungsfähig, da es sich gleichwohl um Müllbeseitigungskosten handelt (a.A. *AG Trier* WuM 1999, 551; *AG Münster* WuM 2006, 192). 5266

(unbesetzt) 5267

c) Umlegungsvereinbarung

Die Vereinbarung einer Umlegung von »Grundbesitzabgaben« reicht für die Umlegung der Müllabfuhrgebühren nicht aus (*AG Köln* WuM 1998, 419 m. abl. Anm. *Sommerfeld*). 5268

2. Abrechnungsmaßstäbe

a) Preisgebundener Wohnraum

Zulässig ist die Umlegung nach einem Maßstab, der der unterschiedlichen Müllverursachung durch die Wohnparteien Rechnung trägt, oder nach dem Verhältnis der Wohnflächen (§ 22a Abs. 2 NMV 1970). 5269

Verursachungsabhängig ist eine Verteilung nach der Bewohnerzahl (*Blank* WuM 1993, 507; a.A. *LG Hamburg* ZMR 1998, 36). Der Einwand mangelnder Praktikabilität entfällt, wenn die maßgebliche Personenzahl bereits vom Entsorger erfasst wird (*OLG Zweibrücken* ZMR 2000, 868 zum Wohnungseigentum). Denkbar 5270 ist es auch, dass den Mietern Einzeltonnen verschiedener Größe zur Verfügung gestellt werden (vgl. *Blank* WuM 1993, 507). Allein eine längere Beobachtung (so *Otto*, ZMR 1994, 53) dürfte nicht ausreichen.

5271 Schafft das Müllentsorgungsunternehmen die Voraussetzungen für die Erfassung des Müllaufkommens jeder Mietpartei, so kann sich nach Auffassung des *AG Moers* (WuM 1996, 96) aus Treu und Glauben und den Grundsätzen des billigen Ermessens eine Verpflichtung des Vermieters zur Einführung der verbrauchsabhängigen Abrechnung ergeben, wobei auch die Interessen des Vermieters zu berücksichtigen sind. Bedenklich erscheint es, dabei das öffentliche Interesse an der Müllvermeidung heranzuziehen, da die verbrauchsabhängige Abrechnung nicht zwingend vorgeschrieben ist. In die Interessenabwägung einzubeziehen werden insbesondere folgende Gesichtspunkte sein: Der Verwaltungsaufwand des Vermieters; die Möglichkeit, dass der Müll in die Tonnen anderer Mieter geworfen wird; die vorhandenen oder angeschafften Müllgefäße (Groß- oder Einzeltonnen); das Einverständnis aller Mieter (*AG Moers* WuM 1996, 96, 97); der Vertrauensschutz einzelner Mieter auf den Bestand der Abrechnungsweise; das öffentliche Interesse an der Müllvermeidung.

5272 *(unbesetzt)*

b) Preisfreier Wohnraum

5273 Hier gelten zunächst die allgemeinen Verteilungsgrundsätze.

5274 Auch bei einer verursachungsbezogenen Abrechnung im Sinne des § 556a BGB können Mietern für Abrechnung fiktive Mindestmengen zugerechnet werden (*BGH*, 06.04. 2016, VIII ZR 78/15, ZMR 2016, 521 für Müll).

5275 Eine Verpflichtung des Vermieters zu einer Abrechnung nach Personenzahl besteht auch dann nicht, wenn ihm die Bestimmung des Abrechnungsmaßstabes nach billigem Ermessen überlassen ist (a.A. *AG Halle-Saalkreis* ZMR 2006, 212) und sich die Müllgebühren nach der Wohnungsbelegung richten (*AG Siegburg* WuM 1995, 120). Bei der Möglichkeit getrennter Müllerfassung dürften jedoch die in Rdn. 5186 angestellten Erwägungen entsprechend gelten. Eine Abrechnung nach Personenzahl ist jedoch dem Vermieter zumutbar, wenn bereits der Müllentsorger nach Personenzahl abrechnet und die Daten dem Vermieter zur Verfügung stellt (vgl. *OLG Zweibrücken* ZMR 2000, 868, 869). Sie ist geboten, wenn bestimmte Mieter aus sozialen Gründen Vergünstigungen erhalten.

5276 Den Mietern können auch Einzeltonnen unterschiedlicher Größe zur Verfügung gestellt und die Gebühren entsprechend abgerechnet werden (*AG Brandenburg a.d.H.* GE 2004, 1458).

5277 Der bloße Umstand, dass ein Mieter aus Gründen, die in seiner Person liegen, die Wohnung nur selten nutzt und deshalb auch weniger Müll anfällt, begründet keinen Anspruch auf Änderung des Umlegungsmaßstabes (*OLG Hamm* ZMR 2000, 483, 485 zum Wohnungseigentum). Auch ein Mieter, der einen Müllschlucker nicht nutzt, ist an dessen Kosten zu beteiligen (*KG* GE 2005, 1427).

Ein Mieter, der vertraglich zur eigenen Müllentsorgung verpflichtet ist, ist an den Müllbeseitigungskosten nicht zu beteiligen (*OLG Naumburg* ZMR 2003, 260). 5278

c) Sonstige Mietverhältnisse

Für sonstige Mietverhältnisse gelten die allgemeinen Grundsätze. 5279

d) Vorerfassung

Eine getrennte Abrechnung von Müll aus Wohnungen und sonstigen Mieträumen ist für den Regelfall nicht erforderlich und stößt vielfach auch auf praktische Schwierigkeiten (*LG München I* NZM 2002, 286, wenn Platzgründe getrennte Müllgefäße nicht zweckmäßig erscheinen lassen und für den Papiermüll keine zusätzlichen Kosten anfallen; a.A. *LG Berlin* GE 2003, 190; *AG Köln* ZMR 1995, 210). Die vom *AG Köln* (ZMR 1995, 210) vorgeschlagene Trennung der Müllgefäße kann zu Überwachungsproblemen und bei ungleicher Auslastung auch zu höheren Kosten führen. Etwas anderes hat zu gelten, wenn ein Betrieb unverhältnismäßig viel Müll verursacht (vgl. zum grundsätzlichen Problem Rn. 364 ff.). Das ist bejaht worden für einen Schnellimbiss (*AG Hamburg* WuM 2002, 265) und einen Friseursalon (*AG Hamburg* WuM 2002, 265); verneint für Läden (*LG Braunschweig* ZMR 2003, 114) und Arztpraxen (*LG Braunschweig* ZMR 2003, 114). 5280

3. Abrechnung

Zu weitgehend verlangt das *LG Berlin* (ZMR 1998, 284) bei preisgebundenem Wohnraum in der **Abrechnung** eine Spezifizierung der Kosten nach der Anzahl der Müllgefäße. Ebenfalls zu weitgehend ist die Forderung von *Kinne* (GE 2007, 274), dass die Entrümpelungskosten in der Abrechnung so erläutert werden müssen, dass der Mieter die Einhaltung des Wirtschaftlichkeitsgrundsatzes überprüfen kann. 5281

4. Sonstiges

Der Vermieter ist nicht berechtigt, vor dem Haus abgestellte Mülltonnen durch eine **Videokamera**, auch nicht durch eine Attrappe laufend zu erfassen, nur weil es in der Vergangenheit zu Verstößen von Mietern bei der Mülltrennung kam. Der Mieter kann deshalb Entfernung der Kamera nach § 1004 Abs. 1 S. 2 analog i.V.m. § 823 S. 1 BGB, Art. 2 Abs. 1, Art 1, Abs. 1 GG verlangen, da das Persönlichkeitsrecht der Mieter erheblich verletzt wird. Das regelmäßige Erfassen der Müllgefäße erlaubt die Erstellung eines Verhaltensprofils des Mieters (*AG München*, Urt. v. 5.11.2013 – 422 C 17314/13, ZMR 2014, 550). 5282

Gewähren die Kommunen **soziale Gebührenvergünstigungen**, so obliegt es dem Mieter, die erforderlichen Nachweise zu erbringen und je nach Ausgestaltung der Vergünstigung die Ermäßigungsanträge selbst zu stellen (*AG Gummersbach* WuM 2000, 381). 5283

Die **unberechtigte Verursachung zusätzlicher Müllkosten** gehört nicht mehr zum vertragsgemäßen Gebrauch des Gebäudes und begründet einen Schadensersatzanspruch des Vermieters gegenüber dem Mieter (*AG Trier* WuM 1999, 551). Das ist z.B. dann 5284 anzunehmen, wenn Mieter in die Papiertonne Restmüll einwerfen und dadurch eine kostenpflichtige gesonderte Leerung erforderlich wird. Dagegen besteht keine mietrechtliche Verpflichtung der Mieter, bestimmte Abfälle zu Straßencontainern zu bringen (*Schmid* WuM 2008, 519 [520]; a.a. *Schläger* ZMR 1998, 676).

5285 Die **Wohnungseigentümer** können nach § 16 Abs. 3 WEG beschließen, dass die Kosten der Müllabfuhr nach der Zahl der Bewohner umgelegt werden (*AG Recklinghausen* ZMR 2010, 242 = WE 2010, 222).

Nr. 9. Die Kosten der Gebäudereinigung und Ungezieferbekämpfung

Zu den Kosten der Gebäudereinigung gehören die Kosten der Säuberung der von den Bewohnern gemeinsam benutzten Gebäudeteile, wie Zugänge, Flure, Treppen, Keller, Bodenräume, Waschküchen, Fahrkorb des Aufzuges.

I. Kosten der Gebäudereinigung

1. Umlegbare Kosten

a) Reinigungsgegenstände

aa)· Grundsätzliches

5286 Umlegbar sind die Kosten für die in § 2 Nr. 9 BetrKV ausdrücklich genannten Gebäudeteile und für sonstige Gebäudeteile, die von den Bewohnern gemeinsam benutzt werden. Reinigungskosten für Flächen auf dem Grundstück außerhalb des Gebäudes unterfallen § 2 Nr. 10 BetrKV, Kosten für die Straßenreinigung außerhalb des Grundstücks § 2 Nr. 8 BetrKV. Außerdem kommt eine Kostenumlegung nach § 2 Nr. 17 BetrKV in Betracht. Laufende Reinigungskosten, die nicht unter § 2 Nr. 9 oder eine andere Nummer fallen, sind sonstige Betriebskosten i.S.v. § 2 Nr. 17 BetrKV (a.A. *AG Hamburg* WuM 1995, 652 für Fassadenreinigung).

bb) Einzelfälle

5287 Nach § 2 Nr. 7 BetrKV umlegbar sind die Kosten der Reinigung der **Aufzugsanlage**. Reinigungskosten für den Fahrkorb gehören zu § 2 Nr. 9 BetrKV (*Schmid* WuM 2011, 659).

5288 Die Kosten einer **Dachrinnenreinigung** gehören zu § 2 Nr. 17 BetrKV. Die Kosten sind umlegungsfähig, wenn die Reinigung in regelmäßigen Abständen durchgeführt wird, nicht aber wenn eine einmalige Maßnahme aus einem bestimmten Anlass vorliegt oder eine bereits eingetretene Verstopfung beseitigt werden soll (*BGH*, Urt. v. 7.4.2004 – VIII ZR 167/03, ZMR 2004, 430 = WuM 2004, 290).

5289 Die **Fassade** ist mit den Beispielen des § 2 Nr. 9 BetrKV nicht vergleichbar und wird deshalb im Sinne dieser Vorschrift nicht »gemeinsam genutzt«. Die Kosten der Fassadenreinigung sind § 2 Nr. 17 BetrKV zuzuordnen (Eisenschmid/Wall/*Wall* Betriebskosten-Kommentar Rn. 3502; a.A. *AG Hamburg* WuM 1995, 652). Auch die Beseitigung von **Graffitis** an der Außenfassade (Rdn 5210, 5435) gehört nicht zu § 2 Nr. 9 BetrKV (a. A. *Schulz* GE 2007, 1221, 1222).

Miet- und Reinigungskosten für **Fußmatten** sind nicht hier, sondern bei § 2 Nr. 17 BetrKV anzusetzen, da die Matten zwar die Verschmutzung des Hauses verringern, aber nicht dessen Reinigung betreffen (a.A. *LG Berlin* GE 2007, 1123; Eisenschmid/Wall/*Wall* Betriebskosten-Kommentar Rn. 3501). 5290

Glasdächer sollen von den Bewohnern nicht betreten werden. Die Reinigungskosten unterfallen § 2 Nr. 17 BetrKV (a.A. *AG Potsdam* GE 2007, 918). 5291

Die Reinigung des **Hauswartbüros** ist den Verwaltungskosten zuzurechnen (Schmidt-Futterer/*Langenberg* Mietrecht § 556 Rn. 149). 5292

(unbesetzt) 5293

Reinigungskosten für den **Heizungsraum** der zentralen Heizungsanlage sind in § 2 Nr. 4 BetrKV genannt. Die Kosten für die Hausreinigung nach der Anlieferung von Brennstoffen sind Reinigungskosten nach § 2 Nr. 9 BetrKV (*Schmid* WuM 2011, 659). 5294

Reinigungskosten für **Jalousien** gehören zu § 2 Nr. 17 BetrKV (*AG Potsdam* GE 2007, 918). 5295

Die Kosten für die Reinigung von **Lichtschächten** gehören ebenfalls nicht zu Nr. 9, sondern zu Nr. 17 BetrKV (vgl. *LG München I* WuM 2000, 258). 5296

Die Reinigung von **Parkplätzen** außerhalb des Hauses unterfällt § 2. 5297

Die Reinigungskosten für **Passagen oder Arkaden** gehören nicht zur § 2 Nr. 9 BetrKV, da sie nicht dem Gebäude zuzurechnen sind (*Pfeifer* DWW 2000, 14), sondern zu Nr. 8 oder Nr. 10. Es kommt darauf an, ob diese nach öffentlichem Recht dem allgemeinen Verkehr gewidmet sind. Ist dies der Fall gilt Nr. 8. Handelt es sich um einen privaten Weg, bestimmt sich die Kostenumlegung nach Nr. 10. 5298

Die Reinigung von **Tiefgaragen oder Garagengebäuden** gehört zu § 2 Nr. 9 BetrKV. Das gilt auch für die Zufahrten zu Tiefgaragen (Schmidt-Futterer/*Langenberg* Mietrecht § 556 Rn. 149), aber nur soweit sie nach der Verkehrsanschauung bereits dem Gebäude zuzuordnen sind. Fahrstraßen zu Tiefgaragen gehören zu § 2 Nr. 10 BetrKV (*Schmid* WuM 2011, 659). 5299

Die Kosten für die Reinigung der **Tonnenräume** sind bei § 2 Nr. 9 BetrKV anzusetzen. 5300

Reinigungskosten von **Wärmeversorgungsräumen** bei Fernheizungen sind nach § 2 Nr. 4 Buchst. c) und Buchst. a) BetrKV den Heizkosten zuzuordnen (*Schmid* WuM 2011, 659 [660]; a.A. *AG Berlin-Charlottenburg* GE 1988, 309. Der Raum, in dem sich die mit Fernwärme versorgte Anlage befindet, entspricht dem Betriebsraum einer zentralen Heizungsanlage. 5301

Die Kosten der Reinigung der Einrichtungen für die **Wäschepflege** gehören zu § 2 Nr. 16 BetrKV. Die Reinigungskosten für den Raum, in dem die Geräte aufgestellt sind, gehören dagegen zu § 2 Nr. 9 BetrKV. 5302

b) Reinigung aus besonderem Anlass

aa) Instandsetzung

5303   Nicht umlegungsfähig sind Sonderreinigungskosten aufgrund von Baumaßnahmen (*Kinne* ZMR 2001, 6). Die Kosten entstehen weder laufend noch sind sie durch den Gebrauch des Gebäudes veranlasst. Sie sind den Instandsetzungskosten zuzurechnen (§ 1 Nr. 2 BetrKV). Den Instandsetzungskosten zuzurechnen ist auch die Beschichtung eines Bodenbelages (*AG Hamburg* WuM 1995, 652).

bb) Rechtswidrige Verschmutzungen

5304   Betriebskosten sind nur solche Kosten, die durch den bestimmungsgemäßen Gebrauch entstehen. Durch den bestimmungsgemäßen Gebrauch entstehen Kosten, die ihren Grund in einer ordnungsgemäßen Benutzung haben. Keine Betriebskosten sind deshalb Kosten, die durch ein rechtswidriges Verhalten von Mietern oder von Dritten entstehen (*Schmid*, WuM 2008, 519; a.A. *BGH*, Urt. v. 13.1.2010 – VIII ZR 137/09, WuM 2010, 153 = NZM 2010, 274 = ZMR 2010, 433 = GE 2010, 333 für Sperrmüll). Durch ein rechtswidriges Verhalten wird das Gebäude nicht bestimmungsgemäß genutzt.

5305   Zusätzliche Gebäudereinigungskosten sind deshalb nicht umlegungsfähig, wenn die Reinigung durch vertragswidrige, insbesondere mutwillige Schmutzverursachung einzelner Mieter notwendig wurde (*LG Siegen* WuM 1992, 630). Dasselbe gilt für **rechtswidrige Verschmutzungen** durch dritte Personen (*Stangl* ZMR 2006, 95 [96]; a.A. *Schulze* GE 2007, 1221). Bei der Geschäftsraummiete wird man je nach Art des Mietobjekts übliche Verunreinigungen, auch wenn sie rechtswidrig sind, als von den Reinigungskosten umfasst ansehen, z.B. weggeworfenes Papier (*Schmid* WuM 2008, 519 [521]).

5306   Nach der hier vertretenen Auffassung sind die Kosten für die Beseitigung von **Graffitis** (Rdn. 5201, 5435) schon deshalb nicht umlegbar, weil die Verunstaltung von Wänden durch Graffitis nicht einem bestimmungsgemäßen Gebrauch des Gebäudes entspricht (*Schmid* WuM 2008, 519 [521]; a.A. *AG Berlin-Mitte*, GE 2007, 1259). Abweichende Vereinbarungen zur Umlegung sind bei Nichtwohnraummietverhältnissen möglich. Dabei ist eine Kostenumlegung für Schäden, die durch außenstehende Dritte verursacht sind, allenfalls dann zulässig, wenn ein Höchstbetrag festgelegt wird.

cc) Ein- und Auszug

5307   Kosten für die Beseitigung besonderer Verschmutzungen, die beim Ein- oder Auszug entstehen sind nicht als Betriebskosten umlegbar, da sie nach der Rechtsprechung (so für die Nutzerwechselgebühr *BGH*, Urt. v. 14.11.2007 – VIII ZR 19/07, MDR 2008, 313 = MietRB 2008, 129 = WuM 2008, 85 = GE 2008, 193 = NZM 2008, 123; zweifelhaft nicht regelmäßig entstehen. Mietvertragliche Regelungen über Auszugspauschalen sind grundsätzlich zulässig (*Schmid* WuM 2008, 199 [200]).

A. Die einzelnen Betriebskosten – § 2 BetrKV   Teil V

c) *Umlegbare Aufwendungen*

aa) *Personalkosten*

Wird ein selbstständiges Reinigungsunternehmen beauftragt, sind dessen Kosten umlegungsfähig, auch wenn darin Sachaufwendungen einkalkuliert sind (*Westphal* WuM 1998, 329 für Hauswartkosten). 5308

Wird die Gebäudereinigung durch eine angestellte Reinigungskraft vorgenommen, sind die Lohnkosten umlagefähig (*LG Kiel* WuM 1996, 631). Ebenso wird man wie beim Hauswart (§ 2 Nr. 14 BetrKV) auch Lohnnebenkosten (Eisenschmid/Wall/ *Wall* Betriebskosten-Kommentar Rn. 3500) und sonstige Vergütungen ansetzen können. Nicht als umlegungsfähig angesehen werden die Kosten der Lohnabrechnung (*LG Kiel* WuM 1996, 631). 5309

Als Verwaltungskosten ebenfalls nicht umlegungsfähig sind die Kosten für die Einweisung und Überwachung der Putzkräfte (*AG Köln* WuM 1998, 692). Dies gilt jedoch dann nicht, wenn bei Einsatz eines Reinigungsunternehmens solche Kosten nur einen internen Kalkulationsposten darstellen. 5310

bb) *Sachkosten*

Zu den Kosten der Gebäudereinigung gehören auch die laufend verbrauchten Putzmittel (*AG Berlin-Tiergarten* GE 1988, 631; Eisenschmid/Wall/*Wall* Betriebskosten-Kommentar Rn. 3500). Dagegen wird man den Erwerb von Putzgeräten nicht hierher rechnen können, da es sich insoweit nicht um Betriebskosten handelt (*AG Lörrach* WuM 1996, 628; a.A. *Kinne* ZMR 2001, 5). Das gilt sowohl für Kleingeräte wie Putzlappen als auch für größere Geräte wie Bohnermaschinen (Eisenschmid/Wall/ *Wall* Betriebskosten-Kommentar Rn. 3500). Die Betriebskosten für solche Maschinen sind jedoch umlagefähig (*Kinne* ZMR 2001, 5), nicht aber die Reparaturkosten (a. A. *Kinne* ZMR 2001, 5). Nicht ansetzbar sind auch die Erwerbskosten für sonstige Arbeitsmittel (vgl. generell Rdn. 1035). 5311

Die Kosten für das zum Putzen verwendete Wasser sind umlegungsfähig, wobei das Problem darin liegt, dass der Verbrauch in der Praxis vielfach nicht gesondert erfasst wird. Das führt zu Schwierigkeiten bei einer verbrauchsabhängigen Abrechnung der Wasserkosten. Sind sämtliche Positionen, für die Wasser verbraucht wird, umlegbar, wird man es in Analogie zu § 2 Nr. 5 und Nr. 16 BetrKV, § 25 Abs. 1 NMV 1970 sowie § 5 Abs. 2, § 8 HeizkostenV zulassen können, dass der Wasserverbrauch nach dem Verhältnis des Verbrauches in den einzelnen Wohnungen umgelegt wird, also in die verbrauchsabhängige Abrechnung einfließt (*Schmid* WE 2001, 206; a. A. *Milger* NZM 2008, 757 [761], die bei einer Abrechnung nach Verbrauch nur eine gesonderte Erfassung zulässt). Sind dagegen Wasserverbräuche außerhalb der Wohnung nicht umlegungsfähig, sind diese Kosten vom Vermieter zu tragen (Rdn. 5088). 5312

(unbesetzt) 5313

2. Kostenverteilung

5314 Es gelten die allgemeinen Grundsätze (Rdn. 4000 ff.). Eine Umlegung der Reinigungskosten nach Wohnungen erscheint nicht unbillig (a.A. *LG Nürnberg-Fürth* ZMR 2009, 638).

5315 Reinigungskosten für Garagen können nur auf Mieter umgelegt werden, denen ein Garagenstellplatz zur Verfügung steht (*Kinne* ZMR 2001, 6). Mieter von Räumen, die keinen Zugang zu Treppenhaus haben, können formularmäßig nicht an den Reinigungskosten für das Treppenhaus beteiligt werden (*Schmid* ZMR 2009, 667).

5316 Bei einer Vermietung von Wohn- und Gewerberäumen im selben Gebäude wird eine Vorauftteilung bei erheblichem Publikumsverkehr zu den Geschäftsräumen in Betracht kommen (vgl. *Kinne* GE 2007, 1358 [1360]). Dabei ist insbesondere darauf abzustellen, ob die Reinigungsintervalle kürzer sein müssen als bei einer reinen Wohnnutzung. Die Kosten zusätzlicher Reinigungstermine sind vorweg abzuziehen (*Kinne* GE 2011, 588 [591]). Haben Gewerberäume ausschließlich einen Zugang ohne Benutzung des Treppenhauses, können Treppenhausreinigungskosten auf diese Mieter nicht umgelegt werden (*Kinne* GE 2011, 588 [591]).

3. Kostenumlegung und Reinigungspflicht

a) Übertragung der Reinigungspflicht

5317 Die Reinigungspflicht kann vertraglich auf die Mieter übertragen werden. Hierbei sollte jedoch aus praktischen Gründen Zurückhaltung geübt werden (vgl. *Schmid* FGPrax 2004, 103).

5318 Die formularvertragliche Pflicht des Mieters zur Treppenhausreinigung ist unklar und daher unwirksam vereinbart, wenn der Vertrag auch eine anteilige Betriebskostenbelastung für Gebäudereinigung vorsieht (*AG Frankfurt-Höchst* WuM 1988, 153). Überraschend i.S.d. § 305c Abs. 1 BGB ist eine Klausel, die unter der Überschrift »Reinigung und Pflege« den Winterdienst auf den Mieter abwälzt (*AG Köln*, MietRB 2011, 140).

b) Änderung

5319 Ist eine Reinigungspflicht des Mieters wirksam vereinbart und kommt der Mieter dieser Verpflichtung ordnungsgemäß nach, kann der Vermieter nicht einseitig die Reinigung durch Dritte veranlassen und die Kosten umlegen *AG Leipzig*, 24.5.2018 – 168 C 5604/17 WuM 2018, 508). Jedenfalls gegenüber dem Mieter, der seine Reinigungspflicht selbst nicht verletzt hat, besteht kein unmittelbarer Zahlungsanspruch, wenn der Vermieter die Reinigung durch Dritte vornehmen lässt. (*LG Landau i.d. Pfalz* WuM 2001, 613, 615; *AG Magdeburg* WuM 2002, 576).

5320 Nur in Ausnahmefällen, wenn es durch mangelhafte Reinigung ständig zu erheblichen Unverträglichkeiten kommt, kann der Vermieter nach Treu und Glauben einen Anspruch auf Änderung des Mietvertrages haben (*AG Stuttgart* WuM 2004, 475). Teilweise a.A. *AG Kerpen* WuM 1997, 471, das dem Vermieter bei Verletzung der

Reinigungspflichten nur Schadensersatzansprüche gewährt. Gehören zu einer Wirtschaftseinheit mehrere Gebäude, ist auf die Verhältnisse in den jeweiligen Häusern abzustellen (*AG Stuttgart* WuM 2004, 475).

Für einen Änderungsanspruch genügt es nicht, dass der Vermieter unterschiedliche Mietverträge mit und ohne Reinigungspflicht geschlossen hat. Für einen Änderungsanspruch nicht ausreichend ist der Wunsch der Mehrheit der Mieter, die Reinigung durch Dritte durchführen zu lassen (*AG Magdeburg* ZMR 2003, 45 = WuM 2002, 576). Ist dem Vermieter eine Änderung durch einseitige Erklärung möglich, muss die Erklärung vor Beginn einer Abrechnungsperiode erfolgen (*AG Köln* WuM 2008, 226). 5321

Ein eventueller Anspruch auf Vertragsänderung muss, wenn der Mieter nicht zustimmt, klageweise durchgesetzt werden; erst dann kann eine Kostenumlegung erfolgen (vgl. zum Ganzen *AG Frankfurt/O.* WuM 1997, 432). 5322

Die Weigerung, vertraglich geschuldete Reinigungsarbeiten trotz rechtskräftiger Verurteilung durchzuführen, rechtfertigt eine ordentliche, u. U. auch eine fristlose Kündigung (*AG Hamburg-Blankenese* WuM 1998, 286; a.A. *AG Wiesbaden* NZM 2001, 334). 5323

c) Pflichtverletzung

Kommt der Mieter seiner Reinigungspflicht nach, ist der Vermieter ohne Nachfristsetzung zu einer Ersatzvornahme auf Kosten des Mieters berechtigt. Es liegen besondere Umstände im Sinne des § 281 Abs. 2 Alt. 2 BGB vor, da die Reinigung nicht aufgeschoben werden kann, ohne dass eine nachhaltige Verschmutzung zu befürchten ist (*AG Bremen* NJW-RR 2013, 78). 5324

Die Weigerung, vertraglich geschuldete Reinigungsarbeiten trotz rechtskräftiger Verurteilung durchzuführen, rechtfertigt eine ordentliche, u.U. auch eine fristlose Kündigung (*AG Hamburg-Blankenese*, WuM 1998, 286; a.A. *AG Wiesbaden*, NZM 2001, 334). 5325

(unbesetzt) 5326

4. Wirtschaftlichkeitsgrundsatz

Hinsichtlich der Reinigungsfrequenz hat der Vermieter ein Ermessen. Eine Reinigung einmal pro Woche ist grundsätzlich nicht übertrieben (*LG Berlin* GE 2007, 1123). Hinsichtlich der Reinigungsfrequenz hat der Vermieter ein Ermessen. Eine Reinigung einmal pro Woche ist grundsätzlich nicht übertrieben (*LG Berlin*, GE 2007, 1123). Da von einem Reinigungsunternehmen immer eine ordnungsgemäße Reinigung geschuldet wird, können erhöhte Kosten nicht damit begründet werden, dass die Reinigung »sehr gründlich« erfolgt (*LG Hamburg* ZMR 2001, 970). 5327

5328 Fallen die bisher im gleichen Umfang durchgeführten Reinigungsarbeiten wesentlich höher aus, nachdem ein Eigenunternehmen des Vermieters die Arbeiten durchgeführt hat, wird gegen den Grundsatz der Sparsamkeit verstoßen, sofern auch sonst keine plausiblen Gründe für die Kostensteigerungen erkennbar sind (*AG Dortmund*, Urt. v. 15.9.2015 – 425 C 1223/15, WuM 2015, 671).

5. Wohnungseigentum

5329 Nach § 16 Abs. 3 WEG kann beschlossen werden, dass die Reinigungskosten nach Wohnungseigentumseinheiten umgelegt werden (a.A. *LG Nürnberg-Fürth* ZMR 2009, 638). Eine Unbilligkeit ist darin nicht zu sehen, weil die Gebäudereinigung im Wesentlichen allen Wohnungseigentümern in gleicher Weise zugutekommt.

II. Ungezieferbekämpfung

1. Umlegbare Kosten

5330 Einmalige Ungezieferbekämpfungen sind nach überwiegender Meinung nicht umlagefähig, da die Kosten nicht laufend entstehen (s.o. Rdn. 1036; *LG Oberhausen* WuM 1996, 714; *LG Berlin* GE 2011, 200; a.A. *AG Offenbach* NZM 2002, 214). Eine einmalige Maßnahme ist die Beseitigung eines Bienennestes (*AG Freiburg* WuM 1997, 471) oder Wespennestes (*AG München* GE 2011, 1623). Ist jedoch mit weiteren Bekämpfungsmaßnahmen, insbesondere auch mit prophylaktischen Maßnahmen zu rechnen, handelt es sich um laufend entstehende Kosten auch dann, wenn sie im Abstand von mehreren Jahren anfallen (*AG Köln* WuM 1992, 630; *AG Oberhausen* WuM 1996, 714, 715; *AG Lichtenberg* GE 1998, 1401: Turnus von vier Jahren). Zu weitgehend setzt das *LG Siegen* (WuM 1992, 630 f.) die Darlegung einer Bekämpfung im jährlichen Turnus voraus. Auch die Kosten nur vorbeugender Maßnahmen sind umlegungsfähig (*Pfeifer* DWW 2004, 44 [46]).

5331 Umlegbar sind auch die für die einzelnen Wohnungen anfallenden Ungezieferbekämpfungskosten (a.A. *Kinne* ZMR 2001, 6).

5332 Ein Mieter, der in seiner Wohnung das Ungeziefer selbst beseitigt, hat nur dann einen Anspruch auf Aufwendungsersatz (§ 536a Abs. 2 Nr. 1 BGB), wenn sich der Vermieter in Verzug befindet (*AG Bremen* WuM 2002, 215).

2. Umlegungsmaßstäbe

5333 Es gelten die allgemeinen Grundsätze (oben Teil IV). Auf einen einzelnen Mieter können Schädlingsbekämpfungskosten nur umgelegt werden, wenn feststeht, dass er den Ungezieferbefall zu vertreten hat; es handelt sich dann um einen Schadensersatzanspruch (*OLG Düsseldorf* ZMR 2005, 42 [44]). Weitergehend will das *AG Köln* (WuM 2000, 213) eine Kostenumlegung auf alle Mieter generell ausschließen, wenn der Ungezieferbefall durch einen Mieter verursacht worden ist. Bei einer Vermietung von Wohn- und Gewerberäumen im selben Haus verlangt das *AG Köln* (ZMR 1994, 336) eine getrennte Ermittlung nach Wohn- und Gewerbeflächen. Das

A. Die einzelnen Betriebskosten – § 2 BetrKV　　　　　　　　　　Teil V

ist nur dann gerechtfertigt, wenn der Betrieb besonders ungezieferanfällig ist und hierdurch auch höhere Kosten verursacht werden.

3. Abrechnung

In de Abrechnung sind nach überwiegender Meinung (z.b. *Langenberg* WuM 2005, 502 [503]) die Kosten der Ungezieferbekämpfung getrennt von den Kosten der Gebäudereinigung zu nennen.

5334

4. Pflichten des Mieters

Grundsätzlich gehört es zu den Pflichten des Mieters, kein Ungeziefer einzuschleppen. Im Fall eines schuldhaften Verstoßes gegen diese Verpflichtung hat der Mieter die Bekämpfungskosten als Schadensersatz zu tragen (*AG Hamburg* WuM 2002, 266). Weitergehend will das *AG Köln* (WuM 2000, 213) eine Kostenumlegung auf alle Mieter generell ausschließen, wenn der Ungezieferbefall durch einen Mieter verursacht worden ist.

5335

In Formularmietverträgen ist jedoch eine Klausel unwirksam, wonach der Mieter die Mietsache von Ungeziefer frei zu halten hat, es sei denn, er beweist, dass der Befall nicht von ihm oder den zu seinem Haushalt gehörenden Personen sowie Unternehmern, Besuchern, Lieferanten, Handwerkern usw. verursacht worden ist. Ferner ist in solchen Verträgen eine Klausel unwirksam, wonach der Mieter für Schäden haftet, die durch die Nichtbeseitigung von Ungeziefer entstehen, und für Schäden durch das Beseitigen des Ungeziefers, auch wenn dies vom Vermieter veranlasst wird (*OLG Frankfurt/M.* WuM 1992, 57, 61). Dahingestellt blieb in dieser Entscheidung, ob die Klauseln wirksam wären, wenn sie sich nur auf einen Ungezieferbefall nach Überlassung der Mietsache beziehen würden. In einem solchen Fall müsste dann den Vermieter die Beweislast dafür treffen, dass das Mietobjekt bei Übergabe ungezieferfrei war. Erst Recht unwirksam ist eine Klausel, die den Mieter generell zur Ungezieferbekämpfung innerhalb der Wohnung verpflichtet (*LG Hamburg* NZM 2001, 853).

5336

Nr. 10. Die Kosten der Gartenpflege

Hierzu gehören die Kosten der Pflege gärtnerisch angelegter Flächen einschließlich der Erneuerung von Pflanzen und Gehölzen, der Pflege von Spielplätzen einschließlich der Erneuerung von Sand und der Pflege von Plätzen, Zugängen und Zufahrten, die dem nicht öffentlichen Verkehr dienen.

I. Nutzung als Umlegungsvoraussetzung

Am erforderlichen Bezug zur Mietsache als Merkmal des Betriebskostenbegriffs fehlt es aber, wenn Garten- oder Parkflächen, welche durch bauplanerische oder vermieterseits zur (Mit-)Nutzung durch die Öffentlichkeit bestimmt sind, sodass jedermann unabhängig die Nutzung davon gestattet ist, ob er eine Wohnung in der Wohnanlage gemietet hat. In diesem Fall kann nicht von einer Umlegbarkeit der Kosten für die Pflege solcher Anlagen ausgegangen werden. Umlegbar sind aber Kosten für die

5337

Beseitigung von Verunreinigungen durch Mieter oder auch Dritte, weil diese zur ordnungsgemäßen Bewirtschaftung erforderlich sind (*BGH*, Urt. v. 10.2.2016 – VIII ZR 33/15, ZMR 2016, 434 = GE 2016, 387). Ob eine Widmung zugunsten der Öffentlichkeit gegeben ist, ist im Einzelfall zu prüfen. Allein die Tatsache, dass der Park nicht eingezäunt ist, lässt nicht den Schluss zu, dass eine Widmung zugunsten der Öffentlichkeit vorliegt. Maßgebend sind die bauplanerischen Bestimmungen oder der Gesamteindruck aus verständiger dritter Sicht.

5338 Die Kosten der Gartenpflege können auch dann umgelegt werden, wenn der Mieter den Garten nicht unmittelbar nutzen kann (*BGH*, Urt. v. 26.5.2004 – VIII ZR 135/03 WuM 2004, 399 = WE 2004, 18). Etwas anderes gilt jedoch dann, wenn die **ausschließliche Nutzung** am Garten dem Vermieter, einem bestimmten anderen Mieter oder einem Dritten zusteht (*BGH*, Urt. v. 26.5.2004 – VIII ZR 135/03, WuM 2004, 399 = WE 2004, 18). Diejenigen, die ein ausschließliches Nutzungsrecht haben, müssen auch ausschließlich mit den Kosten belastet werden. Durch die Zuweisung einer Sondernutzung verliert der Garten den Charakter einer Gemeinschaftseinrichtung.

5339 Entsprechendes gilt für sonstige Flächen, die nur Einzelnen zur Verfügung stehen. Deshalb können die Kosten, die für an einzelne Mieter vermietete Stellplätze anfallen, nicht auf die Gesamtheit der Mieter umgelegt werden (*LG Hamburg* WuM 1989, 640).

5340 Dienen Passagen, Arkaden u. ä. ausschließlich dem Interesse von Gewerbetreibenden, können die hierfür aufgewendeten Kosten nicht auf die Wohnungsmieter umgelegt werden.

II. Umlegbare Kosten

1. Garten

a) Grundsätzliches

5341 Die Nr. 10 spricht von gärtnerisch angelegten Flächen. Erfasst ist deshalb jedenfalls der **ebenerdige Garten**. Zweifelhaft ist, ob hierunter auch **Dachgärten** fallen. M.E. ist dies zu verneinen, da die Vorschrift nach ihrem Gesamtzusammenhang ebenerdige Flächen betrifft. Die Anlage eines Dachgartens ist eher mit sonstigen Verschönerungsmaßnahmen vergleichbar, wie etwa mit dem Aufstellen von Pflanzen im Treppenhaus. In Betracht kommt u.U. eine Kostenumlegung nach Nr. 17. Nicht umlegungsfähig sind auch die Kosten für mietweise gelieferte Pflanzen für einen bestimmten Anlass (*OLG Düsseldorf* NZM 2000, 762 für ein gewerbliches Mietverhältnis).

5342 Nur einmalige Maßnahmen scheiden von der Umlegungsfähigkeit aus. Nicht umlegungsfähig ist die **Erstausstattung** des Gartens (*Schmid* WuM 2002, 127). Dasselbe gilt für eine spätere Anpflanzung, wenn nicht ein bereits vorhandener Baum ersetzt wird (*Schmid* DWW 2011, 49 [50]). Erneuerungen sind zwar Instandsetzungsmaßnahmen nach § 1 Abs. 2 Nr. 2 BetrKV, aber ausdrücklich genannt und deshalb insoweit umlegungsfähig.

Umlegbar sind die gesamten Kosten der Pflege gärtnerisch angelegter Flächen (*AG Düsseldorf* ZMR 2002, 828). Der Vermieter entscheidet, welche Maßnahmen zur Gestaltung des Gartens ergriffen werden, solange diese nicht unter Verstoß gegen den Wirtschaftlichkeitsgrundsatz mit unverhältnismäßigen Aufwendungen verbunden sind oder sich die vertragliche Beschaffenheit der Mietsache sich dadurch ändert (*AG Mönchengladbach* ZMR 2003, 198). 5343

Nicht umlegungsfähig sind die Kosten der Pflege von Außenanlagen, die durch den Bebauungsplan oder seitens des Vermieters zur öffentlichen Nutzung gewidmet wurden, sodass jeder zur Nutzung berechtigt ist, auch wenn er nicht Mieter einer Wohnung der Anlage ist. Es liegen keine Betriebskosten vor, weil es an einem Bezug zur Mietsache fehlt (*BGH*, Urt. v. 10.2.2016 – VIII ZR 33/15, GE 2016, 387 = ZMR 2016, 434). 5344

Etwas Anderes gilt allerdings für die Umlage von Verunreinigungen solcher Flächen, etwa eines Parks. Hierbei wendet der BGH den Grundsatz der ordnungsgemäßen Bewirtschaftung an, der die regelmäßige Pflege der Außenanlagen fordert. Dasselbe gilt etwa für Hundekot (*BGH*, Urt. v. 10.2.2016 – VIII ZR 33/15, GE 2016, 386 = ZMR 2016, 434; v. 13.10.2010 – VIII ZR 137/09, GE 2010, 333 = NZM 2010, 274). 5345

Nicht umlegungsfähig sind Kosten, die infolge von **Baumaßnahmen** anfallen (*AG Steinfurt* WuM 2007, 409). Das folgt daraus, dass die Kosten nicht durch den bestimmungsgemäßen Gebrauch entstehen, sondern durch eine mit der allgemeinen Bewirtschaftung nicht in Zusammenhang stehenden Maßnahme (*Schmid* DWW 2011, 49 [50]). Ebenfalls nicht umlegbar sind Kosten für Füllkies, wenn dieser der Funktionsfähigkeit der Dränage dient (*AG Mönchengladbach* ZMR 2003, 198). 5346

b) Einzelfälle

Die Gartenpflege umfasst insbesondere das **Rasenmähen** und **Nachsäen** (*Schmid* ZMR 2004, 794). Die Rasenpflege umfasst dabei das Bewässern (*AG Tiergarten*, GE 1997, 51), Düngen, Mähen, Vertikutieren (*Kinne*, GE 2018, 494, 495). 5347

Umfasst sind auch die Beseitigung von **Unkraut** und die **Reinigung** des Gartens (*LG Berlin* GE 1988, 355). 5348

Der **Rückschnitt** von Bäumen (*AG Köln* NZM 2001, 41), Sträuchern und Hecken ist umlegbar, jedenfalls sofern es sich um einen regelmäßigen Rückschnitt handelt (*AG Hamburg-Blankenese*, Urt. v. 14.1.2015 – 531 C 227/13, ZMR 2015, 135; Anm. *Scholz* WuM 2016, 94; *LG Reutlingen* WuM 2004, 669; a.A. *LG Landshut* DWW 2004, 126); außerdem dann, wenn der Rückschritt wiederholt – auch in unregelmäßigen Abständen – erforderlich ist (*Schmid* ZMR 2004, 794). Auch ein erheblicher Heckenrückschnitt ist umlegungsfähig (*AG Steinfurt* WuM 2007, 41: von 4 m auf 2,50 m). 5349

Die Kosten für Verspannarbeiten zur Sicherung und Entlastung von Baumkronen werden zu den umlagefähigen Betriebskosten gezählt, da es sich nicht um einmalige, sondern laufende Kosten handelt, auch wenn diese nur mehrjährig anfallen. Dabei 5349a muss keine Aufteilung nach voraussichtlicher Haltbarkeit vorgenommen werden, sondern die Kosten können für das entstehende Jahr voll umgelegt werden (*LG Landshut*, 8.10.2003 – IZ S 1677/03, DWW 2004, 126).

5350 Ob die Kosten für das Fällen von **Bäumen** umlegbar sind, sofern der Mieter die Gartenpflege übernommen hat, ist sehr umstritten (offenl. *BGH*, Beschl. v. 29.9.2008 – VIII ZR 124/08, WuM 2009, 41 = ZMR 2009, 188). Zunächst kommt es darauf an, ob der Betriebskostenbegriff erfüllt ist. Bereits dies wird von einer Ansicht verneint (*LG München* II, Urt. v. 12.2.2008 – 12 S 361/07, MietRB 2018, 72; *AG Köln*, Urt. v. 27.1.2017 – 220 C 332/16, WuM 2017, 592). Das Entstehen derartiger, meist hoher Kosten sei für den Mieter überraschend und nicht kalkulierbar. Wegen der jahrzehntelangen Lebensdauer müsse ein Mieter nicht damit rechnen, in einem Jahr plötzlich mit solchen Kosten belastet zu werden (so *AG Hamburg-Blankenese*, Urt. v. 14.1.2015 – 531 C 227/13, ZMR 2015, 135; Anm. *Scholz* WuM 2016, 94). Zumeist wird argumentiert, dass der Betriebskostenbegriff die **laufende Entstehung** nach § 1 Abs. 1 S. 1 BetrKVO beinhalte, während die Kosten für das Fällen von Bäumen eine Maßnahme der **Instandhaltung** sei (*LG Krefeld*, Urt. v. 17.3.2010 – 2 S 56/09, WuM 2010, 357; *Scholz* WuM 2016, 94).

5351 Ferner werden große, meterhohe Bäume zwar unter den Begriff der »Gehölze« eingereiht, aber im Hinblick auf die Begründung zur BetrKVO dafür gehalten, dass das Entfernen größerer Bäume nicht von der Regelung umfasst sei, da dort nur das Schneiden und Ausasten von Bäumen erwähnt sei. Dem lässt sich entgegenhalten, dass § 2 Nr. 10 ausdrücklich von der Entfernung von Gehölzen spricht und keine höhenmäßige Begrenzung beinhaltet. Der Begriff des »Gehölzes« ist zudem ein Sammelbegriff für alle Laub abwerfenden, wintergrünen oder immergrünen Pflanzen, deren Stämme, Äste, Zweige, Triebe verholzen und den Winter überstehen. Hierunter fallen Bäume, Sträucher, Kletter- und Schlinggehölze (*Pelka*, Das Nachbarrecht in Baden-Württemberg, 22. Aufl. 2015 S. 124). Es erscheint daher eher unwahrscheinlich, dass der Gesetzgeber nur kleinere Bäume mit einbeziehen wollte.

5352 Die Qualifizierung von Baumfällkosten als Betriebskosten hängt nach hier vertretener Ansicht nicht in erster Linie vom Merkmal der laufenden Entstehung i.S.v. § 1 Abs. 1 S. 1 BetrKVO ab. § 3 Nr. 10 BetrKVO, der speziell die Kosten der Gartenpflege regelt und hierunter auch die Erneuerung von Gehölzen umfasst, zeigt schon vom Wortlaut her, dass bei dieser Position nicht zwangsläufig das Merkmal der »laufenden« Entstehung vorausgesetzt wird, was bei Baumfällkosten in der Natur der Sache liegt.

5353 Dass es sich um Kosten der Instandsetzung durch Ersatz handelt, steht dem nicht entgegen. Instandsetzung- (und Instandhaltungskosten) sind zwar nach § 2 Abs. 2 Nr. 2 BetrKVO keine Betriebskosten. § 2 Nr. 10 lässt die Umlage aber ausdrücklich und ausnahmsweise zu (*Wall* Rn. 4010, 2977).

5354 Überraschend kann es für den Mieter nicht sein, dass Baumfällkosten auf ihn zukommen, sofern die Kosten der Gartenpflege vertraglich übernommen sind, was jedenfalls dann gilt, wenn der Begriff der Gartenpflege im Sinne der Nr. 10 oder durch einen gesonderten Zusatz im Mietvertrag dargestellt wird. Das Argument der hohen Kosten

A. Die einzelnen Betriebskosten – § 2 BetrKV — Teil V

(im Fall *AG Hamburg-Blankenese*, Urt. v. 14.1.2015 – 531 C 227/13, ZMR 2015, 135 über 1.700 € für das Fällen einer Kastanie) verfängt schon deswegen nicht, weil die BetriebskostenVO grundsätzlich keine grundsätzliche Kostenhöhebegrenzung kennt. Im Einzelfall kann der Wirtschaftlichkeitsgrundsatz verletzt sein.

Nach hier vertretener Ansicht sind Baumfällkosten dann und nur dann Betriebskosten, wenn es sich um den **Ersatz** eines alten Baumes durch einen neuen handelt (Harz/Riecke/Schmid/*Schmid*, Handbuch des FA Miet- und Wohnungseigentumsrecht, Kap. 5 Rn. 217; sehr str.; a.A. z.B. Eisenschmid/Wall/*Wall* Betriebskosten-Kommentar Rn. 3553; wie hier Schmidt-Futterer/*Langenberg* Mietrecht § 556 Rn. 156). Das folgt schon aus dem Wortlaut (»Erneuerung… von… Gehölzen…«). Gleiches muss gelten, wenn ein alter Baum zwar nicht durch einen jungen, aber doch durch einen noch umsetzbaren Baum ersetzt wird. Das beruht auf der Sonderregelung für die **Erneuerungen** von Pflanzen und Gehölzen. 5355

Es muss sich nicht zwangsläufig um dieselbe Baum- oder Pflanzenart handeln. Hierfür gibt der Wortlaut der Nr. 10 nichts her. 5356

Dabei könnte der Grund für die Erneuerung schon nach dem Wortlaut des § 2 Nr. 10 BetrKVO zwar gleichgültig sein. Dennoch kann der Anlass der Baumfällung mit Erneuerung im Einzelfall nicht außer Betracht bleiben. Keine Maßnahme der Pflege ist die Entfernung von Bäumen aufgrund von Beschwerden durch Nachbarn wegen Behinderung der Sicht oder wegen Beeinträchtigung des Lichteinfalls (*AG Düsseldorf*, Urt. v. 19.7.2002 – 33 C 6544/02, WuM 2002, 498). Nicht zu Pflegemaßnahmen zählen auch Kosten im Rahmen der **Verkehrssicherungspflicht** des Eigentümers wie etwa die Prüfung des Baumbestandes. Kosten einer »Baumwartung/Baumkontrolle« sind deshalb, sofern sie nicht unter § 2 Nr. 17 vereinbart wurden, nicht umlegungsfähig (*AG Bottrop*, Urt. v. 12.6.2014 – 11 C 59/14, WuM 2014, 568). Gleiches gilt nach einer Ansicht, wenn der Baum aufgrund seiner Eigenschaft als Gefahrenquelle im Rahmen der Verkehrssicherungspflicht des Vermieters entfernt werden muss (*AG Neustadt*, Urt. v. 13.2.2009 – 5 C 73/08, zit. b. *Scholz* WuM 2016, 94). Die Kosten für das Fällen gesunder Bäume ohne vernünftigen Grund können nicht umgelegt werden (*AG Steinfurt*, Urt. v. 25.5.2004 – 4 C 249/03, WuM 2007, 409). 5357

Führt der Vermieter aber eine **Abholzung** des gesamten Baumbestandes durch, liegt eine Neustrukturierung in Form der wesentlichen Umgestaltung vor und damit eine Instandhaltung nach § 1 Abs. 2 Nr. 2 BetriebskostenVO (*LG Krefeld* a.a.O.; AG Köln a.a.O. für das Fällen von 13 Bäumen mit Ersatz durch nur 3 Bäume). 5358

Baumfällkosten, die nicht im Rahmen einer **Erneuerung** erfolgen, sind nicht umlegbar. Die Beseitigung von **Sturmschäden** unterfällt zwar der Instandsetzung gemäß § 1 Abs. 2 Nr. 2 BetrKV (Witterungseinflüsse), was aber unschädlich ist. Eines Abstellens darauf, ob Stürme in der jeweiligen Gegend häufig oder selten sind, bedarf es nicht (zutr. *Langenberg* A Rn. 152; a.A. z.B. *AG Berlin-Spandau* GE 2005, 1256). War der Baum jedoch bereits morsch und altersschwach, sodass hierin der Hauptgrund für das (restliche) Fällen zu sehen ist, hätte er in absehbarer Zeit ohnehin gefällt werden 5359 müssen. Dies kann im Einzelfall allerdings zu Beweisschwierigkeiten führen, wenn die Reste nicht mehr vorhanden sind.

5360 Kosten für das Fällen von **altersschwachen** Bäumen sind an sich ebenfalls Instandhaltungskosten (Alterung). Angesichts der langen Lebensdauer von Bäumen, die die Lebensdauer des Gebäudes durchaus übertreffen kann (Bausch NZM 2006, 366 [367]), kann man darüber hinaus selbst bei großzügigster Auslegung nicht von einer laufenden Entstehung der Kosten der Beseitigung von Bäumen sprechen (*LG Tübingen* WuM 2004, 669; *AG Reutlingen* WuM 2004, 95; *AG Schöneberg* NZM 2010, 473; *AG Dinslaken* WuM 2009, 115). Diese ist jedoch bei dieser Position auch nicht vorausgesetzt (hierzu auch *Langenberg* A 148). Der Ersatz morscher und kranker Bäume fällt –gerade- unter Nr. 10.

5360a Auch die Kosten für eine Beseitigung und Neubepflanzung nach **Sturmschäden** sind umlegungsfähig (*Horst* MDR 2000, 1161 [1166/1167] m.w.N. auch zur Gegenmeinung; a.A. *LG Krefeld* WuM 2010, 257), da es auf den Grund für die Ersatzpflanzung nicht ankommt (Rdn. 5234a).

5361 Die **Erneuerung von Pflanzen und Gehölzen** ist ausdrücklich als umlegungsfähige Maßnahme bezeichnet (vgl. Rdn. 5227). Das gilt für eine turnusmäßige Neubepflanzung des Gartens (*AG Steinfurt* WuM 1999, 721), insbesondere mit kurzlebigen Pflanzen (*Schmid* ZMR 2004, 794). Dabei ist der Vermieter nicht auf eine bloße Ersatzbeschaffung beschränkt (*AG Mönchengladbach* ZMR 2003, 198). In unregelmäßigen Abständen von mehreren Jahren erforderliche Erneuerungen werden als nicht »laufend« für nicht umlegungsfähig gehalten (*AG Reutlingen* WuM 2004, 95; a.A. *AG Berlin-Spandau* GE 2005, 1256). Dem ist jedoch nicht zu folgen, da die Erneuerung von Gehölzen, insbesondere von Bäumen regelmäßig im Abstand von mehreren Jahren stattfindet (*AG Hamburg-Wandsbek*, Urt. v. 4.12.2013 – 715 C 283/13, ZMR 2014, 804, Anm. *Scholz* WuM 2016, 94). Eine Einschränkung auf kleinere Pflanzen ergibt sich weder aus dem Wortlaut noch aus der Ermächtigungsgrundlage noch zwingend aus der Entstehungsgeschichte (*Schmid* DWW 2011, 49; a.A. *Bausch* NZM 2006, 366). Nicht um eine Erneuerung handelt es sich, wenn eine Pflanze ersatzlos entfernt wird (*AG Gelsenkirchen/Buer* DWW 2005, 205 m. Anm. *Pfeifer*; *Scholz* WuM 2016, 94).

5362 Unerheblich ist der Grund für die Erneuerung. Dieser kann im Absterben oder einer schweren Beschädigung der alten Pflanze liegen oder auch in einer Änderung der gärtnerischen Gestaltung. Der Vermieter entscheidet nämlich, welche Maßnahmen zur Gestaltung des Gartens ergriffen werden. Eine Beseitigungsanordnung durch eine Behörde schließt die Umlegungsfähigkeit nicht von vornherein aus, wenn anstelle des beseitigten Baumes ein neuer gepflanzt wird (Schmidt-Futterer/*Langenberg* Mietrecht § 556 Rn. 156; *Schmid* DWW 2011, 49 [50]).

5363 Zu den Kosten der Erneuerung gehören sowohl die Kosten für die Beseitigung der alten Pflanze als auch die Kosten der Neupflanzung (*Schmid* DWW 2011, 49 [50]).

5364 Die Kosten für das **Entfernen von Pflanzen** sind umlegbar, wenn sie durch ihren Wuchs Beeinträchtigungen verursachen (vgl. für Efeu an der Hauswand *AG Mönchengladbach*

ZMR 2003, 198). Dass zu groß gewordene Pflanzen entfernt werden müssen, ist bei der Pflege eines Gartens wiederkehrend erforderlich. Dasselbe gilt für die Entfernung kranker oder morscher Pflanzen (*AG Berlin-Spandau* GE 2005, 1256). Das Entfernen von Bäumen ohne sachlichen Grund ist keine Gartenpflegemaßnahme (*AG Steinfurt* WuM 2007, 409). 5364a

(unbesetzt) 5365–5368

Umlegbar ist auch die Beseitigung von **Gartenabfällen** gleichgültig, ob sie zuvor kompostiert wurden oder nicht (*Schläger* ZMR 1998, 676). Auch die Kosten der Beseitigung gefällter oder umgestürzter Bäume sind umlegungsfähig (*Kinne* GE 2003, 444). Bei Entsorgung mit dem allgemeinen Müll unterfallen die Kosten der Nr. 8 (Rdn. 5244 ff.). 5369

Zu den Kosten der Pflege von Außenanlagen zählen auch solche für die Beseitigung von Verunreinigungen durch Dritte oder Mieter, so etwa Hundekot (*BGH*, Urt. v. 10.2.2016 – VIII ZR 33/15, ZMR 2016, 434 = GE 2016, 387). 5370

Zu den umlegungsfähigen Kosten gehören auch die Aufwendungen für **Gießwasser** (*AG Steinfurt* WuM 1999, 721), sofern die Umlegung nicht zusammen mit den Wasserkosten vorgenommen wird. 5371

Nicht umlegungsfähig sind die Anschaffungskosten für **Geräte**, auch wenn es sich um Ersatzbeschaffungen handelt (*AG Steinfurt* WuM 1999, 721; a.A. *AG Lichtenberg* NZM 2004, 96); dagegen sind die laufenden Betriebskosten für die Gerätschaften, z.B. der Treibstoff für den Rasenmäher, umlegungsfähig (*LG Hamburg* WuM 1989, 640). Pauschale Vorhaltekosten für einen Traktor sind nicht umlegungsfähig (*LG Kiel* WuM 1996, 631, 632), wohl aber die Wartungskosten (*BGH*, 29.9.2004 – VIII ZR 341/03, WuM 2004, 666). 5372

Die Umlagefähigkeit der Kosten setzt nicht voraus, dass dem Mieter am Garten ein uneingeschränktes **Nutzungsrecht** zusteht (*AG Schöneberg*, 3.8.2017 – 106 C 46/17, GE 2018, 463). 5373

c) Wirtschaftlichkeitsgrundsatz

Die Arbeiten können einer Fachkraft übertragen werden; auf den Einsatz nur einer ungelernten Kraft kann der Vermieter nicht verwiesen werden (*AG Münster* WuM 2000, 197). Grundsätzlich kann der Vermieter die Art der Bewirtschaftung und die durchführenden Unternehmen frei wählen (*AG Schöneberg*, 3.8.2017 – 106 C 46/17, GE 2018, 463; *AG Baden-Baden*, Urt. v. 3.6.2015 – 19 C 243/14, WuM 2015, 625 für Gartenpflege). Dem Vermieter steht ein gewisser Ermessensspielraum zu, sodass er grundsätzlich diejenigen Maßnahmen wählen kann, die er für richtig hält. Der Vermieter ist nicht gehalten, stets den billigsten Anbieter auszusuchen (*AG Schöneberg*, 3.8.2017 – 106 C 46/17, GE 2018, 463). Zu beachten ist aber ein angemessenes Kosten-Nutzen-Verhältnis. 5374

Bei starken **Kostensteigerungen** gegenüber dem Vorjahr muss der Vermieter die Arbeiten erläutern (*AG Gelsenkirchen*, Urt. v. 25.6.2013 – 3b C 334/12, ZMR 2015, 41).

5374a Sind die Kosten der Grünpflege gegenüber dem Vorjahr um 62 % gestiegen, führt dieser Umstand nach einer Ansicht nicht dazu, deren Umlage verneinen zu können Vielmehr müsse der Mieter anhand seines Rechts auf Einsicht in die Belege prüfen, welche Kosten möglicherweise nicht umgelegt werden durften. Erst wenn hieraus keine Anhaltspunkte folgten, müsse der Vermieter die Steigerungsgründe näher darlegen (*AG Berlin-Schöneberg*, 24.1.2019 – 13 C 152/18, GE 2019, 327).

5375 Der Wirtschaftlichkeitsgrundsatz erfordert die Zugrundelegung der richtigen Grundstücksfläche im Vertrag mit dem Dienstleister. Allerdings ist es Sache des Mieters darzulegen und gegebenenfalls zu beweisen, dass bei Zugrundelegung der richtigen Grundstücksfläche, die Kosten geringer gewesen wären (vgl. *LG Berlin*, NZM 2013, 120).

5376 Legt der Vermieter nur eine Rechnung vor, aus der sich die Höhe von Gartenpflegekosten ergibt, aber nicht, welche konkreten Tätigkeiten entfaltet wurden und sind die Kosten im Vergleich zum Vorjahr extrem gestiegen, liegt die Darlegungslast insoweit beim Vermieter (*AG Gelsenkirchen*, Urt. v. 25.6.2013 – 3b C 333/12, ZMR 2015, 41; ZMR 2014, 127).

5377 Gibt es in der Gemeinde einen Mietspiegel für bestimmte Kostenarten, die maßgeblich überschritten, liegt ein Verstoß gegen das Gebot der Wirtschaftlichkeit vor.

▶ **Beispiel (AG Baden-Baden, Urt. v. 3.6.2015 – 19 C 243/14, WuM 2015, 625):**

Für Gartenpflege werden im Jahr 2011 546,56 € umgelegt, für 2012 487.20 €. In den Jahren 2003 bis 2006 betrugen die Gartenpflegekosten 126.48 €, 2009 444.41 € und 2010 591.92 €. Seit 2013 gibt es einen Mietspiegel, der die durchschnittlichen Gartenpflegekosten mit 0.01 bis 0.19 € angibt. Der aktuell geltend gemachte Wert ergibt 0.64 € pro qm. Dadurch wird die Obergrenze um mehr als das Dreifache überstiegen. Für 2011 schätzte das Gericht die ansetzbaren Gartenpflegekosten auf 255.35 €. Der Mietspiegel für 2013 wurde als Richtwert herangezogen und dessen obere Grenze genommen. Der Nachzahlungsbetrag war deshalb um 199.64 € zu kürzen. Für 2012 wurden die Kosten auf 161.72 € geschätzt, sodass der Nachzahlungsbetrag um 324.48 € zu kürzen war. Die Schätzung nach § 287 ZPO wurde zur Vermeidung eines Gutachtens für zulässig erachtet. Die hier nicht erfüllte **Darlegungslast** dafür, dass die tatsächlichen Kosten denen des Marktes am Ort entsprechen, oblag dem Vermieter.

5378 Kosten von über 6.000 € für die Pflege der Außenanlagen einer Wohnanlage sind im Einzelnen aufzuschlüsseln. Die Vorlage eines Kontoblattes, aus dem sich zahlreiche Ausgaben ergeben, genügt nicht, wenn sich daraus nicht entnehmen lässt, wofür etwa Tankrechnungen oder Blumeneinkäufe angefallen sind (*AG Dortmund*, Urt. v. 15.9.2015 – 425 C 1223/15, WuM 2016, 625).

5379 In Einzelfällen kann der Umlegbarkeit der Wirtschaftlichkeitsgrundsatz entgegenstehen, wenn es für die Erneuerung eines Baumes keinen vernünftigen Grund gibt oder weil ein unwirtschaftliches Handeln darin zu sehen ist, dass die Pflege des Baumes vernachlässigt wurde (*LG Hamburg*, Urt. v. 14.2.1992 – 311 S 254/90, WuM 1994, 695; *AG Berlin-Schöneberg*, Urt. v. 24.1.1996 – 12 C 625/95, GE 1996, 447; Eisenschmid/

Wall/*Wall* Betriebskosten-Kommentar Rn. 3552). Ebenfalls nicht umgelegt werden können Mehrkosten, die dadurch entstehen, dass Rückschnitte in der Vergangenheit nicht fachgerecht durchgeführt wurden (*AG Berlin-Schöneberg* GE 1996, 477). Unwirtschaftlichkeit kann auch vorliegen, wenn es für eine kostspielige Umgestaltung des Gartens keinen vernünftigen Grund gibt.

d) Umlegbarkeit nach § 2 Nr. 17 BetrKVO

Die Baumfällkosten können als »sonstige Kosten« und damit als umlegbar vereinbart werden. Soweit hiergegen deswegen Bedenken geäußert werden, als bei Annahme einer Instandsetzungsmaßnahme wegen dieser Eigenschaft die Regelungsmöglichkeit fehlt, weil es sich nicht um Betriebskosten handelt (*Scholz* WuM 2016, 94) muss bedacht werden, dass § 2 Nr. 10 BetrKVO eine Ausnahme zur Umlegbarkeit von Instandsetzungskosten macht. 5380

2. Spielplatz

Hierzu gehören die Pflege- und Reinigungskosten für den Spielplatz und die Spielgeräte und sonstigen Einrichtungen sowie die Kosten der Überwachung und Wartung (*Kinne* ZMR 2001, 7). Die Kosten für zwei Inspektionen des Spielplatzes und einer Wartung jährlich wird im Hinblick auf die Verkehrssicherungspflicht, vor allem nach DIN E 1177–7 für angemessen erachtet (*AG Hamburg-Altona*, Urt. v. 3.5.2013 – 318a C 337/12, ZMR 2014, 801). Die Kosten für die Erneuerung von Sand sind ausdrücklich als umlegungsfähig erwähnt. 5381

3. Plätze, Zugänge, Zufahrten

Nr. 10 betrifft nur die Flächen, die **nicht dem öffentlichen Verkehr** dienen. Hierzu gehören auch Parkplätze außerhalb von Gebäuden sowie Höfe und Müllplätze (*Kinne* ZMR 2001, 7). Die Aufwendungen für öffentliche Verkehrsflächen sind in Nr. 8 geregelt. 5382

Bei Passagen, Arkaden und ähnlichen Durchgängen kommt es darauf an, ob diese nach öffentlichem Recht dem allgemeinen Verkehr gewidmet sind. Ist dies der Fall gilt Nr. 8. Handelt es sich um einen privaten Weg, bestimmt sich die Kostenumlegung nach Nr. 10. 5383

Umlegungsfähig sind vor allem **Reinigungsarbeiten** und die Kosten der **Schnee- und Eisbeseitigung** (*LG Hamburg* WuM 1989, 640), unabhängig davon, in welchen Intervallen geräumt und gestreut werden muss (*Schmid* ZMR 2004, 795). Für den Winterdienst dürfen angemessene Vorhaltekosten auch dann umgelegt werden, wenn die kalkulierten Arbeiten witterungsbedingt nicht oder nur zum Teil erbracht werden müssen (*LG Hamburg* ZMR 1995, 32). 5384

Kosten für die Erneuerung und Reparatur von Wegen sind nicht umlegungsfähige Instandsetzungskosten (*AG Hamburg-Altona*, Urt. v. 3.5.2013 – 318a C 337/12, ZMR 2014, 801 für Instandsetzung des mit Platten versehenen Weges; *AG Stuttgart-Bad Cannstatt* WuM 1996, 481; a.A. *LG Hamburg* WuM 1989, 640). 5385

III. Kostenverteilung

5386 Werden von einem Gartenbaubetrieb **Pflegearbeiten und Instandsetzungsarbeiten** ausgeführt, so muss der Gesamtpreis aufgeteilt werden. Eine ordnungsgemäße Abrechnung erfordert eine schlüssige Darstellung, welcher Kostenanteil auf bei Nr. 10 zu berücksichtigende Positionen entfällt (vgl. *AG Wuppertal* ZMR 1994, 336).

5387 Werden die Arbeiten für **mehrere Gebäude** von einem Unternehmer zu einem Pauschalpreis ausgeführt, so rechtfertigt es dieser Umstand für sich alleine noch nicht, die Gebäude zu einer Abrechnungseinheit zusammenzufassen. Die Kosten müssen auf die verschiedenen Anlagen aufgeteilt werden (*AG Siegen* ZMR 1996, 426; *AG Mülheim/Ruhr* WuM 1998, 39). Die formelle Unwirksamkeit ist jedoch nicht deswegen gegeben, weil in der Abrechnung der Betriebskosten nicht die Gesamtkosten der ganzen Anlage erwähnt sind, sondern nur die Gesamtkosten für die Wohnung betreffende Einheit wie das Gebäude.

5388 Die Gartenpflegekosten, die einheitlich für mehrere Grundstücke anfallen, können auf die einzelnen Gebäude nach der jeweiligen Grundstücksgröße voraufgeteilt werden (*LG Berlin*, Urt. v. 12.1.2016 – 63 S 103/15, ZMR 2016, 544).

5389 Von den Gesamtkosten sind diejenigen abzuziehen, die auf Flächen entfallen, die nur **bestimmten Personen** zustehen oder nur in deren Interesse nutzbar sind. Für die Zulässigkeit der Kostenumlegung genügt es, wenn der Mieter von der Benutzung der Parkplätze nicht ausgeschlossen ist, auch wenn sie überwiegend von anderen Mietern genutzt werden (*AG Rheine* WuM 2008, 625). Für die Verteilung der verbleibenden Kosten gelten die allgemeinen Grundsätze.

5390 Bei einem **Mieterwechsel** innerhalb eines Jahres ist eine zeitanteilige Aufteilung grundsätzlich nicht zu beanstanden, auch wenn die Kosten für Winterdienst und Gartenpflege jahreszeitlich unterschiedlich anfallen (*OLG Düsseldorf* ZMR 2000, 215). Unperiodisch anfallende Kosten können im Jahr der Entstehung in voller Höhe in die Abrechnung eingestellt werden (*LG Landshut* DWW 2004, 126).

5391 Problematisch ist die Verteilung von Kosten, die nur **in langen Zeitabständen** anfallen, insbesondere die Kosten für die **Erneuerung von Bäumen**. Bei einer Abrechnung nach dem Abfluss- oder Fälligkeitsprinzip kommt es lediglich darauf an, wann die Zahlungen fällig bzw. geleistet werden (Rdn. 3202j). Das führt grundsätzlich dazu, dass alle Kosten im Abrechnungszeitraum ihrer Entstehung auf die Mieter umgelegt werden können (so für Kosten eines Baumrückschnitts ausdrücklich *LG Landshut* DWW 2004, 126).

5392 Zum Problem eines Verstoßes gegen Treu und Glauben in besonders gelagerten Fällen wird man auch hier nur abstrakt sagen können, dass ein solcher Fall vorliegt, wenn innerhalb kurzer Mietzeit erhebliche Kosten anfallen, die mehrere Abrechnungszeiträume betreffen. Ob dies bei der Erneuerung eines oder mehrerer Pflanzen der Fall ist, lässt sich, wie immer bei der Anwendung von Treu und Glauben, nur anhand des jeweiligen Einzelfalles beurteilen.

Wird nach dem Zeitabgrenzungsprinzip abgerechnet, stellt sich die Frage, wie die 5393
Zahl der Abrechnungszeiträume zu ermitteln ist, auf die die Kosten verteilt werden
sollen. Das tatsächliche Lebensalter eines Baumes kann genauso wenig zuverlässig vor-
hergesagt werden wie das Erscheinen des nächsten »Jahrhundertsturms«. In Ermangelung anderer Anhaltspunkte wird man – notfalls nach Erholung eines gärtnerischen
Sachverständigengutachtens – nur auf die durchschnittliche Lebensdauer eines Baumes der fraglichen Art abstellen können (*Schmid* DWW 2011, 49 [50]).

Beim **Wohnungseigentum** können die für Sondernutzungsrechte am Garten anfallen- 5394
den Kosten nach § 21 Abs. 7 WEG den Inhabern der Sondernutzungsrechte auferlegt
werden (*Schmid* MDR 2007, 989 [991]). Mietvertraglich können die Kosten auf den
allein nutzungsberechtigten Mieter abgewälzt werden.

IV. Beweislast

Rügt der Mieter eine Verletzung des Grundsatzes der Wirtschaftlichkeit, trägt er inso- 5395
weit die Darlegungs- und Beweislast. Die Darlegungs- und Beweislast wird im Hinblick darauf, dass die für die Wirtschaftlichkeitsfrage erforderlichen Kenntnisse und
Informationen allein beim Vermieter liegen, durch die Grundsätze der sekundären
Beweislast eingeschränkt. Der Mieter muss deshalb zunächst konkrete Anhaltspunkte für einen Wirtschaftlichkeitsverstoß darlegen. Bei den Hausmeister- oder Gartenpflegekosten genügt es hierzu vorzutragen, dass solche Kosten nur pauschal, auch in
den Wintermonaten abgerechnet werden, obwohl gar keine anfallen. Der Vermieter
muss sodann die für die Entstehung der Kosten maßgeblichen Tatsachen und Aspekte substantiiert darlegen. Dann ist es wiederum Mietersache, in Auseinandersetzung hiermit die Unwirtschaftlichkeit darzulegen und nachzuweisen (*LG Heidelberg*,
Urt. v. 26.11.2010 – 5 S 40/10, WuM 2010, 746; AG Münster, Urt. v. 10.6.2016 –
61 C 3254/15, WuM 2016, 499)

V. Sonstiges

Zur Frage, inwieweit der Nachbar (bzw. hier der Mieter) haftet, wenn er gefälligkeits- 5396
halber die Gartenpflege während eines Kuraufenthalts des Vermieters übernimmt und
es zu einem Wasserschaden im Haus kommt, weil die Spitze des Gartenschlauchs zuge-
dreht, nicht aber die Zufuhr mit Wasser abgestellt wird vgl. *BGH*, Urt. v. 26.4.2016 –
VI ZR 467/15, GE 2016, 909.

(unbesetzt) 5397

Nehmen **Mieter selbst Gartenpflegearbeiten** vor, so sollen insoweit Kosten nicht um- 5398
gelegt werden können (*AG Mülheim/Ruhr* WuM 1998, 39, 40). Dies ist aber nur
dann zutreffend, wenn der Vermieter damit einverstanden ist oder wegen der Tätigkeit
der Mieter Kosten nicht anfallen. Soweit eine entsprechende Verpflichtung des Mieters besteht, kann der Vermieter grundsätzlich keine Kosten für selbst durchgeführte
Maßnahmen umlegen (*BGH*, Beschl. v. 29.9.2008 – VIII ZR 124/08, ZMR 2009,
188 = WuM 2009, 41 = NZM 2009, 27 = GE 2009, 15). Sind die Arbeiten zu einem

Pauschalpreis vergeben, können die Mieter nicht durch eigenmächtiges Handeln die Kostenumlage reduzieren.

5399 Eine Verpflichtung zu eigener gärtnerischer Tätigkeit des Mieters kann aus einer Übernahme der »Kosten der Gartenpflege« grundsätzlich nicht abgeleitet werden (*LG Berlin* NZM 2003, 20). Die Umstände des Einzelfalles können jedoch etwas anderes ergeben (vgl. für Schönheitsreparaturen *BGH* NJW 2004, 2961).

5400 Ist vereinbart, dass der Mieter den Garten pflegen muss, so sind nur einfache und grundsätzliche Pflegearbeiten wie Rasenmähen, Unkrautjäten und Entfernung von Laub geschuldet (*OLG Düsseldorf* NZM 2004, 866 = GE 2005, 615; *LG Hamburg* ZMR 2003, 265); nicht verlangt werden können Arbeiten, die ein fachmännisches Wissen erfordern, wie das Beschneiden von Sträuchern und Bäumen zur Förderung des richtigen Wachstums (*LG Wuppertal* WuM 2000, 353) oder außergewöhnliche Arbeiten wie eine Rasensanierung, vergleichbare Pflanz- und Sanierungsarbeiten (*LG Marburg* WuM 2000, 691) oder das Fällen morscher Bäume (*AG Reutlingen* WuM 2004, 95).

5401 Obliegt dem Mieter die Gartenpflege hat der Vermieter grundsätzlich kein Direktionsrecht hinsichtlich der Gartengestaltung (*LG Köln* IMR 2011, 54). Die Parteien können jedoch etwas anderes vertraglich vereinbaren (a.A. für Allgemeine Geschäftsbedingungen: *Fodor* IMR 2011, 54). Das empfiehlt sich für den Vermieter, um unerwünschten Veränderungen vorzubeugen.

Nr. 11. Die Kosten der Beleuchtung

Hierzu gehören die Kosten des Stroms für die Außenbeleuchtung und die Beleuchtung der von den Bewohnern gemeinsam genutzten Gebäudeteile, wie Zugänge, Flure, Treppen, Keller, Bodenräume, Waschküchen.

I. Verhältnis zu anderen Positionen

5402 Die BetriebskostenVO regelt die Stromkosten für die Allgemeinbeleuchtung. Stromkosten können bei verschiedenen Positionen angesetzt werden. Auch wenn es einfacher wäre, die Stromkosten insgesamt umzulegen, ist nach der Systematik der BetrKV und im Hinblick auf mögliche unterschiedliche Umlegungskriterien eine Aufteilung erforderlich (*LG Kiel*, WuM 1996, 631, 632; a.A. *BGH*, Urt. v. 23.6.2010 – VIII ZR 227/09, ZMR 2010, 933 = WuM 2010, 493 = GE 2010, 1191 = MietRB 2010, 298: Position »Allgemeinstrom« zulässig; hiergegen *Schmid* ZMR 2011, 15). Zweckmäßigerweise wird der Verbrauch durch Zwischenzähler erfasst. Fehlt ein solcher, werden Schätzungen zugelassen. Dabei sind die Anschlusswerte und die nachgewiesenen Betriebszeiten heranzuziehen (*AG Berlin-Mitte*, GE 2005, 1253). Das *AG Saarbrücken* (ZMR 2013, 729) verlangt für die Zusammenfassung verschiedener Stromkosten einen sachlichen Grund.

5403 Nicht unter Nr. 11 zählt der **Betriebsstrom** für die Heizung, der nach der HeizkostenVO umzulegen ist (*BGH*, Urt. v. 3.6.2016 – V ZR 166/15).

II. Umlegbare Kosten

Umgelegt werden können auch die Kosten für die Beleuchtung der Tiefgarage und des Parkplatzes (*AG Neuss* WuM 1997, 471). Das soll aber nicht gelten, wenn der Mieter weder einen Stellplatz in der Tiefgarage hat noch diese als Durchgang nutzt, um den Müll zu entsorgen (*AG Saarbrücken*, Urt. v. 27.6.2016 – 124 C 248/15 (06), WuM 2016, 520). Umlegungsfähig sind auch die Kosten für den Betrieb eines Notstromaggregats (*AG Koblenz* NZM 2000, 238). 5404

Da nur die Stromkosten erwähnt sind, sind die Kosten für Lampen und Glühbirnen nicht umlegungsfähig (*OLG Düsseldorf* NZM 2000, 762; *AG Berlin-Tiergarten* GE 1988, 631). 5405

Nicht umlegungsfähig sind Stromentnahmen für andere Zwecke (*LG Karlsruhe* WuM 1996, 230). Die hierfür anfallenden Kosten sind abzuziehen. Das ist etwa der Fall beim Baustrom (AG Berlin-Schöneberg, 24.1.2019 – 13 C 152/18, GE 2019, 327). Dazu ist zwar die Anbringung von Zwischenzählern rechtlich nicht notwendig aber empfehlenswert, weil der Vermieter für die Umlegungsfähigkeit der Kosten beweispflichtig ist (*LG Karlsruhe* WuM 1996, 230). 5406

Ist in einem gewerblichen Mietvertrag die Umlegung von »Beleuchtungskosten« ohne nähere Konkretisierung vereinbart, so sind darunter die in Nr. 11 angeführten Kosten zu verstehen (*OLG Düsseldorf* NZM 2000, 762). 5407

Eine Kostensteigerung bei den Stromkosten von 10 % ist kein ausreichender Grund, dass der Vermieter nähere Erläuterungen abgeben muss. Insoweit muss der Mieter zunächst Belegeinsicht verlangen. Allein die Behauptung, dass Baustrom in den Allgemeinstromkosten enthalten seien, ist nicht ausreichen, (*AG Berlin-Schöneberg* a.a.O.). 5408

Der vom Mieter als Entnehmer direkt bezogene Strom für seine Wohnung wird von diesem bezahlt (§ 2 Abs. 2 StromGVV; *BGH*, Urt. v. 2.7.2014 – VIII ZR 316/13 WuM 2014, 615; *Reimers* GE 2015, 162; auch zu Fragen des Leerstandes und Mieterwechsel). 5409

Während eines Leerstands steht der Eigentümer in der Pflicht, beispielsweise bei der Inanspruchnahme von Strom zur Durchführung von Renovierungen, Wohnungsbesichtigungen, laufender Kühlschrank der Einbauküche (*Reimers* GE 2015, 162 m.w.N.). 5410

III. Kostenverteilung

Es gelten die allgemeinen Grundsätze. Eine Kostenverteilung nach der Anzahl der Wohnungen ist nicht unbillig (*AG Recklinghausen* ZMR 2010, 242 = WuM 2009, 546). 5411

Beleuchtungskosten für Parkflächen, die nur einzelnen Mietern zur Verfügung stehen, können nur auf diese umgelegt werden. Gewerberäume, die keinen Zugang zum Treppenhaus haben, können von der Kostenverteilung ausgenommen werden, leerstehende Räume müssen dagegen berücksichtigt werden (*KG* DWW 2010, 264 = ZMR 2011, 35). 5412

5413 Zweckmäßigerweise wird der Verbrauch durch Zwischenzähler erfasst. Fehlt ein solcher, werden Schätzungen zugelassen. Dabei sind die Anschlusswerte und die nachgewiesenen Betriebszeiten heranzuziehen (*AG Berlin-Mitte* GE 2005, 1253).

IV. Sonstiges

5414 Droht das Versorgungsunternehmen mit der Sperrung des Hausstromes, weil der Vermieter in Zahlungsverzug ist, sind die Mieter berechtigt, einen Teil der Betriebskostenvorauszahlungen unmittelbar an den Stromversorger zu leisten (*AG Münster* WuM 1995, 699).

V. Wohnungseigentum

5415 Die Wohnungseigentümer können nach § 16 Abs. 3 WEG beschließen, dass die Stromkosten statt nach Miteigentumsanteilen nach Wohnungen umgelegt werden (*AG Recklinghausen* ZMR 2010, 242 = WuM 2009, 546).

Nr. 12. Die Kosten der Schornsteinreinigung

Hierzu gehören die Kehrgebühren nach der maßgebenden Gebührenordnung, soweit sie nicht bereits als Kosten nach Nummer 4 Buchstabe a berücksichtigt sind.

5416 Nr. 12 betrifft die Fälle, in denen die Schornsteinfegerkosten nicht zusammen mit den Heizkosten umgelegt werden.

5417 Für die Umlegungsmaßstäbe gelten die allgemeinen Grundsätze. Außerhalb des Anwendungsbereiches der NMV 1970 ist eine Vorautteilung nach Wohn- und Geschäftsräumen nicht erforderlich (*LG Braunschweig* ZMR 2003, 114; a.A. *AG Köln* ZMR 1994, 336).

Nr. 13. Die Kosten der Sach- und Haftpflichtversicherung

Hierzu gehören namentlich die Kosten der Versicherung des Gebäudes gegen Feuer-, Sturm-, Wasser- sowie sonstige Elementarschäden, der Glasversicherung, der Haftpflichtversicherung für das Gebäude, den Öltank und den Aufzug.

I. Umlegbare Kosten

1. Umlegungsfähige Kosten

a) Grundsätzliches

5418 Die Aufzählung der einzelnen Versicherungsarten (»namentlich«) ist nicht abschließend (*BGH* MDR 2010, 1372 = IMR 2010, 522).

5419 Das wirft das Problem auf, wie die Abgrenzung zwischen umlegbaren und nicht umlegbaren Versicherungen zu erfolgen hat. Teilweise wird darauf abgestellt, ob das versicherte Risiko zum Aufgabenbereich des Vermieters gehört. So wird die Umlegbarkeit der Kosten einer Reparaturversicherung mit der Begründung abgelehnt, dass

Reparaturen Sache des Vermieters sind (*AG Köln* WuM 1990, 556). Dieses Abgrenzungskriterium ist jedoch nicht überzeugend. Es ist den Sachversicherungen gerade gemein, dass sie Kosten für die Beseitigung von Schäden an Gebäuden abdecken. Die Schadensbeseitigung ist aber immer Sache des Vermieters und die Instandhaltungs- und Instandsetzungskosten sind von der Umlegung als Betriebskosten ausdrücklich ausgenommen (§ 1 Abs. 2 Nr. 1 BetrKV). Mit dieser Argumentation käme man deshalb nie zu einer Umlegbarkeit von Kosten der Sachversicherungen.

Richtigerweise ist entsprechend dem Verordnungswortlaut in der Überschrift zu § 2 Nr. 13 BetrKV nur darauf abzustellen, ob es sich überhaupt um eine Sach- oder Haftpflichtversicherung für das Gebäude handelt. Ist das Fall besteht grundsätzlich eine Umlegungsmöglichkeit, andernfalls nicht (*Schmid* VersR 2010, 1564). Die Sachversicherung ist umschrieben in den §§ 88, 89 VVG, wonach der Versicherer verpflichtet ist, bei Eintritt des Versicherungsfalles einen Betrag zu leisten, der für die Wiederbeschaffung oder Wiederherstellung erforderlich ist. Die Haftpflichtversicherung ist dadurch gekennzeichnet, dass der Versicherer den Versicherungsnehmer von Ansprüchen freistellt, die von einem Dritten aufgrund der Verantwortlichkeit des Versicherungsnehmers geltend gemacht werden, und unbegründete Ansprüche abwehrt (§ 100 VVG). 5420

Ausgeschlossen von der Umlegungsfähigkeit sind bloße Umgehungen der gesetzlichen Regelung, wenn es sich wirtschaftlich gesehen nicht um eine Versicherung, sondern um ein Ansparen auf künftig anfallende Ausgaben handelt. Das ist z.B. dann der Fall, wenn eine »Versicherung« zur Beseitigung künftiger Schäden abgeschlossen wird, die aufgrund normaler Alterung und Abnutzung mit Sicherheit eintreten werden (*Schmid* VersR 2010, 1564/1565). 5421

Umlegungsfähig sind nur die an die Versicherung zu leistenden Beträge. Nicht umlegungsfähig sind Selbstbehalte (a.A. *zur Nieden*, NZM 2013, 369). Die Einbeziehung von Selbstbehalten geht über den eindeutigen Verordnungswortlaut »Kosten der Versicherung« hinaus und widerspricht dem Grundsatz, dass nur tatsächlich entstandene Kosten umgelegt werden können. 5422

b) Wirtschaftlichkeitsgrundsatz

Aus dem Wirtschaftlichkeitsgrundsatz (§ 556 Abs. 3 Satz 1 Halbs. 2, § 560 Abs. 5 BGB, § 20 Abs. 1 Satz 2, NMV 1970, § 24 Abs. 2 II. BV) folgt, dass nur Versicherungskosten umgelegt werden können, wenn die Versicherung sinnvoll ist (*OLG Stuttgart* NJW-RR 2007, 1168 = GE 2007, 444 = GuT 2007, 89; *Otto* ZfIR 2004, 146). Dabei darf jedoch kein zu enger Maßstab angelegt werden. Es liegt gerade im Wesen einer Versicherung ungewisse Schadensfälle abzudecken. Der Wirtschaftlichkeitsgrundsatz kann deshalb nicht schon deshalb als nicht beachtet angesehen werden, weil ein Schadenseintritt unwahrscheinlich ist (*Schmid* VersR 2010, 1564 [1565]). Nur Versicherungen, die an sich schon völlig unsinnig sind oder bei denen nach den konkreten Gegebenheiten der Eintritt des Versicherungsfalles außerhalb jeder vernünftigerweise anzunehmenden Möglichkeit liegt, verstoßen gegen den Wirtschaftlichkeitsgrundsatz. Weitergehend *Neuhaus* (NZM 2011, 65 [69]), der erst bei absolut 5423 unwahrscheinlichen Gefahren einen Verstoß gegen den Wirtschaftlichkeitsgrundsatz annimmt.

c) Einzelne Versicherungen

5424 Versicherungen von Schäden durch Rückstau von **Abwasser** sind umlegungsfähig (*Maass* GE 2003, 932).

5425 Die Kosten einer **Aufzugssprech- und Aufzugssignalanlagenversicherung** sind umlegbar (*LG Berlin* GE 1987, 517; a.A. Eisenschmid/Wall/*Wall* Betriebskosten-Kommentar Rn. 3671.

5426 Die Kosten einer **Elektronikversicherung der Brandmeldeanlage** werden als umlegungsfähig angesehen (*OLG Düsseldorf* GE 2012, 202).

5427 Zu einer Elementarschadensversicherung gehört auch eine **Erdbebenversicherung**. Ihr Abschluss wird jedoch als unwirtschaftlich angesehen, wenn das Gebiet nicht erdbebengefährdet ist (Otto ZfIR 2004, 146). Etwas anderes kann allerdings dann gelten, wenn das Risiko in einem Paket mit anderen Risiken versichert ist und die übrigen Risiken nicht einzeln versichert werden können bzw. keine Mehrbelastung gegenüber dem Abschluss erforderlicher Einzelversicherungen eintritt (*Streyl* NZM 2006, 125 [128]).

5428 Kosten einer **Fernmeldeanlagenversicherung** sind umlegungsfähig (*Schmid* VersR 2010, 1364 [1365]).

5429 Die Kosten für Wartung und Prüfung einer Trockensteigleitung können nicht den **Feuerversicherungskosten** zugeordnet werden (*LG Berlin*, GE 2013, 550 = WuM 2013, 612).

5430 Ebenso unnötig wie ein Wartungsvertrag (*AG Hamburg* WuM 1998, 308) und deshalb wegen Verstoßes gegen den Wirtschaftlichkeitsgrundsatz nicht umlegbar ist eine Versicherung für eine **Gegensprechanlage** (*LG Berlin* WuM 1986, 187; a.A. *LG Berlin* GE 1987, 517).

5431 Die **Haftpflichtversicherung** ist auch umlegbar, soweit sie Schäden aus einer Verletzung der Instandhaltungspflicht umfasst (*BGH*, RE v. 24.10.2001 – VIII ARZ 1/01, ZMR 2002, 184 = NZM 2002, 116, 118). Umgelegt werden können Versicherungsprämien auch insoweit, als eine Beitragserhöhung auf früheren Schadensereignissen beruht (*Schmid* VersR 2010, 1564 [1566]; a.A. *AG Köln* WuM 2000, 37 für Schäden am Rohrleitungssystem). Zwar ist die Instandhaltung des Gebäudes Sache des Vermieters. Die Versicherung dient aber gerade dazu, hieraus resultierende Risiken abzudecken. Nur bei schuldhafter Verletzung der Instandhaltungspflicht kann je nach den Umständen des Einzelfalles eine Umlegung des Erhöhungsbetrages treuwidrig sein.

5432 Umlegbar sind die Kosten einer Versicherung gegen **Hausbock und Schwamm** (*AG Hamburg* WuM 1998, 352).

Eine **Inventarversicherung** kann bei entsprechender Vereinbarung auf den gewerblich tätigen Mieter (Pächter) umgelegt werden (*OLG Düsseldorf* MDR 2006, 1164 = ZMR 2006, 685 = GE 2006, 647). 5433

Der *BGH* hat die früher umstrittene Frage beantwortet, ob die vertragliche Umlage der Kosten der Gebäudeversicherung auch den Prämienanteil für einen Mietausfall aufgrund eines Gebäudeschadens umfasst (bisher vern. *OLG Düsseldorf* DWW 2000, 196, 199 = NZM 2001, 588; (bej. *OLG Stuttgart* NJW-RR 2007, 1168 = GE 2007, 444 = GuT 2007, 89; *OLG Frankfurt/M*. IMR 2009, 109; a.A. Leurs, WuM 2016, 527). Anders als bei einer separaten Mietausfallversicherung, die vorrangig die finanziellen Interessen des Vermieters abdeckt und deshalb nicht auf den Meer umgelegt werden kann, ist der durch einen gebäudeschaden hervorgerufene Mietausfall Bestandteil des Versicherungsfalls der gebäudeversicherung (BGH, 6.6.2018 – VIII ZR 38/17, WuM 2018, 505). 5434

Zur Umlage reicht es aus, »die Betriebskosten« auf den Mieter vertraglich umzulegen. Damit sind die Kosten der Sach- und Haftpflichtversicherung eingeschlossen (*BGH* a.a.O.). Legt der Vermieter im Mietvertrag »die Kosten der Versicherung« um, ist diese allgemeine Bezeichnung unschädlich (so schon *BGH*, 15.7.2009 – VIII ZR 340/08, WuM 2009, 516; 24.1.2017 – VIII ZR 285/15, WuM 2017, 205). 5434a

Die Kosten der **Öltankversicherung** sind umlegbar. Die Umlage im Rahmen der Heizkostenabrechnung ist aber nicht möglich, weil es sich hier nicht um Betriebskosten iSv. § 7 Abs. 2 HeizkostenVO handelt (*BayObLG*, Beschl. v. 10.1.1997 – 2Z BR 35/96, ZMR 1997, 256). Im Rahmen der allgemeinen Betriebskosten (§ 2 Nr. 13 BetriebskostenVO) können sie umgelegt werden (*LG Köln*, Urt. v. 11.1.2017 – 9 S 82/13, ZMR 2017, 249).Entsprechend den Kosten der Öltankversicherung sind auch die Kosten einer **Gastankversicherung** umlegbar (*Kinne* ZMR 2001, 8). 5435

Nicht umlegungsfähig sind die Kosten einer **Reparaturversicherung**, wenn dadurch zu erwartender Reparaturbedarf abgedeckt werden soll (vgl. *AG Köln* WuM 1990, 556). Das gilt auch für die Kosten einer Maschinenversicherung, wenn dadurch Mängel oder Bedienungsfehler abgedeckt werden (*AG Hamburg* WuM 2004, 202). Bei Maschinen, die nicht wesentlicher Bestandteil des Gebäudes sind, fehlt es darüber hinaus an dem Merkmal Versicherung »des Gebäudes«. 5436

Die Kosten einer **Rechtsschutzversicherung** können weder nach Nr. 13 noch nach Nr. 17 des § 2 BetrKV umgelegt werden (*OLG Düsseldorf* WuM 1995, 434). Bei Nichtwohnraummietverträgen ist eine Umlegung grundsätzlich möglich (a.A. *OLG Düsseldorf* WuM 1995, 434). Da die Umlegung jedoch nicht weit verbreitet ist, besteht die Gefahr, dass eine formularmäßige Regeln als überraschende Klausel nach § 305c BGB angesehen wird. 5437

Eine Vereinbarung, dass der Mieter die Kosten einer ggf. abzuschließenden »**Sonderrisikoversicherung**« zu tragen hat, ist wegen Verstoßes gegen das Transparenzgebot des § 307 BGB unwirksam (*KG*, GE 2011, 545 m. krit. Anm. *Kinne*, GE 2011, 521). 5438

5439 **Regressverzichtsprämien:** Treffen Vermieter und Sachversicherung eine Regelung, wonach die Kürzung der Versicherungsleistung bei grober Fahrlässigkeit (§ 81 Abs. 2 VVG) abbedungen wird und muss hierfür eine höhere Prämie egeleistet werden, werden solche Kosten als Betriebskosten nach § 2 Nr. 13 BetriebskostenVO gewertet (*Zehelein*, NZM 2016 849).

5440 Nicht unter § 2 BetrKV Nr. 13 fällt eine Versicherung gegen die Folgen von **Streik und Aussperrung**, soweit nur Vermögensschäden abgedeckt werden (*OLG Brandenburg* NZM 2000, 572).

5441 Umlegungsfähig sind auch die Kosten einer **Terrorversicherung**, wobei der *BGH* unter dem Gesichtspunkt der Wirtschaftlichkeit ein besonderes Gefährdungspotenzial verlangt (*BGH* MDR 2010, 1372 = IMR 2010, 522): Zu den gefährdeten Gebäuden gehören deshalb insbesondere Gebäude mit Symbolcharakter, Gebäude, in denen staatliche Macht ausgeübt wird (militärische Einrichtungen, Regierungs- und Parlamentsgebäude), Gebäude, vor allem in Großstädten oder Ballungszentren, in denen sich regelmäßig eine große Anzahl von Menschen aufhält (Bahnhöfe, Flughäfen, Touristenattraktionen, Sportstadien, Büro- oder Einkaufszentren), sowie Gebäude, die sich in unmittelbarer Nachbarschaft der genannten Gebäude befinden. Diese Auffassung erscheint nicht unbedenklich, da der Ort von Terroranschlägen nicht vorhersehbar ist (*Scheiber/Machwirt* ZfIR 2011, 278 [281]). Ist ein Betriebsunterbrechungsschaden mitversichert, ist eine Herausrechnung des hierauf entfallenden Prämienanteils nicht erforderlich (*OLG Frankfurt/M.* NZM 2009, 744 = IMR 2009, 109).

5442 Zu den Kosten der Sachversicherung gehört auch eine Versicherung gegen Schäden durch **innere Unruhen und böswillige Handlungen** (**Vandalismus**), soweit hierdurch veranlasste Sachschäden versichert sind (*AG* und *LG Braunschweig* WuM 2010, 423; a.A. *OLG Brandenburg* NZM 2000, 572).

5443 Nicht umlegungsfähig sind die Kosten einer **Wertverlustversicherung** (*OLG Düsseldorf* DWW 2000, 196, 199 = NZM 2001, 598).

2. Umlegungsvereinbarung

5444 Eine Einzelbenennung der Versicherungsarten ist nicht erforderlich, soweit es sich um Versicherungen handelt, die in § 2 Nr. 13 BetrKV ausdrücklich genannt sind (*Schmid* VersR 2010, 1564 [1565]).

5445 Schließt der Vermieter erst nach Beginn des Mietverhältnisses eine Versicherung ab, sind diese Kosten bei Vorliegen der allgemeinen Umlegungsvoraussetzungen umlegungsfähig (*LG Frankfurt/M.* WuM 1999, 46; *AG Hamburg* WuM 1998, 352; a.A. *AG Neustadt/Weinstraße* ZMR 1997, 305). Wenn die neu abgeschlossene Versicherung vom Wortlaut der Umlegungsvereinbarung umfasst ist, bedarf es auch keiner ergänzenden Vertragsauslegung (a.A. *LG Landau in der Pfalz* ZMR 2005, 871 = WuM 2005, 720 m. krit. Anm. *Wall* WuM 2006, 23).

5446 Die Vereinbarung einer Umlegung von Versicherungskosten unter der Überschrift »Gebrauch und Pflege der Mietsache, Schönheitsreparaturen« ist überraschend im Sinne des § 305c Abs. 1 BGB (*KG* IMR 2008, 159).

Die **stillschweigende Vertragserstreckung** auf mietvertraglich nicht geschuldete Versicherungskosten setzt voraus, dass der Vermieter durch einen aktiven Akt zu erkennen gibt, dass nunmehr auch Versicherungskosten umgelegt werden und dass der Mieter diese ohne Vorbehalt begleicht. 5446a

Beispiel (*AG Bremen*, 16.8.2018 – 9 C 36/18, ZMR 2019, 34)

Der Wohungsmietvertrag aus 1976 enthält keine Position der Versicherung. 2012 erwarb der neue Vermieter die Wohnung. Für 2015 enthält die Betriebskostenabrechnung erstmalig die Gebäudeversicherung ohne weitere Erklärung, die vom Mieter bezahlt und später mit der Klage zurückgefordert wird. Die Klage hat aus § 812 Abs. 1 S. 1 1. Alt BGB heraus Erfolg. Für eine konkludente Einbeziehung bisher nicht geschuldeter Betriebskosten müssen besondere Umstände vorliegen, die aus der Sicht des Mieters auf eine Vertragsänderung schließen lassen (*BGH*, 9.7.2014 – VIII ZR 36/14, ZMR 2014, 965). Daran fehlt es. Der jetzige Vermieter hat nicht etwa schon in seiner ersten Abrechnung die Versicherungskosten umgelegt, was für den Mieter ein Zeichen hätte bedeuten können, dass der Vermieter nunmehr weitere Kosten umlegen will. Zudem wurden die Betriebskosten per Einzugsermächtigung geltend gemacht, ohne dass weitere Erklärungen oder Hinweise von Vermieterseite aus vorlagen. Schweigen, fehlender Widerspruch oder Nichthandeln eines Verbrauchers hat keinen Erklärungswert

II. Kostenverteilung

1. Abrechnungsmaßstäbe

Es gelten die allgemeinen Grundsätze. 5447

Zweifelhaft erscheint die Meinung des *LG Stuttgart* (WuM 1989, 521), wonach eine Umlegung der Kosten einer Glasversicherung nur nach dem Verhältnis der Glasscheibengröße in den einzelnen Wohnungen zulässig sein soll. Bei nicht preisgebundenem Mietraum ist eine solche Verteilung allerdings möglich. Die Verteilung nach Scheibenfläche kommt vor allem bei einer Risikoerhöhung durch einzelne Mieter in Betracht, z.B. Schaufenster (*Kinne* ZMR 2001, 8). 5448

2. Aufteilung nach Wohn- und Geschäftsräumen

Entstehen Versicherungskosten für einen gewerblich genutzten Gebäudeteil, so hält die herrschende Meinung (*LG Berlin*, GE 1993, 190; *AG Gütersloh*, WuM 1995, 660) eine Aufschlüsselung und einen Vorwegabzug der Versicherungen für den Gewerbeteil für erforderlich. Dies ist jedoch nur dann zutreffend, wenn auch tatsächlich höhere Kosten entstehen (vgl. *AG Köln*, WuM 1997, 648; *Kinne* GE 2011, 588 [591]), die zu einer ins Gewicht fallenden Mehrbelastung der Wohnraummieter führen (vgl. *BGH*, Urt. v. 8.3.2006 – VIII ZR 78/05, ZMR 2006, 358 = GE 2006, 502 = WuM 2006, 200). Das muss im Streitfall festgestellt werden. Es gibt keinen allgemeinen Erfahrungssatz, dass eine gewerbliche Nutzung stets höhere Kosten verursacht als eine Nutzung zu Wohnzwecken (*BGH*, Urt. v. 17.12.2010 – V ZR 131/10, ZMR 2011, 485 = GE 2011, 553 = ZWE 2011, 170). Nach § 20 Abs. 2 Satz 2 NMV 1970 5449 ist in deren Anwendungsbereich (s. § 1 NMV 1970 Rdn. 1) eine Aufteilung stets erforderlich, wenn sich in der Wirtschaftseinheit preisgebundener Wohnraum befindet.

3. Abrechnungs- und Wirtschaftseinheit

5450 Allein die Tatsache, dass Betriebskosten einheitlich anfallen, rechtfertigt noch nicht die Bildung einer Abrechnungs- oder Wirtschaftseinheit (*AG Siegen*, ZMR 1996, 426). Die für mehrere Abrechnungseinheiten anfallenden Kosten müssen deshalb vor der Einzelverteilung auf die Mieter auf die jeweiligen Abrechnungseinheiten verteilt werden. Auch wenn der Versicherer den Beitrag pro Wohn- oder Gewerbeeinheit berechnet (vgl. *Eiter* GE 2000, 734, 735), kann diese Berechnungsmethode wegen möglicher grob unbilliger Ergebnisse vielfach für die Umlegung auf die einzelnen Abrechnungseinheiten nicht übernommen werden. Ein Haus mit vielen kleinen Appartements würde gegenüber einem gleich großen Gebäude, das in große Wohnungen aufgeteilt ist, erheblich benachteiligt. Denkbar wäre eine Heranziehung des Verhältnisses von Wohn- und Nutzflächen, was dann aber zu dem Problem der Gewichtung von Wohn- und Gewerbeflächen führt. Alternativ könnten auch hier die marktüblichen Kosten für die jeweiligen Einzelobjekte ermittelt und dann die tatsächlichen Kosten entsprechend verhältnismäßig aufgeteilt werden.

4. Sammelversicherungen

5451 Bei Multirisk-Policen und Sammelversicherungen werden verschiedene Risiken und mehrere Gebäude in einem Versicherungsvertrag zusammengefasst (vgl. *Eiter* GE 2000, 734). Der Vorteil einer solchen Versicherung liegt in der gegenüber Einzelversicherungen niedrigeren Prämie. Eine solche Zusammenfassung steht einer Umlegung der Beiträge nicht von vornherein entgegen (*OLG Brandenburg*, NZM 2000, 572; a.A. *AG Darmstadt*, WuM 2000, 311). Das Problem liegt in der Kostenaufteilung auf die einzelnen Umlegungseinheiten.

5452 Zunächst müssen die Beitragsanteile herausgerechnet werden, die auf Risiken entfallen, für die die Kosten nicht umgelegt werden können. Bloße Mitteilungen des Versicherers werden hierfür vielfach unzureichend sein (vgl. *OLG Brandenburg*, NZM 2000, 572, 573), da der Versicherer mehr oder weniger willkürlich kalkulieren und i.R.d. Mischkalkulation Beitragsanteile dem einen oder anderen Risiko zuordnen kann. Sachgerecht ist nur eine objektive Aufteilung. Das kann dadurch geschehen, dass die marktüblichen Preise für das jeweils versicherte Risiko ermittelt werden. Daraus lässt sich dann ein prozentualer Anteil des jeweiligen Risikos am Gesamtrisiko ermitteln. Dieser prozentuale Anteil ist dann der Aufteilung in umlegbare und nicht umlegbare Anteile zugrunde zu legen. Im Streitfall führt dies zur Einschaltung eines Sachverständigen.

III. Angaben in der Abrechnung

5453 In der Abrechnung müssen die Versicherungen jedenfalls bei Wohnraummietverhältnissen als »Sach- und Haftpflichtversicherung« bezeichnet werden, damit erkennbar wird, dass nicht sonstige Versicherungen einbezogen sind (a.A. *BGH*,

Urt. v. 16.9.2009 – VIII ZR 346/08, DWW 2009, 384 = WuM 2009, 669 = ZMR 2010, 102 m. krit. Anm. *Schmid*). Zu weitgehend verlangt jedoch das *LG Berlin* (ZMR 1998, 284, 286) bei preisgebundenem Wohnraum in der Abrechnung eine Aufschlüsselung nach den einzelnen Versicherungsarten.

Werden bei Nichtwohnraummietverhältnissen über die Sach- und Haftpflichtversicherungen hinaus weitere Versicherungsbeiträge umgelegt, sind die Versicherungen zu nennen, damit ein Vergleich mit der mietvertraglichen Regelung möglich ist. 5454

Eine nach dem Vorstehenden notwendige Aufteilung muss sich aus der Abrechnung nachvollziehbar ergeben (*OLG Brandenburg* NZM 2000, 572, 573). 5455

IV. Sonstiges

1. Regressverzicht des Versicherers

In der Gebäudeversicherung ergibt eine ergänzende Vertragsauslegung einen konkludenten **Regressverzicht** des Versicherers für die Fälle, in denen der Mieter einen Schaden durch einfache Fahrlässigkeit verursacht hat (*BGH*, Beschl. v. 26.1.2000 – XII ZR 204/97, NZM 2000, 688; Urt. v. 8.11.2000 – IV ZR 298/99, ZMR 2001, 175 = NZM 2001, 108). Die Beweislast für ein vorsätzliches oder grob fahrlässiges Verhalten des Mieters trifft den Versicherer (*BGH*, 12.12.2001 – XII ZR 153/99 NZM 2002, 795 = VersR 2002, 433). Der Vermieter hat für ein Verhalten Dritter nur nach den Grundsätzen der Repräsentantenhaftung, nicht nach § 278 BGB einzustehen (*BGH* MDR 2007, 213). Darauf, ob die Versicherungskosten auf den Mieter umgelegt werden oder nicht, kommt es nicht an (*Piepenbrock* VersR 2008, 319 [320]). 5456

Der Regressverzicht erstreckt sich nur auf den Mieter selbst und ihm nahestehende Personen, insb. Angehörige, aber nicht auf Besucher (vgl. *OLG Hamm*, ZMR 2001, 183) oder Handwerker (*Staudinger/Hessing* VersR 2007, 10 [12]), auch nicht auf bloße Mietinteressenten (*BGH*, VersR 2010, 536 und hierzu *Armbrüster* VersR 2010, 1016). Bei der Geschäftsraummiete wird man den Regressverzicht auch auf Angestellte des Mieters ausdehnen können. 5457

Der Vermieter ist dem Mieter gegenüber verpflichtet, den Versicherer und nicht den Mieter auf Ersatz des Schadens in Anspruch zu nehmen, wenn ein Versicherungsfall vorliegt, ein Regress des Versicherers gegen den Mieter ausgeschlossen ist und der Vermieter nicht ausnahmsweise ein besonderes Interesse an einem Schadensausgleich durch den Mieter hat (*BGH*, Urt. v. 3.11.2004 – VIII ZR 28/04, ZMR 2005, 116). Ein besonderes Interesse kann z.B. vorliegen, wenn bei einer Inanspruchnahme des Versicherers eine Erhöhung der Prämie (*Prölss* ZMR 2005, 241) oder eine langwierige Auseinandersetzung mit dem Gebäudeversicherer droht (*Piepenbrock* VersR 2008, 319). 5458

Im umgekehrten Fall, nämlich, dass der Mieter einen Geschäftsversicherungsvertrag abgeschlossen hat, durch den er seine Geschäftseinrichtung versichert hat, kann nicht zugunsten des Vermieters, der einen Schaden an den versicherten Gegenständen durch leichte Fahrlässigkeit verursacht hat, der Vertrag ergänzend dahin ausgelegt 5459 werden, dass der Versicherer auf einen Regress gegen den Vermieter verzichtet (*BGH*, Urt. v. 12.12.2012 – XII ZR 6/12, GuT 2012, 481).

2. Versicherungsverpflichtung des Mieters

5460 Bei Wohnraummietverhältnissen wird eine mitvertragliche Verpflichtung des Mieters zum Abschluss von Versicherungen für unwirksam erachtet (vgl. *Kinne*, ZMR 2000, 794; *Jendrek*, DWW 2003, 142). Als ein Verstoß gegen die höhenmäßige Begrenzung der Mietsicherheit nach § 551 Abs. 1 BGB wird es angesehen, wenn sich der Vermieter vorab Ansprüche des Wohnraummieters gegen die Versicherung wegen Gebäudeschäden abtreten lässt (*LG Berlin*, GE 1993, 159).

5461 Dem Mieter von Geschäftsraum kann auch formularmäßig die Verpflichtung auferlegt werden, bestimmte Versicherungen zum Schutz der Mieträume abzuschließen (*BGH*, Urt. v. 18.12.1963 – VIII ZR 193/62). Insoweit kann allein nicht von einer überraschenden Klausel ausgegangen werden, befindet sich die Verpflichtung nicht an einer ungewohnten Stelle im Vertrag. Dies wird entschieden für die Klausel

> »Der Mieter ist verpflichtet, eine Glasversicherung für sämtliche Fenster-, Schaufenster- und Türscheiben der Mieträume in ausreichender Höhe auf eigene Kosten abzuschließen und dem Vermieter das Bestehen der Versicherung nachzuweisen. Dies gilt nicht, sofern und soweit der Vermieter eine Glasversicherung selbst abgeschlossen hat und als Betriebskosten auf den Mieter umlegt« (LG Wuppertal, Urt. v. 24.5.2016 – 16 S 104/15, ZMR 2016, 879).«

Allerdings wurde die formularvertragliche Regelung, die es dem Geschäftsraummieter auferlegt »ausreichende Versicherungen, z.B. … abzuschließen und auf Verlangen des Vermieters den Abschluss und Fortbestand der Versicherung nachzuweisen« als zu unbestimmt gewertet.

5462 Letztere Klausel ist auch nach hier vertretener Ansicht unklar und verstößt damit gegen § 307 BGB, da nicht aufgeführt wird, welche konkreten Versicherungen außer den genannten noch abzuschließen sind und zu welchen Konditionen (*OLG Düsseldorf*, Beschl. v. 16.8.2016. I-24 U 25/16, GE 2016, 1565 = NZM 2016, 821: Ersatzpflicht des Mieters für die Reparatur einer durch einen Dritten beschädigten Scheibe). Werden in einem Gewerberaummietvertrag ohne weitere Spezifizierung die »Kosten der Sach- und Haftpflichtversicherung« als umlegungsfähig vereinbart, ist der Vertrag dahin auszulegen, dass nur die in Nr. 13 genannten Kosten umlegbar sind (*OLG Brandenburg* NZM 2000, 572).

5463 Zusätzlich wird für die Geschäftsraummiete für die formularmäßige Pflicht, bestimmte Versicherungen abzuschließen, ein berechtigtes Interesse des Vermieters verlangt (*OLG Düsseldorf*, NJW-RR 1998, 1159 = NZM 1998, 728), was allerdings im Regelfall per se für gegeben zu erachten ist. Genannt werden Betriebshaftpflicht-, Brand-, Glas- und Schlüsselverlustversicherungen (*Horst*, DWW 2008, 42 [53]).

5464 Ist der **Mieter zum Abschluss einer Versicherung verpflichtet**, so kann der Vermieter Schadensersatz wegen Verletzung dieser Verpflichtung nur geltend machen, wenn er wegen des Ausbleibens entsprechender Nachweise selbst eine solche Versicherung abgeschlossen hat (*OLG Düsseldorf,* DWW 2000, 196, 198; a.A. zutr. *LG Wuppertal* a.a.O.).

Nr. 14. Die Kosten für den Hauswart

Hierzu gehören die Vergütung, die Sozialbeiträge und alle geldwerten Leistungen, die der Eigentümer oder Erbbauberechtigte dem Hauswart für seine Arbeit gewährt, soweit diese nicht die Instandhaltung, Instandsetzung, Erneuerung, Schönheitsreparaturen oder die Hausverwaltung betrifft; soweit Arbeiten vom Hauswart ausgeführt werden, dürfen Kosten für Arbeitsleistungen nach Nummern 2 bis 10 und 16 nicht angesetzt werden.

I. Umlegbare Kosten

1. Der als Hauswart Tätige

Umlegbar sind die Kosten 5465
- für einen fest angestellten Hauswart;
- einer selbstständigen Hauswartfirma (*AG Neumünster* WuM 1994, 284, 285; *AG Köln* WuM 1999, 466);
- für die Hauswarttätigkeit eines Mieters, wenn kein gesonderter Arbeitsvertrag besteht, der Mieter aber dafür geldwerte Vorteile erhält;
- Eigenleistungen des Vermieters, s. Rdn. 1045.

2. Hauswarttätigkeiten

a) Positive Abgrenzung

Die Hauswarttätigkeit wird bezeichnet als Verrichtung von Arbeiten, die mehr praktisch-technischer Natur sind und den bestimmungsgemäßen Gebrauch sowie die pflegliche Behandlung und ordnungsgemäße Benutzung des Grundstücks und des Gebäudes gewährleisten sollen (*AG Dortmund* WuM 1996, 561). 5466

Diese Definition bietet aber keine hinreichende Abgrenzung zur Instandsetzung und zu Verwaltungstätigkeiten. *Westphal* (WuM 1998, 329) beschreibt die Hauswartaufgaben in dem Sinne, dass hierzu alle Arbeiten gehören, die unmittelbar dem Erhalt der Mietsache in tatsächlicher Hinsicht dienen und bei deren Ausführung nur Sachmittel eingesetzt werden, die entweder einfachstes Handwerkszeug oder reine Verbrauchsgüter sind. Angesichts der Verwendung verschiedenster technischer Hilfsmittel ist der Einsatz einfachsten Handwerkszeuges kein klares und brauchbares Abgrenzungskriterium. Schließlich versagt das Merkmal der Eigenhändigkeit dort, wo Hauswartfirmen eingesetzt werden, weil es diesen in der Regel unbenommen ist, Subunternehmer zur Erfüllung ihrer Aufgaben tätig werden zu lassen. Nach Sinn und Zweck der Norm zählt *v. Seldeneck* (Betriebskosten im Mietrecht, Rn. 2378) betriebsdienliche, servicegeneigte Tätigkeiten zu den Hauswarttätigkeiten und rechnet hierzu konsequent auch den Austausch von Kleinteilen und die Reparatur von Hilfsgeräten. Damit wird jedoch die Grenze zur Instandhaltung verwischt. 5467

5468 M. E. ergibt sich eine positive Abgrenzung der Hauswarttätigkeit aus der negativen Abgrenzung in Verbindung mit dem allgemeinen Betriebskostenbegriff und den Sonderregelungen des § 2 BetrKV. Dass es sich um Betriebskosten handeln muss, folgt schon aus § 556 Abs. 1 BGB. § 2 Nr. 14 BetrKV ermöglicht es deshalb nicht, Kosten nur deshalb auf den Mieter umzulegen, weil bestimmte Tätigkeiten einem Hauswart übertragen sind. Andererseits sind aber die ausdrücklich als Betriebskosten bezeichneten Aufwendungen auch dann umlegungsfähig, wenn die Tätigkeiten von einem Hauswart erledigt werden. Dies gilt auch für Aufwendungen, die den Nrn. 15 bis 17 unterfallen, obwohl Halbsatz 2 der Nr. 14 nur die Nrn. 2 bis 10 und 16 erwähnt. Ein doppelter Ansatz kommt auch hier nicht in Betracht. Umgekehrt ist dem Halbsatz 2 der Nr. 14 nicht zu entnehmen, dass Tätigkeiten, die Betriebskosten nach Nr. 15 und 17 der BetrKV sind, bei der Ausführung durch einen Hauswart nicht umlegungsfähig sind.

5469 Eine weitere Einschränkung ergibt sich daraus, dass Nr. 14 nur die Umlegung von Arbeitskosten zulässt. Sachaufwendungen sind nur bei anderen Positionen ansetzbar, wenn dies dort vorgesehen ist. Anders als die übrigen Positionen des § 2 BetrKV werden die umlegungsfähigen Kosten nicht sachbezogen, sondern personenbezogen bezeichnet. Geregelt ist die Art der Kostenumlegung bei einer bestimmten Form der Aufgabenwahrnehmung, nicht die Kostenumlegung für bestimmte Aufgaben. Diese werden nur bei der negativen Abgrenzung genannt.

5470 Kosten des Hauswartes sind deshalb diejenigen Kosten, die für Arbeitsleistungen anfallen, die bei gesonderter Vergütung bei den Nrn. 2 bis 10 und 15 bis 17 anzusetzen wären.

b) Negative Abgrenzung

aa) Instandhaltung und Instandsetzung

5471 Maßnahmen der Instandhaltung und Instandsetzung sind keine umlegungsfähigen Tätigkeiten. Es kommt deshalb auch für die Umlegung von Hauswartkosten auf die Streitfrage an, was unter Instandhaltung zu verstehen ist. Nach der hier vertretenen Auffassung (Rdn. 1028 ff.) ist der Instandhaltungsbegriff von § 1 Abs. 2 Nr. 2 BetrKV zugrunde zu legen, sodass Maßnahmen, die zur Pflege von Einrichtungen und zur Verhinderung eines Schadens dienen, als Hauswartkosten umlegungsfähig sind (a.A. *AG München* ZMR 2012, 202). Auch der Begriff der Instandsetzung umfasst nur Maßnahmen, die der Beseitigung von bereits eingetretenen Schäden dienen (*AG Neukölln* GE 1988, 524). Als nicht umlagefähig wurde bewertet die Reparatur von Wasserinstallationen (*Kinne*, GE 2018, 494, 497).

bb) Erneuerung

5472 Nicht umlegungsfähig sind Arbeiten für Erneuerungen. Eine Ausnahme hiervon ist zu machen, wenn der Hausmeister die Erneuerung von Spielsand vornimmt und diese Kosten nicht gesondert umgelegt werden (vgl. Nr. 14 Halbs. 2 und Nr. 10). Dieser spezielle Fall ist bei der allgemeinen Formulierung der Nr. 14 offensichtlich nicht bedacht worden. Nicht umlagefähig sind die Kosten für das Erneuern von Hausnummern (*AG Mitte*, MM 2003, 431, *Kinne*, GE 2018, 494, 497).

cc) Schönheitsreparaturen

Als Schönheitsreparaturen nennt § 28 Abs. 4 Satz 4 II. BV das Tapezieren, Anstreichen oder Kalken der Wände und Decken, das Streichen der Fußböden, Heizkörper einschließlich der Heizrohre, der Innentüren sowie der Fenster und Außentüren von innen. Diese Definition enthält jedoch eine Einschränkung, die speziell für § 28 II. BV Bedeutung hat, wie sich aus dem Wort »nur« ergibt. Diese Einschränkung hat im Rahmen der Nr. 14 keine Berechtigung. Umfasst sind hier alle Schönheitsreparaturen am gesamten Haus, insbesondere auch das Streichen der Außenseiten von Fenstern und Türen (*Schmid* DWW 1996, 202).   5473

dd) Hausverwaltung

Schwierigkeiten bereitet auch die Abgrenzung zwischen Hauswarttätigkeit und Hausverwaltungstätigkeit, weil vom Hauswart oft Tätigkeiten vorgenommen werden, die streng genommen Verwaltungstätigkeiten sind, aber von einer Person vor Ort erledigt werden. Zu den Verwaltungskosten s. Rdn. 5500 ff. Bei der Vermietung von Gewerberäumen kann vereinbart werden, dass die Hauswartkosten auch insoweit umgelegt werden, als der Hauswart Verwaltungstätigkeiten wahrnimmt; das muss aber besonders vereinbart werden (*LG Köln* ZMR 2010, 967).   5474

c) Einzelfragen

aa) Reparaturen

Die Kosten für hierauf entfallende Tätigkeiten können nicht umgelegt werden (*AG München*, ZMR 2012, 202). Das gilt auch für Kleinreparaturen (*LG Wuppertal* WuM 1999, 342). Den Reparaturkosten zuzurechnen ist auch das Auswechseln von Glühbirnen (*AG Münster*, IMR 2013, 181; *Wall* WuM 1998, 527; a.A. *LG Frankfurt/ M.* WuM 1996, 561).   5475

bb) Wartung

Wartungs- und Pflegekosten sind teilweise in der BetrKV ausdrücklich genannt. Sie sind umlegungsfähig (*BGH*, Urt. v. 14.2.2007 – VIII ZR 123/06, ZMR 2007, 361 = GE 2007, 439). Sie können deshalb auch umgelegt werden, wenn die Tätigkeit von einem Hauswart vorgenommen wird. Genannt werden: Gangbarhaltung der allgemein genutzten Türen und Fenster sowie der Gas- und Wasserabsperrhähne; Pflege des Maschinenparks, soweit es sich nicht um Instandsetzungsarbeiten handelt (vgl. *LG München I* WuM 2000, 258).   5476

cc) Handwerker und andere Dienstleister

Nicht umlegungsfähig ist die Beauftragung von Handwerkern (*AG Bergisch-Gladbach* WuM 1992, 490) oder anderen Dienstleistern (*AG München* ZMR 2012, 202); Wahrnehmung von Terminen mit Handwerkern (*LG Wuppertal* WuM 1999, 342); Einweisung für die erforderlichen Tätigkeiten (*LG Gera* WuM 2001, 615; a.A.   5477

Schmidt-Futterer/*Langenberg* Mietrecht, § 556 Rn. 181, wenn die Fremdfirmen umlegungsfähige Tätigkeiten ausführen); Nachsicht bei kleineren Reparaturen (a.A. *AG Köln* WuM 1995, 120).

dd) Kontroll- und Überwachungstätigkeiten

5478 Bei Kontrolltätigkeiten ist zu differenzieren, worauf sich die Kontrolle bezieht.

5479 Regelmäßig anfallende, nicht durch eine bereits aufgetretene Störung veranlasste Maßnahmen, die der Überprüfung der Funktionsfähigkeit und Betriebssicherheit einer technischen Einrichtung dienen, sind Betriebskosten (*BGH*, Urt. v. 14.2.2007 – VIII ZR 123/06, ZMR 2007, 361 = GE 2007, 439). Werden diese Tätigkeiten durch einen Hauswart vorgenommen, bestehen keine Bedenken, hierin umlegungsfähige Hauswarttätigkeiten zu sehen (*LG Wuppertal* WuM 1999, 342; *AG Hohenschönhausen* GE 2008, 933; a.A. *AG Suhl* WuM 2003, 453). Hierzu zu rechnen sind: Kontrolle der Funktionsfähigkeit von Abflüssen (*LG Berlin* GE 2007, 851); Überwachung des Fahrstuhls (*AG Köln* Mietrechtliche Entscheidungen in Leitsätzen ZMR 1996 Heft 9 S. XII); Überwachung der Heizungsanlage (*AG Berlin-Mitte* NJW-RR 2002, 656); Kontrolle der Beleuchtung (a.A. *AG Köln* WuM 2007, 264); Kontrolle von Wärmemessgeräten auf Funktionieren, sofern eine solche erforderlich ist (a.A. *LG München I* WuM 2000, 258, 259; *LG Gera* WuM 2001, 615); Überwachung der Wasserversorgungsanlage (*AG Köln* Mietrechtliche Entscheidungen in Leitsätzen ZMR 1996 Heft 9 S. XII); Begehung, ob eine Streuen wegen Glatteises erforderlich ist (*AG Gera* WuM 2012, 346).

5480 Dagegen müssen solche Kontrolltätigkeiten aus den Hauswartkosten herausgerechnet werden, bei denen es sich um Verwaltungsangelegenheiten handelt. Das sind insbesondere allgemeine Kontrollen des Bauzustandes (*LG München I* WuM 2000, 258) und des Gesamtzustandes des Anwesens (*AG Köln* WuM 1999, 235); Überprüfung der Ordnung im Hause (*AG Köln* WuM 1999, 235; a.A. für die Überprüfung der Gemeinschaftsanlagen auf ordnungsmäßige Nutzung und die Kontrolle der Einhaltung von Ruhezeiten: *LG Berlin* GE 2007, 851); Kontrollen, ob Rettungs- und Fluchtwege frei sind (a.A. *LG Berlin* GE 2007, 851); Überwachung der zur Ausführung von Arbeiten herangezogenen Unternehmen (*LG Gera* WuM 2001, 615; *AG Köln* WuM 1999, 466), auch, wenn die Kosten für die durchgeführten Arbeiten umlegungsfähig sind, weil die Überprüfung ordnungsgemäßer Auftragserledigung eine Verwaltungstätigkeit ist (a.A. *LG Berlin* GE 2007, 851; *AG Köln* WuM 1995, 120); Kontrolle der Ausführung von Wartungsverträgen durch Drittunternehmen (*LG München I* WuM 2000, 258, 259); Überwachung des Schornsteinfegers (*LG München I* WuM 2000, 258, 259).

5481 Zu Sicherheitstätigkeiten s. nachfolgend bei Wachdienst, s. Rdn. 5482.

ee) Wachdienst

5482 Ob die Kosten für einen Wachdienst umlegungsfähig sind, ist umstritten. Bewachungskosten sind Kosten der Aufsicht und damit Verwaltungskosten i. S. d. § 2 Abs. 2 Nr. 1 BetrKV (*OLG Düsseldorf* DWW 1981, 283; a.A. *OLG Celle*

ZMR 1999, 338 ff.; *OLG Frankfurt/M.* ZMR 2004, 182; *LG Berlin* GE 2005, 237; wohl auch *BGH* NZM 2005, 452 = WuM 2005, 336). Die Überprüfung der Sicherheit auf dem Grundstücksgelände ist Verwaltungstätigkeit (*AG Kerpen* WuM 2000, 37). Ein Abstellen darauf, ob die Bewachung dem Interesse des Vermieters oder des Mieters dient, verbundenen mit einer nur anteiligen Umlegung der Kosten (so *LG Köln* WuM 2004, 400; *AG Hamburg-Barmbek* WuM 2007, 289) ist weder rechtsdogmatisch begründbar noch praktikabel. Rechnet man die Bewachungskosten den Betriebskosten zu, so kann die Umlegung nicht mit der Begründung verneint werden, dass in einer Großstadt Einbruchsversuche üblich sind (a.A. *AG Hamburg-Barnbeck* WuM 2007, 289).

Der Wachdienst ist jedoch keine typische Hauswarttätigkeit. Eine Umlegung unter der Position Hauswart kommt deshalb ohnehin nur dann in Betracht, wenn es sich um einzelne Tätigkeiten handelt, die gegenüber der sonstigen Arbeit des Hauswarts untergeordnet sind. 5483

ff) Bereitschaftsdienst oder Notfalldienste

Diese Dienste werden als umlegungsfähig angesehen (*LG Köln* WuM 1997, 230; *AG Köln* Mietrechtliche Entscheidungen in Leitsätzen ZMR 1996 Heft 9 S. XII). Das erscheint jedoch nur zutreffend, soweit die Bereitschaft eines Aufzugswartes erforderlich ist, da dessen Kosten dem § 2 Nr. 7 BetrKV unterfallen (*Kinne* ZMR 2001, 1 [4]). 5484

Die Kosten für einen Notdienst zur Beseitigung von Störungen außerhalb der Geschäftszeiten durch den Hauswart entstehen nicht durch den bestimmungsgemäßen Gebrauch des Gebäudes und werden deswegen als nicht umlegbar gewertet (*LG Berlin*, 30.1.2019 – 64 S 25/18, MM 2019, 29).

gg) Pförtnertätigkeit

Kosten für einen Pförtner (Concierge, Doorman) werden vom BGH (Urt. v. 5.4.2005 – VIII ZR 78/04, NZM 2005, 452 = WuM 2005, 336) grundsätzlich als sonstige Betriebskosten anerkannt, sind aber nur umlegungsfähig, wenn eine **konkrete Notwendigkeit** besteht. Solche Kosten sind in der BetrKVO –im Unterschied zu den Kosten für den Hauswart- nicht genannt. Sie können als sonstige Kosten umgelegt werden, sofern sie konkret benannt sind, wobei das *LG Berlin* es offen ließ, ob die Bezeichnung als »Kosten Sicherheitsdienst« ausreicht (*LG Berlin*, 8.7.2019 – 65 S 231/18, WuM 2019 584). Anhaltspunkte für die Notwendigkeit eines Pförtnerdienstes sind 5485
– Größe der Wohnanlage
– Anforderungen an die Aufrechterhaltung von Sicherheit und Ordnung
– Bedürfnis von Mietern nach gesteigerter Sicherheit (LG Berlin a.a.O.).

Die Erklärung, es gehe um die Sicherheit älterer Mieter reicht alleine nach Ansicht des *LG Berlin* nicht aus. Vorzutragen sei auch die Sicherheitslage der örtlichen Umgebung (*BGH* a.a.O.). Im entschiedenen Fall ging es um einen 24-stündigen Sicherheitsdienst einer Wohnanlage mit 343 Wohneinheiten. 5485a

Nicht ausreichend ist es, wenn der Vermieter den Pförtner im eigenen Interesse einsetzt, um Vandalismusschäden zu vermeiden (so *LG Berlin* a.a.O.). 5485b

Der BGH musste zu dem Problem nicht abschließend Stellung nehmen, da es an einer konkreten Notwendigkeit fehlte. Das *LG Berlin* (GE 2007, 657) bejaht eine solche Notwendigkeit, wenn die Gefahr besteht, dass Einbrecher das Gebäude betreten. Verfehlt (a.A. *Beyer* GE 2007, 950 [952]) zieht das Gericht auch die Entgegennahme von Postsendungen, die Wahrnehmung von Ableseterminen und die Aufbewahrung von Schlüsseln durch den Doorman heran. Jedenfalls insoweit handelt es sich um Verwaltungskosten. Die Pförtnertätigkeit betrifft nur Tätigkeiten im Eingangsbereich; Patrouilliendienste können deshalb nicht als Pförtnerkosten umgelegt werden (*AG Berlin-Charlottenburg* GE 2007, 1124).

5486 Der Pförtnerdienst ist zudem keine typische Hauswarttätigkeit (a.A. Schmidt-Futterer/ *Langenberg* Mietrecht § 556 Rn. 229). Eine Umlegung unter der Position Hauswart kommt deshalb ohnehin nur dann in Betracht, wenn es sich um einzelne Tätigkeiten handelt, die gegenüber der sonstigen Arbeit des Hauswarts untergeordnet sind.

hh) Abrechnungen

5487 Als Verwaltungstätigkeit grundsätzlich nicht umlegungsfähig ist alles, was mit der Abrechnung zu tun hat (*AG Köln* WuM 1995, 120). Hierzu gehören die Entleerung von Münzautomaten (*AG Köln* WuM 1999, 466) und die Verbrauchserfassung und Abrechnung der Betriebskosten für Einrichtungen für die Wäschepflege (*AG Mühlheim/Ruhr* WuM 2000, 424). Zählerablesungen sind nicht umlegungsfähig (*LG Berlin* GE 2007, 851; *AG Köln* WuM 1999, 235). Dasselbe gilt für die Wahrnehmung von Ableseterminen (a. A: *LG Berlin* GE 2007, 657). Ein nur geringfügiger Zeitaufwand hierfür kann vernachlässigt werden (*AG Hohenschönhausen* GE 2008, 933). Eine Ausnahme gilt jedoch, wenn es sich um Verteilungskosten nach § 2 Nrn. 2, 4, 5 oder 8 BetrKV handelt. In diesen Positionen sind die Kosten für die Verbrauchserfassung und Kostenverteilung ausdrücklich als umlegungsfähig bezeichnet, sodass sie auch umgelegt werden können, wenn die Tätigkeit vom Hauswart vorgenommen wird.

ii) Kontaktpflege und Mitteilungen

5488 Kontakte mit Mietern sind als Verwaltungsmaßnahmen nicht umlegungsfähig (*AG Köln* WuM 2002, 615). Das gilt auch für die Entgegennahme von Mängelanzeigen (*AG Bergisch-Gladbach* WuM 1992, 490); Weiterleitung von Reparaturmeldungen und Benachrichtigung des Vermieters von Störungen (*AG München* ZMR 2012, 202; a.A. *LG Berlin* GE 2009, 979 m. abl. Anm. *Beuermann* GE 2009, 938); Abhaltung von Mietersprechstunden (*AG Dortmund* ZMR 1996, 387); Verteilung von Schreiben an Mieter (*AG Berlin-Mitte* NJW-RR 2002, 656; *AG Hamburg-St. Georg* WuM 2007, 446).

jj) Heizung und Warmwasser

5489 Nimmt ein Hauswart Tätigkeiten vor, die in §§ 7, 8 HeizkostenV genannt sind, so sind die dafür anfallenden Kostenteile abweichend von den allgemeinen Grundsätzen aus den Hauswartkosten herauszurechnen und nach den Umlegungsmaßstäben der HeizkostenV umzulegen (a.A. *AG Hamburg* HKA 1989, 43 für preisgebundenen Wohnraum). Das folgt aus dem Vorrang der HeizkostenV auch hinsichtlich der danach umzulegenden Kostenpositionen (§ 2 HeizkostenV). Die HeizkostenV stellt auf die Art der Tätigkeit und nicht auf die Person des Tätigen ab. In Betracht kommen hier insbesondere Bedienung, Überwachung und Pflege der Anlage, Prüfung der Betriebsbereitschaft und Betriebssicherheit, Reinigung der Anlage und des Betriebsraumes sowie Zählerablesungen.

kk) Vermietungstätigkeiten

Der Hauswart wird oft auch bei Neuvermietungen oder bei der Abwicklung beendeter Mietverhältnisse herangezogen. Solche Tätigkeiten sind Verwaltungstätigkeiten und dürfen deshalb nicht in die Betriebskostenabrechnung einbezogen werden. Die Rechtsprechung beschäftigt haben bereits: Maklertätigkeiten (*AG Neumünster* WuM 1992, 284); das Anschaffen von Namensschildern der Mieter (*LG München I* WuM 2000, 258, 259); diverse Tätigkeiten anlässlich einer Neuvermietung (*AG Köln* WuM 1995, 120); Wohnungsbesichtigungen (*LG Berlin-Mitte* NJW-RR 2002, 656); Wohnungsübergaben (*AG Köln* WuM 1995, 120). In all diesen Fällen wurde eine Umlegungsfähigkeit verneint. 5490

ll) Entgelt

Die Vergütung des Hauswarts ist umlegungsfähig. Hierzu gehören bei angestellten Hauswarten die Lohn- und Lohnnebenkosten (*AG Kleve* WuM 1989, 28), bei selbstständigen Hauswarten oder Hauswartfirmen auch die Umsatzsteuer. Das Entgelt für einen selbstständigen Hauswart ist voll umlegungsfähig, auch wenn darin Sachaufwendungen einkalkuliert sind (*Westphal* WuM 1998, 329). 5491

Umlegbar sind die Personalkosten, also der Arbeitslohn einschließlich etwaigen Weihnachtsgelds sowie als Lohnnebenkosten die Sozialbeiträge einschließlich der Anteile des Arbeitgebers, die betriebliche Altersversorgung und pauschale Lohnsteuerbeträge, Kosten einer Krankheits- oder Urlaubsvertretung, nicht aber die Kosten der Lohnbuchhaltung, da es sich hierbei um reine **Verwaltungskosten** handelt (*LG Kassel*, Urt. v. 14.7.2016 – 1 S 352/15, WuM 2016, 741; AG Steinfurt, Urt. v. 13.2.2014 – 21 C 1668/12, WuM 2014, 369; *Blank* in Schmidt-Futterer§ 556 BGB Rn. 187). 5492

Kostenlose oder verbilligte **Zurverfügungstellung** einer **Wohnung** an den hausmeistersind umlegbare Aufwendungen (*AG Köln, Urt. v. 3.2.1997 – 213 C 406/96* WuM 1997, 273). Der fiktive Mietzins der dem Hausmeister mietfrei übergebenen Wohnung kann als Hausmeisterkosten in die Abrechnung der Betriebskosten eingestellt werden. Ein Mietnachlass, der einem Mieter für die Erbringung von Hauswarttätigkeiten gewährt wird, kann umgelegt werden. Ist der Mieter als Hausmeister angestellt, ist er auf der Grundlage der mietvertraglichen Vereinbarung in die Umlage der Hausmeistervergütung mit einzubeziehen. Eine gegenteilige Vereinbarung kann getroffen werden (*AG Stuttgart*, Urt. v. 22.7.1994 – 34 C 6338/94, WuM 1997, 231). 5493

Trinkgelder u. ä. Kosten, die vom Vermieter dem Hauswart nicht geschuldet werden, sind nicht umlegungsfähig (*LG Chemnitz* WuM 2003, 217). Das gilt auch für Trinkgelder (*LG Berlin* GE 1981, 235; a.A. *LG Hamburg* ZMR 1960, 75) und Gutscheine fürs Oktoberfest oder andere Volksfeste (a.A. *AG München* bei *Küttner* WE 2007, 265). 5494

mm) Vertretung

5495 Kosten der **Vertretung** im Urlaubs- und Krankheitsfall sind umlegungsfähig (*AG Köln* WuM 1997, 273). Das gilt auch für den Einsatz sogenannter Springer, die bei größeren Unternehmen angestellt sind und bei Urlaub oder Krankheit des Hauswarts aushelfen, soweit eine Aushilfstätigkeit stattfindet (*Wolbers* ZMR 2009, 417 [418]).

nn) Sachaufwendungen

5496 Nicht umlegungsfähige Sachaufwendungen sind: Kosten für Arbeitsmittel und Geräte (*AG Steinfurt* WuM 1999, 721; *AG Starnberg* NZM 2002, 910; a.A. *AG Köln* Mietrechtliche Entscheidungen in Leitsätzen ZMR 1996, Heft 9 S. XII). Fahrtkosten jedenfalls dann, wenn sie dem Hauswart nur deshalb erstattet werden, weil dieser auch noch andere Anlagen betreut (*LG Bonn* WuM 1998, 553). Als Sachaufwendungen wird man Fahrtkosten jedoch generell als nicht umlegungsfähig ansehen müssen. Kosten für Kleinteile, die der Hauswart verwendet (*LG Wuppertal* WuM 1999, 342). Telefonkosten sind unstreitig nicht umlegbar, soweit sie auf Verwaltungstätigkeiten entfallen (*AG Hannover* WuM 1994, 435). Als Sachaufwendungen sind Telefonkosten in der Position Hauswart generell nicht umlegungsfähig (a.A. *AG Hannover* WuM 1994, 435). Das gilt auch für die Kosten einer Rufumleitung, wenn sich der Hauswart nur stundenweise im Hause aufhält (*LG Bonn* WuM 1998, 353).

5497 Die **Arbeitskleidung** für den Hauswart kann umgelegt werden (a.A. *AG Lörrach* WuM 1996, 628). Die Bezahlung der Arbeitskleidung ist entweder als geldwerter Vorteil für den Hauswart oder als eine arbeitsvertragliche Nebenpflicht des Vermieters anzusehen. Die Zurverfügungstellung von Arbeitskleidung kommt unmittelbar dem Hauswart zugute.

oo) Sonstiges

5498 Umlegungsfähig sind: Bereitstellung der Tonnen für die Müllabfuhr bzw. Öffnen des Müllkellers (Schmidt-Futterer/*Langenberg* Mietrecht § 556 Rn. 182); Leeren von Abfallbehältnissen auf dem Grundstück (Eisenschmid/Wall/*Wall* Betriebskosten-Kommentar, Rn. 3716). Der Aufwand für Schnee- und Eisbeseitigung (*LG Berlin* NZM 2002, 65) und die Besorgung und Bevorratung von Streugut (*LG Gera* WuM 2001, 615). Reinigungsarbeiten (*LG Frankfurt/M.* WuM 1996, 561) innerhalb und außerhalb des Hauses (*AG Münster*, IMR 2013, 181), soweit die Arbeiten von anderen Positionen des § 2 BetrKV umfasst sind. Die Gartenpflege ist umlegungsfähig, soweit es sich um Gartenpflegetätigkeiten im Sinne von § 2 Nr. 10 BetrKV handelt (*AG Köln* WuM 1995, 120; *AG Hohenschönhausen* GE 2008, 933). Überwachung, Pflege und Reinigung der Gemeinschaftswaschmaschine (Eisenschmid/Wall/*Wall* Betriebskosten-Kommentar Rn. 3716).

5499 Nicht umlegungsfähig ist der Aufwand für eine Mitteilung besonderer Vorkommnisse an die Hausverwaltung (AG Köln WuM 1999, 466, 467). Die Bestellung von Waren (LG Berlin GE 2009, 979). Beschaffen und Anbringen einheitlicher Namensschilder (AG München ZMR 2012, 202). Aufstellen von Plänen zur Reinigung des Treppenhauses und zur Benutzung der Einrichtungen für die Wäschepflege (Eisenschmid/

Wall/*Wall* Betriebskosten-Kommentar Rn. 3718), die Kosten für die Erstellung der Lohnabrechnung für den Hausmeister, da es sich um Verwaltungskosten handelt (*AG Steinfurt*, Urt. v. 13.2.2014 – 21 C 1668/12, WuM 2014, 370).

d) Kostenaufteilung bei Ausführung verschiedener Tätigkeiten

Nimmt eine Person aufgrund **eines einheitlichen Vertrages** sowohl Hauswarttätigkeiten als auch sonstige Dienstleistungen für den Vermieter vor, so sind die Kosten verhältnismäßig aufzuteilen und nur die auf die Hauswarttätigkeiten entfallenden Kosten anzusetzen (*AG Wuppertal* ZMR 1994, 372, 373; *AG Hannover* WuM 1994, 435). Maßgeblich hierfür ist nicht der Hauswartvertrag, sondern der Umfang der tatsächlich geleisteten Arbeit; die **Leistungsbeschreibung** im Hauswartvertrag hat lediglich Indizwirkung (BGH, Urt. v. 20.2.2008 – VIII ZR 27/07, ZMR 2008, 691 = NZM 2008, 403 = GE 2008, 662; LG Berlin GE 2011, 58; *AG Münster*, 6.4.2018 – 61 C 2796/17, WuM 2018, 429: Vorlage eines »Leistungsverzeichnisses Hausmeisterservice mit umlagefähigen Tätigkeiten« besagt allein nichts über weitere Tätigkeiten). Wird nur ein **Dienstleistungsvertrag** vorgelegt, aus dem sich zwar ergibt, welche Leistungen der Hausmeisterservice zu erbringen habe genügt dies dem Erfordernis einer klaren Darlegung der tatsächlich durchgeführten Arbeiten nicht, auch wenn im Vertrag zwischen Instandhaltungs- und anderen Aufgaben unterschieden wird (*AG Duisburg*, Urt. v. 12.3.2015 – 79 C 3529/14, WuM 2015, 427). Hiervon will das *AG München* (ZMR 2012, 202 = GE 2011, 1623) abweichen, wenn der Hausmeister eine pauschale Vergütung erhält, weil das Verhältnis von umlegungsfähigen und nicht umlegungsfähigen Tätigkeiten variieren kann.

5500

Um eine richtige Aufteilung zu gewährleisten, ist der Vermieter zwar nicht verpflichtet, dem Hauswart die Führung von **Stundennachweisen** aufzuerlegen (*LG Karlsruhe* WuM 1996, 230; a.A. *AG Osnabrück* WuM 2004, 368). Denn es ist Sache des Vermieters, wie er die verschiedenen Kostenanteile feststellt (*Langenberg* in Schmidt-Futterer § 556 BGB Rn. 185). Dies empfiehlt sich jedoch im Hinblick auf die Beweislast (s. unten Rdn. 5330, 5331c). Ist der Stundennachweis nur für bestimmte Zeiträume geführt, kann im Wege der Schätzung nach § 287 ZPO ein Jahresdurchschnitt ermittelt werden (*LG Neuruppin* WuM 2004, 39).

5501

Ein **pauschaler prozentualer Abzug** (nicht selten soll er bei 20 % anzusiedeln sein) für Verwaltungs-, Instandhaltungs- und Erneuerungsarbeiten wird den Umständen des Einzelfalles nicht gerecht (*LG Potsdam* GE 2003, 743; a.A. *AG Köpenick*, Urt. v. 25.11.2014 – 3 C 124/14, WuM 2015, 159 für die Behauptung des als Zeugen vernommenen Hauswarts, er sei zu geschätzten 10 % mit Verwaltungsarbeiten und zu 50 % mit Reparaturarbeiten betraut und werde pauschal entlohnt; *LG Berlin* GE 2002, 860; differenzierend *AG Hamburg-St. Georg* WuM 2007, 446). Aufgrund konkreter Anhaltspunkte kann jedoch eine Schätzung erfolgen (vgl. *AG Berlin-Charlottenburg* GE 2005, 997). Die Zeugeneinvernahme des Hauswarts ist nur zulässig, wenn bereits konkreter Sachvortrag vorliegt; ansonsten handelt es sich um einen unzulässigen Ausforschungsbeweis (vgl. *AG Osnabrück* WuM 2004, 368).

5502

5503 Die **Hausverwaltung** macht sich **schadensersatzpflichtig**, wenn sie vom Hausmeister wegen nicht umlegbarer Arbeiten nur die dort erhaltene Auskunft mit einem Abzug von 10 % ungeprüft übernimmt *(LG Mannheim*, Urt. v. 2.6.2015 – 11 O 103/14, ZMR 2015, 717). Ist die Verwaltung mit der kaufmännischen und technischen Verwaltung der Liegenschaft betraut und zählt hierzu auch die Erfassung und Abrechnung von Betriebs-, Neben- und Heizkosten, ist die Verwaltung nicht verpflichtet, den Vermieter darauf hinzuweisen, dass es Schwierigkeiten bei der Feststellung eines Vorwegabzugs wegen der Erledigung auch von Instandhaltungs- und Verwaltungstätigkeiten des Hauswarts gibt. Eine solche weitergehende Rechtsberatung ist im Immobilienmanagement nicht angezeigt, selbst wenn die Verwaltung auch zur Unterbreitung von Optimierungsvorschlägen gehalten ist.

5504 Stellt der Verwalter aber anlässlich einer Abrechnung der Betriebskosten fest, dass der Hausmeister entsprechend seinem Leistungsverzeichnis auch Tätigkeiten der Instandhaltung und Verwaltung durchgeführt hat und erfragt er den diesbezüglichen Anteil mit 10 %, muss der Verwalter die zugrundeliegenden Anknüpfungstatsachen erfragen und feststellen, um die inhaltliche Richtigkeit des Abzugs selbst prüfen zu können. Die Pauschalangabe des Hausmeisters darf deshalb nicht ungeprüft übernommen und in die Betriebskostenabrechnungen eingestellt werden. Andernfalls macht der Verwalter sich schadensersatzpflichtig. Zusätzlich wurde hierbei verlangt, dass der Verwalter darauf hinwirkt, dass der Hausmeister Rapportzettel anfertigt und im Fall dessen Weigerung den Vermieter hierüber in Kenntnis setzt und auch ohne Rapporte hätte sich die Verwaltung näher beim Hausmeister wegen seiner nicht umlegbaren Tätigkeiten ins Benehmen setzen müssen.

5505 Bedeutung gewinnt der Hauswartvertrag dann, wenn er Tätigkeiten enthält, die im Hause gar nicht anfallen *(AG Köln* WuM 2000, 37). Es spricht zumindest eine Vermutung dafür, dass sich die Vergütung auch auf solche Tätigkeiten bezieht. Angesichts der vielfach zu beobachtenden Sorglosigkeit bei der Verwendung von Vertragsformularen muss dem Vermieter jedoch der Nachweis offenbleiben, dass es sich um ein Versehen gehandelt hat, das ohne Auswirkung auf die Höhe der Vergütung geblieben ist.

5506 Minimale Verwaltungstätigkeiten, die für den Mieter nur Cent-Beträge ausmachen würden, können vernachlässigt werden *(LG Gera* WuM 2001, 615).

5507 Eine Aufteilung ist auch notwendig, wenn ein Hauswart aufgrund eines Vertrages mehrere Abrechnungseinheiten betreut *(AG Köln* WuM 1997, 273). Die Aufteilung hat bei einem einheitlichen Vertrag nach der tatsächlich geleisteten Arbeit zu erfolgen. Eine Umlegung nach dem Verhältnis der Wohnflächen der Abrechnungseinheiten ist nicht zulässig *(AG Pinneberg* ZMR 2004, 597; a.A. *LG Köln* ZMR 2008, 460).

5508 Ist eine Aufteilung erforderlich, gehört die **nachvollziehbare Darstellung** der Aufteilung zu einer ordnungsgemäßen Abrechnung. Es müssen die Gesamtkosten angegeben und in einen umlegungsfähigen und einen nicht umlegungsfähigen Teilbetrag aufgespalten werden *(BGH*, Beschl. v. 11.9.2007 – VIII ZR 1/07, ZMR 2007, 953 = NZM 2007, 770). Dabei ist das Verhältnis von umlegbaren und nicht umlegbaren

A. Die einzelnen Betriebskosten – § 2 BetrKV   Teil V

Tätigkeiten anzugeben. Eine weitere Erläuterung ist nicht erforderlich (*Beuermann* GE 2007, 1153; *Schmid* GE 2008, 905 [908]; a.A. *Berlin-Köpenick* GE 2007, 1195).

Pauschale Ansätze reichen zwar für die formelle Ordnungsmäßigkeit der Abrechnung aus, jedoch kann sie der Mieter ohne weitere Darlegung im Prozess bestreiten (*BGH*, 20.2.2008 – VIII ZR 27/07, ZMR 2008, 691 = GE 2008, 662 = NZM 2008, 403; s. hierzu allgemein Rdn. 1154 ff.). Da es für die Aufteilung auf die tatsächlichen Leistungen ankommt, ist eine Vorlage des Hauswartvertrages entbehrlich (a.A. *LG Bonn* WuM 1998, 353). Das gilt auch, wenn die Tätigkeiten durch ein mit dem Vermieter wirtschaftlich verbundenes Unternehmen vorgenommen werden (a.A. *Westphal* WuM 1998, 331). Schließt der Vermieter getrennte Hauswartverträge ab über Tätigkeiten, deren Kosten umlegbar bzw. nicht umlegbar sind, müssen die nicht umlegbaren Kosten nicht mitgeteilt werden (*LG Itzehoe* ZMR 2010, 690). 5509

Die **Darlegungs-** und **Beweislast** dafür, ob und in welchem Umfang der Hauswart Tätigkeiten vorgenommen hat, deren Kosten nicht umlegungsfähig sind, trifft den Vermieter; einen pauschalen Ansatz kann der Mieter ohne weitere Darlegungen bestreiten (*BGH*, Urt. v. 20.2.2008 – VIII ZR 27/07, ZMR 2008, 691 [693] = NZM 2008, 403 = GE 2008, 662 [664] = WuM 2008, 285; a.A. *Derckx* NZM 2008, 394, der mangels Erläuterung einen formellen Mangel der Abrechnung annimmt; ähnlich *AG Münster*, 06.04.2018 – 61c 2796/17, WuM 2018, 429: Kosten insgesamt nicht umlegbar). 5510

Liegen keine Stundenlisten vor und werden die Tätigkeiten des Hausmeisters nachvollziehbar dargelegt, kann und muss das Gericht den Anteil nicht umlegbaren Kostenteile schätzen (*Langenberg* in Schmidt-Futterer § 556 BGB Rn. 186 m.w.N., der zunächst auch die Leistungsbeschreibung heranziehen will, was aber deswegen nicht hilfreich ist, weil es auf die tatsächlich durchgeführten Arbeiten ankommt). Die Rechtsprechung behilft sich meist mit **prozentualen Abzügen**, so etwa von 20 %, wenn der Hausmeister auch Instandhaltungs- und Verwaltungstätigkeiten vornimmt (*LG Berlin*, Urt. v. 29.4.2002 – 62 S 413/01, GE 2002, 860; LG Berlin, Urt. v. 10.5.2001 – 67 S 312/00, GE 2001, 923) oder von großzügigen 50 % (*LG Itzehoe*, Urt. v. 27.2.2015 – 9 S 89/13, ZMR 2015, 853). Im Schrifttum werden 22.5 % für Kosten der Instandhaltung und 7.5 % für Verwaltungstätigkeiten für angemessen erachtet (*Langenberg* in Schmidt-Futterer § 556 BGBB Rn. 186 m.w.H.). 5511

Eine **Mindestschätzung** soll auch dann geboten sein, wenn es an einer hinreichenden Schätzungsgrundlage fehlt, ein vollständiger Wegfall der Kostenposition aber in keinerlei Hinsicht in Betracht kommt (*LG Itzehoe*, Urt. v. 27.2.2015 – 9 S 89/13, ZMR 2015, 853). Soweit das *LG Itzehoe* dazu auf *BGH*, Urt. v. 14.6.2010 – VIII ZR 45/09 (ZMR 2011, 23 = WuM 2010, 578) verweist, liegt eine Vergleichbarkeit nicht vor. Dort hat der *BGH* zwar festgestellt, dass bei Feststellung eines Schadens dem Grunde nach eine Schätzung auch ohne Angaben von Grundlagen erfolgen muss und der Tatrichter erst dann hiervon absehen darf, wenn überhaupt keine Anhaltspunkte für einen Mindestschaden vorliegen und die Schätzung deshalb willkürlich wäre. In der genannten Entscheidung ging es aber darum, dass der Mieter mehrere Monate abwesend war und seine Wohnung wegen einer Vermisstenmeldung polizeilich geöffnet 5512 werden musste. Der Vermieter erhob keine Räumungsklage, sondern entsorgte eigenmächtig einen Großteil des Wohnungsinventars und lagerte einen anderen Teil ein. Der später wieder aufgetauchte Mieter verlangte aufgrund eines eingeholten Gutachtens Schadensersatz. Auch wenn der *BGH* durchaus allgemeine Grundsätze zu § 287 ZPO aufstellt, darf doch der konkrete Sachverhalt nicht außer Acht gelassen werden. Denn immerhin gab es im entschiedenen Fall durch Lichtbilder Anhaltspunkte für eine Schätzung des Wertes für die entsorgten Einrichtungen und zum Teil waren sie und auch noch Rechnungen noch vorhanden. Es konnte nicht gefordert werden, dass der Mieter Angaben zu Qualität, Alter, Marke, Neuwert darlegen musste. Immerhin hatte der Vermieter dafür gesorgt, dass bestimmte Details Einzelheiten nicht vorgetragen werden konnten.

5513 Es erscheint zu weitgehend, diese Grundsätze auf die hier interessierende Problematik anzuwenden, in der es darum geht, einen nicht umlegbaren Anteil an Hausmeisterarbeiten zu schätzen und von den gesamten Hauswartkosten abzuziehen. Hier spielt der Einzelfall eine entscheidende Rolle. Deshalb muss der Vermieter ausreichend darlegen, welche Tätigkeiten der Hausmeister in der betreffenden Zeit erledigt hat, um so eine Grundlage für die Schätzung zu haben.

5514 Nach hier vertretener Ansicht verbietet sich generell der pauschale Ansatz für nicht umlegbare Kostenteile zumindest dann, wenn der Vermieter nicht ausreichend darlegt, was, wann, wo der Hausmeister an Arbeiten erledigt hat. Alles andere läuft auf eine willkürliche Schätzung heraus. Angesichts der Vielfältigkeit nicht umlegbarer Tätigkeiten im Rahmen der Instandsetzung und Instandhaltung, der Renovierung, der Verwaltung geben prozentuale Anteile nur dann einigermaßen verlässliche Quoten wieder, wenn das Gericht in die Lage versetzt wird, den Anteil prozentual auszurechnen. Bloße Quotenangaben des Vermieters oder Selbsteinschätzungen des Hausmeisters dürfen daher nicht ausreichen. Der BGH verlangt ausdrücklich die nachvollziehbare Aufschlüsselung der umlegbaren und nicht umlegbaren Kosten, sofern der Mieter einfach bestreitet (*BGH* Urt. v. 20.2.2008 – VIII ZR 27/07, WuM 2008, 285).

5515 Der Vermieter trägt die **Darlegungs-** und **Beweislast** für die Möglichkeit, die nicht umlegbaren Kosten herauszurechnen. Dies gilt auch dann, wenn der Mieter keinen Gebrauch von seinem Einsichtsrecht in Abrechnungsbelege, Arbeitszettel, Stundennachweise und Ähnlichem, nimmt (*BGH*, Urt. v. 20.2.2008 – VIII ZR 27/07, ZMR 2008, 691 = WuM 2008, 285).

5516 Die Behauptung, dass ein Hauswart gar nicht vorhanden war, wird vom Mieter recht häufig erhoben. Dies hängt vor allem damit zusammen, dass der Hauswart nicht durchgehend anwesend ist und der Mieter berufstätig ist, wenn der Hauswart seine Dienste verrichtet. Eine fristlose **Kündigung** des Mietvertrags mit der Begründung, der Mieter habe durch seine Behauptung einen versuchten Prozessbetrug begangen wird abgelehnt, wenn durch Beweisaufnahme klar wird, dass der Hauswart nur alle zwei Wochen erscheint und dass er, ohne sich als Hauswart auszugeben einmal eine Reparaturarbeit in der Mietwohnung erledigt hatte und der Mieter deshalb davon ausging, dass es sich um einen vom Vermieter beauftragten Handwerker handelte (*AG Köpenick*, Urt. v. 25.11.2014 – 3 C 124/14, GE 2015, 129 = WuM 2015, 159).

A. Die einzelnen Betriebskosten – § 2 BetrKV   Teil V

Es kommt auch vor, dass der Mieter behauptet, der Hausmeister habe keine oder nur geringe Tätigkeiten ausgeübt. In einem solchen Fall ist der Vermieter nicht gehalten, eine Stundenliste vorzulegen und den Umfang der Tätigkeiten des Hausmeisters wegen nicht umlegbarer Kosten darzustellen (*OLG Düsseldorf*, Urt. v. 19.3.2013 – 24 U 115/12, ZR 2014, 31). 5517

Bedenklich erscheint es, anstelle einer Kostenaufteilung die Hauswartkosten nach **Mietwerttabellen** zu ermitteln (vgl. hierzu *LG Frankfurt/M*. WuM 1996, 561). Ein Ansatz von Erfahrungswerten statt der tatsächlichen Kosten ist dem Betriebskostenabrechnungssystem fremd. Geht man von geschätzten Kosten aus, müssen die Besonderheiten des jeweiligen Hauses besonders berücksichtigt werden (*AG Köln* WuM 2000, 680 für Vandalismuserscheinungen). 5518

Gibt es aber in der Gemeinde einen Betriebskostenspiegel, in dem die durchschnittlichen Hausmeisterkosten ermittelt sind und werden diese durch die tatsächlichen Kosten erheblich überstiegen, kann ein Verstoß gegen das Gebot der Sparsamkeit vorliegen (*AG Baden-Baden*, Urt. v. 3.6.2015 – 19 C 243/14, WuM 2015, 625 für Spiegelwerte zwischen 0.13 und 0.30 € pro qm bei tatsächlichen Kosten von 0.52 €). 5519

e) Wirtschaftlichkeitsgrundsatz

Die Beschäftigung eines Hauswarts muss nicht einer wirtschaftlichen oder praktischen Notwendigkeit entsprechen. Grundsätzlich ist es die freie Entscheidung des Vermieters, ob er einen Hauswart beschäftigen will. Er muss sich lediglich an die Grundsätze einer ordnungsgemäßen Bewirtschaftung halten (*BGH*, 7.4.2004 – VIII ZR 167/03, ZMR 2004, 430 = WuM 2004, 290 [292]). Das gilt auch wenn der Hauswart erst nach Abschluss des Mietvertrages eingestellt wird (*BGH* a.a.O.). Die **Erforderlichkeit der Beschäftigung eines Hauswarts** muss nur dargelegt werden, wenn hierfür im Hinblick auf den Wirtschaftlichkeitsgrundsatz Veranlassung besteht (vgl. Rdn. 1077 ff.; a.A. *AG Düren* WuM 2003, 153). Ist dies der Fall muss vorgetragen werden, welche Tätigkeiten mit welchem Stundenaufwand verrichtet wurden (*AG Wetzlar* WuM 2004, 339). 5520

Ist der Mieter zur Hausreinigung verpflichtet und beauftragt der Vermieter dennoch eine Hausreinigungsfirma, sind die Kosten nicht auf den Mieter umlegbar, sofern hierfür keine triftigen Gründe gegeben sind (*AG Leipzig*, 24.5.2018 – 168 C 5604/17, WuM 2018, 508; *AG Köpenick*, 7.3.2013 – 7 C 394/12, juris). 5520a

Im Anwendungsbereich der **NMV 1970** muss bei nachträglicher Einstellung eines Hauswartes eine begründete Mieterhöhung nach § 4 Abs. 7 NMV 1970 (i.V.m. § 10 WoBindG) erfolgen. Hierfür wird verlangt, dass der Grund für die Einstellung des Hauswarts und die Art seiner Tätigkeiten angeführt wird (*AG Wuppertal* ZMR 1994, 372). 5521

Anlass zur Prüfung des Wirtschaftlichkeitsgrundsatzes besteht, wenn der Vermieter eine Firma mit der Durchführung von Hauswarttätigkeiten beauftragt, an der er **selbst beteiligt** ist, daraufhin trotz des beibehaltenen Arbeitsaufwands wesentlich erhöhte Kosten entstehen und der Vermieter nicht darlegen kann, dass er sich einen Überblick 5522 über die üblichen Preise am Ort verschafft hat (*AG Dortmund*, Urt. v. 15.9.2015 – 425 C 1223/15, WuM 2015, 626: Preisermittlungspflicht). In diesem Fall wird dem Mieter ein Schadensersatzanspruch aus § 280 Abs. 1 BGB in Höhe der überzahlten Beträge im Vergleich zu der vorangehenden Abrechnung zuerkannt (AG Dortmund a.a.O. für Gebäudereinigungskosten; ganz ähnlich *AG Altötting*, Urt. v. 20.10.2015 – 1 C 267/15, WuM 2016, 125 für erhebliche Überschreitung des durchschnittlichen Wertes der Hausmeisterkosten in Bayern mit 0.28 € pro qm und Monat). Ein strenger Maßstab bei der Beurteilung der Einhaltung der Wirtschaftlichkeit wird bei größeren Verwaltern und Vermietern gefordert (*Milger* NZM 2008, 10).

5523 Das gleiche gilt, wenn eine Reduzierung der Hausmeisterkosten gegenüber Vorjahren festzustellen ist. In diesem Fall spricht ein Indiz dafür, dass die früheren Kosten überzogen waren (*OLG Düsseldorf*, Urt. v. 19.3.2013 – 24 U 115/12, ZMR 2014, 31).

5524 Bei geringen Streitwerten kann das Gericht trotz beantragter Einholung eines Gutachtens hiervon absehen und nach § 287 ZPO schätzen, sofern eine Grundlage hierfür angegeben wird (*AG Altötting*, Urt. v. 20.10.2015 – 1 C 267/15, WuM 2016, 125; *AG Baden-Baden*, Urt. v. 3.6.2015 – 19 C 243/14, WuM 2015, 625).

5525 Bei Geschäftsraum ergibt sich das Erfordernis das Gebot der sparsamen Bewirtschaftung aus § 242 BGB (*OLG Düsseldorf*, Urt. v. 19.3.2013 – 24 U 115/12, ZMR 2014, 31).

5526 Die **Darlegungs- und Beweislast** für die Behauptung der Verletzung des Sparsamkeitsgrundsatzes liegt beim Mieter. Dieser muss zunächst konkret vortragen, dass die Leistungen des Hauswarts in der betreffenden Zeit günstiger zu erlangen waren. Dann hat der Vermieter darzulegen und nachzuweisen, dass er mit dem von ihm abgeschlossenen Vertrag das Wirtschaftlichkeitsgebot nicht verletzt hat (*BGH*, Urt. v. 13.6.2007 – VIII ZR 78/06, NZM 2007, 563; *OLG Düsseldorf*, Urt. v. 19.3.2013 – 24 U 115/12, ZMR 2014, 31; *OLG Düsseldorf* ZMR 2011, 861; *AG Mitte*, 09.04.2018 – 18C 46/17, WuM 2018, 431 für fehlende Marktvergleiche.). Dazu genügt es nicht, wenn der Mieter nur behauptet, die Kosten in der Abrechnung übersteigen den überregional ermittelten durchschnittlichen Kostenansatz für Wohnungen gleicher Größe. Der Vermieter hat regelmäßig keine sekundäre Darlegungslast für die tatsächlichen Grundlagen seiner Kostenansätze in der Abrechnung (*BGH*, Urt. v. 6.7.2011 – VIII ZR 340/10, NZM 2011, 705 = WuM 2013, 731). Erforderlich ist, dass der Mieter beispielsweise durch einen preisgünstigeren anderen Anbieter benennt (*AG Bergen* auf Rügen, Urt. v. 7.4.2015 – 25 C 193/14, NZM 2015, 935). Umso mehr gilt dies, wenn der Mieter geringere Zahlen einfach in den Raum stellt und behauptet, ein bestimmter Quadratmetersatz von… Cent sei »ortsüblich«, ohne dies zu unterlegen.

5526a In Ausnahmefällen kann die Beweislast beim Vermieter liegen. So soll es sein, wenn der Vermieter die bisherigen Hausmeister entlässt und die typischen Hausmeistertätigkeiten wie Gartenpflege, Schneeräumdienst, Gebäudereinigung an Drittfirmen vergibt und die Kosten hierdurch um das Doppelte steigen. In diesem Fall wird dem Vermieter die Darlegungs- und Beweislast auferlegt, wonach der Wirtschaftlichkeitsgrundsatz nicht verletzt ist (*AG Spandau*, 13.9.2017 – 4 C 342/16, MM 2018, 29).

A. Die einzelnen Betriebskosten – § 2 BetrKV — Teil V

Ausnahmsweise kann das Gericht nach einer Ansicht ein einfaches Bestreiten ausreichen lassen und nach §§ 287 Abs. 1, 495 Abs. 1 ZPO vorgehen. Dies dann, wenn der Mieter außergerichtlich den Vermieter bittet, das Einsatzspektrum des Hauswarts mittels eines detaillierten Tätigkeitsberichts nachvollziehbar darzulegen und hierin Einsicht zu gewähren und wenn der Vermieter dem auch im Prozess nicht nachkommt (*AG Bergen auf Rügen*, Urt. v. 7.4.2015 – 25 C 193/14, NZM 2015, 935). — 5527

Steht die Verletzung des Sparsamkeitsprinzips fest, muss der Vermieter den Mieter von der Umlegung der überhöhten Kosten anteilig freistellen (*BGH*, Urt. v. 4.5.2011 – ZR 112/09, ZMR 2011, 788 für Verwaltungskosten; v. 9.12.2009 – XII ZR 109/08, ZMR 2010, 351 für Verwaltungskosten). — 5528

Vgl. Zur Darlegungs- und Beweislast für den Wirtschaftlichkeitsgrundsatz vgl. auch unter 1077d ff. — 5529

Ob die Ausschlussfrist des § 556 Abs. 3 S. 5 BGB auf Einwendungen des Mieters wegen Verstößen gegen den Wirtschaftlichkeitsgrundsatz Anwendung findet, ist höchstrichterlich noch ungeklärt (bej. *AG Mitte*, 9.4.2018. 18 C 46/17, GE 2018, 767 = WuM 2018, 430; *Derckx* NZM 2014, 372; *Langenberg* NZM 2014, 269; vern. *Flatow* WuM 2012, 235, 237; *Streyl* NZM 2013, 97, 100). Das AG Berlin-Mitte a.a.O. stellt darauf ab, dass der Einwand der Unwirtschaftlichkeit abgekoppelt ist von der Abrechnung, mit welcher er in keinem Zusammenhang stehe. Mit der inhaltlichen Richtigkeit der Abrechnung habe der Einwand nichts zu tun. § 556 Abs. 3 S. 5 BGB spricht indessen lediglich von Einwendungen des Mieters gegen die Abrechnung, weswegen es nach hier vertretener Ansicht nicht darauf ankommt, welcher Art die – konkret zu erhebenden – Einwände sein müssen. Sonst würde auch der Sinn der Regelung, binnen relativ kurzer Zeit Klarheit darüber zu erhalten, ob die Abrechnung akzeptiert werden muss oder nicht, verfehlt. — 5530

(unbesetzt) — 5531–5535

II. Verhältnis zu anderen Positionen

Nach Nr. 14 Halbs. 2 dürfen Kosten für Arbeitsleistungen nach Nummern 2 bis 10 und 16 nicht angesetzt werden, soweit die Arbeiten vom Hauswart ausgeführt werden. Die Hauswartkosten sind also grundsätzlich nicht auf die sonstigen Kostenpositionen zu verteilen (*LG Hamburg* WuM 1990, 561; *LG Stendal* ZMR 2004, 42). Das ist unproblematisch, wenn die Hauswartkosten und alle anderen Kostenpositionen, bei denen der Hauswart tätig wird, als umlegungsfähig vereinbart sind. — 5536

Ist die Umlegung von Hauswartkosten vereinbart, aber nicht die Umlegung anderer Positionen, bei denen der Hauswart tätig wird, so sind die Hauswartkosten voll bei Nr. 14 umlegungsfähig. Im Einzelfall kann eine Vertragsauslegung jedoch ergeben, dass die auf die anderen Positionen entfallenden Kosten abzuziehen sind. — 5537

Sind andere Kostenpositionen als umlegungsfähig vereinbart, aber nicht die Hauswartkosten, so ist der Aufwand für die jeweilige Position aus den Hauswartkosten herauszurechnen und bei den jeweiligen anderen Positionen umzulegen. Andernfalls — 5538 würde die Höhe der Belastung des Mieters davon abhängen, wer die Arbeiten ausführt. Eine anderweitige Auslegung der Vereinbarung im Einzelfall ist jedoch nicht ausgeschlossen.

5539 Bei Anwendung der HeizkostenV ist eine Herausrechnung der danach umzulegenden Kosten notwendig, weil diese Kosten nach den Umlegungsmaßstäben der HeizkostenV zu verteilen sind (vgl. Rdn. 6249).

5540 *(unbesetzt)*

5541 Nimmt der Hauswart außerhalb des Arbeitsvertrages Arbeiten gegen eine gesonderte Bezahlung vor, so erfolgt die Umlegung dieses Entgeltes bei den Positionen, zu denen diese Arbeiten gehören (vgl. *LG Hamburg* WuM 1989, 640).

III. Umlegungsvereinbarung

5542 Für die Umlegungsvereinbarung genügt die Bezugnahme auf die BetrKV; eine Einzelaufzählung der Hauswarttätigkeiten ist nicht erforderlich (*OLG Düsseldorf* ZMR 2014, 31). Wenn bei einem Wohnraummietverhältnis in der Umlegungsvereinbarung die Hausmeisterkosten genannt sind, erscheint das ebenfalls ausreichend, weil zur Ausfüllung des Begriffes auf § 2 Nr. 14 BetrKV zurückgegriffen werden kann. Es sind dann die Kosten umlegbar, die Hauswarttätigkeiten im Sinne des § 2 Nr. 14 BetrKV sind (vgl. *AG Münster*, IMR 2013, 181 m. zust. Anm. *Rave*). Das gilt grundsätzlich auch bei einem Mietvertrag über Geschäftsräume. Zu unbestimmt ist die bloße Anführung der Kosten des Hauswarts allerdings dann, wenn in einem gewerblichen Mietvertrag die Beschränkung auf Kosten nach der BetrKV ausdrücklich ausgeschlossen ist (*BGH*, 26.9.2012 – XII ZR 112/10, NZM 2013, 85).

IV. Kostenverteilung

5543 Es gelten die allgemeinen Regeln (vgl. Teil IV).

5544 In die Umlegung der Betriebskosten auf die Mieter sind auch Kosten mit einzubeziehen, die dadurch entstehen, dass ein Mieter als Hauswart tätig ist (*AG Stuttgart*, Urt. v. 22.7.1994 – 34 C 6338/94, WuM 1997, 231). Eine abweichende Vereinbarung zwischen dem Hausmeister mit dem Vermieter ist zulässig, darf aber jedenfalls bei Wohnraum nicht zulasten der übrigen Mieter gehen. Das bedeutet, dass die Kosten zu errechnen und vom Vermieter zu tragen sind.

5545 Der fiktive Mietzins einer dem Hausmeister mietfrei überlassenen Wohnung kann als Hausmeisterkosten in die Betriebskostenabrechnungen eingestellt werden, sofern die »Mietfreiheit« auf der Tätigkeit des Hausmeisters beruht und dieser kein gesondertes Entgelt für seine Tätigkeit erhält (*AG Köln*, Urt. v. 3.2.1997 – 213 C 406/96, WuM 1997, 273). Bei einem gekürzten Mietzins kann die Differenz zur ortsüblichen Vergleichsmiete umgelegt werden (Zehelein in: *Langenberg/Zehelein* III A Rn. 212).

5546 Nach hier vertretener Auffassung dürfen die vom Hausmeister zu tragenden Betriebskosten nicht auf die anderen Mieter verteilt werden, da es sich um Kosten handelt,

A. Die einzelnen Betriebskosten – § 2 BetrKV   Teil V

die vom Hausmeister, der eine Wohnung in der Anlage hat, selbst zu tragen sind. Die verbrauchsabhängigen Kosten werden ohnehin direkt durch diesen Mieter verursacht.

Eine Voraufteilung zwischen Wohn- und Geschäftsräumen ist nicht erforderlich (*LG Braunschweig* ZMR 2003, 114).   5547

V. Sonstiges

Allein die **Schlechterbringung von Hauswartdienstleistungen** berechtigt den Mieter nicht zur Kürzung des auf ihn entfallenden Kostenanteils (a.A. *AG Offenbach/M.* WuM 1980, 114; *AG Frankfurt/M.* WuM 1996, 778). Für die Auswirkungen der Schlechtleistung, wegen ständig ungereinigter Flure, hat der Mieter die Mängelrechte nach §§ 536 ff. BGB (Rdn. 1060). Allenfalls kann es an der Erforderlichkeit der Kosten fehlen, wenn der Vermieter seinerseits die Vergütung für eine Hauswartfirma kürzen könnte.   5548

Hauswartdienstleistungen müssen **nicht höchstpersönlich** erbracht. Eine Arbeitserbringung durch dritte Personen schließt deshalb die Umlegungsfähigkeit nicht aus (*LG Hamburg* ZMR 2006, 287).   5549

Beim **Wohnungseigentum** ist nur der mietrechtlich umlegbare Betriebskostenanteil einer Beschlussfassung nach § 16 Abs. 3 WEG zugänglich (*Schmid* ZMR 2007, 989 [991]). Ein nach § 16 Abs. 3 WEG gefasster Beschluss, wonach die Hauswartkosten nach Wohnungseigentumseinheiten umgelegt werden, widerspricht nicht ordnungsmäßiger Verwaltung (a.A. *LG Nürnberg-Fürth* IMR 2009, 281).   5550

Nr. 15. Die Kosten

a) des Betriebs der Gemeinschafts-Antennenanlage;
hierzu gehören die Kosten des Betriebsstroms und die Kosten der regelmäßigen Prüfung ihrer Betriebsbereitschaft einschließlich der Einstellung durch eine Fachkraft oder das Nutzungsentgelt für eine nicht zu dem Gebäude gehörende Antennenanlage sowie die Gebühren, die nach dem Urheberrechtsgesetz für die Kabelweitersendung entstehen;
oder
b) des Betriebs der mit einem Breitbandnetz verbundenen privaten Verteilanlage;
hierzu gehören die Kosten entsprechend Buchstabe a, ferner die laufenden monatlichen Grundgebühren für Breitbandanschlüsse.

I. Gemeinschafts-Antennenanlage

Der Betriebsstrom kann nicht zusammen mit dem Strom für Beleuchtung abgerechnet werden (a.A. *Wienicke* GE 1984, 608; *Kinne* GE 2007, 377 [341], wenn für Beleuchtung und Kabelempfang der gleiche Abrechnungsmaßstab gilt; vgl. Rdn. 5255). Ist kein Zwischenzähler vorhanden, muss eine Schätzung unter Heranziehung des Anschlusswertes erfolgen (*Kinne* ZMR 2002, 9).   5551

5552 Die Gebühren nach dem Urheberrechtsgesetz wurden mit Wirkung zum 1.1.2004 in den Betriebskostenkatalog aufgenommen.

5553 Nicht umlegungsfähig sind die Kosten für den Einbau einer Satellitenempfangsanlage, auch wenn hierfür ein monatlicher Betrag angesetzt wird (*AG Gelsenkirchen* WuM 2004, 234).

5554 Die Kostenverteilung richtet sich nach den allgemeinen Grundsätzen Teil IV). Bei preisgebundenem Wohnraum dürfen die Kosten nach dem Verhältnis der Wohnflächen umgelegt werden, sofern nicht im Einvernehmen mit allen Mietern ein anderer Umlegungsmaßstab vereinbart ist (§ 24a Abs. 2 Satz 1 NMV 1970).

II. Mit einem Breitbandnetz verbundene Verteilanlage

1. Umlegbare Kosten

a) Umlagefähige Kosten

5555 Die derzeitige Fassung beruht auf Art. 4 des Gesetzes zur Änderung telekommunikationsrechtlicher Regelungen und ist in Kraft seit dem 10.5.2012. Entgegen der früheren Fassung der Verordnung ist die Kostenumlegung nicht mehr auf ein Breitbandkabelnetz beschränkt. Sofern ältere Verträge auf § 2 Nr. 15 BetrKV Bezug nehmen oder den Text wiederholen, ist im Wege der ergänzenden Vertragsauslegung davon auszugehen, dass die Beschränkung auf Breitbandkabelanschlüsse auch für diese Verträge entfällt.

5556 Keine ansetzbaren Kosten nach Buchst. b) sind die Entgelte für den Anschluss an ein Breitbandnetz, auch wenn diese in Form wiederkehrender Teilzahlungen geleistet werden (*Wienicke* GE 1984, 603; vgl. auch *BayVGH* DWW 1992, 119 ff. m.w.N.).

5557 Die Kosten für einen Sperrfilter, der den Empfang bestimmter Programme verhindern soll, weil der Mieter den Anschluss an das Breitbandkabel verweigert hat, sind nicht umlegungsfähig (*AG Freiburg* WuM 1996, 285).

b) Umlegungsvereinbarung

5558 Die Vereinbarung einer Umlegung von Antennenkosten kann im Wege der ergänzenden Vertragsauslegung zu einer Umlegbarkeit der Kosten führen (*LG Frankfurt/M.* ZMR 2000, 763). Das setzt aber voraus, dass der Mieter bei Vertragsabschluss vom Vorhandensein des Kabelanschlusses wusste oder dass er dem Anschluss zugestimmt hat. Wird im Wege einer duldungspflichtigen Modernisierungsmaßnahme (§ 554 BGB) die Gemeinschaftsantenne abgebaut und ein Anschluss an das Breitbandnetz vorgenommen, können im Wege der ergänzenden Vertragsauslegung die Betriebskosten für den Anschluss an das Breitbandnetz umgelegt werden (*BGH*, Urt. v. 27.6.2007 – VIII ZR 202/06, WuM 2007, 572 = ZMR 2007, 851 = ZfIR 2007, 669 m. Anm. *Schmid*).

5559 Die bloße Nutzung reicht nicht (a.A. *LG Frankfurt/M.* ZMR 2000, 763). Je nach Sachlage kann aber in der Nutzung eine stillschweigende Zustimmung gesehen werden.

Ist die Kostenumlegung vereinbart, soll es nicht darauf ankommen, ob der Mieter 5560
das Kabel nutzt, wenn die Übernahme der Kosten vereinbart wurde (*AG Münster*, Urt. v. 27.2.2007 – 7 C 4811/06, ZMR 2007, 707; *AG Charlottenburg*, Urt. v. 13.1.2005 – 214 C 426/04, zit. b. *AG Münster* ZMR 2007, 707; *AG Schöneberg* GE 2004, 1595). Er kann danach nicht verlangen, von den Kosten freigestellt zu werden, wenn er keinen Anschluss an das Kabel wünscht. Die insoweit auch in der 14. Aufl. zustimmende Ansicht wird nicht weiterverfolgt. Nach hier vertretener Ansicht darf der Mieter, der kein Fernsehgerät nutzt, nicht mit den Kosten des Kabelanschlusses belastet werden. Hiergegen spricht auch weder die Übernahmevereinbarung als solche noch die Verpflichtung des Vermieters, hierwegen den Anschluss zur Verfügung zu stellen, sofern er nicht vorhanden ist (so aber *AG Münster* a.a.O.). Der Mieter, der kein Fernsehgerät besitzt, verursacht solche Kosten nicht. Es fehlt deshalb an einer Verursachungsbeteiligung. Verwiesen sei auch auf die Grundsätze der fehlenden Nutzungsmöglichkeit wie etwa bei den Kosten der Gartenpflege. Kann der Garten nur von einem oder mehreren Mietern genutzt werden, dürfen diejenigen nicht beteiligt werden, die von der Nutzung rechtlich oder tatsächlich ausgeschlossen sind (vgl. aber auch Rdn. 5221 ff., 5238a) oder beim Aufzug. Der Mieter, dessen Wohnung mit dem Lift nicht erreichbar ist, weil der Aufzug sich in einem anderen Teil des Gebäudes befindet, kann nicht zu den Kosten des Aufzugs herangezogen werden (*BGH*, Urt. v. 8.4.2009 – VIII ZR 128/08, ZMR 2009, 675).

Die derzeitige Fassung der Verordnung beruht auf Art. 4 des Gesetzes zur Änderung 5561
telekommunikationsrechtlicher Regelungen und ist in Kraft seit dem 10.5.2012. Entgegen der früheren Fassung der Verordnung ist die Kostenumlegung nicht mehr auf ein Breitbandkabelnetz beschränkt. Sofern ältere Verträge auf § 2 Nr. 15 BetrKV Bezug nehmen oder den Text wiederholen, ist im Wege der ergänzenden Vertragsauslegung davon auszugehen, dass die Beschränkung auf Breitbandkabelanschlüsse auch für diese Verträge entfällt.

2. Umlegungsmaßstäbe

a) Anwendungsbereich der NMV 1970

Die laufenden monatlichen Grundgebühren dürfen nach § 24a Abs. 2 Satz 2 NMV 5562
1970 nur zu gleichen Teilen auf die Wohnungen umgelegt werden, die mit Zustimmung des Nutzungsberechtigten angeschlossen worden sind.

Für die übrigen Kosten kann im Einvernehmen mit allen Mietern der Umlegungs- 5563
maßstab frei vereinbart werden. Besteht eine solche Vereinbarung nicht, dürfen diese Kosten nach dem Verhältnis der Wohnflächen umgelegt werden. Voraussetzung für die Umlegung ist es, dass die jeweilige Wohnung auch versorgt werden kann. Andernfalls ist eine Umlegung nur auf die Wohnungen zulässig, die von der Anlage Gebrauch machen können (*Wienicke* GE 1984, 607). Auf den tatsächlichen Anschluss kommt es hier nicht an (§ 24a Abs. 2 Satz 1 NMV 1970).

b) Nicht preisgebundener Mietraum

5564 Bei preisfreiem Wohnraum besteht keine Verpflichtung zu einer Umlegung nach Wohneinheiten (*AG Hamburg* WuM 2000, 331). Es kann auch nicht einseitig von einem vereinbarten Umlegungsmaßstab abgewichen werden (a.A. *LG Frankfurt/M.* ZMR 2000, 763). Ist kein Abrechnungsmaßstab vereinbart, gilt § 556a Abs. 1 Satz 1 BGB (Rdn. 4062). Es erfolgt also eine Abrechnung nach Wohnfläche (*AG Berlin-Wedding* GE 2006, 1493). Kann der Vermieter den Abrechnungsmaßstab einseitig bestimmen (Rdn. 4076 ff.) widerspricht eine Umlegung nach Mieteinheiten nicht dem billigen Ermessen. Dieser Abrechnungsmaßstab gilt nach Meinung des BGH (Urt. v. 27.6.2007 – VIII ZR 202/06, WuM 2007, 572 = ZMR 2007, 851 = ZfIR 2007, 669 m. Anm. *Schmid*) auch dann, wenn sich die Kostentragungspflicht aus einer ergänzenden Vertragsauslegung ergibt.

3. Sonstiges

5565 Die Umlegung setzt voraus, dass der Vermieter seinerseits zur Zahlung verpflichtet ist (a.A. *LG Frankfurt/M.* ZMR 2000, 763). Vom Vermieter nicht geschuldete Zahlungen können auch nicht umgelegt werden (vgl. Rdn. 1058).

5566 Bedenklich erscheint die Auffassung des *AG Neumünster* (WuM 1994, 285, 286), wonach der Vermieter einen bereicherungsrechtlichen Anspruch gegen den Mieter haben soll, wenn dieser den Anschluss schlicht nutzt. Entweder liegen nämlich die Voraussetzungen für eine Umlegungsfähigkeit vor, dann folgt der Anspruch aus dem Vertrag oder dem Gesetz; oder es liegen diese Voraussetzungen nicht vor, dann sind die Kosten mit der Miete abgegolten. In der tatsächlichen Nutzung des Anschlusses liegt eine Zustimmung zum Anschluss durch schlüssiges Verhalten. Eine entgegenstehende Erklärung wäre als treuwidrig unbeachtlich.

5567 Zahlt der Mieter Kosten, so ergibt sich hieraus die zumindest konkludente Vereinbarung eines mietvertraglichen Nutzungsrechts. Der Vermieter ist deshalb in der Regel nicht berechtigt, die Versorgung einseitig zu beenden (*AG Winsen/Luhe* ZMR 1998, 785). Umgekehrt kann der Vermieter nicht einseitig zum Breitband übergehen und die Gemeinschaftsantenne außer Betrieb setzen, wenn bisher Antennenkosten umgelegt wurden (*AG Osnabrück* WuM 1999, 34); in Betracht kommt jedoch eine Anwendung der Modernisierungsvorschriften.

5568 Die formularmäßige Vereinbarung über einen Breitbandanschluss, die bei Zahlungsverzug des Mieters den Vermieter berechtigt, den Anschluss der Wohnung zu unterbrechen und den Wiederanschluss erst nach Entrichtung aller Mietrückstände und Tragung der Kosten des Wiederanschlusses vorzunehmen, wird wegen Verstoßes gegen § 307 BGB für unwirksam erachtet (*AG Berlin-Schöneberg* WuM 1991, 158).

5569 In der Regel liegt bei der Umlage der Kabelkosten kein Verstoß gegen den Wirtschaftlichkeitsgrundsatz vor *(AG Duisburg*, Urt. v. 12.3.2015 – 79 C 3529/14, ZMR 2015, 427).

A. Die einzelnen Betriebskosten – § 2 BetrKV Teil V

Nr. 16. Die Kosten des Betriebs der Einrichtungen für die Wäschepflege

Hierzu gehören die Kosten des Betriebsstroms, die Kosten der Überwachung, Pflege und Reinigung der maschinellen Einrichtung, der regelmäßigen Prüfung ihrer Betriebsbereitschaft und Betriebssicherheit sowie die Kosten der Wasserversorgung entsprechend Nummer 2, soweit sie nicht dort bereits berücksichtigt sind.

I. Grundsätzliches

Der Betrieb von Wascheinrichtungen kann in verschiedenen rechtlichen Formen erfolgen. Entweder hat die Benutzung von Wascheinrichtungen bereits im Wohnungsmietvertrag ihre Grundlage; dann richtet sich die Kostentragung nach § 2 Nr. 16 BetrKV. Oder die Wascheinrichtung steht ohne mietvertragliche Bindung zur Benutzung zur Verfügung; dann gelten die hierfür vereinbarten Bedingungen, insbesondere ist der festgesetzte Preis zu bezahlen.   5570

Besteht keine mietvertragliche Grundlage für den Betrieb der Wascheinrichtung, kann diese nur aufgrund eines besonderen, meist stillschweigend geschlossenen Vertrages benutzt werden (vgl. *Schmid* BlGBW 1983, 161 ff.). Insbesondere bei Münzgeräten kommt eine solche Gestaltung vor. Mit dem Einwurf der Münzen oder einer sonstigen Zahlung ist das Entgelt entrichtet. Der Preis darf die bloße Kostendeckung überschreiten. Nachzahlungen oder Rückzahlungen erfolgen nicht. Die Kosten der Wascheinrichtung dürfen nicht auf die Mieter umgelegt werden (vgl. *LG Hamburg* WuM 1985, 390 L).   5571

Ob die Benutzung der Wascheinrichtung auf der Grundlage des Raummietvertrages erfolgt oder hiervon unabhängig, ist eine Frage der vertraglichen Gestaltung. In den meisten Mietverträgen fehlt jedoch eine ausdrückliche Regelung. In diesen Fällen wird eine mietvertragliche Grundlage angenommen, wenn die Wascheinrichtung im Mietvertrag erwähnt ist, insbesondere wenn eine Kostenumlegung vorgesehen ist, wenn vor Vertragsschluss, z.B. bei einer Besichtigung, von der Möglichkeit der Benutzung ausgegangen wurde (*Schmid* BlGBW 1983, 161), wenn der Mieter auf die Benutzung der Wascheinrichtung angewiesen ist oder wenn eine Trennung der Kosten von den Gemeinschaftskosten des Hauses nicht möglich ist. Da einer dieser Fälle meist vorliegen wird, geschieht die Benutzung der Wascheinrichtung in der Regel auf mietvertraglicher Grundlage.   5572

Bei Münzautomaten empfiehlt sich jedoch zur Vermeidung des komplizierten Abrechnungsverfahrens die Vereinbarung eines selbstständigen Automatenvertrages. Der Mieter wird ohnehin davon ausgehen, dass er mit dem Münzeinwurf seiner Zahlungspflicht genügt hat.   5573

Dem Mieter kann auch nur ein Platz für die Aufstellung eigener Wascheinrichtungen mit eigenem Strom- und Wasserzähler zur Verfügung gestellt werden. Der Mieter hat dann die Strom- und Wasserkosten selbst zu tragen. Ist kein Wasserzähler vorhanden können die Wasserkosten bei § 2 Nr. 2 BetrKV umgelegt werden. Die Stromkosten müssen gesondert erfasst werden, da andere Mieter nicht damit belastet werden dürfen.   5574

5575 Die folgenden Ausführungen beziehen sich auf eine Kostenumlegung auf mietvertraglicher Grundlage.

II. Umlegungsfähige Kosten

5576 **Einrichtungen für die Wäschepflege** sind alle für die Wäschepflege aufgestellten Einrichtungen, insbesondere Waschmaschinen, Wäscheschleudern, Trockner, Wäscheleinen und Bügelmaschinen.

5577 **Betriebsstrom:** Die Stromkosten müssen über einen eigenen Zähler gesondert erfasst werden, da eine hinreichend genaue Schätzung kaum möglich ist (*Schmid* DWW 1997, 68).

5578 **Überwachung, Pflege, Reinigung:** Diese Maßnahmen müssen die Wascheinrichtung selbst betreffen, nicht den Waschraum.

5579 **Prüfung der Betriebsbereitschaft und Betriebssicherheit:** Genannt sind nur die Kosten der Prüfung, nicht Aufwendungen für eine Beseitigung von Störungen. Bei Wartungsverträgen sind deshalb nur die Überprüfungskosten umlegbar, nicht die darin enthaltenen Reparaturkosten (*Schmid* DWW 1997, 68; vgl. hierzu allgemein Rdn. 1023).

5580 **Wasserkosten:** Die Wasserkosten können entweder in dieser Position umgelegt werden. Das setzt voraus, dass sie gesondert erfasst werden. Es kann aber auch eine Umlegung zusammen mit den anderen Wasserkosten nach Nr. 2 erfolgen. Wenn die sonstigen Wasserkosten und die Kosten für die Wascheinrichtung verbrauchsabhängig abgerechnet werden, wird es in aller Regel der Billigkeit entsprechen, den Wasserverbrauch gesondert zu erfassen und hier umzulegen (*Schmid* DWW 1997, 68).

5581 **Instandhaltungspauschale:** Nur im Anwendungsbereich der NMV 1970 darf für die Kosten der Instandhaltung der Wascheinrichtungen ein Erfahrungswert als Pauschbetrag angesetzt werden (§ 25 Abs. 1 Satz 2 NMV 1970).

5582 Nicht genannt und deshalb nicht nach dieser Position umlegungsfähig, sind die Kosten für den **Waschraum**. Möglich ist jedoch eine Zuordnung hierdurch veranlasster Betriebskosten zu anderen Positionen des § 2 BetrKV, z.B. zu Nr. 4 ff. für Heizung, zu Nr. 9 für Reinigung, zu Nr. 11 für Beleuchtung, zu Nr. 14 für Hauswartkosten.

5583 Ebenfalls nicht genannt sind die **Abwasserkosten**. Ihre Umlegung erfolgt nach § 2 Nr. 3 BetrKV, § 21 NMV 1970 und zwar auch dann, wenn sich die Abwasserkosten nach dem Frischwasserverbrauch richten.

5584 Die Kosten der **Verbrauchserfassung und Abrechnung** können nicht umgelegt werden (*AG Mühlheim/Ruhr* WuM 2000, 424).

5585 Kosten für **Anschaffung, Abschreibung** und **Kapitalverzinsung** können nicht als umlegungsfähig vereinbart werden (a. A: *AG Hamburg* WuM 2003, 565).

III. Kostenverteilung

1. Nicht preisgebundener Mietraum

a) Allgemeines

Für Mietverhältnisse, die nicht der Preisbindung unterliegen, gelten keine Sonderregelungen. Die Kostenverteilung richtet sich deshalb nach allgemeinen Grundsätzen Teil IV). 5586

b) Münzwaschgeräte

Anders als bei selbstständiger Automatenaufstellung (Rdn. 5380 ff.) hat bei einer Benutzung aufgrund des Mietvertrages eine Abrechnung stattzufinden. Dabei müssen die Münzeinnahmen den Mietern gutgebracht werden (*AG Hamburg* WuM 1993, 619). Das bedeutet, dass von den umlegbaren Kosten die Münzerträge abzuziehen sind. Eine Anrechnung der Erträge auf die Kostenpositionen Wasser und Allgemeinstrom kann nicht erfolgen (a.A. *AG Pinneberg* ZMR 2003, 121), da die mit einer Kostenposition zusammenhängenden Einnahmen die Ausgaben für diese mindern und deshalb dort zu berücksichtigen sind. Ein verbleibender Rest ist nach allgemeinen Grundsätzen zu verteilen. Sind die Münzerträge höher als die entstandenen Kosten, muss der Mehrerlös in der Betriebskostenabrechnung nach allgemeinen Grundsätzen auf die Mieter verteilt werden. 5587

Da der Münzeinwurf eine Leistung auf den endgültig zu zahlenden Betrag darstellt, sind die Grundsätze über die Angemessenheit von Vorauszahlungen (Rdn. 3078) zumindest entsprechend anzuwenden. Das bedeutet, dass der Preis für den einzelnen Waschvorgang die kalkulierten Kosten nicht übersteigen darf. 5588

c) Elektronische Verbrauchserfassung

Bei einer Gebrauchserfassung durch Chipkarten oder andere elektronische Erfassungseinrichtungen erfolgt die Kostenverteilung entsprechend dem Verhältnis der erfassten Verbrauchsanteile. 5589

2. Anwendungsbereich der NMV 1970

a) Kostenumlegung

Die Kosten dürfen nur auf die Mieter umgelegt werden, die die Wascheinrichtung auch **tatsächlich benutzen** (§ 25 Abs. 2 Satz 1 NMV 1970). Die bloße Möglichkeit, die Wascheinrichtung zu benutzen, führt zu keiner Kostentragungspflicht, auch nicht hinsichtlich einer Grundgebühr. 5590

Dies führt zwangsläufig dazu, dass die Kosten für die Wascheinrichtung gesondert erfasst werden müssen (*AG Hamburg* WuM 1993, 619, 620). Das ist auch bei einer eventuellen Hauswarttätigkeit, die sich auf die Wascheinrichtung selbst bezieht, erforderlich. Eine Anwendung von Nr. 14 Abs. 2 BetrKV ist im Hinblick auf die Sonderregelung des § 25 NMV 1970 nicht möglich (*Schmid* DWW 1997, 69). 5591

5592 Für die Wasserkosten besteht nach § 21 Abs. 1 Satz 1 NMV 1970 die Möglichkeit, diese zusammen mit den sonstigen Wasserkosten nach den hierfür geltenden Regeln umzulegen. Die Beschränkungen nach § 25 Abs. 2 und 3 NMV 1970 gelten insoweit nicht. Unberührt bleibt jedoch die Verpflichtung zu einer Erfassung und Voraufteilung nach § 20 Abs. 2 Satz 2 NMV 1970, wenn sich in der Wirtschaftseinheit auch Nichtwohnräume befinden (*LG Berlin* ZMR 2000, 532).

5593 Wer die Wascheinrichtung tatsächlich nutzt, muss festgestellt werden. Das kann z.B. dadurch geschehen, dass nur die Benutzer einen Schlüssel zum Waschraum erhalten.

5594 Der Umlegungsmaßstab muss nach § 25 Abs. 2 Satz 2 NMV 1970 **dem Gebrauch Rechnung tragen**. Dies geschieht meist durch die Verwendung von Münzzählern oder Chipkarten, kann aber auch in anderer Weise, z.B. durch Aufschreiben der einzelnen Benutzungsvorgänge erfolgen.

5595 Werden Münzzähler verwendet, so gelten auch hier die oben festgestellten Regeln, jedoch mit der Maßgabe, dass an den Nach- und Rückzahlungen nur die Nutzer zu beteiligen sind. Wenn nicht auch hierfür ein verbrauchsabhängiger Maßstab gefunden wird, ist Verteilungsmaßstab das Wohnflächenverhältnis.

b) Keine Vorauszahlungen

5596 Eine Vorauszahlung auf den voraussichtlichen Umlegungsbetrag ist nach § 25 Abs. 3 NMV 1970 nicht zulässig. Das würde bei ganz strenger wörtlicher Auslegung eigentlich dazu führen, dass Münzgeräte nicht zulässig sind, da hier der Mieter eine Vorleistung erbringt. Eine solche Auslegung würde aber nicht dem Zweck der Regelung entsprechen. Gerade die Verwendung von Münzgeräten führt zu einer dem Gebrauch in besonderer Weise Rechnung tragenden Kostenverteilung. Die Zeit der Vorleistung bis zum Beginn des Waschvorganges ist minimal. Auch den vorläufigen Kauf von Waschmünzen wird man noch nicht als verbotene Erhebung von Vorauszahlungen ansehen müssen (MieWo/*Schmid* Erl. zu § 25 NMV 1970 Rn. 12). Nichtbenutzer werden nicht belastet.

c) Abrechnung bei Verwendung von Münzgeräten

5597 Da an der Kostenverteilung nur die Benutzer der Wascheinrichtung teilnehmen, sind auch nur sie zu einer Nachzahlung verpflichtet bzw. zur Entgegennahme einer Rückzahlung berechtigt. Die Verteilung erfolgt gemäß § 20 Abs. 1 Satz 1 NMV 1970 nach Wohnfläche (MieWo/*Schmid* Erl. zu § 25 NMV 1970 Rn. 11 ff.).

Nr. 17. Sonstige Betriebskosten

Hierzu gehören Betriebskosten, die von den Nummern 1 bis 16 nicht erfasst sind.

A. Die einzelnen Betriebskosten – § 2 BetrKV   Teil V

I. Allgemeines

Nr. 17 enthält einen **Auffangtatbestand** für Betriebskosten, die in den vorhergehenden Nummern nicht einzeln aufgeführt sind (*OLG Celle* ZMR 1999, 238, 240). Zu beachten ist, dass es sich auch hier bei Wohnraummietverhältnissen um Betriebskosten im Sinne des § 556 Abs. 1 BGB handeln muss (vgl. oben Rdn. 1021 ff.). Bei Nichtwohnraummietverhältnissen besteht diese Beschränkung nicht. Es können deshalb bei entsprechender Vereinbarung auch Kosten umgelegt werden, die keine Betriebskosten i.S.d. Nr. 17 sind. Im Interesse einer Einheitlichkeit der Darstellung sind im Folgenden auch einige dieser Kosten aufgelistet. 5598

Den »sonstigen Betriebskosten« unterfallen nicht Kosten, die mit der Bewirtschaftung des Gebäudes nicht unmittelbar zusammenhängen und auch nicht durch den bestimmungsgemäßen Gebrauch oder durch das Eigentum verursacht sind (*LG Hamburg* ZMR 1997, 358 m.w.N.). Über das in § 556 Abs. 1 S. 2 BGB enthaltene Merkmal des bestimmungsgemäßen Gebrauchs hinaus muss ein Bezug zur Mietsache vorliegen (*BGH*, Urt. v. 10.2.2016 – VIII ZR 33/15, ZMR 2016, 434 = GE 2016, 387). 5599

Auf die Höhe der Kosten kommt es für die Umlegungsfähigkeit als solche nicht an. Es besteht insbesondere keine Beschränkung auf Aufwendungen mit lediglich unerheblichem wirtschaftlichem Gewicht (*OLG Celle* ZMR 1999, 238). 5600

Zu den Anforderungen an die Vereinbarung der Umlegung »sonstige Betriebskosten« s. Rdn. 5598 ff. 5601

Aus der Abrechnung muss erkennbar sein, welche Kosten in dieser Position angesetzt sind. 5602

II. Einzelfragen

Überprüfungskosten für **Abflussrohre** (*AG Tiergarten* GE 1996, 1435) und Kosten für eine vorbeugende Reinigung (*Gather* DWW 2011, 362 [366]). 5603

Abrechnungskosten, sind keine Betriebskosten, soweit nicht ausdrücklich etwas anderes bestimmt ist, wie in § 2 Nrn. 2, 4, 5, 6 und 8 BetrKV. 5604

Betriebskosten für **Abwasserreinigungsanlagen** (*Kinne* ZMR 2001, 10). 5605

Beleuchtung: Eine regelmäßige Kontrolle ist im Interesse der Verkehrssicherheit erforderlich. Die hierfür anfallenden Kosten sind umlegungsfähig (*vgl.* Rdn. 5295; a.A. *AG Köln* WuM 2007, 264). Die Kosten unterfallen § 2 Nr. 17 BetrKV, nicht § 2 Nr. 11 BetrKV, da dort nur die Stromkosten erwähnt sind (*vgl.* Rdn. 5298). Beleuchtungskosten für den Heizungsraum unterfallen ebenfalls der Nr. 17, da sie in der Nr. 4 nicht erwähnt sind (*Lammel*, HeizkostenV, § 7 Rn. 90). Nicht umlegbar sind bei Wohnraummietverhältnissen die Kosten für Lampen und Glühbirnen (*OLG Düsseldorf* NZM 2000, 762; *AG Berlin-Tiergarten* GE 1988, 631). Bei anderen Mietverhältnissen kann eine andere Vereinbarung getroffen werden. 5606

Kosten für einen **Bereitschaftsdienst** (*AG Köln* Mietrechtliche Entscheidungen in Leitsätzen ZMR 1996 Heft 3 S. IV). 5607

5608 **Beschichtungen** von Bodenbelägen und Öltank (vgl. Rdn. 5094) betreffen die Instandhaltung und Instandsetzung und unterfallen deshalb nicht der Nr. 17.

5609 Kosten der **Prüfung der Betriebsbereitschaft und Betriebssicherheit** (vgl. *BGH*, Urt. v. 14.2.2007 – VIII ZR 123/06, ZMR 2007, 361 = GE 2007, 440; a.A. *Wall* WuM 1998, 528). Teilweise sind diese Kosten ausdrücklich angeführt. I.Ü. handelt es sich um Kosten des Betriebes der jeweiligen Anlage.

5610 **Bewachung:** Kosten der Bewachung des Mietobjekts sind keine Betriebskosten (*OLG Düsseldorf* DWW 1981, 283; offengelassen in GE 2012, 202; a.A. die wohl h.M.: *OLG Celle* ZMR 1999, 338 ff.; *OLG Frankfurt/M.* ZMR 2004, 182; LG Berlin GE 2005, 237; wohl auch BGH, Urt. v. 5.4.2005 – VIII ZR 78/04, NZM 2005, 452 = WuM 2005, 336). Bewachungskosten sind Kosten der Aufsicht und damit Verwaltungskosten i.S.d. § 2 Abs. 2 Nr. 1 BetrKV. Teilweise erfolgt eine Zurechnung zu den Hauswartkosten (*Langenberg* in: Schmidt-Futterer, Mietrecht, § 556 Rn. 229). Ein Abstellen darauf, ob die Bewachung dem Interesse des Vermieters oder des Mieters dient, verbundenen mit einer nur anteiligen Umlegung der Kosten (so *LG Köln* WuM 2004, 400) ist weder rechtsdogmatisch begründbar noch praktikabel. Die notwendige Eingrenzung sieht die h.M. in der Notwendigkeit der Bewachung, also letztlich nur im Wirtschaftlichkeitsgrundsatz (*LG Berlin* WuM 2013, 612). Rechnet man die Bewachungskosten den Betriebskosten zu, so kann die Umlegung nicht mit der Begründung verneint werden, dass in einer Großstadt Einbruchsversuche üblich sind (a.A. *AG Hamburg-Barmbek* WuM 2007, 289).

5611 Kosten für die Wartung einer **Blitzschutzanlage** unterfallen der Nr. 17 (*AG Bremervörde* WuM 1987, 198; *Schmid* GE 2013, 1242; a.A. *Kinne* GE 2003, 444; offenlassend *BGH*, Urt. v. 10.2.2016 – VIII ZR 33/15, GE 2016, 387 = ZMR 2016, 434).

5612 Wartungskosten für **Brandschutzanlagen** (*Gather* DWW 2011, 362 [363]), insbesondere Wartungskosten für Brandmelde- und Sprinkleranlagen, Ist in einem Gewerberaummietvertrag vereinbart, dass der Mieter die Kosten der Wartung aller Betriebsvorrichtungen zu tragen hat, so umfasst das auch die Kosten der Wartung der Brandmeldeanlage mit allen Vorrichtungen (*OLG Koblenz* ZMR 2013, 795).

5613 **Concierge-Kosten** werden als umlagefähig gewertet (*AG Erfurt* WuM 2008, 303).

5614 **Dachbegrünung:** Die Kosten der Pflege einer Dachbegrünung werden überwiegend als nicht umlagefähig angesehen, da es hierbei um die Verbesserung der Isolationseigenschaften des Daches gehe (*KG* GE 2006, 845; *Wall* in: Eisenschmid/Wall, Betriebskosten-Kommentar, Rn. 3565; *Langenberg* in: Schmidt-Futterer, Mietrecht, § 556 Rn. 157). Das schließt es allerdings nicht aus, im Grundsatz Betriebskosten nach § 2 Nr. 17 BetrKV anzunehmen (*Schmid* GE 2013, 1242). Jedoch werden hier regelmäßig entstehende Kosten, die keine Instandhaltungs- oder Instandsetzungskosten sind, kaum anfallen.

5615 **Dachflächen:** Kosten für die Kontrolle der Dachflächen sind keine Betriebskosten. Zwar sind solche Kontrollen notwendig (*Schmid* GE 2011, 1595 [1597]; a.A. *Wall* WuM 1998, 530), damit sich der Vermieter im Fall eines Schadens nach § 836 Abs. 1

Satz 2 BGB entlasten kann (*LG Offenburg* NJW-RR 2002, 596). Es handelt sich jedoch um Verwaltungskosten.

Dachgärten und Dachterrassen: Reinigungskosten für Dachgärten unterfallen nicht dem § 2 Nr. 9 BetrKV, da diese Vorschrift, wie die Beispiele zeigen, auf die Reinigung von Flächen innerhalb des Gebäudes abstellt. Auch § 2 Nr. 10 BetrKV kann nicht herangezogen werden, da diese Vorschrift nach ihrem Gesamtzusammenhang ebenerdige Gärten betrifft. Auch insoweit handelt es sich deshalb um sonstige Betriebskosten nach § 2 Nr. 17 BetrKV. Entsprechendes gilt für die Reinigung von Dachterrassen, sofern diese allen Mietern zur Verfügung stehen (*Schmid* GE 2013, 1242). 5616

Die Umlegbarkeit der Kosten einer **Dachrinnenbeheizung** wird überwiegend verneint (*Eisenschmid* in: Eisenschmid/Wall, Betriebskosten-Kommentar, Rn. 3965; mit Einschränkungen: *Langenberg* in: Schmidt-Futterer, Mietrecht, § 556 Rn. 216). Dem ist jedoch nicht zu folgen (*Schmid* GE 2013, 1242). Das Argument, dass es um die Einhaltung der Verkehrssicherungspflicht und die Erhaltung der Bausubstanz gehe, vermag nicht zu überzeugen. Weder das eine noch das andere schließt die Annahme von Betriebskosten aus. Auch der Winterdienst dient der Erfüllung der Verkehrssicherungspflicht und die Kosten sind nach § 2 Nr. 8 und 10 BetrKV umlegbar. Die Erhaltung der Bausubstanz dient es auch, wenn das Einfrieren von Leitungen verhindert wird; die Kosten sind nach § 2 Nr. 4 bis 6 BetrKV umlegbar. Die Beheizung der Dachrinne ist weder eine Instandhaltungs- noch eine Verwaltungsmaßnahme. Die Betriebskosten sind sonstige Betriebskosten nach § 2 Nr. 17 BetrKV (*Lützenkirchen* in: Lützenkirchen, Mietrecht, § 556 BGB Rn. 286). 5617

Dachrinnenreinigung. Die Kosten sind umlegungsfähig, wenn die Reinigung in regelmäßigen Abständen durchgeführt wird, nicht aber wenn eine einmalige Maßnahme aus einem bestimmten Anlass vorliegt oder eine bereits eingetretene Verstopfung beseitigt werden soll (*BGH*, Urt. v. 7.4.2004 – VIII ZR 167/03, ZMR 2004, 430 = WuM 2004, 290; *AG Hamburg-Altona*, Urt. v. 3.5.2013 – 318a C 337/12, ZMR 2014, 801). Kosten der Dachrinnenreinigung, die über lange Zeit nicht erledigt wurde und deshalb besonders umfangreich sind sowie ungewöhnlich hohe Kosten werden nicht als turnusmäßig anfallende Kosten angesehen. Sie sind deshalb nicht umlegbar. (*AG Münster*, 15.3.2019 – 48 C 361/18, 379 5618

Durchfahrtsrechtrente, wenn die Mülltonnenleerung gezwungenermaßen über ein Nachbargrundstück erfolgt (offenl. Red. GE 2015, 412). 5619

Gemeinschaftlich entstehende Kosten bei **Einzelheizungen** außer Schornsteinfegerkosten. 5620

Überprüfungs- und Wartungskosten für **elektrische Anlagen** (*BGH*, Urt. v. 14.2.2007 – VIII ZR 123/06, ZMR 2007, 361 = GE 2007, 440). 5621

Stromkosten für Entlüftungsanlagen (*Gather* DWW 2011, 362 [363]). 5622

Fassadenreinigung (*Schmid* DWW 2004, 288; a.A. *AG Hamburg* WuM 1995, 652, 653 – Instandsetzung). 5622a

5623 Wartungskosten für **Feuerlöschgeräte** (*LG Köln* WuM 1997, 230; *LG Berlin* NZM 2002, 65; a.A. *AG Steinfurt* WuM 1993, 135; *AG Hamburg* WuM 1998, 352).

5624 **Fußbodenheizung:** Kosten für eine Spülung unterfallen nicht der Nr. 17 (*AG Köln* WuM 1999, 235).

5625 **Fußmatten:** Miet- und Reinigungskosten für Fußmatten sind nicht bei § 2 Nr. 9 BetrKV, sondern bei § 2 Nr. 17 BetrKV anzusetzen, da die Matten zwar die Verschmutzung des Hauses verringern, aber nicht dessen Reinigung betreffen (*Schmid* WuM 2011, 659; a.A. *LG Berlin* GE 2007, 1123).

5626 Druck- und Dichtigkeitsprüfungen von **Gasleitungen**, sofern die Leitungen nicht zur zentralen Heizungsanlage (*AG Königstein/Ts.* WuM 1997, 684) oder zu einer Etagenheizung gehören. In diesen Fällen sind die Kosten bei der jeweiligen Position umlegungsfähig. Es handelt sich um eine Überprüfung technischer Einrichtungen. Eine Überprüfung alle zwei Jahre ist nicht unwirtschaftlich (*Schach* GE 2005, 334 [336]).

Muss die Dichtigkeitsprüfung für Gasleitungen nach den betreffenden Bestimmungen aller zwölf Jahre durchgeführt werden, lässt der Vermieter dies aber alle fünf Jahre erledigen, ist das Gebot der Wirtschaftlichkeit verletzt (*AG Münster*, 15.3.2019 – 48 C 361/18, WuM 2019, 380).

5627 Wartungskosten für **Gasaußenwandheizkörper** (*AG Lichtenberg* WuM 1998, 572).

5628 Kosten für die Aufstellung eines **Geldautomaten** (*Ormanschick* WE 2000, 24).

5629 **Glasdächer:** Reinigungskosten unterfallen § 2 Nr. 17 BetrKV (*Schmid* GE 2013, 1242; a.A. *AG Potsdam* GE 2007, 918).

5630 **Glasversicherung** (*AG Gelsenkirchen*, Urt. v. 25.6.2013 – 3b C 333/12, ZMR 2014, 127).

5631 **Graffiti:** Die Frage der Eigenschaft von Kosten der Graffitibeseitigung ist noch sehr umstritten. Bei der Beseitigung von Graffitis handelt es nach einer Ansicht sich nicht um Betriebskosten, da die Kosten nicht durch einen bestimmungsgemäßen Gebrauch des Gebäudes verursacht sind (*Schmid* WuM 2008, 519 [521]; *ders.* WuM 2011, 659 [661]; a.A. *AG Berlin-Mitte*, Urt. v. 27.7.2007 – 11 C 35/07, GE 2007, 1259). Es handele sich vielmehr um Instandhaltungskosten (*OLG Düsseldorf*, Urt. v. 27.3.2012 – 24 U 123/11; *KG*, Urt. v. 4.12.2003 – 22 U 86/02; *LG Berlin*, Urt. v. 19.2.2016 -63 S 189/15, GE 2016, 723).

5632 Eine andere Ansicht stellt darauf ab, ob es sich um Einzelfall um Graffiti handelt, die mit einer **gewissen Regelmäßigkeit** verursacht wird. Fehle es hieran, scheide die Umlage unter dem Gesichtspunkt der Kosten der Gebäudereinigung aus (*LG Kassel*, Urt. v. 14.7.2016 – 1 S 352/15, WuM 2016, 741).

5633 Eine wiederum andere Ansicht verneint zwar ebenfalls die Eigenschaft als Gebäudereinigungskosten (wenngleich eine gewisse Vergleichbarkeit anzunehmen sei) und ebenso als Kosten der Instandhaltung, stellt aber fest, dass es sich um sonstige Betriebskosten nach § 2 Nr. 17 BetriebskostenVO handelt, die durch mehrfache Zahlung (hier durch viermalige) stillschweigend als geschuldet zu gelten hatten (*AG Berlin-Neukölln*, Urt. v. 1.3.2017 – 6 C 54/16, GE 2017, 422).

Kosten der Instandhaltung liegen in der Beseitigung von Graffiti richtigerweise nicht, stellt man auf § 1 Abs. 2 Ziff. 2 BetriebskostenVO ab (so zutr. Red. GE 2017, 386). Darunter versteht man Kosten, die erforderlich werden, um die durch Abnutzung, Alterungs- und Witterungseinflüsse entstandenen baulichen Mängel zu beseitigen. Zulässig erscheint ein Vergleich mit den Kosten der Gebäudereinigung. Hier verhält es sich ähnlich wie bei den Kosten der Sperrmüllabfuhr. Legt man die Auffassung des BGH zu jenen Kosten zugrunde, wonach auch der rechtswidrig von Dritten abgestellte Sperrmüll zu den umlagefähigen Betriebskosten zählen, lässt es sich vertreten, im Fall der Graffiti nicht anders zu verfahren. 5634

Jalousien: Reinigungskosten unterfallen der Nr. 17 (*AG Potsdam* GE 2007, 918). 5635

Wartungskosten für die **Klingel-Sprechanlage** (*AG Hamburg* WuM 1988, 308; unnötig). 5636

Reinigungskosten für **Lichtschächte**. 5637

Kosten der Wartung für eine **Lüftungsanlage** (*AG Köln* Mietrechtliche Entscheidungen in Leitsätzen ZMR 1996 Heft 9 S. XII). 5638

Mietkosten sind in Nrn. 2, 4–6 und 15 ausdrücklich genannt. Im Übrigen wird eine Umlegbarkeit generell verneint (*Wall* WuM 1998, 528). Vgl. für Gastank Rdn. 5448; für Müllbehältnisse Rdn. 5458; für Rauchmelder *Schumacher* NZM 2005, 641 [643]). Dem ist jedoch nicht uneingeschränkt zu folgen. Wenn eine Anmietung von Gerätschaften zur Erfüllung von Aufgaben sachgerecht ist und die Aufwendungen für diese Aufgaben Betriebskosten sind, wird eine Umlegung der Miete vom Betriebskostenbegriff nicht ausgeschlossen (vgl. *Schmid* ZMR 2000, 197 ff.). 5639

So ist es nach hier vertretener Ansicht zulässig, die Mietkosten für die Notrufeinrichtung einer Aufzugsanlage als umlagefähig zu vereinbaren. Eine Umlegung von Leasingkosten für Brenner, Öltank und Verbindungsleitungen scheitert daran, dass diese Gegenstände Voraussetzung für den Betrieb der Heizungsanlage sind und nicht Kosten des Betriebs dieser Anlage (*Schmid* ZMR 2009, 357; im Ergebnis ebenso *BGH*, Urt. v. 17.12.2008 – VIII ZR 92/08, ZMR 2009, 354; vgl. zum Problem ausführlich: *Schmid* WuM 2012, 363f441 5640

Müllbehälterreinigungskosten gehören zur Nr. 8. 5641

Namensschilder: Kosten hierfür können nicht umgelegt werden (*AG Augsburg* WuM 2012, 202). 5642

Notfallsysteme: Betriebskosten sind umlegbar nach § 2 Nr. 17 BetrKV. Es handelt sich dabei um die Kosten für Strom und Wartung, aber auch um die Kosten für eine Notrufzentrale (*Schmid* WE 2007, 274). 5643

Eine »**Notdienstpauschale**« wird zu den Verwaltungskosten gezählt, die bei der Wohnraummiete nicht umlegbar sind. Eibe derartige Pauschale dient dazu sicherzustellen, 5643a dass auch außerhalb der üblichen Geschäftszeiten bei Schadenfällen, Havarien oder ähnlichem eine bestimmte Person, etwa der Hausmeister zu erreichen ist. Solche Kosten entstehen aber nicht durch das Eigentum und sie betreffen auch nicht den bestimmungsgemäßen Gebrauch des Grundstücks, Gebäudes oder der Anlagen (so jedenfalls *AG Charlottenburg*, 21.2.2018 – 215 C 311/17, WuM 2018, 208).

5644 **Pförtner:** Kosten für einen Pförtner (Concierge, Doorman) werden vom BGH (Urt. v. 5.4.2005 – VIII ZR 78/04, NZM 2005, 452 = WuM 2005, 336) grundsätzlich als sonstige Betriebskosten anerkannt, sind aber nur erfasst, wenn eine konkrete Notwendigkeit besteht. Der BGH musste zu dem Problem jedoch nicht abschließend Stellung nehmen, da es an einer konkreten Notwendigkeit fehlte. Das *LG Berlin* (GE 2007, 657) bejaht eine solche Notwendigkeit, wenn die Gefahr besteht, dass Einbrecher das Gebäude betreten. Verfehlt zieht das Gericht auch die Entgegennahme von Postsendungen, die Wahrnehmung von Ableseterminen und die Aufbewahrung von Schlüsseln durch den Doorman heran. Jedenfalls insoweit handelt es sich um Verwaltungskosten (a.A. *Beyer* GE 2007, 950 [952]). Die Pförtnertätigkeit betrifft nur Tätigkeiten im Eingangsbereich; Patrouilliendienste eines Wachschutzunternehmens können deshalb nicht als Pförtnerkosten umgelegt werden (*AG Berlin-Charlottenburg* GE 2007, 1124).

5645 Wartungskosten für **Pumpen** sind Betriebskosten (*LG Berlin* NZM 2002, 65).

5646 Wartungskosten für eine **Rauchabzugsanlage** (*AG Schöneberg* GE 2008, 1631; a.A. *LG Berlin* NZM 2000, 27). Aus Sicherheitsgründen ist zumindest eine regelmäßige Funktionsprüfung erforderlich.

5647 Die Frage der Umlagefähigkeit von Kosten der **Rauchmelder** ist zu unterscheiden zwischen:
– Anschaffungskosten
– Anmietkosten
– Wartungskosten.
– Ersatzbeschaffungskosten.

5648 Anschaffungskosten sind keine Betriebskosten. Sie fallen einmalig an, auch wenn sie ratenweise bezahlt werden.

5649 Die Umlagefähigkeit der Mietkosten oder der Kosten der Wartung von Rauchwarnmeldern ist höchstrichterlich noch ungeklärt. Bei den Instanzgerichten werden unterschiedlichen Rechtsansichten vertreten. Vom Grundsatz her stellt sich zunächst die Frage, ob derartige Kosten überhaupt nach Nr. 17 umgelegt werden können. Dazu ist es nämlich erforderlich, dass es sich bei der Wohnraummiete um Betriebskosten iSv § 556 Abs. 1 BGB handeln muss (Rdn. 5598 ff.). Sie müssen also das Merkmal der laufenden Entstehung beinhalten und mit der Gebäudebewirtschaftung zusammenhängen. Fehlt es hieran, könne die Kosten bei einer Mietwohnung nicht unter Nr. 17 gefasst werden. Dies wird, was die Anmietkosten für Rauchmelder betrifft vertreten. Nach einer Ansicht handelt es sich hierbei um Kapitalersatzkosten, praktisch um nicht umlegbare Anschaffungskosten (*LG Düsseldorf*, 6.4.2020–21 S 52/19, ZMR

2020, 650; *AG Leonberg*, 9.5.2019 – 2 C 11/19, WuM 2019, 642; *AG Lübeck*, ZMR 2008, 302).

Mietkosten werden auch für umlegungsfähig angesehen (*LG Hagen*, Urt. v. 4.3.2016 – 1 S 198/15, DWW 2016, 176 für Leasingkosten; *LG Magdeburg*, Urt. v. 27.9.2011 – 1 S 171/11, ZMR 2011, 957 = NJW 2012, 544 = GE 2012, 131 = NZM 2012, 305; *AG Leonberg*, 9.5.2019 – 2 C 11/19, WuM 2019, 642; *AG Hamburg-Altona*, Urt. v. 3.5.2013 – 318a C 337/12, ZMR 2014, 801: Kein Verstoß gegen die Wirtschaftlichkeitsgrundsatz; *AG Schwerin*, Urt. v. 29.10.2014 – 16 C 283/12, GE 2015, 59: wenn der Mietvertrag die Umlage neu entstehender Betriebskosten vorsieht; *Harsch* WuM 2008, 521; vern. Nach a.A. sind die Mietkosten nicht umlegbar, da sie nicht durch den bestimmungsgemäßen Gebrauch entstehen. Anmietkosten seien hiernach zudem vermeidbar, indem die Rauchmelder erworben werden (*AG Halle/Saale*, Urt. v. 16.8.2016 – 95 C 307/16, ZMR 2016, 708: Kapitalersatzkosten). 5650

Nach hier vertretener Ansicht sind die Kosten der **Anmietung** umlegbar. Zwar finden sich in der BetriebskostenVO Regelungen zur Umlagefähigkeit von Mietkosten (§ 2 Nr. 2, Nr. 4a, Nr. 5a). Damit ist jedoch keine abschließenden Regelungen gegeben (*LG Magdeburg*, Urt. v. 27.9.2011 – 1 S 171/11, ZMR 2011, 957; *AG Hamburg-Altona*, Urt. v. 3.5.2013 – 318a 337/12, ZMR 2014, 801; *Harsch* WuM 2008, 521). Das Betriebskostenmerkmal der laufenden Entstehung liegt vor und dass die Installation dem bestimmungsgemäßen Gebrauchs entspricht, kann schon wegen der landesgesetzlichen Vorgaben nicht zweifelhaft sein. 5651

Bei den **Wartungskosten** sind die Auffassungen ebenfalls geteilt (umlagefähig: *LG Hagen* a.a.O; *LG Magdeburg* a.a.O; vern. 5652

Die Kosten für neue **Batterien** sind als **Ersatzbeschaffungskosten** nicht umlegungsfähig (Rdn. 1035; a. A. *AG Lübeck* ZMR 2008, 302). 5652a

Auch bei Wohnraummietverhältnissen kann eine Kostenverteilung nach Mietobjekten vereinbart werden. Ergibt sich bei einem nachträglichen Einbau die Umlegungsmöglichkeit aus einer ergänzenden Vertragsauslegung (Rdn. 3035c), ist eine Verteilung nach Mietobjekten naheliegend (*Schmid* ZMR 2008, 98 [99]; *Schmidt/Breiholdt/Riecke* ZMR 2008, 341 [352]). 5653

Wartungskosten für **Rückstausicherungen** gehören zu Nr. 17 (*LG Braunschweig* ZMR 1984, 243, 245). 5654

Die Kontrolle von **Schneefanggittern** ist eine reine Verwaltungstätigkeit, sodass eine Kostenumlegung nach § 2 Abs. 1 Nr. 1 BGB ausscheidet (*Eisenschmid* in: Eisenschmid/Wall, Betriebskosten-Kommentar, Rn. 3966; *Schmid* GE 2013, 1242,1243). 5655

Servicegebühren, die für im Hause angebotene Dienstleistungen erhoben werden, sind keine Betriebskosten (*AG Neuss*, ZMR 2013, 899). 5656

Stromkosten, die keiner anderen Position unterfallen, z.B. für Rolltore in einer Tiefgarage und für Entlüftungsanlagen, gehören zu Nr. 17 (*Kinne* GE 2005, 165 [167]). 5657

Stromkosten für vom Mieter **in den Mieträumen** verbrauchten Strom werden in der Regel unmittelbar von diesem selbst an das Elektrizitätswerk bezahlt. Wird der Strom dem Vermieter in Rechnung gestellt, erfordert eine Abwälzung auf den Mieter eine vertragliche Vereinbarung (*AG Nidda* WuM 1990, 312). Stromkosten für Elektrogeräte des Mieters, die an das Stromnetz des Vermieters angeschlossen sind, sind vom Mieter zu tragen (*AG Trier* WuM 2001, 44). Anteilige Stromkosten für die Heizung können, wenn ein Zwischenzähler nicht vorhanden ist, geschätzt werden. Hierbei wird von 5 % der Brennstoffkosten ausgegangen (*AG Berlin-Mitte* Urt. v. 9.6.2015 – 5 C 443/14, GE 2015, 1296).

5658 Kosten der regelmäßigen **Trinkwasseruntersuchung** (*Schmid* ZMR 2012, 11, a.A. *Blümmel* GE 2011, 1396; *Pfeifer* DWE 2011, 131 [137]: Zuordnung zu § 2 Nr. 5 und 6 BetrKV). Angesprochen ist hier insbesondere die Untersuchung auf **Legionellen**. Nicht umlegbar sind dagegen mangels regelmäßiger Entstehung die Kosten für eine besonders angeordnete Trinkwasseruntersuchung nach § 14 Abs. 5 der Trinkwasserverordnung (*Schmid* ZMR 2012, 10). Die Kosten sind umlegbar, wenn dies vereinbart ist. Bei **Altverträgen** gelten die Grundsätze der ergänzenden Vertragsauslegung (*Schmid* GE 2011, 1595 [1599]), d.h. in der Regel kann eine Umlegung auch ohne besondere Nennung erfolgen, wenn eine Betriebskostenumlegung in dem zum Zeitpunkt des Vertragsschlusses größtmöglichem Umfang vereinbart wurde, was bei einer Bezugnahme auf § 2 BetrKV der Fall ist.

5659 Anders verhält es sich bei den Kosten der angebotenen »**Trinkwasserchecks**«. Hierunter fällt die Feststellung, der Wohneinheiten des Mehrfamilienhauses pro Eingang und Etage, die Feststellung des Herstellers des Heizkessels, Beratungsservice, Trinkwasseranalyse und Untersuchungen, auch auf Legionellen, Desinfektionen und anderes mehr. Unter die Positionen des Kaltwassers (§ 2 Nr. 2 BetrKVO) oder des Warmwassers (Nr. 5) fallen diese Kosten nicht (*Schmid*, ZMR 2015, 12). Als sonstige Betriebskosten nach Nr. 17 können sie vereinbart werden, wobei es sich um Betriebskosten handeln muss. Dazu müssen sie durch das Eigentum oder den Gebrauch entstehen und das Merkmal der Periodizität erfüllen.

5660 Kosten der Instandhaltung sind keine Betriebskosten, wobei die Betriebskostenverordnung in § 1 Abs. 2 Nr. 2 BetrkVO) die Erhaltung des bestimmungsgemäßen Gebrauchs der Mietsache unter dem Blickpunkt der Mängelbeseitigung infolge Alterung, Abnutzung und Witterungseinflüssen versteht. Der Erhaltungsbegriff in § 555a BGB geht insofern weiter, als hierunter alle vorbeugenden Maßnahmen zur Mängelverhinderung gefasst werden. Vorbeugende Maßnahmen können im Einzelfall auch Betriebskosten sein (hierzu Rdn. 1028a). Der Wassercheck kann eine Maßnahme der Vorbeugung sein. Dennoch fehlt es an der laufenden Entstehung, wenn die Wasseruntersuchung nur gelegentlich oder sogar nur einmalig erfolgt (*Schmid* ZMR 2015, 12). Dies muss umso mehr gelten, wenn an sich kein Anlass zur weitergehenden Untersuchung besteht, etwa weil die durch die TrinkwasserVO vorgeschriebenen Untersuchungen erfüllt wurden und auch sonst kein konkret begründeter Verdacht auf gesundheitsschädliche Bestandteile im Wasser vorliegen.

A. Die einzelnen Betriebskosten – § 2 BetrKV Teil V

Vor allem wird auch zu Recht abgegrenzt innerhalb des Umfangs der durch den privaten Wassercheck durchgeführten Maßnahmen. So muss die Feststellung des Rohrbestandes von vornherein ausscheiden (*Schmid* ZMR 2015, 12). **5661**

Ein Mehrheitsbeschluss der Wohnungseigentümer, wonach nur die vermietenden Eigentümer für die durch die Umsetzung der Trinkwasserverordnung entstehenden Kosten heranzuziehen sind, ist unwirksam (*AG Heiligenstadt*, Urt. v. 20.12.2013 – 3 C 331/13, Anm. *Dötsch* WuM 2014, k593; a.a. *AG Hoyerswerda*, Urt. v. 8.11.2012 – 1 C 289/12, ZWE 2013, 332). **5662**

Überbaurente nach dem jeweiligen Nachbarrechtsgesetz nach einem Wärmeschutzüberbau einer Grenzwand (*Beuermann* GE 2010, 105). **5663**

Kosten für die **Überprüfung von Geräten bei Auszug** des Mieters können nicht umgelegt werden (*AG Köln* WuM 1995, 312 für Allgemeine Geschäftsbedingungen). **5664**

Die Vergütung für den Verwalter nach dem Wohnungseigentumsgesetz (*LG Frankfurt/M.* ZMR 1980, 278; *AG Freiburg* WuM 1982, 215). Auch Kosten für den Wohnungsverwalter oder sonstige **Verwaltungskosten** sind nicht nach Nr. 17 umlegungsfähig. **5665**

Betriebskosten für eine **Videoüberwachungsanlage** (*Kinne* GE 2005, 165 [167]; *Schmid* ZMR 2008, 98 [99]). **5666**

Reinigungskosten von **Wärmeversorgungsräumen** bei Fernheizungen (vgl. *AG Berlin-Charlottenburg* GE 1988, 309), sofern man sie nicht bereits den Heizkosten zurechnet. **5667**

Warnanlagen in Tiefgaragen unterfallen der Nr. 17 (*Pfeiffer* DWW 2004, 44 [47]). **5668**

Zwischenablesekosten

Die Kosten der Zwischenablesung bei Mieterwechsel nach § 9b HeizkostenVO (hierzu *Zehelein*, WuM 2020, 457) werden als nicht umlegbare Verwaltungskosten angesehen, die ferner auch nicht regelmäßig anfallen und die deswegen keine Betriebskosten darstellen (BGH, 14.11.2007 – VIII ZR 19/07, NZM 2008, 123 = WuM 2008, 85; *LG Leipzig*, 5.9.2019 – 08 O 1620/18, WuM 2019, 640). Sie fallen grundsätzlich mangels anderweitiger Vereinbarung dem Vermieter zur Last. (BGH a.a.O; AG Hohenschönhausen, 31.3.2008 – 16 C 205/07; AG Kassel, 8.5.2018 – 453 C 539/18). Der *BGH* hält im genannten Urteil für die Wohnraummiete fest, dass die Zwischenablesekosten grundsätzlich vertraglich dem Mieter übertragen werden können. Es brauchte aber nicht entschieden zu werden, in welcher Form dies zu geschehen hat, da im Sachverhalt keine Regelung vorhanden war. Deshalb wird man davon ausgehen können, dass die einzelvertragliche Regelung zulässig ist. Nach h.M. bei den Instanzgerichten ist eine formularvertragliche Regelung unwirksam. **5669**

▶ Formulierungsbeispiel (nach *LG Leipzig* a.a.O.).

5670 »*Endet der Mietvertrag während einer Abrechnungsperiode, ist die Zwischenablesung der Verbrtauchserfassungsgeräte vorzunehmen. Hierfür anfallende Zusatzkosten trägt der Mieter*«.

Die Klausel wird als gegen §§ 307 Abs. 1, Abs. 2 Nr. 1, 556 Abs. 4 BGB verstoßend gewertet, da es sich um nicht umlegbare Verwaltungskosten handelt LG Leipzig a.a.O.).

5671 Die Frage nach der Überbürdungsmöglichkeit auf den Wohnraummieter in Form **Allgemeiner Geschäftsbedingungen** wird bei den Instanzgerichten abgelehnt. Verwaltungskosten, so auch Zwischenablesekosten können wegen *§ 556 Abs. 4* BGB nicht rechtswirksam durch AGB übertragen werden (*LG Leipzig*, 5.9.2019 – 08 O 1620/18, WuM 2019, 640: unzulässige Erweiterung des Betriebskostenbegriffs nach *§ 556 Abs. 1 BGB*, Verstoß gegen *§ 556 Abs. 4* BGB; *AG Saarbrücken*, 7.10.2016 – 36 C 348/16 (12), WuM 2016, 662; *AG Neumünster*, 11.5.2015 – 32 C 1756/14, WuM 2019, 544).

5672 Folgt man dieser Ansicht, sind die Zwischenablesekosten nicht als sonstige Betriebskosten auf den Mieter von Wohnraum umlegbar, da es sich nicht um Betriebskosten handelt.

5673 Bei der Geschäftsraummiete sind Zwischenablesekosten dann nicht auf den Mieter in der Betriebskostenabrechnung umlegbar, sofern der Vertrag keine diesbezügliche Rechtsgrundlage bietet (AG Charlottenburg, 15.8.2013 – 211 C 584/12, GE 2013, 1345; *Langenberg/Zehelein* H Rn. 191).

5674–5675 (*unbesetzt*)

B. Das Umlageausfallwagnis

I. Preisgebundener Wohnraum

1. Grundsatz

5676 Das Umlageausfallwagnis ist das Wagnis einer Einnahmenminderung, die durch uneinbringliche Rückstände von Betriebskosten oder nicht umlegbarer Betriebskosten infolge Leerstehens von Raum, der zur Vermietung bestimmt ist, einschließlich der uneinbringlichen Kosten einer Rechtsverfolgung auf Zahlung entsteht (§ 25a Satz 1 NMV 1970).

2. Umlegungsfähigkeit

5677 Im Anwendungsbereich der NMV 1970 ergibt sich die Umlegungsfähigkeit aus § 20 Abs. 1 Satz 1, § 25a NMV 1970.

5678 Der Ansatz des Ausfallwagnisses ist unzulässig, wenn und soweit die Deckung von Ausfällen anders, namentlich durch einen Anspruch gegenüber einem Dritten gesichert sind. So, wenn die säumigen Mieter Sicherheit geleistet haben, z.B. durch Barkaution oder Beibringung einer Bürgschaft (vgl. § 25a Satz 3 NMV 1970 sowie *Sternel*

ZMR 1984, 255). Die Bedeutung dieser Ausnahmeregelung ist dadurch weitgehend eingeschränkt, dass im Geltungsbereich des WoBindG (§ 1 WoBindG – Rdn. 9003) die im Hinblick auf die Überlassung des Wohnraumes geleistete Kaution nicht zur Sicherung eines Ausfalls von Nebenkosten dienen darf (§ 9 Abs. 1 Satz 1 und Abs. 5 Satz 1 WoBindG).

3. Begrenzung

Das Umlageausfallwagnis darf 2 % der im Abrechnungszeitraum auf den Wohnraum entfallenden Betriebskosten nicht überschreiten. Ein Überschreiten dieser Grenze begründet bei einem Leerstand keinen Anspruch des Vermieters auf Vertragsänderung, da § 25a NMV 1970 eine abschließende Regelung enthält (a.A. *Maaß* ZMR 2006, 760 [761]). 5679

Abzustellen ist nur auf die Betriebskosten (nicht auf das Mietausfallwagnis!) und zwar auf die tatsächlich angefallenen Betriebskosten, nicht auf die Vorauszahlungen nach § 20 Abs. 3 Satz 2 NMV 1970. Berechnungsgrundlage für die 2 %-Grenze ist der Gesamtbetrag an Betriebskosten in der Wirtschaftseinheit, nicht der auf den einzelnen Mieter entfallende Anteil der Betriebskosten (*LG Hamburg* HKA 1989, 43; str.). Deshalb wird der insgesamt ansetzbare Betrag nach dem Wohnflächenverhältnis verteilt, während nach der Gegenmeinung das Ausfallwagnis sich unmittelbar nach der jeweiligen Wohnung berechnen würde. 5680

III. Sonstige Mietverhältnisse

Bei preisfreien Wohnraummietverhältnissen kann ein Umlageausfallwagnis im Sinne des § 25a NMV 1970 wegen § 560 Abs. 4 BGB nicht vereinbart werden (*Eisenschmid* WuM 1995, 374; a.A. *AG Essen* HKA 1988, 39). Wird ein Festbetrag ausgewiesen, handelt es sich um einen offengelegten Teil der Kalkulation der Grundmiete (*Langenberg* WuM 2002, 590). Die Vereinbarung eines variablen Betrages ist gänzlich unwirksam und kann auch nicht in Höhe des Ausgangsbetrages aufrechterhalten werden (a.A. *Langenberg* WuM 2002, 590). Bei der Verwendung Allgemeiner Geschäftsbedingungen liegt zudem ein Verstoß gegen § 307 BGB vor (*LG Trier* WuM 2007, 626). 5681

Bei Nichtwohnraummietverhältnissen wäre eine Umlegung zwar zulässigerweise vereinbar, spielt aber in der Praxis keine Rolle. In Allgemeinen Geschäftsbedingungen wäre eine solche Klausel überraschend im Sinne des § 305b BGB (*Schmid* ZMR 1998, 609). 5682

C. Zuschläge und Vergütungen

I. Allgemeines

Zuschläge und Vergütungen sind gesetzlich nur in der NMV 1970 vorgesehen. Sie können nach §§ 27 bis 28 NMV 1970 neben der Einzel- und Vergleichsmiete erhoben werden. Die Aufzählung der zulässigen Zuschläge in § 26 NMV 1970 ist abschließend, die Genehmigung eines nicht vorgesehenen Zuschlages durch 5683 die zuständige Behörde geht ins Leere und bindet das Gericht nicht (*AG Hamburg* WuM 1984, 165). Bei sonstigen Mietverhältnissen über Wohnraum muss jeweils auf die Art der Nebenleistung abgestellt werden. Eine freie Vereinbarung ist bei Nichtwohnraummietverhältnissen zulässig.

5684 Im Rahmen der NMV 1970 gilt für die erstmalige Erhebung eines Zuschlages und für die Durchführung der Erhöhung des Zuschlages gegenüber dem Mieter § 4 Abs. 7 und 8 NMV 1970 entsprechend. Für den Wegfall oder die Verringerung des Zuschlages gilt § 4 Abs. 1 Satz 4 NMV 1970 entsprechend (§ 26 Abs. 8 NMV 1970). Vergütungen müssen stets vereinbart werden.

5685 Eine vertragliche Regelung, wonach der Vermieter berechtigt sein soll, den Zuschlag unabhängig von § 10 WoBindG zu erhöhen, ist unwirksam (*LG Mannheim* WuM 1997, 263). Zur Begründung nach § 10 WoBindG reicht die bloße Bezugnahme auf ein Schreiben der Behörde in der Regel nicht aus (vgl. *LG Berlin* WuM 2002, 117).

5686 Zuschläge, die zulässigerweise erhoben werden, bleiben nach § 31 Satz 2 II. BV als Ertrag unberücksichtigt.

5687 Bei nicht preisgebundenen Mietverhältnissen über Wohnraum muss jeweils auf die Art der Nebenleistung abgestellt werden. Beim Wegfall Preisbindung bleiben Vergütungen und Zuschläge als Bestandteil der Miete erhalten (*BGH*, Urt. v. 16.6.2010 – VIII ZR 258/09, ZMR 2010, 847 = NJW 2011, 145 = WuM 2010, 490) Eine freie Vereinbarung ist bei Nichtwohnraummietverhältnissen zulässig.

II. Die einzelnen Zuschläge

1. Benutzung von Wohnraum zu anderen als Wohnzwecken

a) § 26 Abs. 1 Nr. 1, Abs. 2 NMV 1970

5688 Voraussetzung ist, dass die Wohnung mit Genehmigung der zuständigen Stelle ganz oder teilweise ausschließlich zu anderen als Wohnzwecken, insbesondere zu gewerblichen oder beruflichen Zwecken benutzt wird, und dass dadurch eine erhöhte Abnutzung möglich ist. Allein die berufliche oder gewerbliche Nutzung reicht also für die Erhebung des Zuschlages nicht aus. Anders als bei der Vereinbarung von Zuschlägen bei preisfreiem Wohnraum (vgl. hierzu *LG Berlin* ZMR 1998, 165, 166) genügt deshalb die bloße Möglichkeit einer teilgewerblichen Nutzung nicht. Andererseits muss aber auch eine erhöhte Abnutzung nicht nachgewiesen sein. Ausreichend ist, dass eine erhöhte Abnutzung möglich ist. Dies ist insbesondere dann der Fall, wenn die gewerbliche oder berufliche Nutzung Publikumsverkehr mit sich bringt (MieWo/*Schmid* § 26 NMV 1970 Rn. 6).

5689 Ein Zuschlag kann nicht erhoben werden, wenn die berufliche Mitbenutzung der Wohnung bereits von der zulässigen Nutzung als Wohnung gedeckt ist, weil von der beruflichen Nutzung keine Störungen ausgehen und der Charakter des Mietobjekts

C. Zuschläge und Vergütungen   Teil V

als Wohnraum nicht verändert wird (*LG Hamburg* WuM 1998, 491 zu preisfreiem Wohnraum).

Die bloße Einstellung der gewerblichen Tätigkeit führt nicht zum Wegfall des Gewerbezuschlages (*LG Hamburg* WE 2001, 105; *OLG Brandenburg* WuM 2007, 14). 5690

Der Zuschlag darf bei Anwendung der NMV 1970 je nach wirtschaftlicher Mehrbelastung des Vermieters bis zu 50 % der anteiligen Einzelmiete der Räume betragen, die zu anderen als Wohnzwecken benutzt werden. Die zuständige Behörde kann die Genehmigung von einer Ausgleichzahlung des Vermieters, insbesondere von einer höheren Verzinsung des Baudarlehens abhängig machen. Dann darf auch ein Zuschlag entsprechend dieser Leistung erhoben werden. Bei einer vollständigen oder teilweisen Rückzahlung des öffentlichen Baudarlehens darf der Zuschlag höchstens entsprechend der Verzinsung des zurückgezahlten Betrages mit dem marktüblichen Zinssatz für erste Hypotheken geltend gemacht werden. 5691

b) Preisfreier Wohnraum

Bei preisfreiem Wohnraum richten sich Erhebung und Höhe des Zuschlages nach der Parteivereinbarung. § 26 NMV 1970 ist nicht entsprechend anwendbar (*LG Berlin* GE 1995, 1549). Ist die Erhebung eines Zuschlages vereinbart, aber nicht dessen Höhe, so bestimmt der Vermieter den Betrag nach billigem Ermessen gemäß § 315 BGB (*BayObLG* ZMR 1986, 193 = WuM 1986, 205). Die Wertung des § 26 NMV 1970, dass bis zu 50 % der Miete angemessen sind, kann bei der Billigkeitsprüfung herangezogen werden (*OLG Brandenburg* WuM 2007, 14). 5692

Der Gewerbezuschlag wird bei preisfreiem Wohnraum nicht Teil der Grundmiete, auch wenn die Wohnraumnutzung überwiegt. Der Mietvertrag kann deshalb vorsehen, dass der Gewerbezuschlag unabhängig von den Voraussetzungen der §§ 557 ff. BGB erhöht wird (*KG* GE 2006, 322). Die bloße Einstellung der gewerblichen Tätigkeit führt nicht zum automatischen Wegfall des Gewerbezuschlags (*AG Hamburg* ZMR 2008, 213). 5693

2. Zuschlag für die Untervermietung von Wohnraum (§ 26 Abs. 1 Nr. 2, Abs. 3 NMV 1970)

Ein Zuschlag darf auch erhoben werden, wenn die Wohnung vom Mieter untervermietet oder in sonstiger Weise einem Dritten zur selbstständigen Benutzung überlassen wird. Der Untermietzuschlag darf nur bei einer selbstständigen Gebrauchsüberlassung erhoben werden, also bei einer echten Untermiete. Nicht dagegen bei einer unselbstständigen Gebrauchsüberlassung, wie z.B. bei der Aufnahme von Familienangehörigen, Lebensgefährten, Hausangestellten oder Gästen. Der Zuschlag beträgt pro Monat 2,50 € bei Benutzung durch eine Person und 5 € bei der Benutzung von zwei und mehr Personen. 5694

Bei Mietverhältnissen über nicht preisgebundenen Wohnraum kann der Vermieter die Zustimmung zur Untervermietung, auf die der Mieter an sich einen Anspruch hat, 5695 von einer angemessenen Erhöhung der Miete abhängig machen, wenn ihm ansonsten die Duldung der Untervermietung nicht zumutbar wäre (§ 553 Abs. 2 BGB). Der Untermietzuschlag ist Bestandteil der Miete. Die Beträge des § 26 NMV 1970 gelten hierfür nicht. Als angemessen angesehen wird ein Betrag von 20 % der vom Untermieter gezahlten Miete (*AG Hamburg* ZMR 2008, 213).

3. Zuschlag wegen Ausgleichszahlung nach § 7 WoBindG (§ 26 Abs. 1 Nr. 3, Abs. 4 NMV 1970)

5696 Hat der Vermieter einer öffentlich geförderten Wohnung im Hinblick auf ihre Freistellung von Bindungen nach § 7 WoBindG eine höhere Verzinsung für das öffentliche Baudarlehen oder sonstige laufende Ausgleichszahlungen zu entrichten, so darf er für die Wohnung einen Zuschlag entsprechend diesen Leistungen erheben.

4. Zuschlag zur Deckung erhöhter laufender Aufwendungen, die nur für einen Teil der Wohnungen des Gebäudes oder der Wirtschaftseinheit entstehen (§ 26 Abs. 1 Nr. 4, Abs. 5 NMV 1970)

5697 Die Zuschlagsregelung trägt in Verbindung mit §§ 4, 6 und 8 NMV 1970 dem Umstand Rechnung, dass Maßnahmen, die nur einzelnen Mietern zugutekommen oder in der Person eines einzelnen Mieters liegen, nicht zu einer Mieterhöhung für alle Mieter führen sollen.

5698 Dieser Zuschlag darf nicht erhoben werden, wenn Gemeinschaftseinrichtungen (Auffahrrampe, Aufzug) behindertengerecht umgebaut werden, auch wenn im Hause nur einzelne Behinderte wohnen (*LG Würzburg* WuM 1988, 222). Behindertengerechte Maßnahmen innerhalb einer Wohnung können dagegen zu einem Zuschlag führen.

5699 § 26 Abs. 1 Nr. 4 gilt insbesondere für Teilrenovierungen (*Goch* WuM 2005, 372 [376]). Entsprechend § 11 Abs. 7 II. BV darf ein Zuschlag für die Modernisierung einzelner Wohnungen nur erhoben werden, wenn die Bewilligungsstelle der Modernisierung zugestimmt hat oder diese Zustimmung als erteilt gilt, weil zur Modernisierung Mittel aus öffentlichen Haushalten bewilligt worden sind (*LG Wiesbaden* WuM 1984, 166 f.).

5700 Ein Zuschlag ist auch zulässig, wenn der Vermieter die Kosten der Schönheitsreparaturen oder der kleineren Instandhaltungen für einen Teil der Wohnungen selbst trägt und nur Pauschalbeträge nach § 28 II. BV ansetzt, während andere Mieter diese Kosten selbst tragen (*Fischer-Dieskau/Pergande/Schwender* Anm. 5 zu § 26 NMV 1970).

5701 Der Zuschlag darf für die einzelnen betroffenen Wohnungen den Betrag nicht übersteigen, der nach der Höhe der zusätzlichen laufenden Aufwendungen auf sie entfällt. Bei der Berechnung der zusätzlichen laufenden Aufwendungen sind die Vorschriften der II. BV sinngemäß anzuwenden.

5702 Wenn sich die dem Zuschlag zugrundeliegenden laufenden Aufwendungen verringern ist der Zuschlag zu senken (§ 5 Abs. 2 NMV 1970).

5. Zuschlag für Nebenleistungen des Vermieters, die nicht allgemein üblich sind oder nur einzelnen Mietern zugutekommen (§ 26 Abs. 1 Nr. 5, Abs. 6 NMV 1970)

Die Vorschrift betrifft Altmietverhältnisse, die vor Inkrafttreten der Neubaumietenverordnung 1970 bereits bestanden haben. War ein solcher Zuschlag früher zulässig, so kann er in dieser Höhe neben der Einzelmiete erhoben werden. Dies gilt nicht, wenn die für die Nebenleistungen entstehenden laufenden Aufwendungen im Rahmen der Wirtschaftlichkeitsberechnung zur Ermittlung der zulässigen Miete berücksichtigt werden können. 5703

6. Zuschlag für Wohnungen, die durch den Ausbau von Zubehörräumen neu geschaffen wurden (§ 26 Abs. 1 Nr. 6, Abs. 7 NMV 1970)

Nach § 7 Abs. 1 Satz 2 NMV 1970 ist die Einzelmiete für eine Wohnung um einen angemessenen Betrag zu senken, wenn von ihr Zubehörräume ganz oder teilweise weggenommen werden und hierfür kein gleichwertiger Ersatz geschaffen werden kann. Hierfür erhält der Vermieter einen Ausgleich dadurch, dass für die neu geschaffenen Wohnungen ein Zuschlag erhoben werden darf. Der Zuschlag darf den Betrag nicht übersteigen, um den die Einzelmieten der anderen Wohnungen gesenkt worden sind. 5704

III. Vergütungen

1. Allgemeines

Nach §§ 27, 28 NMV 1970 kann der Vermieter neben der Einzel- bzw. Vergleichsmiete für zusätzliche Leistungen eine Vergütung verlangen. Vergütungen sind Erträge nach § 31 II. BV. 5705

2. Vergütung

Die Vergütung muss angemessen sein. Angemessen ist, was üblicherweise bezahlt wird. Unerheblich sind dagegen die für die Zusatzleistung entstehenden Kosten, da die Verordnung hierauf nicht abstellt. Eine Orientierung an der Kostenmiete ist deshalb nicht erforderlich (*AG Charlottenburg* GE 1992, 991). 5706

Für die in § 27 Satz 1 NMV 1970 genannten Garagen, Stellplätze und Hausgärten kann die Vergütung ohne Genehmigung verlangt werden. Vergütungen für die in 27 Satz 2 NMV 1970 genannten Einrichtungs- und Ausstattungsgegenstände und Leistungen zur persönlichen Betreuung und Versorgung können grundsätzlich nur bei Vorliegen einer Genehmigung der zuständigen Stelle nach § 9 Abs. 6 WoBindG verlangt werden. Die Genehmigung ist nur dann entbehrlich, wenn die Vergütungsvereinbarung erst nach Abschluss des Mietvertrages getroffen wird und keinen Einfluss auf die Wohnungsüberlassung mehr hat (*BVerwG* WuM 1999, 395 ff.). Genehmigt wird nur die Vereinbarung der Vergütung, nicht deren Höhe; jedoch führt eine unangemessene Höhe zur Verweigerung der Genehmigung (vgl. Mie*Wo*/*Spies* Erl. zu § 9 WoBindG Rn. 30). 5707

5708 Die Erhebung der Vergütung muss ausdrücklich und unmissverständlich vereinbart sein (*LG Köln* WuM 1987, 195).

5709 Die Erhöhung der Vergütung erfolgt durch Mieterhöhungserklärung nach § 10 WoBindG (*LG Berlin* GE 2004, 625). Die üblichen vertraglichen Mietpreisgleitklauseln erlauben bei öffentlich geförderten Wohnungen auch eine Mieterhöhung für eine Garage, wenn der Mieterhöhung eine behördliche Genehmigung vorausgeht (*AG Charlottenburg* GE 1992, 991).

3. Einzelfälle

5710 **Garagen** dürfen auch an Leute vermietet werden, welche die Voraussetzungen für die Anmietung einer öffentlich geförderten Wohnung nicht erfüllen.

5711 **Einrichtungs- und Ausstattungsgegenstände** müssen in der Vereinbarung unter Angabe der Höhe der Vergütung genannt werden (*VG Hamburg* WuM 1991, 474). Als angemessene Vergütung werden jährlich 11 % der aufgewendeten Kosten angesehen (*LG Detmold* WuM 1999, 463 f.). Bei preisfreiem Wohnraum wird eine Vergütung für die Überlassung von Einrichtungsgegenständen als Möblierungszuschlag bezeichnet. Ein solcher ist bis zur Grenze der Mietpreisüberhöhung nach § 5 WiStG zulässig (*AG Köln* WuM 1999, 237) und Bestandteil der Miete.

5712 Leistungen zur persönlichen **Versorgung und Betreuung** sind solche Tätigkeiten, die den Mietern möglichst lange eine selbstständige Haushaltführung ermöglichen sollen. Hierzu gehört jedenfalls in einem Altenheim auch die Reinigung des Treppenhauses und anderer Gemeinschaftsräume (*LG Köln* WuM 1987, 195).

5713 Aus der Erwähnung von Hausmeisterkosten kann auch in einem Altenwohnheim nicht entnommen werden, dass damit die Abgeltung von persönlichen Betreuungsleistungen gemeint sein soll, die über die Funktion eines im Rahmen eines größeren Hauses notwendigen Hausmeisters hinausgehen (*LG Köln* WuM 1986, 376).

5714 Hat sich der Mieter im Mietvertrag verpflichtet, eine Pauschale für »Betreutes Wohnen« als Teil der Miete zu zahlen, so besteht nach behördlicher Genehmigung die Zahlungspflicht unabhängig davon, ob der Mieter der Betreuung bedarf oder Betreuungsleistungen in Anspruch nimmt (*LG Krefeld* NZM 2000, 1222).

D. Sonstige Mietnebenkosten, insbesondere bei Geschäftsraummiete

I. Verwaltungskosten

1. Begriff

5715 Verwaltungskosten sind nach § 1 Abs. 2 Nr. 1 BetrKV, § 26 Abs. l II. BV die Kosten der zur Verwaltung des Gebäudes oder der Wirtschaftseinheit erforderlichen Arbeitskräfte und Einrichtungen, die Kosten der Aufsicht sowie der Wert der vom Vermieter persönlich geleisteten Verwaltungsarbeit. Zu den Verwaltungskosten gehören auch die Kosten für die gesetzlichen oder freiwilligen Prüfungen des Jahresabschlusses und der Geschäftsführung.

D. Sonstige Mietnebenkosten, insbesondere bei Geschäftsraummiete   Teil V

Da der allgemeine Sprachgebrauch keinen abweichenden Wortsinn entwickelt hat, kann von dieser Definition auch für die Geschäftsraummiete ausgegangen werden (*BGH*, Urt. vom 26.09.2012, Az.: XII ZR 112/10; NZM 2013, 85). Die Begriffe »Verwaltungskosten« (*BGH* a. a. O. NZM 2013, 85) oder »Kosten der Hausverwaltung« (*BGH* Urt. v. 24.02.2010 – XII ZR 69/08 NZM 2010, 279) oder »Kosten der kaufmännischen und technischen Hausverwaltung« (*BGH* Urt. v. 04.05.2011 – XII ZR 112/09, ZMR 2011, 788) genügen deshalb dem Bestimmtheitserfordernis und dem Transparenzgebot für eine Umlegungsvereinbarung (*BGH*, Urt. v. 10.09.2014 – XII 56/11, GE 2014, 1593; Urt. v. 03.08.2011 – XII ZR 205/09, ZMR 2011, 946; a. A. insbesondere die ältere Literatur und Rechtsprechung z. B. *OLG Köln* ZMR 2008, 449 m. w. N. und *Lehmann-Richter* ZMR 2012, 837). Der BGH zieht insoweit als Orientierungshilfe § 1 Abs. 2 BetrKV und § 26 Abs. 1 der II. Berechnungsverordnung heran, auch wenn diese Bestimmungen in der Geschäftsraummiete nicht unmittelbar anwendbar sind und ungeachtet der Tatsache dass bei der Geschäftsraummiete im Einzelfall auch andere Verwaltungskosten als bei der Wohnraummiete auftauchen können. In Grenzbereichen ist nach § 305c Abs. 2 BGB, zulasten des Vermieters als Verwender von Allgemeinen Geschäftsbedingungen, keine Umlegungsfähigkeit von Einzelpositionen anzunehmen (*OLG Hamburg* ZMR 2003, 181 = NZM 2002, 388). Da der Begriff »Center-Management« aus sich heraus nicht hinreichend bestimmt ist, müssen diese Kosten genau erläutert sein, anderenfalls liegt formularvertraglich ein Verstoß gegen das Transparenzgebot vor (*BGH* a. a. O., ZMR 2011, 946; s. Rdn. 5748). Um dem Einwand der Intransparenz von vornherein zu entgehen, können die Verwaltungstätigkeiten, deren Kosten umgelegt werden sollen, einzeln aufgezählt werden (*Schmidt* NZM 2008, 563 [565]); zur Umlegbarkeit s. unten zu 2.   5716

Umfasst sind sowohl die Kosten einer Fremdverwaltung (*KG* GE 2004, 234) als auch die Kosten der Eigenverwaltung (*AG Offenbach* WuM 1999, 30).   5717

Die Verwaltervergütung darf sich nur auf Tätigkeiten beziehen, die als Verwaltung anzusehen sind (*OLG Hamburg* ZMR 2003, 181 = NZM 2002, 388).   5718

Verwaltungskosten für alle Mietverhältnisse sind z.B.:
– Vergütungen für eine Hausverwaltung (*OLG Nürnberg* WuM 1995, 308)   5719
– Lohn- und Gehaltsabrechnungskosten für die Hausmeistertätigkeit (AG Steinfurt WuM 2014, 369)   5720
– Verwaltungstätigkeiten des Hauswarts. Der Kostenaufwand hierfür ist aus den Hauswartkosten herauszunehmen (Rdn. 5243 ff.) und bei den Verwaltungskosten zu berücksichtigen
– Kosten des Verwalters nach dem Wohnungseigentumsgesetz (*LG Frankfurt/M.* ZMR 1980, 278)   5721
– Aufwand für das Führen von Mieterlisten (*Schmidt* NZM 2008, 563 [565])
– Kosten für das Einkassieren von Mieten und Bankgebühren   5722
– Aufwand für Überwachung der Mieteingänge (*Schmidt* NZM 2008, 563 [565])
– Kosten für Mahnungen an die Mieter (*Schmidt* NZM 2008, 563 [565]; a. A. *OLG Rostock* GuT 2008, 200)
– Aufwand für Kontroll- und Überwachungsaufgaben, auch wenn diese vom Hausmeister erledigt werden (LG München I, WuM 2000, 258)   5723

- Kosten der Notdienstpauschale (*AG Berlin-Charlottenburg* WuM 2018, 208)
- Kosten für die Durchführung von Abrechnungen (*AG Köln* WuM 1995, 120). Siehe jedoch für Wasser auch Rdn. 5026 ff., für Heiz- und Warmwasserkosten Rdn. 5105 ff. und für Müllbeseitigung Rdn. 5171
- Zwischenablesekosten bei Mieterwechsel (*BGH*, Urt. vom 14.11.2007, Az.: VIII ZR 19/07; WuM 2008, 393), Umlage auf den Mieter durch Vereinbarung möglich
- Kosten für Mieterhöhungen (*Schmidt* NZM 2008, 563 [565])

5724 - Aufwand für die Abhaltung von Mietersprechstunden (*AG Dortmund* ZMR 1996, 387)

5725 - Kosten für Beauftragung von Handwerkern (*AG Bergisch-Gladbach* WuM 1992, 490)

5726 - Aufwand für Bearbeitung von Versicherungsangelegenheiten (*Schmidt* NZM 2008, 563 [565])
- Kosten für Tätigkeiten anlässlich einer Neuvermietung (*AG Köln* WuM 1995, 120)

5727 - Kosten für Verwaltung der Sicherheitsleistungen (*Schmidt* NZM 2008, 563 [565])
- Steuerberatungskosten und Kosten für Unternehmensberater (Wall, Betriebskosten-Kommentar Rn. 2970)
- Aufwand für die Schlüsselverwaltung (*Schmidt* NZM 2008, 563 [565])

5728 - Aufwendungen für Einrichtungen, insbesondere Kosten für ein Büro

5729 - Sachaufwendungen, z.B. Schreibmaterial, Porto usw.

Weitere mögliche Verwaltungskosten nur bei der Geschäftsraummiete sind:

5730 - Verwaltungsaufwand für Organisation und Koordination in einem Einkaufszentrum (*OLG Hamburg* ZMR 2003, 180 = NZM 2002, 388)
- Kosten für technische und konzeptionelle Betreuung des Objekts (Lindner-Figura/Oprée/Stellmann/Beyerle Kap. 11, Rn. 27)
- Aufwand für Facility Management (ohne reine Managementkosten) (*OLG Rostock* NJW Spezial 2008, 482, s. aber BGH Urt. v. 24.02.2010, Az.: XII ZR 69/08; NZM 2010, 279 und zur Transparenz Rdn. 5519
- Teilbereiche der Kosten des Centermanagement (s. unten und *BGH* Urt. v. 03.08.2011, Az.: XII ZR 205/09; ZMR 2011, 946).

2. Umlegbarkeit

a) Wohnraum

5731 Bei **preisgebundenem Wohnraum** werden die Verwaltungskosten nach § 26 II. BV angesetzt. Die Höhe der Ansätze pro Jahr ist gemäß Absatz § 26 Abs. 4 II. BV dynamisiert. Maßgeblich ist nicht die Veränderung des Indexes in Prozentpunkten, sondern der Prozentsatz der Veränderung. Es gilt folgende Formel (*Simon* GuT 2003, 212): [neuer Indexwert: alter Indexwert × 100] – 100 = Änderung in Prozent. Die Pauschalen verändern sich seit dem 01.01.2005 im 3-Jahresrythmus (§ 26 Abs. 4 S. 1 II. BV).

5732 Die in § 26 Abs. 2 und 3 II. BV genannten Beträge galten vom 1.1.2002 bis 31.12.2004. Vom 1.1.2005 bis 31.12.2007 konnten nach § 26 Abs. 2 II. BV 240, 37 € und nach § 26 Abs. 3 II. BV 31,35 € angesetzt werden (vgl. Redaktion GE 2004, 1413). Vom

D. Sonstige Mietnebenkosten, insbesondere bei Geschäftsraummiete Teil V

1.1.2008 bis 31.12.2010 konnten 254,79 € nach Absatz 2 und 33,23 € nach Absatz 3 angesetzt werden (vgl. Redaktion GE 2007, 1532 und WuM 2007, 671/672). Seit 1.1.2011 gilt: Je Wohnung 264,31 €, je Garage oder Einstellplatz 34, 47 €; je Wohneinheit Wohnungseigentum 316,02 € (*Blümmel* GE 2010, 1592 [1593]). Seit 1.1.2014 bis 31.12.2016 sind je Wohnung 279,35 €, je Garage oder Einstellplatz 36,43 € anzusetzen; je Wohneinheit Wohnungseigentum und Dauerwohnrecht 334,00 €; für die Zeit vom 01.01.2017 bis 31.12.2019 je Wohnung 284,62 €, je Garage oder Einstellplatz 37,12 €, ab 01.01.2020 je Wohnung 298,41 €, je Garage oder Einstellplatz 38,92 €.

Die Erhöhungen sind nach Maßgabe des § 10 WoBindG geltend zu machen (*Blümmel* GE 2010, 1592 [1593]). 5733

Bei **preisfreiem Wohnraum** ist die Umlegung von Verwaltungskosten nur insoweit zulässig als dies durch einen kalkulatorischen Bestandteil in der Miete erfolgt (BGH Urt. v. 11.05.2016 – VIII ZR 209/15, ZMR 2016, 327). Diese Kosten muss der Vermieter in die Miete einkalkulieren (*BGH* a. a. O. ZMR 2016, 327: *OLG Karlsruhe* 9 RE 1/88; WuM 1988, 204 [205]), sodass sie Bestandteil der Nettokaltmiete sind, d. h. eine Verwaltungspauschale kann nur in der Weise vereinbart werden, dass sie als fester Betrag (LG Mannheim, NZM 2000, 490) eindeutig der Grundmiete und nicht den Betriebskosten zugeordnet wird (*LG Berlin* ZMR 2018, 45; NZM 1999, 405, 406). Eine pauschale oder abrechnungspflichtige Abwälzung und Umlage neben der Grundmiete ist unwirksam (BGH a. a. O. ZMR, 2016, 327). Hierdurch wird aber nicht die Möglichkeit einer Abrechnung oder einer Mieterhöhung nach § 560 BGB begründet (*Schmid* DWW 1998, 143). Ein variabler Betrag, z. B ein Prozentsatz von der Grundmiete, kann nicht wirksam vereinbart werden. Auch eine Dynamisierung durch Verweisung auf § 26 Abs. 2 bis 4 II. BV ist ausgeschlossen. 5734

In Formularmietverträgen kann eine solche Pauschale, insbesondere bei unklarer Darstellung, überraschend im Sinne des § 305c BGB (*LG Bremen* WuM 1988, 392) oder unangemessen im Sinne des § 307 BGB (*LG Braunschweig* WuM 1996, 293) und damit unwirksam sein. Demgegenüber lässt das *LG Mannheim* (NZM 2000, 490; zustimmend *Löhlein* NZM 2000, 498) auch die formularmäßige Ausweisung einer Verwaltungskostenpauschale als Grundmietposition zu. Dabei ist das Transparenzgebot des § 307 Abs. 1 BGB zu beachten. Dem widerspräche es, unbezifferte Hausverwaltungskosten in einer Position Nr. 17 »sonstige Betriebskosten« anzuführen (*OLG Köln* GuT 2006, 231 = ZMR 2007, 39 = GE 2006, 1404; a.A. *OLG Köln* GuT 2008, 31; *Lützenkirchen* GE 2006, 614; *Ludley* NZM 2006, 851 [853]; *Schmidt* NZM 2008, 563 [564]). Verwaltungskosten sind keine Betriebskosten (§ 1 Abs. 2 Nr. 1 BetrKV). Der Mieter muss deshalb unter dieser Überschrift nicht mit Verwaltungskosten rechnen (*Schmid* GuT 2006, 300 [301]; ders. WuM 2008, 199 [200]; a.A. *Beuermann* GE 2006, 1335). Zu Unrecht gezahlte Verwaltungskosten kann der Wohnraummieter gem. § 812 BGB zurückfordern (LG Frankfurt/M. WuM 2011, 100 f.). 5735

b) Geschäftsraum

Nach Auffassung des BGH ist der Begriff »Verwaltungskosten« inhaltlich so klar, dass die beteiligten Verkehrskreise keine weitere Erläuterung brauchen (BGH Urt. v. 24.02.2010, Az.: XII ZR 69/08; NZM 2010, 279). Dies gilt nicht, wenn Kosten für die technische und kaufmännische Objektbetreuung in den AGB genannt 5736 sind, da dieser Begriff nicht hinreichend transparent ist (LG Köln IMR 2011, 23). Bei der Geschäftsraummiete kann die Umlegung von Verwaltungskosten auch in Allgemeinen Geschäftsbedingungen frei vereinbart werden (st. Rechtspr. auch des BGH, Urt. v. 17.12.2014 – XII ZR 170/13, GE 2015, 249; v. 10.09.2014 – XII ZR 56/11, GE 2014, 1523; v. 26.09.2012 – XII ZR 112/10, GE 2012, 1696; BGH Urt. v. 24.02.2010, Az.: XII ZR 69/08; NZM 2010, 279; Urt. v. 09.12.2009, Az.: XII ZR 109/08; NZM 2010, 123; *OLG Hamburg* ZMR 2003, 180 = NZM 2002, 388; *Schmid* DWW 1998, 143). Dies ist weder überraschend i. S. von § 305c BGB (BGH Urt. v. 04.05.2011, XII ZR 112/09; ZMR 2011, 788), noch verstößt es gegen das Transparenzgebot gem. § 307 Abs. 1 S. 2 BGB (BGH Urt. v. 10.09.2014, Az.: XII ZR 56/11, NZM 2014, 830 m. w. N. zu Kosten der kaufmännischen und technischen Hausverwaltung). Die tatsächliche Übernahme der Verwaltung eines Grundstücks durch die Komplementärin des Vermieters ist keine Fremd-, sondern eine Eigenverwaltung. Diese Kosten können nicht umgelegt werden (*KG* ZMR 2011, 35f). Eine betragsmäßige Begrenzung ist auch in einem Formularvertrag nicht erforderlich (BGH Urt. v. 26.09.2012, Az.: XII ZR 112/10, NZM 2013, 85; *OLG Köln* GuT 2008, 31 [33]). Die Höhe der Vorauszahlung muss angemessen sein, aber selbst wenn keine konkrete Höhe genannt wurde und die Vorauszahlungen zu niedrig angesetzt wurden, liegt kein unzulässiger Überraschungseffekt vor (*BGH* a.a.O. NZM 2010, 123 Rn. 19). Ein Betrag in Höhe von 5,5 % der Bruttomiete bzw. 5,8 % ist üblich (*BGH* Urt. v. 04.05.2011, Az.: XII ZR 112/09; ZMR 2011, 788 = NZM 2012, 83) und wird nicht als überraschend angesehen. Der Mieter ist zudem durch das Gebot der Wirtschaftlichkeit vor zu hohen Kosten geschützt (*BGH* a.a.O. NZM 2014, 830).

Überraschend kann eine Klausel im Einzelfall dann sein, wenn sie ihrem Inhalt nach so gefasst ist, dass der Geschäftsraummieter damit nicht zu rechnen braucht. Der BGH leitet dies im Urteil vom 10.9.2014 daraus ab, dass die Verwaltungskosten im Rahmen des Ortsüblichen und Notwendigen umgelegt werden können, was den Überraschungseffekt ausschließt. Der Mieter sei so in der Lage, die Kosten wenigstens im Groben abzuschätzen (*BGH*, a.a.O.; NZM 2014, 830).

Überraschend kann die Vereinbarung der Verwaltungskosten sein, wenn sie an einer Mietvertragsstelle steht, die von ihrem systematischen Zusammenhang keine Verbindung zu den Verwaltungskoten erlaubt. Das ist aber trotz der Tatsache, dass die Verwaltungskosten keine Betriebskosten sind nicht der Fall, wenn sie unter den »Nebenkosten« am Schluss aufgeführt sind (*BGH*, Urt. v. 10.09.2014 – XII ZR 56/11, GE 2014, 1593 = NZM 2014, 830). Überraschend ist auch, wenn eine Klausel die Abrechnung der Kosten des Hausmeisters vollumfänglich (auch Verwaltungstätigkeiten) vorsieht und gleichzeitig eine Pauschalierung der Verwaltungskosten vorgesehen ist (*OLG Hamm* ZMR 2017, 803).

Als intransparent im Geschäftsraummietvertrag wurde es gewertet, dass die Verwaltungskosten Teil einer wesentlich umfangreicheren Regelung waren, die auch Versicherungs- und Instandhaltungskosten einschloss (*BGH*, Urt. v. 26.09.2012 – XII ZR 112/10, GE 2012, 1696). Die Umlagevereinbarung darf nicht an völlig unauffälliger Stelle geschehen, ausreichend ist aber, sie an letzter Stelle (Nr. 17) einer Anlage zu sonstigen Betriebskosten zu nennen (*BGH* Urt. v. 04.05.2011, Az.: XII ZR 112/09; ZMR 2011, 788 = NZM 2012, 83).

D. Sonstige Mietnebenkosten, insbesondere bei Geschäftsraummiete   Teil V

Die Umlegung kann je nach Vertrag z. B. erfolgen im Wege 5737
– einer Vorauszahlung mit Abrechnung (*OLG Nürnberg* WuM 1995, 308); dabei ist 5738
eine Kostenverteilung nach der anteiligen Mietfläche grundsätzlich nicht zu beanstanden (*KG* GE 2003, 234). Das erfordert aber eine bezifferte Darlegung des Aufwandes (*KG* ZMR 2011, 35).
– einer Pauschale (*Schmid* DWW 1998, 143). 5739
– der Festlegung eines Prozentsatzes von der Nettomiete, wobei 5,5 % der Brutto- 5740
miete nicht als überhöht angesehen werden, auch 5,8 % sind möglich (vgl. *BGH* a. a. O. NZM 2012, 83 = ZMR 2011, 788).
– des Ansatzes eines bestimmten Betrages pro Quadratmeter Mietfläche (*Simon* 5741
GuT 1999, 137).
– bei der Umlageklausel, die formularmäßig getroffen wurde, muss der flächenbezogene Abrechnungsmaßstab sachgerecht sein, daher ist eine Klausel, welche Flächen von Großmietern nur bis zur Größe von 1.000 m² und bei zweigeschossigen Mietflächen mit 50 % der tatsächlichen Fläche berücksichtigt unwirksam, da sie Kleinmieter unangemessen benachteiligt gemäß § 307 BGB, (*KG* Urt. 15.08.2019, 8 U 2019/16 ZMR 2020, 495).

Durch eine Pauschale, einen Prozentsatz von der Miete oder einen bestimmten Betrag 5742
pro Quadratmeter sind alle Verwaltungskosten abgegolten, soweit nicht im Mietvertrag etwas anderes bestimmt ist.

Die konkludente Vereinbarung durch jahrelange Zahlung kann im Einzelfall zustande kommen. Gefordert sind hierzu besondere Umstände, denen ein Angebot des Vermieters entnommen werden kann, den Vertrag insoweit ändern zu wollen (*BGH*, Urt. v. 09.07.2014 – VIII ZR 36/14, ZMR 2014, 965 = GE 2014, 1134) und auch auf Mieterseite ein Änderungswille anzunehmen ist (*BGH* 29.5.2000 XII ZR 35/00 NZM 2000, 961). Die Zahlung nicht geschuldeter Verwaltungskosten für vier Jahre reicht dazu nicht (so *KG* v. 31.03.2014 – 8 U 135/13, GE 2015, 55; krit. *Kinne* GE 2015, 20).

c) Teileigentum

Nach § 21 Abs. 7 WEG können die Wohnungseigentümer u. a. beschließen, dass die 5743
Kosten für einen besonderen Verwaltungsaufwand von dem verursachenden Wohnungseigentümer zu tragen sind. Eine Umlegung der Kosten kann erfolgen, wenn der Mietvertrag dies vorsieht. Ist die Umlegung von tatsächlich anfallenden Verwaltungskosten vereinbart, können auch die dem Teileigentümer auferlegten Kosten für einen besonderen Verwaltungsaufwand umgelegt werden, nicht jedoch wenn eine Pauschale vereinbart ist. In Neuverträgen kann die Umlegung der Kosten für einen besonderen Verwaltungsaufwand ausdrücklich vereinbart werden, auch wenn ein entsprechender Beschluss der Wohnungseigentümer noch nicht gefasst ist.

d) Wirtschaftlichkeitsgrundsatz

Der Wirtschaftlichkeitsgrundsatz ist zu wahren (s. ausführlich oben Rdn. 1053 ff.). 5744
Rechnet der Vermieter die das Wirtschaftlichkeitsgebot übersteigenden Betriebskosten ab, verletzt er eine vertragliche Nebenpflicht, die zu einem Schadensersatzanspruch

führen kann (BGH, Urt. v. 06.07.2011 – VIII ZR 340/10, NZM 2011, 705). Behauptet der Mieter, dass der Verwalter zu teuer ist, muss er Umstände darlegen und beweisen, die den regionalen Gegebenheiten und den besonderen Gegebenheiten des Mietobjekts Rechnung tragen; Preise von Verwaltern aus anderen Regionen genügen in der Regel nicht (vgl. *BGH* a. a. O. NZM 2011, 705; *OLG Rostock* GE 2014, 1060).

5745 Macht der Mieter die Verletzung des Grundsatzes der Wirtschaftlichkeit geltend (s. oben Rdn. 1053 ff.), muss er Umstände vortragen und unter Beweis stellen, die den vielfältigen, je nach Region oder Gemeinde unterschiedlichen Bedingungen und den tatsächlichen Gegebenheiten Rechnung tragen (*BGH*, Urt. v. 17.12.2014 – XII ZR 170/13, ZMR 2015, 220; 6.7.2011 – VIII ZR 340/10, NZM 2011, 705; *Hinz* NZM 2012, 137). Beruft sich der Mieter darauf, der Vermieter habe überteuert eingekauft, muss er darlegen, dass die betreffende Leistung in der Region üblicherweise billiger zu erhalten ist. Dabei dürfen aber keine übertriebenen Anforderungen an die Darlegungslast gestellt werden. Insbesondere ist es auch nicht erforderlich, dass der Richter von der Richtigkeit dieser Darlegung schon überzeugt sein muss (*BGH* Urt. v. 17.12.2014 – XII ZR 170/13, ZMR 2015, 220).

5746 Auf der anderen Seite ist es nicht ausreichend, wenn der Mieter die Angemessenheit und Üblichkeit der Kosten nur pauschal bestreitet und einfach behauptet, der Vermieter habe zu teuer eingekauft (*BGH* a.a.O.). Geht es um die Rüge überhöhter Verwaltungskosten, ist auf die Vergleichbarkeit mieterseits benannter Objekte Wert zu legen. Die Kosten anderer Gewerbeobjekte hängen von einer Vielfalt von Umständen ab. Kann das Gericht den Umfang der Verwaltungstätigkeit der anderen Objekte nicht nachvollziehen, ist nicht bekannt, ob die dortigen Mieter Verwaltungskosten zu tragen haben, die über den Begriff in der Betriebskostenverordnung hinausgehen und erfolgt nur eine pauschale Nennung jährlicher Entgelte für andere Objekte, fehlt es an dem erforderlichen Sachvortrag des Mieters (Vorinstanz *OLG Rostock* Urt. v. 17.10.2013, 3 U 158/06 GE 2014, 1060 a.a.O; vom *BGH* im Urteil vom 17.12.2014 – XII ZR 170/134, ZMR 2015, 220 nicht beanstandet).

5747 Bei Wohnungen ist in der Regel eine Vielzahl vergleichbarer Objekte in einer Region vorhanden. Bei der Gewerberaummiete kann es im Einzelfall anders sein, weil der Aufwand für Verwaltung je nach Größe, Nutzungsart und dergleichen unterschiedlich sein kann (*BGH* a. a. O. ZMR 2015, 220).

II. Centermanagement und Objektbetreuung bei Geschäftsraum

5748 Das Centermanagement umfasst teilweise Aufgabenbereiche, die über den Begriff der Hausverwaltung (Rdn. 5500 ff.) hinausgehen. Dieser Begriff allein ist nicht hinreichend bestimmt (*BGH* Urt. v. 03.08.2011 – XII ZR 205/09 ZMR 2011, 946) und eine allgemeingültige Definition existiert nicht. Die Umlegung von Centermanagementkosten kann vereinbart werden (*Fritz* NJW 1998, 3328). Angesichts der Vielschichtigkeit, der bei einem Centermanagement anfallenden Aufgaben und der damit verbundenen Kosten, empfiehlt sich eine Aufgliederung oder Erläuterung nach einzelnen Tätigkeiten und Kostenpositionen (*KG* NZM 2002, 954). Entsprechendes gilt für die Bezeichnung »Objektbetreuung« (*LG Köln* ZMR 2010, 966 = MietRB 2011, 45).

Das gilt insbesondere für Personalaufwendungen, z.B. Gehalt des Centermanagers und seines Sekretariatspersonals, des Haustechnikers usw. Die bloße Bezeichnung

D. Sonstige Mietnebenkosten, insbesondere bei Geschäftsraummiete — Teil V

»Centermanagement« oder »Kosten des Centermanagers« (*BGH*, Urt. v. 26. 9. 2012, Az.: XII ZR 112/10; NJW 2013, 41; BGH a. a. O. ZMR 2011, 946) ist zu unbestimmt, auch wenn der Zusatz »kaufmännisch und technisch« hinzugefügt wird (*KG* GE 2003, 234; ZMR 2003, 292). Der Mieter muss bei Vertragsschluss erkennen können, welche Kosten im Einzelnen auf ihn zukommen (*BGH* Urt. v. 10.09.2014, XII ZR 56/11, NZM 2014, 830 m w. N.; *BGH* Urt. vom 6. 4. 2005, Az.: XII ZR 158/01; ZMR 2005, 844; *OLG Rostock* GuT 2005, 158 = NZM 2005, 507). Dies gilt auch für den Begriff »Kosten des Managements« (*OLG Düsseldorf* IMR 2012, 324) der zu unbestimmt ist. Werden die Kosten nicht beschrieben oder erläutert, ist die formularmäßige Umlagevereinbarung intransparent und unwirksam (*BGH* Urt. v. 03.08.2011 – XII ZR 205/09, ZMR 2011, 946 m. w. N.).

Das Wirtschaftlichkeitsgebot ist zu beachten, die Kosten dürfen nur im Rahmen des ortsüblichen und notwendigen Umfangs anfallen.

III. Werbemaßnahmen bei Geschäftsraum

1. Werbung durch den Vermieter

Ob und in welcher Weise vom Vermieter durchgeführte Werbemaßnahmen auf die Mieter umgelegt werden können, ist eine Frage des Einzelfalles. Gemeinsame Werbung beim Einkaufszentrum ist üblich und gehört zum gängigen Vermarktungskonzept (*OLG Hamm* GE 1999, 314). Eine vertragliche Grundlage ist immer erforderlich (vgl. *OLG Hamburg* ZMR 2004, 509). Jedenfalls dann, wenn dem Vermieter bei der Auswahl der Umlegungsmaßstäbe ein Ermessen eingeräumt ist oder wenn er im Laufe des Mietverhältnisses von sich aus neue Werbemaßnahmen durchführt, kann er damit nicht Mieter belasten, die von der Maßnahme keinen Nutzen haben (*OLG Celle* ZMR 1999, 238 ff.: Keine Umlegung der Kosten einer Weihnachtsdekoration auf eine Steuerberatungskanzlei).

2. Werbegemeinschaften

Die Verpflichtung, einer Werbegemeinschaft beizutreten, kann mietvertraglich, auch formularvertraglich begründet werden (s. *Schmidt* NZM 2018, 543). Bei der Verwendung Allgemeiner Geschäftsbedingungen sind zwei Einschränkungen zu beachten (vgl. *BGH*, Urt. vom 12.07.2006, Az.: XII ZR 39/04 = ZMR 2006, 849; GuT 2006, 224): Es muss ausgeschlossen sein, dass die Werbegemeinschaft in einer Rechtsform (wie z.B. eine Gesellschaft bürgerlichen Rechts) betrieben wird, die zu einer persönlichen Haftung des Mieters führt, da der Beitritt (hier: gesonderter Beitrittsvertrag) unwirksam wäre. Wenn er gleichwohl erfolgt, finden die Grundsätze über den fehlerhaften Beitritt zu einer Gesellschaft Anwendung (*BGH* Urt. v. 11.05.2016 – XII ZR 147/17, NZM 2016,683). Empfohlen wird die Gründung eines eingetragenen Vereins (BGH Urt. v. 13.04.2016 – XII ZR 146/14 ZMR 2016, 527). Die zu zahlenden Beiträge zur Werbegemeinschaft müssen der Höhe nach begrenzt sein und können in der Satzung beziffert werden (*BGH* a. a. O.). Möglich ist auch, die Beiträge durch einen Prozentsatz der Miete oder durch einen Höchstbetrag festzulegen, wobei Beträge um die 10 % der Nettomiete genannt werden (vgl. *BGH*, Urt. vom 12.7.2006, Az.: XII ZR 39/04 = ZMR 2006, 849; GuT 2006, 224; *LG Berlin*

NZM 2001, 328). Bei Bezifferung in der Satzung, muss nicht zusätzlich ein Höchstbetrag genannt werden (BGH a. a. O. ZMR 2016, 527).

5752 Ein Ausweichen auf eine Individualvereinbarung wird schon deshalb kaum möglich sein, weil sinnvollerweise eine gleichlautende Regelung mit allen Mietern zu treffen ist (s. BGH a. a. O. ZMR 2006, 849). Außerdem verstößt die Übernahme eines unkalkulierbaren Risikos auch in einer Individualvereinbarung gegen § 138 BGB (*Schmid* GuT 2006, 300 [302]).

5753 Nicht unzulässig erscheint jedoch auch eine mietvertragliche Verpflichtung zur Zahlung von Beiträgen an die Werbegemeinschaft ohne Mitgliedschaftszwang. Der *BGH* (BGH, *Urt.* vom 12.07. 2006, Az.: XII ZR 39/04; ZMR 2006, 849 = GuT 2006, 224) hat lediglich entschieden, dass ein bloßer Finanzierungsbeitrag keinen Vorrang vor einer Pflichtmitgliedschaft hat. In jedem Fall muss die Beitragshöhe bestimmt oder bestimmbar sein. Bestimmbar ist der Beitrag, wenn er auf die Nettomiete bezogen ist (*LG Berlin* NZM 2001, 338; ZMR 2000, 761: 10 % der Nettomiete zuzüglich Umsatzsteuer zulässig). Zur Umlagemöglichkeit aufgrund sonstiger mietvertraglicher Anspruchsgrundlagen (s. *Schmidt* NZM 2018, 543).

IV. Versicherungen bei Geschäftsraum

5754 Versicherungsbeiträge können über die in § 2 Nr. 13 BetrKV genannten Positionen (Rdn. 5263 ff.) hinaus umgelegt werden. Allerdings wird bei ungewöhnlichen Versicherungen (zur Terrorversicherung s. *BGH* Urt. v. 13.10.2010, Az.: XII ZR 129/09; NZM 2010,864) oder bei Versicherungen, deren Umlegung üblicherweise auch auf den Gewerberaummieter nicht erfolgt, eine überraschende Klausel im Sinne von § 305c Abs. 1 BGB anzunehmen sein. Die bloße Bezeichnung »Versicherungen« ohne nähere Aufschlüsselung ist jedenfalls dann zu unbestimmt, wenn in der Betriebskostenvereinbarung die Beschränkung auf die in § 2 BetrKV genannten Kosten ausdrücklich ausgeschlossen ist (*BGH*, Urt. v. 26.09.2012, Az.: XII ZR 112/10; NZM 2013, 85; s. auch *BGH* Urt. v. 10.02.2016, Az.: VIII ZR 137/15; NJW 2016, 6).

5755 Als umzulegend vereinbart werden können insbesondere auch die in Rdn. 5266 genannten Versicherungen. Das gilt auch für die Kosten einer Rechtsschutzversicherung (a.A. *OLG Düsseldorf;* ZMR 1995, 347 u. 433; WuM 1995, 434) und einer Mietausfallversicherung (BGH Urt. v. 06.06.2018 – VIII ZR 38/17 BeckRS 2018, 14691 im Rahmen einer Gebäudeversicherung; a. A. *OLG Düsseldorf* DWW 2000, 196). Eine Inventarversicherung kann bei entsprechender Vereinbarung auf den Mieter (Pächter) umgelegt werden (*OLG Düsseldorf* GE 2006, 647). Eine Vereinbarung, dass der Mieter die Kosten einer gegebenenfalls abzuschließenden »Sonderrisikoversicherung« zu tragen hat, ist wegen Verstoßes gegen das Transparenzgebot des § 307 BGB unwirksam (*KG*, GE 2011, 545 m. krit. Anm. *Kinne* GE 2011, 521).

5756 Anders als bei Wohnraum (Rdn. 5282b) kann bei der Geschäftsraummiete der Mieter auch formularmäßig verpflichtet werden, bestimmte Versicherungen abzuschließen, wenn der Vermieter hieran ein berechtigtes Interesse hat (*OLG Düsseldorf* NZM 1998, 728). Genannt werden Betriebshaftpflicht-, Brand-, Glas- (LG Wuppertal NJOZ 2016, 1442) und Schlüsselverlustversicherungen (*Horst* DWW 2008, 42 [53]). Ist der Mieter zum Abschluss einer Versicherung verpflichtet, so kann der

Vermieter Schadensersatz wegen Verletzung dieser Verpflichtung nur geltend machen, wenn er wegen des Ausbleibens entsprechender Nachweise selbst eine solche Versicherung abgeschlossen hat (*OLG Düsseldorf* DWW 2000, 196). Zum Ganzen s. Neuhaus, Handbuch der Geschäftsraummiete Kap. 10 Rn. 136 ff.

V. Heiz- und Warmwasserkosten bei Geschäftsraum

In der HeizkostenV nicht genannte Kosten können gesondert als umlegbar vereinbart werden. Die HeizkostenV beschränkt nicht Umlegbarkeit von Kosten, sondern regelt nur die Verteilung der in §§ 7, 8 HeizkostenV genannten Kosten. Eine Beschränkung der Kostenumlegung ergibt sich nur aus § 2 Nrn. 4 bis 6 der BetrKV (i. V. m. § 556 Abs. 1 BGB). Diese Vorschriften gelten aber für die Geschäftsraummiete nicht. Es kann deshalb eine weitergehende Kostenumlegung vereinbart werden. Das ermöglicht es, auch Wärmelieferungskosten insoweit umzulegen, als darin Investitionskosten für die Hausanlagen oder sonst nicht umlegungsfähige Kosten enthalten sind. Hierfür ist jedoch eine ausdrückliche Vereinbarung erforderlich. Eine bloße Bezugnahme auf die BetrKV oder die HeizkostenV reicht hierfür nicht aus, da bei einer solchen Bezugnahme nur die dort genannten Kosten als umzulegend vereinbart angesehen werden (Rdnr. 2066). Besteht eine wirksame Vereinbarung, ist eine einheitliche Umlegung nach der HeizkostenV möglich. 5757

Als umzulegend können deshalb z.B. auch Reparaturkosten und Verwaltungskosten vereinbart werden, z.B. bei Übertragung des Brennstoffeinkaufs, der Heizungsbetreuung und des gesamten Abrechnungswesens auf einen Dritten in Höhe von dessen hierfür berechneten Kosten. Erforderlich ist eine hinreichend klare Vereinbarung, aus der sich insbesondere entnehmen lassen muss, dass über die in der HeizkostenV genannten Kosten hinaus, weitere Kosten umgelegt werden sollen. Die Umlegung kann (zusammen mit den Heizkosten) nach den für die HeizkostenV geltenden Kriterien erfolgen oder durch gesonderte Umlegung mit eigenen Umlegungsmaßstäben. Die in §§ 7, 8 HeizkostenV genannten Kosten müssen jedoch entsprechend der HeizkostenV umgelegt werden. Dies gilt auch für die Kosten einer Verbrauchsanalyse, deren Umlegung bei der Geschäftsraummiete vereinbart werden kann (*Schmid* GuT 2009, 161). 5758

VI. Bewachungskosten bei Geschäftsraum

Bewachungskosten sind unabhängig von der Streitfrage, ob es sich um Betriebskosten handelt (Rdnr. 5439), bei der Geschäftsraummiete jedenfalls dann umlegbar, wenn dies ausdrücklich vereinbart ist und die Situation des Mietobjekts eine Bewachung erfordert (*KG* GE 2004, 234; *LG Berlin* GE 2005, 237). Im Vertrag sollten die einzelnen Tätigkeiten aufgelistet werden, wie z. B. Doormann, Pförtner, Concierge oder Wachdienst (s. *OLG Düsseldorf* ZMR 2012, 184). Umlegungsfähig sind auch Wartungskosten für eine Alarmanlage (*Kinne* GE 2005, 165 [167]). 5759

VII. Instandhaltung/Instandsetzung

Die Legaldefinition des § 555a Abs. 1 BGB erfasst diese Begriffe als »Erhaltungsmaßnahmen«.

Abzugrenzen ist der Begriff auch von Wartungskosten, s. Rdn. 3070 ff. Die Übertragung der Verpflichtung »sämtliche Wartungskosten« als Betriebskosten zu tragen, ist in Geschäftsraum-/Miet-AGB wirksam, auch ohne eine nähere Auflistung der einzelnen Kosten und ohne Begrenzung der Höhe nach (*OLG Frankfurt* a. M. 16.10.2015 – 2 U 216/14, NZM 2016, 264).

Wenn die Kosten für »die Wartung und Instandhaltung« aller technischen Einrichtungen einschließlich der Kosten des Betriebs ohne Begrenzung der Höhe nach umgelegt werden sollen, ist eine nähere Aufschlüsselung oder eine sonstige Begrenzung, insbesondere der Höhe nach, geboten (*BGH* NZM 2013, 85).

1. Umlage bei Geschäftsraum

5760 Die Verpflichtung zur Instandhaltung und Instandsetzung kann bei der Gewerberaummiete formularmäßig auf den Mieter übertragen werden, soweit sie sich auf Schäden erstreckt, die dem Mietgebrauch oder der Risikosphäre des Mieters zuzuordnen sind. Der Höhe nach wird eine Begrenzung auf 10 % der jährlichen Grundmiete oder 25 % einer Monatsmiete im Einzelfall und einer Monatsmiete pro Jahr (*Fallak* ZMR 2013, 161 [163], Bub/Treier/Bub II Rn. 1355) diskutiert. Die zulässige Abweichung vom gesetzlichen Leitbild findet auch dort ihre Grenze, wo dem Mieter die Erhaltungslast von gemeinsam mit anderen Mietern genutzten Flächen und Anlagen ohne Beschränkung der Höhe nach auferlegt wird. Damit werden dem Mieter auch Kosten übertragen, die nicht durch seinen Mietgebrauch veranlasst sind und die nicht in seinen Risikobereich fallen. Die Übertragung der Erhaltungslast gemeinschaftlich genutzter Flächen und Anlagen ist allenfalls wirksam, wenn sie in einem bestimmten, zumutbaren Rahmen erfolgt (*BGH*, Urt. vom 6. 4. 2005; Az.: XII ZR 158/01; ZMR 2005, 844 = GuT 2005, 213). Die zu tragenden Kosten müssen der Höhe nach beschränkt sein (*BGH* Urt. v. 10.09.2014, Az.: XII ZR 56/11; NJW 2014, 3722). Nach *OLG Hamm* (08.06.2017, I-18 U 9/17, ZMR 2017, 803) ist eine Klausel überraschend, wenn Kosten der Instandhaltung und Instandsetzung pauschaliert in Rechnung gestellt werden und die Kosten für den Hausmeister voll umgelegt werden, wobei ausdrücklich bestimmt ist, dass insoweit kein Abzug für eventuelle Verwaltungs- und Instandsetzungstätigkeit erfolgen muss. Hier wären die Kosten gegebenenfalls doppelt zu tragen. In der Literatur und Rechtsprechung wird zur Höhe beispielsweise eine Kostenbegrenzung auf einen festen Prozentsatz der Jahresmiete vorgeschlagen (s. oben und *Bub* NZM 1998, 789, 793; *Wodicka* NZM 1999, 1081 [1082]: 10 %; *KG* NJW-RR 2003, 586). Durch Individualvereinbarung ist eine weitergehende Übertragung möglich (*BGH* Urt. v. 26.11.2014, Az.: XII ZR 120/13; NJW-RR 2015, 615; *Fallak* ZMR 2013, 161 ff.). Zur Übernahme der Beiträge zur Instandhaltungsrücklage bei der Anmietung von Wohnungs- und Teileigentum s. Rdn. 3029. Zum Ganzen s. FA-MietRWEG/*Harz* Kap. 15 Rn. 95 und 322 ff. und Neuhaus ZAP 2014, 313 ff.

2. Preisfreier Wohnraum

5761 Bei der Wohnraummiete ist bei preisfreiem Wohnraum die Umlegung von Kleinreparaturkosten in Formularmietverträgen stark eingeschränkt. Die Kostentragungspflicht muss der Höhe nach begrenzt sein, wobei Höchstbeträge bis 100 € pro

Einzelreparatur und 300 € pro Jahr genannt werden (FA-MietR WEG/*Harsch* Rn. 117 m.w.N.). Eine Verpflichtung des Mieters zur Vornahme von Reparaturen kann formularmäßig nicht vereinbart werden (*BGH* Urt. v. 06.05.1992, Az.: VIII ZR 129/91; ZMR 1992, 332).

3. Preisgebundener Wohnraum

Bei preisgebundenem Wohnraum sieht § 28 Abs. 3 II. BV eine Tragung der Kosten für Kleinreparaturen ausdrücklich vor. Auch in Formularmietverträgen ist deshalb eine entsprechende Regelung wirksam (*LG Braunschweig* WuM 1992, 593; *Schmid* in FaKo-Mietrecht, § 28 II. BV Rn. 19; a.A. *LG Hamburg* WuM 1992, 593; *LG Freiburg* WuM 1992, 594; *AG Leverkusen* WuM 1992, 596). Ist die im Mietvertrag enthaltene Klausel über die Abwälzung von Schönheitsreparaturen auf den Mieter unwirksam, ist der Vermieter berechtigt, die Kostenmiete einseitig um den Zuschlag nach § 28 Abs. 4 II. BV zu erhöhen (*BGH*, Hinweisbeschl. v. 12. 1. 2011, Az.: VIII ZR 6/10; ZMR 2011,457). 5762

VIII. Kosten bei Ein- und Auszug für Wohnraum

Umzugskosten sind keine Betriebskosten. Der *BGH* (Urt. vom 14.11.2007, Az.: VIII ZR 19/07; NZM 2008, 123 = GE 2008, 193) lässt jedoch die Umlegung auch nur einmalig anfallender Kosten zu, sofern dies vereinbart ist. 5763

1. Gebühr für Vertragsabschluss bei preisfreiem Wohnraum

Die Vereinbarung einer Bearbeitungsgebühr, die der Mieter dem Vermieter für die Ausstellung des Vertrages zu zahlen hat, kann durch Individualvereinbarung festgelegt werden (*Schmid* WuM 2009, 558 [559] m. w. N.). Dagegen ist eine entsprechende Vereinbarung in Allgemeinen Geschäftsbedingungen nach § 307 Abs. 1 Satz 1 BGB unwirksam (*AG Hamburg* WuM 2009, 451, *LG Hamburg* ZMR 2009, 534). Eine Vertragsabschlussgebühr ist nicht Bestandteil der Miete, sondern deckt Auslagen, die dem Vermieter im Zusammenhang mit der Vermietung entstehen. Dabei handelt es sich um Tätigkeiten, die im nahezu ausschließlichen Interesse des Vermieters liegen und die dieser nach dem Gesetz selbst zu tragen hat. § 307 Abs. 3 Satz 1 BGB steht deshalb einer Inhaltskontrolle nicht entgegen. Trotz einiger gesetzlicher Regelungen, die eine Umlegung von Verwaltungskosten auf den Mieter ausdrücklich zulassen, weicht eine Vertragsabschlussgebühr von dem wesentlichen Grundgedanken des § 535 BGB ab, sodass Verwaltungskosten vom Vermieter zu tragen sind. Diese Abweichung indiziert eine unangemessene Benachteiligung Dieses Indiz kann im Rahmen der erforderlichen Interessenabwägung nicht entkräftet werden, da das bloße Kostenabwälzungsinteresse des Vermieters die Belastung des Mieters nicht rechtfertigt (*Schmid* WuM 2009, 558 ff.). 5764

2. Gebühr bei Auszug im preisfreien Wohnraummietrecht

Der individuellen Vereinbarung einer Auszugspauschale in angemessener Höhe stehen keine rechtlichen Hindernisse entgegen (*Merson* NZM 2002, 773 [775]; *Schmid* WuM 2008, 199 [200]). Dabei können bei der Prüfung der Angemessenheit in Abgrenzung zu Vertragsstrafe, Aufwendungsersatz und Schadensersatz (§ 555, § 308 Nr. 7) 5765 nur solche Kosten berücksichtigt werden, die ohne eine ausdrückliche Vereinbarung der Vermieter selbst tragen müsste, insbesondere also die zusätzlichen Kosten bei verbrauchsabhängiger Abrechnung und die Kosten für eine Sonderreinigung des Treppenhauses und Zwischenablesungskosten. Für einen Umzug ist ein Betrag von 50 € noch angemessen, wenn ein entsprechender Beschluss der Wohnungseigentümer gefasst ist und keine Ungleichbehandlung der Wohnungseigentümer erfolgt (*BGH, Urt.* vom 1. 10. 2010 – V ZR 220/09; ZMR 2011, 141 = ZfIR 2010, 847 m. Anm. *Schmid* zum Wohnungseigentum). Formularmäßige Umzugs- oder Auszugskostenbeteiligungen sind nach h. M. unwirksam (*LG München* I, WuM 1994, 370; *AG Kamen* WuM 1988, 109).

5766 Die Wohnungseigentümer können nach § 21 Abs. 7 WEG eine Nutzerwechselpauschale in angemessener Höhe beschließen (BGH, *Urt.* vom 1. 10. 2010 – V ZR 220/09; ZMR 2011, 141 = ZfIR 2010, 847 m. Anm. *Schmid*). Eine mietvertragliche Regelung, wonach der Mieter dem Vermieter die für den Fall eines Auszugs vom Vermieter an die Gemeinschaft der Wohnungseigentümer zu zahlende Auszugsgebühr (vgl. § 21 Abs. 7 WEG) in angemessener Höhe erstattet, wird man grundsätzlich für zulässig ansehen können, wenn man nicht die Wirksamkeit dynamischer Verweisungsklauseln überhaupt ablehnt (vgl. hierzu Rdn. 4074).

3. Auszugsgebühren bei preisgebundenem Wohnraum

5767 Eine Ausnahme gilt für preisgebundenen Wohnraum nach § 9 Abs. 1 Satz 1 WoBindG. Auch wenn die Auszugspauschale erst am Ende des Mietverhältnisses zu zahlen ist, wird sie »mit Rücksicht auf die Überlassung der Wohnung« vereinbart. Die Vereinbarung ist deshalb bereits aus diesem Grunde insgesamt unwirksam. Außerdem sind Verwaltungs- und Instandhaltungskosten bereits durch die Beträge nach §§ 26, 28 II. BV abgedeckt. Bei Wohnraum, der nach dem WoFG gefördert ist, wenn dies nach Landesrecht oder nach den Bestimmungen der Förderzusage zugelassen ist (§ 28 Abs. 4 Nr. 2 WoFG).

IX. Sonstige Kosten bei Geschäftsraum

5768 Welche sonstigen Kosten als umlegbar in Betracht kommen, richtet sich nach den tatsächlichen Verhältnissen, dem Gegenstand des jeweiligen Geschäftsbetriebs und nach den wirtschaftlichen Gegebenheiten. Eine einzelvertragliche Vereinbarung, die den Mieter zur Tragung sämtlicher Betriebskosten verpflichtet, ist hinreichend bestimmt bzw. bestimmbar (*BGH* 08.04.2020, XII ZR 120/18, NJW-RR 2020, 656). Dies würde sich allerdings nur auf die Betriebskosten gem. § 2 BetrKV beziehen, sodass weitere Kostenpositionen ausdrücklich genannt werden müssen. Eine Zusammenstellung möglicher Kosten findet sich als Checkliste in Rdn. 8003 (vgl. hierzu insbesondere *Pfeiffer* DWW 2000, 13 ff.; *Gather* DWW 2002, 56). Für »sonstige Betriebskosten« i. S. § 2 Nr. 17 BetrKV gilt auch bei Geschäftsraum, dass diese im Formularvertrag wirksam auf den Mieter abgewälzt werden können, wenn sie im Einzelnen genannt sind (*BGH* Urt. v. 02.05.2012 – XII ZR 88/10 ZMR 2012, 614; *OLG Düsseldorf* NJOZ 2012, 1871). Erfolgt der Verweis ohne ausdrückliche Nennung einzelner Positionen, sollen nur die Kosten umlagefähig sein, die es auch bei Wohnraum wären (*OLG Celle* NZM 1999, 501). Der Vermieter sollte präzise beschreiben, welche Kosten er unter dieser Position erfasst und umlegen will (Einzelheiten s. *Neuhaus*, a. a. O. Kap. 10 Rn. 131).

Teil VI Die Heizkostenverordnung

A. Regelungs- und Anwendungsbereich, Ausnahmen, rechtsgeschäftliche Regelungen

I. Ermächtigungsgrundlage und Verordnungszweck

Die HeizkostenV wurde erlassen aufgrund von §§ 2 Abs. 2, 3, 3a und 5 des Energieeinsparungsgesetzes. 6000

Zweck der HeizkostenV ist es, das Verbrauchsverhalten der Nutzer nachhaltig zu beeinflussen und damit Energieeinspareffekte zu erzielen. Dem jeweiligen Nutzer soll durch die verbrauchsabhängige Abrechnung der Zusammenhang zwischen dem individuellen Verbrauch und den daraus resultierenden Kosten bewusst gemacht werden (vgl. *BGH* Urt. v. 20.01.2016 – VIII ZR 329/14, ZMR 2016, 280). Die Verteilungsgerechtigkeit ist allein von der HeizkostenV aus betrachtet nur ein Nebeneffekt. Die Verteilungsgerechtigkeit ist dort zu berücksichtigen, wo die HeizkostenV mehrere Verteilungsmöglichkeiten zulässt. Diese Verpflichtung folgt aus §§ 242, 315 BGB, die sowohl im Mietrecht als auch im Wohnungseigentumsrecht gelten. 6001

II. Regelungsumfang der HeizkostenV

1. Anwendungsbereich der HeizkostenV

a) Grundsätzliches

Die HeizkostenV gilt nicht nur für Mietverhältnisse. Die Verordnung spricht deshalb auch nicht von Vermieter und Mieter, sondern vom Gebäudeeigentümer, dem Gebäudeeigentümer Gleichgestellten (unten Rdn. 6034 ff.), dem Lieferer und dem Nutzer. Angesichts der Bedeutung der Vermietung von Wohnungs- und Teileigentum werden hier miet- und wohnungseigentumsrechtliche Probleme der HeizkostenV behandelt. 6002

b) Preisgebundener Wohnraum

Die HeizkostenV gilt im Grundsatz für alle Mietverhältnisse. § 1 Abs. 4 HeizkostenV, § 22 Abs. 1 NMV 1970 stellen klar, dass die Verordnung auch für preisgebundenen Wohnraum gilt, soweit für diesen nichts anderes bestimmt ist. 6003

c) Beitrittsgebiet

Die HeizkostenV gilt nach Art. 8 des Einigungsvertrages in Verbindung mit Anlage I Kapitel V Sachgebiet D Abschnitt III. Nr. 10 des Einigungsvertrages weitgehend auch für das Gebiet der ehemaligen DDR. Die Ausstattungen zur Verbrauchserfassung waren in Räumen, die vor dem 1. 1. 1991 bezugsfertig geworden sind, bis spätestens 31. 12. 1995 anzubringen. Auf weitere noch aktuelle Sonderregelungen wird bei den jeweiligen Einzelfragen eingegangen. 6004

d) Wohnungseigentum

6005 Die Regelungen der HeizkostenV gelten nach § 3 Satz 1 HeizkostenV unmittelbar; einer Vereinbarung oder eines Beschlusses der Wohnungseigentümer über ihre Geltung bedarf es nicht. Nur eine Abrechnung, die den Anforderungen der HeizkostenV genügt, entspricht deshalb auch ordnungsmäßiger Verwaltung (ständige Rechtsprechung des *BGH*, zuletzt *BGH*, Urteil vom 15.11.2019 – V ZR 9/19 = ZMR 2020, 521). Allerdings sind zur Anwendung der HeizkostenV Auswahlentscheidungen zwischen den von der HeizkostenV zugelassenen Möglichkeiten erforderlich. Wenn die Wohnungseigentümer noch keine Entscheidung über die Auswahl der von der HeizkostenV zugelassenen Abrechnungsmaßstäbe getroffen haben, müssen sie das nachholen. Eine eigene Befugnis des Verwalters zu solchen Entscheidungen besteht nicht (*BGH* Urt. v. 01.02.2012 – VIII ZR 156/11, ZMR 2012, 341 = ZWE 2012, 315):

»Die Heizkostenverordnung gibt kein festes Abrechnungssystem vor, sondern nur einen Rahmen (vgl. §§ 4, 5, 7, 8 HeizkostenV). Dieser Rahmen muss von der Wohnungseigentümergemeinschaft erst durch Vereinbarung oder Beschluss ausgefüllt werden, bevor eine Abrechnung nach der Heizkostenverordnung möglich ist. (…) Die von den Wohnungseigentümern zu treffende Entscheidung über die Ausfüllung des von der Heizkostenverordnung vorgegebenen Rahmens betrifft die Frage, wie die Wohnungseigentümer die vorgeschriebene verbrauchsabhängige Abrechnung vornehmen, insbesondere welchen der möglichen Verteilungsstäbe sie wählen. Insoweit bedarf es für eine Abrechnung auf der Grundlage der Heizkostenverordnung einer Regelung durch die Wohnungseigentümergemeinschaft« (*BGH*, Urteil vom 01.02.2012 – VIII ZR 156/11, ZMR 2012, 341).

Wenn die Teilungserklärung/Gemeinschaftsordnung folgende Regelung enthält »Die Betriebskosten für Heizung, Wasser, Abwasser, Strom und Gas sind von den Eigentümern, soweit keine getrennten Messeinrichtungen vorhanden sind, im Verhältnis analog des jeweiligen Jahresverbrauchs an Energie zur Erzeugung von Warmwasser und Heizung zu tragen«, sind die Heiz- und Warmwasserkosten nicht zu 100 % nach gemessenem Verbrauch abzurechnen. Vor Erstellung der Einzelabrechnungen bedarf es, wenn nicht die Gemeinschaftsordnung dies regelt – eines Grundsatzbeschlusses in Umsetzung der Heizkostenverordnung zur Festlegung des Maßstabs zur Ermittlung des verbrauchsabhängigen Anteils der abzurechnenden Kosten. Fehlt ein solcher Beschluss, kann nicht davon ausgegangen werden, dass in der bloßen Genehmigung früherer Jahresabrechnungen eine so weitreichende Entscheidung liegt *(LG Stuttgart,* Urteil vom 20.06.2018 – 10 S 47/17, ZMR 2018, 867 mit ablehnender Anmerkung Greiner ZMR 2018, 822; a. A. *LG München* I, Urteil vom 02.11.2015 – 1 S 19287/13, ZMR 2016, 141).

6005a Wird in einer Wohnungseigentümergemeinschaft nur ein geringer Bruchteil der abgegebenen Heizwärme (hier: Bei einer Einrohrheizung) durch die Heizkostenverteiler erfasst, so entspricht die Kostenverteilung in den Einzelabrechnungen zu 50 % nach Verbrauch und zu 50 % nach Fläche nicht mehr ordnungsmäßiger Verwaltung. In solchen Fällen muss ein zulässiges Korrekturverfahren nach § 7 Abs. 1 S. 3 HeizKostenV angewendet werden (*LG Nürnberg-Fürth* ZMR 2016, 399).

A. Regelungs- und Anwendungsbereich, Ausnahmen　　　　　　　　　Teil VI

Die Verteilung der Grundkosten des Betriebs der zentralen Heizungsanlage nach der Nutzfläche bei einem Flächenanteil nicht beheizbarer innenliegender Räume von 460 m² an der Gesamtfläche von 2.747 m² widerspricht billigem Ermessen und überschreitet auch den Wohnungseigentümern bei einer Änderung eines Umlageschlüssels nach § 16 Abs. 3 WEG zustehenden weiten Gestaltungsspielraum (LG Karlsruhe, ZMR 2016, 558). Gemäß § 7 Abs. 1 S. 3 HeizkostenV liegt die Anwendung der VDI-Richtlinie 2077 im Ermessen der Wohnungseigentümer. Neben einem geringen erfassten Verbrauchswärmeanteil muss u. a. der Anteil der Niedrigverbraucher über 15 % liegen *(LG Köln* ZMR 2018, 440). Wurde trotz fehlender (analoger) Anwendbarkeit vom Messdienstleister das Verfahren nach VDI 2077 betrieben, ist der Beschluss über die Jahresabrechnung ordnungswidrig (LG Köln ZMR 2018, 441).

III. Regelungsbereich

Die HeizkostenV regelt die zahlreichen Probleme um Heizung und Warmwasser nur z.T., nämlich die Erfassung des anteiligen Verbrauches und die Verteilung der Kosten der Versorgung mit Wärme und Warmwasser bzw. der Wärme- und Warmwasserlieferung sowie die Bestimmung der Kosten, die nach der Heizkostenverordnung zu verteilen sind. Nicht geregelt sind insb. die Zulässigkeit von Vorauszahlungen, die Heizkostenabrechnung als solche, die Bestimmung der Abrechnungseinheit und naturgemäß die Tragung der Heizungs- und Warmwasserkosten außerhalb des Anwendungsbereiches der Heizkostenverordnung. 6006

Nichts mit der Heizkostenabrechnung zu tun haben Fragen der Beheizung selbst. Für die Heizkostenabrechnung ist es deshalb unerheblich, dass die **Heizungsanlage** technisch überaltert ist (*LG Darmstadt* DWW 1987, 18; *AG Köln* WuM 1995, 210) oder aus sonstigen Gründen ein erhöhter Energiebedarf besteht (*LG Hamburg* DWW 1988, 349). 6007

IV. Versorgung mit Wärme und Warmwasser

Die HeizkostenV regelt nicht die Versorgungspflicht des Vermieters. Diese bestimmt sich nach § 535 BGB und dem Mietvertrag und betrifft die hier zu behandelnde Thematik nur am Rande. Zum besseren Verständnis von § 1 HeizkostenV sei jedoch auf Folgendes hingewiesen: 6008

Die Zurverfügungstellung von Heizung und Warmwasser kann auf mietvertraglicher Grundlage erfolgen; dann schuldet der Vermieter selbst die Versorgung als mietvertragliche Nebenpflicht. In diesen Fällen kann die Versorgung aus einer zentralen Anlage durch den Vermieter (s. Rdn. 6028 ff.) oder durch einen Anlagenbetreiber (s. Rdn. 6037 ff.) erfolgen oder durch Ankauf seitens des Vermieters von einem Lieferanten. Möglich ist aber auch eine Versorgung in der Weise, dass der Vermieter die Möglichkeit der Beheizung und des Bezugs von Wärme und Warmwasser bietet, der Mieter aber unabhängig vom Mietvertrag den Versorgungsvertrag unmittelbar mit dem Lieferer abschließt (s. Rdn. 6046 ff.). 6009

(unbesetzt)　　　　　　　　　　　　　　　　　　　　　　　　　　　　　　6010–6022

V. Nutzer

6023 Die HeizkostenV gilt nach ihrem § 1 für die Kostenverteilung auf die Nutzer.

6024 Nutzer im Sinne der HeizkostenV ist nicht nur derjenige, der Heizung und Warmwasser tatsächlich in Anspruch nimmt, sondern jeder, der die versorgten Räume benutzen kann. Auch derjenige, der tatsächlich nichts verbraucht, wird in der Regel mit Festkosten belastet. Aber auch der Vermieter selbst kann Nutzer sein, wenn er in dem versorgten Gebäude wohnt oder sonst Räume nutzt oder für unvermietete leer stehende Räume in die Verteilung einzubeziehen ist. Der Wohnungseigentümer ist Nutzer, wenn er die Räume selbst nutzt oder für die leerstehenden Räume in die Kostenverteilung einzubeziehen ist. Er ist zugleich auch Gebäudeeigentümer, wenn er die Wohnung vermietet oder sonst Dritten überlässt. Im Verhältnis zur Wohnungseigentümergemeinschaft ist er immer Nutzer.

6025 Auf die Art des Nutzungsverhältnisses kommt es nicht an. Maßgeblich ist die tatsächliche Nutzungsmöglichkeit. Die HeizkostenV findet deshalb auch dann Anwendung, wenn das Mietverhältnis bereits beendet ist, z.B. bei der verweigerten Räumung oder während des Laufes einer Räumungsfrist (*Lammel* HeizkostenV § 1 Rn. 46).

6026 Sie gilt auch dann, wenn der Nutzer von vornherein nicht zur Nutzung berechtigt war, z.B. wegen Nichtigkeit des Mietvertrages (a.A. *Lammel* HeizkostenV § 1 Rn. 46). Das ist schon deshalb erforderlich, weil alle versorgten Räume in die Verteilung einbezogen werden müssen, und entspricht dem weiten Anwendungsbereich der HeizkostenV. Eine andere Frage, die nur nach den jeweiligen Umständen des Einzelfalles beantwortet werden kann, ist es, ob der Gebäudeeigentümer hier überhaupt einen Anspruch gegen den Nutzer auf Zahlung von Heiz- und Warmwasserkosten hat. So können z.B. bei einem Anspruch aus ungerechtfertigter Bereicherung die nach der HeizkostenV ermittelten Beträge angesetzt werden (vgl. *BGH*, Urt. v. 06.08.2008 – XII ZR 67/06, ZMR 2009, 103 = MDR 2009, 19 = NZM 2008, 886 und hierzu Rdn. 1142 ff.). Bei eigenständig gewerblicher Lieferung unmittelbar an den Nutzer ist der Liefervertrag ohnehin vom Mietvertrag unabhängig (Rdn. 6046 ff.), sodass es auf die Nutzungsberechtigung nicht ankommen kann.

6027 Nutzer kann auch derjenige sein, der Heizung und Warmwasser nicht selbst in Anspruch nimmt, sondern einem Dritten zur Verfügung stellt, wie etwa der Mieter dem Untermieter, bei einem Blockheizwerk der Vermieter eines angeschlossenen Hauses seinen Mietern (*OLG Köln* ZMR 1991, 141) oder der vermietende Wohnungseigentümer seinem Mieter (s. hierzu unten Rdn. 6041 ff.).

VI. Gebäudeeigentümer

6028 **Gebäudeeigentümer** ist vom Grundsatz her der Eigentümer des versorgten Gebäudes. Bei Zwangsverwaltung oder Insolvenz treffen die Pflichten des Gebäudeeigentümers den Zwangs- oder Insolvenzverwalter (*Lammel* HeizkostenV § 1 Rn. 26).

6029 § 1 Abs. 1 Nr. 1 HeizkostenV betrifft den Fall, dass der Vermieter die Beheizung und die Bereitstellung von Warmwasser mietvertraglich schuldet und die Versorgung aus einer **zentralen Heizungs- und/oder Warmwasserversorgungsanlage** vornimmt. Das sind Anlagen, die von einer Stelle aus mehrere Nutzer mit Wärme oder Warmwasser versorgen. Hierzu gehören auch Blockheizwerke, bei denen durch eine zentrale Anlage mehrere Häuser versorgt werden (*OLG Köln* ZMR 1991, 141). Hierunter fallen auch mehrere Anlagen in einem Hause, wenn durch die jeweilige Anlage mehrere Nutzer versorgt werden, z.b. Stockwerksheizungen für mehrere Wohnungen (*Lammel* HeizkostenV § 1 Rn. 6). Zu Einzelheizungen s.u. Rdn. 6323 ff.

Die HeizkostenV gilt auch bei einer eigenständig gewerblichen Lieferung von Wärme und Warmwasser (**Wärmelieferung und Warmwasserlieferung**). 6030

Um Lieferung von Wärme und Warmwasser im Sinne von § 1 Abs. 1 Nr. 2 HeizkostenV handelt es sich, wenn Wärme und Warmwasser nicht vom Gebäudeeigentümer produziert, sondern von einem Dritten geliefert werden. § 1 Abs. 1 Nr. 2 HeizkostenV betrifft also die Fälle, in denen der Gebäudeeigentümer Wärme und Warmwasser von einem Lieferer ankauft, den Mietern auf mietvertraglicher Grundlage zur Verfügung stellt und dann die Kostenverteilung auf die Mieter vornimmt. Charakteristisch für die Wärmelieferung ist es, dass die Wärme vom Lieferer erzeugt wird; ein Leasing von Brenner, Öltank und Verbindungsleitungen begründet keine Wärmelieferung (*BGH*, Urt. v. 17.12.2008 – VIII ZR 92/08, ZMR 2009, 354 = WuM 2009, 115). Zur eigenständig gewerblichen Lieferung durch den Gebäudeeigentümer s. Rdn. 6047. 6031

Unerheblich ist, ob die Lieferung aus einer zentralen Anlage (s. Rdn. 6029) oder aus anderen Quellen erfolgt. 6032

(*unbesetzt*) 6033

VII. Dem Gebäudeeigentümer Gleichgestellte

1. Grundsätzliches

Die Heizkostenverordnung findet unter den Voraussetzungen des § 1 Abs. 1 HeizkostenV auch dann Anwendung, wenn nicht der Gebäudeeigentümer betroffen ist, sondern die dem Gebäudeeigentümer nach § 1 Abs. 2 HeizkostenV Gleichgestellten. 6034

2. Überlassungsberechtigte

Dem Gebäudeeigentümer steht nach § 1 Abs. 2 Nr. 1 HeizkostenV gleich, wer zur Nutzungsüberlassung im eigenen Namen und für eigene Rechnung berechtigt ist. Gleichgültig ist der Rechtsgrund für die Überlassungsberechtigung. Überlassungsberechtigte sind zum Beispiel der vermietende Nießbraucher und der Mieter im Verhältnis zum Untermieter. Für das Wohnungseigentum gilt Nr. 3 (vgl. unten Rdn. 6040 ff.). 6035

Diese Gleichstellung wird man auch dann annehmen müssen, wenn das Recht zur Gebrauchsüberlassung zwar nicht besteht, die Gebrauchsüberlassung jedoch tatsächlich erfolgt und der Vertrag mit dem nutzenden Mieter auch tatsächlich durchgeführt wird, z.B. bei unberechtigter Untervermietung (a.A. *Lammel* HeizkostenV § 1 Rn. 26). Es entstünde sonst eine Regelungslücke, da den Gebäudeeigentümer, der 6036 ein Recht zur Nutzungsüberlassung nicht eingeräumt hat, mit dem Mieter des unberechtigt Vermietenden keine Rechtsbeziehungen verbinden, andererseits aber die Wirksamkeit des Untermietvertrages nicht von einer Vermietungsberechtigung des Vermieters abhängt.

3. Anlagenbetreiber

6037 Dem Gebäudeeigentümer gleich steht auch derjenige, dem der Betrieb von zentralen Heizungs- und Warmwasserversorgungsanlagen in der Weise übertragen worden ist, dass er dafür ein Entgelt vom Nutzer zu verlangen berechtigt ist (§ 1 Abs. 2 Nr. 2 HeizkostenV). Das sind die Fälle, in denen der Vermieter Heizung und Warmwasser mietvertraglich schuldet, diese Pflicht aber nicht selbst erfüllt, sondern einen Dritten damit beauftragt und diesem die Befugnis einräumt, das Entgelt unmittelbar von den Nutzern zu fordern. Der Unterschied zu § 1 Abs. 3 HeizkostenV liegt darin, dass der Dritte hier im Verhältnis zum Nutzer nicht eigenständig gewerblich tätig wird, sondern eine mietvertragliche Verpflichtung des Vermieters erfüllt (*Schubart/Kohlenbach/Wienicke* § 1 HeizkostenV Anm. 4).

6038 Der Dritte kann deshalb den Mietern gegenüber nur die Betriebskosten nach § 2 Nr. 4–6 BetrKV (§ 7 Abs. 2, § 8 Abs. 2 HeizkostenV) ansetzen; für sein Entgelt ist der Vertrag mit dem Gebäudeeigentümer maßgebend (*Schubart/Kohlenbach/Wienicke* § 1 HeizkostenV Anm. 4). An diese Vereinbarung ist aber der Mieter nicht gebunden (*AG Duisburg-Hamborn* WuM 1988, 172).

6039 Wenn der Vermieter mietvertraglich zur Lieferung von Wärme und Warmwasser verpflichtet ist, bedarf es zur Übertragung der Anlage durch einen Drittbetreiber der Zustimmung des Mieters, wenn zwischen dem Drittbetreiber und dem Mieter Rechte und Pflichten, insbesondere eine Zahlungspflicht des Mieters begründet werden sollen (*Eisenschmid* HKA 1989, 47). Die Parteien können die Einschaltung des Dritten bereits im Mietvertrag vereinbaren (*Wüsteferd* WuM 1996, 736 ff.). Möglich ist auch eine spätere Vertragsänderung (*Schmid* ZMR 1998, 734; a.A. *Ropertz/Wüsteferd* NJW 1989, 2366). Der Vorbehalt einer einseitigen Änderungserklärung ist bei Formularverträgen an § 308 Nr. 4 (§§ 307, 310 Abs. 1) BGB zu messen und nur wirksam, wenn auch die Interessen des Mieters z.B. bei Haftung und/oder Preis berücksichtigt werden (*Schmid* ZMR 1998, 734).

6040 Ansonsten können nur die Zahlungsansprüche des Vermieters abgetreten werden. Der Vermieter kann aber nicht mehr abtreten, als er selbst hat. Der Mieter ist deshalb nur insoweit zur Zahlung verpflichtet, als er auch gegenüber dem Vermieter leisten müsste.

4. Vermietung von Wohnungseigentum

6041 Dem Gebäudeeigentümer stehen nach § 1 Abs. 2 Nr. 3 HeizkostenV gleich beim Wohnungseigentum die Gemeinschaft der Wohnungseigentümer im Verhältnis zum Wohnungseigentümer, bei Vermietung einer oder mehrerer Eigentumswohnungen der Wohnungseigentümer im Verhältnis zum Mieter. Nach § 1 Abs. 6, § 30 Abs. 3 Satz 2 WEG gelten die Vorschriften für das Wohnungseigentum für das Teileigentum, das

A. Regelungs- und Anwendungsbereich, Ausnahmen   Teil VI

Wohnungserbbaurecht und das Teilerbbaurecht entsprechend. § 1 Abs. 2 Nr. 3 HeizkostenV gilt deshalb auch für diese Rechte (*Demmer* MDR 1981, 530). Der vermietende Wohnungseigentümer hat also eine Doppelstellung. Er ist im Verhältnis zur Wohnungseigentümergemeinschaft Nutzer und im Verhältnis zum Mieter dem Gebäudeeigentümer gleichgestellt.

Spezielle wohnungseigentumsrechtliche Regelungen für das Verhältnis der Wohnungseigentümer untereinander enthält § 3 HeizkostenV (vgl. hierzu *Schmid* in Riecke/Schmid, Wohnungseigentumsrecht, § 3 WEG). Die Regelungen der HeizkostenV gelten nach § 3 Satz 1 HeizkostenV unmittelbar; einer Vereinbarung oder eines Beschlusses der Wohnungseigentümer über ihre Geltung bedarf es nicht (s. Rdn. 6005)   6042

Ein Wohnungseigentümer, der in einer Abrechnungseinheit nur eine Wohnung hat, kann zwar die ihm von der Wohnungseigentümergemeinschaft in Rechnung gestellten Kosten nicht verteilen. Sofern diese Wohnung vermietet ist, ist jedoch durch § 1 Abs. 2 Nr. 3 HeizkostenV klargestellt, dass auch insoweit die Heizkostenverordnung Anwendung findet, eine verbrauchsabhängige Abrechnung also stattfinden muss (*Demmer* MDR 1981, 530).   6043

Zweckmäßig und durchaus üblich ist eine Gestaltung der Mietverträge in der Weise, dass der Wohnungseigentümer die ihm erteilte Heizkostenabrechnung grundsätzlich an den Mieter weitergibt. Der Heizkostenbetrag für den Mieter muss nicht immer identisch sein mit dem Betrag, der dem Wohnungseigentümer von der Gemeinschaft in Rechnung gestellt wird (vgl. *AG Berlin-Neukölln* GE 1987, 1003). Das ist vor allem dann der Fall, wenn ein Beschluss der Wohnungseigentümer über eine Abrechnung, die nicht der Heizkostenverordnung entspricht, bestandskräftig wird oder wenn verschiedene Umlegungsmaßstäbe Anwendung finden. Die wohnungseigentumsrechtliche Rechtsprechung betont nämlich das freie Gestaltungsrecht der Wohnungseigentümer und verweist den vermietenden Wohnungseigentümer auf eine Anpassung des Mietvertrages (*LG Hannover* WuM 1998, 741). Das ist aber nicht möglich, wenn dem Vermieter kein einseitiges Änderungsrecht zusteht und der Mieter zu einer Vertragsänderung nicht bereit ist.   6044

Regelungen, die nicht im Einklang mit der HeizkostenV stehen, können von den Wohnungseigentümern nicht gemäß § 16 Abs. 3 WEG oder nach § 3 HeizkostenV beschlossen werden (*Schmid* ZMR 2007, 844). So widerspricht eine Verteilung der Grundkosten des Betriebs der zentralen Heizungsanlage nach der Nutzfläche bei einem Flächenanteil nicht beheizbarer innenliegender Räume von 460 qm an der Gesamtfläche von 2747 qm billigem Ermessen und überschreitet auch den Wohnungseigentümern bei einer Änderung eines Umlageschlüssels nach § 16 Abs. 3 WEG zustehenden weiten Gestaltungsspielraum (*LG Karlsruhe* ZMR 2016, 558). Gemäß § 7 Abs. 1 S. 3 HeizkostenV liegt die Anwendung der VDI-Richtlinie 2077 im Ermessen der Wohnungseigentümer. Neben einem geringen erfassten Verbrauchswärmeanteil muss u.a. der Anteil der Niedrigverbraucher über 15 % liegen (*LG Köln* ZMR 2018, 440). Wurde trotz fehlender (analoger) Anwendbarkeit vom Messdienstleister das Verfahren nach VDI 2077 betrieben, ist der Beschluss über die Jahresabrechnung ordnungswidrig (*LG Köln* ZMR 2018, 441).   6045

VIII. Wärme- und Warmwasserlieferer

6046 Nach § 1 Abs. 3 HeizkostenV gilt die Verordnung auch für die Verteilung der Kosten der Wärme- und Warmwasserlieferung auf die Nutzer der mit Wärme oder Warmwasser versorgten Räume, soweit der Lieferer unmittelbar mit den Nutzern abrechnet und dabei nicht den für den einzelnen Nutzer gemessenen Verbrauch, sondern die Anteile der Nutzer am Gesamtverbrauch zugrunde legt; in diesen Fällen gelten die Rechte und Pflichten des Gebäudeeigentümers aus der HeizkostenV auch für den Lieferer.

6047 Die eigenständig gewerbliche Lieferung kann auch durch den Gebäudeeigentümer selbst erfolgen (a.A. *Peruzzo* Erl. zu § 1 Abs. 1 HeizkostenV; wie hier für Kommunen, die aus einem eigenen Heizkraftwerk ihre eigenen Häuser versorgen: *Schubart/Kohlenbach/Wienicke* § 1 HeizkostenV Anm. 3). Maßgeblich für die Annahme einer eigenständigen Lieferung ist nämlich nicht die Person des Lieferers, sondern die Art der Vertragsgestaltung (s. Rdn. 6013). Nimmt der Gebäudeeigentümer die Versorgung nicht auf mietvertraglicher Grundlage vor, sondern schließt er gesonderte Versorgungsverträge, liegt eine eigenständige Lieferung vor. § 1 Abs. 3 HeizkostenV stellt weder ausdrücklich auf die Lieferung durch einen Dritten ab, noch verbietet es die HeizkostenV, dass der Gebäudeeigentümer selbst eine eigenständig gewerbliche Lieferung vornimmt.

6048 Die Regelung bezieht sich auf die Kostenverteilung durch den Lieferer, nicht auf dessen Preisgestaltung.

6049 Soweit nicht nach der HeizkostenV, insbesondere nur aufgrund einer Verbrauchsmessung beim einzelnen Nutzer abgerechnet wird, ist die AVB-FernwärmeV zu beachten.

IX. Ausnahmen

1. Grundsätzliches

6050 Wenn einer der Ausnahmetatbestände des § 11 HeizkostenV vorliegt, finden die §§ 3 bis 8 HeizkostenV keine Anwendung. Die §§ 9 bis 10 und 12 HeizkostenV sind im Ausnahmetatbestand zwar nicht erwähnt, aber ebenfalls nicht anwendbar, weil sie die Anwendbarkeit von §§ 3 bis 8 HeizkostenV voraussetzen (*Gruber* NZM 2000, 842). Das heißt, der Vermieter ist nicht zur Verbrauchserfassung und Kostenverteilung verpflichtet. Umgekehrt treffen den Mieter auch keine Pflichten nach der Heizkostenverordnung (*VG Berlin* GE 1988, 1283), sofern nicht im Mietvertrag etwas anderes geregelt ist. Eine Duldungspflicht des Mieters kann sich dann allenfalls aus § 555a ff. BGB ergeben. Eine Kostenumlegung kann aber dann gleichwohl gegen den Wirtschaftlichkeitsgrundsatz verstoßen.

6050a Liegen die Voraussetzungen des § 11 HeizkostenV vor, findet § 3 HeizkostenV keine Anwendung (*Schmid* FGPrax 2004, 103; a.A. *Abramenko* ZWE 2007, 61 [64]). Damit fehlt es den Wohnungseigentümern an einer aus der HeizkostenV abzuleitenden Beschlusskompetenz der Wohnungseigentümer für eine Änderung des geltenden Verteilungsmaßstabs. Eine Änderung durch Beschluss ist jedoch gleichwohl möglich, nämlich nach § 16 Abs. 3 WEG. Allerdings wird ein solcher Beschluss bei unverhältnismäßig hohen Kosten nicht ordnungsmäßiger Verwaltung entsprechen. Der Beschluss ist in solchen Fällen nur anfechtbar, aber nicht nichtig.

Der Ausschluss der Duldungspflicht gilt bei einer **vermieteten Eigentumswohnung** für den Mieter auch, wenn die Wohnungseigentümer trotz Vorliegens eines Ausnahmetatbestandes eine Abrechnung nach der HeizkostenV beschließen (*Schmid* FGPrax 2004, 103). Eine Duldungspflicht für den Mieter kann sich dann unter Umständen aus § 554 BGB ergeben. Die Umlegung der Erfassungs- und Verteilungskosten kann aber gleichwohl gegen den Wirtschaftlichkeitsgrundsatz verstoßen. 6050b

Für die Verteilung der Heiz- und Warmwasserkosten gilt dann das Gleiche wie für alle anderen Nebenkosten. Zu den Regelungen der Neubaumietenverordnung 1970 s. Rdn. 6328 ff. 6051

Ist keine Abrechnung nach der HeizkostenV vorzunehmen, erfolgt eine Abrechnung auch nicht entgegen den Vorschriften dieser Verordnung, sodass auch kein Kürzungsrecht nach § 12 Abs. 1 Satz 1 HeizkostenV besteht (*BGH*, Urteil vom 08.10.2003 – VIII ZR 67/03, ZMR 2004, 99; a.A. *LG Dresden* WuM 2009, 292). Ein solches besteht auch dann nicht, wenn die Abrechnung nach der HeizkostenV vertraglich vereinbart ist, da dann die Abrechnung nicht entgegen Vorschriften der HeizkostenV, sondern entgegen einer vertraglichen Regelung erfolgt. Liegt eine Ausnahme nach § 11 HeizkostenV vor und fehlt es auch an einer bindenden rechtsgeschäftlichen Regelung, ist im Mietverhältnis nach dem Verhältnis der Wohnflächen abzurechnen (§ 556a Abs. 1 Satz 1 BGB; *LG Dresden* WuM 2009, 292). Für das Wohnungseigentum liegt im Hinblick auf § 16 Abs. 2 WEG eine Kostenverteilung nach Miteigentumsanteilen näher (vgl. *KG* WE 1994, 271 = WuM 1994, 400; a.A. *AG Brühl* ZMR 2010, 883). 6052

2. Die Einzelfälle

a) Passivhausregelung

§ 11 Abs. 1 Nr. 1 Buchst. a) HeizkostenV befreit sog. Passivhäuser von der Verpflichtung zur Anwendung der HeizkostenV. 6052a

b) Unmöglichkeit

Selbstverständlich ist, dass nicht nach der Heizkostenverordnung vorgegangen werden kann, wenn das Anbringen der Messgeräte, die Erfassung des Verbrauches oder die Kostenverteilung objektiv unmöglich sind. In § 11 Nr. 1 Buchst. a) HeizkostenV ist dies ausdrücklich erwähnt. 6053

Unmöglichkeit wird angenommen: 6054
– für Messeinrichtungen an Badewannenheizungen (*AG Köln* WuM 1988, 38);
– bei einer Erwärmung von Räumen ohne Heizkörper durch durchlaufende Rohre (*VG Berlin* GE 1988, 1283; zumindest dann, wenn eine erhebliche nicht messbare Erwärmung eintritt: *Schmid* ZMR 2010, 884). Eines Rückgriffs auf Treu und Glauben bedarf es in solchen Fällen nicht (a.A. *AG Brühl* ZMR 2010, 883). Ebenso wenig entsteht ein Kürzungsrecht nach § 12 HeizkostenV (a.A. *AG Neubrandenburg* WuM 2011, 107).

- wenn wegen anderer Wärmequellen (z.B. Küchenherd) ein einigermaßen zuverlässiges Messergebnis nicht erreicht werden kann (*AG Bremerhaven* WuM 1989, 30);
- bei Fußbodenheizungen, die mehrere Nutzungseinheiten versorgen (*Wall* WuM 2002, 134);
- wenn nur ein geringer Teil der abgegebenen Wärmemenge durch Messgeräte erfasst werden kann (*LG Berlin* WuM 2013, 612, *LG Gera* WuM 2007, 511: weniger als 30 %, *LG Mühlhausen* WuM 2009, 234: 6 %, *AG Hersbruck* WuM 2018, 30: unter 6 %; einschränkend *Wall* WuM 2009, 221 ff., der generell eine Anwendung der VDI-Richtlinie 2077 für angezeigt hält).

6055 Keine Unmöglichkeit wird angenommen:
- wenn die Anbringung von Verbrauchserfassungseinrichtungen durch die Anbringung von Heizkörperverkleidungen lediglich erschwert ist (*LG Hamburg* WuM 1992, 259);
- wenn Heizkörperverkleidungen zu einer Beeinträchtigung der Messergebnisse führen, weil es sich dabei nicht um technische Probleme des Heizungssystems selbst handelt (*Schmid* ZMR 2005, 716);
- bei Fußbodenheizungen, die nur eine Nutzungseinheit versorgen (*Lammel* HeizkostenV § 11 Rn. 23);
- bei Einrohrheizungen, wenn der Nutzer das Heizkörperventil abstellen kann, aber gleichwohl durch den Umlauf in den Rohren eine Erwärmung eintritt (*BayObLG* WuM 2003, 519; *AG Halle-Saalkreis* ZMR 2006, 536).

6055a Problematisch ist in diesen Fällen das Verhältnis von § 11 Abs. 1 Nr. 1 Buchst. b) HeizkostenV zu § 7 Abs. 1 Satz 3 HeizkostenV, wenn die dort genannten Voraussetzungen für eine Bestimmung des Wärmeverbrauchs nach den anerkannten Regeln der Technik vorliegen. Nach Meinung des Bundesrates (BR-Drucks. 570/08, Beschluss, Anlage S. 2) soll die Regelung zur Anwendung kommen, wenn mindestens 20 % des Wärmeverbrauchs nicht durch Ablesung erfasst werden können. § 7 Abs. 1 Satz 3 HeizkostenV ermöglicht eine verbrauchsabhängige Abrechnung auch in den Fällen des § 11 Abs. 1 Nr. 1 Buchst. b) HeizkostenV. Diese Vorschrift stellt aber nicht darauf ab, ob überhaupt verbrauchsabhängig abgerechnet werden kann, sondern nur auf die Unmöglichkeit oder Unverhältnismäßig der Verbrauchserfassung durch das Anbringen und die Verwendung einer Ausstattung zur Verbrauchserfassung. § 7 Abs. 1 Satz 3 HeizkostenV schließt also die Anwendung des § 11 Abs. 1 Nr. 1 Buchst. b) HeizkostenV nicht aus, sondern räumt dem Gebäudeeigentümer nur die Möglichkeit (»kann«) einer verbrauchsabhängiger Abrechnung trotz Vorliegen der Voraussetzungen des § 11 Abs. 1 Nr. 1 Buchst. b) HeizkostenV ein (a.A. *Wall*, WuM 2009, 3 [9]; *ders.* WuM 2013, 215 [216], der einen Anspruch des Mieters auf Anwendung dieses Verfahrens annimmt und teilweise noch Schmid, ZMR 2010, 884 [885] unter Annahme einer lex specialis, wie nun auch ausdrücklich *AG Hersbruck* WuM 2018, 30).

c) Unverhältnismäßigkeit

6056 Dem Verhältnismäßigkeitsgrundsatz und dem Wirtschaftlichkeitsgrundsatz (Rdn. 1053 ff.) wird in § 11 Nr. 1 Buchst. a) HeizkostenV dadurch Rechnung

A. Regelungs- und Anwendungsbereich, Ausnahmen   Teil VI

getragen, dass eine Ausnahme für den Fall festgelegt wird, dass unverhältnismäßig hohe Kosten entstehen würden. Alternativ oder kumulativ kann die Unverhältnismäßigkeit gegeben sein hinsichtlich der Anbringung der Ausstattung zur Verbrauchserfassung oder der Erfassung des Wärme-/Warmwasserverbrauches oder der Verteilungskosten. Zwischen den Heizkosten und den Kosten der Wassererwärmung ist zu trennen (*Wall* WuM 2009, 3 [14/15]).

Notwendig für die Ermittlung der Unverhältnismäßigkeit ist ein Vergleich der **Kosten** 6057 für die Installation der Messgeräte sowie des Mess- und Abrechnungsaufwandes mit der möglichen Einsparung von Energiekosten (*BGH* GE 1991, 397 m.w.N.; *LG Berlin* GE 2003, 679 [680]). Maßgeblich sind die Gesamtkosten, nicht nur die Brennstoffkosten (*Schmid* DWE 2008, 38 [39]; a.a. *Wall* WuM 2002, 130 [132]). Zu berücksichtigen sind bei der Prüfung der Unverhältnismäßigkeit insbesondere auch die laufenden Kosten für Wartung, Ablesung, Eichung und eventuelle Austauschkosten (*BayObLG* WuM 1993, 754 [755]).

Für die zu den Kosten ins Verhältnis zu setzende Einsparung wird eine übliche Einsparquote von 15 % angesetzt (*BayObLG* WuM 2004, 737; *OLG Köln* WuM 1998, 621), 6058 sofern keine andere Berechnungsmöglichkeit zur Verfügung steht. Entsprechend § 12 Abs. 1 Satz 1 HeizkostenV ist dabei auf die Gesamtkosten abzustellen (a.A. *Wall* WuM 2002, 130 [132], der nur die Brennstoffkosten heranziehen will). Zu erwartende Steigerungen der Energiepreise sind zu berücksichtigen (*OLG Köln* ZMR 2007, 389).

Ein Zeitraum von zehn Jahren ist durch die Verordnung als **Beurteilungszeitraum** 6059 festgelegt.

Einzelfälle: Unverhältnismäßigkeit kann vorliegen, wenn in einem großen Haus nur 6060 eine kleine Einliegerwohnung oder nur ein Zimmer vermietet sind (*Peruzzo* Erl. zu § 11 Abs. 1 Nr. 1 HeizkostenV). Das hat vor allem für die Fälle Bedeutung, in denen die Ausnahme des § 2 HeizkostenV (unten Rdn. 6086 ff.) deshalb nicht anwendbar ist, weil der Vermieter nicht selbst im Haus wohnt (MieWo/*Schmid* Erl. zu § 11 HeizkostenV Rn. 15).

Ein unverhältnismäßig hoher Aufwand wird auch angenommen, wenn das Haus 6061 mit neuen Heizkörpern ausgestattet werden müsste, um verbrauchsabhängig abrechnen zu können (*VG Berlin* GE 1989, 839). Unverhältnismäßig erscheint auch die Anbringung von Messgeräten an durchlaufenden Rohren; mangels Regulierbarkeit wird dadurch kein Einspareffekt erzielt (*Schmid* ZMR 2010, 884; a.A. *LG Dresden* WuM 2009, 292).

Unverhältnismäßigkeit nur für die Warmwasserkostenverteilung kann gegeben sein, 6062 wenn für die Heizungskosten ein Ausnahmetatbestand vorliegt (vgl. Rdn. 6067).

Rechnet der Vermieter verbrauchsabhängig ab, obwohl die Kosten unverhältnismä- 6063 ßig sind, liegt darin wohl meist ein Verstoß gegen den **Wirtschaftlichkeitsgrundsatz** (Rdn. 1053). Es können die Kosten der Verbrauchserfassung nur bis zur Wirtschaftlichkeitsgrenze umgelegt werden (*Wall* WuM 2002, 133). Das gilt jedenfalls dann, wenn der Vermieter die Unwirtschaftlichkeit rechtzeitig erkennen konnte

Ormanschick

(*Börstinghaus* MDR 2000, 1345). Eine bestimmte Relation zwischen den Energiekosten und dem Aufwand für die Kostenverteilung kann jedoch auch bei hohen Erfassungskosten nicht hergestellt werden (*AG Lüdinghausen* WuM 2001, 499; a.A. *AG Münster* WuM 2001, 499).

d) Keine Verbrauchsbeeinflussung bei älteren Gebäuden

6064 Nach § 11 Nr. 1 Buchst. c) HeizkostenV besteht eine Ausnahme für Räume, die vor dem 01.07.1981 (im Beitrittsgebiet vor dem 01.01.1991) bezugsfertig geworden sind und in denen der Nutzer den Wärmeverbrauch nicht beeinflussen kann.

6065 Mangelnde Beeinflussbarkeit wird angenommen bei Einrohrheizungen, die mehrere Nutzungseinheiten versorgen (*AG Brandenburg a.d.H.* WuM 2010, 900) und bei kombinierten Decken-Fußbodenheizungen, bei denen eine Heizeinheit gleichzeitig die obere und die untere Wohnung mit Wärme versorgt (*Lammel* HeizkostenV § 11 Rn. 45). Keine Beeinflussbarkeit ist auch gegeben bei ausschließlich zentral gesteuerten Fußboden-/Deckenheizungen. Die Ausnahme greift auch, wenn die Heizkörper nicht regulierbar sind (*BGH*, Urt. v. 08.10.2003 – VIII ZR 67/03, ZMR 2004, 99 = WuM 2003, 699).

6066 Dagegen wird eine Beeinflussungsmöglichkeit angenommen, wenn zwar keine Thermostatventile, aber herkömmliche Ventile zum An- und Abschalten der Heizung vorhanden sind (*LG Hamburg* WuM 1986, 119).

6067 Dieser Tatbestand hat für die Warmwasserversorgung praktisch keine Bedeutung. Jedoch kann die alleinige Erfassung und Verteilung des Warmwasserverbrauches unverhältnismäßig sein (vgl. oben Rdn. 6062).

e) Besondere Nutzungsverhältnisse

6068 Eine weitere Ausnahme betrifft Alters- und Pflegeheime, Studenten- und Lehrlingsheime sowie vergleichbare Gebäude oder Gebäudeteile, deren Nutzung Personengruppen vorbehalten ist, mit denen wegen ihrer besonderen persönlichen Verhältnisse regelmäßig keine üblichen Mietverträge abgeschlossen werden (§ 11 Nr. 2 HeizkostenV).

6069 Vergleichbare Räume sind auch alle anderen Heime sowie Hotels oder Ferienwohnungen (*Lammel* HeizkostenV § 11 Rn. 49). In Betracht kommen neben den genannten Heimen Schwesternheime, Internate, Ferienwohnanlagen, Behelfsunterkünfte für Bauarbeiter, Obdachlose, Aus- oder Übersiedler, Häuser für Lehrgänge (*Lammel* HeizkostenV, § 11 Rn. 35). Entscheidend ist, dass üblicherweise – nicht im Einzelfall – eine Miete inklusive Heiz- und Warmwasserkosten vereinbart wird (*Peruzzo* NJW 1981, 802; *Schröder* JurBüro 1981, 826). Dies ist z.B. auch der Fall bei der Untervermietung nur eines Zimmers.

f) Energiesparende Versorgungsanlagen

§ 11 Nr. 3 HeizkostenV betrifft Räume in Gebäuden, die überwiegend versorgt werden 6070
a) mit Wärme aus Anlagen zur Rückgewinnung von Wärme oder aus Wärmepumpen- oder Solaranlagen oder
b) mit Wärme aus Anlagen der Kraft-Wärme-Kopplung oder aus Anlagen zur Verwertung von Abwärme, sofern der Wärmeverbrauch des Gebäudes nicht erfasst wird.

Die Aufzählung ist abschließend. Die Anwendung sonstiger Techniken ermöglicht keine Ausnahme (*Wall* WuM 2009, 3 [15]). 6071

Die Voraussetzungen muss der Gebäudeeigentümer eigenverantwortlich prüfen (*Schmid* ZMR 2009, 172 [175]). 6072

(unbesetzt) 6073

g) Hausanlagen für Wärme- und Warmwasserlieferung

Eine weitere Ausnahme besteht für die Kosten des Betriebs der zugehörigen Hausanlagen (zum Begriff s. Rdn. 5122), soweit diese Kosten in den Fällen des § 1 Abs. 3 HeizkostenV (oben Rdn. 6046 ff.) nicht in den Kosten der Wärme- bzw. Warmwasserlieferung enthalten sind, sondern vom Gebäudeeigentümer gesondert abgerechnet werden (§ 11 Nr. 4 HeizkostenV). 6074

Der Lieferer soll nicht verpflichtet sein, die Kosten der Hausanlagen in seine Abrechnung einzubeziehen. Der Gebäudeeigentümer kann diese Kosten nach allgemeinen Grundsätzen (oben Teil IV). verteilen (*Müller* GE 1989, 214). 6075

h) Generalklausel

Nach § 11 Nr. 5 HeizkostenV kann die zuständige Behörde in Einzelfällen von den Anforderungen der Heizkostenverordnung befreien, um wegen besonderer Umstände einen unangemessenen Aufwand oder sonstige unbillige Härten zu vermeiden. Die Vorschrift hat nur geringe praktische Bedeutung, da die hiervon umfassten Fälle meist schon von § 11 Nr. 1 Buchst. a) HeizkostenV erfasst werden. 6076

Eine unbillige Härte liegt nicht schon dann vor, wenn die verbrauchsabhängige Abrechnung den Mieter einer Wohnung in exponierter Lage besonders belastet (*LG Berlin* ZMR 1987, 338) oder wenn die Mehrheit der Mieter keine verbrauchsabhängige Abrechnung wünscht (*VG Berlin* GE 1983, 1283) oder wenn Räume durch durchlaufende Rohre erwärmt werden (*VG Berlin* GE 1988, 1283). 6077

Die Entscheidung der zuständigen Behörde ist für die Zivilgerichte bindend (vgl. *OLG Hamm* DWE 1987, 25). Nicht zu folgen ist deshalb dem *LG Hamburg* (WuM 1994, 196), das die Befreiung bereits dann zivilrechtlich als unbeachtlich ansieht, wenn der Verstoß gegen eine Nebenbestimmung lediglich zum Widerruf der Befreiung führen kann, die Befreiung aber noch nicht widerrufen ist. 6078

X. Heizkostenverordnung und rechtsgeschäftliche Regelungen

1. Vorrang der HeizkostenV

6079 Die Vorschriften der HeizkostenV haben grundsätzlich Vorrang vor rechtsgeschäftlichen Bestimmungen (§ 2 HeizkostenV). Nach h.M. (vgl. z.B. *OLG Düsseldorf* ZMR 2003, 109; offen gelassen von *BGH,* Urt. v. 19.07.2006 – VIII ZR 212/05, ZMR 2006, 766 = GE 2006, 1094 = WuM 2006, 518) ist § 2 HeizkostenV kein Verbotsgesetz im Sinne des § 134 BGB, sondern eine Kollisionsnorm. Die vertraglichen Regelungen sind deshalb nicht nichtig, sondern werden lediglich von den Vorschriften der HeizkostenV überlagert. Das hat zur Konsequenz, dass für den Fall, dass die HeizkostenV einmal aufgehoben werden sollte, die entgegenstehenden vertraglichen Regelungen wieder Geltung erlangen (*Demmer* MDR 1981, 530, 531). Entsprechendes gilt, wenn der Ausnahmetatbestand des § 2 HeizkostenV eintritt (Rdn. 6090 f.).

6080 Bei preisgebundenem Wohnraum steht jedoch einer Vereinbarung § 22 NMV 1970 entgegen.

6081 Die Geltung der Vorschriften der HeizkostenV ist nicht davon abhängig, dass der Gebäudeeigentümer oder der Nutzer eine verbrauchsabhängige Kostenverteilung verlangt (*BGH,* Urt. v. 19.07.2006 – VIII ZR 212/05, ZMR 2006, 766 = GE 2006, 1094 = WuM 2006, 418). Vielmehr wird dadurch, dass die Vorschriften der Heizkostenverordnung abweichenden Vereinbarungen gemäß § 2 HeizkostenV ohne weiteres »vorgehen«, die rechtsgeschäftliche Gestaltungsfreiheit der Parteien kraft Gesetzes eingeschränkt. Der kalkulatorische Anteil der Inklusivmiete oder die Pauschale werden nicht mehr als solche geschuldet. Diese Beträge werden, auch für vergangene Abrechnungszeiträume als Vorauszahlung geschuldet, über die abzurechnen ist. Da eine rückwirkende Verbrauchserfassung nicht mehr möglich ist, ist nach dem Flächenmaßstab abzurechnen, was zum Kürzungsrecht des Mieters nach § 12 Abs. 1 HeizkostenV führt (*OLG Düsseldorf* IMR 2008, 239 = ZfIR 2008, 568 m. Anm. *Schmid*; a.A. *AG Erfurt* WuM 2007, 130; *Lammel* WuM 2007, 439, die eine Abrechnung nach der HeizkostenV für zurückliegende Zeiträume generell ausschließen). Mittlerweile hat auch das HansOLG Hamburg mit Urteil vom 24.05.2017 (8 U 41/16) entschieden, dass eine von der mietvertraglichen Vereinbarung einer Heizkostenpauschale abweichende Abrechnung nach der HeizkostenV erst nach entsprechender Ankündigung für die nachfolgende Abrechnungsperiode, nicht aber für die Vergangenheit zulässig ist (ZMR 2017, 884 mit Anm. *Lammel*).

Zur Anpassung für die Zukunft s. Rdn. 6094 ff.

2. Umfang des Vorrangs

6082 Der Umfang des Vorrangs der HeizkostenV geht nur soweit, wie diese Regelungen enthält. Deshalb können z.B. Heizkostenvorauszahlungen nach allgemeinen Grundsätzen (vgl. insbesondere Rdn. 3070 ff.) vereinbart werden. Vom Zweck der Verordnung her werden auch Vereinbarungen zu den Umlegungsmaßstäben im Rahmen der Vorgaben der HeizkostenV für zulässig erachtet (vgl. Rdn. 6178a).

A. Regelungs- und Anwendungsbereich, Ausnahmen   Teil VI

Sehr umstritten ist, ob auch die Regelung über die zu verteilenden Kosten in §§ 7, 8 HeizkostenV zwingend ist oder ob hierzu abweichende Vereinbarungen möglich sind (vgl. insbesondere *Lammel* HeizkostenV § 2 Rn. 32 ff. m.w.N.). M.E. gilt der Vorrang der HeizkostenV auch hier. Eine Vereinbarung von weniger Umlegungspositionen würde eine von der HeizkostenV überlagerte (Rdn. 6079) Teilinklusivmietvereinbarung darstellen (*Schmid* DWW 2010, 242 [246]). Diese Positionen müssen im Wege der Anpassung (Rn. 6094 ff.) in die Heizkostenabrechnung einbezogen werden. 6082a

Die Vereinbarung einer Umlegung zusätzlicher Kosten geht über eine bloße Heizkostenumlegung hinaus. Ihre Wirksamkeit beurteilt sich deshalb nicht nach der HeizkostenV, sondern nach den allgemeinen Grundsätzen über die Umlegung von Nebenkosten. Insbesondere bei der Vermietung von Geschäftsräumen kann die Umlegung zusätzlicher Kosten und deren Umlegung nach der HeizkostenV vereinbart werden (vgl. Rdn. 5532). 6083

Umlegungsfähige **Kosten, die mit der Heizung oder Warmwasser in Zusammenhang stehen**, aber nicht in §§ 7, 8 HeizkostenV genannt sind, werden bei anderen Kostenpositionen nach den hierfür geltenden Abrechnungsmaßstäben umgelegt. Die Parteien können vereinbaren, dass diese Kosten für die Kostenumlegung wie Heizkosten behandelt werden. Die HeizkostenV enthält kein Verbot, in nicht genannte Kosten nach ihren Regeln umzulegen. Auch § 556a Abs. 1 BGB beschränkt die Parteien insoweit nicht, da der Vorrang vertraglicher Regelungen gilt. Eine Ausnahme besteht für preisgebundenen Mietwohnraum, bei dem der Abrechnungsmaßstab für Abwasser demjenigen für Frischwasser entsprechen muss (§ 21 Abs. 3 Satz 2 NMV 1970). Beim Wohnungseigentum handelt es sich bei einer solchen Regelung um eine Verteilung von Betriebskosten, die die Wohnungseigentümer nach § 16 Abs. 3 WEG beschließen können. Solche Vereinbarungen oder Beschlüsse sind derzeit jedoch eher die Ausnahme. Zu einer einseitigen Aufnahme der Abwasserkosten in die Heizkostenabrechnung ist der Gebäudeeigentümer nicht befugt. Auch § 556a Abs. 2 BGB gestattet es nicht, eine Betriebskostenart in eine andere aufzunehmen und auf diese Weise den Abrechnungsmaßstab mittelbar zu ändern. 6084

Abgesehen von der Sonderregelung des § 22 NMV 1970 (Rdn. 6328 ff.) sind die Parteien nicht gehindert, für solche Kosten **die Anwendung der HeizkostenV zu vereinbaren** (*Schmid* IMR 2010, 453 für Entwässerungskosten). § 556a Abs. 1 BGB steht nicht entgegen, da diese Vorschrift ausdrücklich vom Fehlen einer Vereinbarung ausgeht. § 11 HeizkostenV tangiert eine Vereinbarung ebenfalls nicht (*Schmid* DWW 2010, 242 [246]; a.A. *Wall* WuM 2002, 130, 133). § 11 HeizkostenV ist weder ein Verbotsgesetz im Sinne des § 134 BGB noch geht er rechtsgeschäftlichen Regelungen im Sinne des § 2 HeizkostenV vor. § 11 HeizkostenV befreit lediglich von einer Verpflichtung, verbietet es aber nicht, freiwillig entsprechend zu verfahren. Im Fall der Unverhältnismäßigkeit (Rdn. 6056 ff.) findet die Vertragsfreiheit jedoch dort ihre Grenze, wo der Grundsatz der Wirtschaftlichkeit (Rdn. 1053) nicht mehr gewahrt ist (vgl. §§ 556 Abs. 4, 560 Abs. 6 BGB). Ein Verstoß gegen die HeizkostenV bei bloßer Vereinbarung ihrer Anwendung führt nicht zu einem Kürzungsrecht 6085 nach § 12 Abs. 1 HeizkostenV, da die Abrechnung nicht entgegen der HeizkostenV, sondern entgegen einer vertraglichen Regelung erfolgt (*BGH,* Urt. v. 08.10.2003 – VIII ZR 67/03, ZMR 2004, 99; *Schmid* DWW 2010, 242 [247]; a.A. *LG Dresden* WuM 2009, 292.

6085a Eine einseitige Einbeziehung solcher Kosten in die Heizkostenabrechnung ist jedoch nicht möglich, da dadurch eine Änderung des Abrechnungsmaßstabes eintreten würde (a.A. *LG Itzehoe* ZMR 2011, 214).

6085b Vereinbarungen sind auch möglich, wo dies von der HeizkostenV ausdrücklich zugelassen ist: § 10 HeizkostenV für einen höheren verbrauchsabhängigen Anteil; § 6 Abs. 3 Satz 2 HeizkostenV für Kosten der Gemeinschaftsräume; § 9b Abs. 4 HeizkostenV für abweichende Vereinbarungen bei einem Nutzerwechsel. § 8 Abs. 2 HeizkostenV ermöglicht i.V.m. § 2 Nr. 5 Buchst. a) BetrKV eine Vereinbarung über den Ansatz von Wasserkosten.

3. Zugelassene Regelungen

a) Zwei Wohnungen, von denen der Vermieter eine selbst bewohnt

6086 Der Vorrang der Heizkostenverordnung besteht nach § 2 HeizkostenV nicht bei Gebäuden mit nicht mehr als zwei Wohnungen, von denen eine der Vermieter selbst bewohnt. Das bedeutet, dass abweichende vertragliche Regelungen möglich sind und zwar sowohl im Hinblick auf Einzelpunkte (vgl. *LG Berlin* GE 1987, 455) als auch bis hin zum völligen Ausschluss der Anwendbarkeit der Heizkostenverordnung.

6087 Wird keine Vereinbarung getroffen, verbleibt es bei der Anwendung der Heizkostenverordnung.

6088 § 2 HeizkostenV wird analog angewendet, wenn es sich bei einer der beiden Nutzungseinheiten nicht um eine Wohnung, sondern um andere Räume, z.B. Gewerberäume handelt (*Lammel* HeizkostenV § 2 Rn. 43). Eine analoge Anwendung ist auch möglich und geboten, wenn eine Eigentumswohnanlage nur aus zwei Wohnungen besteht und beide Wohnungen von dem jeweiligen Eigentümer bewohnt werden (*AG Hamburg-Blankenese* ZMR 2004, 544). Dagegen ist die Vorschrift trotz des missverständlichen Wortlauts nicht anwendbar, wenn in einem Gebäude zwar nur zwei Wohnungen, daneben aber zusätzliche Gewerbeeinheiten oder sonstige Nutzungseinheiten vorhanden sind (*Lammel* HeizkostenV § 2 Rn. 44 m.w.N.). Nicht anwendbar ist die Vorschrift auch, wenn von zwei Eigentumswohnungen, die verschiedenen Wohnungseigentümern gehören, eine vermietet ist (*OLG Düsseldorf* ZMR 2004, 694 = FGPrax 2004, 11; *OLG München* ZMR 2007, 1001 = DNotZ 2008, 292) oder wenn beide Eigentumswohnungen vermietet sind (*Schmid* DWE 2008, 38).

6089 Zieht der Vermieter aus der von ihm bewohnten Wohnung aus, entfällt der Ausnahmetatbestand und es gelten die Regelungen der HeizkostenV. Es ist eine Anpassung des Mietvertrages (Rdn. 6095 ff.) erforderlich.

6090 Zieht umgekehrt der Vermieter in eine der beiden Wohnungen ein, so wird eine vertragliche Abweichung von der Heizkostenverordnung möglich. Der Vermieter ist jedoch an die bisherigen Regelungen mit dem verbleibenden Mieter gebunden. Er kann diesen nicht zu einer Änderung des Vertrages zwingen. Der Vermieter kann allenfalls eine Änderungskündigung nach § 573a BGB durchführen. Bestand bereits früher eine von der Heizkostenverordnung abweichende Regelung, so gelangt diese Vereinbarung wieder zur Anwendung (*Lammel* HeizkostenV § 2 Rn. 45 ff.).

Dieselben Grundsätze wie beim Ein- und Auszug des Vermieters (oben Rdn. 6089) gelten bei baulichen Veränderungen, durch die aus mehreren Wohnungen nur zwei oder aus zwei Wohnungen mehrere geschaffen werden (*Lammel* HeizkostenV § 2 Rn. 47). 6091

Auch bei einer Ausnahme nach § 2 HeizkostenV findet die HeizkostenV Anwendung, wenn keine anderweitigen Regelungen getroffen sind. Erforderlich ist also stets eine vertragliche Vereinbarung. Diese kann darin bestehen, dass eine andere Kostenverteilung vereinbart wird (vgl. *LG Berlin* GE 1987, 455) oder dass lediglich die Anwendbarkeit der HeizkostenV ausgeschlossen wird. Im letzteren Fall gelten dann die allgemeinen Regelungen. 6091a

b) Sonstige

Vereinbarungen sind auch möglich, wo dies von der HeizkostenV ausdrücklich zugelassen ist: § 10 HeizkostenV für einen höheren verbrauchsabhängigen Anteil (Rdn. 6178b); § 6 Abs. 3 Satz 2 HeizkostenV für Kosten der Gemeinschaftsräume (Rdn. 6166); § 9b Abs. 4 HeizkostenV für abweichende Vereinbarungen bei einem Nutzerwechsel (Rdn. 6238 ff.). § 8 Abs. 2 HeizkostenV ermöglicht i.V.m. § 2 Nr. 5 Buchst. a) BetrKV eine Vereinbarung über den Ansatz von Wasserkosten. 6092

Vereinbart werden kann auch die Anwendung bestimmter in §§ 7, 8 HeizkostenV vorgesehenen Abrechnungsmaßstäbe (vgl. Rdn. 6178a ff.). 6093

4. Anpassung der Mietverträge

a) Grundsätzliches

aa) Vertrag oder einseitige Bestimmung

Die HeizkostenV enthält keine Regelung darüber, wie die Mietvertragsparteien ihre Verträge anzupassen haben. Es besteht deshalb keine Pflicht, neue vertragliche Regelungen zu treffen. Das entspricht auch der Auffassung von der bloßen Überlagerung vertraglicher Regelungen (§ 2 HeizkostenV Rdn. 1). 6094

Dagegen betont die HeizkostenV sehr stark die einseitigen Gestaltungsrechte des Vermieters (vgl. § 4 Abs. 2 Satz 3, § 6 Abs. 4 HeizkostenV). Hieraus kann gefolgert werden, dass die Anpassung durch einseitige Erklärungen des Vermieters erfolgen kann (*LG Berlin* ZMR 1999, 556; *Schmid*, DWW 1982, 226). Allein diese Lösung ist auch sachgerecht, weil gegenüber allen Mietern eine einheitliche Lösung erforderlich ist und diese nur durch den Vermieter erfolgen kann. 6095

Diese einseitige Regelung muss jedoch entsprechend § 315 BGB der Billigkeit entsprechen (*Schmid* DWW 1982, 226). Dabei ist insbesondere zu berücksichtigen, dass 6096 die HeizkostenV nicht zu einem Vorteil für die eine oder andere Partei führen, sondern lediglich eine verbrauchsabhängige Abrechnung sicherstellen soll. Außerdem ist zu berücksichtigen, dass die HeizkostenV möglichst wenig in die bestehenden Verträge eingreifen will (*Zimmermann* DNotZ 1981, 537; *Demmer* MDR 1981, 535). Es entspricht deshalb in der Regel der Billigkeit, bisherige Regelungen möglichst aufrechtzuerhalten.

6097 Die Parteien sind jedoch nicht gehindert, im gegenseitigen Einvernehmen Abänderungsverträge zu schließen (*LG Berlin* ZMR 1999, 556).

6098 Für preisgebundenen Wohnraum gelten §§ 20, 22 NMV 1970, § 10 WoBindG.

bb) Einzubeziehende Kosten

6099 Zu den Heizkosten zu rechnen sind alle Kosten, die Heiz- und Warmwasserkosten im Sinne der Heizkostenverordnung sind (a.A. *Lammel* HeizkostenV § 2 Rn. 32 ff. m.w.N.). Eine unzumutbare Benachteiligung des Nutzers ist damit nicht verbunden, da bei der Umlegung bisher nicht umgelegter Kosten die Grundmiete entsprechend zu ermäßigen ist.

b) Mietverträge mit Abrechnungspflicht

aa) Verbrauchsabhängige Abrechnung

6100 Ist bereits eine verbrauchsabhängige Abrechnung mietvertraglich vorgesehen, so kann lediglich hinsichtlich der umlegbaren Kosten und der Verteilungsmaßstäbe eine Anpassung an die HeizkostenV erforderlich sein.

6101 Da die Regelungen der HeizkostenV auf diejenigen der Nummern 4 bis 6 des § 2 BetrKV abgestimmt sind, werden sich hinsichtlich des Umfanges der umlegungsfähigen Kosten in der Regel Probleme nicht ergeben. Einer eventuell eintretenden Mehrbelastung des Mieters ist durch Herabsetzung der Grundmiete entsprechend dem Vorgehen bei der Inklusivmiete (unten Rdn. 6104e ff.) Rechnung zu tragen.

6102 Hinsichtlich des Abrechnungsmaßstabes gilt der Grundsatz des geringstmöglichen Eingriffs (§ 2 HeizkostenV Rdn. 20). Soweit die vereinbarten Abrechnungsmaßstäbe nach der HeizkostenV, insbesondere auch unter Berücksichtigung des § 10 HeizkostenV, zulässig sind, wird eine Änderung kaum je der Billigkeit entsprechen.

6103 War der verbrauchsabhängige Anteil geringer bestimmt als nach der HeizkostenV zulässig ist, so entspricht es dem Grundsatz des geringstmöglichen Eingriffes, in der Regel den Maßstab 50: 50 zu wählen.

bb) Verbrauchsunabhängige Abrechnung

6104 War mietvertraglich eine verbrauchsunabhängige Abrechnung vorgesehen, entspricht es ebenfalls in der Regel der Billigkeit, für den verbrauchsabhängigen Anteil den Mindestsatz von 50 % zu wählen, um den bisherigen Vertragscharakter möglichst zu wahren (*Zimmermann* DNotZ 1981, 543; *Schmid* BlGBW 1981, 107).

c) Mietverträge mit Heizungs- und Warmwasserpauschale

Wenn in den Mietverträgen keine Abrechnung, sondern eine verbrauchsunabhängige Pauschalzahlung vorgesehen ist, wird es ebenfalls in der Regel der Billigkeit entsprechen, den Verteilungsmaßstab 50: 50 zu wählen. **6104a**

Bei der Ermittlung der Gesamtmiete muss von der bisherigen Gesamtmiete die Heizungs- und Warmwasserpauschale abgezogen werden. Der hierdurch sich ergebenden Grundmiete werden die Beträge zugeschlagen, die sich durch die Anwendung der HeizkostenV ergeben (*Schmid* DWW 1982, 227/228). Es entspricht nämlich in der Regel dem Willen und der Kalkulation der Parteien, dass die Pauschalen den tatsächlichen Aufwand decken. Gravierende Vor- oder Nachteile für den Vermieter oder die Gesamtheit der Mieter werden sich deshalb in der Regel durch diese Berechnungsweise nicht ergeben. **6104b**

Eine Ausnahme ist allerdings dann zu machen, wenn die Pauschale von den tatsächlichen Gegebenheiten so stark abweicht, dass praktisch eine Inklusivmiete vorliegt. In diesen Fällen ist das für Inklusivmieten beschriebene Verfahren (unten Rdn. 6104e ff.) anzuwenden. Es handelt sich dabei um Mietverträge, bei denen das Erhöhungsrecht nach § 560 Abs. 1 BGB für lange Zeit ausgeschlossen ist, überhaupt nicht besteht oder bei denen die Pauschale von vornherein von den tatsächlichen Kosten soweit abweicht, dass sie bei objektiver Würdigung oder nach den Vorstellungen der Parteien nur ein Posten der Gesamtmiete und nicht eine Umlage ist (*Schmid* DWW 1982, 228). **6104c**

d) Mietverträge mit genereller Nebenkostenpauschale

Enthält der bisherige Mietvertrag eine generelle Pauschale für sämtliche Nebenkosten, so ist es eine Frage des Einzelfalles, wie die Nebenkostenpauschale aufzuspalten und auf die Heizkosten und die übrigen Nebenkosten zu verteilen ist (*Schmid* Verordnung über Heizkostenabrechnung ZMR-Sonderheft 2009, § 2 Anm. 24). Dabei ist entscheidend darauf abzustellen, dass das Leistungsgefüge erhalten bleibt. Maßgeblich ist der kalkulatorische Anteil der Heiz- und Warmwasserkosten (*OLG Düsseldorf* ZfIR 2008, 658 m. Anm. *Schmid* = IMR 2008, 239 m. Anm. *Bolz*) zum Zeitpunkt des Vertragsabschlusses (*LG Heidelberg* WuM 2011, 217 = MietRB 2011, 139). Mehr als eine vollständige Anrechnung der Pauschale auf die nach der HeizkostenV errechneten Beträge kann der Mieter in keinem Fall verlangen (*OLG Hamm* DWW 1987, 69 = GE 1986, 851). **6104d**

e) Inklusivmiete

Die besondere Schwierigkeit liegt hier darin, dass die vereinbarte Miete aufgespalten werden muss. Der vereinbarten Inklusivmiete können nämlich nicht die Heiz- und Warmwasserkosten gemäß der HeizkostenV zugeschlagen werden, da sich dadurch eine ungerechtfertigte Bereicherung des Vermieters ergeben würde. Es muss deshalb durch den Abzug der in der Miete enthaltenen Heiz- und Warmwasserkosten eine neue Grundmiete bestimmt und dieser die Kosten nach der HeizkostenV als abzurechnende Vorauszahlungen hinzugerechnet werden (*Schmid* DWW 1982, 228). **6104e**

6104f Diese Berechnung kann nicht dadurch erfolgen, dass die ortsübliche Miete im Sinne des § 558 BGB ohne Heiz- und Warmwasserkosten ermittelt wird, weil dadurch bei besonders billigen oder teuren Wohnungen eine Änderung der vereinbarten Miete einträte. Ermittelt werden müssen vielmehr die Heizungs- und Warmwasserkosten im Sinne der HeizkostenV. Diese Kosten müssen zunächst für die gesamte Abrechnungseinheit festgestellt und dann nach dem gewählten Verteilungsschlüssel rechnerisch auf die einzelnen Mieter umgelegt werden. Um den sich hieraus ergebenden Betrag ist die Inklusivmiete zu kürzen, um zu der neuen Grundmiete zu gelangen (*BGH*, Urt. v. 19.07.2006 – VIII ZR 212/05, ZMR 2006, 766). Mit der vertraglichen Vereinbarung einer Bruttowarmmiete und der Heizkostenabrechnung befasst sich *Heix* (WuM 2015, 59), der die Vereinbarung einer Bruttowarmmiete im Ergebnis für zulässig erachtet mit der Maßgabe, dass hierbei der Vermieter die Kosten der Wärmeversorgung nach dem Anteil trägt, der nach § 6 HeizkostenV auf den Mieter verteilt wird.

6104g Abzustellen ist dabei auf den Zeitpunkt der letzten Mieterhöhung oder -ermäßigung nach §§ 558 ff. BGB oder wenn solches nicht durchgeführt wurde, auf den Zeitpunkt des Abschlusses des Mietvertrages. Bei anderen Terminen würde nämlich das Ergebnis beeinträchtigt, wenn Mietanpassungen zwar möglich gewesen wären, aber nicht durchgeführt wurden (*Schmid* DWW 1982, 228).

6104h Es entspricht dem allgemeinen Grundsatz, dass derjenige, der eine einseitige Berechnung vornehmen kann, dem Vertragspartner zumindest auf dessen Verlangen die Berechnungsgrundlagen darlegen muss. Die einzelnen Rechenschritte, die zur Herausrechnung des Heizkostenanteils führen, sind deshalb vom Gebäudeeigentümer dem Nutzer nachvollziehbar darzulegen.

f) Vorauszahlungen

6104i aa) Soweit im Mietvertrag für abzurechnende Nebenkosten Vorauszahlungen im Sinne des § 556 BGB vorgesehen waren, hat es bei dieser Regelung auch bei Anwendung der HeizkostenV sein Bewenden. Umgekehrt gibt die HeizkostenV aber auch kein Recht, vertraglich nicht vorgesehene Vorauszahlungen neu einzuführen.

6104j bb) Bei Vereinbarung einer monatlichen Pauschalzahlung oder einer Inklusivmiete entspricht es dagegen dem Willen der Parteien, dass die laufenden Aufwendungen auch durch laufende Zahlungen gedeckt werden. Es ist deshalb in diesen Fällen angemessen, dem Vermieter das Recht einzuräumen, durch einseitige Erklärung Vorauszahlungen in angemessener Höhe im Sinne des § 556 BGB festzusetzen (*Schmid* DWW 1984, 228), wobei der aus der Miete oder Pauschale herauszurechnende Betrag als Vorauszahlung angesetzt werden darf (*BayObLG* ZMR 1988, 384 = DWW 1988, 249; *LG Berlin* ZMR 1999, 550).

6104k Eine Erhöhung oder Herabsetzung der Vorauszahlungen richtet sich dann nach § 560 Abs. 4 BGB.

g) Abrechnung

Konsequenz dieser Vertragsanpassung ist es dann, dass der Mietvertrag auch insoweit angepasst werden muss, als eine Abrechnung über die Vorauszahlung vereinbart wird und die Parteien zu Nach- bzw. Rückzahlungen verpflichtet sind (*BayObLG* ZMR 1988, 384 = DWW 1988, 249, 250/251). 6104l

h) Annex: Wohnungseigentum

Beim Wohnungseigentum kann die Anpassung durch Vereinbarung aber auch durch Beschluss erfolgen. Die Beschlusskompetenz ergibt sich aus § 16 Abs. 3 WEG und § 3 HeizkostenV (*Schmid* Verordnung über Heizkostenabrechnung ZMR-Sonderheft 2009, § 2 Anm. 28). 6104m

B. Verbrauchserfassung

I. Pflicht zur Verbrauchserfassung

1. Verpflichtungen des Gebäudeeigentümers

a) Grundsätzliches

Nach § 4 Abs. 1 HeizkostenV hat der Gebäudeeigentümer den **anteiligen Verbrauch** der Nutzer an Wärme und Warmwasser zu erfassen. Er hat hierzu nach § 4 Abs. 2 Satz 1 Halbs. 1 HeizkostenV Ausstattungen zur Verbrauchserfassung (vgl. unten Rdn. 6125 ff.) anzubringen und zu verwenden. Nicht zulässig ist es, auf die Heizleistung der Heizkörper abzustellen (*OLG Hamburg* ZMR 1999, 502). Messgeräte sind auch an nicht isolierten Rohrleitungen anzubringen, auch wenn der Nutzer hier den Wärmeverbrauch nicht regulieren kann (*LG Dresden* WuM 2009, 292; *AG Hohenschönhausen* GE 2009, 657 m. zust. Anm. *Kinne* GE 2009, 620). 6105

Der anteilige Verbrauch ist immer ein Verhältniswert, da auch Festkosten und Leitungsverluste in die Heizkostenabrechnung einfließen (*OLG Hamm* ZMR 2005, 73). Erfasst werden muss also nicht unbedingt der absolute Verbrauch, sondern lediglich das Verhältnis des Verbrauches der einzelnen Nutzer untereinander. 6106

Erfolgt eine Vorerfassung nach § 5 Abs. 2 HeizkostenV (Rdn. 6114 ff.), muss vor der Verteilung der Kosten auf die einzelnen Nutzer nach § 6 Abs. 2 HeizkostenV zunächst eine Verteilung der Kosten auf die Nutzergruppen erfolgen. Eine Vorerfassung im Sinne von § 5 Abs. 2 Satz 1 HeizkostenV erfordert, dass der Anteil jeder Nutzergruppe am Gesamtverbrauch durch einen gesonderten Zähler erfasst wird. Das gilt auch dann, wenn nur zwei Nutzergruppen vorhanden sind. In diesem Fall genügt es nicht, dass nur der Anteil einer Nutzergruppe am Gesamtverbrauch gemessen wird und der Anteil der anderen Nutzergruppe am Gesamtverbrauch in der Weise errechnet wird, dass vom Gesamtverbrauch der gemessene Anteil der einen Nutzergruppe abgezogen wird (*BGH*, Urteil vom 16.07.2008 – VIII ZR 57/07, ZMR 2008, 885 m. Anm. *Schmid* = MDR 2008, 1147). 6107

b) Überwiegend ungedämmte Leitungen

6108 In Gebäuden, in denen die freiliegenden Leitungen der Wärmeversorgung überwiegend ungedämmt sind und deswegen ein wesentlicher Anteil des Wärmeverbrauchs nicht erfasst wird, kann der Wärmeverbrauch der Nutzer nach anerkannten Regeln der Technik bestimmt werden (§ 7 Abs. 1 Satz 3 und 4 HeizkostenV). Die am 01.01.2009 in Kraft getretene Regelung beruht darauf, dass von ungedämmten Rohrleitungen abgegebene Wärmemengen durch das Verbrauchsverhalten der Nutzer nicht beeinflusst werden können und nicht oder nur unzureichend von Ablesegeräten erfasst werden. Ein Teil der Mieter, nämlich diejenigen, die ihren Wärmebedarf vor allem über Heizkörper abdecken oder – etwa aufgrund einer ungünstigen Lage ihrer Wohnung – abdecken müssen, muss daher nahezu den gesamten Wärmeverbrauch begleichen, weil die Heizkostenverteiler die Rohrwärme nicht erfassen (*BGH*, Urt. v. 06.05.2015 – VIII ZR 193/14, ZMR 2015, 704, unter Hinweis auf Langenberg, Betriebskosten- und Heizkostenrecht, 7. Auflage, Rdn. K174 ff.). Die Vorschrift eröffnet für diese Fälle die Möglichkeit, unbillige Kostenverschiebungen nach anerkannten Regeln der Technik auszugleichen oder jedenfalls zu reduzieren und bewirkt damit eine höhere Verteilungsgerechtigkeit.

6109 **Freiliegend** sind nur Leitungen, die außerhalb der Wände, Böden und Decken liegen. Andere Rohre bleiben außer Betracht, auch wenn sie ebenfalls Wärme abgeben (*Wall* WuM 2009, 3 [9]). Die Instanzrechtsprechung hatte § 7 Abs. 1 S. 3 HeizKostenV indes gegen den Wortlaut auch auf die Rohrwärmefälle angewendet, in denen die ungedämmten Rohre im Mauerwerk verlegt sind (*AG Emmendingen* Urt. v. 10.04.2012 – 3 C 115/10, WuM 2014, 727; *AG Bayreuth* Urt. v. 19.08.2014 – 102 C 1359/14 mit lesenswerter Anm. *Pfeifer*, WuM 2014, 728; *LG Landau*, Urt. v. 18.10.2013 – 3 S 110/12, WuM 2015, 432; *AG Augsburg* Urt. v. 28.10.2015 – 73 C 936/13, WuM 2015, 736; *LG Dresden* Urt. v. 18.12.2015 – 4 S 731/14, IMR-online 2016, 235). Dieser überwiegenden Rechtsprechung der Amts- und Landgerichte mochte der BGH nicht folgen (*BGH*, Urteil vom 15.03.2017 – VIII ZR 5/16, ZMR 2017, 462, WuM 2017, 320 mit Anmerkung *Wall*). Der BGH judizierte, dass § 7 Abs. 1 S. 3 HeizkostenV auf überwiegend ungedämmte, aber nicht freiliegende Leitungen der Wärmeverteilung nicht analog anwendbar sei. Dogmatisch überzeugend stellte er darauf ab, dass eine analoge Anwendung der vorgenannten Vorschrift auf überwiegend ungedämmte, aber nicht freiliegende Leitungen der Wärmeverteilung mangels planwidriger Regelungslücke nicht gestattet sei, weil der Verordnungsgeber eine eindeutige Entscheidung im Hinblick auf freiliegende Rohrleitungen getroffen habe. Es bestünden keine hinreichenden Anhaltspunkte für die Annahme, der Verordnungsgeber habe den Fall in Estrich oder unter Putz verlegter Heizungsrohre unbeabsichtigt nicht bedacht.

Wall sieht in seiner vorgenannten Urteilsanmerkung eine böse Überraschung für Vermieter und ihre Abrechnungsunternehmen sowie für viele Mieter und Wohnungseigentümer. Er sieht Vermieter und Verwalter gezwungen, Heizkosten innerhalb der Liegenschaft in grob unbilliger Weise zu verteilen. Mieter und Wohnungseigentümer in Wohnungen mit sog. Lagenachteilen würden in erheblichem Maße mit Heizkosten belastet, die sie nicht verursacht haben. Erfreuen könnten sich allenfalls Mieter und

Wohnungseigentümer, die ihren Wärmebedarf fast ausschließlich über nicht freiliegende Heizungsrohre decken. Als Konsequenz dieser BGH-Rechtsprechung erkennt er das Erfordernis einer Änderung der HeizkostenV und fordert, § 7 Abs. 1 S. 3 HeizkostenV so abzufassen, dass die vom BGH ausgenommenen Fallgestaltungen wieder in den Regelungsbereich einbezogen werden.

Das gleiche Erfordernis sieht auch *Pfeiffer* (GE 2017, 704): Komme es zu keiner Reparatur der HeizkostenV, so sei auch ein Wiederaufleben der reinen Flächenabrechnung von Heizkosten zu erwarten. Diese lebe allerdings mit dem Problem, dass Mieter nach § 12 HeizkostenV dann die Heizkosten betreffend Raumerwärmung um 15 % kürzen können (unter Hinweis auf *BGH*, Urteil vom 14.09.2005 – VIII ZR 195/04, ZMR 2005, 939), wonach die fehlerhafte Warmwasserabrechnung die Abrechnung der Raumerwärmung nicht infiziere und deshalb umgekehrt zu schlussfolgern sei, dass die Raumwärmeabrechnung nicht die Warmwasserabrechnung infiziere.

Der u.a. für das Wohnungseigentumsrecht zuständige V. Zivilsenat hat sich der Rechtsprechung des VIII. Zivilsenats ungeachtet der dagegen erhobenen Kritik mittlerweile angeschlossen und entschieden, dass § 7 Abs. 1 S. 3 HeizkostenV auch im Wohnungseigentumsrecht auf überwiegend ungedämmte, aber nicht freiliegende Leitungen der Wärmeverteilung nicht analog anwendbar ist (*BGH*, Urteil vom 15.11.2019 – V ZR 9/19, ZMR 2020, 521). Zugleich hat der *BGH* erklärt, dass in den Fällen der sog. Rohrwärmeabgabe eine Verteilung der Kosten des Wärmeverbrauchs auch dann nicht nach § 9a Abs. 1 und 2 HeizkostenV erfolgen dürfe, wenn von den elektronischen Heizkostenverteilern in Folge der Rohrwärmeverluste weniger als 20 % der abgegebenen Wärmemengen erfasst wird (*BGH*, a.a.O.).

Die Haftung für fehlerhafte Heizkostenabrechnungen in sog. Rohrwärmefällen erörtert *Lammel* (ZMR 2017, 711). In weiteren Beiträgen befasst sich die Literatur mit den Konsequenzen aus dem Urteil des BGH vom 15.03.2017 (*Lammel*, Ende der Rohrwärmekorrektur durch VDI 2077 Blatt 3.5?, WuM 2018, 625; *Serwe*, Praktische Auswirkungen des BGH-Urteils vom 15.03.2017 auf die Erstellung von Heizkostenabrechnungen in Gebäuden mit geringer Erfassungsrate, aber nicht freiliegenden Leitungen der Wärmeverteilung, ZMR 2018, 11; *Wall*, Rohrwärmekorrektur – Alles zurück auf Anfang?, WuM 2019, 109).

Das Merkmal **überwiegend ungedämmt** ist recht unpräzise und erfordert zumindest eine fehlende Dämmung von mehr als 50 % der Leitungen. Nur auf die Leitungen innerhalb der beheizten Räume abzustellen, wäre vielleicht sinnvoll (*Wall* WuM 2009, 3 [9]), entspricht aber nicht dem Wortlaut der Verordnung.

Bei einem Einrohrheizungssystem wird ein erheblicher Teil der Wärme wegen der systembedingten höheren Vorlauftemperaturen nicht über die Heizkörper, sondern über das Rohrleitungssystem abgegeben. Die über die ungedämmten Heizungsrohre abgegebene Wärme wird von den Heizkostenverteilern nicht als Verbrauchseinheit erfasst, sodass eine Anwendung des Korrekturverfahrens nach § 7 Abs. 1 S. 3 HeizkostenV nach den Grundsätzen von Treu und Glauben angezeigt ist (*LG Siegen* ZMR 2015, 858). In diesen Fällen erachtet das *LG Siegen* das sog. Bilanzverfahren als geeigneten Maßstab, um die Rohrwärmeabgabe weitgehend gleichmäßig zu verteilen (*LG Siegen* a. a. O.). Bei dem Bilanzverfahren wird der Verbrauchswärmeanteil für die Heizungsanlage mit einem Eckwert, dem Korrektur-Verbrauchswärmeanteil, verglichen. Aus der Differenz zwischen dem Korrektur-Verbrauchswärmeanteil und dem Verbrauchswärmeanteil für die betreffende Anlage werden zusätzliche Verbrauchswerte, die der Rohrwärme entsprechen, ermittelt und mit einem geeigneten Maßstab auf die Nutzer verteilt, was in vielen Fällen die beheizte Fläche der Nutzereinheiten widerspiegeln soll.

Befinden sich in einem Wohngebäude überwiegend freiliegende ungedämmte Heizrohre, soll der Vermieter berechtigt sein, zur Wärmemessung an den vorhandenen Rohrleitungen Heizkostenverteiler anzubringen und anhand dieser den Wärmeverbrauch zu messen (*AG Schöneberg* WuM 2016, 216 mit Anm. *Lammel*).

6111 **Anerkannte Regeln der Technik** sind solche, die der Richtigkeitsüberzeugung der vorherrschenden Ansicht der technischen Fachleute entsprechen und in der Praxis erprobt und bewährt sind (*Seibel* NJW 2013, 3000 [3001]). Für die anerkannten Regeln der Technik verweist die amtliche Begründung (BR-Drucks. 570/08 Satz 14) auf das Beiblatt zur Richtlinie VDI 2077. Die dort vorgesehene Ermittlungsweise ist außerordentlich kompliziert (s. hierzu *Wall* WuM 2009, 3 [7 ff.]) und wohl nur von Fachleuten anzuwenden und zu überprüfen. Zur Anschauung mag auf eine Verfügung des *LG Leipzig* (NZM 2017, 699) abgestellt werden. In einer Anmerkung von *Wall* weist dieser darauf hin, dass das zitierte Landgericht den Verbrauchswärme- und den Rohrwärmeanteil miteinander verwechselt hat (*LG Leipzig* mit Anmerkung *Wall* NZM 2017, 700). Zwischen den in der VDI 2077 genannten Verfahren (eine messtechnische Ermittlung, das Bilanzverfahren und das sog. rechnerische Verfahren) hat der Vermieter die Wahl (*AG Karlsruhe* IMR 2013, 287). Andere Regeln könnten angewendet werden, bestehen aber bisher nicht.

6111a Der Verweis auf die anerkannten Regeln der Technik in § 7 Abs. 1 S. 3 HeizkostenV ist nicht verfassungswidrig, insbesondere verstößt dieser nicht gegen das verfassungsrechtliche Verbot der dynamischen Verweisung auf Regelwerke nicht demokratisch legitimierter Normgeber (*BGH*, Urt. v. 06.05.2015 – VIII ZR 193/14, ZMR 2015, 704).

6111b Der Vermieter muss den Text der VDI-Richtlinie auch nicht aushändigen oder dem Mieter in anderer Weise zur Kenntnis bringen, ebenso wenig berührt es die formelle Ordnungsgemäßheit der Abrechnung, dass der Vermieter zwar auf die Anwendung der VDI-Richtlinie 2077, welche mathematisch-technische Methoden zur Heizkostenermittlung und Heizkostenverteilung beschreibt, hingewiesen hat, jedoch deren technische Anwendungsvoraussetzungen nicht oder nicht vollständig mitgeteilt hat (*BGH*, Urt. v. 06.05.2015 – VIII ZR 193/14, ZMR 2015, 704).

6111c Die Anwendungsvoraussetzungen der VDI-Richtlinie 2077, Beiblatt, bei der »Rohrwärme«-Abrechnung erörtert *Zehelein* (NZM 2015, 913).

B. Verbrauchserfassung   Teil VI

Mit den rechtlichen Anforderungen an die Überarbeitung des VDI-Beiblatts »Rohrwärme« befassen sich *Lammel* (NZM 2015, 325) sowie *Hardt, Haupt, Tritschler, Wall* und *Wollstein* (NZM 2015, 924). **6111d**

Es handelt sich um eine **Kannvorschrift**. Der Gebäudeeigentümer muss also von dieser Möglichkeit keinen Gebrauch machen, wenn sich auch die Verbrauchserfassung nach den allgemeinen Vorschriften im Rahmen des billigen Ermessens hält (*Pfeiffer* GE 2009, 156 [162]; a.A. *Wall* WuM 2009, 3 [9], der einen Anspruch des Mieters auf Anwendung dieses Verfahrens annimmt). Nach der amtlichen Begründung (BR-Drucks. 570/08 Satz 14) kann diese Regelung insbesondere bei einem großen Leerstand zur Anwendung kommen. Nach Meinung des Bundesrates (BR-Drucks. 570/08, Beschluss, Anlage S. 2) soll die Regelung zur Anwendung kommen, wenn mindestens 20 % des Wärmeverbrauchs nicht durch Ablesung erfasst werden können. Bei einem sehr geringen Erfassungsgrad kann eine Ermessensreduzierung auf null eintreten (*Wall* WuM 2013, 545). Das *LG Leipzig* (Beschl. v. 07.10.2013 – 2 S 66/13, WuM 2014, 30) und das *AG Augsburg* (Urt. v. 28.10.2015 – 73 C 936/13, WuM 2015, 736) nehmen eine Ermessensreduzierung seitens des Vermieters auf null in den Fällen an, in denen eine deutliche Unterschreitung des Grenzwerts von 0,34 vorliegt. Zum Verhältnis zu § 11 Abs. 1 Buchst. b) HeizkostenV siehe Rdn. 6055a. **6112**

Trotz der unsystematischen Verortung in § 7 HeizkostenV statt in § 4 HeizkostenV handelt es sich bei § 7 Abs. 1 Satz 3 und 4 HeizkostenV um eine Verbrauchsermittlungsvorschrift und nicht um eine Kostenverteilungsvorschrift. Das hat für das **Wohnungseigentum** zur Folge, dass sich aus § 16 Abs. 3 WEG keine Beschlusskompetenz ergibt. Die Wohnungseigentümer können diese Art der Verbrauchserfassung jedoch nach § 3 HeizkostenV beschließen (*Schmid* ZMR 2009, 172 [173]). **6113**

c) Vorerfassung gemeinschaftlich genutzter Räume

Gemeinschaftlich genutzte Räume sind von der Pflicht zur Verbrauchserfassung ausgenommen. Diese Ausnahme gilt jedoch nicht für Gemeinschaftsräume mit nutzungsbedingt hohem Wärme- oder Warmwasserverbrauch (§ 4 Abs. 3 HeizkostenV). Als Räume sind auch beheizte Verkehrsflächen, z.B. in Einkaufszentren, anzusehen (vgl. *OLG Düsseldorf* ZMR 2005, 43). **6114**

Als Beispiele mit nutzungsbedingt hohem Verbrauch nennt die Verordnung Schwimmbäder und Saunen. Kein nutzungsbedingt hoher Verbrauch wird angenommen in Gängen, Treppenhäusern (*Schmid* BayHausBesZ 1989, 151) und Trockenräumen (a.A. *Lammel* HeizkostenV § 4 Rn. 56). **6115**

Die Verteilung nach gesonderter Verbrauchserfassung richtet sich nach § 6 Abs. 3 HeizkostenV (vgl. unten Rdn. 6165 ff.). Nach § 4 Abs. 3 Satz 1 HeizkostenV besteht lediglich keine Pflicht zur gesonderten Verbrauchserfassung. Der Gebäudeeigentümer ist jedoch nicht gehindert, eine solche vorzunehmen. Einer Umlegung der durch die Vorerfassung zusätzlich entstehenden Kosten kann jedoch in diesen Fällen der Wirtschaftlichkeitsgrundsatz entgegenstehen, wenn in den gemeinschaftlichen Räumen nur ein unwesentlicher Verbrauch anfällt. Wird die Vorerfassung durchgeführt, **6116** erfolgt die Kostenverteilung auch in diesen Fällen in entsprechender Anwendung des § 6 Abs. 3 HeizkostenV (Rdn. 6165 ff.).

6116a Ist eine Vorerfassung nicht vorgeschrieben und findet sie auch nicht statt, fließen die Kosten in die sonstige Kostenverteilung ein (Rdn. 6167).

d) Vorerfassung bei verschiedenen Ausstattungen zur Verbrauchserfassung

6116b Wird der Verbrauch aus einer Anlage im Sinne des § 1 Abs. 1 HeizkostenV (oben Rdn. 6029) bei den versorgten Nutzern nicht mit gleichen Ausstattungen erfasst, so sind zunächst durch Vorerfassung vom Gesamtverbrauch die Anteile der Gruppen von Nutzern zu erfassen, deren Verbrauch mit gleichen Ausstattungen erfasst wird (§ 5 Abs. 2 Satz 1 HeizkostenV). Dies ist deshalb erforderlich, weil nur Messergebnisse von gleichen Geräten zueinander in Beziehung gesetzt werden können.

6116c Zur Messung des Verbrauches jeder Nutzergruppe muss ein eigener Zähler vorhanden sein. Selbst bei nur zwei Nutzergruppen genügt es nicht, nur den Verbrauch einer Nutzergruppe zu messen und den Verbrauch der anderen durch Abzug von Gesamtverbrauch zu ermitteln (*BGH Urt. v.* 16.07.2008 – VIII ZR 57/07, ZMR 2008, 885 = WuM 2008, 556 = GE 2008, 1120).

6116d Zur Kostenverteilung in diesen Fällen s.u. Rdn. 6163 ff.

e) Vorerfassung aus sachgerechten Gründen

6116e Der Gebäudeeigentümer kann auch bei unterschiedlichen Nutzungs- oder Gebäudearten oder aus anderen sachgerechten Gründen eine Vorerfassung nach Nutzergruppen durchführen (§ 5 Abs. 2 Satz 2 HeizkostenV).

6116f In Betracht kommt hier vor allem eine getrennte Erfassung des Verbrauches von Wohn- und Gewerberäumen. Eine solche Pflicht kann sich aus § 20 Abs. 2 Satz 2 NMV 1970 ergeben oder, wenn bei preisfreiem Wohnraum ausnahmsweise (*BGH,* Urt. v. 08.03.2006 – VIII ZR 78/05, ZMR 2006, 358 = WuM 2006, 200) eine Trennung von Wohn- und Gewerberaum stattzufinden hat. Einen allgemeinen Grundsatz, dass in Gewerberäumen stets ein höherer Wärmeverbrauch stattfindet und deshalb eine Vorerfassung erforderlich ist, gibt es jedoch nicht (*AG Schöneberg* GE 1986, 1177).

6116g Eine Verpflichtung zur Vorerfassung besteht auch bei Vorliegen sachlicher Gründe nicht, es sei denn, dass eine Kostenverteilung ohne Vorerfassung zu schlechthin unbilligen Ergebnissen führen würde (*LG Berlin* GE 1990, 1037). Bei einer solchen Billigkeitsprüfung müssen einerseits die Interessen der Nutzer, andererseits aber auch der Verwaltungsaufwand und die damit verbundenen Kosten berücksichtigt werden (*OLG Schleswig* ZMR 2005, 406). Eine Verpflichtung zur Vorerfassung kann sich aus der Verpflichtung zur Trennung des Verbrauchs von Wohn und Gewerberäumen nach § 20 Abs. 2 Satz 2 NMV 1970 ergeben oder wenn bei preisfreiem Wohnraum ausnahmsweise (*BGH,* Urt. v. 08.03.2006 – VIII ZR 78/05, ZMR 2006, 358 = WuM 2006, 200) eine Voraufteilung stattzufinden hat.

B. Verbrauchserfassung

Die Vorerfassung erfolgt dadurch, dass zunächst der Verbrauch der einzelnen Nutzergruppen erfasst wird. Die Verteilung richtet sich dann nach § 6 Abs. 2 HeizkostenV (Rdn. 6163). **6116h**

Nicht um einen Fall des § 5 Abs. 2 HeizkostenV handelt es sich, wenn eine Heizungsanlage mehrere Abrechnungseinheiten versorgt. **6116i**

f) Mitteilungspflicht

Das Ergebnis der Ablesung soll dem Nutzer in der Regel **innerhalb eines Monats** mitgeteilt werden (§ 6 Abs. 1 Satz 2 bis 4 HeizkostenV). **6116j**

Einer besonderen **Form** bedarf die Mitteilung nach § 6 Abs. 1 Satz 2 und 3 HeizkostenV nicht, sodass auch eine mündliche Mitteilung ausreicht (*Schiz* DW 2008, 80; *Schmid* MDR 2009, 129; a.A. *Wall* 2009, 3; *Pfeifer* GE 2009, 156 [157] für eine Mitteilung per Telefon). Enthält der Ablesebeleg, der dem Nutzer meist zur Unterschrift vorgelegt wird, die Messergebnisse, was in der Regel der Fall ist, ist der Mitteilungspflicht bereits Genüge getan (*Pfeifer* GE 2009, 156 [157]). Gibt der Ableser die Werte in ein elektronisches Datenerfassungsgerät ein, genügt die mündliche Mitteilung (*Schmid* NZM 2009, 104 [105]). **6116k**

Unklar ist, was unter einem »**längeren Zeitraum**« im Sinne von § 6 Abs. 1 Satz 3 HeizkostenV zu verstehen ist. Man wird wohl von einem Zeitraum bis zur Versendung der Abrechnung, u. U. also von einem Jahr ausgehen müssen (*Schmid* Verordnung über Heizkostenabrechnung, ZMR-Sonderheft, 2009, § 6 Anm. 11; für eine längere Dauer: *Wall* WuM 2009, 3 [4]; für ein Jahr: *Pfeifer* GE 2009, 156 [158]). **6116l**

Die **Abrufbarkeit durch den Nutzer** ist theoretisch meist gegeben. In der Praxis wissen die Nutzer aber oft nicht, wie die Geräte funktionieren. Es ist deshalb in der Regel eine Einweisung des Nutzers in die Bedienung des Geräts und eine Überlassung einer Bedienungsanleitung erforderlich (*Wall* WuM 2009, 3 [4]). Zu verlangen, dass die Einweisung auch für Ausländer verständlich erfolgt (so *Pfeifer* GE 2009, 156 [157]), dürfte bei manchen Sprachen erhebliche Schwierigkeiten bereiten und ist zu weitgehend (*Schmid* Verordnung über Heizkostenabrechnung, ZMR-Sonderheft, 2009, § 6 Anm. 12). **6116m**

Eine **Sanktion** für einen Verstoß gegen die Mitteilungspflicht ist nicht vorgesehen. Selbst ein einklagbarer Anspruch des Nutzers erscheint nicht gegeben, da es sich nur um eine Sollvorschrift handelt, im Gegensatz zu dem sonst recht apodiktischen Wortlaut der Verordnung (*Schmid* MDR 2009, 129). Eine Kürzungsrecht nach § 12 Abs. 1 HeizkostenV besteht ebenfalls nicht, weil das Unterbleiben der Mitteilung keine Abrechnung entgegen den Vorschriften der HeizkostenV ist (*Wall* WuM 2009, 3 [4]; *Schmid* MDR 2009, 129; a.A. *Pfeifer* GE 2008, 156 [157], der in der Mitteilung zu Unrecht bereits einen Bestandteil der Abrechnung sieht). Die amtliche Begründung (BR-Drucks. Begründung 570/08 Seite 11) erweckt zwar den Eindruck einer Verpflichtung, von der nur in Ausnahmefällen abgewichen werden können soll. Im Verordnungswortlaut hat dies aber keinen Niederschlag gefunden (*Schmid* Verordnung über Heizkostenabrechnung, ZMR-Sonderheft, 2009, § 6 Anm. 13). **6116n**

6116o **Beweislast:** Die Mitteilungspflicht kann jedoch in einem anderen, vom Verordnungsgeber nicht genannten Bereich Bedeutung gewinnen. Wenn ein Streit über die Richtigkeit der in der Abrechnung berücksichtigen Messergebnisse entsteht, geht eine Unaufklärbarkeit zulasten des Gebäudeeigentümers, wenn nicht ausgeschlossen werden kann, dass bei rechtzeitiger Mitteilung eine Aufklärung möglich gewesen wäre (*Schmid* MDR 2009, 129). Auch das dürfte jedoch nur selten zum Tragen kommen. Speichert nämlich das Messgerät in den Räumen des Mieters die Daten, ist eine Mitteilung grundsätzlich nicht erforderlich und es kann meist bei der Abrechnung noch auf die gespeicherten Daten zurückgegriffen werden. Speichert es die Daten nicht, ist nach einem Monat auch nichts mehr festzustellen. In Betracht kommen deshalb nur die Fälle, in denen das für den Mieter nicht zugängliche Gerät die Daten zwischen einem Monat nach der Ablesung und dem Ablauf der Einwendungsfrist nach § 556 Abs. 3 Satz 5 BGB löscht (*Schmid* NZM 2009, 104 [106]).

6116p Die **Kosten** sind solche der Berechnung und Aufteilung und damit nach § 2 Nr. 4 Buchst. a) BetrKV, § 7 Abs. 2 HeizkostenV umzulegen (*Schmid* Verordnung über Heizkostenabrechnung, ZMR-Sonderheft, 2009, § 6 Anm. 15).

2. Rechte und Pflichten der Nutzer

a) Rechte der Nutzer

6117 Der Nutzer kann vom Gebäudeeigentümer nach § 4 Abs. 4 HeizkostenV die Anbringung der Ausstattung und die Verbrauchserfassung verlangen und diese Ansprüche notfalls gerichtlich durchsetzen. Der Anspruch umfasst auch, dass die Vorschriften der Heizkostenverordnung beachtet werden (vgl. *BayObLG* MDR 1998, 709).

6118 Der Mieter kann statt oder neben der Geltendmachung dieser Ansprüche auch mittelbar dadurch Druck ausüben, dass er von dem Kürzungsrecht nach § 12 Abs. 1 HeizkostenV (unten Rdn. 6296 ff.) Gebrauch macht.

b) Pflichten der Nutzer

aa) Anbringung der Ausstattungen

6119 Der Nutzer hat die Anbringung der Ausstattungen zu dulden (§ 4 Abs. 2 Satz 1 Halbs. 2 HeizkostenV). Voraussetzung der Duldungspflicht ist eine rechtzeitige Ankündigung (vgl. Rdn. 2034a). Die Voraussetzungen und das Verfahren nach §§ 555a ff. BGB müssen nicht eingehalten werden, da es sich bei § 4 Abs. 2 Satz 1 Halbs. 2 HeizkostenV um eine Sonderregelung handelt (vgl. *AG Lichtenberg* GE 2007, 1054; a.A. *LG Kassel* NZM 2006, 81 = GE 2006, 1614; *Eisenschmid* WuM 2009, 624 [629]).

6119a Das Wahlrecht des Gebäudeeigentümers besteht auch nach erstmaliger Anbringung. Der Vermieter kann deshalb die Art der Messgeräte wechseln, ohne dass das eine Modernisierung darstellen muss (*AG Düsseldorf* DWW 2008, 98). Der Mieter muss einen Austausch vorhandener Messgeräte gegen Funkablesegeräte dulden (*BGH*, Urt. v. 28.09.2011 – VIII ZR 326/10, ZMR 2012, 97 =NJW 2011, 3514).

B. Verbrauchserfassung

Dass bei **Verdunstungsgeräten** eine Giftigkeit der enthaltenen Flüssigkeit behauptet wird und Dämpfe austreten, schließt die Duldungspflicht des Mieters nicht aus, da bei bestimmungsgemäßer Verwendung keine Gesundheitsgefährdung besteht (*LG Hamburg* WuM 1990, 33). Eine Belastung durch **Funkwellen** kann der Anbringung eines Verbrauchserfassungssystems mit Funkübertragung nicht entgegengehalten werden (*LG Heidelberg* GE 2011, 269). 6120

Der Nutzer ist auch verpflichtet, Maßnahmen zu unterlassen, die zu einer Verfälschung der Messergebnisse führen, z.b. die Anbringung von Heizkörperverkleidungen vor Verdunstungsgeräten (a.A. *AG Aschersleben* ZMR 2005, 715 m. abl. Anm. *Schmid*). 6120a

Die Duldungspflicht umfasst außer dem Öffnen der Türe keine Mitwirkungspflicht. Immer wieder kommt es jedoch zu Schwierigkeiten, wenn die Messgeräte mit Gegenständen verstellt sind, die eine Ablesung verhindern. Anders als bei §§ 555a, 555d BGB, wo der Mieter nicht zum Ausräumen seiner Wohnung verpflichtet ist, weiß der Bewohner einer mit Messgeräten ausgestatteten Wohnung von vornherein, dass die Geräte abgelesen werden müssen. Es trifft ihn deshalb die Pflicht, diese Ablesung auch nicht dadurch zu verhindern, dass er die Messgeräte verstellt. Wenn dies gleichwohl im Jahresverlauf nicht zu beanstanden ist, so trifft den Bewohner aus dem vorangegangen Tun des Verstellens die Verpflichtung, die Zugänglichkeit der Geräte zum Zwecke der Ablesung herzustellen (*Schmid* MietRB 2011, 158 [159]). 6120b

Der Bewohner ist in Ermangelung spezieller rechtsgeschäftlicher Regelungen auch nicht verpflichtet, ein sog. Ableseprotokoll zu unterschreiben (*Schmid* MietRB 2011, 158 [159]). 6120c

Eine hartnäckige Weigerung des Mieters, seiner Duldungspflicht trotz rechtskräftiger Verurteilung nachzukommen, begründet m. E. ein Recht zur fristlosen Kündigung (a.A. *LG Hamburg* WuM 1992, 245). Außerdem kann sich der Mieter schadensersatzpflichtig machen (*Schmid* ZMR 2005, 717). 6121

bb) Durchführung der Ablesung

Auch wenn es nicht ausdrücklich geregelt ist, entspricht es der Erfassungspflicht des Vermieters, dass der Mieter das Betreten der Räume auch zum Zwecke der Durchführung der Ablesung dulden muss (*AG Brandenburg a.d.H.* NZM 2005, 257 = GE 2004, 1459). Diesen Anspruch kann der Vermieter gegebenenfalls durch einstweilige Verfügung, in jedem Fall aber im Klagewege durchsetzen (*LG Köln* DWW 1985, 233, 234). 6122

Zu Einzelheiten der Duldungspflicht s. Rdn. 2034a. 6123

Die verschuldete unberechtigte Zutrittsverweigerung verpflichtet den Mieter zum Schadensersatz (*AG Brandenburg a.d.H.* GE 2004, 1459). Hat der Nutzer die Notwendigkeit eines weiteren Termins nicht zu vertreten, sind die Kosten als normale Verbrauchserfassungskosten zu behandeln (*Kinne* GE 2006, 1025). 6124

II. Messgeräte (Ausstattungen zur Verbrauchserfassung)

1. Anforderungen an die Messgeräte

a) Grundsätzliches

6125 Für die Erfassung des Wärmeverbrauches dürfen Wärmezähler und Heizkostenverteiler verwendet werden. Nicht zulässig ist es, auf die Heizleistungen des Heizkörpers abzustellen (*OLG Hamburg* ZMR 1999, 502, 503). Der Warmwasserverbrauch darf mit Warmwasserzählern oder anderen geeigneten Ausstattungen erfasst werden. Die Anforderungen an die Ausstattungen zur Verbrauchserfassung sind in § 5 Abs. 1 HeizkostenV (Text s. Rdn. 9007) beschrieben.

6126 Ausdrücklich wird in § 5 Abs. 1 Satz 4 HeizkostenV bestimmt, dass die Ausstattungen für das jeweilige Heizsystem geeignet und so angebracht sein müssen, dass ihre technisch einwandfreie Funktion gewährleistet ist. Die Messgeräte müssen nicht nur abstrakt geeignet sein und fehlerfrei arbeiten, sondern müssen auch bei Anwendung auf das jeweilige Heizsystem verwertbare Ergebnisse liefern (*LG Nürnberg-Fürth* IMR 2012, 119: verneint für elektronische Heizkostenverteiler an einer Einrohrheizung). Es genügt deshalb nicht in jedem Fall die Verwendung eines generell zugelassenen Gerätes (vgl. *LG Meiningen* WuM 2003, 453 ff.). Eine fehlerhafte Anbringung steht der Verwendung unzulässiger Geräte gleich (*LG Berlin* WuM 1987, 32).

b) Übergangsregelungen

6127 Die Anforderungen des § 5 Abs. 1 Satz 2 HeizkostenV galten bis zum 31.12.2013 als erfüllt (§ 12 Abs. 2 und 3 HeizkostenV, für das Beitrittsgebiet in Verbindung mit dem Einigungsvertrag – oben Rdn. 6010)

für die am 1. Januar 1987, im Beitrittsgebiet am 1. Januar 1991, für die Erfassung des anteiligen Warmwasserverbrauchs vorhandenen Warmwasserkostenverteiler und

für die am 1. Juli 1981, bei preisgebundenen Wohnungen im Sinne der Neubaumietenverordnung 1970 (oben Rdn. 9004) am 1. August 1984, im Beitrittsgebiet am 1. Januar 1991 bereits vorhandenen sonstigen Ausstattungen zur Verbrauchserfassung.

Wurde in den Fällen des § 1 Abs. 3 HeizkostenV (oben Rdn. 6023) der Wärmeverbrauch der einzelnen Nutzer am 30. September 1989 mit Einrichtungen zur Messung der Wassermenge ermittelt, gilt die Anforderung des § 5 Abs. 1 Satz 1 HeizkostenV als erfüllt (§ 12 Abs. 5 HeizkostenV).

6128 Es handelt sich dabei um **Besitzstandsregelungen**. Der Bestandsschutz gilt nur so lange, wie im Übrigen keine Veränderungen vorgenommen werden, die sich auf die Ausstattungen zur Verbrauchserfassung auswirken.

6129 Werden z.B. durch Dachgeschossausbau weitere Wohnungen errichtet, so endet der Bestandsschutz, wenn für die neuen Wohnungen nunmehr unzulässige Geräte verwendet werden müssten (*AG Eschweiler* WuM 1993, 135; zweifelhaft, da auch eine Vorerfassung nach § 5 Abs. 2 Satz 1 HeizkostenV – oben Rdn. 6112 – erfolgen könnte). Der Bestandsschutz geht nicht dadurch verloren, dass die vorhandenen Geräte aus technischen Gründen ummontiert, z.b. beim Einbau von Thermostatventilen höher gesetzt werden müssen (*Pfeifer* DWW 1989, 192; a.A. *LG Frankfurt/M.* HKA 1989, 48).

c) Ungenauigkeiten und Fehler

Erfüllen die Ausstattungen zur Verbrauchserfassung die vorgeschriebenen Voraussetzungen, so müssen gewisse **Messungenauigkeiten** in Kauf genommen werden (*OLG Köln* GE 1986, 341, 343; *AG Salzgitter* DWW 1986, 102). Der Nutzer kann keine Einwendungen gegen die Abrechnung erheben, wenn Fertigungs-, Skalierungs- oder Montagemängel innerhalb der zulässigen Toleranzen liegen (*LG Hamburg* DWW 1988, 14). 6130

Dies gilt insbesondere für die **Kaltverdunstung**, die bei Verdunstungsgeräten zu einer Verbrauchsanzeige führt, ohne dass die Heizung betrieben wird (*AG Salzgitter* DWW 1986, 102). Ein Nutzer kann nicht verlangen, von dem dadurch angezeigten Verbrauch freigestellt zu werden, selbst wenn er nachweist, dass die Heizung nicht eingeschaltet war. Umgekehrt können die übrigen Nutzer nicht mit Erfolg rügen, dass wegen der Kaltverdunstungsvorgabe ein »Nullverbrauch« gemessen wurde, obwohl eine Frostschutzbeheizung stattfand (*AG Köpenick* GE 2007, 1327). Führt bei abgestellter Heizung allein die Wärmeleitung durch das Metall zu einer Erwärmung der Heizkörper und damit zu einer Verbrauchsanzeige, ist der angezeigte Wert in die Kostenverteilung einzubeziehen (*AG Neukölln* GE 2008, 739). 6131

Behauptete **Fehler** an zulässigen, geeichten und ordnungsgemäß angebrachten Messeinrichtungen muss der Nutzer darlegen und beweisen, es sei denn, dass so viele Anzeichen für einen Fehler sprechen, dass dieser Anscheinsbeweis vom Gebäudeeigentümer entkräftet werden muss (*OLG Köln* GE 1986, 341, 345). Für die richtige Anwendung zutreffender Umrechnungsfaktoren ist der Vermieter darlegungs- und beweispflichtig (*Wall* WuM 2008, 587). 6132

Werden **unzulässige Ausstattungen** zur Verbrauchserfassung verwendet und sind deren Ergebnisse nicht verwertbar, ist die Abrechnung nach einem verbrauchsunabhängigen Maßstab, in der Regel nach dem Verhältnis der Wohnflächen, vorzunehmen (*LG Meiningen* WuM 2003, 453 [455]); es besteht ein Kürzungsrecht nach § 12 Abs. 1 HeizkostenV (vgl. Rn. 6302). 6132a

Für einen Geräteausfall gilt § 9a HeizkostenV (Rdn. 6198 ff.). 6132b

Die Verwendung von Funkmessgeräten ist grundsätzlich zulässig, jedoch müssen die Regelungen des § 28 BDSG beachtet werden (*LG Dortmund* ZMR 2015, 330 = DWE 2015, 86). In einem Beschluss der Wohnungseigentümer über den Einbau von Heizkostenverteilern auf Funkbasis muss daher geregelt sein, zu welchen Zwecken die bei den Wohnungseigentümern gespeicherten Verbrauchsdaten verarbeitet und genutzt werden sollen. Die konkrete Gestaltung darf nicht dem später auszuhandelnden Vertrag des Verbandes mit dem Messdienstunternehmen überlassen werden (*LG Dortmund* a. a. O.). 6132c

2. Beschaffung der Ausstattungen zur Verbrauchserfassung

a) Wahlrecht des Gebäudeeigentümers

6133   Die Wahl der Ausstattungen bleibt nach § 4 Abs. 2 Satz 3 HeizkostenV im Rahmen des § 5 HeizkostenV (oben Rdn. 6125) dem Gebäudeeigentümer überlassen.

6133a   Der Vermieter hat dabei einen weiten Ermessenspielraum. Er ist nicht verpflichtet, die technisch optimale Lösung zu wählen (*LG Hamburg* WuM 1992, 245). Er darf Zuverlässigkeit und Genauigkeit im Rahmen seines Auswahlermessens ebenso berücksichtigen wie den Vorteil einer einfachen Ablesung bei Geräten mit einem Funksystem (*Wall* WuM 2002, 134). Der Wirtschaftlichkeitsgrundsatz kann jedoch verletzt sein, wenn die Kosten für ein Funkmesssystem mehr als die Hälfte der eigentlichen Heizkosten ausmachen (*LG Berlin* WuM 2004, 340). Ein Ermessensfehlgebrauch begründet keinen Erfassungsmangel. Ein Anspruch des Mieters auf Verwendung oder Nichtverwendung eines bestimmten Gerätes besteht nicht (a.A. *Wall* WuM 2002, 134).

6133b   Der Austausch von Messgeräten, die nach dem Verdunstungsprinzip arbeiten, gegen elektronische Erfassungsgeräte ist eine nach Maßgabe des § 554 Abs. 2 BGB zu duldende Modernisierungsmaßnahme (*LG Heidelberg* GE 2011, 269; *LG Berlin* NJW-RR 2011, 740; *AG Frankfurt/M*. ZMR 2006, 292 = NZM 2006, 537).

b) Erwerb der Ausstattungen

6134   Die Nutzer müssen nicht beteiligt werden, wenn der Gebäudeeigentümer die Ausstattungen zu Eigentum erwirbt.

c) Anmietung und sonstige Gebrauchsüberlassung

aa) Beteiligungspflicht

6135   Eine Beteiligung der Nutzer ist vorgeschrieben, wenn der Gebäudeeigentümer die Ausstattungen zur Verbrauchserfassung mieten oder durch eine andere Art der Gebrauchsüberlassung beschaffen will (§ 4 Abs. 2 Satz 2 HeizkostenV).

6136   Die Mitteilung muss nach dem Verordnungswortlaut nur erfolgen, wenn ein Gebrauchsüberlassungsvertrag geschlossen werden soll, nicht jedoch bei einer Änderung, Verlängerung oder einem Wechsel des Vertragspartners (MüKo/*Schmid* § 4 HeizkostenV Rn. 6; a.A. *Lammel* HeizkostenV, § 4 Rn. 14). Auch wenn Geräte mit einer höheren Miete angemietet werden, ist eine erneute Beteiligung der Nutzer nicht erforderlich (a.A. *AG Rüdesheim am Rhein* WuM 2007, 265 [266)]). Geschützt ist der Nutzer durch den Wirtschaftlichkeitsgrundsatz.

bb) Beteiligungsverfahren

6137   Der Gebäudeeigentümer hat seine Absicht den Nutzern vorher unter Angabe der durch die Anmietung entstehenden Kosten mitzuteilen. Eine solche Mitteilungspflicht besteht naturgemäß nur bei bereits bestehenden Mietverhältnissen. Die Erklärung ist gegenüber allen Mietern, auch Mitmietern abzugeben. Eine besondere Form ist nicht vorgeschrieben.

Die Mitteilung muss den Mietern zugehen. Hierfür soll ein Aushang im Hause nicht genügen (*AG Neuss* WuM 1995, 46; *AG Rüdesheim a. Rhein* WuM 2007, 265). Ob dies auch dann gilt, wenn die Mieter den Aushang auch tatsächlich gelesen haben, erscheint zumindest zweifelhaft. Jedoch empfiehlt sich schon aus Beweisgründen die Versendung von Einzelschreiben. 6138

Da vom Vermieter nichts Unmögliches verlangt werden kann, bezieht sich die Pflicht zur Mitteilung der Kosten nur auf die voraussehbaren Kosten, jedoch nicht auf eine mögliche Miete in ferner Zukunft. Soweit die Angabe weiterer Einzelheiten als von der Verordnung gefordert verlangt wird (so *Lammel* HeizkostenV § 4 Rn. 13 ff.), ist dieser Ansicht nicht zu folgen. Zwar liegt es im Interesse einer sachgerechten Entscheidung der Nutzer, umfassend informiert zu werden. Die ohnehin systemwidrige Vorschrift ist jedoch einer erweiternden Auslegung nicht zugänglich, da der Wortlaut eindeutig ist (*AG Hamburg* WuM 1994, 695, 696). Auch eine Hinweispflicht auf das Widerspruchsrecht besteht nicht (*AG Hamburg* WuM 1994, 695). 6139

cc) Unterbleiben der Mitteilung

Die Verordnung regelt nicht, was geschieht, wenn die Mitteilung nicht erfolgt. Ein Verstoß des Vermieters gegen § 4 Abs. 2 HeizkostenV beseitigt nicht die Duldungspflicht des Mieters (*LG Heidelberg* GE 2011, 269). Eine entsprechende Anwendung der §§ 559 ff. BGB kommt nicht in Betracht, da die Kostentragungspflicht nicht in Anlehnung an §§ 559 ff. BGB geregelt ist. Im Hinblick auf den Zweck der Vorschrift wird man bei unterbliebener Benachrichtigung dem Vermieter die Umlegung der Kosten, die nach § 7 Abs. 2, § 8 Abs. 2 HeizkostenV möglich wäre, versagen müssen (*LG Köln* WuM 1990, 562; *LG Heidelberg* GE 2011, 269). Es bestehen aber keine Bedenken dagegen, dass diese Benachrichtigung nachgeholt wird (*AG Warendorf* WuM 2002, 339; *Schmid* GE 1984, 891; a.A. *Wall* WuM 1998, 68; *Börstinghaus* MDR 2000, 1346; *Lammel* HeizkostenV § 4 Rn. 13). Eine Kostenumlegung ist aber dann erst nach Ablauf der Monatsfrist des § 4 Abs. 2 Satz 2 Halbs. 2 HeizkostenV möglich. Auch das Widerspruchsrecht nach dieser Vorschrift bleibt unberührt, auch wenn die gemieteten Ausstattungen bereits angebracht sind. Kommt die Mehrheit für den Widerspruch zustande, ist die Kostenumlegung weiterhin ausgeschlossen. 6139a

dd) Widerspruch der Nutzer

Entscheidend sind nur Widersprüche. Eine ausdrückliche Zustimmung der Mieter ist nicht erforderlich (a.A. entgegen dem eindeutigen Verordnungswortlaut *LG Berlin* GE 2006, 1041). 6140

Nicht geregelt ist in der HeizkostenV auch, was unter der Mehrheit der Nutzer zu verstehen ist. Dieses Problem stellt sich vor allem in dem sehr häufigen Fall, dass Wohnungen in einem Hause teilweise an Einzelpersonen teilweise an Personenmehrheiten, z.B. Ehepaare oder Lebensgefährten oder Wohngemeinschaften vermietet sind. Alle diese Mieter sind an sich Nutzer; es erscheint aber wenig sachgerecht, das Gewicht der Stimme danach zu bestimmen, ob z.B. ein Ehegatte Mitmieter ist oder lediglich ein unselbstständiges Gebrauchsrecht innehat. Man wird deshalb davon ausgehen müssen, dass die Mehrheit in der Weise zu berechnen ist, dass nur jede Nutzungseinheit 6141 eine Stimme gibt. Hieraus folgt dann auch, dass die Erklärung nach § 4 Abs. 2 Satz 2 Halbs. 1 HeizkostenV gegenüber allen Mietern, auch Mitmietern abzugeben ist und dass das Widerspruchsrecht nach § 4 Abs. 2 Satz 2 Halbs. 2 HeizkostenV von allen Mitgliedern einer Nutzungseinheit nur einheitlich ausgeübt werden kann.

6142 Für den Widerspruch brauchen die Mieter keine Gründe anzugeben und können bis hin zur Grenze des Rechtsmissbrauches nach freiem Belieben entscheiden.

6143 Die Maßnahme ist unzulässig, wenn die Mehrheit der Nutzer innerhalb eines Monats nach Zugang der Mitteilung widerspricht (§ 4 Abs. 2 Satz 2 Halbs. 2 HeizkostenV).

6144 Trotz des apodiktischen Wortlautes »ist unzulässig« kann der Vermieter die Geräte auch bei Unterbleiben der Mitteilung oder bei Widerspruch der Mehrheit der Mieter durch Gebrauchsüberlassung anschaffen (vgl. *LG Heidelberg* GE 2011, 269; a.A. *LG Kassel* NZM 2006, 818). Er kann dann aber keine Kosten umlegen (vgl. *LG Heidelberg* GE 2011, 269). Es wäre, abgesehen von den Kosten, nicht verständlich, warum der Mieter die Anbringung bei einem Kauf dulden muss, bei einer Anmietung aber nicht.

6145 *(unbesetzt)*

ee) Sonderproblem: Vermietung von Wohnungseigentum

6146 Besondere Probleme wirft die Regelung bei der **Vermietung von Wohnungseigentum** im Hinblick auf die Doppelstellung des Wohnungseigentümers (oben Rdn. 6040) auf. Im Verhältnis zum Mieter ist der vermietende Wohnungseigentümer berechtigt und verpflichtet. Die Entscheidung, ob die Ausstattungen zur Verbrauchserfassung erworben oder gemietet werden, wird jedoch durch die Bindung an die Wohnungseigentümergemeinschaft verdrängt. Die Ausstattung kann nämlich für das ganze Haus sinnvollerweise nur einheitlich angebracht werden. Nach dem Grundsatz der Trennung der verschiedenen Rechtsbeziehungen zwischen Wohnungseigentümergemeinschaft einerseits und zwischen Wohnungseigentümer und Mieter andererseits ist der Mieter nicht an die Regelungen durch die Wohnungseigentümergemeinschaft gebunden. Auch eine rechtsgeschäftliche Regelung, die die Beschlüsse der Eigentümerversammlung mietvertraglich für den Mieter verbindlich macht, ist hier nicht möglich, da es sich nach § 2 HeizkostenV um zwingendes Recht handelt.

6147 Würde man jedoch dem Mieter des Wohnungseigentümers auch in diesen Fällen ein ungebundenes Widerspruchsrecht zugestehen, käme der vermietende Wohnungseigentümer in einen unlösbaren Konflikt. Im Verhältnis zum Mieter wäre die Maßnahme nach § 4 Abs. 2 Satz 2 Halbs. 2 HeizkostenV unzulässig, im Verhältnis zur Eigentümergemeinschaft wäre der Wohnungseigentümer nach § 3 Satz 2 HeizkostenV gebunden. Man muss deshalb hier auf den Grundsatz von Treu und Glauben zurückgreifen, wonach auch der Mieter vom Wohnungseigentümer nichts verlangen kann, was diesem unmöglich ist (a.A. Schmidt-Futterer/*Lammel* § 3 HeizkostenV Rn. 29 ff.). Man wird deshalb hier das Widerspruchsrecht des Mieters auf die Fälle beschränken müssen, in denen die Anmietung so grob unbillig ist, dass sie gar nicht mehr einer ordnungsgemäßen Verwaltung im Sinne des § 21 WEG entspricht und der vermietende Wohnungseigentümer deshalb die Möglichkeit hat oder gehabt hätte, den Beschluss über die Anmietung nach § 23 Abs. 4, § 43 Nr. 4 WEG erfolgreich anzufechten (*Schmid* DWE 2008, 38 [41]).

ff) Wirtschaftlichkeitsgrundsatz

Ist eine Anmietung sonach zulässig, wird zusätzlich verlangt, dass der Vermieter nach billigem Ermessen über Kauf oder Anmietung entscheidet und die Mieter nicht mit hohen Kosten für die Gebrauchsüberlassung belastet, wenn die umlegungsfähigen Kosten bei Ankauf um 50 % geringer wären (*Wall* WuM 1998, 66; ders. WuM 2002, 130 [134]). Dem ist jedoch nicht zu folgen. Abs. 2 Satz 2 enthält eine abschließende Regelung, in deren Rahmen der Vermieter frei entscheiden kann (*Schmid* GE 2007, 38, 40). Der Wirtschaftlichkeitsgrundsatz spielt hier keine Rolle, weil dieser es dem Vermieter nicht verbietet, von einer gesetzlichen Regelung Gebrauch zu machen, auch wenn dadurch für den Mieter höhere Kosten entstehen. Anmietung und Anschaffung können nicht miteinander verglichen werden. Der Vermieter darf lediglich nicht rechtsmissbräuchlich zum Nachteil der Mieter handeln oder die Geräte von einem überteuerten Anbieter anmieten. Ist die Gerätemiete höher als marktüblich, muss der Vermieter einen sachlichen Grund für gerade diese Anmietung dartun (*LG Köln* NZM 2005, 453). Eine überlange Bindung an einen Gerätevermieter verstößt bereits gegen § 307 BGB (*OLG Frankfurt/M.* GE 2005, 1429 für eine Laufzeit von 10 Jahren). **6147a**

III. Kostentragung

1. Kosten der Verbrauchserfassung

Die laufenden Kosten der Verbrauchserfassung sind als Heiz- bzw. Warmwasserkosten umlegungsfähig (vgl. §§ 7, 8 HeizkostenV und Rdn. 5105 ff.). **6148**

2. Kosten der Ausstattungen zur Verbrauchserfassung

a) Erwerb durch den Gebäudeeigentümer

Erwirbt der Gebäudeeigentümer die Messgeräte, so ist diese Investition nicht im Rahmen der Heizkostenverordnung umlegungsfähig, sondern als Modernisierungsaufwand nach § 559 BGB, §§ 6, 13 NMV 1970, § 11 II. BV zu behandeln (*Peruzzo* NJW 1981, 802; *Demmer* MDR 1981, 533). Der Austausch von Messgeräten, die nach dem Verdunstungssystem arbeiten, gegen elektronische Erfassungsgeräte ist eine nach Maßgabe des § 554 Abs. 2 BGB zu duldende Modernisierungsmaßnahme (*AG Frankfurt/M.* ZMR 2006, 292). **6149**

Die Kosten sind jedoch nur insoweit zu berücksichtigen, als sie dem Wirtschaftlichkeitsgrundsatz entsprechen (*Wall* WuM 2002, 134). Dabei ist der weite Ermessensspielraum des Vermieters (Rdn. 6133a) zu berücksichtigen. Unwirtschaftlich ist die Anschaffung überteuerter Geräte oder von technisch aufwendigen Geräten, deren Mehrkosten in keiner Relation zum Nutzen stehen. **6150**

6150a Die Kosten für eine Ersatzbeschaffung unbrauchbar gewordener Geräte sind dagegen wie sonstige Ersatzbeschaffungen nicht umlegungsfähig (*AG Nürnberg* WuM 1990, 524). Das gilt für die Gerätekosten auch dann, wenn im Wartungsvertrag ein Austausch alle fünf Jahre vorgesehen ist (a.A. *LG Berlin* HKA 1989, 46). Hier ist eine Aufteilung in Wartungs- und Ersatzbeschaffungskosten notwendig (zu den Wartungskosten s.u. Rdn. 6263). Etwas anderes gilt nur dann, wenn die Kosten für ein Neugerät nicht höher sind als die Wartungs- und Eichkosten (vgl. Rdn. 5106).

6151 Als Modernisierungskosten sind die Kosten einer Neubeschaffung oder Ummontage nach §§ 559 ff. BGB umlegungsfähig, wenn diese Maßnahmen notwendige Folge einer anderen Modernisierungsmaßnahme sind, die ihrerseits umlegungsfähig ist (*Lefèvre* HKA 1989, 46).

b) Beschaffung durch Gebrauchsüberlassung

6152 Die Kosten der Anmietung oder einer anderen Art der Gebrauchsüberlassung sind umlegungsfähig (vgl. Rdn. 5105 ff.), sofern nicht im Hinblick auf § 4 Abs. 2 Satz 2 HeizkostenV ein Ausschluss der Umlegung gegeben ist (oben Rdn. 6136 ff.).

6153 *(unbesetzt)*

6154 Sind bereits Messeinrichtungen vorhanden und geht der Vermieter zu einer Gebrauchsüberlassung über, wird die Auffassung vertreten, dass die Grundmiete entsprechend zu senken ist (*Wall* WuM 1998, 69). Dem ist jedoch nicht generell zu folgen. Waren die Messgeräte bereits bei Mietbeginn vorhanden, gibt es für eine Senkung der Grundmiete keine Rechtsgrundlage. Wurden dagegen die Gerätekosten nach § 559 BGB auf den Mieter umgelegt, würde dieser durch die Mieterhöhung und die Tragung der Anmietkosten doppelt belastet. Der Erhöhungsbetrag nach § 559 BGB darf deshalb von dem Zeitpunkt an nicht mehr geltend gemacht werden, von dem ab die Anmietungskosten umgelegt werden (vgl. zum ähnlichen Problem beim Übergang zur Wärmelieferung Rdn. 6021).

C. Kostenverteilung

I. Pflicht zur Kostenverteilung

6155 § 6 Abs. 1 HeizkostenV legt die Verpflichtung des Gebäudeeigentümers fest, die Kosten der Versorgung mit Wärme und Warmwasser nach Maßgabe der §§ 7 bis 9 HeizkostenV auf die Nutzer zu verteilen. Keine Verteilungspflicht nach der HeizkostenV besteht, wenn ein Ausnahmetatbestand nach § 11 HeizkostenV erfüllt ist (*BGH*, Urt. v. 08.10.2003 – VIII ZR 67/03, ZMR 2004, 99 = GE 2004, 106).

II. Gesamtkosten für Wärme und Warmwasser

1. Grundsätzliches

6156 Die Grundregelungen in §§ 7, 8 HeizkostenV gehen von getrennten Anlagen für Heizung und Warmwasser aus. Werden Heizwärme und Warmwasser in einer Anlage

C. Kostenverteilung

(sog. verbundene Anlage) produziert, bedarf es einer Trennung der Kosten, um wieder zu einer möglichst verbrauchernahen Kostenzuordnung zu gelangen. Eine Übergangsregelung enthält lediglich § 22 Abs. 3 NMV 1970 für preisgebundenen Wohnraum. Die Betriebskosten sind nach § 9 Abs. 1 Satz 1 HeizkostenV aufzuteilen. Festzustellen sind deshalb zunächst die berücksichtigungsfähigen Gesamtkosten und zwar getrennt nach Wärme- und Warmwasserkosten.

2. Verbundene Anlagen

a) Grundsatz

Maßgeblich für die Aufteilung einheitlich entstandener Kosten ist der jeweilige Anteil am Energieverbrauch. Dabei ergibt sich der Anteil für Wärme aus dem gesamten Verbrauch nach Abzug des Anteils der Warmwasserversorgungsanlage (§ 9 Abs. 1 Satz 4 HeizkostenV). Bei der Verwendung regenerativer Energien erfolgt die Kostenaufteilung nach anerkannten Regeln der Technik (§ 9 Abs. 1 Satz 5 HeizkostenV). Werden in einer Anlage sowohl Wärme als auch Warmwasser produziert, bedarf es einer Trennung der Kosten, um wieder zu einer möglichst verbrauchernahen Kostenzuordnung zu gelangen. Mit der Kostenverteilung von Warmwasser in verbundenen Anlagen bei Sondertatbeständen befasst sich *Lammel* (WuM 2017, 177). 6157

Bei den regenerativen Energien (z. B. Sonnenenergie oder Erdwärme) als solchen fallen keine (Betriebs-)Kosten an. Kostenträchtig ist bei diesen allerdings die Verarbeitung und Zuführung zum Verbraucher, welche nach der HeizkostenV nur untergeordnete »Nebenkosten« (vgl. Aufzählung in § 7 Abs. 2 HeizkostenV) darstellen. Eine grundsätzliche (Kosten-)Problematik eröffnet sich beim Einsatz erneuerbarer Energien in der Trennung von umlegbaren und nicht umlegbaren Kosten (*Lammel*, Heizkostenabrechnung bei Verwendung regenerativer Energien, ZMR 2020, 91).

Der Energieverbrauch der Warmwasserversorgungsanlage ist nach § 9 Abs. 2 oder 3 HeizkostenV zu ermitteln. 6158

b) Ermittlung der auf die zentrale Warmwasserversorgungsanlage entfallenden Wärmemenge

§ 9 Abs. 2 HeizkostenV betrifft die Wärmelieferung. Die auf die Warmwasserversorgungsanlage entfallende Wärmemenge ist »ab dem 31. Dezember 2013«, gemeint ist der 1.1.2014 (*Schmid* NZM 2009, 104 [105]), mit einem **Wärmezähler** zu messen (§ 9 Abs. 2 Satz 1 HeizkostenV). Der Einsatz von Wärmezählern ist auch schon vorher zulässig (*Pfeifer* GE 2009, 156 [163]). Solange kein Zähler installiert ist, kann nach § 9 Abs. 2 Satz 2 HeizkostenV verfahren werden (*Pfeifer* GE 2009, 156 [163]). Die auf die zentrale Warmwasserversorgungsanlage entfallende Wärmemenge war auch vor dem 31.12.2013 mit einem Wärmezähler zu messen, sofern dieser bereits installiert war. Eine Abrechnung gem. § 9 Abs. 2 HeizkostenV ist nicht mehr zulässig, wenn ein Wärmezähler vorhanden ist. Im Falle eines Geräteausfalls muss § 9a HeizkostenV zur Anwendung kommen (LG Leipzig WuM 2017, 530). Da der *BGH* (Urt. v. 16.07.2008 – VIII ZR 57/07, ZMR 2008, 885 = NZM 2008, 767 = GE 2008, 1120 = MDR 2008, 1147) die Differenzmethode bei einer Vorerfassung 6159 für unzulässig erklärt hat, wird empfohlen (*Schiz* DW 2008, 80), für die Warmwasserbereitung und für die Heizung eigene Zähler zu installieren.

6160 Wenn die Wärmemenge nur mit einem unzumutbar hohen Aufwand gemessen werden kann, kann die **Formel des § 9 Abs. 2 Satz 2 und 4 HeizkostenV** herangezogen werden. Ein unverhältnismäßig hoher Aufwand liegt vor, wenn die Anbringung von Messgeräten aus baulichen oder technischen Gründen unverhältnismäßig hohe Kosten verursachen würde (*Pfeifer* GE 2009, 156 [163]). Siehe zu den Formeln im Einzelnen *Wall* (WuM 2009, 3 [12]) und *Lammel* (NZM 2010, 116).

6161 Satz 2 Nr. 2 erlaubt es, aus Vereinfachungsgründen auf Messungen zu verzichten und die mittlere Temperatur des Warmwassers zu schätzen. Die Praxis macht es sich meist einfach und setzt einen Wert von 60° Celsius an. Ein solches Vorgehen ist jedoch keine Schätzung und macht die Heizkostenabrechnung fehlerhaft. Für eine Schätzung sind Tatsachen zu ermitteln, die einen Schluss darauf zulassen, dass das Schätzergebnis mit Wahrscheinlichkeit der tatsächlichen Temperatur nahe kommt. Hierbei ist in erster Linie darauf abzustellen, welche Warmwassertemperatur im Abrechnungszeitraum eingestellt war. Messergebnisse, aber keine bloßen Schätzergebnisse, aus den Vorjahren können ebenfalls herangezogen werden. Je nach den Umständen des Einzelfalles kann auch die Kapazität der Anlage eine Rolle spielen. In Extremfällen ist zu prüfen, ob nach dem berechneten Energieverbrauch für das Warmwasser noch eine ausreichende Menge für die erfolgte Beheizung übrig bleibt (vgl. zum Ganzen *BayObLG* WuM 2004, 679).

6162 Nur in Ausnahmefällen, wenn weder die Wärmemenge noch das Volumen des verbrauchten Warmwassers gemessen werden können, kann die **Gleichung nach § 9 Abs. 2 Satz 4 und 6 HeizkostenV** angewendet werden.

c) Ermittlung des auf die zentrale Warmwasserversorgungsanlage entfallenden Brennstoffverbrauchs

6162a Bei Anlagen mit Heizkesseln ist der anteilige Brennstoffverbrauch maßgebend. Dieser ist nach § 9 Abs. 3 zu bestimmen. Ausgangspunkt ist die auf die zentrale Warmwasserversorgungsanlage entfallende Wärmemenge (§ 9 Abs. 3 Satz 1 HeizkostenV). Da § 9 Abs. 3 Satz 2 HeizkostenV auf den gesamten § 9 Abs. 2 HeizkostenV verweist, gilt dies im Prinzip auch für die Verwendung von Wärmezählern als erstrangiges Mittel zur Bestimmung der Wärmemenge. Allerdings wird darauf hingewiesen, dass dies bei Anlagen mit Heizkesseln technisch nicht möglich oder unwirtschaftlich ist, sodass hier praktisch nur das Verfahren nach § 9 Abs. 3 HeizkostenV verbleibt (*Lammel* HeizkostenV § 9 Rn. 12 und 29). Insoweit dürfte es jedoch auf den Einzelfall ankommen. Die Wärmemenge wird geteilt durch den Heizwert der verbrauchten Brennstoffe. Für den Ansatz des Heizwertes primär maßgebend sind die Angaben des Energieversorgungsunternehmens oder des Brennstofflieferanten, wenn solche in deren Abrechnungsunterlagen enthalten sind (§ 9 Abs. 3 Satz 4 HeizkostenV). Andernfalls sind die in § 9 Abs. 3 Satz 3 HeizkostenV genannten Werte anzusetzen. Erfolgt die Abrechnung der Energielieferanten über kWh-Werte muss nach § 9 Abs. 3 Satz 5 HeizkostenV der Brennstoffverbrauch nicht mehr berechnet werden.

C. Kostenverteilung   Teil VI

d) Darstellung in der Abrechnung

Die Kostenaufteilung muss sich aus der Abrechnung nachvollziehbar ergeben (*LG Berlin* GE 2002, 1627 [1628]). Hierzu gehört es auch, dass die Aufteilung in Heiz- und Warmwasserkosten unter Angabe der angewandten Berechnungsmodalität dargestellt wird (*AG Neuruppin* WuM 2004, 538; *Schmid* HeizkostenV – ZMR Sonderheft, 2009, § 7 Anm. 11). Nicht erforderlich ist eine Erläuterung der Formeln (*BGH*, Urt. v. 20.07.2005 – VIII ZR 371/04, ZMR 2005, 937 = DWW 2005, 329 = WuM 2005, 579 = GE 2005, 118).   6162b

Die Kostenverteilung von Warmwasser in verbundenen Anlagen bei Sondertatbeständen erörtert *Lammel* (WuM 2017, 177).

III. Vorerfassung

1. Vorerfassung bei verschiedenen Ausstattungen oder aus sachgerechten Gründen

Bei einer Vorerfassung nach § 5 Abs. 2 HeizkostenV ist nach § 6 Abs. 2 HeizkostenV der Gesamtverbrauch verhältnismäßig zu mindestens 50 % nach dem Verbrauch auf die einzelnen Nutzergruppen zu verteilen. Die hälftige Aufteilung nach dem Verbrauch ist der Mindestsatz. Eine Obergrenze besteht hier im Gegensatz zu §§ 7, 8 HeizkostenV nicht. Es kann also bei der Vorerfassung die Verteilung auf die Nutzergruppen vollumfänglich nach dem ermittelten Verbrauch erfolgen. Werden nicht die gesamten Kosten nach den erfassten Anteilen aufgeteilt, sind die übrigen Kosten nach den in § 6 Abs. 2 Satz 2 HeizkostenV genannten Maßstäben zu verteilen. Es handelt sich dabei um die auch in §§ 7, 8 HeizkostenV erwähnten Maßstäbe, sodass auf unten Rdn. 6172 ff. verwiesen werden kann. Die Wahl der Abrechnungsmaßstäbe obliegt dem Vermieter (§ 6 Abs. 4 Satz 1 HeizkostenV).   6163

Hat der Vermieter den Verbrauch unter Verstoß gegen § 5 Abs. 2 S. 1 HeizkostenV ermittelt, ist i. d. R. gleichwohl der ermittelte Verbrauch der Abrechnung zugrunde zu legen und nicht allein nach der Wohnfläche abzurechnen. In diesem Fall ist eine Kürzung gemäß § 12 Abs. 1 S. 1 HeizkostenV vorzunehmen. Der Kürzungsbetrag ist dabei von dem für den Nutzer in der Abrechnung ausgewiesenen Anteil der Gesamtkosten zu ermitteln (*BGH*, Urt. v. 20.01.2016 – VIII ZR 329/14, ZMR 2016, 280).

Die Kostenanteile der Nutzergruppen sind dann auf die einzelnen Nutzer der jeweiligen Gruppe zu verteilen. Diese Verteilung richtet sich nach § 6 Abs. 1, §§ 7, 8 HeizkostenV (Rdn. 6171 ff.).   6163a

Die Wahl der Abrechnungsmaßstäbe obliegt auch bei der Verteilung auf die einzelnen Nutzergruppen dem Gebäudeeigentümer (§ 6 Abs. 4 Satz 1 HeizkostenV). Für Änderungen gilt § 6 Abs. 4 Satz 2 HeizkostenV (s. hierzu Rdn. 6180 ff.).   6163b

2. Vorerfassung gemeinschaftlich genutzter Räume

Findet nach § 4 Abs. 3 Satz 2 HeizkostenV (oben Rdn. 6107 ff.) eine Vorerfassung des Verbrauches in gemeinschaftlich genutzten Räumen statt, so sind die Kosten nach   6164

§ 6 Abs. 3 Satz 1 HeizkostenV nach dem Verhältnis der erfassten Anteile am Gesamtverbrauch auf die Gemeinschaftsräume und die übrigen Räume aufzuteilen. Hinsichtlich der Kosten für die übrigen Räume gelten dann die allgemeinen Verteilungsvorschriften.

6165 Die Verteilung der auf die Gemeinschaftsräume entfallenden anteiligen Kosten richtet sich nach rechtsgeschäftlichen Bestimmungen, die ohne die Beschränkung der Heizkostenverordnung getroffen werden können.

6166 Fehlt eine ausdrückliche Regelung, ist auf die allgemeinen Vereinbarungen über die Nebenkostenumlegung zurückzugreifen, wozu auch die Vereinbarung eines einseitigen Bestimmungsrechts des Vermieters (Rdn. 4071) gehören kann (a.A. *Lammel* HeizkostenV § 6 Rn. 85). Bestehen keine eindeutigen Regelungen, die auf diese Kostenverteilung angewendet werden können, kommt eine ergänzende Vertragsauslegung in Betracht (*Schmid* ZMR 1998, 259; *Peruzzo* Erl. zu § 6 Abs. 3 HeizkostenV), wenn der Vertrag hierfür zureichende Anhaltspunkte enthält. Führt auch das zu keinem Ergebnis, greift bei Wohnraummietverhältnissen der Regelmaßstab Wohnfläche ein (§ 556a Abs. 1 Satz 1 BGB, § 20 Abs. 1 NMV 1970). Bei Nichtwohnraummietverhältnissen ist auf den Grundsatz zurückzugreifen, dass bei Fehlen jedweder Regelung ein einseitiges Bestimmungsrecht des Vermieters nach billigem Ermessen gegeben ist (vgl. oben Rdn. 4076 ff.).

6167 Nicht ausdrücklich geregelt ist, wie zu verfahren ist, wenn eine gesonderte Verbrauchserfassung in Gemeinschaftsräumen nicht vorgeschrieben ist und auch nicht stattfindet. Da der Verbrauch nicht gesondert erfasst wird, kann er auch bei der Kostenverteilung nicht berücksichtigt werden und fließt ohne besonderen Ausweis in die sonstige Kostenverteilung ein. Die Möglichkeit einer Schätzung und anderweitigen Verteilung (so *Müller* GE 1989, 216) ist nicht vorgesehen.

IV. Kostenverteilung auf die Nutzer

1. Zulässige Umlegungsmaßstäbe

a) Verbrauchsabhängiger Anteil

6168 Von den nach den insgesamt nach der HeizkostenV zu verteilenden Kosten (unten Rdn. 6246 ff.) sind mindestens 50 % und höchstens 70 % nach dem erfassten Wärme- bzw. Wasserverbrauch zu verteilen (§§ 7, 8 HeizkostenV).

Ein geringerer verbrauchsabhängiger Anteil kann nicht vereinbart werden. Dagegen bleiben nach § 10 HeizkostenV rechtsgeschäftliche Bestimmungen, die einen höheren verbrauchsabhängigen Anteil vorsehen, unberührt (Rdn. 6178b).

6169a § 7 Abs. 1 Satz 2 HeizkostenV schränkt die Wahlfreiheit für das Verhältnis Festkosten – Verbrauchskosten weiter ein. In Gebäuden, die das Anforderungsniveau der Wärmeschutzverordnung vom 16. August 1994 (BGBl. I S. 2121) nicht erfüllen, die mit einer Öl- oder Gasheizung versorgt werden und in denen die freiliegenden Leitungen der Wärmeverteilung überwiegend gedämmt sind, sind von den Kosten des Betriebs der zentralen Heizungsanlage 70 vom Hundert nach dem erfassten Wärmeverbrauch der Nutzer zu verteilen. Die Regelung ist zwingend. Von ihr kann nach unten auch durch Vertrag nicht abgewichen werden (§ 2 HeizkostenV). Die Änderung eines abweichenden Verteilungsmaßstabes erfolgte kraft Gesetzes zum 01.01.2009 und erforderte keine vorherige Mitteilung an die Nutzer (*Wall* WuM 2009, 3 [5]; *Schmid* NZM 2009, 104 [106]); a.A. *Schiz* DW 2008, 80) und auch keinen gesonderten Beschluss der Wohnungseigentümer. Die Möglichkeit einen höheren verbrauchsabhängigen Anteil zu vereinbaren (§ 10 HeizkostenV) bleibt jedoch unberührt (*Wall* WuM 2009, 3 [6]; Pfeiffer GE 2009, 156 [160]; *Schmid*, CuR 2013, 10 [11]). Entsprechende Vereinbarungen bleiben wirksam (*Schmid* MDR 2009, 129).

Bei der Feststellung, ob die Leitungen überwiegend gedämmt sind oder nicht, sind die innerhalb der Wohnungen verlaufenden Leitungen mit zu berücksichtigen (*AG Berlin-Schöneberg* GE 2011, 758). **6169b**

Zu einer Verbrauchsermittlung nach den anerkannten Regeln der Technik bei überwiegend ungedämmten Leitungen (s. Rdn. 6108 ff.). **6169c**

b) Verbrauchsunabhängiger Anteil

aa) Wohn- und Nutzfläche

(1) Grundlagen

Entscheidend sind dabei die tatsächlichen Gegebenheiten, nicht eine eventuell abweichende rechtsgeschäftliche Regelung (*LG Berlin*, GE 1984, 135; *AG Hamburg*, WuM 1996, 778; a.A. *OLG Schleswig*, WuM 2007, 471; *Leo*, MDR 2004, 260 und ohne besondere Problematisierung der HeizkostenV wohl auch noch *BGH* (Urt. v. 31.10.2007 – VIII ZR 261/06, ZMR 2008, 38 m. abl. Anm. *Schmid* = NJW 2008, 142 = WuM 2007, 700). Sofern und soweit Betriebskosten, zu denen bei eröffnetem Anwendungsbereich (§ 1 HeizkostenV) – jedenfalls zu einem bestimmten Prozentsatz – auch Heizkosten zählen, nach gesetzlichen Vorgaben ganz oder teilweise nach Wohnflächenanteilen umgelegt werden, sind diese nach den tatsächlichen Gegebenheiten und nicht nach den von subjektiven Vorstellungen geprägten Parteivereinbarungen zur Wohnfläche abzurechnen. Soweit der BGH früher Abweichungen bis zu 10 % von der vereinbarten zu der tatsächlichen Wohnfläche auch im Rahmen einer Betriebskostenabrechnung als unbeachtlich angesehen hat, hält er daran nicht mehr fest (*BGH* Urt. v. 30.05.2018 – VIII ZR 220/17 = ZMR 2018, 746). **6170**

Nicht geregelt ist, wie die Fläche zu berechnen ist. Es gelten deshalb auch bei Anwendung der HeizkostenV die allgemeinen Grundsätze zur Berechnung der Wohnfläche (vgl. *Schmid* in Schmid/Harz, Mietrecht, § 556a Rn. 158 ff.). Werden die Wohnflächen nach der WoFlV berechnet, können Balkone, Loggien, Dachgärten und Terrassen mit einem Viertel angesetzt werden (§ 4 Nr. 4 WoFlV). Eine völlige Außerachtlassung ist nicht geboten, weil es sich um den verbrauchsunabhängigen Kostenanteil handelt und außerdem die Möglichkeit besteht, nur auf die beheizbaren Räume abzustellen. **6171**

6172 Kellerräume gehören nach § 2 Abs. 3 Nr. 1 WoFlV nicht zur Wohnfläche. Befindet sich im Keller ein Heizkörper, kann es aus Billigkeitsgründen erforderlich sein, den Maßstab »beheizte Räume« (unten Rdn. 10 ff.) zu wählen, wenn tatsächlich geheizt wird. Geschäftsräume (§ 2 Abs. 3 Nr. 2 WoFlV) sind in die Berechnung einzubeziehen, auch wenn sie sich innerhalb der Wohnung befinden, z.B. ein häusliches Arbeitszimmer (*Schmid*, ZMR 2006, 664 [665]).

6172a In besonderen Fällen, z.B. bei der Berücksichtigung von Dachschrägen, wird verlangt, dass der Flächenansatz in der Abrechnung erläutert wird, sofern er nicht bereits aus früheren Abrechnungen oder auf andere Weise bekannt ist (*LG Berlin*, GE 1989, 943).

(2) Anwendung

6172b Der Flächenmaßstab ist der Regelmaßstab für die Verteilung verbrauchsunabhängiger Kosten (vgl. § 556a Abs. 1 Satz 1 BGB). Wenn keine Umstände vorliegen, die die Anwendung eines anderen Maßstabes erfordern (siehe hierzu im Folgenden), kann die Umlegung nach dem Flächenverhältnis erfolgen (*Schmid*, CuR 2013, 10 [12/13]). Das hat den praktischen Vorteil, dass die Flächen meist bekannt sind, da sie auch für die Verteilung anderer Kostenpositionen oder für Mieterhöhungen herangezogen werden.

bb) Umbauter Raum

6172c Nur bei der Wärmeversorgung kann auch der umbaute Raum zugrunde gelegt werden. Der umbaute Raum kann nach der Anlage 2 zu §§ 11a und 34 Abs. 1 II. BV (Rdn. 9004 – *LG Berlin* GE 2002, 1627) nach DIN 277 Teil 1 (Grundflächen und Rauminhalte von Bauwerken im Hochbau) berechnet werden.

6173 Eine Kostenverteilung nach dem umbauten Raum bietet sich vor allem bei unterschiedlichen Raumhöhen an (*LG Berlin*, GE 2002, 1627). Der Gebäudeeigentümer ist jedoch nicht generell gehindert, auch dann den verbrauchsunabhängigen Anteil nach Wohnfläche zu berechnen, wenn unterschiedliche Raumhöhen bestehen (*LG Hamburg*, WuM 1978, 89). Ein erheblicher Aufwand für die Ermittlung des umbauten Raums kann eine Verteilung nach Wohn- oder Nutzfläche rechtfertigen (*OLG Düsseldorf*, ZMR 2007, 380). Bei erheblichen Unterschieden im Wärmebedarf kann in besonders gelagerten Fällen die Anwendung dieses Maßstabes notwendig sein (*Schmid*, GE 2007, 38).

cc) Beheizte Räume

(1) Begriff

6174 *(unbesetzt)*

6174a Soweit § 7 Abs. 1 S. 2 Hs. 2 HeizkostenV auf die beheizten Räume abstellt, liegt ein Redaktionsversehen vor. Abzustellen ist richtigerweise auf die beheizbaren Räume. Ansonsten könnte der Nutzer die Anrechnung allein dadurch verhindern, dass er eine vorhandene Heizung nicht benutzt. Das widerspräche aber dem Gedanken, dass der verbrauchsunabhängige Anteil auch der Deckung der Bereitstellung der Heizmöglichkeit dienen soll. Es sind alle Räume, die mit funktionsfähigen Heizkörpern

C. Kostenverteilung

ausgestattet sind, zu berücksichtigen (*AG Köln* WuM 1987, 361). Bei dem Abbau von Heizkörpern geht die Eigenschaft beheizter Raum verloren (*BGH*, Urt. vom 21.01.2004 – VIII ZR 137/03, ZMR 2004, 343 =WuM 2004, 150). Offen gelassen hat es der *BGH* in diesem Urteil, ob das auch schon bei einem bloßen Leerstand gilt. Die Frage ist zu verneinen, da auch bei einem Leerstand die Möglichkeit der Beheizung besteht und sich bei strengem Frost sogar als notwendig erweist (*Schmid*, CuR 2013, 10 [13]).

Das Vorhandensein von Heizkörpern muss aber dann auch wesentliches Kriterium für die Anrechnung sein (*LG Berlin* GE 1992, 717; AG Koblenz WuM 2012, 118; a.A *Lammel* § 7 Rn. 24). Eine lediglich zwangsläufige Mitbeheizung durch Heizungen in anderen Räumen genügt nicht (*Schmid*, CuR 2013, 10 [13]; a.A. *AG Spandau*, GE 2010, 277). Dass eine Mitbeheizung über Heizkörper in anderen Räumen möglich ist, muss bei der Wahl dieses Abrechnungsmaßstabes in Kauf genommen werden. Etwas anderes gilt nur dann, wenn die Heizung von vornherein darauf ausgelegt ist, dass von einem Heizkörper aus mehrere Räume beheizt werden; vgl. die Definition in § 2 Nr. 4 EnEV, wonach beheizte Räume im Sinne dieser Verordnung Räume sind, die aufgrund *bestimmungsgemäßer Nutzung* direkt oder durch Raumverbund beheizt werden. Geschäftsräume (§ 2 Abs. 3 Nr. 2 WoFlV) sind in die Berechnung einzubeziehen, auch wenn sie sich innerhalb der Wohnung befinden, z.B. ein häusliches Arbeitszimmer (*Schmid*, ZMR 2006, 664 [665]). 6174b

Keine beheizten Räume sind insbesondere die in § 4 Nr. 4 WoFlV genannten Balkone Dachgärten, Loggien und Terrassen (*Schmid* ZMR 2006, 664). Entsprechendes gilt für Speisekammern (*Schmid* ZMR 2006, 664). Bei Wintergärten ist danach zu differenzieren, ob sie durch die zentrale Heizungsanlage beheizt werden oder nicht (*Schmid* ZMR 2006, 664). 6174c

§ 7 HeizkostenV gestattet es nicht, durch rechtsgeschäftliche Regelung zu bestimmen, welche Räume als beheizt und welche als unbeheizt gelten (Rdn. 6175; a.A. *AG Köln* WuM 2001, 449). 6174d

(2) Anwendung

Für die Entscheidung, ob alle Räume oder nur die beheizten Räume in die Kostenverteilung einzubeziehen sind, kommt es darauf an, ob nicht beheizte Räume in relevanter Zahl vorhanden sind (*KG* ZMR 2006, 284). Die gesamte Wohnfläche kann herangezogen werden, wenn das Gebäude keine außen liegenden Nutzflächen aufweist. Haben die Wohnungen unterschiedliche Balkone oder sonstige Freiflächen, die in Wohnflächenberechnung einbezogen werden, entspricht in der Regel nur der Maßstab »beheizte Räume« der Billigkeit (*KG* WuM 2006, 35; *Schmid* ZMR 2006, 665). Die genannten Flächen haben keinen Einfluss auf den Verbrauch von Wärme, ihre Grundfläche gibt keinen Anhaltspunkt dafür, ob viel oder wenig Heizenergie benötigt wird (*Schmid*, GE 2007, 38). Eine Ausnahme von dem grundsätzlichen Ausschluss solcher Flächen in die Flächenberechnung wird nur dort gemacht, wo sich ihre Einbeziehung nicht auswirkt, z. B. wenn alle Freiflächen der Abrechnungseinheit gleich groß sind. Eine Verteilung nach beheizten Räumen wird verlangt, wenn kein 6174e vergleichbares Verhältnis zwischen gesamter Wohnfläche und beheizter Fläche besteht (*AG Hamburg*, WuM 1987, 230).

6174f Kellerräume gehören nach § 2 Abs. 3 Nr. 1 WoFlV nicht zur Wohnfläche. Befindet sich im Keller ein Heizkörper, kann es aus Billigkeitsgründen erforderlich sein, den Maßstab »beheizte Räume« zu wählen, wenn tatsächlich geheizt wird (*Schmid*, CuR 2013, 10). Entsprechendes gilt für Räume, die dem Bauordnungsrecht nicht entsprechen (*Schmid*, ZMR 2006, 665).

c) Verschuldete Kosten

6175 Verschuldet ein Mieter, z.B. durch unberechtigte Zutrittsverweigerung, zusätzliche Kosten, sind diese von ihm alleine zu tragen (*AG Hamburg* WuM 1996, 348). Der Sache nach handelt es sich dabei um einen Schadensersatzanspruch.

d) Leerstände und Kaltverdunstung

6175a Für **leerstehende Räume** gibt es keine Sonderregelung. Es muss der volle verbrauchsunabhängige Anteil bezahlt werden (*Börstinghaus* MDR 2000, 1345 [1347]). Das gilt insbesondere bei einer Abrechnung der Grundkosten nach Wohnfläche (*BGH*, Urt. v. 21.01.2004 – VIII ZR 137/03, ZMR 2004, 343 =WuM 2004, 150) oder umbautem Raum. Bei einer Umlegung nach der Fläche der beheizten Räume kann der Vermieter einer Kostenbelastung theoretisch dadurch entgehen, dass er die Heizkörper dauerhaft demontiert (a.A. *Beuermann* GE 2004, 340). Er setzt sich dann aber möglicherweise dem Einwand aus, dass die Heizanlage für die verbleibenden Heizungen überdimensioniert ist. Außerdem besteht das Risiko des Einfrierens von Leitungen. Ein nur vorübergehendes Entfernen des Heizkörpers mit der Möglichkeit eines jederzeitigen Anschlusses im Fall einer Vermietung, genügt nicht, da dadurch die Beheizbarkeit nicht beeinträchtigt wird. Grundsätzlich unberücksichtigt bleibt der Umstand, dass durch den Leerstand umliegender Wohnungen ein erhöhter Verbrauch entstehen kann (*AG Halle-Saalkreis* ZMR 2005, 201). Zu Änderungsmöglichkeiten bei auftretendem Leerstand s. Rdn. 6188 ff.

6175b Bei einer beabsichtigten völligen Entmietung des Gebäudes, muss der Vermieter den Fernwärmebezug reduzieren (*AG Halle-Saalkreis* ZMR 2005, 201). Bei einer zentralen Heizungsanlage kann die Überdimensionierung in der Regel wirtschaftlich sinnvoll nicht beseitigt werden. Man wird deshalb nach Treu und Glauben (§ 242 BGB) zugunsten der verbliebenen Mieter einen Abschlag machen müssen, der je nach den Umständen des Einzelfalls zu schätzen ist (*AG Halle-Saalkreis* ZMR 2005, 201).

6175c Ähnliche Grundsätze wendet das *BayObLG* (WuM 1988, 334 ff.) bei der Verwendung von Verdunstungsmessgeräten für den verbrauchsabhängigen Anteil an. Da eine **Kaltverdunstung** systemimmanent ist, kann eine völlige Freistellung von den verbrauchsabhängigen Kosten auch dann nicht verlangt werden, wenn die Heizkörper nachweislich dauernd abgestellt waren. Es kann allenfalls verlangt werden, dass nur die niedrigsten Verbrauchswerte einer vergleichbaren Wohnung angesetzt werden.

C. Kostenverteilung

2. Festlegung der Umlegungsmaßstäbe

a) Festlegung durch den Vermieter

Die Wahl unter den von der Heizkostenverordnung zugelassenen Umlegungsmaßstäben (oben Rdn. 6168 ff.) bleibt nach § 6 Abs. 4 Satz 1 HeizkostenV dem Gebäudeeigentümer vorbehalten. Eine Vereinbarung, die sich im Rahmen der HeizkostenV hält, hat jedoch Vorrang (Rdn. 6178a ff.). § 6 Abs. 4 Satz 1 HeizkostenV gilt für die **erstmalige Festlegung** der Umlegungsmaßstäbe. Eine erstmalige Festlegung liegt auch vor, wenn die bisherigen Umlegungsmaßstäbe nicht der HeizkostenV entsprochen haben, da mit der Anpassung erstmalig die HeizkostenV angewendet wird. Da nur die zugelassenen Verteilungsmaßstäbe gewählt werden dürfen (*BGH*, Urt. v. 21.01.2004 – VIII ZR 137/03, ZMR 2004, 343 = WuM 2004, 150 = DWW 2004, 149), ist in Allgemeinen Geschäftsbedingungen eine Klausel unwirksam, die das Wahlrecht des Vermieters nicht hierauf beschränkt. 6176

Der Vermieter muss nach **billigem Ermessen** (§ 315 BGB) handeln (*BGH* a.a.O.). Was billigem Ermessen entspricht, ist anhand des Einzelfalles zu beurteilen. Sofern nicht besondere Umstände etwas anderes erfordern, kann der Vermieter frei wählen. 6176a

Er ist insbesondere nicht generell gehindert, auch dann den verbrauchsunabhängigen Anteil nach Wohnfläche zu berechnen, wenn unterschiedliche Raumhöhen bestehen (*LG Hamburg* WuM 1978, 89). Allerdings bietet sich in solchen Fällen eine Kostenverteilung nach dem umbauten Raum an (*LG Berlin* GE 2002, 1627) und kann bei erheblichen Unterschieden im Wärmebedarf auch notwendig sein (*Schmid* GE 2007, 38). Ein erheblicher Aufwand für die Ermittlung des umbauten Raums kann allerdings eine Verteilung nach Wohn- oder Nutzfläche rechtfertigen (*OLG Düsseldorf* ZMR 2007, 380). 6177

Einen hohen Anteil der Verbrauchskosten hält das *AG Lübeck* (WuM 1988, 64) für unbillig, wenn infolge mangelnder Wärmeisolierung ein erhöhter Wärmebedarf besteht. Das *AG Saarburg* (WuM 2001, 85) nimmt Unbilligkeit eines verbrauchsabhängigen Anteils von 70 % an, wenn eine Wohnung baulich bedingt relativ hohe Abstrahlungsverluste hat. Der Vermieter ist deshalb wohl eher auf der sicheren Seite, wenn er eine Verteilung 50: 50 vornimmt, was allerdings entgegen dem Zweck der Verordnung den Sparanreiz reduziert. Andererseits muss im Rahmen des § 7 HeizkostenV nicht jeder Lagenachteil berücksichtigt werden (*OLG Hamm* ZMR 2006, 630). Man wird deshalb nicht von einer starren Grenze ausgehen können, sondern je nach Lage des Einzelfalles auch einen höheren verbrauchsabhängigen Anteil zulassen können. Ein Ermessensfehlgebrauch bei dem Maßstab 70: 30 wird nur anzunehmen sein, wenn im Hause eine oder mehrere Wohnungen vorhanden sind, die baubedingt einen Wärmeverbrauch haben, der über das in jedem Gebäude bestehende unterschiedliche Maß des Wärmebedarfs deutlich hinausgeht (*Schmid* GE 2007, 38). Bei besserer Wärmedämmung als vorgeschrieben, ist der Maßstab 70:30 auch dann nicht ermessensfehlerhaft, wenn die Heizungsrohre nicht isoliert sind (*LG Berlin* GE 2007, 915). 6177a

Für die Entscheidung, ob alle Räume oder nur die beheizten Räume in die Kostenverteilung einzubeziehen sind, kommt es darauf an, ob nicht beheizte Räume in 6177b relevanter Zahl vorhanden sind (*KG* WuM 2006, 35). Die gesamte Wohnfläche kann herangezogen werden, wenn das Gebäude keine außen liegenden Nutzflächen aufweist. Haben die Wohnungen unterschiedliche Balkone oder sonstige Freiflächen, die in Wohnflächenberechnung einbezogen werden, entspricht in der Regel nur der Maßstab »beheizte Räume« der Billigkeit (*KG* WuM 2006, 35; *Schmid* ZMR 2006, 665). Zeitweilige Leerstände machen einen gewählten Abrechnungsmaßstab nicht unbillig (Rdn. 6189).

6178 Die Festlegung ist nur mit Wirkung zum **Beginn eines Abrechnungszeitraumes** zulässig (§ 6 Abs. 4 Satz 3 HeizkostenV).

b) Vereinbarte Abrechnungsmaßstäbe

6178a Die Mietvertragsparteien können Abrechnungsmaßstäbe, die den Vorgaben der HeizkostenV entsprechen, vereinbaren.

6178b Eine vertragliche Vereinbarung für einen höheren verbrauchsabhängigen Anteil als 70 % ist nach § 10 HeizkostenV zulässig. Die Vereinbarung kann auch in einem Formularmietvertrag enthalten sein. Die Regelungsmöglichkeiten sind anders als bei einer einseitigen Festlegung (Rdn. 6175) nicht durch Billigkeitserwägungen begrenzt. Die Vereinbarung muss rechtlich nicht mit allen Mietern getroffen sein (*AG Berlin-Mitte* GE 2005, 1253). Einzelvereinbarungen sind jedoch unzweckmäßig, da sie die Abrechnung erschweren und u. U. dazu führen, dass nicht alle Kosten umgelegt werden können.

6178c Eine Vereinbarung, wonach die Abrechnung »nach Heizkostenverteiler« erfolgt, ist als Vereinbarung einer Abrechnung zu 100 % nach Verbrauch auszulegen (*OLG Düsseldorf* WuM 2003, 387). Anders *OLG Hamm* (ZMR 2005, 73) für eine Vereinbarung, dass die Kosten »durch Messeinrichtungen einwandfrei festgestellt werden können.« Beim Wohnungseigentum unterfällt die Festlegung dieses Maßstabs nicht der Beschlusskompetenz nah § 16 Abs. 3 WEG (*Schmid* MDR 2007, 989 [990]), sodass der vermietende Wohnungseigentümer insoweit geschützt ist.

3. Änderung der Umlegungsmaßstäbe durch den Vermieter

a) Grundsätzliches

6179 Die einseitigen Änderungsmöglichkeiten des § 6 Abs. 4 HeizkostenV sind **abschließend** (*Schmid* MietRB 2014, 55 [56]).

6180 Die Änderung ist nur mit Wirkung zum **Beginn eines Abrechnungszeitraumes** zulässig (§ 6 Abs. 4 Satz 3 HeizkostenV). Der Gebäudeeigentümer kann deshalb der Abrechnung nur den Verteilungsmaßstab zugrunde legen, den er auch (zulässigerweise) für die Vorauszahlungen gewählt hat (vgl. *AG Neubrandenburg* WuM 1994, 379).

6181 *(unbesetzt)*

6182 Die Voraussetzungen des § 6 Abs. 4 HeizkostenV müssen auch für eine Änderung der Abrechnungsmaßstäbe innerhalb einer Wohnungseigentümergemeinschaft nach § 16 Abs. 3 WEG vorliegen (*Schmid* WE 2007, 103). Um eine Divergenz zu den im

C. Kostenverteilung   Teil VI

Mietverhältnis bestehenden Abrechnungsmaßstäben zu vermeiden, kann deshalb der Wohnungseigentümer gegen den Änderungsbeschluss gerichtlich vorgehen, wenn die Beschränkungen des § 6 Abs. 4 HeizkostenV nicht beachtet werden. Im Hinblick auf den zwingenden Charakter der Vorschriften der HeizkostenV wird man von einer Nichtigkeit des Beschlusses auszugehen haben.

§ 6 Abs. 4 HeizkostenV ermöglicht es nicht, Kosten umzulegen, deren Umlegung nicht vereinbart ist (*AG Hamburg-Blankenese* ZMR 2013, 814). Gegebenenfalls hat eine Anpassung an die HeizkostenV nach den oben (Rdn. 6099, 6094 ff.) dargestellten Regeln zu erfolgen.   6183

b) Voraussetzungen für die Änderung

Nach § 6 Abs. 4 Satz 2 Nr. 1 HeizkostenV kann eine Änderung bei der **Einführung einer Vorerfassung nach Nutzergruppen** erfolgen. Die Regelung bezieht sich nur auf die Vorerfassung nach Nutzergruppen gemäß § 5 Abs. 2 Satz 2 HeizkostenV (*Schmid* MietRB 2014, 55 [56]). Eine solche Vorerfassung ist vielfach nur sachgerecht, wenn die Verteilungsmaßstäbe entsprechend angepasst werden.   6184

§ 6 Abs. 4 Satz 2 Nr. 2 ermöglicht eine Änderung **nach baulichen Maßnahmen**, die nachhaltige Einsparung von Heizenergie bewirken. In Betracht kommen vor allem Maßnahmen zur Wärmedämmung und zur Verbesserung der Heizanlagen (*Peruzzo* NJW 1981, 802) sowie der Anschluss an die Fernwärmeversorgung, die überwiegend aus Anlagen der Kraft-Wärmekopplung oder Müllverbrennung oder Verwertung von Abwärme gespeist wird, und Maßnahmen zur Rückgewinnung von Wärme und Einsatz von Wärmepumpen und Solaranlagen. Auch eine völlige Erneuerung der Heizanlage kann eine Änderung des Umlegungsmaßstabes rechtfertigen (*Eisenschmid* GE 1999, 1208).   6185

Schließlich ermöglicht § 6 Abs. 4 Satz 2 Nr. 3 eine Änderung aus **sachgerechten Gründen**. Da jeder sachgerechte Grund für eine Änderung ausreicht, haben die Nrn. 1 und 2 praktisch nur beispielhaften Charakter (*Schmid* MDR 2009, 129; *Pfeifer* GE 2009, 156 [158]). Als sachgerechter Grund ist es insbesondere anzusehen, wenn die Anwendung der bisherigen Abrechnungsmaßstäbe zu unbilligen Ergebnissen geführt hat. Für den vermietenden Wohnungseigentümer wird es als sachlicher Grund anzusehen sein, wenn die Gemeinschaft der Wohnungseigentümer den Abrechnungsmaßstab ändert.   6186

Ein **Leerstand** belastet sowohl den Vermieter, der den verbrauchsunabhängigen Anteil tragen muss, als auch die Mieter, die die Verbrauchskosten alleine tragen müssen und zudem den Nachteil der Wärmeabgabe an die unbeheizten Räume haben.   6187

Der Leerstand gibt dem Vermieter grundsätzlich kein Recht, einen gewählten Abrechnungsmaßstab einseitig zu ändern (*BGH*, Urt. v. 21.01.2004 – VIII ZR 137/03, ZMR 2004, 343) noch begründet er einen grundsätzlichen Anspruch des Vermieters gegenüber dem Mieter auf Zustimmung zur Änderung (vgl. hierzu generell Rdn. 4090 ff.).   6188

6189 Auch bei hohen Wohnungsleerständen (hier: im Hinblick auf einen im Rahmen der Stadtplanung vorgesehenen Abriss eines 28-Familienhauses) hat es grundsätzlich bei der in § 9 Abs. 4, § 8 Abs. 1 HeizkostenV vorgeschriebenen anteiligen Umlage von Warmwasserkosten nach Verbrauch zu bleiben. Im Einzelfall kann der Vermieter nach § 241 Abs. 2 BGB verpflichtet sein, dem Verlangen des Mieters auf eine Vertragsänderung dahingehend zuzustimmen, den nach Verbrauch zu berechnenden Teil der Warmwasserkosten auf das gesetzliche Mindestmaß von 50 % der Gesamtkosten abzusenken, um die Fixkosten bei hohen Leerständen angemessen zu verteilen (*BGH* Urt. v. 10.12.2014 – VIII ZR 9/14, ZMR 2015, 284).

6190 Leerstandsbedingten Kostenverschiebungen zu Lasten des Mieters kann darüber hinaus im Einzelfall mit einer aus dem Prinzip von Treu und Glauben (§ 242 BGB) abzuleitenden Anspruchsbegrenzung Rechnung getragen werden. Dabei ist zu berücksichtigen, dass auch der Vermieter durch den Leerstand beträchtliche Nachteile erleidet, weil er – ohne entsprechende Mieteinnahmen zu erhalten – bereits über den von ihm zu tragenden Wohnflächenanteil ebenfalls nicht unbeträchtliche Kosten zu tragen hat (*BGH* a. a. O.).

c) Durchführung

6191 Die Änderung ist nur mit Wirkung zum Beginn eines Abrechnungszeitraumes zulässig (§ 6 Abs. 4 Satz 3 HeizkostenV).

6192 Der Vermieter muss die Änderung den Nutzern vor Beginn des Abrechnungszeitraumes mitteilen (*BGH*, Urteil vom 21.01.2004 – VIII ZR 137/03, ZMR 2004, 343). Maßgeblich ist der Zeitpunkt, zu dem die Erklärung dem letzten Nutzer zugeht. Eine Mitteilung erst mit der Abrechnung ist zu spät (*BGH, a.a.O.*). Sie wirkt für den nächsten Abrechnungszeitraum.

6193 Eine Begründung ist nicht vorgeschrieben, aber aus Gründen der Akzeptanz empfehlenswert (*Schmid* MietRB 2014, 55 [56]).

d) Vertragliche Änderung

6194 Die Parteien sind auch über § 10 HeizkostenV hinaus nicht gehindert, vertragliche Regelungen zu treffen, die der Heizkostenverordnung entsprechen (vgl. Rdn. 6178a ff.). In diesem Rahmen können sie auch die Umlegungsmaßstäbe vertraglich bestimmen oder ändern. Die Änderungsmöglichkeit besteht auch bei einer vertraglichen Festlegung der Umlegungsmaßstäbe und kann auch durch Vertrag nicht wirksam ausgeschlossen werden. Dagegen ist wegen der besonderen Vorrangsregelung des § 10 HeizkostenV eine über 70 % hinausgehende verbrauchsabhängige Abrechnung nicht einseitig abänderbar (a.A. wohl *OLG Düsseldorf* WuM 2003, 387). Andere Vorbehalte eines einseitigen Änderungsrechts in Mietverträgen kommen nicht zum Tragen. Unwirksam ist deshalb in Allgemeinen Geschäftsbedingungen eine Klausel, die den Vermieter ohne Hinweis auf die Beschränkungen der HeizkostenV ermächtigt, den Verteilungsschlüssel zu ändern (*BGH*, Urt. v. 20.01.1993 -VIII ZR 10/92, ZMR 1993, 263 = DWW 1993, 74 = WuM 1993, 109 = GE 1993, 359). Die einseitigen

Änderungsmöglichkeiten nach § 6 Abs. 4 Satz 2 HeizkostenV können nicht ausgeschlossen werden (Rdn. 6184).

Vorsicht ist für den vermietenden Wohnungseigentümer geboten, wenn während des Laufes des Mietvertrages die Gemeinschaft der Wohnungseigentümer den Abrechnungsmaßstab ändern will. Da der Mieter zum Abschluss einer entsprechenden Vereinbarung nicht gezwungen werden kann, wird der vermietende Wohnungseigentümer zweckmäßigerweise einer solchen Vereinbarung nur zustimmen, wenn auch der Mieter zu einer Änderung bereit ist (*Demmer* MDR 1981, 533).

4. Kostenverteilung in Sonderfällen

a) Voraussetzungen

aa) Grundsätzliches

Unter der Überschrift »Kostenverteilung in Sonderfällen« behandelt § 9a HeizkostenV die Fälle, in denen aus zwingenden Gründen für einen Abrechnungszeitraum der anteilige Wärme- oder Warmwasserverbrauch von Nutzern nicht ordnungsgemäß erfasst werden kann.

§ 9a HeizkostenV ist nicht anwendbar, wenn ein Ausnahmefall des § 11 HeizkostenV vorliegt (*AG Mannheim* ZMR 2009, 236).

bb) Zwingende Gründe

Ein zwingender Grund wird angenommen, wenn seine Folgen in dem Zeitpunkt, in dem er bemerkt wird, nicht mehr behoben werden können (*BGH,* Urt. v. 16.11.2005 – VIII ZR 373/04, ZMR 2006, 122). Unerheblich ist, ob der Gebäudeeigentümer (*Gruber* NZM 2000, 844) oder der Nutzer (*LG Berlin* ZMR 1997, 145) die Unmöglichkeit ordnungsgemäßer Verbrauchserfassung zu vertreten haben. Es muss kein Fall höherer Gewalt vorliegen (*Müller* GE 1989, 216).

Als Beispiel für einen zwingenden Grund nennt die Verordnung einen **Geräteausfall**. Hierunter ist das technische Versagen eines Erfassungsgerätes zu verstehen (*Gruber* NZM 2000, 843). Ein solches ist auch dann anzunehmen, wenn der abgelesene Messwert aus physikalischen Gründen nicht zutreffen kann (*BGH* Beschl. v. 05.03.2013 – VIII ZR 310/12, ZMR 2013, 793). In diesen Fällen obliegt es einem auf Nachzahlung klagenden Vermieter, im Rahmen seiner Darlegungslast den Verbrauch nach § 9a Abs. 1 HeizkostenV zu ermitteln, wenn er sich nicht mit einer Abrechnung allein nach Fläche unter Abzug von 15 % nach § 12 HeizkostenV begnügen will. Aufgrund des Regelungsgehalts der §§ 9a, 12 HeizkostenV ist eine Schätzung des Mindestbetrages gem. § 287 ZPO durch das Gericht nicht vorzunehmen (*BGH* a. a. O.).

Einzelne Verbrauchswerte können so stark vom tatsächlichen Verbrauch abweichen, dass eine darauf gestützte Abrechnung den Charakter der Verbrauchsbezogenheit verliert. Sind die abgelesenen Verbrauchswerte in einem so hohen Maß auffällig und gleichzeitig so wenig belastbar, dass die Situation insgesamt dem Ausfall eines Messgeräts und damit dem Regelfall des § 9a Abs. 1 S. 1 HeizkostenV gleichkommt, bedürfe es keiner weiteren Aufklärung der Ursachen für die auffälligen Messwerte. Vielmehr sei es für die Anwendung der vorgenannten Regelung hinreichend, dass die gemessenen Werte auf einer nicht hinreichend belastbaren Datengrundlage beruhen und eklatant unplausibel sind (*LG Karlsruhe*, Urteil vom 25.09.2018 – 11 S 8/18, ZMR 2019, 721 mit ablehnender Anmerkung *Lammel*).

Dieser Rechtsauffassung ist der BGH mittlerweile ausdrücklich entgegengetreten (*BGH*, Urteil vom 15.11.2019 – V ZR 9/19, ZMR 2020, 521). Er stellt klar, dass ein Geräteausfall i. S. der Vorschrift des § 9a HeizkostenV nicht vorliegt. Ein Wohnungseigentümer, der durch den von den Wohnungseigentümern gewählten Kostenverteilungsschlüssel aufgrund der nicht erfassten Rohrwärme benachteiligt wird, sei nicht schutzlos gestellt. Er könne die anderen Wohnungseigentümer mit der Vergütung der Heizkosten befassen und einen Beschluss nach § 16 Abs. 3 WEG über eine andere Ausfüllung des von der Heizkostenverordnung vorgegebenen Rahmens, insbesondere über die Wahl eines möglichen Verteilungsmaßstabs, herbeiführen; unter den Voraussetzungen des § 10 Abs. 2 S. 3 WEG könne er darauf einen Anspruch haben.

Der Ausfall eines von zwei Wärmemengenzählern führt zwingend dazu, dass eine ordnungsgemäße Erfassung des Wärmeverbrauchs für eine Fläche nicht möglich ist. Grundsätzlich bleibt dem Vermieter dann die Möglichkeit, nach § 9a Abs. 1 S. 1 HeizkostenV den Verbrauch des Mieters zu ermitteln (*LG Hamburg*, Urteil vom 20.03.2019 – 311 O 1/16, imr-online 2019, 460). Dies ist jedoch ausgeschlossen, wenn die von der Verbrauchsermittlung betroffene Nutzfläche 25 von Hundert der für die Kostenverteilung maßgeblichen Nutzfläche überschreitet. Der Heizkostenverbrauch muss dann flächenanteilig umgelegt werden. Dabei sind aber die zu verteilenden Gesamtkosten an der Heizungsanlage zu berücksichtigen. Ein zusätzliches Kürzungsrecht nach § 12 Abs. 1 HeizkostenV besteht in beiden Fällen nicht *(LG Hamburg*, a. a. O.).

6200 Einem Geräteausfall gleichgestellt wird die **fehlerhafte Anbringung eines Messgerätes** (*OLG Düsseldorf* WuM 2000, 324).

6201 **Fehlende Messgeräte:** Nicht abgestellt werden kann darauf, dass Erfassungsgeräte in einzelnen Räumen dauernd nicht angebracht sind (*OLG Hamburg* ZMR 1999, 502, 503; a.A. *KG* ZMR 2010, 133 [135]). Für den Fall der Unmöglichkeit gilt § 11 Nr. 1 Buchst. a) HeizkostenV. In anderen Fällen ist die Nichtanbringung von Messgeräten kein zwingender Grund, da diese angebracht werden konnten. Dies gilt auch dann, wenn sich der Nutzer weigert, die Ausstattungen anbringen zu lassen, da sich der Gebäudeeigentümer gerichtlicher Hilfe bedienen kann (a.A. *LG Hamburg* WuM 1992, 245). § 9a HeizkostenV findet auch dann keine Anwendung, wenn die Messgeräte erst während des Abrechnungszeitraumes angebracht werden (*LG Berlin* GE 2010, 126).

6202 Jedenfalls dann, wenn man ein Verwertungsverbot bejaht (Rdn. 4154), stellt eine unterlassene Eichung einen zwingenden Grund im Sinne des § 9a Abs. 1 Satz 1 HeizkostenV dar (*Schmid* DWE 2015, 60). Solches kommt vor allem dann in Betracht, wenn einzelne Zähler bei der Nacheichung oder beim Austausch übersehen wurden. In den meisten Fällen werden jedoch Nacheichung bzw. Austausch generell unterlassen, was dann nach § 9a Abs. 2 HeizkostenV dazu führt, dass die Anwendung der Ersatzkriterien des § 9a Abs. 1 HeizkostenV ausgeschlossen ist und die Abrechnung verbrauchsunabhängig nach Maßgabe des § 9a Abs. 2 HeizkostenV zu erfolgen hat (*Schmid* DWE 2015, 60). Die Verwendung nicht (mehr) geeichter Zähler in der Heizkostenabrechnung erörtert *Lammel* (WuM 2015, 531).

Am 01.01.2015 sind das neue Mess- und Eichgesetz (MessEG) sowie die Mess- und Eichverordnung (MessEV) in Kraft getreten. Mit der Novellierung des Messwesens ist die nach bisheriger Rechtslage erforderliche Ersteichung nicht mehr erforderlich. Es genügt nunmehr nach § 6 Abs. 3 MessEG eine Konformitätserklärung nach einer erfolgreich durchgeführten Konformitätsbewertung (§ 3 Nrn. 8 und 10 MessEG). Letztere ist eine privatrechtliche Erklärung des Herstellers, die von der hoheitlichen Eichung zu unterscheiden ist. Neue und erneuerte Messgeräte sind vom Verwender spätestens sechs Wochen nach Inbetriebnahme der zuständigen Eichbehörde anzuzeigen. Die Neuregelungen im Mess- und Eichwesen und die Verwaltung von Wohnungseigentum erörtert *Lindner* (ZWE 2015, 442). Mit der Umsetzung des Mess- und Eichgesetzes durch den Verwalter befasst sich *Fritsch* (ZMR 2015, 361).

Fehlende Ablesemöglichkeit: Die h.M. (z.B. *OLG Hamburg* ZMR 2004, 769; *AG Brandenburg a.d.H.* GE 2004, 1459 = NZM 2005, 257) nimmt zu Unrecht Unmöglichkeit an, wenn der Nutzer den Zutritt zum Zwecke der Ablesung nicht ermöglicht oder wenn er Möbel vor den Messeinrichtungen nicht entfernt (*LG Berlin* ZMR 1997, 145). Das würde dazu führen, dass es Nutzer mit hohem Verbrauch dadurch in der Hand hätten, über § 9a HeizkostenV zu einer günstigeren Kostenbelastung zu kommen. Der Gebäudeeigentümer muss in solchen Fällen mit einer einstweiligen Verfügung gegen den Mieter vorgehen (oben Rdn. 6123; vgl. auch *Ropertz/Wüstefeld* NJW 1989, 2368). Anders gelagert ist jedoch der Fall, dass eine zeitnahe Ablesung deshalb nicht möglich ist, weil der Nutzer während der Ablesungszeit länger ortsabwesend oder krank ist. Hier liegt eine objektive Unmöglichkeit vor, die zur Anwendung des § 9a HeizkostenV führt (*OLG Hamburg* WuM 2001, 460). 6203

Weigerung der Messdienstfirma: Es ist kein zwingender Grund, wenn die Messdienstfirma keine Ablesung mehr vornimmt, weil frühere Rechnungen nicht bezahlt sind. Die gegenteilige Auffassung für das Verhältnis der Wohnungseigentümer untereinander (*KG* WuM 1994, 400, 402) kann auf das Mietrecht nicht übertragen werden. 6204

Ablesefehler: Einen zwingenden Grund stellt es dar, dass einzelne Messgeräte versehentlich nicht (a.A. *Gruber* NZM 2000, 843) oder falsch (*BGH*, Urt. v. 16.11.2005 – VIII ZR 373/04, ZMR 2006, 122) abgelesen wurden oder dass zu Beginn des Abrechnungsjahres die Messampullen nicht ausgetauscht wurden (*OLG Hamburg* ZMR 2004, 769). 6205

Ein Hinderungsgrund, der mit dem des Geräteausfalles vergleichbar ist, ist der **Verlust von Ablesebelegen** vor deren Auswertung, wenn die Ablesung nicht mit dem maßgebenden Zeitpunkt wiederholt werden kann. 6206

Denkbar ist auch, dass eine teilweise Verbrauchserfassung nicht möglich ist, weil während der Abrechnungsperiode **Heizkörper abgebaut wurden oder neu** 6207 hinzugekommen sind, ohne dass die Verbrauchserfassung gesichert wurde (a.A. *Gruber* NZM 2000, 843). Hierzu zählt auch die **Entfernung eines Messgerätes** (*LG Berlin* ZMR 1997, 145).

6207a Wenn **Heizkörperverkleidungen** eine zutreffende Verbrauchsermittlung verhindert haben, ist zu differenzieren. Grundsätzlich liegt ein Fall des § 9a HeizkostenV vor (*LG Magdeburg* ZMR 2006, 289). Ist das Vorhandensein der Verkleidung und deren Wirkung jedoch bekannt, kann das Hindernis behoben werden und es liegt kein zwingender Grund (mehr) vor.

6207b Kein wichtiger Grund liegt vor, wenn die Geräte die Werte für den maßgeblichen Zeitpunkt noch **gespeichert** haben. Die Notwendigkeit einer nochmaligen Anreise des Ablesers ist kein Grund für die Zulassung einer Schätzung.

cc) Einmalige oder wiederholte Anwendung

6208 Man wird § 9a Abs. 1 Satz 1 HeizkostenV trotz seines Wortlautes nicht so verstehen können, dass die Anwendbarkeit des § 9a HeizkostenV überhaupt auf einen einzigen Abrechnungszeitraum beschränkt ist (*OLG Hamburg* ZMR 2004, 769). Andererseits steht das Erfordernis eines Abrechnungszeitraumes der Annahme entgegen, dass eine dauernde Unmöglichkeit vorliegen darf. Hierfür gilt § 11 Abs. 1 Nr. 1 Buchst. a) HeizkostenV. Der Hinweis der Überschrift auf Sonderfälle und die Erwähnung eines Abrechnungszeitraumes soll vielmehr deutlich machen, dass es um die Fälle geht, in denen im Abrechnungszeitraum ein Erfassungshindernis aufgetreten ist, das für weitere Abrechnungszeiträume behoben werden kann.

6209 Tritt das Hindernis in anderen Abrechnungszeiträumen erneut auf oder entstehen andere Gründe, die eine ordnungsgemäße Erfassung verhindern, so ist § 9a HeizkostenV auch in diesen Abrechnungszeiträumen anzuwenden (*Gruber* NZM 2000, 844).

6210 Mit dem Verordnungswortlaut nicht zu vereinbaren ist die Meinung des *LG Berlin* (ZMR 1997, 145), das bei wiederholter Unmöglichkeit zwar die Übernahme eines Ablesewertes für mehrere folgende Abrechnungszeiträume für unzulässig, den Ansatz des Verbrauches vergleichbarer Räume aber für zulässig ansieht. Es geht hier nicht um die Methode, sondern um die Anwendung des § 9a HeizkostenV überhaupt (*Schmid* ZMR 1998, 453).

b) Verbrauchsermittlung

aa) Bestimmungsrecht des Gebäudeeigentümers

6211 § 9a Abs. 1 Satz 1 HeizkostenV stellt drei Möglichkeiten zur Verbrauchsschätzung zur Wahl: Eine Ermittlung des Verbrauches auf der Grundlage des Verbrauchs der betroffenen Räume in vergleichbaren Abrechnungszeiträumen oder des Verbrauches vergleichbarer anderer Räume im jeweiligen Abrechnungszeitraum. Diese Wahl hat der Gebäudeeigentümer nach § 315 BGB nach billigem Ermessen auszuüben (*OLG Hamburg* ZMR 2004, 769). Als Faustregel kann dabei gelten, dass bei gleichem Nutzer und ähnlichen Witterungsverhältnissen in erster Linie auf den Verbrauch in früheren Abrechnungszeiträumen abzustellen ist, während bei einem Nutzerwechsel

C. Kostenverteilung

und bei erheblichen Witterungsunterschieden eine Heranziehung anderer Räume nahe liegt (vgl. *AG Brandenburg a.d.H.* GE 2004, 1459). Im Rahmen der Ermessensausübung kann es auch berücksichtigt werden, dass der Nutzer die ordnungsmäßige Verbrauchserfassung schuldhaft vereitelt hat (*AG Brandenburg a.d.H.* GE 2004, 1459). Der Nutzer kann sich in solchen Fällen nicht darauf berufen, dass die gewählte Methode für ihn ungünstig ist. Eine Kombination beider Kriterien ist nicht zulässig. Weitere Schätzkriterien können nicht herangezogen werden.

Innerhalb einer Nutzungseinheit muss innerhalb eines Abrechnungszeitraums immer dieselbe Methode angewendet werden, weil die Heizkostenverteilung auf einer Verhältnisrechnung beruht (*KG* DWW 2010, 285). 6211a

Beim Wohnungseigentum erfolgt die Festlegung nach § 3 Satz 2 HeizkostenV durch Beschluss der Wohnungseigentümer (*OLG Hamburg* WuM 2001, 460). Dabei ist eine gesonderte Beschlusserfassung nicht erforderlich. Es genügt der Beschluss über die Abrechnung (*Schmid* ZMR 2007, 844/845). 6211b

bb) Vergleichbare Zeiträume

Es müssen mindestens zwei Zeiträume herangezogen werden (LG Berlin GE 1991, 825). 6211c

Herangezogen werden können nicht nur frühere Abrechnungszeiträume, sondern auch spätere (*Schmid* MDR 2009, 129 [130]). § 9a HeizkostenV geht stillschweigend von einem Abrechnungszeitraum von einem Jahr aus (§ 556 Abs. 3 BGB, § 28 Abs. 3 WEG). Nicht herangezogen werden können deshalb Abrechnungszeiträume, die sich über einen längeren Zeitraum erstrecken, insbesondere zwei Winterperioden und nur eine Sommerperiode erfassen (*LG Itzehoe* ZMR 2013, 924). Entsprechendes gilt für kürzere Abrechnungszeiträume. Solche Zeiträume sind nicht mit einem Jahreszeitraum vergleichbar. Geringfügige zeitliche Unterschiede, insbesondere wegen nicht genau gleichen Ablesetagen sind jedoch zu tolerieren, wenn sie keine Auswirkung auf die Vergleichbarkeit haben. 6212

Die Abrechnungszeiträume müssen vergleichbar sein. Dabei sind insbesondere Witterungsunterschiede (nur bei Heizung) zu beachten (*Gruber* NZM 2000, 845). Solange die Vergleichbarkeit gegeben ist, besteht keine Begrenzung, wie weit in die Vergangenheit zurückgegriffen werden darf. Keine Vergleichbarkeit ist mehr gegeben, wenn zwischenzeitlich wärmesparende Maßnahmen durchgeführt wurden oder das Erfassungssystem wesentlich verändert wurde (*Gruber* NZM 2000, 844). 6213

Andere Abrechnungszeiträume können nicht herangezogen werden, wenn in diesen Zeiträumen in den betroffenen Räumen keine Messungen, sondern ebenfalls nur Schätzungen vorgenommen wurden (*LG Berlin* GE 1991, 825 f.). Schätzungen in anderen Räumen stehen jedoch nicht entgegen (*Gruber* NZM 2000, 846). 6213a

Aus den herangezogenen Zeiträumen ist ein Durchschnittswert zu bilden (*Gruber* NZM 2000, 846). Als Schätzgrundlage können die jeweiligen prozentualen Anteile der betroffenen Räume am Gesamtverbrauch herangezogen werden (*OLG Düsseldorf* NZM 2000, 875). 6213b

6213c § 9a HeizkostenV stellt bei dieser Methode nicht auf die Gleichheit der Nutzer ab, sondern auf die Gleichheit der Räume. Gleichwohl sollte bei einem Nutzerwechsel diese Schätzgrundlage nur mit Vorsicht herangezogen werden, da der Verbrauch an Heizwärme und Warmwasser individuell sehr verschieden ist.

cc) Vergleichbare Räume

6214 Auch bei der Heranziehung des Verbrauches anderer Räume im selben Abrechnungszeitraum ist das entscheidende Kriterium die Vergleichbarkeit. Deshalb scheiden Räume aus, die nutzungsbedingt einen anderen Verbrauch haben (*Müller* GE 1989, 216). Geschäftsräume können nicht mit Wohnräumen verglichen werden, selbst wenn sie den gleichen Zuschnitt aufweisen; Außen-, Dach- und Kellerwohnungen nicht mit innen liegenden Wohnungen (*Lefèvre* HKA 1989, 6; a.A. *OLG Düsseldorf* NZM 2000, 875 für Dachwohnungen).

6215 Die Anforderungen an die Vergleichbarkeit dürfen nicht überspannt werden. Würde man mit *Lefèvre* (HKA 1989, 6) für die Vergleichbarkeit gleiche Lage, gleiche Größe und gleiche Struktur der Bewohner verlangen, wäre es vielfach unmöglich, vergleichbare andere Räume zu finden.

6216 Auch wenn es nicht ausdrücklich geregelt ist, so erfordert es die Vergleichbarkeit wohl fast immer, dass die anderen Räume in derselben Abrechnungseinheit belegen sind (*Lefèvre* HKA 1989, 6). Das bedeutet aber nicht, dass für das gesamte Haus ein Durchschnittswert pro Quadratmeter gebildet werden kann (*AG Charlottenburg* GE 2004, 1497; a.A. *OLG Hamburg* ZMR 2004, 769). Das ist nur möglich, wenn alle Räume im Haus vergleichbar sind, was eher selten ist.

6216a § 9a HeizkostenV stellt bei dieser Methode nicht auf die Gleichheit der Nutzer ab, sondern auf die Gleichheit der Räume. Gleichwohl sollte bei einem Nutzerwechsel diese Schätzgrundlage nur mit Vorsicht herangezogen werden, da der Verbrauch an Heizung und Warmwasser individuell sehr verschieden ist.

6216b Für den Warmwasserverbrauch kommt es weniger auf die Räume als auf das Nutzerverhältnis an (*Gruber* NZM 2000, 846). Die Heranziehung vergleichbarer Räume wird deshalb für den Warmwasserverbrauch nur selten in Betracht kommen.

dd) Durchschnittsverbrauch

6216c Außerdem kann auf den Durchschnittsverbrauch des Gebäudes oder der Nutzergruppe abgestellt werden. Als Nutzergruppen werden dabei solche nach § 5 Abs. 2 HeizkostenV anzusehen sein, deren Verbrauch durch eine Vorerfassung festgestellt wurde (*Schmid* MDR 2009, 129 [130]). Der Durchschnittsverbrauch des Gebäudes oder der Nutzergruppe ist zwar für die Berechnung relativ einfach und nicht mit dem Kriterium der Vergleichbarkeit belastet. Gerade das erweckt aber Bedenken, da jeder individuelle Bezug aufgegeben wird. Das ist aber diesem Kriterium immanent und kann deshalb als gesetzliche Regelung nicht von vornherein als unbillig angesehen werden (*Schmid* MDR 2009, 129 [130]; a.A. *Wall* WuM 2009, 3 [14], der diese Methode als nachrangig ansieht).

C. Kostenverteilung

ee) Sonstige Schätzungen

Bloße Verbrauchsschätzungen werden durch die Sonderregelungen des § 9a Heizkostenf V ausgeschlossen (*BGH*, Beschl. v. 05.03.2013 – VIII ZR 310/12, ZMR 2013, 793; *Pfeifer* GE 2009, 156 [165]; a.a. vom Grundsatz her *AG Köln* WuM 2001, 449). Der *BGH* (Urt. v. 16.11.2005 – VIII ZR 373/04, ZMR 2006, 122 m. insoweit abl. Anm. *Schmid* ZMR 2006, 348) ließ allerdings eine Schätzung unter Heranziehung der Gradtagszahlmethode zu, wenn Vergleichswerte nach § 9a Abs. 1 Satz 1 HeizkostenV nicht vorliegen. Hiervon ist der *BGH* (Beschl. v. 05.03.2013 – VIII ZR 310/12, ZMR 2013, 793 = NJW-RR 2013, 909) jedoch stillschweigend abgerückt.

6217

Auf ortsübliche Durchschnittswerte kann nicht abgestellt werden. Kann § 9a HeizkostenV nicht angewendet werden, weil (bei Neubauten noch) keine Vergleichswerte vorliegen, kann nach Wohnfläche oder umbauten Raum abgerechnet werden, was das Kürzungsrecht nach § 12 Abs. 1 HeizkostenV zur Folge hat (*BGH*, Urt. v. 31.10.2007 – VIII ZR 261/06, ZMR 2008, 38 = NJW 2008, 142 = WuM 2007, 700). Unzulässig ist eine Schätzung in der Weise, dass der Anteil der Wohnfläche in das Verhältnis zum Durchschnittsverbrauch aller abgelesenen Wohnungen im Haus gesetzt wird (*AG Berlin-Charlottenburg* GE 2011, 207).

6217a

ff) Berücksichtigung des Ergebnisses

Das auf der Grundlage des § 9a Abs. 1 Satz 1 HeizkostenV ermittelte Ergebnis ist nach § 9a Abs. 2 Satz 2 HeizkostenV in die Abrechnung wie ein gemessenes Ergebnis einzustellen.

6218

gg) Beweislast

Da § 9a HeizkostenV eine Ausnahme von der regelmäßigen Kostenverteilung ist, muss die Voraussetzungen für die Anwendbarkeit der Vorschrift derjenige darlegen und beweisen, der sich hierauf beruft (a.A. *Gruber* NZM 2000, 843). Erfolgt eine Abrechnung unter Anwendung des § 9a HeizkostenV ist der Gebäudeeigentümer darlegungs- und beweispflichtig für die Tatsachen, aus denen sich die Richtigkeit der Abrechnung ergibt (*LG Magdeburg* ZMR 2006, 289). Insbesondere muss der Gebäudeeigentümer die Grundlagen für die Verbrauchsermittlung, auch die Kriterien der Vergleichbarkeit darlegen und, wenn sie der Nutzer substantiiert bestreitet, auch beweisen (*Müller* GE 1989, 217).

6219

c) Ausschluss der verbrauchsabhängigen Kostenverteilung

Überschreiten die von der Verbrauchsermittlung nach § 9a Abs. 1 HeizkostenV betroffene Wohn- oder Nutzfläche oder der umbaute Raum 25 % der für die Kostenverteilung maßgeblichen gesamten Wohn- oder Nutzfläche oder des maßgeblichen gesamten umbauten Raumes, entfällt die verbrauchsabhängige Abrechnung für die gesamte Abrechnungseinheit für den betroffenen Abrechnungszeitraum völlig (a.A. entgegen dem Verordnungswortlaut für Ausnahmefälle: *BGH*, Urteil vom 16.11.2005 – VIII ZR 373/04, ZMR 2006, 122 m. insoweit abl. Anm. *Schmid* ZMR 2006, 348). Ob für die Ermittlung der 25 % auf Wohn- und Nutzfläche oder auf umbauten Raum

6220

abzustellen ist, bestimmt sich danach, welcher dieser Maßstäbe bei einer verbrauchsabhängigen Abrechnung für den Festkostenanteil gelten würde (*Lefèvre* HKA 1989, 6). § 9a Abs. 2 HeizkostenV findet auch dann Anwendung, wenn der Fehler alle Heizkörper in gleicher Weise betrifft (*OLG Düsseldorf* ZMR 2007, 380).

6221 Die Kostenverteilung erfolgt dann insgesamt verbrauchsunabhängig und zwar nach den Maßstäben, die für die verbrauchsunabhängige Kostenverteilung nach § 7 Abs. 1 Satz 2, § 8 Abs. 1 HeizkostenV (vgl. oben Rdn. 6172 ff.) gelten.

6221a Wird die 25 %-Grenze überschritten, aber gleichwohl eine Ermittlung nach § 9a Abs. 1 HeizkostenV vorgenommen, so wird dadurch eine nachträgliche Abrechnung nach Quadratmetern im Prozess nicht ausgeschlossen (vgl. *AG Köln* WuM 1997, 273 f.). Zu beachten sind jedoch die allgemeinen Beschränkungen bei einer Änderung der Abrechnung (Rdn. 3276 ff.).

6221b Die verbrauchsabhängige Kostenverteilung ist ferner dann ausgeschlossen, wenn geeignet, Vergleichsdaten für ein Vorgehen nach § 9a HeizkostenV nicht vorliegen, ohne dass die Voraussetzungen des § 9a Abs. 2 HeizkostenV gegeben sind. In diesen Fällen besteht das Kürzungsrecht nach § 12 HeizkostenV (*BGH*, Beschluss vom 05.03.2013 – VIII ZR 310/12, ZMR 2013, 793 = NJW-RR 2013, 909).

d) Abrechnung

6222 In der Abrechnung für den Mieter müssen die Grundlagen für die Kostenverteilung nachvollziehbar dargestellt werden (*AG Neuruppin* WuM 2004, 538). Das erfordert die Angabe der Vergleichswerte bzw. bei der verbrauchsunabhängigen Abrechnung die Angabe der Abrechnungsmaßstäbe (vgl. *LG Berlin* GE 2007, 1190).

6222a Werden in der Abrechnung gemessene Werte statt Vergleichswerte eingesetzt oder umgekehrt, handelt es sich um einen Fall der Anwendung falscher Abrechnungsmaßstäbe. Der Mieter hat dann zwar ein Kürzungsrecht nach § 12 HeizkostenV. Die formelle Ordnungsmäßigkeit der Abrechnung wird dadurch jedoch nicht berührt (a.A. *AG Aschersleben* ZMR 2005, 715 m. abl. Anm. *Schmid*).

6222b Für die formelle Ordnungsgemäßheit einer Heizkostenabrechnung ist es ohne Bedeutung, ob die dort für den jeweiligen Mieter angesetzten Kosten auf abgelesenen Messwerten oder einer Schätzung beruhen und ob eine eventuell vom Vermieter vorgenommene Schätzung den Anforderungen des § 9a HeizkostenV entspricht. Einer Erläuterung der angesetzten Kosten bedarf es nicht (*BGH*, Urt. V. 24.08.2016 – VIII ZR 261/15, ZMR 2017, 30; *BGH*, Urt. v. 12.11.2014 – VIII ZR 112/14, ZMR 2015, 111).

e) Fehlerfolgen

6223 Eine Kostenverteilung nach § 9a HeizkostenV führt grds. nicht zu einem **Kürzungsrecht** der Nutzer (§ 12 HeizkostenV Rn. 17). Liegen Voraussetzungen des § 9a HeizkostenV vor und wendet der Vermieter § 9a HeizkostenV nicht an, besteht ein Kürzungsrecht.

C. Kostenverteilung Teil VI

Hat der Nutzer die Unmöglichkeit der Verbrauchserfassung zu vertreten, haftet er auf **Schadensersatz** (*AG Brandenburg a.d. Havel* GE 2004, 1459; *Gruber* NZM 2000, 844 m.w.N.). Wenn nach § 9a HeizkostenV vorgegangen werden kann, wird jedoch wegen des Erfassungsmangels ein Schaden kaum feststellbar sein. Hat der Gebäudeeigentümer die Unmöglichkeit der Verbrauchserfassung zu vertreten, hat der Nutzer einen Schadensersatzanspruch, wobei Beweisschwierigkeiten für den Minderverbrauch bestehen (*Gruber* NZM 2000, 847). Eine zum Schadensersatz verpflichtende Unterlassung kann darin liegen, dass der Vermieter nicht mit Rechtsbehelfen gegen einen Mieter vorgeht, der die Ablesung verhindert (*Schmid* ZMR 2006, 347). 6223a

5. Kostenaufteilung bei Nutzerwechsel

a) Grundsätzliches

Bei der Kostenaufteilung nach § 9b HeizkostenV handelt es sich um eine Kostenverteilung zwischen Vor- und Nachmieter derselben Nutzungseinheit. Die übrigen Mieter werden davon nicht berührt. Insbesondere erfolgt dort keine Zwischenablesung. Auch der bisherige Gesamtverbrauch wird nicht gesondert erfasst. 6224

Ein Nutzerwechsel findet bei einem vorzeitigen Auszug erst statt, wenn das Mietverhältnis beendet ist (*OLG Düsseldorf* DWW 2000, 28 ff.). Als ein Fall des Nutzerwechsels wird auch die Eröffnung des Insolvenzverfahrens über das Vermögen des Mieters angesehen (*Horst* ZMR 2007, 167 [174]). Bei mehrfachem Nutzerwechsel innerhalb einer Abrechnungsperiode ist jeweils nach § 9b HeizkostenV zu verfahren. Dies gilt auch dann, wenn die Wohnung zwischenzeitlich unvermietet leer steht, da dann der Vermieter Nutzer ist (Rdn. 6024). 6224a

Einen Anspruch auf sofortige Abrechnung hat der bisherige Mieter nicht. Die Zwischenablesung beinhaltet keine Pflicht zu einer Zwischenabrechnung (*AG Neuss* DWW 1991, 245). 6225

b) Kostenverteilung aufgrund einer Zwischenablesung

aa) Zwischenablesung

§ 9b Abs. 1 HeizkostenV legt die grundsätzliche Verpflichtung zu einer Zwischenablesung fest. Bei einem Nutzerwechsel innerhalb eines Abrechnungszeitraumes hat der Gebäudeeigentümer eine Ablesung der Ausstattung zur Verbrauchserfassung der vom Wechsel betroffenen Räume vorzunehmen (zu Ausnahmen s.u. Rdn. 6234 ff.). 6226

bb) Kostenverteilung

Die Kostenverteilung zwischen Vor- und Nachnutzer bei einer Zwischenablesung regelt § 9b Abs. 2 HeizkostenV. Unausgesprochen vorausgesetzt ist dabei, dass zunächst nach den allgemeinen Verteilungskriterien (oben Rdn. 6169 ff.) der verbrauchsabhängige und verbrauchsunabhängige Anteil für die Nutzungseinheit ermittelt sind. Dabei ist von dem festgestellten Gesamtbetrag auszugehen. Eventuelle Preiserhöhungen oder Preissenkungen, die nach dem Nutzerwechsel erfolgt sind, werden nach der HeizkostenV nicht berücksichtigt. 6227

6228 Der verbrauchsabhängige Anteil ist dann zwischen Vor- und Nachmieter auf der Grundlage der Zwischenablesung aufzuteilen. Dabei ist auch die Kaltverdunstungsvorgabe bei Verdunstungsgeräten aufzuteilen (*AG Rheine* WuM 1996, 715).

6229 Der verbrauchsunabhängige Anteil ist beim **Warmwasser** stets zeitanteilig zu verteilen. Dabei ist taggenau abzurechnen. Für die Anwendung der kaufmännischen Berechnungsmethode (Monat zu 30 Tage; Jahr zu 360 Tage) besteht weder eine Rechtsgrundlage noch ein Bedürfnis (*Blum* WuM 2011, 69).

6230 Bei den Festkosten für **Heizung** kann der Gebäudeeigentümer wählen zwischen einer zeitanteiligen Verteilung oder einer Verteilung unter Anwendung der Gradtagszahlen. Da nur die Festkosten betroffen sind und die Anlage während des ganzen Jahres vorhanden sein muss, ist eine zeitanteilige Verteilung in der Regel gerechtfertigt und hat den Vorteil der Einfachheit. Sie ist deshalb nicht unbillig im Sinne des § 315 BGB (*Schmid* GE 2007, 39; a.A. *AG Hamburg* ZMR 2006, 132). Die Unbilligkeit muss sich vielmehr aus dem konkreten Fall ergeben, da der Verordnungsgeber beide Möglichkeiten grundsätzlich gleichberechtigt zugelassen hat

6231 Die Richtlinie VDI 2067 enthält zu den Gradtagszahlen sehr differenzierte Berechnungsweisen. Es genügt jedoch folgende Tabelle anzuwenden (*Lammel* HeizkostenV § 9b Rn. 20 ff.):

Monat	*Promille je Monat*	*Promille je Tag*
Januar	*170*	*5,484*
Februar	*150*	*5,357*
	Schaltjahre:	*5,173*
März	*130*	*4,194*
April	*80*	*2,667*
Mai	*40*	*1,290*
Juni, Juli, August	*40 (zusammen)*	*0,435*
September	*30*	*1,000*
Oktober	*80*	*2,581*
November	*120*	*4,000*
Dezember	*160*	*5,161*

6232 Die Tabelle ist das Ergebnis einer langjährigen Temperaturbeobachtung in verschiedenen deutschen Orten und enthält die Berechnung von Mittelwerten.

6233 Bei der Verwendung der Gradtagszahlmethode stellt die Rechtsprechung teilweise strenge Anforderungen an die Verständlichkeit der Abrechnung (*LG Freiburg* WuM 1983, 265 f.; *AG Starnberg* WuM 2013, 545). Die Wiedergabe der Tabelle

C. Kostenverteilung

wird nicht für genügend erachtet, sondern auch eine Erläuterung verlangt, mit welchen Methoden die Gradtagszahlen ermittelt wurden. Das ist jedoch zu weit gehend. Wenn auf anerkannte Erfahrungswerte zurückgegriffen werden darf, so muss die Ermittlung der Erfahrungswerte nicht gesondert dargelegt werden. Vielmehr obliegt es demjenigen, der die Richtigkeit der anerkannten Werte bestreitet, die Tatsachen dazulegen, die Zweifel an den Werten begründen. Diese Auffassung entspricht der Rechtsprechung des *BGH* (Urt. v. 20.07.2005 – VIII ZR 371/04, ZMR 2005, 937 = WuM 2005, 579 = DWW 2005, 329 = GE 2005, 1118), wonach auch die Formel des § 9 HeizkostenV nicht erläutert werden muss.

c) Entbehrlichkeit der Zwischenablesung

Eine Zwischenablesung und eine Kostenverteilung aufgrund einer Zwischenablesung unterbleiben, wenn die Zwischenablesung nicht möglich ist oder wegen des Zeitpunktes des Nutzerwechsels aus technischen Gründen keine hinreichend genaue Ermittlung der Verbrauchswerte zulässt (§ 9b Abs. 3 HeizkostenV). 6234

Ein Fall der Unmöglichkeit wird höchst selten gegeben sein. Auch die amtliche Begründung (BR-Drucks. 494/88) nennt hierfür kein Beispiel. Zu denken ist allenfalls an die Fälle eines heimlichen Nutzerwechsels, also eines Ein- und Auszuges ohne Wissen des Vermieters. Hier besteht jedoch die mietrechtliche Haftung des Mietvertragspartners ohnehin fort. 6235

Technische Gründe verhindern eine hinreichend genaue Verbrauchserfassung vor allem bei Heizkostenverteilern nach dem Verdunstungsprinzip, wenn der Nutzerwechsel kurz nach Beginn oder kurz vor Ende der Abrechnungsperiode erfolgt (*LG Bonn* WuM 1988, 172, 173; *Lefèvre* HKA 1989, 8). Dies wird dann angenommen, wenn die Summe der Promille nach der Gradtagstabelle (oben Rdn. 6231) weniger als 400 beträgt (*AG Rheine* WuM 1995, 121). 6236

Die Kostenverteilung zwischen Vor- und Nachnutzer erfolgt in diesen Fällen nach den Maßstäben des § 9b Abs. 2 HeizkostenV für die Festkosten, also für Warmwasser immer zeitanteilig und für Wärme entweder nach der Gradtagszahlmethode oder zeitanteilig (vgl. oben Rdn. 6227 ff.). 6237

d) Rechtsgeschäftliche Bestimmungen

Nach § 9b Abs. 4 HeizkostenV bleiben abweichende rechtsgeschäftliche Bestimmungen unberührt. Die Heizkostenverordnung gibt jedoch dem Vermieter kein Recht, eine solche Bestimmung einseitig zu treffen. Erforderlich sind deshalb vertragliche Regelungen zwischen dem Vermieter und dem Vor- und Nachmieter. Ein Vertrag nur mit einem der beiden ist nicht zweckmäßig, weil daran der andere nicht gebunden ist und deshalb ihm gegenüber eine anderweitige rechtsgeschäftliche Bestimmung nicht besteht. Desgleichen reicht ein Vertrag nur zwischen dem alten und dem neuen Nutzer nicht aus, da hieran der Vermieter, der die Kostenverteilung vornehmen muss, nicht gebunden ist. 6238

6239 Zulässig ist jede Regelung bis hin zum völligen Ausschluss einer Verteilung. Da es sich um Verträge und nicht um ein einseitiges Bestimmungsrecht handelt, findet eine Billigkeitsprüfung nach §§ 315, 316 BGB nicht statt (a.A. *Lefèvre* HKA 1989, 8).

6240 Die abweichende Regelung kann auch in Formularmietverträgen enthalten sein. Der ausdrückliche Hinweis auf diese Regelungsmöglichkeit in der amtlichen Begründung (BR-Drucks. 494/88) darf allerdings nicht dahin missverstanden werden, dass jedwede Regelung getroffen werden kann. Die Bestimmung ist zwar auch in Allgemeinen Geschäftsbedingungen möglich, muss aber an den Kriterien der §§ 305 ff. BGB, insbesondere an der Benachteiligungsklausel des § 307 BGB gemessen werden (*Müller* GE 1989, 218). Danach darf die Regelung weder zu einer Bereicherung des Gebäudeeigentümers führen noch darf sie den Vor- oder den Nachmieter unbillig benachteiligen.

§ 10 HeizkostenV lässt rechtsgeschäftliche Bestimmungen des Abrechnungsmaßstabs zu, die eine Überschreitung der in §§ 7,8 HeizkostenV vorgesehenen Höchstsätze für den verbrauchsabhängigen Anteil vorsehen. In einem Mietvertrag über Gewerberäume können deshalb auch rein verbrauchsabhängige Kostenverteilungen vereinbart werden (*BGH*, Urteil vom 30.01.2019 – XII ZR 46/18, = ZMR 2019, 398 mit ablehnender Anmerkung *Lammel*, nach dessen Auffassung die Entscheidung eine fundamentale Unkenntnis des *BGH* bei der Verteilung von Heizkosten offenbart). Das Urteil befasste sich mit der Kostenlast bei »Heizung über Lüftung«. In der Praxis eröffnen sich in diesem Zusammenhang zwei zentrale Fragestellungen:

Stellen Kosten, die in Folge Vorerwärmung von (Frisch-)Luft, die durch eine Lüftungsanlage in die Mietbereiche geleitet wird, entstehen, sowie Kosten einer hierbei ggf. verwendeten Anlage zur Wärmerückgewinnung Heizkosten i. S. v. § 2 Nr. 4 BetrKV oder sonstige Betriebskosten i. S. v. § 2 Nr. 17 BetrKV dar? Gilt die durch die HeizkostenV statuierte Pflicht zur verbrauchsabhängigen Abrechnung auch für Lüftungsheizungen, die bei großen gewerblichen Liegenschaften nur eine Mindesttemperatur erzeugen? (*Ludley*, Das Heizkostenrecht vor dem XII. Zivilsenat des BGH: Ein einziges Missverständnis? NZM 2019, 464).

e) Kosten der Zwischenablesung

6241 Der *BGH* (*BGH*, Urt..v. 14.11.2007 – VIII ZR 19/07, NZM 2008, 123 = WuM 2008, 85 = GE 2008, 193 = IMR 2008, 77) sieht die Kosten der Zwischenablesung und Aufteilung (»Nutzerwechselgebühr«) mangels laufender Entstehung nicht als Betriebskosten an und ordnet sie den Verwaltungskosten zu. Das erscheint nicht unzweifelhaft (*Schmid* WuM 2008, 199). Die Praxis hat jedoch hiervon auszugehen.

6242 Der *BGH* lässt jedoch eine Vereinbarung zu, wonach der Mieter diese Kosten trägt (*Schmid* WuM 2008, 199; a.A. *Bieber* WuM 2008, 393). Bei preisgebundenem Wohnraum scheitert die Vereinbarung der Zahlung einer Nutzerwechselgebühr durch den Mieter bereits an § 9 Abs. 1 Satz 1 WoBindG, da es sich um eine einmalige Leistung handelt. Außerdem schließt der pauschale Ansatz für Verwaltungskosten nach § 26 II. BV die Umlegung weiterer Verwaltungskosten, also auch der Nutzerwechselkosten aus (*Schmid* WuM 2008, 199). Für Wohnraum, der nach dem WoFG gefördert ist, ist die Vereinbarung der Umlegung einer Nutzerwechselgebühr nur insoweit zulässig, als sie nach den Vorschriften des Landes oder nach den Bestimmungen der Förderzusage zugelassen ist (§ 28 Abs. 4 Nr. 2 WoFG). Landesrechtliche Vorschriften bestehen, soweit ersichtlich, nicht. Ob das Problem in den Förderzusagen aufgegriffen wird, bleibt abzuwarten.

Da es sich nicht um Betriebskosten handelt, genügt für die Umlegungsvereinbarung eine Bezugnahme auf § 2 BetrKV bzw. die HeizkostenV nicht, da sich die dortigen Regelungen nur auf Betriebskosten im Sinne des § 556 Abs. 1 BGB beziehen. Vielmehr ist eine ausdrückliche Erwähnung dieser Kosten im Vertragstext erforderlich (*AG Charlottenburg* GE 2013, 1345). Die Abwälzung der Kosten kann auch in Allgemeinen Geschäftsbedingungen erfolgen (a.A. *AG Hohenschönhausen* GE 2008, 933). Allerdings sind hier das Transparenzgebot des § 307 Abs. 1 Satz 2 BGB und die Unwirksamkeit überraschender Klauseln (§ 305c Abs. 1 BGB) zu beachten. Eine Irreführung des Mieters in diesem Sinne ist zu bejahen, wenn die Nutzerwechselkosten unter der Überschrift Betriebskosten genannt sind, da es sich eben nicht um Betriebskosten handelt. Unter Überschrift Betriebskosten muss ein Mieter nicht mit der Umlegung von Verwaltungskosten rechnen (Rdn. 5519). Das wird bei älteren Mietverträgen häufig selbst dann zur Unwirksamkeit der Umlegungsvereinbarung führen, wenn die Nutzerwechselgebühren ausdrücklich genannt sind. 6243

Da der Begriff »Nutzerwechselgebühr« wohl nicht allgemein bekannt ist und zudem auf verschiedene Kosten bezogen sein kann, ist eine Präzisierung der vertraglichen Vereinbarung erforderlich. Diese könnte etwa wie folgt lauten: »Die beim Auszug des Mieters für eine Zwischenablesung der Messgeräte für Warm- und Kaltwasser und Heizung sowie für die Kostenaufteilung auf Vor- und Nachmieter anfallenden Kosten trägt der Mieter«. Sind weitere Kostenarten betroffen, z.B. Abwasser oder Müll, sind auch diese anzuführen. 6244

Die Nutzerwechselgebühr ist eine Kalkulationsgröße der Messdienstfirmen. Genauso gut können die Messdienstfirmen Verträge ohne Nutzerwechselgebühr anbieten, was dann in der Regel zu einem höheren Preis für die regelmäßigen Dienstleistungen führen wird. Die »einkalkulierte Nutzerwechselgebühr« ist dann wirtschaftlich auf die Mieter im Rahmen der Kosten der Verwendung der Zähler (§ 2 Nr. 2, 4–6 BetrKV) umzulegen. Ein derartiges Vorgehen ist möglich. Es verstößt insbesondere nicht gegen den Wirtschaftlichkeitsgrundsatz (a.A. *Bub/Bernhard* NZM 2008, 513 [516]). Die Messdienste waren und sind nicht verpflichtet, eine Nutzerwechselgebühr zu erheben. Beim Kostenvergleich im Rahmen des Wirtschaftlichkeitsgebots kann berücksichtigt werden, dass ein Unternehmen bei Nutzerwechsel keine besonderen Kosten erhebt. Das kann ein sachlicher Grund sein, diesem Unternehmen auch bei einem höheren Preis für sonstige Leistungen den Vorzug zu geben. 6244a

f) Fehlerfolge

Unterbleibt die Zwischenablesung, ohne dass eine zulässige Ausnahme (Rdn. 6234, 6268) vorliegt, entsteht das Kürzungsrecht nach § 12 Abs. 1 HeizkostenV, da auch 6245 die Zwischenablesung der verbrauchsabhängigen Kostenverteilung dient (*AG Köln* WuM 1988, 38). Kürzen können allerdings nur die Mieter der betroffenen Nutzungseinheit. Die formelle Ordnungsmäßigkeit der Abrechnung wird vom Unterbleiben der Zwischenablesung nicht berührt (a.A. *AG Offenbach/M.* ZMR 2005, 960 m. abl. Anm. *Walz*).

D. Durchführung der Aufteilung

6246 Die Gesamtkosten sind zunächst aufzuteilen in verbrauchsabhängige und verbrauchsunabhängige Kosten. Die Verbrauchskosten und die Festkosten sind getrennt auf die einzelnen Mieteinheiten zu verteilen. Für die Festkosten ist der maßgebliche Abrechnungsmaßstab anzuwenden. Beim verbrauchsabhängigen Anteil ist aus dem Gesamtbetrag der verbrauchsabhängig zu verteilenden Kosten und der insgesamt erfassten Verbrauchseinheiten der Preis je Verbrauchseinheit zu ermitteln. Durch Multiplikation mit den in der Mieteinheit ermittelten Verbrauchseinheiten ergibt sich der Betrag für den verbrauchsabhängigen Anteil.

6247 Zu eventuell notwendigen Vorerfassungen s. Rdn. 6163 ff.

E. Umfasste Kosten

I. Grundsätzliches

6248 Die Aufzählungen in den §§ 7, 8 HeizkostenV bestimmen den Umfang der Kosten, die nach der HeizkostenV umzulegen sind. Nicht geregelt wird dadurch, dass alle dort genannten Kosten im konkreten Mietverhältnis auch umlegungsfähig sind (Rdn. 6002).

6249 Zu rechtsgeschäftlichen Gestaltungsmöglichkeiten für die Behandlung einzelner Kostenpositionen abweichend von §§ 7, 8 HeizkostenV s. Rdn. 6082 ff.

6250 Nimmt ein Hauswart Tätigkeiten vor, die in §§ 7, 8 HeizkostenV genannt sind, so sind die dafür anfallenden Kostenteile abweichend von den allgemeinen Grundsätzen (Rdn. 5352 ff.) aus den Hauswartkosten herauszurechnen und nach den Umlegungsmaßstäben der HeizkostenV umzulegen (a.A. *AG Hamburg* HKA 1989, 43 für preisgebundenen Wohnraum). Das folgt aus dem Vorrang der HeizkostenV auch hinsichtlich der danach umzulegenden Kostenpositionen (Rdn. 6082a). Die HeizkostenV stellt auf die Art der Tätigkeit und nicht auf die Person des Tätigen ab.

6251 Auf die Höhe der jeweiligen Kosten kommt es für die Kostenverteilung nicht an. Ob die Kosten umlegbar sind, bestimmt sich nach der Einhaltung des Wirtschaftlichkeitsgrundsatzes (Rdn. 1053 ff.). Auch so genannte Heizspiegel, die von manchen Gemeinden aufgestellt worden sind und ortsübliche Heizkosten ausweisen, sind in diesem Zusammenhang nicht von Bedeutung (a.A. *Schläger* ZMR 1998, 675). Die Wirtschaftlichkeit kann nur für die jeweilige Heizeinheit und nicht allgemein festgestellt werden.

II. Die einzelnen Kostenpositionen

Kosten der **zentralen Heizungsanlage** einschließlich der Abgasanlage (§ 7 Abs. 2 HeizkostenV): Siehe Rdn. 5081 ff. Die im Zuge der Verwendung einer Einrichtung zur Wärmerückgewinnung bei raumlufttechnischen Anlagen i. S. d. § 15 Abs. 5 EnEV anfallenden Stromkosten stellen Kosten des Betriebs der zentralen Heizungsanlage in Form des Betriebsstroms dar. Darauf, ob eine Ausstattungspflicht besteht, kommt es nicht an (*OLG Frankfurt* ZMR 2018, 585). Die gänzliche oder teilweise Beheizung des Gebäudes über eine Lüftungsheizung folgt aus dem Betrieb der zentralen Heizungsanlage. Dieses auch dann, wenn diese nur eine Mindesttemperatur herstellt und das Gebäude zudem über Heizkörper erwärmt wird (*OLG Frankfurt* a. a. O). 6252

Kosten der **Wärmelieferung**: Siehe Rdn. 5120 ff. 6253

Kosten des Betriebs der **zentralen Warmwasserversorgungsanlage**: Siehe Rdn. 5131 ff. Die Betriebskosten für Wassermengenregler sind zwar in § 8 Abs. 2 HeizkostenV nicht erwähnt, jedoch handelt es sich dabei lediglich um ein Redaktionsversehen. Die Kosten der Wassererwärmung sind stets nach der HeizkostenV abzurechnen. Die Kosten der Wasserversorgung können auch mit dem Kaltwasser abgerechnet werden (§ 8 Abs. 2 HeizkostenV, s. Rdn. 5131) oder in der Grundmiete enthalten sein (*AG Berlin-Charlottenburg* GE 2006, 59). Die durch den Wasserverbrauch verursachten Kosten der Entwässerung sind nicht nach der HeizkostenV umzulegen, sondern nach dem für Abwasserkosten (§ 2 Nr. 3 BetrKV) geltenden Abrechnungsmaßstab (*AG Berlin-Charlottenburg* GE 2006, 59). Eine Abrechnung in der Heizkostenabrechnung kann jedoch vertraglich vereinbart werden (*Schmid* IMR 2010, 453 und Rdn. 6084). 6254

Kosten der **Warmwasserlieferung**: s. Rdn. 5135. 6255

Zu den Kosten einer **Verbrauchsanalyse** s. Rdn. 5113 ff. 6256

(unbesetzt) 6257–6295

F. Kürzungsrecht

I. Grundsätzliches

Soweit die Kosten der Versorgung mit Wärme oder Warmwasser entgegen den Vorschriften der Heizkostenverordnung nicht verbrauchsabhängig abgerechnet werden, hat der Nutzer das Recht, bei der nicht verbrauchsabhängigen Abrechnung der Kosten den auf ihn entfallenden Anteil um 15 % zu kürzen (§ 12 Abs. 1 Satz 1 HeizkostenV). Das Kürzungsrecht kann wegen § 2 HeizkostenV vertraglich nicht ausgeschlossen werden (*LG Hamburg* WuM 2005, 721). 6296

Das Kürzungsrecht besteht nicht im Verhältnis des einzelnen Wohnungseigentümers zur Wohnungseigentümergemeinschaft (§ 12 Abs. 1 Satz 2 HeizkostenV). Der vermietende Wohnungseigentümer ist jedoch dem Kürzungsrecht seines Mieters ausgesetzt (*Demmer* MDR 1981, 535). Er hat allenfalls Schadensersatzansprüche gegen den Verwalter oder andere Wohnungseigentümer. Dem vermietenden Wohnungseigentümer 6297 ist deshalb dringend zu empfehlen, innerhalb der Eigentümergemeinschaft auf die Beachtung der Heizkostenverordnung hinzuwirken.

6298 Umstritten ist die rechtsdogmatische Einordnung des Kürzungsrechts (vgl. *Pfeifer* DWW 1984, 34; *Gruber* NZM 2000, 848; *Lützenkirchen* WuM 2006, 75). Der *BGH* (*BGH*, Urt. v. 14.09.2005 – VIII ZR 195/04, ZMR 2005, 939 = WuM 2005, 657) bezeichnet die Regelung ohne nähere Erörterung als »Strafabzug«. M.E. handelt es sich um ein Recht eigener Art, das nicht in andere Kategorien eingeordnet werden kann.

II. Verhältnis zu anderen Rechten

6299 Durch das Kürzungsrecht werden sonstige Rechte des Mieters nicht ausgeschlossen. Insbesondere bleibt dem Mieter die Möglichkeit des Nachweises, dass er bei korrekter Anwendung der HeizkostenV noch weniger zahlen muss. Der Mieter muss hierzu darlegen, in welchem Ausmaß sein Verbrauch hinter dem Ansatz des Vermieters zurückbleibt (*LG Berlin*, GE 2007, 223). Bei preisgebundenem Wohnraum ergibt sich dann ein unmittelbarer Anspruch des Mieters aus §§ 8, 8a WoBindG auf Herabsetzung des Betrages (vgl. *Lammel*, HeizkostenV, 3. Aufl., 2010, § 12 Rn. 30). Bei preisfreien Mietverhältnissen ist der Mieter zur Zahlung des überschießenden Betrages nicht verpflichtet.

6299a Anstelle des Kürzungsrechts kann der Mieter auch Schadensersatz geltend machen, wenn die allgemeinen Voraussetzungen hierfür vorliegen, insbesondere den Vermieter ein Verschulden trifft und ein durch das Kürzungsrecht nicht abgedeckter Schaden entstanden ist. Macht der Mieter einer Eigentumswohnung ein Kürzungsrecht geltend, kann der vermietende Wohnungseigentümer vom Verwalter oder den übrigen Wohnungseigentümern Schadensersatz verlangen, wenn diese den Mangel der Kostenverteilung zu vertreten haben.

6299b Wenn eine Berichtigung der Abrechnung im Sinne einer der HeizkostenV entsprechenden Kostenverteilung möglich ist, geht die Berichtigung dem Kürzungsrecht vor (*BGH*, Urt. v. 16.07.2008 – VIII ZR 57/07, ZMR 2008, 885 m. Anm. *Schmid* = GE 2008, 1120 =). Damit reduziert sich der Anwendungsbereich des § 12 Abs. 1 HeizkostenV im Wesentlichen auf die Fälle, in denen eine ordnungsgemäße Verbrauchserfassung nicht stattgefunden hat und auch nicht mehr nachholbar ist.

Was sind die Folgen, wenn eine Ablesung von Gaszählern oder Öltankinhaltsmessern unterlassen wird? Ist es möglich, eine ordnungsgemäße Heizkostenabrechnung unter Heranziehung geschätzter Verbräuche zu erstellen? Mit diesen Fragen befasst sich *Springer* (*Springer*, Geschätzter Brennstoffverbrauch als Grundlage einer Heizkostenabrechnung? WuM 2017, 569). Anders als bei der Verteilung der Heizkosten wegen nicht abgelesener oder nicht funktionierender Heizkostenverteiler fehlt eine rechtliche Grundlage für eine Schätzung des nicht ermittelten Brennstoffverbrauchs. Nur bei unverschuldeter Nichtermittlung ist dem Vermieter eine Schätzung des Brennstoffverbrauchs als Grundlage für eine Heizkostenabrechnung zubilligen, da der Mieter grundsätzlich einen Anspruch auf Ermittlung und Abrechnung der tatsächlichen Heizkosten hat. In allen anderen Fällen der Nichtermittlung des Brennstoffverbrauchs sei der Vermieter schlichtweg nicht schützenswert (*Springer*, a. a. O.).

III. Voraussetzungen

1. Grundsätzliches

Voraussetzung für das Kürzungsrecht ist, dass entgegen der HeizkostenV nicht verbrauchsabhängig abgerechnet wird, obwohl der Vermieter hierzu verpflichtet ist (*BGH*, Urt. v. 08.10.2003 – VIII ZR 67/03, ZMR 2004, 99 = GE 2004, 106). Unter den Voraussetzungen des § 7 Abs. 1 S. 2 HeizkostenV kann der Mieter einer Wohnung verlangen, dass die anteilig auf ihn entfallenden Kosten des Betriebs der zentralen Heizungsanlage zu 70 % nach dem erfassten Wärmeverbrauch der Nutzer verteilt werden. In diesen Fällen ist er nicht darauf beschränkt, stattdessen von dem Kürzungsrecht des § 12 HeizkostenV Gebrauch zu machen (BGH, Urteil vom 16.01.2019 – VIII ZR 113/17, ZMR 2019, 325). Das Kürzungsrecht entsteht dagegen nicht bei anderen Fehlern der Abrechnung, z.B. bei Unübersichtlichkeit oder bei Zugrundelegung einer falschen Wohnfläche. Hier gelten dann die allgemeinen Grundsätze für eine fehlerhafte Abrechnung (vgl. oben Teil III). Auf ein Verschulden des Gebäudeeigentümers kommt es für das Kürzungsrecht nicht an (a.A. *Gruber* NZM 2000, 848, der in § 12 Abs. 1 HeizkostenV einen abstrakt berechneten Schadensersatzanspruch sieht). Unerheblich ist der Umfang des Fehlers. Das Fehlen eines Messgerätes in einem Zimmer genügt (*LG Meiningen* WuM 2003, 453).

6300

Seit der Entscheidung des *BGH* vom 19.7.2006 (ZMR 2006, 766 = NZM 2006, 652 = MDR 2007, 138) wird es überwiegend anerkannt, dass mietvertragliche Regelungen über die Umlegung der Kosten von Heizung und Warmwasser, die der HeizkostenV widersprechen, im Anwendungsbereich der HeizkostenV nicht anzuwenden sind. Bisher nicht ausdrücklich entschieden war, wie denn die Anpassung an die HeizkostenV erfolgen soll. Für abgelaufene Abrechnungszeiträume hat das *OLG Düsseldorf* (IMR 2008, 239) eine Anpassung kraft Gesetzes angenommen. Die Entscheidung gibt auch vor, wie die Herausrechnung zu erfolgen hat, nämlich Aufteilung der (umlegbaren) Gesamtaufwendungen für die Heizung nach dem Verhältnis der Flächen (s. Rdn. 6081) und Kürzung dieses Betrages um 15 %.

6301

Wenn eine Berichtigung der Abrechnung im Sinne einer der HeizkostenV entsprechenden Kostenverteilung möglich ist, geht die Berichtigung dem Kürzungsrecht vor (*BGH*, Urt. v. 16.07.2008 – VIII ZR 57/07, ZMR 2008, 885 m. Anm. *Schmid*). Damit reduziert sich der Anwendungsbereich des § 12 Abs. 1 HeizkostenV im Wesentlichen auf die Fälle, in denen eine ordnungsgemäße Verbrauchserfassung nicht stattgefunden hat und auch nicht mehr nachholbar ist.

6302

(unbesetzt)

6303–6304

2. Einzelfälle

6305 **Abflussprinzip**: Kein Kürzungsrecht besteht, wenn statt nach dem Leistungsprinzip nach dem Abflussprinzip abgerechnet wird (*BGH* Urt. v. 01.01.2012 – VIII ZR 156/11 = ZMR 2012, 341 = GE 2012, 401).

6306 **Ablesefehler** sind, soweit noch möglich, zu berichtigen. Ist das nicht möglich, ist nach § 9a HeizkostenV vorzugehen, falls auch das nicht möglich ist, unter Anwendung der Gradtagszahlmethode. Eine unter diesen Voraussetzungen erstellte Kostenabrechnung kann vom Nutzer nicht gemäß § 12 HeizkostenV gekürzt werden (*BGH*, Urt. v. 16.11.2005 – VIII ZR 373,04, ZMR 2006, 122 = GE 2006, 48).

6307 **Anerkannte Regeln der Technik**: Das Verfahren einer Verbrauchsermittlung nach anerkannten Regeln der Technik gemäß § 7 Abs. 1 Satz 3 HeizkostenV entspricht der HeizkostenV und begründet deshalb kein Kürzungsrecht (*LG Berlin*, GE 2013, 550 = WuM 2013, 227; *Wall*, WuM 2013, 215 [216]).

6308 **Ausnahmetatbestände**: Kein Kürzungsrecht entsteht beim Vorliegen eines Ausnahmetatbestandes nach § 11 HeizkostenV (*BGH*, GE 2004, 106).

6309 **Ermessen**: Soweit der Vermieter bei der Anwendung der HeizkostenV ein Ermessen auszuüben hat, insbesondere bei der Festlegung der Verteilungsmaßstäbe, begründet ein Ermessensfehlgebrauch kein Kürzungsrecht (*Schmid*, CuR 2013, 10 [14]). Die Kostenverteilung erfolgt nicht entgegen den Vorschriften der Heizkostenabrechnung, sondern es wird innerhalb der HeizkostenV ein nach allgemeinen Grundsätzen zu behandelnder Fehler gemacht.

6310 **Formelle Fehler**: z. B. mangelnde Nachvollziehbarkeit, machen die Abrechnung als solche mangelhaft, führen aber nicht zu einem Kürzungsrecht (vgl. *AG Köln*, WuM 2001, 449). Bei einer grob fehlerhaften Abrechnung der Heizkosten ohne belegbare Zahlengrundlage kann auf diese kein – und sei er auch nach § 12 HeizkostenV um 15 % gekürzter – Nachforderungsbetrag gestützt werden (LG Neubrandenburg, Beschluss vom 19.10.2018 – 1 S 41/18, WuM 2019, 56). Mit der Frage, ob das Kürzungsrecht des § 12 HeizkostenV zu Gunsten des Mieters eingreift, wenn in einer verbundenen Anlage statt nach den Werten des Wärmemengenzählers nach der in § 9 Abs. 2 S. 2 HeizkostenV vorgegebenen Formel abgerechnet wird, befasste sich das *LG Itzehoe*. Bei einer pflichtwidrig unterbliebenen Messung der Energie, die für die Warmwassererzeugung benötigt wurde, kann der Mieter verlangen, dass ein um 15 % des berechneten Warmwasseranteils zu seinen Gunsten verschobener Anteil des Warmwassers angesetzt wird. Die Kürzung ist auf diejenige Unsicherheit zu beziehen, die durch die konkrete Pflichtverletzung bei der Verbrauchserfassung entstanden ist (*LG Itzehoe*, Urteil vom 22.03.2019 – 9 S 26/18, ZMR 2019, 499 mit ablehnender Anmerkung *Lammel*). Ein Kürzungsrecht des Verbrauchers nach § 12 HeizkostenV besteht im Falle eines Verstoßes gegen das Gebot der getrennten Ermittlung von Heiz- und Warmwasserkosten aus § 9 Abs. 1, Abs. 2 S. 1 HeizkostenV (*LG Halle*, Beschluss vom 20.09.2018 – 1 S 176/18, WuM 2019, 318).

F. Kürzungsrecht   Teil VI

Heizkörperverkleidungen: Ein Kürzungsrecht besteht, wenn die Verbrauchserfassung 6311
durch vermieterseits angebrachte Heizkörperverkleidungen verfälscht wird (*LG Hamburg*, WuM 1991, 561). Hat der Mieter die Verkleidungen angebracht, hat er kein
Kürzungsrecht (*Kinne*, GE 2006, 1278). Hier ist jedoch vorrangig auf das Ersatzverfahren nach § 9a HeizkostenV zurückzugreifen (*Schmid*, ZMR 2005, 716).

Inklusivmieten und Pauschalen: Es wird ein fiktiver Heizkostenanteil errechnet und 6312
nach Fläche umgelegt und der errechnete Betrag um 15 % gekürzt (vgl. *OLG Düsseldorf*, IMR 2008, 239).

Leitungsverluste: Wenn infolge hoher Wärmeverluste durch ungedämmte Leitun- 6313
gen nur 17,8 % des Wärmeverbrauchs durch die Heizkostenverteiler erfasst werden,
nimmt das *LG Dresden* (WuM 2009, 292 m. krit. Anm. *Lammel*, WuM 2009, 726)
eine Verteilung allein nach dem Flächenmaßstab vor und gewährt das Kürzungsrecht.
Näher liegend ist es jedoch von einer Unmöglichkeit der Verbrauchserfassung auszugehen (*LG Berlin*, GE 2013, 550; *vgl.* Rdn. 6307a) oder eine Verbrauchserfassung
nach anerkannten Regeln der Technik in Erwägung zu ziehen (§ 7 Abs. 1 Satz 3
HeizkostenV). Bei diesen Vorgehensweisen entsteht kein Kürzungsrecht (*LG Berlin*,
GE 2013, 550). Zum Themenkreis Leitungsverluste siehe auch Rdn. 6108 ff.

**Lüftungsheizung sowie Einrichtung zur Wärmerückgewinnung bei der Gebäudebe- 6313a
lüftung und Gebäudeentlüftung:** § 10 HeizkostenV lässt rechtsgeschäftliche Bestimmungen des Abrechnungsmaßstabs zu, die eine Überschreitung der in §§ 7, 8 HeizkostenV vorgesehenen Höchstsätze für den verbrauchsabhängigen Anteil vorsehen. In
einem Mietvertrag über Gewerberäume können deshalb auch rein verbrauchsabhängige Kostenverteilungen vereinbart werden (*BGH*, Urteil vom 30.01.2019 – XII ZR
46/18 = ZMR 2019, 398; mit ablehnender Anmerkung *Lammel*). Die Entscheidung
des BGH befasste sich mit der Kostenlast bei »Heizung über Lüftung«. In der Praxis
eröffnen sich in diesem Zusammenhang zwei Fragestellungen: Stellen Kosten, die in
Folge Vorerwärmung von (Frisch-)Luft, die durch eine Lüftungsanlage in die Mietbereiche geleitet wird, entstehen, sowie Kosten einer hierbei ggf. verwendeten Anlage
zur Wärmerückgewinnung Heizkosten i. S. v. § 2 Nr. 4 BetrKV oder sonstige Betriebskosten i. S. v. § 2 Nr. 17 BetrKV dar? Gilt die durch die HeizkostenV statuierte
Pflicht zur verbrauchsabhängigen Abrechnung auch für Lüftungsheizungen, die bei
großen gewerblichen Liegenschaften nur eine Mindesttemperatur erzeugen (vgl. *Ludley*, Das Heizkostenrecht vor dem XII. Zivilsenat des *BGH*: Ein einziges Missverständnis? NZM 2019, 464)?

Messgeräte: Das Kürzungsrecht besteht, wenn die Messgeräte erst während des 6314
Abrechnungszeitraumes angebracht werden (*LG Berlin*, GE 2010, 126), wenn unzulässige Ausstattungen zur Verbrauchserfassung verwendet werden (*LG Berlin*,
WuM 1987, 32; *LG Meinigen*, WuM 2003, 453), wenn die Messgeräte fehlerhaft angebracht sind (*LG Frankfurt a. M.*, HKA 1989, 48), sofern nicht zulässigerweise nach
§ 9a HeizkostenV abgerechnet wird oder wenn vorgeschriebene Eichungen nicht
durchführt sind (*BayObLG*, MDR 1998, 708; *LG Berlin*, GE 2007, 1257). Im letzteren Fall ist das Kürzungsrecht jedoch ausgeschlossen, wenn der Vermieter beweist,
dass die Messergebnisse trotz fehlender Eichung richtig sind (*AG Halle* in Westfalen

ZMR 2013, 811). Kein Kürzungsrecht entsteht, wenn die Ausstattungen zur Verbrauchserfassung nicht normgerecht sind (str. vgl. *Kinne*, GE 2006, 1278 m.w.N). Entscheidend ist allein, ob die Anforderungen des § 5 Abs. 1 HeizkostenV erfüllt sind.

6315 **Mieterwechsel**: Gekürzt werden kann, wenn entgegen einer bei einem Mieterwechsel nach § 9b HeizkostenV bestehenden Verpflichtung keine Zwischenablesung vorgenommen wird (*LG Köln* WuM 1988, 38; *AG Berlin-Schöneberg* GE 2008, 1499). Dagegen besteht kein Kürzungsrecht, wenn nach § 9b Abs. 3 HeizkostenV wegen Unmöglichkeit einer (hinreichend genauen) Zwischenablesung verbrauchsunabhängig abgerechnet wird (*Lefèvre*, HKA 1989, 10; a. A. *LG Hamburg*, NJW-RR 1988, 907).

6316 **Rechenfehler** führen nicht zum Kürzungsrecht, sondern sind zu berichtigen.

6317 **Schätzungen und Hochrechnungen**, die von § 9a HeizkostenV nicht gedeckt sind, führen zum Kürzungsrecht (AG Köpenick, GE 2008, 1260; anders wohl *BGH*, Urteil vom 01.02.2012 – VIII ZR 156/11, ZMR 2012, 341 m. krit. Anm. Schmid = GE 2012, 401).

6318 **Sonderfälle des § 9a HeizkostenV**: Die Anwendung des § 9a HeizkostenV entspricht der HeizkostenV und begründet deshalb kein Kürzungsrecht. Deswegen kann auch nicht gekürzt werden, wenn bei (teilweiser) Unmöglichkeit der ordnungsgemäßen Verbrauchserfassung nach § 9a Abs. 2 HeizkostenV ausschließlich verbrauchsunabhängig abgerechnet (*OLG Düsseldorf*, WuM 2003, 387; a. A. *AG Köln*, WuM 1997, 273) oder ein zulässiges Ersatzverfahren herangezogen wird (*BGH* Urt. v. 16.11.2005 – VIII ZR 373/04, ZMR 2006, 122 = GE 2006, 48). Ein Kürzungsrecht entsteht, wenn entgegen § 9a HeizkostenV gemessene Werte statt Vergleichswerte in die Abrechnung eingesetzt werden und umgekehrt.

6319 Kann § 9a HeizkostenV nicht angewendet werden, weil keine Vergleichswerte vorliegen, kann nach Wohnfläche oder umbauten Raum abgerechnet werden und der Mieter kann kürzen. Ein Kürzungsrecht besteht auch dann, wenn nach dem Ersatzverfahren des § 9a HeizkostenV abzurechnen wäre, der Vermieter aber gleichwohl nach Wohnfläche abrechnet (*BGH*, Urt. v. 19.12.2012 – VIII ZR 152/12, ZMR 2013, 269 = GE 2013, 680).

6320 **Treu und Glauben**: Kein Kürzungsrecht kann der Mieter geltend machen, wenn feststeht, dass sich der Fehler nicht zum Nachteil des Mieters ausgewirkt haben kann (*LG Hamburg*, HKA 1988, 43). Der Mieter würde in diesen Fällen treuwidrig handeln, wenn er vom Kürzungsrecht Gebrauch macht. Darlegungs- und beweispflichtig ist der Vermieter. Die Geltendmachung des Kürzungsrechts wird auch versagt wegen treuwidrigen Verhaltens des Mieters, wenn sich dieser vor Beginn der Abrechnungsperiode mit einer verbrauchsunabhängigen Abrechnung einverstanden erklärt hat (*LG Hamburg*, WuM 1995, 192).

6321 **Verbrauchsunabhängige Abrechnung**: Das Kürzungsrecht besteht (*AG Bremerhaven*, WuM 1989, 30), sofern nicht zulässigerweise nach § 9a HeizkostenV abgerechnet wird.

F. Kürzungsrecht　　　　　　　　　　　　　　　　　　　　　　　　　　　　Teil VI

Verbundene Anlagen: Wenn bei verbundenen Anlagen im Sinne des § 9 Heizkos-　6321a
tenV eine Aufteilung zwischen Wärme und Warmwasser überhaupt nicht erfolgt oder
die Regeln des § 9 HeizkostenV nicht angewendet werden, entsteht das Kürzungsrecht. Zur Reichweite dieses Kürzungsrechts vgl. *Lammel,* ZMR 2016, 6. Das gilt
auch dann, wenn die Verfahren nach § 9 Abs. 2 Satz 2 bis 6 HeizkostenV angewendet
werden, obwohl die Voraussetzungen hierfür nicht vorliegen. Mit der Frage, ob das
Kürzungsrecht des § 12 HeizkostenV zu Gunsten des Mieters eingreift, wenn in einer
verbundenen Anlage statt nach den Werten des Wärmemengenzählers nach der in
§ 9 Abs. 2 S. 2 HeizkostenV vorgegebenen Formel abgerechnet wird, befasste sich
das LG Itzehoe. Bei einer pflichtwidrig unterbliebenen Messung der Energie, die für
die Warmwassererzeugung benötigt wurde, kann der Mieter verlangen, dass ein um
15 % des berechneten Warmwasseranteils zu seinen Gunsten verschobener Anteil des
Warmwassers angesetzt wird. Die Kürzung ist auf diejenige Unsicherheit zu beziehen,
die durch die konkrete Pflichtverletzung bei der Verbrauchserfassung entstanden ist
(*LG Itzehoe,* Urteil vom 22.03.2019 – 9 S 26/18 = ZMR 2019, 499 mit ablehnender
Anmerkung *Lammel*). Ein Kürzungsrecht des Verbrauchers nach § 12 HeizkostenV
besteht im Falle eines Verstoßes gegen das Gebot der getrennten Ermittlung von Heiz-
und Warmwasserkosten (*LG Halle,* Beschluss vom 20.09.2018 – 1 S 176/18 = WuM
2019, 318). Nach anderer Auffassung hat ein Mieter nicht deshalb ein Kürzungsrecht,
weil die einheitlich entstandenen Kosten einer verbundenen Anlage zur zentralen Bereitstellung von Heizungswärme und Warmwasser unter Verstoß gegen § 9 Abs. 2 S. 1
HeizkostenV lediglich rechnerisch nach einem in der Heizkostenverordnung vorgesehenen Ersatzverfahren aufgeteilt werden (*LG Heidelberg,* Urteil vom 28.05.2020 – 5 S
42/19 = WuM 2020, 420 m. w. N.).

Verteilungsmaßstäbe: Bei der Anwendung nicht zugelassener Verteilungsmaßstäbe　6321b
wird vielfach eine Berichtigung in Betracht kommen. Tatsächliche Fehler, z. B. falsche
Wohnflächen, Nichtberücksichtigung beheizbarer Räume sind zu berichtigen und begründen kein Kürzungsrecht (*OLG Düsseldorf,* ZMR 2005, 43).

Vertraglich vereinbarte Anwendung der HeizkostenV: Siehe hierzu oben 6079.　6321c

Voraufteilungen: Fehlerhafte Verbrauchserfassungen für Voraufteilungen begründen　6321d
ein Kürzungsrecht.

Wärmelieferung: Verstöße gegen § 556c BGB und/oder die WärmeLV führen nicht　6321e
zu einem Kürzungsrecht nach § 12 HeizkostenV, da sie keinen Verstoß gegen die
HeizkostenV begründen.

IV. Wirkung

1. Höhe

Der Kürzungsbetrag beträgt 15 % des auf den Nutzer entfallenden Anteils. Die　6321f
Kürzung erfolgt beim einzelnen Nutzer, nicht bei den Gesamtkosten. Ausgangs-
punkt für die Kürzung ist also der auf den Nutzer aufgeteilte Betrag (*Börstinghaus*
MDR 2000, 1345 [1349]). Der Prozentsatz ist unabhängig davon, welcher Fehler

vorliegt. Insbesondere besteht das volle Kürzungsrecht auch dann, wenn nur der Verbrauch in einem Raum nicht ordnungsgemäß erfasst ist (*LG Berlin* ZMR 2003, 680).

6321g   Der Wortlaut von § 12 Abs. 1 Satz 1 HeizkostenV (»oder«) lässt jedoch eine Trennung zwischen Heiz- und Warmwasserkosten zu. Betrifft deshalb der Fehler nur die Warmwasserkosten, können nur diese gekürzt werden, nicht aber die Heizkosten, und umgekehrt (*BGH,* Urt. v. 14.09.2005 – VIII ZR 195/04, ZMR 2005, 939 = WuM 2005, 657 = GE 2005, 1350).

6321h   Wenn eine Berichtigung der Abrechnung im Sinne einer der HeizkostenV entsprechenden Kostenverteilung möglich ist, geht die Berichtigung dem Kürzungsrecht vor (*BGH,* Urt. v. 16.07.2008 – VIII ZR 57/07, ZMR 2008, 885 m. Anm. *Schmid*).

2. Geltendmachung

6321i   Der Nutzer hat lediglich das Recht zur Kürzung. Die Herabsetzung der Kosten tritt deshalb nicht automatisch ein, sondern muss geltend gemacht werden (*OLG Köln* ZMR 2010, 850; *Schmid* ZMR 2008, 888). Die Geltendmachung kann ausdrücklich erfolgen, aber auch durch schlüssiges Verhalten, z.B. durch Zahlung eines um 15 % geringeren als des geforderten Nachzahlungsbetrages. Allein in einer bloßen Nichtzahlung kann die Geltendmachung jedoch wohl noch nicht gesehen werden, da diese auch auf Zahlungsunfähigkeit oder -unwilligkeit beruhen kann (a.A. wohl *BGH,* Urt. v. 16.07.2008 – VIII ZR 57/07, ZMR 2008, 885 m. Anm. *Schmid*).

6321j   Eine **Frist für die Geltendmachung** besteht nicht. Die Geltendmachung kann auch noch im Prozess erfolgen (*OLG Köln* ZMR 2010, 850). Da das Kürzungsrecht kein Anspruch im Sinne des § 194 BGB ist, unterliegt es auch nicht der Verjährung. Deshalb kann der Nutzer auch nach Zahlung des geforderten Nachzahlungsbetrages das Kürzungsrecht noch geltend machen. Es fällt dann der Rechtsgrund für die Zahlung des Kürzungsbetrages nachträglich weg mit der Folge, dass dem Nutzer ein Bereicherungsanspruch nach §§ 812 ff. BGB erwächst (a.A. *LG Hamburg* WuM 2000, 311). Ein Fall des § 814 BGB liegt nicht vor, da die Zahlung bis zur Ausübung des Kürzungsrechts geschuldet war.

6321k   Zu beachten ist allerdings, dass der Rückforderungsanspruch auch hier unter den oben (Rdn. 3254 ff., 3344 ff.) dargestellten Voraussetzungen ausgeschlossen sein kann. Mit Ablauf der Einwendungsfrist gilt die Abrechnung als richtig. Der Mieter kann sich nicht mehr auf die Unrichtigkeit berufen und damit entfällt das Kürzungsrecht (*Schmid* ZMR 2002, 730). In Betracht kommt auch eine Verwirkung, wenn der Mieter längere Zeit den Eindruck erweckt, er werde das Recht nicht geltend machen.

V. Schadloshaltung beim Abrechnungsunternehmen

6321l   Inwieweit der Vermieter gegen das Ablese- und/oder Abrechnungsunternehmen Ansprüche hat, hängt von den Umständen des Einzelfalles ab, insbesondere davon, wer den Fehler zu vertreten hat (Schmid, GE 2013, 658 [660]). Hat bereits der Gebäudeeigentümer falsche Vorgaben gemacht, so liegt die Pflichtverletzung bei ihm und nicht beim Abrechnungsunternehmen. Hat dagegen das Abrechnungsunternehmen den Fehler verursacht, haftet es für eine dabei begangene schuldhafte Pflichtverletzung nach § 280 BGB (*Schmid*, CuR 2013, 10 [15]).

G. Kostenumlegung bei Nichtanwendbarkeit der Heizkostenverordnung

I. Abrechnung außerhalb des Anwendungsbereiches der Heizkostenverordnung

Soweit die HeizkostenV nicht anwendbar ist, abweichende rechtsgeschäftliche Bestimmungen nach § 2 HeizkostenV unberührt bleiben (oben Rdn. 6079 ff.) oder eine Ausnahme nach § 11 HeizkostenV vorliegt (oben Rdn. 6050 ff.), muss nicht nach der Heizkostenverordnung abgerechnet werden. Es gelten dann die allgemeinen Grundsätze für die Kostenverteilung bei einer Nebenkostenumlegung (vgl. insbesondere oben Rdn. 4000 ff.). 6322

II. Einzelheizungen

Soweit keine Kosten zu verteilen sind, weil keine gemeinschaftliche Versorgung vorliegt (vgl. oben Rdn. 6005), richtet es sich nach dem Mietvertrag, welche Kosten der Mieter zu tragen hat. In der Regel wird hier vereinbart, dass der Mieter die **Brennstoffkosten** selbst trägt. In dieser Weise wird deshalb auch zu verfahren sein, wenn der Mietvertrag keine ausdrückliche Regelung enthält, da die Kostentragung durch den Mieter üblich ist (vgl. oben Rdn. 1022). Das wird mangels anderer Anhaltspunkte auch dann angenommen, wenn die Einzelöfen an eine zentrale Ölversorgungsanlage angeschlossen sind und eine Verbrauchsmessung erfolgt (*AG Schwäbisch Hall* WuM 1997, 118). 6323

Gehört die Einzelheizung dem Mieter, trägt dieser auch die Kosten für **Wartung, Reparaturen und Ersatzbeschaffung**, da die Heizung nicht Gegenstand des Mietvertrages ist. 6324

Ist die Einzelheizung mitvermietet, obliegt die Instandhaltung grundsätzlich dem Vermieter. Eine Überbürdung von Reparaturkosten auf den Mieter ist deshalb nur unter den von der Rechtsprechung entwickelten Anforderungen zur Überbürdung von Kleinreparaturen auf den Mieter möglich. In einem Formularmietvertrag für unwirksam erachtet wird deshalb eine Klausel, die den Mieter verpflichtet, einen Wartungsvertrag über eine Gastherme auf eigene Kosten abzuschließen (*AG Langenfeld/Rhld.* WuM 1995, 37). Das *LG Berlin* (GE 1989, 1057) hält in einem Formularmietvertrag mangels höhenmäßiger Begrenzung eine Klausel für unwirksam, die den Mieter zur Reinigung der Feuerstätte verpflichtet (vgl. jedoch auch Rdn. 6326). 6325

Umlegbar sind die in Nr. 4 und 5 des § 2 BetrKV bzw. §§ 7, 8 HeizkostenV genannten Kosten, soweit solche anfallen (*AG Karlsruhe* DWW 1988, 211; a.A. für Immissionsmessung: *AG Minden* WuM 1990, 32). In den genannten Vorschriften werden die Aufwendungen als Betriebskosten bezeichnet und unterfallen deshalb der Nr. 17 des § 2 BetrKV (a.A. *LG Berlin* GE 1989, 1057, dem auch nicht deshalb zuzustimmen ist, weil der Mieter selbst zur Reinigung verpflichtet war). 6326

6327 Befinden sich in einer Abrechnungseinheit mehrere Einzelheizungen, so sind gemeinschaftlich entstehende Kosten nach allgemeinen Grundsätzen zu verteilen. Zur zentralen Brennstoffversorgungsanlage vgl. Rdn. 5070. Für die Schornsteinreinigung s.o. Rdn. 5170. Andere gemeinschaftlich entstehende Kosten sind sonstige Kosten im Sinne der Nr. 17 des § 2 BetrKV (vgl. oben Rdn. 5410 ff.; a.A. *AG Königstein/Ts.* WuM 1994, 684 für Druck- und Dichtigkeitsprüfungen von Gasleitungen).

III. Anwendungsbereich des § 22 NMV 1970

6328 Auch hier gilt grundsätzlich der **Vorrang der Heizkostenverordnung**, soweit diese anwendbar ist.

6329 Liegt eine **Ausnahme nach § 11 HeizkostenV** vor (Rdn. 6050 ff.), dürfen die Kosten der Versorgung mit Wärme umgelegt werden nach der Wohnfläche oder nach dem umbauten Raum. Für die umzulegenden Kosten gelten § 7 Abs. 2 und 4 HeizkostenV entsprechend (*LG Hamburg* WuM 1994, 196).

6330 Die Warmwasserkosten dürfen nach der Wohnfläche verteilt werden oder einem Maßstab, der dem Warmwasserverbrauch in anderer Weise als durch Erfassung Rechnung trägt (sieh hierzu Rdn. 5039). § 8 Abs. 2 und 4 HeizkostenV (Rdn. 6253 und 6254) gelten entsprechend (§ 22 Abs. 1 Satz 1 Nr. 2, Satz 2 NMV 1970).

6331 Eine Verteilung der Heizkosten, die auf die Treppenhäuser entfallen, nach dem Verhältnis der Wohnflächen ist angemessen (*LG Berlin* GE 1987, 782, 783). Eine dem § 4 Abs. 3 Satz 2 HeizkostenV entsprechende Verpflichtung zur Vorerfassung (vgl. Rdn. 6107 ff.) besteht nicht.

6332 § 22 Abs. 2 Satz 3 und Abs. 3 NMV 1970 enthalten **Übergangsregelungen**.

6333 Danach bleiben Genehmigungen nach den Vorschriften des § 22 Abs. 5 NMV 1970 in der bis zum 30. April 1984 geltenden Fassung unberührt. Der genehmigte verbrauchsunabhängige Verteilungsmaßstab wird nicht geändert (*Wienicke* GE 1984, 606). Der Vermieter muss jedoch vom Fortgelten der Genehmigung keinen Gebrauch machen und kann auch nach dem neuen Rechtszustand abrechnen.

IV. Fernwärme und Fernwarmwasser

6334 Soweit Fernwärmeversorgungsunternehmen für den Anschluss an die Fernwärmeversorgung und für die Versorgung mit Fernwärme Vertragsmuster oder Vertragsbedingungen verwenden, die für eine Vielzahl von Verträgen vorformuliert sind, gilt die Verordnung über allgemeine Bedingungen für die Versorgung mit Fernwärme (§ 1 Abs. 1 Satz 1 AVBFernwärmeV). Diese Verordnung gilt nicht für den Anschluss und die Versorgung von Industrieunternehmen (§ 1 Abs. 2 AVBFernwärmeV). Rechtsvorschriften, die das Versorgungsverhältnis öffentlich-rechtlich regeln, sind den Bestimmungen dieser Verordnung entsprechend zu gestalten. Regelungen des Verwaltungsverfahrens und gemeinderechtliche Vorschriften zur Regelung des Abgabenrechts bleiben unberührt (§ 35 AVB FernwärmeV).

H. Heizkostenvorauszahlungen und Heizkostenabrechnung

Nach § 18 Abs. 7 AVBFernwärmeV sind bei der Abrechnung der Lieferung von Fernwärme und Fernwarmwasser die Bestimmungen der Heizkostenverordnung zu beachten. 6335

Um Fernwärme handelt es sich nach der Rechtsprechung des *BGH*, wenn die Wärme nicht aus einer dem Eigentümer des zu versorgenden Gebäudes gehörenden Heizungsanlage kommt, sondern von einem Dritten nach unternehmenswirtschaftlichen Gesichtspunkten eigenständig produziert und an andere geliefert wird. Die räumliche Entfernung und die Größe des Leitungsnetzes sind ebenso unerheblich wie der Umstand, ob die Zahl der Wärmeabnehmer von vornherein feststeht oder nicht. Eine Wärmeproduktion im versorgten Haus ist jedoch keine Fernwärme, sondern sog. Nahwärme (*BGH*, Urt. v. 20.06.2007 – VIII ZR 244/06, ZMR 2007, 768 = WuM 2007, 445). 6336

Teilweise ist die Heizkostenverordnung nach § 1 Abs. 3 HeizkostenV auch auf die Lieferung von Fernwärme und Fernwarmwasser unmittelbar anwendbar (vgl. § 1 Abs. 3 HeizkostenV). 6337

H. Heizkostenvorauszahlungen und Heizkostenabrechnung

I. Grundsätzliches

Die HeizkostenV enthält entgegen ihrer Bezeichnung als Verordnung über die Abrechnung gerade keine Vorschriften für die Gestaltung der Abrechnung. Hierfür gelten deshalb grundsätzlich die allgemeinen Vorschriften für eine Abrechnung. 6338

Die Heizkostenverordnung enthält auch keine Vorschriften über Vorauszahlungen. Es gelten deshalb die allgemeinen Vorschriften über Betriebskostenvorauszahlungen (Rdn. 3068 ff.). Auch für die Abrechnung als solche enthält die HeizkostenV keine Sonderregelung. Verpflichtet ist der Vermieter lediglich zur Kostenverteilung entsprechend der Heizkostenverordnung, sodass auch hier die allgemeinen Grundsätze (Rdn. 3139 ff.) anzuwenden sind. Auf einige Sonderfragen sei jedoch hingewiesen. 6339

Nichts mit der Heizkostenabrechnung zu tun haben Fragen der Beheizung selbst. Für die Heizkostenabrechnung ist es deshalb unerheblich, dass die Heizungsanlage technisch überaltert ist (*LG Darmstadt* DWW 1987, 18; *AG Köln* WuM 1995, 210) oder aus sonstigen Gründen ein erhöhter Energiebedarf besteht (*LG Hamburg* DWW 1988, 349). Siehe hierzu Rdn. 1069. 6340

II. Abrechnungseinheit

Die HeizkostenV regelt nicht die Bildung der Abrechnungseinheit. Der gegenteiligen Auffassung (*AG Hamburg* WuM 1987, 89; *AG Cham* und *LG Regensburg* BayHausBesZ 1989, 91), die dem § 1 Abs. 1 HeizkostenV entnehmen will, dass zu einer Abrechnungseinheit nur diejenigen Räume gehören, die an die zentrale 6341

Heizungsanlage bzw. bei Fernwärme an den Übergabepunkt angeschlossen sind, ist nicht zu folgen, da § 1 Abs. 1 HeizkostenV nur den Geltungsbereich regelt und nichts über die Durchführung der Abrechnung aussagt. Es gelten deshalb die allgemeinen Grundsätze für die Bildung einer Abrechnungseinheit (Rdn. 4019 ff.). § 2 HeizkostenV steht einer mietvertraglichen Regelung der Abrechnungseinheit nicht entgegen, da die HeizkostenV insoweit keine Regelungen enthält (*LG Berlin* GE 1989, 679).

6342 Werden mehrere Abrechnungseinheiten von einer Anlage versorgt, ist eine Vorauftteilung erforderlich. Diese erfolgt nicht nach § 5 Abs. 2, § 6 Abs. 2 HeizkostenV, da diese Vorschriften nur innerhalb einer Abrechnungseinheit gelten. Die Kosten müssen nach allgemeinen Grundsätzen (Rdn. 4167 ff.), z.B. durch Messung der Heizwassermengen (*LG Köln* NZM 2001, 617) oder dem Verhältnis der beheizten Flächen (*LG Berlin* GE 2002, 1627) aufgeteilt werden.

6343 In die Abrechnung mit einbezogen werden müssen alle Räume und Flächen, die tatsächlich beheizt werden, z.B. auch gemeinschaftliche Toiletten und beheizte Wege (*OLG Düsseldorf* ZMR 2004, 43). Es handelt sich dabei um gemeinschaftliche Räume nach § 4 Abs. 3 HeizkostenV (Rdn. 6107 ff.).

III. Abrechnungs- und Ablesezeitraum

6344 Für den **Abrechnungszeitraum** enthält die HeizkostenV keine besonderen Regelungen. Es gelten an sich die allgemeinen Grundsätze (Rdn. 3189b ff.).

6345 Jedenfalls die Abrechnung der Brennstoffkosten hat nach dem Verbrauch im Abrechnungszeitraum zu erfolgen und nicht nach dem Abflussprinzip (so *BGH*, Urt. v. 01.02.2012 – VIII ZR 156/11, ZMR 2012, 341 m. Anm. *Schmid*; *BGH* Urt. v. 17.02.2012 – V ZR 251/10, ZMR 2012, 372 m. Anm. *Casser/Schultheiß*; a.A. *Schmid* CuR 2011, 153). Nicht problematisiert hat der BGH die anderen nicht in jedem Jahr anfallenden Kosten, wie die Eichkosten, und solche Kosten, die regelmäßig erst im nächsten Jahr bezahlt werden, insbesondere die Kosten der Messdienste. Eichkosten bzw. Austauschkosten sind bei Anwendung des Leistungsprinzips auf die Dauer der Gültigkeit der Eichung gleichmäßig auf die Abrechnungszeiträume zu verteilen (*LG Berlin* GE 2003, 121; *Wall* WuM 1988, 67). Der *BGH* (*BGH*, Urt. v. 30.04.2008 – VIII ZR 240/07, MDR 2008, 852 L = MietRB 2008, 321 = NJW 2008, 2328) hat es in anderem Zusammenhang zugelassen, dass eine Abrechnung nach verschiedenen Prinzipien erstellt wird und der Verbrauch ist in der HeizkostenV nur bei den Brennstoffkosten erwähnt. Gleichwohl wird man wohl davon ausgehen müssen, dass für alle Kosten nach der HeizkostenV das Verbrauchsprinzip gilt.

6346 Bei verspäteter Ablesung der Heizungserfassungsgeräte ist eine Rückrechnung auf das Ende der Abrechnungsperiode unter Anwendung der Gradtagszahlen (Rdn. 6230 ff.) nicht zulässig (*LG Osnabrück* NZM 2004, 95 = NJW-RR 2004, 1639).

IV. Einzelangaben in der Abrechnung

Nicht in die Abrechnung aufgenommen werden müssen Angaben, die dem Nutzer die Überprüfung ermöglichen, ob die **Ausstattungen zur Verbrauchserfassung** zugelassen und ordnungsgemäß angebracht sind. Das ist eine Frage der materiellen Richtigkeit der Abrechnung (*AG Hamburg* WuM 1997, 162). 6347

Eine Abrechnung nach dem **Abflussprinzip** hält der BGH für Brennstoffkosten nicht für zulässig (s. Rdn. 6261). 6348

Die Heizkostenabrechnung muss keine Angaben über den **Betriebsstrom** enthalten, wenn die Kosten hierfür nicht umgelegt werden (*BGH*, Beschl. v. 13.09.2011 – VIII ZR 45/11, ZMR 2012, 173 = WuM 2011, 684 = GE 2011, 1679). Das lässt sich dahin verallgemeinern, dass die Abrechnung zu Kosten, die nicht umgelegt werden, auch keine Angaben enthalten muss (*LG Itzehoe* MietRB 2001,73; *Schmid* CuR 2012, 70 [73]). 6349

Das **Datum der Ablesung** muss in der Abrechnung grundsätzlich nicht angegeben werden, da es den Nutzern bekannt ist (a.A. *LG Itzehoe* ZMR 2005, 539 m. insoweit abl. Anm. Schmid). Etwas anderes gilt bei einer ohne Beteiligung der Mieter erfolgten Funkablesung (Schmid ZMR 2005, 541). 6350

Anzugeben ist der Gesamtbetrag der Kosten und zwar aufgeschlüsselt nach den in §§ 7 und 8 HeizkostenV enthaltenen Positionen (LG Berlin GE 1992, 717). Allerdings lässt der *BGH* (Urt. v. 23.06.2010 – VIII ZR 227/09, ZMR 2010, 933 = WuM 2010, 493 = IMR 2010, 369) bei der Aufgliederung der Kosten in anderem Zusammenhang eine gewisse Großzügigkeit walten (Strom allgemein). Die Kosten für Frischwasser und Entwässerung können auch im Rahmen der Heizkostenabrechnung abgerechnet werden (*BGH*, Urt. v. 26.10.2011 – VIII ZR 268/10, ZMR 2012, 263 = IMR 2012, 56). Dabei sind jedoch unterschiedliche Abrechnungsmaßstäbe zu beachten (*Schmid* IMR 2012, 57). 6351

Eine Trennung von Heiz- und Warmwasserkosten ist erforderlich, wenn Heizwärme und Wassererwärmung durch verschiedene Anlagen produziert werden (Rdn. 6270). Bei verbundenen Anlagen ist die Aufteilung nach § 9 HeizkostenV darzustellen, wobei insbesondere anzugeben ist, nach welcher Methode die Aufteilung erfolgt. Die Formeln des § 9 HeizkostenV müssen nicht erläutert werden (*BGH*, Urt. v. 20.07.2005 – VIII ZR 371/04, ZMR 2005, 937 = WuM 2005, 579 = DWW 2005, 329). 6352

Bei einer Vorerfassung müssen die Aufteilungsschritte nachvollziehbar dargestellt sein. Auch die Gesamtkosten müssen angegeben werden. Es genügt nicht, dass jeder Nutzergruppe nur ihr eigener Verbrauch mitgeteilt wird. Aus der Abrechnung muss sich ergeben, wie die Nutzergruppen gebildet wurden (KG DWW 2009, 235). Das Fehlen dieser Angaben stellt einen formellen Mangel der Abrechnung dar (BGH, Urt. v. 14.02.2007 – VIII ZR 1/06, ZMR 2007, 359 = IMR 2007, 105 = NJW 2007, 1059). 6353

Bei den Brennstoffkosten genügt für die formelle Wirksamkeit die Angabe des Verbrauches; eine Angabe von Anfangs- und Endbestand ist nicht erforderlich (Rdn. 3234). 6354

Bei der Wärmelieferung genügt die Angabe der vom Wärmelieferer in Rechnung gestellten Beträge (*BGH,* Beschl. v. 08.02.2011 – VIII ZR 145/10, WuM 2011, 219; *LG Bochum* NZM 2004, 779). Der Mieter hat keinen Anspruch darauf, dass die einzelnen Positionen der Kalkulation des Wärmelieferers offengelegt werden (*LG Dresden* CuR 2004, 65). Eine Angabe des Verbrauchs in KWh ist nicht unklar (*AG Frankfurt/ M.* WuM 2002, 375; a. A. *AG Gladbeck* WuM 2002, 17). Nur wenn mangels hinreichender Vereinbarung der Vermieter bei einem einseitigen Übergang zur Wärmelieferung nur die Kosten nach § 7 Abs. 2 und § 8 Abs. 2 HeizkostenV umlegen kann, muss der Vermieter eine alternative Abrechnung für diese (fiktiven) Kosten erstellen (vgl. *LG Berlin* GE 2004, 1294).

6355 Bei der Aufnahme von in der HeizkostenV nicht genannten Positionen, z. B. der Kosten einer Klimaanlage, wird eine Erläuterung verlangt (OLG Dresden GuT 2002, 87). Ebenso bei der Aufnahme von Investitionskosten in die Position »Brennstoffkosten« (LG Erfurt WuM 2002, 317). M.E. ist in solchen Fällen auch bei der Vermietung von Geschäftsräumen eine klare Herausrechnung erforderlich (Schmid IMR 2012, 133 [134]).

6356 Werden bei der Abrechnung der Heiz- und Warmwasserkosten Schätzungen vorgenommen, die nicht den Vorgaben des § 9a HeizkostenV entsprechen, so soll eine formelle Unwirksamkeit vorliegen (AG Charlottenburg GE 2011, 207). Dem ist jedoch nicht zu folgen, da es sich letztlich nur um eine falsche Kostenverteilung handelt, die die inhaltliche Richtigkeit betrifft (Schmid IMR 2012, 133 [134]).

6357 Ein Verteilungsschlüssel »lt. Zähler« ist ohne Erläuterung ungenügend bezeichnet (*LG Gießen* NJW-RR 1996, 1163).

6358 Werden Heizkostenverteiler mit einheitlichen Ableseskalen an verschiedenen Heizkörpern verwendet, muss der Umrechnungsfaktor in der Abrechnung angegeben werden (AG Rheine WuM 1996, 715; a.A. *AG Spandau* GE 2005, 920).

6359 Die Vorschriften der HeizkostenV müssen dem Mieter nicht erläutert werden. Der Vermieter hat eine Abrechnung zu erstellen, die den Anforderungen der HeizkostenV entspricht. Eine Pflicht, diese Vorschriften mitzuteilen oder zu erläutern, trifft ihn hingegen nicht (*BGH,* Urt. v. 26.10.2011 – VIII ZR 268/10, ZMR 2012, 263 = NZM 2012, 153 = MDR 2012, 82 = WuM 2012, 25 = CuR 2011, 165).

6360 Bei der Berücksichtigung der Kaltverdunstungsvorgabe wird teilweise eine Erläuterung verlangt (*AG Starnberg,* NMZ 2013, 789; AG Flensburg WuM 1991, 702). Nach der Rechtsprechung des *BGH* zur fehlenden Erläuterungspflicht (Rdn. 6359) dürfte dies jedoch nicht erforderlich sein.

6361 Besondere Bedeutung wird die Rechtsprechung des *BGH* zum Verständnis des Mieters für die Anwendung des § 7 Abs. 1 Satz 3 HeizkostenV gewinnen (*Schmid* IMR 2012, 57). Die dort genannten »anerkannten Regeln der Technik« (Richtlinie VDI 2077) sind so kompliziert, dass sie wohl nur von Fachleuten angewendet und überprüft werden können (vgl. *Wall* WuM 2009, 3 ff.).

Bei der Änderung des Verhältnisses von Verbrauchs- und Festkosten muss die Abrechnung nach Meinung des *LG Erfurt* (WuM 2002, 317) den Grund für die Änderung nennen. Das erscheint jedoch nicht erforderlich, weil die Richtigkeit des Abrechnungsmaßstabes die inhaltliche Richtigkeit der Abrechnung betrifft (*BGH*, Urt. v. 17.11.2004 – VIII ZR 115/04, ZMR 2005, 121 = IMR 2006, 1017 = NJW 2005, 219). 6362

Bei der Verwendung der Gradtagszahlmethode (§ 9b Abs. 2 HeizkostenV) müssen die einzelnen Rechenschritte nachvollziehbar dargestellt werden (*LG Krefeld* WuM 1987, 360); eine Erläuterung der Methode selbst ist nicht erforderlich (*Schmid* in: Schmid/Harz Mietrecht § 9b HeizkostenV Rn. 12). 6363

Eine Checkliste zur Überprüfung einer Heizkostenabrechnung findet sich in Rdn. 8012. 6364

V. Beweislast

Zur Beweislast für die Richtigkeit der Verbrauchserfassung s. Rdn. 4152 ff., zum Flächenansatz Rdn. 4135 und 7039 ff., zum Problem des Bestreitens mit Nichtwissen durch den Mieter Rdn. 7027 ff. 6365

I. Einführung der Wärmelieferung (Wärmecontracting)

I. Vorbemerkung

Das Wärmecontracting wird herkömmlicherweise im Rahmen der HeizkostenV diskutiert, obgleich es sich streng genommen um eine Frage der Kostenumlegung handelt und § 2 Nr. 4–6 bis BetrKV zuzuordnen wäre. 6366

II. Verweisung an Wärmelieferer

Besteht eine Versorgungspflicht des Vermieters, kann dieser den Mieter nicht einseitig auf einen Bezug von Wärme und Warmwasser von einem Lieferer verweisen (*LG Berlin*, WuM 1998, 481; *AG Erfurt* WuM; 2000, 259). Das wird auch von § 556c BGB nicht gedeckt. 6366a

Eine einvernehmliche Regelung ist möglich (*Wüstefeld* WuM 1996, 736 ff.; *Schmid* ZMR 1998, 734; a.A. *Ropertz/Wüstefeld* NJW 1989, 1366). In einem Individualvertrag kann sich der Mieter verpflichten, während des Mietverhältnisses den Vermieter aus der Versorgungspflicht zu entlassen und einen Vertrag mit einem Lieferer abzuschließen. In einem Formularmietvertrag ist eine solche Vereinbarung, die ein einseitiges Leistungsbestimmungsrecht des Vermieters beinhaltet, jedoch an § 308 Nr. 4 (bei Geschäftsraummiete i.V.m. §§ 307, 310 Abs. 1) BGB zu messen. Da eine wesentliche Pflichtenänderung eintritt, sind die Interessen des Mieters nur ausreichend gewahrt, wenn ihm bei Haftung und/oder Preis oder durch eine Senkung der Grundmiete ein angemessener Ausgleich geboten wird (*Schmid* ZMR 1998, 734). Dagegen ist eine solche Klausel nicht überraschend i.S.d. § 305c BGB (*Schmid* ZMR 1998, 734; 6367 a.A. Eisenschmid WuM 1998, 451). Sie ist unwirksam, wenn der Mieter verpflichtet wird, mit dem Wärmelieferer einen Vertrag zu schließen, den der Vermieter bestimmt, da der Mieter nicht vor überhöhten Kosten geschützt ist (*AG Winsen/Luhe*, IMR 2013, 140). In solchen Fällen kommt konkludent kein Vertrag zwischen Wärmelieferer und Mieter zustande, wenn der Mieter die Heizung nutzt (*AG Winsen/ Luhe*, IMR 2013, 140).

6368 Werden Einzelöfen beseitigt, so kann der Vermieter den Mieter auf einen Wärmecontractor verweisen, wenn es sich um eine duldungspflichtige Modernisierungsmaßnahme gehandelt oder der Mieter zugestimmt hat (*Schmid* ZMR 2013, 776 [778]; a.A. *LG Bonn*, WuM 2006, 563). Die Zumutbarkeit ist i.R.d. § 555d BGB zu prüfen.

6368a Besteht keine Versorgungspflicht des Vermieters, kann der Mieter an einen Wärmelieferer verwiesen werden. Das gilt sowohl bei Neuabschluss eines Mietvertrages (*Schmid* ZMR 1998, 733) als auch in den Fällen, in denen durch eine zulässige Modernisierung Einzelheizungen beseitigt werden (*LG Frankfurt an der Oder*, WuM 1999, 403; a.A. AG und *LG Bonn*, WuM 2006, 563).

III. Vertragliche Regelung bei Mietbeginn

6369 1. Die Wärmelieferungskosten können unproblematisch umgelegt werden, wenn bereits **bei Abschluss des Mietvertrages die Beheizung über Wärmecontracting** erfolgt und der Mietvertrag die Umlegung von Wärmelieferungskosten (Fernheizung oder zentrale Heizungsanlage) ausdrücklich vorsieht (*BGH* ZMR 2007, 685 = GE 2007, 1051 BGH, Urt. v. 13.06. 2007 – VIII ZR 78/06 = ZMR 2007, 685 = GE 2007, 1051). Der Umstand, dass der Vermieter überhaupt das Wärmecontracting gewählt hat, begründet noch keinen Verstoß gegen den Wirtschaftlichkeitsgrundsatz (*BGH* ZMR 2007, 685 = GE 2007, 1051). Unwirtschaftlich handelt der Vermieter nur, wenn unter den Anbietern von Wärme ohne sachlichen Grund einen teueren auswählt. Hierzu verlangt der *BGH* (ZMR 2007, 685 = GE 2007, 1051) vom Mieter einen konkreten Vortrag, dass ein anderer preiswerterer Wärmecontractor vorhanden gewesen wäre.

6370 2. Allein die Tatsache, dass das Haus bereits bei Abschluss des Mietvertrages durch Wärmelieferung versorgt wird, reicht aber für die Umlegung nicht aus, wenn im Mietvertrag die Wärmelieferungskosten nicht genannt sind, sondern nur die Kosten, die bei einem Betrieb der zentralen Heizungsanlage durch den Vermieter anfallen (*BGH* WuM 2007, 445). In solchen Fällen würde es naheliegen, eine ergänzende Vertragsauslegung zu diskutieren, weil die vereinbarten Kosten nicht anfallen, aber dafür andere (*Schmid* ZMR 2008, 25 [26]). Der *BGH* hält jedoch strikt am Wortlaut des Vertrages fest. Jedenfalls entspricht es nicht dem Willen der Parteien, dass der Vermieter gar keine Kosten erhält oder dass bei einer Anpassung an die HeizkostenV die Grundmiete zu senken ist (*Schmid* WE 2009, 8).

6371 3. Strikt getrennt wird auch zwischen **Nahwärme**, die im beheizten Gebäude produziert wird, und Fernwärme, die außerhalb erzeugt wird, (*BGH*, Urt. v. 20.06.2007 – VIII ZR 244/06 = ZMR 2007, 768 =WuM 2007, 445). Eine Vereinbarung über die

I. Einführung der Wärmelieferung (Wärmecontracting)   Teil VI

Umlegung von **Fernwärmekosten** deckt nicht die Kosten einer Wärmelieferung ab, wenn sich die Heizungsanlage im versorgten Haus befindet.

4. Dieses strikte Festhalten am Wortlaut der Vereinbarung praktiziert der *BGH* – Urt. v. 27.06.2007 – VIII ZR 202/06 = ZMR 2007, 851 = ZfIR 2007, 669 – auch dort, wo Nahwärme und Fernwärme im Mietvertrag genannt sind, sei es auch nur durch die Bezugnahme auf die Anlage 3 zu § 27 II. BV oder § 2 BetrKV. Durch den Oberbegriff Wärmelieferung wird sowohl die Nah- als auch die Fernwärme einbezogen (*Kinne* GE 2007, 1082). 6372

IV. Übergang zur Wärmelieferung bei bestehendem Mietverhältnis

1. Allgemeines

Das Mietrechtsänderungsgesetz 2013 vom 11.3.2013 (BGBl. I S. 434) brachte einen neuen § 556c BGB, der nach jahrelanger Diskussion in der Rechtswissenschaft und kontroversen Entscheidungen der Gerichte eine Regelung für die Einführung des Wärmecontractings, im gesetzlichen Sprachgebrauch als Wärmelieferung bezeichnet, bringt. Die Verortung im Gesetz ist unsystematisch. Da es sich um eine Betriebskostenvorschrift handelt, wäre sie nach § 556a BGB zu platzieren gewesen. Dort stand aber bereits der § 556b BGB, den man nicht umbenennen wollte. 6373

Ergänzt wird § 556c BGB durch die aufgrund des § 556c Abs. 3 BGB erlassene WärmeLV. 6374

2. Normzweck

§ 556c BGB soll die rechtlichen Rahmenbedingungen für die Umlage von Kosten einer gewerblichen Wärmelieferung durch Dritte in bestehenden Mietverhältnissen regeln (Gesetzentwurf der Bundesregierung BT-Drucks. 17/10485 unter A. Problem und Ziel). Nach der Einzelbegründung des Gesetzes (Gesetzentwurf der Bundesregierung BT-Drucks. 17/10485 unter Begründung B. – Besonderer Teil, Einzelbegründung Zu Art. 1. zu Nr. 6 [§ 556c neu]) soll § 556c BGB die Umstellung auf das Contracting als wichtiges Instrument zur Verbesserung der Energieeffizienz ermöglichen. Frühzeitige Hinweise (z.B. *Schmid*, CuR 2011, 52 [59]; Stellungnahme des DAV abgedruckt in NZM 2012, 105 [107]; Stellungnahme von Haus und Grund, DWW 2012, 324 [337]), dass die Regelungen gegenüber der bisherigen Rechtslage (vgl. *BGH* ZMR 2007, 851 = NJW 2007, 3060 = NZM 2007, 769 = ZfIR 2007, 669) eine Erschwerung der Umstellung auf das Wärmecontracting bringen, haben beim Gesetzgeber kein Gehör gefunden. Das gesetzgeberische Ziel, das Wärmecontracting zu fördern, dürfte wohl nicht erreicht werden. 6375

3. Anwendungsbereich

a) Betroffene Objekte

aa) Wohnräume, Geschäftsräume, Pacht

§ 556c BGB gilt nach seiner systematischen Stellung im Gesetz für Mietverhältnisse über Wohnraum (*Schmid* ZMR 2013, 776). 6376

6377 Ein neuer § 578 Abs. 2 Satz 2 BGB bestimmt jedoch, dass § 556 Abs. 1 und 2 BGB und die nach § 556 Abs. 3 BGB erlassene Rechtsverordnung auch für Mietverhältnisse über andere Räume gelten, dass aber abweichende Vereinbarungen hier zulässig sind. Die Gesetzesbegründung (Gesetzentwurf der Bundesregierung BT-Drucks. 17/10485 unter Begründung B. – Besonderer Teil, Einzelbegründung zu Art. 1 Nr. 6 (§ 578 neu)). führt hierzu nur aus, dass damit insbesondere die einheitliche Umstellung von gemischt genutzten Grundstücken ermöglicht werden soll. Der Anwendungsbereich der Vorschrift ist aber nicht hierauf begrenzt. Die Regelung gilt auch für ausschließlich gewerblich genutzte Objekte (*Schmid*, GuT 2013, 3).

6378 Für die Pacht sind die Vorschriften über § 582 BGB anzuwenden (*Lützenkirchen* in: Lützenkirchen, Mietrecht, 2. Aufl., 2015, § 556c Rn. 3).

bb) Preisgebundener Wohnraum

6379 Eine ausdrückliche Regelung für preisgebundene Wohnungen fehlt. Gilt hier das Verfahren nach § 556c BGB i.V.m. der WärmeLV oder sind stattdessen oder zusätzlich auch § 10 WoBindG, § 5 Abs. 3 NMV 1970 zu beachten? M.E. hat § 556c BGB Vorrang (*Schmid*, CuR 2011, 52 [53]; *Beyer*, CuR 2012, 48 [61]; a.A. *Horst* MDR 2013, 189 [193]). Es handelt sich im Verhältnis zu § 5 Abs. 3 NMV 1970 um das höherrangige, und im Verhältnis zu § 10 WoBindG um das speziellere und jüngere Gesetz. Mangels einschränkender Sonderregelung sind die neuen Vorschriften deshalb auch auf Mietverhältnisse über preisgebundenen Wohnraum anzuwenden, zumal § 556c Abs. 2 Nr. 2 BGB eine Mieterhöhung gerade verhindern soll (*Schmid*, CuR 2011, 52 [53]). Das Gegenteil erklärt jedoch die amtliche Begründung (Gesetzentwurf der Bundesregierung BT-Drucks. 17/10485 unter Begründung Besonderer Teil, Einzelbegründung zu Nr. 6 [§ 556c neu], die in § 5 NMV 1970 die speziellere Vorschrift sieht. Im Gesetzestext kommt dies jedoch nicht zum Ausdruck.

cc) Wohnungseigentum

6380 Nicht anwendbar ist § 556c BGB im Verhältnis der Wohnungseigentümer untereinander und der Wohnungseigentümer zur Wohnungseigentümergemeinschaft als Verband (siehe zur Umstellung auf Wärmecontracting beim Wohnungseigentum grundsätzlich: *Schmid* CuR 2004, 45 ff.; *Fritz*, NZM 2012, Heft 3 Umschlagseite 5 [7]). Vorauszusehen ist, dass das zu Verwerfungen bei der Vermietung von Eigentumswohnungen führen wird (*Schmid*, CuR 2011, 52 [53]; Stellungnahme des DAV abgedruckt in NZM 2012, 105 [108]). Der vermietende Wohnungseigentümer ist nämlich vom Grundsatz her im Verhältnis zum Mieter an § 556c BGB gebunden (*Schmid*, CuR 2011, 52 [53]; Stellungnahme des DAV abgedruckt in NZM 2012, 105 [108]).

6381 Angesichts der Trennung der rechtlichen Beziehungen des Wohnungseigentümers zum Mieter und zu den Wohnungseigentümern und der Wohnungseigentümergemeinschaft kann man die Auffassung vertreten, dass der vermietende Wohnungseigentümer die Nachteile hinnehmen muss, die daraus entstehen, dass sich die Wohnungseigentümergemeinschaft – wozu sie auch nicht verpflichtet ist (Stellungnahme des DAV abgedruckt in NZM 2012, 105 [108]) – nicht an die für das Mietrecht geltenden Vorschriften hält. Das erscheint aber wenig sachgerecht.

Man kann deshalb hier auf den Grundsatz von Treu und Glauben (§ 242 BGB) zurückgreifen, wonach auch der Mieter vom Wohnungseigentümer nichts verlangen kann, was diesem unmöglich ist. Man wird deshalb hier die Fehlerfolgen auf die Fälle beschränken müssen, in denen die Umstellung so grob unbillig ist, dass sie gar nicht mehr einer ordnungsgemäßen Verwaltung i.S.d. § 21 WEG entspricht und der vermietende Wohnungseigentümer deshalb die Möglichkeit hat oder gehabt hätte, den Beschluss über die Umstellung erfolgreich anzufechten (vgl. *Schmid*, CuR 2011, 53 [53]; ders. DWE 2008, 38 [41] zu § 4 Abs. 2 HeizkostenV). Angesichts der zentralen Bedeutung, die der Gesetzgeber der Kostenneutralität zumisst, wird man hierauf zulasten des Mieters wohl nicht verzichten können. 6382

Die Wohnungseigentümergemeinschaft ihrerseits ist gehalten, dem Wohnungseigentümer die Informationen für die Umstellungsankündigung rechtzeitig zur Verfügung zu stellen und im Wärmeliefervertrag einen Auskunftsanspruch entsprechend § 5 WärmeLV zu vereinbaren (*Schmid* ZMR 2013, 776 [777]). 6383

b) Laufende Mietverhältnisse

Die Regelung des § 556c BGB beschränkt sich auf Umstellungen im laufenden Mietverhältnis. Nicht erfasst wird nach der Begründung des Gesetzentwurfes (A. Allgemeiner Teil II. 2; Begründung B. – Besonderer Teil, Einzelbegründung zu Nr. 6 [§ 556c neu]) der Abschluss neuer Mietverträge. Nach seinem Wortlaut gilt § 556c Abs. 1 BGB für alle zum Zeitpunkt der Umstellung bestehenden Verträge, auch wenn diese erst nach Inkrafttreten des Gesetzes abschlossen werden (*Schmid* ZMR 2013, 776 [777]). Nicht erfasst werden neue Verträge, bei denen die Mietsache bereits bei Vertragsschluss über Wärmelieferung versorgt wird (*Pfeifer*, MietRB 2013, 94 (101)). Das ergibt sich schon daraus, dass hier keine Umstellung mehr erfolgt. 6384

Die Wärmelieferungskosten können unproblematisch umgelegt werden, wenn bereits bei Abschluss des Mietvertrages die Beheizung über Wärmecontracting erfolgt und der Mietvertrag die Umlegung von Wärmelieferungskosten (Fernheizung oder zentrale Heizungsanlage) ausdrücklich vorsieht (*BGH* Urt. v. 13.06. 2007 – VIII ZR 78/06 = ZMR 2007, 685 = GE 2007, 1051). 6385

c) Kostentragungspflicht des Mieters

aa) Umlegung mit Abrechnung

Entgegen der zumindest missverständlichen amtlichen Begründung (Gesetzentwurf der Bundesregierung BT-Drucks. 17/10485 unter B. Lösung) schafft § 556c BGB keinen Anspruch des Vermieters auf Tragung der Kosten für Heizung und Warmwasser durch den Mieter, sondern erfordert nach dem eindeutigen Wortlaut einen solchen. Eine fehlende Vereinbarung über die Betriebskostenumlegung wird durch § 556c BGB nicht ersetzt (*Schmid*, CuR 2011, 52 [53]). 6386

Nach dem Gesetz genügt es jedoch, wenn der Mieter überhaupt die Betriebskosten für Wärme und Warmwasser zu tragen hat (§ 556c Abs. 1 BGB). Nicht erforderlich ist 6387 es entgegen der Rechtsprechung zum bisherigen Recht, dass die Wärmelieferung oder Nah-/oder Fernwärme im Mietvertrag ausdrücklich erwähnt sind. Auch die bloße Erwähnung der zentralen Heizungsanlage genügt, um die Umlegungsmöglichkeit zu begründen. Unberührt bleiben jedoch entgegenstehende Vereinbarungen zugunsten des Mieters (§ 556c Abs. 4).

bb) Inklusivmieten und Pauschalen

6388 Bei Inklusivmieten, denen die HeizkostenV nicht entgegensteht, ist der Mieter nicht verpflichtet, gesondert Betriebskosten für Heizung Warmwasser zu tragen. Der Anwendungsbereich des § 556c BGB ist deshalb nicht eröffnet. Der Vermieter kann – allerdings ohne Auswirkungen auf die Miete – ohne weiteres auf Wärmelieferung umstellen.

6389 Entsprechendes gilt bei Pauschalen dann, wenn eine Erhöhungsmöglichkeit nach § 560 Abs. 1 Satz 1 BGB nicht vereinbart ist (*Herlitz*, DWW 2013, 47 [48]), da dann eine eventuelle Kostenerhöhung durch Umstellung auf das Wärmecontracting nicht an den Mieter weiter gegeben werden kann. Der Mieter trägt hier zwar Betriebskosten, aber unabhängig von der beim Vermieter anfallenden Höhe. Rechtliche oder wirtschaftliche Interessen des Mieters werden deshalb durch eine Umstellung nicht berührt. § 556c Abs. 2 BGB ist insoweit teleologisch zu reduzieren (*Schmid* ZMR 2013, 776 [778]).

6390 Problematisch sind die Fälle, bei denen ohne Verstoß gegen die HeizkostenV eine Pauschale vereinbart ist, die die Heiz- und Warmkosten umfasst und die nach § 560 Abs. 1 BGB erhöht werden kann. In diesen Fällen ist § 556c BGB anzuwenden, weil eine Erhöhung der Kosten durch eine Erhöhung der Pauschale an den Mieter weiter gegeben werden kann (*Schmid*, CuR 2011, 52 [54] a.A. Herlitz, DWW 2013, 47 [48]; *Aufderhaar/Jäger*, ZfIR 2013, 173 [186]).

cc) Einzelheizungen

6391 Bei Einzelheizungen trägt der Vermieter zwar auch die Brennstoffkosten, hat diese aber nicht im Wege der Umlegung sondern selbst zu bezahlen. Außerdem fehlt es an dem Merkmal einer Eigenversorgung durch den Vermieter (*Lützenkirchen* in: Lützenkirchen, Mietrecht, 2. Aufl., 2015, § 556c Rn. 25).

d) Folgeverträge

6392 § 556c BGB gilt nur für die Umstellung auf Wärmelieferung. Die Regelungen beziehen sich deshalb nur auf den Wärmeliefervertrag, in dessen Vollzug die Umstellung von Eigenerzeugung auf Wärmecontracting erfolgt. Endet dieser Vertrag, so erfolgt durch den Abschluss eines neuen Vertrages mit dem gleichen oder einem anderen Wärmelieferant keine Umstellung mehr mit der Folge, dass weder die Begrenzung des § 556c BGB besteht noch das Verfahren nach der WärmeLV durchzuführen ist (*Lützenkirchen* in: Lützenkirchen, Mietrecht, 1. Aufl., 2013, § 556c Rn. 46b; Schmid, CuR 2011, 52 [55]). Das allgemeine Verbot von Umgehungsgeschäften für zwingende Vorschriften ist jedoch zu beachten. Es kann also nicht ein kurzfristiger Vertrag mit günstigen Bedingungen für den Vermieter abgeschlossen werden, der dann entsprechend vorgefasster Absicht nach kurzer Zeit durch einen für den Wärmelieferanten günstigen Vertrag ersetzt wird (*Schmid* ZMR 2013, 776 [778]).

4. Voraussetzungen

a) Neue Anlage

Grundsätzlich genügt es nicht, dass der Wärmelieferant nur die alte Heizung übernimmt. Erforderlich ist vielmehr eine vom Wärmelieferanten errichtete neue Anlage (§ 556c Abs. 1 Satz 1 Nr. 1 BGB). Zweifelhaft ist, wie beim teilweisen Austausch einer Anlage zu verfahren ist. Abramenko (Das neue Mietrecht in der anwaltlichen Praxis, 2013, § 4 Rn. 7) schlägt vor, eine teilweise erneuerte Anlage dann als neu anzusehen, wenn sie vorher den Wirkungsgrad von 80 % nicht erreicht hat, dies aber nach der teilweisen Erneuerung tut. Diese Lösung ist wirtschaftlich sinnvoll, hat aber mit dem Gesetzeswortlaut nichts mehr zu tun. Eine Teilerneuerung wird vom Gesetz nicht privilegiert. Der Gesetzgeber hat sich für eine Alles-oder-Nichts-Lösung entschieden (*Schmid* ZMR 2013, 776 [779]; *Leonhard* AnwZert Mietrecht 2/2014 Anm. 2).

6393

b) Verbesserung der Betriebsführung

Eine Verbesserung der Betriebsführung reicht nach § 556c Abs. 1 Satz 1 BGB nur aus, wenn die bisherige Anlage bereits vor der Umstellung einen Jahresnutzungsgrad von mindestens 80 % erreicht. Was unter einer Verbesserung der Betriebsführung zu verstehen ist, erhellt weder aus dem Gesetzeswortlaut noch aus der Gesetzesbegründung. Jedenfalls muss die Verbesserung nicht dem Mieter zugutekommen (*Abramenko*, Das neue Mietrecht in der anwaltlichen Praxis, 2013, § 4 Rn. 10). Es genügt also, wenn sich der Heizungsbetrieb für den Vermieter günstiger abwickeln lässt. Andernfalls würde der Vermieter sowieso nicht zum Wärmecontracting übergehen.

6394

Der Jahresnutzungsgrad ist der Quotient zwischen dem verfeuerten Energiegehalt und der daraus bezogenen Nutzwärme. Ein Problem wird darin gesehen, dass der Jahresnutzungsgrad vielfach nicht bekannt ist, Kurzzeitmessungen problematisch sind und zuverlässige anerkannte Pauschalwerte nicht existieren (vgl. zum Ganzen: *Hainz* CuR 2013, 99).

6395

c) Anschluss an ein Wärmenetz

Als weitere Alternative steht der Anschluss an ein Wärmenetz zur Verfügung. Dieser Begriff ist nach der Gesetzbegründung (Begründung B. – Besonderer Teil, Einzelbegründung zu Nr. 6 [§ 556c neu]) weit zu fassen und sämtliche Formen von Wärmenetzen umfassen von der klassischen Fernwärme bis zur Nahwärme und Quartierslösungen.

6396

Erfasst wird nur der Wechsel von einer stationären Heizungsanlage zu einem Wärmenetz. Nicht erfasst wird der Wechsel von einem Wärmenetz zu einem anderen

6397

(*Abramenko*, Das neue Mietrecht in der anwaltlichen Praxis, 2013, § 4 Rn. 8). Nicht erfasst wird auch der Wechsel zu einem Gasleitungsnetz (*Pfeifer* DWW 2014, 15 [16]).

d) Verbesserte Effizienz

6398 Nach § 556c Abs. 1 Satz Nr. 1 BGB ist es erforderlich, dass die Wärme mit verbesserter Effizienz geliefert wird. Dieses Erfordernis, bezieht sich entgegen dem Wortlaut nicht auf die Effizienz des Lieferns, sondern darauf, dass insgesamt durch die Neuanlage oder den Anschluss an das Wärmenetz ein Effizienzgewinn erzielt wird (Begründung der Beschlussempfehlung des Rechtsausschusses des Bundestages zu § 556c – BT-Drucks. 17/11894). Unerheblich ist, ob Primär - oder Endenergie eingespart werden; eine nur betriebswirtschaftliche Optimierung reicht nicht aus (*Pfeifer*, CuR 2013, 108 [109]).

6399 Den Effizienzgewinn muss der Vermieter im Streitfall nachweisen (Redaktion in GE 2012, 1659). Dass der Effizienzgewinn immer »unschwer« darzulegen ist, wie der Rechtsausschuss des Bundestages meint (Begründung der Beschlussempfehlung des Rechtsausschusses des Bundestages zu § 556c – BT-Drucks. 17/11894), darf bezweifelt werden. Das gilt vor allem dann, wenn eine alte Einzelanlage mit einem Fernwärmeanschluss verglichen werden soll. Noch schlimmer wird es, wenn der Vermieter einen Vergleich mit Etagenheizungen anstellen muss (*Dietrich*, ZMR 2012, 241 [246]).

e) Keine höheren Kosten

6400 Die Wärmelieferung ist von der Kostenstruktur her teurer als die Eigenerzeugung von Wärme durch den Vermieter (*Gärtner*, GE 1999, 1176; *Derleder*, WuM 2000, 3 [8]; *Schmid*, CuR 2004, 45 [47]). Nach § 2 Nr. 4 – 6 BetrKV (vgl. auch § 7 Abs. 2, § 8 Abs. 2 HeizkostenV) sind nämlich bei einer Wärmeeigenerzeugung durch den Vermieter nur die dort enumerativ aufgeführten Kostenpositionen umlegungsfähig. Zu den Kosten der Wärme- bzw. Warmwasserlieferung gehört dagegen nach § 2 Nr. 4 – 6 BetrKV (vgl. auch § 7 Abs. 4, § 8 Abs. 4 HeizkostenV) das gesamte Entgelt des Contractors, das kalkulatorisch dessen gesamte Aufwendungen einschließlich seines Gewinnes enthält (*BGH*, Urt. v. 16.07.2003 – VIII ZR 286/02, ZMR 2003, 824 = WuM 2003, 501). Nicht umlagefähig sind allerdings Leasingkosten für die Heizungsanlage (*AG Linz am Rhein* WuM 2017, 531): Zu den »Kosten der Wärmelieferung« ist das Entgelt der gewerblichen Wärmelieferung i. S. v. § 7 HeizkostenV zu verstehen. Dazu gehören nicht nur die reinen Verbrauchskosten, sondern auch solche, die dem Wärmelieferant dem Vermieter als bei der Wärmeerzeugung entstanden berechnet, einschließlich kalkulatorischer Kosten sowie der Gewinn. Leasingkosten hingegen sind nach der Rechtsprechung grundsätzlich nur in den § 2 BetrKV ausdrücklich genannten Fällen ansatzfähig, d. h. gem. § 2 Nr. 2 BetrKV Leasingkosten für Wasserzähler und gemäß § 2 Nr. 4 a und Nr. 5 a BetrKV Leasingkosten der Ausstattung zur Gebrauchserfassung. Leasingkosten für die Anschaffung der Heizungsanlage werden nicht erfasst (*AG Linz am Rhein* a. a. O.).

Nach der Neuregelung (§ 556c Abs. 1 Satz 1 Nr. 2 BGB) wird zum Schutz des 6401
Mieters das Erfordernis der Kostenneutralität festgeschrieben, wobei der Kostenvergleich nach der WärmeLV durchzuführen ist. Im Ergebnis bedeutet dies, dass eine Umstellung nur möglich ist, wenn die strukturell höheren Kosten durch tatsächlich niedrigere Betriebskosten ausgeglichen werden (*Leonhard* AnwZert Mietrecht 2/2014 Anm. 2). Der für den Nachweis der Kostenneutralität vorzunehmende Kostenvergleich scheiterte in der Vergangenheit häufig am Fehlen brauchbarer anerkannter Pauschalwerte für den Jahresnutzungsgrad von Heizungsanlagen, da die verfügbaren Werte nur eine Genauigkeit von 4 bis 33 % auswiesen. Mehrere Verbände hatten deshalb ein Gutachten zur »Ermittlung von anerkannten Pauschalwerten für den Jahresnutzungsgrad von Heizungsanlagen« initiiert und die neu ermittelten Werte (mit einer angenommenen Genauigkeit von 70 %) veröffentlicht (vgl. WuM 2016, 202 unter Hinweis auf die Pressemitteilung des VfW Nr. 2/2016 vom 31.03.2016). Diese sind u. a. abrufbar im Kostenvergleichsrechner des VfW (www.energiecontracting.de).

Mittlerweile hat ein Verbändebündnis auf Basis einer empirischen Studie des Instituts »Energiefragen der Immobilienwirtschaft« der EBZ Business School in Bochum ein Verfahren zur Ermittlung des Jahresnutzungsgrads der alten Heizungsanlage entwickelt. Das zugrundeliegende Berechnungsverfahren wurde in das AGFW-Regelwerk »FW314 – Berechnung des Jahresnutzungsgrades von Wärmeerzeugungsanlagen in der Wohnungswirtschaft« übernommen und mittlerweile als Regelwerksbaustein veröffentlicht (vgl. WuM 2018, 15 unter Hinweis auf die Pressemitteilung des VfW Nr. 1 vom 18.12.2017).

Die von § 556c Abs. 1 Satz 1 Nr. 2 BGB offen gelassene Frage, ob sich die Kosten- 6402
neutralität auf die einzelne Wohnung oder das ganze Haus beziehen muss, beantwortet die Begründung des Referentenentwurfs zu § 8 WärmeLV dahin, dass es auf das gesamte Mietwohngebäude ankommt (*Pfeifer* DWW 2014, 15 [16]). Bei einer Wirtschaftseinheit kann der Kostenvergleich für die Wirtschaftseinheit erfolgen (*Pfeifer* DWW 2014, 15 [16]).

f) Keine vertragliche Regelung erforderlich

Die Möglichkeit der Umlegung der Wärmelieferungskosten muss im Mietver- 6403
trag nicht mehr ausdrücklich vorgesehen sein (anders zum bisherigen Recht: *BGH* CuR 2007, 98). Der Umlegung steht es deshalb nicht entgegen, wenn vor allem ältere Verträge die Wärmelieferung, insbesondere in Form der Nahwärme, nicht ausdrücklich erwähnen. Etwas anderes könnte nur dann gelten, wenn derartige Verträge dahin auszulegen wären, dass aus der Nichterwähnung der Wärmelieferungskosten folgt, dass diese auch nicht umlegbar sind. Davon kann aber nicht generell ausgegangen werden, da § 556c BGB sonst weitgehend leer liefe. Nur in besonders gelagerten Einzelfällen dürfte die Vertragsauslegung etwas anderes ergeben können (*Schmid* ZMR 2013, 776 [779]).

g) Zeitpunkt

6404 Die Umstellung kann auch während eines Abrechnungszeitraums erfolgen (*Pfeifer*, CuR 2013, 108 [110]; a.a. *Lammel* in: Schmidt-Futterer, Mietrecht, 14. Aufl., 2019, § 556c Rn. 11). Das Gesetz sieht diesbezüglich keine Einschränkung vor.

5. Umstellungsankündigung

6405 § 556c Abs. 2 BGB verlangt, dass der Vermieter die Umstellung spätestens drei Monate zuvor in Textform (§ 126b BGB) ankündigt. Die Umstellungsankündigung muss jedem Mieter zugehen. Ein Aushang im Treppenhaus reicht nicht (*Pfeifer* DWW 2014, 15).

6406 Die Umstellungserklärung wird man am ehesten als rechtsgeschäftsähnliche Erklärung ansehen können (Schmid ZMR 2013, 776 [780]; a.A. *Lützenkirchen* in: Lützenkirchen, Mietrecht, 2. Aufl., 2015, § 556c Rn. 50: Willenserklärung). In jedem Fall muss sie nach allgemeinen Grundsätzen dem Mieter zugehen, bei mehreren Mietern allen.

6407 Zwischen dem Zugang der Ankündigung und dem Übergang zum Wärmecontracting müssen volle drei Monate liegen (*Lützenkirchen* in: Lützenkirchen, Mietrecht, 2. Aufl., 2015, § 556c Rn. 52).

6408 Ein Widerspruchsrecht hat der Mieter nicht. Auch ein Sonderkündigungsrecht besteht nicht. Immerhin kann der Wohnungsmieter im Hinblick auf die dreimonatige Ankündigungsfrist die Kündigungsfrist des § 573c BGB wahren. Dass Mieter in größerer Zahl wegen der Umstellung auf das Wärmecontracting kündigen, ist jedoch nicht zu erwarten.

6. Folgen

6409 Liegen alle Voraussetzungen des § 556c BGB vor und ist das vorgeschriebene Verfahren eingehalten, sind die Wärmelieferungskosten ohne weiteres umlegungsfähig. Sie treten an die Stelle der bisher umgelegten Kosten. Änderungsvereinbarungen und zusätzliche Erklärungen sind nicht erforderlich.

6410 Etwas anderes kann gelten, wenn die Parteien zugunsten des Mieters abweichende Vereinbarungen getroffen haben, die nach § 556c Abs. 4 BGB wirksam bleiben.

6411 Zur Beheizung bleibt der Vermieter weiterhin verpflichtet. § 556c BGB ermöglicht es nicht, den Mieter auf einen direkten Wärmebezug vom Wärmelieferanten zu verweisen.

6412 Eine Mieterhöhung nach § 559 BGB findet nicht statt, weil der Vermieter nicht Bauherr und der Wärmelieferant nicht Vermieter ist (Lützenkirchen in: Lützenkirchen, Mietrecht, 2. Aufl., 2015, § 556c Rn. 34; *Abramenko*, Das neue Mietrecht in der anwaltlichen Praxis, 2013, § 4 Rn. 17; *Pfeifer*, MietRB 2013, 94 [101]).

7. Abweichende Vereinbarungen

a) Zu Lasten des Mieters

Nach § 556c Abs. 4 BGB ist eine zum Nachteil des Mieters von § 556c Abs. 1 – 3 BGB abweichende Vereinbarung unwirksam. Nach Sinn und Zweck der Regelung bezieht sich die Unabdingbarkeit auch auf die Regelungen der WärmeLV nach § 556 Abs. 3 BGB. § 12 WärmeLV stellt dies ausdrücklich klar.

6413

Das gilt jedoch nur für abstrakt generelle Regelungen, schließt aber im Streitfall eine gütliche Einigung mit dem Mieter nicht generell aus, vor allem dann, wenn die Vereinbarung für den Mieter wirtschaftlich vorteilhaft ist (*Lützenkirchen* in: Lützenkirchen, Mietrecht, 2. Aufl., 2015, § 556c Rn. 16; (*Schmid* ZMR 2013, 776 [780]); a. A. *Abramenko*, Das neue Mietrecht in der anwaltlichen Praxis, 2013, § 4 Rn. 37). Bei der Prüfung, ob eine Vereinbarung zum Nachteil des Mieters vom Gesetz abweicht, muss nämlich anhand der Vor- und Nachteile untersucht werden, ob gerade die Abweichung von der gesetzlichen Regelung für den Mieter nachteilig ist. Wirkt sich die Abweichung von der gesetzlichen Regelung dahin aus, dass der Mieter mehr Vorteile als Nachteile hat oder dass die Regelung neutral ist, so liegt überhaupt keine Vereinbarung zum Nachteil des Mieters vor (vgl. BGH, Urt. v. 27.07.2011 – VIII ZR 316/10, ZMR 2011, 941 = NZM 2011, 624; *Schmid*, NZM 2012, 193 [194]).

6414

Das Gesetz ist nicht mit einer Rückwirkungsklausel versehen. Bereits erfolgte Umstellungen auf das Wärmecontracting bleiben deshalb von der Neuregelung unberührt. Dagegen gilt die Neuregelung entsprechend dem Grundsatz des Art. 171 EGBGB für bereits bestehende Mietverträge (*Schmid*, CuR 2011, 52 [55]; *Beyer*, CuR 2012, 48 [59]). Dort enthaltende abweichende Vereinbarungen zulasten des Mieters werden also mit dem Inkrafttreten des Gesetzes unwirksam. Die Folge ist eine Erschwerung des Überganges zum Wärmecontracting (*Beyer*, CuR 2012, 48 [59]).

6415

b) Zugunsten des Mieters

Da nur Abweichungen zum Nachteil des Mieters unwirksam sind, kann zum Vorteil des Mieters von den gesetzlichen Regelungen abgewichen werden. Das heißt, dass die Umlegung von Wärmelieferungskosten beschränkt oder auch gänzlich ausgeschlossen werden kann. Bei jüngerer Zeit abgeschlossenen Verträgen ist eine solche Regelung eher selten. Bedeutung hat die Möglichkeit einer Abweichung zugunsten des Mieters vor allem dann, wenn die Auslegung vorwiegend älterer Verträge ergibt, dass die Umlegung von Wärmelieferungskosten ausgeschlossen sein soll. Solche Ausschlüsse bleiben wirksam.

6416

8. Fehlerfolgen

a) Fehlen der Voraussetzungen des § 556c Abs. 1 BGB

aa) Verteuerung

Das Gesetz regelt nicht ausdrücklich, was geschieht, wenn die Umstellung erfolgt, obwohl die Voraussetzungen des § 556c Abs. 1 BGB nicht vorliegen. Vom theoretischen

6417

Ansatz her wären die Kosten der Eigenversorgung nicht umlegbar, weil diese nicht mehr stattfindet, und die Kosten der Wärmelieferung wären nicht umlegbar, weil die Voraussetzungen für deren Umlegung nicht vorliegen (*Schmid* ZMR 2008, 25 [26]). Der Vermieter würde also gar nichts bekommen. Soweit sollen aber die gesetzlichen Folgen des § 556c BGB nach der Begründung (Referentenentwurf Begründung B. – Besonderer Teil, Einzelbegründung zu Nr. 6 (§ 556c neu) nicht reichen. In Abkehr von dem bisher geltenden Prinzip, dass nur tatsächliche und keine fiktiven Kosten umlegbar sind (*AG Neuss* DWW 1987, 236; vgl. Rdn. 1039), soll der Vermieter die fiktiv zu berechnenden bisherige Betriebskosten gemäß § 4 Nr. 2 bis 6 BetrKV (§ 7 Abs. 2, § 8 Abs. 2 HeizkostenV) vom Mieter verlangen können, nicht aber sonstige Kosten des Energielieferanten (*Schmid*, CuR 2011, 52 [57]; *Beyer*, CuR 2012, 48 [65]; *Pfeifer*, MietRB 2013, 94 [102]; *Horst*, MDR 2013, 189 [193]).

6418 Es stellt sich jedoch die Frage, welche Kosten fingiert werden sollen: Die Kosten der alten und/oder schlecht gewarteten Anlage (so Beyer, CuR 2012, 48 [65/66]) oder die (regelmäßig niedrigeren) Kosten der neuen und/oder gut gewarteten? Man wird davon ausgehen müssen, dass es auf den neuen Zustand ankommt, was für den Mieter in der Regel eine erfreuliche Ersparnis bringt. Der Vermieter kann dann die Kosten umlegen, die in § 2 Nr. 4 – 6 BetrKV (§ 7 Abs. 2 und § 8 Abs. 2 HeizkostenV) genannt sind und die beim Contractor anfallen (vgl. Regierungsentwurf WärmeLV, B. Besonderer Teil, Einzelbegründung zu § 7). Zum Sonderproblem der Kosten der Verbrauchsanalyse siehe *Wall* in: Eisenschmid/Wall, Betriebskosten-Kommentar Rn. 3001b; vgl. Rdn. 6254b, *Schmid*. MDR 2009, 129 und NZM 2009, 104 (106); Pfeifer GE 2009, 156 (162). Ein Abstellen auf die neuen Kosten begünstigt zunächst den Vermieter ungerechtfertigt (*Beyer*, CuR 2012, 48 [66]). Das ändert sich aber im Laufe der Zeit, wenn die Kosten steigen. Dann wird der Mieter durch die alten Kosten ungerechtfertigt begünstigt. Außerdem lässt sich ein dauerndes Abstellen auf die früheren Kosten schwerlich mit den Vorschriften der HeizkostenV über die verbrauchsabhängige Abrechnung vereinbaren (vgl. *Abramenko*, Das neue Mietrecht in der anwaltlichen Praxis, 2013, § 4 Rn. 20). Das Abstellen auf die alte Anlage versagt auch dann, wenn die fiktive Lebensdauer endgültig endet.

6419 Mittelbar ergibt sich das aus dem Auskunftsanspruch nach § 5 WärmeLV, der einen dauernden Anspruch auf gesonderten Kostenausweis gibt.

6420 Diese Berechnungsmethode versagt jedoch bei einer Umstellung auf Fernwärme wegen der völlig anders gelagerten Versorgungsstruktur. Hier wird man nur mit den fiktiven Kosten der alten Anlage arbeiten können, wobei eine Berechnung entsprechend § 8 Nr. 2 WärmeLV nahe liegt. Hinzu kommt eine Anpassung entsprechend den Preissteigerungen für die fiktiven Kostenbestandteile. Eine aussagekräftige und zugleich einfach zu handhabende Methode lässt sich kaum finden.

bb) Verbilligung

6421 Möglich ist es auch, dass der Übergang zum Wärmecontracting nicht nur kostenneutral ist, sondern zu einer Senkung der Kosten führt. In diesen Fällen können, auch wenn die Voraussetzungen des § 556c BGB und der WärmeLV nicht vorliegen, nur die niedrigeren, tatsächlichen entstehenden Kosten umgelegt werden (*Abramenko*, Das neue Mietrecht in der anwaltlichen Praxis, 2013, § 4 Rn. 19). Das entspricht den allgemeinen mietnebenkostenrechtlichen Grundsätzen, dass sich der Vermieter an der Mietnebenkostenumlegung nicht bereichern darf (Rdn. 1001) und dass nur tatsächlich entstehende Kosten umleget werden dürfen (*AG Neuss*, DWW 1987, 236).

b) Fehlende oder fehlerhafte Umstellungsankündigung

Ein Verstoß gegen das Textformerfordernis von § 556c Abs. 2 BGB, § 11 Abs. 1 WärmeLV führt nach § 125 Satz 1 BGB zur Nichtigkeit der Umstellungserklärung, sodass diese als nicht abgegeben gilt. 6422

Fehler bei der Umstellungsankündigung machen die Umstellung aber nicht unzulässig. Der Vermieter kann aber die Kosten der Wärmelieferung nicht voll verlangen, sondern nur die Kosten, die in § 7 Abs. 2 und § 8 Abs. 2 HeizkostenV genannt sind (vgl. § 5 WärmeLV). Die Ankündigung kann nachgeholt werden, aber ohne Rückwirkung (Lützenkirchen in: Lützenkirchen, Mietrecht, 1. Aufl., 2013, § 556c Rn. 55; *Schmid* ZMR 2013, 776 [785]; a.A. *Pfeifer*, CuR 2013, 108 [112]). 6423

c) Schadensersatz

Ob Fehler zu Schadensersatzansprüchen des Mieters gegen den Vermieter oder des Vermieters gegen den Wärmelieferanten führen, bestimmt sich nach den allgemeinen Regeln der §§ 280 ff. BGB (*Pfeifer* DWW 2014, 15 [19]). 6424

9. Beweislast

Die Beweislast für das Vorliegen der Voraussetzungen des § 556c BGB und für die Einhaltung des vorgeschriebenen Verfahrens trifft den Vermieter (*Schmid* ZMR 2013, 776 [785]; *Lützenkirchen* in: Lützenkirchen, Mietrecht, 1. Aufl., 2013, § 556 Rn. 15). 6425

10. Nichtwohnraummietverhältnisse

a) Grundsätzliches

Der wesentliche Unterschied bei Gewerberaummietverhältnissen zur Rechtslage bei Wohnraummietverhältnissen liegt darin, dass anders als nach § 556c Abs. 4 BGB abweichende Vereinbarungen nach § 578 Abs. 2 Satz 2 BGB auch zulasten des Mieters zulässig sind. Das hat trotz der im Übrigen pauschalen Verweisung auf § 556c BGB ganz erhebliche praktische Auswirkungen. 6426

b) Fehlen einer vertraglichen Regelung

Fehlt eine vertragliche Regelung, sind § 556c BGB und die WärmeLV auch bei Mietverhältnissen über Gewerberäume uneingeschränkt anzuwenden. Das gilt sowohl für Altverträge als auch für neu abzuschließende Verträge. 6427

c) Regelungen in Neuverträgen

6428 In neu abzuschließenden Verträgen können abweichende Regelungen auch zulasten des Mieters getroffen werden. Das gilt bis hin zu einem völligen Ausschluss der Anwendung der Regelungen des § 556c BGB und der WärmeLV. Solche Regelungen können auch in Allgemeinen Geschäftsbedingungen getroffen werden. §§ 307, 310 BGB stehen nicht entgegen. § 556c BGB gehört nicht zu den wesentlichen Grundgedanken der gesetzlichen Regelung eines Gewerberaummietvertrages (*Schmid* GuT 2013, 3 [4]).

d) Regelungen in Altverträgen

aa) Grundsätzliches

6429 Die Neuregelung gilt entsprechend dem Grundsatz des Art. 171 EGBGB auch für bereits bestehende Mietverträge (*Schmid* CuR 2011, 52 (55); *Beyer*, CuR 2012, 48 (59); Leonhard AnwZert Mietrecht 2/2014 Anm. 2). Dort enthaltende abweichende Vereinbarungen zulasten des Mieters wurden also mit dem Inkrafttreten des Gesetzes bei Wohnraummietverhältnissen unwirksam. Bei Gewerberaummietverträgen bleiben die getroffenen Vereinbarungen dagegen wegen § 578 Abs. 2 Satz 2 BGB wirksam. Das gilt sowohl für Abweichungen zugunsten als auch zulasten des Mieters. Es kommt also auf den Inhalt der jeweiligen Mietverträge an.

bb) Keine Erwähnung der Wärmelieferung

6430 Ist die Wärmelieferung im Mietvertrag nicht erwähnt, waren nach bisheriger Rechtsprechung die Wärmelieferungskosten auch nicht umlegbar (*BGH*, Urt. v. 22.02.2006 – VIII ZR 362/04, ZMR 2006, 595 = NJW 2006, 2185; a.A. *Schmid* ZMR 2008, 25 [26]). Hierüber hilft nun § 556c BGB hinweg. Die Möglichkeit der Umlegung der Wärmelieferungskosten muss im Mietvertrag nicht mehr ausdrücklich vorgesehen sein. Der Umlegung steht es deshalb nicht entgegen, wenn vor allem ältere Verträge die Wärmelieferung, insbesondere in Form der Nahwärme, nicht ausdrücklich erwähnen.

6431 Etwas anderes könnte nur dann gelten, wenn derartige Verträge dahin auszulegen wären, dass aus der Nichterwähnung der Wärmelieferungskosten folgt, dass diese auch nicht umlegbar sind. Davon kann aber nicht generell ausgegangen werden, da § 556c BGB sonst weitgehend leer liefe. Nur in besonders gelagerten Einzelfällen dürfte die Vertragsauslegung etwas anderes ergeben können.

cc) Umlegungsvereinbarung zu den Wärmelieferungskosten

6432 Der *BGH* (Urt. V. 27.06.2007 – VIII ZR 202/06, ZMR 2007, 851 = ZfIR 2007, 669) ließ es für die Umlegung genügen, wenn Nahwärme und Fernwärme im Mietvertrag genannt sind, sei es auch nur durch die Bezugnahme auf die Anlage 3 zu § 27 II. BV oder § 2 BetrKV. Diese Bezugnahme ist ausreichend und zwar auch dann, wenn die Umstellung auf Wärmelieferung erst während des Mietverhältnisses erfolgt (*LG Berlin*, GE 2011, 1620). Durch den Oberbegriff Wärmelieferung wird sowohl

I. Einführung der Wärmelieferung (Wärmecontracting) Teil VI

die Nah- als auch die Fernwärme einbezogen (*Kinne*, GE 2007, 1082). Strikt getrennt wird zwischen Nahwärme, die im beheizten Gebäude produziert wird, und Fernwärme, die außerhalb erzeugt wird (*BGH,* Urt. v. 20.06.2007 – VIII ZR 244/ 06, ZMR 2007, 768 = WuM 2007, 445). Eine Vereinbarung über die Umlegung von Fernwärmekosten deckt nicht die Kosten einer Wärmelieferung ab, wenn sich die Heizungsanlage im versorgten Haus befindet. Für Altverträge, die das Wärmecontracting in Form der Nahwärme noch nicht vorsehen konnten, weil eine entsprechende Umlegungsmöglichkeit in der Anlage zu § 27 II. BV noch nicht vorgesehen war, liegt eine ergänzende Vertragsauslegung nahe (*Schmid*, ZMR 2008, 25 [26], wird vom *BGH*, Urt. v. 22.02.2006 – VIII ZR 362/04 = ZMR 2006, 595 = NJW 2006, 2185 = WuM 2006, 322 = NZM 2006, 534 = GE 2006, 839 aber nicht vorgenommen). Etwas anderes wird zu gelten haben, wenn die Verweisung im Vertrag ausdrücklich als dynamisch bezeichnet ist.

Ist nach diesen Grundsätzen eine Umlegung der Wärmelieferungskosten möglich, verbleibt es dabei. Es handelt sich nämlich dabei um abweichende Vereinbarungen, die nach § 578 Abs. 2 Satz 2 BGB wirksam bleiben. 6433

e) Vertragsänderungen

Vertragsänderungen sind jederzeit auch zulasten des Mieters ohne die Beschränkungen des § 556c BGB und der WärmeLV möglich. 6434

f) Wärmeliefervertrag

§ 578 Abs. 2 Satz 2 BGB gestattet auch abweichende Vereinbarungen von der WärmeLV. Diese enthält in ihrem Abschnitt 2 auch Regelungen zum Wärmeliefervertrag. Dieser wird ohne formelle Beteiligung des Mieters zwischen dem Wärmelieferer und dem Vermieter abgeschlossen. Die Regelung der WärmeLV sind aber im Zusammenhang mit dem Mietrecht zu sehen, was sich schon daraus ergibt, dass sie nur gelten sollen, wenn eine Umstellung auf Wärmelieferung im Sinne des § 556c BGB erfolgen soll. 6435

Nach § 7 WärmeLV sind von den Vorschriften dieser Verordnung abweichende Vereinbarungen im Wärmeliefervertrag unwirksam. Diese Vorschrift ist nicht anzuwenden, wenn der Wärmeliefervertrag ein rein gewerblich genutztes Objekt betrifft. Insoweit hat die Regelung des § 578 Abs. 2 Satz 2 BGB über die Zulässigkeit abweichender Regelung Vorrang. Bei gemischt genutzten Objekten ist dagegen das Verbot abweichender Vereinbarungen zu beachten, wenn auch Wohnräume versorgt werden. Der gleiche Vertrag kann nämlich nicht zugleich wirksam und unwirksam sein, da eine sinnvolle Trennung weder wirtschaftlich noch rechtlich möglich ist. 6436

Da die WärmeLV nicht als bloßer Selbstzweck interpretiert werden kann, sondern auch dem Mieterschutz dient, stellt sich die Frage, ob der Mieter an solchen abweichenden Vereinbarungen beteiligt werden muss oder ob andernfalls ein Vertrag 6437 zulasten Dritter vorliegt. M. E. ist eine Beteiligung des Mieters nicht erforderlich, da er nicht Vertragspartner ist. Er ist aber an solche Vereinbarungen auch nur gebunden, wenn er diesen zugestimmt hat. Andernfalls geht der Vermieter das Risiko ein, dass er Nachteile, die sich aus dem Wärmelieferungsvertrag ergeben, nicht im Rahmen Mietnebenkostenabrechnung auf den Mieter umlegen kann.

6438 Unberührt bleibt die Möglichkeit, in neuen Verträgen die Anwendung des § 556c BGB und der WärmeLV gänzlich auszuschließen (*Schmid* ZMR 2013, 776 [782]).

6439 Die Betriebskostenabrechnung nach Umstellung auf Wärmecontracting erörtert *Heix* (NZM 2015, 565).

Teil VII Der Mietnebenkostenprozess

A. Prozessuales

I. Zuständigkeit

Örtlich ausschließlich zuständig ist nach § 29a ZPO grundsätzlich (Ausnahmen: § 29a Abs. 2 ZPO) das Gericht, in dessen Bezirk sich die Räume befinden. Sachlich ausschließlich zuständig ist bei Wohnraummietverhältnissen das Amtsgericht (§ 23 Nr. 2 Buchst. a) GVG). Bei sonstigen Mietverhältnissen bestimmt sich die sachliche Zuständigkeit nach dem Streitwert. 7000

II. Klageantrag

Auf Zahlung ist zu klagen, wenn bereits ein Zahlungsanspruch besteht. Das gilt auch im Fall einer Mieterhöhung wegen gestiegener Betriebskosten nach § 560 Abs. 1 und 2 BGB, da hier kein Zustimmungsanspruch besteht, sondern eine wirksame Erhöhungserklärung unmittelbar zu einem Zahlungsanspruch des Vermieters führt. Entsprechendes gilt für vertragliche Vereinbarungen, die einseitige Veränderungsrechte vorsehen. 7001

Auf Abgabe einer Willenserklärung ist zu klagen, wenn der Vermieter verpflichtet werden soll, eine **Herabsetzung der Betriebskostenpauschale** nach § 560 Abs. 3 vorzunehmen (Rdn. 2119). Entsprechendes gilt, wenn vertraglich vereinbart ist, dass eine Partei einer Veränderung der Nebenkosten durch einseitige Erklärung Rechnung zu tragen hat. Auf Abgabe einer Willenserklärung ist ferner zu klagen, wenn ein **Anpassungsanspruch** geltend gemacht wird. 7002

Bei einer **Klage auf Vorlage einer Betriebskostenabrechnung** muss der Klagantrag die Einzelheiten der Abrechnungsweise nicht präzisieren, da die Gestaltung der Abrechnung im Wesentlichen dem Vermieter obliegt (*LG Kassel* WuM 1991, 358). 7003

Vollstreckbar ist der Titel auf Abrechnungserstellung nach § 888 ZPO (Rn. 7174). 7004

Liegt bereits eine Abrechnung vor, entspricht diese aber nicht den formellen Mindestanforderungen (Rdn. 3442 ff.), ist der Abrechnungsanspruch nicht erfüllt und der Mieter kann auf **Erstellung** der Abrechnung klagen (*LG Hamburg* WuM 1998, 727). Andere Fehler führen dagegen nur zu einer Änderung des geforderten Betrages und sind im Zahlungsverfahren zu berücksichtigen; eine Klage auf Abrechnung ist in diesen Fällen wegen bereits eingetretener Erfüllung abzuweisen (*LG Hamburg* WuM 1998, 727). 7005

Hat der Vermieter gegen den Mieter einen Anspruch auf Zustimmung zur **Änderung des Abrechnungsmaßstabes** ist auf die Abgabe einer Erklärung zu klagen; Entsprechendes gilt, wenn der Mieter die Änderung des Abrechnungsmaßstabes begehrt (*LG Bautzen* WuM 2001, 288). 7006

III. Besondere Klageformen

1. Stufenklage

7007 **Rechnet der Vermieter nicht rechtzeitig ab**, so kann der Mieter im Wege der Stufenklage nach § 254 ZPO Abrechnung und Auszahlung des sich ergebenden Guthabens verlangen (*BGH*, Urt. v. 9.3.2005 – VIII ZR 57/04, ZMR 2005, 439 = NJW 2005, 1499 = DWW 2005, 230 = GE 2005, 543).

7008 Ergibt die Abrechnung jedoch dann keinen Rückforderungsanspruch, ist der Mieter auf die Geltendmachung eines Schadensersatzanspruches wegen Verzögerung der Abrechnung (§§ 280, 286 BGB) angewiesen (vgl. *Klas* WuM 1994, 659 f.). Für diese Fälle wird empfohlen, im Wege der Klageänderung die materielle Schadensersatzpflicht des Vermieters feststellen zu lassen (*Klas* WuM 1994, 659 f.).

7009 Die Ansprüche auf **Auskunft, Belegeinsicht** und **Herabsetzung der Betriebskostenpauschale** (Rdn. 2115 ff.) können im Wege der Stufenklage nach § 254 ZPO geltend gemacht werden. Nach hier vertretener Ansicht erscheint es aus prozessökonomischen Gründen auch zulässig als weitere Stufe auch den **Rückzahlungsanspruch** (Rdn. 2118) in der Stufenklage geltend zu machen.

7010 Eine Stufenklage kommt auch in Betracht, wenn wegen Störung der Geschäftsgrundlage, z.B. wegen eines Leerstandes eine Änderung des Abrechnungsmaßstabes und eine Nachzahlung/Rückzahlung aufgrund der Anwendung des geänderten Maßstabes begehrt werden (*Schmid*, GuT 2011, 213 [214]).

2. Feststellungsklage

a) Verpflichtung zur Zahlung von Mietnebenkosten

7011 Herrscht Streit über den Umfang der Zahlungsverpflichtungen, hat der Mieter ein rechtliches Interesse im Sinne des § 256 ZPO an der Feststellung, dass er zur Zahlung geltend gemachter Nebenkosten nicht verpflichtet ist (*AG Offenbach/M.* WuM 1980, 114). Nach Zugang einer Erklärung über die Erhöhung der Vorauszahlungen kann der Mieter Klage auf Feststellung erheben, dass er den erhöhten Betrag nicht schuldet (*Blank* IMR 2012, 272).

7012 Auch der Vermieter kann Feststellung begehren, dass das Mietverhältnis zu bestimmten Bedingungen besteht. Insbesondere kann der Vermieter auf Feststellung klagen, dass der Mieter zur Zahlung bestimmter Nebenkosten und ihrer Höhe verpflichtet ist, solange die Zahlung noch nicht fällig ist (*LG Itzehoe*, Urt. v. 17.12.2010 – 9 S 23/10, WuM 2011, 104; *AG Lübeck* ZMR 2008, 302). Auf eine Zwischenfeststellungsklage nach § 256 Abs. 2 ZPO in einem Zahlungsstreit kann der Vermieter nicht verwiesen werden (*BGH*, Urt. v. 3.7.2002 – XII ZR 234/99, NZM 2002, 786). Die Möglichkeit, eine solche zu erheben, bleibt jedoch unberührt.

7013 Steht fest, dass eine Abrechnung von Betriebskosten wegen fehlender Belege nicht mehr möglich und eine Klage auf Abrechnung deshalb sinnlos ist, kann auf Feststellung geklagt werden, dass der Mieter die laufenden Vorauszahlungen bis zur Höhe der für die nicht abgerechnete Zeit bezahlten Vorschüsse zurückhalten darf (*LG Berlin*, Urt. v. 2.10.2015 – 65 S 184/15, MietRB 2016, 32).

b) Abrechnungsmaßstäbe

Unzulässig ist eine Feststellungsklage des Mieters hinsichtlich der Verpflichtung des Vermieters, bestimmte Abrechnungsmaßstäbe anzuwenden, wenn damit eine Änderung verbunden sein soll (*LG Bautzen* WuM 2001, 288). Als zulässig wird man bei Vorliegen der sonstigen Voraussetzungen eine Klage auf Feststellung ansehen können, dass bestimmte Abrechnungsmaßstäbe anzuwenden sind. 7014

Eine Klage auf Feststellung der **Fläche** des Mieterobjekts ist unzulässig, da es sich um eine Tatsachenfrage handelt. § 256 ZPO erlaubt die Feststellungsklage des Bestehens oder Nichtbestehens eines Rechtsverhältnisses, sofern hieran ein rechtliches Interesse gegeben ist. Bloße Tatsachen wie die Fläche des Mietobjekts sind kein solches Rechtsverhältnis, sondern nur eine Vorfrage im Sinne einer Berechnungsgrundlage für einen Anspruch (*KG*, Urt. v. 17.6.2004 – I – 10 U 145/03, GE 2004, 886; *LG Berlin*, Urt. V. 10.11.2011 – 67 S 43/11, GE 2012, 485). Der Mieter wird insoweit darauf verwiesen, negative Feststellungsklage zu erheben mit dem Inhalt, dass ein Anspruch auf Zahlung einer über den geforderten Betrag hinausgehenden Miete nicht besteht. Dabei wäre das Feststellungsinteresse eingeschlossen festzustellen, in welchem Umfang der verlangte Anspruch zu verneinen ist (*KG* a.a.O.; *Sternel* V Rn. 32). 7015

c) Wirksamkeit einer Abrechnung

Zweifelhaft könnte sein, ob der Mieter auf Feststellung der Unwirksamkeit einer Abrechnung klagen kann (bejahend: *AG Charlottenburg* GE 2013, 1523 m. zust. Anm. *Kinne* GE 2013, 1492). Nach hier vertretener Ansicht ist eine solche Feststellungsklage zulässig. Die in der Vorauflage noch vertretene Ansicht wird nicht weiter verfolgt. Die Eigenschaft der Abrechnung als Rechtsverhältnis oder rechtsgeschäftsähnliche Handlung lässt sich durchaus bejahen. 7016

Wenngleich die Betriebskostenabrechnung nicht einmal als Willens- sondern als reine Wissenserklärung aufgefasst wird (*BGH*, Urt. v. 10.7.2013 – XII ZR 62/12, NZM 2013, 648; v. 28.4.2010 – 263/09, NZM 2010, 455 = WuM 2010, 631; Rdn. 3138), können doch einzelne Ansprüche als Folge der Rechtsbeziehungen von Personen untereinander oder zu Sachen -das ist die übliche Definition des Rechtsverhältnisses (*BGH* NJW 1957, 21)- diesen Begriff erfüllen, (*BGH*, Urt. v. 3.5.1983 – VI ZR 79/80, NJW 1984, 1556; *Geisler* in Prütting/Gehrlein § 256 ZPO Rn. 3). Die Abrechnung führt als Folge der vertraglichen Übernahme der Betriebskosten durch den Mieter zu einem bestimmten Nachzahlungsbetrag oder Guthaben des Mieters oder zur Gleichheit zwischen Vorauszahlung und Kosten, also zu einer Verpflichtung oder zu einem Recht, sodass der Begriff des Rechtsverhältnisses jedenfalls in einem weiteren Sinn bejaht werden kann. Allerdings dürfte die Problematik in der Praxis nicht so entscheidend sein, denn der Mieter wird in der Regel zuwarten, bis der Vermieter klagt. Muss er nur einen geringen Nachzahlungsbetrag leisten und ist er der Ansicht, noch mehr erstattet erhalten zu müssen, kann er Aufrechnung gegenüber der Nettomiete erklären. 7017

7018 Unzulässig ist die Feststellungsklage dann, wenn das Ergebnis feststeht und der Mieter sein Guthaben durch Zahlungsklage geltend machen kann. Die Unzulässigkeit scheitert nicht am Begriff des Rechtsverhältnisses, sondern an der Vorrangigkeit der Zahlungsklage.

7019 Zulässig ist auch eine negative Feststellungsklage des Mieters, dass er den vom Vermieter verlangten Nachzahlungsbetrag aus der Abrechnung nicht schuldet (*AG Winsen/Luhe*, Urt. v. 23.10.2013 – 16 C 808/13, ZMR 2014, 217 (nur Ls.); *AG Offenbach*, Urt. v. 28.8.1979 – 37 C 1050/79, WuM 1980, 114 (nur Ls.).

3. Klage auf künftige Leistung

7020 Der Vermieter kann hinsichtlich der Nebenkostenvorauszahlungen Klage auf künftige Leistung nach § 259 ZPO ebenso wie hinsichtlich der Grundmiete erheben. Zahlungsunfähigkeit genügt für die Besorgnis, dass sich der Mieter der rechtzeitigen Leistung entziehen werde (*BGH*, 20.11.2002 – VIII ZB 66/02, GE 2003, 320).

4. Urkundenprozess

a) Grundsätzliches

aa) Urkundenprozess auch für Mietsachen

7021 Die Miete und als deren Bestandteil auch die Mietnebenkostenvorauszahlungen können grundsätzlich im Wege des Urkundenprozesses (§§ 592 ff. ZPO) geltend gemacht werden (für die Geschäftsraummiete *BGH* NZM 1999, 401; für die Wohnraummiete *BGH*, Urt. v. 22.10.2014 – VIII ZR 41/14, ZMR 2015, 205 = GE 2014, 1649 = WuM 2014, 745; Urt. v. 8.7.2009 – VIII ZR 200/08, GE 2009, 1183; Urt. v. 1.6.2005 – VIII ZR 112/06, GE 2005, 986 = MDR 2005, 1399 = NJW 2005, 2701 = ZMR 2005, 773 = WuM 2005, 526; zum Urkundenprozess *Schmid* ZMR 2015, 184 ff.).

7022 Da bei einem **Mangel** der Mietsache auch die **Nebenkostenvorauszahlungen** gemindert sind (*BGH*, Urt. v. 6.4.2005 – XII ZR 225/03, ZMR 2005, 524 = MDR 2005, 979 = MietRB 2005, 202; Rdn. 1108) kommt das Urkundenverfahren dann nicht in Betracht, wenn das (frühere) Vorhandensein eines Mangels feststeht und der Vermieter die Beseitigung des Mangels nicht durch Urkunden beweisen kann (vgl. *OLG Düsseldorf* GE 2008, 1324). Eine Klage ist auch dann im Urkundenprozess statthaft, wenn der Mieter, der wegen behaupteter **anfänglicher** Mängel der Mietsache Minderung geltend macht oder die Einrede des nicht erfüllten Vertrages erhebt, die ihm vom Vermieter zum Gebrauch überlassene Wohnung als Erfüllung angenommen hat, ohne die später behaupteten Mängel zu rügen, sofern dies **unstreitig** ist oder vom Vermieter durch Urkunden bewiesen werden kann (*BGH*, 8.7.2009 – VIII ZR 200/08, NJW 2009, 3099 = MDR 2009, 1297 = ZMR 2010, 19).

7023 Behält sich jedoch der Mieter bei der Annahme der Mietsache seine Rechte wegen eines Mangels vor, ist eine spätere Klage auf Zahlung von rückständiger Miete im Urkundenprozess nur dann statthaft, wenn unstreitig ist oder der Vermieter urkundlich beweisen kann, dass der Mieter trotz des erklärten Vorbehalts die Mietsache als

Erfüllung angenommen hat (*BGH*, Urt. v. 12.6.2013 – XII ZR 50/12, MietRB 2013, 296 = MDR 2013, 993 = NZM 2013, 614). Der Vermieter kann sich des Übergabeprotokolls als Beweismittel bedienen (*Sommer/Wichert* ZMR 2009, 503 [506]).

bb) Urkunden

Urkunden sind Schriftstücke jeder Art, auch Ablichtungen und Telekopien und Ausdrucke elektronischer Dateien (*OLG Köln*, MDR 1999, 900; *Flatow*, DWW 2008, 88. 7024

Die Beweiskraft der Urkunden ist jedoch unterschiedlich. Dabei kommen in dem hier interessierenden Bereich nur Privaturkunden in Betracht. Dabei ist zu unterscheiden zwischen Privaturkunden, die die Anforderungen des § 416 ZPPO erfüllen und anderen Urkunden. § 416 ZPO regelt die Beweiskraft von **Privaturkunden**. Hierunter fallen alle nicht öffentlichen Urkunden (*Zöller/Geimer* § 416 ZPO Rn. 1). 7025

Als Urkunden im Sinne der § 592 ff. ZPO werden vor allem Schriftstücke im Sinne der §§ 415 ff. ZPO angesehen (*Reichold*, in: Thomas/Putzo, § 592 Rn. 7.; *Schmid* ZMR 2015 184) § 416 BGB erfordert, dass die Urkunde unterschrieben ist. Andernfalls kommt ihr die Beweiskraft des § 416 ZPO nicht zu. Nicht erforderlich ist, dass die Urkunde vom Beklagen unterschrieben ist. Die Unterschrift muss auch keine eigenhändige sein. Es genügt auch ein Faksimile oder eine maschinell hergestellte Unterschrift (*Reichold*, in: Thomas/Putzo, § 592 Rn. 2). 7026

Nach § 416 ZPO erbringt eine Privaturkunde unmittelbar den Beweis dafür, dass die in ihr enthaltenen Erklärungen vom Aussteller der Urkunde abgegeben sind. Für die Echtheit der Unterschrift besteht aber keine gesetzliche Vermutung, die bei Bestreiten voll zu beweisen ist (*BGH* RIW 2001, 540; *Zöller/Geimer* § 416 ZPO Rn. 1). 7027

Der über ein Rechtsgeschäft errichteten Privaturkunde kommt die **Vermutung** der **Vollständigkeit** und **Richtigkeit** zu (*BGH*, Urt. v. 20.1.2014 – VIII ZR 34/14, WuM 2014, 741 für den Mietvertrag; *BGH*, Urt. v. 5.7.2002 – V ZR 143/01, NJW 2002, 3164). 7028

Wer **mündliche** Vereinbarungen behauptet, die vom Urkundeninhalt abweichen, trägt die **Beweislast** d er Unvollständigkeit oder Unrichtigkeit (*BGH*, Urt. v. 20.1.2014 – VIII ZR 34/14, WuM 2014, 741; BGH NJW 1999, 1702; *BGH*, 11.5.1989 – III ZR 2/88, NJW-RR 1989, 1323; bereits RGZ 52, 26, 68; 88, 370). 7029

▶ **Beispiel (BGH, WuM 2014, 741):**

Der Geschäftsraummieter behauptet eine nach Vertragsabschluss vereinbarte Nutzungsänderung und bietet hierfür Zeugenbeweis an. Sofern er zusätzlich Indizien darlegt, die auf die zusätzliche Abrede hinweisen (nähere Darlegung, wann und warum die Vereinbarung erfolgte), muss der Tatrichter dem Beweisangebot stattgeben.

Urkunden, die nicht die Voraussetzungen des § 416 ZPO erfüllen, insbesondere nicht unterschrieben sind, entfalten diese Beweiskraft nicht. Da es sich um Urkunden handelt, können sie jedoch im Urkundenprozess vorgelegt werden. Sie unterliegen der freien Beweiswürdigung nach § 286 ZPO, die auch im Urkundenprozess gilt (*BGH*, MDR 2002, 1240 = NJW 2002, 2872). 7030

7031 § 592 ZPO verlangt nicht, dass die anspruchsbegründenden Tatsachen selbst durch Urkunden bewiesen werden; es genügt, dass die Urkunden einen Indizienbeweis ermöglichen (*BGH*, NJW 2002, 2777).

cc) Unstreitige Tatsachen

7032 Unstreitige, zugestandene oder offenkundige Tatsachen bedürfen auch im Urkundenprozess keines Beweises (*BGH*, Urt. v. 22.10.2014 – VIII ZR 41/14, WM 2014, 745; *BGH*, Urt. v. 4.2.1985 – II ZR 142/84, WM 1985, 738; *BGH*, Urt. v. 24.7.1974 – VIII ZR 211/72). Da der Vermieter außer bei den wenigen mündlichen Nebenkostenabreden den Mietvertrag als Urkunde vorlegen kann, stellt sich das Problem eines Urkundenprozesses ohne Urkunden (vgl. hierzu *OLG München*, MDR 2012, 186; *Flatow*, DWW 2008, 88) nur in seltenen Ausnahmefällen.

7033 *(unbesetzt)*

dd) Urkundenvorlage

7034 Die Urkundenvorlage obliegt ausschließlich dem Kläger. § 421 ZPO, wonach dem Gegner die Vorlage der Urkunde aufgegeben werden kann, ist im Urkundenprozess nicht anwendbar (*Reichold*, in: Thomas/Putzo, § 595 Rn. 3), sofern die Originalurkunden dem Mieter übersandt wurden. Der Vermieter kann jedoch Ausdrucke oder Kopien vorlegen, die dann der freien Beweiswürdigung unterliegen (*Greger*, in Zöller, § 592 Rn. 15).

b) Einzelne Vereinbarungen

aa) Vereinbarung der Umlegung

7035 Durch Vorlage des Mietvertrages kann der Vermieter beweisen, dass eine Umlegung von Mietnebenkosten überhaupt und in welchem Umfang vereinbart worden ist (*KG*, MietRB 2010, 359 = ZMR 2011, 116 = WuM 2012, 156). Das Fehlen späterer Änderungen muss der Vermieter nicht beweisen, da es sich insoweit um Einwendungen handelt.

bb) Abrechnungsmaßstäbe

7036 Der Abrechnungsmaßstab ergibt sich für Wohnraum aus § 556a Abs. 1 BGB bzw. §§ 20 ff. NMV 1970. Abweichungen vom Regelmaßstab muss derjenige beweisen, der sich hierauf beruft. Außerhalb des Anwendungsbereiches dieser Vorschriften muss der Vermieter auch die Richtigkeit des angewendeten Abrechnungsmaßstabes beweisen. In der Regel erfolgt dies durch die Vorlegung des Mietvertrages. Spätere Änderungen, auch solche nach § 556a Abs. 2 BGB (Pauschale oder Vorauszahlungen und deren Höhe) und § 6 HeizkostenV (verbrauchsabhängige Kostenverteilung) muss der Vermieter nur dann beweisen, wenn er sich hierauf beruft.

cc) Wirtschaftlichkeitsgrundsatz

7037 Da der BGH die Beachtung des Wirtschaftlichkeitsgrundsatzes nicht als Umlegungsvoraussetzung ansieht, sondern die Unwirtschaftlichkeit als Pflichtverletzung (oben

A. Prozessuales

Rdn. 1076), muss der Vermieter nicht die Einhaltung des Wirtschaftlichkeitsgrundsatzes mit Urkunden beweisen.

c) Nebenkostenvorauszahlung

Die Vereinbarung der Vorauszahlungen und deren Höhe kann durch den Mietvertrag belegt werden (*Schmid* ZMR 2015, 185; *Sommer/Wichert* ZMR 2009, 503 [505]). Bei preisgebundenem Wohnraum ist Bekanntgabe der Betriebskosten nach § 20 Abs. 1 Satz 3 NMV 1970 anspruchsbegründend (*AG Hagen* WuM 1986, 375) und deshalb urkundlich nachzuweisen. 7038

Dass eine Herabsetzung der Vorauszahlungen nach § 560 Abs. 4 BGB nicht stattgefunden hat, muss der Vermieter nicht beweisen. Die Herabsetzung der Vorauszahlung ist eine Einwendung, die im Prozess vom Mieter darzulegen und zu beweisen ist (vgl. für die Minderung *BGH*, Urt. v. 1.6.2005 – VIII ZR 216/04, ZMR 2005, 773 = NJW 2005, 2701 = MDR 2005, 1399 = DWW 2005, 285). 7039

Eine Erhöhung der Vorauszahlungen muss der Vermieter beweisen. Um diesen Beweis im Urkundenprozess führen zu können, genügt es nicht, dass der Vermieter eine Kopie seines Erhöhungsschreibens vorlegt (*Schmid* DWW 2007, 324; a.A. *Both* NZM 2007, 156 [158]). Die Erhöhung wird nämlich erst und nur dann wirksam, wenn sie gemäß § 130 BGB dem Mieter zugeht (Rdn. 3102e). Der Urkundenbeweis kann deshalb nur geführt werden, wenn der Vermieter eine Empfangsbestätigung oder bei einer Versendung per Einschreiben den Rückschein oder eine Bestätigung über den Einwurf in den Briefkasten in Händen hat. Dass die Erhöhungserklärung nach einer Abrechnung abgegeben worden ist, lässt sich durch Vorlage der Abrechnung samt urkundlichem Zugangsnachweis belegen. 7040

Schwierig durch Urkunden zu beweisen sein wird die Angemessenheit des erhöhten Betrages. Die Vorlage der letzten Abrechnung wird nur dann genügen, wenn der Mieter deren Richtigkeit nicht bestreitet (*Schmid* DWW 2007, 324). Andernfalls muss der Vermieter für alle Ausgaben des letzten Jahres Belege vorlegen. Bei preisgebundenem Wohnraum erfolgt die Erhöhung der Vorauszahlungen nach § 20 Abs. 4 Satz 1, § 4 Abs. 7 und 8 NMV 1970, § 10 WoBindG (Rdn. 3116 ff). Es muss deshalb das diesen Voraussetzungen entsprechende Erhöhungsschreiben samt Zugangsnachweis vorgelegt werden (*Schmid* DWW 2007, 324). 7041

d) Nebenkostennachzahlungen

Für Nebenkostennachzahlungen ist der Urkundenprozess ebenfalls möglich (*BGH*, Urt. v. 22.10.2014 – VIII ZR 41/14, NZM 2015, 44 = WuM 2015, 72; *KG* ZMR 2011, 116). 7042

Vorzulegen sind: 7043
– Der Mietvertrag
– Die Betriebskostenabrechnung
– Der Zugangsnachweis.

7044 Weitere Unterlagen, insbesondere eine Wohnflächenberechnung, sind nichterforderlich (*BGH*, Urt. v. 22.10.2014 – VIII ZR 41/14, ZMR 2015, 205 = GE 2014, 1649 = WuM 2014, 744).

7045 Aus § 556 Abs. 3 BGB folgt nichts für die Darlegungs- und Beweislast und damit für die Notwendigkeit einer weiteren Urkundenvorlage (*Schmid* DWW 2007, 324). Die Vorschrift statuiert lediglich eine zeitliche Grenze, innerhalb derer sich der Mieter auf die Fehlerhaftigkeit der Abrechnung berufen kann. Der Anfall der Kosten kann jedoch bei Bestreiten des Mieters durch Urkunden, z.B. Abgabenbescheide und Rechnungen bewiesen werden (*KG* ZMR 2011, 116; *AG Hannover* MDR 2003, 326 = ZMR 2003, 271; *Schmid* DWW 2007, 324; *Both* NZM 2007, 156,159).

7046 Sofern der Mieter die angegebenen **Flächen bestreitet**, muss das Bestreiten erheblich sein. Das einfache Bestreiten genügt grundsätzlich nicht. Der Mieter muss nach der Rechtsprechung des *BGH* (a.a.O.) erläutern, von welchen tatsächlichen Umständen er ausgeht (*BGH*, Urt. v. 31.5.2017 – VIII 181/16, MietRB 2017, 245 für das Mieterhöhungsverfahren). Einfaches Bestreiten ist nicht substantiiert, wenn es dem Mieter laienhaft möglich und zumutbar sei, die Wohnfläche selbst zu vermessen. Bei einer Wohnung ohne Dachschrägen und sonstige Besonderheiten mag dies zutreffen.

7047 Im Schrifttum wird aber zu Recht moniert, dass eine Vermessung oder auch nur Abschätzung bei der Gesamtfläche des Gebäudes nicht möglich ist (*Bieber* a.a.O.; *Lehmann-Richter* MietRB 2015, 2; *Schmid* ZMR 2015, 184, 185). Der *BGH* wiederum meint, dass dem Mieter – im entschiedenen Fall durch den Gebäudezuschnitt, der Wohnungsanzahl und der Etagen- Ansatzpunkte für Zweifel an der angegeben Gesamtfläche möglich sind. Zustimmen kann man dem, wenn es sich um eine Gebäude mit Wohnungen gleicher Art und Größe handelt. Anderes läuft darauf hinaus, ein »ungefähres Bestreiten« zuzulassen. Im erwähnten Fall gab wies die Wohnung sogar Dachschrägen auf. Der BGH meint hierzu, dass substantiiertes Bestreiten nicht die Anwendung der Wohnflächenverordnung verlangt, was vom Mieter auch nicht erwartet werden könne. Danach kommt es auf die Möglichkeiten für den einzelnen Mieter an.

7048 Stellt sich im Nachverfahren heraus, dass wegen der dann erheblichen Einwendungen des Mieters, beispielsweise wegen unzutreffender Berechnungen oder anderer Flächenwerte die Klagforderung als nicht oder nicht vollständig begründet ist, ergibt sich für den Vermieter eine Verpflichtung zur Leistung von Schadensersatz aus §§ 600 Abs. 2, 302 Abs. 4 S. 2 bis 4 ZPO, wenn der Vermieter vorläufig vollstreckt hat. Aus diesem Grund wird empfohlen, Nachzahlungen im Urkundenverfahren nur einzuklagen, wenn Einwendungen gegen die Abrechnung nicht zu erwarten sind (*Bieber* WuM 2015, 72).

7049 Wenn die Abrechnungen selbst nicht unterschrieben sind, genügt es für die Anwendung des § 416 BGB, dass das Anschreiben unterschrieben ist. Fehlt es auch hieran, gilt die freie Beweiswürdigung.

7050 Durch die Vorlage der Abrechnungen kann allerdings nicht deren **inhaltliche Richtigkeit** bewiesen werden (*Blank* NZM 2000, 1084; *Schmid* DWW 2007, 324) Es handelt sich um eine Privaturkunde, die nach § 416 ZPO lediglich den Beweis dafür erbringt, dass die in ihr enthaltenen Erklärungen vom Aussteller abgegeben worden sind (LG Bonn, Urt. v. 8.10.2009 – 6 S 6 S 107/09, WuM 2012, 155; *LG Köln*, Urt. v. 31.8.2012 – 8 O 209/12, juris).

Eine **Vermutung der Vollständigkeit und Richtigkeit** der Urkunde ist anzunehmen, wenn darin rechtsgeschäftliche Vereinbarungen enthalten sind. Das ist bei der bloßen Betriebskostenabrechnung nach h. M. nicht der Fall. Die Betriebskostenabrechnung ist nach der h.M. kein Rechtsgeschäft, sondern eine Wissenserklärung ohne rechtsgeschäftliche Eigenschaften (*BGH*, Urt. v. 10.7.2013 – XII ZR 62/12 NZM 2013, 648 für den verneinten Abschluss eines Schuldanerkenntnisses durch vorbehaltlose Zahlung des Mieters oder Vermieters; *BGH*, Urt. v. 28.4.2010 – VIII ZR 263/09, NZM 2010, 577 = WuM 2010, 631 für die Abänderungsmöglichkeit der Abrechnung). Die Abrechnung ist ein reiner Rechenvorgang nach § 259 BGB, die den Zweck hat, die Fälligkeit eines Saldos herbeizuführen. 7051

Eine Besonderheit gilt dann, wenn für den Mieter die Einwendungsfrist des § 556 Abs. 3 Satz 5 und 6 BGB abgelaufen ist. Die Abrechnung gilt nämlich dann als richtig. Hierfür genügt es, dass der Vermieter den Zeitpunkt des Zuganges der Abrechnung beweist. Die Beweislast für den Zugang der Einwendungen an den Vermieter und gegebenenfalls dafür, dass er die Verspätung nicht zu vertreten hat, trifft den Mieter (*Schmid*, ZMR 2002, 731; *Streyl*, WuM 2005, 505 [508]). 7052

Wird der Mietvertrag mit der Umlegungsvereinbarung vorgelegt, so bedarf es nicht einmal der Vorlage der Abrechnung, wenn der Mieter nicht bestreitet, dass die Abrechnung existiert, ihm zugegangen ist und die richtigen Beträge enthält (*AG Berlin-Mitte* ZMR 2007, 42; einschränkend *Flatow* DWW 2008, 88 [92]). Dieses Vorbringen gilt dann gemäß § 138 Abs. 3 ZPO als zugestanden. Das ist vor allem dann von Bedeutung, wenn man der herrschenden Meinung (hiergegen unten Rdn. 7027) folgt, dass ein Bestreiten des Mieters unbeachtlich ist, wenn er nicht nach Belegeinsicht seine Einwendungen substantiiert. 7053

e) Nebenkostenrückzahlung

Für Nebenkostenrückzahlungen aus einer Abrechnung steht der Urkundenprozess grundsätzlich offen, da mit dem Zugang der Abrechnung der Rückzahlungsbetrag fällig wird (Both, NZM 2017, 425; *Schmid* DWW 2007, 324; *Flatow* DWW 2008, 88 [92]). Der Vermieter muss sich an seiner Abrechnung zunächst festhalten lassen. Will er die Abrechnung ändern, muss er zuerst diese Änderung vornehmen, die geänderte Abrechnung dem Mieter zugehen lassen und im Prozess mit Zugangsnachweis vorlegen. Ob die Abrechnung mit Auswirkungen auf den Rückzahlungsanspruch des Mieters überhaupt noch geändert werden kann, ist eine Frage des materiellen Rechts. Steht nach Auffassung des Mieters einer Herabsetzung des Rückzahlungsanspruches die Ausschlussfrist des § 556 Abs. 3 Satz 3 BGB, § 20 Abs. 3 Satz 4 NMV 1970 entgegen, so hat den Mieter den Fristablauf dartun. Der Vermieter muss jedoch beweisen, dass er die Verfristung nicht zu vertreten hat, was durch Urkunden meist nur schwerlich möglich sein wird. 7054

7055 Der Mieter kann die Mietnebenkostenvorauszahlungen zurückverlangen, wenn der Vermieter die Abrechnungsfrist versäumt hat und das Mietverhältnis beendet ist (*BGH*, Urt. v. 9.3.2005 – VIII ZR 57/04, ZMR 2005, 439 = NJW 2005, 1499 = GE 2005, 543; Rdn. 3183 ff.). In diesen Fällen muss der Mieter urkundlich nachweisen, dass er die Vorauszahlungen geleistet hat. Die Abrechnungsfrist ergibt sich aus dem Gesetz, für Wohnraummietverhältnisse aus § 556 Abs. 3 Satz 2 BGB, § 20 Abs. 3 Satz 4 NMV 1970, für Geschäftsraummietverhältnisse aus dessen entsprechender Anwendung (*OLG Hamburg* ZMR 1989, 19; *OLG Düsseldorf* GuT 2005, 53). Das Ende des Abrechnungszeitraums ergibt sich aus dem Mietvertrag oder aus der letzten Abrechnung.

7056 Das Nichtvorliegen einer Abrechnung ist hier Anspruchsvoraussetzung und müsste deshalb vom Mieter bewiesen werden, was aber praktisch kaum möglich ist. Den Vermieter trifft deshalb die sekundäre Darlegungslast für die Erteilung einer Abrechnung. Ist dieser Genüge getan, wird der Nichterhalt der Abrechnung kaum mit Urkunden zu beweisen sein (a.A. *Flatow* DWW 2000, 88 [92], wonach überhaupt dem Vermieter die Beweislast auferlegt wird). Das Ende des Mietverhältnisses kann bewiesen werden durch den Mietvertrag, wenn das Mietverhältnis auf bestimmte Zeit eingegangen war, durch die Kündigungserklärung, gegebenenfalls mit Zustellungsnachweis oder durch Vorlage eines Mietaufhebungsvertrages. Sind Kündigungsgründe erforderlich, müssen auch diese urkundlich nachgewiesen werden.

f) Nebenkostenpauschalen

7057 Der Anspruch auf Herabsetzung einer Betriebskostenpauschale nach § 560 Abs. 3 BGB kann nicht im Urkundenprozess geltend gemacht werden, weil er auf die Abgabe einer Willenserklärung gerichtet ist (*Both* NZM 2007, 156; *Schmid* DWW 2007, 324 [325]). Dagegen kann die Nebenkostenpauschale als solche ebenso wie die Grundmiete im Urkundenprozess eingeklagt werden. Für die Geltendmachung einer erhöhten Pauschale aufgrund einer Erhöhungserklärung nach § 560 Abs. 1 BGB muss der Vermieter den Mietvertrag vorlegen, aus dem sich die Erhöhungsmöglichkeit ergibt. Ebenso ist der Vermieter darlegungs- und beweispflichtig für die eingetretene Erhöhung. Der Vermieter muss deshalb im Fall des Bestreitens durch den Mieter die Rechnungsbelege für den Bezugszeitpunkt und den Zeitpunkt der Erhöhungserklärung vorlegen. Außerdem müssen die Einhaltung der Formalien und der Zugang der Erhöhungserklärung beim Mieter durch Urkunden bewiesen werden (*Schmid* DWW 2007, 324 [325]).

5. Saldoklage

7058 Bei der Saldoklage werden in ein laufendes Mietkonto zumeist verschiedene Ansprüche auf Miete, Betriebskostenvorauszahlungen und -nachzahlungen etc. eingestellt und der sich jeweils ergebend Saldo eingeklagt. Die Saldoklage kann im Einzelfall zulässig sein. Nach der Entscheidung des BGH vom 9.1.2013 – VIII ZR 94/12 (ZMR 2013, 271 = WuM 2013, 179) ist nicht vorausgesetzt, dass Mietrückstände einzelnen Monaten zugeordnet sind.

A. Prozessuales Teil VII

Probleme können sich bei dieser Klageweise ergeben, wenn es um die Bestimmung des **Streitgegenstandes** (§ 253 Abs. 2 ZPO) geht. Es werden im Regelfall verschiedene Anspruchsarten in das Mietkonto eingestellt und der aktuelle Saldo eingeklagt, wobei für das Gericht unter Umständen nicht ersichtlich ist, aus welchen Forderungen und bejahendenfalls in welcher Höhe sich der Saldo ergibt (LG Kempten Urt. v. 22.2.2017 – 53 S 1283/16, ZMR 2017, 400 für Miete, Nachzahlungen aufgrund Betriebskostenabrechnungen, Anwaltskosten, Mahnkosten, »Auszahlungen«). 7058a

Weiteres Beispiel: Miete, Betriebskostenvorauszahlungen und Nachzahlungen werden eingestellt, möglicherweise noch Guthaben des Mieters verrechnet, Mahngebühren, Inkassokosten (die bei Großvermietern ohnehin nicht verlangt werden können: *AG Gießen*, Urt. v. 20.1.2014 – 48 C 197/13 WuM 2014, 216; *AG Dortmund* WuM 2012, 492; *Streyl/Wietz* WuM 2012, 475), »Auslagenpauschalen« und dergleichen geltend macht oder Schadensersatzansprüche und nicht anerkannte Minderungen (»Mietrückstände«) verrechnet ohne dass ersichtlich ist, wie die Verrechnungen mit der gezahlten Miete konkret erfolgen. 7058b

Der BGH (Urt. v. 9.1.2013 – VIII ZR 94/12, ZMR 2013, 271) hatte zunächst festgestellt, dass die Saldoklage zulässig ist, wenn es sich um einen **einheitlichen Gesamtanspruch** handelt, also gleichartige Forderungen (hier Nutzungsentschädigung) geltend gemacht werden. Hieraus wurde gefordert, dass die Forderungen deshalb grundsätzlich **gleichartig** sein müssen, weswegen eine Saldoklage als in der Regel unzulässig bewertet wurde (LG Kempten, Urt. v. 6.12.217 – 52 S 1311/17, MietRB 2018, LG Kempten, Urt. v. 22.2.2017 – 53 S 1283/16, ZMR 2017, 400; *AG Hanau*, Urt. v. 28.10.2015 – 37 C 44/15 -17, WuM 2015, 142; LG Frankfurt/M., Urt. v. 16.5.2017 – 2–11 S 220/16, GE 2017, 1413; *LG Dortmund*, Beschl. v. 18.5.2015 – 1 S 47/15; *LG Darmstadt*, Urt. v. 28.3.2013 – 243 S 54/12; *LG Frankfurt/Oder*, Urt. v. 28.3.2013 – 15 S 132/11; *AG Dortmund*, Urt. v. 19.12.2014 – 420 C 6682/14). 7059

Daraus folgt jedoch nach der BGH-Rechtsprechung nicht, dass die Saldoklage bei **unterschiedlichen Forderungsarten** im Regelfall automatisch unzulässig ist. In neueren Grundsatzentscheidungen hat der BGH folgendes festgestellt: Wird der Saldo eines sog. »Mieterkontos« eingeklagt, dessen Betrag sich aus mehreren Forderungen wie beispielsweise offener Miete, Betriebskostennachzahlungen oder Erstattungen, Mahnkosten, Rechtsanwaltsgebühren, Minderungen etc. zusammensetzt, die mit den geschuldeten Mieten verrechnet wurden, liegt hierin noch keine unzulässige Klage. Vorausgesetzt ist, dass in der Begründung der Zahlungsklage dargelegt ist, wie sich der Saldo nach **Inhalt und Höhe der einzelnen Beträge** zusammensetzt. Dies gilt auch dann, wenn Zahlungen des Mieters und Gutschriften des Vermieters **nicht bestimmten Sollmietbeträgen** zugeordnet sind. Ferner ist die Begründetheit und nicht die Zulässigkeit der Klage betroffen, wenn nicht die **Nettomiete** gegenüber den **Betriebskostenvorauszahlungen unterschieden** wird (*BGH*, 21.3.2018 – VIII 84/17, MietRB 2018, 129 = WuM 2018, 278; *BGH*, 21.3.2018 – VIII ZR 68/17). 7060

Als weitere Voraussetzung hat der *BGH* festgehalten, dass die Einzelforderungen in der Aufstellung nach jeweiligem Betrag und soweit erforderlich nach Monaten ausgewiesen sind (BGH, 6.2.2019 – VIII ZR 54/18, ZMR 2019, 397). 7060a

▶ **Beispiel (nach BGH, 21.3.2018 – VIII ZR 84/17):**

7061 Der Vermieter legt zur Begründung seiner Saldoklage folgende Tabelle vor:

Monat	zu zahlen	gezahlt	Differenz	Rückstand
Guthaben		410.03 €	– 410.03 €	410.03 €
Miete Januar 2015	723.72 €	38.50 €	685.22 €	285.19 €
Miete Februar 2015	723.72 €	673.50 €	50.22 €	325.41 €
Miete März 2015	723.72 €	673.50 €	50.22 €	375.63 €
Miete April 2015	723.72 €	523.50 €	200.22 €	575.85 €
Gutschrift Minderung		32.75 €	–32.75 €	543.28 €
Miete Mai 2015	723.72 €	523.50 €	200.22 €	743.50 €
Miete Juni 2015	723.72 €	523.50 €	200.22 €	943.72 €
Miete Juli 2015	723.72 €	523.50 €	200.22 €	1.143,94 €
Miete August 2015	723.72 €	523.50 €	200.22 €	1.344,38 €
Miete September 2015	723.72 €	523.50 €	200.22 €	1.544,38 €
Miete Oktober 2015	723,72 €	523.50 €	200.22 €	1.744,60 €
Gutschrift Heizkosten		276.37 €	–276.37 €	1.488,23 €
Miete November 2015	723.72 €	523.50 €	200.22 €	1.688,45 €

Der BGH hat im Gegensatz zum Berufungsgericht die Klage nicht für unzulässig erachtet. Den einzelnen Monaten waren bestimmte Beträge zugeordnet, die wiederum mit Nachzahlungen, Minderungen bzw. Gutschriften verrechnet wurden. Es war unschädlich, dass jeweils lediglich der neue Saldo errechnet und nicht erklärt wurde, welcher Betrag an Gutschrift welcher konkreten Miete zugeordnet wurde. Damit, so der BGH seien die Anforderungen an die Zulässigkeit der Klage überspannt.

7061a In der genannten Entscheidung hielt der BGH ferner fest, dass die Verrechnungsregelung des § 366 Abs. 2 BGB immer **von Amts wegen** zu beachten ist. Dies gilt besonders, wenn entsprechende Verrechnungsangaben fehlen. Diese Regelung ist direkt anzuwenden, wenn Zahlungen des Mieters bei fehlender Tilgungsbestimmung erfolgen. Denn dem Vermieter steht kein Bestimmungsrecht zu, was auch für Verrechnungen von Betriebskostensalden gilt. Leistet der Mieter unzureichende Zahlungen auf die Bruttomiete, also Nettomiete plus Vorauszahlungen auf Betriebskosten, ist § 366 Abs. 2 BGB rechtsentsprechend anzuwenden, wie der BGH betont. Was diese Tilgung betrifft, sind die Zahlungen des Mieters zunächst auf die betreffenden Betriebskostenvorauszahlungen zu verrechnen. Denn die Vorauszahlungen können nach Abrechnungsreife grundsätzlich nicht mehr gefordert werden und sind deshalb unsicher. Werden Bruttomietrückstände aus verschiedenen Jahren oder mehreren Monaten geltend gemacht, erfolgt die Anrechnung unter Verjährungsgesichtspunkten auf die ältesten Rückstände.

7062 Der pauschale Vortrag des Vermieters hierzu, man habe »die Mietzahlungen jeweils zunächst auf die jeweils fällige Mietschuld im jeweils angegebenen Monat verrechnet, was sich aus der Aufstellung ergäbe« ist ungeeignet, den Streitgegenstand ausreichend darzulegen (*AG Hanau* a.a.O.).

Soweit die Aufstellung von »Mietschulden« spricht ist zu Bedenken, dass zum Begriff 7063
der Miete auch die Betriebskosten in Form von Vorauszahlungen und Nachzahlungen zählen (*BGH*, Urt. v. 20.7.2005 – VIII ZR 347/04, WuM 2005, 573). Deshalb muss auch angegeben werden, welche Zahlungen auf die Bruttomiete und welche auf die Nettomiete erfolgen (*AG Hanau* a.a.O.; *Zehelein* a.a.O.).

Sind in der Kontoaufstellung fehlende Vorauszahlungen auf die Betriebskosten ent- 7064
halten, muss der Vermieter darlegen, wie er sie eingestellt hat (LG Kempten a.a.O.).

(unbesetzt) 7065–7070

6. Einstweilige Verfügung

Eine einstweilige Verfügung kommt vor allem in Betracht, wenn der Anspruch auf 7071
Duldung von Zählerablesungen geltend gemacht werden soll (vgl. Rdn. 6122).

IV. Substantiierung des Sachvortrages

1. Grundsätzliches

Nach der ständigen Rechtsprechung des *BGH* (Beschl. v. 21.10.2014 – VIII ZR 34/ 7072
14, WuM 2014, 741; *BGH*, Beschl. v. 28.2.2012 – VIII ZR 124/11, GE 2012, 544) und des *BVerfG* (NZM 2012, 245 = ZfIR 2012, 134 = WM 2011, 2232) ist ein Sachvortrag dann schlüssig und erheblich, wenn die Partei Tatsachen vorträgt, die in Verbindung mit einem Rechtssatz geeignet und erforderlich sind, das geltend gemachte Recht als in der Person der Partei entstanden erscheinen zu lassen. Die Angabe näherer Einzelheiten ist nicht erforderlich, soweit diese für die Rechtsfolgen nicht von Bedeutung sind. Das Gericht muss nur in die Lage versetzt werden, aufgrund des tatsächlichen Vorbringens der Partei zu entscheiden, ob die gesetzlichen Voraussetzungen für das Bestehen des geltend gemachten Rechts vorliegen. Sind diese Anforderungen erfüllt, ist es Sache des Tatrichters, in die Beweisaufnahme einzutreten und dabei gegebenenfalls die benannten Zeugen oder die zu vernehmende Partei nach weiteren Einzelheiten zu befragen oder einem Sachverständigen die beweiserheblichen Streitfragen zu unterbreiten. Der Grad der Wahrscheinlichkeit der Sachverhaltsschilderung ist für den Umfang der Darlegungslast regelmäßig ohne Bedeutung.

2. Klage des Vermieters auf Nebenkostenvorauszahlungen

Der Vermieter muss darlegen, dass eine Nebenkostenumlegung mit Vorauszahlungen 7073
vereinbart wurde. Das impliziert den Vortrag, dass diese Vorauszahlungen auch angemessen im Sinne von § 556 Abs. 2 Satz 2 BGB, § 20 Abs. 3 Satz 1 NMV 1970 sind (*Schmid* MDR 2000, 123). Wenn der Mieter die Angemessenheit bestreitet, ist hierzu näherer Sachvortrag durch den Vermieter erforderlich.

Hat der Mieter auf Nebenkosten und Grundmiete nur einheitliche Teilzahlungen 7074
ohne nähere Tilgungsbestimmungen geleistet, so muss der Vermieter spätestens auf

einen entsprechenden Einwand des Mieters hin auch vortragen, dass und aus welchem Grunde die Teilleistung nicht auf die Nebenkostenvorauszahlungen verrechnet wurde. Dies ergibt sich daraus, dass materiell-rechtlich eine Anrechnung von Teilleistungen mangels anderweitiger Leistungsbestimmung zunächst auf die Nebenkostenvorauszahlungen erfolgt (Rdn. 1117).

7075 Dass die Vorauszahlungen geleistet worden sind, muss als Erfüllungseinwand der Mieter vortragen. Entsprechendes gilt für sonstige Einwendungen und Einreden.

3. Klage des Vermieters auf Nebenkostennachzahlungen
a) Vortrag des Vermieters

7076 Zur schlüssigen Geltendmachung einer Betriebskostennachforderung gehört der Vortrag, dass zwischen den Parteien im Abrechnungszeitraum ein Mietverhältnis bestanden hat, dass wirksam die Zahlung von Betriebskostenvorauszahlungen und deren Abrechnung vereinbart worden ist und dass über die Kosten eine ordnungsgemäße fälligkeitsbegründende Abrechnung erteilt worden ist (*KG* ZMR 1998, 627), die dem Mieter auch zugegangen ist (*AG Berlin-Mitte* ZMR 2007, 43). Nicht gefordert wird ein Sachvortrag zu Einzelheiten, die die inhaltliche Richtigkeit der Abrechnung begründen (*KG* ZMR 1998, 627 = NZM 1998, 620 = GE 1998, 796). Die Behauptung der Richtigkeit der Abrechnung wird mit der Einklagung des Abrechnungssaldos zumindest schlüssig erhoben.

7077 Ist eine formell ordnungsgemäße, insbesondere nachvollziehbare Abrechnung der Klagschrift beigefügt und in Bezug genomnen, so ergibt sich auch für das Gericht nachvollziehbar, dass der geltend gemachte Anspruch gegeben ist (*Schmid* MDR 2000, 123; vgl. auch *Geldmacher* NZM 2001, 923). Ergibt sich aus der vorgelegten Abrechnung, dass diese formell nicht in Ordnung ist, ist die Klage abzuweisen (*Schmid* GE 2008, 1298 [1300]).

7078 Die Schlüssigkeit einer Nachforderungsklage hängt demnach nicht davon ab, dass der Vermieter jede in die Abrechnung eingestellte Position nach Datum, Grund und Höhe vorträgt. Erst wenn der Mieter die inhaltliche Richtigkeit der Abrechnung bestreitet, muss der Vermieter die Tatsachen im Einzelnen darlegen und beweisen, aus denen sich die Richtigkeit des von ihm behaupteten Abrechnungsergebnisses ergibt (*BGH*, Urt. v. 20.2.2008 – VIII ZR 27/07, MDR 2008, 737 = MietRB 2008, 199). Das folgt aus dem vom *BGH* (MDR 1999, 696) hervorgehobenen Wechselspiel von Vortrag und Gegenvortrag und hat zur Folge, dass sich die Vortragslast des Vermieters verändern kann, insbesondere, dass weiterer Sachvortrag oder eine genauere Darlegung (erst dann) notwendig werden können, wenn der Mieter seinerseits vorgetragen hat (*Schmid* GE 2008, 1298 [1300]). Sind dem Vermieter zur Abrechnung erforderliche Unterlagen abhandengekommen, kann dies geringere Anforderungen an die Substantiierung rechtfertigen (*BGH*, 9.3.2005 – VIII ZR 57/04, ZMR 2005, 439 = GE 2005, 543).

7079 Generell sind keine übertriebenen Anforderungen an die Darlegung zu stellen. So erscheint es z.B. nicht erforderlich, dass der Vermieter bei einer Umlegung nach dem Flächenverhältnis eine Wohn- und Nutzflächenberechnung vorträgt (*Schmid* MDR 2000, 123; vgl. auch *Geldmacher* NZM 2001, 923).

Etwas anderes gilt allerdings dann, wenn die Abrechnung für einen Außenstehenden nicht nachvollziehbar, aber gleichwohl ordnungsgemäß ist, weil die für die Nachvollziehbarkeit maßgeblichen Tatsachen dem Mieter bereits aus dem Mietvertrag oder aus früheren Abrechnungen bekannt sind (vgl. *BGH* ZMR 1982, 108). Ein ergänzender Sachvortrag ist hier schon deshalb notwendig, damit das Gericht bei einer Schlüssigkeitsprüfung die formelle Ordnungsmäßigkeit der Abrechnung feststellen kann. 7080

Bestrittene **eigene Aufwendungen des Vermieters** müssen konkret dargelegt werden. Die Vorlage pauschaler interner Vereinbarungen zwischen verschiedenen Abteilungen der Vermieterin genügt hierfür nicht (*AG Nordhausen* WuM 1999, 486). 7081

In der Abrechnung nicht genannte **Schätzgrundlagen**, muss der Vermieter auf ein schlichtes Bestreiten des Mieters hin dartun (*BGH*, Urt. v. 20.2.2008 – VIII ZR 27/07, ZMR 2008, 691 = NJW 2008, 1801 = NZM 2008, 403 = WuM 2008, 285 = GE 2008, 662). 7082

Bloße **Spekulationen eines Mieters** muss der Vermieter nicht widerlegen (*LG Berlin* GE 1992, 989, 991 zur unsubstantiierten Behauptung einer Stromentnahme für hausfremde Zwecke). 7083

Hat der Mieter den Abrechnungssaldo **anerkannt** (vgl. Rdn. 3797 ff.) kann sich der Vermieter auf das Anerkenntnis berufen und muss nur die Tatsachen vortragen, aus denen sich das Anerkenntnis ergibt (*Schmid* GE 2000, 851, 854). 7084

Reagiert der Vermieter auf schlüssige Einwendungen des Mieters nicht, gelten diese nach § 138 ZPO als zugestanden (*AG Trier* WuM 1999, 721). 7085

Beruft sich der Vermieter auf den Ablauf der **Einwendungsfrist** (Rdn. 3739 ff.), muss er die Tatsachen vortragen, aus denen sich der Fristablauf ergibt, also den Zeitpunkt des Zugangs der Abrechnung an den Mieter. 7086

Ist die **Abrechnungsfrist** abgelaufen, muss der Vermieter die Umstände dartun, aus denen sich ergibt, dass er die Fristversäumung nicht zu vertreten hat. 7087

b) Bestreiten des Mieters

Die herrschende mietgerichtliche Rechtsprechung (*OLG Karlsruhe*, 14.11.2017 8 U 87/15, ZMR 2019, 19; OLG Düsseldorf, 8.6.2000 – 10 U 94/99, juris; *OLG Celle* ZMR 1999, 238, 240; *OLG Düsseldorf* DWW 2006, 198 = GuT 2006, 132; *AG Mitte*, Urt. v. 21.1.2015 – 17 C 247/14, GE 2015, 389; *AG Schwerin*, Urt. v. 20.10.2014 – 16 C 283/12, GE 2015, 59; offen gelassen von *BGH*, 20.2.2008 – VIII ZR 27/07, ZMR 2008, 691 = GE 2008, 662) verlangt vom Mieter ein substantiiertes Bestreiten der Richtigkeit der Abrechnung und hierzu, dass der Mieter von seinem Recht Gebrauch macht, die der Abrechnung zugrunde liegenden Belege einzusehen. Der Hinweis auf eine unerklärliche Kostensteigerung bei einzelnen Positionen (»was nicht sein kann«), ohne die Belege in Augenschein genommen zu haben reicht nach einer Ansicht nicht (*AG Mitte*, Urt. v. 21.1.2015 – 17 C 247/14, GE 2015, 389). 7088

7088a Die Verweigerung der Belegeinsicht mit anschließender Zahlungsklage des Vermieters führt zur Klagabweisung als derzeit unbegründet. Eine Verurteilung Zug-um-Zug gegen Zahlung scheidet aus (*BGH*, 10.4.2019 – VIII ZR 250/17, WuM 2019, 373 für benachbarte Grundstückseigentümer, die eine gemeinsame Heizung betreiben); Fortf. von *BGH*, 7.2.2018 – VIII ZR 189/17, WuM 23018, 288 = NJW 2018, 1599).

7089 Bestreitet der Mieter den Flächenansatz in der Abrechnung, wird ein einfaches Bestreiten dann nicht für ausreichend erachtet, wenn dem Mieter ein Nachmessen möglich ist.

7090 Nach der Rechtsprechung des *BGH* (MDR 1999, 1146; MDR 1999, 696) genügt in der Regel gegenüber einer Tatsachenbehauptung der darlegungspflichtigen Partei das einfache Bestreiten. Eine darüber hinausgehende Substantiierungslast trifft die nicht beweisbelastete Partei nur ausnahmsweise dann, wenn der darlegungspflichtige Gegner die maßgeblichen Tatsachen nicht näher kennt und ihm ergänzende Angaben zuzumuten sind.

7091 Diese Voraussetzungen liegen im Mietnebenkostenprozess grundsätzlich nicht vor, weil der Mieter nur die Belege einsehen kann, die beim Vermieter vorhanden sind. Ein Informationsvorsprung des Mieters ist deshalb in der Regel nicht gegeben. Eine Pflicht zur Belegeinsicht folgt auch nicht aus der Prozessförderungspflicht des § 282 Abs. 1 ZPO, da auch diese Vorschrift nur bei Vorliegen besonderer Umstände eine Ermittlungspflicht begründet (*BGH* NJW 2003, 200). Erst recht kann vom Mieter ein substantiiertes Bestreiten nicht verlangt werden, wenn er kein Recht auf die Erteilung von Fotokopien hat (vgl. Rdn. 3312 ff. – *Schmid* ZMR 2006, 343; *Langenberg* NZM 2007, 105 [109]; a.A. *OLG Düsseldorf* GuT 2006, 233). Der Mieter kann sich nach § 138 Abs. 4 ZPO mit Nichtwissen erklären, ohne zuvor Belegeinsicht nehmen zu müssen (*Schmid* MDR 2000, 123). Ein unsubstantiiertes Bestreiten birgt allerdings für den Mieter ein erhebliches Kostenrisiko.

7092 Jedenfalls zu weitgehend ist die Auffassung des *LG Berlin* (GE 1986, 1174; GE 2011, 58), wonach der Mieter bei Bestreiten der Richtigkeit einer **Zählerablesung** soll genau angeben müssen, aus welchen Gründen die Skalen nicht richtig abgelesen worden sein sollen. Dagegen ist dem *LG Berlin* (GE 2010, 1743) darin zuzustimmen, dass der Mieter die eingesetzten Ablesewerte nicht unsubstantiiert bestreiten kann, wenn er die seiner Ansicht nach richtigen unschwer angeben kann. Ein einfaches Bestreiten reicht nur dann aus, wenn der Mieter die Werte nicht selbst ablesen kann. Die fehlende Möglichkeit eigener Ablesung kann darin begründet sein, dass die Daten des Abrechnungszeitraums nicht mehr vorhanden sind, für den Mieter nicht wahrnehmbar sind oder weil der Mieter nicht weiß und auch nicht wissen muss, wie er die Werte auf dem Erfassungsgerät abzulesen hat (*AG Charlottenburg* GE 2013, 1523).

7093 Bestreitet der Mieter die Umlegungsfähigkeit bestimmter Kosten, muss er diese benennen (*AG Berlin-Spandau* WuM 2006, 566).

7094 Eine erhöhte Darlegungslast kann sich für den Mieter dann ergeben, wenn für die Richtigkeit des Sachvortrages des Vermieters der **Beweis des ersten Anscheins** spricht, z.B. wenn der Mieter ein Ableseprotokoll unterschrieben hat (*OLG Köln*

GE 1986, 341, 344) oder wenn der Vermieter ordnungsgemäß geeichte und gewartete Messgeräte verwendet (*OLG Köln* GE 1986, 341, 344). Hier muss der Mieter den Anscheinsbeweis erschüttern und entsprechend vortragen. Ein unsubstantiiertes Bestreiten reicht in diesen Fällen nicht aus (*KG* ZMR 2011, 35).

Bestreitet der Mieter die Richtigkeit der **Verbrauchswerte**, bietet der Vermieter deshalb zum Beweis die Erhebung eines Gutachtens an, darf das Gericht nicht aus Gründen des prima-facie-Beweises oder durch eine Schätzung nach § 287 ZPO davon ausgehen, dass der Mieter überhaupt keine Kosten zu übernehmen hat, wenn unstreitig ein gewisser Verbrauch vorlag (*LG Berlin*, Urt. v. 5.6.2014 – 67 S 449/12, DWW 2015, 19). 7095

Ermöglicht der Mieter ohne vernünftige Gründe mehrfach nicht den **Zutritt** zwecks Ablesung, wird der Beweis nach § 371 Abs. 3 ZPO vereitelt. Dies ist beispielsweise der Fall, wenn der Mieter pauschal gehaltenen ärztliche Atteste vorlegt, aus denen sich nicht ergibt, warum die Gestattung des Zutritts und des Ablesens nicht möglich gewesen sein soll. Bei einer Beweisvereitelung kann das Gericht Beweiserleichterungen bis zur Beweislastumkehr zugrunde legen und das dem Beweisführer bestmöglichste Ergebnis annehmen (*LG Berlin*, Urt. v. 5.6.2014 – 67 S 449/12, DWW 2015, 19; zur Beweisvereitelung *BGH*, Urt. v. 23.10.2008 – VII ZR 64/07, NJW 2009, 360); *LG Berlin*, Urt. v. 3.2.2012 – 63 S 359/10, WuM 2014, 104). 7096

Beruft sich der Vermieter auf ein **Anerkenntnis**, kann der Mieter die das Anerkenntnis begründenden Tatsachen bestreiten oder dartun, dass die Geschäftsgrundlage gefehlt hat oder der Abrechnungsfehler auch bei sorgfältiger Prüfung nicht erkennbar war. 7097

Ist die Einwendungsfrist abgelaufen, muss der Mieter die Umstände darlegen, aus denen sich ergibt, dass er die verspätete Geltendmachung nicht zu vertreten hat. 7098

Klagt der Vermieter mit Erfolg eine Betriebskostennachzahlung ein und hebt das Berufungsgericht das Urteil erster Instanz auf, muss die Urteilsbegründung § 540 Abs. 1 S. 1 Nr. 1 ZPO genügen, damit das Revisionsgericht in der Lage ist die Entscheidung zu überprüfen (*BGH*, Urt. v. 19.7.2017 – VIII ZR 3/17, ZMR 2017, 875 = GE 2017, 1014) 7099

c) Einwendungen und Einreden des Mieters

Insoweit ist der Mieter darlegungspflichtig. Das gilt insbesondere für die Behauptung, dass die Vorauszahlungen in der Abrechnung zu niedrig angegeben seien, da es sich insoweit um den Einwand einer bereits erfolgten (teilweisen) Erfüllung handelt (*Schmid* MDR 2000, 123). 7100

Behauptet der Mieter, der Vermieter hätte die Einsicht in die der Abrechnung zugrunde liegenden Belege verweigert, so muss er diesen Vortrag substantiieren (*LG Düsseldorf* ZMR 1998, 167). Er muss also vortragen, wann und wie er Belegeinsicht verlangt und wie der Vermieter hierauf reagiert hat.

Der Mieter muss im Prozess konkret vortragen, welche beanstandeten Kosten nicht geschuldet sein sollen, wenn er die Belege eingesehen hat. Pauschale Behauptungen 7101

(»50 % der Kosten sind nicht umlagefähig, weil 50 % der Grundstücksgesamtfläche öffentlich genutzt werden können«) genügen nicht (*AG Schöneberg*, Urt. v. 16.11.2016 – 11 C 141/16, GE 2017, 543 = ZMR 2016, 170).

4. Klage des Mieters auf Nebenkostenrückzahlung

a) Klage aufgrund einer Abrechnung

7102 Klagt der Mieter einen Saldo aus der Nebenkostenabrechnung ein, so genügt der Sachvortrag, dass der Mieter vom Vermieter eine Abrechnung mit diesem Saldo erhalten hat. Ausführungen zur Richtigkeit der Abrechnung muss der Mieter nicht machen. Will sich der Vermieter an seiner Abrechnung nicht festhalten lassen, muss er diese ändern, soweit ihm dies möglich ist.

7103 Wendet der Mieter einen Verstoß gegen den Wirtschaftlichkeitsgrundsatz ein, so muss er Umstände vortragen und unter Beweis stellen, die den verschiedenen je nach der Örtlichkeit unterschiedlichen Bedingungen und den tatsächlichen Gegebenheiten des jeweiligen Anwesens Rechnung tragen (*OLG Rostock* WuM 2013, 376 m.w.N.).

7104 Verlangt der Mieter im Rückforderungsverfahren als Konditionsgläubiger die geleistete Nachzahlung zurück, muss er die Rückforderung darlegen und nachweisen (*BGH*, Urt. v. 18.2.1987 l- VIII ZR 93/86, MDR 1987, 754 = NJW-RR 1987, 783). Dies gilt auch dann, wenn die frühere Zahlung »unter Vorbehalt der Prüfung« erfolgte (*LG Berlin*, Urt. v. 24.5.2016 – 67 S 149/16, MietRB 2016, 251).

b) Klage bei unterbliebener Nebenkostenabrechnung

7105 Klagt der Mieter auf Rückzahlung geleisteter Vorauszahlungen, so muss er deren genaue Höhe eindeutig vortragen (*LG Hamburg* WuM 1997, 180, 181) und behaupten, dass ihm eine Abrechnung nicht zugegangen ist. Sache des Vermieters ist es dann, den Zugang einer Abrechnung darzulegen und gegebenenfalls zu beweisen oder die Abrechnung im Prozess nachzuholen.

7106 Bei beendetem Mietverhältnis kann der Mieter den vollen Vorauszahlungsbetrag zurückverlangen. Der Vermieter kann jedoch gestützt auf eine nunmehr erstellte Abrechnung den ihm zustehenden Betrag wieder einfordern. Ausgeschlossen ist er nur mit Beträgen, die den Vorauszahlungsbetrag übersteigen (*BGH*, Urt. v. 9.3.2005 – VIII ZR 57/04, ZMR 2005, 439 = GE 2005, 543).

7107 Im laufenden Mietverhältnis hat der Mieter ohnehin keinen Rückforderungsanspruch.

c) Rückforderung bei Zahlung unter Vorbehalt

7108 Will der Mieter, der die Nachzahlung unter Vorbehalt geleistet hat, einen Rückforderungsanspruch geltend machen, so verlangt das *LG Köln* (ZMR 2001, 547) einen detaillierten Vortrag zur Höhe des Rückforderungsanspruches. Richtigerweise muss jedoch danach differenziert werden, ob der Mieter sich die Rückforderung für den Fall vorbehalten will, dass er die Unrichtigkeit der Abrechnung beweist oder ob der Mieter unter der Bedingung des Bestehens der Forderung leistet und damit die

Darlegungs- und Beweislast beim Vermieter verbleibt (vgl. *BGH*, 8.2.1984 – Ivb ZR 52/82, NJW 1984, 2826).

Zahlt der Mieter den Nachforderungsbetrag unter Vorbehalt und gibt ihm das Gericht darin Recht, dass die Abrechnung nicht richtig ist, so kann der Mieter nicht unmittelbar auf Rückzahlung klagen, wenn der Vermieter für die richtige Gestaltung der Abrechnung ein Ermessen hat (*LG Düsseldorf* WuM 1994, 30 ff. für den Fall der Wahl eines unbilligen Umlegungsmaßstabes, wenn mehrere der Billigkeit entsprechende Umlegungsmaßstäbe in Betracht kommen). Die Überzahlung muss vom Mieter substantiiert dargelegt werden (*LG Köln* ZMR 2001, 547). Gegebenenfalls muss der Mieter auf Erteilung einer neuen Abrechnung mit zulässigem Verteilungsmaßstab klagen. 7109

5. Berichtigung der Abrechnung

Inhaltliche Fehler der Abrechnung kann der Vermieter im Prozess richtigstellen. Liegt der Fehler in einer falschen Kostenverteilung, kann das Gericht ein richtiges Ergebnis nur dann selbst errechnen, wenn der zutreffende Abrechnungsmaßstab feststeht. Hat der Vermieter ein Ermessen, z.B. bei der Auswahl des Ersatzverfahrens nach § 9a HeizkostenV, erfordert es die Schlüssigkeit des Sachvortrags, dass der Vermieter erklärt, welchen Abrechnungsmaßstab er bestimmt (*Schmid* ZMR 2005, 717). 7110

V. Billiges Ermessen

Steht eine Ermessensausübung inmitten, z.B. bei der Bestimmung von Umlegungsmaßstäben, obliegt es im Streitfall zunächst dem Mieter, die Unbilligkeit der getroffenen Bestimmung aufzuzeigen. Erst wenn das geschehen ist, hat der Vermieter die Tatsachen darzulegen und zu beweisen, die die Billigkeit der Bestimmung rechtfertigen (*OLG Düsseldorf* ZMR 2000, 215). Der Mieter muss deshalb insbesondere die Auswirkungen der Entscheidung des Vermieters und die dadurch ihn treffenden Nachteile gegenüber einer anderen Ermessensausübung darlegen (*LG Berlin* NJW-RR 1999, 1608, 1610). 7111

VI. Wohn- und Nutzfläche

Für die substantiierte Darlegung der Wohnfläche genügt es, wenn der Vermieter bestimmte Flächen behauptet. Das *LG Köln* (ZMR 2001, 624) überspannt die Anforderungen an die Darlegungspflicht, wenn es vom Vermieter eine Aufmessung verlangt. 7112

Entsprechend steht es dem Mieter grundsätzlich frei, die Richtigkeit des Wohnflächenansatzes zu bestreiten, ohne eigene Nachforschungen anstellen zu müssen (a.A. *Berlin-Schöneberg* GE 1986, 1177, das vom Mieter eine ins Einzelne gehende Gegenberechnung verlangt). Die Gesamtfläche kann der Mieter abgesehen von der Unzumutbarkeit einer solchen Maßnahme schon deshalb nicht ermitteln, weil er meist nicht Zugang zu allen Räumen hat. Eine Flächenberechnung für die eigenen Räume kann vom Mieter regelmäßig ebenfalls nicht verlangt werden, weil billigerweise nicht erwartet werden kann, dass der Mieter über die Anwendung der Berechnungsmethoden Bescheid weiß. Nur in besonders gelagerten Ausnahmefällen kann ein 7113 unsubstantiiertes Bestreiten mit nur vagen Vermutungen rechtsmissbräuchlich und damit unbeachtlich sein (vgl. *LG Düsseldorf* DWW 1992, 256).

7114 *(unbesetzt)*

VII. Beweisfragen

1. Schätzungen nach § 287 ZPO

7115 Grundsätzlich obliegt es dem Vermieter, den Anfall der Nebenkosten darzutun und gegebenenfalls zu beweisen. Insbesondere bei Erfassungsmängeln kann es jedoch vorkommen, dass ein bestimmter Verbrauch zu ermitteln ist. Bei einem unverhältnismäßigen Aufwand für ein Sachverständigengutachten kommt dann eine Schätzung nach § 287 ZPO in Betracht (*Schmid* NZM 1998, 500). Ferner kann eine solche Schätzung erfolgen, wenn einzelne Unklarheit verbleiben (*BGH*, 9.3.2005 – VIII ZR 57/04, ZMR 2005, 439 = GE 2005, 543). Zu Schätzungen in der Abrechnung s. Rdn. 1154 ff., 3580 ff.

2. Urkunden

7116 Zu Unrecht geht das *AG Hamburg* (WuM 2002, 499) davon aus, dass der Nachweis von Ausgaben nur durch Originalbelege erfolgen kann. Die **Ausgabenbelege** erbringen keinen Beweis für ihre inhaltliche Richtigkeit, sondern nur dafür, dass die Erklärung von ihrem Aussteller abgegeben worden ist (§ 416 ZPO). Nur öffentliche Urkunden haben eine erhöhte Beweiskraft (§§ 417, 418 ZPO; vgl. für Abgabenbescheide *AG Hannover* ZMR 2003, 371 = MDR 2003, 326). Der Vermieter kann sich für den Anfall der Ausgaben eines jeden Beweismittels bedienen.

7117 Nach § 142 ZPO kann auch einem Dritten die Vorlage von Urkunden aufgegeben werden (vgl. hierzu z.B. *Schneider* MDR 2004, 1 ff.). Das kann bei vermieteten Eigentumswohnungen relevant werden, wenn sich die Ausgabenbelege beim Verwalter befinden. Auf Unzumutbarkeit im Sinne des § 142 Abs. 2 Satz 1 ZPO kann sich der Verwalter in der Regel nicht berufen.

VIII. Vorlage einer Abrechnung und Ablauf der Abrechnungsfrist im Prozess

1. Abrechnung während des Prozesses

7118 Der Vermieter kann auch noch im Prozess eine Abrechnung vorlegen bzw. durch Ergänzungen die formelle Ordnungsmäßigkeit einer Abrechnung herbeiführen (*BGH*, Urt. v. 9.3.2005 – VIII ZR 57/04, ZMR 2005, 543 = GE 2005, 543). Das ist auch noch in der Berufungsinstanz möglich (vgl. *OLG Dresden* GuT 2002, 87; *LG Gießen* WuM 1994, 695), wenn die Abrechnung erst nach der letzten mündlichen Verhandlung erster Instanz dem Mieter zugegangen ist (§ 520 Abs. 3 Satz 2 Nr. 4, § 531 Abs. 2 Satz 1 Nr. 3 ZPO). Neue Tatsache ist das Vorliegen einer ordnungsmäßigen Abrechnung. Auf eine Nachlässigkeit hinsichtlich der Erstellung der Abrechnung kommt es nicht an (vgl. *Hinz* NZM 2002, 639), und zwar auch dann nicht, wenn Abrechnungsreife bereits in erster Instanz eingetreten ist (a.A. *OLG Koblenz*, 11.11.2015,

5 U 669/15, MietRB 2016, 132: Sachdienlichkeit nur bei Einwilligung oder Nichtbestreiten; *OLG Düsseldorf* NZM 2003, 899 = ZMR 2004, 30). Der Vermieter kann deshalb auch Berufung mit dem Ziel einlegen, die in erster Instanz als nicht prüffähig angesehene Abrechnung aufzuschlüsseln.

Der Vortrag, es sei eine neue Abrechnung erstellt worden, kann auch nicht als verspätet zurückgewiesen werden, da § 296 ZPO nicht eine beschleunigte Schaffung materiell-rechtlicher Anspruchsvoraussetzungen bezweckt (*BGH* MDR 2004, 148). Konsequenterweise kann auch der Tatsachenvortrag, der die Richtigkeit dieser Abrechnung belegt, nicht zurückgewiesen werden (*BGH,* NJW-RR 2005, 1687). 7119

Wenn der Vermieter während eines Prozesses um **Vorauszahlungen** abrechnet, tritt materiell-rechtlich der Abrechnungssaldo an die Stelle des Vorauszahlungsanspruches (h.M.; offengelassen von *LG Berlin* NZM 2000, 862, ob die Klage auch weiterhin auf die Vorauszahlung gestützt werden kann; so *Schmid* NZM 2007, 555). Der Vermieter muss seine Klage gemäß § 264 Nr. 3 ZPO umstellen und/oder die Hauptsache ganz oder teilweise für erledigt erklären (*OLG Düsseldorf* ZMR 2002, 46; *Geldmacher* NZM 2001, 921, 922; a.A. *Schach* GE 2003, 232). Der Wechsel von der Vorauszahlungsklage auf die Abrechnungsklage kann auch hilfsweise erfolgen (*OLG Düsseldorf* ZMR 2001, 882). 7120

Der Übergang von der Klage auf Nebenkostenvorauszahlungen zur Geltendmachung des Abrechnungssaldos ist keine Klageänderung sondern eine nach § 264 Nr. 2 ZPO zulässige Klageumstellung (*OLG Düsseldorf* IMR 2014, 87). 7121

Legt der Vermieter im Nachforderungsprozess erstmals eine formell ordnungsgemäße Abrechnung vor, kann der Mieter den Klaganspruch sofort anerkennen. 7122

Im **Rückforderungsprozess** des Mieters oder bei einer **Klage auf Erteilung einer Abrechnung** kann der Vermieter die Abrechnung im Prozess vorlegen. Der Mieter kann dann die Hauptsache für erledigt erklären (*LG Hamburg* WuM 1997, 380) oder seine Klage auf Rückerstattung überzahlter Nebenkosten umstellen (*LG Hamburg* WuM 1997, 380). Ergibt die Abrechnung einen Nachzahlungsanspruch, kann der Vermieter Widerklage erheben (*Neumann/Spangenberg* NZM 2005, 578). 7123

Wird eine Nebenkostenabrechnung im Prozess vorgelegt oder ergänzt, so gilt der Prozessbevollmächtigte des Mieters als zur Entgegennahme **bevollmächtigt**, sofern nicht dem Vermieter oder dessen Prozessbevollmächtigtem eine Einschränkung bekannt ist (vgl. *BGH,* 23.11.1981 – VIII 298/80, ZMR 1982, 108 = NJW 1982, 573, 575). 7124

2. Ablauf der Abrechnungsfrist während des Prozesses

Nach Ablauf der Abrechnungsfrist können Vorauszahlungen nach h.M. grundsätzlich nicht mehr geltend gemacht werden. Damit erledigt sich die Hauptsache. Der Vermieter kann nur noch seinen Zinsanspruch geltend machen. Im Übrigen muss er die Hauptsache für erledigt erklären. 7125

IX. Kosten

Es gelten die allgemeinen Grundsätze der §§ 91 ff. ZPO. Auf folgende Einzelfälle ist hinzuweisen: 7126

7127 Erhebt der Mieter Klage auf Abrechnung vor Ablauf der Abrechnungsfrist, kann der Vermieter bis zum Ende der Abrechnungsfrist den Anspruch mit der Kostenfolge des § 93 ZPO anerkennen. Ist jedoch die Abrechnungsfrist bereits abgelaufen, hat der Vermieter Anlass zur Klage im Sinne des § 93 ZPO gegeben. Die Kostentragungspflicht des Vermieters setzt deshalb keine Mahnung voraus (a.A. v. *Seldeneck* Betriebskosten im Mietrecht, Rn. 3637). Eine vorherige Aufforderung ist jedoch empfehlenswert.

7128 Legt ein auf Vorlage einer Abrechnung verklagter Vermieter eine solche erst im Prozess vor, kann der Mieter die Hauptsache für erledigt erklären. War die Abrechnungsfrist bereits abgelaufen, treffen die Kosten des Rechtsstreits den Vermieter (§ 91a ZPO). War sie noch nicht abgelaufen, war die Klage zunächst (derzeit) unbegründet, da der Vermieter die Abrechnungsfrist voll ausschöpfen darf. Der Abrechnungsanspruch des Mieters entsteht (erst) mit Ablauf der Abrechnungsfrist. Der Mieter hat nach § 91a ZPO die Kosten zu tragen, wenn er die Abrechnungserstellung vor Fristablauf gerichtlich geltend macht (*Schmid* GE 2000, 856).

7129 § 93 ZPO setzt nicht voraus, dass der Schuldner erfüllt, also bezahlt (*BGH* NJW 1979, 204; *LG München I*, Urt. v. 1.4.2015 – 15 T 4454/15, ZMR 2015, 617: auch wenn der Mieter gegen frühere Abrechnungen Einwendungen erhob und die aktuelle Abrechnung eingeklagt wird; *Herget* in Zöller § 93 ZPO Rn. 6 unter Geldschulden m.w.N.; keine Erfüllung.

7130 Hat der Vermieter vorprozessual die Einsichtnahme in die **Abrechnungsbelege** verweigert oder den Anspruch auf Überlassung von Fotokopien nicht erfüllt, kann der Mieter nach Vorlage der Belege einen Nachzahlungsanspruch sofort anerkennen und der Vermieter trägt die Kosten nach § 93 ZPO (*Schmid* MDR 2000, 123).

7131 Nach § 93 ZPO trägt der Vermieter die Kosten des Rechtsstreits, wenn der Vermieter eine Nachzahlungsklage vor einer ordnungsmäßigen Abrechnung erhoben hat und der Mieter nach Vorlage der Abrechnung den Anspruch sofort anerkennt (*BGH* ZMR 1982, 108; *AG Prüm* WuM 2000, 214).

7132 Hat der Vermieter Nebenkostenvorauszahlungen geltend gemacht und erklärt er nach der Abrechnung oder nach Ablauf der Abrechnungsfrist die Hauptsache für erledigt, richtet sich die Kostentragungspflicht gemäß § 91a ZPO danach, ob die Vorauszahlungsklage begründet war oder nicht. Handelt es sich dagegen um die Erläuterung einer formell ordnungsgemäßen Abrechnung auf schlichtes Bestreiten des Mieters hin, ist das Anerkenntnis kein sofortiges, weil die Klage von vornherein begründet war.

7133 Obsiegt der Vermieter, weil er im Berufungsverfahren erstmals eine ordnungsmäßige Abrechnung vorgelegt hat, können ihm Kosten nach § 97 Abs. 2 ZPO auferlegt werden (*OLG Dresden* ZMR 2002, 416 = NZM 2002, 347; a.A. *Hinz* NZM 2002, 641).

7134 Bestreitet der Mieter unsubstantiiert die Richtigkeit des **Wohnflächenansatzes**, können ihm nach § 96 ZPO die Kosten eines Sachverständigengutachtens teilweise auferlegt werden, wenn die Abweichung zu seinen Gunsten gegenüber der Vermieterabrechnung nur geringfügig ist (*LG Hamburg* WE 1999 Heft 9 S. 14).

X. Streitwert und Beschwer

1. Mietnebenkostenprozess

Bei Zahlungsklagen bestimmt sich der Streitwert nach dem **bezifferten Betrag**. 7135

Bezüglich des Gebührenstreitwertes erscheint für Klagen auf Zustimmung zur Erhöhung oder Senkung der **Nebenkostenvorauszahlungen** und für Klagen auf Erhöhung oder Herabsetzung der **Betriebskostenpauschale** eine entsprechende Anwendung des § 41 GKG angezeigt (*Schmid* GE 2000, 856). Für den Zuständigkeitsstreitwert und den Wert der Beschwer gilt § 9 ZPO (vgl. *BGH* JurBüro 2004, 207). 7136

Als Streitwert einer **Klage auf Abrechnung der Nebenkosten** wird der zu schätzende Rückzahlungsanspruch des Klägers angenommen (*LG Landau/Pf.* WuM 1990, 86). Das wirft Probleme auf, wenn eine solche Schätzung nicht möglich ist. Eine andere Meinung (*Meyer-Abich*, NZM 2016, 329, 345; *v. Seldeneck* Betriebskosten im Mietrecht, Rn. 3639) nimmt deshalb ein Drittel des Vorauszahlungsbetrages an *(LG Frankfurt/M.,* NZM 2000, 759; *LG Hamburg*, Beschl. v. 1.11.1995 l- 311 S 139/95, zit. b. *Meyer-Abich*, NZM 2016. 329, 345). Das erscheint vom Grundsatz her richtig, in der Quote jedoch zu hoch, da derartige Rückzahlungsquoten kaum erreicht werden und auch noch kein Vollstreckungstitel für die Rückzahlung geschaffen wird. Dem trägt ein Ansatz von 5 % der geschuldeten Vorauszahlungen Rechnung (*Schmid* GE 2000, 856). 7137

Wendet sich der Mieter mit der Berufung nicht gegen seine erkannte Zahlungspflicht, sondern will er lediglich eine Verurteilung Zug um Zug gegen Erteilung einer ordnungsgemäßen Betriebskostenabrechnung erreichen, bemisst sich der Wert des Beschwerdegegenstandes gemäß §§ 2, 3 ZPO nach dem Interesse des Mieters an einem sich möglicherweise ergebenden Rückzahlungsanspruch, der ggf. nach Erfahrungswerten zu schätzen ist. Mangels konkreter Anhaltspunkte kann im Regelfall ein Bruchteil der geleisteten Vorauszahlungen genommen werden (*BGH*, Beschl. v. 10.1.2017 – VIII ZR 98/16, NZM 2017, 358). 7138

Für den zur Erstellung einer Abrechnung Verurteilten, bestimmt sich die **Rechtsmittelbeschwer** grundsätzlich nach dem Aufwand, den die Erstellung der Abrechnung erfordert (*BGH, 16.6.2008 – ZB 87/06, ZMR 2008, 873* = WuM 2008, 615). 7139

(unbesetzt) 7140–7144

Bei einer Klage auf **Einsicht** in die Abrechnungsbelege werden 10 %– 20 % des behaupteten Rückzahlungsanspruches angesetzt (*LG Köln* WuM 1997, 447). Auch hier besteht jedoch das Problem, dass erst nach der Belegeinsicht Veränderungen gegenüber der Abrechnung ermittelt werden können. Sachgerechter erscheint es deshalb auch hier von dem Gesamtbetrag der Vorauszahlungen, über die abgerechnet wurde, auszugehen und auch hier einen Ansatz von 5 % vorzunehmen. Da sich der Mieter jedoch über die von ihm geleisteten Zahlungen im Klaren ist, kommt es hier auf die tatsächlich geleisteten Vorauszahlungen an. Der Wert der Beschwer des verurteilten Vermieters bemisst sich nach seinem Aufwand für die Gewährung von Belegeinsicht. 7145

Streiten die Parteien lediglich darum, ob Belegeinsicht beim Mieter oder beim Vermieter zu gewähren ist, so bemisst sich der Streitwert für die Klage des Mieters nach dessen Interesse, nicht zum Vermieter reisen zu müssen, der Wert der Beschwer des 7146 verurteilten Vermieters nach den Aufwendungen, die zur Verbringung der Belege zum Mieter erforderlich sind (*LG Kiel* WuM 1988, 223).

7147   Der Rechtsanwalt muss die Rechtsprechung des BGH zum Streitwert kennen (*BGH*, Beschl. v. 10.5.2016 – VIII ZR 19/16, NZM 2016, 767 für die Rechtsprechung des VIII. Zivilsenats bei einem Streit über das Bestehen eines Mietverhältnisses, dessen Dauer unbestimmt ist. Dieser Wert richtet sich nicht nach § 41 Abs. 2 GKG, sondern nach §§ 8, 9 ZPO nach dem 3.5fachen Jahresbetrag der Miete ohne Nebenkosten).

7148–7155   *(unbesetzt)*

2. Berücksichtigung der Nebenkosten beim Streitwert nach § 41 GKG, § 8 ZPO

7156   § 41 GKG knüpft den Gebührenstreitwert teilweise an das Entgelt für die Nutzung. Trotz des abweichenden Wortlauts wird diese Regelung auch im Rahmen des § 8 ZPO herangezogen (vgl. *Wendler* in Schmid/Harz Mietrecht § 8 ZPO Rn. 18).

7157   Dieses Entgelt umfasst nach § 41 Abs. 1 Satz 2 GKG neben dem Nettogrundentgelt Nebenkosten nur dann, wenn diese als Pauschale vereinbart sind und nicht gesondert abgerechnet werden.

7158   Zur Bestimmung des Streitwertes für einen Anspruch auf Feststellung der Beseitigung von Mängeln ist als Basis nach § 41 Abs. 5 Satz 1 GKG der Jahresbetrag einer angemessen Minderung maßgebend. Im Gegensatz zu § 41 Abs. 1 Satz 2 GKG ist hier von der Gesamtmiete inklusive Nebenkostenvorauszahlungen auszugehen, da Ausgangsbasis für die Minderung die Bruttomiete ist (*OLG München*, MDR 2013, 1435).

7159   Vereinbarte Betriebskostenabschläge, die im Verkehr als zusätzliche, ganz überwiegend vom Verbrauch abhängige Leistungen und deshalb nicht als Entgelt für die Überlassung des Mietgebrauchs angesehen werden, erhöhen den Beschwerdewert einer Räumungssache nicht (*BGH*, Beschl. v. 14.6.2016 - VIII ZR 291/15, WuM 2016, 514). Dies gilt ungeachtet dessen, dass § 41 Abs. 1 S. 2 GKG bei einem Streit über das Bestehen eines Mietverhältnisses das zur Wertbemessung anzusetzende einjährige Entgelt neben dem Nettogrundentgelt Nebenkosten umfasst sind, wenn diese pauschal vereinbart sind und deshalb nicht gesondert abgerechnet werden (*BGH* a.a.O.).

3. Sonstiges

7160   Ist das Berufungsurteil mit der Revision anfechtbar, müssen hieraus die tatsächlichen Grundlagen oder bei § 540 Abs. 1 S. 2 ZPO aus dem Sitzungsprotokoll einschließlich der im Urteil oder Protokoll enthaltenen Bezugnahme ersichtlich sein, dass der BGH die Entscheidung nachprüfen kann (*BGH*, 10.7.2017 – VIII ZR 3/17, ZMR 2017, 875; *BGH*, 10.2.2004 – VI ZR 94/03; 21.9.2016 – VIII ZR 188/15, NJW 2016, 3787). Das Berufungsurteil muss ferner zeigen, von welchem Sach- und Streitstand das Gericht ausging und welche Berufungsanträge wenigstens sinngemäß gestellt wurden (*BGH*, 19.7.2017 – VIII ZR 3/17, ZMR 2017, 875; 16.9.2009 – VIII ZR 346/08, ZMR 2010, 102 = NJW 2009, 3575; 22.9.2010 – VIII ZR 285/09, ZMR 2011, 112 = NJW 2011, 143, 25.4.2017 – VIII 237/16).

Bei einer **einstweiligen Verfügung** gegen die frühere Hausverwaltung auf Herausgabe von Unterlagen in Bezug auf die Mietnebenkostenabrechnung sind 10 % der von den Mietern geleisteten Vorauszahlungen als Streitwert angemessen (*KG* NZM 2012, 328). Der Ansatz von 10 % der vom Mieter geleisteten Vorauszahlungen kann auch herangezogen werden, wenn der vermietende Wohnungseigentümer vom Verwalter nach dem WEG die Herausgabe von oder die Einsicht in Unterlagen zum Zwecke der Mietnebenkostenabrechnung begehrt. 7161

(unbesetzt) 7162–7165

XI. Streitverkündung

Eine Streitverkündung (§§ 72 ff. ZPO) kommt vor allem bei der Vermietung von Wohnungs- und Teileigentum in Betracht. 7166

Im Prozess zwischen Mieter und Vermieter kann dem Verwalter und/oder anderen Wohnungseigentümern oder Gemeinschaft der Wohnungseigentümer der Streit verkündet werden, wenn es um die Unwirtschaftlichkeit von Ausgaben geht. 7167

In einem Verfahren zwischen den Wohnungseigentümern kommt eine Streitverkündung an den Mieter wegen der grundsätzlichen Selbstständigkeit der Abrechnung wohl nur selten in Betracht. Eine Streitverkündung wird empfohlen in einem Beschlussanfechtungsverfahren wegen Änderung des Abrechnungsmaßstabs aufgrund einer Öffnungsklausel (*Drasdo* DWW 2004, 321) oder nach § 16 Abs. 3 WEG. 7168

XII. Rechtskraft

Wird die Klage abgewiesen, weil die Abrechnung nicht formell ordnungsgemäß ist, kann eine neue Klage auf eine ordnungsmäßige Abrechnung gestützt werden, da die erste Klage nur mangels Fälligkeit des Anspruchs abgewiesen wurde (*BGH*, Urt. v. 9.3.2005 – VIII ZR 57/04, ZMR 2005, 439 = GE 2005, 543). Die Klage wird jedoch als endgültig und nicht nur zurzeit unbegründet abgewiesen, wenn die Ausschlussfrist des § 556 Abs. 3 Satz 3 BGB abgelaufen ist und der Vermieter für die Verspätung keine Entschuldigungsgründe vorträgt. 7169

B. Zwangsvollstreckung

I. Mietnebenkostenprozess

1. Titulierter Anspruch auf Nebenkostenvorauszahlungen

Ist der Anspruch auf Leistung von Nebenkostenvorauszahlungen tituliert, so kann dieser Anspruch nach wohl überwiegender Meinung materiellrechtlich nicht mehr geltend gemacht werden, wenn eine Abrechnung erfolgt ist oder wenn die Abrechnungsfrist abgelaufen ist. Da der titulierte Anspruch nicht bezahlt ist, sind diese Vorauszahlungen auch nicht in die Abrechnung einzustellen. Das gilt jedoch nicht, wenn zulässigerweise nach Sollvorauszahlungen abgerechnet wird, da dann die fehlenden Vorauszahlungen nicht in den Abrechnungssaldo einfließen (vgl. *Schach* GE 2003, 230 [232]). 7170

7171 Der Mieter kann entsprechend der h.M. Vollstreckungsabwehrklage nach § 767 ZPO erheben. Im Fall einer rechtzeitigen Abrechnung setzt der Erfolg einer solchen Klage voraus, dass der Mieter die formelle Ordnungsmäßigkeit der Abrechnung vorträgt. Der Mieter kann also nicht im Nachforderungsprozess die Wirksamkeit der Abrechnung bestreiten und unter Berufung auf die Abrechnung Vollstreckungsabwehrklage erheben. Nach Ablauf der Abrechnungsfrist kann sich der Mieter jedoch in beiden Prozessen darauf berufen, dass eine ordnungsmäßige Abrechnung nicht vorliegt.

7172 Folgt man der Auffassung, dass dem Mieter nur ein Zurückbehaltungsrecht zusteht (vgl. Rdn. 3178 ff.), kann ebenfalls Vollstreckungsabwehrklage erhoben werden. Diese führt dann aber nur dazu, dass der Titel im Sinne einer Verurteilung Zug um Zug gegen Vorlage der Abrechnung eingeschränkt wird (vgl. *BGH*, Urt. v. 27.6.1997 – V ZR 91/96, NJW-RR 1997, 1272).

7173 Wenn zulässigerweise nach Sollvorauszahlungen abgerechnet wird (vgl. Rdn. 3557 ff.) bleibt der Titel uneingeschränkt erhalten, da dann die fehlenden Vorauszahlungen nicht in den Abrechnungssaldo einfließen (vgl. *Schach* GE 2003, 232).

2. Erteilung einer Nebenkostenabrechnung

7174 Die Vollstreckung eines Urteils auf Erteilung einer Nebenkostenabrechnung erfolgt nicht nach § 887 ZPO sondern nach § 888 ZPO (*BGH*, Beschl. v. 23.6.2016 – I ZB 5/16, NZM 2016, 770 = ZMR 2016, 972; 11.5.2006 – I ZB 94/05, ZMR 2006, 608 = WuM 2006, 401 = NJW 2006, 639 = NJW-RR 2006, 1088 = NZM 2006, 639; *OLG Braunschweig* ZMR 1999, 694, 695; *OLG Düsseldorf* WuM 2001, 344 = DWE 2001, 16; *LG Augsburg* ZMR 2004, 272; a.A. z.B. *LG Münster* ZMR 2000, 227; *LG Wuppertal* WE 2001, 186; *LG Rostock* JurBüro 2003, 103; *Seiler* in Thomas/Putzo § 888 ZPO Rn. 2; differenzierend *Schmidt/Gohrke* WuM 2003, 594). Zwar kann eine Abrechnung grundsätzlich auch von einem Sachverständigen erstellt werden. Das stößt aber auf Schwierigkeiten, wobei der BGH a.a.O. darauf abhebt, dass besondere Kenntnisse des Vermieters erforderlich sein können. Ferner ist zu bedenken, dass eine Ermessensausübung, z.B. hinsichtlich der Umlegungsmaßstäbe im Raum stehen kann.

7175 Nach a.A. kann die Abrechnung sachverständigerseits durch Besorgung der Belege bei Lieferanten, Versorgungsträgern etc. erstellt werden, erforderlichenfalls unter Mitwirkung des Vermieters (*Langenberg* III J Rn. 93).

7176 Probleme entstehen auch, wenn der Vermieter nicht alle Unterlagen herausgibt oder die für eine Zuordnung notwendigen Erklärungen nicht abgibt. Die hierzu vom *LG Münster* (ZMR 2000, 227) vorgeschlagene Lösung über zusätzliche Anordnungen im Beschluss nach § 887 ZPO führt zu einer weiteren Verzögerung der Abrechnung und zu einer Komplizierung der Zwangsvollstreckung. § 883 Abs. 3 ZPO steht einer Zwangsvollstreckung nach § 888 Abs. 1 ZPO nicht entgegen (*Schmidt/Gohrke* WuM 2003, 594).

7177 Ist der Vermieter zur Vorlage einer Abrechnung verurteilt, so muss er im Zwangsvollstreckungsverfahren darlegen und gegebenenfalls beweisen, dass er – z.B. wegen fehlender Mitwirkung Dritter – zu einer Abrechnung nicht in der Lage ist (*LG Köln* WuM 1991, 703 f.). Dieses Problem stellt sich vor allem bei vermieteten Eigentumswohnungen, wenn der Wohnungseigentumsverwalter notwendige Auskünfte nicht

B. Zwangsvollstreckung   Teil VII

erteilt. Dabei nimmt das *LG Berlin* (GE 1991, 93) eine Unmöglichkeit erst an, wenn in einem rechtskräftig abgeschlossenen Verfahren nach § 43 WEG feststeht, dass der Vermieter eine Abrechnung nicht erstellen kann, weil von der Gemeinschaft der Wohnungseigentümer oder vom Verwalter die notwendigen Daten nicht zu erhalten sind. Während des Laufes eines solchen Verfahrens wird das Zwangsvollstreckungsverfahren auszusetzen sein.

3. Einsicht in die Abrechnungsbelege

Ist der Vermieter verurteilt, dem Mieter Einsicht in die Abrechnungsbelege zu gewähren, erfolgt die Zwangsvollstreckung primär nach § 883 ZPO (vgl. *OLG Frankfurt/M.* MDR 2002, 478), da diese Vorschrift auf die Vorlegung von Urkunden entsprechend anzuwenden ist (*OLG Köln* NJW-RR 1988, 1210). 7178

Wenn noch ein Zusammensuchen und Ordnen der Belege erforderlich ist, kann diese Handlung von einem Dritten vorgenommen werden, sodass sich die Zwangsvollstreckung insoweit nach § 887 ZPO richtet (vgl. *OLG Frankfurt/M.* MDR 2002, 478). 7179

Erstreckt sich die Verurteilung auch darauf, dass der Mieter eine Person seines Vertrauens zuziehen kann (Rdn. 3296), handelt es sich um eine Duldungspflicht, die nach § 890 ZPO zu vollstrecken ist (vgl. *OLG Frankfurt/M.* MDR 2002, 478). 7180

Die Verurteilung zur Erstellung einer Abrechnung ist kein zur Zwangsvollstreckung geeigneter Titel für die Gewährung von Belegeinsicht, wenn nicht zumindest eine Auslegung des Tenors anhand der Urteilsgründe auch eine Verurteilung zur Belegeinsicht ergibt (*OLG Zweibrücken* NJW-RR 1998, 715 f.). 7181

Eine Verurteilung des Vermieters, dem Mieter die Einsichtnahme bei Dritten zu ermöglichen, ist kein Vollstreckungstitel gegenüber dem Dritten. 7182

4. Überlassung von Kopien

Die Zwangsvollstreckung erfolgt nach § 887 ZPO. 7183

Eine Verurteilung zur Übersendung von Kopien der »einschlägigen Rechnungen und Belege« ist nach hier vertretener Auffassung zu unbestimmt und kein zur Zwangsvollstreckung geeigneter Titel (a.A. *OLG Düsseldorf* WuM 2001, 344, 345). Dieser Entscheidung ist auch insoweit nicht zuzustimmen als das Gericht in einer Verurteilung zur Vorlage »gegen Erstattung der Kopierkosten« keine Zug-um-Zug-Verurteilung sieht. Abgesehen von der Auslegung des Tenors des zu vollstreckenden Urteils, ist nicht der Vermieter vorleistungspflichtig, sondern der Mieter muss einen Kostenvorschuss leisten. 7184

Ist der Vermieter (nur) verurteilt, dem Mieter Kopien zu »überlassen«, kann hieraus nicht ein behaupteter Anspruch auf Übersendung vollstreckt werden (*LG Hamburg* WuM 2002, 55). 7185

5. Abgabe einer Willenserklärung

Erfolgt die Verurteilung zur Abgabe einer Willenserklärung gilt diese mit Rechtskraft des Urteils nach § 894 ZPO als abgegeben. Die Rechtskraft des Urteils ist deshalb Voraussetzung für eine auf die Verurteilung gestützte Zahlungsklage. 7186

Harsch   549

6. Vollstreckungsabwehrklage bei nachträglicher Abrechnung

7187 Wurde der Vermieter wegen Nichterteilung einer Abrechnung zur Rückzahlung der Nebenkostenvorauszahlungen verurteilt, so kann er vor Zahlung bzw. Vollstreckung Vollstreckungsgegenklage nach § 767 ZPO erheben (*BGH*, Beschl. v. 10.8.2010 – VIII ZR 319/09, ZMR 2011, 25 = WuM 2010, 631 = GE 2010, 1414).

II. Pfändbarkeit von Mietnebenkostenforderungen

1. Forderungen des Vermieters

7188 Mietnebenkostenforderungen des Vermieters (Vorauszahlungen und Nachzahlungen) werden als zweckgebundene Leistungen im Sinne des § 399 BGB (a.A. *OLG Düsseldorf* ZMR 2003, 252) und damit als unpfändbar nach § 851 ZPO angesehen (*OLG Celle* ZMR 1999, 697 ff.). Das ist jedoch weder materiellrechtlich noch vollstreckungsrechtlich und auch nicht im Interesse des Mieterschutzes geboten. Der *BGH* hat die Abtretbarkeit (ZMR 2003, 732 = MDR 2003, 1286) und die Pfändbarkeit außerhalb des Anwendungsbereiches des § 851b ZPO (ZMR 2005, 288 = WuM 2005, 138) von Mietzahlungsansprüchen uneingeschränkt bejaht, ohne speziell auf das Nebenkostenproblem einzugehen. Eine dogmatisch einwandfreie und praktikable Lösung bietet die Anwendung des § 851b ZPO (*Schmid* ZMR 2000, 144).

7189 Auf jeden Fall dürfen die Mietnebenkosten von denjenigen gepfändet werden, für die diese Mittel bestimmt sind (*LG Frankfurt/M.* Rpfleger 1989, 294; *LG Chemnitz* IMR 2011, 77), also von den Gläubigern des Vermieters, die Leistungen erbracht haben, die Bezug auf die einzelnen Nebenkostenpositionen haben.

2. Rückforderungen des Mieters

7190 Erstattungsansprüche des Mieters aus einer Betriebskostenabrechnung sind unpfändbar, wenn der Mieter Arbeitslosengeld II bezieht und die Erstattung deshalb im Folgemonat die Leistungen der Agentur für Arbeit für Unterkunft und Heizung des Hilfeempfängers mindert.

III. Vermögensauskunft

7191 Der Gläubiger eines Mieters kann verlangen, dass in die Vermögensauskunft nach § 802c ZPO auch Angaben über die Nebenkosten aufgenommen werden, damit der Gläubiger eventuelle Forderungen aus der Nebenkostenabrechnung pfänden kann (vgl. *LG Bielefeld* JurBüro 2005, 164). Erst recht sind bereits fällige Forderungen auf Rückzahlung von Mietnebenkosten anzugeben.

7192 **Betriebs- und Heizkostenerstattungen** des Vermieters an den Mieter unterliegen nicht der Pfändung gegen einen Bezieher von Leistungen nach dem SGB II (*BGH*, Beschl. V. 3.3.2016 – I ZB 74/15, NZM 2016, 768; v. 20.6.2013 – IX ZR 310/12, NZM 2013, 692 = ZMR 2013, 870). Dem Verlangen auf Nachbesserung einer Vermögensauskunft nach § 802c ZPO fehlt deshalb das Rechtsschutzbedürfnis, wenn der Gläubiger Auskunft über Erstattungen für die Betriebskosten fordert, die der Sozialhilfeträger an den Mieter geleistet hat (*BGH*, Beschl. v. 3.3.2016 – I ZB 74/15, NZM 2016, 768).

Teil VIII Hinweise, Beispiele, Checklisten

▶ **Wichtiger Hinweis:**

Wie die bisherigen Ausführungen gezeigt haben, ist meist auf den Einzelfall, ins- 8000
besondere auf die jeweilige Art des Mietverhältnisses abzustellen. Deshalb kann
nicht jedes Beispiel für jede Fallgestaltung übernommen werden. Die nachfolgenden Beispiele dienen vor allem der Veranschaulichung. Ihnen liegen typische
Fallgestaltungen zugrunde, die in den jeweiligen Vorbemerkungen erläutert
werden.

Wie im Textteil ausgeführt ist, ist die Rechtsprechung in vielen Fragen nicht
einheitlich. Es kann deshalb nicht ausgeschlossen werden, dass ein Gericht strengere oder weniger strenge Anforderungen stellt. Um das Risiko einzuschränken,
empfiehlt es sich, je nach Lage des Einzelfalles im Zweifel Begründungen und
Erläuterungen eher ausführlich zu gestalten.

A. Hinweise zur Erleichterung der Nebenkostenumlegung

I. Gestaltung des Mietvertrages

Der Grund für viele Schwierigkeiten bei der Umlegung der Nebenkosten liegt bereits 8001
in der Vertragsgestaltung. Hierbei ist darauf zu achten, dass möglichst **klare Formulierungen** verwendet werden. **Einfache Regelungen** vermeiden ein kompliziertes Ab-
rechnungsverfahren.

Trotz der jüngeren Rechtsprechung des BGH (Urt. v. 10.2.2016, VIII ZR 137/15,
ZMR 2016, 287) sind die umzulegenden **Nebenkosten genau zu bezeichnen**. »Sonstige Betriebskosten« im Sinne von § 2 Nr. 17 BetrKV werden einzeln genannt. Bei
einer Bezugnahme auf die BetrKV empfiehlt es sich, den Text vorsorglich dem Mietvertrag beizuheften. Wenn bei der Geschäftsraummiete Nebenkosten umgelegt werden sollen, die über die in der BetrKV genannten hinausgehen (s. Rdn. 8003), ist eine
besonders genaue Bezeichnung erforderlich, weil hier schlagwortartige Bezeichnungen oft keine fest umrissenen Konturen haben.

Bei den **Umlegungsmaßstäben** sind grundsätzlich einfache Regelungen zu bevorzugen.
Eine Vielzahl unterschiedlicher Verteilungsschlüssel kompliziert die Abrechnung. Eine
Kostenverteilung nach der Zahl der Bewohner sollte wegen der hiermit verbundenen
besonderen Schwierigkeiten nur gewählt werden, wenn hierfür sachliche Gründe vorhanden sind. Eine flexible Regelung, die dem Vermieter die Bestimmung und Änderung von Umlegungsmaßstäben überlässt, gibt leichtere Änderungsmöglichkeiten. Insbesondere bei der Verwendung von Formularmietverträgen ist im Vertrag ausdrücklich
festzuhalten, dass der Vermieter bei einseitigen Maßnahmen nach billigem Ermessen
handelt und dass Änderungen bei den Heiz- und Warmwasserkosten nur im Rahmen
der HeizkostenV erfolgen, wenn diese Verordnung anwendbar ist. Wenn die HeizkostenV anwendbar ist, müssen die Umlegungsregelungen dieser Verordnung entsprechen.

Sollen die Mieter **Leistungen direkt von einem Dritten** beziehen oder vom Vermieter außerhalb des Mietvertrages, ist es zweckmäßig, das im Mietvertrag ausdrücklich festzuhalten.

Nicht zu vergessen ist auch die Vereinbarung von **Vorauszahlungen** und die Möglichkeit einer einseitigen Erhöhung für Mietverhältnisse, auf die § 560 BGB nicht anwendbar ist, wobei insbesondere in Formularverträgen klarzustellen ist, dass Obergrenze für die Erhöhung die Angemessenheit ist.

Bei Mietverhältnissen, auf die § 560 BGB anwendbar ist, ist bei **Pauschalen** die Erhöhungsmöglichkeit nach § 560 Abs. 1 BGB zu vereinbaren.

Vereinbarungen zur Abrechnung sind grundsätzlich zulässig (Rdn. 3410, 3436). Insbesondere kann auch eine Abrechnung nach dem Fälligkeits- oder Abflussprinzip vereinbart werden. Dies ist insbesondere bei vermieteten Eigentumswohnungen (s. u. unter IV. Rdn. 8001c) oft sinnvoll (vgl. *Riecke* GuT 2011, 5 ff.).

II. Vorbereitende Maßnahmen für die Abrechnung

8001a Dem Vermieter obliegt die Durchführung der Kostenverteilung. Er ist auch dafür darlegungs- und beweispflichtig, dass die Nebenkosten angefallen und richtig verteilt sind. Der Vermieter muss deshalb bereits während des Abrechnungszeitraumes bzw. an dessen Ende die erforderlichen Daten erheben und die Belege zur Einsicht für den Mieter und zu Beweiszwecken, auch für einen eventuellen Urkundenprozess, aufbewahren. Entsprechendes gilt für den Fall der Erhöhung einer Pauschale.

Wenn eine Aufteilung einheitlich anfallender Kosten erforderlich ist, müssen von vornherein Maßnahmen getroffen werden, die die Aufteilung ermöglichen, z.B. die Führung eines Stundenbuches durch den Hauswart oder der Einbau von Zwischenzählern, die Durchführung einer Zwischenablesung bei Mieterwechsel.

Bei der Verwendung von Messgeräten ist darauf zu achten, dass es sich um zulässige Geräte handelt. Vorgeschriebene Eichungen sind durchzuführen. Außerdem empfiehlt sich eine Funktionskontrolle in angemessenen Zeitabständen.

Abrechnungszeitraum und Ablesezeitraum sollen sich möglichst decken.

Zu Beweiszwecken soll der Vermieter darauf hinwirken, dass die Ableseprotokolle – soweit es sie noch geben sollte in Zeiten der Funkablesung – vom Mieter unterschrieben werden. Unterschreibt der Mieter nicht, muss der Zählerstand auf andere Weise, z.B. durch Zeugen nachgewiesen werden. Bei fortlaufenden Zählerdaten oder bei der Feststellung des Heizölbestandes, sind auch die Ablesewerte des vorherigen Abrechnungszeitraumes notwendig.

Um die Abrechnungsfrist einhalten zu können, sind bei Anwendung des Zeitabgrenzungsprinzips noch ausstehende Rechnungen für den Abrechnungszeitraum anzufordern.

A. Hinweise zur Erleichterung der Nebenkostenumlegung   Teil VIII

III. Durchführung der Abrechnung

Bei der Durchführung der Abrechnung ist auf die von der Rechtsprechung gestellten Anforderungen zu achten. Zur Sicherheit kann sich eine eher ausführliche Gestaltung empfehlen.   8001b

Eine Abrechnung nach dem Abflussprinzip (Fälligkeitsprinzip) ist in der Regel einfacher als eine solche nach dem Zeitabgrenzungsprinzip.

Der Vermieter muss die Abrechnung rechtzeitig erstellen, da er sonst Gefahr läuft, Nachteile zu erleiden; vgl. § 556 Abs. 3 Satz 3 BGB.

Bei mehreren Vermietern oder mehreren Mietern ist die Abrechnung von allen an alle zu richten.

Erfolgt die Abrechnung durch einen Vertreter, ist eine Originalvollmacht beizufügen, um eine Zurückweisung nach § 174 BGB zu vermeiden. Entbehrlich ist dies, wenn dem Mieter die Vollmacht bereits bekannt ist.

Wenn damit zu rechnen ist, dass der Mieter den vom Vermieter zu beweisenden Zugang der Abrechnung bestreiten wird, sind Beweismöglichkeiten für den Erhalt/Zugang zu schaffen (Zustellung per Boten oder ggf. sogar per Gerichtsvollzieher).

IV. Besonderheiten bei der Vermietung von Wohnungs- und Teileigentum

Geht man von der h.M. aus, dass Abrechnungseinheit das Haus und nicht die vermietete Wohnung ist, hat der Vermieter die Schwierigkeit, dass er vielfach vom Verwalter oder von den anderen Wohnungseigentümern abhängig ist. Für den vermietenden Wohnungseigentümer wichtig ist, dass er trotz einer unterschiedlichen Abrechnungssystematik, die Abrechnung der Wohnungseigentümergemeinschaft als Grundlage für die Mieterabrechnung verwenden kann.   8001c

Von besonderer Bedeutung ist es dabei, ob die Umlegungsmaßstäbe im Wohnungseigentums- und Mietverhältnis einheitlich sind. Neben einer Abstimmung des Mietvertrages auf die Gegebenheiten innerhalb der Wohnungseigentümergemeinschaft muss der vermietende Wohnungseigentümer auch darauf achten, dass er keinen wohnungseigentumsrechtlichen Regelungen zustimmt, die ihm die Nebenkostenabrechnung erschweren. Nach § 16 Abs. 3 WEG (§ 16 Abs. 2 Satz 2 WEMoG) können die Wohnungseigentümer die Abrechnungsmaßstäbe durch Mehrheitsbeschluss ändern. Der Wohnungseigentümer kann deshalb eine Divergenz zu den Abrechnungsmaßstäben im Mietverhältnis oft nicht verhindern. Die Harmonisierung muss vor allem auf mietrechtlichem Gebiet gesucht werden. Eine Checkliste hierzu findet sich unter Rdn. 8002.

Zur Erleichterung der Abrechnung ist auch darauf zu achten, dass das Abrechnungszeitraum der Wohnungseigentümer, in der Regel das Kalenderjahr (§ 28 Abs. 3 WEG), auch für die Mieterabrechnung gilt.

Da die Jahresabrechnung der Wohnungseigentümer (gemäß § 28 WEG) im Grundsatz eine reine Einnahmen/Ausgabenrechnung ist, müssen für die Mieterabrechnung nach dem Leistungsprinzip u.U. Rechnungsabgrenzungen vorgenommen werden.

Eine Abrechnung nach dem Abflussprinzip (Fälligkeitsprinzip) schafft auch hier Erleichterungen.

Die Wohnungseigentümer müssen alle anfallenden Kosten ohnehin tragen. Für sie ist deshalb eine exakte Trennung der Kostenpositionen im Verhältnis zueinander nicht von Bedeutung. Insbesondere werden vom Hauswart oft Arbeiten erledigt, deren Kosten auf den Mieter nicht umgelegt werden können. Auch wenn vom Wohnungseigentumsverwalter in der Jahresabrechnung Positionen als »umlegungsfähig« gekennzeichnet werden, sollte man sich nach den praktischen Erfahrungen nicht unbedingt darauf verlassen, dass dieser Teil der Abrechnung auch eine gegenüber dem Mieter unangreifbare Abrechnung ist. Im Zweifel ist hier eine Rückfrage beim Verwalter notwendig.

Im Hinblick auf die für Wohnraummietverhältnisse bestehende zwingende Abrechnungsfrist ist der Verwalter um eine möglichst frühzeitige Erstellung seiner Abrechnung zu bitten; üblicherweise wird sie bis zum 30.6. des Folgejahres von der Eigentümerversammlung zu beschließen sein.

Auch zur Daten- und Beweissicherung ist der vermietende Wohnungseigentümer in der Regel auf den Verwalter angewiesen. Der vermietende Wohnungseigentümer muss deshalb auch insoweit Einfluss auf den Verwalter nehmen. Tunlichst sollte versucht werden, entsprechende Regelungen in den Verwaltervertrag aufzunehmen.

Im Miet- und/oder Verwaltervertrag muss auch geregelt werden, wo die Einsichtnahme in die Abrechnungsbelege zu erfolgen hat.

Nicht selten wird es vergessen, den vom Verwalter übernommenen Zahlen die vom Wohnungseigentümer unmittelbar gezahlte Grundsteuer hinzuzufügen.

B. Checkliste: Kontrolle der Nebenkostenvereinbarung

Allgemeines

1. Ist die Vereinbarung klar und verständlich?
2. Bei der Verwendung von Formularen, die Ankreuzungen oder Streichungen vorsehen: Sind alle Ankreuzungen und Streichungen beachtet und in sich widerspruchsfrei? Insbesondere: Sind alle umzulegenden Nebenkostenpositionen angekreuzt?
3. Bei der Verwendung von EDV-Bausteinen: Passen die Regelungen zusammen?
4. Bei einer Ergänzung von Standardtexten: Besteht ein Widerspruch zum Standardtext? Ist die Ergänzung klar und verständlich?
5. Ergibt sich aus dem Vertrag zweifelsfrei, ob eine Pauschale oder eine Umlegung im Wege der Abrechnung oder eine Kombination beider Möglichkeiten vereinbart ist?
6. Sind alle Nebenkostenvereinbarungen schriftlich getroffen?

Umzulegende Kosten

7. Bei Pauschalen: Ist geregelt welche Kostenpositionen von der Pauschale umfasst sind?
8. Sind alle umzulegenden Nebenkosten genannt? Insbesondere bei der Verwendung von Formularverträgen: Enthält das Formular alle umzulegenden Nebenkosten?
9. Ist auf den Text der BetrKV Bezug genommen, dieser beigefügt oder wiedergegeben?
10. Bei Bezugnahme auf die BetrKV: Sollen sonstige Betriebskosten nach Nr. 17 umgelegt werden? Wenn ja: Sind diese genau bezeichnet?
11. Bei preisgebundenem Wohnraum: Sind die Betriebskosten nach Art und Höhe dem Mieter mitgeteilt?
12. Bei preisgebundenem Wohnraum: Ist die Umlegung des Umlageausfallwagnisses vereinbart?
13. Bei preisgebundenem Wohnraum: Sind Regelungen über Vergütungen und Zuschläge getroffen?
14. Bei Nichtwohnraummietverhältnissen: Sollen Nebenkosten, die keine Betriebskosten sind, umgelegt werden? Sind diese genau bezeichnet? Checkliste hierzu Rdn. 8003.
15. Ist eine Rückwirkungsklausel enthalten?
16. Bei Option für die Umsatzsteuer: Ist die Weitergabe der Umsatzsteuer an den Mieter vereinbart? Ist die Umsatzsteuer in jeweiliger gesetzlicher Höhe zu zahlen?
17. Hat der Mieter den Vermieter zur Umsatzsteueroption verpflichtet?

Vorauszahlungen

18. Sind Vorauszahlungen vereinbart?
19. Wenn die Vorauszahlung nicht als einheitlicher Betrag für alle umzulegenden Nebenkosten ausgewiesen ist: Decken sich die Vorauszahlungspositionen mit den Umlegungspositionen?
20. Sind die Vorauszahlungen angemessen?
21. Bei Nichtwohnraummietverhältnissen und Mietverhältnissen nach § 549 Abs. 2 BGB: Ist vorgesehen, dass der Vermieter die Vorauszahlungen angemessen erhöhen kann, wenn sie den Abrechnungsbetrag voraussichtlich nicht decken werden?

Pauschalen

22. Ist die Höhe der Pauschale angemessen?
23. Bei preisfreiem Wohnraum: Ist die Erhöhungsmöglichkeit für die Pauschale vereinbart?
24. Bei Nichtwohnraummietverhältnissen und Mietverhältnissen nach § 549 Abs. 2 BGB: Sind Regelungen für den Fall einer Veränderung der Betriebskosten getroffen?

Kostenverteilung und Abrechnungsmaßstäbe

25. Sind Regelungen über die Abrechnungseinheit getroffen?
26. Soll bei preisfreiem Wohnraum von den gesetzlichen Regelungen abgewichen werden?

27. Bei preisgebundenem Wohnraum: Sind Vereinbarungen getroffen, soweit Wahlmöglichkeiten bestehen?
28. Bei gemischt genutzten Gebäuden: Trägt die Vereinbarung einer eventuell notwendigen Trennung von Wohnraum und Geschäftsraum bei der Nebenkostenumlegung Rechnung?
29. Sind die gewählten Umlegungsmaßstäbe praktikabel und bei mehreren Mietern in sich stimmig?
30. Sind Berechnungsweisen für Wohn- und Nutzfläche vereinbart?
31. Sind die Vorschriften der HeizkostenV beachtet?
32. Sind von der HeizkostenV abweichende zulässige Regelungen getroffen?
33. Bei der Vermietung von Wohnungs- und Teileigentum: Ist sichergestellt, dass sich der Umlegungsmaßstab der Wohnungs-/Teileigentümergemeinschaft mit dem Umlegungsmaßstab mit dem Mieter möglichst deckt?
34. Kann der Vermieter den Abrechnungsmaßstab einseitig ändern, wenn hierfür wichtige Gründe vorliegen?
35. Entsprechen bei Wohnraummietverhältnissen die Änderungsvoraussetzungen dem § 556a Abs. 2 BGB?
36. Sind Regelungen für einen Mieterwechsel getroffen?

Abrechnung

37. Wenn bei Nichtwohnraummietverhältnissen Abrechnungszeiträume vereinbart sind: Mit allen Mietern gleich?
38. Ist bei Nichtwohnraummietverhältnissen eine Abrechnungsfrist vereinbart?
39. Sind Regelungen für die Gestaltung der Abrechnung enthalten? Vereinbarung des Fälligkeits- oder Abflussprinzips?
40. Bei Nichtwohnraummietverhältnissen: Anerkenntnisfiktion für den Abrechnungssaldo?
41. Ist eine Vereinbarung über den Ort der Belegeinsicht getroffen?
42. Sind Vereinbarungen über die Erteilung von Fotokopien und deren Kosten getroffen?

Veränderungen

43. Ist eine Regelung (sog. Mehrbelastungsklausel) für neu entstehende Nebenkosten getroffen?
44. Bei Wohnraum: Ist eine Umlegung bei einer möglichen Erweiterung der gesetzlichen Umlegungsmöglichkeit vorgesehen?
45. Ist vorgesehen, dass Aufgaben auf einen Dienstleister übertragen werden können?
46. Ist ein unmittelbarer Vertragsschluss zwischen Mieter und Dienstleister oder Lieferer vorgesehen?
47. Sind auch derzeit nicht anfallende Kosten genannt?
48. Sind bei einseitigen Änderungsmöglichkeiten für den Vermieter die Interessen des Mieters hinreichend berücksichtigt?

C. Checkliste: Kostenpositionen bei der Vermietung von Gewerberäumen

Vorbemerkung 8003

Die Checkliste soll aufzeigen, welche Kosten als umzulegend in Betracht kommen. Maßgeblich sind die Umstände des Einzelfalles, insbesondere der Charakter des jeweiligen Mietobjektes. Bei der Verwendung von Allgemeinen Geschäftsbedingungen sind die Regelungen der §§ 305 ff. BGB zu beachten.

1. Betriebskosten im Sinne der BetrKV
   Betriebskosten nach § 2 Nr. 1–16 BetrKV
   Sonstige Betriebskosten nach § 2 Nr. 17 BetrKV
   Nicht laufend entstehende Betriebskosten
2. Betriebskosten außerhalb der BetrKV (Grenzfälle)
   In der BetrKV nicht genannte Versicherungen
   Fassadenreinigung
   Beseitigung von Schmierereien
   Pflege von Dachgärten
   Lüftungsanlage
   Klimaanlage, RLT-Anlage
   Anmietung von Gerätschaften
   Arbeitsgeräte für den Hauswart
   Wartung von Betriebsvorrichtungen
3. Erhaltung, Instandhaltung und Ähnliches
   Instandhaltung
   Instandsetzung
   Reparaturen, insbesondere Schönheitsreparaturen
   Wartung, insbesondere Vollwartungsverträge
   Korrosionsschutzmaßnahmen
   Verschleißteile
   Technische Überprüfung
   Kosten für vorgeschriebene Überprüfungen
   Dachrinnenreinigung bei Verstopfungen
   Rohrverstopfungen
   Instandhaltungsrückstellung bei Teileigentum
   Reparaturtätigkeiten, auch des Hauswartes
   Ersatzbeschaffungen
4. Gemeinschaftseinrichtungen
   Rolltreppen
   Aufzüge
   Toiletten
   Wickelräume
   Mall
   Innenhöfe
   Arkaden
   Passagen
   Ruhezonen

Kinderspielplatz
Aufstellung von Pflanzen
Springbrunnen
Parkplatz/Parkhaus
Empfang, Information, Pförtner
Kosten für Aufstellung eines Geldautomatern
5. Werbemaßnahmen
Events
Weihnachtsdekoration
Fahnen
Leuchtschriften
Hinweisschilder
Musikberieselung
Urheberrechtsvergütungen
Beitritt zur Werbegemeinschaft
Zahlung an Werbegemeinschaft
6. Verwaltungskosten
Verwaltungskosten nach § 26 II. BV bzw. § 1 Abs. 2 Nr. 1 BetrKV
Bürokosten, Raum und Material
Vergütung des Verwalters von Teileigentum
Centermanagement (s. Rdn. 5526)
Verwaltungstätigkeiten des Hauswarts
Siehe zu weiteren Einzelheiten Rdn. 5504 ff.
7. Notfalleinrichtungen
Feuermeldeanlagen
Sprinkleranlagen
Feuerlöscher
Notstromaggregat
Schutztüren
Blitzschutzanlage
8. Sicherheitsmaßnahmen
Videoüberwachungsanlage
Alarmanlage
Bewachungskosten
9. Weitere Versicherungen (Rdn. 5531)
Mietausfallversicherung
Rechtsschutzversicherung
Inventarversicherung

D. Beispiel einer Betriebskostenabrechnung

8004 *Vorbemerkung*

Vgl. zunächst den wichtigen Hinweis Rdn. 8000. Das dargestellte Beispiel geht davon aus, dass bei nicht preisgebundenem Wohnraum mietvertraglich vereinbart ist, dass sämtliche

D. Beispiel einer Betriebskostenabrechnung — Teil VIII

Betriebskosten nach der BetrKV auf den Mieter umgelegt werden, dass auf die endgültigen Zahlungen Vorauszahlungen vereinbart sind und dass diese Vorauszahlungen auch geleistet wurden. Teilweise werden detailliertere Angaben verlangt, als im folgenden Beispiel dargestellt. Vgl. hierzu die Ausführungen bei den einzelnen Betriebskostenarten sowie das Beispiel einer ausführlichen Abrechnung in Rdn. 8005.

Bei gemischt genutzten Gebäuden sind eventuelle Voraufteilungen darzustellen; vgl. z.B. für die Grundsteuer Rdn. 8008.

Betriebskostenabrechnung 20xx

Wohngebäude: Neustraße 20, Altstadt

Wohnung: 1. Obergeschoss, links; Mieter Max Meier

Umlegungsmaßstab: Verhältnis der Wohnflächen; für Heiz- und Warmwasserkosten gemäß der Heizkostenabrechnung

Gesamtwohnfläche des Gebäudes: 1000 qm

Wohnfläche Ihrer Wohnung: 100 qm (= 10 %)

Abrechnungszeitraum: 1.1.20xx–31.12.20xx

Kostenart	Gesamtkosten €	Ihr Anteil €
Grundsteuer	1 265,50	126,55
Wasserversorgung	2 280,00	228,00
Entwässerung	1 970,80	197,08
Aufzug	1 325,41	132,54
Straßenreinigung	1 537,00	153,70
Müllbeseitigung	3 434,73	343,47
Gartenpflege	1 324,72	132,47
Beleuchtungskosten	748,70	74,87
Sach- und Haftpflichtversicherungen	1 811,90	181,19
Hauswart	1 437,12	143,71
Breitbandnetz	1 493,21	149,32
Gesamt	18 629,09	1 862,90
Vorauszahlungen: 12 × 150,00		1 800,00
Nachzahlungsbetrag		62,90
Nachzahlungsbetrag gemäß anliegender Abrechnung für Heizung und Warmwasser		102,83
Nachzahlungsbetrag insgesamt		165,73

E. Beispiel einer Betriebskostenabrechnung und eines Ansatzes des Umlageausfallwagnisses nach der NMV 1970

8005 *Vorbemerkung*

Vgl. zunächst den wichtigen Hinweis Rdn. 8000. Das Beispiel enthält Abrechnungsmöglichkeiten, die nach den §§ 20 ff. NMV 1970 teilweise wahlweise zur Verfügung stehen. Es wird unterstellt, dass die verwendeten Umlegungsmaßstäbe vereinbart bzw. wirksam einseitig bestimmt sind. Das Beispiel dient auch generell als Muster für eine ausführliche Betriebskostenabrechnung.

Betriebskostenabrechnung 20xx mit Umlageausfallwagnis

Gebäude: Neustraße 20, Altstadt

Wohnung: 1. Obergeschoss, links; Mieter Max Meier

Gesamte Wohn- und Nutzfläche: 1200 qm

Nicht Wohnzwecken dienende Nutzfläche: 60 qm (= 5 %)

Gesamte Wohnfläche: 1140,00 qm

Wohnfläche Ihrer Wohnung: 114 qm (= 10 % der Gesamtwohnfläche)

Abrechnungszeitraum: 1.1.20xx–31.12.20xx

1. **Grundsteuer**

Gesamtbetrag: 1 265,50 €

Abzug für Gewerberäume: 5 %: 63,28 €

Auf die Wohnungen entfallender Betrag: 1 202,22 €

Ihr Kostenanteil hieraus 10 %: 120,22 €

Die Jahresrohmiete wurde im Einheitswertbescheid für Wohn- und Gewerberäume gleich angesetzt, sodass die gewerbliche Nutzung nicht zu einer höheren Grundsteuer führt.

Bei verschiedenen Ansätzen ist eine Voraufteilung vorzunehmen (vgl. Rdn. 8006).

2. **Wasserversorgung**

Gesamtkosten: 3 000,00 €

Hiervon entfallen gemäß anliegender Heizkostenabrechnung auf Warmwasser 500,00 €

Wasserkosten für die maschinellen Wascheinrichtungen: 100,00 €

Hier anzusetzende Wasserkosten: 2 400,00 €

Umlegungsmaßstab: Durch Wasserzähler erfasster Verbrauch.

E. Beispiel einer Betriebskostenabrechnung; Umlageausfallwagnis — Teil VIII

Entsprechend dem ermittelten Verbrauch entfällt auf gewerblich genutzte Räume ein Betrag von 120,00 €

Auf die Wohnungen zu verteilen: 2 280,00 €

Bei Ihnen gemessener Verbrauch: 90 cbm

Gesamtverbrauch der Wohnungen: 1000 cbm

Ihr Anteil am Gesamtverbrauch der Wohnungen: 9 %

Ihr Kostenanteil: 205,20 €

3. Entwässerung

Gesamtkosten: 1 970,80 €

Umlegungsmaßstab: Der Umlegungsmaßstab entspricht dem für Frischwasser angewendeten Maßstab.

Auf gewerblich genutzte Räume entfallen 98,50 €

Auf die Wohnungen zu verteilen: 1 872,30 €

Ihr Anteil entsprechend dem Maßstab für Frischwasser: 9 % (s. Nr. 2).

Ihr Kostenanteil: 168,51 €

4. Heizung und Warmwasser

Gemäß der beigehefteten Heiz- und Warmwasserkostenabrechnung, auf die Bezug genommen wird, entfällt auf Ihre Wohnung ein Betrag von 1 694,73 €

5. Aufzug

Gemäß der in den Mietverträgen mit allen Parteien getroffenen Regelung sind die im Erdgeschoss befindlichen Gewerberäume und die ebenfalls im Erdgeschoss gelegene Wohnung von der Kostenumlegung ausgenommen und die Umlegung erfolgt im Übrigen nach der Zahl der verbleibenden Wohnungen. Anzahl der Wohnungen in den Obergeschossen: 10.

Ihr Anteil an den Kosten: 10 %.

Gesamtkosten: 1 325,41 €

Ihr Kostenanteil: 132,54 €

6. Straßenreinigung

Gesamtkosten: 537,00 €

Davon Anteil der Gewerberäume nach Wohn-/Nutzfläche 5 % = 26,85 €

Auf die Wohnungen zu verteilen: 510,15 €

Ihr Kostenanteil 10 % (verteilt nach Wohnfläche): 51,02 €

7. Müllbeseitigung

Gesamtkosten: 3 434,73 €

Von den fünf gebührenpflichtigen Tonnen steht eine ausschließlich für die Gewerberäume zur Verfügung.

Vorwegabzug deshalb ein Fünftel: 686,95 €

Auf die Wohnungen zu verteilen: 2 747,78 €

Ihr Kostenanteil 10 % (verteilt nach Wohnfläche): 274,78 €

8. Gebäudereinigung

Die Hausreinigung wird vom Hauswart vorgenommen. Die Arbeitskosten sind in der Position Hauswart enthalten. An Sachkosten sind 1 872,33 € angefallen. Die Gewerberäume haben besondere Kosten nicht verursacht, da für die Kunden ein eigener Eingang von der Straße aus vorhanden ist.

Vorwegabzug Gewerberäume gemäß Wohn-/Nutzfläche 5 %: 93,62 €

Auf die Wohnungen zu verteilen: 1 778,71 €

Ihr Kostenanteil 10 % (verteilt nach Wohnfläche): 177,79 €

9. Ungezieferbekämpfung

Ungezieferbekämpfungsmaßnahmen werden – auch zur Vorsorge – alle drei Jahre vorgenommen. Die letzte Maßnahme fand 20xx statt und verursachte Kosten in Höhe von 3 600,00 €. Anteilige Kosten für 20xx: ein Drittel = 1 200,00 €

Anteil der Gewerberäume nach Wohn-/Nutzfläche 5 % = 60,00 €

Der Gewerbebetrieb ist nicht mehr ungezieferanfällig als eine Wohnung.

Auf die Wohnungen zu verteilen: 1 140,00 €

Ihr Kostenanteil 10 % (verteilt nach Wohnfläche): 114,00 €

10. Kosten der Gartenpflege

Die Arbeitskosten sind in der Position Hauswart enthalten. An Sachkosten sind 940,77 € angefallen.

Vorwegabzug für Gewerberäume nach Wohn-/Nutzfläche 5 % = 47,04 €

Auf die Wohnungen zu verteilen: 893,73 €

Ihr Kostenanteil 10 % (verteilt nach Wohnfläche): 89,37 €

11. Kosten der Beleuchtung

Gesamtkosten: 748,70 €

Vorwegabzug für Gewerberäume nach Wohn-/Nutzfläche 5 % = 37,44 €

E. Beispiel einer Betriebskostenabrechnung; Umlageausfallwagnis — Teil VIII

Auf die Wohnungen zu verteilen: 711,26 €

Ihr Kostenanteil 10 % (verteilt nach Wohnfläche): 71,13 €

12. Sach- und Haftpflichtversicherungen

Gesamtkosten: 1 998,73 €

Vorwegabzug für Gewerberäume nach Wohn-/Nutzfläche 5 % = 99,94 €

Die gewerbliche Nutzung hat gegenüber der Wohnnutzung zu keinen höheren Versicherungsbeiträgen geführt. Auf die Wohnungen zu verteilen: 1 898,85 €

Ihr Kostenanteil 10 % (verteilt nach Wohnfläche): 189,89 €

13. Hauswart

Gesamtkosten: 10 437,12 €

Vorwegabzug für Gewerberäume nach Wohn-/Nutzfläche 5 % = 521,86 €

Auf die Wohnungen zu verteilen: 9 915,26 €

Ihr Kostenanteil 10 % (verteilt nach Wohnfläche): 991,53 €

14. Betrieb der mit einem Breitbandnetz verbundenen privaten Verteilanlage

a) Kosten des Betriebsstroms und der Prüfung und Einstellung durch eine Fachkraft: 450,00 €

Vorwegabzug für Gewerberäume nach Wohn-/Nutzfläche 5 % = 22,50 €

Auf die Wohnungen zu verteilen: 427,50 €

Ihr Kostenanteil 10 % (verteilt nach Wohnfläche): 42,75 €

b) Monatliche Grundgebühren

Dem Anschluss haben nur die Nutzungsberechtigten von 7 Wohnungen zugestimmt. Die Kostenumlegung erfolgt zu gleichen Teilen auf die Wohnungen derer, die zugestimmt haben. Sie haben dem Anschluss zugestimmt.

Gesamtkosten: 790,69 €

Ihr Kostenanteil hieraus ein Siebtel: 112,95 €

c) Ihr Anteil gesamt: 175,70 €

15. Betriebskosten für die Einrichtungen zur Wäschepflege

Einen Schlüssel für den Waschraum haben nur 8 Wohnungsmietparteien. Die Gesamtwohnfläche dieser Wohnungen beträgt 740 qm. Bei einer Wohnfläche Ihrer Wohnung von 114 qm ergibt sich ein Anteil von 15,41 %. Für die Waschvorgänge wurden Zahlungen durch Münzeinwurf geleistet.

Gesamtkosten: 828,00 €

Davon gedeckt durch Münzeinwurf: 740,00 €

Fehlbetrag: 88,00 €

Ihr Anteil hieraus bei einer Verteilung nach Wohnfläche beschränkt auf die Benutzer (15,41 %): 13,56 €

16. Umlageausfallwagnis

Gesamtbetrag der auf den Wohnraum entfallenden Betriebskosten gemäß obiger Aufstellung: 22 149,04 €

Gesamtbetrag der Heiz- und Warmwasserkosten: 16000,00 €

Insgesamt: 38 149,04 €

Hieraus 2 %: 762,98 €

Ihr Kostenanteil 10 % (verteilt nach Wohnfläche): 76,30 €

Die Erhöhung der Hauswartkosten beruht auf der allgemein bekannten Steigerung von Lohn- und Lohnnebenkosten. Für Entwässerung, Wasserversorgung und Müllabfuhr wurden die von den Ver- und Entsorgungsunternehmen geforderten Entgelte erhöht. Die Versicherungsbeiträge wurden aufgrund der Beitragsanpassungsklauseln heraufgesetzt. Die Erhöhung der Beleuchtungskosten beruht auf einem höheren Stromverbrauch. Ansonsten sind nennenswerte Veränderungen gegenüber dem Vorjahr nicht eingetreten.

Soweit nichts anderes angegeben ist, lässt sich nicht feststellen, ob die Betriebskosten auf Wohnraum oder Geschäftsraum entfallen.

Zusammengefasst ergibt sich für Sie folgende Abrechnung:

Kostenart	€
Grundsteuer	120,22
Wasserversorgung	205,20
Entwässerung	168,51
Heizung und Warmwasser	1 694,73
Aufzug	132,54
Straßenreinigung	51,02
Müllbeseitigung	274,78
Gebäudereinigung	177,79
Ungezieferbekämpfung	114,00
Kosten der Gartenpflege	89,37
Kosten der Beleuchtung	71,13
Sach- und Haftpflichtversicherungen	189,89

F. Beispiel für eine verbrauchsabhängige Verteilung der Kosten   Teil VIII

Hauswart	991,53
Betrieb der mit einem Breitbandkabel verbundenen Verteilanlage	151,41
Betriebskosten für die Einrichtungen zur Wäschepflege	13,56
Umlageausfallwagnis	76,30
Gesamtbetrag	4 521,98
Betriebskostenvorauszahlungen 12 × 350,00	4 200,00
Nachzahlungsbetrag	321,98

Unterschrift

F. Beispiel für eine verbrauchsabhängige Verteilung der Kosten der Wasserversorgung

Vorbemerkung: 8006

Bestimmt ist, dass die Wasserkosten zu 70 % nach Verbrauch und zu 30 % nach Wohnfläche umgelegt werden. Das Kaltwasser für Warmwasser wird bei der Heiz- und Warmwasserkostenabrechnung angesetzt. Erfolgt dieser gesonderte Ansatz nicht, entfällt der entsprechende Abzug. Werden die Kosten zu 100 % nach Verbrauch umgelegt, entfällt die Aufteilung zwischen Festkosten- und Verbrauchskostenanteil.

Kosten der Wasserversorgung

Wohngebäude: Neustraße 20, Altstadt

Wohnung: 1. Obergeschoss, links; Mieter Max Meier

Umlegungsmaßstab: 70 % nach Verbrauch, 30 % nach Wohnfläche

Gesamtwohnfläche des Gebäudes: 1000 qm

Wohnfläche Ihrer Wohnung: 100 qm (10 %)

Abrechnungszeitraum: 1.1.20xx–31.12.20xx

Gesamtkosten: 6 000,00 €

Abzüglich Kaltwasser für Warmwasser gemäß Heizkostenabrechnung: 1 000,00 €

Berücksichtigungsfähige Gesamtkosten: 5 000,00 €

Hieraus Festkostenanteil 30 %: 1 500,00 €

Ihr Anteil hiervon 10 %: 150,00 €

Verbrauchsabhängiger Anteil: 3500,00 €

Summe der Einzelwerte: 1000 cbm

Bei Ihnen gemessener Verbrauch: 90 cbm

Riecke

Ihr Anteil am Gesamtverbrauch: 9 %

Ihr verbrauchsabhängiger Kostenanteil: 315,00 €

Ihre Gesamtkosten: 465,00 €

Der verbrauchsabhängige Anteil kann auch auf folgende Weise berechnet werden:

Verbrauchsabhängig zu verteilende Kosten: 3 500,00 €

Summe aller gemessenen Verbrauchswerte (bei Wasser i.d.R. cbm): 1000

Kosten pro Verbrauchswert: 3,50 €

Ihre gemessenen Verbrauchswerte: 90

Ihr verbrauchsabhängiger Kostenanteil: 90 × 3,50 = 315,00 €

G. Checkliste: Zählerdifferenzen

8007 *Siehe hierzu Rdn. 6125 ff.*

1. Zeitlicher Unterschied zwischen der Ablesung von Haupt- und Einzelzählern → Keine Aussagekraft.
2. Differenz innerhalb des Toleranzbereiches → Unbeachtlich.
3. Fehlen von Zählern für Gemeinschaftsverbrauch → Einbeziehung der gemeinschaftlichen Kosten.
4. Erfassungsfehler am Hauptzähler → Im Verhältnis zum Wasserlieferanten und für die Höhe des umlegbaren Betrages von Bedeutung.
5. Erfassungsfehler an Einzelzählern → Keine verbrauchsabhängige Abrechnung möglich.
6. Ausfall von Zwischenzählern für Warmwasser, Waschmaschinen u.a. → Umlegung nur bei den Wasserkosten möglich.
7. Leitungsverluste → Kosten vom Vermieter zu tragen.
8. Völlige Unaufklärbarkeit → Keine verbrauchsabhängige Abrechnung.

H. Beispiel für eine Grundsteueraufteilung nach Wohn- und Geschäftsräumen

8008 *Siehe hierzu Rdn. 5006 ff., 5013*

Der Einheitswert wurde nach dem Ertragswertverfahren ermittelt. Dabei setzte sich die Jahresrohmiete von 1 000 000 € zusammen aus 600 000 € für Geschäftsräume und 400 000 € für Wohnräume.

Verhältnis Gewerberaum: Wohnraum: 60: 40.

Vorauufteilung des Grundsteuerbetrages:

60 % auf die Gesamtheit der Geschäftsraummieter.

40 % auf die Gesamtheit der Wohnraummieter.

Einzelaufteilung innerhalb der Wohn- und Geschäftsraummieter nach den jeweils maßgeblichen Abrechnungsmaßstäben.

I. Beispiel: Verschiedene Abrechnungszeiträume Versorger/Vermieter

Vorbemerkung

Das Beispiel geht davon aus, dass die Abrechnung nach dem Leistungsprinzip erfolgt. Bei einer Abrechnung nach dem Fälligkeitsprinzip oder dem Abflussprinzip ist die Aufteilung nicht erforderlich.

Abrechnungszeitraum des Versorgers: 1. Juli bis 30. Juni.
Abrechnungszeitraum im Mietverhältnis: 1. Januar bis 31. Dezember.
1. Rechnung des Versorgers für den Zeitraum 1.7.2018 bis 30.6.2019: 10 000,00
2. Rechnung des Versorgers für den Zeitraum 1.7.2019 bis 30.6.2020: 12 000,00

Auf den Abrechnungszeitraum 1.1.2019 bis 31.12.2019 im Mietverhältnis entfallen:

6/12 aus 10 000,00 (1.1.2019–30.6.2019)	5 000,00 €
6/12 aus 12 000,00 (1.7.2019–31.12.2019)	6 000,00 €
In die Abrechnung einzusetzen:	11 000,00 €

J. Hinweise zur Überprüfung einer Mietnebenkostenabrechnung

I. Allgemeines

Die Überprüfung einer Abrechnung der Mietnebenkosten kann besonders bei großen Objekten für den Mieter eine mühevolle und zeitaufwendige Angelegenheit sein. Andererseits lohnt sich die Mühe oft, vor allem, wenn Fehler entdeckt werden, die sich sonst von Jahr zu Jahr fortsetzen würden. Vielfach erscheint es jedoch sinnvoll, die Überprüfung auf bestimmte Anlässe oder bestimmte Positionen zu beschränken. Dabei sollte man auch erwägen, dass nur die wenigsten Vermieter bewusst falsche Abrechnungen erstellen und dass kleinere Fehler mal zugunsten mal zulasten des Mieters gehen und sich in derselben Abrechnung weitgehend aufheben können.

II. Wann empfiehlt sich eine Kontrolle besonders?

1. Die erste Abrechnung nach Beginn des Mietverhältnisses sollte tunlichst immer überprüft werden. Dabei ist insbesondere darauf zu achten, dass nur die vertraglich vereinbarten Kostenpositionen umgelegt werden.
2. Entsprechendes gilt, wenn neue Kostenarten umgelegt werden.
3. Veranlassung zur Nachprüfung geben auch erhebliche Kostensteigerungen gegenüber dem Vorjahr, wenn nicht der Grund für die Kostensteigerung bekannt ist, z.B. gestiegene Energiepreise.
4. Ortsüblich hohe Kosten bei Einzelpositionen legen es nahe, die Ausgaben unter dem Gesichtspunkt der Wirtschaftlichkeit zu prüfen.

5. Schließlich ist bei einem Vermieter- oder Verwalterwechsel Aufmerksamkeit geboten. Es ist nicht selten zu beobachten, dass die neuen Abrechnungsersteller ihre Abrechnungsgewohnheiten auf das von ihnen neu übernommene Objekt übertragen, ohne die bestehenden Umlegungsvereinbarungen zu beachten (s. anschaulich *BGH*, Beschl. v. 29.5.2000, XII ZR 35/00, NZM 2000, 961).

III. Häufigste Fehler

1. Die wohl fehlerträchtigste Kostenart ist die Position »Hauswart« (§ 2 Nr. 14 BetrKV). Hier ist immer wieder zu beobachten, dass die Leistungen des Hauswartes für Instandhaltung, Instandsetzung, Erneuerung, Schönheitsreparaturen und Verwaltung nicht oder nicht ausreichend herausgerechnet werden.
2. Bei den sonstigen Betriebskosten (§ 2 Nr. 17 BetrKV) werden nicht selten Kosten umgelegt, die gar keine Betriebskosten sind. Außerdem fehlt es oft an einer hinreichenden Bezeichnung der Kostenart in der Umlegungsvereinbarung.
3. Ist bei der Geschäftsraummiete die Zahlung von Verwaltungskosten in Form einer Pauschale oder eines Prozentsatzes von der Miete vereinbart, ist darauf zu achten, dass nicht eine Doppelbelastung dadurch erfolgt, dass auch in anderen Positionen, z.B. bei der Hauswarttätigkeit oder bei der Vergütung für den Centermanager, abgegoltene Verwaltungskosten mit umgelegt werden.
4. Fehlerfündig wird der überprüfende Mieter oft auch bei den Flächenansätzen im Fall einer Kostenverteilung nach Wohn- oder Nutzfläche. Allerdings ist hier Vorsicht geboten. Bestreitet nämlich der Mieter unsubstantiiert die Richtigkeit des Flächenansatzes, können ihm nach § 96 ZPO die Kosten eines Sachverständigengutachtens teilweise auferlegt werden, wenn die Abweichung zu seinen Gunsten gegenüber der Vermieterabrechnung nur geringfügig ist.
5. Die meisten Fehler finden sich in Abrechnungen bei vermietetem Wohnungs- und Teileigentum. Das gilt vor allem dann, wenn man als Abrechnungseinheit das ganze Haus ansieht und nach dem Leistungsprinzip abrechnet. Die Abrechnung unter den Wohnungseigentümern folgt teilweise anderen Grundsätzen als die mietrechtliche Abrechnung. Für die Wohnungseigentümer ist es grundsätzlich gleichgültig, in welcher Position die Ausgaben enthalten sind; bezahlen müssen sie sowieso. Mietrechtlich ist aber die Zuordnung zu den einzelnen Positionen schon allein wegen der Umlegungsfähigkeit von Bedeutung. Paradebeispiel sind auch hier die Hauswartkosten. Lohnen kann sich auch die Überprüfung, ob bei einer Änderung des Abrechnungsmaßstabes der Wohnungseigentümer nach § 16 Abs. 3 WEG eine Übernahme in die Mieterabrechnung zulässig ist.

IV. Belegeinsicht und Fotokopien

Der Mieter von preisgebundenem Wohnraum hat grundsätzlich die Wahl, ob er die Originalbelege einsehen oder vom Vermieter die Anfertigung von Fotokopien verlangen will. Was zweckmäßiger ist, ist eine Frage des Einzelfalles. Kopien ermöglichen eine geruhsame Durchsicht. Sie müssen aber in direkter oder entsprechender Anwendung von § 29 Abs. 2 Satz 1 NMV 1970 vom Mieter bezahlt werden, was bei einer Vielzahl von Belegen einen durchaus beachtlichen Betrag ausmachen kann. Der

K. Checkliste: Überprüfung einer Nebenkostenabrechnung Teil VIII

Mieter, der die Zahl der Belege nicht kennt, sollte sich vorab nach den voraussichtlichen Kosten erkundigen. Bei einer Belegeinsicht kann der Mieter verlangen, dass die Belege geordnet vorgelegt werden, wobei es umstritten ist, in welchem Umfang der Vermieter die Belege aufbereiten muss.

Entsprechende Überlegungen gelten, wenn der Mieter bei sonstigen Mietverhältnissen aufgrund einer Vereinbarung oder nach Treu und Glauben einen Anspruch auf Erteilung von Kopien hat.

Besteht kein Anspruch auf Erteilung von Fotokopien empfiehlt es sich, auf eine gütliche Einigung mit dem Vermieter hinzuwirken, dass dieser gleichwohl benötigt Kopien gegen Zahlung eines angemessenen – am besten betragsmäßig zu vereinbarenden Entgelt – zur Verfügung stellt.

K. Checkliste: Überprüfung einer Nebenkostenabrechnung

1.	Ist eine Nebenkostenumlegung mit Abrechnung durchzuführen?	8011
1.1.	Ist eine Umlegung mit Abrechnung vereinbart?	
1.2.	Ist die Vereinbarung wirksam, insbesondere hinreichend bestimmt?	
1.3.	Bei preisgebundenem Wohnraum: Wirksam einseitig bestimmt?	
1.4.	Bei preisgebundenem Wohnraum: Ist die erforderliche Mitteilung der Betriebskosten erfolgt?	
2.	Betrifft die Abrechnung das richtige Mietobjekt (Bezeichnung der Räume oder Mietername)?	
3.	Wurde von der richtigen Person abgerechnet?	
3.1.	Vermieterwechsel.	
3.2.	Zwangsverwalter.	
3.3.	Insolvenzverwalter.	
3.4.	Vollmacht eines Dritten.	
3.4.1.	Kann die Abrechnung mangels Vorlage einer Vollmachtsurkunde nach § 174 BGB zurückgewiesen werden?	
4.	Abrechnungseinheit	
4.1.	Ist die Abrechnungseinheit zutreffend gebildet?	
4.2.	Sind nur Kosten enthalten, die die Abrechnungseinheit betreffen?	
5.	Ist der Abrechnungszeitraum richtig?	
5.1.	Jahreszeitraum.	
5.2.	Bei Nichtwohnraummietverhältnissen: Abweichende Vereinbarung?	

5.3.	Betreffen die angesetzten Kosten den Abrechnungszeitraum?	
5.4.	Sind bei einer Abrechnung nach dem Leistungsprinzip unperiodisch anfallende Kosten richtig und nachvollziehbar aufgeteilt?	
5.5.	Deckt sich der Ablesezeitraum ungefähr mit dem Zeitraum, auf den sich die Kostenverteilung bezieht?	
6.	Sind nur umlegbare Kosten angesetzt?	
6.1.	Sind nur vereinbarte Kostenpositionen umgelegt?	
6.2.	Sind die angesetzten Kosten den vereinbarten Kostenpositionen zuzuordnen?	
6.3.	Bei Wohnraum: Sind nur Betriebskosten erfasst?	
6.4.	Sind nur tatsächlich entstandene Kosten angesetzt?	
6.5.	Kann der Vermieter eigene Umsatzsteuer verlangen?	
7.	Angemessenheit – Wirtschaftlichkeit.	
7.1.	Sind die aufgewendeten Kosten für das Mietobjekt angemessen?	
7.2.	Sind die gezahlten Entgelte angemessen?	
7.3.	Sind die Eigenleistungen des Vermieters richtig bewertet?	
7.4.	Sind die Entgelte verbundener Unternehmen marktüblich?	
8.	Bei zusammen angefallenen Kosten:	
8.1.	Sind vorsichtshalber die Gesamtkosten angegeben?	
8.2.	Sind die nicht umlegbaren Kosten richtig herausgerechnet?	
8.2.1.	Kosten, die die Abrechnungseinheit nicht betreffen.	
8.2.2.	Nicht umlegbare Kosten.	
8.3.	Voraufteilung nach Wohnraum und Geschäftsraum erforderlich?	
8.4.	Ist die Aufteilung sachlich und rechnerisch richtig?	
9.	Kostenumlegung	
9.1.	Sind notwendige Voraufteilungen durchgeführt?	
9.2.	Sind die richtigen Umlegungsmaßstäbe zutreffend angewendet?	
9.2.1.	Bei nicht preisgebundenem Wohnraum: § 556a BGB	
9.2.2.	Bei preisgebundenem Wohnraum: §§ 20 ff. NMV 1970	
9.3.	Vereinbarte Umlegungsmaßstäbe	
9.3.1.	Bei einseitiger Festlegung: Billiges Ermessen?	
9.3.2.	Bei geänderten Umlegungsmaßstäben: Änderung wirksam?	

K. Checkliste: Überprüfung einer Nebenkostenabrechnung   Teil VIII

9.3.3.	Bei preisgebundenem Wohnraum: Zulässiger Umlegungsmaßstab nach §§ 20 ff. NMV 1970
9.4.	Ist ein Leerstand zutreffend berücksichtigt?
10.	Sind die für die Verteilung maßgeblichen Tatsachen richtig? Insbesondere:
10.1.	Sind die richtigen Zählerstände angesetzt?
10.2.	Sind die Flächenansätze richtig?
10.2.1.	Sind bestimmte Flächen vereinbart?
10.2.2.	Sind Flächenvereinbarungen mit anderen Mietern getroffen, die sich nachteilig auswirken?
10.2.3.	Beträgt die Flächenabweichung mehr als 10 %?
10.3.	Sind die angesetzten Kosten überhaupt und in der angegeben Höhe angefallen?
11.	Ist die Abrechnung formell ordnungsgemäß?
11.1.	Ist die Abrechnung insgesamt nachvollziehbar?
11.2.	Enthält die Abrechnung die erforderlichen Mindestangaben?
11.3.	Sind notwendige Erläuterungen gegeben?
11.4.	Im Fall notwendiger Umrechnungen: Sind die Umrechnungsfaktoren genannt?
11.5.	Entspricht die Abrechnung eventuell getroffenen Vereinbarungen?
12.	Bei Abrechnung der Heizkosten innerhalb der allgemeinen Betriebskostenabrechnung: Ist die HeizkostenV anwendbar? Wenn ja, sind deren Vorschriften beachtet? (vgl. Checkliste Überprüfung einer Heizkostenabrechnung nach der HeizkostenV – Rdn. 8012).
13.	Bei einer Abrechnung nach der NMV 1970:
13.1.	Ist die Abrechnung schriftlich bzw. mithilfe automatischer Einrichtungen erfolgt?
13.2.	Ist die Abrechnung ausreichend begründet?
14.	Bei Mieterwechsel: Ist die Kostenaufteilung zwischen den Mietparteien richtig?
14.1.	Zeitanteil.
14.2.	Verbrauchsanteil.
14.3.	Kosten der Zwischenablesung nur bei ausdrücklicher Vereinbarung.
14.4.	Vertragliche Regelungen.
15.	Sind die Vorauszahlungen richtig angesetzt?

15.1.	Abrechnung nach Ist-Zahlen?
15.2.	Abrechnung nach Soll-Zahlen ausnahmsweise zulässig?
15.3.	Bei Minderzahlungen: Richtige Zuordnung?
16.	Ist die Abrechnung rechnerisch richtig?
17.	Kann eine Nachzahlung verweigert werden?
17.1.	Ist nach Versäumung der Abrechnungsfrist Verwirkung eingetreten?
17.2.	Ist eine Nachforderung durch Schuldbestätigungsvertrag ausgeschlossen?
17.3.	Ist Verjährung eingetreten?
17.4.	Sind Nachforderungen nach § 556 Abs. 3 Satz 3 BGB, § 20 NMV 1970 ausgeschlossen?
18.	Gegebenenfalls Überprüfung durch Belegeinsicht.
19.	Wird die Nachforderung vom richtigen Gläubiger geltend gemacht?
19.1.	Abtretung.
19.2.	Vermieterwechsel.
19.3.	Zwangsverwaltung.
19.4.	Insolvenz.
20.	Steuerdienliche Angaben.
20.1.	Bei Umsatzsteuerpflicht: Enthält die Abrechnung oder eine gesonderte Rechnung die von § 14 UStG geforderten Angaben?
20.2.	Angaben zu haushaltsnahen Dienstleistungen.

L. Checkliste: Überprüfung einer Heizkostenabrechnung nach der HeizkostenV

1.	Ist überhaupt nach der HeizkostenV abzurechnen? Vgl. insbesondere §§ 1, 2, 11 HeizkostenV	
2.	Ist die Abrechnung insgesamt nachvollziehbar?	
	2.1.	Aufgliederung nach Einzelpositionen?
	2.2.	Sind notwendige Erläuterungen gegeben?
	2.3.	Sind die Umlegungsmaßstäbe mitgeteilt oder bereits bekannt?
	2.4.	Ist eine Änderung der Abrechnungsmaßstäbe mitgeteilt oder bereits bekannt? Ist der Grund hierfür genannt?
3.	Ist die Abrechnungseinheit richtig gebildet?	
4.	Ist der Abrechnungszeitraum richtig?	

L. Checkliste: Überprüfung einer Heizkostenabrechnung nach der HeizkostenV — Teil VIII

	4.1.	Jährliche Abrechnung oder bei Geschäftsraummiete vereinbarter anderer Zeitraum.
	4.2.	Ungefähre Deckung von Ablesezeitraum und Abrechnungszeitraum.
5.	Bei Nutzerwechsel innerhalb eines Abrechnungszeitraumes:	
	5.1.	Ist der Nutzungszeitraum richtig?
	5.2.	Erfolgt die Verteilung nach § 9b HeizkostenV?
	5.3.	Bestehen abweichende Vereinbarungen?
	5.4.	Wie sind die Zwischenablesungskosten behandelt?
6.	Sind nur umlegungsfähige Kosten in die Abrechnung eingestellt?	
	6.1.	In der BetrKV genannte Kosten.
	6.2.	Vertragliche Regelungen.
7.	Bei nicht leitungsgebundener Versorgung:	
	7.1.	Ist nach dem Leistungsprinzip abgerechnet?
	7.2.	Sind Anfangs- und Endbestand sowie Zukaufsmengen richtig angesetzt und die Werte korrekt ermittelt?
8.	Sind notwendige Vorerfassungen durchgeführt und nachvollziehbar dargestellt? Vgl. insbesondere §§ 4, 5, 6 HeizkostenV.	
9.	Bei verbundenen Anlagen: Ist die Kostenaufteilung richtig und nachvollziehbar dargestellt? § 9 HeizkostenV.	
10.	Stimmen die eingesetzten Ablesewerte?	
11.	Wenn nach der Art der Verbrauchserfassung eine Umrechnung notwendig ist: Sind die Umrechnungsfaktoren richtig?	
12.	Bei Unmöglichkeit ordnungsgemäßer Verbrauchserfassung: § 9a HeizkostenV.	
	12.1.	Liegen die Voraussetzungen des § 9a HeizkostenV vor?
	12.2.	Ist ein zulässiger Verbrauchswert angesetzt?
	12.3.	Hat die Abrechnung verbrauchsunabhängig zu erfolgen?
13.	Sind die Umlegungsmaßstäbe richtig angewendet? Sind eventuelle Änderungen wirksam? Vgl. insbesondere §§ 6, 7, 8 und 10 HeizkostenV.	
14.	Ist der angesetzte Vorauszahlungsbetrag richtig?	
15.	Ist die Abrechnung rechnerisch richtig?	
16.	Liegen die Voraussetzungen für ein Kürzungsrecht vor?	
17.	Entspricht die Abrechnung ansonsten den allgemeinen Grundsätzen für eine ordnungsgemäße Abrechnung (s. Checkliste Überprüfung einer Nebenkostenabrechnung – Rdn. 8011).	
18.	Gegebenenfalls Überprüfung durch Belegeinsicht.	

Teil VIII

M. Beispiel für eine Erhöhung der Betriebskostenvorauszahlungen durch den Vermieter

8013 Sehr geehrte Mieterin, sehr geehrter Mieter,

wie Sie der Betriebskostenabrechnung für das vergangene Jahr entnehmen können, sind die Betriebskosten erheblich gestiegen. Es ergab sich für Sie ein Nachzahlungsbetrag von 240,00 €. Ich sehe mich daher zu einer Anpassung der monatlichen Betriebskostenvorauszahlungen von 200,00 € auf 220,00 € gezwungen. Die Erhöhung der Vorauszahlungen wird mit der nächsten Mietfälligkeit wirksam.

Mit freundlichen Grüßen

Vermieter

N. Checkliste für die Überprüfung einer Erhöhung der Betriebskostenvorauszahlungen nach § 560 Abs. 4 BGB

8014
1. Ist § 560 BGB überhaupt anwendbar?
2. Sind Betriebskostenvorauszahlungen vereinbart?
3. Ist eine Erhöhung von Betriebskostenvorauszahlungen ausgeschlossen?
4. Ist der Erhöhungserklärung eine Abrechnung vorausgegangen?
5. Entspricht die Erklärung der Textform?
6. Ist eine Erhöhung der Betriebskosten insgesamt eingetreten?
7. Beruht die Erhöhung auf unwirtschaftlichen Maßnahmen?
8. Ist die Verteilung gemäß den geltenden Verteilungsmaßstäben richtig?
9. Ist der Erhöhungsbetrag rechnerisch richtig ermittelt?
10. Ist die Höhe der neuen Vorauszahlungen angemessen?

O. Beispiel für eine Herabsetzung der Betriebskostenvorauszahlungen durch den Mieter nach § 560 Abs. 4 BGB

8015 Sehr geehrter Vermieter,

wie wir der Betriebskostenabrechnung für das vergangene Jahr entnommen haben, sind die Betriebskosten deutlich gesunken. Wir setzten deshalb die Vorauszahlungen von monatlich 200,00 € auf 180,00 € herab.

Mit freundlichen Grüßen

Mieter/Mieterin

P. Beispiel einer Erhöhung der Vorauszahlungen auf die Betriebskosten nach der NMV 1970

Sehr geehrte Mieterin, sehr geehrter Mieter,

wie Sie der Betriebskostenabrechnung 20xx entnehmen konnten, decken die Vorauszahlungen die Sie treffende Betriebskostenumlage bei Weitem nicht mehr. Ich mache

Q. Checkliste: Überprüfung einer Erhöhung der Betriebskostenvorauszahlungen Teil VIII

deshalb von der nach §§ 20 NMV 1970, 10 WoBindG gegebenen Möglichkeit einer Erhöhung der monatlichen Betriebskostenvorauszahlungen von bisher 350,00 € auf 381,14 € Gebrauch.

Zur Begründung und Erläuterung nehme ich zunächst Bezug auf die diesem Schreiben beigehefteten Anlagen, nämlich die Ablichtung der Ihnen bei Abschluss des Mietvertrages ausgehändigten Mitteilung über die Art und Höhe der Betriebskosten und die Ablichtung der Betriebskostenabrechnung für das Kalenderjahr 20xx. Aus dem Vergleich der beiden Aufstellungen können Sie die Kostenentwicklung bei den einzelnen Positionen ersehen. Die Jahresabrechnung 20xx enthält eine detaillierte Aufstellung und Berechnung der auf Sie entfallenden Betriebskosten. Nennenswerte Veränderungen sind seither nicht eingetreten, insbesondere wurden die Kosten in keiner Position niedriger. Eine Kostensenkung ist auch nicht zu erwarten.

Im Jahr 20xx entfiel auf Sie ein Betriebskostengesamtbetrag von 4573,68 €. Pro Monat ergibt dies den Betrag von 381,14 €.

Die Erhöhung der Hauswartkosten beruht auf der allgemein bekannten Steigerung von Lohn- und Lohnnebenkosten. Für Entwässerung, Wasserversorgung und Müllabfuhr wurden die Entgelte erhöht. Die Versicherungsbeiträge wurden aufgrund der Beitragsanpassungsklauseln heraufgesetzt. Die Erhöhung der Beleuchtungskosten beruht auf einem höheren Stromverbrauch. Bei den Kosten für Heizung und Warmwasser wurden zu Beginn des Mietverhältnisses die für Ihren Vormieter angefallenen Kosten zugrunde gelegt. Es hat sich jedoch gezeigt, dass Sie einen höheren Verbrauch haben.

Sie werden dieses Schreiben noch vor dem 15.7.20yy (Jahr nach dem abgerechneten Wirtschaftsjahr) erhalten. Die Erhöhung der Vorauszahlungen wird zum 1.8.20yy (Jahr nach dem abgerechneten Wirtschaftsjahr) wirksam.

Mit freundlichen Grüßen

Unterschrift

Q. Checkliste: Überprüfung einer Erhöhung der Betriebskostenvorauszahlungen nach der NMV 1970

1. Handelt es sich um preisgebundenen Wohnraum?
2. Ist eine Erhöhung von Betriebskostenvorauszahlungen ausgeschlossen?
3. Entspricht die Erklärung der Schriftform oder ist sie mithilfe automatischer Einrichtungen gefertigt?
4. Ist eine Erhöhung der Betriebskosten insgesamt eingetreten?
5. Ist die Erhöhung nachvollziehbar begründet?
6. Beruht die Erhöhung auf unwirtschaftlichen Maßnahmen?
7. Ist die Verteilung gemäß den geltenden Verteilungsmaßstäben richtig?
8. Ist der Erhöhungsbeitrag rechnerisch richtig ermittelt?
9. Ist die Höhe der neuen Vorauszahlungen angemessen?

R. Beispiel einer einseitigen Erhöhung der Betriebskostenpauschale

Vorbemerkung

Grundlage des Beispiels ist ein Mietverhältnis, auf das § 560 BGB anwendbar ist, bei dem eine Betriebskostenpauschale vereinbart und eine Erhöhung der Pauschale bei einer Steigerung der Betriebskosten vorgesehen ist.

Sehr geehrte Mieterin, sehr geehrter Mieter,

seit Beginn des Mietverhältnisses am 1.1.2018 ist eine erhebliche Erhöhung der Betriebskosten eingetreten. Die Voraussetzungen für eine Erhöhung der Betriebskostenpauschale liegen deshalb vor.

Zur Erläuterung stelle ich Ihnen die Ausgaben für 2018 und 2020 wie folgt zusammen:

Kostenart	2018	2020
Grundsteuer	*1 265,50*	*1 265,50*
Wasserversorgung	*2 166,00*	*2 280,00*
Entwässerung	*1 773,72*	*1 970,80*
Aufzug	*1 325,41*	*1 325,41*
Straßenreinigung	*637,00*	*637,00*
Müllbeseitigung	*2 060,84*	*3 434,73*
Beleuchtung	*748,70*	*780,20*
Sach- und Haftpflichtversicherungen	*1 757,56*	*1 811,92*
Hauswart	*8 871,57*	*10 437,12*
Summe	*20 606,30*	*23 942,68*

Weitere Betriebskosten sind 2018 und 2020 nicht angefallen. Die Heiz- und Warmwasserkosten werden gesondert abgerechnet.

Die Erhöhung der Betriebskosten beträgt insgesamt 3 336,38 €.

Die Steigerung der Hauswartkosten beruht auf dem allgemein bekannten Anstieg der Lohn- und Lohnnebenkosten. Für Entwässerung, Wasserversorgung und Müllabfuhr wurden die von den Stadtwerken geforderten Entgelte erhöht. Die Versicherungsbeiträge wurden aufgrund der Beitragsanpassungsklauseln heraufgesetzt. Die Erhöhung der Beleuchtungskosten beruht auf einem höheren Stromverbrauch.

Die Gesamtwohnfläche des Hauses beträgt 1 000 qm, die Wohnfläche Ihrer Wohnung 100 qm. Es entfällt auf Sie bei einer Verteilung nach Wohnfläche ein Anteil von 10 % aus 3 336,38 €. Das sind jährlich 333,64 €, monatlich somit 27,80 €. Die monatliche Miete erhöht sich damit von 2 100,00 € auf 2 127,80 € zuzüglich Heiz- und Warmwasserkosten wie bisher.

Die Erhöhung wird zum 1. des übernächsten Monats wirksam.

Mit freundlichen Grüßen

Unterschrift

S. Checkliste: Überprüfung einer Erhöhung der Betriebskostenpauschale nach § 560 BGB

1. Ist § 560 BGB überhaupt anwendbar?   8017
2. Ist die Möglichkeit einer Erhöhung der Pauschale im Mietvertrag vereinbart?
3. Sind nur Kosten nach der BetrKV berücksichtigt?
4. Beruht die Kostensteigerung auf unwirtschaftlichen Maßnahmen?
5. Sind eventuelle Betriebskostensenkungen berücksichtigt?
6. Ist der richtige Umlegungsmaßstab gewählt?
7. Ist der Vergleichszeitpunkt richtig?
8. Ist der Umlegungsmaßstab rechnerisch richtig ermittelt?
9. Ist die Textform eingehalten?
10. Ist die Begründung ausreichend?
11. Wenn ein bestimmtes Datum für die Erhöhung genannt ist: Ist der Wirksamkeitszeitpunkt richtig ermittelt?
12. Bei Geltendmachung einer rückwirkenden Betriebskostenerhöhung: Liegen die besonderen Voraussetzungen des § 560 Abs. 2 Satz 2 BGB vor?
13. Gegebenenfalls: Überprüfung durch Belegeinsicht.

T. Beispiel für eine Herabsetzung der Betriebskostenpauschale nach § 560 Abs. 3 BGB

Vorbemerkung   8018

Eine Begründung ist nicht vorgeschrieben. Gleichwohl könnte eine Gegenüberstellung der Kosten und eine Berechnung beigefügt werden, um Rückfragen zu vermeiden.

Sehr geehrte Mieterin, sehr geehrter Mieter,

erfreulicherweise sind die Betriebskosten gegenüber dem Zeitpunkt der letzten Erhöhung der Betriebskostenpauschale gesunken. Der auf Ihre Wohnung entfallende Anteil beträgt monatlich 5,00 €. Die Ermäßigung der Betriebskosten ist im Jahr 20xx eingetreten. Die Betriebskostenpauschale wird deshalb rückwirkend zum 1.1.20xx auf 195,00 € gesenkt.

Mit freundlichen Grüßen

Vermieter

U. Schema: Übergang zur verbrauchs- oder verursachungsbezogenen Abrechnung durch Erklärung des Vermieters

1. Einseitige Erklärung des Vermieters.   8019
2. Deutlicher Hinweis auf Vertragsänderung.

3. Textform.
4. Verbrauchs- oder Verursachungserfassung.
5. Verbrauchs- oder verursachungsbezogene Abrechnung.
6. Keine Rückwirkung.
7. Herabsetzung der Miete bei Inklusivmieten.
8. Herabsetzung oder Wegfall einer Pauschale.
9. Erhebung von Vorauszahlungen nach Inklusivmiete oder Pauschale.

V. Beispiel einer Erklärung zur Einführung einer verbrauchsabhängigen Abrechnung der Kosten der Wasserversorgung

8020 *Vorbemerkung*

Das Beispiel geht von einem Mietverhältnis über nicht preisgebundenen Wohnraum aus. Vereinbart ist, dass die Betriebskosten nach der BetrKV auf die Mieter umgelegt werden, wobei Vorauszahlungen erhoben werden und jährlich abgerechnet wird.

Sehr geehrte Mieterin, sehr geehrter Mieter,

wie Ihnen bekannt ist, wurden in den letzten Wochen in den Wohnungen Wasserzähler eingebaut. Ab dem nächsten Abrechnungszeitraum, der am 1. Januar kommenden Jahres beginnt, werden die Kosten der Wasserversorgung nicht mehr wie bisher ausschließlich nach Wohnfläche umgelegt. Es wird eine verbrauchsbezogene Abrechnung in der Weise eingeführt, dass 70 % der Kosten nach dem erfassten Verbrauch und 30 % der Kosten nach dem Verhältnis der Wohnflächen auf die Mieter verteilt werden.

Mit freundlichen Grüßen

Unterschrift

W. Checkliste: Anpassung der Abrechnungsmaßstäbe an eine Änderung der Kostenverteilung im Wohnungs- und Teileigentum

8021 *Vorbemerkung*

Anhand der Checkliste können die Möglichkeiten geprüft werden, die zu einer Angleichung der Abrechnungsmaßstäbe im Mietverhältnis an eine geänderte Kostenverteilung innerhalb einer Wohnungseigentümergemeinschaft bestehen.

1. Ist der Mieter zu einer einvernehmlichen Änderung bereit? (Rdn. 4094 ff.).
2. Enthält der Mietvertrag eine dynamische Verweisungsklausel? (Rdn. 4115).
3. Besteht für den Vermieter ein vertraglicher Änderungsvorbehalt (Rdn. 4109 ff.).
4. Kann von der Möglichkeit des § 556a Abs. 2 BGB Gebrauch gemacht werden? (Rdn. 4098, 4105).
5. Besteht ein Anspruch auf Zustimmung des Mieters zu einer Änderung? (Rdn. 4122, 4122a).

6. Bei Änderung des Verteilungsschlüssels für die Heiz- und Warmwasserkosten: Liegen die Voraussetzungen des § 6 Abs. 4 Satz 2 HeizkostenV für eine Änderung vor?
7. Sind Beträge, die dem Verwalter für die Kopie von Mietnebenkostenbelegen zu zahlen sind, angemessen? (Rdn. 3317).
8. Bei Mietverträgen über Teileigentum: Können Kosten für einen besonderen Verwaltungsaufwand nach § 21 Abs. 7 WEG (§ 19 Abs. 3 WEMoG) auf den Mieter umgelegt werden?

X. Beispiel für eine Klage auf Betriebskostennachzahlung

Rosa Rot   8022

Rechtsanwältin

15.6.2020

An das

Amtsgericht

12345 Blumenstadt

In Sachen

Veronika Vau, Tulpenweg 6, 12345 Blumenstadt

– Klägerin –

Prozessbevollmächtigte: Rechtsanwältin Rot

gegen

Max Meier, Veilchenstr. 11, 12345 Blumenstadt

– Beklagter –

wegen Forderung aus Betriebskostenabrechnung

Streitwert: 489,21 €

zeige ich unter Vollmachtsvorlage die Vertretung der Klägerin an und erhebe Klage mit folgenden Anträgen:

I. Der Beklagte wird verurteilt, an die Klägerin 489,21 € nebst Zinsen in Höhe von fünf Prozentpunkten über dem Basiszinssatz für das Jahr hieraus seit Rechtshängigkeit zu bezahlen.
II. Der Beklagte trägt die Kosten des Rechtsstreits.
III. Das Urteil ist vorläufig vollstreckbar.

Zwischen den Parteien besteht der Mietvertrag vom 17.9.2016 über die keiner Preisbindung unterliegende Wohnung in Blumenstadt, Veilchenstr. 11, 1. Obergeschoss links. In diesem Vertrag ist u. a. vereinbart, dass der Mieter sämtliche Betriebskosten gemäß der BetrKV in der Weise trägt, dass hierauf Vorauszahlungen erhoben und der auf den Mieter entfallende Betrag kalenderjährlich abgerechnet wird. Der Text der BetrKV ist im Mietvertrag enthalten. Betriebskosten nach § 2 Nr. 17 BetrKV fallen nicht an. Als Umlegungsmaßstab ist vereinbart das Verhältnis der Wohnflächen. Für Heiz- und Warmwasserkosten ist ausdrücklich die Anwendung der HeizkostenV vereinbart, wobei von den Kosten 70 % nach Verbrauch und 30 % nach Wohnfläche verteilt werden sollen.

Der Mietvertrag wird als Anlage K 1 vorgelegt und sein Inhalt zum Gegenstand des Sachvortrages gemacht. Insbesondere wird Bezug genommen auf die Betriebskostenumlegungsvereinbarung unter Nr. 8, Seite 3 des Mietvertrages.

Die Betriebskostenabrechnung vom 30.4.2020 für das Kalenderjahr 2019 ergab einen Nachzahlungsbetrag für den Beklagten in Höhe von 489,21 €. Sämtliche in die Abrechnung eingestellten Ausgaben sind tatsächlich angefallen und waren zur Bewirtschaftung des Hauses erforderlich. Die Abrechnung enthält Angaben zur Abrechnungseinheit, zum Abrechnungszeitraum, die betroffene Mietwohnung und wiederholt die bereits aus dem Mietvertrag bekannten Umlegungsmaßstäbe. Die Kostenpositionen sind im Einzelnen aufgeführt. Die Heiz- und Warmwasserkostenabrechnung der Fa. Heizmess GmbH war beigefügt.

Die Betriebskostenabrechnung samt Heiz- und Warmwasserkostenabrechnung wird als Anlage K 2 vorgelegt und zum Gegenstand des Sachvortrages gemacht.

Der Beklagte hat die Abrechnung erhalten und die der Abrechnung zugrunde liegenden Belege am 15.5.2020 eingesehen. Mit Schreiben vom 21.5.2020 an die Klägerin hat der Beklagte Einwendungen gegen die Positionen Hauswart und Heizkosten erhoben. Die Richtigkeit der Abrechnung in den übrigen Positionen hat der Beklagte ausdrücklich anerkannt, weshalb hierzu ein Sachvortrag zunächst entbehrlich ist.

Beweis für das Anerkenntnis: Schreiben des Beklagten vom 21.5.2020 – Anlage K 3.

Der Beklagte weigert sich zu Unrecht, die Kosten für den Hauswart zu bezahlen. Es ist zwar richtig, dass der Hauswart der Klägerin bei Neuvermietungen behilflich war und auch das Treppenhaus neu gestrichen hat. Hierfür wurde jedoch der Hauswart von der Klägerin gesondert entlohnt. Die für die Vermietung aufgewendete Zeit wurde nachgearbeitet. Das Treppenhaus hat der Hauswart in seinem Urlaub gestrichen.

Beweis: Hans Hausl, Veilchenstr. 11, 12345 Blumenstadt, als Zeuge.

Auch die Abrechnung der Heiz- und Warmwasserkosten ist ordnungsgemäß. Dem Beklagten steht insbesondere kein Kürzungsrecht zu. An zahlreichen Ausstattungen zur Verbrauchserfassung sind aus ungeklärter Ursache, vermutlich wegen Fabrikationsfehlern, Defekte aufgetreten. Da hiervon mehr als 25 % der versorgten Wohnfläche betroffen waren, erfolgte die Kostenverteilung gemäß § 9a Abs. 2 HeizkostenV nach der Wohnfläche entsprechend § 7 Abs. 1 Satz 2, § 8 Abs. 1 HeizkostenV. Da ein solches Vorgehen in der HeizkostenV vorgesehen ist, besteht kein Kürzungsrecht.

Eine Aufstellung der defekten Messgeräte und der betroffenen Räume wird als Anlage K 4 und eine diesbezügliche Wohnflächenberechnung als Anlage K 5 vorgelegt und zum Gegenstand des Sachvortrages gemacht.

Beweis für den Defekt der Messgeräte: N.N., Mitarbeiter der Fa. Heizmess, ladungsfähige Anschrift wird nachgereicht; Sachverständigengutachten.

Beweis für die Richtigkeit der Wohnflächenberechnung: Sachverständigengutachten.

Der Versuch der außergerichtlichen Streitschlichtung war erfolglos.

Rot

Rechtsanwältin

Y. Beispiel für eine Klageerwiderung auf die Klage auf Betriebskostennachzahlung

Bernd Blau 8023

Rechtsanwalt

15.7.2020

An das

Amtsgericht

12345 Blumenstadt

In Sachen

Veronika Vau, Tulpenweg 6, 12345 Blumenstadt

– Klägerin –

Prozessbevollmächtigte: Rechtsanwältin Rot

gegen

Max Meier, Veilchenstr. 11, 12345 Blumenstadt

– Beklagter –

Prozessbevollmächtigter: Rechtsanwalt Blau

zeige ich unter Vollmachtsvorlage die Vertretung des Beklagten an und beantrage:
I. Die Klage wird abgewiesen.
II. Die Klägerin trägt die Kosten des Rechtsstreits.
III. Das Urteil ist vorläufig vollstreckbar.

Die angesetzten Hauswartkosten sind nicht geschuldet, jedenfalls nicht fällig. Die Klägerin räumt bereits in der Klagschrift ein, dass der Hauswart Tätigkeiten vorgenommen hat, die in § 2 Nr. 14 BetrKV ausdrücklich als nicht umlegungsfähig bezeichnet sind. Der Hauswart hat während seiner regelmäßigen Arbeitszeit das Treppenhaus gestrichen. Ebenfalls während seiner regelmäßigen Arbeitszeit hat der Hauswart im Mai 2019 an mehreren Tagen anlässlich der Neuvermietung der Wohnung im dritten Obergeschoss rechts und im November 2019 ebenfalls an mehreren Tagen anlässlich der Neuvermietung der Wohnung im Erdgeschoss zahlreiche Mietinteressenten durch die Wohnungen geführt und mit ihnen verhandelt. Es wird bestritten, dass der Hauswart für diese Tätigkeiten gesondert entlohnt wurde, die Zeit nachgearbeitet hat bzw. das Treppenhaus im Urlaub gestrichen wurde. Der Hauswart hat von der Klägerin lediglich ein Trinkgeld bekommen und hat die Tätigkeiten während seiner normalen Arbeitszeit vorgenommen.

Beweis: Hans Hausl, Veilchenstr. 11, 12345 Blumenstadt.

An Hauswartkosten wurden dem Beklagten 751,33 € in Rechnung gestellt, sodass sich bereits aus diesem Grunde die Klage als unbegründet erweist. Ein vom Beklagten zu zahlender Teilbetrag ist nicht fällig, da es Sache der Vermieterin ist, den nicht geschuldeten Kostenanteil herauszurechnen und die Berechnung nachvollziehbar darzustellen.

Dem Beklagten steht auch ein Kürzungsrecht nach § 12 Abs. 1 HeizkostenV zu, das ausdrücklich geltend gemacht wird. Dass die angegebenen Geräte defekt waren, wird unstreitig gestellt. Es ist jedoch unrichtig, dass der Geräteausfall mehr als 25 % der versorgten Wohnfläche betraf. Die Wohnflächenberechnung der Klägerin ist falsch. Sie hat der Berechnung veraltete Pläne zugrunde gelegt, die die tatsächlichen Verhältnisse nicht richtig wiedergeben. Betroffen ist allenfalls eine Wohnfläche von 20 %.

Beweis: Sachverständigengutachten zur Wohnflächenberechnung.

Die Kostenverteilung hätte deshalb nach dem verbrauchsabhängigen Ersatzverfahren des § 9a Abs. 1 HeizkostenV erfolgen müssen. Da dies nicht geschehen ist, steht dem Beklagten das Kürzungsrecht zu.

Dem Beklagten wurden 1 694,73 € für Heizung und Warmwasser in Rechnung gestellt. Der Kürzungsbetrag beträgt hieraus 15 % = 254,21 €.

Blau

Rechtsanwalt

Teil IX Rauchwarnmelder in Mietwohnungen und Wohnungseigentumsanlagen

Ausblick

Die Regelungen zum Einbau von Rauchwarnmeldern (vgl. auch *Eisenschmid*s Übersicht zu »Heimrauchmeldern« in Schmidt-Futterer, § 555b Rn. 131) – meist mit Übergangsfrist für Bestandsbauten – befinden sich in den jeweiligen Landesbauordnungen. Hierbei lassen sich folgende Gruppen unterscheiden:

9000

(1) Sechs Altregelungen z.T. mit bereits abgelaufener Einbaufrist:

Hamburgische Bauordnung vom 14.12.2005 § 45 (6): In Wohnungen müssen Schlafräume, Kinderzimmer und Flure, über die Rettungswege von Aufenthaltsräumen führen, jeweils mindestens einen Rauchwarnmelder haben. Die Rauchwarnmelder müssen so eingebaut und betrieben werden, dass Brandrauch frühzeitig erkannt und gemeldet wird. Vorhandene Wohnungen sind **bis zum 31.12.2010** mit Rauchwarnmeldern auszurüsten.

Bauordnung von Schleswig-Holstein vom 22.1.2009 § 49 Abs. 4, gültig ab 01.05.2009: In Wohnungen müssen Schlafräume, Kinderzimmer und Flure, über die Rettungswege von Aufenthaltsräumen führen, jeweils mindestens einen Rauchwarnmelder haben. Die Rauchwarnmelder müssen so eingebaut und betrieben werden, dass Brandrauch frühzeitig erkannt und gemeldet wird. Die Eigentümerinnen oder Eigentümer vorhandener Wohnungen sind verpflichtet, jede Wohnung **bis zum 31.12.2010** mit Rauchwarnmeldern auszurüsten. Die Sicherstellung der Betriebsbereitschaft obliegt den unmittelbaren Besitzerinnen oder Besitzern, es sei denn, die Eigentümerin oder der Eigentümer übernimmt diese Verpflichtung selbst.

Bauordnung von Mecklenburg-Vorpommern vom 18.4.2006 § 48 (4): In Wohnungen müssen Schlafräume und Kinderzimmer sowie Flure, über die Rettungswege von Aufenthaltsräumen führen, jeweils mindestens einen Rauchwarnmelder haben. Die Rauchwarnmelder müssen so eingebaut oder angebracht und betrieben werden, dass Brandrauch frühzeitig erkannt und gemeldet wird. Bestehende Wohnungen sind **bis zum 31.12.2009** durch den Besitzer entsprechend auszustatten.

Bauordnung von Rheinland-Pfalz vom 24.11.1998 § 44 (8): In Wohnungen müssen Schlafräume und Kinderzimmer sowie Flure, über die Rettungswege von Aufenthaltsräumen führen, jeweils mindestens einen Rauchmelder haben. Die Rauchmelder müssen so eingebaut und betrieben werden, dass Brandrauch frühzeitig erkannt und gemeldet wird. Bestehende Wohnungen sind in einem Zeitraum von **5 Jahren nach Inkrafttreten dieses Gesetzes** entsprechend auszustatten.

Die Änderung von § 44 trat am **12.07.2007** in Kraft, sodass Rauchmelder **bis zum 12.07.2012** zu installieren waren. § 54 Abs. 2 der Bauordnung von Rheinland-Pfalz regelt die Verantwortlichkeit für die Einhaltung der baurechtlichen Vorschriften.

Demnach sind die Eigentümer von Wohnungen für die Installation und die Wartung der Rauchmelder zuständig.

Bauordnung des Saarlands vom 18.2.2004/13.7.2016 § 46 (4): In Wohnungen müssen Schlafräume und Kinderzimmer sowie Flure, über die Rettungswege von Aufenthaltsräumen führen, jeweils mindestens einen Rauchwarnmelder haben. Die Rauchwarnmelder müssen so eingebaut und betrieben werden, dass Brandrauch frühzeitig erkannt und gemeldet wird. Die Eigentümerinnen und Eigentümer vorhandener Wohnungen sind verpflichtet, jede Wohnung bis zum **31. Dezember 2016** entsprechend auszustatten. Die Sicherstellung der Betriebsbereitschaft obliegt den unmittelbaren Besitzerinnen und Besitzern, es sei denn, die Eigentümerin oder der Eigentümer übernimmt diese Verpflichtung selbst.

Thüringer Bauordnung vom 13./25.3.2014 § 48 Abs. 4. Zum Schutz von Leben und Gesundheit müssen in Wohnungen Schlafräume und Kinderzimmer sowie Flure, über die Rettungswege von Aufenthaltsräumen führen, jeweils mindestens einen Rauchwarnmelder haben. Die Rauchwarnmelder müssen so eingebaut und betrieben werden, dass Brandrauch frühzeitig erkannt und gemeldet wird. Vorhandene Wohnungen sind bis zum **31.12.2018** mit Rauchwarnmeldern auszurüsten. Die Einstandspflicht der Versicherer im Schadensfall bleibt unberührt.

(2) Sechs Neuregelungen mit Zugriffsrechten des Vermieters auch für die Wartungsarbeiten

Bauordnung des **Landes Sachsen-Anhalt** vom 16.12.2009: § 47 (4) In Wohnungen müssen Schlafräume und Kinderzimmer sowie Flure, über die Rettungswege aus Aufenthaltsräumen führen, jeweils mindestens einen Rauchwarnmelder haben. Die Rauchwarnmelder müssen so angebracht und betrieben werden, dass Brandrauch frühzeitig erkannt und gemeldet wird. Bestehende Wohnungen sind **bis zum 31.12.2015** dementsprechend auszurüsten.

Bremer Bauordnung 6.10.2009: § 48 (4) In Wohnungen müssen Schlafräume und Kinderzimmer sowie Flure, über die Rettungswege von Aufenthaltsräumen führen, jeweils mindestens einen Rauchwarnmelder haben. Die Rauchwarnmelder müssen so eingebaut oder angebracht und betrieben werden, dass Brandrauch frühzeitig erkannt und gemeldet wird. Die Eigentümer **vorhandener Wohnungen** sind verpflichtet, jede Wohnung **bis zum 31.12.2015** entsprechend auszustatten. Die Sicherstellung der Betriebsbereitschaft obliegt den unmittelbaren Besitzern, es sei denn, der Eigentümer übernimmt diese Verpflichtung selbst.

Hessische Bauordnung vom 28.5.2018, § 14 Abs. 2: Zum Schutz von schlafenden Personen müssen 1. in Wohnungen die Schlafräume und Kinderzimmer sowie Flure, über die Rettungswege von Aufenthaltsräumen führen, 2. in sonstigen Nutzungseinheiten, die keine Räume besonderer Art oder Nutzung im Sinne des § 2 Abs. 9 sind, die Aufenthaltsräume, in denen bestimmungsgemäß Personen schlafen, jeweils mindestens einen Rauchwarnmelder haben. Die Rauchwarnmelder müssen so eingebaut oder angebracht und betrieben werden, dass Brandrauch frühzeitig erkannt und gemeldet wird. Die Sicherstellung der Betriebsbereitschaft obliegt1. in Wohnungen nach Satz 1 Nr. 1 den unmittelbaren Besitzerinnen und Besitzern, 2. in Nutzungseinheiten nach Satz 1 Nr. 2 den Betreiberinnen und Betreibern, es sei denn, die Eigentümerinnen oder die Eigentümer haben diese Verpflichtung übernommen. Bestehende Nutzungseinheiten nach Satz 1 Nr. 2 sind **bis zum 1. Januar 2020** entsprechend auszustatten.

<In der LBauO vom 15.1.2011 hieß es noch in § 13 (5): In Wohnungen müssen Schlafräume und Kinderzimmer sowie Flure, über die Rettungswege von Aufenthaltsräumen führen, jeweils mindestens einen Rauchwarnmelder haben. Die Rauchwarnmelder müssen so eingebaut oder angebracht und betrieben werden, dass Brandrauch frühzeitig erkannt und gemeldet wird. Die Eigentümerinnen und Eigentümer **vorhandener Wohnungen** sind verpflichtet, jede Wohnung **bis zum 31.12.2014** entsprechend auszustatten. Die Sicherstellung der Betriebsbereitschaft obliegt den unmittelbaren Besitzerinnen und Besitzern, es sei denn, die Eigentümerinnen oder die Eigentümer haben diese Verpflichtung übernommen.>

Niedersächsische Bauordnung vom 03.04.2012, § 44 Abs. 5: In Wohnungen müssen Schlafräume und Kinderzimmer sowie Flure, über die Rettungswege von Aufenthaltsräumen führen, jeweils mindestens einen Rauchwarnmelder haben. [2]Die Rauchwarnmelder müssen so eingebaut oder angebracht und betrieben werden, dass Brandrauch frühzeitig erkannt und gemeldet wird. [3]In Wohnungen, die bis zum **31.10.2012** errichtet oder genehmigt sind, hat die Eigentümerin oder der Eigentümer die Räume und Flure bis zum **31.12.2015** entsprechend den Anforderungen nach den Sätzen 1 und 2 auszustatten. [4]Für die Sicherstellung der Betriebsbereitschaft der Rauchwarnmelder in den in Satz 1 genannten Räumen und Fluren sind die Mieterinnen und Mieter, Pächterinnen und Pächter, sonstige Nutzungsberechtigte oder andere Personen, die die tatsächliche Gewalt über die Wohnung ausüben, verantwortlich, es sei denn, die Eigentümerin oder der Eigentümer übernimmt diese Verpflichtung selbst. [5]§ 56 Satz 2 gilt entsprechend. (Satz 3–5 gültig ab 01.11.2012).

§ 56 Satz 2 lautet. Erbbauberechtigte treten an die Stelle der Eigentümer.

Bayerische Bauordnung in der Fassung vom 11.12.2012, § 46 Abs. 4: [1]In Wohnungen müssen Schlafräume und Kinderzimmer sowie Flure, die zu Aufenthaltsräumen führen, jeweils mindestens einen Rauchwarnmelder haben. [2]Die Rauchwarnmelder müssen so eingebaut oder angebracht und betrieben werden, dass Brandrauch frühzeitig erkannt und gemeldet wird. [3]Die Eigentümer **vorhandener Wohnungen** sind verpflichtet, jede Wohnung **bis zum 31.12.2017** entsprechend auszustatten. [4]Die Sicherstellung der Betriebsbereitschaft obliegt den unmittelbaren Besitzern, es sei denn, der Eigentümer übernimmt diese Verpflichtung selbst.

Bauordnung für Baden-Württemberg – geändert durch G. v. 16.07.2013, GVBl. 2013, S. 209 – § 15 Abs. 7: Aufenthaltsräume, in denen bestimmungsgemäß Personen schlafen, sowie Rettungswege von solchen Aufenthaltsräumen in derselben Nutzungseinheit sind jeweils mit mindestens einem Rauchwarnmelder auszustatten. Die Rauchwarnmelder müssen so eingebaut oder angebracht werden, dass Brandrauch frühzeitig erkannt und gemeldet wird. Eigentümerinnen und Eigentümer bereits bestehender Gebäude sind verpflichtet, diese **bis zum 31.12.2014** entsprechend auszustatten. Die Sicherstellung der Betriebsbereitschaft obliegt den unmittelbaren Besitzern, es sei denn, der Eigentümer übernimmt die Verpflichtung selbst.

(3) **Sonderfall NRW**

Bauordnung NRW in der Fassung vom 21.07.2018, § 47 Abs. 3: In Wohnungen müssen Schlafräume und Kinderzimmer sowie Flure, über die Rettungswege von Aufenthaltsräumen führen, jeweils mindestens einen Rauchwarnmelder haben. Dieser muss so eingebaut oder angebracht und betrieben werden, dass Brandrauch frühzeitig erkannt und gemeldet wird. Die Betriebsbereitschaft der Rauchwarnmelder hat die unmittelbare besitzhabende Person sicherzustellen, es sei denn, die Eigentümerin oder der Eigentümer übernimmt diese Verpflichtung selbst.

<In der LBauO vom 20.03.2013 hieß es noch in § 49 Abs. 7: In Wohnungen müssen Schlafräume und Kinderzimmer sowie Flure, über die Rettungswege von Aufenthaltsräumen führen, jeweils mindestens einen Rauchwarnmelder haben. Dieser muss so eingebaut oder angebracht und betrieben werden, das Brandrauch frühzeitig erkannt und gemeldet wird. In Wohnungen, die bis zum 31.03.2013 errichtet oder genehmigt sind, haben die Eigentümer die Räume und Flure spätestens **bis zum 31.12.2016** entsprechend den Anforderungen nach den Sätzen 1 und 2 auszustatten. Die Betriebsbereitschaft der Rauchwarnmelder hat der unmittelbare Besitzer sicherzustellen, es sei denn, der Eigentümer hat diese Verpflichtung bis zum **31.03.2013** selbst übernommen.>

(4) **Nachzügler**

Berliner Bauordnung in der Fassung vom 17.06.2016, § 48 Abs. 4:

In Wohnungen müssen
1. **Aufenthaltsräume**, ausgenommen Küchen, und
2. Flure, über die Rettungswege von Aufenthaltsräumen führen,

jeweils mindestens einen Rauchwarnmelder haben. Die Rauchwarnmelder müssen so eingebaut oder angebracht und betrieben werden, dass Brandrauch frühzeitig erkannt und gemeldet wird. Bestehende Wohnungen sind bis zum **31. Dezember 2020** entsprechend auszustatten. Die Sicherstellung der Betriebsbereitschaft obliegt den Mietern oder sonstigen Nutzungsberechtigten, es sei denn, die Eigentümerin oder der Eigentümer übernimmt diese Verpflichtung selbst.

Brandenburger Bauordnung vom 19.05.2016, § 48 Abs. 4:

In Wohnungen müssen
1. **Aufenthaltsräume**, ausgenommen Küchen, und
2. Flure, über die Rettungswege von Aufenthaltsräumen führen,

jeweils mindestens einen Rauchwarnmelder haben. Die Rauchwarnmelder müssen so eingebaut oder angebracht und betrieben werden, dass Brandrauch frühzeitig erkannt und gemeldet wird. Bestehende Wohnungen sind bis zum **31. Dezember 2020** entsprechend auszustatten.

II. Rechtsgrundlagen   Teil IX

Beachte: In Berlin und Brandenburg erfasst die Einbaupflicht **alle Aufenthaltsräume,
außer Küchen.**
Sächsische Bauordnung in der Fassung vom 11.05.2016, § 47 Abs. 4:
Aufenthaltsräume, in denen bestimmungsgemäß Personen schlafen, und Flure, die zu
diesen Aufenthaltsräumen führen, sind jeweils mit mindestens einem Rauchwarnmelder auszustatten, soweit nicht für solche Räume eine automatische Rauchdetektion
und angemessene Alarmierung sichergestellt sind. Die Rauchwarnmelder müssen so
eingebaut oder angebracht und betrieben werden, dass Brandrauch frühzeitig erkannt
und gemeldet wird. Die Sicherstellung der Betriebsbereitschaft obliegt den unmittelbaren Besitzern, es sei denn, der Eigentümer übernimmt diese Verpflichtung selbst.
Beachte: Nur in Sachsen ist **keine Nachrüstpflicht** für Bestandsbauten vorgesehen.

I. Einleitung

Jährlich gibt es in Deutschland 600–700 Brandtote durch Wohnungsbrände. 6.000   9001
werden schwer, 60.000 leicht verletzt. Die Sachschäden an Gebäude und Einrichtungen gehen in die Milliarden. 75 % der Brandopfer fallen nicht den Flammen zum
Opfer, sondern sterben an einer Rauchvergiftung. Die meisten Feuer beginnen mit
der Schwelphase. Der Rauch verteilt sich schnell und unbemerkt in der Wohnung.
Das im Rauch vor allem freigesetzte Kohlenmonoxid ist geruchlos und im Schlaf
nicht wahrnehmbar. Nachts ist daher die Gefahr am größten. Kohlenmonoxid macht
den Menschen schon nach drei Atemzügen bewusstlos. zehn Atemzüge sind tödlich.
Feuer breitet sich schnell aus und erreicht innerhalb kürzester Zeit Temperaturen von
mehreren 100 Grad Celsius. Nach Auslösung eines Rauchwarnmelders verbleiben
selten mehr als 2 Minuten Fluchtzeit (nähere Informationen nachzulesen im Internet z.B. unter www.rauchmelder-lebensretter.de). Die Ausstattung mit Rauchwarnmeldern bietet zuverlässigen und preiswerten Schutz für Wohngebäude sowie deren
Bewohner.

II. Rechtsgrundlagen

1. Landesbaurecht

Alle sechzehn Bundesländern (in Sachsen gibt es allerdings keine Nachrüstpflicht für   9002
Bestandsbauten) haben in der Zwischenzeit gesetzliche Regelungen zur Ausstattung
von Wohnungen mit Rauchwarnmeldern erlassen. Eine einheitliche Regelung für die
gesamte Bundesrepublik gibt es nicht. Anders als z.B. in Frankreich liegt die Gesetzgebungszuständigkeit bei den einzelnen Ländern.

Als erstes Bundesland hat im Jahr 2003 Rheinland-Pfalz eine Einbaupflicht statuiert.
Im Jahr 2004 folgte das Saarland. 2005 zogen Schleswig-Holstein und Hessen (novellierte LBauO 2018) nach. Dann traten 2006 gesetzliche Regelungen in Hamburg
und Mecklenburg-Vorpommern, 2008 in Thüringen sowie 2009 in Sachsen-Anhalt
und Bremen, 2012 in Niedersachsen und 2013 in Bayern, NRW (novellierte LBauO

Riecke   587

2018) und Baden-Württemberg, 2016 in Berlin, Brandenburg und Sachsen in Kraft. (Die Regelungen befinden sich in den jeweiligen Landesbauordnungen; auszugsweise diesem Beitrag vorangestellt.) Bayern setzte bis zur Kodifizierung in § 46 Abs. 4 BayBO im Jahr 2012 auf die Eigenverantwortung der Eigentümer, befürwortete die Ausstattung mit Rauchwarnmeldern teilweise aber sogar ausdrücklich. (vgl. etwa das Hinweisblatt des Bayerischen Staatsministeriums des Innern von November 2006 zur Ausstattung von Wohnungen mit Rauchwarnmeldern. Die Ausstattung von »Wohnungen, Häusern und Werkstätten« mit Rauchwarnmeldern wurde bis zur Novelle der BayBO den Bürgern lediglich empfohlen [so *VG München*, Urt. v. 29.05.2008, M 11 K 07.6087, ZMR 2009, 721].)

In allen Bundesländern – außer Sachsen – sind Rauchwarnmelder sowohl in Neu- als auch in Bestandsbauten vorgeschrieben. Im Sachsen gilt die Rauchwarnmelderpflicht bislang nur für Neu- und Umbauten.

Die Nachrüstung mit Rauchwarnmeldern in allen Wohnungen hatte nach den ersten Fassungen der jeweiligen LBauO in Mecklenburg-Vorpommern bis **31.12.2009**, in Schleswig-Holstein (Hier kam es zu einer 1-jährigen Fristverlängerung.) und Hamburg bis zum **31.12.2010**, in Rheinland-Pfalz bis **12.7.2012**, in Hessen und Baden-Württemberg bis **31.12.2014**, in NRW bis **31.03.2015**, in Sachsen-Anhalt, Bremen und Niedersachsen **bis 31.12.2015**, in NRW bis zum **31.12.2016**, in Bayern **bis 31.12.2017** sowie in Thüringen **bis 31.12.2018** zu erfolgen.

Die Nachrüstfrist läuft noch in Berlin und Brandenburg **bis zum 31.12.2020**.

2. Wohnungseigentumsrecht

9003 Das Wohnungseigentumsgesetz (WEG) enthält keine spezialgesetzliche Regelung für den Einbau von Rauchwarnmeldern. Es gelten daher die allgemeinen Vorschriften zur Vornahme baulicher Maßnahmen (§§ 21, 22 WEG; §§ 18–20 WEMoG) und zur Kostenverteilung (§ 16 WEG) in der üblichen Hierarchie: zwingendes WEG – teilungserklärungsändernde Beschlüsse aufgrund gesetzlicher oder vereinbarter Öffnungsklausel (= Anpassungsvereinbarung) – Teilungserklärung/Gemeinschaftsordnung – sonstige Beschlüsse – dispositives WEG, subsidiär BGB.

3. DIN 14676 und DIN EN 14604

9004 Seit März 2003 gibt es die Deutsche Industrie-Norm 14676 »Rauchwarnmelder für Wohnhäuser, Wohnungen und Räume mit wohnähnlicher Nutzung«. Diese Norm legt Mindestanforderungen für Planung, Einbau, Betrieb und Instandhaltung von Rauchwarnmeldern in Wohnhäusern, Wohnungen und Räumen mit wohnungsähnlicher Nutzung fest. Sie richtet sich an die für den Brandschutz zuständigen Behörden, Feuerwehren, Hersteller von Rauchwarnmeldern, Planer, Architekten, Bauherren, Eigentümer und Bewohner. Die DIN14676 erfuhr eine Überarbeitung. Die bisher gültige Fassung verlangte eine jährliche Überprüfung der Funktionsbereitschaft, aufgeteilt in eine Alarmprüfung und eine zwingende Sichtprüfung. Die Sichtprüfung war wörtlich zu nehmen, sprich optische Begutachtung des Rauchwarnmelders. Die neuere DIN 14676:2012–09 spricht nicht mehr explizit von »Sichtprüfung«, sondern regelt nur noch, welche Kontrollinhalte vorgeschrieben sind. Diese Neu-Formulierung will technologischen Innovationen den Weg freimachen, die die Kontrollen automatisch durchführen. Gleichwertige Maßnahmen zur bisherigen Sichtprüfung werden aber erst in einer zukünftigen Änderung A1 der Norm spezifiziert werden, um diese gleichwertigen Maßnahmen als allgemein anerkannte Regeln der Technik zu etablieren. Gemäß **Nr. 6 der neuen DIN 14676** wird verlangt:

6.1. Der Rauchwarnmelder ist nach Herstellerangaben, jedoch mindestens einmal im Abstand von 12 Monaten, mit einer Schwankungsbreite von höchstens ± 3 Monaten einer Inspektion, Wartung und Funktionsprüfung der Warnsignale zu unterziehen. Die Ergebnisse der Überprüfung und Maßnahmen sind zu dokumentieren.

6.2 Inspektion und Wartung

6.2.1 Dazu gehört mindestens eine Kontrolle, ob die Raucheindringöffnungen frei sind (z.B. Abdeckungen, Verschmutzung durch Flusen und Stäube), eine funktionsrelevante Beschädigung des Rauchwarnmelders vorliegt und die Umgebung von 0,5 m um den Rauchwarnmelder frei von Hindernissen (z.B. Einrichtungsgegenstände) ist, die das Eindringen von Brandrauch in den Rauchwarnmelder behindern.

6.2.2 Wird eine Verschmutzung der Raucheindringöffnungen festgestellt, so sind diese nach Herstellerangaben zu reinigen.

6.2.3 Weist der Rauchwarnmelder eine funktionsrelevante Beschädigung auf, so ist er auszutauschen.

6.2.4 Ist der erforderliche Freiraum um den installierten Rauchwarnmelder nicht gegeben, so muss der Montageort überprüft und ggf. neu festgelegt werden oder Einrichtungsgegenstände, die sich zu nahe am Rauchwarnmelder befinden, müssen entfernt werden.

6.3.1. Über die Prüfeinrichtung des Rauchwarnmelders muss die Funktion überprüft werden, die zur akustischen Warnung den akustischen Signalgeber und ggf. die optische Individualanzeige des Rauchwarnmelders aktiviert.

Die DIN 14676 gilt nicht für Räume und bauliche Anlagen (Sonderbauten) im baurechtlichen Sinne, für die Brandmeldeanlagen entsprechend DIN 14675/VDE 0833 Teil 2 gefordert sind.

Zu Einzelheiten vgl. *Serwe*, Rauchwarnmelder – Neuerungen bzgl. der DIN 14676 und der Landesbauordnungen in Hessen und Nordrhein-Westfalen, ZMR 2019, 6–9.

III. Träger der Einbau- und Wartungspflicht

1. Wohnungseigentümer

Die meisten Landesbauordnungen ordnen an, dass der »Eigentümer« verpflichtet ist, Rauchwarnmelder zu installieren bzw. vorhandene Wohnungen nachzurüsten (Auch

Schultz ZWE 2009, 384 entnimmt dies selbst bei fehlender gesetzlicher Anordnung dem § 903 BGB). Eine ausdrückliche gesetzliche Regelung zu Art und Umfang der regelmäßigen Wartung und Instandhaltung installierter Rauchwarnmelder gibt es nicht. Insoweit enthält jedoch die DIN 14676 unter Punkt 6 (s.o.) einschlägige Anforderungen, die für die Definierung gesetzlicher Pflichten des Eigentümers nach Art und Umfang entsprechend herangezogen werden dürften.

2. Besitzer

9006   In **Mecklenburg-Vorpommern** spricht der Gesetzeswortlaut statt vom Eigentümer vom »Besitzer« (s. § 48 Abs. 4: »In Wohnungen müssen Schlafräume und Kinderzimmer sowie Flure, über die Rettungswege von Aufenthaltsräumen führen, jeweils mindestens einen Rauchwarnmelder haben. Die Rauchwarnmelder müssen so eingebaut oder angebracht und betrieben werden, dass Brandrauch frühzeitig erkannt und gemeldet wird. Bestehende Wohnungen sind bis zum 31. Dezember 2009 **durch den Besitzer** entsprechend auszustatten.«). Die Materialien sind wenig ergiebig [Landtagsdrucks. 4/2183 S. 16; 18 – Antrag der CDU-Fraktion]. Was unter dem Besitzer zu verstehen ist, wird nicht näher erläutert. Besitzer und Eigentümer müssen nicht personenidentisch sein, was im Einzelfall zu ungewollten Ergebnissen führen kann. (Der Mieter einer Wohnung ist zwar deren Besitzer, nicht aber Eigentümer. Eigentümer ist der Vermieter. Die Einbau- und Nachrüstpflicht kann nicht ihn treffen, sondern den Vermieter.) Der Mieter oder sonstige Besitzer einer Wohnung, der sein Besitzrecht vom Eigentümer ableitet, kann nicht als unmittelbarer Adressat der gesetzlichen Regelung angesehen werden. Sie bedürfte einer vertraglichen Vereinbarung der Vertragsparteien. Es kann nicht davon ausgegangen werden, dass der Gesetzgeber in Mecklenburg-Vorpommern von der üblichen Verteilung der Rechte und Pflichten zwischen Vermieter und Mieter an dieser Stelle abweichen will. Das Tatbestandsmerkmal »Besitzer« in § 48 Abs. 4 der **Mecklenburg-Vorpommerschen** Landesbauordnung ist daher untechnisch zu verstehen. Normadressat ist auch hier wie in allen anderen Fällen primär der Eigentümer des Grundstücks, der ja auch mittelbarer Besitzer nach Vermietung bleibt.

Problembeschreibung:

In Mecklenburg-Vorpommern besteht Rechtsunsicherheit darüber, ob ausschließlich die Mieter (als »Besitzer«) der Wohnungen für Ausstattung und Wartung mit Rauchwarnmeldern verantwortlich und somit im Ernstfall für Versäumnisse haftbar sind oder auch die Wohnungseigentümer, der Verband »WEG« und/oder die WEG-Verwaltung.

Zunächst ist festzustellen, dass nach dem Wortlaut des § 48 Abs. 4 Satz 3 LBauO nur die Ausstattungspflicht dem Besitzer obliegt, also – klassischer Umkehrschluss – nicht etwa die Betriebspflicht. Diese wurde nicht kraft Gesetzes dem Besitzer auferlegt und dürfte daher weiter beim Eigentümer liegen. (A.A. *AG Hagenow*, Urt. v. 01.04.2010, 10 C 359/09, ZMR 2010, 770, das davon ausgeht, dass durch § 48 Abs. 4 Satz 3 LBauO nicht nur die Pflicht zum Einbau, sondern auch die Betriebspflicht der Rauchwarnmelder bei Mietwohnungen dem Mieter auferlegt wurde

III. Träger der Einbau- und Wartungspflicht

[vgl. auch *Wüstefeld* WuM 2012, 133 und LG Schwerin 2 S 57/10].) Fraglich ist, wie es sich mit der Einbaupflicht verhält. Es ist erwägenswert, dass Besitzer i.S.d. Landesbauordnung Mecklenburg-Vorpommern nicht der »normale« (unmittelbare oder mittelbare) Besitzer ist, sondern der sog. Eigenbesitzer. Letzteres ist gerade im (Grundstücks-) Verkehrssicherungsrecht (vgl. §§ 836 ff. BGB) der Regelfall. (vgl. PWW/*Schaub* BGB § 836 Rn. 8; Palandt/*Sprau*, BGB, § 836 Rn. 12) Eigenbesitzer in einem solchen Sinne ist nicht zwingend der Eigentümer und auch nicht zwingend der Mieter, sondern derjenige, der eine Sache »als ihm gehörend besitzt« (s. § 872 BGB). Der Mieter bewohnt seine Wohnung nicht »als ihm gehörend«, sodass er in aller Regel kein Eigenbesitzer ist. Vielmehr bleibt Eigenbesitzer der vermietende Wohnungseigentümer. Andererseits darf nicht verschwiegen werden, dass der Landesgesetzgeber in Mecklenburg-Vorpommern scheinbar gezielt den Mieter als »Besitzer« im Sinne der Nachrüstungspflicht ansehen wollte, (So auch *AG Hagenow*, Urt. v. 01.04.2010, 10 C 359/09, ZMR 2010, 770) was zu der auch verfassungsrechtlich relevanten Frage führt, ob und inwieweit der Mieter Normadressat des Landesbaurechts sein kann, das sich in erster Linie an den Grundeigentümer richtet.

Ein anderer wichtiger Eckpfeiler des Verkehrssicherungsrechts lautet, dass die Verkehrssicherungspflicht des Eigentümers nicht allein in der Sicherung des eröffneten Grundstücksverkehrs durch geeignete Schutzmaßnahmen besteht, sondern – bei Delegation auf andere – insbesondere auch in einer Kontrolle desjenigen, der die Ausübungspflicht für ihn vor- bzw. übernimmt. Es verbleibt somit auch bei Delegation von Ausführungspflichten immer bei einem »Pflichtenrest« hinsichtlich der Kontrollpflicht. Die Kontrollpflicht des Eigentümers dürfte auch dann eingreifen, wenn die Ausübungs- bzw. Durchführungspflicht selbst nicht vertraglich verlagert wird (vgl. etwa § 838 BGB im Verhältnis WEG zum WEG-Verwalter), sondern gesetzlich angeordnet ist. Kommt es zu einem Brand- und/oder Personenschaden, dürften deshalb Wohnungseigentümer bzw. Verband und WEG-Verwaltung für den entstandenen Schaden haften, wenn nicht dargelegt und bewiesen werden kann, dass und auf welche Weise (z.B. aussagekräftige Dokumentation) die Kontrolle des Besitzers erfolgt ist. Sich darauf zu verlassen, dass der Besitzer der gesetzlichen Ausstattungspflicht pflichtgemäß nachkommt, dürfte fahrlässig sein, zumindest leicht fahrlässig. Die Kontrolle muss mindestens stichprobenartig erfolgen. Das Prüfungsintervall dürfte sich an der vorgegebenen 1-jährigen optischen Funktionskontrolle (Probealarm und Funktionsprüfung!) ausrichten. Bei Anhaltspunkten für eine nicht pflichtgemäße Ausstattung mit Rauchwarnmeldern können ggf. auch kurzfristigere Überprüfungen nötig sein. (so *J.-H. Schmidt*, WE 2009, 220.)

Es werden neue Haftungstatbestände geschaffen.

9006a

▶ Hinweis:

so heißt es in der Landtagsdrucksache BW 15/3724:

Zur weiteren Erläuterung von Nr. 1 des Entschließungsantrags Nr. 4 fügt er hinzu, der Direktor des Instituts für Versicherungswissenschaft der Universität Mannheim habe in der Anhörung darauf hingewiesen, dass durch das Vorhaben im

Rechtssinne neue Haftungstatbestände geschaffen würden, und zugesagt, zum strafrechtlichen Ausmaß eine ergänzende Stellungnahme abzugeben. Diese Stellungnahme sei jedoch nicht erfolgt. Geklärt werden müsse noch, ob sich jemand strafbar mache und gegenüber Dritten in Haftung genommen werden könne, wenn er seine Pflicht zur Anbringung von Rauchwarnmeldern vernachlässige. Sollte dies der Fall sein, müsste im Gesetzentwurf darauf hingewiesen werden, dass ein solcher Tatbestand geschaffen werde. Die einschlägigen DIN-Normen seien nicht verbindlich. Dem Ministerium seien keine Probleme bekannt, die es erforderlich machen würden, genauere Vorgaben für den Einbau bzw. die Anbringung von Rauchwarnmeldern zu machen. Den Äußerungen in der Anhörung, auch vonseiten der Feuerwehr, habe sie entnommen, dass es möglich sei, Rauchwarnmelder so anzubringen, dass diese ihren Zweck erfüllten, ohne dass dies bis ins letzte Detail geregelt werden müsste. Ein Abgeordneter der Fraktion der CDU erwidert, bei einer fehlenden Festlegung technischer Standards bestehe die Gefahr, dass der Gesetzeszweck des Schutzes von Menschenleben nicht in jedem Fall erreicht werde.

Auch in der Anhörung sei thematisiert worden, dass beim Einbau der Rauchwarnmelder die entsprechenden DIN-Normen beachtet werden sollten. So könnte über eine Verordnung geregelt werden, dass die Rauchwarnmelder den einschlägigen DIN-Normen entsprechen müssten. Die Einhaltung technischer Standards sei auch mit einer versicherungsrechtlichen Frage verbunden. Im Übrigen gebe es noch den Streit darüber, ob leitungsnetzgebundene Brandmelder erforderlich seien oder batteriebetriebene Rauchwarnmelder ausreichten. Eine schriftliche Stellungnahme zu der strafrechtlichen Seite sei jedoch ausgeblieben.

Insofern sei noch nicht geklärt, ob jemand, der der Pflicht zur Anbringung von Rauchwarnmeldern nicht nachkomme, haften müsse oder strafrechtlich belangt werde, wenn dadurch einem Dritten Schaden zugefügt werde.

Der Abgeordnete der Fraktion der SPD weist darauf hin, unterschieden werden müsse zwischen einem zivilrechtlichen Haftungstatbestand und einem strafrechtlichen Tatbestand in Bezug auf Unterlassung. Der Abgeordnete der Fraktion der CDU stellt klar, ihm gehe es um den letztgenannten Tatbestand.

Ein Abgeordneter der Fraktion GRÜNE vertritt die Auffassung, ein Straftatbestand wäre nur dann erfüllt, wenn der Tod oder Unfall eines Dritten kausal damit zusammenhänge, dass ein Rauchmelder nicht eingebaut worden sei, und darüber hinaus die Möglichkeit zur rechtzeitigen Selbstrettung bestanden hätte, wenn ein Rauchwarnmelder eingebaut gewesen wäre. Die letztgenannte Voraussetzung sei aber nicht erfüllt.

Mit der angesprochenen Fragestellung hätten sich die Wissenschaft und die Juristerei auseinanderzusetzen. Für den Gesetzentwurf habe diese Frage jedoch keine Relevanz.

Dieses Problem wurde in der ab 01.05.2009 geltenden LBauO von **Schleswig-Holstein** gesehen und wie folgt in § 49 Abs. 4 gelöst: »Die Sicherstellung der Betriebsbereitschaft obliegt den unmittelbaren Besitzerinnen oder Besitzern, es sei denn, die

III. Träger der Einbau- und Wartungspflicht　　　　　　　　　　　　　　　　　Teil IX

Eigentümerin oder der Eigentümer übernimmt diese Verpflichtung selbst.« Dasselbe gilt etwa auch für Hessen, Niedersachsen, Bayern und Baden-Württemberg. Ist das Grundstück in Wohnungseigentum aufgeteilt, sind Normadressaten die Wohnungseigentümer in ihrer Gesamtheit.

3. Wohnungseigentümergemeinschaft

Der rechtsfähige Verband (»Gemeinschaft der Wohnungseigentümer«) ist zumindest nach dem Gesetzeswortlaut nicht Adressat der gesetzlichen Regelung. Zweifelhaft ist, dass damit kraft gesetzlicher Anordnung, ähnlich wie z.b. bei der Belieferung mit Wasser (Zur Belieferung mit Gas vgl. dagegen *BGH*, Urt. v. 07.03.2007, VIII ZR 125/06, ZMR 2007, 472 (Verband als Vertragspartner); zur Haftung aller Wohnungseigentümer für Kommunalabgaben vgl. *BVerwG*, Beschl. v. 11.11.2005, 10 B 65/05, ZMR 2006, 242 und KG, Urt. v. 06.04.2006, 1 U 96/05, ZMR 2006, 636 einerseits (nur quotale Haftung nach § 10 Abs. 8 WEG) sowie BGH, Urt. v. 18.06.2009, VII ZR 196/08 ZMR 2009, 854 andererseits (gesamtschuldnerische Haftung der dinglich Berechtigten nach § 10 Abs. 1 WEG); zum Abschluss eines Versorgungsvertrages *BGH*, Urt. v. 19.07.2013 – V ZR 109/12, NZM 2014, 81 = GE 2013, 1591) durch kommunale Versorgungsträger, eine Rechtsbeziehung ausschließlich zum Eigentümer hergestellt werden soll. Näher liegt vielmehr, dass ordnungsbehördliche Verfügungen im Fall von Verstößen gegen gesetzliche Installationspflichten oder gegen die Pflicht zur regelmäßigen Wartung und Instandhaltung der Rauchwarnmelder an die rechtsfähige Wohnungseigentümergemeinschaft, vertreten durch den Verwalter, ergehen werden. (Zu der Frage, ob die Wohnungseigentümergemeinschaft [Verband] als Adressat einer Verbandsgeldbuße gem. § 30 Abs. 1 OWiG in Betracht kommt, s. *Helmrich*, NZM 2010, 457 ff. Zum Erlass einer Ordnungsverfügung gegen den Verwalter zur Sicherstellung des Brandschutzes – allerdings im Bereich des gemeinschaftlichen Eigentums – vgl. *OVG NRW* [Münster], Beschl. v. 15.04.2009, 10 B 304/09, ZMR 2010, 78 = NZM 2009, 912 ff. *OVG NRW*, Beschl. v. 28.01.2011, 2 B 1495/10, ZMR 2011, 425 und *VG Düsseldorf*, Urt. v. 20.08.2010, 25 K 3682/10, ZMR 2011, 338; vgl. dazu die berechtigte Kritik von *Briesemeister* ZWE 2011, 26 und nachfolgend 4.) Voraussetzung hierfür ist, dass es sich bei der Umsetzung der gesetzlichen Vorgaben um eine gemeinschaftsbezogene Pflicht i.S.d. § 10 Abs. 6 Satz 3 WEG handelt. Davon ist auszugehen. Die Wahrnehmungsbefugnis für die Erfüllung der gemeinschaftsbezogenen Pflicht obliegt kraft Gesetzes dem rechtsfähigen Verband. Der Abschluss der zur Erfüllung der gemeinschaftsbezogenen Pflichten (vgl. *BGH*, Urt. v. 08.02.2013, V ZR 238/11, ZMR 2013, 642 [eigentumsbezogene Pflichten]) erforderlichen Rechtsgeschäfte (Verträge) erfolgt im Namen des rechtsfähigen Verbandes. Dies gilt sowohl für die Installation als auch für die Instandsetzung und für laufende Wartungsverträge.

Durchaus denkbar ist aber auch, bereits die aus der Landesbauordnung folgende gesetzliche Verpflichtung als solche von vornherein der Wahrnehmungsbefugnis des rechtsfähigen Verbandes gem. § 10 Abs. 6 Satz 3 WEG (vgl. § 9a WEMoG) zu unterstellen (so wohl *Bielefeld* DWE 2009, 11) Dieser nähme dann für die Wohnungseigentümer

9007

deren – für den Verband fremde – gesetzliche Einbaupflicht wahr, ohne selbst Adressat der Einbaupflicht zu sein. Andererseits ist es vorstellbar, die gesetzliche Einbaupflicht als originär eigene Pflicht des rechtsfähigen Verbandes anzusehen, und zwar, indem man den Brandschutz der Verkehrssicherung des Grundstücks und die Verkehrssicherungspflicht dem rechtsfähigen Verband selbst zuordnet, wobei dahinstehen kann, ob der Verband alleiniger Träger der Verkehrssicherungspflicht ist oder neben ihm auch die Wohnungseigentümer. Denn in beiden Fällen träfe den rechtsfähigen Verband – zumindest auch – eine eigene Verpflichtung. Die Einzelheiten sind insoweit streitig (vgl. zur Verkehrssicherungspflicht *Wenzel* ZWE 2009, 57; *Gottschalg* DWE 2009, 81).

4. Verwalter

9008 Fraglich ist, ob neben dem rechtsfähigen Verband und/oder den Wohnungseigentümern (s.o.) der WEG-Verwalter als Adressat der Pflicht zum Einbau von Rauchwarnmeldern in Betracht kommt. Dann muss der Einbau überwacht werden, aber nicht der Betrieb, es sei die Eigentümer haben dies konsequenterweise auch übernommen. Nach dem Wortlaut der einschlägigen Bestimmungen in den Landesbauordnungen ist dies nicht der Fall. Andererseits kann sich eine Verpflichtung und somit ein entsprechendes Haftungsrisiko des Verwalters aus der Verkehrssicherungspflicht (a.A. insoweit *Schultz* ZWE 2009, 384) ergeben. Denn es wird in Rechtsprechung und Schrifttum die Meinung vertreten, dass der Verwalter einer deliktsrechtlichen Eigenhaftung für Verstöße gegen die Verkehrssicherungspflicht ausgesetzt ist, selbst wenn die Verkehrssicherungspflicht als solche dem rechtsfähigen Verband obliegt und er rechtsgeschäftlich, d.h. im Verwaltervertrag, die Wahrnehmung der Verkehrssicherungspflicht für den Verband nicht übernommen haben sollte (*Wenzel* ZWE 2009, 57, 59 f. unter Hinweis auf *BGH* NJW 1996, 1535, 1537; NJW 1993, 1782; NJW 1990, 976, f.). Um dieser ihn ab dem Zeitpunkt seiner organschaftlichen Bestellung höchstpersönlich treffenden deliktsrechtlichen Eigenhaftung im Fall eines Brandschadens erfolgreich zu entgehen, muss der Verwalter seine gesetzlichen (organschaftlichen) Kontroll-, Hinweis- und Organisationspflichten erfüllt haben und die pflichtgemäße Erfüllung dokumentieren können. Verfügt der Verwalter persönlich oder in seinem Unternehmen über die nötige technische Sachkunde, kann er die Kontrolle selbst wahrnehmen. Andernfalls gehört es zur Wahrung der im Verkehr erforderlichen Sorgfalt, dass er ein zuverlässiges Fachunternehmen mit der regelmäßigen Nachprüfung betraut (im Rahmen der Betriebspflicht), wie z.B. auch mit der technischen Wartung und Überwachung der Rauchwarnmelder (*Wenzel* ZWE 2009, 57, 60; vgl. auch *OLG Karlsruhe*, Urt. v. 30.12.2008, 14 U 107/07, ZMR 2009, 623 = WE 2009, 248). Dabei dürfte aber nicht nur die Wartung, sondern auch der Einbau der vorgeschriebenen Anzahl an Rauchwarnmelder an den vorgeschriebenen Stellen in den Wohnungen der Kontroll- und Organisationspflicht unterliegen. Hinsichtlich der deliktsrechtlichen Verkehrssicherungspflicht soll der Verwalter allerdings weder berechtigt noch verpflichtet sein, gegen den erklärten Willen der Mehrheit der Wohnungseigentümer tätig zu werden (*Wenzel* ZWE 2009, 57, 60). Informiert der Verwalter die Wohnungseigentümer über die gesetzliche Einbaupflicht, stellt er entsprechende Beschlussanträge zur

III. Träger der Einbau- und Wartungspflicht　　　　　　　　　　　　Teil IX

Abstimmung und lehnt die Eigentümerversammlung die Erfüllung der gesetzlichen Pflicht mehrheitlich ab (Negativ-Beschluss), dürfte er nach dieser Meinung also nicht zu weiteren Aktivitäten verpflichtet sein, d.h. weder zu einer Anfechtung des negativen Beschlusses noch zu einer Ausstattung der Wohnungen mit Rauchwarnmeldern im Namen und auf Kosten der Wohnungseigentümergemeinschaft (ohne Vertretungsmacht) oder auch im eigenen Namen. Vielmehr dürfte er sich im Hinblick auf seine deliktsrechtliche Verantwortlichkeit durch Hinweise auf die gesetzliche Verpflichtung der Wohnungseigentümer haftungsrechtlich ausreichend abgesichert haben.

Eine im Vergleich zur deliktsrechtlichen Eigenhaftung strengere Eigenhaftung des Verwalters wird vertreten, wenn und soweit der Verwalter kraft Rechtsgeschäfts, also insbesondere im Verwaltervertrag oder in einem Eigentümerbeschluss, möglicherweise aber auch durch schlüssiges Verhalten (konkludent), die dem rechtsfähigen Verband originär oder kraft geborener Wahrnehmungsbefugnis (s. jeweils oben 3.) obliegende Verkehrssicherungspflicht klar und eindeutig übernommen hat (*Wenzel* ZWE 2009, 57, 61). Eine derartige Übernahme soll zur Folge haben, dass dem Verwalter unmittelbar die Gefahrenabwehr obliegt und er dafür zu sorgen hat, dass niemand zu Schaden kommt. Der Verband bzw. die Eigentümerversammlung soll ihm gegenüber dann nicht mehr weisungsbefugt sein, sodass der Verwalter eine erforderliche Maßnahme auch gegen den Willen der Eigentümermehrheit zu ergreifen hat. Die gesetzliche Vertretungsmacht zum Abschluss eines Vertrages über den Einbau und die Wartung von Rauchwarnmelder soll sich aus § 27 Abs. 3 Satz 1 Nr. 3 WEG ergeben, der den Verwalter berechtigt, im Namen des Verbandes die laufenden Maßnahmen der erforderlichen ordnungsmäßigen Instandhaltung und Instandsetzung zu treffen (*Wenzel* ZWE 2009, 57, 61). In diesem Bereich lauert somit für den Verwalter das wesentlich höhere Haftungsrisiko, nicht zuletzt deshalb, weil die Auslegung des Verwaltervertrages, eines Eigentümerbeschlusses oder des (konkludenten) Verhaltens stets von den Umständen des Einzelfalles abhängig und kaum vorhersehbar ist.

5. Konkurrenzsituation

Fraglich und umstritten ist, ob die Wohnungseigentümergemeinschaft bzw. die Mehrheit der Wohnungseigentümer von allen Miteigentümern verlangen kann, dass **Einbau und Wartung** gemeinschaftlich erfolgen. Gemeinschaftlich bedeutet vor allem einheitlich (vgl. *AG Rosenheim*, Urt. vom 24.05.2017, 10 C 1296/16, ZMR 2017, 773) organisiert und beauftragt durch den Verwalter im Namen der Wohnungseigentümergemeinschaft.

9009

Streitig ist, ob eine geborene oder nur eine gekorene (entfällt nach dem WEMoG) Ausübungsberechtigung des Verbandes besteht:

Das *AG Karlsruhe* (ZMR 2015, 160) entschied: Die Wohnungseigentümer sind trotz gesetzlicher Verpflichtung zur Ausstattung mit Rauchwarnmeldern durch die Landesbauordnung nicht zu einer positiven Beschlussfassung über die Anschaffung und Installation von Rauchwarnmeldern durch und auf Kosten der Gemeinschaft verpflichtet, weil bei Mischnutzung (Wohn- und Teileigentum) insoweit lediglich eine sog. »gekorene Wahrnehmungsbefugnis« besteht. Ob von dieser Befugnis Gebrauch gemacht wird oder nicht, steht grundsätzlich im Ermessen der Wohnungseigentümer. Eine geborene Wahrnehmungskompetenz der Gemeinschaft besteht nur dann, wenn die Verpflichtung **sämtliche** Mitglieder der Gemeinschaft berührt.

Das *LG Karlsruhe* (ZMR 2016, 59) judizierte dagegen: Wie bei der Wahrnehmung anderer Verkehrssicherheitspflichten besteht auch bei der Umsetzung der sämtliche Wohnungseigentümer treffenden Einbaupflicht für Rauchwarnmelder nach der Landesbauordnung eine geborene Wahrnehmungsberechtigung des Verbandes »Wohnungseigentümergemeinschaft«. Adressat der Regelung sind nicht (nur) die Eigentümer selbst. Es handelt sich nicht um eine gekorene Ausübungsberechtigung. **Der Einzelne hat einen Anspruch gegen die sich weigernden Eigentümer auf Zustimmung zum einheitlichen Einbau der Rauchwarnmelder**; vgl. auch *LG Karlsruhe* NZM 2016, 827 und *LG Karlsruhe* NZM 2016, 240.

Da Rauchwarnmelder entweder Verwaltungsvermögen (vgl. *Riecke* NZM 2017, 218 unter II.2.), Zubehör oder zwingend gemeinschaftliches Eigentum sind, oder jedenfalls nur sonderrechtsfähig und nicht sondereigentumsfähig (vgl. *BGH*, Urt. v. 08.02.2013, V ZR 238/11, ZMR 2013, 642; *Schultz* ZWE 2011, 21, *W. Schneider* ZMR 2010, 822 ff.; *LG Hamburg*, Urt. v. 02.03.2011, 318 S 193/10, ZMR 2011, 387.) sind, ist dies zu bejahen. Insbesondere hat die Eigentümerversammlung insoweit Beschlusskompetenz. (*LG Hamburg*, Urt. v. 02.03.2011, 318 S 193/ 10, ZMR 2011, 387 und *LG Hamburg*, Urt. v. 05.10.2011, 318 S 245/10, ZMR 2012, 129 – bestätigt im Ergebnis durch *BGH*, Urt. v. 08.02.2013, V ZR 238/11, ZMR 2013, 642 –; *LG Dortmund* ZWE 2017, 138 und ZMR 2016, 642; a.A. noch zu Unrecht *AG Hamburg-Wandsbek*, Urt. v. 21.06.2010, 740 C 31/10, ZMR 2010, 809.)

Ist Adressat der **Einbauverpflichtung** der einzelne Wohnungseigentümer, besteht eine geborene Wahrnehmungskompetenz der Gemeinschaft allerdings nur, wenn die Verpflichtung sämtliche Mitglieder betrifft. Da die Bauordnungen nur die Ausstattung von Wohnungen, nicht aber auch von anderweit genutzten Räumen mit Rauchwarnmeldern vorschreiben, fehlt es an dieser Voraussetzung, sobald eine Anlage auch Teileigentumseinheiten umfasst. Die Wohnungseigentümer sind in diesem Fall aber berechtigt, von ihrem **Zugriffsermessen** Gebrauch zu machen, das ihnen nach § 10 Abs. 6 Satz 3 Halbs. 2 WEG (entfällt nach WEMoG) zusteht (sog. gekorene Ausübungs- bzw. Wahrnehmungsbefugnis; *BGH*, Urt. v. 08.02.2013, V ZR 238/11, ZMR 2013, 642 [eigentumsbezogene Pflichten])

Die Sicherstellung der Betriebsbereitschaft obliegt in mehreren Bundesländern den unmittelbaren Besitzern. Überträgt man die Meinung des BGH auf den Einbau, haben die Wohnungseigentümer auch ein Zugriffsermessen hinsichtlich der Sicherstellung der Betriebsbereitschaft (Beispiel: Sachsen-Anhalt). Der Eigentümer kann die Verpflichtung selbst übernehmen.

Nach *Schneider* (ZMR 2010, 822.) und ihm folgend *LG Hamburg* (Urt. v. 02.03.2011, 318 S 193/10, ZMR 2011, 387 und Urt. v. 05.10.2011, 318 S 245/

III. Träger der Einbau- und Wartungspflicht

10, ZMR 2012, 129) sowie *BGH* (Urt. v. 08.02.2013, V ZR 238/11, ZMR 2013, 642) handelt es sich bei Rauchwarnmeldern lediglich um Zubehör i.S.d. § 97 BGB. Jedenfalls handelt es sich bei Einbau und Wartung um eine gemeinschaftsbezogene Pflicht, nämlich die Erfüllung öffentlich-rechtlicher Pflichten. Die öffentliche Hand müsste sich bei Durchsetzung der Verpflichtung an den Verband wenden, nicht aber an den WEG-Verwalter. (Unzutreffend *OVG NRW*, Beschl. v. 15.04.2009, 10 B 304/09, ZMR 2010, 78 und *OVG NRW*, Beschl. v. 28.01.2011, 2 B 1495/10, ZMR 2011, 425 und *VG Düsseldorf*, Urt. v. 20.08.2010, 25 K 3682/10, ZMR 2011, 337 = ZfIR 2011,195; vgl. dazu die berechtigte Kritik von *Briesemeister* ZWE 2011, 26.) Bei der Wartung kommt es darauf an, dass nicht der einzelne Eigentümer evtl. diese Verpflichtung trägt. Die Voraussetzungen des § 10 Abs. 6 Satz 3, 1. hilfsweise 2. Alt. WEG sind erfüllt. Die öffentlich-rechtliche Pflicht darf jedenfalls durch die Gesamtheit der Wohnungseigentümer erfüllt werden. Dies stellt keinen unzulässigen Eingriff in das Sondereigentum dar.

Soweit dies in der amtsgerichtlichen Rechtsprechung vereinzelt anders gesehen wird (verfehlt etwa *AG Augsburg* ZMR 2018, 79 und *LG Braunschweig* ZMR 2014, 813 mit abl. Anm. *Riecke*; laut *AG Rendsburg*, Urt. v. 30.10.2008, 18 C 545/08, ZMR 2009, 239 soll ein einzelner Wohnungseigentümer ausnahmsweise nicht verpflichtet werden können, die von der Gemeinschaft ausgewählten Geräte zu dulden, wenn er bereits auf eigene Kosten deutlich teurere Melder installiert hat; a.A. jetzt **für das Mietrecht** *AG Hamburg-Blankenese*, Urt. v. 16.02.2011, 531 C 341/10, ZMR 2011, 395 [z.T. fehlinterpretiert von *Wüstefeld* WuM 2012, 134, der die dem Vermieter eingeräumte Verwaltungshoheit mit der Motivation des Mieters zu früheren Einbau eigener Melder vermischt]; *AG Burgwedel*, Urt. v. 01.07.2010, 73 C 251/09 ZMR 2011, 800 und in II. Instanz *LG Hannover*, Beschl. v. 09.12.2010, 1 S 24/10, ZMR 2011, 826) überzeugt das nicht. Zutreffend entschied etwa das AG Düsseldorf (ZMR 2016, 575): *Der Einbau von Rauchwarnmeldern in Erfüllung einer landesgesetzlichen Anforderung stellt eine Maßnahme der erstmaligen Herstellung eines ordnungsmäßigen Zustands dar. Die Wohnungseigentümer sind nicht gehalten, einzelne Eigentümer, die bereits selbst Rauchwarnmelder installiert haben, von der Regelung auszunehmen. Insoweit besteht Verwaltungsermessen.* Wenig überzeugend entschied das LG Karlsruhe (NZM 2016, 827): *Ein Beschluss zum zwingenden Einbau von Rauchwarnmeldern durch die Gemeinschaft in allen Wohnungen ohne Rücksicht auf dort bereits vorhandene Geräte kann nur dann ordnungsmäßiger Verwaltung entsprechen, wenn er wirtschaftlich ist und die Interessen der einzelnen Mitglieder hinreichend berücksichtigt (Fortführung LG Karlsruhe, 17.11. 2015, 11 S 38/15, NJW 2016, 1333). Zwar mag ein einheitliches und gemeinsames Vorgehen tatsächlich ein für den Verwalter gut zu kontrollierender Weg sein, um das gesamte Gebäude entsprechend den bauordnungsrechtlichen Pflichten auszurüsten. Daraus folgt aber noch kein erhöhter Brandschutz. Ob bereits vorhandene Rauchwarnmelder geeignet sind, die gesetzlichen Einbaupflichten zu erfüllen, muss in der Beschlussanfechtungsklage der Kläger darlegen und beweisen. Dazu gehört hinreichender Vortrag und Beweisantritt zur zwischenzeitlichen Wartung der bereits vor drei Jahren eingebauten Rauchwarnmelder. Kommt der Kläger dieser Obliegenheit nicht nach, sind seine vorhandenen Rauchwarnmelder nicht zu berücksichtigen.*

Vor allem der als Kontroll- und Überwachungspflicht stets und undelegierbar bei der Wohnungseigentümergemeinschaft und/oder dem Verwalter verbleibende »Pflichtenrest« aus der nach dieser amtsgerichtlichen Ansicht im Übrigen (d.h. Einbau- und Wartungspflicht) wirksam auf die einzelnen Sondereigentümer delegierten Verkehrssicherungspflicht muss der Wohnungseigentümergemeinschaft die Befugnis und das Recht geben, Einbau und Wartung durch einen einheitlichen Vertrag zu organisieren und entsprechende Verträge abzuschließen.

Der vermietende Wohnungseigentümer muss auf einen nicht duldungswilligen Mieter einwirken und ihn notfalls auf Duldung des Zutritts und des Einbaus in der Mietwohnung verklagen (zum Mietrecht vgl. *AG Hamburg-Blankenese*, Urt. v. 16.02.2011, 531 C 341/10, ZMR 2011, 395 sowie Antragsmuster unter XII. Rdn. 140; *AG Burgwedel*, Urt. v. 01.07.2010, 73 C 251/09 ZMR 2011, 800 und in II. Instanz *LG Hannover*, Beschl. v. 09.12.2010, 1 S 24/10, ZMR 2011, 826.). Wohnungseigentümergemeinschaften bzw. Verwalter sollten daran denken, vermietende Sondereigentümer rechtzeitig zur form- und fristgerechten Einwirkung auf den Mieter oder anderer Benutzer der Wohnung aufzufordern, am besten bereits im Beschluss über den Einbau von Rauchwarnmeldern durch die Gemeinschaft).

IV. Eigentumsverhältnisse an Rauchwarnmeldern

9010 Fraglich ist, wie die Eigentumsverhältnisse am Rauchwarnmelder rechtlich einzustufen sind. Von der dinglichen Zuordnung wird die Beantwortung weiterer Folgefragen (z.B. Instandhaltung, Wartung und Instandsetzung, <künftig nach WEMoG und Mietrecht »Erhaltung« als Oberbegriff für Instandhaltung und Instandsetzung> Kostentragung) maßgeblich beeinflusst.

Rauchwarnmelder könnten entweder Verwaltungsvermögen, Zubehör, gemeinschaftliches Eigentum oder Sondereigentum sein. Nach der Regelungssystematik des WEG stehen sämtliche Gebäudeteile, Einrichtungen und Anlagen im gemeinschaftlichen Eigentum (vgl. § 1 Abs. 5 WEG), es sei denn,

– die Teilungserklärung erklärt sie (nicht einzeln, sondern über betreffenden Raum) zu Sondereigentum und
– weitere wichtige Voraussetzung – der zu Sondereigentum erklärte Gebäudeteil bzw. Einrichtungsgegenstand ist sondereigentumsfähig (vgl. zur Abgrenzung auch *Riecke* BTR 2003, 11).

Denn nur *sondereigentumsfähige* Teile (vgl. *AG Bremen-Blumenthal* ZMR 2018, 370: verneint beim Absperrventil) können rechtswirksam zu Sondereigentum erklärt werden. Sind sie hingegen nicht sondereigentumsfähig, ist eine anderslautende Bestimmung in der Teilungserklärung nichtig. (Einzelheiten bei *Schneider* oben § 1 Rdn. 6 ff.; vgl. auch *BGH*, Urt. v. 26.10.2012, V ZR 57/12, ZMR 2013, 454 Rn. 10: Durch eine Teilungserklärung kann Sondereigentum an wesentlichen Bestandteilen des Gebäudes (§§ 93, 94 BGB) nicht begründet werden. Eine Aufzählung der zum Sondereigentum gehörenden Bestandteile des Gebäudes hat nur deklaratorischen Charakter [*BGH*, Urt. v. 25.10.2013, V ZR 212/12, ZMR 2014, 223].)

Zwingender Bestandteil des gemeinschaftlichen Eigentums sind gem. § 5 Abs. 2 WEG alle Teile des Gebäudes, die für dessen Bestand oder Sicherheit erforderlich sind, sowie Anlagen und Einrichtungen die dem gemeinschaftlichen Gebrauch aller Eigentümer dienen. Diese Gebäudeteile können nicht wirksam zu Sondereigentum erklärt werden, und zwar auch dann nicht, wenn sie sich im räumlichen Bereich des Sondereigentums befinden. Einzig in Betracht kommt eine Umdeutung der nichtigen Sondereigentumszuordnung in eine Kostenverteilungsvereinbarung über die Kostentragungspflicht des Sondereigentümers für einen Bestandteil des Gemeinschaftseigentums.

Zutreffend ist der Hinweis, dass Rauchwarnmelder nicht allein deshalb zum Gemeinschaftseigentum zu zählen sind, weil einzelne Bundesländer eine Pflicht zum Einbau vorschreiben. (*Armbrüster* in Bärmann, WEG, 14. Aufl. 2018, § 5 Rn. 64 und 106.) Die gesetzliche Einbaupflicht ist für die sachenrechtliche Zuordnung unbeachtlich. (a.A. *Kümmel* in: Bärmann/Seuß, Praxis des Wohnungseigentums, 5. Aufl. 2010, C. Rn. 66: »Sollten Feuermelder gesetzlich vorgeschrieben werden, gehören sie zum Gemeinschaftseigentum.«; aufgegeben in der 6. Aufl. 2013 Teil C Rn. 66 Stichwort »Rauchwarnmelder«: Rauchwarnmelder, die die Gemeinschaft angeschafft hat, gehören zum **Verwaltungsvermögen**.)

Rauchwarnmelder befinden sich nach den gesetzlichen Vorgaben im räumlichen Bereich des Sondereigentums, nämlich innerhalb der Wohnungen. Gesetzlich vorgeschriebene Anbringungsorte innerhalb von Wohnungen sind Schlafräume und Kinderzimmer (in Berlin und Brandenburg: alle Aufenthaltsräume außer der Küche) sowie Flure (Ein Flur ist eine Verbindung zwischen Räumen und dem Ausgang, Punkt 3.3. der DIN 14676.), die als Rettungsweg dienen. Für Gebäudebereiche außerhalb von Wohnungen (z.B. Treppenhäuser, Kellerflure, Dachböden) treffen die Landesbauordnungen keine Regelung, womit aber nicht ausgeschlossen ist, auch in diesen Räumen Rauchwarnmelder zu installieren, um den Schutz zu erhöhen. Die Landesbauordnungen wie auch die DIN 14676 stellen lediglich Mindestanforderungen auf.

Gemessen an den Tatbestandsmerkmalen von § 5 Abs. 2 WEG und auch nach Sinn und Zweck der gesetzlichen Regelung ist anzunehmen, dass jedenfalls **Brandmeldeanlagen** zwingend (a.A. nur *Schultz* ZWE 2009, 384 r.Sp., der auf das Merkmal »erforderlich« allein abstellt und von Rauchgasmeldern schreibt) **zum gemeinschaftlichen Eigentum gehören** (so auch *OLG Frankfurt* ZMR 2009, 864 = DWE 2009, 63: Brand- und Rauchwarnmelder gehören zu den Einrichtungen, die dem gemeinschaftlichen Gebrauch der Wohnungseigentümer dienen und aus diesem Grunde gem. § 5 Abs. 2 WEG zwingend gemeinschaftliches Eigentum sind. Für diese rechtliche Qualifikation ist es unbeachtlich, dass sich die Melder innerhalb des räumlichen Bereichs des Sondereigentums befinden. Die Gemeinschaft hat Beschlusskompetenz zur Erweiterung bzw. zum Einbau der Melder.

Rauchwarnmelder dienen dem Bestand und der Sicherheit des ganzen Gebäudes und sind nicht sondereigentumsfähig. Letzteres bejaht auch die neuere Meinung *W. Schneider*'s (ZMR 2010, 822 ff.) sowie des *LG Hamburg* (Urt. v. 02.03.2011, 318 S 193/10, ZMR 2011, 387) und ihm folgend der *BGH* (Urt. v. 08.02.2013, V ZR 238/11,

ZMR 2013, 642), sodass man auf zwei Wegen zu diesem Ergebnis gelangt. Ob im Hinblick auf die Unterscheidung »Gemeinschafts- oder Sondereigentum« der Satz »tertium non datur« hier gilt, kann dahin gestellt bleiben. Selbst *Schultz* konstatiert (ZWE 2011, 21), dass der Verband die Einbau- und Wartungspflicht durch Beschluss gem. § 10 Abs. 6 Satz 3 WEG (entfällt nach WEMoG) an sich ziehen darf und kann.

Zum Gebäudeschutz gehört auch der Brandschutz. Wohnungsbrände sind räumlich nicht auf einzelne Wohnungen begrenzt, sondern stellen stets eine Bedrohung für das gesamte Gebäude dar. Flammen und Rauch machen vor der Wohnungstür und fremdem Sondereigentum nicht halt. Bestand und Sicherheit des Gebäudes können dabei weder begrifflich noch vom Schutzgedanken her getrennt werden von der Sicherheit seiner Bewohner. Rauchwarnmelder dienen dem Schutz von Leib und Leben der im Gebäude lebenden Personen und Tiere sowie dem Schutz von Gebäude und Einrichtungsgegenständen gleichermaßen.

Die Auffassung, Rauchwarnmelder seien Sondereigentum, weil sie allein Leib und Leben der in der Wohnung anwesenden Personen schützten, überzeugt nicht. Ihr liegt die Annahme zugrunde, dass der eigentliche Zweck der Rauchwarnmelder darin liege, bei der Entstehung von Brandrauch/Rauchgas Alarm auszulösen, um den – in der Wohnung – anwesenden Personen die Flucht zu ermöglichen; alle weiteren Maßnahmen, wie z.B. die Benachrichtigung der Feuerwehr seien lediglich ein Reflex (*AG Hamburg-Wandsbek*, Urt. v. 21.06.2010 – 740 C 31/10, ZMR 2010, 809; *Schultz*, ZWE 2009, 384, 385). Richtig ist aber, dass sich die eigentliche Funktion des Rauchwarnmelders im Auslösen eines Alarms erschöpft, alles Weitere wie z.B. die Alarmierung der Nachbarn und der Feuerwehr, aber auch die Flucht des Nutzers, ist bereits ein Reflex des Nutzers auf diesen Alarm. Wie der Nutzer jeweils auf den Brand reagiert, ist einzelfallabhängig. Bspw. bei in Brand geratenen Adventsgestecken oder anderen nur kleinen (Schwel-) Bränden (z.B. durch im Backofen vergessene Brötchen) wird es möglich sein, diese Brände selbst zu löschen, wodurch nicht nur Leib und Leben der in der Wohnung anwesenden Personen, sondern (auch) Leib und Leben der übrigen Bewohner des Gebäudes und dessen Substanz geschützt werden. Der Zweck von Rauchwarnmeldern liegt nicht allein in der rechtzeitigen Flucht, sondern auch im Ergreifen von schnellen und wirksamen Gegenmaßnahmen. (*VG München*, Urt. v. 29.05.2008, M 11 K 07.6087, ZMR 2009, 721, 722) Des Weiteren ist der Ansatz verfehlt, Rauchwarnmelder seien allein darauf ausgelegt, den in der Wohnung anwesenden Personen die Flucht zu ermöglichen. Richtig ist vielmehr, dass Rauchwarnmelder einen so lauten **Alarmton von 88 db** produzieren, dass nicht nur die Personen, die sich in dem betroffenen Raum befinden, sondern auch Personen in Hörweite in Nachbarräumen diesen wahrnehmen können (vgl. »Hinweise zur Ausstattung von Wohnungen mit Rauchwarnmeldern« des Bayerisches Staatsministerium des Innern – Stand Mai 2008 –). Danach schützen Rauchwarnmelder auch das Leben und die Gesundheit der Nutzer von Nachbarwohnungen zu einer vom Feuer befallenen Wohnung, und zwar nicht nur dadurch, dass diese von den betroffenen Nachbarn alarmiert werden können, sondern auch durch den Alarm des Rauchwarnmelders in der Nachbarwohnung selbst.

Es ist ferner anzunehmen, dass Rauchwarnmelder zu den Einrichtungen gehören, die dem gemeinschaftlichen Gebrauch der Wohnungseigentümer dienen und auch aus diesem jedenfalls nicht Sondereigentum sind. Denn ihr Zweck ist darauf gerichtet, als Sicherheitsvorkehrung der Gesamtheit der Wohnungseigentümer einen sicheren Gebrauch der Wohnung und der Wohnanlage zu gewährleisten) Der Rauchwarnmelder in einer Wohnung reagiert auch auf Rauch, der infolge eines Brandes in der Nachbarwohnung oder in einem sonstigen Bereich der Wohnanlage entsteht.

Es gilt grundsätzlich dasselbe wie für Heizungs- oder Thermostatventile an Heizkörpern in Wohnungseigentumsanlagen. Diese sind nach h.M., vor allem der oberlandesgerichtlichen Rechtsprechung (*OLG Stuttgart*, Beschl. v. 13.11.2007, 8 W 404/07, ZMR 2008, 243; *OLG Hamm*, Beschl. v. 16.03.2001, 15 W 320/00, ZMR 2001, 839; a.A. für die Heizungsanlage *BGH*, Beschl. v. 08.07.2011, V ZR 176/10, ZMR 2011, 971, falls die Teilungserklärung etwas Abweichendes regelt. Dies kann bei Rauchwarnmelder praktisch nie der Fall sein, weil sie bei Erstellung der meisten Teilungserklärungen am Markt noch nicht präsent waren und heute noch kein Notar auf die Idee gekommen ist, sie zu Sondereigentum zu erklären; richtig mit Blick auf die Einheitlichkeit der Anlage jetzt pro gemeinschaftlichem Eigentum *BGH*, Urt. v. 26.10.2012, V ZR 57/12, ZMR 2013, 454 zu Versorgungsleitungen) Bestandteile des Gemeinschaftseigentums, da sie für die Funktionsfähigkeit der gesamten Heizungsanlage unverzichtbar seien (vgl. *Armbrüster* in Bärmann, 14. Aufl. 2018, § 5 Rn. 36 ff, 89). Die Kosten für die Reparatur und den Austausch defekter Thermostatventile sind somit Kosten der Verwaltung des gemeinschaftlichen Eigentums. Selbst wenn man der h.M. zu den Thermostatventilen nicht folgt und diese als Sondereigentum ansieht, ergeben sich jedenfalls für Rauchwarnmelder keine abweichenden Ergebnisse. Im Vordergrund der rechtlichen Beurteilung nach § 5 Abs. 2 WEG steht der Gemeinschaftsgedanke in Bezug auf den optimalen Schutz des Gebäudes vor Feuer und Brandrauch. Macht nur ein Wohnungseigentümer bei der Ausstattung seiner Wohnung nicht mit, ist der Brandschutz sofort schlechter. Die gesetzmäßige Ausstattung aller Wohnungen dient somit dem gemeinschaftlichen Gebrauch (Schutz) aller Wohnungseigentümer und Nutzer.

Dies alles kann dahinstehen, wenn man mit *Schneider* (ZMR 2010, 822) annimmt, § 5 Abs. 1 WEG erfasse lediglich *wesentliche* Bestandteile (*BGH*, Urt. v. 02.02.1979, V ZR 14/77, BGHZ 73, 302 = NJW 1979, 2391 = ZMR 1981, 123; *BGH*, Urt. v. 10.10.1980, V ZR 47/79, BGHZ 78, 225 = NJW 1981, 455 = ZMR 1982, 60; *BayObLG*, Beschl. v. 24.02.2000, 2Z BR 155/99, NJW-RR 2000, 1032 = ZMR 2000, 622; *Briesemeister* in Weitnauer § 5 Rn. 14) eines Gebäudes, die räumlich in Verbindung mit einem dem Sondereigentum zugeordneten Bereich stehen müssen, ändert sich am Ergebnis nichts. Für den Regelfall handelsüblicher Rauchwarnmelder wird eine Zuordnung zum Sondereigentum von vornherein zu verneinen sein. Dann bleiben nur die Einordnung als (Schein-)Zubehör oder Verwaltungsvermögen übrig, wenn kein Privateigentum z.B. eines Dienstleisters bei Mietgeräten gegeben ist.

Dem entgegenstehende abweichende Bestimmungen in einer Teilungserklärung sind aufgrund der im Rahmen des § 5 Abs. 1 WEG fehlenden privatautonomen

Gestaltungsmöglichkeiten unwirksam, weil sie gegen zwingende sachenrechtliche Vorgaben verstoßen (vgl. *Armbrüster* in Bärmann, 14. Aufl. 2018, § 5 Rn. 19. Deshalb ist auch das Urt. des *AG Hamburg-Wandsbek* v. 21.06.2010, 740 C 31/10, ZMR 2010, 809 nicht zutreffend und bereits aus diesen Erwägungen abzulehnen), dass auch im Rahmen des § 5 Abs. 2 WEG nur solche Teile des Gebäudes und Anlagen desselben zwingend dem Gemeinschaftseigentum zuzuordnen sind, die andernfalls gem. § 5 Abs. 1 WEG zu Sondereigentum bestimmt werden könnten. § 5 Abs. 2 WEG stellt systematisch eine Einschränkung des § 5 Abs. 1 WEG dar und soll bestimmte – grundsätzlich sondereigentumsfähige – Bereiche der individuellen Dispositionsfreiheit eines Sondereigentümers entziehen. (Keine »Monopolisierung« von Gegenständen, auf deren Unversehrtheit oder Gebrauch mehrere oder alle Wohnungseigentümer angewiesen sind; *Armbrüster* in Bärmann, 14. Aufl. 2018, § 5 Rn. 26 unter Hinweis auf *Häublein* Sondernutzungsrechte, S. 103) Dies wiederum ist nur möglich, wenn die betreffenden Teile des Gebäudes und die im § 5 Abs. 2 WEG genannten Anlagen zugleich *wesentliche* Bestandteile des Grundstücks oder des Gebäudes sind. (*BGH*, Urt. v. 18.10.1975, V ZR 120/73, NJW 1975, 688 = ZMR 1975, 247 Ls.; *OLG Düsseldorf*, Beschl. v. 01.07.1994, 3 Wx 334/94, NJW-RR 1995, 206 = WE 1995, 375 Ls.; *Armbrüster* in Bärmann, 14. Aufl. 2018, § 5 Rn. 27)

Rauchwarnmelder der hier behandelten Art werden diese Anforderungen jedoch regelmäßig nicht erfüllen.

Rauchwarnmelder sind nach dieser Sichtweise **Zubehör**, d.h. bewegliche Sachen, die, ohne Bestandteile der Hauptsache zu sein, dem wirtschaftlichen Zwecke der Hauptsache zu dienen bestimmt sind und zu ihr in einem dieser Bestimmung entsprechenden räumlichen Verhältnis stehen (§ 97 Abs. 1 Satz 1 BGB). Eine Sache ist nicht Zubehör, wenn sie im Verkehr nicht als Zubehör angesehen wird (§ 97 Abs. 1 Satz 2 BGB).

Als Zubehör dürfen Rauchwarnmelder kein Bestandteil der Hauptsache sein. Zubehörstücke sind der Hauptsache lediglich wirtschaftlich untergeordnet; sie bleiben selbstständig und können Gegenstand besonderer Rechte sein, während Bestandteile unselbstständige Teile einer einheitlichen Sache sind (RGZ 63, 171, 173; RGZ 158, 362, 368; *OLG Frankfurt*, Urt. v. 07.04.1981, 4 U 80/80, NJW 1982, 653 = ZMR 1982, 203 Ls.). Wenn also Rauchwarnmelder keine Bestandteile eines Wohnungseigentums sein sollten, sind sie Zubehör. Ihre Befestigung im Sondereigentum erfolgt auf Dauer ausgerichtet entweder mittels einfach zu lösender Verschraubung oder gar nur über eine Verklebung (vgl. zu den damals noch nicht abschließend geklärten Befestigungsmöglichkeiten auch *Schmidt/Breiholdt/Riecke* ZMR 2008, 341, 344 Fn. 23). Durch ihre Anbringung in den Räumlichkeiten eines Sondereigentums weisen sie auch den notwendigen räumlichen Bezug auf.

Rauchwarnmelder dienen außerdem »dem wirtschaftlichen Zwecke der Hauptsache«. Der Begriff »wirtschaftlicher Zweck« ist nämlich weit auszulegen (*BGH*, Urt. v. 25.05.1984, V ZR 149/83, NJW 1984, 2277 zur Zubehöreigenschaft einer Glocke mit Läutewerk in einem Kirchengebäude.) und kann daher auch die Nutzung des Sondereigentums zu Wohnzwecken oder zur Vermietung umfassen (vgl. § 13

Abs. 1 WEG). Als Zubehör müssen Rauchwarnmelder weiterhin dem Zweck der Hauptsache zu dienen bestimmt sein. Ihre Funktion besteht gleichermaßen im Schutz des Sondereigentums und des umgebenden Gebäudes sowie seiner darin lebenden Bewohner. Rauchwarnmelder dienen somit zumindest auch dem Eigentumsschutz (ebenso *Drasdo* NJW-Spezial 2007, 145). Die Zweckbestimmung manifestiert sich insb. vor dem Hintergrund einer etwaig bestehenden Wiederaufbauverpflichtung der Wohnungseigentümer. Insoweit ist anerkannt, dass Zubehörstücke dem Zweck der Hauptsache nicht ausschließlich dienen müssen (vgl. RGZ 47, 197, 200). Die einem Rauchwarnmelder zufallende Aufgabe, durch seinen Signalton zunächst die anwesenden Bewohner vor einem Brand zu warnen, steht mithin seiner Zubehöreigenschaft nicht entgegen. Auch ohne Anwesenheit von Personen in den Räumlichkeiten eines Sondereigentums wird ein Rauchwarnmelder seine dienende Aufgabe durch Warnung der Nachbarschaft oder der zentral vernetzten Stelle erfüllen können. Diese warnende Funktion ist einem Rauchwarnmelder auch als Bestimmung beigelegt (so *Schneider,* ZMR 2010, 822).

Letztlich dürfte auch die Verkehrsanschauung einer Qualifizierung als Zubehör nicht entgegenstehen. Wenngleich die Verkehrsanschauung in Bezug auf die beteiligten Verkehrskreise und in geografischer Hinsicht einem ständigen Wandel unterworfen ist und ein Fortbestehen nicht ohne Weiteres vermutet werden kann (*BGH*, Urt. v. 01.10.1992, V ZR 36/91, NJW 1992, 3224 = DNotZ 1993, 687), dürfte doch anzuerkennen sein, dass Erwerber von »Eigentumswohnungen« dort installierte Rauchwarnmelder wohl als Zubehör ansehen werden. Entsprechendes ist für eine Alarmanlage in einer Eigentumswohnung bereits obergerichtlich entschieden worden (*OLG München*, Urt. v. 03.07.1979, 5 U 1851/79, MDR 1979, 934 = ZMR 1980, 308 Ls.).

Insbesondere eine Eigentumszuordnung zugunsten des Verwaltungsvermögens (vgl. *Kümmel* in Bärmann/Seuß, 6. Aufl. 2013, Teil C Rn. 66, Stichwort »Rauchwarnmelder«.) des Verbandes Wohnungseigentümergemeinschaft als Drittem ist möglich, sofern dem Verband die erforderliche Kompetenz zur Beschlussfassung über die Anbringung von im räumlichen Bereich des Sondereigentums seiner Mitglieder befindlichen Zubehörstücken zukommt. Als Rechtsgrundlage kommt insoweit § 15 Abs. 2 WEG in Betracht.

Eine Sondereigentumsfähigkeit von Rauchwarnmeldern ist im Einzelfall auch nicht dort gegeben, wo einzelne Wohnungseigentümer sich freiwillig dazu entschließen, über die gesetzlich vorgeschriebene und von der Gemeinschaft durchgeführte Ausrüstung der einzelnen Wohnungen mit Rauchwarnmelder hinausgehende zusätzliche Rauchwarnmelder einzubauen, z.B. den Einbau jeweils eines zusätzlichen Geräts pro Raum oder den Einbau in Werk- oder Hobbyräumen. Hierbei ist zum einen zu bedenken, dass bereits die Mindestausstattungspflichten weitreichend sind. Gemäß Punkt 4.4 der DIN 14676 sollen in L-förmigen Räumen Rauchwarnmelder in Gehrungslinie installiert werden. Bei größeren L-förmigen Räumen ist jeder Schenkel wie ein separater Raum zu betrachten. Räume, die durch eine deckenhohe Möblierung oder durch Trennwände unterteilt sind, sollten in jedem Raum einen Rauchwarnmelder haben. Bei offenen Verbindungen mit mehreren Geschossen ist auf der obersten Ebene mindestens ein Rauchwarnmelder zu installieren. Maßgebend ist, dass auch jeder zusätzlich eingebaute Rauchwarnmelder eine Erhöhung der Sicherheit des Gebäudes und seiner Bewohner mit sich bringt, was dafürspricht, auch sie zwingend zum Gemeinschaftseigentum zu zählen. Die Entscheidung über den Einbau zusätzlicher Geräte ist aber Gemeinschaftsangelegenheit. Für eigenmächtige Zusatzeinbauten besteht grundsätzlich kein Aufwendungsersatzanspruch des einzelnen Wohnungseigentümers gegenüber der Wohnungseigentümergemeinschaft. Auf der anderen Seite dürfte kein Sondereigentümer verpflichtet sein, selbst eingebaute Geräte abzubauen, sofern diese die Installation und Funktionsfähigkeit gemeinschaftlicher Geräte nicht stören. Eigeneinbauten dürfen insoweit also zusätzlich zu den gemeinschaftlichen Rauchwarnmeldern installiert werden bzw. bleiben, deren Installation und Wartung durch die Wohnungseigentümergemeinschaft jeder Sondereigentümer wiederum freilich dulden muss. Den Einbauort in den Räumen der Wohnung bestimmt die Wohnungseigentümergemeinschaft nach den maßgeblichen technischen Installationsvorgaben.

V. Kostenverteilung

9011 Wenn Rauchwarnmelder zwingend zum gemeinschaftlichen Eigentum oder dem Verwaltungsvermögen gehören, obliegt die Pflicht zur Instandhaltung (Wartung) und Instandsetzung (Reparatur) einschließlich der Tragung der dafür aufzubringenden Kosten grundsätzlich allen Wohnungseigentümern gemeinschaftlich. Maßgeblich ist der in der Gemeinschaftsordnung vereinbarte oder auf der Grundlage einer vertraglichen oder gesetzlichen Öffnungsklausel wirksam beschlossene Kostenverteilungsschlüssel. Fehlt eine solche vorrangige Kostenverteilungsregelung, gilt die gesetzliche Regelung des § 16 Abs. 2 WEG, also die Verteilung nach dem Verhältnis der Miteigentumsanteile.

Sieht die Gemeinschaftsordnung oder ein auf der Grundlage einer vereinbarten oder gesetzlichen Öffnungsklausel beschlossener Kostenverteilungsschlüssel eine Kostentrennung zwischen Wohnungen und Teileigentumseinheiten (z.B. Gewerbe) vor, sind Teileigentümer grundsätzlich nicht mit Kosten zu belasten, soweit nicht auch die Teileigentumseinheiten mit Rauchwarnmeldern ausgerüstet werden. Die gesetzlichen Regelungen in den Landesbauordnungen sehen nur für Wohnungen eine Einbaupflicht vor. Allerdings erstreckt sich bereits der Anwendungsbereich der DIN 14676 auf Wohnhäuser, Wohnungen und Räume mit wohnungsähnlicher Nutzung (Räume mit wohnungsähnlicher Nutzung sind gemäß Punkt 3 DIN 14676 gewerblich genutzte Räume mit einer wohnungsähnlichen Struktur bis max. 400 m^2 [z.B. Arztpraxen, Anwaltskanzleien, Beherbergungsbetriebe mit weniger als 12 Gastbetten, Containerräume, Wohnwagen und Wohnmobile, Hütten und Gartenlauben].), worin sich abzeichnet, dass Rauchwarnmelder auch in anderen als zu Wohnzwecken dienenden Räumen und Gebäudeteilen sinnvoll sind.

VI. Beschlusskompetenzen

Sofern es um Beschlusskompetenzen der Wohnungseigentümer geht, ist bei baulichen Maßnahmen zwischen der Baumaßnahme und der Kostenverteilung zu unterscheiden. Bei der Kostenverteilung muss getrennt werden zwischen den einmaligen Baukosten und den späteren Folgekosten, wobei bei diesen wiederum zwischen Betriebskosten, Wartungskosten sowie Reparaturkosten differenziert werden kann. 9012

1. Einbau

Beim Einbau von Rauchwarnmeldern in Wohnungen handelt es sich um eine bauliche Maßnahme im räumlichen Bereich des Sondereigentums. Die bauliche Maßnahme ist anhand des WEG zu qualifizieren. In Betracht kommt die Qualifizierung als 9013
- Maßnahme der ordnungsmäßigen Verwaltung in der Unterform der Instandhaltung oder Instandsetzung (§ 21 Abs. 3 (19 Abs. 1 WEMoG), 21 Abs. 5 Nr. 2 WEG (§ 19 Abs. 2 Nr. 2 WEMoG) i.V.m. § 555b Nr. 6 BGB, auf den § 22 Abs. 2 WEG (vgl. § 20 Abs. 4 WEMoG) nicht verweist),
- »privilegierte« bauliche Veränderung nach § 22 Abs. 2 WEG/§ 20 Abs. 4 WEMoG (Modernisierung im Sinne von § 555b Nr. 4, 5 BGB) oder
- »klassische« bauliche Veränderung nach § 22 Abs. 1 WEG (§ 20 Abs. 1 und 3 WEMoG).

a) Bestehen einer gesetzlichen Einbaupflicht

Schreibt ein Landesgesetz die Installation oder Nachrüstung von Rauchwarnmeldern in Wohnungen vor handelt es sich bei der Umsetzung der gesetzlichen Vorgabe um eine Maßnahme ordnungsmäßiger Verwaltung. Sie kann nach § 21 Abs. 3 WEG (19 Abs. 1 WEMoG) mit einfacher Mehrheit beschlossen und nach § 21 Abs. 4 WEG von jedem einzelnen Miteigentümer individuell verlangt werden. Die gesetzliche Einbaupflicht führt zu einer Ermessensreduktion auf null, die eine abweichende Mehrheitsentscheidung rechtswidrig macht. Die bauliche Maßnahme selbst ist nicht als bauliche Veränderung gem. § 22 Abs. 1 WEG (§ 20 Abs. 1 und 3 WEMoG) zu qualifizieren. Die vorstehend wiedergegebenen Aussagen wurden vom Bundesgerichtshof (BGH) in seiner Grundsatzentscheidung zum Einbau von Kaltwasserzählern in Wohnungen aufgestellt (*BGH* ZMR 2003, 937) und entsprechen h.M. 9014

Nach dem Inkrafttreten der WEG-Novelle 2007 (BGBl. I, S. 370) am 01.07.2007 kann an den vom BGH aufgestellten Grundsätzen im Wesentlichen festgehalten werden. Für die Beschlusskompetenz kommt es nach Ansicht des *BGH* (Urt. v. 08.02.2013, V ZR 238/11, ZMR 2013, 642 [Vorinstanz *LG Hamburg*, 05.10.2011, 318 S 245/10, ZMR 2012, 129–131].) nicht einmal auf die sachenrechtliche Zuordnung der Rauchwarnmelder an, wenn eine öffentlich-rechtliche Verpflichtung zum Handeln besteht. Dann ist eine gemeinschaftsbezogene Pflicht zu bejahen; die Kompetenzfolge aus § 10 Abs. 6 Satz 3 Halbs. 1 WEG (vgl. § 9a WEMoG). Konkret: Rauchwarnmelder schützen das ganze Haus, nicht nur eine einzelne Wohnung und ihre Bewohner!

Ist Adressat der Einbauverpflichtung der einzelne Wohnungseigentümer, besteht eine geborene Wahrnehmungskompetenz der Gemeinschaft allerdings nur, wenn die Verpflichtung sämtliche Mitglieder betrifft. Da die Bauordnungen nur die Ausstattung von Wohnungen, nicht aber auch von anderweit genutzten Räumen mit Rauchwarnmeldern vorschreiben, fehlt es an dieser Voraussetzung, sobald eine **Anlage** auch **Teileigentumseinheiten** umfasst (vgl. *Schultz*, ZWE 2012, 57, 58; *Abramenko*, ZWE 2013, 117, 120.).

Die Wohnungseigentümer sind in diesem Fall aber berechtigt, von ihrem Zugriffsermessen Gebrauch zu machen, das ihnen nach § 10 Abs. 6 Satz 3 Halbs. 2 WEG (nach WEMoG entfällt diese) zusteht (sog. gekorene Ausübungs- bzw. Wahrnehmungsbefugnis, *BGH*, Urt. v. 08.02.2013, V ZR 238/11, ZMR 2013, 642).

Die Gemeinschaftsbezogenheit bei Rauchwarnmeldern folgt aus dem laut *BGH* (ZMR 2013, 642; a.A. *Staudinger* ZMR 2015, 179) sonst gefährdeten Versicherungsschutz (Brandschutzversicherer) und aus dem Kollektivgedanken des § 5 Abs. 1 und 2 WEG (macht nur ein Wohnungsnutzer nicht mit, ist der Schutz aller anderen schlechter).

Die Beschlusskompetenz (vgl. *LG Dortmund* ZWE 2017, 138; *AG Bochum* WuM 2016, 242) folgt aber wohl eher aus § 21 Abs. 3 WEG/19 Abs. 1 WEMoG (bei gesetzlich angeordneter Einbaupflicht/Wartung Fallgruppe der Erfüllung öffentlich-rechtlicher Pflichten, bei fehlender gesetzlicher Anordnung Fallgruppe sonstige ordnungsmäßige Verwaltung). Als weitere Fallgruppe kommt in beiden Varianten die Erfüllung der Verkehrssicherungspflicht/Brandschutz in Betracht, die nach ganz herrschender Ansicht sowohl öffentlich-rechtlich als auch zivilrechtlich ausgestaltet sein kann.

Anlass zu einigen ergänzenden Anmerkungen ergibt sich bezüglich des Verhältnisses von § 21 Abs. 3 WEG zu dem neu ins Gesetz aufgenommenen § 22 Abs. 2 WEG (dazu aa) und bezüglich des den Eigentümern bei der Beschlussfassung nach § 21 Abs. 3 WEG (19 Abs. 1 WEMoG) eröffneten Ermessensspielraums, und zwar im Hinblick auf Art und Umfang (Anzahl) der Rauchwarnmelder sowie den Einbauzeitpunkt (dazu bb).

aa) Das Verhältnis zwischen § 21 Abs. 3 und § 22 Abs. 2 WEG

9015 Nach § 22 Abs. 2 WEG (anders § 20 Abs. 4 WEMoG) können bauliche Veränderungen, soweit sie der Modernisierung i.S.d. Wohnraummietrechts (§ 555b Nr. 1–5 BGB) dienen, die Eigenart der Wohnanlage nicht ändern und keinen Wohnungseigentümer gegenüber anderen unbillig beeinträchtigen, abweichend von § 22 Abs. 1 WEG (§ 20 Abs. 1 und 3 WEMoG), der die klassische bauliche Veränderung regelt, durch eine Mehrheit von 75 % aller stimmberechtigten Eigentümer (nach Köpfen) beschlossen werden, wenn diese Mehrheit von 75 % gleichzeitig mehr als 50 % der Miteigentumsanteile repräsentiert. Mietrechtlich wird der Einbau von Rauchwarnmeldern bereits jetzt als Modernisierungsmaßnahme i.S.d. § 555b Nr. 4, 5 BGB angesehen. (vgl. *Schmid* WE 2007, 274, 279) Gleichwohl ist im Wohnungseigentumsrecht daran festzuhalten, dass die Installation von Rauchwarnmeldern in den 15

VI. Beschlusskompetenzen

Bundesländern mit gesetzlich vorgeschriebener Einbaupflicht mit einfacher Stimmenmehrheit beschlossen werden kann. Es handelt sich um eine Maßnahme ordnungsmäßiger Verwaltung nach § 21 Abs. 3 WEG (19 Abs. 1 WEMoG). Die doppelt qualifizierte Mehrheit nach § 22 Abs. 2 WEG ist nicht zu verlangen. Dies ergibt sich schon aus der fehlenden Verweisung in § 22 Abs. 2 WEG (anders § 20 Abs. 4 WEMoG) auf § 555b Nr. 6 BGB. Die rechtlichen Voraussetzungen sollten durch die WEG-Reform nicht verschärft werden. Es widerspräche der Zielsetzung des Gesetzgebers, wenn den Eigentümern durch die Einführung des § 22 Abs. 2 WEG (anders § 20 Abs. 4 WEMoG), der für bestimmte privilegierte bauliche Maßnahmen eine Erleichterung der Beschlussfassung ermöglichen soll, ein bereits nach alter Rechtslage gegebenes einfaches Mehrheitserfordernis (§ 21 Abs. 3 WEG, 19 Abs. 1 WEMoG) aus der Hand geschlagen werden würde.

bb) Der Ermessensspielraum der Eigentümer

Im Rahmen der Beschlussfassung nach § 21 Abs. 3 WEG (19 Abs. 1 WEMoG) verfügen die Wohnungseigentümer über einen grundsätzlich weiten Ermessensspielraum. Dieser gestattet es ihnen, bei der Abstimmung über einen Beschlussantrag alle für und gegen die fragliche Maßnahme sprechenden Umstände abzuwägen und sich unter verschiedenen in Betracht kommenden Möglichkeiten für eine Lösung zu entscheiden (*BGH*, Beschl. v. 25.09.2003, V ZB 21/03, ZMR 2003, 937, 940 f.). Sind mehrere Möglichkeiten als ermessensfehlerfrei anzusehen, ist die Entscheidung der Mehrheit für eine dieser Lösungen von den übrigen Eigentümern hinzunehmen. Ein Anfechtungsantrag bei Gericht scheitert, da der Richter nicht berechtigt ist, den ermessensfehlerfrei zustande gekommenen Mehrheitswillen in Zweifel zu ziehen und den Mehrheitsbeschluss für ungültig zu erklären. Einen gerichtlich einklagbaren Anspruch auf eine bestimmte Lösung hat der einzelne Wohnungseigentümer nur und erst dann, wenn sich im Wege der *Ermessensreduktion* (Auch als »Ermessensreduzierung auf Null« bezeichnet. Grundlegend zum Ermessen der Wohnungseigentümer *Elzer* ZMR 2006, 85 ff.) ergibt, dass nur die von ihm gewollte Beschlussfassung ordnungsmäßiger Verwaltung entspricht und alle anderen Lösungen, insbesondere die angefochtene Beschlussfassung, ermessensfehlerhaft sind. Eine solche Ermessensreduktion liegt dann vor, wenn die begehrte Maßnahme gesetzlich vorgeschrieben ist (*BGH*, Beschl. v. 25.09.2003, V ZB 21/03, ZMR 2003, 937, 941).

9016

Für den Einbau von Rauchwarnmeldern folgt daraus, dass der Einbau als solcher (»dem Grunde nach«) mit einfacher Mehrheit beschlossen und vom einzelnen Eigentümer verlangt werden kann. Das Ermessen der Eigentümer reduziert sich kraft gesetzlicher Anordnung in den Landesbauordnungen dahin gehend »auf eins bzw. null«, dass nur die Installation der Rauchwarnmelder ordnungsmäßiger Verwaltung gem. § 21 Abs. 3 WEG (19 Abs. 1 WEMoG) entspricht. Unzweifelhaft und problemlos gilt dies für Neu- und Umbauten. Hier greift die gesetzliche Einbaupflicht bereits heute ein und wird überdies zumeist in den Baugenehmigungen konkreter Bestandteil des Brandschutznachweises sein. Die Ermessensreduktion auf null bezieht sich aber nur auf das Ob, nicht auf das Wie.

Probleme könnten sich möglicherweise bezüglich der gesetzlichen Nachrüstpflichten ergeben. Fraglich ist, welches Gewicht im Rahmen der vorzunehmenden Abwägung (vgl. *BGH*, Beschl. v. 25.09.2003, V ZB 21/03, ZMR 2003, 937, 941) der Umstand besitzt, dass die Landesgesetzgeber für die Erfüllung der Nachrüstpflichten teilweise langjährige Übergangsfristen vorgesehen haben, etwa in Berlin und Brandenburg **bis Ende 2020**). Macht aus diesem Grunde die Entscheidung – etwa durch Beschluss im Jahr 2018 – für einen Einbau einen Mehrheitsbeschluss ermessensfehlerhaft? Kommt es darauf an, wann (sofort?, nach Bestandskraft?, im Folgejahr?) nach dem Beschluss der Einbau erfolgen soll? Nach hier vertretener Auffassung ist es vom weiten Ermessensspielraum gedeckt, wenn die Mehrheit beschließt, die gesetzlich nachgelassene Übergangsfrist zur Nachrüstung nicht ganz oder größtenteils auszuschöpfen, sondern alle vorhandenen Wohnungen sofort oder kurzfristig mit Rauchwarnmeldern auszustatten. Gesichtspunkte, von denen sich die Abwägung leiten lassen kann, sind etwa die frühere Verbesserung des Brandschutzes für Bewohner und Gebäude, Kostenersparnisse durch Inflation und allgemeine Preisentwicklung, entspanntere Auftragslage bei den Auftragnehmern als am Ende der Nachrüstpflicht usw.

Auch bei den übrigen Umständen, die nicht den Einbau oder die Nachrüstung als solche (»dem Grunde nach«) betreffen, sondern die Art und den Umfang der Rauchwarnmelder, für die man sich entscheidet (»Auswahlermessen«), muss der weite Ermessensspielraum der Eigentümer dazu führen, dass die Mehrheit zwischen verschiedenen technischen Möglichkeiten entscheiden darf. Deshalb ist es vom Ermessen der Mehrheit gedeckt, wenn gesetzliche Mindestanforderungen überschritten und dadurch ein besserer oder optimaler Schutz hergestellt werden soll. Zu denken ist etwa daran, auch andere Räume als Schlafräume, Kinderzimmer und Flure mit Rauchwarnmeldern auszurüsten (zur **Vollausstattung** vgl. z.B. die LBauO von Berlin; *LG Hamburg*, Urt. vom 29.03.2017, 318 S 36/16, ZMR 2017, 501; *AG Halle* vom 28.1.2014, 97 C 2551/13, ZMR 2014, 455 und vom 14.3.2014, 99 C 2552/13 = *LG Halle* vom 31.3.2014, 3 S 11/14, ZMR 2014, 986), in denen es zu Brandzündungen kommen kann, z.B. in Hobby-, Trocken-, Werkoder sonstigen Wohnräumen (Von einer Installation in Küchen und Bädern wird wegen der hohen Gefahr von Fehlalarmen fachlich allgemein abgeraten, sodass eine solche Entscheidung ermessensfehlerhaft wäre). Weiter beispielhaft aufzuzählen sind die Benutzung dual versorgter Geräte (230V-Strom und Notstrom über Batterie) statt rein Batterie betriebener Geräte, die Installation auch in wohnungsähnlichen Räumen und Teileigentumseinheiten, die Zusammenschaltung der in einer größeren Wohnung installierten Geräte oder die Vernetzung mehrerer Rauchwarnmelder auf eine übergeordnete Melderzentrale. Schwierigkeiten mit einer Kosten-Nutzen-Analyse, wie sie beim Einbau von Kaltwasserzähler zu thematisieren war (*BGH*, Beschl. v. 25.09.2003, V ZB 21/03, ZMR 2003, 937 m.w.N.) und auch bei anderen Messeinrichtungen (z.B. Warmwasser und Heizung) zu beachten sind, können beim Einbau von Rauchwarnmeldern vernachlässigt werden, da die Kosten vergleichsweise gering sind.

b) Fehlen einer gesetzlichen Einbaupflicht

Fraglich ist, welches Mehrheitserfordernis im Bundesland ohne gesetzlichen Zwang zur Installation von Rauchwarnmeldern in Bestandsimmobilien (nur: Sachsen) gilt. Käme ebenfalls § 21 Abs. 3 WEG (19 Abs. 1 WEMoG) zur Anwendung, bestünde der Unterschied zu den Fällen einer gesetzlichen Einbaupflicht im Fehlen einer Ermessensreduktion kraft gesetzlicher Anordnung. Folge hiervon wäre, dass die Mehrheit, die sich gegen den Einbau stellt, von der Minderheit auch mit gerichtlicher Hilfe nicht dazu gezwungen werden könnte, sich dem Beschlussantrag der Minderheit anzuschließen und der Installation zuzustimmen. Der Anfechtung eines negativen Mehrheitsbeschlusses im Wege der Anfechtungs- und Zustimmungsklage wären kaum Erfolgsaussichten beizumessen. Der Minderheit bliebe nur die Hoffnung auf die Tätigkeit des Landesgesetzgebers.

9017

Eine Übertragung der zitierten BGH-Entscheidung zum Kaltwasserzählereinbau und damit die Anwendbarkeit von § 21 Abs. 3 WEG (19 Abs. 1 WEMoG) erscheint aber zweifelhaft. Es kann weder von der erstmaligen Herstellung eines gesetzmäßigen (bauordnungsrechtlichen [öffentlich-rechtlichen]) Zustands des Gebäudes die Rede sein noch gibt es einen Instandsetzungsbedarf an vorhandenen Gebäudeteilen. Es gibt allenfalls einen Modernisierungsbedarf, § 22 Abs. 2 WEG (anders § 20 WEMoG); aber keinen Anspruch auf Modernisierung.

Anderes würde gelten, wenn man den Einbau von Rauchwarnmeldern trotz fehlender gesetzlicher Verpflichtung als eine Maßnahme der Erfüllung der Verkehrssicherungspflicht ansieht. So ist in anderem Zusammenhang anerkannt, dass die Einzäunung oder sonstige Sicherung Gefahr bringender Einrichtungen oder Anlagen auf dem Grundstück (z.B. Teiche, Flüsse, Seen) mit einfacher Mehrheit beschlossen werden darf, da es sich nicht um eine bauliche Veränderung gem. § 22 Abs. 1 WEG (§ 20 Abs. 1 und 3 WEMoG) handelt (*Schmidt/Breiholdt/Riecke* ZMR 2008, 341, 346 mit Nachweisen aus der obergerichtlichen Rechtsprechung.) und – nach Inkrafttreten der WEG-Novelle – auch nicht um eine privilegierte bauliche Veränderung gem. § 22 Abs. 2 WEG. Diese Ansicht wurde in der obergerichtlichen Rechtsprechung bereits aufgegriffen, aber im Ergebnis offen gelassen, (*OLG Frankfurt*, Beschl. v. 17.07.2008, 20 W 325/06, ZMR 2009, 864 = DWE 2009, 63, 63 f.) da im dortigen Fall (der Fall spielte in Hessen) in der Zwischenzeit eine gesetzliche Einbaupflicht eingeführt worden war und daher die oben unter a) dargestellten Grundsätze zur Anwendung kamen.

Zu klären ist, wie der WEG-Verwalter sich nach der WEG-Reform 2007 verhalten soll, wenn sich eine einfache Mehrheit, nicht aber eine doppelt qualifizierte Mehrheit für den Einbau von Rauchwarnmeldern findet. Dies hängt davon ab, ob eine Missachtung des für die Maßnahme geltenden Mehrheitserfordernisses zur Nichtigkeit oder lediglich zur Anfechtbarkeit des Eigentümerbeschlusses führt. Nichtige Beschlüsse darf und kann der WEG-Verwalter nicht (als) rechtswirksam verkünden. Seine ihm von der Rechtsprechung verliehene Beschlussergebnisfeststellungskompetenz (*BGH*, Beschl. v. 23.08.2001, V ZB 10/01, ZMR 2001, 809 = NJW 2001, 3339; *BGH*, Urt. v. 29.05.2020 – V ZR 141/19; LG Karlsruhe, ZMR 2019, 990) ist schwächer als die Beschlussfassungskompetenz der Eigentümer. Da die Installation von Rauchwarnmeldern eine Modernisierungsmaßnahme nach § 555b Nr. 4, 5 BGB ist und somit der Anwendungsbereich von § 22 Abs. 2 WEG eröffnet ist, kommt es darauf an, welche Rechtsfolge ein Verstoß gegen § 22 Abs. 2 WEG auslöst. Diese Rechtsfrage ist umstritten (vgl. *LG München I* Urt. vom 13.1.2014, 1 S 1817/13, ZMR 2014, 480). Teilweise wird vertreten, dass bei Verwirklichung des Tatbestandsmerkmals der Modernisierung § 22 Abs. 2 WEG hinsichtlich des dort gewählten Mehrheitserfordernisses als abschließende Spezialregelung anzusehen ist, die eine Anwendung von § 22 Abs. 1 (s. dazu *Kümmel* ZMR 2007, 932) WEG (*Abramenko*, Das neue WEG in der anwaltlichen Praxis, § 4 Rn. 37) ausschließt. Unklar ist aber, ob das Verfehlen der doppelt qualifizierten Mehrheit nach § 22 Abs. 2 WEG zur Nichtigkeit eines Beschlusses führt oder nur zu dessen Anfechtbarkeit. (*Abramenko*, Das neue WEG in der anwaltlichen Praxis, § 4 Rn. 37 führt aus, die Bestandskraft eines einfachen Mehrheitsbeschlusses zur Legalisierung einer Modernisierung habe die Entwurfsbegründung gerade nicht für ausreichend befunden) Vereinzelt wird vertreten, dass das Verfehlen der doppelt qualifizierten Mehrheit einen Eigentümerbeschluss weder anfechtbar noch nichtig mache; vielmehr existiere schon gar kein Beschluss. Unklar ist, worin der Unterschied zwischen einer Nichtigkeit und einer Nichtexistenz liegen soll. Die wohl jetzt schon h.M. spricht sich dafür aus, dass unterhalb der Schwelle der doppelt qualifizierten Mehrheit des § 22 Abs. 2 WEG keine Beschlussnichtigkeit herrscht, sondern der Anwendungsbereich von § 22 Abs. 1 WEG (§ 20 Abs. 1 und 3 WEMoG) eröffnet ist und damit auch die durch diese Bestimmung eingeräumte Beschlusskompetenz. Ein »**Switchen**« von § 22 Abs. 2 auf Abs. 1 WEG ist daher möglich. Das Verfehlen der doppelt qualifizierten Stimmenmehrheit lässt einen einfachen (rechtswidrigen) Mehrheitsbeschluss über die Modernisierungsmaßnahme daher – wie nach altem Recht – bestandskräftig werden. Zum Verkündungsrecht bei sog. Zitterbeschlüssen vgl. *BGH* v. 29.05.2020, V ZR 141/19, ZMR 2020, 770.

Bis zur endgültigen Klärung dieser Frage ist dem Verwalter zu empfehlen, bei der Auszählung der abgegebenen Stimmen im Regelungsbereich des § 22 Abs. 2 WEG beide Mehrheitserfordernisse im Blick zu haben und das Zustandekommen eines einfachen Mehrheitsbeschlusses zu verkünden, wenn zwar die doppelt qualifizierte Mehrheit in der ersten Abstimmung verpasst, jedoch eine einfache Mehrheit in der zweiten Abstimmung erreicht wird. Es müssen **zwei getrennte Abstimmungen** durchgeführt werden. Auch dann muss sich der Verwalter im eigenen Interesse unbedingt haftungsrechtlich absichern. Diese Absicherung liegt in dem Hinweis an die anwesenden Eigentümer, dass trotz des Verfehlens der doppelt qualifizierten Mehrheit nach § 22 Abs. 2 WEG die abgegebenen Stimmen für das Zustandekommen eines einfachen Mehrheitsbeschluss über eine bauliche Veränderung nach § 22 Abs. 1 WEG erreicht sind und der Verwalter dieses Beschlussergebnis verkündet, wenn die (einfache) Mehrheit es wünscht (Zur Beschlussergebnisfeststellungskompetenz des Verwalters als Versammlungsleiter *J.-H. Schmidt* DWE 2005, 7 ff. und ders., Grenzen zulässiger Rechtsdienstleistungen durch den WEG-Verwalter, 2012, S. 419 ff.). Der Hinweis erfolgt am besten schon vor der ersten Abstimmung zu diesem TOP, d.h. schon vor der Abstimmung zu § 22 Abs. 2 WEG, muss aber in jedem Fall spätestens vor der Verkündung des einfachen Mehrheitsbeschlusses erfolgen und ist zu Klarstellungszwecken ins Beschlussprotokoll zu übernehmen.

VI. Beschlusskompetenzen   Teil IX

c) Beschränkte gesetzliche Einbaupflicht

Ordnet das Landesbaurecht (z.Zt. nur Sachsen) zwar den Einbau von Rauchwarn- 9018
meldern in Neubauten, nicht aber eine Nachrüstung in vorhandenen Wohnungen
an, gelten hinsichtlich der Installation die oben unter a) aufgestellten und bezüglich
der nicht geregelten Nachrüstung die hier unter b) dargelegten Grundsätze. Die Wohnungseigentümer können im Rahmen einer Ermessensentscheidung nach § 21 Abs. 3
WEG (§ 19 Abs. 1 WEMoG) mit einfacher Mehrheit über die Nachrüstung in ihrer
Wohnanlage beschließen.

2. Instandhaltung (Betrieb, Wartung) und Instandsetzung (Reparatur); Erhaltung

Da Rauchwarnmelder in aller Regel Verwaltungsvermögen oder gemeinschaftliches 9019
Eigentum sind obliegt die Instandhaltung und Instandsetzung (Erhaltung nach WEMoG) als gemeinschaftsbezogene Aufgabe nach dem Gesetz allen Wohnungseigentümern und dem Verband gemeinschaftlich, nicht dem einzelnen Sondereigentümer.
Grundsätzlich ist es zulässig, die Pflicht zur Instandhaltung und Instandsetzung von
Sachen von der Gemeinschaft auf den Sondereigentümer zu überbürden. Anzutreffen
sind solche Regelungen vor allem dort, wo es um Teile des gemeinschaftlichen Eigentums im räumlichen Bereich des Sondereigentums geht, z.B. Fenster oder Glasschäden. Die Sicherstellung der Betriebsbereitschaft der Rauchwarnmelder ist eine Form
der Instandhaltung der Geräte.

Voraussetzung für eine rechtswirksame Überbürdung der Instandsetzungspflicht auf
den Sondereigentümer ist aber eine Vereinbarung i.S.d. § 10 Abs. 2 Satz 2 WEG aller
Eigentümer. Ein Mehrheitsbeschluss ist mangels Beschlusskompetenz nichtig, es sei
denn, die Gemeinschaftsordnung enthält eine Öffnungsklausel (Anpassungsvereinbarung), die eine derartige Beschlussfassung erlaubt. Abgesehen davon, dass derartige
Öffnungsklauseln selten sind, ist die Überbürdung im Zusammenhang mit Rauchwarnmeldern ohnehin fraglich, da auch in diesem Fall bei der Gemeinschaft als Trägerin der Verkehrssicherungspflicht in jedem Fall eine Aufsichts- und Kontrollpflicht
verbliebe. Diese wäre vom WEG-Verwalter zu erbringen und darauf gerichtet, regelmäßig zu überprüfen, dass der Sondereigentümer seinen Pflichten ordnungsgemäß
nachkommt, also entweder persönlich oder durch seinen Mieter. Da die Funktionskontrolle an den Rauchwarnmeldern nach DIN 14676 und den Herstellerrichtlinien
einmal jährlich stattzufinden hat und die Aufsichtspflicht daran anzulehnen sein dürfte, wäre also auch der praktische Ertrag einer Abwälzung auf den Sondereigentümer
gering.

Auch ohne eine Vereinbarung oder einen auf einer Anpassungs-Vereinbarung (Öffnungsklausel) beruhenden Beschluss kann die Wahrnehmung der Instandsetzungspflicht vom einzelnen Sondereigentümer im Einzelfall übernommen werden, wenn
dieser seiner individuellen Sonderbelastung zustimmt. Ohne seine individuelle Zustimmung besteht eine Rechtspflicht nicht. Insbesondere ein anspruchsbegründender Mehrheitsbeschluss wäre mangels Beschlusskompetenz der Wohnungseigentümer auch im Einzelfall nichtig (So bereits *Schmidt/Riecke* ZMR 2005, 252 m.w.N.;

Riecke   611 nunmehr ausdrücklich *BGH*, Urt. v. 18.06.2010, V ZR 193/09, ZMR 2010, 777). Die zu klärende Frage in dieser Konstellation lautet indes, ob die Gemeinschaft bzw. der Verwalter berechtigt ist, die Wahrnehmung einer gemeinschaftsbezogenen Aufgabe ohne gemeinschaftsrechtlichen Kollektivakt, sprich ohne eine Vereinbarung nach § 10 Abs. 2 Satz 2 WEG oder rechtswirksamen Beschluss, allein aufgrund des Einverständnisses eines Sondereigentümers auf diesen zu übertragen. Denn immerhin hat die Gemeinschaftsbezogenheit der Maßnahme gerade im Fall von Rauchwarnmeldern eine besondere Schutzrichtung, die vom Verwalter wahrzunehmen sein dürfte.

3. Kostenverteilung

9020 Kosten des Einbaus, der Wartung oder der Reparatur von Rauchwarnmeldern sind Kosten der ordnungsmäßigen Verwaltung (Instandhaltung und Instandsetzung). Sie sind daher nach dem hierfür in der Gemeinschaftsordnung, einem davon abweichenden Eigentümerbeschluss oder ansonsten im Gesetz jeweils vorgesehenen Kostenverteilungsschlüssel zu verteilen.

Sofern es um die Kosten für die Vornahme einer baulichen Maßnahme geht, können die Wohnungseigentümer abweichend von dem nach dem Gemeinschaftsrecht an sich geltenden Kostenverteilungsschlüssel mit doppelt qualifizierter Mehrheit gem. § 16 Abs. 4 WEG (entfällt nach WEMoG) im Einzelfall mehrheitlich beschließen, dass einmal ein anderer Kostenverteilungsschlüssel angewendet wird, sofern dieser den Gebrauch oder der Möglichkeit des Gebrauchs Rechnung trägt (»Gebrauchsbezogenheit«) und auch im Übrigen ordnungsmäßiger Verwaltung entspricht. Keine Rolle spielt dabei, wie die bauliche Maßnahme zu qualifizieren ist. § 16 Abs. 4 WEG erfasst alle denkbaren Baumaßnahmen. Nicht umfasst sind Betriebskosten, für die § 16 Abs. 3 WEG (§ 16 Abs. 2 Satz 2 WEMoG) eine Spezialregelung enthält.

Dem Maßstab der Gebrauchsbezogenheit trägt ein Verteilerschlüssel Rechnung, der nur die betroffenen Wohnungen an den Kosten beteiligt oder eine Verteilung nach dem Verhältnis der Anzahl der Rauchwarnmelder je Einheit vornimmt (Zu Einzelheiten neuer Kostenverteilungsmöglichkeiten umfassend *J.-H. Schmidt* ZMR 2007, 913).

Nach § 16 Abs. 3 WEG (§ 16 Abs. 2 Satz 2 WEMoG) können die Wohnungseigentümer sogar mit einfacher Mehrheit eine Änderung des Kostenverteilungsschlüssels auf Dauer beschließen, sofern es sich bei den Kosten um *Betriebskosten* i.S.d. Wohnraummietrechts (§ 556 Abs. 1 BGB) handelt, die nicht direkt von einem Dritten – der Gesetzeswortlaut spricht irreführend von »gegenüber einem Dritten« – abgerechnet werden, und der neue Schlüssel auf Verbrauch oder Verursachung oder einem anderen ordnungsmäßigen Maßstab basiert (vgl. *LG Dortmund* ZWE 2017, 138). Eine Beschlusskompetenz besteht demnach nicht, wenn Kosten für den Betrieb und die Wartung von Rauchwarnmeldern aufgrund von Einzelverträgen direkt mit den Sondereigentümern abgerechnet werden. Ansonsten ist den gesetzlichen Anforderungen des § 16 Abs. 3 WEG (§ 16 Abs. 2 Satz 2 WEMoG) an den neuen Verteilerschlüssel genügt, wenn die Kostenverteilung statt nach Miteigentumsanteilen nach der Anzahl der Wohnungen, nach Wohnfläche oder nach der Zahl der pro Wohnung installierten Rauchwarnmelder im Verhältnis zur Gesamtzahl aller Rauchwarnmelder im Gesamtobjekt erfolgt.

VII. Zutrittsverschaffung gegenüber Sondereigentümer

Der Sondereigentümer ist verpflichtet, das Betreten und die Benutzung der in seinem Sondereigentum stehenden Gebäudeteile zu gestatten, soweit dies zur Instandhaltung und Instandsetzung des Gemeinschaftseigentums erforderlich ist (§ 14 Nr. 4 Halbs. 1 WEG). 9021

Diese Vorschrift berechtigt auch zum Betreten und zum Einbau von Rauchwarnmeldern in der Wohnung. Rauchwarnmelder sind kein Sondereigentum (*BGH*, Urt. v. 08.02.2013, V ZR 238/11, ZMR 2013, 642). Instandhaltung und Instandsetzung sind im Anwendungsbereich von § 14 Nr. 4 Halbs. 1 WEG erweiternd zu verstehen. Erfasst ist auch der erstmalige Einbau von Rauchwarnmeldern, unabhängig davon, ob es eine öffentlich-rechtliche Einbaupflicht gibt oder nicht. Durch die Duldungspflicht ist auch das jährliche Betreten des Sondereigentums zur Vornahme der optischen Funktionsprüfung gedeckt (zum Mietrecht vgl. insoweit *AG Hamburg-Blankenese*, Beschl. v. 26.06.2013, 531 C 125/13, ZMR 2013, 965 f.).

Der strenge Maßstab einer verfassungskonform restriktiven Auslegung des Tatbestandsmerkmals der »Erforderlichkeit«, wie er für das Betreten zur Überprüfung des gemeinschaftlichen Eigentums ohne konkreten tatsächlichen Anhaltspunkt für einen Instandsetzungsbedarf vertreten wird (*Abramenko* in Riecke/Schmid, WEG, § 14 Rn. 33 m.w.N.), kann für die Durchführung der jährlichen Wartung nicht angelegt werden. Vielmehr muss als Anlass für die Erforderlichkeit des Betretens der Lauf bzw. Ablauf der jährlichen Prüfungsfrist genügen.

Das Betreten des Sondereigentums (vgl. *Herrlein* ZMR 2007, 247 für das Mietrecht) ist mit einer ausreichenden Frist anzukündigen. Angemessen und ausreichend ist eine Frist von 7 bis 10 Tagen. Jederzeitige Betretungsrechte, die gerade in älteren Gemeinschaftsordnungen anzutreffen sind, halten einer Rechtsprüfung nicht stand und sind daher unwirksam.

Der Anspruch aus § 14 Nr. 4 Halbs. 1 WEG (§ 14 Abs. 1 und 3 WEMoG) gehört zu den gemeinschaftsbezogenen Rechten und ist gem. § 10 Abs. 6 Satz 3 WEG vom rechtsfähigen Verband durchzusetzen. Der dem Sondereigentümer durch die Benutzung seines Sondereigentums entstehende Schaden ist ihm zu ersetzen (§ 14 Nr. 4 Halbs. 2 WEG). Der Anspruch dürfte sich gegen den rechtsfähigen Verband richten, da die Ersatzpflicht zu gemeinschaftsbezogenen Pflichten gehört und ein Gleichlauf zwischen beiden Halbsätzen hergestellt wird.

VIII. Umlagefähigkeit auf Mieter

1. Einbaukosten

Der Einbau von Rauchwarnmeldern obliegt nach der Gesetzeslage dem Vermieter (§ 535 BGB). Der Mieter ist ohne vertragliche Vereinbarung und – außer evtl. in Mecklenburg-Vorpommern – nach keiner Landesbauordnung (selbst wenn ihm danach Wartungspflichten obliegen) dazu verpflichtet. Formularmäßig kann die Pflicht 9022 nicht auf den Mieter übertragen werden, sondern nur im Rahmen einer Individualvereinbarung.

Vom Einbau selbst zu unterscheiden sind die Kosten des Einbaus. Anschaffungs- und Installationskosten für derartige Gerätschaften und Einrichtungen sind keine Betriebskosten (*Ruff*, DWW 2006, 98, 102; vgl. *LG Berlin* GE 2005, 237, 238 für Feuerlöscher). Umstritten ist, ob die **Kosten einer Anmietung** oder einer sonstigen Art der Gebrauchsüberlassung als Betriebskosten umlegungsfähig sind (Generell verneinend unter Hinweis darauf, dass es sich um Kapitalersatzkosten handele *LG Düsseldorf* ZMR 2020, 650, *LG Hagen*, Urt. vom 04.03.2016, 1 S 198/15, ZMR 2016, 701; *AG Schönebeck*, Urt. v. 04.05.2011, 4 C 148/11, ZMR 2011, 646 m. krit. Anm. *Riecke*; abgeändert durch *LG Magdeburg*, Urt. v. 27.09.2011, 1 S 171/11, ZMR 2011, 957 = NZM 2012, 305; *Wall* WuM 1998, 528; *Wall*, 4.Aufl. 2015, Rn. 2990, 2994, 4778; *Wüstefeld* WuM 2012, 133 f.; weitgehend bejahend *Harsch* in Schmid, Handbuch der Mietnebenkosten, Rn. 5650; *Schmid* ZMR 2000, 197; *Schmid* WuM 2009, 489: Mietkosten können nicht allgemein als sonstige Betriebskosten angesehen werden; verneinend für Rauchwarnmelder *AG Dortmund* ZMR 2017, 491; *Schumacher* NZM 2005, 641, 643; bejahend für Alarmanlagen in Aufzügen *LG Gera*, Urt. v. 31.01.2001, 1 S 185/00, WuM 2001, 615; generell bejahend *LG Magdeburg*, Urt. v. 27.09.2011, 1 S 171/11, ZMR 2011, 957 = NZM 2012, 305.). Im Gegensatz zu anderen technischen Geräten (vgl. § 2 Nr. 2, 4, 5, 6, und 15 BetrKVO) sind beim Rauchwarnmelder nicht ausdrücklich die »Kosten der Anmietung« im Gesetz erwähnt. Bei Nichtwohnraummietverhältnissen – für die allerdings keine Ausstattungspflicht besteht – ist eine entsprechende Vereinbarung möglich (*Schmid* ZMR 2008, 98).

a) Die Fallgruppen der §§ 555b Nr. 4, 5 und 6, 559 Abs. 1 BGB

9023 Hinsichtlich der Kosten der nach Mietvertragsabschluss durchgeführten Installation von Rauchwarnmeldern kommt eine Mieterhöhung nach § 559 Abs. 1 BGB i.V.m. § 555b Nr. 4 und 5 BGB infrage. Die Kosten können jährlich mit 8 % im Wege der Mieterhöhung auf den Mieter abgewälzt werden, wenn einer der in den Fallgruppen des § 555b BGB genannten Tatbestände erfüllt ist und im Übrigen die allgemeinen Voraussetzungen einer Modernisierungsmieterhöhung gegeben sind.

In den 15 Bundesländern, in denen die Nachrüst- und Einbaupflicht gesetzlich vorgesehen ist, ist der Mieterhöhungstatbestand des § 559 Abs. 1 i.V.m. § 555b Nr. 6 BGB unproblematisch erfüllt (*Schumacher* NZM, 2005, 641, 642; *Ruff* DWW 2006, 98, 102.). Gesetzlich in der Pflicht, führt der Vermieter mit der Installation der Rauchwarnmelder eine bauliche Maßnahme durch, die er i.S.d. Gesetzes »nicht zu vertreten« hat. Dort, wo die gesetzliche Einbaupflicht fehlt, kommt eine Mieterhöhung nach § 559 Abs. 1 BGB in Betracht, wenn durch die Installation der Rauchwarnmelder eine nachhaltige Erhöhung des Gebrauchswerts (vgl. § 555b Nr. 4 BGB) gegeben ist. Was für die Maßnahmen zur Verbesserung der Sicherheit vor Diebstahl und Gewalt gilt, sollte auch für Sicherheitsmaßnahmen bei Feuer und ähnlichen Unglücksfällen gelten. So wird als nachhaltige Gebrauchswerterhöhung nicht

VIII. Umlagefähigkeit auf Mieter   Teil IX

nur der Einbau von Sicherheitsschlössern (*LG Hannover* WuM 1982, 83.) oder einer einbruchserschwerenden Tür (*LG Köln* WuM 1983, 603) angesehen, sondern auch die Anbringung von Rauchwarnmeldern (*Eisenschmid* in: Schmidt-Futterer, Mietrecht, 14. Aufl. 2019, § 555b Rn. 128; *Schumacher* NZM, 2005, 641, 642; offen gelassen von *Ruff* DWW 2006, 98, 102). Da der Einbau von Rauchwarnmeldern – unabhängig vom Bestehen einer gesetzlichen Einbaupflicht – die Sicherheit der Mietsache und somit den Gebrauchswert erhöht, stellt er eine Maßnahme zur Verbesserung der Mietsache dar. (*AG Hamburg-Bergedorf*, Urt. v. 16.11.2009, 410D C 181/09, ZMR 2010, 969; *AG Hagenow*, Urt. v. 01.04.2010, 10 C 359/09, ZMR 2010, 770 und *LG Schwerin* 2 S 57/10.) Eine Verbesserung ist auch dann zu bejahen, wenn der Mieter bereits selbst gleichwertige oder bessere Rauchmelder installiert hat. Entscheidend ist die Verbesserung des vermieterseits gelieferten Zustands der Wohnung (*AG Burgwedel*, Urt. v. 01.07.2010, 73 C 251/09 ZMR 2011, 800 und in II. Instanz *LG Hannover*, Beschl. v. 09.12.2010, 1 S 24/10, ZMR 2011, 826).

b) Die Stellung des Vermieters als »Bauherr«

Ein Problem liegt darin, dass die Mieterhöhung nach § 559 Abs. 1 BGB voraussetzt, dass der Vermieter die bauliche Maßnahme durchgeführt hat. Der Vermieter muss, so die Formulierung der h.M. im Mietrecht, selbst »Bauherr« der Maßnahme gewesen sein (*Börstinghaus* in: Schmidt-Futterer, Mietrecht, 14. Aufl. 2019, § 559 Rn. 26 ff. mit umfassenden Nachweisen aus der Rspr.). Bauherr ist nach h.M. nur der, der die Maßnahme im eigenen Namen und auf eigene Rechnung durchführt oder durchführen lässt (*Börstinghaus* in: Schmidt-Futterer, Mietrecht, 14. Aufl. 2019, § 559 Rn. 27). 9024

Installiert der Wohnungseigentümer in der von ihm vermieteten Wohnung eigenständig und unabhängig von etwaigen Willensbildungen der Wohnungseigentümergemeinschaft Rauchwarnmelder, dann ist er Bauherr und kann eine Mieterhöhung durchführen. Zweifel an der Bauherreneigenschaft des einzelnen Wohnungseigentümers treten aber neuerdings auf (s. den Hinweis von *Börstinghaus* in: Schmidt-Futterer, Mietrecht, 14. Aufl. 2019, § 559 Rn. 30.), wenn die Gemeinschaft der Wohnungseigentümer, d.h. der rechtsfähige Verband, vertreten durch den Verwalter, den Einbau der Rauchwarnmelder beauftragt und bezahlt. Hier ist jedenfalls formal die in Teilbereichen voll rechtsfähige Gemeinschaft, also eine andere Rechtsperson, Bauherr.

Vor Entdeckung der sog. Teilrechtsfähigkeit der Wohnungseigentümergemeinschaft durch den BGH (BGH, Beschl. v. 02.06.2005, V ZB 32/05 ZMR 2005, 547 m. Anm. Häublein = NJW 2005, 2061 und de lege lata § 10 Abs. 6 WEG, § 9a Abs. 1 WEMoG) wurde dem vermietenden Wohnungseigentümer die Bauherreneigenschaft i.S.d. § 559 Abs. 1 BGB zugebilligt, da es für diese nicht darauf ankommt, dass der Vermieter alleiniger Bauherr ist (vgl. früher *Börstinghaus* in: Schmidt-Futterer, Mietrecht, 8. Aufl., 2003, § 559 Rn. 37). Es ist unerheblich, wenn neben dem Vermieter noch weitere Personen, sprich die Miteigentümer, Bauherren sind (vgl. *Börstinghaus* in: Schmidt-Futterer, Mietrecht, 9. Aufl., 2007, § 559 Rn. 31).

Fraglich ist, was nach der WEG-Novelle 2007 zu gelten hat. Formal betrachtet ist der vermietende Wohnungseigentümer nicht Bauherr im Sinne der mietrechtlichen Definition. Danach käme eine Weitergabe der Einbaukosten an den Mieter nicht in Betracht. Ein solches Ergebnis erscheint wenig überzeugend. Die Konstellation, dass der Verband »Bauherr«, aber nicht Mietvertragspartei ist, der eine Mieterhöhung durchsetzen könnte, umgekehrt der Wohnungseigentümer zwar Vermieter, aber nicht »Bauherr« ist, erinnert an die in der Gesetzesbegründung zum neuen WEG erörterte Problematik der Eintragung von Bauhandwerkerhypotheken (§ 648 BGB; BT-Drucks. 16/887, S. 66). Dort sind Besteller und Eigentümer nicht personenidentisch, wenn der rechtsfähige Verband für Baumaßnahmen am gemeinschaftlichen Eigentum Vertragspartei des Bauhandwerkervertrages ist. Hier greift die h.M. auf die Grundsätze von Treu und Glauben gem. § 242 BGB zurück, um zu einem sachgerechten Ergebnis zu kommen. Da allein die Wohnungseigentümer und nicht der Verband Nutzen aus den Bauleistungen haben und es auch die Wohnungseigentümer sind, die über den Abschluss eines Bauhandwerkervertrages entscheiden, müssen sie sich nach § 242 BGB wie ein Besteller behandeln lassen, und haben die Eintragung der Hypothek in ihre Grundbücher zu bewilligen. (BT-Drucks. 16/887, S. 66; *Elzer* in Riecke/Schmid, 3. Aufl., 2010; § 10 Rn. 520).

Es bietet sich an, bei der Auslegung von § 559 Abs. 1 BGB ähnlich zu argumentieren, wenngleich das angestrebte Auslegungsergebnis hier zu einer Verbesserung der Rechtsposition des Wohnungseigentümers führen würde, im Fall des § 648a BGB dagegen dem Schutz des Handwerkers dient. Diese Beobachtung ist für eine interessengerechte Auslegung jedoch unbeachtlich. Zum einen ist von dem im Mietrecht entwickelten Merkmal des »Bauherren« im Gesetzeswortlaut nichts zu sehen. § 559 Abs. 1 BGB spricht vom Vermieter, wovon der vermietende Wohnungseigentümer unzweifelhaft erfasst ist. Zum anderen ist schon wegen des fehlenden sachenrechtlichen Bezuges im Rahmen der Mieterhöhung nach § 559 Abs. 1 BGB eine streng formal juristische Betrachtungsweise nicht angezeigt.

In Betracht kommt deshalb, auf die Frage, ob zwischen dem Vermieter und dem Bauherrn Identität besteht, mit einer rechtlichen und wirtschaftlichen Betrachtung zu antworten. Danach ist auch in dem Fall, dass der rechtsfähige Verband beim Rauchwarnmeldereinbau Vertragspartner wird, der einzelne Wohnungseigentümer als Bauherr anzusehen. Er ist es, der bei der Beschlussfassung über den Einbau der Rauchwarnmelder entscheidet, über seinen Kosten- und Lastenbeitrag nach § 16 WEG wird die Maßnahme finanziert und er haftet darüber hinaus im Außenverhältnis für die Kosten des Einbaus nach § 10 Abs. 8 WEG (§ 9a Abs. 4 WEMoG).

Dem Gesetzgeber ging es nach dem Sinn und Zweck von § 559 Abs. 1 BGB darum, den Vermieter durch die Mieterhöhungsmöglichkeit zu motivieren, Investitionen zur Modernisierung des alten Baubestandes zu tätigen und dessen finanzielle Risikobereitschaft insoweit zu fördern. Dieses Ziel hätte der Gesetzgeber mit der Kodifizierung der Teilrechtsfähigkeit der WEG für vermietete Eigentumswohnungen ausgehebelt, würde die Bauherreneigenschaft nicht in dem hier vertretenen wirtschaftlichen Sinne ausgelegt werden. Der hier vertretenen Auslegung steht auch nicht die Funktion der mietrechtlichen Regelungen des BGB als Mieterschutzbestimmungen (dazu Börstinghaus in Schmidt-Futterer, Mietrecht, 14. Aufl., 2019, § 559 Rn. 30) entgegen. Sieht man den Wohnungseigentümer als Bauherrn an, obwohl die Auftragserteilung nach § 10 Abs. 6 Satz 2 WEG durch und im Namen des Verbandes erfolgt, wird dadurch keine Missbrauchsmöglichkeit zulasten des Mieters eröffnet. Der Mieter einer Eigentumswohnung in einer Gemeinschaft, in der sich die Eigentümer zum Einbau von Rauchwarnmeldern entschließen, würde sich – umgekehrt – besserstellen als Mieter in Anlagen, in denen die Wohnungseigentümer im eigenen Namen Rauchwarnmelder einbauen lassen und als Mieter, die in Zinshäusern wohnen.

§ 559 BGB gilt nicht für Mietverhältnisse über Geschäftsräume, für die in § 549 Abs. 2 und 3 BGB genannten Wohraummietverhältnisse und für preisgebundenen Wohnraum. Bei preisgebundenem Wohnraum kommt eine Mieterhöhung nach § 11 II. BV, § 10 WoBindG in Betracht. Ansonsten ist eine besondere vertragliche Vereinbarung erforderlich und möglich.

2. Betriebskosten (Wartung)

Zum Einbau von Sicherheitssystemen in der Wohnung der einzelnen Mieter zählt auch eine Ausrüstung mit Rauchwarnmeldern. Rauchwarnmelder dienen vor allem der Sicherheit des einzelnen Mieters und nicht nur dem Schutz des Gebäudes. Als Betriebskosten kommen die geringen Kosten für Batteriestrom und Wartung in Betracht. Dem Vermieter obliegt es nach Punkt 6 der DIN 14676, mindestens einmal jährlich eine Funktionsprüfung der Rauchwarnmelder durchzuführen.

Die DIN 14676 Abschnitt 7 regelt die Anforderungen für den **Nachweis der Fachkompetenz** für Dienstleistungserbringer in der Anmerkung 1 in Anlehnung an Artikel 26 der EG-Dienstleistungsrichtlinie 2006/123/EG [1] wie folgt: Die **Fachkraft für Rauchwarnmelder** muss über einen Kompetenznachweis für die Projektierung, Installation und Instandhaltung von Rauchwarnmeldern verfügen, der alle fünf Jahre zu aktualisieren ist. Der zur Prüfung verwendete Aufgaben- und Fragenkatalog muss von einer kompetenten Stelle, z. B. Forum Brandrauchprävention in der vfdb bestätigt sein.

Die dadurch entstehenden Kosten der Wartung sowie die Kosten für den Austausch der Standard-Batterien sind als regelmäßig wiederkehrende Kosten im Sinne der gesetzlichen Betriebskostendefinition des § 1 Abs. 1 Satz 1 der Betriebskostenverordnung (BetrKV) und als solche auf den Mieter umlagefähig. (*Schumacher* NZM, 2005, 641, 642; *Ruff* DWW 2006, 98, 103; *Schickedanz* ZMR 2007, 669, 670; *Langenberg* in: Schmidt-Futterer, Mietrecht, 14. Aufl. 2019, § 556 Rn. 230; *Wall*, Betriebskosten-Kommentar, 5. Aufl., 2020, Rn. 4765, 4775; *AG Halle/S.* ZMR 2016, 708: Den formellen Anforderungen an eine Mietnebenkostenabrechnung wird es gerecht, wenn der Vermieter für die Betriebskostenart »Rauchwarnmelder« zusammengefasst den Betrag angibt, der nach seiner Sichtweise umlagefähig ist (hier: Miete und Wartung). Nur die Kosten für die Wartung der Rauchwarnmelder sind umlagefähig. Für die Miete dieser Geräte ist das nicht der Fall; a.A. für NRW: *AG Dortmund* ZMR 2017, 491 mit abl. Anm. *Riecke*). Als eines der ersten Gerichte hat das

AG Lübeck mit Urt. v. 05.11.2007 (AG Lübeck, Urt. v. 05.11.2007, 21 C 1668/07, ZMR 2008, 302) diese Auffassung bestätigt und festgestellt, dass die Umlage der Wartungskosten für Rauchmelder auf die Mieter als Betriebskosten rechtens ist.

Umlagefähig sind die Kosten für Brandschutzeinrichtungen, insbesondere die Wartungskosten für Brand- bzw. Rauchmelde- und Sprinkleranlagen (*Harsch* in Schmid, Handbuch der Mietnebenkosten, Rn. 5647; a.a. *Kinne* GE 2003, 444.) als sonstige Betriebskosten nach § 2 Nr. 17 BetrKV. Entsprechendes gilt für Wartungskosten für eine Rauchabzugsanlage (*Harsch* in Schmid, Handbuch der Mietnebenkosten, Rn. 5646; a.a. *LG Berlin* NZM 2000, 27.). Umlagefähig sind ferner die Betriebskosten für Warnanlagen in Tiefgaragen (*Pfeiffer* DWW 2004, 44, 47.). Die Kosten entstehen laufend durch den Betrieb dieser Rauchwarnmelder. Es handelt sich auch nicht um Verwaltungs- oder Instandsetzungskosten (a.a. früher *Eisenschmid* in: Eisenschmid/Rips/Wall, Betriebskosten-Kommentar, 2. Aufl., 2006, Rn. 3946, der gerade den Austausch der Batterien als Instandhaltungsmaßnahme infolge Alterung qualifiziert; dagegen *Schumacher* NZM, 2005, 641, 642: das Entleeren der Batterie stelle keinen Mangel, sondern eine Folge ihres bestimmungsgemäßen Gebrauches dar, ihr Ersatz sei mithin eine Maßnahme der Instandhaltung.) i.S.d. § 1 Abs. 2 BetrKV. Voraussetzung für die Umlegung dieser Kosten auf den Mieter ist, dass Vermieter und Mieter im konkreten Mietverhältnis die Abwälzung genau dieser Betriebskostenart vereinbart haben. Da die Kosten für Rauchwarnmelder in § 2 Nr. 1 bis 16 BetrKV nicht ausdrücklich genannt sind, sind sie als »sonstige Betriebskosten« i.S.d. § 2 Nr. 17 BetrKV zu qualifizieren (a.a. *AG Bielefeld* vom 30.03.2011, 17 C 288/11, ZMR 2012, 448 = NZM 2011, 775: Die Kosten für die Wartung der nachträglich eingebauten Rauchwarnmelder in den Mietwohnungen stellen keine »sonstigen Betriebskosten« dar und dürfen daher nicht auf die Mieter umgelegt werden.). Nach der Rechtsprechung des *BGH* (Urt. v. 07.04.2004, VIII ZR 167/03, ZMR 2004, 430 = NZM 2004, 417, 418 und Urt. v. 07.04.2004, VIII ZR 146/03, WE 2004, 10 = NZM 2004, 418, 419.) ist die Umlegung »sonstiger Betriebskosten« nach § 2 Nr. 17 BetrKV nur insoweit wirksam vereinbart, als die jeweiligen Kostenarten einzeln bezeichnet sind. Das kann durch eine ausdrückliche (*BGH*, Urt. v. 07.04.2004, VIII ZR 167/03, ZMR 2004, 430 = NZM 2004, 417, 418.) oder konkludente Vereinbarung (BGH, Urt. v. 07.04.2004, VIII ZR 146/03, NZM 2004, 418, 419 = WuM 2004, 292.) erfolgen, aber auch im Wege der ergänzenden Vertragsauslegung als Wille der Parteien zu ermitteln sein (*Schmid* WuM 2009, 488 unter Hinweis auf Inkonsequenzen der BGH-Rechtsprechung: ergänzende Vertragsauslegung wird bei Übergang von Antenne zu Kabel-TV bejaht, dagegen bei Übergang von Fernwärme zu Nahwärme verneint; *BGH*, Urt. v. 27.06.2007, VIII ZR 202/06, ZMR 2007, 851 = GE 2007, 1310 = ZfIR 2007, 669 m. Anm. *Schmid*). Jedenfalls bei Neuabschluss eines Mietvertrages müssen deshalb die Kosten für die Funktionsprüfung und den Austausch der Batterien der Rauchwarnmelder ausdrücklich als umzulegende Betriebskosten genannt werden. Die Verteilung richtet sich nach dem von den Mietparteien vertraglich vorgesehenen Umlageschlüssel.

Entstehen Betriebskosten erst später infolge einer nach § 555d BGB duldungspflichtigen Modernisierungsmaßnahme, so ist zu differenzieren: Haben die

Vertragsparteien eine Betriebskostenpauschale vereinbart und zugleich im Mietvertrag eine wirksame **Mehrbelastungsabrede** (*LG Magdeburg*, Urt. v. 27.09.2011, 1 S 171/ 11, ZMR 2011, 957 = NZM 2012, 305) getroffen, kann der Vermieter einseitig unmittelbar nach § 560 Abs. 1 BGB die neu entstandenen Kosten bei dem Mieter geltend machen (*BGH*, Urt. v. 07.04.2004, VIII ZR 167/03, ZMR 2004, 430 = NZM 2004, 417, 418.). Ist die Mehrbelastungsabrede unwirksam oder sind statt einer Pauschale Vorauszahlungen vereinbart, führt eine ergänzende Vertragsauslegung zur Umlagefähigkeit der Kosten der Rauchwarnmelder, auch wenn keine wirksame Umlegungsvereinbarung besteht (*Schumacher* NZM 2005, 641, 643; *Ruff* DWW 2004.). Entstehen nachträglich infolge einer duldungspflichtigen Modernisierungsmaßnahme laufende Betriebskosten, so weist der Mietvertrag hinsichtlich der Kostentragungslast insoweit eine planwidrige Lücke auf. Diese ist im Wege der ergänzenden Vertragsauslegung dahingehend auszufüllen, dass die Mietvertragsparteien in diesem Fall die Umlagefähigkeit dieser Kosten auf den Mieter gewollt und vereinbart hätten (*BGH*, Urt. v. 27.06.2007, VIII ZR 202/06, ZMR 2007, 851 = ZfIR 2007, 669 m. Anm. *Schmid*; *Langenberg* in Schmidt-Futterer, Mietrecht, 14. Aufl., 2019, § 556 Rn. 230 und § 560 Rn. 13, weil das Äquivalenzverhältnis des Vertrages gewahrt bleibe, indem der größeren Kostenlast die Schaffung von etwas Neuem gegenüberstehe). Das Fehlen einer ausdrücklichen Vereinbarung steht deshalb in diesen Fällen einer Umlegung der Betriebskosten nicht entgegen (*Schmid* ZMR 2008, 98.).

Wenn man das Wechseln der Batterie als reine »Stromkosten« des Rauchwarnmelders qualifiziert, ist der Charakter als Betriebskosten zu bejahen. *Eisenschmid* (in: Eisenschmid/Rips/Wall, Betriebskosten-Kommentar, 2. Aufl., 2006, Rn. 3946) dagegen sah im Austausch der Batterien eine Instandhaltungsmaßnahme infolge Alterung (differenzierend *Wall*, Kommentar, 5. Aufl. 2020, Rn. 4775).

Analog zur Rechtsprechung des *BGH* (Urt. v. 27.06.2007, VIII ZR 202/06, ZMR 2007, 851 = ZfIR 2007, 669 m. Anm. *Schmid*) zu den Kabelempfangskosten ist daran zu denken, eine Umlage nach der Anzahl der Mietobjekte vorzunehmen. Dieser Verteilungsschlüssel könnte sachgerecht und deshalb das Ergebnis einer ergänzenden Vertragsauslegung sein, wenn der Nutzen für jede Wohnung unabhängig von der Fläche gleich ist (vgl. BGH, Urt. v. 27.06.2007, VIII ZR 202/06, ZMR 2007, 851 = GE 2007, 1310 = ZfIR 2007, 669 m. Anm. *Schmid*). Dass sich der *BGH* damit über § 556a Abs. 1 Satz 1 BGB und den Grundsatz, dass die Kostenumlegung nicht vom Nutzen abhängt, hinwegsetzt, ist zwar rechtsdogmatisch sehr bedenklich [vgl. *Schmid* ZfIR 2007, 673], jedoch muss sich die Praxis bis auf Weiteres auf diese Rechtsprechung einstellen.). In einer größeren Wohnung mit mehr Zimmern wird für eine möglicherweise größere Anzahl von Nutzern eine größere Anzahl von Rauchwarnmeldern zu installieren sein als in einer kleinen Einzimmerwohnung. Der Nutzen von Rauchwarnmeldern in dieser größeren Wohnung ist ebenso wie der Kostenverursachungsbeitrag quantitativ höher als in einer kleinen Wohnung. Bei der nachträglichen Installation von Rauchwarnmeldern bleibt es danach bei der gesetzlichen Regel des § 556a Abs. 1 Satz 1 BGB. Die Kosten werden nach dem Flächenmaßstab umgelegt, falls nichts Anderes im Mietvertrag steht (*Schumacher* NZM 2005, 641, 643). Auch der Maßstab nach konkret verbauter Zahl von Rauchwarnmeldern in der Wohnung des Mieters ist bei unterschiedlich großen Wohnungen immer noch besser vertretbar als die Verteilung nach Zahl der Wohnungen.

IX. Duldungspflicht des Mieters

9026 Der Mieter muss den Einbau von Rauchwarnmeldern gem. § 555d Abs. 1 BGB grundsätzlich dulden, d.h. nach vorheriger Ankündigung den Zutritt zur Wohnung und den vorgeschriebenen Einbauorten (Zimmern) gestatten und die Montage hinnehmen (*AG Burgwedel*, Urt. v. 01.07.2010, 73 C 251/09 ZMR 2011, 800 und in II. Instanz *LG Hannover*, Beschl. v. 09.12.2010, 1 S 24/10, ZMR 2011, 826). Gleiches gilt für die jährlich durchzuführende optische Funktionskontrolle. Auch wenn es sich beim Einbau von Rauchwarnmeldern um eine zur Mieterhöhung berechtigende Modernisierungsmaßnahme i.S.d. § 559 BGB i.V.m. § 555b BGB handelt, gilt für den Einbau selbst nicht die dreimonatige Ankündigungsfrist des § 555c Abs. 1 BGB. Denn bauliche Maßnahmen, die der Vermieter aufgrund einer behördlichen Anordnung oder gesetzlichen Verpflichtung durchzuführen hat, fallen von vornherein nicht unter § 555c BGB (a.A. insoweit *AG Schwarzenbek*, Urt. v. 23.08.2007, 2 C 305/07, ZMR 2008, 721.) und unterliegen deshalb auch nicht den dem Vermieter auferlegten Mitteilungspflichten. Derartige Maßnahmen muss der Mieter vielmehr nach § 555d Abs. 1 BGB dulden. Sie sind, soweit es sich nicht um Notmaßnahmen handelt, vom Vermieter vorher anzukündigen, sodass sich der Mieter nach Möglichkeit darauf einstellen kann. Der Mieter ist nach Treu und Glauben verpflichtet, an einer baldigen Terminsabstimmung mitzuwirken (*BGH*, Urt. v. 04.03.2009, VIII ZR 110/08, MDR 2009, 738 = NZM 2009, 394). In Bundesländern ohne gesetzliche Einbaupflicht gilt die dreimonatige Ankündigungsfrist auch nicht, da der Einbau von Rauchwarnmeldern die Bagatellgrenze nicht überschreitet und die Einhaltung der Frist nach § 555c Abs. 4 BGB entbehrlich ist (vgl. *AG Schwarzenbek*, Urt. v. 23.08.2007, 2 C 305/07, ZMR 2008, 721 mit Hinweis auf Eisenschmid in Schmidt-Futterer, 10. Aufl. 2011, § 554 Rn. 297).

Auch Mieter, die bereits **eigene Rauchwarnmelder installiert** haben, müssen die einheitliche (dagegen zu Unrecht im WEG-Recht *AG Augsburg* ZMR 2018, 79) – und ggf. vollständige, d. h. aller zum Schlafen geeigneten Räume, inklusive Wohnzimmer; vgl. *AG Halle/Saale*, Urt. v. 28.01.2014, 97 C 2551/13, ZMR 2014, 455 – Ausstattung ihrer Mietwohnung durch das vom Vermieter beauftragte Unternehmen dulden (*AG Hamburg-Blankenese*, Urt. v. 16.02.2011, 531 C 341/10, ZMR 2011, 395). Der Mieter muss die Dispositionsbefugnis des Vermieters akzeptieren und kann nicht durch vorauseilenden Gehorsam und Einbau eigener Geräte letztlich in die Verwaltungspraxis des Vermieters eingreifen [missverstanden von *Wüstefeld* WuM 2012, 134]. Der Vermieter entscheidet auch über den Umfang der Ausstattung; er ist nicht verpflichtet nur eine Mindestausstattung nach der jeweiligen LBauO vorzunehmen; *AG Hamburg-Wandsbek*, Urt. v. 13.06.2008, 716c C 89/08, ZMR 2009, 47 = WE 2009, 137. Der dortige Urteilstenor lautete: »*Der Beklagte wird verurteilt, der Klägerin und den Mitarbeitern der Firma [...] den Zugang zur Wohnung [...] zu gewähren und den Einbau der zertifizierten batteriebetriebenen*

IX. Duldungspflicht des Mieters   Teil IX

Rauchwarnmelder durch die Mitarbeiter der Firma [...] in allen Wohnräumen sowie den Fluren an den Decken zu dulden.« Die eigene Installation von Rauchwarnmeldern lässt die einheitliche Ausstattung der Mietwohnung mit Rauchwarnmeldern (vgl. zum WEG-Recht *AG Rosenheim* ZMR 2017, 773; *AG München*, ZWE 2017, 463; *AG Wuppertal* ZMR 2016, 1006) durch den Vermieter nicht als eine für den Mieter auch unter Berücksichtigung der berechtigten Interessen des Vermieters nicht zu rechtfertigende Härte erscheinen. Ein Wegfall der Duldungspflicht nach § 555d Abs. 2 BGB scheidet danach aus (*AG Hamburg-Bergedorf,* Urt. v. 16.11.2009 – 410D C 181/09, ZMR 2010, 969). Der Mieter ist auch verpflichtet, den Einbau von Rauchwarnmeldern in Räumen zu dulden, die nach den Vorgaben der jeweiligen Landesbauordnung nicht der Ausstattungspflicht unterliegen. Es gibt weder ein Verbot zulasten des Mieters, einen Nutzungswechsel der einzelnen Zimmer vorzunehmen und bspw. das ehemalige Schlaf- zum Wohnzimmer und umgekehrt das ehemalige Wohn- zum Schlafzimmer zu machen, noch gibt es eine Verpflichtung des Mieters, den Vermieter über einen derartigen Nutzungswechsel aufzuklären. Bereits deshalb hat der Vermieter ein überwiegendes berechtigtes Interesse, auch Räume mit Rauchwarnmeldern auszustatten, die von der gesetzlichen Einbaupflicht nicht umfasst sind, um hier auf Dauer seinen gesetzlichen Verpflichtungen nachkommen zu können (*AG Hamburg-Bergedorf,* Urt. v. 16.11.2009 – 410D C 181/09, ZMR 2010, 969). Die Mieter müssen ermöglichen, dass Mitarbeiter – max. zwei Personen gleichzeitig, die sich auf Wunsch der Mieter ausweisen müssen – eines vom Vermieter beauftragten Unternehmens nach vorheriger Ankündigung mit Frist von mindestens einer Woche in der Zeit zwischen 09.00 Uhr und 13.00 Uhr sowie 15.00 Uhr und 18.00 Uhr den Zutritt zu der gemieteten Wohnung... erhalten und dulden, dass in den zum Schlafen genutzten/geeigneten Räumen sowie im Flur der Wohnung jeweils die Installation eines Rauchwarnmelders an der Decke des Raumes erfolgt (*AG Hamburg-Blankenese,* Urt. v. 16.02.2011, 531 C 341/10, ZMR 2011, 395).

In Mecklenburg-Vorpommern soll bei einer eigenen gesetzeskonformen Installation von DIN EN 14604 gerechten und VdS-zertifizierten Rauchwarnmelder durch den Mieter eine auch bei Berücksichtigung der Interessen des Vermieters nicht zu rechtfertigende Härte vorliegen. Dieser Mieter, der als Nachrüstungsverpflichteter i.S.d. § 48 Abs. 4 LBauO M-V anzusehen sei, sei gem. § 554 Abs. 2 Satz 2 BGB a.F. nicht verpflichtet, den Einbau von Rauchwarnmeldern zu dulden (*AG Hagenow,* Urt. v. 01.04.2010, 10 C 359/09, ZMR 2010, 770, *LG Schwerin* 2 S 57/10.). Hierbei wird verkannt, dass Bundesrecht (Mietrecht des BGB, dort § 535) vor Landesrecht (Landesbauordnung) geht.

Der Mieter ist berechtigt, selbst Rauchwarnmelder einzubauen, was solange sinnvoll erscheint wie der Vermieter (noch) nicht für eine (einheitliche) Ausstattung der Mietwohnung Rauchwarnmelder gesorgt hat. Die Installation entspricht einem vertragsgemäßen Gebrauch der Mietsache (*AG Hannover,* Urt. v. 20.04.2007, 537 C 17077/05, WuM 2008, 399 = ZMR 2009, 292). Die Kosten sind vom Mieter zu tragen. Bei Mietende darf er die Rauchwarnmelder, die in der Regel Scheinbestandteile i.S.d. § 95 BGB oder Scheinzubehör i.S.d. § 97 BGB sind, gem. § 539 Abs. 2 BGB wegnehmen. In den in diesem Zusammenhang eher seltenen Fällen des § 539 Abs. 1 BGB kommt ein Aufwendungsersatz oder ein Bereicherungsanspruch in Betracht (*Schmid* ZMR 2008, 98, 100 m.w.N.).

X. Fehlalarm (insbesondere Täuschalarm bzw. Täuschungsalarm)

9027 Solche Täuschungsalarme lassen sich beim besten Melder wohl nicht vermeiden. Auch wenn z.b. das Eindringen von Fruchtfliegen in die Kammer des Rauchwarnmelders durch feine Netze verhindert wird, kann die Fruchtfliege evtl. ihre Eier in der Kammer ablegen. Dann ist der Nachwuchs das Problem, weil er die Kammer nicht mehr verlassen kann.

Verstehen Dritte einen auf mangelnde Batterie-Stromspannung weisenden Signalton des Rauchwarnmelders als Alarmton oder kommt es zu einem Auslösen des Melders ohne Brand nebst Rauchentwicklung wegen eines technischen Defekts (anders bei Manipulation durch den Mieter) und wird dann von der Feuerwehr die Wohnungstür im Einsatz gewaltsam aufgebrochen, ist der Mieter gegenüber dem Vermieter nicht schadensersatzpflichtig, da die freiwillige Installation von Rauchwarnmeldern einem vertragsgemäßen Gebrauch der Mietsache entspricht (*AG Hannover,* Urt. v. 20.04.2007, 537 C 17077/05, WuM 2008, 399 = ZMR 2009, 293).

Feuerwehreinsätze wegen des Fehlalarms einer Brandmeldeanlage sind auch dann gebührenpflichtig, wenn die Anlage zwar im überwiegenden öffentlichen Interesse eingerichtet wurde, sie aber auch privaten Interessen dient. (*OVG Hamburg,* Beschl. v. 01.07.2008, 1 Bf 250/07.Z, ZMR 2009, 567). Die Entscheidung betraf eine Asylbewerberunterkunft mit einer max. Belegungskapazität von 360 Personen, für die nach den öffentlich-rechtlichen Bestimmungen eine Brandmeldeanlage vorzuhalten war. Die Entscheidung dürfte aber auf Rauchwarnmelder in Wohnungen entsprechend anzuwenden sein.

Ein gutes Eskalationsmanagement ist vor dem Hintergrund möglicher Kosten für Feuerwehreinsätze bei Fehlalarm zu sehen. Die Landes-Brandschutzgesetze regeln in einigen Bundesländern zumindest ähnliche Sachverhalte. So heißt in Schleswig-Holstein in § 2 BrandschutzG:

Aufgaben der Gemeinden

> Die Gemeinden haben als Selbstverwaltungsaufgabe zur Sicherstellung des abwehrenden Brandschutzes und der Technischen Hilfe den örtlichen Verhältnissen angemessene leistungsfähige öffentliche Feuerwehren zu unterhalten, Fernmelde- und Alarmierungseinrichtungen einzurichten sowie für eine ausreichende Löschwasserversorgung zu sorgen.

Während § 29 (2) BrandschutzG regelt:

> Für andere Einsätze und Leistungen der öffentlichen Feuerwehren... kann der Träger der Feuerwehr Gebühren oder privatrechtliche Entgelte erheben. Dabei können Pauschalbeträge festgesetzt werden. Das Kommunalabgabengesetz des Landes Schleswig-Holstein gilt entsprechend. Das Gleiche gilt für Einsätze in den zusätzlichen Einsatzbereichen nach § 21 Absatz 4 und zu Zwecken nach Absatz 1 im Falle vorsätzlicher Verursachung von Gefahr

X. Fehlalarm (insbesondere Täuschalarm bzw. Täuschungsalarm) Teil IX

oder Schaden, vorsätzlicher grundloser Alarmierung der Feuerwehr, eines Fehlalarms einer Brandmeldeanlage,......

Ähnlich regelt § 26 BrandschutzG Mecklenburg-Vorpommern den Kostenersatz

§ 26 BrandschutzG
(1) Der Einsatz der öffentlichen Feuerwehren ist unbeschadet des Absatzes 2 für die Geschädigten unentgeltlich bei
a) Bränden,
b) der Befreiung von Menschen aus lebensbedrohlichen Lagen,
c) der Technischen Hilfeleistung bei Not- und Unglücksfällen, die durch Naturereignisse verursacht werden.

(2) Für andere Einsätze und Leistungen der öffentlichen Feuerwehren sind die Kosten nach allgemeinen gesetzlichen Bestimmungen oder nach örtlichen Gebührenregelungen zu erstatten. Das Gleiche gilt für Einsätze nach Absatz 1....
e) für den Eigentümer oder Besitzer einer Brandmeldeanlage, wenn diese Anlage einen Fehlalarm auslöst.

Ausgangspunkt für die rechtliche Beurteilung ist der jeweilige Gefahrenbegriff, der für die Rechtmäßigkeit polizeilichen Vorgehens oder eines Feuerwehreinsatzes erfüllt sein muss. (vgl. *Sven Tönnemann*, Vorgehen bei vermutlichen Fehlalarmen durch Rauchwarnmelder, Deutsche Feuerwehrzeitung 2008, 798–801).

Eine Anscheinsgefahr liegt bereits vor, wenn bei verständiger Würdigung objektive Anhaltspunkte (Rauchwarnmelder erst kurze Zeit an und Qualm aus der Küche) für eine Gefahr vorliegen.

Dann ist die Feuerwehr zu sog. (rechtmäßigen und teuren) Gefahrerforschungseingriffen berechtigt und verpflichtet.

Ein objektiver Anhaltspunkt wird aber z.T. auch bejaht, wenn der Melder schon länger alarmiert. Es könnte nämlich ein Schwelbrand vorliegen, dessen Glutnester bei Zufuhr von Sauerstoff sich explosionsartig entzünden können.

Es »droht« auch dann ein rechtmäßiger Gefahrerforschungseingriff der Feuerwehr. Dieser setzt ein ermessensfehlerfreies Betreten der Wohnung i.d.R. voraus.

Ein Kostenerstattungsanspruch der Gemeinde kommt ggf. in Betracht, wenn der Melder nicht bestimmungsgemäß ausgelöst hat. Bisher sieht das BrandschutzG (§ 29 Abs. 2) in Schleswig-Holstein aber nur bei Brandmeldanlagen Derartiges ausdrücklich vor. Analogieschlüsse im Kostenrecht sind problematisch. Dasselbe gilt für ein Zurückgreifen auf eine öffentlich-rechtliche Geschäftsführung ohne Auftrag.

Aber: Schadensersatzansprüche wegen von der Feuerwehr verursachten Schäden kommen nicht in Betracht bei rechtmäßigem Vorgehen!

Z.T. werden Aufwendungsersatzansprüche der Polizei analog § 683 BGB bejaht, z.B. für das Einsetzen eines neuen Schlosses im Rahmen der Eigentumssicherung.

Grundsätzlich gilt zumindest für Polizeieinsätze allerdings:

Ist der Eingriff rechtmäßig (Primärebene), so führt dies in Fällen der Anscheinsgefahr nicht zwingend und immer dazu, dass der Anscheinsstörer die Kosten für den Einsatz (Sekundärebene) tragen muss.

Bei Bestehen einer Einbaupflicht nach der jeweiligen LBauO kann es ermessensfehlerhaft sein einerseits den Einbau der Rauchwarnmelder zu fordern und andererseits für einen Feuerwehreinsatz voll zu liquidieren. Dem Landesgesetzgeber war ja bekannt, dass auch der beste Melder fehleranfällig ist.

Zu Fehleinsätzen und deren Kosten vgl. auch *OVG Schleswig* (Beschl. v. 23.02.2000, 2 K 20/97, SchlHA 2000, 141 = NordÖR 2000, 304): Auch wenn die Vorsorgeleistungen für größere Notfalleinsätze – ebenso wie Vorsorgeleistungen für den herkömmlichen Rettungsdienst – für die Allgemeinheit von Bedeutung und Interesse sind, sind es letztlich diejenigen, die den Rettungsdienst in Anspruch nehmen müssen, denen die getroffene Vorsorge allein zugutekommt. Dies rechtfertigt, die öffentliche Hand zu entlasten und dem Personenkreis, dem die Leistungen zurechenbar sind, allein die Kosten aufzubürden.

Keine Einwände lassen sich weiterhin dagegen erheben, dass die Aufwendungen für sog. Fehleinsätze in den gebührenpflichtigen Aufwand einbezogen wurden. Diese Aufwendungen sind betriebsbedingt. Nach § 6 Abs. 1 Satz 1 RDG ist Rettungsdienst die bedarfsgerechte und leistungsfähige Sicherstellung von Notfallrettungen und Krankentransport in öffentlich-rechtlicher Trägerschaft. Diese Definition verdeutlicht, dass die öffentliche Einrichtung Rettungsdienst das Versorgungssystem als Ganzes umfasst. Sog. Fehleinsätze, sei es, dass der Verletzte eines Transports nicht bedarf bzw. es ablehnt, transportiert zu werden oder sei es, weil niemand am Einsatzort angetroffen wird, sind unvermeidlich.

Lösung über eine Klausel im Versicherungsvertrag?

»Bei einer Fehlfunktion eines installierten (!) Rauchwarnmelders wird die XY-Gebäudeversicherung auf Prüfung einer möglichen Obliegenheitsverletzung verzichten.«

Nach dem Wortlaut der Klausel wird nur auf Fehlfunktionen abgehoben. Nach dem für Versicherungsbedingungen geltenden Auslegungsmaßstab des verständigen durchschnittlichen Versicherungsnehmers dürften damit allein technisch bedingte Fehlfunktionen gemeint sein (z.B. Ausfall der Elektronik).

Zweifelhaft ist etwa, ob man noch von einer Fehlfunktion sprechen kann, wenn es sich um einen Wartungsmangel und nicht um eine Funktionsstörung handelt; hier könnten Gerichte dem Versicherungsnehmer freilich möglicherweise über die Unklarheitenregel helfen.

Abzulehnen ist es in jedem Fall, eine Entfernung des Rauchwarnmelders noch als Funktionsstörung einzuordnen. Von der Hamburger Feuerwehr wird allerdings das Entfernen der Rauchwarnmelder während des Urlaubs empfohlen (sehr fraglich).

Teil X Gesetzes- und Verordnungstexte

Bürgerliches Gesetzbuch

Vom 18. August 1896 (RGBl. S. 195)

In der Fassung der Bekanntmachung vom 2. Januar 2002 (BGBl.- I S. 42, 2909, 2003 I S. 738)

Zuletzt geändert durch Artikel 1 G.v. 12.06.2020 (BGBl. I S. 1245)

– Auszug –

§ 305 Einbeziehung Allgemeiner Geschäftsbedingungen in den Vertrag

(1) Allgemeine Geschäftsbedingungen sind alle für eine Vielzahl von Verträgen vorformulierten Vertragsbedingungen, die eine Vertragspartei (Verwender) der anderen Vertragspartei bei Abschluss eines Vertrags stellt. Gleichgültig ist, ob die Bestimmungen einen äußerlich gesonderten Bestandteil des Vertrags bilden oder in die Vertragsurkunde selbst aufgenommen werden, welchen Umfang sie haben, in welcher Schriftart sie verfasst sind und welche Form der Vertrag hat. Allgemeine Geschäftsbedingungen liegen nicht vor, soweit die Vertragsbedingungen zwischen den Vertragsparteien im Einzelnen ausgehandelt sind.

(2) Allgemeine Geschäftsbedingungen werden nur dann Bestandteil eines Vertrags, wenn der Verwender bei Vertragsschluss
1. die andere Vertragspartei ausdrücklich oder, wenn ein ausdrücklicher Hinweis wegen der Art des Vertragsschlusses nur unter unverhältnismäßigen Schwierigkeiten möglich ist, durch deutlich sichtbaren Aushang am Orte des Vertragsschlusses auf sie hinweist und
2. der anderen Vertragspartei die Möglichkeit verschafft, in zumutbarer Weise, die auch eine für den Verwender erkennbare körperliche Behinderung der anderen Vertragspartei angemessen berücksichtigt, von ihrem Inhalt Kenntnis zu nehmen, und wenn die andere Vertragspartei mit ihrer Geltung einverstanden ist.

(3) Die Vertragsparteien können für eine bestimmte Art von Rechtsgeschäften die Geltung bestimmter Allgemeiner Geschäftsbedingungen unter Beachtung der in Absatz 2 bezeichneten Erfordernisse im Voraus vereinbaren.

§ 305a Einbeziehung in besonderen Fällen

Auch ohne Einhaltung der in § 305 Abs. 2 Nr. 1 und 2 bezeichneten Erfordernisse werden einbezogwen, wenn die andere Vertragspartei mit ihrer Geltung einverstanden ist,
1. die mit Genehmigung der zuständigen Verkehrsbehörde oder aufgrund von internationalen Übereinkommen erlassenen Tarife und Ausführungsbestimmungen der Eisenbahnen und die nach Maßgabe des Personenbeförderungsgesetzes genehmigten Beförderungsbedingungen der Straßenbahnen, Obusse und Kraftfahrzeuge im Linienverkehr in den Beförderungsvertrag,

2. die im Amtsblatt der Bundesnetzagentur für Elektrizität, Gas, Telekommunikation, Post und Eisenbahnen veröffentlichen und in den Geschäftsstellen des Verwenders bereitgehaltenen Allgemeinen Geschäftsbedingungen
   a) in Beförderungsverträge, die außerhalb von Geschäftsräumen durch den Einwurf von Postsendungen in Briefkästen abgeschlossen werden,
   b) in Verträge über Telekommunikations-, Informations- und andere Dienstleistungen, die unmittelbar durch Einsatz von Fernkommunikationsmitteln und während der Erbringung einer Telekommunikationsdienstleistung in einem Mal erbracht werden, wenn die Allgemeinen Geschäftsbedingungen der anderen Vertragspartei nur unter unverhältnismäßigen Schwierigkeiten vor dem Vertragsschluss zugänglich gemacht werden können.

§ 305b Vorrang der Individualabrede

Individuelle Vertragsabreden haben Vorrang vor Allgemeinen Geschäftsbedingungen.

§ 305c Überraschende und mehrdeutige Klauseln

(1) Bestimmungen in Allgemeinen Geschäftsbedingungen, die nach den Umständen, insbesondere nach dem äußeren Erscheinungsbild des Vertrags, so ungewöhnlich sind, dass der Vertragspartner des Verwenders mit ihnen nicht zu rechnen braucht, werden nicht Vertragsbestandteil.

(2) Zweifel bei der Auslegung Allgemeiner Geschäftsbedingungen gehen zulasten des Verwenders.

§ 306 Rechtsfolgen bei Nichteinbeziehung und Unwirksamkeit

(1) Sind Allgemeine Geschäftsbedingungen ganz oder teilweise nicht Vertragsbestandteil geworden oder unwirksam, so bleibt der Vertrag im Übrigen wirksam.

(2) Soweit die Bestimmungen nicht Vertragsbestandteil geworden oder unwirksam sind, richtet sich der Inhalt des Vertrags nach den gesetzlichen Vorschriften.

(3) Der Vertrag ist unwirksam, wenn das Festhalten an ihm auch unter Berücksichtigung der nach Absatz 2 vorgesehenen Änderung eine unzumutbare Härte für eine Vertragspartei darstellen würde.

§ 306a Umgehungsverbot

Die Vorschriften dieses Abschnitts finden auch Anwendung, wenn sie durch anderweitige Gestaltungen umgangen werden.

§ 307 Inhaltskontrolle

(1) Bestimmungen in Allgemeinen Geschäftsbedingungen sind unwirksam, wenn sie den Vertragspartner des Verwenders entgegen den Geboten von Treu und Glauben

unangemessen benachteiligen. Eine unangemessene Benachteiligung kann sich auch daraus ergeben, dass die Bestimmung nicht klar und verständlich ist.

(2) Eine unangemessene Benachteiligung ist im Zweifel anzunehmen, wenn eine Bestimmung
1. mit wesentlichen Grundgedanken der gesetzlichen Regelung, von der abgewichen wird, nicht zu vereinbaren ist oder
2. wesentliche Rechte oder Pflichten, die sich aus der Natur des Vertrags ergeben, so einschränkt, dass die Erreichung des Vertragszwecks gefährdet ist.

(3) Die Absätze 1 und 2 sowie die §§ 308 und 309 gelten nur für Bestimmungen in Allgemeinen Geschäftsbedingungen, durch die von Rechtsvorschriften abweichende oder diese ergänzende Regelungen vereinbart werden. Andere Bestimmungen können nach Absatz 1 Satz 2 in Verbindung mit Absatz 1 Satz 1 unwirksam sein.

§ 308 Klauselverbote mit Wertungsmöglichkeit

In Allgemeinen Geschäftsbedingungen ist insbesondere unwirksam
1. (Annahme- und Leistungsfrist)
   eine Bestimmung, durch die sich der Verwender unangemessen lange oder nicht hinreichend bestimmte Fristen für die Annahme oder Ablehnung eines Angebots oder die Erbringung einer Leistung vorbehält; ausgenommen hiervon ist der Vorbehalt, erst nach Ablauf der Widerrufsfrist nach § 355 Absatz 1 und 2 zu leisten;
1a. (Zahlungsfrist)
   eine Bestimmung, durch die sich der Verwender eine unangemessen lange Zeit für die Erfüllung einer Entgeltforderung des Vertragspartners vorbehält; ist der Verwender kein Verbraucher, ist im Zweifel anzunehmen, dass eine Zeit von mehr als 30 Tagen nach Empfang der Gegenleistung oder, wenn dem Schuldner nach Empfang der Gegenleistung eine Rechnung oder gleichwertige Zahlungsaufstellung zugeht, von mehr als 30 Tagen nach Zugang dieser Rechnung oder Zahlungsaufstellung unangemessen lang ist;
1b. (Überprüfungs- und Abnahmefrist)
   eine Bestimmung, durch die sich der Verwender vorbehält, eine Entgeltforderung des Vertragspartners erst nach unangemessen langer Zeit für die Überprüfung oder Abnahme der Gegenleistung zu erfüllen; ist der Verwender kein Verbraucher, ist im Zweifel anzunehmen, dass eine Zeit von mehr als 15 Tagen nach Empfang der Gegenleistung unangemessen lang ist;
2. (Nachfrist)
   eine Bestimmung, durch die sich der Verwender für die von ihm zu bewirkende Leistung abweichend von Rechtsvorschriften eine unangemessen lange oder nicht hinreichend bestimmte Nachfrist vorbehält;
3. (Rücktrittsvorbehalt)
   die Vereinbarung eines Rechts des Verwenders, sich ohne sachlich gerechtfertigten und im Vertrag angegebenen Grund von seiner Leistungspflicht zu lösen; dies gilt nicht für Dauerschuldverhältnisse;
4. (Änderungsvorbehalt)

die Vereinbarung eines Rechts des Verwenders, die versprochene Leistung zu ändern oder von ihr abzuweichen, wenn nicht die Vereinbarung der Änderung oder Abweichung unter Berücksichtigung der Interessen des Verwenders für den anderen Vertragsteil zumutbar ist;
5. (Fingierte Erklärungen)
eine Bestimmung, wonach eine Erklärung des Vertragspartners des Verwenders bei Vornahme oder Unterlassung einer bestimmten Handlung als von ihm abgegeben oder nicht abgegeben gilt, es sei denn, dass
   a) dem Vertragspartner eine angemessene Frist zur Abgabe einer ausdrücklichen Erklärung eingeräumt ist und
   b) der Verwender sich verpflichtet, den Vertragspartner bei Beginn der Frist auf die vorgesehene Bedeutung seines Verhaltens besonders hinzuweisen;
6. (Fiktion des Zugangs)
eine Bestimmung, die vorsieht, dass eine Erklärung des Verwenders von besonderer Bedeutung dem anderen Vertragsteil als zugegangen gilt;
7. (Abwicklung von Verträgen)
eine Bestimmung, nach der der Verwender für den Fall, dass eine Vertragspartei vom Vertrag zurücktritt oder den Vertrag kündigt,
   a) eine unangemessen hohe Vergütung für die Nutzung oder den Gebrauch einer Sache oder eines Rechts oder für erbrachte Leistungen oder
   b) einen unangemessen hohen Ersatz von Aufwendungen verlangen kann;
8. (Nichtverfügbarkeit der Leistung)
die nach Nummer 3 zulässige Vereinbarung eines Vorbehalts des Verwenders, sich von der Verpflichtung zur Erfüllung des Vertrags bei Nichtverfügbarkeit der Leistung zu lösen, wenn sich der Verwender nicht verpflichtet,
   a) den Vertragspartner unverzüglich über die Nichtverfügbarkeit zu informieren und
   b) Gegenleistungen des Vertragspartners unverzüglich

§ 309 Klauselverbote ohne Wertungsmöglichkeit

Auch soweit eine Abweichung von den gesetzlichen Vorschriften zulässig ist, ist in Allgemeinen Geschäftsbedingungen unwirksam
1. (Kurzfristige Preiserhöhungen) eine Bestimmung, welche die Erhöhung des Entgelts für Waren oder Leistungen vorsieht, die innerhalb von vier Monaten nach Vertragsschluss geliefert oder erbracht werden sollen; dies gilt nicht bei Waren oder Leistungen, die im Rahmen von Dauerschuldverhältnissen geliefert oder erbracht werden;
2. (Leistungsverweigerungsrechte) eine Bestimmung, durch die
   a) das Leistungsverweigerungsrecht, das dem Vertragspartner des Verwenders nach § 320 zusteht, ausgeschlossen oder eingeschränkt wird oder
   b) ein dem Vertragspartner des Verwenders zustehendes Zurückbehaltungsrecht, soweit es auf demselben Vertragsverhältnis beruht, ausgeschlossen oder eingeschränkt, insbesondere von der Anerkennung von Mängeln durch den Verwender abhängig gemacht wird;

3. (Aufrechnungsverbot) eine Bestimmung, durch die dem Vertragspartner des Verwenders die Befugnis genommen wird, mit einer unbestrittenen oder rechtskräftig festgestellten Forderung aufzurechnen;
4. (Mahnung, Fristsetzung) eine Bestimmung, durch die der Verwender von der gesetzlichen Obliegenheit freigestellt wird, den anderen Vertragsteil zu mahnen oder ihm eine Frist für die Leistung oder Nacherfüllung zu setzen;
5. (Pauschalierung von Schadensersatzansprüchen) die Vereinbarung eines pauschalierten Anspruchs des Verwenders auf Schadensersatz oder Ersatz einer Wertminderung, wenn
    a) die Pauschale den in den geregelten Fällen nach dem gewöhnlichen Lauf der Dinge zu erwartenden Schaden oder die gewöhnlich eintretende Wertminderung übersteigt oder
    b) dem anderen Vertragsteil nicht ausdrücklich der Nachweis gestattet wird, ein Schaden oder eine Wertminderung sei überhaupt nicht entstanden oder wesentlich niedriger als die Pauschale;
6. (Vertragsstrafe) eine Bestimmung, durch die dem Verwender für den Fall der Nichtabnahme oder verspäteten Abnahme der Leistung, des Zahlungsverzugs oder für den Fall, dass der andere Vertragsteil sich vom Vertrag löst, Zahlung einer Vertragsstrafe versprochen wird;
7. (Haftungsausschluss bei Verletzung von Leben, Körper, Gesundheit und bei grobem Verschulden)
    a) (Verletzung von Leben, Körper, Gesundheit) ein Ausschluss oder eine Begrenzung der Haftung für Schäden aus der Verletzung des Lebens, des Körpers oder der Gesundheit, die auf einer fahrlässigen Pflichtverletzung des Verwenders oder einer vorsätzlichen oder fahrlässigen Pflichtverletzung eines gesetzlichen Vertreters oder Erfüllungsgehilfen des Verwenders beruhen;
    b) (Grobes Verschulden) ein Ausschluss oder eine Begrenzung der Haftung für sonstige Schäden, die auf einer grob fahrlässigen Pflichtverletzung des Verwenders oder auf einer vorsätzlichen oder grob fahrlässigen Pflichtverletzung eines gesetzlichen Vertreters oder Erfüllungsgehilfen des Verwenders beruhen;
die Buchstaben a und b gelten nicht für Haftungsbeschränkungen in den nach Maßgabe des Personenbeförderungsgesetzes genehmigten Beförderungsbedingungen und Tarifvorschriften der Straßenbahnen, Obusse und Kraftfahrzeuge im Linienverkehr, soweit sie nicht zum Nachteil des Fahrgasts von der Verordnung über die Allgemeinen Beförderungsbedingungen für den Straßenbahn- und Obusverkehr sowie den Linienverkehr mit Kraftfahrzeugen vom 27. Februar 1970 abweichen; Buchstabe b gilt nicht für Haftungsbeschränkungen für staatlich genehmigte Lotterie- oder Ausspielverträge;
8. (Sonstige Haftungsausschlüsse bei Pflichtverletzung)
    a) (Ausschluss des Rechts, sich vom Vertrag zu lösen) eine Bestimmung, die bei einer vom Verwender zu vertretenden, nicht in einem Mangel der Kaufsache oder des Werkes bestehenden Pflichtverletzung das Recht des anderen Vertragsteils, sich vom Vertrag zu lösen, ausschließt oder einschränkt; dies gilt nicht für die in der Nummer 7 bezeichneten Beförderungsbedingungen und Tarifvorschriften unter den dort genannten Voraussetzungen;

b) (Mängel) eine Bestimmung, durch die bei Verträgen über Lieferungen neu hergestellter Sachen und über Werkleistungen

aa) (Ausschluss und Verweisung auf Dritte) die Ansprüche gegen den Verwender wegen eines Mangels insgesamt oder bezüglich einzelner Teile ausgeschlossen, auf die Einräumung von Ansprüchen gegen Dritte beschränkt oder von der vorherigen gerichtlichen Inanspruchnahme Dritter abhängig gemacht werden;

bb) (Beschränkung auf Nacherfüllung) die Ansprüche gegen den Verwender insgesamt oder bezüglich einzelner Teile auf ein Recht auf Nacherfüllung beschränkt werden, sofern dem anderen Vertragsteil nicht ausdrücklich das Recht vorbehalten wird, bei Fehlschlagen der Nacherfüllung zu mindern oder, wenn nicht eine Bauleistung Gegenstand der Mängelhaftung ist, nach seiner Wahl vom Vertrag zurückzutreten;

cc) (Aufwendungen bei Nacherfüllung) die Verpflichtung des Verwenders ausgeschlossen oder beschränkt wird, die zum Zweck der Nacherfüllung erforderlichen Aufwendungen nach § 439 Absatz 2 und 3 oder § 635 Absatz 2 zu tragen oder zu ersetzen;

dd) (Vorenthalten der Nacherfüllung) der Verwender die Nacherfüllung von der vorherigen Zahlung des vollständigen Entgelts oder eines unter Berücksichtigung des Mangels unverhältnismäßig hohen Teils des Entgelts abhängig macht;

ee) (Ausschlussfrist für Mängelanzeige) der Verwender dem anderen Vertragsteil für die Anzeige nicht offensichtlicher Mängel eine Ausschlussfrist setzt, die kürzer ist als die nach dem Doppelbuchstaben ff zulässige Frist;

ff) (Erleichterung der Verjährung) die Verjährung von Ansprüchen gegen den Verwender wegen eines Mangels in den Fällen des § 438 Abs. 1 Nr. 2 und des § 634a Abs. 1 Nr. 2 erleichtert oder in den sonstigen Fällen eine weniger als ein Jahr betragende Verjährungsfrist ab dem gesetzlichen Verjährungsbeginn erreicht wird;

9. (Laufzeit bei Dauerschuldverhältnissen) bei einem Vertragsverhältnis, das die regelmäßige Lieferung von Waren oder die regelmäßige Erbringung von Dienst- oder Werkleistungen durch den Verwender zum Gegenstand hat,

a) eine den anderen Vertragsteil länger als zwei Jahre bindende Laufzeit des Vertrags,

b) eine den anderen Vertragsteil bindende stillschweigende Verlängerung des Vertragsverhältnisses um jeweils mehr als ein Jahr oder

c) zu Lasten des anderen Vertragsteils eine längere Kündigungsfrist als drei Monate vor Ablauf der zunächst vorgesehenen oder stillschweigend verlängerten Vertragsdauer;

dies gilt nicht für Verträge über die Lieferung als zusammengehörig verkaufter Sachen sowie für Versicherungsverträge;

10. (Wechsel des Vertragspartners) eine Bestimmung, wonach bei Kauf-, Darlehens-, Dienst- oder Werkverträgen ein Dritter anstelle des Verwenders in die sich aus dem Vertrag ergebenden Rechte und Pflichten eintritt oder eintreten kann, es sei denn, in der Bestimmung wird

a) der Dritte namentlich bezeichnet oder
b) dem anderen Vertragsteil das Recht eingeräumt, sich vom Vertrag zu lösen;
11. (Haftung des Abschlussvertreters) eine Bestimmung, durch die der Verwender einem Vertreter, der den Vertrag für den anderen Vertragsteil abschließt,
a) ohne hierauf gerichtete ausdrückliche und gesonderte Erklärung eine eigene Haftung oder Einstandspflicht oder
b) im Falle vollmachtsloser Vertretung eine über § 179 hinausgehende Haftung auferlegt;
12. (Beweislast) eine Bestimmung, durch die der Verwender die Beweislast zum Nachteil des anderen Vertragsteils ändert, insbesondere indem er
a) diesem die Beweislast für Umstände auferlegt, die im Verantwortungsbereich des Verwenders liegen, oder
b) den anderen Vertragsteil bestimmte Tatsachen bestätigen lässt;
Buchstabe b gilt nicht für Empfangsbekenntnisse, die gesondert unterschrieben oder mit einer gesonderten qualifizierten elektronischen Signatur versehen sind;
13. (Form von Anzeigen und Erklärungen) eine Bestimmung, durch die Anzeigen oder Erklärungen, die dem Verwender oder einem Dritten gegenüber abzugeben sind, gebunden werden
a) an eine strengere Form als die schriftliche Form in einem Vertrag, für den durch Gesetz notarielle Beurkundung vorgeschrieben ist oder
b) an eine strengere Form als die Textform in anderen als den in Buchstabe a genannten Verträgen oder
c) an besondere Zugangserfordernisse.
14. (Klageverzicht) eine Bestimmung, wonach der andere Vertragsteil seine Ansprüche gegen den Verwender gerichtlich nur geltend machen darf, nachdem er eine gütliche Einigung in einem Verfahren zur außergerichtlichen Streitbeilegung versucht hat;
15. (Abschlagszahlungen und Sicherheitsleistung) eine Bestimmung, nach der der Verwender bei einem Werkvertrag
a) für Teilleistungen Abschlagszahlungen vom anderen Vertragsteil verlangen kann, die wesentlich höher sind als die nach § 632a Absatz 1 und § 650m Absatz 1 zu leistenden Abschlagszahlungen, oder
b) die Sicherheitsleistung nach § 650m Absatz 2 nicht oder nur in geringerer Höhe leisten muss.

§ 310 Anwendungsbereich

(1) ¹§ 305 Absatz 2 und 3, § 308 Nummer 1, 2 bis 8 und § 309 finden keine Anwendung auf Allgemeine Geschäftsbedingungen, die gegenüber einem Unternehmer, einer juristischen Person des öffentlichen Rechts oder einem öffentlich- rechtlichen Sondervermögen verwendet werden. ²§ 307 Abs. 1 und 2 findet in den Fällen des Satzes 1 auch insoweit Anwendung, als dies zur Unwirksamkeit von in § 308 Nummer 1, 2 bis 8 und § 309 genannten Vertragsbestimmungen führt; auf die im Handelsverkehr geltenden Gewohnheiten und Gebräuche ist angemessen Rücksicht zu nehmen. ³In den Fällen des Satzes 1 finden § 307 Absatz 1 und 2 sowie § 308 Nummer 1a und 1b auf Verträge, in die die Vergabe- und Vertragsordnung für Bauleistungen Teil B

(VOB/B) in der jeweils zum Zeitpunkt des Vertragsschlusses geltenden Fassung ohne inhaltliche Abweichungen insgesamt einbezogen ist, in Bezug auf eine Inhaltskontrolle einzelner Bestimmungen keine Anwendung.

(2) ¹Die §§ 308 und 309 finden keine Anwendung auf Verträge der Elektrizitäts-, Gas-, Fernwärme- und Wasserversorgungsunternehmen über die Versorgung von Sonderabnehmern mit elektrischer Energie, Gas, Fernwärme und Wasser aus dem Versorgungsnetz, soweit die Versorgungsbedingungen nicht zum Nachteil der Abnehmer von Verordnungen über Allgemeine Bedingungen für die Versorgung von Tarifkunden mit elektrischer Energie, Gas, Fernwärme und Wasser abweichen. ²Satz 1 gilt entsprechend für Verträge über die Entsorgung von Abwasser.

(3) Bei Verträgen zwischen einem Unternehmer und einem Verbraucher (Verbraucherverträge) finden die Vorschriften dieses Abschnitts mit folgenden Maßgaben Anwendung:
1. Allgemeine Geschäftsbedingungen gelten als vom Unternehmer gestellt, es sei denn, dass sie durch den Verbraucher in den Vertrag eingeführt wurden;
2. § 305c Abs. 2 und die §§ 306 und 307 bis 309 dieses Gesetzes sowie Artikel 46b des Einführungsgesetzes zum Bürgerlichen Gesetzbuche finden auf vorformulierte Vertragsbedingungen auch dann Anwendung, wenn diese nur zur einmaligen Verwendung bestimmt sind und soweit der Verbraucher auf Grund der Vorformulierung auf ihren Inhalt keinen Einfluss nehmen konnte;
3. bei der Beurteilung der unangemessenen Benachteiligung nach § 307 Abs. 1 und 2 sind auch die den Vertragsschluss begleitenden Umstände zu berücksichtigen.

(4) ¹Dieser Abschnitt findet keine Anwendung bei Verträgen auf dem Gebiet des Erb-, Familien- und Gesellschaftsrechts sowie auf Tarifverträge, Betriebs- und Dienstvereinbarungen. ²Bei der Anwendung auf Arbeitsverträge sind die im Arbeitsrecht geltenden Besonderheiten angemessen zu berücksichtigen; § 305 Abs. 2 und 3 ist nicht anzuwenden. ³Tarifverträge, Betriebs- und Dienstvereinbarungen stehen Rechtsvorschriften im Sinne von § 307 Abs. 3 gleich.

§ 311 Rechtsgeschäftliche und rechtsgeschäftsähnliche Schuldverhältnisse

(1) Zur Begründung eines Schuldverhältnisses durch Rechtsgeschäft sowie zur Änderung des Inhalts eines Schuldverhältnisses ist ein Vertrag zwischen den Beteiligten erforderlich, soweit nicht das Gesetz ein anderes vorschreibt.

(2) Ein Schuldverhältnis mit Pflichten nach § 241 Abs. 2 entsteht auch durch
1. die Aufnahme von Vertragsverhandlungen,
2. die Anbahnung eines Vertrags, bei welcher der eine Teil im Hinblick auf eine etwaige rechtsgeschäftliche Beziehung dem anderen Teil die Möglichkeit zur Einwirkung auf seine Rechte, Rechtsgüter und Interessen gewährt oder ihm diese anvertraut, oder
3. ähnliche geschäftliche Kontakte.

(3) Ein Schuldverhältnis mit Pflichten nach § 241 Abs. 2 kann auch zu Personen entstehen, die nicht selbst Vertragspartei werden sollen. Ein solches Schuldverhältnis entsteht

insbesondere, wenn der Dritte in besonderem Maße Vertrauen für sich in Anspruch nimmt und dadurch die Vertragsverhandlungen oder den Vertragsschluss erheblich beeinflusst.

§ 311a Leistungshindernis bei Vertragsschluss

(1) Der Wirksamkeit eines Vertrags steht es nicht entgegen, dass der Schuldner nach § 275 Abs. 1 bis 3 nicht zu leisten braucht und das Leistungshindernis schon bei Vertragsschluss vorliegt.

(2) Der Gläubiger kann nach seiner Wahl Schadensersatz statt der Leistung oder Ersatz seiner Aufwendungen in dem in § 284 bestimmten Umfang verlangen. Dies gilt nicht, wenn der Schuldner das Leistungshindernis bei Vertragsschluss nicht kannte und seine Unkenntnis auch nicht zu vertreten hat. § 281 Abs. 1 Satz 2 und 3 und Abs. 5 findet entsprechende Anwendung.

§ 311b Verträge über Grundstücke, das Vermögen und den Nachlass

(1) Ein Vertrag, durch den sich der eine Teil verpflichtet, das Eigentum an einem Grundstück zu übertragen oder zu erwerben, bedarf der notariellen Beurkundung. Ein ohne Beachtung dieser Form geschlossener Vertrag wird seinem ganzen Inhalt nach gültig, wenn die Auflassung und die Eintragung in das Grundbuch erfolgen.

(2) Ein Vertrag, durch den sich der eine Teil verpflichtet, sein künftiges Vermögen oder einen Bruchteil seines künftigen Vermögens zu übertragen oder mit einem Nießbrauch zu belasten, ist nichtig.

(3) Ein Vertrag, durch den sich der eine Teil verpflichtet, sein gegenwärtiges Vermögen oder einen Bruchteil seines gegenwärtigen Vermögens zu übertragen oder mit einem Nießbrauch zu belasten, bedarf der notariellen Beurkundung.

(4) Ein Vertrag über den Nachlass eines noch lebenden Dritten ist nichtig. Das Gleiche gilt von einem Vertrag über den Pflichtteil oder ein Vermächtnis aus dem Nachlass eines noch lebenden Dritten.

(5) Absatz 4 gilt nicht für einen Vertrag, der unter künftigen gesetzlichen Erben über den gesetzlichen Erbteil oder den Pflichtteil eines von ihnen geschlossen wird. Ein solcher Vertrag bedarf der notariellen Beurkundung.

§ 311c Erstreckung auf Zubehör

Verpflichtet sich jemand zur Veräußerung oder Belastung einer Sache, so erstreckt sich diese Verpflichtung im Zweifel auch auf das Zubehör der Sache.

§ 312 Anwendungsbereich

(1) Die Vorschriften der Kapitel 1 und 2 dieses Untertitels sind nur auf Verbraucherverträge im Sinne des § 310 Absatz 3 anzuwenden, die eine entgeltliche Leistung des Unternehmers zum Gegenstand haben.

(2) Von den Vorschriften der Kapitel 1 und 2 dieses Untertitels ist nur § 312a Absatz 1, 3, 4 und 6 auf folgende Verträge anzuwenden:
1. notariell beurkundete Verträge
   a) über Finanzdienstleistungen, die außerhalb von Geschäftsräumen geschlossen werden,
   b) die keine Verträge über Finanzdienstleistungen sind; für Verträge, für die das Gesetz die notarielle Beurkundung des Vertrags oder einer Vertragserklärung nicht vorschreibt, gilt dies nur, wenn der Notar darüber belehrt, dass die Informationspflichten nach § 312d Absatz 1 und das Widerrufsrecht nach § 312g Absatz 1 entfallen,
2. Verträge über die Begründung, den Erwerb oder die Übertragung von Eigentum oder anderen Rechten an Grundstücken,
3. Verbraucherbauverträge nach § 650i Absatz 1,
4. (aufgehoben)
5. Verträge über die Beförderung von Personen,
6. Verträge über Teilzeit-Wohnrechte, langfristige Urlaubsprodukte, Vermittlungen und Tauschsysteme nach den §§ 481 bis 481b,
7. Behandlungsverträge nach § 630a,
8. Verträge über die Lieferung von Lebensmitteln, Getränken oder sonstigen Haushaltsgegenständen des täglichen Bedarfs, die am Wohnsitz, am Aufenthaltsort oder am Arbeitsplatz eines Verbrauchers von einem Unternehmer im Rahmen häufiger und regelmäßiger Fahrten geliefert werden,
9. Verträge, die unter Verwendung von Warenautomaten und automatisierten Geschäftsräumen geschlossen werden,
10. Verträge, die mit Betreibern von Telekommunikationsmitteln mit Hilfe öffentlicher Münz- und Kartentelefone zu deren Nutzung geschlossen werden,
11. Verträge zur Nutzung einer einzelnen von einem Verbraucher hergestellten Telefon-, Internet- oder Telefaxverbindung,
12. außerhalb von Geschäftsräumen geschlossene Verträge, bei denen die Leistung bei Abschluss der Verhandlungen sofort erbracht und bezahlt wird und das vom Verbraucher zu zahlende Entgelt 40 Euro nicht überschreitet, und
13. Verträge über den Verkauf beweglicher Sachen auf Grund von Zwangsvollstreckungsmaßnahmen oder anderen gerichtlichen Maßnahmen.

(3) Auf Verträge über soziale Dienstleistungen, wie Kinderbetreuung oder Unterstützung von dauerhaft oder vorübergehend hilfsbedürftigen Familien oder Personen, einschließlich Langzeitpflege, sind von den Vorschriften der Kapitel 1 und 2 dieses Untertitels nur folgende anzuwenden:
1. die Definitionen der außerhalb von Geschäftsräumen geschlossenen Verträge und der Fernabsatzverträge nach den §§ 312b und 312c,
2. § 312a Absatz 1 über die Pflicht zur Offenlegung bei Telefonanrufen,
3. § 312a Absatz 3 über die Wirksamkeit der Vereinbarung, die auf eine über das vereinbarte Entgelt für die Hauptleistung hinausgehende Zahlung gerichtet ist,
4. § 312a Absatz 4 über die Wirksamkeit der Vereinbarung eines Entgelts für die Nutzung von Zahlungsmitteln,

5. § 312a Absatz 6,
6. § 312d Absatz 1 in Verbindung mit Artikel 246a § 1 Absatz 2 und 3 des Einführungsgesetzes zum Bürgerlichen Gesetzbuche über die Pflicht zur Information über das Widerrufsrecht und
7. § 312g über das Widerrufsrecht.

(4) ¹Auf Verträge über die Vermietung von Wohnraum sind von den Vorschriften der Kapitel 1 und 2 dieses Untertitels nur die in Absatz 3 Nummer 1 bis 7 genannten Bestimmungen anzuwenden. ²Die in Absatz 3 Nummer 1, 6 und 7 genannten Bestimmungen sind jedoch nicht auf die Begründung eines Mietverhältnisses über Wohnraum anzuwenden, wenn der Mieter die Wohnung zuvor besichtigt hat.

(5) ¹Bei Vertragsverhältnissen über Bankdienstleistungen sowie Dienstleistungen im Zusammenhang mit einer Kreditgewährung, Versicherung, Altersversorgung von Einzelpersonen, Geldanlage oder Zahlung (Finanzdienstleistungen), die eine erstmalige Vereinbarung mit daran anschließenden aufeinanderfolgenden Vorgängen oder eine daran anschließende Reihe getrennter, in einem zeitlichen Zusammenhang stehender Vorgänge gleicher Art umfassen, sind die Vorschriften der Kapitel 1 und 2 dieses Untertitels nur auf die erste Vereinbarung anzuwenden. ²§ 312a Absatz 1, 3, 4 und 6 ist daneben auf jeden Vorgang anzuwenden. ³Wenn die in Satz 1 genannten Vorgänge ohne eine solche Vereinbarung aufeinanderfolgen, gelten die Vorschriften über Informationspflichten des Unternehmers nur für den ersten Vorgang. ⁴Findet jedoch länger als ein Jahr kein Vorgang der gleichen Art mehr statt, so gilt der nächste Vorgang als der erste Vorgang einer neuen Reihe im Sinne von Satz 3.

(6) Von den Vorschriften der Kapitel 1 und 2 dieses Untertitels ist auf Verträge über Versicherungen sowie auf Verträge über deren Vermittlung nur § 312a Absatz 3, 4 und 6 anzuwenden.

(7) ¹Auf Pauschalreiseverträge nach den §§ 651a und 651c sind von den Vorschriften dieses Untertitels nur § 312a Absatz 3 bis 6, die §§ 312i, 312j Absatz 2 bis 5 und § 312k anzuwenden; diese Vorschriften finden auch Anwendung, wenn der Reisende kein Verbraucher ist. ²Ist der Reisende ein Verbraucher, ist auf Pauschalreiseverträge nach § 651a, die außerhalb von Geschäftsräumen geschlossen worden sind, auch § 312g Absatz 1 anzuwenden, es sei denn, die mündlichen Verhandlungen, auf denen der Vertragsschluss beruht, sind auf vorhergehende Bestellung des Verbrauchers geführt worden.

§ 312a Allgemeine Pflichten und Grundsätze bei Verbraucherverträgen; Grenzen der Vereinbarung von Entgelten

(1) Ruft der Unternehmer oder eine Person, die in seinem Namen oder Auftrag handelt, den Verbraucher an, um mit diesem einen Vertrag zu schließen, hat der Anrufer zu Beginn des Gesprächs seine Identität und gegebenenfalls die Identität der Person, für die er anruft, sowie den geschäftlichen Zweck des Anrufs offenzulegen.

(2) Der Unternehmer ist verpflichtet, den Verbraucher nach Maßgabe des Artikels 246 des Einführungsgesetzes zum Bürgerlichen Gesetzbuche zu informieren. Der

Unternehmer kann von dem Verbraucher Fracht-, Liefer- oder Versandkosten und sonstige Kosten nur verlangen, soweit er den Verbraucher über diese Kosten entsprechend den Anforderungen aus Artikel 246 Absatz 1 Nummer 3 des Einführungsgesetzes zum Bürgerlichen Gesetzbuche informiert hat. Die Sätze 1 und 2 sind weder auf außerhalb von Geschäftsräumen geschlossene Verträge noch auf Fernabsatzverträge noch auf Verträge über Finanzdienstleistungen anzuwenden.

(3) Eine Vereinbarung, die auf eine über das vereinbarte Entgelt für die Hauptleistung hinausgehende Zahlung des Verbrauchers gerichtet ist, kann ein Unternehmer mit einem Verbraucher nur ausdrücklich treffen. Schließen der Unternehmer und der Verbraucher einen Vertrag im elektronischen Geschäftsverkehr, wird eine solche Vereinbarung nur Vertragsbestandteil, wenn der Unternehmer die Vereinbarung nicht durch eine Voreinstellung herbeiführt.

(4) Eine Vereinbarung, durch die ein Verbraucher verpflichtet wird, ein Entgelt dafür zu zahlen, dass er für die Erfüllung seiner vertraglichen Pflichten ein bestimmtes Zahlungsmittel nutzt, ist unwirksam, wenn
1. für den Verbraucher keine gängige und zumutbare unentgeltliche Zahlungsmöglichkeit besteht oder
2. das vereinbarte Entgelt über die Kosten hinausgeht, die dem Unternehmer durch die Nutzung des Zahlungsmittels entstehen.

(5) Eine Vereinbarung, durch die ein Verbraucher verpflichtet wird, ein Entgelt dafür zu zahlen, dass der Verbraucher den Unternehmer wegen Fragen oder Erklärungen zu einem zwischen ihnen geschlossenen Vertrag über eine Rufnummer anruft, die der Unternehmer für solche Zwecke bereithält, ist unwirksam, wenn das vereinbarte Entgelt das Entgelt für die bloße Nutzung des Telekommunikationsdienstes übersteigt. Ist eine Vereinbarung nach Satz 1 unwirksam, ist der Verbraucher auch gegenüber dem Anbieter des Telekommunikationsdienstes nicht verpflichtet, ein Entgelt für den Anruf zu zahlen. Der Anbieter des Telekommunikationsdienstes ist berechtigt, das Entgelt für die bloße Nutzung des Telekommunikationsdienstes von dem Unternehmer zu verlangen, der die unwirksame Vereinbarung mit dem Verbraucher geschlossen hat.

(6) Ist eine Vereinbarung nach den Absätzen 3 bis 5 nicht Vertragsbestandteil geworden oder ist sie unwirksam, bleibt der Vertrag im Übrigen wirksam.

§ 312b Außerhalb von Geschäftsräumen geschlossene Verträge

(1) Außerhalb von Geschäftsräumen geschlossene Verträge sind Verträge,
1. die bei gleichzeitiger körperlicher Anwesenheit des Verbrauchers und des Unternehmers an einem Ort geschlossen werden, der kein Geschäftsraum des Unternehmers ist,
2. für die der Verbraucher unter den in Nummer 1 genannten Umständen ein Angebot abgegeben hat,
3. die in den Geschäftsräumen des Unternehmers oder durch Fernkommunikationsmittel geschlossen werden, bei denen der Verbraucher jedoch unmittelbar zuvor außerhalb der Geschäftsräume des Unternehmers bei gleichzeitiger körperlicher

Anwesenheit des Verbrauchers und des Unternehmers persönlich und individuell angesprochen wurde, oder
4. die auf einem Ausflug geschlossen werden, der von dem Unternehmer oder mit seiner Hilfe organisiert wurde, um beim Verbraucher für den Verkauf von Waren oder die Erbringung von Dienstleistungen zu werben und mit ihm entsprechende Verträge abzuschließen.
Dem Unternehmer stehen Personen gleich, die in seinem Namen oder Auftrag handeln.

(2) Geschäftsräume im Sinne des Absatzes 1 sind unbewegliche Gewerberäume, in denen der Unternehmer seine Tätigkeit dauerhaft ausübt, und bewegliche Gewerberäume, in denen der Unternehmer seine Tätigkeit für gewöhnlich ausübt. Gewerberäume, in denen die Person, die im Namen oder Auftrag des Unternehmers handelt, ihre Tätigkeit dauerhaft oder für gewöhnlich ausübt, stehen Räumen des Unternehmers gleich.

§ 312c Fernabsatzverträge

(1) Fernabsatzverträge sind Verträge, bei denen der Unternehmer oder eine in seinem Namen oder Auftrag handelnde Person und der Verbraucher für die Vertragsverhandlungen und den Vertragsschluss ausschließlich Fernkommunikationsmittel verwenden, es sei denn, dass der Vertragsschluss nicht im Rahmen eines für den Fernabsatz organisierten Vertriebs- oder Dienstleistungssystems erfolgt.

(2) Fernkommunikationsmittel im Sinne dieses Gesetzes sind alle Kommunikationsmittel, die zur Anbahnung oder zum Abschluss eines Vertrags eingesetzt werden können, ohne dass die Vertragsparteien gleichzeitig körperlich anwesend sind, wie Briefe, Kataloge, Telefonanrufe, Telekopien, E-Mails, über den Mobilfunkdienst versendete Nachrichten (SMS) sowie Rundfunk und Telemedien.

§ 312d Informationspflichten

(1) Bei außerhalb von Geschäftsräumen geschlossenen Verträgen und bei Fernabsatzverträgen ist der Unternehmer verpflichtet, den Verbraucher nach Maßgabe des Artikels 246a des Einführungsgesetzes zum Bürgerlichen Gesetzbuche zu informieren. Die in Erfüllung dieser Pflicht gemachten Angaben des Unternehmers werden Inhalt des Vertrags, es sei denn, die Vertragsparteien haben ausdrücklich etwas anderes vereinbart.

(2) Bei außerhalb von Geschäftsräumen geschlossenen Verträgen und bei Fernabsatzverträgen über Finanzdienstleistungen ist der Unternehmer abweichend von Absatz 1 verpflichtet, den Verbraucher nach Maßgabe des Artikels 246b des Einführungsgesetzes zum Bürgerlichen Gesetzbuche zu informieren.

§ 312e Verletzung von Informationspflichten über Kosten

Der Unternehmer kann von dem Verbraucher Fracht-, Liefer- oder Versandkosten und sonstige Kosten nur verlangen, soweit er den Verbraucher über diese Kosten entsprechend den Anforderungen aus § 312d Absatz 1 in Verbindung mit Artikel 246a § 1 Absatz 1 Satz 1 Nummer 4 des Einführungsgesetzes zum Bürgerlichen Gesetzbuche informiert hat.

§ 312f Abschriften und Bestätigungen

(1) Bei außerhalb von Geschäftsräumen geschlossenen Verträgen ist der Unternehmer verpflichtet, dem Verbraucher alsbald auf Papier zur Verfügung zu stellen
1. eine Abschrift eines Vertragsdokuments, das von den Vertragsschließenden so unterzeichnet wurde, dass ihre Identität erkennbar ist, oder
2. eine Bestätigung des Vertrags, in der der Vertragsinhalt wiedergegeben ist.

Wenn der Verbraucher zustimmt, kann für die Abschrift oder die Bestätigung des Vertrags auch ein anderer dauerhafter Datenträger verwendet werden. Die Bestätigung nach Satz 1 muss die in Artikel 246a des Einführungsgesetzes zum Bürgerlichen Gesetzbuche genannten Angaben nur enthalten, wenn der Unternehmer dem Verbraucher diese Informationen nicht bereits vor Vertragsschluss in Erfüllung seiner Informationspflichten nach § 312d Absatz 1 auf einem dauerhaften Datenträger zur Verfügung gestellt hat.

(2) Bei Fernabsatzverträgen ist der Unternehmer verpflichtet, dem Verbraucher eine Bestätigung des Vertrags, in der der Vertragsinhalt wiedergegeben ist, innerhalb einer angemessenen Frist nach Vertragsschluss, spätestens jedoch bei der Lieferung der Ware oder bevor mit der Ausführung der Dienstleistung begonnen wird, auf einem dauerhaften Datenträger zur Verfügung zu stellen. Die Bestätigung nach Satz 1 muss die in Artikel 246a des Einführungsgesetzes zum Bürgerlichen Gesetzbuche genannten Angaben enthalten, es sei denn, der Unternehmer hat dem Verbraucher diese Informationen bereits vor Vertragsschluss in Erfüllung seiner Informationspflichten nach § 312d Absatz 1 auf einem dauerhaften Datenträger zur Verfügung gestellt.

(3) Bei Verträgen über die Lieferung von nicht auf einem körperlichen Datenträger befindlichen Daten, die in digitaler Form hergestellt und bereitgestellt werden (digitale Inhalte), ist auf der Abschrift oder in der Bestätigung des Vertrags nach den Absätzen 1 und 2 gegebenenfalls auch festzuhalten, dass der Verbraucher vor Ausführung des Vertrags
1. ausdrücklich zugestimmt hat, dass der Unternehmer mit der Ausführung des Vertrags vor Ablauf der Widerrufsfrist beginnt, und
2. seine Kenntnis davon bestätigt hat, dass er durch seine Zustimmung mit Beginn der Ausführung des Vertrags sein Widerrufsrecht verliert.

(4) Diese Vorschrift ist nicht anwendbar auf Verträge über Finanzdienstleistungen.

§ 312g Widerrufsrecht

(1) Dem Verbraucher steht bei außerhalb von Geschäftsräumen geschlossenen Verträgen und bei Fernabsatzverträgen ein Widerrufsrecht gemäß § 355 zu.

(2) Das Widerrufsrecht besteht, soweit die Parteien nichts anderes vereinbart haben, nicht bei folgenden Verträgen:
1. Verträge zur Lieferung von Waren, die nicht vorgefertigt sind und für deren Herstellung eine individuelle Auswahl oder Bestimmung durch den Verbraucher maßgeblich ist oder die eindeutig auf die persönlichen Bedürfnisse des Verbrauchers zugeschnitten sind,

2. Verträge zur Lieferung von Waren, die schnell verderben können oder deren Verfallsdatum schnell überschritten würde,
3. Verträge zur Lieferung versiegelter Waren, die aus Gründen des Gesundheitsschutzes oder der Hygiene nicht zur Rückgabe geeignet sind, wenn ihre Versiegelung nach der Lieferung entfernt wurde,
4. Verträge zur Lieferung von Waren, wenn diese nach der Lieferung auf Grund ihrer Beschaffenheit untrennbar mit anderen Gütern vermischt wurden,
5. Verträge zur Lieferung alkoholischer Getränke, deren Preis bei Vertragsschluss vereinbart wurde, die aber frühestens 30 Tage nach Vertragsschluss geliefert werden können und deren aktueller Wert von Schwankungen auf dem Markt abhängt, auf die der Unternehmer keinen Einfluss hat,
6. Verträge zur Lieferung von Ton- oder Videoaufnahmen oder Computersoftware in einer versiegelten Packung, wenn die Versiegelung nach der Lieferung entfernt wurde,
7. Verträge zur Lieferung von Zeitungen, Zeitschriften oder Illustrierten mit Ausnahme von Abonnement-Verträgen,
8. Verträge zur Lieferung von Waren oder zur Erbringung von Dienstleistungen, einschließlich Finanzdienstleistungen, deren Preis von Schwankungen auf dem Finanzmarkt abhängt, auf die der Unternehmer keinen Einfluss hat und die innerhalb der Widerrufsfrist auftreten können, insbesondere Dienstleistungen im Zusammenhang mit Aktien, mit Anteilen an offenen Investmentvermögen im Sinne von § 1 Absatz 4 des Kapitalanlagegesetzbuchs und mit anderen handelbaren Wertpapieren, Devisen, Derivaten oder Geldmarktinstrumenten,
9. Verträge zur Erbringung von Dienstleistungen in den Bereichen Beherbergung zu anderen Zwecken als zu Wohnzwecken, Beförderung von Waren, Kraftfahrzeugvermietung, Lieferung von Speisen und Getränken sowie zur Erbringung weiterer Dienstleistungen im Zusammenhang mit Freizeitbetätigungen, wenn der Vertrag für die Erbringung einen spezifischen Termin oder Zeitraum vorsieht,
10. Verträge, die im Rahmen einer Vermarktungsform geschlossen werden, bei der der Unternehmer Verbrauchern, die persönlich anwesend sind oder denen diese Möglichkeit gewährt wird, Waren oder Dienstleistungen anbietet, und zwar in einem vom Versteigerer durchgeführten, auf konkurrierenden Geboten basierenden transparenten Verfahren, bei dem der Bieter, der den Zuschlag erhalten hat, zum Erwerb der Waren oder Dienstleistungen verpflichtet ist (öffentlich zugängliche Versteigerung),
11. Verträge, bei denen der Verbraucher den Unternehmer ausdrücklich aufgefordert hat, ihn aufzusuchen, um dringende Reparatur- oder Instandhaltungsarbeiten vorzunehmen; dies gilt nicht hinsichtlich weiterer bei dem Besuch erbrachter Dienstleistungen, die der Verbraucher nicht ausdrücklich verlangt hat, oder hinsichtlich solcher bei dem Besuch gelieferter Waren, die bei der Instandhaltung oder Reparatur nicht unbedingt als Ersatzteile benötigt werden,
12. Verträge zur Erbringung von Wett- und Lotteriedienstleistungen, es sei denn, dass der Verbraucher seine Vertragserklärung telefonisch abgegeben hat oder der Vertrag außerhalb von Geschäftsräumen geschlossen wurde, und

13. notariell beurkundete Verträge; dies gilt für Fernabsatzverträge über Finanzdienstleistungen nur, wenn der Notar bestätigt, dass die Rechte des Verbrauchers aus § 312d Absatz 2 gewahrt sind.

(3) Das Widerrufsrecht besteht ferner nicht bei Verträgen, bei denen dem Verbraucher bereits auf Grund der §§ 495, 506 bis 513 ein Widerrufsrecht nach § 355 zusteht, und nicht bei außerhalb von Geschäftsräumen geschlossenen Verträgen, bei denen dem Verbraucher bereits nach § 305 Absatz 1 bis 6 des Kapitalanlagegesetzbuchs ein Widerrufsrecht zusteht.

§ 315 Bestimmung der Leistung durch eine Partei

(1) Soll die Leistung durch einen der Vertragschließenden bestimmt werden, so ist im Zweifel anzunehmen, dass die Bestimmung nach billigem Ermessen zu treffen ist.

(2) Die Bestimmung erfolgt durch Erklärung gegenüber dem anderen Teile.

§ 316 Bestimmung der Gegenleistung

Ist der Umfang der für eine Leistung versprochenen Gegenleistung nicht bestimmt, so steht die Bestimmung im Zweifel demjenigen Teile zu, welcher die Gegenleistung zu fordern hat.

§ 355 Widerrufsrecht bei Verbraucherverträgen

(1) Wird einem Verbraucher durch Gesetz ein Widerrufsrecht nach dieser Vorschrift eingeräumt, so sind der Verbraucher und der Unternehmer an ihre auf den Abschluss des Vertrags gerichteten Willenserklärungen nicht mehr gebunden, wenn der Verbraucher seine Willenserklärung fristgerecht widerrufen hat. Der Widerruf erfolgt durch Erklärung gegenüber dem Unternehmer. Aus der Erklärung muss der Entschluss des Verbrauchers zum Widerruf des Vertrags eindeutig hervorgehen. Der Widerruf muss keine Begründung enthalten. Zur Fristwahrung genügt die rechtzeitige Absendung des Widerrufs.

(2) Die Widerrufsfrist beträgt 14 Tage. Sie beginnt mit Vertragsschluss, soweit nichts anderes bestimmt ist.

(3) Im Falle des Widerrufs sind die empfangenen Leistungen unverzüglich zurückzugewähren. Bestimmt das Gesetz eine Höchstfrist für die Rückgewähr, so beginnt diese für den Unternehmer mit dem Zugang und für den Verbraucher mit der Abgabe der Widerrufserklärung. Ein Verbraucher wahrt diese Frist durch die rechtzeitige Absendung der Waren. Der Unternehmer trägt bei Widerruf die Gefahr der Rücksendung der Waren.

§ 356 Widerrufsrecht bei außerhalb von Geschäftsräumen geschlossenen Verträgen und Fernabsatzverträgen

(1) Der Unternehmer kann dem Verbraucher die Möglichkeit einräumen, das Muster-Widerrufsformular nach Anlage 2 zu Artikel 246a § 1 Absatz 2 Satz 1 Nummer 1 des Einführungsgesetzes zum Bürgerlichen Gesetzbuche oder eine andere eindeutige Widerrufserklärung auf der Webseite des Unternehmers auszufüllen und zu übermitteln.

Macht der Verbraucher von dieser Möglichkeit Gebrauch, muss der Unternehmer dem Verbraucher den Zugang des Widerrufs unverzüglich auf einem dauerhaften Datenträger bestätigen.

(2) Die Widerrufsfrist beginnt
1. bei einem Verbrauchsgüterkauf,
   a) der nicht unter die Buchstaben b bis d fällt, sobald der Verbraucher oder ein von ihm benannter Dritter, der nicht Frachtführer ist, die Waren erhalten hat,
   b) bei dem der Verbraucher mehrere Waren im Rahmen einer einheitlichen Bestellung bestellt hat und die Waren getrennt geliefert werden, sobald der Verbraucher oder ein von ihm benannter Dritter, der nicht Frachtführer ist, die letzte Ware erhalten hat,
   c) bei dem die Ware in mehreren Teilsendungen oder Stücken geliefert wird, sobald der Verbraucher oder ein vom Verbraucher benannter Dritter, der nicht Frachtführer ist, die letzte Teilsendung oder das letzte Stück erhalten hat,
   d) der auf die regelmäßige Lieferung von Waren über einen festgelegten Zeitraum gerichtet ist, sobald der Verbraucher oder ein von ihm benannter Dritter, der nicht Frachtführer ist, die erste Ware erhalten hat,
2. bei einem Vertrag, der die nicht in einem begrenzten Volumen oder in einer bestimmten Menge angebotene Lieferung von Wasser, Gas oder Strom, die Lieferung von Fernwärme oder die Lieferung von nicht auf einem körperlichen Datenträger befindlichen digitalen Inhalten zum Gegenstand hat, mit Vertragsschluss.

(3) Die Widerrufsfrist beginnt nicht, bevor der Unternehmer den Verbraucher entsprechend den Anforderungen des Artikels 246a § 1 Absatz 2 Satz 1 Nummer 1 oder des Artikels 246b § 2 Absatz 1 des Einführungsgesetzes zum Bürgerlichen Gesetzbuche unterrichtet hat. Das Widerrufsrecht erlischt spätestens zwölf Monate und 14 Tage nach dem in Absatz 2 oder § 355 Absatz 2 Satz 2 genannten Zeitpunkt. Satz 2 ist auf Verträge über Finanzdienstleistungen nicht anwendbar.

(4) Das Widerrufsrecht erlischt bei einem Vertrag zur Erbringung von Dienstleistungen auch dann, wenn der Unternehmer die Dienstleistung vollständig erbracht hat und mit der Ausführung der Dienstleistung erst begonnen hat, nachdem der Verbraucher dazu seine ausdrückliche Zustimmung gegeben hat und gleichzeitig seine Kenntnis davon bestätigt hat, dass er sein Widerrufsrecht bei vollständiger Vertragserfüllung durch den Unternehmer verliert. Bei einem außerhalb von Geschäftsräumen geschlossenen Vertrag muss die Zustimmung des Verbrauchers auf einem dauerhaften Datenträger übermittelt werden. Bei einem Vertrag über die Erbringung von Finanzdienstleistungen erlischt das Widerrufsrecht abweichend von Satz 1, wenn der Vertrag von beiden Seiten auf ausdrücklichen Wunsch des Verbrauchers vollständig erfüllt ist, bevor der Verbraucher sein Widerrufsrecht ausübt.

(5) Das Widerrufsrecht erlischt bei einem Vertrag über die Lieferung von nicht auf einem körperlichen Datenträger befindlichen digitalen Inhalten auch dann, wenn der Unternehmer mit der Ausführung des Vertrags begonnen hat, nachdem der Verbraucher
1. ausdrücklich zugestimmt hat, dass der Unternehmer mit der Ausführung des Vertrags vor Ablauf der Widerrufsfrist beginnt, und

2. seine Kenntnis davon bestätigt hat, dass er durch seine Zustimmung mit Beginn der Ausführung des Vertrags sein Widerrufsrecht verliert.

§ 535 Inhalt und Hauptpflichten des Mietvertrags

(1) Durch den Mietvertrag wird der Vermieter verpflichtet, dem Mieter den Gebrauch der Mietsache während der Mietzeit zu gewähren. Der Vermieter hat die Mietsache dem Mieter in einem zum vertragsgemäßen Gebrauch geeigneten Zustand zu überlassen und sie während der Mietzeit in diesem Zustand zu erhalten. Er hat die auf der Mietsache ruhenden Lasten zu tragen.

(2) Der Mieter ist verpflichtet, dem Vermieter die vereinbarte Miete zu entrichten.

§ 549 Auf Wohnraummietverhältnisse anwendbare Vorschriften

(1) Für Mietverhältnisse über Wohnraum gelten die §§ 535 bis 548, soweit sich nicht aus den §§ 549 bis 577a etwas anderes ergibt.

(2) Die Vorschriften über die Miethöhe bei Mietbeginn in Gebieten mit angespannten Wohnungsmärkten (§§ 556d bis 556g), über die Mieterhöhung (§§ 557 bis 561) und über den Mieterschutz bei Beendigung des Mietverhältnisses sowie bei der Begründung von Wohnungseigentum (§ 568 Abs. 2, §§ 573, 573a, 573d Abs. 1, §§ 574 bis 575, 575a Abs. 1 und §§ 577, 577a) gelten nicht für Mietverhältnisse über
1. Wohnraum, der nur zum vorübergehenden Gebrauch vermietet ist,
2. Wohnraum, der Teil der vom Vermieter selbst bewohnten Wohnung ist und den der Vermieter überwiegend mit Einrichtungsgegenständen auszustatten hat, sofern der Wohnraum dem Mieter nicht zum dauernden Gebrauch mit seiner Familie oder mit Personen überlassen ist, mit denen er einen auf Dauer angelegten gemeinsamen Haushalt führt,
3. Wohnraum, den eine juristische Person des öffentlichen Rechts oder ein anerkannter privater Träger der Wohlfahrtspflege angemietet hat, um ihn Personen mit dringendem Wohnungsbedarf zu überlassen, wenn sie den Mieter bei Vertragsschluss auf die Zweckbestimmung des Wohnraums und die Ausnahme von den genannten Vorschriften hingewiesen hat.

(3) Für Wohnraum in einem Studenten- oder Jugendwohnheim gelten die §§ 557 bis 561 sowie die §§ 573, 573a, 573d Abs. 1 und §§ 575, 575a Abs. 1, §§ 577, 577a nicht.

§ 550 Form des Mietvertrages

Wird der Mietvertrag für längere Zeit als ein Jahr nicht in schriftlicher Form geschlossen, so gilt er für unbestimmte Zeit. Die Kündigung ist jedoch frühestens zum Ablauf eines Jahres nach Überlassung des Wohnraums zulässig.

§ 556 Vereinbarungen über Betriebskosten

(1) Die Vertragsparteien können vereinbaren, dass der Mieter Betriebskosten trägt. Betriebskosten sind die Kosten, die dem Eigentümer oder Erbbauberechtigten durch

das Eigentum oder Erbbaurecht am Grundstück oder durch den bestimmungsmäßigen Gebrauch des Gebäudes, der Nebengebäude, Anlagen, Einrichtungen und des Grundstücks laufend entstehen. Für die Aufstellung der Betriebskosten gilt die Betriebskostenverordnung vom 25. November 2003 (BGBl. I S. 2346, 2347) fort. Die Bundesregierung wird ermächtigt, durch Rechtsverordnung ohne Zustimmung des Bundesrates Vorschriften über die Aufstellung der Betriebskosten zu erlassen.

(2) Die Vertragsparteien können vorbehaltlich anderweitiger Vorschriften vereinbaren, dass Betriebskosten als Pauschale oder als Vorauszahlung ausgewiesen werden. Vorauszahlungen für Betriebskosten dürfen nur in angemessener Höhe vereinbart werden.

(3) Über die Vorauszahlungen für Betriebskosten ist jährlich abzurechnen; dabei ist der Grundsatz der Wirtschaftlichkeit zu beachten. Die Abrechnung ist dem Mieter spätestens bis zum Ablauf des zwölften Monats nach Ende des Abrechnungszeitraums mitzuteilen. Nach Ablauf dieser Frist ist die Geltendmachung einer Nachforderung durch den Vermieter ausgeschlossen, es sei denn, der Vermieter hat die verspätete Geltendmachung nicht zu vertreten. Der Vermieter ist zu Teilabrechnungen nicht verpflichtet. Einwendungen gegen die Abrechnung hat der Mieter dem Vermieter spätestens bis zum Ablauf des zwölften Monats nach Zugang der Abrechnung mitzuteilen. Nach Ablauf dieser Frist kann der Mieter Einwendungen nicht mehr geltend machen, es sei denn, der Mieter hat die verspätete Geltendmachung nicht zu vertreten.

(4) Eine zum Nachteil des Mieters von Absatz 1, Absatz 2 Satz 2 oder Absatz 3 abweichende Vereinbarung ist unwirksam.

§ 556a Abrechnungsmaßstab für Betriebskosten

(1) Haben die Vertragsparteien nichts anderes vereinbart, sind die Betriebskosten vorbehaltlich anderweitiger Vorschriften nach dem Anteil der Wohnfläche umzulegen. Betriebskosten, die von einem erfassten Verbrauch oder einer erfassten Verursachung durch die Mieter abhängen, sind nach einem Maßstab umzulegen, der dem unterschiedlichen Verbrauch oder der unterschiedlichen Verursachung Rechnung trägt.

(2) Haben die Vertragsparteien etwas anderes vereinbart, kann der Vermieter durch Erklärung in Textform bestimmen, dass die Betriebskosten zukünftig abweichend von der getroffenen Vereinbarung ganz oder teilweise nach einem Maßstab umgelegt werden dürfen, der dem erfassten unterschiedlichen Verbrauch oder der erfassten unterschiedlichen Verursachung Rechnung trägt. Die Erklärung ist nur vor Beginn eines Abrechnungszeitraumes zulässig. Sind die Kosten bislang in der Miete enthalten, so ist diese entsprechend herabzusetzen.

(3) Eine zum Nachteil des Mieters von Absatz 2 abweichende Vereinbarung ist unwirksam.

§ 556c Kosten der Wärmelieferung als Betriebskosten, Verordnungsermächtigung

(1) Hat der Mieter die Betriebskosten für Wärme oder Warmwasser zu tragen und stellt der Vermieter die Versorgung von der Eigenversorgung auf die eigenständig

gewerbliche Lieferung durch einen Wärmelieferanten (Wärmelieferung) um, so hat der Mieter die Kosten der Wärmelieferung als Betriebskosten zu tragen, wenn
1. die Wärme aus einer vom Wärmelieferanten errichteten neuen Anlage oder aus einem Wärmenetz geliefert wird und
2. die Kosten der Wärmelieferung die Betriebskosten für die bisherige Eigenversorgung mit Wärme oder Warmwasser nicht übersteigen.

Beträgt der Jahresnutzungsgrad der bestehenden Anlage vor der Umstellung mindestens 80 Prozent, kann sich der Wärmelieferant anstelle der Maßnahmen nach Nummer 1 auf die Verbesserung der Betriebsführung der Anlage beschränken.

(2) Der Vermieter hat die Umstellung spätestens drei Monate zuvor in Textform anzukündigen (Umstellungsankündigung).

(3) Die Bundesregierung wird ermächtigt, durch Rechtsverordnung ohne Zustimmung des Bundesrates Vorschriften für Wärmelieferverträge, die bei einer Umstellung nach Absatz 1 geschlossen werden, sowie für die Anforderungen nach den Absätzen 1 und 2 zu erlassen. Hierbei sind die Belange von Vermietern, Mietern und Wärmelieferanten angemessen zu berücksichtigen.

(4) Eine zum Nachteil des Mieters abweichende Vereinbarung ist unwirksam.

§ 560 Veränderungen von Betriebskosten

(1) Bei einer Betriebskostenpauschale ist der Vermieter berechtigt, Erhöhungen der Betriebskosten durch Erklärung in Textform anteilig auf den Mieter umzulegen, soweit dies im Mietvertrag vereinbart ist. Die Erklärung ist nur wirksam, wenn in ihr der Grund für die Umlage bezeichnet und erläutert wird.

(2) Der Mieter schuldet den auf ihn entfallenden Teil der Umlage mit Beginn des auf die Erklärung folgenden übernächsten Monats. Soweit die Erklärung darauf beruht, dass sich die Betriebskosten rückwirkend erhöht haben, wirkt sie auf den Zeitpunkt der Erhöhung der Betriebskosten, höchstens jedoch auf den Beginn des der Erklärung vorausgehenden Kalenderjahres zurück, sofern der Vermieter die Erklärung innerhalb von drei Monaten nach Kenntnis von der Erhöhung abgibt.

(3) Ermäßigen sich die Betriebskosten, so ist eine Betriebskostenpauschale vom Zeitpunkt der Ermäßigung an entsprechend herabzusetzen. Die Ermäßigung ist dem Mieter unverzüglich mitzuteilen.

(4) Sind Betriebskostenvorauszahlungen vereinbart worden, so kann jede Vertragspartei nach einer Abrechnung durch Erklärung in Textform eine Anpassung auf eine angemessene Höhe vornehmen.

(5) Bei Veränderungen von Betriebskosten ist der Grundsatz der Wirtschaftlichkeit zu beachten.

(6) Eine zum Nachteil des Mieters abweichende Vereinbarung ist unwirksam.

§ 578 Mietverhältnisse über Grundstücke und Räume

(1) Auf Mietverhältnisse über Grundstücke sind die Vorschriften der §§ 550, 562 bis 562d, 566 bis 567b sowie 570 entsprechend anzuwenden.

(2) Auf Mietverhältnisse über Räume, die keine Wohnräume sind, sind die in Absatz 1 genannten Vorschriften sowie § 552 Abs. 1, § 555a Abs. 1–3, §§ 555b, 555c Abs. 1–4, § 555d Abs. 1–6, § 555e Abs. 1und 2, § 555f und § 569 Abs. 2 entsprechend anzuwenden. § 556c Abs. 1 und 2 sowie die auf Grund des § 556c Abs. 3 erlassenen Rechtsverordnungen sind entsprechend anzuwenden, abweichende Vereinbarungen sind zulässig. Sind die Räume zum Aufenthalt von Menschen bestimmt, so gilt außerdem § 569 Abs. 1 entsprechend.

Einführungsgesetz zum Bürgerlichen Gesetzbuch

in der Fassung der Bekanntmachung vom 21. September 1994 (BGBl. I S. 2494, ber. 1997 I S. 1061)

zuletzt geändert durch Artikel 1 G v. 10. Juli 2020 (BGBl I S. 1643)

– Auszug –

Art. 229 EGBGB

§ 3 Übergangsvorschriften zum Gesetz zur Neugliederung, Vereinfachung und Reform des Mietrechts vom 19. Juni 2001

(1) Auf ein am 1. September 2001 bestehendes Mietverhältnis oder Pachtverhältnis sind
(…)
1. …
2.
3. im Fall einer vor dem 1. September 2001 zugegangenen Erklärung über eine Betriebskostenänderung § 4 Abs. 2 bis 4 des Gesetzes zur Regelung der Miethöhe in der bis zu diesem Zeitpunkt geltenden Fassung anzuwenden;
4. im Fall einer vor dem 1. September 2001 zugegangenen Erklärung über die Abrechnung von Betriebskosten § 4 Abs. 5 Satz 1 Nr. 2 und § 14 des Gesetzes zur Regelung der Miethöhe in der bis zu diesem Zeitpunkt geltenden Fassung anzuwenden
(…)

(4) Auf ein am 1. September 2001 bestehendes Mietverhältnis, bei dem die Betriebskosten ganz oder teilweise in der Miete enthalten sind, ist wegen Erhöhungen der Betriebskosten § 560 Abs. 1, 2, 5 und 6 des Bürgerlichen Gesetzbuchs entsprechend anzuwenden, soweit im Mietvertrag vereinbart ist, dass der Mieter Erhöhungen der Betriebskosten zu tragen hat; bei Ermäßigungen der Betriebskosten gilt § 560 Abs. 3 des Bürgerlichen Gesetzbuchs entsprechend.

(…)

(9) § 556 Abs. 3 Satz 2 bis 6 und § 556a Abs. 1 des Bürgerlichen Gesetzbuches sind nicht anzuwenden auf Abrechnungszeiträume, die vor dem 1. September 2001 beendet waren.

(...)

§ 5 Allgemeine Überleitungsvorschrift zum Gesetz zur Modernisierung des Schuldrechts vom 26. November 2001

Auf Schuldverhältnisse, die vor dem 1. Januar 2002 entstanden sind, sind das Bürgerliche Gesetzbuch, das AGB-Gesetz, das Handelsgesetzbuch, das Verbraucherkreditgesetz, das Fernabsatzgesetz, das Fernunterrichtsschutzgesetz, das Gesetz über den Widerruf von Haustürgeschäften und ähnlichen Geschäften, das Teilzeit-Wohnrechtegesetz, die Verordnung über Kundeninformationspflichten, die Verordnung über Informationspflichten von Reiseveranstaltern und die Verordnung betreffend die Hauptmängel und Gewährfristen beim Viehhandel, soweit nicht ein anderes bestimmt ist, in der bis zu diesem Tag geltenden Fassung anzuwenden. Satz 1 gilt für Dauerschuldverhältnisse mit der Maßgabe, dass anstelle der in Satz 1 bezeichneten Gesetze vom 1. Januar 2003 an nur das Bürgerliche Gesetzbuch, das Handelsgesetzbuch, das Fernunterrichtsschutzgesetz und die Verordnung über Informationspflichten nach bürgerlichem Recht in der dann geltenden Fassung anzuwenden sind.

§ 6 Überleitungsvorschrift zum Verjährungsrecht nach dem Gesetz zur Modernisierung des Schuldrechts vom 26. November 2001

(1) Die Vorschriften des Bürgerlichen Gesetzbuchs über die Verjährung in der seit dem 1. Januar 2002 geltenden Fassung finden auf die an diesem Tag bestehenden und noch nicht verjährten Ansprüche Anwendung. Der Beginn, die Hemmung, die Ablaufhemmung und der Neubeginn der Verjährung bestimmten sich jedoch für den Zeitraum vor dem 1. Januar 2002 nach dem Bürgerlichen Gesetzbuch in der bis zu diesem Tag geltenden Fassung. Wenn nach Ablauf des 31. Dezember 2001 ein Umstand eintritt, bei dessen Vorliegen nach dem Bürgerlichen Gesetzbuch in der vor dem 1. Januar 2002 geltenden Fassung eine vor dem l. Januar 2002 eintretende Unterbrechung der Verjährung als nicht erfolgt oder als erfolgt gilt, so ist auch insoweit das Bürgerliche Gesetzbuch in der vor dem 1. Januar 2002 geltenden Fassung anzuwenden.

(2) Soweit die Vorschriften des Bürgerlichen Gesetzbuchs in der seit dem 1. Januar 2002 geltenden Fassung anstelle der Unterbrechung der Verjährung deren Hemmung vorsehen, so gilt eine Unterbrechung der Verjährung, die nach den anzuwendenden Vorschriften des Bürgerlichen Gesetzbuchs in der vor dem 1. Januar 2002 geltenden Fassung vor dem 1. Januar 2002 eintritt und mit Ablauf des 31. Dezember 2001 noch nicht beendigt ist, als mit dem Ablauf des 31. Dezember 2001 beendigt, und die neue Verjährung ist mit Beginn des 1. Januar 2002 gehemmt.

(3) Ist die Verjährungsfrist nach dem Bürgerlichen Gesetzbuch in der seit dem 1. Januar 2002 geltenden Fassung länger als nach dem Bürgerlichen Gesetzbuch in der bis zu diesem Tag geltenden Fassung, so ist die Verjährung mit dem Ablauf der im

Bürgerlichen Gesetzbuch in der bis zu diesem Tag geltenden Fassung bestimmten Frist vollendet.

(4) Ist die Verjährungsfrist nach dem Bürgerlichen Gesetzbuch in der seit dem 1. Januar 2002 geltenden Fassung kürzer als nach dem Bürgerlichen Gesetzbuch in der bis zu diesem Tag geltenden Fassung, so wird die kürzere Frist von dem 1. Januar 2002 an berechnet. Läuft jedoch die im Bürgerlichen Gesetzbuch in der bis zu diesem Tag geltenden Fassung bestimmte längere Frist früher als die im Bürgerlichen Gesetzbuch in der seit diesem Tag geltenden Fassung bestimmten Frist ab, so ist die Verjährung mit dem Ablauf der im Bürgerlichen Gesetzbuch in der bis zu diesem Tag geltenden Fassung bestimmten Frist vollendet.

(5) Die vorstehenden Absätze sind entsprechend auf Fristen anzuwenden, die für die Geltendmachung, den Erwerb oder den Verlust eines Rechts maßgebend sind.

(6) Die vorstehenden Absätze gelten für die Fristen nach dem Handelsgesetzbuch und dem Umwandlungsgesetz entsprechend.

Verordnung (EU) 2016/679 des Europäischen Parlaments und des Rates vom 27. April 2016 zum Schutz natürlicher Personen bei der Verarbeitung personenbezogener Daten, zum freien Datenverkehr und zur Aufhebung der Richtlinie 95/46/EG (Datenschutz-Grundverordnung)

– Auszug – 10001a

Art. 6 Rechtmäßigkeit der Verarbeitung

(1) Die Verarbeitung ist nur rechtmäßig, wenn mindestens eine der nachstehenden Bedingungen erfüllt ist:
a) Die betroffene Person hat ihre Einwilligung zu der Verarbeitung der sie betreffenden personenbezogenen Daten für einen oder mehrere bestimmte Zwecke gegeben;
b) die Verarbeitung ist für die Erfüllung eines Vertrags, dessen Vertragspartei die betroffene Person ist, oder zur Durchführung vorvertraglicher Maßnahmen erforderlich, die auf Anfrage der betroffenen Person erfolgen;
c) die Verarbeitung ist zur Erfüllung einer rechtlichen Verpflichtung erforderlich, der der Verantwortliche unterliegt;
d) die Verarbeitung ist erforderlich, um lebenswichtige Interessen der betroffenen Person oder einer anderen natürlichen Person zu schützen;
e) die Verarbeitung ist für die Wahrnehmung einer Aufgabe erforderlich, die im öffentlichen Interesse liegt oder in Ausübung öffentlicher Gewalt erfolgt, die dem Verantwortlichen übertragen wurde;
f) die Verarbeitung ist zur Wahrung der berechtigten Interessen des Verantwortlichen oder eines Dritten erforderlich, sofern nicht die Interessen oder Grundrechte und Grundfreiheiten der betroffenen Person, die den Schutz personenbezogener Daten erfordern, überwiegen, insbesondere dann, wenn es sich bei der betroffenen Person um ein Kind handelt.

Unterabsatz 1 Buchstabe f gilt nicht für die von Behörden in Erfüllung ihrer Aufgaben vorgenommene Verarbeitung.

(2) Die Mitgliedstaaten können spezifischere Bestimmungen zur Anpassung der Anwendung der Vorschriften dieser Verordnung in Bezug auf die Verarbeitung zur Erfüllung von Absatz 1 Buchstaben c und e beibehalten oder einführen, indem sie spezifische Anforderungen für die Verarbeitung sowie sonstige Maßnahmen präziser bestimmen, um eine rechtmäßig und nach Treu und Glauben erfolgende Verarbeitung zu gewährleisten, einschließlich für andere besondere Verarbeitungssituationen gemäß Kapitel IX.

(3) Die Rechtsgrundlage für die Verarbeitungen gemäß Absatz 1 Buchstaben c und e wird festgelegt durch
a) Unionsrecht oder
b) das Recht der Mitgliedstaaten, dem der Verantwortliche unterliegt.

Der Zweck der Verarbeitung muss in dieser Rechtsgrundlage festgelegt oder hinsichtlich der Verarbeitung gemäß Absatz 1 Buchstabe e für die Erfüllung einer Aufgabe erforderlich sein, die im öffentlichen Interesse liegt oder in Ausübung öffentlicher Gewalt erfolgt, die dem Verantwortlichen übertragen wurde. Diese Rechtsgrundlage kann spezifische Bestimmungen zur Anpassung der Anwendung der Vorschriften dieser Verordnung enthalten, unter anderem Bestimmungen darüber, welche allgemeinen Bedingungen für die Regelung der Rechtmäßigkeit der Verarbeitung durch den Verantwortlichen gelten, welche Arten von Daten verarbeitet werden, welche Personen betroffen sind, an welche Einrichtungen und für welche Zwecke die personenbezogenen Daten offengelegt werden dürfen, welcher Zweckbindung sie unterliegen, wie lange sie gespeichert werden dürfen und welche Verarbeitungsvorgänge und -verfahren angewandt werden dürfen, einschließlich Maßnahmen zur Gewährleistung einer rechtmäßig und nach Treu und Glauben

erfolgenden Verarbeitung, wie solche für sonstige besondere Verarbeitungssituationen gemäß Kapitel IX. Das Unionsrecht oder das Recht der Mitgliedstaaten müssen ein im öffentlichen Interesse liegendes Ziel verfolgen und in einem angemessenen Verhältnis zu dem verfolgten legitimen Zweck stehen.

(4) Beruht die Verarbeitung zu einem anderen Zweck als zu demjenigen, zu dem die personenbezogenen Daten erhoben wurden, nicht auf der Einwilligung der betroffenen Person oder auf einer Rechtsvorschrift der Union oder der Mitgliedstaaten, die in einer demokratischen Gesellschaft eine notwendige und verhältnismäßige Maßnahme zum Schutz der in Artikel 23 Absatz 1 genannten Ziele darstellt, so berücksichtigt der Verantwortliche — um festzustellen, ob die Verarbeitung zu einem anderen Zweck mit demjenigen, zu dem die personenbezogenen Daten ursprünglich erhoben wurden, vereinbar ist — unter anderem
a) jede Verbindung zwischen den Zwecken, für die die personenbezogenen Daten erhoben wurden, und den Zwecken der beabsichtigten Weiterverarbeitung,
b) den Zusammenhang, in dem die personenbezogenen Daten erhoben wurden, insbesondere hinsichtlich des Verhältnisses zwischen den betroffenen Personen und dem Verantwortlichen,

c) die Art der personenbezogenen Daten, insbesondere ob besondere Kategorien personenbezogener Daten gemäß Artikel 9 verarbeitet werden oder ob personenbezogene Daten über strafrechtliche Verurteilungen und Straftaten gemäß Artikel 10 verarbeitet werden,
d) die möglichen Folgen der beabsichtigten Weiterverarbeitung für die betroffenen Personen,
e) das Vorhandensein geeigneter Garantien, wozu Verschlüsselung oder Pseudonymisierung gehören kann.

Bundesdatenschutzgesetz

vom 30. Juni 2017 (BGBl. I. S. 2097)

zuletzt geändert durch Artikel 12 G. v. 20.11.2019, BGBl. I S. 1626

– Auszug –

§ 1 Anwendungsbereich des Gesetzes

(1) ¹Dieses Gesetz gilt für die Verarbeitung personenbezogener Daten durch
1. öffentliche Stellen des Bundes,
2. öffentliche Stellen der Länder, soweit der Datenschutz nicht durch Landesgesetz geregelt ist und soweit sie
   a) Bundesrecht ausführen oder
   b) als Organe der Rechtspflege tätig werden und es sich nicht um Verwaltungsangelegenheiten handelt.

²Für nichtöffentliche Stellen gilt dieses Gesetz für die ganz oder teilweise automatisierte Verarbeitung personenbezogener Daten sowie die nicht automatisierte Verarbeitung personenbezogener Daten, die in einem Dateisystem gespeichert sind oder gespeichert werden sollen, es sei denn, die Verarbeitung durch natürliche Personen erfolgt zur Ausübung ausschließlich persönlicher oder familiärer Tätigkeiten.

(2) ¹Andere Rechtsvorschriften des Bundes über den Datenschutz gehen den Vorschriften dieses Gesetzes vor. ²Regeln sie einen Sachverhalt, für den dieses Gesetz gilt, nicht oder nicht abschließend, finden die Vorschriften dieses Gesetzes Anwendung. ³Die Verpflichtung zur Wahrung gesetzlicher Geheimhaltungspflichten oder von Berufs- oder besonderen Amtsgeheimnissen, die nicht auf gesetzlichen Vorschriften beruhen, bleibt unberührt.

(3) Die Vorschriften dieses Gesetzes gehen denen des Verwaltungsverfahrensgesetzes vor, soweit bei der Ermittlung des Sachverhalts personenbezogene Daten verarbeitet werden.

(4) ¹Dieses Gesetz findet Anwendung auf öffentliche Stellen. ²Auf nichtöffentliche Stellen findet es Anwendung, sofern
1. der Verantwortliche oder Auftragsverarbeiter personenbezogene Daten im Inland verarbeitet,

2. die Verarbeitung personenbezogener Daten im Rahmen der Tätigkeiten einer inländischen Niederlassung des Verantwortlichen oder Auftragsverarbeiters erfolgt oder
3. der Verantwortliche oder Auftragsverarbeiter zwar keine Niederlassung in einem Mitgliedstaat der Europäischen Union oder in einem anderen Vertragsstaat des Abkommens über den Europäischen Wirtschaftsraum hat, er aber in den Anwendungsbereich der Verordnung (EU) 2016/679 des Europäischen Parlaments und des Rates vom 27. April 2016 zum Schutz natürlicher Personen bei der Verarbeitung personenbezogener Daten, zum freien Datenverkehr und zur Aufhebung der Richtlinie 95/46/EG (Datenschutz-Grundverordnung) (ABl. L 119 vom 4.5.2016, S. 1; L 314 vom 22.11.2016, S. 72) fällt.

[3]Sofern dieses Gesetz nicht gemäß Satz 2 Anwendung findet, gelten für den Verantwortlichen oder Auftragsverarbeiter nur die §§ 8 bis 21, 39 bis 44.

(5) Die Vorschriften dieses Gesetzes finden keine Anwendung, soweit das Recht der Europäischen Union, im Besonderen die Verordnung (EU) 2016/679 in der jeweils geltenden Fassung, unmittelbar gilt.

(6) [1]Bei Verarbeitungen zu Zwecken gemäß Artikel 2 der Verordnung (EU) 2016/679 stehen die Vertragsstaaten des Abkommens über den Europäischen Wirtschaftsraum und die Schweiz den Mitgliedstaaten der Europäischen Union gleich. [2]Andere Staaten gelten insoweit als Drittstaaten.

(7) [1]Bei Verarbeitungen zu Zwecken gemäß Artikel 1 Absatz 1 der Richtlinie (EU) 2016/680 des Europäischen Parlaments und des Rates vom 27. April 2016 zum Schutz natürlicher Personen bei der Verarbeitung personenbezogener Daten durch die zuständigen Behörden zum Zwecke der Verhütung, Ermittlung, Aufdeckung oder Verfolgung von Straftaten oder der Strafvollstreckung sowie zum freien Datenverkehr und zur Aufhebung des Rahmenbeschlusses 2008/977/JI des Rates (ABl. L 119 vom 4.5.2016, S. 89) stehen die bei der Umsetzung, Anwendung und Entwicklung des Schengen-Besitzstands assoziierten Staaten den Mitgliedstaaten der Europäischen Union gleich. [2]Andere Staaten gelten insoweit als Drittstaaten.

(8) Für Verarbeitungen personenbezogener Daten durch öffentliche Stellen im Rahmen von nicht in die Anwendungsbereiche der Verordnung (EU) 2016/679 und der Richtlinie (EU) 2016/680 fallenden Tätigkeiten finden die Verordnung (EU) 2016/679 und die Teile 1 und 2 dieses Gesetzes entsprechend Anwendung, soweit nicht in diesem Gesetz oder einem anderen Gesetz Abweichendes geregelt ist.

Gesetz über die soziale Wohnraumförderung

10002 **(Wohnraumförderungsgesetz – WoFG)**

Vom 13. September 2001 (BGBl. I S. 2376)

Zuletzt geändert durch Artikel 42 G. v. 20. 11. 2019 (BGBl I S. 1626)

– Auszug –

§ 19 Wohnfläche

Die Wohnfläche einer Wohnung ist die Summe der anrechenbaren Grundflächen der ausschließlich zur Wohnung gehörenden Räume, Die Landesregierungen werden ermächtigt, durch Rechtsverordnung Vorschriften zur Berechnung der Grundfläche und zur Anrechenbarkeit auf die Wohnfläche zu erlassen. Die Landesregierungen können die Ermächtigung durch Rechtsverordnung auf eine oberste Landesbehörde übertragen.

§ 50 Anwendung des Wohnungsbindungsgesetzes, der Neubaumietenverordnung und der Zweiten Berechnungsverordnung

(1) Das Wohnungsbindungsgesetz in der Fassung der Bekanntmachung vom 19. August 1994 (BGBl. I S. 2166, 2319), geändert durch Artikel 7 Abs. 11 des Gesetzes vom 19. Juni 2001 (BGBl. I S. 1149), die Neubaumietenverordnung in der Fassung der Bekanntmachung vom 12. Oktober 1990 (BGBl. I S. 2203), geändert durch Artikel 2 der Verordnung vom 13. Juli 1992 (BGBl. I S. 1250), und die Zweite Berechnungsverordnung in der Fassung der Bekanntmachung vom 12. Oktober 1990 (BGBl. I S. 2178), zuletzt geändert durch Artikel 8 Abs. 2 des Gesetzes vom 19. Juni 2001 (BGBl. I S. 1149), sind ab 1. Januar 2002 in der jeweils geltenden Fassung auf Wohnraum,
1. für den öffentliche Mittel im Sinne des § 6 Abs. 1 des Zweiten Wohnungsbaugesetzes bis zum 31. Dezember 2001 bewilligt worden sind,
2. für den öffentliche Mittel im Sinne des § 3 des Ersten Wohnungsbaugesetzes bewilligt worden sind,
3. für dessen Bau ein Darlehen oder ein Zuschuss aus Wohnungsfürsorgemitteln, mit Ausnahme von Wohnungsfürsorgemitteln des Bundes sowie der früheren öffentlich-rechtlichen Sondervermögen des Bundes oder deren Rechtsnachfolger, nach § 87a Abs. 1 Satz 1 des Zweiten Wohnungsbaugesetzes bis zum 31. Dezember 2001 bewilligt worden ist,
4. für den Aufwendungszuschüsse und Aufwendungsdarlehen nach § 88 des Zweiten Wohnungsbaugesetzes bis zum 31. Dezember 2001 bewilligt worden sind,
5. (weggefallen)

vorbehaltlich des Absatzes 2 anzuwenden, soweit das Wohnungsbindungsgesetz, die Neubaumietenverordnung und die Zweite Berechnungsverordnung hierfür am 31. Dezember 2001 Anwendung finden. Satz 1 gilt auch, wenn Fördermittel nach § 46 Abs. 2 bewilligt werden.

(2) ...

Gesetz zur Sicherung der Zweckbestimmung 10003

von Sozialwohnungen

(Wohnungsbindungsgesetz – WoBindG)

in der Fassung der Bekanntmachung vom 13. September 2001

(BGBl. I S. 2404)

Zuletzt geändert durch Artikel 161 V.v. 19.06.2020 BGBl. I S. 1328

– Auszug –

§ 1 Anwendungsbereich

Dieses Gesetz gilt nach Maßgabe des § 50 des Wohnraumförderungsgesetzes für den in dessen Absatz 1 und nach Maßgabe des § 2 des Wohnraumförderung-Überleitungsgesetzes vom 5. September 2006 (BGBl. I S. 2098, 2100) für den in dessen Absatz 2 genannten Wohnraum, der öffentlich gefördert ist oder als öffentlich gefördert gilt.

§ 10 Einseitige Mieterhöhung

(1) Ist der Mieter nur zur Entrichtung eines niedrigeren als des nach diesem Gesetz zulässigen Entgelts verpflichtet, so kann der Vermieter dem Mieter gegenüber schriftlich erklären, dass das Entgelt um einen bestimmten Betrag, bei Umlagen um einen bestimmbaren Betrag, bis zur Höhe des zulässigen Entgelts erhöht werden soll. Die Erklärung ist nur wirksam, wenn in ihr die Erhöhung berechnet und erläutert ist. Der Berechnung der Kostenmiete ist eine Wirtschaftlichkeitsberechnung oder ein Auszug daraus, der die Höhe der laufenden Aufwendungen erkennen lässt, beizufügen. Anstelle einer Wirtschaftlichkeitsberechnung kann auch eine Zusatzberechnung zu der letzten Wirtschaftlichkeitsberechnung oder, wenn das zulässige Entgelt von der Bewilligungsstelle aufgrund einer Wirtschaftlichkeitsberechnung genehmigt worden ist, eine Abschrift der Genehmigung beigefügt werden. Hat der Vermieter seine Erklärung mithilfe automatischer Einrichtungen gefertigt, so bedarf es nicht seiner eigenhändigen Unterschrift.

(2) Die Erklärung des Vermieters hat die Wirkung, dass von dem Ersten des auf die Erklärung folgenden Monats an das erhöhte Entgelt an die Stelle des bisher zu entrichtenden Entgelts tritt; wird die Erklärung erst nach dem Fünfzehnten eines Monats abgegeben, so tritt diese Wirkung von dem Ersten des übernächsten Monats an ein. Wird die Erklärung bereits vor dem Zeitpunkt abgegeben, von dem an das erhöhte Entgelt nach den dafür maßgebenden Vorschriften zulässig ist, so wird sie frühestens von diesem Zeitpunkt an wirksam. Soweit die Erklärung darauf beruht, dass sich die Betriebskosten rückwirkend erhöht haben, wirkt sie auf den Zeitpunkt der Erhöhung der Betriebskosten, höchstens jedoch auf den Beginn des der Erklärung vorangehenden Kalenderjahres zurück, sofern der Vermieter die Erklärung innerhalb von drei Monaten nach Kenntnis von der Erhöhung abgibt.

(3) Ist der Erklärung ein Auszug aus der Wirtschaftlichkeitsberechnung oder die Genehmigung der Bewilligungsstelle beigefügt, so hat der Vermieter dem Mieter auf Verlangen Einsicht in die Wirtschaftlichkeitsberechnung zu gewähren.

(4) Dem Vermieter steht das Recht zur einseitigen Mieterhöhung nicht zu, soweit und solange eine Erhöhung der Miete durch ausdrückliche Vereinbarung mit dem Mieter

oder einem Dritten ausgeschlossen ist oder der Ausschluss sich aus den Umständen ergibt.

Gesetz zur Überleitung der sozialen Wohnraumförderung auf die Länder (Wohnraumförderung-Überleitungsgesetz – WoFÜG)
Artikel 6 G. v. 05.09.2006 BGBl. I S. 2098, 2100 (Nr. 42); zuletzt geändert durch Artikel 3 G. v. 09.11.2012 BGBl. I S. 2291

-Auszug-

§ 2 Wohnungsfürsorge des Bundes, Bergarbeiter Wohnungsbau

(1) Auf Wohnungsfürsorgemittel, die aus Haushalten des Bundes sowie der früheren öffentlich-rechtlichen Sondervermögen des Bundes oder deren Rechtsnachfolger zur Verfügung gestellt worden sind und die
1. vor dem 1. Januar 2002,
2. in den Fällen des § 46 Abs. 2 des Wohnraumförderungsgesetzes vom 13. September 2001 (BGBl. I S. 2376), das zuletzt durch Artikel 4 des Gesetzes vom 15. Dezember 2004 (BGBl. I S. 3450) geändert worden ist, vor dem 1. Januar 2003

nach § 87a des Zweiten Wohnungsbaugesetzes in der Fassung der Bekanntmachung vom 19. August 1994 (BGBl. I S. 2137), das zuletzt durch Artikel 7 Abs. 8 des Gesetzes vom 19. Juni 2001 (BGBl. I S. 1149) geändert worden ist, bewilligt worden sind, ist § 87a des Zweiten Wohnungsbaugesetzes in der am 31. Dezember 2001 geltenden Fassung weiter anzuwenden.

(2) Auf Wohnraum,
1. für dessen Bau ein Darlehen oder ein Zuschuss aus den in Absatz 1 genannten Wohnungsfürsorgemitteln vor dem 1. Januar 2002 und in den Fällen des § 46 Abs. 2 des Wohnraumförderungsgesetzes vor dem 1. Januar 2003 bewilligt worden ist,
2. der nach dem Gesetz zur Förderung des Bergarbeiterwohnungsbaues im Kohlenbergbau in der Fassung der Bekanntmachung vom 25. Juli 1997 (BGBl. I S. 1942), zuletzt geändert durch Art. 59 der Verordnung vom 25. November 2003 (BGBl. I S. 2304), gefördert worden ist,

sind das Wohnungsbindungsgesetz in der Fassung der Bekanntmachung vom 13. September 2001 (BGBl. I S. 2404), die Neubaumietenverordnung in der Fassung der Bekanntmachung vom 12. Oktober 1990 (BGBl. I S. 2203), geändert durch Artikel 4 der Verordnung vom 25. November 2003 (BGBl. I S. 2346), und die Zweite Berechnungsverordnung in der Fassung der Bekanntmachung vom 12. Oktober 1990 (BGBl. I S. 2178), zuletzt geändert durch Artikel 3 der Verordnung vom 25. November 2003 (BGBl. I S. 2346), soweit diese Vorschriften am 31. Dezember 2006 Anwendung finden.

Verordnung

10004 über wohnungswirtschaftliche Berechnungen
(Zweite Berechnungsverordnung – II. BV)
in der Fassung der Bekanntmachung vom 12. Oktober 1990 (BGBl. I S. 2178) zuletzt geändert durch Art. 78 Abs. 2 des Gesetzes vom 23. November 2007 (BGBl. I S. 2614)

§ 1 Anwendungsbereich der Verordnung

(1) Diese Verordnung ist anzuwenden, wenn
1. die Wirtschaftlichkeit, Belastung, Wohnfläche oder der angemessene Kaufpreis für öffentlich geförderten WohnraumAnwendung des Zweiten Wohnungsbaugesetzes oder des Wohnungsbindungsgesetzes,
2. die Wirtschaftlichkeit, Belastung oder Wohnfläche für steuerbegünstigten oder freifinanzierten WohnraumAnwendung des Zweiten Wohnungsbauförderungsgesetzes,
3. die Wirtschaftlichkeit, Wohnfläche oder der angemessene KaufpreisAnwendung der Verordnung zur Durchführung des Wohnungsgemeinnützigkeitsgesetzes
zu berechnen ist.

(2) Diese Verordnung ist ferner anzuwenden, wenn in anderen Rechtsvorschriften die Anwendung vorgeschrieben oder vorausgesetzt ist. Das Gleiche gilt, wenn in anderen Rechtsvorschriften die Anwendung der Ersten Berechnungsverordnung vorgeschrieben oder vorausgesetzt ist.

§ 24 Bewirtschaftungskosten

(1) Bewirtschaftungskosten sind die Kosten, die zur Bewirtschaftung des Gebäudes oder der Wirtschaftseinheit laufend erforderlich sind. Bewirtschaftungskosten sind im Einzelnen
1. Abschreibung,
2. Verwaltungskosten,
3. Betriebskosten,
4. Instandhaltungskosten,
5. Mietausfallwagnis.

(2) Der Ansatz der Bewirtschaftungskosten hat den Grundsätzen einer ordentlichen Bewirtschaftung zu entsprechen. Bewirtschaftungskosten dürfen nur angesetzt werden, wenn sie ihrer Höhe nach feststehen oder wenn mit ihrem Entstehen sicher gerechnet werden kann und soweit sie bei gewissenhafter Abwägung aller Umstände und bei ordentlicher Geschäftsführung gerechtfertigt sind. Erfahrungswerte vergleichbarer Bauten sind heranzuziehen. Soweit nach den §§ 26 und 28 Ansätze bis zu einer bestimmten Höhe zugelassen sind, dürfen Bewirtschaftungskosten bis zu dieser Höhe angesetzt werden, es sei denn, dass der Ansatz im Einzelfall unter Berücksichtigung der jeweiligen Verhältnisse nicht angemessen ist.

§ 25 Abschreibung

(1) Abschreibung ist der auf jedes Jahr der Nutzung fallende Anteil der verbrauchsbedingten Wertminderung der Gebäude, Anlagen und Einrichtungen. Die Abschreibung ist nach der mutmaßlichen Nutzungsdauer zu errechnen.

(2) Die Abschreibung soll bei Gebäuden 1 vom Hundert der Baukosten, bei Erbbaurechten 1 vom Hundert der Gesamtkosten nicht übersteigen, sofern nicht besondere Umstände eine Überschreitung rechtfertigen.

(3) Als besondere Abschreibung für Anlagen und Einrichtungen dürfen zusätzlich angesetzt werden von den in der Wirtschaftlichkeitsberechnung enthaltenen Kosten

1.	der Öfen und Herde	3 vom Hundert,
2.	der Einbaumöbel	3 vom Hundert,
3.	der Anlagen und der Geräte zur Versorgung mit Warmwasser, sofern sie nicht mit einer Sammelheizung verbunden sind,	4 vom Hundert,
4.	der Sammelheizung einschließlich einer damit verbundenen Anlage zur Versorgung mit Warmwasser	3 vom Hundert,
5.	der Hausanlage bei eigenständig gewerblicher Lieferung von Wärme	0,5 vom Hundert,
	und einer damit verbundenen Anlage zur Versorgung mit Warmwasser	4 vom Hundert,
6.	des Aufzugs	2 vom Hundert,
7.	der Gemeinschaftsantenne	9 vom Hundert,
8.	der maschinellen Wascheinrichtung	9 vom Hundert.

§ 26 Verwaltungskosten

(1) Verwaltungskosten sind die Kosten der zur Verwaltung des Gebäudes oder der Wirtschaftseinheit erforderlichen Arbeitskräfte und Einrichtungen, die Kosten der Aufsicht sowie der Wert der vom Vermieter persönlich geleisteten Verwaltungsarbeit. Zu den Verwaltungskosten gehören auch die Kosten für die gesetzlichen oder freiwilligen Prüfungen des Jahresabschlusses und der Geschäftsführung.

(2) Die Verwaltungskosten dürften höchstens mit 230 Euro[1] jährlich je Wohnung, bei Eigenheimen, Kaufeigenheimen und Kleinsiedlungen je Wohngebäude angesetzt werden.

(3) Für Garagen oder ähnliche Einstellplätze dürfen Verwaltungskosten höchstens mit 30 Euro[2] jährlich je Garagen- oder Einstellplatz angesetzt werden.

---

1 Ab 01.01.2014: 279,35.
2 Ab 01.01.2014: 36,43.

(4) Die in den Absätzen 2 und 3 genannten Beträge verändern sich am 1. Januar 2005 und am 1. Januar eines jeden darauf folgenden dritten Jahres um den Prozentsatz, um den sich der vom Statistischen Bundesamt festgestellte Verbraucherpreisindex für Deutschland für den der Veränderung vorausgehenden Monat Oktober gegenüber dem Preisindex für den der letzten Veränderung vorausgehenden Monat Oktober erhöht oder verringert hat. Für die Veränderung am 1. Januar 2005 ist die Erhöhung oder Verringerung des Verbraucherpreisindexes für Deutschland maßgeblich, die im Oktober 2004 gegenüber dem Oktober 2001 eingetreten ist.

§ 27 Betriebskosten

(1) Betriebskosten sind die Kosten, die dem Eigentümer (Erbbauberechtigten) durch das Eigentum am Grundstück (Erbbaurecht) oder durch den bestimmungsmäßigen Gebrauch des Gebäudes oder der Wirtschaftseinheit, der Nebengebäude, Anlagen, Einrichtungen und des Grundstücks laufend entstehen. Der Ermittlung der Betriebskosten ist die Betriebskostenverordnung vom 25. November 2003 (BGBl. I S. 2346, 2347) zugrunde zu legen.

(2) Sach- und Arbeitsleistungen des Eigentümers (Erbbauberechtigten), durch die Betriebskosten erspart werden, dürfen mit dem Betrage angesetzt werden, der für eine gleichwertige Leistung eines Dritten, insbesondere eines Unternehmers, angesetzt werden könnte. Die Umsatzsteuer des Dritten darf nicht angesetzt werden.

(3) Im öffentlich geförderten sozialen Wohnungsbau und im steuerbegünstigten oder freifinanzierten Wohnungsbau, der mit Wohnungsfürsorgemitteln gefördert worden ist, dürfen die Betriebskosten nicht in der Wirtschaftlichkeitsberechnung angesetzt werden.

(4) (weggefallen)

§ 28 Instandhaltungskosten

(1) Instandhaltungskosten sind die Kosten, die während der Nutzungsdauer zur Erhaltung des bestimmungsgemäßen Gebrauchs aufgewendet werden müssen, um die durch die Abnutzung, Alterung und Witterungseinwirkung entstehenden baulichen oder sonstigen Mängel ordnungsgemäß zu beseitigen. Der Ansatz der Instandhaltungskosten dient auch zur Deckung der Kosten von Instandsetzungen, nicht jedoch der Kosten von Baumaßnahmen, soweit durch sie eine Modernisierung vorgenommen wird oder Wohnraum oder anderer auf die Dauer benutzbarer Raum neu geschaffen wird. Der Ansatz dient nicht zur Deckung der Kosten einer Erneuerung von Anlagen und Einrichtungen, für die eine besondere Abschreibung nach § 25 Abs. 3 zulässig ist.

(2) Als Instandhaltungskosten dürfen je Quadratmeter Wohnfläche im Jahr angesetzt werden:
1. für Wohnungen, deren Bezugsfertigkeit am Ende des Kalenderjahres weniger als 22 Jahre zurückliegt, höchstens 7,10 Euro,[1]

---

[1] Ab 01.01.2014: 8,62 Euro.

2. für Wohnungen, deren Bezugsfertigkeit am Ende des Kalenderjahres mindestens 22 Jahre zurückliegt, höchstens 9 Euro,[2]
3. für Wohnungen, deren Bezugsfertigkeit am Ende des Kalenderjahres mindestens 32 Jahre zurückliegt, höchstens 11,50 Euro.[3]

Diese Sätze verringern sich bei eigenständig gewerblicher Lieferung von Wärme im Sinne des § 1 Abs. 1 Nr. 2 der Verordnung über Heizkostenabrechnung in der Fassung der Bekanntmachung vom 20. Januar 1989 (BGBl. I S. 115) um 0,20 Euro.[4] Diese Sätze erhöhen sich für Wohnungen, für die ein maschinell betriebener Aufzug vorhanden ist, um 1 Euro.[5]

(3) Trägt der Mieter die Kosten für kleine Instandhaltungen in der Wohnung, so verringern sich die Sätze nach Absatz 2 um 1,05 Euro.[6] Die kleinen Instandhaltungen umfassen nur das Beheben kleiner Schäden an den Installationsgegenständen für Elektrizität, Wasser und Gas, den Heiz- und Kocheinrichtungen, den Fenster- und Türverschlüssen sowie den Verschlussvorrichtungen von Fensterläden.

(4) Die Kosten der Schönheitsreparaturen in Wohnungen sind in den Sätzen nach Absatz 2 nicht enthalten. Trägt der Vermieter die Kosten dieser Schönheitsreparaturen, so dürfen sie höchstens mit 8,50 Euro[7] je Quadratmeter Wohnfläche im Jahr angesetzt werden. Schönheitsreparaturen umfassen nur das Tapezieren, Anstreichen oder Kalken der Wände und Decken, das Streichen der Fußböden, Heizkörper einschließlich Heizrohre, der Innentüren sowie der Fenster und Außentüren von innen.

(5) Für Garagen oder ähnliche Einstellplätze dürfen als Instandhaltungskosten einschließlich Kosten für Schönheitsreparaturen höchstens 68 Euro[8] jährlich je Garagen- oder Einstellplatz angesetzt werden.

(5 a) Die in den Absätzen 2 bis 5 genannten Beträge verändern sich entsprechend § 26 Abs. 4.

(6) Für Kosten der Unterhaltung von Privatstraßen und Privatwegen, die dem öffentlichen Verkehr dienen, darf ein Erfahrungswert als Pauschbetrag neben den vorstehenden Sätzen angesetzt werden.

(7) Kosten eigener Instandhaltungswerkstätten sind mit den vorstehenden Sätzen abgegolten.

---

2 Ab 01.01.2014: 10,93 Euro.
3 Ab 01.01.2014: 13,97 Euro.
4 Ab 01.01.2014: 0,24 Euro.
5 Ab 01.01.2014: 1,22 Euro.
6 Ab 01.01.2014: 1,28 Euro.
7 Ab 01.01.2014: 10,32 Euro.
8 Ab 01.01.2014: 82,60 Euro.

§ 42 Wohnfläche

Ist die Wohnfläche bis zum 31. Dezember 2003 nach dieser Verordnung berechnet worden, bleibt es bei dieser Berechnung. Soweit für den in Satz 1 genannten Fällen nach dem 31. Dezember 2003 bauliche Änderungen an dem Wohnraum vorgenommen werden, die eine Neuberechnung der Wohnfläche erforderlich machen, sind die Vorschriften der Wohnflächenverordnung vom 25. November 2003 (BGBl. I S. 2346) anzuwenden.

Anlage 2

(zu den §§ 11a und 34 Abs. 1)

Berechnung des umbauten Raumes

Der umbaute Raum ist in m^3 anzugeben.

1.1	Voll anzurechnen ist der umbaute Raum eines Gebäudes, der umschlossen wird:
1.11	seitlich von den Außenflächen der Umfassungen,
1.12	unten
1.121	bei unterkellerten Gebäuden von den Oberflächen der untersten Geschossfußböden,
1.222	bei nichtunterkellerten Gebäuden von der Oberfläche des Geländes. Liegt der Fußboden des untersten Geschosses tiefer als das Gelände, gilt Abschnitt 1.121,
1.13	oben
1.131	bei nichtausgebautem Dachgeschoss von den Oberflächen der Fußböden über den obersten Vollgeschossen,
1.132	bei ausgebautem Dachgeschoss, bei Treppenhausköpfen und Fahrstuhlschächten von den Außenflächen der umschließenden Wände und Decken. (Bei Ausbau mit Leichtbauplatten sind die begrenzenden Außenflächen durch die Außen- oder Oberkante der Teile zu legen, welche diese Platten unmittelbar tragen),
1.133	bei Dachdecken, die gleichzeitig die Decke des obersten Vollgeschosses bilden, von den Oberflächen der Tragdecke oder Balkenlage,
1.134	bei Gebäuden oder Bauteilen ohne Geschossdecken von den Außenflächen des Daches, vgl. Abschnitt 1.35.
1.2	Mit einem Drittel anzurechnen ist der umbaute Raum des nichtausgebauten Dachraumes, der umschlossen wird von den Flächen nach Abschnitt 1.131 oder 1.132 und den Außenflächen des Daches
1.3	Bei den Berechtigten nach Abschnitt 1.1 und 1.2 ist:
1.31	die Gebäudegrundfläche nach den Rohbaumaßen des Erdgeschosses zu berechnen,
1.32	bei wesentlich verschiedenen Geschossgrundflächen der umbaute Raum geschossweise zu berechnen,

1.33	nicht abzuziehen der umbaute Raum, der gebildet wird von:
1.331	äußeren Leibungen von Fenstern und Türen und äußeren Nischen in den Umfassungen,
1.332	Hauslauben (Loggien), d. h. an höchstens zwei Seitenflächen offenen, im Übrigen umbauten Räumen,
1.34	nicht hinzuzurechnen der umbaute Raum, den folgende Bauteile bilden:
1.341	stehende Dachfenster und Dachaufbauten mit einer vorderen Ansichtsfläche bis zu je 2 m² (Dachaufbauten mit größerer Ansichtsfläche s. Abschnitt 1.42),
1.342	Balkonplatten und Vordächer bis zu 0,5 m Ausladung (weiter ausladende Balkonplatten und Vordächer s. Abschnitt 1.44),
1.343	Dachüberstände, Gesimse, ein bis drei nichtunterkellerte, vorgelagerte Stufen, Wandpfeiler, Halbsäulen und Pflaster,
1.344	Gründungen gewöhnlicher Art, deren Unterfläche bei unterkellerten Bauten nicht tiefer als 0,5 m unter der Oberfläche des Kellergeschossfußbodens, bei nichtunterkellerten Bauten nicht tiefer als 1 m unter der Oberfläche des umgebenden Geländes liegt (Gründungen außergewöhnlicher Art und Tiefe s. Abschnitt 1.48),
1.345	Kellerlichtschächte und Lichtgräben,
1.35	für Teile eines Baues, deren Innenraum ohne Zwischendecken bis zur Dachfläche durchgeht, der umbaute Raum getrennt zu berechnen, vgl. Abschnitt 1.134,
1.36	für zusammenhängende Teile eines Baues, die sich nach dem Zweck und deshalb in der Art des Ausbaues wesentlich von den übrigen Teilen unterscheiden, der umbaute Raum getrennt zu berechnen.
1.4	Von der Berechnung des umbauten Raumes nicht erfasst werden folgende (besonders zu veranschlagende) Bauausführungen und Bauteile:
1.41	geschlossene Anbauten in leichter Bauart und mit geringwertigem Ausbau und offene Anbauten, wie Hallen, Überdachungen (mit oder ohne Stützen) von Lichthöfen, Unterfahrten auf Stützen, Veranden,
1.42	Dachaufbauten mit vorderen Ansichtsflächen von mehr als 2 m² und Dachreiter,
1.43	Brüstungen von Balkonen und begehbaren Dachflächen,
1.44	Balkonplatten und Vordächer mit mehr als 0,5 m Ausladung,
1.45	Freitreppen mit mehr als 3 Stufen und Terrassen (und ihre Brüstungen),
1.46	Füchse, Gründungen für Kessel und Maschinen,
1.47	freistehende Schornsteine und der Teil von Hausschornsteinen, der mehr als 1 m über den Dachfirst hinausragt,
1.48	Gründungen außergewöhnlicher Art, wie Pfahlgründungen und Gründungen außergewöhnlicher Tiefe, deren Unterfläche tiefer liegt als im Abschnitt 1.344 angegeben,
1.49	wasserdruckhaltende Dichtungen.

Verordnung über die Ermittlung der zulässigen Miete für preisgebundene Wohnungen
(Neubaumietenverordnung 1970 – NMV 1970)
In der Fassung der Bekanntmachung vom 12. Oktober 1990 (BGBl. I S. 2203)
Zuletzt geändert durch Artikel 4 V.v. 25.11.2003, BGBl.I S. 2346

– Auszug –

§ 1 Anwendungsbereich der Verordnung

(1) Diese Verordnung ist anzuwenden auf preisgebundene Wohnungen, die nach dem 20. Juni 1948 bezugsfertig geworden sind oder bezugsfertig werden.

(2) Für öffentlich geförderte Wohnungen ist die nach den §§ 8 bis 8b des Wohnungsbindungsgesetzes zulässige Miete nach Maßgabe der Vorschriften der Teile II und IV dieser Verordnung zu ermitteln.

(3) Soweit und solange steuerbegünstigte oder frei finanzierte Wohnungen nach den §§ 87a, 111 oder 88b des Zweiten Wohnungsbaugesetzes preisgebunden sind, ist die nach diesen Vorschriften zulässige Miete nach Maßgabe der Vorschriften der Teile III und IV dieser Verordnung zu ermitteln.

(4) Soweit und solange die Verordnung auf Wohnungen nach den Absätzen 1 bis 3 anzuwenden ist, sind die im Rahmen der Verordnung maßgeblichen Vorschriften
1. des bis zum 31. Dezember 2001 geltenden Zweiten Wohnungsbaugesetzes weiter anzuwenden sowie
   a) des Wohnungsbindungsgesetzes ab 1. Januar 2002 in der jeweils geltenden Fassung
   b) der Zweiten Berechnungsverordnung ab 1. Januar 2002 in der jeweils geltenden Fassung und
   c) der Verordnung über Heizkostenabrechnungen in der jeweils geltenden Fassung
anzuwenden.

§ 4 Erhöhung der Kostenmiete infolge Erhöhung der laufenden Aufwendungen

(1) – (6)...

(7) Die Durchführung einer zulässigen Mieterhöhung gegenüber dem Mieter sowie der Zeitpunkt, von dem an sie wirksam wird, bestimmt sich nach § 10 des Wohnungsbindungsgesetzes, soweit nichts anderes vereinbart ist. Bei der Erläuterung der Mieterhöhung sind die Gründe anzugeben, aus denen sich die einzelnen laufenden Aufwendungen erhöht haben, und die auf die einzelnen laufenden Aufwendungen entfallenden Beträge. Dies gilt auch, wenn die Erklärung der Mieterhöhung mithilfe automatischer Einrichtungen gefertigt ist.

(8) Ist die jeweils zulässige Miete als vertragliche Miete vereinbart, so gilt für die Durchführung einer Mieterhöhung § 10 Abs. 1 des Wohnungsbindungsgesetzes entsprechend. Aufgrund einer Vereinbarung gemäß Satz 1 darf der Vermieter eine zulässige Mieterhöhung wegen Erhöhung der laufenden Aufwendungen nur für einen zurückliegenden Zeitraum seit Beginn des der Erklärung vorangehenden Kalenderjahres nachfordern; für einen weiter zurückliegenden Zeitraum kann eine zulässige Mieterhöhung jedoch dann nachgefordert werden, wenn der Vermieter die Nachforderung aus Gründen, die er nicht zu vertreten hat, erst nach dem Ende des auf die Erhöhung der laufenden Aufwendungen folgenden Kalenderjahres geltend machen konnte und sie innerhalb von drei Monaten nach Wegfall der Gründe geltend macht. Aufgrund von Zinserhöhungen nach den §§ 18a bis 18 f. des Wohnungsbindungsgesetzes ist eine Mieterhöhung für einen zurückliegenden Zeitraum nicht zulässig.

§ 5 Senkung der Kostenmiete infolge Verringerung der laufenden Aufwendungen

(1) (2)...

(3) Sind die Gesamtkosten, Finanzierungsmittel und laufenden Aufwendungen einer zentralen Heizungs- oder Warmwasserversorgungsanlage in der Wirtschaftlichkeitsberechnung enthalten, wird jedoch die Anlage eigenständig gewerblich im Sinne des § 1 Abs. 1 Nr. 2 der Verordnung über Heizkostenabrechnung in der Fassung der Bekanntmachung vom 20. Januar 1989 (BGBl. I S. 115) betrieben, verringern sich die Gesamtkosten, Finanzierungsmittel und laufenden Aufwendungen in dem Maße, in dem sie den Kosten der eigenständig gewerblichen Lieferung von Wärme und Warmwasser zugrunde gelegt werden. Dieser Anteil ist nach den Vorschriften der §§ 33 bis 36 der Zweiten Berechnungsverordnung über die Aufstellung der Teilwirtschaftlichkeitsberechnung zu ermitteln. Absatz 1 gilt entsprechend.

§ 6 Erhöhung der Kostenmiete wegen baulicher Änderungen

(1) Hat der Vermieter für sämtliche öffentlich geförderten Wohnungen bauliche Änderungen aufgrund von Umständen, die er nicht zu vertreten hat, vorgenommen, so kann er zur Berücksichtigung der hierdurch entstehenden laufenden Aufwendungen eine neue Wirtschaftlichkeitsberechnung aufstellen. Das Gleiche gilt, wenn er mit Zustimmung der Bewilligungsstelle solche baulichen Änderungen vorgenommen hat, die eine Modernisierung im Sinne des § 11 Abs. 6 der Zweiten Berechnungsverordnung bewirken; die Zustimmung gilt als erteilt, wenn Mittel aus öffentlichen Haushalten für die Modernisierung bewilligt worden sind. Die sich ergebende erhöhte Durchschnittsmiete bildet vom Ersten des auf die Fertigstellung folgenden Monats an die Grundlage der Kostenmiete. Für die Erhöhung der Einzelmieten gilt § 4 Abs. 5 entsprechend. Soweit die baulichen Änderungen nach Art oder Umfang für die einzelnen Wohnungen unterschiedlich sind, ist dies bei der Berechnung der Einzelmieten angemessen zu berücksichtigen.

(2) Sind die baulichen Änderungen nur für einen Teil der Wohnungen vorgenommen worden, so ist für diese Wohnungen neben der Einzelmiete ein Zuschlag zur Deckung

der erhöhten laufenden Aufwendungen nach § 26 Abs. 1 Nr. 4 zulässig; bei einer Modernisierung von unterschiedlichem Umfang gilt für die Höhe des Zuschlags Absatz 1 Satz 5 sinngemäß. Von dem Zeitpunkt an, in dem die baulichen Änderungen für sämtliche Wohnungen durchgeführt worden sind, tritt an die Stelle der Zuschläge zur Einzelmiete eine Erhöhung der Durchschnittsmiete und der Einzelmieten nach den Vorschriften des Absatzes 1.

§ 20 Umlagen neben der Einzelmiete

(1) Neben der Einzelmiete ist die Umlage der Betriebskosten im Sinne des § 27 der Zweiten Berechnungsverordnung und des Umlageausfallwagnisses zulässig. Es dürfen nur solche Kosten umgelegt werden die bei gewissenhafter Abwägung aller Umstände und bei ordentlicher Geschäftsführung gerechtfertigt sind. Soweit Betriebskosten geltend gemacht werden, sind diese nach Art und Höhe dem Mieter bei Überlassung der Wohnung bekannt zu geben.

(2) Soweit in den §§ 21 bis 25 nichts anderes bestimmt ist, sind die Betriebskosten nach dem Verhältnis der Wohnfläche umzulegen. Betriebskosten, die nicht für Wohnraum entstanden sind, sind vorweg abzuziehen; kann hierbei nicht festgestellt werden, ob die Betriebskosten auf Wohnraum oder auf Geschäftsraum entfallen, sind sie für den Wohnteil und den anderen Teil des Gebäudes oder der Wirtschaftseinheit im Verhältnis des umbauten Raumes oder der Wohn- und Nutzflächen aufzuteilen. Bei der Berechnung des umbauten Raumes ist Anlage 2 zur Zweiten Berechnungsverordnung zugrunde zu legen.

(3) Auf den voraussichtlichen Umlegungsbetrag sind monatliche Vorauszahlungen in angemessener Höhe zulässig, soweit in § 25 nichts anderes bestimmt ist. Über die Betriebskosten, den Umlegungsbetrag und die Vorauszahlungen ist jährlich abzurechnen (Abrechnungszeitraum). Der Vermieter darf alle oder mehrere Betriebskostenarten in einer Abrechnung erfassen. Die jährliche Abrechnung ist dem Mieter spätestens bis zum Ablauf des zwölften Monats nach dem Ende des Abrechnungszeitraumes zuzuleiten; diese Frist ist für Nachforderungen eine Ausschlussfrist, es sei denn, der Vermieter hat die Geltendmachung erst nach Ablauf der Jahresfrist nicht zu vertreten.

(4) Für Erhöhungen der Vorauszahlungen und für die Erhebung des durch die Vorauszahlungen nicht gedeckten Umlegungsbetrages sowie für die Nachforderung von Betriebskosten gilt § 4 Abs. 7 und 8 entsprechend. Eine Erhöhung der Vorauszahlungen für einen zurückliegenden Zeitraum ist nicht zulässig.

§ 21 Umlegung der Kosten der Wasserversorgung und der Entwässerung

(1) Zu den Kosten der Wasserversorgung gehören die Kosten des Wasserverbrauchs, die Grundgebühren, die Kosten der Anmietung oder anderer Arten der Gebrauchsüberlassung von Wasserzählern sowie die Kosten ihrer Verwendung einschließlich der Kosten der Eichung sowie der Kosten der Berechnung und Aufteilung, die Kosten der Wartung von Wassermengenreglern, die Kosten des Betriebes einer hauseigenen

Wasserversorgungsanlage und einer Wasseraufbereitungsanlage einschließlich der Aufbereitungsstoffe.

(2) Bei der Berechnung der Umlage für die Kosten der Wasserversorgung sind zunächst die Kosten des Wasserverbrauchs abzuziehen, der nicht mit der üblichen Benutzung der Wohnungen zusammenhängt. Die verbleibenden Kosten dürfen nach dem Verhältnis der Wohnflächen oder nach einem Maßstab, der dem unterschiedlichen Wasserverbrauch der Wohnparteien Rechnung trägt, umgelegt werden. Wird der Wasserverbrauch, der mit der üblichen Benutzung der Wohnungen zusammenhängt, für alle Wohnungen eines Gebäudes durch Wasserzähler erfasst, hat der Vermieter die auf die Wohnungen entfallenden Kosten nach dem erfassten unterschiedlichen Wasserverbrauch der Wohnparteien umzulegen.

(3) Zu den Kosten der Entwässerung gehören die Gebühren für die Benutzung einer öffentlichen Entwässerungsanlage oder die Kosten des Betriebs einer entsprechenden nicht öffentlichen Anlage sowie die Kosten des Betriebes einer Entwässerungspumpe. Die Kosten sind mit dem Maßstab nach Absatz 2 umzulegen.

§ 22 Umlegung der Kosten der Versorgung mit Wärme und Warmwasser

(1) Für die Umlegung der Kosten des Betriebs zentraler Heizungs- und Warmwasserversorgungsanlagen und der Kosten der eigenständig gewerblichen Lieferung von Wärme und Warmwasser, auch aus zentralen Heizungs- und Warmwasserversorgungsanlagen, findet die Verordnung über Heizkostenabrechnung in der Fassung der Bekanntmachung vom 5. April 1984 (BGBl. I S. 592), geändert durch Artikel 1 der Verordnung vom 19. Januar 1989 (BGBl. I S. 109), Anwendung.

(2) Liegt eine Ausnahme nach § 11 der Verordnung über Heizkostenabrechnung vor, dürfen umgelegt werden
1. die Kosten der Versorgung mit Wärme nach der Wohnfläche oder nach dem umbauten Raum; es darf auch die Wohnfläche oder der umbaute Raum der beheizten Räume zugrunde gelegt werden,
2. die Kosten der Versorgung mit Warmwasser nach der Wohnfläche oder einem Maßstab, der dem Warmwasserverbrauch in anderer Weise als durch Erfassung Rechnung trägt.

§ 7 Abs. 2 und 4, § 8 Abs. 2 und 4 der Verordnung über Heizkostenabrechnung gelten entsprechend. Genehmigungen nach den Vorschriften des § 22 Abs. 5 oder des § 23 Abs. 5 in der bis zum 30. April 1984 geltenden Fassung bleiben unberührt.

(3) Werden für die Wohnungen, die vor dem 1. Januar 1981 bezugsfertig geworden sind, bei verbundenen Anlagen die Kosten für die Versorgung mit Wärme und Warmwasser am 30. April 1984 unaufgeteilt umgelegt, bleibt dies weiterhin zulässig.

§ 22a Umlegung der Kosten der Müllbeseitigung

(1) Zu den Kosten der Müllbeseitigung gehören namentlich die für die Müllabfuhr zu entrichtenden Gebühren, die Kosten entsprechender nicht öffentlicher Maßnahmen,

die Kosten des Betriebs von Müllkompressoren, Müllschluckern, Müllabsauganlagen sowie des Betriebs von Müllmengenerfassungsanlagen einschließlich der Kosten der Berechnung und Aufteilung.

(2) Die Kosten der Müllbeseitigung sind nach einem Maßstab, der der unterschiedlichen Müllverursachung durch die Wohnparteien Rechnung trägt, oder nach dem Verhältnis der Wohnflächen umzulegen.

§ 23 Umlegung der Kosten des Betriebes der zentralen Brennstoffversorgungsanlage

(1) Zu den Kosten des Betriebs der zentralen Brennstoffversorgungsanlage gehören die Kosten der verbrauchten Brennstoffe und ihrer Lieferung, die Kosten des Betriebsstromes und die Kosten der Überwachung sowie die Kosten der Reinigung der Anlage und des Betriebsraumes.

(2) Die Kosten dürfen nur nach dem Brennstoffverbrauch umgelegt werden.

§ 24 Umlegung der Kosten des Betriebs von Aufzügen

(1) Zu den Kosten des Betriebs eines Personen- oder Lastenaufzugs gehören die Kosten des Betriebsstromes sowie die Kosten der Beaufsichtigung, der Bedienung, Überwachung und Pflege der Anlage, der regelmäßigen Prüfung ihrer Betriebsbereitschaft und Betriebssicherheit einschließlich der Einstellung durch eine Fachkraft sowie der Reinigung der Anlage.

(2) Die Kosten dürfen nach dem Verhältnis der Wohnflächen umgelegt werden, sofern nicht im Einvernehmen mit allen Mietern ein anderer Umlegungsmaßstab vereinbart ist. Wohnraum im Erdgeschoss kann von der Umlegung ausgenommen werden.

§ 24a Umlegung der Kosten des Betriebs der mit einem Breitbandkabelnetz verbundenen privaten Verteilanlage und der Gemeinschafts-Antennenanlage

(1) Zu den Kosten des Betriebs der mit einem Breitbandkabelnetz verbundenen privaten Verteilanlage gehören die Kosten des Betriebsstroms und die Kosten der regelmäßigen Prüfung ihrer Betriebsbereitschaft einschließlich der Einstellung durch eine Fachkraft oder das Nutzungsentgelt für eine nicht zur Wirtschaftseinheit gehörende Verteilanlage sowie die Gebühren, die nach dem Urheberrechtsgesetz für die Kabelweitersendung entstehen. Satz 1 gilt entsprechend für die Kosten des Betriebs der Gemeinschafts-Antennenanlage. Zu den Betriebskosten im Sinne des Satzes 1 gehören ferner die laufenden monatlichen Grundgebühren für Breitbandkabelanschlüsse.

(2) Die Kosten nach Absatz 1 Satz 1 und 2 dürfen nach dem Verhältnis der Wohnflächen umgelegt werden, sofern nicht im Einvernehmen mit allen Mietern ein anderer Umlegungsmaßstab vereinbart ist. Die Kosten nach Absatz 1 Satz 3 dürfen nur zu gleichen Teilen auf die Wohnungen umgelegt werden, die mit Zustimmung des Nutzungsberechtigten angeschlossen worden sind.

§ 25 Umlegung der Betriebs- und Instandhaltungskosten der Einrichtungen für die Wäschepflege

(1) Zu den Kosten des Betriebs der Einrichtungen für Wäschepflege gehören die Kosten des Betriebsstromes, die Kosten der Überwachung, Pflege und Reinigung der Einrichtungen und der regelmäßigen Prüfung ihrer Betriebsbereitschaft und Betriebssicherheit sowie die Kosten der Wasserversorgung, soweit diese nicht bereits nach § 21 umgelegt werden. Für die Kosten der Instandhaltung darf ein Erfahrungswert als Pauschbetrag angesetzt werden.

(2) Die Betriebs- und Instandhaltungskosten der Einrichtungen für die Wäschepflege dürfen nur auf die Benutzer der Einrichtungen umgelegt werden. Der Umlegungsmaßstab muss dem Gebrauch Rechnung tragen.

(3) Vorauszahlungen auf den voraussichtlichen Umlegungsbetrag sind nicht zulässig.

§ 25a Umlageausfallwagnis

Das Umlageausfallwagnis ist das Wagnis einer Einnahmenminderung, die durch uneinbringliche Rückstände von Betriebskosten oder nicht umlegbarer Betriebskosten infolge Leerstehens von Raum, der zur Vermietung bestimmt ist, einschließlich der uneinbringlichen Kosten einer Rechtsverfolgung auf Zahlung entsteht. Das Umlageausfallwagnis darf 2 vom Hundert der im Abrechnungszeitraum auf den Wohnraum entfallenden Betriebskosten nicht übersteigen. Soweit die Deckung von Ausfällen anders, namentlich durch einen Anspruch gegenüber einem Dritten gesichert ist, darf die Umlage nicht erhöht werden.

§ 26 Zuschläge neben der Einzelmiete

(1) Neben der Einzelmiete sind nach Maßgabe der Absätze 2 bis 7 folgende Zuschläge zulässig:
1. Zuschlag für die Benutzung von Wohnraum zu anderen als Wohnzwecken (Absatz 2),
2. Zuschlag für die Untervermietung von Wohnraum (Untermietzuschlag, Absatz 3),
3. Zuschlag wegen Ausgleichszahlungen nach § 7 des Wohnungsbindungsgesetzes (Absatz 4),
4. Zuschlag zur Deckung erhöhter laufender Aufwendungen, die nur für einen Teil der Wohnungen des Gebäudes oder der Wirtschaftseinheit entstehen (Absatz 5),
5. Zuschlag für Nebenleistungen des Vermieters, die nicht allgemein üblich sind oder nur einzelnen Mietern zugutekommen (Absatz 6),
6. Zuschlag für Wohnungen, die durch Ausbau von Zubehörräumen neu geschaffen wurden (Absatz 7).

(2) Wird die Wohnung mit Genehmigung der zuständigen Stelle ganz oder teilweise ausschließlich zu anderen als Wohnzwecken, insbesondere zu gewerblichen oder beruflichen Zwecken benutzt und ist dadurch eine erhöhte Abnutzung möglich, so darf der Vermieter einen Zuschlag erheben. Der Zuschlag darf je nach dem Grad

der wirtschaftlichen Mehrbelastung des Vermieters bis zu 50 vom Hundert der anteiligen Einzelmiete der Räume betragen, die zu anderen als Wohnzwecken benutzt werden. Ist die Genehmigung zur Benutzung zu anderen als Wohnzwecken von einer Ausgleichszahlung des Vermieters, insbesondere von einer höheren Verzinsung des öffentlichen Baudarlehens, abhängig gemacht worden, so darf auch ein Zuschlag entsprechend dieser Leistung, bei einer vollständigen oder teilweisen Rückzahlung des öffentlichen Baudarlehens höchstens entsprechend der Verzinsung des zurückgezahlten Betrages mit dem marktüblichen Zinssatz für erste Hypotheken, erhoben werden.

(3) Wird Wohnraum untervermietet oder in sonstiger Weise einem Dritten zur selbstständigen Benutzung überlassen, so darf der Vermieter einen Untermietzuschlag erheben

in Höhe von 2,50 Euro monatlich, wenn der untervermietete Wohnungsteil von einer Person benutzt wird,

in Höhe von 5 Euro monatlich, wenn der untervermietete Wohnungsteil von zwei und mehr Personen benutzt wird.

(4) Hat der Vermieter einer öffentlich geförderten Wohnung im Hinblick auf ihre Freistellung von Bindungen nach § 7 des Wohnungsbindungsgesetzes eine höhere Verzinsung für das öffentliche Baudarlehen oder sonstige laufende Ausgleichszahlungen zu entrichten, so darf er für die Wohnung einen Zuschlag entsprechend diesen Leistungen erheben.

(5) Ist nach den Vorschriften des § 4 Abs. 6, § 6 Abs. 2 Satz 1 oder § 8 Abs. 2 ein Zuschlag zur Deckung erhöhter laufender Aufwendungen, die nur für einen Teil der Wohnungen des Gebäudes oder der Wirtschaftseinheit entstehen, zulässig, so darf dieser für die einzelnen betroffenen Wohnungen den Betrag nicht übersteigen, der nach der Höhe der zusätzlichen laufenden Aufwendungen auf sie entfällt. Bei der Berechnung der zusätzlichen laufenden Aufwendungen sind die Vorschriften der Zweiten Berechnungsverordnung sinngemäß anzuwenden.

(6) Sind bis zum Inkrafttreten dieser Verordnung für Nebenleistungen des Vermieters, die die Wohnraumbenutzung betreffen, aber nicht allgemein üblich sind oder nur einzelnen Mietern zugutekommen, zulässige Vergütungen erhoben worden, so kann in dieser Höhe ein Zuschlag neben der Einzelmiete erhoben werden. Dies gilt nicht, wenn die für die Nebenleistungen entstehenden laufenden Aufwendungen im Rahmen der Wirtschaftlichkeitsberechnung zur Ermittlung der zulässigen Miete berücksichtigt werden können.

(7) Sind im Fall des § 7 Abs. 2, 3 oder 5 durch Ausbau von Zubehörräumen preisgebundene Wohnungen geschaffen worden, darf für sie ein Zuschlag erhoben werden, wenn durch den Ausbau bisherige Zubehörräume öffentlich geförderter Wohnungen ganz oder teilweise weggefallen sind und hierfür kein gleichwertiger Ersatz geschaffen worden ist. Der Zuschlag darf den Betrag nicht übersteigen, um den die Einzelmieten der betroffenen Wohnungen gemäß § 7 Abs. 1 Satz 2 gesenkt worden sind.

(8) Für die erstmalige Erhebung eines Zuschlags neben der zulässigen Einzelmiete und für die Durchführung einer Erhöhung des Zuschlags gegenüber dem Mieter gilt § 4 Abs. 7 und 8 entsprechend. Für den Wegfall oder die Verringerung des Zuschlags gilt § 5 Abs. 1 Satz 4 sinngemäß.

§ 27 Vergütungen neben der Einzelmiete

Neben der Einzelmiete kann der Vermieter für die Überlassung einer Garage, eines Stellplatzes oder eines Hausgartens eine angemessene Vergütung verlangen. Das Gleiche gilt für die Mitvermietung von Einrichtungs- und Ausstattungsgegenständen und für laufende Leistungen zur persönlichen Betreuung und Versorgung, wenn die zuständige Stelle dies genehmigt hat.

§ 28 Umlagen, Zuschläge und Vergütungen neben der Vergleichsmiete

Neben der Vergleichsmiete sind Umlagen, Zuschläge und Vergütungen entsprechend den Vorschriften der §§ 20 bis 27 zulässig.

§ 29 Auskunftspflicht des Vermieters

(1) Der Vermieter hat dem Mieter auf Verlangen Auskunft über die Ermittlung und Zusammensetzung der zulässigen Miete zu geben und Einsicht in die Wirtschaftlichkeitsberechnung und sonstige Unterlagen, die eine Berechnung der Miete ermöglichen, zu gewähren.

(2) anstelle der Einsicht in die Berechnungsunterlagen kann der Mieter Ablichtungen davon gegen Erstattung der Auslagen verlangen. Liegt der zuletzt zulässigen Miete eine Genehmigung der Bewilligungsstelle zugrunde, so kann er auch die Vorlage der Genehmigung oder einer Ablichtung davon verlangen.

§ 37 Geltung im Saarland

Diese Verordnung gilt nicht im Saarland.

Verordnung über die Aufstellung von Betriebskosten
(Betriebskostenverordnung – BetrKV)   10006
Vom 25. November 2003 (BGBl. I S. 2347)
Zuletzt geändert durch Artikel 4 G.v. 03.05.2012 BGBl.I S. 958

§ 1 Betriebskosten

(1) Betriebskosten sind die Kosten, die dem Eigentümer oder Erbbauberechtigten durch das Eigentum oder Erbbaurecht am Grundstück oder durch den bestimmungsmäßigen Gebrauch des Gebäudes, der Nebengebäude, Anlagen, Einrichtungen und des Grundstücks laufend entstehen. Sach- und Arbeitsleistungen des Eigentümers

oder des Erbbauberechtigten dürfen mit dem Betrag angesetzt werden, der für eine gleichwertige Leistung eines Dritten, insbesondere eines Unternehmers, angesetzt werden könnte; die Umsatzsteuer des Dritten darf nicht angesetzt werden.

(2) Zu den Betriebskosten gehören nicht:
1. die Kosten der zur Verwaltung des Gebäudes erforderlichen Arbeitskräfte und Einrichtungen, die Kosten der Aufsicht, der Wert der vom Vermieter persönlich geleisteten Verwaltungsarbeit, die Kosten für die gesetzlichen oder freiwilligen Prüfungen des Jahresabschlusses und die Kosten für die Geschäftsführung (Verwaltungskosten),
2. die Kosten, die während der Nutzungsdauer zur Erhaltung des bestimmungsmäßigen Gebrauchs aufgewendet werden müssen, um die durch Abnutzung, Alterung und Witterungseinwirkung entstehenden baulichen oder sonstigen Mängel ordnungsgemäß zu beseitigen (Instandhaltungs- und Instandsetzungskosten).

§ 2 Aufstellung der Betriebskosten

Betriebskosten im Sinne von § 1 sind:
1. **die laufenden öffentlichen Lasten des Grundstücks**, gehört namentlich die Grundsteuer;
2. **die Kosten der Wasserversorgung**, gehören die Kosten des Wasserverbrauchs, die Grundgebühren, die Kosten der Anmietung oder anderer Arten der Gebrauchsüberlassung von Wasserzählern sowie die Kosten ihrer Verwendung einschließlich der Kosten der Eichung sowie der Kosten der Berechnung und Aufteilung, die Kosten der Wartung von Wassermengenreglern, die Kosten des Betriebs einer hauseigenen Wasserversorgungsanlage und einer Wasseraufbereitungsanlage einschließlich der Aufbereitungsstoffe;
3. **die Kosten der Entwässerung**, gehören die Gebühren für die Haus- und Grundstücksentwässerung, die Kosten des Betriebs einer entsprechenden nicht öffentlichen Anlage und die Kosten des Betriebs einer Entwässerungspumpe;
4. **die Kosten**
    a) des Betriebs der zentralen Heizungsanlage einschließlich der Abgasanlage, hierzu gehören die Kosten der verbrauchten Brennstoffe und ihrer Lieferung, die Kosten des Betriebsstroms, die Kosten der Bedienung, Überwachung und Pflege der Anlage, der regelmäßigen Prüfung ihrer Betriebsbereitschaft und Betriebssicherheit einschließlich der Einstellung durch eine Fachkraft, der Reinigung der Anlage und des Betriebsraums, die Kosten der Messungen nach dem Bundes-Immissionsschutzgesetz, die Kosten der Anmietung oder anderer Arten der Gebrauchsüberlassung einer Ausstattung zur Verbrauchserfassung sowie die Kosten der Verwendung einer Ausstattung zur Verbrauchserfassung einschließlich der Kosten der Eichung sowie der Kosten der Berechnung und Aufteilung
    oder
    b) des Betriebs der zentralen Brennstoffversorgungsanlage, hierzu gehören die Kosten der verbrauchten Brennstoffe und ihrer Lieferung, die Kosten des Betriebsstroms und die Kosten der Überwachung sowie die Kosten der Reinigung der Anlage und des Betriebsraums
    oder

c) der eigenständig gewerblichen Lieferung von Wärme, auch aus Anlagen im Sinne des Buchstabens a,
hierzu gehören das Entgelt für die Wärmelieferung und die Kosten des Betriebs der zugehörigen Hausanlagen entsprechend Buchstabe a
oder
d) der Reinigung und Wartung von Etagenheizungen und Gaseinzelfeuerstätten,
hierzu gehören die Kosten der Beseitigung von Wasserablagerungen und Verbrennungsrückständen in der Anlage, die Kosten der regelmäßigen Prüfung der Betriebsbereitschaft und Betriebssicherheit und der damit zusammenhängenden Einstellung durch eine Fachkraft sowie die Kosten der Messungen nach dem Bundes-Immissionsschutzgesetz;

5. **die Kosten**
    a) des Betriebs der zentralen Warmwasserversorgungsanlage,
    hierzu gehören die Kosten der Wasserversorgung entsprechend Nummer 2, soweit sie nicht dort bereits berücksichtigt sind, und die Kosten der Wassererwärmung entsprechend Nummer 4 Buchstabe a
    oder
    b) der eigenständig gewerblichen Lieferung von Warmwasser, auch aus Anlagen im Sinne des Buchstabens a,
    hierzu gehören das Entgelt für die Lieferung des Warmwassers und die Kosten des Betriebs der zugehörigen Hausanlagen entsprechend Nummer 4 Buchstabe a
    oder
    c) der Reinigung und Wartung von Warmwassergeräten,
    hierzu gehören die Kosten der Beseitigung von Wasserablagerungen und Verbrennungsrückständen im Innern der Geräte sowie die Kosten der regelmäßigen Prüfung der Betriebsbereitschaft und Betriebssicherheit und der damit zusammenhängenden Einstellung durch eine Fachkraft;

6. **Kosten verbundener Heizungs- und Warmwasserversorgungsanlagen**
    a) bei zentralen Heizungsanlagen entsprechend Nummer 4 Buchstabe a und entsprechend Nummer 2, soweit sie nicht dort bereits berücksichtigt sind,
    oder
    b) bei der eigenständig gewerblichen Lieferung von Wärme entsprechend Nummer 4 Buchstabe c und entsprechend Nummer 2, soweit sie nicht dort bereits berücksichtigt sind,
    c) bei verbundenen Etagenheizungen und Warmwasserversorgungsanlagen entsprechend Nummer 4 Buchstabe d und entsprechend Nummer 2, soweit sie nicht dort bereits berücksichtigt sind;

7. **die Kosten des Betriebs des Personen- oder Lastenaufzugs,**
    gehören die Kosten des Betriebsstroms, die Kosten der Beaufsichtigung, der Bedienung, Überwachung und Pflege der Anlage, der regelmäßigen Prüfung ihrer Betriebsbereitschaft und Betriebssicherheit einschließlich der Einstellung durch eine Fachkraft sowie die Kosten der Reinigung der Anlage;

8. die Kosten der Straßenreinigung und Müllbeseitigung,
   den Kosten der Straßenreinigung gehören die für die öffentliche Straßenreinigung zu entrichtenden Gebühren und die Kosten entsprechender nicht öffentlicher Maßnahmen; zu den Kosten der Müllbeseitigung gehören namentlich die für die Müllabfuhr zu entrichtenden Gebühren, die Kosten entsprechender nicht öffentlicher Maßnahmen, die Kosten des Betriebs von Müllkompressoren, Müllschluckern, Müllabsauganlagen sowie des Betriebs von Müllmengenerfassungsanlagen einschließlich der Kosten der Berechnung und Aufteilung;
9. die Kosten der Gebäudereinigung und Ungezieferbekämpfung,
   den Kosten der Gebäudereinigung gehören die Kosten für die Säuberung der von den Bewohnern gemeinsam genutzten Gebäudeteile, wie Zugänge, Flure, Treppen, Keller, Bodenräume, Waschküchen, Fahrkorb des Aufzugs;
10. die Kosten der Gartenpflege,
    gehören die Kosten der Pflege gärtnerisch angelegter Flächen einschließlich der Erneuerung von Pflanzen und Gehölzen, der Pflege von Spielplätzen einschließlich der Erneuerung von Sand und der Pflege von Plätzen, Zugängen und Zufahrten, die dem nicht öffentlichen Verkehr dienen;
11. die Kosten der Beleuchtung,
    gehören die Kosten des Stroms für die Außenbeleuchtung und die Beleuchtung der von den Bewohnern gemeinsam genutzten Gebäudeteile, wie Zugänge, Flure, Treppen, Keller, Bodenräume, Waschküchen;
12. die Kosten der Schornsteinreinigung,
    gehören die Kehrgebühren nach der maßgebenden Gebührenordnung, soweit sie nicht bereits als Kosten nach Nummer 4 Buchstabe a berücksichtigt sind;
13. die Kosten der Sach- und Haftpflichtversicherung,
    gehören namentlich die Kosten der Versicherung des Gebäudes gegen Feuer-, Sturm-, Wasser- sowie sonstige Elementarschäden, der Glasversicherung, der Haftpflichtversicherung für das Gebäude, den Öltank und den Aufzug;
14. die Kosten für den Hauswart,
    gehören die Vergütung, die Sozialbeiträge und alle geldwerten Leistungen, die der Eigentümer oder Erbbauberechtigte dem Hauswart für seine Arbeit gewährt, soweit diese nicht die Instandhaltung, Instandsetzung, Erneuerung, Schönheitsreparaturen oder die Hausverwaltung betrifft; soweit Arbeiten vom Hauswart ausgeführt werden, dürfen Kosten für Arbeitsleistungen nach den Nummern 2 bis 10 und 16 nicht angesetzt werden;
15. die Kosten
    a) des Betriebs der Gemeinschafts-Antennenanlage,
       hierzu gehören die Kosten des Betriebsstroms und die Kosten der regelmäßigen Prüfung ihrer Betriebsbereitschaft einschließlich der Einstellung durch eine Fachkraft oder das Nutzungsentgelt für eine nicht zu dem Gebäude gehörende Antennenanlage sowie die Gebühren, die nach dem Urheberrechtsgesetz für die Kabelweitersendung entstehen,
       oder
    b) des Betriebs der mit einem Breitbandnetz verbundenen privaten Verteilanlage,
       hierzu gehören die Kosten entsprechend Buchstabe a, ferner die laufenden monatlichen Grundgebühren für Breitbandanschlüsse;

16. **die Kosten des Betriebs der Einrichtungen für die Wäschepflege,**
 gehören die Kosten des Betriebsstroms, die Kosten der Überwachung, Pflege und Reinigung der Einrichtungen, der regelmäßigen Prüfung ihrer Betriebsbereitschaft und Betriebssicherheit sowie die Kosten der Wasserversorgung entsprechend Nummer 2, soweit sie nicht dort bereits berücksichtigt sind;
17. **sonstige Betriebskosten,**
 gehören Betriebskosten im Sinne des § 1, die von den Nummern 1 bis 16 nicht erfasst sind.

Verordnung über die verbrauchsabhängige Abrechnung der Heiz- und Warmwasserkosten

10007

(Verordnung über Heizkostenabrechnung – HeizkostenV)

In der Fassung der Bekanntmachung vom 5. Oktober 2009 (BGBl. I S. 3250)

§ 1 Anwendungsbereich

(1) Diese Verordnung gilt für die Verteilung der Kosten
1. des Betriebs zentraler Heizungsanlagen und zentraler Warmwasserversorgungsanlagen,
2. der eigenständig gewerblichen Lieferung von Wärme und Warmwasser, auch aus Anlagen nach Nummer 1 (Wärmelieferung, Warmwasserlieferung)

durch den Gebäudeeigentümer auf die Nutzer der mit Wärme oder Warmwasser versorgten Räume.

(2) Dem Gebäudeeigentümer stehen gleich
1. der zur Nutzungsüberlassung in eigenem Namen und für eigene Rechnung Berechtigte,
2. derjenige, dem der Betrieb von Anlagen im Sinne des § 1 Abs. 1 Nr. 1 in der Weise übertragen worden ist, dass er dafür ein Entgelt vom Nutzer zu fordern berechtigt ist,
3. beim Wohnungseigentum die Gemeinschaft der Wohnungseigentümer im Verhältnis zum Wohnungseigentümer, bei Vermietung einer oder mehrerer Eigentumswohnungen der Wohnungseigentümer im Verhältnis zum Mieter.

(3) Diese Verordnung gilt auch für die Verteilung der Kosten der Wärmelieferung und Warmwasserlieferung auf die Nutzer der mit Wärme oder Warmwasser versorgten Räume, soweit der Lieferer unmittelbar mit den Nutzern abrechnet und dabei nicht den für den einzelnen Nutzer gemessenen Verbrauch, sondern die Anteile der Nutzer am Gesamtverbrauch zugrunde legt; in diesen Fällen gelten die Rechte und Pflichten des Gebäudeeigentümers aus dieser Verordnung für den Lieferer.

(4) Diese Verordnung gilt auch für die Mietverhältnisse über preisgebundenen Wohnraum, soweit für diesen nichts anderes bestimmt ist.

§ 2 Vorrang vor rechtsgeschäftlichen Bestimmungen

Außer bei Gebäuden mit nicht mehr als zwei Wohnungen, von denen eine der Vermieter selbst bewohnt, gehen die Vorschriften dieser Verordnung rechtsgeschäftlichen Bestimmungen vor.

§ 3 Anwendung auf das Wohnungseigentum

Die Vorschriften dieser Verordnung sind auf Wohnungseigentum anzuwenden unabhängig davon, ob durch Vereinbarung oder Beschluss der Wohnungseigentümer abweichende Bestimmungen über die Verteilung der Kosten der Versorgung mit Wärme und Warmwasser getroffen worden sind. Auf die Anbringung und Auswahl der Ausstattung nach den §§ 4 und 5 sowie auf die Verteilung der Kosten und die sonstigen Entscheidungen des Gebäudeeigentümers nach den §§ 6 bis 9b und 11 sind die Regelungen entsprechend anzuwenden, die für die Verwaltung des gemeinschaftlichen Eigentums im Wohnungseigentumsgesetz enthalten oder durch Vereinbarung der Wohnungseigentümer getroffen worden sind. Die Kosten für die Anbringung der Ausstattung sind entsprechend den dort vorgesehenen Regelungen über die Tragung der Verwaltungskosten zu verteilen.

§ 4 Pflicht zur Verbrauchserfassung

(1) Der Gebäudeeigentümer hat den anteiligen Verbrauch der Nutzer an Wärme und Warmwasser zu erfassen.

(2) Er hat dazu die Räume mit Ausstattungen zur Verbrauchserfassung zu versehen; die Nutzer haben dies zu dulden. Will der Gebäudeeigentümer die Ausstattung zur Verbrauchserfassung mieten oder durch eine andere Art der Gebrauchsüberlassung beschaffen, so hat er dies den Nutzern vorher unter Angabe der dadurch entstehenden Kosten mitzuteilen; die Maßnahme ist unzulässig, wenn die Mehrheit der Nutzer innerhalb eines Monats nach Zugang der Mitteilung widerspricht. Die Wahl der Ausstattung bleibt im Rahmen des § 5 dem Gebäudeeigentümer überlassen.

(3) Gemeinschaftlich genutzte Räume sind von der Pflicht zur Verbrauchserfassung ausgenommen. Dies gilt nicht für Gemeinschaftsräume mit nutzungsbedingt hohem Wärme- oder Warmwasserverbrauch, wie Schwimmbäder oder Saunen.

(4) Der Nutzer ist berechtigt, vom Gebäudeeigentümer die Erfüllung dieser Verpflichtungen zu verlangen.

§ 5 Ausstattung zur Verbrauchserfassung

(1) Zur Erfassung des anteiligen Wärmeverbrauchs sind Wärmezähler oder Heizkostenverteiler, zur Erfassung des anteiligen Warmwasserverbrauchs Warmwasserzähler oder andere geeignete Ausstattungen zu verwenden. Soweit nicht eichrechtliche Bestimmungen zur Anwendung kommen, dürfen nur solche Ausstattungen zur Verbrauchserfassung verwendet werden, hinsichtlich derer sachverständige Stellen bestätigt haben, dass sie den anerkannten Regeln der Technik entsprechen oder dass ihre

Eignung auf andere Weise nachgewiesen wurde. Als sachverständige Stellen gelten nur solche Stellen, deren Eignung die nach Landesrecht zuständige Behörde im Benehmen mit der Physikalisch-Technischen Bundesanstalt bestätigt hat. Die Ausstattungen müssen für das jeweilige Heizsystem geeignet sein und so angebracht werden, dass ihre technisch einwandfreie Funktion gewährleistet ist.

(2) Wird der Verbrauch der von einer Anlage im Sinne des § 1 Abs. 1 versorgten Nutzer nicht mit gleichen Ausstattungen erfasst, so sind zunächst durch Vorerfassung vom Gesamtverbrauch die Anteile der Gruppen von Nutzern zu erfassen, deren Verbrauch mit gleichen Ausstattungen erfasst wird. Der Gebäudeeigentümer kann auch bei unterschiedlichen Nutzungs- oder Gebäudearten oder aus anderen sachgerechten Gründen eine Vorerfassung nach Nutzergruppen durchführen.

§ 6 Pflicht zur verbrauchsabhängigen Kostenverteilung

(1) Der Gebäudeeigentümer hat die Kosten der Versorgung mit Wärme und Warmwasser auf der Grundlage der Verbrauchserfassung nach Maßgabe der §§ 7 bis 9 auf die einzelnen Nutzer zu verteilen. Das Ergebnis der Ablesung soll dem Nutzer in der Regel innerhalb eines Monats mitgeteilt werden. Eine gesonderte Mitteilung ist nicht erforderlich, wenn das Ableseergebnis über einen längeren Zeitraum in den Räumen des Nutzers gespeichert ist und von diesem selbst abgerufen werden kann. Einer gesonderten Mitteilung des Warmwasserverbrauchs bedarf es auch dann nicht, wenn in der Nutzeinheit ein Warmwasserzähler eingebaut ist.

(2) In den Fällen des § 5 Abs. 2 sind die Kosten zunächst mindestens zu 50 vom Hundert nach dem Verhältnis der erfassten Anteile am Gesamtverbrauch auf die Nutzergruppen aufzuteilen. Werden die Kosten nicht vollständig nach dem Verhältnis der erfassten Anteile am Gesamtverbrauch aufgeteilt, sind
1. die übrigen Kosten der Versorgung mit Wärme nach der Wohn- oder Nutzfläche oder nach dem umbauten Raum auf die einzelnen Nutzergruppen zu verteilen; es kann auch die Wohn- oder Nutzfläche oder der umbaute Raum der beheizten Räume zugrunde gelegt werden,
2. die übrigen Kosten der Versorgung mit Warmwasser nach der Wohn- oder Nutzfläche auf die einzelnen Nutzergruppen zu verteilen.

Die Kostenanteile der Nutzergruppen sind dann nach Absatz 1 auf die einzelnen Nutzer zu verteilen.

(3) In den Fällen des § 4 Abs. 3 Satz 2 sind die Kosten nach dem Verhältnis der erfassten Anteile am Gesamtverbrauch auf die Gemeinschaftsräume und die übrigen Räume aufzuteilen. Die Verteilung der auf die Gemeinschaftsräume entfallenden anteiligen Kosten richtet sich nach rechtsgeschäftlichen Bestimmungen.

(4) Die Wahl der Abrechnungsmaßstäbe nach Absatz 2 sowie nach § 7 Abs. 1 Satz 1, §§ 8 bis 9 bleibt dem Gebäudeeigentümer überlassen. Er kann diese für künftige Abrechnungszeiträume durch Erklärung gegenüber den Nutzern ändern,
1. bei der Einführung einer Vorerfassung nach Nutzergruppen,

2. nach Durchführung von baulichen Maßnahmen, die nachhaltig Einsparungen von Heizenergie bewirken oder
3. aus anderen sachgerechten Gründen nach deren erstmaliger Bestimmung.

Die Festlegung und die Änderung der Abrechnungsmaßstäbe sind nur mit Wirkung zum Beginn eines Abrechnungszeitraumes zulässig.

§ 7 Verteilung der Kosten der Versorgung mit Wärme

(1) Von den Kosten des Betriebs der zentralen Heizungsanlage einschließlich der Abgasanlage sind mindestens 50 vom Hundert, höchstens 70 vom Hundert nach dem erfassten Wärmeverbrauch der Nutzer zu verteilen. In Gebäuden, die das Anforderungsniveau der Wärmeschutzverordnung vom 16. August 1994 (BGBl. I S. 2121) nicht erfüllen, die mit einer Öl- oder Gasheizung versorgt werden und in denen die freiliegenden Leitungen der Wärmeverteilung überwiegend gedämmt sind, sind von den Kosten des Betriebs der zentralen Heizungsanlage 70 vom Hundert nach dem erfassten Wärmeverbrauch der Nutzer zu verteilen. In Gebäuden, in denen die freiliegenden Leitungen der Wärmeversorgung überwiegend ungedämmt sind und deswegen ein wesentlicher Anteil des Wärmeverbrauchs nicht erfasst wird, kann der Wärmeverbrauch der Nutzer nach anerkannten Regeln der Technik bestimmt werden. Der so bestimmte Verbrauch der einzelnen Nutzer wird als erfasster Wärmeverbrauch nach Satz 1 berücksichtigt. Die übrigen Kosten sind nach der Wohn- oder Nutzfläche oder nach dem umbauten Raum zu verteilen; es kann auch die Wohn- oder Nutzfläche oder der umbaute Raum der beheizten Räume zugrunde gelegt werden.

(2) Zu den Kosten des Betriebs der zentralen Heizungsanlage einschließlich der Abgasanlage gehören die Kosten der verbrauchten Brennstoffe und ihrer Lieferung, die Kosten des Betriebsstromes, die Kosten der Bedienung, Überwachung und Pflege der Anlage, der regelmäßigen Prüfung ihrer Betriebsbereitschaft und Betriebssicherheit einschließlich der Einstellung durch eine Fachkraft, der Reinigung der Anlage und des Betriebsraumes, die Kosten der Messungen nach dem Bundes-Immissionsschutzgesetz, die Kosten der Anmietung oder anderer Arten der Gebrauchsüberlassung einer Ausstattung zur Verbrauchserfassung sowie die Kosten der Verwendung einer Ausstattung zur Verbrauchserfassung einschließlich der Kosten der Eichung sowie der Berechnung und Aufteilung und Verbrauchsanalyse. Die Verbrauchsanalyse sollte insbesondere die Entwicklung der Kosten für die Heizwärme und Warmwasserversorgung der vergangenen drei Jahre wiedergeben.

(3) Für die Verteilung der Kosten der Wärmelieferung gilt Absatz 1 entsprechend.

(4) Zu den Kosten der Wärmelieferung gehören das Entgelt für die Wärmelieferung und die Kosten des Betriebs der zugehörigen Hausanlagen entsprechend Absatz 2.

§ 8 Verteilung der Kosten der Versorgung mit Warmwasser

(1) Von den Kosten des Betriebs der zentralen Warmwasserversorgungsanlage sind mindestens 50 vom Hundert, höchstens 70 vom Hundert nach dem erfassten Warmwasserverbrauch, die übrigen Kosten nach der Wohn- oder Nutzfläche zu verteilen.

Verordnung über Heizkostenabrechnung   Teil X

(2) Zu den Kosten des Betriebs der zentralen Warmwasserversorgungsanlage gehören die Kosten der Wasserversorgung, soweit sie nicht gesondert abgerechnet werden, und die Kosten der Wassererwärmung entsprechend § 7 Abs. 2. Zu den Kosten der Wasserversorgung gehören die Kosten des Wasserverbrauchs, die Grundgebühren und die Zählermiete, die Kosten der Verwendung von Zwischenzählern, die Kosten des Betriebs einer hauseigenen Wasserversorgungsanlage und einer Wasseraufbereitungsanlage einschließlich der Aufbereitungsstoffe.

(3) Für die Verteilung der Kosten der Warmwasserlieferung gilt Absatz 1 entsprechend.

(4) Zu den Kosten der Warmwasserlieferung gehören das Entgelt für die Lieferung des Warmwassers und die Kosten des Betriebs der zugehörigen Hausanlagen entsprechend § 7 Abs. 2.

§ 9 Verteilung der Kosten der Versorgung mit Wärme und Warmwasser bei verbundenen Anlagen

(1) Ist die zentrale Anlage zur Versorgung mit Wärme mit der zentralen Warmwasserversorgungsanlage verbunden, so sind die einheitlich entstandenen Kosten des Betriebs aufzuteilen. Die Anteile an den einheitlich entstandenen Kosten sind bei Anlagen mit Heizkesseln nach den Anteilen am Brennstoffverbrauch oder am Energieverbrauch, bei eigenständiger gewerblicher Wärmelieferung nach den Anteilen am Wärmeverbrauch zu bestimmen. Kosten, die nicht einheitlich entstanden sind, sind dem Anteil an den einheitlich entstandenen Kosten hinzuzurechnen. Der Anteil der zentralen Anlage zur Versorgung mit Wärme ergibt sich aus dem gesamten Verbrauch nach Abzug des Verbrauchs der zentralen Warmwasserversorgungsanlage. Bei Anlagen, die weder durch Heizkessel noch durch eigenständige gewerbliche Wärmelieferung mit Wärme versorgt werden, können anerkannte Regeln der Technik zur Aufteilung der Kosten verwendet werden. Der Anteil der zentralen Warmwasserversorgungsanlage am Wärmeverbrauch ist nach Absatz 2, der Anteil am Brennstoffverbrauch nach Absatz 3 zu ermitteln.

(2) Die auf die zentrale Warmwasserversorgungsanlage entfallende Wärmemenge (Q) ist ab dem 31. Dezember 2013 mit einem Wärmezähler zu messen. Kann die Wärmemenge nur mit einem unzumutbar hohen Aufwand gemessen werden, kann sie nach der Gleichung

$$Q = 2{,}5 \text{ kWh/m}^3 \cdot K \cdot V \, (t_w - 10°C)$$

bestimmt werden. Dabei sind zugrunde zu legen
1. das gemessene Volumen des verbrauchten Warmwassers (V) in Kubikmetern (m³);
2. die gemessene oder geschätzte mittlere Temperatur des Warmwassers (t_w) in Grad Celsius (°C).

Wenn in Ausnahmefällen weder die Wärmemenge noch das Volumen des verbrauchten Warmwassers gemessen werden können, kann die auf die zentrale Warmwasserversorgungsanlage entfallende Wärmemenge nach folgender Gleichung bestimmt werden

$Q = 32 \text{ kWh/m}^2_{A\text{Wohn}} \cdot A_{\text{Wohn}}$

Dabei ist die durch die zentrale Anlage mit Warmwasser versorgte Wohn- oder Nutzfläche (A_{Wohn}) zugrunde zu legen. Die nach den Gleichungen in Satz 2 oder 4 bestimmte Wärmemenge (Q) ist
1. bei brennwertbezogener Abrechnung von Erdgas mit 1,11 zu multiplizieren
2. bei eigenständiger gewerblicher Wärmelieferung durch 1,15 zu dividieren.

(3) Bei Anlagen mit Heizkesseln ist der Brennstoffverbrauch der zentralen Warmwasserversorgungsanlage (B) in Litern, Kubikmetern, Kilogramm oder Schüttraummetern nach der Gleichung

$B = Q/H_i$

zu bestimmen.

Dabei sind zugrunde zu legen
1. die auf die zentrale Warmwasserversorgungsanlage entfallende Wärmemenge (Q) nach Absatz 2 in kWh;
2. der Heizwert des verbrauchten Brennstoffes (H_i) in Kilowattstunden (kWh) je Liter (l), Kubikmeter (m³), Kilogramm (kg) oder Schüttraummeter (SRm). Als H_i-Werte können verwendet werden für

Leichtes Heizöl EL	10	kWh/l
Schweres Heizöl	10,9	kWh/l
Erdgas H	10	kWh/m³
Erdgas L	9	kWh/m³
Flüssiggas	13,0	kWh/kg
Koks	8,0	kWh/kg
Braunkohle	5,5	kWh/kg
Steinkohle	8,0	kWh/kg
Holz (lufttrocken)	4,1	kWh/kg
Holzpellets	5,0	kWh/kg
Holzhackschnitzel	650	kWh/SRm

Enthalten die Abrechnungsunterlagen des Energieversorgungsunternehmens oder Brennstofflieferanten Hi-Werte, sind diese zu verwenden. Soweit die Abrechnung über kWh-Werte erfolgt, ist eine Umrechnung in Brennstoffverbrauch nicht erforderlich.

(4) Der Anteil an den Kosten der Versorgung mit Wärme ist nach § 7 Absatz 1, der Anteil an den Kosten der Versorgung mit Warmwasser nach § 8 Absatz 1 zu verteilen, soweit diese Verordnung nichts anderes bestimmt oder zulässt.

§ 9a Kostenverteilung in Sonderfällen

(1) Kann der anteilige Wärme- oder Warmwasserverbrauch von Nutzern für einen Abrechnungszeitraum wegen Geräteausfalls oder aus anderen zwingenden Gründen nicht ordnungsgemäß erfasst werden, ist er vom Gebäudeeigentümer auf der Grundlage des Verbrauchs der betroffenen Räume in vergleichbaren Zeiträumen oder des Verbrauchs vergleichbarer anderer Räume im jeweiligen Abrechnungszeitraum oder des Durchschnittsverbrauchs des Gebäudes oder der Nutzergruppe zu ermitteln. Der so ermittelte anteilige Verbrauch ist bei der Kostenverteilung anstelle des erfassten Verbrauchs zugrunde zu legen.

(2) Überschreitet die von der Verbrauchsermittlung nach Absatz 1 betroffene Wohn- oder Nutzfläche oder der umbaute Raum 25 vom Hundert der für die Kostenverteilung maßgeblichen gesamten Wohn- oder Nutzfläche oder des maßgeblichen gesamten umbauten Raumes, sind die Kosten ausschließlich nach den nach § 7 Abs. 1 Satz 5 und § 8 Abs. 1 für die Verteilung der übrigen Kosten zugrunde zu legenden Maßstäbe zu verteilen.

§ 9b Kostenaufteilung bei Nutzerwechsel

(1) Bei Nutzerwechsel innerhalb eines Abrechnungszeitraumes hat der Gebäudeeigentümer eine Ablesung der Ausstattung zur Verbrauchserfassung der vom Wechsel betroffenen Räume (Zwischenablesung) vorzunehmen.

(2) Die nach dem erfassten Verbrauch zu verteilenden Kosten sind auf der Grundlage der Zwischenablesung, die übrigen Kosten des Wärmeverbrauchs auf der Grundlage der sich aus anerkannten Regeln der Technik ergebenden Gradtagszahlen oder zeitanteilig und die übrigen Kosten des Warmwasserverbrauchs zeitanteilig auf Vor- und Nachnutzer aufzuteilen.

(3) Ist eine Zwischenablesung nicht möglich oder lässt sie wegen des Zeitpunktes des Nutzerwechsels aus technischen Gründen keine hinreichend genaue Ermittlung der Verbrauchsanteile zu, sind die gesamten Kosten nach den nach Absatz 2 für die übrigen Kosten geltenden Maßstäben aufzuteilen.

(4) Von den Absätzen 1 bis 3 abweichende rechtsgeschäftliche Bestimmungen bleiben unberührt.

§ 10 Überschreitung der Höchstsätze

Rechtsgeschäftliche Bestimmungen, die höhere als die in § 7 Abs. 1 und § 8 Abs. 1 genannten Höchstsätze von 70 vom Hundert vorsehen, bleiben unberührt.

§ 11 Ausnahmen

(1) Soweit sich die §§ 3 bis 7 auf die Versorgung mit Wärme beziehen, sind sie nicht anzuwenden
1. auf Räume,

a) in Gebäuden, die einen Heizwärmebedarf von weniger als 15 kWh/(m² • a) aufweisen,
b) bei denen das Anbringen der Ausstattung zur Verbrauchserfassung, die Erfassung des Wärmeverbrauchs oder die Verteilung der Kosten des Wärmeverbrauchs nicht oder nur mit unverhältnismäßig hohen Kosten möglich ist; unverhältnismäßig hohe Kosten liegen vor, wenn diese nicht durch die Einsparungen, die in der Regel innerhalb von zehn Jahren erzielt werden können, erwirtschaftet werden können; oder
c) die vor dem 1. Juli 1981 bezugsfertig geworden sind und in denen der Nutzer den Wärmeverbrauch nicht beeinflussen kann;
2. a) auf Alters- und Pflegeheime, Studenten- und Lehrlingsheime,
b) auf vergleichbare Gebäude oder Gebäudeteile, deren Nutzung Personengruppen vorbehalten ist, mit denen wegen ihrer besonderen persönlichen Verhältnisse regelmäßig keine üblichen Mietverträge abgeschlossen werden;
3. auf Räume in Gebäuden, die überwiegend versorgt werden
a) mit Wärme aus Anlagen zur Rückgewinnung von Wärme oder aus Wärmepumpen- oder Solaranlagen oder
b) mit Wärme aus Anlagen der Kraft-Wärme-Kopplung oder aus Anlagen zur Verwertung von Abwärme, sofern der Wärmeverbrauch des Gebäudes nicht erfasst wird;
4. auf die Kosten des Betriebs der zugehörigen Hausanlagen, soweit diese Kosten in den Fällen des § 1 Abs. 3 nicht in den Kosten der Wärmelieferung enthalten sind, sondern vom Gebäudeeigentümer gesondert abgerechnet werden;
5. in sonstigen Einzelfällen, in denen die nach Landesrecht zuständige Stelle wegen besonderer Umstände von den Anforderungen dieser Verordnung befreit hat, um einen unangemessenen Aufwand oder sonstige unbillige Härten zu vermeiden.

(2) Soweit sich die §§ 3 bis 6 und § 8 auf die Versorgung mit Warmwasser beziehen, gilt Absatz 1 entsprechend.

§ 12 Kürzungsrecht, Übergangsregelungen

(1) Soweit die Kosten der Versorgung mit Wärme oder Warmwasser entgegen den Vorschriften dieser Verordnung nicht verbrauchsabhängig abgerechnet werden, hat der Nutzer das Recht, bei der nicht verbrauchsabhängigen Abrechnung der Kosten den auf ihn entfallenden Anteil um 15 vom Hundert zu kürzen. Dies gilt nicht beim Wohnungseigentum im Verhältnis des einzelnen Wohnungseigentümers zur Gemeinschaft der Wohnungseigentümer; insoweit verbleibt es bei den allgemeinen Vorschriften.

(2) Die Anforderungen des § 5 Abs. 1 Satz 2 gelten bis zum 31. Dezember 2013 als erfüllt
1. für die am 1. Januar 1987 für die Erfassung des anteiligen Warmwasserverbrauchs vorhandenen Warmwasserkostenverteiler und

2. für die am 1. Juli 1981 bereits vorhandenen sonstigen Ausstattungen zur Verbrauchserfassung.

(3) Bei preisgebundenen Wohnungen im Sinne der Neubaumietenverordnung 1970 gilt Absatz 2 mit der Maßgabe, dass an die Stelle des Datums »1. Juli 1981« des Datum »1. August 1984« tritt.

(4) § 1 Abs. 3, § 4 Abs. 3 Satz 2 und § 6 Abs. 3 gelten für Abrechnungszeiträume, die nach dem 30. September 1989 beginnen; rechtsgeschäftliche Bestimmungen über eine frühere Anwendung dieser Vorschriften bleiben unberührt.

(5) Wird in den Fällen des § 1 Abs. 3 der Wärmeverbrauch der einzelnen Nutzer am 30. September 1989 mit Einrichtungen zur Messung der Wassermenge ermittelt, gilt die Anforderung des § 5 Abs. 1 Satz 1 als erfüllt.

(6) Auf Abrechnungszeiträume, die vor dem 1. Januar 2009 begonnen haben, ist diese Verordnung in der bis zum 31. Dezember 2008 geltenden Fassung weiter anzuwenden.

§ 13 Berlin-Klausel

(gegenstandslos)

§ 14 Inkrafttreten

(gegenstandslos)

Verordnung über die Umstellung auf gewerbliche Wärmelieferung für Mietwohnraum
(Wärmelieferverordnung – WärmeLV)
V. v. 07.06.2013 BGBl. I S. 1509 (Nr. 28)

10008

- **Inhaltsübersicht**

Abschnitt 1

Allgemeine Vorschriften

§ 1   Gegenstand der Verordnung

Abschnitt 2

Wärmeliefervertrag

§ 2   Inhalt des Wärmeliefervertrages

§ 3   Preisänderungsklauseln

§ 4   Form des Wärmeliefervertrages

§ 5   Auskunftsanspruch

§ 6	Verhältnis zur Verordnung über Allgemeine Bedingungen für die Versorgung mit Fernwärme
§ 7	Abweichende Vereinbarungen

Abschnitt 3

Umstellung der Wärmeversorgung für Mietwohnraum

§ 8	Kostenvergleich vor Umstellung auf Wärmelieferung
§ 9	Ermittlung der Betriebskosten der Eigenversorgung
§ 10	Ermittlung der Kosten der Wärmelieferung
§ 11	Umstellungsankündigung des Vermieters
§ 12	Abweichende Vereinbarungen

Abschnitt 4

Schlussvorschriften

§ 13	Inkrafttreten

Abschnitt 1 Allgemeine Vorschriften

§ 1 Gegenstand der Verordnung

Gegenstand der Verordnung sind
1. Vorschriften für Wärmelieferverträge, die bei einer Umstellung auf Wärmelieferung nach § 556c des Bürgerlichen Gesetzbuchs geschlossen werden, und
2. mietrechtliche Vorschriften für den Kostenvergleich und die Umstellungsankündigung nach § 556c Absatz 1 und 2 des Bürgerlichen Gesetzbuchs.

Abschnitt 2 Wärmeliefervertrag

§ 2 Inhalt des Wärmeliefervertrages

(1) Der Wärmeliefervertrag soll enthalten:
1. eine genaue Beschreibung der durch den Wärmelieferanten zu erbringenden Leistungen, insbesondere hinsichtlich der Art der Wärmelieferung sowie der Zeiten der Belieferung,
2. die Aufschlüsselung des Wärmelieferpreises in den Grundpreis in Euro pro Monat und in Euro pro Jahr und den Arbeitspreis in Cent pro Kilowattstunde, jeweils als Netto- und Bruttobeträge, sowie etwaige Preisänderungsklauseln,
3. die Festlegung des Übergabepunkts,
4. Angaben zur Dimensionierung der Heizungs- oder Warmwasseranlage unter Berücksichtigung der üblichen mietrechtlichen Versorgungspflichten,
5. Regelungen zum Umstellungszeitpunkt sowie zur Laufzeit des Vertrages,

6. falls der Kunde Leistungen vorhalten oder Leistungen des Wärmelieferanten vergüten soll, die vom Grund- und Arbeitspreis nicht abgegolten sind, auch eine Beschreibung dieser Leistungen oder Vergütungen,
7. Regelungen zu den Rechten und Pflichten der Parteien bei Vertragsbeendigung, insbesondere wenn für Zwecke des Wärmeliefervertrages eine Heizungs- oder Warmwasseranlage neu errichtet wurde.

(2) Der Wärmelieferant ist verpflichtet, in seiner Vertragserklärung
1. die voraussichtliche energetische Effizienzverbesserung nach § 556c Absatz 1 Satz 1 Nummer 1 des Bürgerlichen Gesetzbuchs oder die energetisch verbesserte Betriebsführung nach § 556c Absatz 1 Satz 2 des Bürgerlichen Gesetzbuchs anzugeben sowie
2. den Kostenvergleich nach § 556c Absatz 1 Satz 1 Nummer 2 des Bürgerlichen Gesetzbuchs und nach den §§ 8 bis 10 durchzuführen sowie die ihm zugrunde liegenden Annahmen und Berechnungen mitzuteilen.

(3) Die Vereinbarung von Mindestabnahmemengen oder von Modernisierungsbeschränkungen ist unwirksam.

§ 3 Preisänderungsklauseln

Preisänderungsklauseln in Wärmelieferverträgen sind nur wirksam, wenn sie den Anforderungen des § 24 Absatz 4 Satz 1 und 2 der Verordnung über Allgemeine Bedingungen für die Versorgung mit Fernwärme in der jeweils geltenden Fassung entsprechen.

§ 4 Form des Wärmeliefervertrages

Der Wärmeliefervertrag bedarf der Textform.

§ 5 Auskunftsanspruch

Hat der Mieter nach einer Umstellung auf Wärmelieferung die Wärmelieferkosten nicht als Betriebskosten zu tragen, weil die Voraussetzungen des § 556c Absatz 1 des Bürgerlichen Gesetzbuchs nicht erfüllt sind, so kann der Kunde vom Wärmelieferanten verlangen, diejenigen Bestandteile des Wärmelieferpreises als jeweils gesonderte Kosten auszuweisen, die den umlegbaren Betriebskosten nach § 7 Absatz 2 und § 8 Absatz 2 der Verordnung über Heizkostenabrechnung entsprechen.

§ 6 Verhältnis zur Verordnung über Allgemeine Bedingungen für die Versorgung mit Fernwärme

Soweit diese Verordnung keine abweichenden Regelungen enthält, bleiben die Regelungen der Verordnung über Allgemeine Bedingungen für die Versorgung mit Fernwärme unberührt.

§ 7 Abweichende Vereinbarungen

Eine von den Vorschriften dieses Abschnitts abweichende Vereinbarung ist unwirksam.

Abschnitt 3 Umstellung der Wärmeversorgung für Mietwohnraum

§ 8 Kostenvergleich vor Umstellung auf Wärmelieferung

Beim Kostenvergleich nach § 556c Absatz 1 Satz 1 Nummer 2 des Bürgerlichen Gesetzbuchs sind für das Mietwohngebäude gegenüberzustellen
1. die Kosten der Eigenversorgung durch den Vermieter mit Wärme oder Warmwasser, die der Mieter bislang als Betriebskosten zu tragen hatte, und
2. die Kosten, die der Mieter zu tragen gehabt hätte, wenn er die den bisherigen Betriebskosten zugrunde liegende Wärmemenge im Wege der Wärmelieferung bezogen hätte.

§ 9 Ermittlung der Betriebskosten der Eigenversorgung

(1) Die bisherigen Betriebskosten nach § 8 Nummer 1 sind wie folgt zu ermitteln:
1. Auf der Grundlage des Endenergieverbrauchs der letzten drei Abrechnungszeiträume, die vor der Umstellungsankündigung gegenüber dem Mieter abgerechnet worden sind, ist der bisherige durchschnittliche Endenergieverbrauch für einen Abrechnungszeitraum zu ermitteln; liegt der Endenergieverbrauch nicht vor, ist er aufgrund des Energiegehalts der eingesetzten Brennstoffmengen zu bestimmen.
2. Der nach Nummer 1 ermittelte Endenergieverbrauch ist mit den Brennstoffkosten auf Grundlage der durchschnittlich vom Vermieter entrichteten Preise des letzten Abrechnungszeitraums zu multiplizieren.
3. Den nach Nummer 2 ermittelten Kosten sind die sonstigen abgerechneten Betriebskosten des letzten Abrechnungszeitraums, die der Versorgung mit Wärme oder Warmwasser dienen, hinzuzurechnen.

(2) Hat der Vermieter die Heizungs- oder Warmwasseranlage vor dem Übergabepunkt während der letzten drei Abrechnungszeiträume modernisiert, so sind die Betriebskosten der bisherigen Versorgung auf Grundlage des Endenergieverbrauchs der modernisierten Anlage zu berechnen.

§ 10 Ermittlung der Kosten der Wärmelieferung

(1) Die Kosten der Wärmelieferung nach § 8 Nummer 2 sind wie folgt zu ermitteln: Aus dem durchschnittlichen Endenergieverbrauch in einem Abrechnungszeitraum nach § 9 Absatz 1 Nummer 1 ist durch Multiplikation mit dem Jahresnutzungsgrad der bisherigen Heizungs- oder Warmwasseranlage, bestimmt am Übergabepunkt, die bislang durchschnittlich erzielte Wärmemenge zu ermitteln.

(2) Sofern der Jahresnutzungsgrad nicht anhand der im letzten Abrechnungszeitraum fortlaufend gemessenen Wärmemenge bestimmbar ist, ist er durch Kurzzeitmessung oder, sofern eine Kurzzeitmessung nicht durchgeführt wird, mit anerkannten Pauschalwerten zu ermitteln.

(3) Für die nach Absatz 1 ermittelte bisherige durchschnittliche Wärmemenge in einem Abrechnungszeitraum sind die Wärmelieferkosten zu ermitteln, indem der aktuelle Wärmelieferpreis nach § 2 Absatz 1 Nummer 2 unter Anwendung einer nach

Maßgabe von § 3 vereinbarten Preisänderungsklausel auf den letzten Abrechnungszeitraum indexiert wird.

§ 11 Umstellungsankündigung des Vermieters

(1) Die Umstellungsankündigung nach § 556c Absatz 2 des Bürgerlichen Gesetzbuchs muss dem Mieter spätestens drei Monate vor der Umstellung in Textform zugehen.

(2) Sie muss Angaben enthalten
1. zur Art der künftigen Wärmelieferung,
2. zur voraussichtlichen energetischen Effizienzverbesserung nach § 556c Absatz 1 Satz 1 Nummer 1 des Bürgerlichen Gesetzbuchs oder zur energetisch verbesserten Betriebsführung nach § 556c Absatz 1 Satz 2 des Bürgerlichen Gesetzbuchs; § 555c Absatz 3 des Bürgerlichen Gesetzbuchs gilt entsprechend,
3. zum Kostenvergleich nach § 556c Absatz 1 Satz 1 Nummer 2 des Bürgerlichen Gesetzbuchs und nach den §§ 8 bis 10 einschließlich der ihm zugrunde liegenden Annahmen und Berechnungen,
4. zum geplanten Umstellungszeitpunkt,
5. zu den im Wärmeliefervertrag vorgesehenen Preisen und den gegebenenfalls vorgesehenen Preisänderungsklauseln.

(3) Rechnet der Vermieter Wärmelieferkosten als Betriebskosten ab und hat er dem Mieter die Umstellung nicht nach den Absätzen 1 und 2 angekündigt, so beginnt die Frist für Einwendungen gegen die Abrechnung der Wärmelieferkosten (§ 556 Absatz 3 Satz 5 des Bürgerlichen Gesetzbuchs) frühestens, wenn der Mieter eine Mitteilung erhalten hat, die den Anforderungen nach den Absätzen 1 und 2 entspricht.

§ 12 Abweichende Vereinbarungen

Eine zum Nachteil des Mieters von den Vorschriften dieses Abschnitts abweichende Vereinbarung ist unwirksam.

Abschnitt 4 Schlussvorschriften

§ 13 Inkrafttreten

Diese Verordnung tritt am 1. Juli 2013 in Kraft.

Verordnung zur Berechnung der Wohnfläche

(Wohnflächenverordnung – WoFlV)

Vom 25. November 2003 (BGBl. I S. 2346)

10009

§ 1 Anwendungsbereich, Berechnung der Wohnfläche

(1) Wird nach dem Wohnraumförderungsgesetz die Wohnfläche berechnet, sind die Vorschriften dieser Verordnung anzuwenden.

(2) Zur Berechnung der Wohnfläche sind die nach § 2 zur Wohnfläche gehörenden Grundflächen nach § 3 zu ermitteln und nach § 4 auf die Wohnfläche anzurechnen.

§ 2 Zur Wohnfläche gehörende Grundflächen

(1) Die Wohnfläche einer Wohnung umfasst die Grundflächen der Räume, die ausschließlich zu dieser Wohnung gehören. Die Wohnfläche eines Wohnheims umfasst die Grundflächen der Räume, die zur alleinigen und gemeinschaftlichen Nutzung durch die Bewohner bestimmt sind.

(2) Zur Wohnfläche gehören auch die Grundflächen von
1. Wintergärten, Schwimmbädern und ähnlichen nach allen Seiten geschlossenen Räumen sowie
2. Balkonen, Loggien, Dachgärten und Terrassen,

wenn sie ausschließlich zu der Wohnung oder dem Wohnheim gehören.

(3) Zur Wohnfläche gehören nicht die Grundflächen folgender Räume:
1. Zubehörräume, insbesondere:
   a) Kellerräume,
   b) Abstellräume und Kellerersatzräume außerhalb der Wohnung,
   c) Waschküchen,
   d) Bodenräume,
   e) Trockenräume,
   f) Heizungsräume und
   g) Garagen,
2. Räume, die nicht den an ihre Nutzung zu stellenden Anforderungen des Bauordnungsrechts der Länder genügen, sowie
3. Geschäftsräume.

§ 3 Ermittlung der Grundfläche

(1) Die Grundfläche ist nach den lichten Maßen zwischen den Bauteilen zu ermitteln; dabei ist von der Vorderkante der Bekleidung der Bauteile auszugehen. Bei fehlenden begrenzenden Bauteilen ist der bauliche Abschluss zugrunde zu legen.

(2) Bei der Ermittlung der Grundfläche sind namentlich einzubeziehen die Grundflächen von
1. Tür- und Fensterbekleidungen sowie Tür- und Fensterumrahmungen,
2. Fuß-, Sockel und Schrammleisten,
3. fest eingebauten Gegenständen, wie z.B. Öfen, Heiz- und Klimageräten, Herden, Bade- oder Duschwannen,
4. freiliegenden Installationen,
5. Einbaumöbeln und
6. nicht ortsgebundenen, versetzbaren Raumteilern.

(3) Bei der Ermittlung der Grundflächen bleiben außer Betracht die Grundflächen von

1. Schornsteinen, Vormauerungen, Bekleidungen, freistehenden Pfeilern und Säulen, wenn sie eine Höhe von mehr als 1,50 Meter aufweisen und ihre Grundfläche mehr als 0,1 Quadratmeter beträgt,
2. Treppen mit über drei Steigungen und deren Treppenabsätze,
3. Türnischen und
4. Fenster- und offenen Wandnischen, die nicht bis zum Fußboden herunterreichen oder bis zum Fußboden herunterreichen und 0,13 Meter oder weniger tief sind.

(4) Die Grundfläche ist durch Ausmessung im fertiggestellten Wohnraum oder aufgrund einer Bauzeichnung zu ermitteln. Wird die Grundfläche aufgrund einer Bauzeichnung ermittelt, muss diese
1. für ein Genehmigungs-, Anzeige-, Genehmigungsfreistellungs- oder ähnliches Verfahren nach dem Bauordnungsrecht der Länder gefertigt oder, wenn ein bauordnungsrechtliches Verfahren nicht erforderlich ist, für ein solches geeignet sein und
2. die Ermittlung der lichten Maße zwischen den Bauteilen im Sinne des Absatzes 1 ermöglichen.

Ist die Grundfläche nach einer Bauzeichnung ermittelt worden und ist abweichend von dieser Bauzeichnung gebaut worden, ist die Grundfläche durch Ausmessung im fertiggestellten Wohnraum oder aufgrund einer berichtigten Bauzeichnung neu zu ermitteln.

§ 4 Anrechnung der Grundflächen

Die Grundflächen
1. von Räumen und Raumteilen mit einer lichten Höhe von mindestens zwei Metern sind vollständig,
2. von Räumen und Raumteilen mit einer lichten Höhe von mindestens einem Meter und weniger als zwei Metern sind zur Hälfte,
3. von unbeheizbaren Wintergärten, Schwimmbädern und ähnlichen nach allen Seiten geschlossenen Räumen sind zur Hälfte,
4. von Balkonen, Loggien, Dachgärten und Terrassen sind in der Regel zu einem Viertel, höchstens jedoch zur Hälfte
anzurechnen.

§ 5 Überleitungsvorschrift

Ist die Wohnfläche bis zum 31. Dezember 2003 nach der Zweiten Berechnungsverordnung in der Fassung der Bekanntmachung vom 12. Oktober 1990 (BGBl. I S. 2178), zuletzt geändert durch Artikel 3 der Verordnung vom 25. November 2003 (BGBl. I S. 2346) in der jeweils geltenden Fassung berechnet worden, bleibt es bei dieser Berechnung. Soweit in den in Satz 1 genannten Fällen nach dem 31. Dezember 2003 bauliche Änderungen an dem Wohnraum vorgenommen werden, die eine Neuberechnung der Wohnfläche erforderlich machen, sind die Vorschriften dieser Verordnung anzuwenden.

10010 Auszug aus der bis zum 31.12.2003 geltenden Fassung der Zweiten Berechnungsverordnung (II. BV)

§ 42 Wohnfläche

(1) Die Wohnfläche einer Wohnung ist die Summe der anrechenbaren Grundflächen der Räume, die ausschließlich zu der Wohnung gehören.

(2) Die Wohnfläche eines einzigen Wohnraums besteht aus dessen anrechenbarer Grundfläche; hinzuzurechnen ist die anrechenbare Grundfläche der Räume, die ausschließlich zu diesem einzelnen Wohnraum gehören. Die Wohnfläche eines untervermieteten Teils einer Wohnung ist entsprechend zu berechnen.

(3) Die Wohnfläche eines Wohnheimes ist die Summe der anrechenbaren Grundflächen der Räume, die zur alleinigen und gemeinschaftlichen Benutzung durch die Bewohner bestimmt sind.

(4) Zur Wohnfläche gehört nicht die Grundfläche von
1. *Zubehörräumen; als solche kommen in Betracht: Keller, Waschküchen, Abstellräume außerhalb der Wohnung, Dachböden, Trockenräume, Schuppen (Holzlegen), Garagen und ähnliche Räume;*
2. *Wirtschaftsräumen; als solche kommen in Betracht: Futterküchen, Vorratsräume, Backstuben, Räucherkammern, Ställe, Scheunen, Abstellräume und ähnliche Räume;*
3. *Räumen, die den nach ihrer Nutzung zu stellenden Anforderungen des Bauordnungsrechts nicht genügen;*
4. *Geschäftsräumen.*

§ 43 Berechnung der Grundflächen

(1) Die Grundfläche eines Raumes ist nach Wahl des Bauherrn aus den Fertigmaßen oder den Rohbaumaßen zu ermitteln. Die Wahl bleibt für alle späteren Berechnungen maßgebend.

(2) Fertigmaße sind die lichten Maße zwischen den Wänden ohne Berücksichtigung von Wandgliederungen, Wandbekleidungen, Scheuerleisten, Öfen, Heizkörpern, Herden und dergleichen.

(3) Werden die Rohbaumaße zugrunde gelegt, so sind die errechneten Grundflächen um 3 vom Hundert zu kürzen.

(4) Von den errechneten Grundflächen sind abzuziehen die Grundflächen von
1. *Schornsteinen und anderen Mauervorlagen, freistehenden Pfeilern und Säulen, wenn sie in der ganzen Raumhöhe durchgehen und ihre Grundfläche mehr als 0,1 Quadratmeter beträgt;*
2. *Treppen mit über drei Steigungen und deren Treppenabsätze. (5) Zu den errechneten Grundflächen sind hinzuzurechnen die Grundflächen von*

1. *Fenster- und offenen Wandnischen, die bis zum Fußboden herunterreichen und mehr als 0,13 Meter tief sind,*
2. *Erkern und Wandschränken, die eine Grundfläche von mindestens 0,5 Quadratmeter haben,*
3. *Raumteilen unter Treppen, soweit die lichte Höhe mindestens 2 Meter ist.*

Nicht hinzuzurechnen sind die Grundflächen der Türnischen.

(6) Wird die Grundfläche aufgrund der Bauzeichnung nach den Rohbaumaßen ermittelt, so bleibt die hiernach berechnete Wohnfläche maßgebend, außer wenn von der Bauzeichnung abweichend gebaut ist. Ist von der Bauzeichnung abweichend gebaut worden, so ist die Grundfläche aufgrund der berechtigten Bauzeichnung zu ermitteln.

§ 44 Anrechenbare Grundfläche

(1) Zur Ermittlung der Wohnfläche sind anzurechnen
1. *voll*
   die Grundflächen von Räumen und Raumteilen mit einer lichten Höhe von mindestens 2 Metern;
2. *zur Hälfte*
   die Grundflächen von Räumen und Raumteilen mit einer lichten Höhe von mindestens 1 Meter und weniger als 2 Metern und von Wintergärten, Schwimmbädern und ähnlichen, nach allen Seiten geschlossenen Räumen;
3. *nicht*
   die Grundflächen von Räumen oder Raumteilen mit einer lichten Höhe von weniger als 1 Meter.

(2) Gehören ausschließlich zu dem Wohnraum Balkone, Loggien, Dachgärten oder gedeckte Freisitze, so können deren Grundflächen zur Ermittlung der Wohnfläche bis zur Hälfte angerechnet werden.

(3) Zur Ermittlung der Wohnfläche können abgezogen werden
1. *bei einem Wohngebäude mit einer Wohnung bis zu 10 vom Hundert der ermittelten Grundfläche der Wohnung,*
2. *bei einem Wohngebäude mit zwei nicht abgeschlossenen Wohnungen bis zu 10 vom Hundert der ermittelten Grundfläche beider Wohnungen,*
3. *bei einem Wohngebäude mit einer abgeschlossenen und einer nicht abgeschlossenen Wohnung bis zu 10 vom Hundert der ermittelten Grundfläche der nicht abgeschlossenen Wohnung.*

(4) Die Bestimmung über die Anrechnung oder den Abzug nach Absatz 2 oder 3 kann nur für das Gebäude oder die Wirtschaftseinheit einheitlich getroffen werden. Die Bestimmung bleibt für alle späteren Berechnungen maßgebend.

Anlage 3

(zu § 27 Abs. 1)

Aufstellung der Betriebskosten

Betriebskosten sind nachstehende Kosten, die dem Eigentümer (Erbbauberechtigten) durch das Eigentum (Erbbaurecht) am Grundstück oder durch den bestimmungsgemäßen Gebrauch des Gebäudes oder der Wirtschaftseinheit, der Nebengebäude, Anlagen, Einrichtungen und des Grundstücks laufend entstehen, es sei denn, dass sie üblicherweise vom Mieter außerhalb der Miete unmittelbar getragen werden;

1. **Die laufenden öffentlichen Lasten des Grundstücks**
   Hierzu gehört namentlich die Grundsteuer, jedoch nicht die Hypothekengewinnabgabe.
2. **Die Kosten der Wasserversorgung**
   Hierzu gehören die Kosten des Wasserverbrauchs, die Grundgebühren, die Kosten der Anmietung oder anderer Arten der Gebrauchsüberlassung von Wasserzählern sowie die Kosten ihrer Verwendung einschließlich der Kosten der Berechnung und Aufteilung, die Kosten der Wartung von Wassermengenreglern, die Kosten des Betriebs einer hauseigenen Wasserversorgungsanlage und einer Wasseraufbereitungsanlage einschließlich der Aufbereitungsstoffe.
3. **Die Kosten der Entwässerung**
   Hierzu gehören die Gebühren für die Haus- und Grundstücksentwässerung, die Kosten des Betriebs einer entsprechenden nicht öffentlichen Anlage und die Kosten des Betriebs einer Entwässerungspumpe.
4. **Die Kosten**
   a) *des Betriebs der zentralen Heizungsanlage einschließlich der Abgasanlage;*
      hierzu gehören die Kosten der verbrauchten Brennstoffe und ihrer Lieferung, die Kosten des Betriebsstroms, die Kosten der Bedienung, Überwachung und Pflege der Anlage, der regelmäßigen Prüfung ihrer Betriebsbereitschaft und Betriebssicherheit einschließlich der Einstellung durch einen Fachmann, der Reinigung der Anlage und des Betriebsraums, die Kosten der Messungen nach dem Bundes-Immissionsschutzgesetz, die Kosten der Anmietung oder anderer Arten der Gebrauchsüberlassung einer Ausstattung zur Verbrauchserfassung sowie die Kosten der Verwendung einer Ausstattung zur Verbrauchserfassung einschließlich der Kosten der Berechnung und Aufteilung;
      oder
   b) *des Betriebs der zentralen Brennstoffversorgungsanlage;*
      hierzu gehören die Kosten der verbrauchten Brennstoffe und ihrer Lieferung, die Kosten des Betriebsstroms und die Kosten der Überwachung sowie die Kosten der Reinigung der Anlage und des Betriebsraums;
      oder
   c) *der eigenständig gewerblichen Lieferung von Wärme, auch aus Anlagen im Sinne des Buchstabens a;*
      hierzu gehören das Entgelt für die Wärmelieferung und die Kosten des Betriebs der zugehörigen Hausanlagen entsprechend Buchstabe a;
      oder

d) der Reinigung und Wartung von Etagenheizungen;
hierzu gehören die Kosten der Beseitigung von Wasserablagerungen und Verbrennungsrückständen in der Anlage, die Kosten der regelmäßigen Prüfung der Betriebsbereitschaft und Betriebssicherheit und der damit zusammenhängenden Einstellung durch einen Fachmann sowie die Kosten der Messungen nach dem Bundes-Immissionsschutzgesetz.

5. *Die Kosten*
   a) des Betriebs der zentralen Warmwasserversorgungsanlage;
   hierzu gehören die Kosten der Wasserversorgung entsprechend Nummer 2, soweit sie nicht dort bereits berücksichtigt sind, und die Kosten der Wassererwärmung entsprechend Nummer 4 Buchstabe a;
   oder
   b) der eigenständig gewerblichen Lieferung von Warmwasser, auch aus Anlagen im Sinne des Buchstabens a;
   hierzu gehören das Entgelt für die Lieferung des Warmwassers und die Kosten des Betriebs der zugehörigen Hausanlagen entsprechend Nummer 4 Buchstabe a;
   oder
   c) der Reinigung und Wartung von Warmwassergeräten;
   hierzu gehören die Kosten der Beseitigung von Wasserablagerungen und Verbrennungsrückständen im Innern der Geräte sowie die Kosten der regelmäßigen Prüfung der Betriebsbereitschaft und Betriebssicherheit und der damit zusammenhängenden Einstellung durch einen Fachmann.

6. *Die Kosten verbundener Heizungs- und Warmwasserversorgungsanlagen*
   a) bei zentralen Heizungsanlagen entsprechend Nummer 4 Buchstabe a und entsprechend Nummer 2, soweit sie nicht dort bereits berücksichtigt sind;
   oder
   b) bei der eigenständig gewerblichen Lieferung von Wärme entsprechend Nummer 4 Buchstabe c und entsprechend Nummer 2, soweit sie nicht dort bereits berücksichtigt sind;
   oder
   c) bei verbundenen Etagenheizungen und Warmwasserversorgungsanlagen entsprechend Nummer 4 Buchstabe d und entsprechend Nummer 2, soweit sie nicht dort bereits berücksichtigt sind.

7. *Die Kosten des Betriebs des maschinellen Personen- oder Lastenaufzuges*
   Hierzu gehören die Kosten des Betriebsstroms, die Kosten der Beaufsichtigung, der Bedienung, Überwachung und Pflege der Anlage, der regelmäßigen Prüfung ihrer Betriebsbereitschaft und Betriebssicherheit einschließlich der Einstellung durch einen Fachmann sowie die Kosten der Reinigung der Anlage.

8. *Die Kosten der Straßenreinigung und Müllabfuhr*
   Hierzu gehören die für die öffentliche Straßenreinigung und Müllabfuhr zu entrichtenden Gebühren oder die Kosten entsprechender nicht öffentlicher Maßnahmen.

9. *Die Kosten der Hausreinigung und Ungezieferbekämpfung*
   Zu den Kosten der Hausreinigung gehören die Kosten für die Säuberung der von den Bewohnern gemeinsam benutzten Gebäudeteile, wie Zugänge, Flure, Treppen, Keller, Bodenräume, Waschküchen, Fahrkorb des Aufzugs.

10. *Die Kosten der Gartenpflege*
    Hierzu gehören die Kosten der Pflege gärtnerisch angelegter Flächen einschließlich der Erneuerung von Pflanzen und Gehölzen, der Pflege von Spielplätzen einschließlich der Erneuerung von Sand und der Pflege von Plätzen, Zugängen und Zufahrten, die dem nicht öffentlichen Verkehr dienen.
11. *Die Kosten der Beleuchtung*
    Hierzu gehören die Kosten des Stroms für die Außenbeleuchtung und die Beleuchtung der von den Bewohnern gemeinsam benutzten Gebäudeteile, wie Zugänge, Flure, Treppen, Keller, Bodenräume, Waschküchen.
12. *Die Kosten der Schornsteinreinigung*
    Hierzu gehören die Kehrgebühren nach der maßgebenden Gebührenordnung, soweit sie nicht bereits als Kosten nach Nummer 4 Buchstabe a berücksichtigt sind.
13. *Die Kosten der Sach- und Haftpflichtversicherung*
    Hierzu gehören namentlich die Kosten der Versicherung des Gebäudes gegen Feuer-, Sturm- und Wasserschäden, der Glasversicherung, der Haftpflichtversicherung für das Gebäude, den Öltank und den Aufzug.
14. *Die Kosten für den Hauswart*
    Hierzu gehören die Vergütung, die Sozialbeiträge und alle geldwerten Leistungen, die der Eigentümer (Erbbauberechtigte) dem Hauswart für seine Arbeit gewährt, soweit diese nicht die Instandhaltung, Instandsetzung, Erneuerung, Schönheitsreparaturen oder die Hausverwaltung betrifft.
    Soweit Arbeiten vom Hauswart ausgeführt werden, dürfen Kosten für Arbeitsleistungen nach den Nummern 2 bis 10 nicht angesetzt werden.
15. *Die Kosten*
    a) *des Betriebs der Gemeinschafts-Antennenanlage;*
       hierzu gehören die Kosten des Betriebsstroms und die Kosten der regelmäßigen Prüfung ihrer Betriebsbereitschaft einschließlich der Einstellung durch einen Fachmann oder das Nutzungsentgelt für eine nicht zur Wirtschaftseinheit gehörende Antennenanlage;
       oder
    b) *des Betriebs der mit einem Breitbandkabelnetz verbundenen privaten Verteilanlage; hierzu gehören die Kosten entsprechend Buchstabe a, ferner die laufenden monatlichen Grundgebühren für Breitbandanschlüsse.*
16. *Die Kosten des Betriebs der maschinellen Wascheinrichtung*
    Hierzu gehören die Kosten des Betriebsstroms, die Kosten der Überwachung, Pflege und Reinigung der maschinellen Einrichtung, der regelmäßigen Prüfung ihrer Betriebsbereitschaft und Betriebssicherheit sowie die Kosten der Wasserversorgung entsprechend Nummer 2, soweit sie nicht dort bereits berücksichtigt sind.
17. *Sonstige Betriebskosten*
    Das sind die in den Nummern 1 bis 16 nicht genannten Betriebskosten, namentlich die Betriebskosten von Nebengebäuden, Anlagen und Einrichtungen.

Gesetz über das Inverkehrbringen und die Bereitstellung von Messgeräten auf dem Markt, ihre Verwendung und Eichung sowie über Fertigpackungen (Mess- und Eichgesetz – MessEG)

Vom 25. Juli 2013 (BGBl. I S. 2722, 2723)

zuletzt geändert durch Artikel 87 G. v. 20.11.2019 BGBl. I S. 1626

§ 1 Anwendungsbereich des Gesetzes

Dieses Gesetz ist anzuwenden auf
1. Messgeräte und sonstige Messgeräte, soweit sie in einer Rechtsverordnung nach § 4 Absatz 1 oder 2 erfasst sind,
2. Teilgeräte, soweit in einer Rechtsverordnung nach § 4 Absatz 3 Teilgeräte bestimmt sind,
3. Zusatzeinrichtungen zu Messgeräten, soweit diese nicht durch eine Rechtsverordnung nach § 4 Absatz 4 vom Anwendungsbereich dieses Gesetzes ausgenommen sind,
4. Messwerte, die mit Hilfe der Messgeräte nach Nummer 1 ermittelt werden,
5. Fertigpackungen und andere Verkaufseinheiten.

§ 2 Allgemeine Begriffsbestimmungen

Im Sinne dieses Gesetzes und der auf seiner Grundlage ergangenen Rechtsverordnungen sind die folgenden Begriffsbestimmungen anzuwenden:
1. Bereitstellung auf dem Markt ist jede entgeltliche oder unentgeltliche Abgabe eines Produkts zum Vertrieb, Verbrauch oder zur Verwendung auf dem Markt der Europäischen Union im Rahmen einer Geschäftstätigkeit,
2. Bevollmächtigter ist jede in der Europäischen Union ansässige natürliche oder juristische Person, die von einem Hersteller schriftlich beauftragt wurde, in seinem Namen bestimmte Aufgaben wahrzunehmen,
3. Einführer ist jede in der Europäischen Union ansässige natürliche oder juristische Person, die ein Produkt aus einem Drittstaat auf dem Markt der Europäischen Union in Verkehr bringt,
4. Händler ist jede natürliche oder juristische Person in der Lieferkette, die ein Produkt auf dem Markt bereitstellt, mit Ausnahme des Herstellers oder des Einführers,
5. harmonisierte Norm ist eine Norm
   a) im Sinne des Artikels 2 Nummer 1 Buchstabe c der Verordnung (EU) Nr. 1025/2012 des Europäischen Parlaments und des Rates vom 25. Oktober 2012 zur europäischen Normung, zur Änderung der Richtlinien 89/686/EWG und 93/15/EWG des Rates sowie der Richtlinien 94/9/EG, 94/25/EG, 95/16/EG, 97/23/EG, 2004/22/EG, 2007/23/EG, 2009/23/EG und 2009/105/EG des Europäischen Parlaments und des Rates und zur Aufhebung des Beschlusses 87/95/EWG des Rates und des Beschlusses Nr. 1673/2006/EG des Europäischen Parlaments und des Rates (ABl. L 316 vom 14.11.2012, S. 12) und
   b) deren Fundstelle im Amtsblatt der Europäischen Union veröffentlicht wurde,

6. Hersteller ist jede natürliche oder juristische Person, die ein Produkt herstellt oder ein Produkt entwickeln oder herstellen lässt und dieses Produkt unter ihrem eigenen Namen oder ihrer eigenen Marke vermarktet oder für eigene Zwecke in Betrieb nimmt; einem Hersteller eines Messgeräts ist gleichgestellt, wer ein auf dem Markt befindliches Messgerät so verändert, dass die Konformität mit den wesentlichen Anforderungen nach § 6 Absatz 2 beeinträchtigt werden kann,
7. Inverkehrbringen ist die erstmalige Bereitstellung eines Produkts auf dem Markt der Europäischen Union; einem erstmals bereitgestellten Messgerät gleichgestellt ist ein Messgerät, das in seiner Beschaffenheit mit dem Ziel einer Modifizierung seiner ursprünglichen messtechnischen Eigenschaften, seiner ursprünglichen Verwendung oder seiner ursprünglichen Bauart so wesentlich verändert wurde, dass eine Eichung nach § 37 zur umfassenden Bewertung des Messgeräts nicht ausreichend ist (erneuertes Messgerät),
8. Marktüberwachungsbehörde ist jede Behörde, die für die Durchführung der Marktüberwachung nach § 48 Absatz 1 zuständig ist,
9. normatives Dokument ist ein Dokument mit technischen Spezifikationen, das von der Internationalen Organisation für das gesetzliche Messwesen ausgearbeitet wurde und dessen Fundstelle im Amtsblatt der Europäischen Union veröffentlicht wurde,
10. Produkt ist ein Messgerät, ein sonstiges Messgerät, eine Fertigpackung oder eine andere Verkaufseinheit,
11. technische Spezifikation ist ein Schriftstück im Sinne des Artikels 2 Nummer 4 der Verordnung (EU) Nr. 1025/2012,
12. Wirtschaftsakteure sind Hersteller, Einführer, Händler und Bevollmächtigte.

§ 3 Messgerätespezifische Begriffsbestimmungen

Im Sinne dieses Gesetzes und der auf seiner Grundlage ergangenen Rechtsverordnungen sind ferner folgende Begriffsbestimmungen anzuwenden:
1. anerkennende Stelle ist die Stelle, die einer Konformitätsbewertungsstelle auf Antrag gestattet, bestimmte Konformitätsbewertungstätigkeiten durchzuführen,
2. Bauart eines Messgeräts ist die endgültige Ausführung eines Exemplars des betreffenden Messgerätetyps,
3. EG-Bauartzulassung ist die Zulassung von Messgeräten zur EG-Ersteichung,
4. EG-Ersteichung ist die Prüfung und Bestätigung der Übereinstimmung eines neuen oder erneuerten Messgeräts mit der zugelassenen Bauart oder den Bestimmungen der Richtlinie 2009/34/EG des Europäischen Parlaments und des Rates vom 23. April 2009 betreffend gemeinsame Vorschriften über Messgeräte sowie über Mess- und Prüfverfahren (ABl. L 106 vom 28.4.2009, S. 7) oder den auf diese Richtlinie gestützten Einzelrichtlinien,
5. Eichung ist jede behördliche oder auf behördliche Veranlassung erfolgende Prüfung, Bewertung und Kennzeichnung eines Messgeräts, die mit der Erlaubnis verbunden sind, das Messgerät im Rahmen des vorgesehenen Verwendungszwecks und unter den entsprechenden Verwendungsbedingungen für eine weitere Eichfrist zu verwenden,

6. Fehlergrenze ist die beim Inverkehrbringen und bei der Eichung eines Messgeräts zulässige Abweichung der Messergebnisse des Messgeräts vom wahren Messergebnis,
7. Inbetriebnahme eines Messgeräts ist die erstmalige Nutzung eines für den Endnutzer bestimmten Messgeräts für den beabsichtigten Zweck,
8. Konformitätsbewertung ist das Verfahren zur Bewertung, ob spezifische Anforderungen an ein Messgerät erfüllt worden sind,
9. Konformitätsbewertungsstelle ist eine Stelle, die Konformitätsbewertungstätigkeiten einschließlich Kalibrierungen, Prüfungen, Zertifizierungen und Inspektionen durchführt,
10. Konformitätserklärung ist die Erklärung des Herstellers, dass ein Messgerät nachweislich die gesetzlichen Anforderungen erfüllt,
11. Maßverkörperungen sind Vorrichtungen, die dem Begriff des Messgeräts unterfallen und mit denen während ihrer Benutzung ein oder mehrere bekannte Werte einer gegebenen Größe permanent reproduziert oder bereitgestellt werden,
12. Messbeständigkeit ist die Eigenschaft eines Messgeräts, während der gesamten Nutzungsdauer Messrichtigkeit zu gewährleisten und die Messergebnisse, soweit diese im Messgerät gespeichert werden, unverändert zu erhalten,
13. Messgeräte sind alle Geräte oder Systeme von Geräten mit einer Messfunktion einschließlich Maßverkörperungen, die jeweils zur Verwendung im geschäftlichen oder amtlichen Verkehr oder zur Durchführung von Messungen im öffentlichen Interesse bestimmt sind,
14. sonstiges Messgerät ist jedes Gerät oder System von Geräten mit einer Messfunktion, das weder zur Verwendung im geschäftlichen oder amtlichen Verkehr noch zur Durchführung von Messungen im öffentlichen Interesse bestimmt ist,
15. Messgröße ist die physikalische Größe, die durch eine Messung zu bestimmen ist,
16. Messrichtigkeit ist die Eigenschaft eines Messgeräts, bei bestimmungsgemäßer Verwendung richtige Messergebnisse zu ermitteln,
17. nicht rückwirkungsfreie Schnittstelle ist eine Anschlussmöglichkeit an einem Messgerät, über die Messwerte eines Messgeräts verfälscht werden können oder Funktionen ausgelöst werden können, die einen Messwert verfälschen,
18. Notifizierung ist die Mitteilung der anerkennenden Stelle an die Europäische Kommission und die übrigen Mitgliedstaaten der Europäischen Union, dass eine Konformitätsbewertungsstelle Konformitätsbewertungsaufgaben bei Messgeräten vornimmt, auf die Rechtsvorschriften der Europäischen Union anwendbar sind, in denen eine derartige Mitteilung vorgeschrieben ist,
19. Prüfbarkeit ist die Eigenschaft eines Messgeräts, überprüfen zu können, ob die wesentlichen Anforderungen nach § 6 Absatz 2 vorliegen; die Prüfbarkeit beinhaltet auch die Darstellung der Messergebnisse,
20. Teilgerät ist eine als solche in einer Rechtsverordnung nach § 4 Absatz 3 genannte Baueinheit, die unabhängig arbeitet und zusammen mit folgenden Geräten ein Messgerät darstellt:
    a) mit anderen Teilgeräten, mit denen sie kompatibel ist, oder
    b) mit einem Messgerät, mit dem sie kompatibel ist,

21. Verkehrsfehlergrenze ist die beim Verwenden eines Messgeräts zulässige Abweichung der Messergebnisse des Messgeräts vom wahren Messergebnis,
22. Verwenden eines Messgeräts ist das erforderliche Betreiben oder Bereithalten eines Messgeräts zur Bestimmung von Messwerten
    a) im geschäftlichen oder amtlichen Verkehr oder
    b) bei Messungen im öffentlichen Interesse;
    bereitgehalten wird ein Messgerät, wenn es ohne besondere Vorbereitung für die genannten Zwecke in Betrieb genommen werden kann und ein Betrieb zu diesen Zwecken nach Lage der Umstände zu erwarten ist,
23. Verwenden von Messwerten ist die erforderliche Nutzung von Messergebnissen eines Messgeräts
    a) im geschäftlichen oder amtlichen Verkehr oder
    b) bei Messungen im öffentlichen Interesse,
24. Zusatzeinrichtung zu einem Messgerät ist eine mit einem Messgerät verbundene Einrichtung, die für die Funktionsfähigkeit des Messgeräts nicht erforderlich ist und zu einem der folgenden Zwecke bestimmt ist:
    a) zur Ermittlung zusätzlicher Messgrößen,
    b) zur erstmaligen Speicherung oder Darstellung von Messergebnissen zum Zweck des Verwendens von Messwerten oder von Daten über die elektronische Steuerung des Messgeräts,
    c) zur Steuerung von Leistungen,
    d) zur Ermittlung des zu zahlenden Preises einer Kaufsache oder einer Dienstleistung in Anwesenheit der betroffenen Parteien (Direktverkauf),
    e) zur Verarbeitung von Messergebnissen zum Zweck der Übermittlung an Zusatzeinrichtungen im Sinne der Buchstaben a bis d oder
    f) zum Anschluss an eine nicht rückwirkungsfreie Schnittstelle des Messgeräts.

§ 4 Verordnungsermächtigungen

(1) ¹Die Bundesregierung wird ermächtigt, zur Gewährleistung der Messrichtigkeit und Messbeständigkeit
1. beim Erwerb messbarer Güter oder Dienstleistungen zum Schutz der Verbraucherinnen und Verbraucher,
2. im geschäftlichen Verkehr zum Schutz des lauteren Handelsverkehrs sowie
3. im amtlichen Verkehr und bei Messungen im öffentlichen Interesse,
durch Rechtsverordnung mit Zustimmung des Bundesrates diejenigen Messgeräte näher zu bestimmen, die vom Anwendungsbereich dieses Gesetzes erfasst sind. ²Dabei kann die Bundesregierung auch die Begriffe »amtlicher Verkehr« und »Messungen im öffentlichen Interesse« nach Satz 1 Nummer 3 näher bestimmen. ³Rechtsverordnungen nach Satz 1 können auch zur Umsetzung von Rechtsakten der Europäischen Union erlassen werden.

(2) Die Bundesregierung wird ermächtigt, zur Umsetzung von Rechtsakten der Europäischen Union durch Rechtsverordnung mit Zustimmung des Bundesrates sonstige Messgeräte näher zu bestimmen.

(3) ¹Die Bundesregierung wird ferner ermächtigt, durch Rechtsverordnung mit Zustimmung des Bundesrates Teilgeräte zu bestimmen, soweit dies mit den in Absatz 1 Satz 1 genannten Zwecken vereinbar ist. ²Rechtsverordnungen nach Satz 1 können auch zur Umsetzung von Rechtsakten der Europäischen Union erlassen werden.

(4) Die Bundesregierung wird ferner ermächtigt, durch Rechtsverordnung mit Zustimmung des Bundesrates zu bestimmen, dass einzelne Zusatzeinrichtungen zu Messgeräten ganz oder teilweise von der Anwendung des Gesetzes ausgenommen sind, soweit dies mit den in Absatz 1 Satz 1 genannten Zwecken vereinbar ist.

§ 5 MessEG Anwendung der Vorschriften über Messgeräte und Produkte

Wenn in den nachfolgenden Abschnitten Regelungen für Messgeräte oder Produkte getroffen werden, sind diese in gleicher Weise anzuwenden auf
1. Zusatzeinrichtungen zu Messgeräten,
2. Teilgeräte.

§ 6 Inverkehrbringen von Messgeräten

(1) Vorbehaltlich des Unterabschnitts 4 dürfen Messgeräte nur in Verkehr gebracht werden, wenn die in den Absätzen 2 bis 5 genannten Voraussetzungen erfüllt sind.

(2) ¹Messgeräte müssen die wesentlichen Anforderungen erfüllen; dies schließt die Einhaltung der Fehlergrenzen ein. ²Wesentliche Anforderungen im Sinne von Satz 1 sind diejenigen Anforderungen,
1. die in der Rechtsverordnung nach § 30 Nummer 1 festgelegt sind oder
2. die einzuhalten sind, um dem Stand der Technik zur Gewährleistung richtiger Messergebnisse und Messungen zu entsprechen, sofern in der Rechtsverordnung nach § 30 Nummer 1 keine näheren Festlegungen getroffen sind.

(3) ¹Zum Nachweis, dass ein Messgerät die wesentlichen Anforderungen im Sinne des Absatzes 2 erfüllt, muss eine in einer Rechtsverordnung nach § 30 Nummer 3 festgelegte Konformitätsbewertung erfolgreich durchgeführt worden sein und eine Konformitätserklärung vorliegen. ²Die Konformitätserklärung muss den Anforderungen der Rechtsverordnung nach § 30 Nummer 3 entsprechen.

(4) Die Konformität eines Messgeräts muss durch die in einer Rechtsverordnung nach § 30 Nummer 4 bestimmten Kennzeichen bestätigt sein.

(5) Das Messgerät muss mit den in einer Rechtsverordnung nach § 30 Nummer 4 bezeichneten Aufschriften zur näheren Bestimmung des Geräts und des Herstellers oder Einführers versehen sein.

§ 7 Vermutungswirkung

(1) ¹Entspricht ein Messgerät
1. einer harmonisierten Norm,

2. einem normativen Dokument, soweit dieses ganz oder teilweise von der Europäischen Kommission für entsprechend anwendbar erklärt wurde, oder
3. einer vom Ausschuss nach § 46 ermittelten technischen Spezifikation oder Regel, deren Fundstelle von der Physikalisch-Technischen Bundesanstalt im Bundesanzeiger bekannt gemacht wurde,

so wird vermutet, dass das Messgerät die wesentlichen Anforderungen des § 6 Absatz 2 erfüllt, soweit diese von den in den Nummern 1 bis 3 genannten harmonisierten Normen, normativen Dokumenten, technischen Spezifikationen oder Regeln jeweils abgedeckt sind. ²Satz 1 ist auch für Teile der harmonisierten Norm, des normativen Dokuments, der technischen Spezifikation oder Regel im Sinne des Satzes 1 Nummer 1 bis 3 anzuwenden.

(2) ¹Ist die Marktüberwachungsbehörde der Auffassung, dass eine harmonisierte Norm oder ein normatives Dokument den von ihr oder ihm abgedeckten wesentlichen Anforderungen nach § 6 Absatz 2 nicht entspricht, so informiert sie hierüber unter Angabe der Gründe die Physikalisch-Technische Bundesanstalt. ²Die Physikalisch-Technische Bundesanstalt überprüft die eingegangenen Meldungen auf Vollständigkeit und Schlüssigkeit; sie beteiligt den Ausschuss nach § 46 und leitet die Meldungen der Europäischen Kommission zu.

§ 8 Konformitätserklärung

(1) ¹Unterliegt ein Messgerät mehreren Rechtsvorschriften der Europäischen Union, in denen jeweils eine Konformitätserklärung vorgeschrieben ist, wird nur eine Konformitätserklärung für sämtliche Rechtsvorschriften der Europäischen Union ausgestellt. ²In der Erklärung sind die betroffenen Rechtsvorschriften samt ihrer Fundstelle im Amtsblatt der Europäischen Union anzugeben.

(2) ¹Unterliegt ein Messgerät mehreren sonstigen Rechtsvorschriften, in denen jeweils eine Konformitätserklärung vorgeschrieben ist, wird nur eine Konformitätserklärung für sämtliche sonstigen Rechtsvorschriften ausgestellt. ²In der Erklärung sind die betreffenden Rechtsvorschriften mit der Fundstelle im Bundesgesetzblatt anzugeben.

§ 9 Inverkehrbringen von sonstigen Messgeräten

Sonstige Messgeräte dürfen nur in Verkehr gebracht werden, wenn sie mit den in einer Rechtsverordnung nach § 30 Nummer 4 bestimmten Kennzeichen und Aufschriften versehen sind.

§ 10 Besondere Vorschriften für Ausstellungsgeräte

Messgeräte, die den Bestimmungen dieses Gesetzes nicht entsprechen, dürfen auf Messen, Ausstellungen und Vorführungen nur ausgestellt werden, wenn ein sichtbares Schild deutlich darauf hinweist, dass sie für Zwecke dieses Gesetzes erst in Verkehr gebracht oder in Betrieb genommen werden dürfen, wenn sie den Bestimmungen dieses Gesetzes entsprechen.

§ 11 Aufgaben der anerkennenden Stelle und der Akkreditierungsstelle

(1) ¹Die Aufgaben der anerkennenden Stelle obliegen dem Bundesministerium für Wirtschaft und Energie. ²Es kann diese Aufgaben auf eine nachgeordnete Behörde übertragen. ³Die Übertragung ist im Bundesanzeiger bekannt zu machen.

(2) Die anerkennende Stelle ist zuständig
1. für die Einrichtung und Durchführung der erforderlichen Verfahren zur Anerkennung von Konformitätsbewertungsstellen nach § 13 Absatz 1,
2. für die Notifizierung von Konformitätsbewertungsstellen; die anerkennende Stelle meldet jede später eintretende Änderung der Anerkennung nach § 13 Absatz 1 oder des ihr nach § 14 Absatz 2 oder 3 mitgeteilten Umfangs der Tätigkeiten; für die Notifizierung und die Meldung von Änderungen verwendet sie jeweils das von der Europäischen Kommission bereitgestellte elektronische Notifizierungsinstrument,
3. für die Vergabe von Kennnummern an Konformitätsbewertungsstellen, die nicht nach Nummer 2 notifiziert werden, sowie
4. für die Einrichtung der Verfahren, die zur Überwachung der anerkannten Konformitätsbewertungsstellen erforderlich sind.

(3) ¹Für die Bewertung und Überwachung der Konformitätsbewertungsstellen nach § 13 Absatz 1 oder § 13 Absatz 5 Satz 2 ist die Stelle zuständig, die auch für die Akkreditierung nach dem Akkreditierungsstellengesetz zuständig ist (Akkreditierungsstelle). ²Für die Überwachung der Konformitätsbewertungsstellen nach § 13 Absatz 5 Satz 1 ist die anerkennende Stelle zuständig. ³Die Akkreditierungsstelle und die anerkennende Stelle treffen jeweils in ihren Zuständigkeitsbereichen die Anordnungen, die zur Beseitigung festgestellter Mängel oder zur Verhinderung künftiger Verstöße notwendig sind.

(4) Die anerkennende Stelle übermittelt die ihr zugänglichen Informationen auf Anforderung den folgenden Stellen, soweit diese die Informationen für ihre Aufgabenerfüllung benötigen:
1. der Akkreditierungsstelle,
2. der zuständigen Marktüberwachungsbehörde und
3. den Marktüberwachungsbehörden der anderen Mitgliedstaaten der Europäischen Union, soweit es sich um Informationen im Zusammenhang mit notifizierten Konformitätsbewertungsstellen handelt.

§ 12 Befugnisse der anerkennenden Stelle

(1) ¹Die anerkennende Stelle kann von den Konformitätsbewertungsstellen, die sie zur Durchführung bestimmter Konformitätsbewertungstätigkeiten anerkannt hat, die Auskünfte, die zur Erfüllung ihrer Überwachungsaufgaben erforderlich sind und sonstige Unterstützung verlangen; sie kann die dazu erforderlichen Anordnungen treffen. ²Die anerkennende Stelle und die von ihr beauftragten Personen sind befugt, zu den Betriebs- und Geschäftszeiten Betriebsgrundstücke und Geschäftsräume sowie Prüflaboratorien zu betreten und zu besichtigen, soweit dies zur Erfüllung ihrer

Überwachungsaufgaben erforderlich ist. ³Die anerkennende Stelle ist insbesondere befugt zu verlangen, dass ihr die Unterlagen vorgelegt werden, die der Konformitätsbewertung zu Grunde liegen.

(2) ¹Die Auskunftspflichtigen haben die Maßnahmen nach Absatz 1 zu dulden. ²Sie können die Auskunft auf Fragen verweigern, sofern die Beantwortung sie selbst oder einen der in § 383 Absatz 1 Nummer 1 bis 3 der Zivilprozessordnung bezeichneten Angehörigen der Gefahr strafrechtlicher Verfolgung oder eines Verfahrens nach dem Gesetz über Ordnungswidrigkeiten aussetzen würde. ³Die Auskunftspflichtigen sind über ihr Recht zur Auskunftsverweigerung zu belehren.

§ 13 Anerkennung von Konformitätsbewertungsstellen

(1) ¹Eine Konformitätsbewertungsstelle, die die Übereinstimmung von Messgeräten mit den wesentlichen Anforderungen bewerten will, bedarf der Anerkennung (anerkannte Konformitätsbewertungsstelle). ²Die Anerkennung ist durch die anerkennende Stelle für bestimmte Tätigkeiten auszusprechen, wenn
1. die Konformitätsbewertungsstelle dies beantragt und
2. sie für die Tätigkeiten akkreditiert ist.

³Die Anerkennung kann unter weiteren Bedingungen erteilt und mit Auflagen verbunden werden. ⁴Sie kann befristet und mit dem Vorbehalt des Widerrufs sowie nachträglicher Auflagen erteilt werden.

(2) Dem Antrag nach Absatz 1 Satz 2 Nummer 1 legt die Konformitätsbewertungsstelle Folgendes bei:
1. eine Beschreibung der Konformitätsbewertungtätigkeiten und der Messgerätearten, für die sie Kompetenz beansprucht, sowie
2. eine Akkreditierungsurkunde im Original oder in Kopie, die von einer nationalen Akkreditierungsstelle ausgestellt wurde und in der die Akkreditierungsstelle bescheinigt, dass die Konformitätsbewertungsstelle die Anforderungen des § 15 erfüllt.

(3) ¹Das Verfahren nach Absatz 1 kann über eine einheitliche Stelle im Sinne des Artikels 6 der Richtlinie 2006/123/EG des Europäischen Parlaments und des Rates vom 12. Dezember 2006 über Dienstleistungen im Binnenmarkt (ABl. L 376 vom 27.12.2006, S. 36) abgewickelt werden. ²Die Prüfung des Antrags auf Anerkennung muss innerhalb von drei Monaten abgeschlossen sein; diese Frist beginnt, sobald der Stelle alle für die Entscheidung erforderlichen Unterlagen vorliegen. § 42a Absatz 2 Satz 2 bis 4 des Verwaltungsverfahrensgesetzes ist anzuwenden.

(4) Stellen, die der Europäischen Kommission und den anderen Mitgliedstaaten der Europäischen Union auf Grund europäischer Harmonisierungsrechtsvorschriften von einem Mitgliedstaat der Europäischen Union oder einem anderen Vertragsstaat des Abkommens über den Europäischen Wirtschaftsraum, von der Schweiz oder der Türkei mitgeteilt worden sind, stehen in dem mitgeteilten Umfang einer anerkannten Konformitätsbewertungsstelle gleich.

(5) ¹Anerkennungen von Konformitätsbewertungsstellen aus einem anderen Mitgliedstaat der Europäischen Union oder einem anderen Vertragsstaat des Abkommens

über den Europäischen Wirtschaftsraum stehen Anerkennungen nach Absatz 1 gleich, wenn sie ihnen gleichwertig sind. ²Für die Akkreditierung stehen Nachweise aus einem anderen Mitgliedstaat der Europäischen Union oder einem anderen Vertragsstaat des Abkommens über den Europäischen Wirtschaftsraum inländischen Nachweisen gleich, wenn aus ihnen hervorgeht, dass der Antragsteller
1. die betreffenden Anforderungen des § 15 erfüllt oder
2. die auf Grund ihrer Zielsetzung im Wesentlichen vergleichbaren Anforderungen des ausstellenden Staates erfüllt.

³Die Anerkennung nach Satz 1 oder die Nachweise nach Satz 2 hat der Antragsteller der anerkennenden Stelle bei Antragstellung im Original oder in Kopie vorzulegen. ⁴Die anerkennende Stelle kann eine Beglaubigung der Kopie und eine beglaubigte deutsche Übersetzung verlangen.

§ 14 Konformitätsbewertungsstellen bei Behörden

(1) ¹Zur Bewertung, ob Messgeräte mit den wesentlichen Anforderungen übereinstimmen, dürfen auch Konformitätsbewertungsstellen tätig werden, die entweder nach Absatz 2 einer in der metrologischen Überwachung tätigen Behörde oder nach Absatz 3 der Physikalisch-Technischen Bundesanstalt angegliedert sind, sofern die erforderliche Kompetenz zur Durchführung von Konformitätsbewertungen unter Beachtung des § 15 Absatz 2 bis 7 und 9 nachgewiesen ist. ²Entsprechende Nachweise sind nach den anerkannten Regeln der Technik zu führen. ³Die Tätigkeit der Konformitätsbewertung muss organisatorisch eindeutig getrennt von den sonstigen Aufgaben der Behörde erfolgen. ⁴Die Regelungen der §§ 19 bis 21 sind auf diese Stellen entsprechend anzuwenden.

(2) ¹Konformitätsbewertungsstellen, die einer in der metrologischen Überwachung tätigen Behörde angegliedert sind, dürfen in dem von der zuständigen obersten Landesbehörde der anerkennenden Stelle mitgeteilten Umfang nach Maßgabe des § 17 Absatz 2 und des § 18 Absatz 2 tätig werden. ²Die oberste Landesbehörde übermittelt der anerkennenden Stelle die nach Absatz 1 Satz 2 zum Nachweis der Kompetenz erforderlichen Unterlagen und stellt sicher, dass die Konformitätsbewertungsstelle die ihr obliegenden Verpflichtungen erfüllt. ³Sie hat die anerkennende Stelle unverzüglich zu informieren, sofern die Kompetenz der Konformitätsbewertungsstelle nicht mehr gegeben ist.

(3) ¹Konformitätsbewertungsstellen, die der Physikalisch-Technischen Bundesanstalt angegliedert sind, dürfen in dem vom Präsidenten der Physikalisch-Technischen Bundesanstalt der anerkennenden Stelle und dem Bundesministerium für Wirtschaft und Energie mitgeteilten Umfang nach Maßgabe des § 17 Absatz 2 und des § 18 Absatz 2 tätig werden. ²Der Präsident der Physikalisch-Technischen Bundesanstalt übermittelt der anerkennenden Stelle und dem Bundesministerium für Wirtschaft und Energie die nach Absatz 1 Satz 2 zum Nachweis erforderlichen Unterlagen. ³Das Bundesministerium für Wirtschaft und Energie stellt sicher, dass die Konformitätsbewertungsstelle die ihr obliegenden Verpflichtungen erfüllt. ⁴Der Präsident der Physikalisch-Technischen Bundesanstalt hat die anerkennende Stelle unverzüglich zu informieren, wenn die Kompetenz der Konformitätsbewertungsstelle nicht mehr gegeben ist.

(4) ¹Die Konformitätsbewertungsstellen nach Absatz 1 verzichten vorbehaltlich des Satzes 2 auf die Durchführung von Konformitätsbewertungen, soweit ein ausreichender Wettbewerb für entsprechende Konformitätsbewertungen gegeben ist und keine besonderen sachlichen Gründe dafür vorliegen, dass sie die Konformitätsbewertung vornehmen. ²Die Konformitätsbewertung der Bauart von Messgeräten, die zur Messung der Dosis ionisierender Strahlung dienen und die in einer Rechtsverordnung nach § 4 Absatz 1 genannt sind, obliegt ausschließlich der Physikalisch-Technischen Bundesanstalt. ³Die Physikalisch-Technische Bundesanstalt hat im Übrigen auf Antrag Konformitätsbewertungen für Messgeräte im Rahmen ihrer technischen und personellen Möglichkeiten vorbehaltlich des Satzes 1 vorzunehmen.

§ 15 Anforderungen an die Konformitätsbewertungsstelle

(1) Die Konformitätsbewertungsstelle muss Rechtspersönlichkeit besitzen.

(2) ¹Bei der Konformitätsbewertungsstelle muss es sich um einen unabhängigen Dritten handeln, der mit der Einrichtung oder dem Messgerät, die oder das er bewerten will, in keinerlei Verbindung steht. ²Die Anforderung nach Satz 1 kann auch von einer Konformitätsbewertungsstelle erfüllt werden, die einem Wirtschaftsverband oder einem Fachverband angehört und die Messgeräte bewerten will, an deren Entwurf, Herstellung, Bereitstellung, Montage, Gebrauch oder Wartung Unternehmen beteiligt sind, die von diesem Verband vertreten werden, wenn die Konformitätsbewertungsstelle nachweist, dass sich aus dieser Verbandsmitgliedschaft keine Interessenkonflikte im Hinblick auf ihre Konformitätsbewertungstätigkeiten ergeben.

(3) ¹Die Konformitätsbewertungsstelle, ihre oberste Leitungsebene und die für die Konformitätsbewertungstätigkeiten zuständigen Mitarbeiter dürfen weder Konstrukteur, Hersteller, Lieferant, Installateur, Käufer, Eigentümer, Verwender oder Wartungsbetrieb der zu bewertenden Messgeräte noch Bevollmächtigter einer dieser Parteien sein. ²Dies schließt weder das Verwenden von bereits einer Konformitätsbewertung unterzogenen Messgeräten, die für die Tätigkeit der Konformitätsbewertungsstelle erforderlich sind, noch das Verwenden solcher Messgeräte zum persönlichen Gebrauch aus. ³Die Konformitätsbewertungsstelle, ihre oberste Leitungsebene und die für die Konformitätsbewertungstätigkeiten zuständigen Mitarbeiter dürfen weder direkt an Entwurf, Herstellung oder Bau, Vermarktung, Installation, Verwenden oder Wartung dieser Messgeräte beteiligt sein noch dürfen sie die an diesen Tätigkeiten beteiligten Parteien vertreten. ⁴Sie dürfen sich nicht mit Tätigkeiten befassen, die ihre Unabhängigkeit bei der Beurteilung oder ihre Integrität im Zusammenhang mit den Konformitätsbewertungstätigkeiten beeinträchtigen können. ⁵Dies ist insbesondere für Beratungsdienstleistungen maßgebend. ⁶Die Konformitätsbewertungsstelle gewährleistet, dass Tätigkeiten ihrer Zweigunternehmen oder Unterauftragnehmer die Vertraulichkeit, Objektivität und Unparteilichkeit ihrer Konformitätsbewertungstätigkeiten nicht beeinträchtigen.

(4) Die Konformitätsbewertungsstelle und ihre Mitarbeiter haben die Konformitätsbewertungstätigkeiten mit der größtmöglichen Professionalität und der erforderlichen fachlichen Kompetenz in dem betreffenden Bereich durchzuführen; sie dürfen

keinerlei Einflussnahme, insbesondere finanzieller Art, durch Dritte ausgesetzt sein, die sich auf ihre Beurteilung oder die Ergebnisse ihrer Konformitätsbewertung auswirken könnte und speziell von Personen oder Personengruppen ausgeht, die ein Interesse am Ergebnis dieser Konformitätsbewertung haben.

(5) [1]Die Konformitätsbewertungsstelle muss in der Lage sein, alle Aufgaben der Konformitätsbewertung zu bewältigen, für die sie die Kompetenz beansprucht, gleichgültig, ob diese Aufgaben von ihr selbst, in ihrem Auftrag oder unter ihrer Verantwortung erfüllt werden. [2]Die Konformitätsbewertungsstelle muss für jedes Verfahren der Konformitätsbewertung und für jede Art und Kategorie von Messgeräten, für die sie bewertend tätig werden will, über Folgendes verfügen:
1. die erforderliche Anzahl von Mitarbeitern mit Fachkenntnis und ausreichender einschlägiger Erfahrung, um die bei der Konformitätsbewertung anfallenden Aufgaben zu erfüllen,
2. Beschreibungen von Verfahren, nach denen die Konformitätsbewertung durchgeführt wird, um die Transparenz und die Wiederholbarkeit dieser Verfahren sicherzustellen, sowie über eine angemessene Politik und geeignete Verfahren, bei denen zwischen den Aufgaben, die sie als anerkannte Konformitätsbewertungsstelle wahrnimmt, und anderen Tätigkeiten unterschieden wird, und
3. Verfahren zur Durchführung von Tätigkeiten unter gebührender Berücksichtigung der Größe eines Unternehmens, der Branche, in der es tätig ist, seiner Struktur, des Grades an Komplexität der jeweiligen Produkttechnologie und der Tatsache, dass es sich bei dem Produktionsprozess um eine Massenfertigung oder Serienproduktion handelt.

[3]Die Konformitätsbewertungsstelle muss über die erforderlichen Mittel zur angemessenen Erledigung der technischen und administrativen Aufgaben, die mit der Konformitätsbewertung verbunden sind, verfügen und sie hat Zugang zu allen benötigten Ausrüstungen oder Einrichtungen.

(6) Die Konformitätsbewertungsstelle stellt sicher, dass die Mitarbeiter, die für die Durchführung der Konformitätsbewertungstätigkeiten zuständig sind,
1. eine Fach- und Berufsausbildung besitzen, die sie für alle Konformitätsbewertungstätigkeiten qualifiziert, für die die Konformitätsbewertungsstelle bewertend tätig werden will,
2. über eine ausreichende Kenntnis der Messgeräte und der Konformitätsbewertungsverfahren verfügen und die entsprechende Befugnis besitzen, solche Konformitätsbewertungen durchzuführen,
3. angemessene Kenntnisse und Verständnis der einschlägigen rechtlichen Bestimmungen besitzen, insbesondere der wesentlichen Anforderungen sowie der geltenden harmonisierten Normen, normativen Dokumente und der vom Ausschuss nach § 46 ermittelten Normen und Spezifikationen,
4. die Fähigkeit zur Erstellung von Bescheinigungen, Protokollen und Berichten als Nachweis für durchgeführte Konformitätsbewertungen haben.

(7) [1]Die Konformitätsbewertungsstelle hat ihre Unparteilichkeit, die ihrer obersten Leitungsebene und die ihres Konformitätsbewertungspersonals sicherzustellen. [2]Die

Vergütung der obersten Leitungsebene und des Konformitätsbewertungspersonals darf sich nicht nach der Anzahl der durchgeführten Konformitätsbewertungen oder deren Ergebnissen richten.

(8) Die Konformitätsbewertungsstelle, soweit es sich nicht um eine Stelle nach § 14 handelt, hat eine Haftpflichtversicherung abzuschließen, die die mit ihrer Tätigkeit verbundenen Risiken angemessen abdeckt.

(9) [1]Die Mitarbeiter einer Konformitätsbewertungsstelle sind hinsichtlich solcher Informationen, die sie im Rahmen einer Konformitätsbewertung erhalten, zur Verschwiegenheit verpflichtet. [2]Diese Verpflichtung besteht nicht gegenüber den Marktüberwachungsbehörden und dem Hersteller oder seinem Bevollmächtigten. [3]Die Verpflichtung nach Satz 1 besteht nach Beendigung der Tätigkeit der Mitarbeiter fort. [4]Die Konformitätsbewertungsstelle darf die im Rahmen einer Konformitätsbewertung erlangten Informationen, insbesondere Prüfergebnisse, nur an die Marktüberwachungsbehörden und den Hersteller oder seinen Bevollmächtigten herausgeben. [5]Eine Weitergabe an Dritte ist nur mit Zustimmung des Herstellers oder seines Bevollmächtigten zulässig. [6]Die von der Konformitätsbewertungsstelle zu beachtenden Bestimmungen zum Schutz personenbezogener Daten bleiben unberührt.

§ 16 Vermutung der Kompetenz der Konformitätsbewertungsstelle

(1) Weist eine Konformitätsbewertungsstelle nach, dass sie die Kriterien der einschlägigen harmonisierten Normen oder von Teilen dieser Normen erfüllt, deren Fundstellen im Amtsblatt der Europäischen Union veröffentlicht worden sind, so wird vermutet, dass sie die Anforderungen nach § 15 in dem Umfang erfüllt, in dem die anwendbaren harmonisierten Normen diese Anforderungen abdecken.

(2) Ist die anerkennende Stelle der Auffassung, dass eine harmonisierte Norm den von dieser abgedeckten Anforderungen nach § 15 nicht voll entspricht, informiert sie hierüber unter Angabe der Gründe die Europäische Kommission.

§ 17 Notifizierung der Konformitätsbewertungsstelle

(1) Betrifft die Anerkennung einer Konformitätsbewertungsstelle die Bewertung von Messgeräten, die vom Anwendungsbereich von Rechtsvorschriften der Europäischen Union erfasst sind, in denen die Notifizierung dieser Stellen gegenüber der Europäischen Kommission und den übrigen Mitgliedstaaten der Europäischen Union vorgesehen ist, so ist die Anerkennung unter der aufschiebenden Bedingung zu erteilen, dass nach der Notifizierung innerhalb der folgenden Fristen weder die Europäische Kommission noch die übrigen Mitgliedstaaten der Europäischen Union Einwände erhoben haben:
1. innerhalb von zwei Wochen, sofern eine Akkreditierungsurkunde vorliegt, oder
2. innerhalb von zwei Monaten, sofern keine Akkreditierungsurkunde vorliegt.

(2) [1]Konformitätsbewertungsstellen nach § 14 Absatz 1 dürfen die Bewertung von Messgeräten, auf die Rechtsvorschriften der Europäischen Union anwendbar sind, in

denen die Notifizierung dieser Stellen gegenüber der Europäischen Kommission und den übrigen Mitgliedstaaten der Europäischen Union vorgesehen ist, erst aufnehmen, wenn innerhalb der folgenden Fristen weder die Europäische Kommission noch die übrigen Mitgliedstaaten der Europäischen Union Einwände erhoben haben:
1. innerhalb von zwei Wochen, sofern eine Akkreditierungsurkunde vorliegt, oder
2. innerhalb von zwei Monaten, sofern keine Akkreditierungsurkunde vorliegt.

²Die Konformitätsbewertungsstellen nach § 14 Absatz 1 dürfen Bewertungen von Messgeräten nach Satz 1 nicht vornehmen, nachdem die anerkennende Stelle die Notifizierung zurückgezogen hat. ³Die anerkennende Stelle hat die Notifizierung zurückzuziehen, wenn die Kompetenz der Konformitätsbewertungsstelle nicht mehr gegeben ist.

(3) ¹Beruht die Bestätigung der Kompetenz nicht auf einer Akkreditierungsurkunde, legt die anerkennende Stelle der Europäischen Kommission und den übrigen Mitgliedstaaten der Europäischen Union die Unterlagen als Nachweis vor, die die Kompetenz der Konformitätsbewertungsstelle bestätigen. ²Sie legt ferner die Vereinbarungen vor, die getroffen wurden, um sicherzustellen, dass die Konformitätsbewertungsstelle regelmäßig überwacht wird und stets den Anforderungen nach § 15 genügt.

(4) Die anerkennende Stelle erteilt der Europäischen Kommission auf Verlangen sämtliche Auskünfte über die Kompetenz der betreffenden Stelle zum Zeitpunkt der Notifizierung oder die Erhaltung der Kompetenz während der Tätigkeit der betreffenden Stelle.

§ 18 Vergabe von Kennnummern

(1) ¹Die anerkennende Stelle vergibt an Konformitätsbewertungsstellen nach § 13 Absatz 1 oder § 14 Absatz 1, die nicht nach § 17 zu notifizieren sind, eine Kennnummer. ²Die Kennnummer besteht aus den Großbuchstaben »DE« und vier nachfolgenden Ziffern. ³Die anerkennende Stelle veröffentlicht ein Verzeichnis der Konformitätsbewertungsstellen mit den von ihr vergebenen Kennnummern sowie Angaben zu den Tätigkeiten, für die die Anerkennung ausgesprochen wurde.

(2) ¹Konformitätsbewertungsstellen nach § 14 Absatz 1 dürfen Bewertungen von Messgeräten, bei deren Bewertung sie die Kennnummer nach Absatz 1 verwenden, nicht vornehmen, sofern die anerkennende Stelle die Kennnummer zurückgezogen hat. ²Die anerkennende Stelle hat die Kennnummer zurückzuziehen, wenn die Kompetenz der Konformitätsbewertungsstelle nicht mehr gegeben ist.

§ 19 Verpflichtungen der anerkannten Konformitätsbewertungsstelle

(1) Die anerkannte Konformitätsbewertungsstelle führt die Konformitätsbewertung im Einklang mit den Verfahren der Konformitätsbewertung gemäß der Rechtsverordnung nach § 30 Nummer 3 und unter Wahrung der Verhältnismäßigkeit durch.

(2) Stellt die anerkannte Konformitätsbewertungsstelle fest, dass ein Messgerät die wesentlichen Anforderungen im Sinne des § 6 Absatz 2 nicht erfüllt, fordert sie den Hersteller auf, angemessene Korrekturmaßnahmen zu ergreifen und stellt keine Konformitätsbescheinigung aus.

(3) Hat die anerkannte Konformitätsbewertungsstelle bereits eine Konformitätsbescheinigung ausgestellt und stellt sie im Rahmen der Überwachung der Konformität fest, dass das Messgerät die wesentlichen Anforderungen nicht erfüllt, fordert sie den Hersteller auf, angemessene Korrekturmaßnahmen zu ergreifen; falls nötig, setzt sie die Bescheinigung aus oder zieht sie zurück.

(4) Werden keine Korrekturmaßnahmen ergriffen oder genügen diese nicht, um die Erfüllung der Anforderungen sicherzustellen, schränkt die anerkannte Konformitätsbewertungsstelle alle betreffenden Konformitätsbescheinigungen ein, setzt sie aus oder zieht sie zurück.

(5) ¹Die anerkannte Konformitätsbewertungsstelle hat in einem Ausschuss der Konformitätsbewertungsstellen mitzuwirken, der der Vereinheitlichung der Konformitätsbewertungspraxis und der fachlichen Fortbildung der Stellen dient. ²Der Ausschuss wird unter der Leitung der Physikalisch-Technischen Bundesanstalt gebildet.

(6) ¹Die anerkannte Konformitätsbewertungsstelle hat auf den von ihr erstellten Konformitätsbescheinigungen die ihr von der Europäischen Kommission zugeteilte Kennnummer anzubringen. ²Ist die Konformitätsbewertungsstelle ausschließlich für die Bewertung solcher Messgeräte anerkannt, für die die Zuteilung einer Kennnummer durch die Europäische Kommission nicht vorgesehen ist, bringt sie die ihr von der anerkennenden Stelle zugewiesene Kennnummer an.

§ 20 Meldepflichten der anerkannten Konformitätsbewertungsstelle

(1) Die anerkannte Konformitätsbewertungsstelle meldet der anerkennenden Stelle unverzüglich
1. jede Verweigerung, Einschränkung, Aussetzung oder Rücknahme einer Konformitätsbescheinigung,
2. alle Umstände, die Folgen für den Geltungsbereich und die Bedingungen der Anerkennung haben,
3. jedes Auskunftsersuchen über Konformitätsbewertungstätigkeiten, das sie von den Marktüberwachungsbehörden erhalten hat,
4. auf Verlangen, welchen Konformitätsbewertungstätigkeiten sie nachgegangen ist und welche anderen Tätigkeiten, einschließlich grenzüberschreitender Tätigkeiten und der Vergabe von Unteraufträgen, sie ausgeführt hat.

(2) Die anerkannte Konformitätsbewertungsstelle übermittelt den anderen Stellen, die ähnlichen Konformitätsbewertungstätigkeiten nachgehen und gleichartige Messgeräte abdecken, einschlägige Informationen über die negativen und auf Verlangen auch über die positiven Ergebnisse von Konformitätsbewertungen.

§ 21 Zweigunternehmen einer anerkannten Konformitätsbewertungsstelle und Vergabe von Unteraufträgen

(1) Vergibt die anerkannte Konformitätsbewertungsstelle bestimmte mit der Konformitätsbewertung verbundene Aufgaben an Unterauftragnehmer oder überträgt sie

diese Aufgaben einem Zweigunternehmen, stellt sie sicher, dass der Unterauftragnehmer oder das Zweigunternehmen die Anforderungen des § 15 erfüllt und informiert die anerkennende Stelle entsprechend.

(2) Die anerkannte Konformitätsbewertungsstelle haftet für ein Verschulden ihrer Unterauftragnehmer oder Zweigunternehmer bei Ausführung der diesen von ihr übertragenen Arbeiten wie für eigenes Verschulden; dies gilt unabhängig davon, wo diese niedergelassen sind.

(3) Arbeiten dürfen nur dann an einen Unterauftragnehmer vergeben oder einem Zweigunternehmen übertragen werden, wenn der Auftraggeber dem zustimmt.

(4) Die anerkannte Konformitätsbewertungsstelle hält die einschlägigen Unterlagen über die Begutachtung der Qualifikation des Unterauftragnehmers oder des Zweigunternehmens und über die von ihm im Rahmen des Konformitätsbewertungsverfahrens ausgeführten Arbeiten für die anerkennende Stelle bereit.

§ 22 Widerruf der Anerkennung

(1) [1]Stellt die anerkennende Stelle fest oder wird sie darüber informiert, dass eine nach § 13 Absatz 1 anerkannte Konformitätsbewertungsstelle die in § 15 genannten Anforderungen nicht mehr erfüllt oder dass sie ihren Verpflichtungen nicht nachkommt, widerruft sie ganz oder teilweise die Anerkennung. [2]Sie informiert unverzüglich die Europäische Kommission und die übrigen Mitgliedstaaten der Europäischen Union darüber, soweit die Anerkennung das Recht zur Bewertung von Messgeräten betrifft, die von Rechtsvorschriften der Europäischen Union erfasst sind.

(2) Im Fall des Widerrufs nach Absatz 1 oder wenn die anerkannte Konformitätsbewertungsstelle ihre Tätigkeit einstellt, ergreift die anerkennende Stelle die geeigneten Maßnahmen, um zu gewährleisten, dass die Akten dieser Stelle von einer anderen anerkannten Konformitätsbewertungsstelle weiterbearbeitet und für die anerkennende Stelle und die Marktüberwachungsbehörden auf deren Verlangen bereitgehalten werden.

§ 23 Pflichten des Herstellers

(1) [1]Der Hersteller trägt die Verantwortung, dass die von ihm hergestellten Messgeräte nur in Verkehr gebracht oder von ihm für eigene Zwecke in Betrieb genommen werden, wenn sie die wesentlichen Anforderungen des § 6 Absatz 2 erfüllen. [2]Er gewährleistet durch geeignete Verfahren, dass auch bei Serienfertigung die Konformität sichergestellt ist. [3]Werden innerhalb der Serienfertigung der Entwurf eines Messgeräts oder dessen Merkmale geändert oder ändern sich die technischen Regeln, auf die bei der Konformitätserklärung verwiesen wird, so hat der Hersteller diese Änderungen angemessen zu berücksichtigen.

(2) Der Hersteller hat auf Messgeräten und sonstigen Messgeräten die nach § 6 Absatz 4 und 5 und § 9 erforderlichen Kennzeichen und Aufschriften anzubringen.

(3) ¹Der Hersteller hat die technischen Unterlagen zu erstellen, die zur Durchführung der Konformitätsbewertung nach § 6 Absatz 3 erforderlich sind. ²Er hat die Konformitätsbewertung durchführen zu lassen und die Konformitätserklärung auszustellen. ³Mit der Ausstellung der Konformitätserklärung übernimmt er die Verantwortung für die Konformität des Messgeräts. ⁴Er hat die Unterlagen nach Satz 1 und die Konformitätserklärung nach Satz 2 für einen Zeitraum von zehn Jahren ab dem Inverkehrbringen des Messgeräts aufzubewahren.

(4) Der Hersteller hat dem Messgerät beim Inverkehrbringen die in einer Rechtsverordnung nach § 30 Nummer 2 bestimmten Informationen für die Verwendung in deutscher Sprache beizufügen.

(5) ¹Soweit es zur Beurteilung der Funktionsfähigkeit eines Messgeräts zweckmäßig ist, prüft der Hersteller auf dem Markt bereitgestellte Messgeräte mittels Stichproben. ²Werden bei einem Messgerätemodell Qualitätsmängel bekannt, führt er ein Verzeichnis der Beschwerden, der als nichtkonform erkannten Messgeräte und der erfolgten Rückrufe. ³Er informiert die Händler über den aktuellen Stand der Dinge.

(6) ¹Hat der Hersteller berechtigten Grund zu der Annahme, dass ein von ihm in Verkehr gebrachtes Messgerät oder ein sonstiges Messgerät nicht die gesetzlichen Anforderungen erfüllt, hat er unverzüglich Maßnahmen zu ergreifen, durch die die Konformität des Messgeräts hergestellt wird. ²Wenn dies nicht möglich ist, muss er die Messgeräte vom Markt nehmen oder zurückrufen. ³Sind mit dem Messgerät auf Grund messtechnischer Eigenschaften Gefahren verbunden, informiert er die nach Landesrecht zuständige Behörde unverzüglich über die Nichtkonformität und über die bereits ergriffenen Maßnahmen.

§ 24 Pflichten des Bevollmächtigten

(1) Ein Hersteller kann schriftlich einen Bevollmächtigten benennen.

(2) ¹Der Bevollmächtigte nimmt die ihm vom Hersteller übertragenen Aufgaben für diesen wahr. ²Ein Hersteller, der einen Bevollmächtigten einsetzt, muss diesem mindestens die folgenden Aufgaben übertragen:
1. Bereithaltung der EG-Konformitätserklärung und der technischen Unterlagen für die Marktüberwachungsbehörden über einen Zeitraum von zehn Jahren ab dem Inverkehrbringen des Messgeräts,
2. zum Nachweis der Konformität eines Messgeräts Aushändigung aller erforderlichen Informationen und Unterlagen an eine zuständige Marktüberwachungsbehörde auf deren begründetes Verlangen und
3. Zusammenarbeit mit einer zuständigen Marktüberwachungsbehörde auf deren begründetes Verlangen bei allen Maßnahmen zur Beseitigung der Risiken, die mit Messgeräten verbunden sind.

(3) Die Verpflichtungen nach § 23 Absatz 1 Satz 1 und die Erstellung der technischen Unterlagen nach § 23 Absatz 3 Satz 1 können vom Hersteller nicht auf einen Bevollmächtigten übertragen werden.

§ 25 Pflichten des Einführers

(1) Der Einführer darf nur konforme Messgeräte in Verkehr bringen oder für eigene Zwecke in Betrieb nehmen.

(2) Bevor der Einführer ein Messgerät in den Verkehr bringt, muss er sicherstellen, dass
1. der Hersteller ein geeignetes Verfahren zur Konformitätsbewertung durchgeführt und die technischen Unterlagen erstellt hat,
2. das Messgerät mit den nach § 6 Absatz 4 und 5 erforderlichen Kennzeichen und Aufschriften versehen ist,
3. dem Messgerät die in einer Rechtsverordnung nach § 30 Nummer 2 bestimmten Informationen für die Verwendung in deutscher Sprache beigefügt sind,
4. durch Lagerung und Transport, soweit sie in seiner Verantwortung erfolgen, die Einhaltung der wesentlichen Anforderungen des Messgeräts nicht beeinträchtigt wird.

(3) Der Einführer hat ein sonstiges Messgerät mit den nach § 9 erforderlichen Kennzeichen und Aufschriften zu versehen.

(4) ¹Der Einführer hat über einen Zeitraum von zehn Jahren ab dem Inverkehrbringen des Messgeräts eine Kopie der Konformitätserklärung für Zwecke der Marktüberwachung bereitzuhalten. ²Er hat den Marktüberwachungsbehörden die im Rahmen der Konformitätsbewertung erstellten technischen Unterlagen auf Verlangen vorzulegen, soweit dies für Zwecke der Marktüberwachung erforderlich ist.

(5) ¹Die Verpflichtungen des Herstellers nach § 23 Absatz 5 und 6 sind für den Einführer entsprechend anzuwenden. ²Geht von dem Messgerät auf Grund messtechnischer Eigenschaften eine Gefahr aus, hat der Einführer auch den Hersteller zu informieren.

§ 26 Pflichten des Händlers

(1) ¹Der Händler hat sicherzustellen, dass in Verkehr gebrachte Messgeräte von ihm nur auf dem Markt bereitgestellt oder für eigene Zwecke in Betrieb genommen werden, wenn
1. sie mit den nach § 6 Absatz 4 und 5 bestimmten Kennzeichen und Aufschriften versehen sind und
2. ihnen die in einer Rechtsverordnung nach § 30 Nummer 2 bestimmten Informationen für die Verwendung in deutscher Sprache beigefügt sind.
²Satz 1 Nummer 1 ist auch bei sonstigen Messgeräten anzuwenden.

(2) ¹Besteht berechtigter Grund zu der Annahme, dass ein Messgerät die wesentlichen Anforderungen nach § 6 Absatz 2 nicht einhält, darf der Händler das Messgerät erst auf dem Markt bereitstellen oder in Betrieb nehmen, wenn die Einhaltung der wesentlichen Anforderungen gewährleistet ist. ²Geht von dem Messgerät auf Grund messtechnischer Eigenschaften eine Gefahr aus, informiert er den Hersteller oder den Einführer sowie die nach Landesrecht zuständige Behörde unverzüglich über die Nichtkonformität.

(3) ¹Besteht berechtigter Grund zu der Annahme, dass ein Messgerät, das vom Händler auf dem Markt bereitgestellt wurde, die gesetzlichen Anforderungen nicht einhält, hat der Händler die erforderlichen Maßnahmen zu ergreifen, um die Konformität des Messgeräts herzustellen. ²Soweit notwendig, ruft er Messgeräte zurück oder nimmt sie zurück. ³Geht von dem Messgerät auf Grund messtechnischer Eigenschaften eine Gefahr aus, informiert er die nach Landesrecht zuständige Behörde unverzüglich über die Nichtkonformität und die bereits ergriffenen Maßnahmen.

(4) Soweit Lagerung und Transport in der Verantwortung des Händlers erfolgen, hat dieser zu gewährleisten, dass dadurch nicht die wesentlichen Anforderungen, die das Messgerät erfüllen muss, beeinträchtigt werden.

§ 27 EG-Bauartzulassung und EG-Ersteichung

(1) ¹Messgeräte, die nach den Vorschriften der Richtlinie 2009/34/EG des Europäischen Parlaments und des Rates vom 23. April 2009 betreffend gemeinsame Vorschriften über Messgeräte sowie über Mess- und Prüfverfahren (ABl. L 106 vom 28.4.2009, S. 7) über eine EG-Bauartzulassung verfügen, dürfen vorbehaltlich des Absatzes 2 in Verkehr gebracht werden. ²Sie dürfen erst in Betrieb genommen werden, wenn sie entsprechend den Vorschriften der genannten Richtlinie EG-erstgeeicht und gekennzeichnet sind.

(2) Die EG-Bauartzulassung wird im Geltungsbereich dieses Gesetzes auf Antrag des Herstellers oder seines Bevollmächtigten durch die Physikalisch-Technische Bundesanstalt nach Maßgabe der Vorschriften der Rechtsverordnung nach § 30 Nummer 6 erteilt.

(3) Die EG-Ersteichung wird im Geltungsbereich dieses Gesetzes auf Antrag eines Wirtschaftsakteurs oder desjenigen, der Messgeräte verwendet, durch die nach Landesrecht zuständigen Behörden nach Maßgabe der Vorschriften der Rechtsverordnung nach § 30 Nummer 6 erteilt.

§ 28 Messgeräte, die rechtmäßig im Ausland in Verkehr gebracht wurden

(1) Messgeräte, die
1. nicht die CE-Kennzeichnung, die EG-Bauartzulassung oder die EG-Ersteichung erhalten können und
2. in einem Mitgliedstaat der Europäischen Union oder einem Vertragsstaat des Abkommens über den Europäischen Wirtschaftsraum, in der Schweiz oder der Türkei rechtmäßig in Verkehr gebracht wurden,
dürfen auch im Geltungsbereich dieses Gesetzes in Verkehr gebracht werden, wenn die Messrichtigkeit, Messbeständigkeit und Prüfbarkeit bei diesen Messgeräten in gleichwertiger Weise gewährleistet sind wie bei Messgeräten, die nach diesem Gesetz in Verkehr gebracht worden sind.

(2) Die nach Landesrecht zuständigen Behörden haben bei einer Prüfung der Gleichwertigkeit von Messgeräten im Sinne des Absatzes 1 die Vorschriften des Kapitels 2

der Verordnung (EG) Nr. 764/2008 des Europäischen Parlaments und des Rates vom 9. Juli 2008 (ABl. L 218 vom 13.8.2008, S. 21) zu beachten.

(3) ¹Auf Antrag eines Wirtschaftsakteurs oder auf ein Ersuchen der nach Landesrecht zuständigen Behörde trifft die Physikalisch-Technische Bundesanstalt eine Entscheidung über die Gleichwertigkeit nach Absatz 1. ²Diese Entscheidung ist für die nach Landesrecht zuständigen Behörden verbindlich.

§ 29 Pflichten der Wirtschaftsakteure in den Fällen der §§ 27 und 28

§ 23 Absatz 3 bis 6, § 24 Absatz 2, § 25 Absatz 2 Nummer 3 und 4, Absatz 4 und 5 und § 26 Absatz 1 Satz 1 Nummer 2, Absatz 2 bis 4 sind für die Fälle der §§ 27 und 28 entsprechend anzuwenden.

§ 30 Verordnungsermächtigung

Die Bundesregierung wird ermächtigt, durch Rechtsverordnung mit Zustimmung des Bundesrates zur Gewährleistung der Messrichtigkeit, Messbeständigkeit und Prüfbarkeit, auch zur Umsetzung von Rechtsakten der Europäischen Union Folgendes näher zu bestimmen:
1. die wesentlichen Anforderungen an Messgeräte im Sinne des § 6 Absatz 2 Satz 2 Nummer 1 im Rahmen des vorgesehenen Verwendens in Form von allgemeinen Vorgaben für Messgeräte und, soweit europarechtlich erforderlich, in Form von gerätespezifischen Vorgaben; dabei können auch Regelungen getroffen werden über Sicherungen des Messgeräts zum Schutz vor einem unbefugten Zugriff Dritter auf Messwerte,
2. die dem Messgerät für die Verwendung in deutscher Sprache beizufügenden Informationen,
3. die Anforderungen an die Konformitätsbewertung im Sinne des § 6 Absatz 3, deren Durchführung einschließlich der Festlegung der dafür zu erstellenden technischen Unterlagen, die Zuordnung der Messgeräte zu den einzelnen Verfahren der Konformitätsbewertung sowie den Inhalt von Konformitätserklärungen,
4. die Kennzeichnung der Messgeräte und den Inhalt von Aufschriften auf Messgeräten im Sinne von § 6 Absatz 4 und 5 und § 9; soweit Angaben auf Messgeräten auf Grund deren Größe nicht möglich sind, können andere Formen der Informationsangabe festgelegt werden,
5. die Anforderungen an Konformitätsbewertungsstellen einschließlich näherer Regelungen über die Verpflichtung zum Abschluss einer Haftpflichtversicherung nach § 15 Absatz 8, insbesondere zum Umfang des notwendigen Versicherungsschutzes, den der Versicherungsvertrag zu gewähren hat, und zur Mindestversicherungssumme je Versicherungsfall sowie zu zulässigen Risikoausschlüssen,
6. die Anforderungen an die EG-Bauartzulassung und die EG-Ersteichung von Messgeräten, einschließlich Vorschriften über Kennzeichen und Aufschriften auf den Messgeräten sowie die von diesen Vorschriften erfassten Messgeräte.

§ 31 Anforderungen an das Verwenden von Messgeräten

(1) [1]Verwendet werden dürfen ausschließlich Messgeräte oder sonstige Messgeräte, die den Bestimmungen dieses Gesetzes und der auf seiner Grundlage erlassenen Rechtsverordnungen entsprechen. [2]Sie müssen im Rahmen der vorgesehenen Verwendungsbedingungen eingesetzt werden.

(2) Wer ein Messgerät verwendet, hat sicherzustellen, dass
1. die wesentlichen Anforderungen an das Messgerät nach § 6 Absatz 2 während der gesamten Zeit, in der das Messgerät verwendet wird, und bei der Zusammenschaltung mit anderen Geräten erfüllt sind, wobei anstelle der Fehlergrenzen nach § 6 Absatz 2 die Verkehrsfehlergrenzen einzuhalten sind,
2. die in einer Rechtsverordnung nach § 41 Nummer 3 enthaltenen Vorschriften über das Verwenden öffentlicher Messgeräte beachtet werden, wenn das Messgerät dazu verwendet wird, Messungen für jedermann vorzunehmen (öffentliches Messgerät),
3. das Messgerät nach § 37 Absatz 1 nicht ungeeicht verwendet wird,
4. Nachweise über erfolgte Wartungen, Reparaturen oder sonstige Eingriffe am Messgerät, einschließlich solcher durch elektronisch vorgenommene Maßnahmen, für einen Zeitraum von bis zu drei Monaten nach Ablauf der nach § 41 Nummer 6 bestimmten Eichfrist, längstens für fünf Jahre, aufbewahrt werden.

§ 32 Anzeigepflicht

(1) [1]Wer neue oder erneuerte Messgeräte verwendet oder im Auftrag des Verwenders Messwerte von solchen Messgeräten erfasst, hat die betroffenen Messgeräte der nach Landesrecht zuständigen Behörde spätestens sechs Wochen nach Inbetriebnahme anzuzeigen. [2]Anzugeben sind
1. die Geräteart,
2. der Hersteller,
3. die Typbezeichnung,
4. das Jahr der Kennzeichnung des Messgeräts sowie
5. die Anschrift desjenigen, der das Messgerät verwendet.

[3]Satz 1 ist nicht auf Maßverkörperungen oder Zusatzeinrichtungen und nicht auf einen Verwender von neuen oder erneuerten Messgeräten anzuwenden, der nachweisen kann, dass er einen Dritten mit der Erfassung der Messwerte beauftragt hat.

(2) Werden mehr als ein Messgerät einer Messgeräteart verwendet oder von mehr als einem Messgerät einer Messgeräteart im Auftrag des Verwenders Messwerte erfasst, hat der Verpflichtete zur Erfüllung des Absatzes 1
1. die zuständige Behörde spätestens sechs Wochen nach Inbetriebnahme des zweiten Messgeräts einer Messgeräteart darüber zu informieren oder informieren zu lassen, welche Messgerätearten er verwendet oder von welchen Messgerätearten er Messwerte erfasst; dabei ist die Anschrift des Verpflichteten anzugeben und
2. sicherzustellen, dass Übersichten der verwendeten Messgeräte oder der Messgeräte, von denen Messwerte erfasst werden, mit den in Absatz 1 Satz 2 genannten Angaben der zuständigen Behörde auf Anforderung unverzüglich zur Verfügung gestellt werden.

(3) ¹Die nach Landesrecht zuständigen Behörden stellen sicher, dass eine zentrale, benutzerfreundliche Möglichkeit zur Erfüllung der Anzeigepflicht auf elektronischem Weg oder per Telefax sowie eine einheitliche Postadresse zur Verfügung stehen. ²Die Behörden bestätigen den Eingang der Anzeigen nach den Absätzen 1 und 2.

§ 33 Anforderungen an das Verwenden von Messwerten

(1) ¹Werte für Messgrößen dürfen im geschäftlichen oder amtlichen Verkehr oder bei Messungen im öffentlichen Interesse nur dann angegeben oder verwendet werden, wenn zu ihrer Bestimmung ein Messgerät bestimmungsgemäß verwendet wurde und die Werte auf das jeweilige Messergebnis zurückzuführen sind, soweit in der Rechtsverordnung nach § 41 Nummer 2 nichts anderes bestimmt ist. ²Andere bundesrechtliche Regelungen, die vergleichbaren Schutzzwecken dienen, sind weiterhin anzuwenden.

(2) Wer Messwerte verwendet, hat sich im Rahmen seiner Möglichkeiten zu vergewissern, dass das Messgerät die gesetzlichen Anforderungen erfüllt und hat sich von der Person, die das Messgerät verwendet, bestätigen zu lassen, dass sie ihre Verpflichtungen erfüllt.

(3) Wer Messwerte verwendet, hat
1. dafür zu sorgen, dass Rechnungen, soweit sie auf Messwerten beruhen, von demjenigen, für den die Rechnungen bestimmt sind, in einfacher Weise zur Überprüfung angegebener Messwerte nachvollzogen werden können und
2. für die in Nummer 1 genannten Zwecke erforderlichenfalls geeignete Hilfsmittel bereitzustellen.

§ 34 Vermutungswirkung

Soweit der Verpflichtete Maßnahmen ergriffen hat, die von Regeln, technischen Spezifikationen oder Erkenntnissen abgedeckt sind, die vom Ausschuss nach § 46 ermittelt wurden und deren Fundstelle die Physikalisch-Technische Bundesanstalt im Bundesanzeiger veröffentlicht hat, wird vermutet, dass
1. die wesentlichen Anforderungen bei dem Verwenden von Messgeräten nach § 31 Absatz 2 Nummer 1 erfüllt werden und
2. Rechnungen, bei denen Messwerte nach § 33 Absatz 3 verwendet werden, nachvollzogen werden können.

§ 35 Ausnahmen für geschlossene Grundstücksnutzungen

(1) Verwendet ein Vertragspartner Messgeräte im Rahmen geschäftlicher Zwecke zur Ermittlung leitungsgebundener Leistungen unter gleich bleibenden gewerblichen Vertragspartnern, kann er bei der nach Landesrecht zuständigen Behörde schriftlich beantragen, für diese Messgeräte von den Regelungen des Gesetzes befreit zu werden, wenn
1. die anderen Vertragspartner ihr Einverständnis zu der Befreiung erklärt haben und

2. sich die Betriebsstätten der Vertragspartner auf derselben räumlich abgegrenzten Fläche befinden.

(2) Die zuständige Behörde hat die Befreiung zu erteilen, wenn die Vertragspartner schriftlich bestätigt haben, dass
1. sie mit der Befreiung von den Regelungen des Gesetzes einverstanden sind; in der Erklärung sind die Art der vertraglichen Leistung sowie die Messgeräteart, auf die sich die Befreiung bezieht, näher zu bezeichnen,
2. ein Qualitätssicherungssystem zur Gewährleistung richtiger Messungen besteht, das den anerkannten Regeln der Technik entspricht,
3. die Vertragspartner jederzeit Zugang zum Messgerät haben und
4. zwischen den Vertragspartnern ein Verfahren zum Vorgehen bei fehlerhaften Messungen vereinbart ist.

(3) [1]Die Befreiung ist auf einen Zeitraum von fünf Jahren zu befristen. [2]Eine erneute Befreiung ist zulässig.

(4) [1]Einem Vertragspartner darf kein Nachteil entstehen, sofern er sein Einverständnis nicht erklärt. [2]Die Weitergabe von Kosteneinsparungen bleibt hiervon unberührt.

§ 36 Ausnahmen für bestimmte Verwendungen

[1]Die Pflichten dieses Unterabschnitts sind nicht anzuwenden, soweit in der Rechtsverordnung nach § 41 Nummer 5 [2]Ausnahmen für einzelne Verwendungen bestimmt sind. [3]Ausnahmen können bestimmt werden, wenn das Schutzbedürfnis der von der Messung Betroffenen dies rechtfertigt. [4]Dies ist insbesondere der Fall, wenn
1. davon ausgegangen werden kann, dass die von der Messung unmittelbar Betroffenen wirtschaftlich gleichwertig sind und über die erforderliche Kompetenz zur Durchführung von Messungen und zur Bewertung der Messergebnisse verfügen,
2. in anderen Vorschriften als nach den Bestimmungen dieses Gesetzes und der auf Grund dieses Gesetzes erlassenen Rechtsverordnung sichergestellt ist, dass das Verwenden der Messgeräte zu einer zutreffenden Bestimmung von Messwerten führt oder
3. bei einem amtlichen Verwenden von Messgeräten die Messrichtigkeit nicht von Bedeutung ist.

§ 37 Eichung und Eichfrist

(1) [1]Messgeräte dürfen nicht ungeeicht verwendet werden,
1. nachdem die in der Rechtsverordnung nach § 41 Nummer 6 bestimmte Eichfrist abgelaufen ist oder
2. wenn die Eichfrist nach Absatz 2 vorzeitig endet.

[2]Für Messgeräte, die nach den Vorschriften des Abschnitts 2 in Verkehr gebracht wurden, beginnt die Eichfrist mit dem Inverkehrbringen; sie entsprechen geeichten Messgeräten für die Dauer der mit dem Inverkehrbringen beginnenden jeweiligen Eichfrist und bedürfen für die Dauer dieser Eichfrist keiner Eichung.

(2) Die Eichfrist endet vorzeitig, wenn

1. das Messgerät die wesentlichen Anforderungen im Sinne des § 6 Absatz 2 nicht erfüllt, wobei anstelle der Fehlergrenzen nach § 6 Absatz 2 die in einer Rechtsverordnung nach § 41 Nummer 1 bestimmten Verkehrsfehlergrenzen einzuhalten sind,
2. ein Eingriff vorgenommen wird, der Einfluss auf die messtechnischen Eigenschaften des Messgeräts haben kann oder dessen Verwendungsbereich erweitert oder beschränkt,
3. die vorgeschriebene Bezeichnung des Messgeräts geändert oder eine unzulässige Bezeichnung, Aufschrift, Messgröße, Einteilung oder Hervorhebung einer Einteilung angebracht wird,
4. die in einer Rechtsverordnung nach § 30 Nummer 4 oder § 41 Nummer 6 vorgeschriebenen Kennzeichen unkenntlich, entwertet oder vom Messgerät entfernt sind; dies ist nicht anzuwenden, wenn
   a) die Unkenntlichmachung, Entwertung oder Entfernung unter Aufsicht einer nach § 40 zuständigen Stelle durchgeführt werden und
   b) die unkenntlich gemachten, entwerteten oder entfernten Kennzeichen durch geeignete Kennzeichen der beaufsichtigenden Stelle ersetzt werden,
5. das Messgerät mit einer Einrichtung verbunden wird, deren Anfügung nicht zulässig ist.

(3) ¹Die Eichung erfolgt auf Antrag. ²Bei der Eichung können vorgelegte aktuelle Prüf- und Untersuchungsergebnisse berücksichtigt werden.

(4) ¹Bei der Eichung sind grundsätzlich die zum Zeitpunkt des Inverkehrbringens geltenden wesentlichen Anforderungen nach § 6 Absatz 2 sowie die zu diesem Zeitpunkt vorliegenden in § 7 genannten harmonisierten Normen, normativen Dokumente, technischen Spezifikationen oder Regeln zu Grunde zu legen. ²Soweit es zur Gewährleistung der Messrichtigkeit oder der Messbeständigkeit unter Berücksichtigung der Verhältnismäßigkeit erforderlich ist, können bei der Eichung im Einzelfall die aktuellen Bedingungen zu Grunde gelegt werden; dies ist insbesondere vorzusehen, wenn die aktuellen Bedingungen für den Antragsteller weniger belastend sind.

(5) Absatz 2 Nummer 1, 2 und 4 gilt nicht für instand gesetzte Messgeräte, wenn
1. das Messgerät nach der Instandsetzung die wesentlichen Anforderungen nach § 6 Absatz 2 erfüllt, wobei anstelle der Fehlergrenzen nach § 6 Absatz 2 die in einer Rechtsverordnung nach § 41 Nummer 1 bestimmten Verkehrsfehlergrenzen einzuhalten sind,
2. die erneute Eichung unverzüglich beantragt wird,
3. die Instandsetzung durch ein in der Rechtsverordnung nach § 41 Nummer 7 bestimmtes Zeichen des Instandsetzers kenntlich gemacht ist und
4. der Instandsetzer die zuständige Behörde unverzüglich über die erfolgte Instandsetzung in Kenntnis gesetzt hat.

(6) ¹In den Fällen des Absatzes 2 Nummer 2 dürfen Messgeräte, deren Software durch einen technischen Vorgang aktualisiert wurde, wieder verwendet werden, wenn die zuständige Behörde nach § 40 Absatz 1 dies auf Antrag genehmigt hat. ²Die Genehmigung ist zu erteilen, wenn

1. die Eignung der Software und des Messgeräts für eine Aktualisierung seiner Software festgestellt wurde,
2. hierfür eine Konformitätsbewertung vorliegt,
3. die erfolgte Aktualisierung dauerhaft im Messgerät aufgezeichnet ist und
4. eine Behörde nach Satz 1 das Vorliegen dieser Voraussetzungen durch eine Stichprobenprüfung überprüft hat.

³Die Eichfristen des jeweiligen Messgeräts bleiben hiervon unberührt.

§ 38 Verspätete Eichungen

¹Hat der Verwender die Eichung mindestens zehn Wochen vor Ablauf der Eichfrist beantragt und das zur Eichung seinerseits Erforderliche getan oder angeboten, steht das Messgerät trotz des Ablaufs der Eichfrist bis zum Zeitpunkt der behördlichen Überprüfung einem geeichten Messgerät gleich. ²Hat der Verwender die Eichung zu einem späteren Zeitpunkt beantragt und ist der Behörde eine Eichung vor Ablauf der Eichfrist nicht möglich, so kann sie das weitere Verwenden des Messgeräts bis zum Zeitpunkt der behördlichen Überprüfung gestatten. ³Die Behörde soll die Eichung nach Ablauf der Eichfrist unverzüglich vornehmen.

§ 39 Befundprüfung

(1) Wer ein begründetes Interesse an der Messrichtigkeit darlegt, kann bei der Behörde nach § 40 Absatz 1 beantragen festzustellen, ob ein Messgerät die wesentlichen Anforderungen nach § 6 Absatz 2 erfüllt, wobei anstelle der Fehlergrenzen nach § 6 Absatz 2 die in einer Rechtsverordnung nach § 41 Nummer 1 bestimmten Verkehrsfehlergrenzen einzuhalten sind (Befundprüfung).

(2) Für ein Messgerät oder eine damit verbundene Zusatzeinrichtung, das oder die bei der Ermittlung des Verbrauchs an Elektrizität, Gas, Wärme oder Wasser eingesetzt wird, kann die Feststellung nach Absatz 1 auch bei einer staatlich anerkannten Prüfstelle nach § 40 Absatz 3 beantragt werden.

§ 40 Zuständige Stellen für die Eichung

(1) ¹Die Eichung wird von den nach Landesrecht zuständigen Behörden vorgenommen. ²Örtlich zuständig für die Eichung und sonstige Prüfung von Messgeräten an der Amtsstelle ist jede nach Satz 1 sachlich zuständige Behörde, bei der eine solche Amtshandlung beantragt wird.

(2) ¹Wird von einem Verwender oder von einem Beauftragten für verschiedene Verwender die Eichung mehrerer Messgeräte am Aufstellort oder die Genehmigung zur Aktualisierung von Software beantragt, koordiniert die zuständige Behörde die Verfahren mit dem Ziel einer möglichst kostengünstigen Abfolge der Prüfverfahren. ²Sind Messgeräte an Aufstellorten in verschiedenen Bundesländern betroffen, kooperieren die zuständigen Behörden im Rahmen ihrer Möglichkeiten. ³Ein bei der örtlich zuständigen Behörde am Hauptsitz des Verwenders gestellter Antrag, der weitere

Aufstellungsorte umfasst, wird von Amts wegen an die zuständigen Behörden weitergeleitet. ⁴Ist der Zeitpunkt der Antragstellung maßgeblich, so gilt der Antrag als zu dem Zeitpunkt gestellt, zu dem er bei der zuständigen Behörde am Hauptsitz des Verwenders eingegangen ist.

(3) ¹Zur Eichung von Messgeräten für Elektrizität, Gas, Wasser oder Wärme und damit verbundenen Zusatzeinrichtungen können Prüfstellen durch die nach Landesrecht zuständigen Behörden nach Maßgabe einer Rechtsverordnung nach § 41 Nummer 9 staatlich anerkannt werden. ²Die Prüfstelle muss über eine Haftpflichtversicherung verfügen. ³Der Leiter und der Stellvertreter der Prüfstelle sind von der zuständigen Behörde öffentlich zu bestellen und zu verpflichten. ⁴Widerrufen werden können außer nach den Vorschriften des Verwaltungsverfahrensgesetzes
1. die Anerkennung der Prüfstelle, wenn inhaltliche Beschränkungen der Anerkennung nicht beachtet werden,
2. die Bestellung, wenn der Bestellte inhaltliche Beschränkungen der Bestellung nicht beachtet oder ihm obliegende Pflichten grob verletzt, insbesondere Prüfungen nicht unparteiisch ausführt oder ausführen lässt.

(4) ¹Begeht ein Angehöriger der Prüfstelle bei Ausübung seiner Tätigkeit eine Amtspflichtverletzung, so haftet der Träger der Prüfstelle dem Land, dessen Behörde die Prüfstelle anerkannt hat, für den daraus entstehenden Schaden einschließlich der gerichtlichen und außergerichtlichen Kosten, die durch die Verteidigung gegen geltend gemachte Ansprüche entstehen. ²Die Möglichkeit des Rückgriffs ist weiterhin gegeben.

(5) ¹Den zuständigen Behörden stehen bei der Eichung und bei der Befundprüfung die Befugnisse nach § 56 zur Verfügung; das Grundrecht der Unverletzlichkeit der Wohnung gemäß Artikel 13 des Grundgesetzes wird insoweit eingeschränkt. ²Die staatlich anerkannten Prüfstellen können Maßnahmen nach § 55 Absatz 1 Satz 2 Nummer 6 ergreifen, wenn Messgeräte von ihnen entgegen den ihnen obliegenden Verpflichtungen geeicht oder sonst geprüft wurden. ³Ihnen stehen die Befugnisse der Beauftragten nach § 56 zur Verfügung.

§ 41 Verordnungsermächtigung

Die Bundesregierung wird ermächtigt, durch Rechtsverordnung mit Zustimmung des Bundesrates Regelungen zu erlassen
1. zur Konkretisierung der sich aus § 31 ergebenden Pflichten; dabei können insbesondere Anzeige-, Dokumentations-, Prüf- und Aufbewahrungspflichten sowie Verkehrsfehlergrenzen bestimmt werden,
2. zur Konkretisierung der sich aus § 33 Absatz 1 ergebenden Pflichten sowie über Ausnahmen von diesen Pflichten,
3. über das Verwenden öffentlicher Messgeräte im Sinne des § 31 Absatz 2 Nummer 2, insbesondere über
    a) die Ausstattung, die Unterhaltung und den Betrieb öffentlicher Messgeräte, die Durchführung von Messungen und die Anzeigepflichten des Verwenders eines öffentlichen Messgeräts,

b) die Anforderungen an die Sachkunde und Unabhängigkeit des Verwenders und des Betriebspersonals sowie an die Prüfung dieser Anforderungen,
c) den Nachweis der Messungen und die Aufbewahrung der Unterlagen,
d) die Kennzeichnung der öffentlichen Messgeräte,
e) das Verfahren im Zusammenhang mit den Buchstaben a bis d,
4. über das Verbot der Ausnutzung von Verkehrsfehlergrenzen und Abweichungen,
5. zur Bestimmung von Ausnahmen von den Pflichten beim Verwenden von Messgeräten oder Messwerten für bestimmte Verwendungen nach § 36,
6. über die Eichung und die Eichfristen, insbesondere über
a) Beginn und Dauer der Eichfristen,
b) die Voraussetzungen zur Verlängerung von Eichfristen, insbesondere Vorgaben in Bezug auf die Durchführung und die Wiederholung von Prüfungen sowie Anforderungen an die Beschaffenheit und Prüfung von Prüf- und Kontrollmitteln,
c) die Vorbereitung und Durchführung der Eichung, einschließlich der Kennzeichnung und der Wiederholung von Prüfungen sowie der Pflichten des Antragstellers zur Vorlage von Dokumenten und zur Mitwirkung bei der Vorbereitung und Durchführung der Eichung,
7. zu den Anforderungen an eine Instandsetzung im Sinne des § 37 Absatz 5, insbesondere Vorgaben für Instandsetzungsbetriebe sowie die Kennzeichnung entsprechend instand gesetzter Geräte,
8. zu den Einzelheiten des Verfahrens bei der Aktualisierung von Software im Sinne des § 37 Absatz 6,
9. zu den Voraussetzungen, dem Umfang und dem Verfahren
a) der Anerkennung von Prüfstellen im Sinne des § 40 Absatz 3, einschließlich näherer Regelungen über die Verpflichtung zum Abschluss einer Haftpflichtversicherung, insbesondere zum Umfang des notwendigen Versicherungsschutzes, zur Mindestversicherungssumme je Versicherungsfall sowie zu zulässigen Risikoausschlüssen, und
b) der öffentlichen Bestellung und Verpflichtung des Prüfstellenpersonals sowie
c) des Betriebs der Prüfstelle, einschließlich der dafür erforderlichen Dokumentationspflichten der Prüfstelle,
10. zu den besonderen Anforderungen an die Verwendung von Maßverkörperungen, die zum gewerbsmäßigen Ausschank von Getränken gegen Entgelt bestimmt sind (Ausschankmaße), einschließlich der Festlegung bestimmter, von Ausschankmaßen einzuhaltender Maßvolumina.

§ 42 Begriffsbestimmungen für Fertigpackungen und andere Verkaufseinheiten

(1) Fertigpackungen im Sinne dieses Gesetzes sind Verpackungen beliebiger Art, in die in Abwesenheit des Käufers Erzeugnisse abgepackt und die in Abwesenheit des Käufers verschlossen werden, wobei die Menge des darin enthaltenen Erzeugnisses ohne Öffnen oder merkliche Änderung der Verpackung nicht verändert werden kann.

(2) Andere Verkaufseinheiten im Sinne dieses Gesetzes sind
1. offene Packungen, die in Abwesenheit des Käufers abgefüllt werden,

2. unverpackte Backwaren gleichen Nenngewichts und
3. Verkaufseinheiten gleichen Nenngewichts, gleicher Nennlänge oder gleicher Nennfläche ohne Umhüllung.

(3) Im Sinne dieses Gesetzes ist
1. Füllmenge die Menge, die eine einzelne Fertigpackung tatsächlich enthält,
2. Nennfüllmenge die Menge, die die Fertigpackung enthalten soll.

§ 43 Anforderungen an Fertigpackungen

(1) Fertigpackungen dürfen nur hergestellt, in den Geltungsbereich des Gesetzes verbracht, in den Verkehr gebracht oder sonst auf dem Markt bereitgestellt werden, wenn die Nennfüllmenge angegeben ist, die Füllmenge die festgelegten Anforderungen erfüllt und die Fertigpackung mit den erforderlichen Angaben, Aufschriften und Zeichen versehen ist.

(2) Es ist verboten, Fertigpackungen herzustellen, herstellen zu lassen, in den Geltungsbereich dieses Gesetzes zu verbringen, in Verkehr zu bringen oder sonst auf dem Markt bereitzustellen, wenn sie ihrer Gestaltung und Befüllung nach eine größere Füllmenge vortäuschen als in ihnen enthalten ist.

§ 44 Verordnungsermächtigung für Fertigpackungen und andere Verkaufseinheiten

(1) Die Bundesregierung wird ermächtigt, durch Rechtsverordnung mit Zustimmung des Bundesrates Vorschriften zu erlassen zum Schutz der Verbraucherinnen und Verbraucher, zur Erleichterung des Handels mit Fertigpackungen, auch zur Umsetzung oder Durchführung von Rechtsakten der Europäischen Union, insbesondere über
1. die Angabe von Nennfüllmengen bei Fertigpackungen und die Art und Weise dieser Angabe,
2. die Anforderungen an die Genauigkeit der Füllmenge,
3. die Kontrollen und Aufzeichnungen, die von den Betrieben zur Erfüllung der Genauigkeitsanforderungen nach Nummer 2 vorzunehmen sind, sowie die Messgeräte, die hierbei zu verwenden sind,
4. Voraussetzungen und Methoden für eine einheitliche Füllmengenbestimmung,
5. Anforderungen an die Genauigkeit des Volumens von Behältnissen und ihre Kennzeichnung,
6. die Angabe desjenigen, der Fertigpackungen oder Behältnisse herstellt, in den Geltungsbereich dieses Gesetzes verbringt oder in den Verkehr bringt,
7. die Anbringung von Aufschriften und Zeichen auf Fertigpackungen und Behältnissen und ihre Anerkennung durch die Physikalisch-Technische Bundesanstalt,
8. Art und Umfang der von den zuständigen Behörden durchzuführenden Prüfungen zur Überwachung der Einhaltung der Vorschriften, die auf Grund der Nummern 2, 3, 4 und 5 erlassen wurden, und über die Anerkennung von Prüfungen, die in anderen Staaten durchgeführt worden sind,
9. verbindliche Nennfüllmengen für Fertigpackungen und über die Pflicht zur Verwendung bestimmter Behältnisse mit einem bestimmten Volumen oder mit bestimmten Abmessungen für die Herstellung von Fertigpackungen,

10. Ausnahmen von § 43 Absatz 1,
11. die Gestaltung und Befüllung von Fertigpackungen, damit diese die Anforderungen des § 43 Absatz 2 erfüllen.

(2) Die Bundesregierung wird ferner ermächtigt, durch Rechtsverordnung mit Zustimmung des Bundesrates zu den gleichen Zwecken entsprechende Vorschriften für andere Verkaufseinheiten zu erlassen.

§ 45 Aufgaben der Physikalisch-Technischen Bundesanstalt

Die Physikalisch-Technische Bundesanstalt hat zur Sicherung der Einheitlichkeit des gesetzlichen Messwesens
1. die für die Durchführung dieses Gesetzes zuständigen Landesbehörden zu beraten,
2. naturwissenschaftlich-technische Fragestellungen des gesetzlichen Messwesens wissenschaftlich zu bearbeiten, insbesondere wissenschaftliche Forschung auf diesem Gebiet zu betreiben,
3. die Normung und Standardisierung auf diesem Gebiet zu unterstützen.

§ 46 Regelermittlungsausschuss

(1) ¹Bei der Physikalisch-Technischen Bundesanstalt wird ein Regelermittlungsausschuss eingesetzt. ²Er hat die Aufgabe, auf der Grundlage des Standes der Technik
1. Regeln und technische Spezifikationen zu ermitteln, um die nach § 6 Absatz 2 zu beachtenden wesentlichen Anforderungen an Messgeräte zu konkretisieren, zu ergänzen und zu prüfen, soweit es für ein Messgerät keine harmonisierte Norm oder normativen Dokumente gibt,
2. Regeln und Erkenntnisse über Verfahren der Konformitätsbewertung zu ermitteln, die zum Nachweis der Konformität bestimmter Messgeräte geeignet sind, soweit es für Verfahren der Konformitätsbewertung für Messgeräte keine harmonisierte Norm oder normativen Dokumente gibt,
3. Regeln und Erkenntnisse zu ermitteln, um die Pflichten von Personen näher zu bestimmen, die Messgeräte oder Messwerte verwenden.
³Der Ausschuss berücksichtigt bei seiner Tätigkeit insbesondere die Potenziale für innovative Produkte und Verfahren im Bereich des gesetzlichen Messwesens.

(2) ¹Die Physikalisch-Technische Bundesanstalt kann die Fundstellen der vom Ausschuss nach Absatz 1 ermittelten technischen Regeln und Erkenntnisse im Bundesanzeiger bekannt machen. ²Die Dokumente, auf die Bezug genommen wird, müssen in deutscher Sprache verfügbar sein.

(3) ¹Ist die nach Landesrecht zuständige Behörde der Auffassung, dass eine nach Absatz 1 ermittelte und nach Absatz 2 veröffentlichte Regel, technische Spezifikation oder sonstige Erkenntnis nicht zur Abdeckung der gesetzlichen Anforderungen geeignet ist, für die sie vom Ausschuss als geeignet ermittelt wurde, so informiert sie hierüber unter Angabe der Gründe die Physikalisch-Technische Bundesanstalt. ²Die Physikalisch-Technische Bundesanstalt überprüft die eingegangenen Meldungen auf Vollständigkeit und Schlüssigkeit; sie leitet die Meldungen dem Ausschuss zu.

(4) ¹Bestehen begründete Zweifel an der Eignung einer vom Ausschuss nach Absatz 1 ermittelten Regel, technischen Spezifikation oder sonstigen Erkenntnis, so überprüft der Ausschuss die Eignung für die vorgesehenen Zwecke. ²Hält er die Eignung nicht mehr für gegeben, so stellt er dies fest. ³Die Physikalisch-Technische Bundesanstalt veröffentlicht den Wortlaut der Feststellung im Bundesanzeiger. ⁴Die Sätze 2 und 3 sind entsprechend anzuwenden, soweit im Anwendungsbereich der ermittelten Regeln, technischen Spezifikationen oder sonstigen Erkenntnisse eine neue harmonisierte Norm oder ein neues normatives Dokument vorliegt.

(5) ¹Dem Ausschuss sollen sachverständige Institutionen und Verbände angehören, insbesondere
1. die Physikalisch-Technische Bundesanstalt,
2. zuständige Behörden der Länder,
3. Konformitätsbewertungsstellen,
4. nach § 40 Absatz 3 staatlich anerkannte Prüfstellen,
5. Wirtschaftsverbände, insbesondere solche, die Hersteller und Verwender von Messgeräten vertreten, und
6. Verbraucherverbände.

²Die Mitgliedschaft ist ehrenamtlich.

(6) ¹Das Bundesministerium für Wirtschaft und Energie beruft die Mitglieder des Ausschusses für die Dauer von drei Jahren. ²Den Vorsitz und die Geschäftsstelle führt die Physikalisch-Technische Bundesanstalt.

(7) Der Ausschuss gibt sich eine Geschäftsordnung, die der Zustimmung des Bundesministeriums für Wirtschaft und Energie bedarf.

§ 47 Metrologische Rückführung

(1) Konformitätsbewertungsstellen, zuständige Behörden und staatlich anerkannte Prüfstellen haben zur Sicherung der Einheitlichkeit des gesetzlichen Messwesens nachweisbar zu gewährleisten, dass die als Prüfmittel verwendeten Normale mit den bei der Physikalisch-Technischen Bundesanstalt aufbewahrten Normalen übereinstimmen (metrologische Rückführung).

(2) Die Physikalisch-Technische Bundesanstalt hat eine Prüfung der Normalgeräte und Prüfungshilfsmittel der in Absatz 1 genannten Stellen auf Antrag vorzunehmen, sofern eine metrologische Rückführung auf anderem Weg nicht möglich ist.

§ 48 Zuständigkeit für die Marktüberwachung und Zusammenarbeit

(1) ¹Die Überwachung der in Verkehr gebrachten Produkte (Marktüberwachung) obliegt den nach Landesrecht zuständigen Behörden, sofern in anderen bundesrechtlichen Regelungen keine abweichenden Festlegungen getroffen werden. ²Unbeschadet der gesetzlichen Vorschriften über die örtliche Zuständigkeit kann auch die Behörde, in deren Bezirk der Anlass für die Amtshandlung hervortritt, die für ihre

Aufgabenerfüllung erforderlichen Unterlagen und Informationen über Produkte nach den Vorschriften des § 52 Absatz 2, 4 und 5 anfordern.

(2) ¹Die Marktüberwachungsbehörden arbeiten mit den für die Kontrolle der Außengrenzen zuständigen Behörden gemäß Kapitel III Abschnitt 3 der Verordnung (EG) Nr. 765/2008 zusammen. ²Satz 1 ist entsprechend auch für solche Messgeräte anzuwenden, die nicht von der Verordnung (EG) Nr. 765/2008 erfasst sind. ³Im Rahmen dieser Zusammenarbeit können die Behörden, die für die Kontrolle der Außengrenzen zuständig sind, den Marktüberwachungsbehörden auf deren Ersuchen die Informationen übermitteln, die sie bei der Überführung von Produkten in den zollrechtlich freien Verkehr erlangt haben und die für die Aufgabenerfüllung der Marktüberwachungsbehörden erforderlich sind.

(3) Die Marktüberwachungsbehörden und die für die Kontrolle der Außengrenzen zuständigen Behörden schützen im Rahmen des geltenden Rechts Betriebsgeheimnisse und personenbezogene Daten.

§ 49 Marktüberwachungskonzept

(1) ¹Die Marktüberwachungsbehörden haben eine wirksame Marktüberwachung auf der Grundlage eines Marktüberwachungskonzepts zu gewährleisten. ²Das Marktüberwachungskonzept soll insbesondere umfassen:
1. die Erhebung und Auswertung von Informationen zur Ermittlung von Mängelschwerpunkten und Warenströmen,
2. die Aufstellung, regelmäßige Anpassung und Durchführung von Marktüberwachungsprogrammen, auf deren Grundlage die Produkte überprüft werden können.

³Die Marktüberwachungsbehörden überprüfen und bewerten regelmäßig, mindestens alle vier Jahre, die Wirksamkeit des Überwachungskonzepts.

(2) Die zuständigen obersten Landesbehörden stellen die Koordinierung der Marktüberwachung sowie die Entwicklung und Fortschreibung des Marktüberwachungskonzepts sicher.

(3) Die Länder stellen die Marktüberwachungsprogramme nach Absatz 1 Satz 2 Nummer 2 der Öffentlichkeit in nicht personenbezogener Form auf elektronischem Weg und gegebenenfalls in anderer Weise zur Verfügung.

§ 50 Marktüberwachungsmaßnahmen

(1) Die Marktüberwachungsbehörden kontrollieren anhand angemessener Stichproben auf geeignete Weise und in angemessenem Umfang, ob Messgeräte und sonstige Messgeräte die Anforderungen nach Abschnitt 2 und Fertigpackungen und andere Verkaufseinheiten die Anforderungen nach Abschnitt 4 erfüllen.

(2) ¹Die Marktüberwachungsbehörden treffen die erforderlichen Maßnahmen, wenn sie den begründeten Verdacht haben, dass die Produkte die genannten Anforderungen nicht erfüllen. ²Sie sind insbesondere befugt,

1. das Ausstellen eines Messgeräts zu untersagen, wenn die Anforderungen des § 10 nicht erfüllt sind,
2. Maßnahmen anzuordnen, die gewährleisten, dass ein Produkt erst dann auf dem Markt bereitgestellt wird, wenn es die Anforderungen nach diesem Gesetz erfüllt,
3. anzuordnen, dass ein Messgerät von einer anerkannten Konformitätsbewertungsstelle oder einer in gleicher Weise geeigneten Stelle überprüft wird,
4. die Bereitstellung eines Messgeräts auf dem Markt oder das Ausstellen eines Messgeräts für den Zeitraum zu verbieten, der für die Prüfung zwingend erforderlich ist,
5. zu verbieten, dass ein Produkt auf dem Markt bereitgestellt wird,
6. Maßnahmen zu ergreifen,
   a) die verhindern, dass ein Produkt, das sich in der Lieferkette befindet, auf dem Markt bereitgestellt wird (Rücknahme) oder
   b) die erwirken, dass ein dem Endverbraucher schon bereits bereitgestelltes Produkt zurückgegeben wird (Rückruf),
7. ein Produkt sicherzustellen, dieses Produkt zu vernichten, vernichten zu lassen oder auf andere Weise unbrauchbar zu machen oder unbrauchbar machen zu lassen,
8. anzuordnen, dass die Öffentlichkeit vor den Risiken gewarnt wird, die mit einem auf dem Markt bereitgestellten Produkt verbunden sind; warnt der Wirtschaftsakteur die Öffentlichkeit nicht oder nicht rechtzeitig oder trifft er eine andere ebenso wirksame Maßnahme nicht oder nicht rechtzeitig, kann die Marktüberwachungsbehörde selbst die Öffentlichkeit warnen.

(3) [1]Die Marktüberwachungsbehörde widerruft oder ändert eine Maßnahme nach Absatz 2, wenn der Wirtschaftsakteur nachweist, dass er wirksame Maßnahmen ergriffen hat. [2]Maßnahmen als Nebenfolge einer Ordnungswidrigkeit bleiben unberührt.

(4) Beschließt die Marktüberwachungsbehörde, ein Produkt, das in einem anderen Mitgliedstaat der Europäischen Union oder einem Vertragsstaat des Abkommens über den Europäischen Wirtschaftsraum, in der Schweiz oder der Türkei hergestellt wurde, vom Markt zu nehmen, das Inverkehrbringen oder die Inbetriebnahme des Produkts zu untersagen oder das Anbieten oder Ausstellen des Produkts am Verkaufsort zu untersagen, so setzt sie den betroffenen Wirtschaftsakteur hiervon in Kenntnis.

(5) [1]Werden die Marktüberwachungsbehörden von einer vorläufigen Marktüberwachungsmaßnahme eines anderen Mitgliedstaates der Europäischen Union oder eines Vertragsstaates des Abkommens über den Europäischen Wirtschaftsraum, der Schweiz oder der Türkei unterrichtet, prüfen sie innerhalb von drei Monaten, ob sie einen Einwand gegen diese Maßnahme erheben und begründen diesen gegebenenfalls. [2]Wird kein Einwand erhoben, so gilt die Maßnahme als gerechtfertigt und die Marktüberwachungsbehörden ergreifen unverzüglich geeignete Maßnahmen hinsichtlich des betreffenden Messgeräts.

(6) Die Marktüberwachungsbehörden informieren und unterstützen sich gegenseitig bei Marktüberwachungsmaßnahmen entsprechend den Absätzen 1 bis 3, und zwar in dem Umfang, der für die jeweilige Aufgabenerfüllung im Einzelfall erforderlich ist.

§ 51 Adressaten der Marktüberwachungsmaßnahmen

(1) ¹Die Maßnahmen der Marktüberwachungsbehörden sind gegen den jeweils betroffenen Wirtschaftsakteur gerichtet. ²Maßnahmen gegen jede andere Person sind, unbeschadet der Maßnahmen im Rahmen der Verwendungsüberwachung, nur zulässig, solange ein bestehendes ernstes Risiko nicht auf andere Weise abgewehrt werden kann.

(2) ¹Der nach Absatz 1 betroffene Wirtschaftsakteur ist vor Erlass einer Maßnahme nach § 50 Absatz 2 gemäß § 28 des Verwaltungsverfahrensgesetzes mit der Maßgabe anzuhören, dass die Anhörungsfrist nicht kürzer als zehn Tage sein darf. ²Wurde eine Maßnahme getroffen, ohne dass der Wirtschaftsakteur gehört wurde, wird ihm so schnell wie möglich Gelegenheit gegeben, sich zu äußern. ³Die Maßnahme wird daraufhin umgehend überprüft.

§ 52 Betretensrechte, Mitwirkungs- und Duldungspflichten bei der Marktüberwachung

(1) ¹Soweit es zur Erfüllung ihrer Aufgaben erforderlich ist, sind die Marktüberwachungsbehörden und ihre Beauftragten befugt, unbeschadet der Rechte aus Artikel 19 Absatz 1 der Verordnung (EG) Nr. 765/2008, zu den üblichen Betriebs- und Geschäftszeiten Grundstücke, Betriebs- oder Geschäftsräume zu betreten, in oder auf denen im Rahmen einer Geschäftstätigkeit Produkte im Sinne dieses Gesetzes
1. hergestellt werden,
2. zum Zweck der Bereitstellung auf dem Markt lagern,
3. angeboten werden,
4. ausgestellt sind oder
5. in Betrieb genommen werden.

²Sie sind befugt, die Produkte zu besichtigen, zu prüfen oder prüfen zu lassen sowie insbesondere zu Prüfzwecken in Betrieb nehmen zu lassen. ³Diese Besichtigungs- und Prüfbefugnis haben die Marktüberwachungsbehörden und ihre Beauftragten auch dann, wenn die Produkte in Seehäfen zum weiteren Transport bereitgestellt sind.

(2) ¹Die Marktüberwachungsbehörden und ihre Beauftragten können Proben entnehmen, Muster verlangen und die für ihre Aufgabenerfüllung erforderlichen Unterlagen und Informationen anfordern. ²Die Proben, Muster, Unterlagen und Informationen sind unentgeltlich zur Verfügung zu stellen. ³Ist die unentgeltliche Überlassung wirtschaftlich nicht zumutbar, ist auf Verlangen des Wirtschaftsakteurs eine angemessene Entschädigung zu leisten.

(3) Die Rechte nach den Absätzen 1 und 2 stehen Beauftragten nur zu, sofern sie nicht direkt oder indirekt
1. mit Herstellung, Handel, Leasing, Wartung oder Reparatur von Messgeräten oder gewerblich mit deren Verwenden befasst sind oder
2. mit Anbietern solcher Leistungen unternehmerisch verbunden sind.

(4) ¹Die Marktüberwachungsbehörden können von Konformitätsbewertungsstellen nach den §§ 13 und 14 Absatz 1 sowie von deren mit der Leitung und der Durchführung

der Fachaufgaben beauftragtem Personal die Auskünfte und Unterlagen verlangen, die zur Erfüllung ihrer Aufgaben erforderlich sind. ²Werden sie nach Satz 1 tätig, haben sie die anerkennende Stelle zu informieren.

(5) ¹Der betroffene Wirtschaftsakteur hat die Maßnahmen nach den Absätzen 1 und 2 zu dulden und die Marktüberwachungsbehörden sowie deren Beauftragte zu unterstützen, insbesondere ihnen auf Verlangen Räume und Unterlagen zu bezeichnen sowie Räume und Behältnisse zu öffnen. ²Er hat auf Verlangen Informationen über diejenigen vorzulegen, von denen er in den letzten zehn Jahren Messgeräte bezogen oder an die er Messgeräte abgegeben hat. ³Er ist verpflichtet, den Marktüberwachungsbehörden auf Verlangen die Auskünfte zu erteilen, die zur Erfüllung ihrer Aufgaben erforderlich sind. ⁴Er kann die Auskunft über Fragen verweigern, deren Beantwortung den Verpflichteten oder einen seiner in § 383 Absatz 1 Nummer 1 bis 3 der Zivilprozessordnung bezeichneten Angehörigen der Gefahr aussetzen würde, wegen einer Straftat oder Ordnungswidrigkeit verfolgt zu werden. ⁵Er ist über sein Recht zur Auskunftsverweigerung zu belehren.

§ 53 Meldeverfahren, Verordnungsermächtigung

(1) ¹Trifft die Marktüberwachungsbehörde eine Maßnahme, durch die die Bereitstellung eines Messgeräts auf dem Markt untersagt oder eingeschränkt oder seine Rücknahme oder sein Rückruf angeordnet wird, so informiert sie hierüber unter Angabe der Gründe die übrigen Marktüberwachungsbehörden. ²Sie informiert ferner die Konformitätsbewertungsstelle und die anerkennende Stelle über die von ihr getroffene Maßnahme.

(2) Trifft die Marktüberwachungsbehörde eine Maßnahme, die sich auf ein Messgerät bezieht, das in Rechtsvorschriften der Europäischen Union geregelt ist, informiert sie zugleich die Europäische Kommission und die übrigen Mitgliedstaaten der Europäischen Union, wenn der Anlass für die Maßnahme außerhalb des Geltungsbereichs dieses Gesetzes liegt oder die Auswirkungen der Maßnahme über den Geltungsbereich dieses Gesetzes hinausreichen.

(3) ¹Für den Informationsaustausch sind so weit wie möglich elektronische Kommunikationsmittel zu benutzen. ²Die Bundesregierung wird ermächtigt, durch Rechtsverordnung mit Zustimmung des Bundesrates die näheren Einzelheiten des Meldeverfahrens zu regeln, insbesondere die Einzelheiten zur Nutzung bestimmter elektronischer Kommunikationswege.

§ 54 Grundsätze der Verwendungsüberwachung

(1) ¹Die zuständigen Behörden kontrollieren anhand angemessener Stichproben auf geeignete Weise und in angemessenem Umfang, ob beim Verwenden von Messgeräten und Messwerten die Vorschriften des Abschnitts 3 beachtet sind (Verwendungsüberwachung). ²Die zuständigen Behörden überwachen insbesondere
1. das ordnungsgemäße Aufstellen und die Eignung des Messgeräts für den vorgesehenen Verwendungszweck,

2. das ordnungsgemäße Verwenden des Messgeräts entsprechend den Angaben des Herstellers und das Verwenden des ordnungsgemäßen Zubehörs sowie das Vorhandensein der Gebrauchsanleitung und der vorgeschriebenen Dokumente,
3. die ordnungsgemäße Kennzeichnung und Sicherung des Messgeräts,
4. nachträgliche Veränderungen am Messgerät, einschließlich solcher durch elektronische Maßnahmen,
5. das ordnungsgemäße Anzeigen des Messergebnisses und dessen ordnungsgemäße Speicherung, Weitergabe und das Verwenden,
6. die verwendete Software.

(2) Die Behörden verbinden die Aufgabe der Verwendungsüberwachung, soweit möglich, mit der Durchführung von Eichungen nach § 37.

(3) ¹Die Behörden haben eine wirksame Überwachung auf der Grundlage eines Verwendungsüberwachungskonzepts zu gewährleisten. ²Die Regelungen des § 49 sind für die Zwecke der Verwendungsüberwachung entsprechend anzuwenden.

§ 55 Maßnahmen der Verwendungsüberwachung

(1) ¹Die Behörden treffen die erforderlichen Maßnahmen, wenn sie den begründeten Verdacht haben, dass Messgeräte nicht entsprechend den Anforderungen des Abschnitts 3 verwendet werden. ²Sie sind insbesondere befugt,
1. ein Messgerät zu prüfen,
2. ein Messgerät für den Zeitraum stillzulegen, der für die Prüfung zwingend erforderlich ist,
3. anzuordnen, dass ein Messgerät von einer anerkannten Konformitätsbewertungsstelle oder einer in gleicher Weise geeigneten Stelle überprüft wird,
4. das Verwenden eines Messgeräts zu untersagen,
5. ein Messgerät sicherzustellen, zu vernichten, vernichten zu lassen oder auf andere Weise unbrauchbar zu machen; dies ist auch für Gegenstände oder Software zur Beeinflussung der Funktionsweise von Messgeräten anzuwenden,
6. anzuordnen, dass die Öffentlichkeit vor den Gefahren gewarnt wird, die mit einem Messgerät verbunden sind, dessen Verwenden den Vorschriften des Abschnitts 3 nicht entspricht; warnt der Verpflichtete die Öffentlichkeit nicht oder nicht rechtzeitig oder trifft er eine andere ebenso wirksame Maßnahme nicht oder nicht rechtzeitig, kann die zuständige Behörde selbst die Öffentlichkeit warnen.

(2) ¹Die Behörde widerruft oder ändert eine Maßnahme nach Absatz 1, wenn der Verpflichtete nachweist, dass er wirksame Maßnahmen ergriffen hat. ²Maßnahmen als Nebenfolge einer Ordnungswidrigkeit bleiben unberührt.

§ 56 Betretensrechte, Mitwirkungs- und Duldungspflichten bei der Verwendungsüberwachung

(1) ¹Soweit es zum Zweck der Verwendungsüberwachung erforderlich ist, sind die Behörden und ihre Beauftragten befugt, zu den üblichen Betriebs- und Geschäftszeiten Grundstücke, Betriebs- oder Geschäftsräume zu betreten, in oder auf denen

Messgeräte verwendet werden. ²Das Betreten von Wohnräumen ist zulässig, soweit dies zur Verhütung dringender Gefahren für die öffentliche Sicherheit und Ordnung erforderlich ist; das Grundrecht der Unverletzlichkeit der Wohnung gemäß Artikel 13 des Grundgesetzes wird insoweit eingeschränkt. ³Die Behörden und ihre Beauftragten sind befugt, Messgeräte zu besichtigen, zu prüfen oder prüfen zu lassen sowie insbesondere zu diesem Zweck in Betrieb nehmen zu lassen.

(2) Die Rechte nach Absatz 1 stehen Beauftragten nur zu, sofern sie nicht direkt oder indirekt
1. mit Herstellung, Handel, Leasing, Wartung oder Reparatur von Messgeräten oder gewerblich mit deren Verwenden befasst sind oder
2. mit Anbietern solcher Leistungen unternehmerisch verbunden sind.

(3) ¹Der betroffene Verwender oder derjenige, in dessen Räumlichkeiten Messgeräte verwendet werden, hat die Maßnahmen nach Absatz 1 zu dulden und die Behörden sowie deren Beauftragte zu unterstützen, insbesondere ihnen auf Verlangen Räume und Unterlagen zu bezeichnen sowie Räume und Behältnisse zu öffnen. ²Der betroffene Verwender ist verpflichtet, den Behörden auf Verlangen die Auskünfte zu erteilen, die zur Erfüllung ihrer Aufgaben erforderlich sind. ³Er hat die von ihm aufzubewahrenden Dokumente auf Verlangen vorzulegen. ⁴Befinden sich Unterlagen zum ordnungsgemäßen Betrieb eines Messgeräts im Besitz eines Dritten, ist auch dieser auf Verlangen der zuständigen Behörden und ihrer Beauftragten zur Vorlage dieser Unterlagen verpflichtet, soweit dies zum Zwecke der Verwendungsüberwachung erforderlich ist; liegen die Unterlagen dem Dritten nur in elektronischer Form vor, genügt eine Vorlage in elektronischer Form. ⁵§ 52 Absatz 5 Satz 4 und 5 ist auf die Verpflichteten nach Satz 1 bis 4 entsprechend anzuwenden.

§ 57 Zuständigkeit und Maßnahmen im Rahmen der Aufsicht über staatlich anerkannte Prüfstellen

(1) Die Aufsicht über die staatlich anerkannten Prüfstellen führen die nach § 40 Absatz 1 zuständigen Behörden.

(2) ¹Die zuständigen Behörden stellen durch angemessene Aufsichtsmaßnahmen sicher, dass die staatlich anerkannten Prüfstellen die Verpflichtungen beachten, die sie nach diesem Gesetz oder den hierauf erlassenen Rechtsverordnungen haben, und ihre Aufgaben in angemessener Weise ausführen. ²Die zuständigen Behörden können hierzu
1. rechtswidrige Maßnahmen beanstanden sowie entsprechende Abhilfe verlangen,
2. Weisungen zur Art und Weise der Prüftätigkeiten erteilen,
3. anordnen, dass die Öffentlichkeit vor den Risiken gewarnt wird, die mit einem Messgerät verbunden sind, das von einer staatlich anerkannten Prüfstelle entgegen den ihr obliegenden Verpflichtungen geeicht oder sonst geprüft wurde; warnt die verpflichtete Prüfstelle die Öffentlichkeit nicht oder nicht rechtzeitig oder trifft sie eine andere ebenso wirksame Maßnahme nicht oder nicht rechtzeitig, kann die zuständige Behörde selbst die Öffentlichkeit warnen.

³Kommt eine staatlich anerkannte Prüfstelle einer Weisung nicht oder nicht fristgerecht nach, kann die zuständige Behörde die erforderlichen Maßnahmen an Stelle und auf Kosten der Prüfstelle selbst durchführen oder durch einen anderen durchführen lassen.

§ 58 Betretensrechte, Mitwirkungs- und Duldungspflichten bei der Überwachung staatlich anerkannter Prüfstellen

(1) ¹Soweit es zur Aufsicht erforderlich ist, sind die Behörden und ihre Beauftragten befugt, zu den üblichen Betriebs- und Geschäftszeiten Grundstücke, Geschäftsräume oder Betriebsgrundstücke zu betreten, auf oder in denen Prüfstellen ansässig sind. ²Die Behörden oder ihre Beauftragten können Prüfungen und Untersuchungen durchführen und Einsicht in geschäftliche Unterlagen der Prüfstelle nehmen.

(2) Die Rechte nach Absatz 1 stehen Beauftragten nur zu, sofern sie nicht direkt oder indirekt
1. mit Herstellung, Handel, Leasing, Wartung oder Reparatur von Messgeräten oder gewerblich mit deren Verwenden befasst sind oder
2. mit Anbietern solcher Leistungen unternehmerisch verbunden sind.

(3) ¹Die Mitarbeiter der Prüfstelle sowie Personen, in deren Herrschaftsbereich die Prüfstelle ansässig ist, haben die Maßnahmen entsprechend den Absätzen 1 und 2 zu dulden. ²Die Mitarbeiter der Prüfstelle haben die Behörden sowie deren Beauftragte zu unterstützen. ³Der Leiter der Prüfstelle und sein Vertreter sind verpflichtet, den Behörden auf Verlangen die Auskünfte zu erteilen, die zur Erfüllung ihrer Aufgaben erforderlich sind. ⁴Der Leiter der Prüfstelle und sein Vertreter haben die von ihnen aufzubewahrenden Dokumente auf Verlangen vorzulegen. ⁵§ 52 Absatz 5 Satz 4 und 5 ist entsprechend anzuwenden.

§ 59 Gebühren und Auslagen der Landesbehörden, Verordnungsermächtigung

(1) ¹Für individuell zurechenbare öffentliche Leistungen nach diesem Gesetz und den auf diesem Gesetz beruhenden Rechtsverordnungen erheben die Landesbehörden Gebühren und Auslagen nach den Absätzen 2 und 3. ²Für Prüfungen und Untersuchungen werden keine Gebühren und Auslagen erhoben, wenn die Prüfung und Untersuchung
1. nach § 52 ergibt, dass ein Messgerät den Bestimmungen dieses Gesetzes und der hierauf erlassenen Rechtsverordnungen entspricht,
2. nach § 56 ergibt, dass ein Messgerät entsprechend den Bestimmungen dieses Gesetzes und der hierauf erlassenen Rechtsverordnungen verwendet wurde.

³Ergibt eine Befundprüfung nach § 39, dass ein Messgerät die Verkehrsfehlergrenze nicht einhält oder den sonstigen wesentlichen Anforderungen nach § 6 Absatz 2 nicht entspricht, sind die Gebühren und Auslagen von demjenigen zu tragen, der das Messgerät verwendet, in den übrigen Fällen von demjenigen, der die Befundprüfung beantragt hatte.

(2) ¹Die Gebühr soll die mit der individuell zurechenbaren öffentlichen Leistung verbundenen Kosten aller an der Leistung Beteiligten decken. ²In die Gebühr sind die mit der Leistung regelmäßig verbundenen Auslagen einzubeziehen. ³Zur Ermittlung der Gebühr sind die Kosten, die nach betriebswirtschaftlichen Grundsätzen als Einzel- und Gemeinkosten zurechenbar und ansatzfähig sind, insbesondere Personal- und Sachkosten sowie kalkulatorische Kosten, zu Grunde zu legen. ⁴Zu den Gemeinkosten zählen auch die Kosten der Rechts- und Fachaufsicht. ⁵Grundlage der Gebührenermittlung nach den Sätzen 1 bis 4 sind die in der Gesamtheit der Länder mit der jeweiligen Leistung verbundenen Kosten. ⁶§ 9 Absatz 3 des Bundesgebührengesetzes ist entsprechend anzuwenden.

(3) ¹Das Bundesministerium für Wirtschaft und Energie wird ermächtigt, für den Bereich der Landesverwaltung durch Rechtsverordnung mit Zustimmung des Bundesrates die gebührenpflichtigen Tatbestände, die Gebührenhöhe und die Auslagenerstattung näher zu bestimmen und dabei Fest-, Zeit- oder Rahmengebühren vorzusehen. ²In der Rechtsverordnung kann aus Gründen des öffentlichen Interesses oder der Billigkeit eine Gebührenbefreiung oder -ermäßigung bestimmt werden. ³Ferner kann bestimmt werden, dass die für eine Eichung im Sinne des § 37 zulässige Gebühr auch erhoben werden darf, wenn die individuell zurechenbare öffentliche Leistung aus Gründen, die der Betroffene zu vertreten hat, nicht am festgesetzten Termin stattfinden konnte.

§ 60 Bußgeldvorschriften

(1) Ordnungswidrig handelt, wer vorsätzlich oder fahrlässig
1. entgegen § 6 Absatz 1 in Verbindung mit einer Rechtsverordnung nach § 30 Nummer 1, 3 oder Nummer 4 ein Messgerät in Verkehr bringt,
2. entgegen § 9 in Verbindung mit einer Rechtsverordnung nach § 30 Nummer 4 ein sonstiges Messgerät in Verkehr bringt,
3. entgegen § 10 ein Messgerät ausstellt,
4. ohne Anerkennung nach § 13 Absatz 1 Satz 1 ein Messgerät bewertet,
5. entgegen § 23 Absatz 3 Satz 4, auch in Verbindung mit § 24 Absatz 2 Satz 2 Nummer 1, eine dort genannte Unterlage oder die Konformitätserklärung nicht oder nicht mindestens zehn Jahre aufbewahrt oder nicht oder nicht mindestens zehn Jahre bereithält,
6. entgegen § 23 Absatz 4 in Verbindung mit einer Rechtsverordnung nach § 30 Nummer 2, jeweils auch in Verbindung mit § 24 Absatz 2 Satz 1, dem Messgerät eine Information nicht, nicht richtig, nicht vollständig oder nicht rechtzeitig beifügt,
7. entgegen § 23 Absatz 5 Satz 2, auch in Verbindung mit § 24 Absatz 2 Satz 1 oder § 25 Absatz 5 Satz 1, ein dort genanntes Verzeichnis nicht, nicht richtig oder nicht vollständig führt,
8. entgegen § 23 Absatz 6 Satz 3, auch in Verbindung mit § 24 Absatz 2 Satz 1 oder § 25 Absatz 5, die zuständige Behörde oder den Hersteller nicht, nicht richtig oder nicht rechtzeitig informiert,

9. entgegen § 25 Absatz 2 Nummer 3 in Verbindung mit einer Rechtsverordnung nach § 30 Nummer 2 nicht sicherstellt, dass dem Messgerät eine Information beigefügt ist,
10. entgegen § 25 Absatz 4 Satz 1 eine Kopie der Konformitätserklärung nicht oder nicht mindestens zehn Jahre bereithält,
11. entgegen § 25 Absatz 4 Satz 2 eine dort genannte Unterlage nicht, nicht richtig, nicht vollständig oder nicht rechtzeitig vorlegt,
12. entgegen
    a) § 26 Absatz 1 Satz 1 Nummer 1, auch in Verbindung mit Satz 2, oder
    b) § 26 Absatz 1 Satz 1 Nummer 2 in Verbindung mit einer Rechtsverordnung nach § 30 Nummer 2
    nicht sicherstellt, dass ein Messgerät oder ein sonstiges Messgerät nur unter den dort genannten Voraussetzungen auf dem Markt bereitgestellt oder für eigene Zwecke in Betrieb genommen wird,
13. entgegen § 26 Absatz 2 Satz 2 oder Absatz 3 Satz 3 eine Information nicht, nicht richtig oder nicht rechtzeitig gibt,
14. entgegen § 31 Absatz 1 Satz 1 ein Messgerät oder ein sonstiges Messgerät verwendet,
15. entgegen § 31 Absatz 2 Nummer 1 in Verbindung mit einer Rechtsverordnung nach § 41 Nummer 1 nicht sicherstellt, dass die wesentlichen Anforderungen erfüllt sind,
16. entgegen § 31 Absatz 2 Nummer 2 in Verbindung mit einer Rechtsverordnung nach § 41 Nummer 3 nicht sicherstellt, dass die dort genannten Vorschriften beachtet werden,
17. entgegen § 31 Absatz 2 Nummer 4 in Verbindung mit einer Rechtsverordnung nach § 41 Nummer 1 nicht sicherstellt, dass die dort genannten Nachweise aufbewahrt werden,
18. entgegen § 32 Absatz 1 Satz 1 eine Anzeige nicht, nicht richtig, nicht vollständig oder nicht rechtzeitig erstattet,
19. entgegen § 33 Absatz 1 Satz 1 einen dort genannten Wert angibt oder verwendet,
20. entgegen § 33 Absatz 3 Nummer 1 nicht dafür sorgt, dass eine Rechnung nachvollzogen werden kann,
21. entgegen § 43 Absatz 1 in Verbindung mit einer Rechtsverordnung nach § 44 Absatz 1 Nummer 1, 2, 6, 7 oder Nummer 9 eine Fertigpackung herstellt, in den Geltungsbereich des Gesetzes verbringt, in den Verkehr bringt oder sonst auf dem Markt bereitstellt,
22. entgegen § 43 Absatz 2 in Verbindung mit einer Rechtsverordnung nach § 44 Absatz 1 Nummer 11 eine Fertigpackung herstellt, in den Geltungsbereich des Gesetzes verbringt, in Verkehr bringt oder sonst auf dem Markt bereitstellt,
23. einer vollziehbaren Anordnung nach § 50 Absatz 2 Satz 2 Nummer 1 bis 6 oder Nummer 8 oder § 55 Absatz 1 Satz 2 Nummer 3, 4 oder Nummer 6 zuwiderhandelt,
24. entgegen § 52 Absatz 5 Satz 1 oder § 56 Absatz 3 Satz 1 eine Maßnahme nicht duldet oder eine zuständige Behörde oder einen Beauftragten nicht unterstützt,

25. entgegen § 52 Absatz 5 Satz 3 oder § 56 Absatz 3 Satz 2 eine Auskunft nicht, nicht richtig, nicht vollständig oder nicht rechtzeitig erteilt,
26. einer Rechtsverordnung nach § 41 Nummer 4, 6, 7, 8 oder Nummer 10 oder § 44 Absatz 2 in Verbindung mit § 44 Absatz 1 Nummer 1, 2, 6, 7, 9 oder Nummer 11 oder einer vollziehbaren Anordnung auf Grund einer solchen Rechtsverordnung zuwiderhandelt, soweit die Rechtsverordnung für einen bestimmten Tatbestand auf diese Bußgeldvorschrift verweist oder
27. einer unmittelbar geltenden Vorschrift in Rechtsakten der Europäischen Union zuwiderhandelt, die inhaltlich
    a) einem in Nummer 21 oder Nummer 22 genannten Verbot entspricht oder
    b) einer Regelung entspricht, zu der die in Nummer 21 oder Nummer 22 genannten Vorschriften ermächtigen,

soweit eine Rechtsverordnung nach Absatz 4 für einen bestimmten Tatbestand auf diese Bußgeldvorschrift verweist.

(2) Die Ordnungswidrigkeit kann in den Fällen des Absatzes 1 Nummer 1, 14, 15, 19, 21 und 22 mit einer Geldbuße bis zu fünfzigtausend Euro, in den Fällen des Absatzes 1 Nummer 18 mit einer Geldbuße bis zu zehntausend Euro und in den übrigen Fällen mit einer Geldbuße bis zu zwanzigtausend Euro geahndet werden.

(3) Verwaltungsbehörde im Sinne des § 36 Absatz 1 Nummer 1 des Gesetzes über Ordnungswidrigkeiten ist in den Fällen des Absatzes 1 Nummer 4 die nach § 11 Absatz 1 Satz 1 oder Satz 2 anerkennende Stelle.

(4) Das Bundesministerium für Wirtschaft und Energie wird ermächtigt, soweit dies zur Durchsetzung der Rechtsakte der Europäischen Union erforderlich ist, durch Rechtsverordnung mit Zustimmung des Bundesrates die Tatbestände zu bezeichnen, die als Ordnungswidrigkeit nach Absatz 1 Nummer 27 geahndet werden können.

§ 61 Einziehung

Ist eine Ordnungswidrigkeit nach § 60 Absatz 1 begangen worden, so können Gegenstände, die zu ihrer Begehung oder Vorbereitung gebraucht worden oder bestimmt gewesen sind, und Gegenstände, auf die sich die Ordnungswidrigkeit bezieht, eingezogen werden. § 23 des Gesetzes über Ordnungswidrigkeiten ist anzuwenden.

§ 62 Übergangsvorschriften

(1) Messgeräte, die bis zum 31. Dezember 2014 nach den §§ 28a, 30 der Eichordnung vom 12. August 1988 (BGBl. I S. 1657), die zuletzt durch Artikel 1 der Verordnung vom 6. Juni 2011 (BGBl. I S. 1035) geändert worden ist, in der bis zum 31. Dezember 2014 geltenden Fassung erstgeeicht worden sind, können in Verkehr gebracht, in Betrieb genommen und verwendet werden.

(2) ¹Bei Messgeräten, deren Bauart bis zum 31. Dezember 2014 nach § 16 der Eichordnung in der bis dahin geltenden Fassung zugelassen worden ist, wird vorbehaltlich des Satzes 2 bis zum Ende der Wirksamkeit der Zulassung, spätestens bis

zum 31. Dezember 2024 unwiderleglich davon ausgegangen, dass die Bauart die für diese Messgeräte geltenden wesentlichen Anforderungen des § 6 Absatz 2 einhält. ²Bei Messgeräten im Sinne der Richtlinie 2004/22/EG des Europäischen Parlaments und des Rates vom 31. März 2004 über Messgeräte (ABl. L 135 vom 30.4.2004, S. 1), deren Bauart bis zum 31. Dezember 2014 nach § 16 der Eichordnung in der bis dahin geltenden Fassung zugelassen worden ist, wird bis zum Ende der Wirksamkeit der Zulassung, spätestens bis zum 30. Oktober 2016 unwiderleglich davon ausgegangen, dass die Bauart die für diese Messgeräte geltenden wesentlichen Anforderungen des § 6 Absatz 2 einhält.

(3) Anerkennungen von Stellen zur Durchführung von Konformitätsbewertungsverfahren, die bis zum 1. August 2013 nach den §§ 7g oder 7n der Eichordnung in der bis zum 1. August 2013 geltenden Fassung erteilt worden sind, behalten ihre Gültigkeit bis längstens zum 31. Dezember 2016; § 43 Absatz 2 des Verwaltungsverfahrensgesetzes bleibt unberührt.

(4) Anerkennungen von Prüfstellen zur Eichung von Messgeräten für Elektrizität, Gas, Wasser oder Wärme, die bis zum 31. Dezember 2014 nach § 49 der Eichordnung in der bis dahin geltenden Fassung erteilt worden sind, behalten ihre Gültigkeit bis längstens zum 31. Dezember 2016; § 43 Absatz 2 des Verwaltungsverfahrensgesetzes bleibt unberührt.

**Verordnung über das Inverkehrbringen und die Bereitstellung von Messgeräten auf dem Markt sowie über ihre Verwendung und Eichung
(Mess- und Eichverordnung – MessEV)***

Vom 11. Dezember 2014 (BGBl. I S. 2010)[1]
Zuletzt geändert durch Artikel 3 der Verordnung vom 30. April 2019 (BGBl. I S. 579)

§§ 1–6, Abschnitt 1 - Anwendungsbereich, Ausnahmen, Begriffsbestimmungen

§ 1 Anwendungsbereich für Messgeräte und Teilgeräte

(1) Das Mess- und Eichgesetz vom 25. Juli 2013 (BGBl. I S. 2722) in der jeweils geltenden Fassung und diese Verordnung sind auf Messgeräte anzuwenden, die zu den in Absatz 2 und Absatz 3 genannten Zwecken verwendet werden sollen, und die zumindest eine der folgenden Messgrößen bestimmen sollen:

---

* Diese Verordnung dient der Umsetzung
    1. der Richtlinie 71/317/EWG des Rates vom 26. Juli 1971 zur Angleichung der Rechtsvorschriften der Mitgliedstaaten über Blockgewichte der mittleren Fehlergrenzenklasse von 5 bis 50 Kilogramm und über zylindrische Gewichtsstücke der mittleren Fehlergrenzenklasse von 1 Gramm bis 10 Kilogramm (ABl. L 202 vom 6.9.1971, S. 14), die durch Artikel 3 der

1. Länge oder Kombinationen von Längen zur Längen- oder Flächenbestimmung,
2. Masse,
3. Temperatur,
4. Druck,
5. Volumen,
6. Messgrößen bei der Lieferung von Elektrizität,
7. Wärmemenge (Wärme und Kälte in Kreislaufsystemen)

Richtlinie 2011/17/EU vom 9. März 2011 (ABl. L 71 vom 18.3.2011, S. 1) mit Wirkung vom 1. Dezember 2015 aufgehoben wird,
2. der Richtlinie 71/347/EWG des Rates vom 12. Oktober 1971 zur Angleichung der Rechtsvorschriften der Mitgliedstaaten über die Messung der Schüttdichte von Getreide (ABl. L 239 vom 25.10.1971, S. 1), die durch die Richtlinie 2006/96/EG des Rates vom 20. November 2006 zur Anpassung bestimmter Richtlinien im Bereich freier Warenverkehr anlässlich des Beitritts Bulgariens und Rumäniens (ABl. L 363 vom 20.12.2006, S. 81) geändert worden ist und die durch Artikel 2 der Richtlinie 2011/17/EU vom 9. März 2011 (ABl. L 71 vom 18.3.2011, S. 1) mit Wirkung vom 1. Dezember 2015 aufgehoben wird,
3. der Richtlinie 74/148/EWG des Rates vom 4. März 1974 zur Angleichung der Rechtsvorschriften der Mitgliedstaaten über Wägestücke von 1 mg bis 50 kg von höheren Genauigkeitsklassen als der mittleren Genauigkeit (ABl. L 84 vom 28.3.1974, S. 3), die durch Artikel 3 der Richtlinie 2011/17/EU vom 9. März 2011 (ABl. L 71 vom 18.3.2011, S. 1) mit Wirkung vom 1. Dezember 2015 aufgehoben wird,
4. der Richtlinie 75/33/EWG des Rates vom 17. Dezember 1974 zur Angleichung der Rechtsvorschriften der Mitgliedstaaten über Kaltwasserzähler (ABl. L 14 vom 20.1.1975, S. 1), die durch Artikel 22 der Richtlinie 2004/22/EG des Europäischen Parlaments und des Rates vom 31. März 2004 über Messgeräte (ABl. L 135 vom 30.4.2004, S. 1) geändert worden ist und die durch Artikel 2 der Richtlinie 2011/17/EU vom 9. März 2011 (ABl. L 71 vom 18.3.2011, S. 1) mit Wirkung vom 1. Dezember 2015 aufgehoben wird,
5. der Richtlinie 76/765/EWG des Rates vom 27. Juli 1976 zur Angleichung der Rechtsvorschriften der Mitgliedstaaten über Alkoholometer und Aräometer für Alkohol (ABl. L 262 vom 27.9.1976, S. 143), die durch die Richtlinie 82/624/EWG der Kommission vom 1. Juli 1982 (ABl. L 252 vom 27.8.1982, S. 8) geändert worden ist und die durch Artikel 2 der Richtlinie 2011/17/EU vom 9. März 2011 (ABl. L 71 vom 18.3.2011, S. 1) mit Wirkung vom 1. Dezember 2015 aufgehoben wird,
6. der Richtlinie 76/766/EWG des Rates vom 27. Juli 1976 zur Angleichung der Rechtsvorschriften der Mitgliedstaaten über Alkoholtafeln (ABl. L 262 vom 27.9.1976, S. 149), die durch Artikel 2 der Richtlinie 2011/17/EU vom 9. März 2011 (ABl. L 71 vom 18.3.2011, S. 1) mit Wirkung vom 1. Dezember 2015 aufgehoben wird,
7. der Richtlinie 86/217/EWG des Rates vom 26. Mai 1986 zur Angleichung der Rechtsvorschriften der Mitgliedstaaten über Luftdruckmessgeräte für Kraftfahrzeugreifen (ABl. L 152 vom 6.6.1986, S. 48), die durch Artikel 2 der Richtlinie 2011/17/EU vom 9. März 2011 (ABl. L 71 vom 18.3.2011, S. 1) mit Wirkung vom 1. Dezember 2015 aufgehoben wird,
8. der Richtlinie 2004/22/EG des Europäischen Parlaments und des Rates vom 31. März 2004 über Messgeräte (ABl. L 135 vom 30.4.2004, S. 1), die zuletzt durch Artikel 26 Absatz 1 Buchstabe g der Verordnung (EU) Nr. 1025/2012 des Europäischen Parlaments und

des Rates vom 25. Oktober 2012 zur europäischen Normung, zur Änderung der Richtlinien 89/686/EWG und 93/15/EWG des Rates sowie der Richtlinien 94/9/EG, 94/25/EG, 95/16/EG, 97/23/EG, 98/34/EG, 2004/22/EG, 2007/23/EG, 2009/23/EG und 2009/105/EG des Europäischen Parlaments und des Rates und zur Aufhebung des Beschlusses 87/95/EWG des Rates und des Beschlusses Nr. 1673/2006/EG des Europäischen Parlaments und des Rates (ABl. L 316 vom 14.11.2012, S. 12) geändert worden ist und die durch Artikel 52 der Richtlinie 2014/32/EU des Europäischen Parlaments und des Rates vom 26. Februar 2014 zur Harmonisierung der Rechtsvorschriften der Mitgliedstaaten über die Bereitstellung von Messgeräten auf dem Markt (ABl. L 96 vom 29.3.2014, S. 149) mit Wirkung vom 20. April 2016 aufgehoben wird,

9. der Richtlinie 2009/23/EG des Europäischen Parlaments und des Rates vom 23. April 2009 über nichtselbsttätige Waagen (ABl. L 122 vom 16.5.2009, S. 6), die durch Artikel 26 Absatz 1 Buchstabe i der Verordnung (EU) Nr. 1025/2012 (ABl. L 316 vom 14.11.2012, S. 12) geändert worden ist und die durch Artikel 45 der Richtlinie 2014/31/EU des Europäischen Parlaments und des Rates vom 26. Februar 2014 zur Angleichung der Rechtsvorschriften der Mitgliedstaaten über die Bereitstellung nichtselbsttätiger Waagen auf dem Markt (ABl. L 96 vom 29.3.2014, S. 107) mit Wirkung vom 20. April 2016 aufgehoben wird,

10. der Richtlinie 2009/34/EG des Europäischen Parlaments und des Rates vom 23. April 2009 betreffend gemeinsame Vorschriften über Messgeräte sowie über Mess- und Prüfverfahren (ABl. L 106 vom 28.4.2009, S. 7),

11. der Richtlinie 2011/17/EG des Europäischen Parlaments und des Rates vom 9. März 2011 zur Aufhebung der Richtlinien 71/317/EWG, 71/347/EWG, 71/349/EWG, 74/148/EWG, 75/33/EWG, 76/765/EWG, 76/766/EWG und 86/217/EWG des Rates über das Messwesen (ABl. L 71 vom 18.3.2011, S. 1),

12. der Richtlinie 2014/31/EU des Europäischen Parlaments und des Rates vom 26. Februar 2014 zur Angleichung der Rechtsvorschriften der Mitgliedstaaten betreffend die Bereitstellung nichtselbsttätiger Waagen auf dem Markt (ABl. L 96 vom 29.3.2014, S. 107),

13. der Richtlinie 2014/32/EU des Europäischen Parlaments und des Rates vom 26. Februar 2014 zur Harmonisierung der Rechtsvorschriften der Mitgliedstaaten über die Bereitstellung von Messgeräten auf dem Markt (ABl. L 96 vom 29.3.2014, S. 149).

Notifiziert gemäß der Richtlinie 98/34/EG des Europäischen Parlaments und des Rates vom 22. Juni 1998 über ein Informationsverfahren auf dem Gebiet der Normen und technischen Vorschriften und der Vorschriften für die Dienste der Informationsgesellschaft (ABl. L 204 vom 21.07.1998, S. 37), zuletzt geändert durch Artikel 26 Absatz 2 der Verordnung (EU) Nr. 1025/2012 des Europäischen Parlaments und des Rates vom 25. Oktober 2012 (ABl. L 316 vom 14.11.2012, S. 12).

[1] Red. Anm.: Artikel 1 der Verordnung zur Neuregelung des gesetzlichen Messwesens und zur Anpassung an europäische Rechtsprechung vom 11. Dezember 2014 (BGBl. I S. 2010)

8. Dichte oder Massenanteil oder Massenkonzentration oder Volumenkonzentration von Flüssigkeiten,
9. Dichte oder Massenanteil oder Massenkonzentration oder Volumenkonzentration von anderen Medien als Flüssigkeiten, sofern dadurch Folgendes bestimmt werden soll:
    a) der Feuchtegehalt von Getreide und Ölfrüchten,
    b) die Schüttdichte von Getreide,
    c) der Atemalkoholgehalt,
    d) der Fettgehalt von Milcherzeugnissen,
    e) der Muskelfleischanteil von Schweineschlachtkörpern,
10. sonstige Messgrößen bei der Lieferung von strömenden Flüssigkeiten oder strömenden Gasen,
11. Schalldruckpegel und daraus abgeleitete Messgrößen,
12. Messgrößen im öffentlichen Verkehr, sofern dies folgenden Zwecken dient:
    a) der amtlichen Überwachung des öffentlichen Verkehrs,
    b) der Ermittlung des Beförderungsentgelts in Taxen,
    c) der Ermittlung des Entgelts bei Mietkraftfahrzeugen, wenn das Entgelt nach gefahrener Wegstrecke berechnet wird,
13. Dosis ionisierender Strahlung, sofern es sich um die nachfolgend genannten Messgeräte zur Ermittlung der Dosis durch Photonenstrahlung handelt, der Energienenngebrauchsbereich der Messgeräte ganz oder teilweise in den Photonenenergiebereich von 0,005 bis 7 Megaelektronvolt fällt und der Messbereich zur Ermittlung der Dosis ionisierender Strahlung ganz oder teilweise innerhalb der nachfolgenden Grenzen liegt:
    a) Personendosimeter zwischen 10 Mikrosievert und 10 Sievert zur Bestimmung der Personendosis,
    b) ortsveränderliche Ortsdosimeter zwischen 0,1 Mikrosievert durch Stunde und 10 Sievert durch Stunde zur Bestimmung der Ortsdosisleistung und zwischen 0,1 Mikrosievert und 10 Sievert zur Bestimmung der Ortsdosis,
    c) ortsfeste Ortsdosimeter zwischen 0,1 Mikrosievert durch Stunde und 100 Sievert durch Stunde zur Bestimmung der Ortsdosisleistung und zwischen 0,1 Mikrosievert und 10 Sievert zur Bestimmung der Ortsdosis,
    d) Diagnostikdosimeter zwischen 1 Mikrogray und 0,3 Gray zur Bestimmung der Luftkerma und zwischen 0,1 Mikrogray durch Sekunde und 10 Milligray durch Sekunde zur Bestimmung der Luftkermaleistung oder oberhalb von 5 Mikrogray mal Meter zur Bestimmung des Luftkerma-Längenprodukts.

(2) Die in Absatz 1 Nummer 1 bis 12 genannten Messgeräte unterfallen vorbehaltlich des Satzes 2 dem Mess- und Eichgesetz und dieser Verordnung., wenn sie bestimmt sind
1. zur Verwendung im geschäftlichen oder amtlichen Verkehr,
2. zur Bestimmung der Masse, des Volumens, des Drucks, der Temperatur, der Dichte und des Gehalts bei
    a) der Herstellung von Arzneimitteln in Apotheken auf Grund ärztlicher Verschreibung oder
    b) Analysen in medizinischen und pharmazeutischen Laboratorien,

3. zur Bestimmung der Masse bei der Ausübung der Heilkunde beim Wiegen von Patienten aus Gründen der ärztlichen Überwachung, Untersuchung und Behandlung oder
4. zur Bestimmung des Reifendrucks von Kraftfahrzeugreifen in Betrieben des Kraftfahrzeuggewerbes oder an Tankstellen und Kraftfahrzeugpflegestellen, soweit diese der Allgemeinheit zugänglich sind.

Messgeräte zur Bestimmung der Temperatur oder des Drucks im geschäftlichen Verkehr unterfallen dem Mess- und Eichgesetz und dieser Verordnung nur, wenn die Bestimmung der Temperatur oder des Drucks der Ermittlung anderer Messgrößen dient.

(3) Die in Absatz 1 Nummer 13 genannten Messgeräte unterfallen dem Mess- und Eichgesetz und dieser Verordnung nur, wenn das Verwenden derartiger Messgeräte
1. nach dem Strahlenschutzgesetz oder nach den auf dessen Grundlage erlassenen Rechtsverordnungen vorgeschrieben ist,
2. zur Messung der Ortsdosisleistung nach den Vorschriften über die Beförderung gefährlicher Güter erfolgt oder
3. zur amtlichen Überwachung der in Nummer 1 und 2 genannten Verwendungen erfolgt.

Die in Absatz 1 Nummer 13 genannten Messgeräte unterfallen dem Mess- und Eichgesetz und dieser Verordnung nicht, wenn sie
1. im Geschäftsbereich des Bundesministeriums der Verteidigung verwendet werden,
2. für Zwecke der Verteidigung bestimmt sind und
3. die Messrichtigkeit auf andere Weise gewährleistet ist.

(4) Das Mess- und Eichgesetz und diese Verordnung sind anzuwenden auf Medizinprodukte im Sinne des § 3 Nummer 1 des Medizinproduktegesetzes in der Fassung der Bekanntmachung vom 7. August 2002 (BGBl. I S. 3146), das zuletzt durch Artikel 4 Absatz 62 des Gesetzes vom 7. August 2013 (BGBl. I S. 3154) geändert worden ist, in der jeweils geltenden Fassung, wenn es sich bei diesen Medizinprodukten handelt um
1. nichtselbsttätige Waagen oder
2. Messgeräte zur Bestimmung der Dosis ionisierender Strahlung, soweit diese in Absatz 1 Nummer 13 in Verbindung mit Absatz 3 geregelt sind.

(5) Sofern die Voraussetzungen der Absätze 2 und 3 gegeben sind, unterliegen nachfolgend genannte Teilgeräte dem Mess- und Eichgesetz und dieser Verordnung:
1. Mengenumwerter im Sinne des § 8 Absatz 1 Nummer 2 Buchstabe b für Messgeräte zur Bestimmung von Messgrößen von strömenden Gasen,
2. Temperaturfühlerpaare, Rechenwerke oder Durchflusssensoren für Wärmezähler im Sinne des § 8 Absatz 1 Nummer 4 oder für Kältezähler,
3. Wegstreckensignalgeber für Taxameter einschließlich Wegstreckensignalgeber in Kraftfahrzeugen und für Wegstreckenzähler in Miet-Kraftfahrzeugen,
4. Temperaturfühler und Anzeige- und Auswertegeräte von tragbaren Elektrothermometern mit austauschbaren Temperaturfühlern,

5. Drucksensoren für Messgeräte zur Bestimmung sonstiger Messgrößen bei der Lieferung von Gasen,
6. externe Sonden zur Messung der Ortsdosis und der Ortsdosisleistung für Ortsdosimetergemäß Absatz 1 Nummer 13 Buchstabe b und c.

§ 2 Ausnahmen vom Anwendungsbereich für einzelne Messgeräte

Das Mess- und Eichgesetz und diese Verordnung sind nicht auf Messgeräte anzuwenden, bei denen es im Hinblick auf das Schutzbedürfnis der Betroffenen nicht erforderlich ist, die gesetzlichen Vorschriften zur Gewährleistung der Messrichtigkeit und Messsicherheit anzuwenden. Diese Geräte sind in Anlage 1 im Einzelnen benannt.

§ 3 Anwendungsbereich für sonstige Messgeräte

Die Vorschriften des Mess- und Eichgesetzes und dieser Verordnung über sonstige Messgeräte sind anzuwenden auf nichtselbsttätige Waagen, soweit diese Waagen nicht zur Verwendung im geschäftlichen oder amtlichen Verkehr oder zur Durchführung von Messungen im öffentlichen Interesse bestimmt sind.

§ 4 Vom Anwendungsbereich ausgenommene Zusatzeinrichtungen

Das Mess- und Eichgesetz und diese Verordnung sind nicht anzuwenden auf folgende Zusatzeinrichtungen, die über rückwirkungsfreie Schnittstellen an Messgeräte angeschlossen werden:
1. Zusatzeinrichtungen, die für Zwecke verwendet werden, für die nach dem Mess- und Eichgesetz und nach dieser Verordnung das Verwenden dem Mess- und Eichgesetz entsprechender Messgeräte nicht vorgeschrieben ist,
2. Tarifschaltuhren an Messgeräten für die Abgabe von Elektrizität, Gas, Wasser oder Wärme, deren Stand und deren eingestellte Schaltzeiten bei geschlossenem Gehäuse erkennbar sind,
3. Zeitgeber für Maximumzähler, für Rundsteueranlagen und für Belastungsmessgeräte für Versorgungsleistungen,
4. Tonfrequenzrundsteuerempfänger,
5. Münzwerke zur Steuerung der Abgabe von Elektrizität, Gas, Wasser oder Wärme,
6. Zusatzeinrichtungen, die im Direktverkauf zur zusätzlichen Angabe von Messwerten und Preisen verwendet werden, wenn das zugehörige Messgerät oder eine zum Messgerät gehörende andere dem Mess- und Eichgesetz und dieser Verordnung unterliegende Zusatzeinrichtung die ermittelten Messwerte und zugehörigen Grund- und Verkaufspreise unverändert abdruckt oder abspeichert und dies dem Käufer zugänglich ist,
7. Zusatzeinrichtungen an Messgeräten, die bei der Herstellung und Analyse von Arzneimitteln verwendet werden.

Satz 1 Nummer 7 ist nicht für Zusatzeinrichtungen an nicht selbsttätigen Waagen anzuwenden.

§ 5 Vom Anwendungsbereich ausgenommene Verwendungen

(1) Auf Messgeräte oder Messwerte, die im geschäftlichen Verkehr verwendet werden, sind das Mess- und Eichgesetz und diese Verordnung nicht anzuwenden
1. zur Ermittlung von leitungsgebundenen Leistungen
    a) in Erdöl- und Erdgasgewinnungsanlagen, die nur zur verhältnismäßigen Aufteilung einer Liefermenge auf verschiedene Geschäftspartner dienen,
    b) für Wasser, wenn Messgeräte zur Messung erforderlich sind, die zumindest für einen maximalen Durchfluss von 2 000 Kubikmeter pro Stunde ausgelegt sind,
    c) für Flüssigkeiten außer Wasser, wenn Messgeräte zur Messung erforderlich sind, die zumindest für einen maximalen Durchfluss von 600 Kubikmeter pro Stunde ausgelegt sind,
    d) für die Mengenmessung von Brenngasen, wenn Messgeräte zur Messung erforderlich sind, die zumindest für einen maximalen Durchfluss von 150 000 Kubikmeter pro Stunde im Normzustand ausgelegt sind,
    e) für Brenngase mit Brennwerten unter 6,5 Kilowattstunden pro Kubikmeter, die unter einem Überdruck von weniger als 3 bar stehen, oder für Druckluft oder andere Gase außer für Brenngase, wenn Lieferer und Empfänger die Liefermenge unabhängig voneinander messen oder die Messgeräte durch fachkundiges Personal von Lieferer und Empfänger gemeinsam überwacht werden,
    f) für Elektrizität mit einer höchsten dauernd zulässigen Betriebsspannung von mindestens 123 Kilovolt oder bei einer Nennstromstärke von mehr als 5 Kiloampere,
    g) für die Wärmemenge, zu deren Bestimmung Messgeräte in Form von Kälte- oder Wärmezählern erforderlich sind, die zumindest für eine Nennleistung von 10 Megawatt ausgelegt sind;
    wird die Abgabe von leitungsgebundenen Leistungen an einen Partner mit mehreren Messgeräten in einer Messstation ermittelt, so sind die genannten maximalen Durchflusswerte auf die Summe der Maximalwerte der einzelnen Messgeräte anzuwenden,
2. bei der Abgabe von Beton
    a) zur Bestimmung der Dichte von Beton,
    b) zur Bestimmung des Volumens von Beton,
3. beim Ausschank von
    a) Mischgetränken, die unmittelbar vor dem Ausschank aus mehr als zwei Getränken gemischt werden oder deren wesentlicher Bestandteil eine gefrorene oder halbgefrorene Flüssigkeit ist,
    b) Kaffee-, Tee-, Kakao- oder Schokoladengetränken,
    c) schäumenden Getränken, sofern nichtdurchsichtige Ausschankmaße verwendet werden und gewährleistet ist, dass auf Verlangen des Kunden in seiner Anwesenheit die Füllmenge mittels eines Umfüllmaßes überprüft wird und er auf diese Möglichkeit deutlich sichtbar hingewiesen wird,

4. bei Schiffen, um die Masse der Ladung und das Volumen des Wassers zu bestimmen, das durch die Schiffe verdrängt wird,
5. in landwirtschaftlichen Betrieben zur Ermittlung der Mengen flüssiger oder verflüssigter Düngemittel, wenn es sich um nichtstationäre Volumenmessanlagen handelt,
6. in Betrieben des Kraftfahrzeuggewerbes oder an öffentlichen Tankstellen zur Bestimmung des Volumens oder der Masse von Schmier- oder Getriebeöl, Bremsflüssigkeit, Kältemittel für Klimaanlagen, Frostschutzmittel oder Scheibenwaschwasser,
7. in Sammelfahrzeugen für Altöl zur Ermittlung der Menge aufgenommenen Altöls,
8. im Vermessungswesen, wenn Messgeräte verwendet werden, die den Vorschriften des öffentlichen Vermessungswesens entsprechen,
9. in der Bundeswehr und in anderen in Deutschland befindlichen Streitkräften anderer Nationen bei der Ermittlung von Leistungen, die zwischen Streitkräften verschiedener Nationen ausgetauscht werden,
10. in gemeinnützigen Sportvereinen zur Bestimmung von Leistungen, die der Ausübung des Vereinszwecks dienen, sofern die Leistungen zum Selbstkostenpreis abgegeben werden und ein gut sichtbarer Hinweis auf die Ausnahme vom Mess- und Eichgesetz und von dieser Verordnung vor der Vornahme der Leistung gegeben ist,
11. zur Ermittlung von Leistungen, die einen Betrag von 5 Euro je Geschäftsvorgang nicht überschreiten, soweit der Verwender glaubhaft machen kann, dass ein Jahresumsatz von nicht mehr als 2 000 Euro mit Leistungen erwirtschaftet wird, die durch entsprechende Messgeräte ermittelt werden; die Regelung gilt nicht für Ausschankmaße; die vorgenannten Werte für Geschäftsvorgang und Jahresumsatz verändern sich alle drei Jahre entsprechend der Preisentwicklung; die Physikalisch-Technische Bundesanstalt veröffentlicht hierzu im Bundesanzeiger jeweils im März des darauf folgenden Jahres die anhand der durchschnittlichen Veränderung des Verbraucherpreisindexes für Deutschland für die abgelaufenen drei Kalenderjahre ermittelten Beträge. ([1])

Satz 1 Nummer 1 Buchstabe d ist nicht für Messgeräte anzuwenden, die an ein Brennwert- oder Gasbeschaffenheitsrekonstruktionssystem angeschlossen sind, dessen Verwendung dem Mess- und Eichgesetz und dieser Verordnung unterfällt oder die zur Bestimmung von Messgrößen nach § 25 Satz 1 Nummer 4 verwendet werden.

(2) Im amtlichen Verkehr sind das Mess- und Eichgesetz und diese Verordnung nicht anzuwenden,
1. im öffentlichen Vermessungswesen oder im Markscheidewesen,
2. auf als Normale verwandte Geräte oder Prüfungshilfsmittel der für den Vollzug des Mess- und Eichgesetzes zuständigen Behörden oder staatlich anerkannten Prüfstellen,
3. auf Messgeräte zur Bestimmung des Atemalkoholgehalts, sofern sie ausschließlich zu Vortestzwecken verwendet werden.

---

1 Red. Anm.:-**Bekanntmachung der Beträge für den Geschäftsvorgang und für den Jahresumsatz nach § 5 Absatz 1 Nummer 11 der Mess- und Eichverordnung**

4. bei der Bestimmung von Messgrößen im Zusammenhang mit Alkohol, wenn die verwendeten Messgeräte geprüft und beglaubigt werden nach dem Alkoholsteuergesetz vom 21. Juni 2013 (BGBl. I S. 1650, 1651), das zuletzt durch Artikel 6 des Gesetzes vom 10. März 2017 (BGBl. I S. 420) geändert worden ist, in der jeweils geltenden Fassung und seinen Ausführungsbestimmungen,
5. für steuerliche Zwecke, um die Menge von Alkohol oder Alkohol-Wasser-Mischungen zu erfassen,
6. für sonstige Messungen nach dem Zoll- und Steuerrecht,
7. zur Erstattung von Gutachten für staatsanwaltschaftliche oder gerichtliche Verfahren, für Schiedsverfahren oder für andere amtliche Zwecke,
8. zur Durchführung sonstiger öffentlicher Überwachungsaufgaben.

Die Ausnahmen gemäß Satz 1 Nummer 6 bis 8 sind nur anwendbar, wenn
1. in anderer Weise als nach dem Mess- und Eichgesetz und dieser Verordnung sichergestellt ist, dass das Verwenden der Messgeräte zu einer genaueren Bestimmung von Messwerten führt als dies mit einem für den Verwendungszweck geeigneten Messgerät, das dem Mess- und Eichgesetz entspricht, erreicht wird und die metrologische Rückführung des auszunehmenden Messgeräts gewährleistet ist; die Regelung ist nicht anzuwenden für Messgeräte zur amtlichen Überwachung des öffentlichen Verkehrs; oder
2. die Messrichtigkeit der Geräte für den Bereich, in dem sie bei der Durchführung der amtlichen Aufgabe verwendet werden, ohne Bedeutung ist.

(3) Bei Messungen im öffentlichen Interesse sind das Mess- und Eichgesetz und diese Verordnung nicht anzuwenden auf in Reifenmontiereinrichtungen installierte Reifendruckmessgeräte oder mit ihnen ermittelte Messwerte, wenn der Reifendruck durch ein dem Mess- und Eichgesetz und dieser Verordnung entsprechendes Messgerät kontrolliert wird.

(4) Das Mess- und Eichgesetz und diese Verordnung sind ferner nicht anzuwenden, sofern spezialgesetzliche Regelungen Ausnahmen ausdrücklich vorsehen.

(5) Die Beweislast dafür, dass die Verwendung eines Messgeräts oder eines Messwerts eine Ausnahme vom Anwendungsbereich nach den Absätzen 1 bis 4 darstellt, trägt der Verwender.

Vom 13. März 2018 (BAnz AT 26.03.2018 B4)
Die Physikalisch-Technische Bundesanstalt veröffentlicht nach § 5 Absatz 1 Nummer 11 der Mess- und Eichverordnung vom 11. Dezember 2014 (BGBl. I S. 2010, 2011), die zuletzt durch Artikel 1 der Verordnung vom 10. August 2017 (BGBl. I S. 3098) geändert worden ist, die ermittelten Beträge für den Geschäftsvorgang und für den Jahresumsatz.
Die vom Statistischen Bundesamt ermittelten und veröffentlichten jahresdurchschnittlichen Änderungen des Verbraucherpreisindexes jeweils zum Vorjahr betragen für das Jahr 2015 0,3 %, für das Jahr 2016 0,5 % und für das Jahr 2017 1,8 %. Daraus resultiert eine Änderung des Verbraucherpreisindexes für die letzten drei Kalenderjahre von 2,62 %.
Die ermittelten Beträge entsprechen 5,13 Euro für den Geschäftsvorgang und 2 052,40 Euro für den Jahresumsatz.

§ 6 Begriffsbestimmungen

Im Sinne dieser Verordnung sind die folgenden Begriffsbestimmungen anzuwenden:

1. amtlicher Verkehr ist jede von einer Behörde oder in ihrem Auftrag zu öffentlichen Zwecken vorgenommene Handlung, die auf eine Rechtswirkung nach außen gerichtet ist; der amtliche Verkehr umfasst auch die Erstattung von Gutachten für staatsanwaltschaftliche oder gerichtliche Verfahren oder in Schiedsverfahren,
2. Baumuster eines Messgeräts ist ein für die geplante Produktion repräsentatives Muster des betreffenden Messgeräts,
3. Direktverkauf ist ein Rechtsgeschäft, bei dem der Messwert Grundlage für den zu zahlenden Preis ist, es sich mindestens bei einer der betroffenen Parteien um einen Verbraucher oder eine andere Partei handelt, die eines vergleichbaren Schutzes bedarf, und alle von dem Geschäftsvorgang betroffenen Parteien das Messergebnis an Ort und Stelle anerkennen,
4. Einflussgröße ist eine Größe, die nicht die Messgröße ist, jedoch das Messergebnis beeinflusst,
5. Fertigungsphase ist der Prozess der Herstellung eines für das Inverkehrbringen bestimmten Messgeräts bis zum Inverkehrbringen,
6. geschäftlicher Verkehr ist jede Tätigkeit, die nicht rein privater, innerbetrieblicher oder amtlicher Natur ist, sofern dabei Messwerte ermittelt oder verwendet werden, die geeignet sind, den wirtschaftlichen Wert einer Sache oder einer Dienstleistung näher zu bestimmen,
7. Grenzwert ist der Wert, bis zu dem sich das Messergebnis durch Einwirken einer Störgröße verändern darf,
8. Messkapazität ist die Eignung eines Messgeräts, eine bestimmte Anzahl von Messungen innerhalb eines Zeitintervalls durchzuführen,
9. Messung im öffentlichen Interesse ist jeder Messvorgang außerhalb des geschäftlichen und amtlichen Verkehrs, bei dem die Verwendung eines dem Mess- und Eichgesetz und dieser Verordnung entsprechenden Messgeräts durch Rechtsvorschrift angeordnet ist,
10. Nennbetriebsbedingungen sind die Werte für die Messgröße und die Einflussgrößen bei normalem Betriebszustand eines Messgeräts,
11. nichtselbsttätige Waage ist eine Waage, die beim Wägen das Eingreifen einer Bedienungsperson erfordert,
12. öffentlicher Verkehr ist die Fortbewegung und Beförderung in dem der Allgemeinheit zu Wasser, zu Land und in der Luft bereitgestellten Raum,
13. rückwirkungsfreie Schnittstelle ist eine Anschlussmöglichkeit an einem Messgerät, über die Messwerte eines Messgeräts nicht verfälscht werden können und über die keine Funktionen ausgelöst werden können, die einen Messwert verfälschen,
14. Störgröße ist eine Einflussgröße, deren Wert innerhalb der von der jeweiligen Anforderung vorgegebenen Grenzen, aber außerhalb der vorgegebenen Nennbetriebsbedingungen des Messgeräts liegt; die Störgröße entspricht der

Einflussgröße, wenn für diese Einflussgröße die Nennbetriebsbedingungen nicht angegeben sind,
15. Taragewichtswert ist das Gewicht der Verpackung oder des Transportgeräts eines Wägegutes,
16. Versorgungsleistungen sind leitungsgebundene Leistungen eines Versorgungsunternehmens, die von einem Vertragspartner über dauerhaft angebundene Netzzugangspunkte genutzt werden,
17. Versorgungsunternehmen sind Unternehmen, die die Versorgung mit Elektrizität, Gas, Wärme oder Wasser sicherstellen,
18. Waage ist ein Messgerät oder ein sonstiges Messgerät zur Bestimmung der Masse eines Körpers auf der Grundlage der auf diesen Körper wirkenden Schwerkraft.

§§ 7–17, Abschnitt 2–Regelungen im Zusammenhang mit dem Inverkehrbringen von Messgeräten

§§ 7–8, Unterabschnitt 1–Wesentliche Anforderungen an Messgeräte

§ 7 Allgemeine wesentliche Anforderungen und Feststellung der Einhaltung von Fehlergrenzen

(1) Messgeräte müssen
1. unter Berücksichtigung der für ihre Verwendung vorgesehenen Umgebungsbedingungen die Fehlergrenzen einhalten, die in den gerätespezifischen Anforderungen nach § 8 festgelegt sind; sind Fehlergrenzen nicht ausdrücklich bestimmt, müssen Messgeräte eine Fehlergrenze einhalten, die dem Stand der Technik unter Berücksichtigung der vorgesehenen Nutzungsdauer und der zu erfüllenden Messaufgabe entspricht,
2. im Hinblick auf den vorgesehenen Verwendungszweck geeignet, zuverlässig und messbeständig sein,
3. gegen Verfälschungen von Messergebnissen geschützt sein,
4. die Messergebnisse in geeigneter Form darstellen und gegen Verfälschung gesichert verarbeiten,
5. prüfbar sein.

Die Fehlergrenzen sind, sofern nicht anders bestimmt, für jede relevante Einflussgröße zu überprüfen. Einzelheiten zu Umgebungsbedingungen, die Anforderungen von Satz 1 und das Verfahren nach Satz 2 sind in der Anlage 2 festgelegt.

(2) Absatz 1 ist nicht anzuwenden für nichtselbsttätige Waagen.

(3) Teilgeräte und Zusatzeinrichtungen haben den Anforderungen nach Absatz 1 zu genügen, die für ihre Funktionalität maßgeblich sind.

§ 8 Gerätespezifische wesentliche Anforderungen

(1) Vorbehaltlich des Absatzes 3 müssen die nachfolgend genannten Messgeräte oder Teilgeräte im Sinne der Richtlinie 2014/32/EU des Europäischen Parlaments und

des Rates vom 26. Februar 2014 zur Harmonisierung der Rechtsvorschriften der Mitgliedstaaten über die Bereitstellung von Messgeräten auf dem Markt (ABl. L 96 vom 29.3.2014, S. 149) in der jeweils geltenden Fassung und im Sinne der Richtlinie 2014/31/EU des Europäischen Parlaments und des Rates vom 26. Februar 2014 zur Angleichung der Rechtsvorschriften der Mitgliedstaaten über die Bereitstellung nichtselbsttätiger Waagen auf dem Markt (ABl. L 96 vom 29.3.2014, S. 107) in der jeweils geltenden Fassung den gerätespezifischen Anforderungen genügen, auf die in Anlage 3 Tabelle 1 Spalte 3 für die jeweiligen Messgeräte verwiesen wird:
1. Wasserzähler, die für die Volumenmessung von sauberem Kalt- oder Warmwasser bestimmt sind und im Haushalt, im Gewerbe oder in der Leichtindustrie verwendet werden (Kurzbezeichnung: EU-Wasserzähler),
2. nachfolgend aufgeführte Messgeräte oder Teilgeräte für Gas, die zur Verwendung im Haushalt, im Gewerbe und in der Leichtindustrie bestimmt sind:
    a) Gaszähler (Kurzbezeichnung: EU-Gaszähler),
    b) Mengenumwerter für Gas (Kurzbezeichnung: EU-Gasmengenumwerter),
3. Elektrizitätszähler für den Wirkverbrauch, die zur Verwendung im Haushalt, im Gewerbe oder in der Leichtindustrie bestimmt sind (Kurzbezeichnung: EU-Elektrizitätszähler),
4. Wärmezähler, die zur Verwendung im Haushalt, im Gewerbe oder in der Leichtindustrie bestimmt sind, einschließlich der Teilgeräte Rechenwerk, Durchflusssensor, Temperaturfühlerpaar (Kurzbezeichnung: EU-Wärmezähler),
5. Messanlagen für die kontinuierliche und dynamische Messung von Mengen von Flüssigkeiten außer Wasser; die Messanlage umfasst den Zähler und alle Einrichtungen, die erforderlich sind, um eine korrekte Messung zu gewährleisten, oder die dazu dienen, die Messvorgänge zu erleichtern (Kurzbezeichnung: EU-Flüssigkeitsmessanlagen),
6. nachfolgend aufgeführte selbsttätige Waagen:
    a) selbsttätige Waagen für Einzelwägungen (Kurzbezeichnung: EU-Waagen – selbsttätig für Einzelwägungen),
    b) selbsttätige Kontrollwaagen (Kurzbezeichnung: EU-Waagen – selbsttätige Kontrollwaagen),
    c) selbsttätige Gewichtsauszeichnungswaagen (Kurzbezeichnung: EU-Waagen – selbsttätig zur Gewichtsauszeichnung),
    d) selbsttätige Preisauszeichnungswaagen (Kurzbezeichnung: EU-Waagen – selbsttätig zur Preisauszeichnung),
    e) selbsttätige Waagen zum Abwägen (Kurzbezeichnung: EU-Waagen – selbsttätig zum Abwägen),
    f) selbsttätige Waagen zum Totalisieren, sogenannte totalisierende Behälterwaage (Kurzbezeichnung: EU-Waagen – selbsttätig zum Totalisieren),
    g) selbsttätige Waagen zum kontinuierlichen Totalisieren (Kurzbezeichnung: EU-Waagen – selbsttätig zum kontinuierlichen Totalisieren),
    h) selbsttätige Gleiswaagen (Kurzbezeichnung: EU-Waagen – selbsttätige Gleiswaagen),
7. Taxameter (Kurzbezeichnung: EU-Taxameter),
8. nachfolgend aufgeführte Maßverkörperungen:

a) verkörperte Längenmaße (Kurzbezeichnung: EU-Längenmaße),
b) Ausschankmaße (Kurzbezeichnung: EU-Ausschankmaße),
9. nachfolgend aufgeführte Messgeräte zur Messung von Längen und ihren Kombinationen:
   a) Längenmessgeräte (Kurzbezeichnung: EU-Messgerät Länge),
   b) Flächenmessgeräte (Kurzbezeichnung: EU-Messgerät Fläche),
   c) mehrdimensionale Messgeräte (Kurzbezeichnung: EU-Messgerät mehrdimensional),
10. Abgasanalysatoren, die im Rahmen der amtlichen Überwachung des öffentlichen Verkehrs zur Prüfung und fachgerechten Wartung von im Gebrauch befindlichen Kraftfahrzeugen bestimmt sind (EU-Abgasanalysatoren),
11. nichtselbsttätige Waagen (Kurzbezeichnung: EU-Waagen – nichtselbsttätig).

(2) Auf die in Absatz 1 genannten Messgeräte sind vorbehaltlich des Absatzes 3 die Begriffsbestimmungen anzuwenden, auf die in Anlage 3 Tabelle 1 Spalte 2 in der jeweiligen Zeile verwiesen wird.

(3) Bis zum Ablauf des 19. April 2016 ist Absatz 1 mit der Maßgabe anzuwenden, dass die dort genannten Geräte die gerätespezifischen Anforderungen erfüllen müssen, auf die in Anlage 3 Tabelle 2 Spalte 3 verwiesen wird, und dass es sich bei den in Absatz 1 genannten Messgeräten und Teilgeräten um solche handelt im Sinne
1. der Richtlinie 2004/22/EG des Europäischen Parlaments und des Rates vom 31. März 2004 über Messgeräte (ABl. L 135 vom 30.4.2004, S. 1), die zuletzt durch Artikel 26 Absatz 1 Buchstabe g der Verordnung (EU) Nr. 1025/2012 des Europäischen Parlaments und des Rates vom 25. Oktober 2012 zur europäischen Normung, zur Änderung der Richtlinien 89/686/EWG und 93/15/EWG des Rates sowie der Richtlinien 94/9/EG, 94/25/EG, 95/16/EG, 97/23/EG, 98/34/EG, 2004/22/EG, 2007/23/EG, 2009/23/EG und 2009/105/EG des Europäischen Parlaments und des Rates und zur Aufhebung des Beschlusses 87/95/EWG des Rates und des Beschlusses Nr. 1673/2006/EG des Europäischen Parlaments und des Rates (ABl. L 316 vom 14.11.2012, S. 12) geändert worden ist und die durch Artikel 52 der Richtlinie 2014/32/EU mit Wirkung vom 20. April 2016 aufgehoben wird sowie
2. der Richtlinie 2009/23/EG des Europäischen Parlaments und des Rates vom 23. April 2009 über nichtselbsttätige Waagen (ABl. L 122 vom 16.5.2009, S. 6), die durch Artikel 26 Absatz 1 Buchstabe i der Verordnung (EU) Nr. 1025/2012 (ABl. L 316 vom 14.11.2012, S. 12) geändert worden ist und die durch Artikel 45 der Richtlinie 2014/31/EU mit Wirkung vom 20. April 2016 aufgehoben wird.

Absatz 2 ist bis zum Ablauf des 19. April 2016 mit der Maßgabe anzuwenden, dass die Begriffsbestimmungen zu verwenden sind, auf die in Anlage 3 Tabelle 2 Spalte 2 verwiesen wird.

§§ 9–12, Unterabschnitt 2 – Regelungen im Zusammenhang mit der Konformitätsbewertung

§ 9 Konformitätsbewertungsverfahren

(1) Die Konformität eines Messgeräts mit den wesentlichen Anforderungen an das Messgerät wird vorbehaltlich des Absatzes 4 durch ein Konformitätsbewertungsverfahren gemäß Anlage 4 bestätigt; eine Bestätigung darf nur ausgesprochen werden, wenn auch den Anforderungen von Anlage 4 Teil A entsprochen ist. Für die in § 8 genannten Messgeräte sind vorbehaltlich des Absatzes 4 diejenigen Konformitätsbewertungsverfahren anzuwenden, die in Anlage 3 Tabelle 1 Spalte 4 benannt sind. Für alle anderen Messgeräte kann der Hersteller wählen, welches Konformitätsbewertungsverfahren aus Anlage 4 er für den Nachweis nutzen will. Das gewählte Konformitätsbewertungsverfahren muss zur Bewertung der Konformität unter Berücksichtigung der messtechnischen Komplexität des Messgeräts geeignet sein.

(2) Es wird vermutet, dass ein Konformitätsbewertungsverfahren zur Bewertung der Konformität des Messgeräts geeignet ist, sofern der Hersteller
1. das Konformitätsbewertungsverfahren aus der Kombination der Module B und D oder aus der Kombination der Module B und F aus der Anlage 4 auswählt oder
2. ein Konformitätsbewertungsverfahren wählt, das in einer technischen Spezifikation oder Regel vorgesehen ist, die der Regelermittlungsausschuss nach § 46 des Mess- und Eichgesetzes ermittelt hat und deren Fundstelle die Physikalisch-Technische Bundesanstalt im Bundesanzeiger bekannt gemacht hat.

(3) Sofern andere gesetzliche Vorschriften es erfordern, dass die Einhaltung einzelner Anforderungen mit gesonderten Verfahren nachzuweisen ist, sind deren Ergebnisse bei der Konformitätsbewertung zugrunde zu legen.

(4) Bis zum Ablauf des 19. April 2016 sind für Messgeräte im Sinne des § 8 Absatz 1 diejenigen Konformitätsbewertungsverfahren zu wählen, die in Anlage 3 Tabelle 2 Spalte 4 benannt sind.

§ 10 Technische Unterlagen

(1) Der Hersteller hat technische Unterlagen zu erstellen, die
1. die Konstruktion, die Herstellungs- und die Funktionsweise des Messgeräts ersichtlich machen, soweit diese Angaben für die Konformitätsbewertung erforderlich sind,
2. die Bewertung der Konformität des Messgeräts mit den wesentlichen Anforderungen im Sinne der §§ 7 und 8 ermöglichen; dazu sind die zu beachtenden Anforderungen aufzuführen und
3. eine geeignete Risikoanalyse und -bewertung des Messgeräts im Hinblick auf die Einhaltung der wesentlichen Anforderungen im Sinne der §§ 7 und 8 enthalten.

Der Hersteller hat insbesondere die technischen Unterlagen zu erstellen, die in den Konformitätsbewertungsverfahren nach Anlage 4 aufgeführt sind.

(2) Die technischen Unterlagen müssen Folgendes enthalten:

1. eine Beschreibung der messtechnischen Merkmale des Messgeräts,
2. Angaben zur Gewährleistung der Reproduzierbarkeit der messtechnischen Leistungen des Messgeräts, sofern das Messgerät mit angemessenen, hierfür vorgesehenen Mitteln ordnungsgemäß eingestellt ist, sowie
3. Angaben zur Eignung des Messgeräts, Messergebnisse unverfälscht zu ermitteln, zu speichern, anzuzeigen oder weiterzuverarbeiten (Integrität des Messgeräts).

(3) Der Hersteller hat in den technischen Unterlagen ferner anzugeben,
1. an welcher Stelle Versiegelungen und Kennzeichnungen vorgenommen wurden und
2. welche Bedingungen für die Kompatibilität mit Schnittstellen und Teilgeräten maßgeblich sind.

§ 11 Konformitätserklärungen

(1) Die Konformitätserklärung für eines der in § 8 genannten Messgeräte muss
1. für Messgeräte im Sinne des § 8 Nummer 1 bis 10 der in ihrem Aufbau dem Muster des Anhangs XIII der Richtlinie 2014/32/EU und für Messgeräte im Sinne des § 8 Nummer 11 dem Anhang IV der Richtlinie 2014/31/EU entsprechen und
2. alle Angaben enthalten, die nach dem jeweiligen Konformitätsbewertungsverfahren vorgesehen sind, das zum Nachweis der Konformität des Messgeräts auf Grund des § 9 Absatz 1 Satz 2 gewählt wurde.

(2) Alle anderen Messgeräte sind mit einer Konformitätserklärung zu versehen, die
1. in ihrem Aufbau dem Muster der Anlage 5 entspricht und
2. alle Angaben enthält, die nach dem jeweiligen Konformitätsbewertungsverfahren vorgesehen sind, das zum Nachweis der Konformität des Messgeräts auf Grund des § 9 Absatz 1 Satz 3 und 4 gewählt wurde.

§ 12 Haftpflichtversicherung der Konformitätsbewertungsstelle

(1) Die Haftpflichtversicherung, die die Konformitätsbewertungsstelle nach § 15 Absatz 8 des Mess- und Eichgesetzes abzuschließen hat, ist zur Deckung folgender Schäden bestimmt:
1. Personen-, Sach- oder Vermögensschäden, die sich aus der Tätigkeit der Konformitätsbewertungsstelle ergeben,
2. Schäden, für die die Konformitätsbewertungsstelle nach § 278 oder § 831 des Bürgerlichen Gesetzbuchs einzustehen hat.

(2) Die Haftpflichtversicherung muss bei einem im Inland zum Geschäftsbetrieb befugten Versicherungsunternehmen abgeschlossen sein.

(3) Das Versicherungsunternehmen darf die Haftung für die folgenden Ersatzansprüche ausschließen:
1. Ersatzansprüche wegen vorsätzlicher Pflichtverletzung des Versicherungsnehmers,
2. Ersatzansprüche wegen Vermögensschäden durch die Nichteinhaltung vertraglich vereinbarter Fristen.

(4) Die Mindestversicherungssumme beträgt für jeden Versicherungsfall

1. für Konformitätsbewertungen nach Anlage 4 Module A2, B, C2, D, D1, E, E1, H oder H1 jeweils 1 Million Euro,
2. für Konformitätsbewertungen in allen übrigen Fällen jeweils 250 000 Euro.

(5) Die Vereinbarung eines Selbstbehalts bis zu 1 Prozent der Mindestversicherungssumme ist zulässig.

§§ 13–17, Unterabschnitt 3–Kennzeichnung, Aufschriften und beizufügende Informationen

§ 13 Gemeinsame Vorschriften für Kennzeichnungen und Aufschriften von Messgeräten und sonstigen Messgeräten

(1) Kennzeichnungen und Aufschriften müssen gut sichtbar, lesbar und dauerhaft auf dem Messgerät oder dem sonstigen Messgerät angebracht sein; sie müssen klar, unauslöschlich, eindeutig und nicht übertragbar sein. Für Kennzeichnungen und Aufschriften müssen lateinische Buchstaben und arabische Ziffern verwendet werden. Andere Buchstaben oder Ziffern dürfen zusätzlich verwendet werden.

(2) Ist ein Messgerät zu klein oder zu empfindlich, um die erforderlichen Kennzeichnungen oder Aufschriften zu tragen, müssen die Verpackung und die nach § 17 beizufügenden Informationen entsprechend gekennzeichnet sein. Satz 1 ist anzuwenden auf Gewichtstücke, sofern andernfalls die Messrichtigkeit beeinträchtigt wäre.

§ 14 Kennzeichnung von Messgeräten beim Inverkehrbringen

(1) Die in § 8 Absatz 1 genannten Messgeräte sind vorbehaltlich des Absatzes 2 zu kennzeichnen
1. mit der CE-Kennzeichnung gemäß Artikel 30 der Verordnung (EG) Nr. 765/2008 des Europäischen Parlaments und des Rates vom 9. Juli 2008 über die Vorschriften für die Akkreditierung und Marktüberwachung im Zusammenhang mit der Vermarktung von Produkten und zur Aufhebung der Verordnung (EWG) Nr. 339/93 des Rates (ABl. L 218 vom 13.8.2008, S. 30), nachfolgend
2. mit der Metrologie-Kennzeichnung, bestehend aus dem Großbuchstaben »M« und den beiden letzten Ziffern der Jahreszahl des Jahres, in dem die Kennzeichnung angebracht wurde, beides zusammen eingerahmt durch ein Rechteck, dessen Höhe der Höhe der CE-Kennzeichnung entspricht, und nachfolgend
3. mit der Kennnummer der Konformitätsbewertungsstelle, die an der Durchführung des Konformitätsbewertungsverfahrens in der Fertigungsphase beteiligt war; sind mehrere Konformitätsbewertungsstellen in der Fertigungsphase beteiligt, sind deren Kennnummern anzugeben; war in der Fertigungsphase keine Konformitätsbewertungsstelle zu beteiligen, so ist auch keine Kennnummer anzugeben.

(2) Bis zum Ablauf des 19. April 2016 sind Messgeräte in Form nichtselbsttätiger Waagen zu kennzeichnen
1. mit der CE-Kennzeichnung gemäß Artikel 30 der Verordnung (EG) Nr. 765/2008, nachfolgend

2. mit der Kennnummer der Konformitätsbewertungsstelle, die an der Durchführung des Konformitätsbewertungsverfahrens in der Fertigungsphase beteiligt war; sind mehrere Konformitätsbewertungsstellen in der Fertigungsphase beteiligt, sind deren Kennnummern anzugeben; war in der Fertigungsphase keine Konformitätsbewertungsstelle zu beteiligen, so ist auch keine Kennnummer anzugeben,
3. mit einer grünen quadratischen Markierung mit einer Seitenlänge von mindestens 12,5 Millimetern, auf die in Schwarz der Großbuchstabe »M« aufgedruckt ist, und
4. mit den beiden letzten Ziffern der Jahreszahl des Jahres, in dem die CE-Kennzeichnung angebracht wurde.

(3) Eine Einrichtung, die dazu bestimmt ist, mit einem Messgerät in Form einer nichtselbsttätigen Waage verbunden zu werden und die keinem Konformitätsbewertungsverfahren unterzogen wurde, ist durch eine rote quadratische Markierung mit einer Seitenlänge von mindestens 25 Millimetern zu kennzeichnen, auf der in Schwarz der diagonal durchkreuzte Großbuchstabe »M« auf rotem Hintergrund aufgedruckt ist.

(4) Messgeräte, die nicht in Absatz 1 oder in Absatz 2 geregelt sind, sind zu kennzeichnen
1. mit der Zeichenfolge »DE-M«, die von einem Rechteck mit einer Höhe von mindestens 5 Millimetern eingerahmt ist, nachfolgend
2. mit den beiden letzten Ziffern der Jahreszahl des Jahres, in dem die Kennzeichnung angebracht wurde und
3. mit der Kennnummer der Konformitätsbewertungsstelle, die in der Fertigungsphase beteiligt war; war in der Fertigungsphase keine Konformitätsbewertungsstelle zu beteiligen, so ist auch keine Kennnummer anzugeben.

(5) Besteht ein Messgerät aus mehreren zusammenarbeitenden Geräten, die keine Teilgeräte sind, so werden die Kennzeichnungen auf dem Hauptgerät angebracht.

(6) Die Kennzeichnungen nach den Absätzen 1 bis 4 dürfen nur auf Messgeräten angebracht werden, welche die Anforderungen des Mess- und Eichgesetzes und dieser Verordnung erfüllen.

§ 15 Aufschriften auf Messgeräten

(1) Messgeräte sind mit folgenden Aufschriften zu versehen:
1. dem Zeichen oder dem Namen oder der Fabrikmarke des Herstellers und bei eingeführten Produkten des Einführers sowie einer zustellungsfähigen Anschrift des Herstellers und bei eingeführten Produkten des Einführers,
2. Angaben zur Messgenauigkeit.

Im Falle des Satzes 1 Nummer 1
1. kann eine Internetadresse, unter der der Hersteller und bei eingeführten Erzeugnissen der Einführer erreichbar ist, zusätzlich angegeben werden,
2. darf bis zum Ablauf des 19. April 2016 auf die Angabe der zustellungsfähigen Anschrift des Herstellers verzichtet werden.

Weitere Aufschriften dürfen nur dann aufgebracht werden, wenn eine Verwechselung mit den Aufschriften nach Satz 1 in Verbindung mit Satz 2 ausgeschlossen ist.

(2) Messgeräte sind zusätzlich mit den folgenden Angaben zu versehen, wenn diese für die in § 8 Absatz 1 Nummer 1 bis 10 genannten Messgeräte als gerätespezifische Anforderungen bestimmt sind oder wenn die Angaben für den ordnungsgemäßen Betrieb oder die Überwachung des Messgeräts erforderlich sind:
1. Einsatzbedingungen,
2. Messkapazität,
3. Messbereich,
4. Identitätskennzeichnung,
5. Nummer der Baumusterprüfbescheinigung gemäß Anlage 4 Modul B Nummer 6 oder Nummer der Entwurfsprüfbescheinigung gemäß Anlage 4 Modul H1 Nummer 4.3,
6. Angaben darüber, inwieweit mitgelieferte Zusatzeinrichtungen, die Messergebnisse anzeigen, speichern oder ausdrucken, dem Mess- und Eichgesetz und dieser Verordnung genügen.

(3) Messgeräte in Form nichtselbsttätiger Waagen sind zusätzlich zu den Angaben nach den Absätzen 1 und 2 mit folgenden Aufschriften zu versehen:
1. der Genauigkeitsklasse, die in einem Oval oder zwischen zwei durch Halbkreise miteinander verbundenen horizontalen Linien anzugeben ist,
2. der Höchstlast, wobei dem Massewert die Buchstabenfolge »Max« vorangestellt ist,
3. der Mindestlast, wobei dem Massewert die Buchstabenfolge »Min« vorangestellt ist,
4. dem Wert in Masseeinheiten zur Einstufung und zur Eichung einer Waage (Eichwert), wobei dem Wert die Zeichenfolge »e =« vorangestellt ist,
5. dem Teilungswert, sofern er von »e« abweicht, wobei dem Wert die Zeichenfolge »d =« vorangestellt ist,
6. der additiven Tarahöchstlast, sofern die Waage diese Größe angibt, wobei dem Wert die Zeichenfolge »T = +« vorangestellt ist,
7. der substraktiven Tarahöchstlast, sofern sie von der Höchstlast abweicht und die Waage diese Größe angibt, wobei dem Wert die Zeichenfolge »T = -« vorangestellt ist,
8. dem Teilungswert der Taraeinrichtung, sofern er von »d« abweicht, wobei dem Wert die Zeichenfolge »dT =« vorangestellt ist,
9. der Tragfähigkeit, sofern sie von der Höchstlast abweicht, wobei dem Wert die Zeichenfolge »Lim =« vorangestellt ist,
10. den besonderen Temperaturgrenzen, angegeben in »...°C/...°C«, sofern die Waage für den Einsatz innerhalb besonderer Temperaturgrenzen bestimmt ist,
11. dem Verhältnis zwischen Gewichtsschale und Lastträger, sofern es sich um mechanische Dezimalwaagen handelt.

Die Höchstlast, die Mindestlast, der Eichwert und der Teilungswert müssen in der Nähe der Gewichtsanzeige angebracht sein. Jede Auswerteeinrichtung, die an einen oder mehrere Lastträger angeschlossen oder anschließbar ist, muss auch die entsprechenden Aufschriften für diese Lastträger aufweisen.

(4) Eine Maßverkörperung ist mit einem Nennwert oder einer Skala und der verwendeten Maßeinheit zu markieren und mit einer Angabe oder einem Zeichen zu versehen, anhand derer oder dessen der Hersteller eindeutig zu identifizieren ist. Dies gilt nicht für Gewichtsstücke, sofern dadurch die Messrichtigkeit beeinträchtigt wäre. Weitere Pflichtangaben müssen auf der Verpackung angebracht werden und in den nach § 17 beizufügenden Informationen enthalten sein.

(5) Werden Maßeinheiten oder Symbole angegeben, müssen diese dem Einheiten- und Zeitgesetz in der Fassung der Bekanntmachung vom 22. Februar 1985 (BGBl. I S. 408), das zuletzt durch Artikel 4 Absatz 68 des Gesetzes vom 7. August 2013 (BGBl. I S. 3154) geändert worden ist, in der jeweils geltenden Fassung entsprechen.

(6) Die Darstellung des Messwerts an einem Messgerät hat so zu erfolgen, dass der Teilungswert für einen Messwert 1 mal 10n, 2 mal 10n oder 5 mal 10n beträgt, wobei »n« eine ganze Zahl ist, sofern in den gerätespezifischen Anforderungen nach § 8 zur Darstellung des Messwerts nichts anderes bestimmt ist. Die Maßeinheit oder ihr Symbol ist in unmittelbarer Nähe des Zahlenwerts anzugeben.

§ 16 Aufschriften auf sonstigen Messgeräten

Sonstige Messgeräte tragen folgende Aufschriften:
1. die Fabrikmarke oder den Namen des Herstellers und bei eingeführten Erzeugnissen des Einführers und
2. die Höchstlast, wobei dem Massewert die Buchstabenfolge »Max« vorangestellt ist.

§ 17 Beizufügende Informationen

(1) Die nach § 23 Absatz 4, § 25 Absatz 2 Nummer 3 und § 26 Absatz 1 Nummer 2 des Mess- und Eichgesetzes beizufügenden Informationen müssen die Funktionsweise des Messgeräts in einer Bedienungsanleitung erläutern, wenn ein Hersteller nicht davon ausgehen darf, dass es auch ohne Bedienungsanleitung von jedermann ordnungsgemäß in seinem vollen Funktionsumfang verwendet sowie gewartet und geprüft werden kann. Textliche Darstellungen müssen in deutscher Sprache abgefasst sein. § 15 Absatz 5 ist anzuwenden.

(2) Die beizufügenden Informationen müssen leicht verständlich sein. Sie müssen folgende Angaben enthalten, sofern diese für die vorgesehene Verwendung des Messgeräts von Bedeutung sind:
1. die Nennbetriebsbedingungen,
2. Angaben zu den mechanischen und elektromagnetischen Umgebungsbedingungen,
3. Angaben zu den oberen und unteren Temperaturgrenzen und den Feuchtebedingungen sowie zum offenen oder geschlossenen Einsatzort, für die das Messgerät jeweils geeignet ist,
4. Anweisungen für Aufstellung, Wartung, Reparaturen und Prüfungen,
5. sonstige Anweisungen zur Gewährleistung eines fehlerfreien Betriebs sowie Angaben zu besonderen Einsatzbedingungen,
6. Bedingungen für die Kompatibilität mit Schnittstellen, Teilgeräten oder Messgeräten.

(3) Beizufügende Informationen sind nicht erforderlich für
1. Gruppen von identischen Messgeräten, die an demselben Einsatzort verwendet werden, sofern ein Exemplar der Informationen beigefügt ist, und
2. Messgeräte zur Messung von Versorgungsleistungen.

Satz 1 ist nicht für nichtselbsttätige Waagen anzuwenden.

(4) Intelligenten Messsystemen und modernen Messeinrichtungen im Sinne des Messstellenbetriebsgesetzes sind – sofern es sich um Messgeräte im Sinne des Mess- und Eichgesetzes und dieser Verordnung handelt – abweichend von Absatz 3 Beschreibungen zur Handhabung der Ableseeinrichtungen beizufügen. Die Beschreibungen müssen leicht verständlich abgefasst sein. Textliche Darstellungen müssen in deutscher Sprache abgefasst sein.

§§ 18–21, Abschnitt 3 – EG-Bauartzulassung und EG-Ersteichung

§ 18 Verfahrensgrundsätze, wesentliche Anforderungen

(1) Die nachfolgend genannten Messgeräte dürfen in Verkehr gebracht und in Betrieb genommen werden, sofern für sie jeweils eine EG-Bauartzulassung und eine EG-Ersteichung vorliegen:
1. Messgeräte zur Ermittlung der Schüttdichte von Getreide im Sinne der Richtlinie 71/347/EWG des Rates vom 12. Oktober 1971 zur Angleichung der Rechtsvorschriften der Mitgliedstaaten über die Messung der Schüttdichte von Getreide (ABl. L 239 vom 25.10.1971, S. 1), die durch Artikel 2 der Richtlinie 2011/17/EU vom 9. März 2011 (ABl. L 71 vom 18.3.2011, S. 1) mit Wirkung vom 1. Dezember 2015 aufgehoben wird (Kurzbezeichnung: EG-Schüttdichtemessgeräte),
2. Kaltwasserzähler im Sinne der Richtlinie 75/33/EWG des Rates vom 17. Dezember 1974 zur Angleichung der Rechtsvorschriften der Mitgliedstaaten über Kaltwasserzähler (ABl. L 14 vom 20.1.1975, S. 1), die durch Artikel 2 der Richtlinie 2011/17/EU vom 9. März 2011 (ABl. L 71 vom 18.3.2011, S. 1) mit Wirkung vom 1. Dezember 2015 aufgehoben wird, soweit diese nicht von § 8 Absatz 1 Nummer 1 erfasst sind (Kurzbezeichnung: EG-Kaltwasserzähler),
3. Alkoholometer im Sinne der Richtlinie 76/765/EWG des Rates vom 27. Juli 1976 zur Angleichung der Rechtsvorschriften der Mitgliedstaaten über Alkoholometer und Aräometer für Alkohol (ABl. L 262 vom 27.9.1976, S. 143), die durch Artikel 2 der Richtlinie 2011/17/EU vom 9. März 2011 (ABl. L 71 vom 18.3.2011, S. 1) mit Wirkung vom 1. Dezember 2015 aufgehoben wird (Kurzbezeichnung: EG-Alkoholometer),
4. Aräometer für Alkohol im Sinne der Richtlinie 76/765/EWG (Kurzbezeichnung: EG-Aräometer für Alkohol),
5. Reifendruckmessgeräte für Kraftfahrzeugreifen im Sinne der Richtlinie 86/217/EWG des Rates vom 26. Mai 1986 zur Angleichung der Rechtsvorschriften der Mitgliedstaaten über Luftdruckmessgeräte für Kraftfahrzeugreifen (ABl. L 152 vom 6.6.1986, S. 48), die durch Artikel 2 der Richtlinie 2011/17/EU vom 9. März 2011 (ABl. L 71 vom 18.3.2011, S. 1) mit

Wirkung vom 1. Dezember 2015 aufgehoben wird (Kurzbezeichnung: EG-Reifendruckmessgeräte für Kraftfahrzeugreifen),
6. Gaszähler im Sinne der Richtlinie 71/318/EWG des Rates vom 26. Juli 1971 zur Angleichung der Rechtsvorschriften der Mitgliedstaaten über Volumengaszähler (ABl. L 202 vom 6.9.1971, S. 21), die durch Artikel 22 der Richtlinie 2004/22/EG vom 31. März 2004 (ABl. L 135 vom 30.4.2004, S. 1) mit Wirkung vom 30. Oktober 2006 aufgehoben ist (Kurzbezeichnung: EG-Gaszähler),
7. Volumenzähler für strömende Flüssigkeiten außer Wasser im Sinne der Richtlinie 71/319/EWG des Rates vom 26. Juli 1971 zur Angleichung der Rechtsvorschriften der Mitgliedstaaten über Zähler für Flüssigkeiten (außer Wasser) (ABl. L 202 vom 6.9.1971, S. 32), die durch Artikel 22 der Richtlinie 2004/22/EG vom 31. März 2004 (ABl. L 135 vom 30.4.2004, S. 1) mit Wirkung vom 30. Oktober 2006 aufgehoben ist (Kurzbezeichnung: EG-Volumenzähler für Flüssigkeiten),
8. Zusatzeinrichtungen zu Zählern für strömende Flüssigkeiten außer Wasser im Sinne der Richtlinie 71/348/EWG des Rates vom 12. Oktober 1971 zur Angleichung der Rechtsvorschriften der Mitgliedstaaten über Zusatzeinrichtungen zu Zählern für Flüssigkeiten (außer Wasser) (ABl. L 239 vom 25.10.1971, S. 9), die durch Artikel 22 der Richtlinie 2004/22/EG vom 31. März 2004 (ABl. L 135 vom 30.4.2004, S. 1) mit Wirkung vom 30. Oktober 2006 aufgehoben ist (Kurzbezeichnung: EG-Zusatzeinrichtung – Volumenzähler),
9. verkörperte Längenmaße im Sinne der Richtlinie 73/362/EWG des Rates vom 19. November 1973 zur Angleichung der Rechtsvorschriften der Mitgliedstaaten über verkörperte Längenmaße (ABl. L 335 vom 5.12.1973, S. 56), die durch Artikel 22 der Richtlinie 2004/22/EG vom 31. März 2004 (ABl. L 135 vom 30.4.2004, S. 1) mit Wirkung vom 30. Oktober 2006 aufgehoben ist (Kurzbezeichnung: EG-Längenmaße),
10. Kaltwasserzähler im Sinne der Richtlinie 75/33/EWG des Rates vom 17. Dezember 1974 zur Angleichung der Rechtsvorschriften der Mitgliedstaaten über Kaltwasserzähler (ABl. L 14 vom 20.1.1975, S. 1), die durch Artikel 22 der Richtlinie 2004/22/EG vom 31. März 2004 (ABl. L 135 vom 30.4.2004, S. 1) mit Wirkung vom 30. Oktober 2006 aufgehoben ist, soweit diese von § 8 Absatz 1 Nummer 1 erfasst sind (Kurzbezeichnung: EG-Wasserzähler – Kaltwasser),
11. selbsttätige Waagen zum kontinuierlichen Totalisieren im Sinne der Richtlinie 75/410/EWG des Rates vom 24. Juni 1975 zur Angleichung der Rechtsvorschriften der Mitgliedstaaten für selbsttätige Waagen zum kontinuierlichen Wägen (Förderbandwaagen) (ABl. L 183 vom 14.7.1975, S. 25), die durch Artikel 22 der Richtlinie 2004/22/EG vom 31. März 2004 (ABl. L 135 vom 30.4.2004, S. 1) mit Wirkung vom 30. Oktober 2006 aufgehoben ist (Kurzbezeichnung: EG-Förderbandwaagen),
12. Elektrizitätszähler für den Wirkverbrauch im Sinne der Richtlinie 76/891/EWG des Rates vom 4. November 1976 zur Angleichung der Rechtsvorschriften der Mitgliedstaaten über Elektrizitätszähler (ABl. L 336 vom 4.12.1976, S. 30), die durch Artikel 22 der Richtlinie 2004/22/EG vom 31. März 2004 (ABl. L 135

vom 30.4.2004, S. 1) mit Wirkung vom 30. Oktober 2006 aufgehoben ist (Kurzbezeichnung: EG-Elektrizitätszähler),
13. Fahrpreisanzeiger im Sinne der Richtlinie 77/95/EWG des Rates vom 21. Dezember 1976 zur Angleichung der Rechtsvorschriften der Mitgliedstaaten über Taxameter (ABl. L 26 vom 31.1.1977, S. 59), die durch Artikel 22 der Richtlinie 2004/22/EG vom 31. März 2004 (ABl. L 135 vom 30.4.2004, S. 1) mit Wirkung vom 30. Oktober 2006 aufgehoben ist (Kurzbezeichnung: EG-Fahrpreisanzeiger),
14. Messanlagen für strömende Flüssigkeiten außer Wasser im Sinne der Richtlinie 77/313/EWG des Rates vom 5. April 1977 zur Angleichung der Rechtsvorschriften der Mitgliedstaaten über Messanlagen für Flüssigkeiten (außer Wasser) (ABl. L 105 vom 28.4.1977, S. 18), die durch Artikel 22 der Richtlinie 2004/22/EG vom 31. März 2004 (ABl. L 135 vom 30.4.2004, S. 1) mit Wirkung vom 30. Oktober 2006 aufgehoben ist, soweit dies nach Nummer 3.1 des Anhangs dieser Richtlinie gefordert ist (Kurzbezeichnung: EG-Volumenmessanlagen für Flüssigkeiten),
15. selbsttätige Kontroll- und Sortierwaagen im Sinne der Richtlinie 78/1031/EWG des Rates vom 5. Dezember 1978 zur Angleichung der Rechtsvorschriften der Mitgliedstaaten über selbsttätige Kontrollwaagen und Sortierwaagen (ABl. L 364 vom 27.12.1978, S. 1), die durch Artikel 22 der Richtlinie 2004/22/EG vom 31. März 2004 (ABl. L 135 vom 30.4.2004, S. 1) mit Wirkung vom 30. Oktober 2006 aufgehoben ist (Kurzbezeichnung: EG-Kontroll- und Sortierwaagen),
16. Warmwasserzähler im Sinne der Richtlinie 79/830/EWG des Rates vom 11. September 1979 zur Angleichung der Rechtsvorschriften der Mitgliedstaaten über Warmwasserzähler (ABl. L 259 vom 15.10.1979, S. 1), die durch Artikel 22 der Richtlinie 2004/22/EG vom 31. März 2004 (ABl. L 135 vom 30.4.2004, S. 1) mit Wirkung vom 30. Oktober 2006 aufgehoben ist (Kurzbezeichnung: EG-Wasserzähler – Warmwasser).

(2) Die nachfolgenden Messgeräte können in Verkehr gebracht, dürfen aber erst in Betrieb genommen werden, wenn eine EG-Ersteichung vorliegt:
1. Blockgewichte der mittleren Fehlergrenzenklasse von 5 bis 50 Kilogramm im Sinne der Richtlinie 71/317/EWG des Rates vom 26. Juli 1971 zur Angleichung der Rechtsvorschriften der Mitgliedstaaten über Blockgewichte der mittleren Fehlergrenzenklasse von 5 bis 50 Kilogramm und über zylindrische Gewichtsstücke der mittleren Fehlergrenzenklasse von 1 Gramm bis 10 Kilogramm (ABl. L 202 vom 6.9.1971, S. 14), die durch Artikel 3 der Richtlinie 2011/17/EU vom 9. März 2011 (ABl. L 71 vom 18.3.2011, S. 1) mit Wirkung vom 1. Dezember 2015 aufgehoben wird (Kurzbezeichnung: EG-Blockgewichte),
2. zylindrische Gewichtsstücke der mittleren Fehlergrenzenklasse von 1 Gramm bis 10 Kilogramm im Sinne der Richtlinie 71/317/EWG (Kurzbezeichnung: zylindrische EG-Gewichtsstücke),
3. Wägestücke von 1 Milligramm bis 50 Kilogramm von höheren Genauigkeitsklassen als der mittleren Genauigkeit im Sinne der Richtlinie 74/148/EWG des Rates vom 4. März 1974 zur Angleichung der Rechtsvorschriften der Mitgliedstaaten

über Wägestücke von 1 mg bis 50 kg von höheren Genauigkeitsklassen als der mittleren Genauigkeit (ABl. L 84 vom 28.3.1974, S. 3), die durch Artikel 3 der Richtlinie 2011/17/EU vom 9. März 2011 (ABl. L 71 vom 18.3.2011, S. 1) mit Wirkung vom 1. Dezember 2015 aufgehoben wird (Kurzbezeichnung: EG-Wägestücke),
4. Messanlagen für strömende Flüssigkeiten außer Wasser im Sinne der Richtlinie 77/313/EWG des Rates vom 5. April 1977 zur Angleichung der Rechtsvorschriften der Mitgliedstaaten über Messanlagen für Flüssigkeiten (außer Wasser) (ABl. L 105 vom 28.4.1977, S. 18), die durch Artikel 22 der Richtlinie 2004/22/EG vom 31. März 2004 (ABl. L 135 vom 30.4.2004, S. 1) mit Wirkung vom 30. Oktober 2006 aufgehoben ist, soweit sie nicht durch Nummer 3.1 des Anhangs dieser Richtlinie erfasst sind (Kurzbezeichnung: EG-Volumenmessanlagen für Flüssigkeiten).

Die in Satz 1 genannten Messgeräte können vom Hersteller unter dessen Verantwortung mit dem Sonderzeichen nach Anhang I Nummer 3.3 der Richtlinie 2009/34/EG des Europäischen Parlaments und des Rates vom 23. April 2009 betreffend gemeinsame Vorschriften über Messgeräte sowie über Mess- und Prüfverfahren (ABl. L 106 vom 28.4.2009, S. 7) versehen werden.

(3) Bei den in den Absätzen 1 und 2 genannten Messgeräten sind die Begriffsbestimmungen anzuwenden, auf die in Anlage 6 Tabelle 1 Spalte 2 jeweils verwiesen wird.

(4) Für Messgeräte nach Absatz 1 Nummer 1 bis 5 können EG-Bauartzulassungen oder deren Verlängerungen bis einschließlich 30. November 2015 erteilt werden. Für die in Absatz 1 Nummer 6 bis 16 genannten Messgeräte können EG-Ersteichungen bis zum Ablauf der jeweiligen EG-Bauartzulassung, längstens bis einschließlich 30. Oktober 2016 erteilt werden. Für die in Absatz 2 Nummer 1 bis 3 genannten Messgeräte können EG-Ersteichungen bis einschließlich 30. November 2025 erteilt werden. Für die in Absatz 2 Nummer 4 genannten Messgeräte können EG-Ersteichungen bis einschließlich 30. Oktober 2016 erteilt werden. Im Übrigen können EG-Ersteichungen bis zum Ablauf der jeweiligen EG-Bauartzulassung, längstens bis einschließlich 30. November 2025 erteilt werden.

(5) EG-Bauartzulassungen und EG-Ersteichungen dürfen nur erteilt werden, wenn die Messgeräte den wesentlichen Anforderungen genügen, auf die in der Anlage 6 Tabelle 1 Spalte 3 verwiesen wird. Auf EG-Ersteichungen ab dem 1. Dezember 2015 sind weiterhin die Vorschriften jener europäischen Richtlinien anzuwenden, auf die in Anlage 6 Tabelle 1 verwiesen wird, und zwar für Messgeräte nach Absatz 1 Nummer 1 bis 5 und Absatz 2 Nummer 1 bis 3 in deren am 30. November 2015 geltenden Fassung und für Messgeräte nach Absatz 1 Nummer 6 bis 16 und Absatz 2 Nummer 4 in deren am 30. Oktober 2006 geltenden Fassung.

§ 19 EG-Bauartzulassung

(1) Die EG-Bauartzulassung ist bei der Physikalisch-Technischen Bundesanstalt zu beantragen. Der Antrag muss den Anforderungen des Anhangs I Nummer 1 der

Richtlinie 2009/34/EG genügen. Die beigefügten Unterlagen müssen in deutscher Sprache abgefasst sein.

(2) Der Antrag ist zurückzuweisen, wenn er für die bezeichnete Gerätebauart bereits in einem anderen Mitgliedstaat der Europäischen Union gestellt worden ist.

(3) Für die von der Physikalisch-Technischen Bundesanstalt vorzunehmende EG-Bauartzulassungsprüfung, die auszustellenden Bescheinigungen, die vom Hersteller am Messgerät anzubringenden Kennzeichen und die Bekanntmachung der Zulassung sind die Regelungen des Anhangs I Nummer 2, 3, 5 und 6 der Richtlinie 2009/34/EG anzuwenden. Im Verfahren der EG-Bauartzulassung sind ferner einzuhalten die Bestimmungen
1. der Nummer V des Anhangs der Richtlinie 75/33/EWG für die unter diese Richtlinie fallenden EG-Kaltwasserzähler,
2. bei der Nummer 5 des Anhangs der Richtlinie 86/217/EWG für die unter diese Richtlinie fallenden EG-Reifendruckmessgeräte für Kraftfahrzeugreifen.

(4) Die EG-Bauartzulassung darf mit Nebenbestimmungen verbunden werden. Sie ist auf zehn Jahre zu befristen; ihre Gültigkeit darf um bis zu zehn Jahre verlängert werden. Die Zahl der Messgeräte, die in Übereinstimmung mit der zugelassenen Bauart hergestellt werden dürfen, ist nicht beschränkt.

(5) Bei Anwendung neuer Techniken darf die Physikalisch-Technische Bundesanstalt nach Anhörung der übrigen Mitgliedstaaten abweichend von Absatz 3 und 4 eine beschränkte EG-Bauartzulassung erteilen. Artikel 5 Absatz 2 und 3 der Richtlinie 2009/34/EG ist anzuwenden. Eine beschränkte EG-Bauartzulassung ist auf höchstens zwei Jahre zu befristen und darf um bis zu drei weitere Jahre verlängert werden. Für die Kennzeichnung der beschränkten EG-Bauartzulassung ist Anhang I Nummer 3.2 der Richtlinie 2009/34/EG anzuwenden.

(6) Die Physikalisch-Technische Bundesanstalt übermittelt die Bescheinigung über die EG-Bauartzulassung dem Antragsteller.

§ 20 Rücknahme und Widerruf der EG-Bauartzulassung

(1) Die EG-Bauartzulassung ist zurückzunehmen, wenn bekannt wird, dass bei ihrer Erteilung die Messrichtigkeit oder die Messbeständigkeit des Messgeräts nicht gewährleistet war.

(2) Die EG-Bauartzulassung ist zu widerrufen, wenn nachträglich Tatsachen eintreten, welche die Messrichtigkeit oder Messbeständigkeit beeinträchtigen.

(3) Die EG-Bauartzulassung kann widerrufen werden, wenn
1. der Inhaber der EG-Bauartzulassung nach ihrer Erteilung im Zulassungsschein bezeichnete Merkmale des Messgeräts ändert oder inhaltliche Beschränkungen oder Bedingungen nicht beachtet oder Auflagen innerhalb einer ihm gesetzten Frist nicht erfüllt oder
2. das Messgerät, für dessen Bauart eine EG-Bauartzulassung erteilt worden ist, dieser Zulassung nicht entspricht.

§ 21 EG-Ersteichung

(1) Die EG-Ersteichung ist bei der nach Landesrecht zuständigen Behörde zu beantragen. EG-Ersteichungen können auch von staatlich anerkannten Prüfstellen im Rahmen ihrer Prüfbefugnisse durchgeführt werden.

(2) Wird die EG-Ersteichung eines Messgeräts beantragt, für das eine erforderliche EG-Bauartzulassung von einer anderen Stelle als der Physikalisch-Technischen Bundesanstalt erteilt worden ist, ist der zuständigen Behörde vom Antragsteller die Vorlage einer Ausfertigung des Zulassungsscheins in deutscher Sprache vorzulegen.

(3) Für die Durchführung der EG-Ersteichung, einschließlich der Kennzeichnung, sind die Regelungen des Artikels 9 und des Anhangs II Nummer 1, 2 und 3 der Richtlinie 2009/34/EG anzuwenden.

(4) Im Verfahren der EG-Ersteichung sind ferner zu beachten die Bestimmungen
 1. der Nummer VI des Anhangs der Richtlinie 75/33/EWG für die unter diese Richtlinie fallenden EG-Kaltwasserzähler,
 2. der Nummer 6 des Anhangs der Richtlinie 86/217/EWG für die unter diese Richtlinie fallenden EG-Reifendruckmessgeräte für Kraftfahrzeugreifen,
 3. des Kapitels I, Buchstabe B Nummer 9.2, des Kapitels II Nummer 8 und des Kapitels III Nummer 7 des Anhangs der Richtlinie 71/318/EWG für die unter diese Richtlinie fallenden EG-Gaszähler,
 4. der Nummern 10.2 und 11 des Anhangs der Richtlinie 73/362/EWG für die unter diese Richtlinie fallenden EG-Längenmaße,
 5. der Nummer VI des Anhangs der Richtlinie 75/33/EWG für die unter diese Richtlinie fallenden EG-Wasserzähler – Kaltwasser,
 6. der Nummer 11 des Kapitels IV des Anhangs der Richtlinie 75/410/EWG für die unter diese Richtlinie fallenden EG-Förderbandwaagen,
 7. Kapitel V des Anhangs der Richtlinie 76/891/EWG für die unter diese Richtlinie fallenden EG-Elektrizitätszähler,
 8. Nummer 7 des Anhangs der Richtlinie 77/95/EWG für die unter diese Richtlinie fallenden EG-Fahrpreisanzeiger,
 9. Nummer 3.2 des Anhangs der Richtlinie 77/313/EWG für die unter diese Richtlinie fallenden EG-Volumenmessanlagen für Flüssigkeiten,
 10. Nummer 8 des Kapitels IV des Anhangs der Richtlinie 78/1031/EWG für die unter diese Richtlinie fallenden EG-Kontroll- und Sortierwaagen,
 11. Nummer VI des Anhangs der Richtlinie 79/830/EWG für die unter diese Richtlinie fallenden EG-Wasserzähler – Warmwasser.

Bei EG-Ersteichungen ab dem 1. Dezember 2015 ist der Wortlaut der in Satz 1 Nummer 1 und 2 genannten Vorschriften in der am 30. November 2015 geltenden Fassung anzuwenden, der in Satz 1 Nummer 3 bis 11 genannten Vorschriften in der am 30. Oktober 2006 geltenden Fassung.

§§ 22–32, Abschnitt 4 – Pflichten der Verwender
§§ 22–26, Unterabschnitt 1 – Allgemeine Pflichten der Verwender

§ 22 Verkehrsfehlergrenzen

(1) Messgeräte in Form nichtselbsttätiger Waagen müssen bei der Verwendung eine Verkehrsfehlergrenze einhalten, die dem Doppelten der für sie bestimmten Fehlergrenze entspricht.

(2) Messgeräte müssen in den übrigen Fällen bei der Verwendung eine Genauigkeit aufweisen, die dem Stand der Technik unter Berücksichtigung der zu erfüllenden Messaufgabe entspricht. Es wird vermutet, dass die Verkehrsfehlergrenze eines Messgeräts eingehalten ist, wenn sie nicht mehr als das Doppelte der Fehlergrenze beträgt und eine anderweitige Feststellung des Regelermittlungsausschusses nach den Vorschriften des § 46 des Mess- und Eichgesetzes nicht veröffentlicht ist.

§ 23 Aufstellung, Gebrauch und Wartung von Messgeräten

(1) Wer ein Messgerät verwendet im Sinne des § 1 Absatz 2 und 3, muss
1. sicherstellen, dass es
   a) über die für den Verwendungszweck erforderliche Genauigkeit verfügt,
   b) für die vorgesehenen Umgebungsbedingungen geeignet ist und
   c) innerhalb des zulässigen Messbereichs eingesetzt wird,
2. es so aufstellen, anschließen, handhaben und warten, dass die Richtigkeit der Messung und die zuverlässige Ablesung der Anzeige gewährleistet sind; bedarf ein Messgerät keiner eigenen Anzeige gemäß Anlage 2 Nummer 9.1, hat der Verwender die zutreffende Darstellung der Messergebnisse in anderer Form entsprechend dem Stand der Technik sicherzustellen,
3. sicherstellen, dass die nach § 17 dem Gerät beizufügenden Informationen jederzeit verfügbar sind.

(2) Wer ein Messgerät verwendet, darf Verkehrsfehlergrenzen nicht zu seinem Vorteil ausnutzen.

(3) Wer ein Messgerät im Direktverkauf verwendet, muss es so aufstellen und benutzen, dass der Käufer den Messvorgang beobachten kann.

§ 24 Vermutungswirkung

(1) Es wird vermutet, dass Verwender ihre Pflichten nach § 23 erfüllen, wenn sie die Bedingungen einhalten, die hierzu nach § 46 des Mess- und Eichgesetzes in Regeln, technischen Spezifikationen oder Erkenntnissen ermittelt und veröffentlicht wurden.

(2) (weggefallen)

§ 25 Ausnahmen bei Werten für Messgrößen

Werte für die folgenden Messgrößen dürfen Verwender angeben oder verwenden, auch ohne dass die angegebene Größe mit einem Messgerät im Sinne des Mess- und Eichgesetzes und dieser Verordnung ermittelt worden ist:

1. Messgrößen, soweit für den betreffenden Verwendungszweck Messgeräte dem Mess- und Eichgesetz und dieser Verordnung nicht unterliegen,
2. das Gewicht von genormten Flach- und Langerzeugnissen aus Stahl sowie Halbzeugen und Formstücken aus Stahl oder Gusseisen, wenn die Länge mit einem Messgerät im Sinne des Mess- und Eichgesetzes und dieser Verordnung bestimmt und das Gewicht nach den anerkannten Regeln der Technik aus den Werten für die Länge ermittelt worden ist,
3. das Gewicht von Milch, die einem Unternehmen der Be- oder Verarbeitung von Milch (Molkerei) angeliefert wird, wenn das Volumen der Milch mit einem Messgerät im Sinne des Mess- und Eichgesetzes oder dieser Verordnung bestimmt und
   a) mit dem Faktor aus § 4 Absatz 1 Satz 2 der Milchgüteverordnung multipliziert worden ist oder
   b) nach einem von der Molkerei errechneten, mindestens durch wöchentliches Nachwägen der Milch überprüften Faktor in Gewicht umgerechnet worden ist,
4. die Verbrennungsenthalpie von Gas oder Gasbeschaffenheitskenngrößen, insbesondere der Brennwert, wenn sie nach den anerkannten Regeln der Technik ermittelt worden sind und die dafür verwendeten Messwerte mit einem dem Mess- und Eichgesetz und dieser Verordnung entsprechendem Messgerät ermittelt worden sind,
5. das Gewicht von Mineralölen oder Flüssiggas sowie das Volumen von Mineralölen oder Flüssiggas bei der Abrechnungstemperatur, wenn die Größen nach den anerkannten Regeln der Technik bestimmt worden sind und die im Betriebszustand mit Messgeräten im Sinne des Mess- und Eichgesetzes gemessenen Werte für Volumen oder Gewicht und Temperatur oder Dichte zusätzlich angegeben werden,
6. das Gewicht oder Volumen von losem Sand und Kies bei Abgabe in Mengen bis zu 2 Kubikmetern,
7. Messgrößen, deren Werte als Summe, Differenz, Produkt oder Quotient oder Kombinationen davon aus Messwerten gebildet werden, welche mit einem dem Mess- und Eichgesetz und dieser Verordnung entsprechendem Messgerät ermittelt worden sind, sofern der Regelermittlungsausschuss nach § 46 des Mess- und Eichgesetzes Regeln hierfür ermittelt hat, die eine Feststellung zu den zulässigen Abweichungen der Werte von den wahren Werten beinhalten und deren Fundstelle von der Physikalisch-Technischen Bundesanstalt im Bundesanzeiger bekannt gemacht wurde; die für diese Rechenoperationen verwendeten Messwerte müssen mit angegeben werden.

Wurden Werte nach Satz 1 entsprechend einer vom Regelermittlungsausschuss nach § 46 des Mess- und Eichgesetzes ermittelten Regel, deren Fundstelle von der Physikalisch-Technischen Bundesanstalt im Bundesanzeiger bekannt gemacht wurde, ermittelt, so wird widerleglich vermutet, dass sie den anerkannten Regeln der Technik entsprechend ermittelt wurden.

§ 26 Angabe von Gewichtswerten

(1) Im geschäftlichen Verkehr mit losen Erzeugnissen sind Gewichtswerte, die der Preisermittlung zugrunde liegen, nur als Nettowerte anzugeben. Erfolgt die Abgabe von losen Erzeugnissen an Personen, die das Erzeugnis in ihrer selbständigen

beruflichen oder gewerblichen oder in ihrer behördlichen oder dienstlichen Tätigkeit verwenden, dürfen zusätzlich auch Bruttowerte angegeben werden.

(2) Das Verwenden gespeicherter Taragewichtswerte zur Berücksichtigung des Gewichts von Verpackungen oder Transportgeräten ist gestattet, wenn die gespeicherten Gewichtswerte den tatsächlichen Taragewichtswerten zum Zeitpunkt ihrer Verwendung entsprechen oder so bemessen sind, dass eine Benachteiligung des Vertragspartners ausgeschlossen ist.

§§ 27–29, Unterabschnitt 2–Pflichten der Verwender bei besonderen Verwendungen

§ 27 Verwenden von Ausschankmaßen

Beim Verwenden für den geschäftsmäßigen Ausschank sind Ausschankmaße nur mit einem der folgenden Nennvolumina zulässig:
1. 1 Zentiliter,
2. 2 Zentiliter,
3. 4 Zentiliter,
4. 5 Zentiliter,
5. 10 Zentiliter,
6. 0,1 Liter,
7. 0,15 Liter,
8. 0,2 Liter,
9. 0,25 Liter,
10. 0,3 Liter,
11. 0,33 Liter,
12. 0,4 Liter,
13. 0,5 Liter,
14. 0,75 Liter,
15. 1 Liter,
16. 1,5 Liter,
17. 2 Liter,
18. 3 Liter,
19. 4 Liter,
20. 5 Liter.

§ 28 Abgabe von flüssigen Brennstoffen

Wer Gasöl, das auf Grund des § 2 Absatz 1 der Energiesteuer-Durchführungsverordnung vom 31. Juli 2006 (BGBl. I S. 1753), die zuletzt durch Artikel 1 der Verordnung vom 24. Juli 2013 (BGBl. I S. 2763) geändert worden ist, in der jeweils geltenden Fassung, gekennzeichnet ist und zum Verheizen verwendet wird (leichtes Heizöl), oder Flüssiggas zum Zweck des Verheizens im geschäftlichen Verkehr nach Volumen abgibt, hat das Volumen der abgegebenen Brennstoffe im Betriebszustand nach den allgemein anerkannten Regeln der Technik auf eine Temperatur von 15 Grad Celsius umzurechnen und das umgerechnete Volumen der Abrechnung zugrunde zu legen.

§ 29 Besondere Vorschriften für das Verwenden von Messgeräten zur Bestimmung der Dosis ionisierender Strahlung

(1) Dosimetersonden für ein passives, integrierendes Dosimeter dürfen von einer Stelle, die für die Auswertung von Dosimetersonden eines Dosimeters ausgestattet und qualifiziert ist (Dosimetriestelle), nur ausgegeben werden, wenn
1. das Dosimeter konformitätsbewertet ist und
2. die Dosimetriestelle regelmäßig mit Mustern von Dosimetersonden an Vergleichsmessungen teilnimmt und die dabei gestellten Anforderungen einhält.

Die Vergleichsmessungen nach Satz 1 Nummer 2 werden von der Physikalisch-Technischen Bundesanstalt veranstaltet. Die Dosimetriestelle hat der zuständigen Behörde die Teilnahme an Vergleichsmessungen nach Satz 1 Nummer 2 und deren Ergebnis mitzuteilen. Die Leitung der Dosimetriestelle hat dafür zu sorgen, dass die Vorschriften der Sätze 1 und 3 eingehalten werden.

(2) Eine Dosimetriestelle darf eine Dosimetersonde für ein passives, integrierendes Dosimeter nur auswerten, wenn diese Dosimetersonde zuvor von ihr nach Absatz 1 Satz 1 ausgegeben wurde.

(3) Elektronische Personendosimeter dürfen für Messungen, in denen die Personendosis mit einem Dosimeter nach § 66 Absatz 1 Nummer 2 der Strahlenschutzverordnung zu messen ist, nur von einer Dosimetriestelle verwendet werden. Die Feststellung der Personendosis der jeweiligen Person muss im Fall des Satzes 1 durch die Dosimetriestelle im Wege elektronischer Datenkommunikation erfolgen.

§ 30 Pflichten beim Verwenden einer öffentlichen Waage

Wer eine öffentliche Waage verwendet, hat
1. die öffentliche Waage mit einem außen angebrachten Schild mit der deutlich lesbaren Aufschrift zu kennzeichnen:
»Öffentliche Waage
Wägebereich von … kg bis … kg«;
dem Wort »Waage« können Hinweise auf die Art der Waage, ihren Verwendungszweck oder ihren Inhaber beigefügt werden,
2. den Beginn und die Einstellung des Betriebs einer öffentlichen Waage der zuständigen Behörde unverzüglich anzuzeigen.

§ 31 Pflichten bei der Durchführung öffentlicher Wägungen

Wer eine öffentliche Waage verwendet, hat bei Wägungen sicherzustellen, dass
1. diese gewissenhaft und unparteiisch vorgenommen werden und
2. sie abgelehnt werden, wenn der Verwender der öffentlichen Waage, das die Wägung durchführende Betriebspersonal oder einer ihrer Angehörigen im Sinne des § 383 Absatz 1 Nummer 1 bis 3 der Zivilprozessordnung ein unmittelbares Interesse an dem Wägeergebnis haben.

§ 32 Nachweis des Wägeergebnisses

(1) Wer eine öffentliche Waage verwendet, hat sicherzustellen, dass das Wägeergebnis durch Unterschrift desjenigen bescheinigt wird, der dieses selbst ermittelt hat. Folgende Angaben müssen in der Bescheinigung enthalten sein:
1. die Angabe, dass es sich um eine öffentliche Wägung handelt,
2. Ort und Datum der Wägung,
3. der Auftraggeber der Wägung,
4. die Art des Wägegutes,
5. beim Wägen von Kraftfahrzeugen oder Anhängern das Kennzeichen,
6. bei einer selbsttätigen Waage, die mit Zählwerk ausgerüstet ist,
   a) der Stand des Zählwerks vor und nach der öffentlichen Wägung sowie
   b) das ermittelte Wägeergebnis.

(2) Wer eine öffentliche Waage verwendet, muss die Unterlagen über die bescheinigten öffentlichen Wägungen für die Dauer von zwei Jahren, gerechnet ab dem Zeitpunkt der Beendigung der Wägung, aufbewahren.

§§ 33–39, Abschnitt 5–Eichung und Befundprüfung

§ 33 Pflichten der antragstellenden Person bei der Eichung

(1) Die antragstellende Person hat die Messgeräte für die Eichung zu reinigen und ordnungsgemäß herzurichten.

(2) Bewegliche Messgeräte, die nicht am Gebrauchsort geeicht werden, hat die antragstellende Person bei der nach § 40 Absatz 1 des Mess- und Eichgesetzes zuständigen Behörde oder an einem von der zuständigen Behörde angegebenen Prüfungsort zur Eichung vorzuführen.

(3) Messgeräte, die am Gebrauchsort geeicht werden, müssen ungehindert und gefahrlos zugänglich sein. Für ihre Eichung hat die antragstellende Person Arbeitshilfe und Arbeitsräume zur Verfügung zu stellen.

(4) Die antragstellende Person hat auf Verlangen der nach § 40 Absatz 1 des Mess- und Eichgesetzes zuständigen Behörde den Transport der Prüfmittel zu veranlassen oder besondere Prüfmittel bereitzustellen.

(5) Zur Eichung hat die antragstellende Person der nach § 40 Absatz 1 des Mess- und Eichgesetzes zuständigen Behörde die nach § 17 beizufügenden Unterlagen des Messgeräts vorzulegen.

§ 34 Eichfrist

(1) Die Eichfrist eines Messgeräts beträgt zwei Jahre, soweit nicht etwas anderes bestimmt ist
1. in Anlage 7 oder
2. in einer bis zum Ablauf des 31. Dezember 2014 erteilten Bauartzulassung der Physikalisch-Technischen Bundesanstalt.

Soweit nicht die Eichfrist nach § 37 Absatz 1 Satz 2 des Mess- und Eichgesetzes beginnt, ist für den Fristbeginn auf den Tag der Eichung abzustellen. Wird ein Messgerät nach Ablauf der Eichfrist geeicht, beginnt die neue Eichfrist mit Ablauf der vorausgegangenen Eichfrist. Wenn ein Messgerät nach Ablauf der Eichfrist nachweislich länger als ein Jahr nicht verwendet wurde, ist für den erneuten Fristbeginn auf den Tag der Eichung abzustellen.

(2) Unabhängig von dem nach Absatz 1 sich ergebenden rechnerischen Ende der Eichfrist endet diese bei Eichfristen, die mindestens ein Jahr betragen, erst mit dem Ende des Jahres, in dem die Frist rechnerisch endet. Es wird vermutet, dass das Messgerät in dem Jahr in Verkehr gebracht wurde, in dem es nach § 14 gekennzeichnet wurde.

(3) Unabhängig von dem nach Absatz 1 sich ergebenden rechnerischen Ende der Eichfrist endet diese bei Eichfristen, die weniger als zwölf Monate betragen, mit dem Ablauf des Kalendermonats, in dem die Frist rechnerisch endet. Es wird vermutet, dass das Messgerät zum Ende des Jahres in Verkehr gebracht wurde, in dem es nach § 14 gekennzeichnet wurde.

§ 35 Verlängerung der Eichfrist auf Grund von Stichprobenverfahren

Die nach § 40 Absatz 1 des Mess- und Eichgesetzes zuständige Behörde verlängert auf Antrag die Eichfrist derjenigen Messgeräte für Elektrizität, Gas, Wasser oder Wärme, die in einem Los zusammengefasst sind. Dazu ist nach anerkannten statistischen Grundsätzen eine bestimmte Größe und zufällige Auswahl einer zu prüfenden Stichprobe dieser Messgeräte zu ermitteln. Die Eichfrist wird verlängert, sofern
1. nach anerkannten statistischen Grundsätzen davon auszugehen ist, dass mindestens 95 Prozent der Messgeräte des Loses die wesentlichen Anforderungen nach § 6 Absatz 2 des Mess- und Eichgesetzes einhalten, wobei statt der Fehlergrenzen nach § 6 Absatz 2 des Mess- und Eichgesetzes die Messgeräte eine Genauigkeit aufweisen müssen, die im Hinblick auf den zu verlängernden Zeitraum erwarten lassen, dass die Verkehrsfehlergrenzen während dieses Zeitraums jederzeit eingehalten werden,
2. nachgewiesen ist, dass alle im Los erfassten Messgeräte baugleich sind,
3. der nach § 40 Absatz 1 des Mess- und Eichgesetzes zuständigen Behörde das Stichprobenverfahren vor Beginn der Prüfungen angezeigt wurde,
4. die Prüfungen durch Stellen durchgeführt wurden, die über die erforderliche Kompetenz und Ausstattung zur Durchführung von eichtechnischen Prüfungen im Sinne des § 37 und zur Beurteilung der betroffenen Messgeräte verfügen,
5. die Behandlung der Stichprobenmessgeräte, einschließlich der Aufbewahrung der Stichprobenmessgeräte, sowie die Vorbereitung und Durchführung der Prüfungen, einschließlich der Dokumentation der Prüfungen, fachgerecht erfolgten,
6. die zuständige Behörde die Möglichkeit zur Überwachung der Prüfungen hatte und ihren Festlegungen entsprochen wurde; dies schließt insbesondere das Recht der Behörde ein, nähere Festlegungen zur Bestimmung der Stichprobe zu treffen, und

7. das Stichprobenverfahren so rechtzeitig begonnen wurde, dass alle Messgeräte des Loses vor Beendigung der Eichfrist ersetzt werden könnten, sofern der Nachweis der Messrichtigkeit im Rahmen des Stichprobenverfahrens nicht gelingt.

Bei der Verlängerung der Eichfrist ist der Einfluss des zu erwartenden Alterungsverhaltens der Messgeräte auf die Messbeständigkeit unter den gegebenen Verwendungsbedingungen angemessen zu berücksichtigen.

§ 36 Durchführung der Eichung

Die Eichung besteht aus der eichtechnischen Prüfung (§ 37) und dem Aufbringen der Eichkennzeichen auf dem Messgerät (§ 38).

§ 37 Eichtechnische Prüfung

(1) Die eichtechnische Prüfung besteht aus der Prüfung der formalen Anforderungen und der messtechnischen Prüfung des Messgerätes und der Bewertung der Prüfergebnisse. Sie kann in einem Vorgang erfolgen oder aus einer oder mehreren Vorprüfungen und einer Schlussprüfung bestehen.

(2) Die eichtechnische Prüfung eines Messgeräts muss den angegebenen Messbereich unter Berücksichtigung der Fehlergrenzen abdecken. Die zuständige Behörde kann auf eine eichtechnische Prüfung in den Messbereichen verzichten, die geringer als die Fehlergrenzen sind.

(3) Über das Ergebnis der Eichung ist auf Verlangen des Antragstellers ein Eichschein auszustellen. Das Verlangen muss spätestens bei der Durchführung der Eichung erklärt werden. In den Eichschein sind auf Verlangen des Antragstellers auch jene Angaben aufzunehmen, die für eine benötigte Anerkennung als metro-logischer Rückführungsnachweis nach den anerkannten Regeln der Technik erforderlich sind, sofern diese Angaben im Rahmen der Eichung des betreffenden Messgeräts anfallen.

§ 38 Kennzeichnung der Messgeräte

(1) Messgeräte werden bei der Eichung von der nach § 40 Absatz 1 des Mess- und Eichgesetzes zuständigen Behörde mit dem Eichkennzeichen nach Anlage 8 Nummer 1.1 oder 1.2 als geeicht gekennzeichnet. Das Messgerät darf mit dem Zusatzzeichen nach Anlage 8 Nummer 1.3 versehen werden, das jedoch nur an einer gut sichtbaren Stelle angebracht werden darf.

(2) Bei der Vorprüfung sind die in der jeweiligen Stufe geprüften Teile mit dem Sicherungszeichen nach Anlage 8 Nummer 1.4 in Verbindung mit einem Datumszeichen zu kennzeichnen.

(3) Messgeräte sind durch das Aufbringen von Sicherungszeichen nach Anlage 8 Nummer 1.4 gegen ein unbefugtes Öffnen zu schützen. Als Sicherungszeichen kann auch das Eichkennzeichen verwendet werden.

(4) Wird ein geeichtes Messgerät für vorschriftswidrig befunden und kann es nicht unmittelbar in einen ordnungsgemäßen Zustand versetzt werden, so ist das Eichkennzeichen zu entwerten oder ein Entwertungszeichen nach Anlage 8 Nummer 1.5 anzubringen.

§§ 40–41, Abschnitt 6–Softwareaktualisierung

§ 39 Durchführung der Befundprüfung

(1) Auf eine Befundprüfung nach § 39 Absatz 1 des Mess- und Eichgesetzes sind die Regelungen des § 37 Absatz 1 und 2 entsprechend anzuwenden, wobei an Stelle der Fehlergrenzen die Verkehrsfehlergrenzen zu berücksichtigen sind.

(2) Bei der Befundprüfung ist die Verwendungssituation des Messgeräts zu berücksichtigen.

(3) Auf Verlangen der antragstellenden Person kann auch eine Teilbefundprüfung im Hinblick auf einzelne Aspekte der Befundprüfung durchgeführt werden.

§ 40 Genehmigungsverfahren zur Aktualisierung von Software in Messgeräten

(1) Antragsbefugt sind
1. Wirtschaftsakteure oder
2. Verwender von Messgeräten.

(2) Die Genehmigung kann für die Aktualisierung eines oder mehrerer Messgeräte bei der in § 40 Absatz 1 des Mess- und Eichgesetzes genannten Behörde beantragt werden.

(3) Die Genehmigung darf nur erteilt werden, wenn die nachfolgenden Voraussetzungen gegeben sind:
1. das Messgerät, für das die aktualisierte Software bestimmt ist,
    a) ist konkret bezeichnet,
    b) ist zur Aktualisierung von Software geeignet und die Eignung ist durch eine Konformitätsbescheinigung bestätigt, wobei dies insbesondere umfasst, dass
        aa) die Aktualisierung der Software nach dem Beginn selbsttätig abläuft,
        bb) durch informationstechnische Verfahren gewährleistet ist, dass die Software zur Aktualisierung aus einer autorisierten Quelle stammt und nicht verändert wurde gegenüber der in der Konformitätsbescheinigung genannten Software,
        cc) Aktualisierungen und Aktualisierungsversuche der Software im Messgerät automatisch protokolliert werden und für einen Zeitraum von sechs Monaten nach Ablauf der Eichfrist gespeichert werden,
2. eine Konformitätsbescheinigung vorliegt, die die Übereinstimmung des mit der aktualisierten Software versehenen Baumusters des Messgeräts mit den wesentlichen Anforderungen im Sinne des § 6 Absatz 2 des Mess- und Eichgesetzes bestätigt und
3. die zuständige Behörde hat durch Stichproben die Richtigkeit der aktualisierten Messgeräte überprüft.

(4) Die Genehmigung zum Verwenden von Messgeräten mit aktualisierter Software nach § 37 Absatz 6 des Mess- und Eichgesetzes ist auf Antrag vorläufig zu erteilen, wenn die nachfolgend genannten Voraussetzungen erfüllt sind:

1. die Anforderungen des Absatzes 3 Nummer 1 sind erfüllt,
2. die beauftragte Stelle nach § 3 Absatz 1 Nummer 5 des BSI-Gesetzes vom 14. August 2009 (BGBl. I S. 2821), das zuletzt durch Artikel 3 Absatz 7 des Gesetzes vom 7. August 2013 (BGBl. I S. 3154) geändert worden ist, in der jeweils geltenden Fassung oder eine von dieser Stelle nach § 9 des Gesetzes zur Stärkung der Sicherheit in der Informationstechnik des Bundes zertifizierte oder eine vergleichbare Stelle bestätigt hat, dass
    a) eine informationstechnische Sicherheitslücke in der Software des Messgeräts besteht, die den unerlaubten Zugriff auf das Messgerät über Netzwerke ermöglicht,
    b) eine hohe Dringlichkeit zur Beseitigung der Sicherheitslücke gegeben ist und
    c) die aktualisierte Software zur Behebung der sicherheitstechnischen Lücke geeignet ist, anschließend
3. die Konformitätsbewertungsstelle bei der Physikalisch-Technischen Bundesanstalt eine vorläufige Konformitätsbescheinigung zur messtechnischen Eignung der aktualisierten Software erstellt hat,
4. die zuständige Behörde durch Stichproben die Richtigkeit der aktualisierten Messgeräte überprüft hat und
5. das Verfahren zur Softwareaktualisierung nach Absatz 3 eingeleitet wurde.

Die vorläufige Genehmigung nach Satz 1 ist innerhalb von vier Werktagen zu erteilen; sie gilt nach Ablauf der genannten Frist als erteilt. § 42a Absatz 2 Satz 2 bis 4 des Verwaltungsverfahrensgesetzes in der Fassung der Bekanntmachung vom 23. Januar 2003 (BGBl. I S. 102), das zuletzt durch Artikel 3 des Gesetzes vom 25. Juli 2013 (BGBl. I S. 2749) geändert worden ist, ist anzuwenden.

(5) Die Aktualisierung der Software eines Messgeräts darf nur erfolgen, wenn der Verwender dem zugestimmt hat.

§ 41 Konformitätsbewertung der aktualisierten Software

Die Konformitätsbewertung der aktualisierten Software hat durch eine Konformitätsbewertungsstelle im Sinne des § 13 Absatz 1 Satz 1 oder des § 14 Absatz 1 Satz 1 des Mess- und Eichgesetzes zu erfolgen, die zur Bewertung der jeweiligen Baumuster berechtigt ist.

§§ 42–55, Abschnitt 7 – Prüfstellen für die Eichung von Messgeräten für Elektrizität, Gas, Wasser oder Wärme und Instandsetzer

§§ 42–44, Unterabschnitt 1 – Staatlich anerkannte Prüfstellen

§ 42 Antrag und Anerkennung

(1) Prüfstellen können staatlich anerkannt werden für
1. die Eichung von Messgeräten für Elektrizität, Gas, Wasser oder Wärme im Sinne des § 40 Absatz 3 des Mess- und Eichgesetzes,
2. die Befundprüfung der in Nummer 1 bezeichneten Messgeräte im Sinne des § 39 Absatz 2 des Mess- und Eichgesetzes und

3. die EG-Ersteichung von Messgeräten.

(2) Dem Antrag sind die für die Beurteilung der Anerkennungsvoraussetzungen erforderlichen Angaben und Unterlagen beizufügen.

(3) Die Prüfstelle kann von der nach Landesrecht zuständigen Behörde anerkannt werden, wenn
1. die Prüfstelle die Voraussetzungen nach den §§ 43 und 44 erfüllt und
2. die Leitung und die stellvertretende Leitung der Prüfstelle nach § 48 öffentlich bestellt sind.

Sind Leitung und stellvertretende Leitung der Prüfstelle noch nicht öffentlich bestellt, darf eine Anerkennung der Prüfstelle nur unter der aufschiebenden Bedingung der öffentlichen Bestellung dieser Personen erteilt werden.

(4) Die Anerkennung bedarf der Schriftform. In der Anerkennung sind zu benennen:
1. die Messgerätearten, für die die Prüfstelle tätig werden darf, und
2. die Messbereiche, innerhalb derer Eichungen und Befundprüfungen vorgenommen werden dürfen.

§ 43 Anforderungen an die Prüfstelle

(1) Der Träger der Prüfstelle muss rechtsfähig, die Prüfstelle soll rechtsfähig sein. Ist die Prüfstelle nicht selbst rechtsfähig, muss sie als organisatorisch selbständige Einheit so eingerichtet und unterhalten werden, dass eine sach- und fachgerechte Eichung und Befundprüfung gewährleistet ist.

(2) Die Mitarbeiter der Prüfstelle haben die Eichung und Befundprüfung sach- und fachgerecht durchzuführen; sie dürfen keinerlei Einflussnahme, insbesondere finanzieller Art, durch Dritte ausgesetzt sein, die sich auf ihre Beurteilung oder die Ergebnisse ihrer Eichungen und Befundprüfungen auswirken könnte und insbesondere von Personen oder Personengruppen ausgeht, die ein Interesse am Ergebnis der Eichungen und Befundprüfungen haben. Die Unparteilichkeit der Prüfstellenleitung und des Eich- und Prüfpersonals ist sicherzustellen. Die Prüfstelle muss eine dementsprechende Verpflichtungserklärung der obersten Leitung des Trägers der Prüfstelle vorweisen. Die Vergütung der Prüfstellenleitung und des Eich- und Prüfpersonals darf sich nicht nach der Anzahl der durchgeführten Eichungen oder Befundprüfungen oder nach deren Ergebnissen richten.

(3) Der zu erwartende Umfang der Prüftätigkeit muss die Einrichtung der Prüfstelle rechtfertigen. Die Prüfstelle muss in der Lage sein, alle Aufgaben der Eichung und Befundprüfung zu bewältigen, für die sie die Kompetenz beansprucht. Die Prüfstelle muss für die Eichung und die Prüftätigkeiten sowie für jede Art und Kategorie von Messgeräten, für die sie tätig werden will, über Folgendes verfügen:
1. über die erforderliche Anzahl von Mitarbeitern mit Fachkenntnis und ausreichender einschlägiger Erfahrung, um die bei der Eichung und der Befundprüfung anfallenden Aufgaben zu erfüllen,
2. über Beschreibungen von Verfahren, nach denen die Eichung und die Prüftätigkeiten durchgeführt werden, um die Transparenz und die Wiederholbarkeit dieser Verfahren sicherzustellen,

3. über die erforderlichen Mittel zur angemessenen Erledigung der technischen und administrativen Aufgaben, die mit der Eichung und den Prüftätigkeiten verbunden sind, einschließlich Zugang zu allen benötigten Ausrüstungen oder Einrichtungen.

(4) Die Prüfstelle stellt sicher, dass die Mitarbeiter, die für die Durchführung der Eichung und Befundprüfung zuständig sind,
1. eine Fach- und Berufsausbildung besitzen, die sie für alle Eich- und Prüftätigkeiten qualifiziert, für die die Prüfstelle tätig werden will,
2. über eine ausreichende Kenntnis der Messgeräte und der Eich- und Prüfverfahren verfügen und die entsprechende Befugnis besitzen, solche Eichungen und Befundprüfungen durchzuführen,
3. angemessene Kenntnisse der einschlägigen rechtlichen Bestimmungen besitzen, insbesondere der wesentlichen Anforderungen, die die Messgeräte nach §§ 7 oder 8 zu erfüllen haben, sowie der geltenden harmonisierten Normen, der geltenden normativen Dokumente und der vom Ausschuss nach § 46 Absatz 1 Satz 1 des Mess- und Eichgesetzes ermittelten Normen und Spezifikationen,
4. Kennzeichnungen, Bescheinigungen, Protokolle und Berichte erstellen können, die als Nachweis für durchgeführte Eichungen und Prüftätigkeiten dienen.

(5) Die Prüfstelle unterhält ein den anerkannten Regeln der Technik entsprechendes Qualitätsmanagementsystem, das der Art, der Bedeutung und dem Umfang der durchzuführenden Tätigkeiten entspricht und das eine eindeutige Trennung zwischen den Aufgaben, die die Prüfstelle im Rahmen der Anerkennung wahrnimmt und den übrigen Aufgaben sicherstellt.

§ 44 Haftpflichtversicherung der Prüfstelle

(1) Die Haftpflichtversicherung, die die Prüfstelle nach § 40 Absatz 3 Satz 2 des Mess- und Eichgesetzes abzuschließen hat, ist zur Deckung folgender Schäden bestimmt:
1. Personen-, Sach- oder Vermögensschäden, die sich aus der öffentlich-rechtlichen Tätigkeit der Prüfstelle ergeben und
2. Schäden, für die die Prüfstelle nach § 278 oder § 831 des Bürgerlichen Gesetzbuchs einzustehen hat.

(2) Die Haftpflichtversicherung muss bei einem im Inland zum Geschäftsbetrieb befugten Versicherungsunternehmen genommen werden und für die gesamte Dauer der Anerkennung der Prüfstelle bestehen.

(3) Das Versicherungsunternehmen kann die Haftung nur für die folgenden Ersatzansprüche ausschließen:
1. Ersatzansprüche wegen vorsätzlicher Pflichtverletzung des Versicherungsnehmers oder
2. Ersatzansprüche wegen Vermögensschäden durch die Nichteinhaltung vertraglich vereinbarter Fristen.

(4) Die Mindestversicherungssumme beträgt für jeden Versicherungsfall 250 000 Euro.

(5) Es kann ein Selbstbehalt bis zu 1 Prozent der Mindestversicherungssumme vereinbart werden.

§§ 45–48, Unterabschnitt 2–Prüfstellenleitung

§ 45 Leitung und stellvertretende Leitung

Die Leitung oder stellvertretende Leitung einer Prüfstelle darf nur ausüben, wer von der zuständigen Behörde öffentlich bestellt ist und verpflichtet ist nach den Vorschriften des Verpflichtungsgesetzes vom 2. März 1974 (BGBl. I S. 469, 547), das durch § 1 Nummer 4 des Gesetzes vom 15. August 1974 (BGBl. I S. 1942) geändert worden ist, in der jeweils geltenden Fassung. Die öffentliche Bestellung der Leitung und der stellvertretenden Leitung erfolgt für die Tätigkeit an einer bestimmten Prüfstelle.

§ 46 Antrag

(1) Wer als Leiterin oder Leiter oder stellvertretende Leiterin oder stellvertretender Leiter einer Prüfstelle tätig sein will, hat seine Bestellung bei der zuständigen Behörde schriftlich oder auf elektronischem Weg zu beantragen.

(2) Die antragstellende Person hat dem Antrag beizufügen:
1. die genaue Bezeichnung der Prüfstelle und deren Träger,
2. ihren Lebenslauf,
3. Nachweise über das Vorliegen der erforderlichen Sachkunde nach § 47 und
4. (weggefallen)
5. die Erklärung des Trägers der Prüfstelle, dass dieser mit der Bewerbung einverstanden ist.

Der Antragsteller hat ferner ein Führungszeugnis im Sinne des § 30 Absatz 5 des Bundeszentralregistergesetzes vorzulegen. Die Unterlagen nach den Sätzen 1 und 2, ausgenommen Ausbildungs- und Befähigungsnachweise, dürfen bei Antragstellung nicht älter als drei Monate sein.

§ 47 Sachkunde

Die erforderliche Sachkunde ist gegeben, wenn die antragstellende Person
1. die Anforderungen des § 43 Absatz 4 erfüllt,
2. mindestens ein Jahr bei einer entsprechenden Prüfstelle tätig war oder über vergleichbare Berufserfahrungen verfügt und
3. durch eine Prüfung an der Deutschen Akademie für Metrologie die erforderlichen Kenntnisse des gesetzlichen Messwesens nachgewiesen hat.

§ 48 Öffentliche Bestellung

(1) Die öffentliche Bestellung der Leitung und der stellvertretenden Leitung der Prüfstelle erfolgt durch Aushändigung einer Bestellungsurkunde, nachdem die Verpflichtung der Person vorgenommen wurde.

(2) Die öffentliche Bestellung ist zu versagen, wenn
1. die Voraussetzungen der Bestellung nicht gegeben sind,
2. die antragstellende Person oder ein Angehöriger im Sinne des § 383 Absatz 1 Nummer 1 bis 3 der Zivilprozessordnung an dem Trägerunternehmen nicht nur geringfügig beteiligt ist oder
3. Tatsachen die Annahme rechtfertigen, dass die antragstellende Person die erforderliche Zuverlässigkeit für die Leitung der Prüfstelle oder die Stellvertretung nicht besitzt, insbesondere wenn sie keine Unparteilichkeit gewährleisten kann oder in ungeordneten Vermögensverhältnissen lebt.

§§ 49–53, Unterabschnitt 3 – Betrieb der staatlich anerkannten Prüfstelle

§ 49 Bezeichnung und Anzeige der staatlich anerkannten Prüfstelle

(1) Staatlich anerkannte Prüfstellen führen die Bezeichnung »Staatlich anerkannte Prüfstelle« mit einem Zusatz, der auf die Art der Messgeräte hinweist, für die Eichungen und Befundprüfungen durchgeführt werden dürfen, und den Träger der Prüfstelle nennt.

(2) Der Träger der staatlich anerkannten Prüfstelle hat der zuständigen Behörde unverzüglich anzuzeigen:
1. die Aufnahme und die Einstellung des Betriebs der staatlich anerkannten Prüfstelle sowie
2. die Aufnahme und das Ende der Beschäftigung der Leitung und der stellvertretenden Leitung der staatlich anerkannten Prüfstelle.

§ 50 Durchführung von Eichungen durch staatlich anerkannte Prüfstellen

(1) Für die Durchführung der Eichung durch staatlich anerkannte Prüfstellen sind die §§ 33 und 37 entsprechend anzuwenden.

(2) Die staatlich anerkannten Prüfstellen kennzeichnen Messgeräte bei der Eichung mit dem Eichkennzeichen nach Anlage 8 Nummer 2.1 als geeicht. Das Messgerät darf mit dem Zusatzzeichen nach Anlage 8 Nummer 1.3 versehen werden, das an einer gut sichtbaren Stelle angebracht werden darf, wobei an Stelle des Namens der Eichbehörde der der staatlich anerkannten Prüfstelle einzusetzen ist.

(3) Die staatlich anerkannten Prüfstellen schützen Messgeräte gegen ein unbefugtes Öffnen, indem sie ein Sicherungszeichen nach Anlage 8 Nummer 2.2 aufbringen. Als Sicherungszeichen kann auch das Eichkennzeichen verwendet werden. Wird ein Messgerät für vorschriftswidrig befunden, so ist § 38 Absatz 4 anzuwenden.

§ 51 Durchführung von Befundprüfungen durch staatlich anerkannte Prüfstellen

(1) Staatlich anerkannte Prüfstellen sind im Rahmen ihrer Prüfbefugnisse verpflichtet, auf Antrag Befundprüfungen vorzunehmen.

(2) Befundprüfungen einer staatlich anerkannten Prüfstelle dürfen nur von der Leitung oder der stellvertretenden Leitung einer staatlich anerkannten Prüfstelle oder

unter der unmittelbaren Aufsicht von einem der beiden vorgenommen werden. Mit der staatlichen Anerkennung verbundene Auflagen, Bedingungen und inhaltliche Beschränkungen sind auch für diese Prüfungen maßgebend.

(3) Für die Durchführung der Befundprüfungen durch staatlich anerkannte Prüfstellen ist § 39 anzuwenden.

§ 52 Prüfungsunterlagen

Die staatlich anerkannten Prüfstellen haben über die von ihnen durchgeführten Eichungen und Befundprüfungen Unterlagen zu fertigen, die jederzeit für eine Nachprüfung verfügbar sein müssen. Die Unterlagen sind zwei Jahre aufzubewahren.

§ 53 Verantwortung der Prüfstellenleitung

(1) Die Leitung der staatlich anerkannten Prüfstelle oder bei ihrer Abwesenheit die stellvertretende Leitung ist insbesondere dafür verantwortlich, dass
1. nur Messgeräte geeicht werden, die dem Mess- und Eichgesetz und dieser Verordnung entsprechen,
2. die Prüfungen ordnungsgemäß vorgenommen und dabei Auflagen, Bedingungen und inhaltliche Beschränkungen der staatlichen Anerkennung beachtet werden,
3. Prüfungen, die keine Eichungen oder Befundprüfungen sind, nicht als von einer staatlich anerkannten Prüfstelle ausgeführt bezeichnet werden und hierbei keine auf die Prüfstelle hinweisenden Prüfzeichen verwendet werden und
4. Eichkennzeichen und Sicherungszeichen gegen missbräuchliche Verwendung ausreichend gesichert sind.

(2) Sind sowohl die Leitung als auch die stellvertretende Leitung der staatlich anerkannten Prüfstelle verhindert, dürfen keine Eichungen vorgenommen werden.

§§ 54–55, Unterabschnitt 4–Instandsetzer

§ 54 Befugniserteilung an Instandsetzer

(1) Die zuständige Behörde darf Betrieben (Instandsetzer) auf Antrag die Befugnis erteilen, instand gesetzte Messgeräte durch ein Zeichen kenntlich zu machen (Instandsetzerkennzeichen). Voraussetzung für die Erteilung der Befugnis ist, dass die Betriebe über die zur Instandsetzung erforderlichen Einrichtungen und über sachkundiges Personal verfügen.

(2) Die zuständige Behörde darf Angaben und Unterlagen zum Nachweis der in Absatz 1 Satz 2 genannten Voraussetzungen verlangen.

(3) Die Befugnis wird schriftlich oder durch elektronische Übersendung einer Bescheidung für bestimmte Messgerätearten erteilt. Dem Instandsetzer wird ein Instandsetzerkennzeichen nach Anlage 8 Nummer 3.1 zugeteilt. Die zuständige Behörde informiert die für die metrologische Überwachung zuständigen Behörden über die Erteilung der Befugnis.

(4) Die zuständige Behörde prüft das Vorliegen der Voraussetzungen nach Absatz 1 Satz 2 regelmäßig nach, spätestens alle fünf Jahre.

(5) Die Befugnis kann widerrufen werden, wenn
1. dies nach den Vorschriften der Verwaltungsverfahrensgesetze angezeigt ist,
2. der Instandsetzer das Mess- und Eichgesetz und diese Verordnung nicht beachtet oder
3. die Voraussetzungen des Absatzes 1 Satz 2 nicht mehr gegeben sind.

§ 55 Pflichten der Instandsetzer

(1) Der Instandsetzer hat die instand gesetzten Messgeräte mit dem Instandsetzerkennzeichen kenntlich zu machen, wenn
1. alle Voraussetzungen des § 37 Absatz 5 Nummer 1, 2 und 4 des Mess- und Eichgesetzes erfüllt sind und
2. die Instandsetzung von einer Person seines Betriebs durchgeführt wurde, die über die hierfür erforderliche nachgewiesene Sachkunde verfügt; der Instandsetzer hat eine Übersicht der Personen seines Betriebs zu führen, die über die erforderliche nachgewiesene Sachkunde verfügen.

Im unteren Feld des Instandsetzerkennzeichens sind beim Anbringen des Instandsetzerkennzeichens das Datum seiner Anbringung und das Namenskürzel der Person einzutragen, die das Gerät instand gesetzt hat.

(2) Der Instandsetzer hat Zusatzzeichen am Messgerät im Sinne der Anlage 8 Nummer 1.3 nach der Instandsetzung zu entwerten. Entfernte Sicherungszeichen hat der Instandsetzer durch das Sicherungszeichen im Sinne der Anlage 8 Nummer 3.2 zu ersetzen, bevor er das Instandsetzerkennzeichen anbringt.

(3) Der Instandsetzer hat die zuständige Behörde unverzüglich über eine durchgeführte Instandsetzung schriftlich oder elektronisch zu informieren; dabei hat er das Messgerät näher zu bezeichnen und den Standort des Messgeräts anzugeben.

(4) Der Instandsetzer hat der zuständigen Behörde Folgendes unverzüglich mitzuteilen:
1. die Verlagerung seines Firmensitzes,
2. den Wegfall der Genehmigungsvoraussetzungen nach § 54 Absatz 1 Satz 2 und
3. die Einstellung seiner Tätigkeit.

(5) Im Fall der Einstellung seiner Tätigkeit hat der Instandsetzer der Behörde unverzüglich sämtliche Instandsetzerkennzeichen zu übergeben.

§ 56, Abschnitt 8–Meldeverfahren der Behörden

§ 56 Meldeverfahren

(1) Für Meldungen im Sinne des § 53 Absatz 2 des Mess- und Eichgesetzes an die Europäische Kommission und an die übrigen Mitgliedstaaten der Europäischen Union haben die Marktüberwachungsbehörden das Informationssystem nach Artikel 23 Absatz 1 der Verordnung (EG) Nr. 765/2008 zu verwenden, soweit europäische Vorschriften keinen anderen Informationsweg vorsehen.

(2) Die Marktüberwachungsbehörden informieren die Physikalisch-Technische Bundesanstalt über Meldungen im Sinne des § 53 Absatz 2 des Mess- und Eichgesetzes.

§§ 57–58, Abschnitt 9–Bußgeldvorschriften, Übergangs- und Schlussbestimmungen

§ 57 Ordnungswidrigkeiten

Ordnungswidrig im Sinne des § 60 Absatz 1 Nummer 26 des Mess- und Eichgesetzes handelt, wer vorsätzlich oder fahrlässig
1. entgegen § 23 Absatz 2 eine Verkehrsfehlergrenze ausnutzt,
2. entgegen § 27 ein Ausschankmaß verwendet,
3. entgegen § 40 Absatz 5 die Software eines Messgeräts aktualisiert,
4. entgegen § 55 Absatz 1 Satz 1 Nummer 1 oder Nummer 2 Satzteil vor dem zweiten Halbsatz ein Messgerät nicht, nicht richtig oder nicht rechtzeitig kenntlich macht,
5. entgegen § 55 Absatz 1 Satz 2 eine Angabe nicht, nicht richtig oder nicht rechtzeitig einträgt,
6. entgegen § 55 Absatz 2 Satz 1 ein Zusatzzeichen nicht oder nicht rechtzeitig entwertet,
7. entgegen § 55 Absatz 2 Satz 2 ein Sicherungszeichen nicht, nicht richtig oder nicht rechtzeitig ersetzt,
8. entgegen § 55 Absatz 3 erster Halbsatz eine Information nicht, nicht richtig oder nicht rechtzeitig gibt,
9. entgegen § 55 Absatz 4 eine Mitteilung nicht, nicht richtig oder nicht rechtzeitig macht oder
10. entgegen § 55 Absatz 5 ein Instandsetzerkennzeichen nicht oder nicht rechtzeitig übergibt.

§ 58 Übergangsvorschriften

(1) Bis zum Ablauf des 30. Oktober 2016:
1. wird unwiderleglich vermutet, dass Messgeräte den wesentlichen Anforderungen des § 7 Absatz 1 genügen, wenn sie die baulichen Anforderungen erfüllen, die nach § 15 oder § 77 Absatz 3 der Eichordnung in der am 31. Dezember 2014 geltenden Fassung bestimmt sind,
2. sind § 8, § 9 Absatz 1 Satz 2 und § 14 Absatz 1 auf die in Nummer 1 genannten Messgeräte nicht anzuwenden und
3. ist § 9 Absatz 1 Satz 2 auf Messgeräte im Sinne der Richtlinie 2004/22/EG nicht anzuwenden, deren Bauart bis zum 31. Dezember 2014 nach § 16 der Eichordnung in der bis dahin geltenden Fassung zugelassen worden ist.

(2) § 28 ist bei der Abgabe von Flüssiggas zum Verheizen auf Messgeräte, die bis zum Ablauf des 31. Dezember 2014 in Betrieb genommen wurden und die Einrichtungen zur Umrechnung des Volumens der abgegebenen Brennstoffe im Betriebszustand nach den allgemein anerkannten Regeln der Technik auf eine Temperatur von 15

Grad Celsius nicht enthalten, erst ab dem 1. Januar 2020 anzuwenden. Für Messgeräte nach Satz 1, die ab dem 1. Januar 2015 in Betrieb genommen werden, ist § 28 ab dem 1. Januar 2017 anzuwenden.

(3) Kennzeichen der Eichbehörden im Sinne des § 38, der staatlich anerkannten Prüfstellen im Sinne des § 50 Absatz 2 und 3 sowie der Instandsetzer im Sinne des § 54 Absatz 3 Satz 2, des § 55 Absatz 2 dürfen bis zum Ablauf des 31. Dezember 2016 auch in einer Form verwendet werden, die den Anforderungen der Eichordnung in der am 31. Dezember 2014 geltenden Fassung entspricht.

(4) § 43 Absatz 5 ist nicht auf staatlich anerkannte Prüfstellen anzuwenden, die bis zum Ablauf des 31. Dezember 2014 nach § 49 der Eichordnung in der bis dahin geltenden Fassung anerkannt worden sind.

(5) Den Anforderungen von Anlage 2 Nummer 10 braucht für Messgeräte, die nicht Messgeräte im Sinne des § 8 Absatz 1 Nummer 1 bis 10 sind, bis zum Ablauf des 31. Dezember 2016 noch nicht entsprochen zu werden.

(6) Bis zum Ablauf des 31. Dezember 2018 darf der Feuchtegehalt von Holz auch mit Geräten bestimmt werden, die nicht dem Mess- und Eichgesetz und dieser Verordnung entsprechen.

Anlage 1 Ausnahmen vom Anwendungsbereich für einzelne Messgeräte

(zu § 2 Satz 2)

Die nachfolgend genannten Messgeräte sind vom Anwendungsbereich des Mess- und Eichgesetzes und dieser Verordnung ausgenommen:
1. Aus der Gruppe der Messgeräte zur Bestimmung der Länge oder Kombinationen von Längen zur Längen- oder Flächenbestimmung:
   a) verkörperte Längenmaße mit einer Länge von 2 Metern oder weniger,
   b) Längenmessgeräte
      aa) zur Messung von
         aaa) Folien mit einer Dicke von 0,5 Millimetern oder weniger,
         bbb) Kunststoffschnüren mit einem Durchmesser von 1 Millimeter oder weniger,
         ccc) Bändern jeder Art, Litzen, Drahtgeflechten, Drahtgeweben, Dachpappen und Dämmstoffen,
      bb) ausgeführt als
         aaa) Fadenzähler, Messschieber, soweit sie nicht zur Vermessung von Holz verwendet werden, Messschrauben, Messuhren,
         bbb) Meterzähler oder Wickelautomaten mit eingebautem Lagenzähler für die Messung von Garnen bei Verkaufseinheiten von 10 000 Metern oder weniger,
         ccc) Wickellängen- oder Dickenmessgeräte für Naturdärme,
         ddd) Verbandsstoffmessmaschinen,
   c) Flächenmesswerkzeuge zum Bestimmen und Ausschneiden von regelmäßig begrenzten Flächen von vorgegebener Form und vorgegebenen Abmessungen.
2. Aus der Gruppe der Messgeräte zur Bestimmung der Masse:
   Eiersortiermaschinen.
3. Aus der Gruppe der Messgeräte zur Bestimmung der Temperatur:
   Thermometer zur Messung der Rauchgastemperatur nach der Ersten Verordnung zur Durchführung des Bundes-Immissionsschutzgesetzes vom 26. Januar 2010 (BGBl. I S. 38).
4. Aus der Gruppe der Messgeräte zur Bestimmung des Drucks:
   keine.
5. Aus der Gruppe der Messgeräte zur Bestimmung des Volumens:
   a) Maßverkörperungen in Form von Hohlmaßen
      aa) die über Messanlagen befüllt werden, die dem Mess- und Eichgesetz unterliegen, wenn gewährleistet ist, dass Teilentnahmen vor Erreichen des Bestimmungsorts nicht erfolgen können,
      bb) als Lager-, Haupt- und Zwischensammelgefäße nach dem Branntweinmonopolrecht, die vor dem 1. Juli 1973 in Gebrauch genommen und zollamtlich vermessen wurden,
      cc) zur Bestimmung des Volumens von Abfall oder Bodenaushub,
   b) Messgeräte für ruhende Flüssigkeiten
      aa) für Bitumen,

bb) zur ordnungsgemäßen Kennzeichnung von Gasölen nach § 2 Absatz 1 der Energiesteuerdurchführungsverordnung in der jeweils geltenden Fassung,
c) Messgeräte für strömende Flüssigkeiten
   aa) für Abwasser, Brauchwasser, Flusswasser oder Löschwasser,
   bb) zur Füllung von Ausschankmaßen,
   cc) zur ordnungsgemäßen Kennzeichnung von Gasölen nach § 2 Absatz 1 der Energiesteuerdurchführungsverordnung in der jeweils geltenden Fassung,
   dd) für Bitumen,
   ee) bis zum Ablauf des 31. Dezember 2022 für Milch bei der direkten Abgabe durch den Erzeuger über Milchabgabeautomaten, die vor dem 31. Dezember 2017 rechtmäßig in Betrieb genommen worden sind.
d) Gaszähler für Wasserdampf.

6. **Aus der Gruppe der Messgeräte zur Bestimmung von Messgrößen bei der Lieferung von Elektrizität:**
a) Elektrizitätszähler
   aa) in konventionellen Eisenbahnfahrzeugen sowie in Gleichstrombahnen und in Hochgeschwindigkeitsfahrzeugen, wenn diese auf dem transeuropäischen Schienennetz und auf dem damit verknüpften Gesamtnetz verkehren,
   bb) an Einspeisepunkten in das transeuropäische Schienennetz für die Bahn-Technik,
   cc) zur Bestimmung von Transformatorenverlusten,
   dd) zur Bestimmung des Überschussblindverbrauchs, die aus Wirk- und Blindverbrauchszählern zusammengesetzt sind,
b) Messwandler für Elektrizitätszähler
   aa) in konventionellen Eisenbahnfahrzeugen sowie in Gleichstrombahnen und in Hochgeschwindigkeitsfahrzeugen, wenn diese auf dem transeuropäischen Schienennetz und auf dem damit verknüpften Gesamtnetz verkehren,
   bb) an Einspeisepunkten in das transeuropäische Schienennetz für die Bahn-Technik.

7. **Aus der Gruppe der Messgeräte zur Bestimmung der Wärmemenge (Wärme und Kälte in Kreislaufsystemen):**
keine.

8. **Aus der Gruppe der Messgeräte zur Bestimmung von Dichte oder Massenanteil oder Massenkonzentration oder Volumenkonzentration von Flüssigkeiten:**
a) Messgeräte zur Schnellbestimmung des Fettgehalts von Milch und Milcherzeugnissen nach einem optischen Verfahren, wenn die Messergebnisse mindestens zweimal täglich mit einem Messgerät für milchwirtschaftliche Untersuchungen überprüft werden, das dem Mess- und Eichgesetz entspricht,
b) Messgeräte zur Bestimmung des Zuckergehalts in wässrigen Lösungen durch Lichtbrechung in flüssigen Medien (Refraktometer).

9. Aus der Gruppe der Messgeräte zur Bestimmung von Dichte oder Massenanteil oder Massenkonzentration oder Volumenkonzentration bei anderen Medien als Flüssigkeiten:
Messgeräte zur Schnellbestimmung des Fettgehalts von Milcherzeugnissen nach einem optischen Verfahren, wenn die Messergebnisse mindestens zweimal täglich mit einem Messgerät für milchwirtschaftliche Untersuchungen überprüft werden, das dem Mess- und Eichgesetz entspricht.
10. Aus der Gruppe der Messgeräte zur Bestimmung von sonstigen Messgrößen bei der Lieferung von strömenden Flüssigkeiten oder strömenden Gasen:
keine.
11. Aus der Gruppe der Messgeräte zur Bestimmung des Schalldruckpegels und daraus abgeleiteter Größen:
keine.
12. Aus der Gruppe der Messgeräte im öffentlichen Verkehr:
   a) mechanische Reifenprofilmessgeräte,
   b) Bremsverzögerungsmessgeräte,
   c) Bremsprüfstände,
   d) Messgeräte zur Prüfung der Einstellung von Scheinwerfern an Fahrzeugen,
   e) Messgeräte zur Überwachung von Wasserfahrzeugen, wenn diese nicht die Geschwindigkeit betreffen, sowie von Luft- und Schienenfahrzeugen,
   f) Messgeräte zur Durchführung von Prüfungen von Fahrtschreibern und Kontrollgeräten im Sinne der Anlage XVIIIb der Straßenverkehrszulassungsordnung vom 26. April 2012 (BGBl. I S. 679), die zuletzt durch Artikel 8 der Verordnung vom 5. November 2013 (BGBl. I S. 3920) geändert worden ist, in der jeweils geltenden Fassung, sofern dort nicht etwas anderes bestimmt ist,
   g) Parkuhren und Parkscheinautomaten,
   h) Wegstreckenzähler in Mietkraftfahrzeugen, die bestimmt sind
      aa) für Selbstfahrer,
      bb) als Mietomnibusse im Sinne des § 49 Absatz 1 des Personenbeförderungsgesetzes in der Fassung der Bekanntmachung vom 8. August 1990 (BGBl. I S. 1690), das durch Artikel 2 Absatz 147 des Gesetzes vom 7. August 2013 (BGBl. I S. 3154) geändert worden ist, in der jeweils geltenden Fassung,
      cc) für Beförderungen, die vom Personenbeförderungsgesetz freigestellt sind nach der Freistellungs-Verordnung in der im Bundesgesetzblatt Teil III, Gliederungsnummer 9240–1-1, veröffentlichten bereinigten Fassung, die zuletzt durch Artikel 1 der Verordnung vom 4. Mai 2012 (BGBl. I S. 1037) geändert worden ist, in der jeweils geltenden Fassung,
      dd) als Fahrzeuge des Güterkraftverkehrs.
13. Aus der Gruppe der Messgeräte zur Bestimmung der Dosis ionisierender Strahlung keine.

Anlage 2 Anforderungen an Messgeräte

(zu § 7 Absatz 1 Satz 3)

Messgeräte müssen die nachfolgend genannten Anforderungen zur Gewährleistung der Messrichtigkeit, Messbeständigkeit und Prüfbarkeit einhalten; nachfolgend genannte Vorgaben zur Beurteilung der Einhaltung der Anforderungen sind zu beachten.

1. **Fehlergrenzen und Umgebungsbedingungen**
1.1 Fehlergrenzen
1.1.1 Unter Nennbetriebsbedingungen und ohne das Auftreten einer Störgröße darf die Messabweichung die nach § 7 Absatz 1 Nummer 1 bestimmten Fehlergrenzen nicht überschreiten.
1.1.2 Unter Nennbetriebsbedingungen und beim Auftreten einer Störgröße darf die Messabweichung die nach § 7 Absatz 1 Nummer 1 bestimmten Fehlergrenzen zuzüglich eines bestimmten Betrags nicht überschreiten; diese ist in den entsprechenden gerätespezifischen Anforderungen der in § 8 Absatz 1 Nummer 1 bis 10 bestimmten Messgeräte festgelegt. Sind gerätespezifische Festlegungen nicht getroffen, muss das Messgerät unter Nennbetriebsbedingungen eine dem Stand der Technik entsprechende Festigkeit gegen Störgrößen aufweisen.

Soll das Gerät in einem vorgegebenen kontinuierlichen elektromagnetischen Feld eingesetzt werden, müssen die erlaubten Messeigenschaften während der Prüfung in einem amplitudenmodulierten elektromagnetischen Hochfrequenz-Feld innerhalb der Fehlergrenzen liegen.

1.2 Umgebungsbedingungen
Der Hersteller hat die klimatischen, mechanischen und elektromagnetischen Umgebungsbedingungen, unter denen das Gerät eingesetzt werden soll, sowie die Stromversorgung und andere Einflussgrößen, die seine Genauigkeit beeinträchtigen können, anzugeben. Er hat dabei die entsprechenden gerätespezifischen Anforderungen für Messgeräte nach § 8 Absatz 1 Nummer 1 bis 10 einzuhalten.

1.2.1 Klimatische Umgebungsbedingungen
Der Hersteller gibt die für den Verwendungszweck und zur Gewährleistung der Messrichtigkeit geeignete obere und untere Grenze für die Umgebungstemperatur des Messgeräts sowie die zulässige Umgebungsfeuchte auf der Grundlage des Stands der Technik an. Für Messgeräte nach § 8 Absatz 1 Nummer 1 bis 10 legt der Hersteller die Temperaturgrenzen unter Verwendung der in Tabelle 1 ausgewiesenen Werte fest, sofern sich aus den gerätespezifischen Anforderungen nach § 8 nichts anderes ergibt. Der Hersteller gibt an, ob das Messgerät für betaute oder nicht betaute Feuchtigkeitsbedingungen und ob es für offene oder geschlossene Einsatzorte ausgelegt ist.

Tabelle 1

	Temperaturgrenzen			
Obere Temperaturgrenze	30 °C	40 °C	55 °C	70 °C
Untere Temperaturgrenze	5 °C	- 10 °C	- 25 °C	- 40 °C

1.2.2 Mechanische Umgebungsbedingungen
Der Hersteller gibt die für den Verwendungszweck und zur Gewährleistung der Messrichtigkeit geeigneten mechanischen Umgebungsbedingungen auf der Grundlage des Stands der Technik an, sofern sich aus den gerätespezifischen Anforderungen nach § 8 nichts anderes ergibt.

1.2.2.1 Für Messgeräte im Sinne des § 8 Absatz 1 Nummer 1 bis 10 gibt der Hersteller eine der nachfolgend beschriebenen Klassen M1 bis M3 für die mechanischen Umgebungsbedingungen an:
   a) M1: für Messgeräte, die an Einsatzorten verwendet werden, an denen unbedeutende Schwingungen und Erschütterungen auftreten können, zum Beispiel bei Messgeräten, die an leichten Stützkonstruktionen angebracht und geringfügigen Schwingungen und Erschütterungen ausgesetzt sind, die von örtlichen Spreng- oder Ramm-Arbeiten, zuschlagenden Türen oder ähnlichem ausgehen.
   b) M2: für Messgeräte, die an Einsatzorten verwendet werden, an denen erhebliche bis starke Schwingungen und Erschütterungen auftreten können, verursacht zum Beispiel von in der Nähe befindlichen Maschinen und vorbeifahrenden Fahrzeugen oder ausgehend von angrenzenden Schwermaschinen, Förderbändern oder ähnlichen Einrichtungen.
   c) M3: für Messgeräte, die an Einsatzorten verwendet werden, an denen starke bis sehr starke Schwingungen und Erschütterungen auftreten können, zum Beispiel bei Messgeräten, die direkt an Maschinen, Förderbändern oder ähnlichen Einrichtungen angebracht sind.

1.2.2.2 In Bezug auf die mechanischen Umgebungsbedingungen hat der Hersteller folgende Einflussgrößen zu berücksichtigen:
   a) Schwingungen,
   b) Erschütterungen.

1.2.3 Elektromagnetische Umgebungsbedingungen
Der Hersteller gibt die für den Verwendungszweck und zur Gewährleistung der Messrichtigkeit geeigneten elektromagnetischen Umgebungsbedingungen auf der Grundlage des Stands der Technik an, sofern sich aus den gerätespezifischen Anforderungen nach § 8 nichts anderes ergibt.

1.2.3.1 Für die in § 8 Absatz 1 Nummer 1 bis 10 genannten Messgeräte gibt der Hersteller eine der nachfolgend beschriebenen Klassen für die elektromagnetischen Umgebungsbedingungen an:
   a) E1: für Messgeräte, die an Einsatzorten verwendet werden, an denen elektromagnetische Störungen wie in Wohn- und Gewerbegebäuden sowie Gebäuden der Leichtindustrie auftreten können.
   b) E2: für Messgeräte, die an Einsatzorten verwendet werden, an denen elektromagnetische Störungen wie in anderen Industriegebäuden auftreten können.
   c) E3: für Messgeräte mit Stromversorgung durch die Fahrzeugbatterie. Die Messgeräte müssen den Anforderungen der Klasse E2 auch unter den folgenden zusätzlichen Anforderungen entsprechen:

aa) Spannungsabfälle, die durch das Einschalten der Startermotor-Stromkreise von Verbrennungsmotoren verursacht werden,
bb) Transienten bei Lastabfall, der dann auftritt, wenn eine entladene Batterie bei laufendem Motor abgeklemmt wird.

1.2.3.2 In Bezug auf die elektromagnetischen Umgebungsbedingungen hat der Hersteller die folgenden Einflussgrößen zu berücksichtigen:
a) Spannungsunterbrechungen,
b) kurzzeitige Spannungsabfälle,
c) Spannungstransienten in Versorgungs- oder Signalleitungen,
d) Entladung statischer Elektrizität,
e) elektromagnetische Hochfrequenz-Felder,
f) leitungsgeführte elektromagnetische Hochfrequenz-Felder in Versorgungs- und Signalleitungen,
g) Stoßspannungen in Versorgungs- und Signalleitungen.

1.2.4 Sofern die vom Hersteller zu bezeichnenden Verwendungsbedingungen des Messgeräts, einschließlich der örtlichen Bedingungen des Einsatzes, hierfür Anlass geben, sind auch die folgenden Einflussgrößen zu berücksichtigen:
a) Spannungsschwankungen,
b) Schwankungen der Netzfrequenz,
c) netzfrequente magnetische Felder,
d) sonstige Größen, die die Genauigkeit des Messgeräts erheblich beeinflussen können.

1.3 Für die Durchführung der Prüfungen gemäß dieser Verordnung ist Folgendes zu beachten:

1.3.1 Grundregeln für die Prüfung und die Bestimmung der Messabweichungen
Die Anforderungen der Nummer 1.1 sind für jede relevante Einflussgröße zu überprüfen. Sofern sich aus den gerätespezifischen Anforderungen nach § 8 nichts anderes ergibt, ist
a) bei den in § 8 Absatz 1 Nummer 1 bis 10 genannten Messgeräten jede Einflussgröße gesondert zu überprüfen, wobei alle anderen Einflussgrößen relativ konstant auf ihrem Referenzwert gehalten werden,
b) bei allen übrigen Messgeräten der Einfluss verschiedener Einflussgrößen nach dem Stand der Technik zu ermitteln.
Die messtechnische Prüfung ist während oder nach dem Anlegen der Einflussgröße durchzuführen, wobei der Zustand zu berücksichtigen ist, der dem üblichen Betriebszustand desjenigen Messgeräts entspricht, bei dem ein Auftreten dieser Einflussgröße wahrscheinlich ist.

1.3.2 Umgebungsfeuchte
In Abhängigkeit von der klimatischen Umgebung, in der das Messgerät eingesetzt werden soll, kann für die in § 8 Absatz 1 Nummer 1 bis 10 genannten Messgeräte eine Prüfung durchgeführt werden entweder
a) bei feuchter Wärme und konstanter Temperatur (keine Betauung) oder
b) bei feuchter Wärme und zyklischer Temperaturänderung (Betauung).
Sofern die vom Hersteller zu bezeichnenden Verwendungsbedingungen des Messgeräts, einschließlich der örtlichen Bedingungen des Einsatzes, hierfür

Anlass geben, sind bei den übrigen Messgeräten auch Prüfungen bei anderen Bedingungen der Umgebungsfeuchte vorzunehmen. Die Prüfung bei feuchter Wärme und zyklischer Temperaturänderung ist vorzunehmen, wenn die Betauung von Bedeutung ist oder das Eindringen von Dampf durch den Atmungseffekt beschleunigt wird. Unter Bedingungen, bei denen es auf eine betauungsfreie Feuchte ankommt, kann die Prüfung bei feuchter Wärme und konstanter Temperatur gewählt werden.

2. **Reproduzierbarkeit der Messergebnisse**
Bei der Bestimmung von ein und derselben Messgröße an unterschiedlichen Orten oder durch unterschiedliche Benutzer – unter ansonsten unveränderten Bedingungen – müssen aufeinander folgende Messergebnisse sehr nah beieinanderliegen. Sie dürfen sich unter Berücksichtigung der jeweiligen Fehlergrenze des Messgeräts nur geringfügig voneinander unterscheiden.

3. **Wiederholbarkeit der Messergebnisse**
Bei der Messung von ein und derselben Messgröße unter identischen Messbedingungen müssen aufeinander folgende Messergebnisse sehr nah beieinanderliegen. Sie dürfen sich unter Berücksichtigung der jeweiligen Fehlergrenzen des Messgeräts nur geringfügig voneinander unterscheiden.

4. **Ansprechschwelle und Empfindlichkeit des Messgeräts**
Ein Messgerät muss für die jeweils beabsichtigten Messungen ausreichend empfindlich sein und eine ausreichend niedrige Ansprechschwelle besitzen.

5. **Messbeständigkeit**
Ein Messgerät ist so auszulegen, dass es messbeständig gemäß der Definition in § 3 Nummer 12 des Mess- und Eichgesetzes ist, sofern es ordnungsgemäß aufgestellt und gewartet sowie entsprechend der Bedienungsanleitung unter den vorgesehenen Umgebungsbedingungen eingesetzt wird. Sofern der Hersteller nicht ausdrücklich einen anderen Zeitraum angibt, ist davon auszugehen, dass die Nutzungsdauer des Messgeräts mindestens einer Eichfrist entspricht.

6. **Einfluss eines Defekts auf die Genauigkeit der Messergebnisse**
Ein Messgerät ist so auszulegen, dass der Einfluss eines Defekts, der zu einem ungenauen Messergebnis führen würde, so weit wie möglich vermindert wird, sofern ein derartiger Defekt nicht offensichtlich ist.

7. **Eignung des Messgeräts**
7.1 Ein Messgerät darf keine Merkmale aufweisen, die eine Benutzung in betrügerischer Absicht erleichtern. Die Möglichkeit der ungewollten Falschbedienung ist so gering wie möglich zu halten.
7.2 Ein Messgerät muss unter Berücksichtigung der praktischen Einsatzbedingungen für die beabsichtigte Benutzung geeignet sein und darf an den Benutzer keine unangemessen hohen Ansprüche stellen, um ein korrektes Messergebnis zu erhalten.
7.3 Bei Durchflüssen oder Strömen außerhalb des zulässigen Bereichs darf die Messabweichung eines Messgeräts für Versorgungsleistungen keine übermäßige einseitige Abweichung aufweisen.

7.4　Ist ein Messgerät für die Messung von Messgrößen ausgelegt, die im Zeitverlauf konstant sind, so muss das Messgerät gegenüber kleinen Schwankungen der Messgröße unempfindlich sein oder angemessen reagieren.

7.5　Ein Messgerät muss robust sein. Die Werkstoffe, aus denen es besteht, müssen für den beabsichtigten Einsatz unter den zu erwartenden Einsatzbedingungen geeignet sein.

7.6　Ein Messgerät ist so auszulegen, dass die Messvorgänge kontrolliert werden können, nachdem das Messgerät in Verkehr gebracht und in Betrieb genommen wurde. Falls erforderlich muss das Messgerät eine spezielle Ausrüstung oder Software für diese Kontrolle besitzen. Das Prüfverfahren ist in den dem Messgerät beizufügenden Unterlagen zu beschreiben.

7.7　Wenn ein Messgerät über zugehörige Software verfügt, die neben der Messfunktion weitere Funktionen erfüllt, muss die für die messtechnischen Merkmale entscheidende Software identifizierbar sein. Sie darf durch die zugehörige Software nicht in unzulässiger Weise beeinflusst werden.

8. Schutz gegen Verfälschungen

8.1　Der Anschluss von Zusatzeinrichtungen an ein Messgerät darf an offen zugänglichen Schnittstellen nur möglich sein, wenn es sich um rückwirkungsfreie Schnittstellen handelt. Die messtechnischen Merkmale eines Messgeräts dürfen durch das Anschließen eines anderen Geräts, durch die Merkmale des angeschlossenen Geräts oder die Merkmale eines getrennten Geräts, das mit dem Messgerät in Kommunikationsverbindung steht, nicht in unzulässiger Weise beeinflusst werden.

8.2　Eine Baueinheit, die für die messtechnischen Merkmale wesentlich ist, ist so auszulegen, dass sie vor Eingriffen gesichert werden kann. Falls es zu einem Eingriff kommt, müssen die vorgesehenen Sicherungsmaßnahmen den Nachweis des Eingriffs ermöglichen.

8.3　Software, die für die messtechnischen Merkmale entscheidend ist, ist entsprechend zu kennzeichnen und zu sichern. Die Identifikation der Software muss am Messgerät auf einfache Weise möglich sein. Eventuelle Eingriffe an der Software müssen jeweils für den nach § 31 Absatz 2 Nummer 4 des Mess- und Eichgesetzes bestimmten Zeitraum nachweisbar sein.

8.4　Messdaten oder Software, die für die messtechnischen Merkmale entscheidend sind, sowie messtechnisch wichtige Parameter, die gespeichert oder übertragen werden, sind angemessen gegen versehentliche oder vorsätzliche Verfälschung zu schützen.

8.5　Bei Messgeräten zur Messung von Versorgungsleistungen, soweit diese in § 8 Absatz 1 Nummer 1 bis 10 genannt sind, muss sichergestellt sein, dass die in Sichtanzeigen dargestellten Messwerte, aus denen die Gesamtliefermenge abgeleitet werden kann und die ganz oder teilweise als Grundlage für die Abrechnung dienen, während des Betriebs nicht zurückgesetzt werden können.

9. **Anzeige des Messergebnisses**

9.1 Das Messergebnis wird in Form einer Sichtanzeige oder eines Ausdrucks angezeigt. Sofern es sich um keines der in § 8 Absatz 1 Nummer 1 bis 10 genannten Messgeräte handelt, ist eine Sichtanzeige oder eine Vorrichtung zum Ausdruck des Messergebnisses dann kein notwendiger Bestandteil des Messgeräts, wenn
   a) das Messgerät für ein System bestimmt ist, in dem die zutreffende Anzeige des Messergebnisses an anderer Stelle entsprechend dem Stand der Technik gewährleistet ist,
   b) hinsichtlich des vom Hersteller bestimmten Verwendungszwecks nicht davon auszugehen ist, dass der Verzicht auf eine am Messgerät angebrachte Sichtanzeige oder auf eine Vorrichtung zum Ausdruck des Messergebnisses dem Informationsinteresse der von der Messung Betroffenen entgegen steht,
   c) das Messergebnis und die zur Bestimmung eines bestimmten Vorgangs erforderlichen Angaben im Messgerät oder in einem externen Speicher dauerhaft so aufgezeichnet werden, dass nachträgliche Veränderungen der Messdaten ausgeschlossen sind und jeder Messvorgang als solcher im Messgerät selbst nachweisbar ist und
   d) das Messgerät zum Zweck der Prüfbarkeit über eine Schnittstelle und eine Bedienmöglichkeit verfügt, mittels derer die im Messgerät verfügbaren Daten ohne besonderen Aufwand über eine handelsübliche Sichtanzeige oder Druckeinrichtung dargestellt oder berechtigten Dritten jederzeit die Messwerte und die erforderlichen Angaben nach Buchstabe c zur Verfügung gestellt werden können und deren Vollständigkeit und Integrität überprüft werden kann.

9.2 Die Anzeige des Messergebnisses muss klar und eindeutig sein. Sie muss mit den nötigen Markierungen und Aufschriften versehen sein, um dem Benutzer die Bedeutung des Ergebnisses zu verdeutlichen. Unter normalen Einsatzbedingungen muss ein problemloses Ablesen des dargestellten Messergebnisses gewährleistet sein. Zusätzliche Anzeigen sind gestattet, sofern Verwechslungen mit den dieser Verordnung unterliegenden Anzeigen ausgeschlossen sind.

9.3 Werden die Messergebnisse ausgedruckt oder aufgezeichnet, muss auch der Ausdruck oder die Aufzeichnung gut lesbar und unauslöschlich sein.

9.4 Ein Messgerät, das zur Abwicklung eines Direktverkaufs dient, ist so auszulegen, dass das Messergebnis bei bestimmungsgemäßer Aufstellung des Messgeräts beiden Parteien angezeigt wird. Sofern bei Direktverkäufen die Bereitstellung eines Ausdrucks des Messergebnisses zum Geschäftsvorgang üblicherweise gehört und die Zusatzeinrichtung, mit der der Ausdruck erstellt wurde, den Anforderungen des Mess- und Eichgesetzes und dieser Verordnung nicht entspricht, müssen Ausdrucke für den Kunden einen Hinweis auf die fehlende Übereinstimmung der Zusatzeinrichtung mit den Anforderungen des Mess- und Eichgesetzes und dieser Verordnung enthalten.

9.5	Die in § 8 Absatz 1 Nummer 1 bis 10 genannten Messgeräte sind, sofern sie zur Messung von Versorgungsleistungen bestimmt sind, mit einer den Anforderungen dieser Rechtsverordnung unterliegenden Sichtanzeige auszustatten, die für den Verbraucher ohne Hilfsmittel zugänglich ist. Satz 1 ist auch dann anzuwenden, wenn die Messgeräte fernabgelesen werden können. Der Anzeigewert der Sichtanzeige ist als Messergebnis zu verwenden, das die Grundlage für den zu entrichtenden Preis darstellt.
10.	**Weiterverarbeitung von Daten zum Abschluss des Geschäftsvorgangs**
10.1	Ein Messgerät muss das Messergebnis und die Angaben, die zur Bestimmung eines bestimmten Geschäftsvorgangs erforderlich sind, dauerhaft aufzeichnen, wenn
	a) die Messung nicht wiederholbar ist und
	b) das Messgerät normalerweise dazu bestimmt ist, in Abwesenheit einer der Parteien benutzt zu werden.
	Satz 1 ist nicht anzuwenden für Messgeräte im Sinne des § 8 Absatz 1 Nummer 1 bis 10, sofern diese zur Messung von Versorgungsleistungen bestimmt sind sowie für Maßverkörperungen.
10.2	Darüber hinaus muss bei Abschluss der Messung, die nicht der Ermittlung von Versorgungsleistungen dient, auf Anfrage ein dauerhafter Nachweis des Messergebnisses und der Angaben, die zur Bestimmung eines bestimmten Geschäftsvorgangs erforderlich sind, zur Verfügung stehen. Satz 1 ist nicht anzuwenden für Maßverkörperungen.
11.	**Konformitätsbewertung**
	Ein Messgerät ist so auszulegen, dass eine Bewertung seiner Konformität mit den entsprechenden Anforderungen des Mess- und Eichgesetzes und dieser Verordnung möglich ist.

Anlage 3 Gerätespezifische Anforderungen und anzuwendende Konformitätsbewertungsverfahren für einzelne Messgeräte
(zu § 8, § 9 Absatz 1 Satz 2, § 9 Absatz 4)

Tabelle 1
Verweisungen auf die Richtlinie 2014/31/EU und die Richtlinie 2014/32/EU

	Spalte 1	Spalte 2	Spalte 3	Spalte 4
Nummerierung nach § 8 Absatz 1	Kurzbezeichnung	Begriffsbestimmung nach	spezifische Anforderungen im Sinne des § 8 Absatz 1 geregelt in	Konformitätsbewertungsverfahren im Sinne des § 9 Absatz 1 Satz 2 (Module nach Anlage 4)
Nummer 1	EU-Wasserzähler	Anhang III der Richtlinie 2014/32/EU	Anhang III der Richtlinie 2014/32/EU	B und F oder B und D oder H1
Nummer 2 Buchstabe a	EU-Gaszähler	Anhang IV der Richtlinie 2014/32/EU	Teil I Anhang IV der Richtlinie 2014/32/EU	B und F oder B und D oder H1
Nummer 2 Buchstabe b	EU-Gasmengenumwerter	Anhang IV der Richtlinie 2014/32/EU	Teil II Anhang IV der Richtlinie 2014/32/EU	B und F oder B und D oder H1
Nummer 3	EU-Elektrizitätszähler	Anhang V der Richtlinie 2014/32/EU	Anhang V der Richtlinie 2014/32/EU	B und F oder B und D oder H1
Nummer 4	EU-Wärmezähler	Anhang VI der Richtlinie 2014/32/EU	Anhang VI der Richtlinie 2014/32/EU	B und F oder B und D oder H1
Nummer 5	EU-Flüssigkeitsmessanlagen	Anhang VII der Richtlinie 2014/32/EU	Anhang VII der Richtlinie 2014/32/EU	B und F oder B und D oder H1 oder G
Nummer 6 Buchstabe a	EU-Waagen – selbsttätig für Einzelwägungen	Anhang VIII der Richtlinie 2014/32/EU	Kapitel I, Kapitel II Anhang VIII der Richtlinie 2014/32/EU	B und D oder B und F oder H1 oder G für mechanische und elektromechanische Geräte zusätzlich: B und E für mechanische Geräte zusätzlich: D1 oder F1

	Spalte 1	Spalte 2	Spalte 3	Spalte 4
Nummer 6 Buchstabe b	EU-Waagen – selbsttätige Kontrollwaagen	Anhang VIII der Richtlinie 2014/32/EU	Kapitel I, Kapitel II Anhang VIII der Richtlinie 2014/32/EU	B und D oder B und F oder H1 oder G für mechanische und elektromechanische Geräte zusätzlich: B und E für mechanische Geräte zusätzlich: D1 oder F1
Nummer 6 Buchstabe c	EU-Waagen – selbsttätig zur Gewichtsauszeichnung	Anhang VIII der Richtlinie 2014/32/EU	Kapitel I, Kapitel II Anhang VIII der Richtlinie 2014/32/EU	B und D oder B und F oder H1 oder G für mechanische und elektromechanische Geräte zusätzlich: B und E für mechanische Geräte zusätzlich: D1 oder F1
Nummer 6 Buchstabe d	EU-Waagen – selbsttätig zur Preisauszeichnung	Anhang VIII der Richtlinie 2014/32/EU	Kapitel I, Kapitel II Anhang VIII der Richtlinie 2014/32/EU	B und D oder B und F oder H1 oder G für mechanische und elektromechanische Geräte zusätzlich: B und E für mechanische Geräte zusätzlich: D1 oder F1
Nummer 6 Buchstabe e	EU-Waagen – selbsttätig zum Abwägen	Anhang VIII der Richtlinie 2014/32/EU	Kapitel I, Kapitel III Anhang VIII der Richtlinie 2014/32/EU	B und D oder B und F oder H1 oder G für mechanische und elektromechanische Geräte zusätzlich: B und E für mechanische Geräte zusätzlich: D1 oder F1
Nummer 6 Buchstabe f	EU-Waagen – selbsttätig zum Totalisieren	Anhang VIII der Richtlinie 2014/32/EU	Kapitel I, Kapitel IV Anhang VIII der Richtlinie 2014/32/EU	B und D oder B und F oder H1 oder G für mechanische und elektromechanische Geräte zusätzlich: B und E für mechanische Geräte zusätzlich: D1 oder F1

	Spalte 1	Spalte 2	Spalte 3	Spalte 4
Nummer 6 Buchstabe g	EU-Waagen – selbsttätig zum kontinuierlichen Totalisieren	Anhang VIII der Richtlinie 2014/32/EU	Kapitel I, Kapitel V Anhang VIII der Richtlinie 2014/32/EU	B und D oder B und F oder H1 oder G für mechanische und elektromechanische Geräte zusätzlich: B und E für mechanische Geräte zusätzlich: D1 oder F1
Nummer 6 Buchstabe h	EU-Waagen – selbsttätige Gleiswaagen	Anhang VIII der Richtlinie 2014/32/EU	Kapitel I, Kapitel VI Anhang VIII der Richtlinie 2014/32/EU	B und D oder B und F oder H1 oder G für mechanische und elektromechanische Geräte zusätzlich: B und E für mechanische Geräte zusätzlich: D1 oder F1
Nummer 7	EU-Taxameter	Anhang IX der Richtlinie 2014/32/EU	Anhang IX der Richtlinie 2014/32/EU	B und F oder B und D oder H1
Nummer 8 Buchstabe a	EU-Längenmaße	Kapitel I Anhang X der Richtlinie 2014/32/EU	Kapitel I Anhang X der Richtlinie 2014/32/EU	F1 oder D1 oder B und D oder H oder G
Nummer 8 Buchstabe b	EU-Ausschankmaße	Kapitel II Anhang X der Richtlinie 2014/32/EU	Kapitel II Anhang X der Richtlinie 2014/32/EU	A2 oder F1 oder D1 oder E1 oder B und D oder B und E oder H
Nummer 9 Buchstabe a	EU-Messgerät Länge	Anhang XI der Richtlinie 2014/32/EU	Kapitel I, Kapitel II Anhang XI der Richtlinie 2014/32/EU	B und F oder B und D oder H1 oder G für mechanische und elektromechanische Geräte zusätzlich: F1 oder E1 oder D1 oder B und E oder H
Nummer 9 Buchstabe b	EU-Messgerät Fläche	Anhang XI der Richtlinie 2014/32/EU	Kapitel I, Kapitel III Anhang XI der Richtlinie 2014/32/EU	B und F oder B und D oder H1 oder G für mechanische und elektromechanische Geräte zusätzlich: F1 oder E1 oder D1 oder B und E oder H

	Spalte 1	Spalte 2	Spalte 3	Spalte 4
Nummer 9 Buchstabe c	EU-Messgerät mehrdimensional	Anhang XI der Richtlinie 2014/32/EU	Kapitel I, Kapitel IV Anhang XI der Richtlinie 2014/32/EU	B und F oder B und D oder H1 oder G für mechanische und elektromechanische Geräte zusätzlich: F1 oder E1 oder D1 oder B und E oder H
Nummer 10	EU-Abgasanalysatoren	Anhang XII der Richtlinie 2014/32/EU	Anhang XII der Richtlinie 2014/32/EU	B und F oder B und D oder H1
Nummer 11	EU-Waagen – nichtselbsttätig	Artikel 2 Nummer 1 und 2 der Richtlinie 2014/31/EU	Anhang I der Richtlinie 2014/31/EU	B und F oder B und D oder G für nichtselbsttätige Waagen, in denen keine elektronische Einrichtung benutzt wird und deren Auswägeeinrichtung keine Feder zum Ausgleich der aufgebrachten Last benutzt zusätzlich: F1 oder D1 Zusätzlich sind die besonderen Vorgaben für nichtselbsttätige Waagen gemäß Anlage 4 Teil A Nummer 4 zu beachten

Tabelle 2
nach § 8 Absatz 3 und § 9 Absatz 4 bis zum Ablauf des 19. April 2016 anzuwendende Verweisungen auf die Richtlinien 2004/22/EG und 2009/23/EG

Nummerierung nach § 8 Absatz 1	Spalte 1 Kurzbezeichnung	Spalte 2 Begriffsbestimmung im Sinne des § 8 Absatz 3 nach	Spalte 3 spezifische Anforderungen im Sinne des § 8 Absatz 3 geregelt in	Spalte 4 Konformitätsbewertungsverfahren im Sinne des § 9 Absatz 4 (Anhänge nach Richtlinie 2004/22/EG oder Richtlinie 2009/23/EG)
Nummer 1	EU-Wasserzähler	Anhang MI-001 der Richtlinie 2004/22/EG	Anhang MI-001 der Richtlinie 2004/22/EG	Anhänge B und F oder B und D oder H1 der Richtlinie 2004/22/EG
Nummer 2 Buchstabe a	EU-Gaszähler	Anhang MI-002 der Richtlinie 2004/22/EG	Teil I Anhang MI-002 der Richtlinie 2004/22/EG	Anhänge B und F oder B und D oder H1 der Richtlinie 2004/22/EG
Nummer 2 Buchstabe b	EU-Gasmengenumwerter	Anhang MI-002 der Richtlinie 2004/22/EG	Teil II Anhang MI-002 der Richtlinie 2004/22/EG	Anhänge B und F oder B und D oder H1 der Richtlinie 2004/22/EG
Nummer 3	EU-Elektrizitätszähler	Anhang MI-003 der Richtlinie 2004/22/EG	Anhang MI-003 der Richtlinie 2004/22/EG	Anhänge B und F oder B und D oder H1 der Richtlinie 2004/22/EG
Nummer 4	EU-Wärmezähler	Anhang MI-004 der Richtlinie 2004/22/EG	Anhang MI-004 der Richtlinie 2004/22/EG	Anhänge B und F oder B und D oder H1 der Richtlinie 2004/22/EG
Nummer 5	EU-Flüssigkeitsmessanlagen	Anhang MI-005 der Richtlinie 2004/22/EG	Anhang MI-005 der Richtlinie 2004/22/EG	Anhänge B und F oder B und D oder H1 oder G der Richtlinie 2004/22/EG

	Spalte 1	Spalte 2	Spalte 3	Spalte 4
Nummer 6 Buchstabe a	EU-Waagen – selbsttätig für Einzelwägungen	Anhang MI-006 der Richtlinie 2004/22/EG	Kapitel I, Kapitel II Anhang MI-006 der Richtlinie 2004/22/EG	Anhänge B und D oder B und F oder H1 oder G der Richtlinie 2004/22/EG für mechanische und elektromechanische Geräte zusätzlich: Anhänge B und E der Richtlinie 2004/22/EG für mechanische Geräte zusätzlich: Anhänge D1 oder F1 der Richtlinie 2004/22/EG
Nummer 6 Buchstabe b	EU-Waagen – selbsttätige Kontrollwaagen	Anhang MI-006 der Richtlinie 2004/22/EG	Kapitel I, Kapitel II Anhang MI-006 der Richtlinie 2004/22/EG	Anhänge B und D oder B und F oder H1 oder G der Richtlinie 2004/22/EG für mechanische und elektromechanische Geräte zusätzlich: Anhänge B und E der Richtlinie 2004/22/EG für mechanische Geräte zusätzlich: Anhänge D1 oder F1 der Richtlinie 2004/22/EG
Nummer 6 Buchstabe c	EU-Waagen – selbsttätige Gewichtsauszeichnung	Anhang MI-006 der Richtlinie 2004/22/EG	Kapitel I, Kapitel II Anhang MI-006 der Richtlinie 2004/22/EG	Anhänge B und D oder B und F oder H1 oder G der Richtlinie 2004/22/EG für mechanische und elektromechanische Geräte zusätzlich: Anhänge B und E der Richtlinie 2004/22/EG für mechanische Geräte zusätzlich: Anhänge D1 oder F1 der Richtlinie 2004/22/EG

	Spalte 1	Spalte 2	Spalte 3	Spalte 4
Nummer 6 Buchstabe d	EU-Waagen – selbsttätige Preisauszeichnung	Anhang MI-006 der Richtlinie 2004/22/EG	Kapitel I, Kapitel II Anhang MI-006 der Richtlinie 2004/22/EG	Anhänge B und D oder B und F oder H1 oder G der Richtlinie 2004/22/EG für mechanische und elektromechanische Geräte zusätzlich: Anhänge B und E der Richtlinie 2004/22/EG für mechanische Geräte zusätzlich: Anhänge D1 oder F1 der Richtlinie 2004/22/EG
Nummer 6 Buchstabe e	EU-Waagen – selbsttätig zum Abwägen	Anhang MI-006 der Richtlinie 2004/22/EG	Kapitel I, Kapitel III Anhang MI-006 der Richtlinie 2004/22/EG	Anhänge B und D oder B und F oder H1 oder G der Richtlinie 2004/22/EG für mechanische und elektromechanische Geräte zusätzlich: Anhänge B und E der Richtlinie 2004/22/EG für mechanische Geräte zusätzlich: Anhänge D1 oder F1 der Richtlinie 2004/22/EG
Nummer 6 Buchstabe f	EU-Waagen – selbsttätig zum Totalisieren	Anhang MI-006 der Richtlinie 2004/22/EG	Kapitel I, Kapitel IV Anhang MI-006 der Richtlinie 2004/22/EG	Anhänge B und D oder B und F oder H1 oder G der Richtlinie 2004/22/EG für mechanische und elektromechanische Geräte zusätzlich: Anhänge B und E der Richtlinie 2004/22/EG für mechanische Geräte zusätzlich: Anhänge D1 oder F1 der Richtlinie 2004/22/EG

	Spalte 1	Spalte 2	Spalte 3	Spalte 4
Nummer 6 Buchstabe g	EU-Waagen – selbsttätig zum kontinuierlichen Totalisieren	Anhang MI-006 der Richtlinie 2004/22/EG	Kapitel I, Kapitel V Anhang MI-006 der Richtlinie 2004/22/EG	Anhänge B und D oder B und F oder H1 oder G der Richtlinie 2004/22/EG für mechanische und elektromechanische Geräte zusätzlich: Anhänge B und E der Richtlinie 2004/22/EG für mechanische Geräte zusätzlich: Anhänge D1 oder F1 der Richtlinie 2004/22/EG
Nummer 6 Buchstabe h	EU-Waagen – selbsttätige Gleiswaagen	Anhang MI-006 der Richtlinie 2004/22/EG	Kapitel I, Kapitel VI Anhang MI-006 der Richtlinie 2004/22/EG	Anhänge B und D oder B und F oder H1 oder G der Richtlinie 2004/22/EG für mechanische und elektromechanische Geräte zusätzlich: Anhänge B und E der Richtlinie 2004/22/EG für mechanische Geräte zusätzlich: Anhänge D1 oder F1 der Richtlinie 2004/22/EG
Nummer 7	EU-Taxameter	Anhang MI-007 der Richtlinie 2004/22/EG	Anhang MI-007 der Richtlinie 2004/22/EG	Anhänge B und F oder B und D oder H1 der Richtlinie 2004/22/EG
Nummer 8 Buchstabe a	EU-Längenmaße	Kapitel I Anhang MI-008 der Richtlinie 2004/22/EG	Kapitel I Anhang MI-008 der Richtlinie 2004/22/EG	Anhänge F1 oder D1 oder B und D oder H oder G der Richtlinie 2004/22/EG
Nummer 8 Buchstabe b	EU-Ausschankmaße	Kapitel II Anhang MI-008 der Richtlinie 2004/22/EG	Kapitel II Anhang MI-008 der Richtlinie 2004/22/EG	Anhänge A1 oder F1 oder D1 oder E1 oder B und D oder B und E oder H der Richtlinie 2004/22/EG

	Spalte 1	Spalte 2	Spalte 3	Spalte 4
Nummer 9 Buchstabe a	EU-Messgerät Länge	Anhang MI-009 der Richtlinie 2004/22/EG	Kapitel I, Kapitel II Anhang MI-009 der Richtlinie 2004/22/EG	Anhänge B und F oder B und D oder H1 oder G der Richtlinie 2004/22/EG für mechanische und elektromechanische Geräte zusätzlich: Anhänge F1 oder E1 oder D1 oder B und E oder H der Richtlinie 2004/22/EG
Nummer 9 Buchstabe b	EU-Messgerät Fläche	Anhang MI-009 der Richtlinie 2004/22/EG	Kapitel I, Kapitel III Anhang MI-009 der Richtlinie 2004/22/EG	Anhänge B und F oder B und D oder H1 oder G der Richtlinie 2004/22/EG für mechanische und elektromechanische Geräte zusätzlich: Anhänge F1 oder E1 oder D1 oder B und E oder H der Richtlinie 2004/22/EG
Nummer 9 Buchstabe c	EU-Messgerät mehrdimensional	Anhang MI-009 der Richtlinie 2004/22/EG	Kapitel I, Kapitel IV Anhang MI-009 der Richtlinie 2004/22/EG	Anhänge B und F oder B und D oder H1 oder G der Richtlinie 2004/22/EG für mechanische und elektromechanische Geräte zusätzlich: Anhänge F1 oder E1 oder D1 oder B und E oder H der Richtlinie 2004/22/EG
Nummer 10	EU-Abgasanalysatoren	Anhang MI-010 der Richtlinie 2004/22/EG	Anhang MI-010 der Richtlinie 2004/22/EG	Anhänge B und F oder B und D oder H1 der Richtlinie 2004/22/EG

	Spalte 1	Spalte 2	Spalte 3	Spalte 4
Nummer 11	EU-Waagen – nichtselbsttätig	Artikel 2 Nummer 1 und 2 der Richtlinie 2009/23/EG	Anhang I der Richtlinie 2009/23/EG	Anhänge II 1. und II 3. und II 5. oder Anhänge II 1. und II 2. und II 5. oder Anhänge II 4. und II 5. der Richtlinie 2009/23/EG Nichtselbsttätige Waagen, in denen keine elektronische Einrichtung benutzt wird und deren Auswägeeinrichtung keine Feder zum Ausgleich der aufgebrachten Last benutzt, brauchen nicht der EG-Baumusterprüfung nach Anhang II 1. der Richtlinie 2009/23/EG unterzogen zu werden

Anlage 4 Konformitätsbewertungsverfahren

(zu § 9 Absatz 1 Satz 1)

Teil A

Allgemeine Vorschriften

1. **Technische Unterlagen**
   Der Hersteller hat für ein Messgerät jeweils die nachfolgenden technischen Unterlagen zu erstellen, sofern diese in dem vom Hersteller nach Teil B jeweils gewählten Modul gefordert werden:
   1.1 eine allgemeine Beschreibung des Messgeräts,
   1.2 Entwürfe, Fertigungszeichnungen und -pläne von Bauteilen, Baugruppen, Schaltkreisen und sonstigen Elementen,
   1.3 Beschreibungen der Fertigungsverfahren,
   1.4 Beschreibungen der elektronischen Bauteile mit Zeichnungen, Diagrammen, Logik-Flussdiagrammen und allgemeinen Angaben zur Software mit einer Erläuterung ihrer Merkmale und Funktionsweise,
   1.5 Beschreibungen und Erläuterungen, die zum Verständnis der genannten Zeichnungen und Pläne sowie der Funktionsweise des Messgeräts erforderlich sind,
   1.6 eine Aufstellung der harmonisierten Normen, normativen Dokumente oder vom Ausschuss nach § 46 des Mess- und Eichgesetzes ermittelten Regeln, technischen Spezifikationen oder Feststellungen, die vollständig oder in Teilen angewandt wurden,
   1.7 eine Beschreibung, mit welchen Lösungen den wesentlichen Anforderungen des Mess- und Eichgesetzes und dieser Verordnung genügt wurde, soweit harmonisierte Normen, normative Dokumente oder vom Ausschuss nach § 46 des Mess- und Eichgesetzes ermittelte Regeln, technische Spezifikationen oder Feststellungen nicht angewandt wurden; im Fall von teilweise angewendeten technischen Regelwerken sind die Teile, die angewendet wurden, in den technischen Unterlagen anzugeben,
   1.8 die Ergebnisse der Konstruktionsberechnungen, Prüfungen und sonstigen Untersuchungen,
   1.9 eine Risikoanalyse und -bewertung,
   1.10 Prüfberichte, mit denen der Nachweis erbracht werden kann, dass das Messgerät oder das Baumuster den wesentlichen Anforderungen im Sinne der §§ 7 und 8 entspricht und
   1.11 Baumuster- oder Entwurfsprüfbescheinigungen der Messgeräte, deren Bauteile in dem zu bewertenden Messgerät verwendet werden.
2. **Konformitätsbewertungsstelle**
   2.1 Jede Konformitätsbewertungsstelle unterrichtet die anerkennende Stelle im Sinne des § 11 Absatz 1 des Mess- und Eichgesetzes über die Baumusterprüfbescheinigungen, Konformitätsbescheinigungen für Qualitätssicherungssysteme oder Entwurfsprüfbescheinigungen oder etwaige Ergänzungen dazu, die

sie im Rahmen der Module B, D, D1, E, E1, H und H1 ausgestellt oder zurückgenommen hat, und übermittelt der anerkennenden Stelle auf Verlangen eine Aufstellung aller Bescheinigungen oder Ergänzungen dazu, die sie verweigert, ausgesetzt oder auf andere Art eingeschränkt hat.

2.2 Jede Konformitätsbewertungsstelle unterrichtet die übrigen Konformitätsbewertungsstellen über die Baumusterprüfbescheinigungen, Konformitätsbescheinigungen für Qualitätssicherungssysteme oder Entwurfsprüfbescheinigungen oder etwaige Ergänzungen dazu, die sie im Rahmen der Module B, D, D1, E, E1, H und H1 verweigert, zurückgenommen, ausgesetzt oder auf andere Weise eingeschränkt hat, und teilt ihnen, wenn sie dazu aufgefordert wird, alle von ihr ausgestellten Bescheinigungen oder Ergänzungen dazu mit.

3. **Konformitätserklärung**
Der Hersteller fügt ein Exemplar der Konformitätserklärung jedem Messgerät bei, das in Verkehr gebracht wird. Werden mehrere Messgeräte an ein und denselben Verwender geliefert, reicht die Bereitstellung einer Konformitätserklärung für die Sendung aus, sofern es sich um Messgeräte des gleichen Modells handelt.

Aus der Konformitätserklärung muss hervorgehen, für welches Gerät sie ausgestellt wurde. Der Hersteller hat die Konformitätserklärung zusammen mit den technischen Unterlagen nach dem Inverkehrbringen des Messgeräts zehn Jahre lang für die nationalen Behörden bereitzuhalten. Ein Exemplar der Konformitätserklärung ist den zuständigen Behörden auf Verlangen zur Verfügung zu stellen.

4. **Besondere Vorschriften für nichtselbsttätige Waagen**

4.1 Die Konformitätsbewertung für nichtselbsttätige Waagen gemäß der Module D, D1, F, F1 oder G darf nur dann im Betrieb des Herstellers oder an einem beliebigen anderen Ort durchgeführt werden, wenn die nachfolgend genannten Voraussetzungen vorliegen:

4.1.1 die Beförderung der nichtselbsttätigen Waage zum Verwendungsort, ihre Zerlegung und die Inbetriebnahme am Verwendungsort erfordern keinen erneuten Zusammenbau oder sonstige technische Arbeiten, durch die die Anzeigegenauigkeit der nichtselbsttätigen Waage beeinträchtigt werden könnte, und

4.1.2 die nichtselbsttätige Waage ist im Rahmen der Fertigung so ausgelegt und justiert, dass die am Ort der Inbetriebnahme vorliegende Fallbeschleunigung bereits berücksichtigt ist oder die Anzeigegenauigkeit der nichtselbsttätigen Waage nicht durch Änderungen der Fallbeschleunigung beeinflusst wird.

In allen anderen Fällen hat die Konformitätsbewertung am Verwendungsort der nichtselbsttätigen Waage zu erfolgen.

4.2 Wird die Messgenauigkeit der nichtselbsttätigen Waage durch Änderungen der Fallbeschleunigung beeinflusst, darf die Konformitätsbewertung gemäß der in Teil B genannten Module D, D1, F, F1 oder G in zwei Stufen durchgeführt werden. Die zweite Stufe muss alle Untersuchungen und Prüfungen umfassen, bei denen das Ergebnis von der Fallbeschleunigung abhängt. Die erste Stufe muss alle übrigen Untersuchungen und Prüfungen umfassen. Die zweite Stufe ist am Verwendungsort der nichtselbsttätigen Waage durchzuführen.

4.2.1 Wählt der Hersteller die Durchführung der Konformitätsbewertung gemäß der in Teil B genannten Module D, D1, F, F1 oder G in zwei Stufen und werden diese zwei Stufen durch verschiedene Konformitätsbewertungsstellen durchgeführt, muss eine nichtselbsttätige Waage, die die erste Stufe des betreffenden Verfahrens durchlaufen hat, die Kennnummer der Konformitätsbewertungsstelle tragen, die an der ersten Stufe beteiligt war.

4.2.2 Die Partei, die die erste Stufe des Verfahrens durchgeführt hat, erteilt für jede einzelne nichtselbsttätige Waage eine Bescheinigung mit den für die Identifizierung der Waage notwendigen Angaben und einer Spezifizierung der durchgeführten Untersuchungen und Prüfungen.

4.2.3 Die Partei, die die zweite Stufe des Verfahrens durchführt, nimmt die Untersuchungen und Prüfungen vor, die noch nicht durchgeführt worden sind.

4.2.4 Der Hersteller oder sein Bevollmächtigter muss auf Verlangen der Konformitätsbewertungsstelle die von Konformitätsbewertungsstellen in anderen Stufen des Verfahrens erteilten Konformitätsbescheinigungen vorlegen.

4.2.5 Der Hersteller, der in der ersten Stufe das Konformitätsbewertungsverfahren nach Teil B Modul D oder D1 gewählt hat, darf für die zweite Stufe entweder dasselbe Verfahren benutzen oder das Verfahren nach Teil B Modul F oder F1 wählen.

4.2.6 Die CE-Kennzeichnung und die zusätzliche Metrologie-Kennzeichnung sind nach Beendigung der zweiten Stufe zusammen mit der Kennnummer der Konformitätsbewertungsstelle, die bei der zweiten Stufe beteiligt war, an der nichtselbsttätigen Waage anzubringen.

4.3 Konformitätserklärungen für nichtselbsttätige Waagen sind vom Hersteller für jedes Gerätemodell zu erstellen und zehn Jahre aufzubewahren. Sie müssen nicht jedem Messgerät beigefügt sein, das in Verkehr gebracht wird.

Teil B

Einzelheiten der Konformitätsbewertungsverfahren

Modul A
Interne Fertigungskontrolle

1. **Begriffsbestimmung**
   Die interne Fertigungskontrolle ist das Konformitätsbewertungsverfahren, bei dem der Hersteller die in den Nummern 2, 3 und 4 genannten Verpflichtungen zu erfüllen hat und auf seine alleinige Verantwortung zu erklären hat, dass die betreffenden Messgeräte den für sie geltenden Anforderungen des Mess- und Eichgesetzes und dieser Verordnung genügen.

2. **Technische Unterlagen**
   Der Hersteller hat die technischen Unterlagen nach Teil A Nummer 1 zu erstellen.

3. **Herstellung von Messgeräten**
   Der Hersteller hat die für den Fertigungsprozess und seine Überwachung sowie für die Übereinstimmung der Messgeräte mit den technischen Unterlagen

und mit den für die Messgeräte geltenden Anforderungen des Mess- und Eichgesetzes und dieser Verordnung erforderlichen Maßnahmen zu treffen.
4. **Konformitätskennzeichnung und Konformitätserklärung**
4.1 Der Hersteller hat an jedem einzelnen Messgerät, das den geltenden Anforderungen des Mess- und Eichgesetzes und dieser Verordnung genügt, die Kennzeichnung nach § 14 dieser Verordnung anzubringen.
4.2 Der Hersteller hat für ein Messgerätemodell eine Konformitätserklärung im Sinne des § 11 dieser Verordnung auszustellen.
5. **Bevollmächtigter**
Die in Nummer 4 genannten Verpflichtungen des Herstellers dürfen unter seiner Verantwortung von seinem Bevollmächtigten erfüllt werden, wenn dieser dazu ausdrücklich ermächtigt ist.

Modul A1

Interne Fertigungskontrolle mit überwachten Produktprüfungen

Bei der internen Fertigungskontrolle samt überwachten Produktprüfungen sind über das Modul A hinaus an jedem einzelnen hergestellten Messgerät vom Hersteller oder in seinem Auftrag eine oder mehrere Prüfungen eines oder mehrerer bestimmter Aspekte des Messgeräts vorzunehmen, um die Übereinstimmung mit den entsprechenden Anforderungen des Mess- und Eichgesetzes und dieser Verordnung zu überprüfen. Es ist dem Hersteller freigestellt, ob er die Prüfungen durch eine akkreditierte interne Stelle durchführen lässt oder ob er sie einer von ihm gewählten Konformitätsbewertungsstelle nach § 13 oder § 14 des Mess- und Eichgesetzes überträgt.

Führt eine Konformitätsbewertungsstelle im Sinne der §§ 13 und 14 des Mess- und Eichgesetzes die Prüfungen durch, bringt der Hersteller unter ihrer Verantwortung während des Fertigungsprozesses ihre Kennnummer an.

Modul A2

Interne Fertigungskontrolle mit überwachten Produktprüfungen in unregelmäßigen Abständen

Bei der internen Fertigungskontrolle mit in unregelmäßigen Abständen erfolgenden überwachten Produktprüfungen sind über die Vorgaben des Moduls A hinaus folgende Bestimmungen anzuwenden:
1. Je nach Entscheidung des Herstellers hat eine akkreditierte interne Stelle oder eine vom Hersteller gewählte Konformitätsbewertungsstelle nach § 13 oder § 14 des Mess- und Eichgesetzes in von ihr festgelegten unregelmäßigen Abständen die Produktprüfungen durchzuführen oder durchführen zu lassen, um die Qualität der internen Produktprüfungen zu überprüfen, wobei die Prüfung unter anderem der technischen Komplexität der Messgeräte und der Produktionsmenge Rechnung trägt. Vor dem Inverkehrbringen hat die akkreditierte interne Stelle oder die Konformitätsbewertungsstelle vor Ort eine geeignete Stichprobe der Endprodukte zu entnehmen und zu untersuchen sowie geeignete Prüfungen entsprechend den einschlägigen Abschnitten

der harmonisierten Normen, normativen Dokumente oder vom Ausschuss nach § 46 des Mess- und Eichgesetzes ermittelten Regeln, technischen Spezifikationen oder Feststellungen oder gleichwertige Prüfungen durchzuführen, um die Konformität des Messgeräts mit den geltenden Anforderungen des Mess- und Eichgesetzes und dieser Verordnung zu prüfen. Liegen einschlägige harmonisierte Normen, normative Dokumente oder vom Ausschuss nach § 46 des Mess- und Eichgesetzes ermittelte Regeln, technische Spezifikationen oder Feststellungen nicht vor, hat die interne akkreditierte Stelle oder die Konformitätsbewertungsstelle darüber zu befinden, welche Prüfungen durchzuführen sind.

2. Mit dem Stichprobenverfahren ist zu ermitteln, ob sich der Fertigungsprozess des Messgeräts innerhalb annehmbarer Grenzen bewegt, um die Konformität des Messgeräts zu gewährleisten. Entspricht eine erhebliche Zahl der als Probe entnommenen Geräte nicht einem annehmbaren Qualitätsniveau, trifft die akkreditierte interne Stelle oder die Konformitätsbewertungsstelle die erforderlichen Maßnahmen.

3. Führt eine Konformitätsbewertungsstelle im Sinne der §§ 13 und 14 des Mess- und Eichgesetzes die Prüfungen durch, bringt der Hersteller nach erfolgreichem Stichprobenverfahren unter ihrer Verantwortung während des Fertigungsprozesses ihre Kennnummer an.

Modul B

Baumusterprüfung

1. **Begriffsbestimmung**
Die Baumusterprüfung ist der Teil eines Konformitätsbewertungsverfahrens, bei dem eine Konformitätsbewertungsstelle im Sinne des § 13 oder des § 14 des Mess- und Eichgesetzes den technischen Entwurf eines Messgeräts zu untersuchen und zu prüfen hat und bescheinigt, dass er die für das Messgerät geltenden Anforderungen des Mess- und Eichgesetzes und dieser Verordnung erfüllt.

2. **Arten der Baumusterprüfung**
Eine Baumusterprüfung darf auf jede der folgenden drei Arten durchgeführt werden:

2.1 Prüfung eines für die geplante Produktion repräsentativen Musters des vollständigen Messgeräts (Baumuster),

2.2 Bewertung der Eignung des technischen Entwurfs des Messgeräts anhand einer Prüfung der technischen Unterlagen und zusätzlichen Nachweise sowie Prüfung von für die geplante Produktion repräsentativen Mustern eines oder mehrerer wichtiger Teile des Messgeräts (Kombination aus Bau- und Entwurfsmuster),

2.3 Bewertung der Angemessenheit des technischen Entwurfs des Messgeräts anhand einer Prüfung der in Nummer 3 genannten technischen Unterlagen und zusätzlichen Nachweise ohne Prüfung eines Musters (Entwurfsmuster).

2.4 Die Konformitätsbewertungsstelle darf eine vom Hersteller gewünschte Form der Baumusterprüfung oder ein vorgelegtes Muster ablehnen, wenn dadurch die Konformität des Messgeräts mit den gesetzlichen Anforderungen nicht hinreichend nachgewiesen werden kann.

3. **Antrag auf Baumusterprüfung**
3.1 Der Antrag auf eine Baumusterprüfung ist vom Hersteller nur bei einer einzigen Konformitätsbewertungsstelle seiner Wahl einzureichen.
3.2 Der Antrag hat Folgendes zu enthalten:
3.2.1 Name und Anschrift des Herstellers und, wenn der Antrag vom Bevollmächtigten eingereicht wird, auch dessen Name und Anschrift,
3.2.2 eine schriftliche oder elektronisch zugesandte Erklärung, dass derselbe Antrag bei keiner anderen Konformitätsbewertungsstelle eingereicht worden ist,
3.2.3 die technischen Unterlagen nach Teil A Nummer 1,
3.2.4 für die betreffende Produktion repräsentative Muster; die Konformitätsbewertungsstelle kann zusätzliche Muster anfordern, wenn dies zur Durchführung des Prüfprogramms erforderlich ist,
3.2.5 einen zusätzlichen Nachweis für eine angemessene Lösung durch den technischen Entwurf; in diesem zusätzlichen Nachweis müssen alle Unterlagen vermerkt sein, nach denen insbesondere dann vorgegangen wurde, wenn die einschlägigen harmonisierten Normen, normativen Dokumente oder vom Ausschuss nach § 46 des Mess- und Eichgesetzes ermittelten Regeln, technische Spezifikationen oder Feststellungen nicht in vollem Umfang angewandt worden sind; der zusätzliche Nachweis umfasst erforderlichenfalls die Ergebnisse von Prüfungen, die von einem geeigneten Labor des Herstellers oder von einem anderen Prüflabor in seinem Auftrag und unter seiner Verantwortung durchgeführt wurden.

4. **Aufgaben der Konformitätsbewertungsstelle**
Die Konformitätsbewertungsstelle hat folgende Aufgaben:
4.1 Bezogen auf das Messgerät:
Prüfung der technischen Unterlagen und zusätzlichen Nachweise, um zu bewerten, ob der technische Entwurf des Messgeräts angemessen ist.
4.2 **Bezogen auf das Muster:**
4.2.1 Prüfung, ob das Muster in Übereinstimmung mit den technischen Unterlagen hergestellt wurde, und Feststellung, welche Teile nach den geltenden Vorschriften der einschlägigen harmonisierten Normen, normativen Dokumente oder vom Ausschuss nach § 46 des Mess- und Eichgesetzes ermittelten Regeln, technischen Spezifikationen oder Feststellungen entworfen wurden und welche Teile ohne Anwendung der einschlägigen Vorschriften dieser technischen Regelwerke entworfen wurden,
4.2.2 Durchführung oder Veranlassung der geeigneten Untersuchungen und Prüfungen, um festzustellen, ob die Lösungen aus den einschlägigen harmonisierten Normen, normativen Dokumenten oder vom Ausschuss nach § 46 des Mess- und Eichgesetzes ermittelten Regeln, technischen Spezifikationen oder Feststellungen korrekt angewandt worden sind, sofern der Hersteller sich für ihre Anwendung entschieden hat,

4.2.3 Durchführung oder Veranlassung der geeigneten Untersuchungen und Prüfungen, um festzustellen, ob die vom Hersteller gewählten Lösungen die entsprechenden Anforderungen des Mess- und Eichgesetzes und dieser Verordnung erfüllen, falls er die Lösungen aus den einschlägigen technischen Regelwerken im Sinne der Nummer 4.2.1 nicht angewandt hat,
4.2.4 Vereinbarung mit dem Hersteller, wo die Untersuchungen und Prüfungen durchgeführt werden.
4.3 Bezogen auf die Teile des Messgeräts, die nicht Bestandteil des Musters sind: Prüfung der technischen Unterlagen und zusätzlichen Nachweise, um zu bewerten, ob der technische Entwurf dieser Teile des Messgeräts angemessen ist.
5. **Prüfungsbericht der Konformitätsbewertungsstelle**
Die Konformitätsbewertungsstelle hat einen Prüfungsbericht über die gemäß Nummer 4 durchgeführten Maßnahmen und die dabei erzielten Ergebnisse zu erstellen. Unbeschadet ihrer Verpflichtungen gegenüber der anerkennenden Behörde aus § 20 des Mess- und Eichgesetzes veröffentlicht die Konformitätsbewertungsstelle den Inhalt dieses Berichts oder Teile davon nur mit Zustimmung des Herstellers.
6. **Baumusterprüfbescheinigung**
6.1 Entspricht das Baumuster den für das betreffende Messgerät geltenden Anforderungen des Mess- und Eichgesetzes und dieser Verordnung, stellt die Konformitätsbewertungsstelle dem Hersteller eine Baumusterprüfbescheinigung aus. Diese Bescheinigung enthält den Namen und die Anschrift des Herstellers, die Ergebnisse der Prüfungen, etwaige Bedingungen für ihre Gültigkeit und die erforderlichen Daten für die Identifizierung der anerkannten Bauart.
6.2 Der Bescheinigung dürfen ein oder mehrere Anhänge beigefügt werden. Die Bescheinigung und ihre Anhänge enthalten alle zweckdienlichen Angaben, anhand derer sich die Übereinstimmung der hergestellten Messgeräte mit dem geprüften Baumuster beurteilen und gegebenenfalls eine Kontrolle nach ihrer Inbetriebnahme durchführen lässt. Dazu ist insbesondere Folgendes anzugeben:
6.2.1 die messtechnischen Merkmale des Baumusters des Gerätes,
6.2.2 die zur Sicherstellung der Unversehrtheit des Gerätes notwendigen Maßnahmen, nämlich beispielsweise Verplombung oder Identifizierung der Software,
6.2.3 sonstige Angaben, die zur Identifizierung des Gerätes und zur Sichtkontrolle in Bezug auf seine äußere Übereinstimmung mit dem Baumuster erforderlich sind,
6.2.4 gegebenenfalls sonstige spezifische Angaben, die zur Überprüfung der Merkmale der hergestellten Geräte erforderlich sind,
6.2.5 im Falle eines Teilgeräts alle erforderlichen Informationen zur Sicherstellung der Kompatibilität mit anderen Teilgeräten oder Messgeräten.
6.3 Die Baumusterprüfbescheinigung ist für einen Zeitraum von zehn Jahren ab ihrem Ausstellungsdatum auszustellen und darf danach jeweils für weitere zehn Jahre verlängert werden. Bei grundlegenden Änderungen der Konstruktion, insbesondere auf Grund des Einsatzes neuer Techniken, darf die Gültigkeit der Baumusterprüfbescheinigung auf zwei Jahre begrenzt und um drei

Jahre verlängert werden. Satz 2 ist nicht für Messgeräte im Sinne des § 8 Absatz 1 Nummer 1 bis 10 anzuwenden. Eine Baumusterprüfbescheinigung darf ferner in der Gültigkeit begrenzt werden, wenn im Zeitpunkt der Erteilung der Baumusterprüfbescheinigung Art und Umfang einer Änderung von Anforderungen an das Messgerät nach dem Mess- und Eichgesetz oder dieser Verordnung zu einem späteren Zeitpunkt bereits feststeht.

6.4 Entspricht das Baumuster nicht den geltenden Anforderungen des Mess- und Eichgesetzes und dieser Verordnung, hat die Konformitätsbewertungsstelle die Ausstellung einer Baumusterprüfbescheinigung zu verweigern. Die Verweigerung ist mit Gründen versehen dem Antragsteller zu eröffnen.

7. Änderungen des Stands der Technik oder des Baumusters

7.1 Die Konformitätsbewertungsstelle hat Änderungen des allgemein anerkannten Stands der Technik zu verfolgen. Bei Änderungen, die darauf hindeuten, dass das anerkannte Baumuster nicht mehr den geltenden Anforderungen des Mess- und Eichgesetzes und dieser Verordnung entspricht, hat die Konformitätsbewertungsstelle zu prüfen, ob derartige Änderungen weitere Untersuchungen erfordern. Ist dies der Fall, setzt die Konformitätsbewertungsstelle den Hersteller davon in Kenntnis.

7.2 Der Hersteller hat die Konformitätsbewertungsstelle, der die technischen Unterlagen zur Baumusterprüfbescheinigung vorliegen, über alle Änderungen an dem anerkannten Baumuster zu unterrichten, die dessen Übereinstimmung mit den wesentlichen Anforderungen oder den Bedingungen für die Gültigkeit der Bescheinigung beeinträchtigen können. Derartige Änderungen erfordern eine Zusatzbewertung in Form einer Ergänzung der ursprünglichen Baumusterprüfbescheinigung.

8. Übersendung der Baumusterprüfbescheinigung an Dritte
Die Konformitätsbewertungsstelle kann auf Verlangen der Europäischen Kommission, der Mitgliedstaaten und der anderen Konformitätsbewertungsstellen eine Abschrift der Baumusterprüfbescheinigungen und ihrer Ergänzungen übersenden, sofern es sich um Messgeräte im Sinne des § 8 Absatz 1 handelt. Wenn die Europäische Kommission und die Mitgliedstaaten dies verlangen, können sie eine Abschrift der technischen Unterlagen und der Ergebnisse der durch die Konformitätsbewertungsstelle vorgenommenen Prüfungen von Messgeräten im Sinne des § 8 Absatz 1 erhalten. Die Konformitätsbewertungsstelle bewahrt ein Exemplar der Baumusterprüfbescheinigung, ihrer Anhänge und Ergänzungen sowie des technischen Dossiers einschließlich der vom Hersteller eingereichten Unterlagen so lange auf, bis die Gültigkeitsdauer der Bescheinigung endet.

9. Aufbewahrungspflichten für Baumusterprüfbescheinigungen
Der Hersteller hat ein Exemplar der Baumusterprüfbescheinigung, ihrer Anhänge und Ergänzungen zusammen mit den technischen Unterlagen nach dem Inverkehrbringen des Messgeräts zehn Jahre lang für die nationalen Behörden bereitzuhalten.

10. **Bevollmächtigter**
Der Bevollmächtigte des Herstellers darf bei entsprechender Beauftragung den in Nummer 3 genannten Antrag einreichen und die in den Nummern 7.2 und 9 genannten Verpflichtungen erfüllen.

Modul C

Konformität mit der Bauart auf der Grundlage einer internen Fertigungskontrolle

1. **Begriffsbestimmung**
Die Konformität mit der Bauart auf der Grundlage einer internen Fertigungskontrolle ist der Teil eines Konformitätsbewertungsverfahrens, bei dem der Hersteller die in den Nummern 2 und 3 genannten Verpflichtungen zu erfüllen und zu erklären hat, dass die betreffenden Messgeräte der in der Baumusterprüfbescheinigung beschriebenen Bauart entsprechen und den für sie geltenden Anforderungen des Mess- und Eichgesetzes und dieser Verordnung genügen.

2. **Herstellung**
Der Hersteller hat alle erforderlichen Maßnahmen zu treffen, damit der Fertigungsprozess und seine Überwachung die Übereinstimmung der hergestellten Messgeräte mit der in der Baumusterprüfbescheinigung beschriebenen anerkannten Bauart und mit den für sie geltenden Anforderungen des Mess- und Eichgesetzes und dieser Verordnung gewährleisten.

3. **Konformitätskennzeichnung und Konformitätserklärung**

3.1 Der Hersteller hat an jedem einzelnen Messgerät, das mit der in der Baumusterprüfbescheinigung beschriebenen Bauart übereinstimmt und die geltenden Anforderungen des Mess- und Eichgesetzes und dieser Verordnung erfüllt, die Kennzeichnung nach § 14 dieser Verordnung anzubringen.

3.2 Der Hersteller hat für ein Messgerätemodell eine Konformitätserklärung im Sinne des § 11 dieser Verordnung auszustellen.

4. **Bevollmächtigter**
Die in Nummer 3 genannten Verpflichtungen des Herstellers dürfen von seinem Bevollmächtigten in seinem Auftrag und unter seiner Verantwortung erfüllt werden, falls sie im Auftrag festgelegt sind.

Modul C1

Konformität mit der Bauart auf der Grundlage einer internen Fertigungskontrolle mit überwachten Produktprüfungen

1. **Begriffsbestimmung**
Die Konformität mit der Bauart auf der Grundlage einer internen Fertigungskontrolle mit überwachten Produktprüfungen ist der Teil eines Konformitätsbewertungsverfahrens, bei dem der Hersteller über die Vorschriften des Moduls C hinaus die in Nummer 2 festgelegten Verpflichtungen zu erfüllen und auf eigene Verantwortung zu erklären hat, dass die betreffenden Messgeräte der in der Baumusterprüfbescheinigung beschriebenen Bauart entsprechen

und den für sie geltenden Anforderungen des Mess- und Eichgesetzes und dieser Verordnung genügen.

2. **Produktprüfungen**

2.1 An jedem einzelnen hergestellten Messgerät sind vom Hersteller oder in seinem Auftrag eine oder mehrere Prüfungen eines oder mehrerer bestimmter Aspekte des Messgeräts vorzunehmen, um die Übereinstimmung mit den entsprechenden Anforderungen des Mess- und Eichgesetzes und dieser Verordnung zu überprüfen. Es ist dem Hersteller freigestellt, ob er die Prüfungen durch eine akkreditierte interne Stelle durchführen lässt oder ob er sie einer von ihm gewählten Konformitätsbewertungsstelle im Sinne des § 13 oder des § 14 des Mess- und Eichgesetzes überträgt.

2.2 Führt eine Konformitätsbewertungsstelle die Prüfungen durch, hat der Hersteller unter ihrer Verantwortung während des Fertigungsprozesses ihre Kennnummer anzubringen.

Modul C2

Konformität mit der Bauart auf der Grundlage einer internen Fertigungskontrolle mit überwachten Produktprüfungen in unregelmäßigen Abständen

1. **Begriffsbestimmung**

Die Konformität mit der Bauart auf der Grundlage einer internen Fertigungskontrolle mit überwachten Produktprüfungen in unregelmäßigen Abständen ist der Teil eines Konformitätsbewertungsverfahrens, bei dem der Hersteller über die Vorschriften des Moduls C hinaus die in Nummer 2 festgelegten Pflichten zu erfüllen und auf eigene Verantwortung zu erklären hat, dass die betreffenden Messgeräte der in der Baumusterprüfbescheinigung beschriebenen Bauart entsprechen und den für sie geltenden Anforderungen des Mess- und Eichgesetzes und dieser Verordnung genügen.

2. **Produktprüfungen**

2.1 Je nach Entscheidung des Herstellers hat eine akkreditierte interne Stelle oder eine von ihm gewählte Konformitätsbewertungsstelle im Sinne des § 13 oder des § 14 des Mess- und Eichgesetzes in von ihr festgelegten unregelmäßigen Abständen die Produktprüfungen durchzuführen oder durchführen zu lassen, um die Qualität der internen Produktprüfungen zu überprüfen, wobei sie unter anderem der technischen Komplexität der Messgeräte und der Produktionsmenge Rechnung trägt. Vor dem Inverkehrbringen hat die akkreditierte interne Stelle oder die Konformitätsbewertungsstelle vor Ort eine geeignete Stichprobe der für den Endnutzer bestimmten Messgeräte zu entnehmen und zu untersuchen sowie geeignete Prüfungen entsprechend den einschlägigen Abschnitten der harmonisierten Normen, normativen Dokumenten oder der vom Regelermittlungsausschuss nach § 46 des Mess- und Eichgesetzes ermittelten Regeln, technischen Spezifikationen oder Feststellungen oder gleichwertige Prüfungen durchzuführen, um die Konformität des Messgeräts auf der Grundlage der in der Baumusterprüfbescheinigung beschriebenen Bauart

mit den geltenden Anforderungen des Mess- und Eichgesetzes und dieser Verordnung zu prüfen.
2.2 Das Stichprobenverfahren dient der Feststellung, ob sich der Fertigungsprozess des Messgeräts innerhalb annehmbarer Grenzen bewegt, um die Konformität des Messgeräts zu gewährleisten. Weist die Stichprobe kein annehmbares Qualitätsniveau auf, trifft die Konformitätsbewertungsstelle geeignete Maßnahmen, um die Konformität des Messgeräts zu gewährleisten.
2.3 Führt eine Konformitätsbewertungsstelle die Prüfungen durch, bringt der Hersteller unter ihrer Verantwortung während des Fertigungsprozesses ihre Kennnummer an.

Modul D
Konformität mit der Bauart auf der Grundlage einer Qualitätssicherung bezogen auf den Produktionsprozess

1. **Begriffsbestimmung**
   Die Konformität mit der Bauart auf der Grundlage einer Qualitätssicherung bezogen auf den Produktionsprozess ist der Teil eines Konformitätsbewertungsverfahrens, bei dem der Hersteller die in den Nummern 2 und 5 festgelegten Verpflichtungen zu erfüllen und auf eigene Verantwortung zu erklären hat, dass die betreffenden Messgeräte der in der Baumusterprüfbescheinigung beschriebenen Bauart entsprechen und den für sie geltenden Anforderungen des Mess- und Eichgesetzes und dieser Verordnung genügen.
2. **Herstellung**
   Der Hersteller hat ein von einer Konformitätsbewertungsstelle anerkanntes Qualitätssicherungssystem für die Herstellung, Endabnahme und Prüfung der betreffenden Messgeräte gemäß Nummer 3 zu unterhalten.
3. **Qualitätssicherungssystem**
3.1 Der Hersteller hat bei der Konformitätsbewertungsstelle im Sinne des § 13 oder des § 14 des Mess- und Eichgesetzes seiner Wahl die Bewertung seines Qualitätssicherungssystems für die betreffenden Messgeräte zu beantragen. Der Antrag hat Folgendes zu enthalten:
3.1.1 Name und Anschrift des Herstellers und, wenn der Antrag vom Bevollmächtigten eingereicht wird, auch dessen Name und Anschrift,
3.1.2 eine schriftliche oder elektronisch zugesandte Erklärung, dass derselbe Antrag bei keiner anderen Konformitätsbewertungsstelle eingereicht worden ist,
3.1.3 alle einschlägigen Angaben über die vorgesehene Messgeräteart,
3.1.4 die Unterlagen über das Qualitätssicherungssystem,
3.1.5 die technischen Unterlagen über die anerkannte Bauart und eine Abschrift der Baumusterprüfbescheinigung.
3.2 Das Qualitätssicherungssystem muss so aufgebaut sein, dass die Übereinstimmung der Messgeräte mit der in der Baumusterprüfbescheinigung beschriebenen Bauart und mit den für sie geltenden Anforderungen des Mess- und Eichgesetzes und dieser Verordnung gewährleistet ist.

3.3 Alle vom Hersteller berücksichtigten Grundlagen, Anforderungen und Vorschriften sind systematisch und ordnungsgemäß in Form schriftlicher Grundsätze, Verfahren und Anweisungen zusammenzustellen. Diese Unterlagen über das Qualitätssicherungssystem müssen so beschaffen sein, dass sichergestellt ist, dass die Qualitätssicherungsprogramme, -pläne, -handbücher und -berichte einheitlich ausgelegt werden. Sie müssen insbesondere eine angemessene Beschreibung folgender Punkte enthalten:

3.3.1 Qualitätsziele sowie organisatorischer Aufbau, Zuständigkeiten und Befugnisse der Geschäftsleitung in Bezug auf die Produktqualität,

3.3.2 entsprechende Fertigungs-, Qualitätssteuerungs- und Qualitätssicherungstechniken, angewandte Verfahren und vorgesehene systematische Maßnahmen,

3.3.3 vor, während und nach der Herstellung durchgeführte Untersuchungen und Prüfungen unter Angabe ihrer Häufigkeit,

3.3.4 qualitätsbezogene Aufzeichnungen, wie Prüfberichte, Prüf- und Kalibrierdaten, Berichte über die Qualifikation der in diesem Bereich beschäftigten Mitarbeiter sowie sonstige zur Bewertung des Qualitätssicherungssystems erforderliche Berichte und

3.3.5 Mittel, mit denen die Verwirklichung der angestrebten Produktqualität und die wirksame Arbeitsweise des Qualitätssicherungssystems überwacht werden können.

3.4 Die Konformitätsbewertungsstelle hat das Qualitätssicherungssystem darauf zu bewerten, ob es die in den Nummern 3.2 und 3.3 genannten Anforderungen erfüllt. Bei denjenen Bestandteilen des Qualitätssicherungssystems ist eine Konformität mit den Anforderungen zu vermuten, die die entsprechenden Spezifikationen einer einschlägigen harmonisierten Norm, eines normativen Dokuments oder einer vom Ausschuss nach § 46 des Mess- und Eichgesetzes ermittelten Regel, technischen Spezifikation oder Feststellung erfüllen.

3.5 Zusätzlich zur Erfahrung mit Qualitätsmanagementsystemen hat mindestens ein Mitglied des Auditteams, das ein Audit im Sinne der Nummer 4.3 durchführt, über Erfahrung mit der Bewertung in dem einschlägigen Produktbereich und der betreffenden Produkttechnologie sowie über Kenntnis der geltenden Anforderungen des Mess- und Eichgesetzes und dieser Verordnung zu verfügen. Das Audit hat auch einen Kontrollbesuch in den Räumlichkeiten des Herstellers zu umfassen. Das Auditteam hat die in Nummer 3.1.5 genannten technischen Unterlagen darauf zu überprüfen, ob der Hersteller in der Lage ist, die einschlägigen Anforderungen des Mess- und Eichgesetzes und dieser Verordnung zu erkennen und die erforderlichen Prüfungen so durchzuführen, dass die Übereinstimmung des Messgeräts mit diesen Anforderungen gewährleistet ist.

3.6 Das Ergebnis der Bewertung ist dem Hersteller auf schriftlichem oder elektronischem Weg mitzuteilen. Die Mitteilung muss das Ergebnis des Audits und die Begründung der Bewertungsentscheidung enthalten.

3.7 Der Hersteller hat sich zu verpflichten, die mit dem von der Konformitätsbewertungsstelle anerkannten Qualitätssicherungssystem verbundenen

Vorgaben zu erfüllen, und dafür zu sorgen, dass das System stets ordnungsgemäß und effizient betrieben wird.

3.8 Der Hersteller hat die Konformitätsbewertungsstelle, die das Qualitätssicherungssystem anerkannt hat, über alle geplanten Änderungen des Qualitätssicherungssystems zu unterrichten. Die Konformitätsbewertungsstelle hat zu entscheiden, ob das geänderte Qualitätssicherungssystem noch die in den Nummern 3.2 und 3.3 genannten Anforderungen erfüllt oder ob eine erneute Bewertung erforderlich ist. Die Bestimmung der Nummer 3.6 ist entsprechend anzuwenden.

4. **Überwachung unter der Verantwortung der Konformitätsbewertungsstelle**

4.1 Die Überwachung ist so auszurichten, dass sie geeignet ist zu gewährleisten, dass der Hersteller die Verpflichtungen aus dem von der Konformitätsbewertungsstelle anerkannten Qualitätssicherungssystem vorschriftsmäßig erfüllt.

4.2 Der Hersteller hat der Konformitätsbewertungsstelle für die Bewertung Zugang zu den Herstellungs-, Abnahme-, Prüf- und Lagereinrichtungen zu gewähren und ihr alle erforderlichen Unterlagen zur Verfügung zu stellen, insbesondere:

4.2.1 Unterlagen über das Qualitätssicherungssystem,

4.2.2 die Qualitätsberichte wie Prüfberichte, Prüf- und Kalibrierdaten, Berichte über die Qualifikation der in diesem Bereich beschäftigten Mitarbeiter sowie sonstige zur Bewertung des Qualitätssicherungssystems erforderliche Berichte.

4.3 Die Konformitätsbewertungsstelle hat regelmäßig Audits durchzuführen, um sicherzustellen, dass der Hersteller das Qualitätssicherungssystem aufrechterhält und anwendet. Sie hat ihm anschließend einen entsprechenden Prüfbericht zu übergeben.

4.4 Darüber hinaus darf die Konformitätsbewertungsstelle beim Hersteller unangemeldete Besichtigungen durchführen. Während dieser Besuche darf die Konformitätsbewertungsstelle erforderlichenfalls Produktprüfungen durchführen oder durchführen lassen, um sich vom ordnungsgemäßen Funktionieren des Qualitätssicherungssystems zu vergewissern. Die Konformitätsbewertungsstelle hat dem Hersteller einen Bericht über den Besuch und im Falle einer Prüfung einen Prüfbericht zu übergeben.

5. **Konformitätskennzeichnung und Konformitätserklärung**

5.1 Der Hersteller hat an jedem einzelnen Messgerät, das mit der in der Baumusterprüfbescheinigung beschriebenen Bauart übereinstimmt und die geltenden Anforderungen des Mess- und Eichgesetzes und dieser Verordnung erfüllt, die Kennzeichnung nach § 14 dieser Verordnung und unter der Verantwortung der in Nummer 3.1 genannten Konformitätsbewertungsstelle deren Kennnummer anzubringen.

5.2 Der Hersteller hat für jedes Messgerätemodell eine Konformitätserklärung im Sinne des § 11 auszustellen.

6. **Aufbewahrung von Unterlagen**

Der Hersteller hat für einen Zeitraum von mindestens zehn Jahren ab dem Inverkehrbringen des Messgeräts die folgenden Unterlagen aufzubewahren:

6.1 die Unterlagen gemäß Nummer 3.1,

6.2 die Änderung gemäß Nummer 3.8 in ihrer von der Konformitätsbewertungsstelle anerkannten Form,

6.3 die Entscheidungen und Berichte der Konformitätsbewertungsstelle gemäß den Nummern 3.8, 4.3 und 4.4.

7. **Bevollmächtigter**
Die in den Nummern 3.1, 3.8, 5 und 6 genannten Verpflichtungen des Herstellers dürfen von seinem Bevollmächtigten in seinem Auftrag und unter seiner Verantwortung erfüllt werden, falls sie im Auftrag festgelegt sind.

Modul D1

Qualitätssicherung bezogen auf den Produktionsprozess

1. **Begriffsbestimmung**
Die Qualitätssicherung bezogen auf den Produktionsprozess ist das Konformitätsbewertungsverfahren, bei dem der Hersteller die in den Nummern 2 und 5 festgelegten Verpflichtungen zu erfüllen und auf eigene Verantwortung zu erklären hat, dass die betreffenden Messgeräte den für sie geltenden Anforderungen des Mess- und Eichgesetzes und dieser Verordnung genügen.

2. **Herstellung**
Der Hersteller hat ein von einer Konformitätsbewertungsstelle anerkanntes Qualitätssicherungssystem für die Herstellung, Endabnahme und Prüfung der betreffenden Messgeräte gemäß Nummer 3 zu unterhalten.

3. **Qualitätssicherungssystem**

3.1 Die Bestimmungen von Modul D Nummer 3.1 sind entsprechend mit der Maßgabe anzuwenden, dass statt der Unterlagen nach Modul D Nummer 3.1.5 die technischen Unterlagen nach Teil A Nummer 1 bei der Konformitätsbewertungsstelle einzureichen sind.

3.2 Das Qualitätssicherungssystem muss so aufgebaut sein, dass die Übereinstimmung der Messgeräte mit den für sie geltenden Anforderungen des Mess- und Eichgesetzes und dieser Verordnung gewährleistet ist.

3.3 Die Bestimmungen von Modul D Nummer 3.3 und 3.4 sind entsprechend anzuwenden.

3.4 Die Bestimmungen von Modul D Nummer 3.5 und 3.6 sind entsprechend anzuwenden mit der Maßgabe, dass vom Auditteam die technischen Unterlagen im Sinne des Teils A Nummer 1 zu prüfen sind.

3.5 Die Bestimmungen von Modul D Nummer 3.7 und 3.8 sind entsprechend anwendbar mit der Maßgabe, dass die Konformitätsbewertungsstelle das Einhalten der in der hiesigen Nummer 3.2 genannten Anforderungen zu prüfen hat.

4. **Überwachung unter der Verantwortung der Konformitätsbewertungsstelle**
Die Bestimmungen von Modul D Nummer 4 sind entsprechend anzuwenden. Darüber hinaus hat der Hersteller der Konformitätsbewertungsstelle auch die Unterlagen nach der hiesigen Nummer 3.1 zur Verfügung zu stellen.

5. **Konformitätskennzeichnung und Konformitätserklärung**
5.1 Der Hersteller hat an jedem einzelnen Messgerät, das die geltenden Anforderungen des Mess- und Eichgesetzes und dieser Verordnung erfüllt, die Kennzeichnung nach § 14 dieser Verordnung und unter der Verantwortung der in Nummer 3.1 genannten Konformitätsbewertungsstelle deren Kennnummer anzubringen.
5.2 Der Hersteller hat für jedes Messgerätemodell eine Konformitätserklärung im Sinne des § 11 dieser Verordnung auszustellen.
6. **Aufbewahrung von Unterlagen**
Der Hersteller hat für einen Zeitraum von mindestens zehn Jahren ab dem Inverkehrbringen des Messgeräts die folgenden Unterlagen aufzubewahren:
6.1 die Unterlagen gemäß Nummer 3.1,
6.2 die Unterlagen zu Änderungen nach Nummer 3.5 in ihrer von der Konformitätsbewertungsstelle anerkannten Form,
6.3 die Entscheidungen und Berichte der Konformitätsbewertungsstelle gemäß den Nummern 3.5 und 4.
7. **Bevollmächtigter**
Die in den Nummern 3.1, 3.5, 5 und 6 genannten Verpflichtungen des Herstellers dürfen von seinem Bevollmächtigten in seinem Auftrag und unter seiner Verantwortung erfüllt werden, soweit dieser dazu ausdrücklich ermächtigt ist.

Modul E

Konformität mit der Bauart auf der Grundlage einer Qualitätssicherung bezogen auf das Produkt

1. **Begriffsbestimmung**
Die Konformität mit der Bauart auf der Grundlage einer Qualitätssicherung bezogen auf das Produkt ist der Teil eines Konformitätsbewertungsverfahrens, bei dem der Hersteller die in den Nummern 2 und 5 festgelegten Verpflichtungen zu erfüllen und auf eigene Verantwortung zu erklären hat, dass die betreffenden Messgeräte der in der Baumusterprüfbescheinigung beschriebenen Bauart entsprechen und den für sie geltenden Anforderungen des Mess- und Eichgesetzes und dieser Verordnung genügen.
2. **Herstellung**
Der Hersteller hat ein von einer Konformitätsbewertungsstelle anerkanntes Qualitätssicherungssystem für die Endabnahme und Prüfung der betreffenden Messgeräte gemäß Nummer 3 zu unterhalten.
3. **Qualitätssicherungssystem**
Die Bestimmungen von Modul D Nummer 3 sind mit der Maßgabe anzuwenden, dass die Pflicht gemäß Modul D Nummer 3.3.2 entfällt und die Pflicht aus Modul D Nummer 3.3.3 sich nur auf Untersuchungen und Prüfungen nach der Herstellung bezieht.
4. **Überwachung unter der Verantwortung der Konformitätsbewertungsstelle**
Es sind die Bestimmungen von Modul D Nummer 4 entsprechend anzuwenden.

5. **Konformitätskennzeichnung und Konformitätserklärung**
   Es sind die Bestimmungen von Modul D Nummer 5 entsprechend anzuwenden.
6. **Aufbewahrung von Unterlagen**
   Es sind die Bestimmungen von Modul D Nummer 6 entsprechend anzuwenden.
7. **Bevollmächtigter**
   Die in den Nummern 5 und 6 sowie in dem Modul D Nummer 3.1 und 3.8 genannten Verpflichtungen des Herstellers dürfen von seinem Bevollmächtigten in seinem Auftrag und unter seiner Verantwortung erfüllt werden, falls sie im Auftrag festgelegt sind.

Modul E1

Qualitätssicherung von Endabnahme und Prüfung der Produkte

1. **Begriffsbestimmung**
   Die Qualitätssicherung von Endabnahme und Prüfung der Produkte ist das Konformitätsbewertungsverfahren, bei dem der Hersteller die in den Nummern 2 und 5 festgelegten Verpflichtungen zu erfüllen und auf eigene Verantwortung zu erklären hat, dass die betreffenden Messgeräte den für sie geltenden Anforderungen des Mess- und Eichgesetzes und dieser Verordnung genügen.
2. **Herstellung**
   Der Hersteller hat ein von einer Konformitätsbewertungsstelle anerkanntes Qualitätssicherungssystem für die Endabnahme und Prüfung der betreffenden Messgeräte gemäß Nummer 3 zu unterhalten.
3. **Qualitätssicherungssystem**
   3.1 Die Bestimmungen von Modul D Nummer 3.1 sind entsprechend mit der Maßgabe anzuwenden, dass statt der Unterlagen nach Modul D Nummer 3.1.5 die technischen Unterlagen nach Teil A Nummer 1 bei der Konformitätsbewertungsstelle einzureichen sind.
   3.2 Das Qualitätssicherungssystem muss so aufgebaut sein, dass die Übereinstimmung der Messgeräte mit den für sie geltenden Anforderungen des Mess- und Eichgesetzes und dieser Verordnung gewährleistet ist.
   3.3 Die Bestimmungen von Modul D Nummer 3.3 sind entsprechend anzuwenden mit der Maßgabe, dass die Unterlagen über das Qualitätssicherungssystem insbesondere eine angemessene Beschreibung folgender Punkte zu enthalten haben:
   3.3.1 Qualitätsziele sowie organisatorischer Aufbau, Zuständigkeiten und Befugnisse der Geschäftsleitung in Bezug auf die Produktqualität,
   3.3.2 nach der Herstellung durchgeführte Untersuchungen und Prüfungen,
   3.3.3 Qualitätsberichte wie Prüfberichte, Prüf- und Kalibrierdaten, Berichte über die Qualifikation der in diesem Bereich beschäftigten Mitarbeiter sowie sonstige zur Bewertung des Qualitätssicherungssystems erforderliche Berichte und

3.3.4 Mittel, mit denen die wirksame Arbeitsweise des Qualitätssicherungssystems überwacht wird.
3.4 Die Bestimmungen von Modul D Nummer 3.4 sind entsprechend anzuwenden.
3.5 Die Bestimmungen von Modul D Nummer 3.5 und 3.6 sind entsprechend anzuwenden mit der Maßgabe, dass vom Auditteam die technischen Unterlagen im Sinne des Teils A Nummer 1 zu prüfen sind.
3.6 Die Bestimmungen von Modul D Nummer 3.7 und 3.8 sind entsprechend anwendbar mit der Maßgabe, dass die Konformitätsbewertungsstelle das Einhalten der in der hiesigen Nummer 3.2 genannten Anforderungen zu prüfen hat.
4. **Überwachung unter der Verantwortung der Konformitätsbewertungsstelle**
Die Bestimmungen von Modul D Nummer 4 sind entsprechend anzuwenden. Darüber hinaus hat der Hersteller der Konformitätsbewertungsstelle auch die Unterlagen nach der hiesigen Nummer 3.1 zur Verfügung zu stellen.
5. **Konformitätskennzeichnung und Konformitätserklärung**
Es sind die Bestimmungen von Modul D Nummer 5 entsprechend anzuwenden.
6. **Aufbewahrung von Unterlagen**
Es sind die Bestimmungen von Modul D Nummer 6 entsprechend anzuwenden.
7. **Bevollmächtigter**
Die in den Nummern 5 und 6 sowie in dem Modul D Nummer 3.1 und 3.8 genannten Verpflichtungen des Herstellers dürfen von seinem Bevollmächtigten in seinem Auftrag und unter seiner Verantwortung erfüllt werden, falls sie im Auftrag festgelegt sind.

Modul F

Konformität mit der Bauart auf der Grundlage einer Produktprüfung

1. **Begriffsbestimmung**
Die Konformität mit der Bauart auf der Grundlage einer Prüfung der Produkte ist der Teil eines Konformitätsbewertungsverfahrens, bei dem der Hersteller die in den Nummern 2, 5.1 und 6 festgelegten Verpflichtungen zu erfüllen und auf eigene Verantwortung zu erklären hat, dass die den Bestimmungen von Nummer 3 unterworfenen betroffenen Messgeräte der in der Baumusterprüfbescheinigung beschriebenen Bauart entsprechen und den für sie geltenden Anforderungen des Mess- und Eichgesetzes und dieser Verordnung genügen.
2. **Herstellung**
Der Hersteller hat alle erforderlichen Maßnahmen zu treffen, damit der Fertigungsprozess und seine Überwachung die Übereinstimmung der hergestellten Messgeräte mit der in der Baumusterprüfbescheinigung beschriebenen anerkannten Bauart und mit den für sie geltenden Anforderungen des Mess- und Eichgesetzes und dieser Verordnung gewährleisten.
3. **Überprüfung**
3.1 Der Hersteller hat eine Konformitätsbewertungsstelle im Sinne des § 13 oder des § 14 des Mess- und Eichgesetzes auszuwählen. Diese hat die

Mess- und Eichverordnung Anlage 4 Teil X

Untersuchungen und Prüfungen durchzuführen, die erforderlich sind, um die Übereinstimmung der Messgeräte mit der in der Baumusterprüfbescheinigung beschriebenen anerkannten Bauart und den entsprechenden Anforderungen des Mess- und Eichgesetzes und dieser Verordnung zu prüfen.

3.2 Die Untersuchungen und Prüfungen zur Kontrolle der Konformität der Messgeräte mit den entsprechenden Anforderungen sind je nach Entscheidung des Herstellers entweder mittels Prüfung und Erprobung jedes einzelnen Messgeräts gemäß Nummer 4 oder mittels einer statistischen Prüfung und Erprobung der Messgeräte gemäß Nummer 5 durchzuführen.

4. **Überprüfung der Konformität durch Prüfung und Erprobung jedes einzelnen Messgeräts**

4.1 Alle Messgeräte sind einzeln zu untersuchen. Es sind geeignete Prüfungen gemäß den einschlägigen harmonisierten Normen, normativen Dokumenten oder vom Ausschuss nach § 46 des Mess- und Eichgesetzes ermittelten Regeln, technischen Spezifikationen oder Feststellungen durchzuführen, um die Konformität der Geräte mit der in der Baumusterprüfbescheinigung beschriebenen anerkannten Bauart und den geltenden Anforderungen des Mess- und Eichgesetzes und dieser Verordnung zu überprüfen. Liegen einschlägige harmonisierte Normen, normative Dokumente oder vom Ausschuss nach § 46 des Mess- und Eichgesetzes ermittelte Regeln, technische Spezifikationen oder Feststellungen nicht vor, hat die Konformitätsbewertungsstelle darüber zu befinden, welche Prüfungen durchzuführen sind.

4.2 Die Konformitätsbewertungsstelle hat auf der Grundlage dieser Untersuchungen und Prüfungen eine Konformitätsbescheinigung auszustellen und an jedem von ihr anerkannten Messgerät ihre Kennnummer anzubringen oder unter ihrer Verantwortung anbringen zu lassen.

4.3 Der Hersteller hat die Konformitätsbescheinigungen über die Prüfung und Erprobung jedes einzelnen Messgeräts zehn Jahre lang nach dem Inverkehrbringen des Messgeräts für die Behörden zur Einsichtnahme bereitzuhalten.

5. **Überprüfung der Konformität mit statistischen Mitteln**

5.1 Der Hersteller hat alle erforderlichen Maßnahmen zu treffen, damit der Fertigungsprozess und seine Überwachung die Einheitlichkeit aller produzierten Lose gewährleisten, und seine Messgeräte in einheitlichen Losen zur Überprüfung vorzulegen.

5.2 Jedem Los ist gemäß den Anforderungen des Mess- und Eichgesetzes und dieser Verordnung eine beliebige Probe zu entnehmen. Jedes Messgerät aus einer Stichprobe ist einzeln zu untersuchen. Es sind entsprechende Prüfungen gemäß den einschlägigen harmonisierten Normen, normativen Dokumenten oder vom Ausschuss nach § 46 des Mess- und Eichgesetzes ermittelten Regeln, technischen Spezifikationen oder Feststellungen durchzuführen, um seine Konformität mit der in der Baumusterprüfbescheinigung beschriebenen anerkannten Bauart und mit den geltenden Anforderungen des Mess- und Eichgesetzes und dieser Verordnung sicherzustellen und so zu ermitteln, ob das Los angenommen oder abgelehnt wird. Liegen einschlägige harmonisierte Normen, normative Dokumente oder vom Ausschuss nach § 46 des

Mess- und Eichgesetzes ermittelte Regeln, technische Spezifikationen oder Feststellungen nicht vor, hat die Konformitätsbewertungsstelle darüber zu befinden, welche Prüfungen durchzuführen sind.

5.3 Bei dem statistischen Verfahren hat die statistische Kontrolle auf der Grundlage von Funktionsmerkmalen zu erfolgen. Der Stichprobenplan muss Folgendes gewährleisten:

5.3.1 ein normales Qualitätsniveau entsprechend einer Annahmewahrscheinlichkeit von 95 Prozent und einer Nichtübereinstimmungsquote von weniger als 1 Prozent und

5.3.2 ein Qualitätsgrenzniveau entsprechend einer Annahmewahrscheinlichkeit von 5 Prozent und einer Nichtübereinstimmungsquote von weniger als 7 Prozent.

5.4 Wird ein Los angenommen, so sind alle Messgeräte des Loses positiv bewertet und anerkannt – außer der Stichprobe entstammende Messgeräte mit negativem Prüfergebnis.

5.5 Die Konformitätsbewertungsstelle hat auf der Grundlage dieser Untersuchungen und Prüfungen eine Konformitätsbescheinigung auszustellen und an jedem von ihr anerkannten Messgerät ihre Kennnummer anzubringen oder unter ihrer Verantwortung anbringen zu lassen.

5.6 Der Hersteller hat die Konformitätsbescheinigungen über das mit statistischen Mitteln geführte Konformitätsbewertungsverfahren zehn Jahre lang nach dem Inverkehrbringen des Messgeräts für die zuständigen Behörden bereitzuhalten.

5.7 Wird ein Los abgelehnt, so hat die Konformitätsbewertungsstelle geeignete Maßnahmen zu ergreifen, um zu verhindern, dass das Los in Verkehr gebracht wird. Bei gehäufter Ablehnung von Losen darf die Konformitätsbewertungsstelle die statistische Kontrolle darüber hinaus aussetzen.

5.8 Die Bestimmungen der Nummer 5 sind nicht auf nichtselbsttätige Waagen anzuwenden.

6. **Konformitätskennzeichnung und Konformitätserklärung**

6.1 Es sind die Bestimmungen von Modul D Nummer 5 entsprechend anzuwenden.

6.2 Stimmt die Konformitätsbewertungsstelle zu, darf der Hersteller unter der Verantwortung dieser Stelle deren Kennnummer bereits während des Fertigungsprozesses auf den Messgeräten anbringen.

7. **Bevollmächtigter**
Die Verpflichtungen des Herstellers dürfen von seinem Bevollmächtigten in seinem Auftrag und unter seiner Verantwortung erfüllt werden, soweit dieser ausdrücklich dazu beauftragt ist. Ein Bevollmächtigter darf nicht die in den Nummern 2 und 5.1 festgelegten Verpflichtungen des Herstellers erfüllen.

Modul F1
Konformität auf der Grundlage einer Prüfung der Produkte

1. **Begriffsbestimmung**
   Die Konformität auf der Grundlage einer Prüfung der Produkte ist der Teil eines Konformitätsbewertungsverfahrens, bei dem der Hersteller die in den Nummern 2, 3, 6.1 und 7 festgelegten Verpflichtungen zu erfüllen und auf eigene Verantwortung zu erklären hat, dass die den Bestimmungen von Nummer 4 unterworfenen betroffenen Messgeräte den für sie geltenden Anforderungen des Mess- und Eichgesetzes und dieser Verordnung genügen.

2. **Technische Unterlagen**
   Der Hersteller hat die technischen Unterlagen nach Teil A Nummer 1 zu erstellen.

3. **Herstellung**
   Der Hersteller hat alle erforderlichen Maßnahmen zu ergreifen, damit der Fertigungsprozess und seine Überwachung die Konformität der hergestellten Messgeräte mit den geltenden Anforderungen des Mess- und Eichgesetzes und dieser Verordnung gewährleisten.

4. **Überprüfung**
   4.1 Der Hersteller hat eine Konformitätsbewertungsstelle im Sinne des § 13 oder des § 14 des Mess- und Eichgesetzes auszuwählen. Diese hat die entsprechenden Untersuchungen und Prüfungen durchzuführen, die erforderlich sind, um die Konformität der Messgeräte mit den geltenden Anforderungen des Mess- und Eichgesetzes und dieser Verordnung feststellen zu können.
   4.2 Die Untersuchungen und Prüfungen zur Kontrolle der Konformität mit diesen Anforderungen sind nach Wahl des Herstellers entweder mittels Prüfung und Erprobung jedes einzelnen Messgeräts gemäß Nummer 5 oder mittels einer statistischen Prüfung und Erprobung der Messgeräte gemäß Nummer 6 durchzuführen.

5. **Überprüfung der Konformität durch Prüfung und Erprobung jedes einzelnen Messgeräts**
   Die Bestimmungen von Modul F Nummer 4 sind entsprechend anzuwenden mit der Maßgabe, dass die Konformität der Geräte mit den geltenden Anforderungen des Mess- und Eichgesetzes und dieser Verordnung zu überprüfen ist.

6. **Überprüfung der Konformität mit statistischen Mitteln**
   Die nachfolgenden Vorschriften zur Überprüfung der Konformität mit statistischen Mitteln sind nicht auf nichtselbsttätige Waagen anzuwenden.
   6.1 Der Hersteller hat alle erforderlichen Maßnahmen zu treffen, damit der Fertigungsprozess die Einheitlichkeit aller produzierten Lose gewährleistet. Der Hersteller hat seine Messgeräte in einheitlichen Losen zur Überprüfung vorzulegen.
   6.2 Die Bestimmungen von Modul F Nummer 5.2 bis 5.7 sind entsprechend anzuwenden mit der Maßgabe, dass die Konformität der Geräte mit den

geltenden Anforderungen des Mess- und Eichgesetzes und dieser Verordnung zu überprüfen ist.
7. **Konformitätskennzeichnung und Konformitätserklärung**
7.1 Der Hersteller hat an jedem einzelnen Messgerät, das den geltenden Anforderungen des Mess- und Eichgesetzes und dieser Verordnung entspricht, die Kennzeichnung nach § 14 dieser Verordnung und unter der Verantwortung der in Nummer 4 genannten Konformitätsbewertungsstelle deren Kennnummer anzubringen.
7.2 Die Bestimmungen von Modul F Nummer 6.2. sind entsprechend anzuwenden.
8. **Bevollmächtigter**
Die Verpflichtungen des Herstellers dürfen von seinem Bevollmächtigten in seinem Auftrag und unter seiner Verantwortung erfüllt werden, falls sie im Auftrag festgelegt sind. Die in den Nummern 2, 3 und 6.1 festgelegten Verpflichtungen darf ein Bevollmächtigter nicht erfüllen.

Modul G

Konformität auf der Grundlage einer Einzelprüfung

1. **Begriffsbestimmung**
Die Konformität auf der Grundlage einer Einzelprüfung ist das Konformitätsbewertungsverfahren, mit dem der Hersteller die in den Nummern 2, 3 und 5 genannten Verpflichtungen zu erfüllen und auf eigene Verantwortung zu erklären hat, dass das den Bestimmungen gemäß Nummer 4 unterzogene Messgerät den hierfür geltenden Anforderungen des Mess- und Eichgesetzes und dieser Verordnung genügt.
2. **Technische Unterlagen**
Der Hersteller hat die technischen Unterlagen gemäß Teil A Nummer 1 zu erstellen und sie der nach Nummer 4 ausgewählten Konformitätsbewertungsstelle zur Verfügung zu stellen.
3. **Herstellung**
Der Hersteller hat alle erforderlichen Maßnahmen zu ergreifen, damit der Fertigungsprozess und seine Überwachung die Konformität der hergestellten Messgeräte mit den geltenden Anforderungen des Mess- und Eichgesetzes und dieser Verordnung gewährleisten.
4. **Überprüfung**
4.1 Der Hersteller hat eine Konformitätsbewertungsstelle im Sinne des § 13 oder des § 14 des Mess- und Eichgesetzes auszuwählen. Diese hat nach den einschlägigen harmonisierten Normen, normativen Dokumenten oder vom Ausschuss nach § 46 des Mess- und Eichgesetzes ermittelten Regeln, technischen Spezifikationen oder Feststellungen oder mittels gleichwertiger Prüfungen zu untersuchen oder untersuchen zu lassen, ob die Konformität des Messgeräts mit den geltenden Anforderungen des Mess- und Eichgesetzes und dieser Verordnung gegeben ist. Liegen einschlägige harmonisierte Normen, normative Dokumente oder vom Ausschuss nach § 46 des Mess- und Eichgesetzes

ermittelte Regeln, technische Spezifikationen oder Feststellungen nicht vor, hat die Konformitätsbewertungsstelle darüber zu befinden, welche Prüfungen durchzuführen sind.

4.2 Die Konformitätsbewertungsstelle hat auf der Grundlage dieser Untersuchungen und Prüfungen eine Konformitätsbescheinigung auszustellen und an jedem von ihr anerkannten Messgerät ihre Kennnummer anzubringen oder unter ihrer Verantwortung anbringen zu lassen.

4.3 Der Hersteller bewahrt die technischen Unterlagen einschließlich der Konformitätsbescheinigung für einen Zeitraum von zehn Jahren ab dem Inverkehrbringen des Messgeräts auf.

5. **Konformitätskennzeichnung und Konformitätserklärung**

5.1 Der Hersteller hat an jedem Messgerät, das die geltenden Anforderungen des Mess- und Eichgesetzes und dieser Verordnung erfüllt, die Kennzeichnung nach § 14 dieser Verordnung und unter der Verantwortung der in Nummer 4 genannten Konformitätsbewertungsstelle deren Kennnummer anzubringen.

5.2 Der Hersteller stellt für jedes Messgerätemodell eine Konformitätserklärung im Sinne des § 11 dieser Verordnung aus.

6. **Bevollmächtigter**

Die in den Nummern 2 und 5 genannten Verpflichtungen des Herstellers dürfen von seinem Bevollmächtigten in seinem Auftrag und unter seiner Verantwortung erfüllt werden, falls dieses in der Beauftragung ausdrücklich festgelegt ist.

Modul H

Konformität auf der Grundlage einer umfassenden Qualitätssicherung

1. **Begriffsbestimmung**

Die Konformität auf der Grundlage einer umfassenden Qualitätssicherung ist das Konformitätsbewertungsverfahren, mit dem der Hersteller die in den Nummern 2 und 5 genannten Verpflichtungen zu erfüllen und auf eigene Verantwortung zu erklären hat, dass die betreffenden Messgeräte den für sie geltenden Anforderungen des Mess- und Eichgesetzes und dieser Verordnung genügen.

2. **Herstellung**

Der Hersteller hat ein von einer Konformitätsbewertungsstelle anerkanntes Qualitätssicherungssystem für Entwicklung, Herstellung, Endabnahme und Prüfung der betreffenden Messgeräte nach Nummer 3 zu unterhalten.

3. **Qualitätssicherungssystem**

3.1 Der Hersteller hat bei der Konformitätsbewertungsstelle im Sinne des § 13 oder des § 14 des Mess- und Eichgesetzes seiner Wahl die Bewertung seines Qualitätssicherungssystems für die betreffenden Messgeräte zu beantragen. Der Antrag muss enthalten:

3.1.1 Name und Anschrift des Herstellers und, wenn der Antrag vom Bevollmächtigten eingereicht wird, auch dessen Name und Anschrift,

3.1.2 die technischen Unterlagen nach Teil A Nummer 1 jeweils für ein Modell jedes herzustellenden Messgerätetyps,
3.1.3 die Unterlagen über das Qualitätssicherungssystem und
3.1.4 eine schriftliche oder elektronisch zugesandte Erklärung, dass derselbe Antrag bei keiner anderen Konformitätsbewertungsstelle eingereicht worden ist.
3.2 Das Qualitätssicherungssystem muss so aufgebaut sein, dass die Übereinstimmung der Messgeräte mit den für sie geltenden Anforderungen des Mess- und Eichgesetzes und dieser Verordnung gewährleistet ist.
3.3 Alle vom Hersteller berücksichtigten Grundlagen, Anforderungen und Vorschriften sind systematisch und ordnungsgemäß in Form schriftlicher Grundsätze, Verfahren und Anweisungen zusammenzustellen. Diese Unterlagen über das Qualitätssicherungssystem müssen eine einheitliche Auslegung der Qualitätssicherungsprogramme, -pläne, -handbücher und -berichte ermöglichen. Sie müssen insbesondere eine angemessene Beschreibung folgender Punkte enthalten:
3.3.1 Qualitätsziele sowie organisatorischer Aufbau, Zuständigkeiten und Befugnisse der Geschäftsleitung in Bezug auf die Entwurfs- und Produktqualität,
3.3.2 technische Konstruktionsspezifikationen, einschließlich der angewandten Normen, sowie – wenn die einschlägigen harmonisierten Normen, normativen Dokumente oder vom Ausschuss nach § 46 des Mess- und Eichgesetzes ermittelten Regeln, technischen Spezifikationen oder Festlegungen nicht vollständig angewendet werden – die Mittel, mit denen gewährleistet werden soll, dass die für die Messgeräte geltenden wesentlichen Anforderungen des Mess- und Eichgesetzes und dieser Verordnung erfüllt werden,
3.3.3 Techniken zur Steuerung der Entwicklung und Prüfung des Entwicklungsergebnisses, Verfahren und systematische Maßnahmen, die bei der Entwicklung der zur betreffenden Produktkategorie gehörenden Messgeräte angewandt werden,
3.3.4 entsprechende Fertigungs-, Qualitätssteuerungs- und Qualitätssicherungstechniken, angewandte Verfahren und vorgesehene systematische Maßnahmen,
3.3.5 vor, während und nach der Herstellung durchgeführte Untersuchungen und Prüfungen unter Angabe ihrer Häufigkeit,
3.3.6 qualitätsbezogene Aufzeichnungen, wie Prüfberichte, Prüf- und Kalibrierdaten, Berichte über die Qualifikation der in diesem Bereich beschäftigten Mitarbeiter sowie sonstige zur Bewertung des Qualitätssicherungssystems erforderliche Berichte,
3.3.7 Mittel, mit denen die Erreichung der geforderten Entwicklungs- und Produktqualität sowie die wirksame Arbeitsweise des Qualitätssicherungssystems überwacht werden.
3.4 Die Bestimmungen von Modul D Nummer 3.4 bis 3.8 sind entsprechend mit der Maßgabe anzuwenden, dass nur die Anforderungen der hiesigen Nummern 3.2 und 3.3 erfüllt sein müssen.
4. **Überwachung unter der Verantwortung der Konformitätsbewertungsstelle**
Die Bestimmungen von Modul D Nummer 4 sind entsprechend anzuwenden. Zusätzlich sind der Konformitätsbewertungsstelle die im

Qualitätssicherungssystem für den Entwicklungsbereich vorgesehenen qualitätsbezogenen Aufzeichnungen, wie beispielsweise Ergebnisse von Analysen, Berechnungen oder Tests, zur Verfügung zu stellen.

5. **Konformitätskennzeichnung und Konformitätserklärung**
Die Bestimmungen von Modul D Nummer 5 sind entsprechend anzuwenden.

6. **Aufbewahrung von Unterlagen**
Die Bestimmungen von Modul D Nummer 6 sind entsprechend mit der Maßgabe anzuwenden, dass anstelle der Unterlagen nach der dortigen Nummer 3.1 die technischen Unterlagen und die Unterlagen über das Qualitätssicherungssystem nach der hiesigen Nummer 3.1 aufzubewahren sind.

7. **Bevollmächtigter**
Die in den Nummern 3.1, 5 und 6 sowie in dem Modul D Nummer 3.8 genannten Verpflichtungen des Herstellers dürfen von seinem Bevollmächtigten unter seiner Verantwortung erfüllt werden, falls dieses in der Beauftragung ausdrücklich festgelegt ist.

Modul H1
Konformität auf der Grundlage einer umfassenden Qualitätssicherung mit Entwurfsprüfung

1. **Begriffsbestimmung**
Die Konformität auf der Grundlage einer umfassenden Qualitätssicherung mit Entwurfsprüfung ist das Konformitätsbewertungsverfahren, bei dem der Hersteller die in den Nummern 2 und 6 genannten Verpflichtungen zu erfüllen und auf eigene Verantwortung zu erklären hat, dass die betreffenden Messgeräte den für sie geltenden Anforderungen des Mess- und Eichgesetzes und dieser Verordnung genügen.

2. **Herstellung**
Der Hersteller betreibt ein von einer Konformitätsbewertungsstelle anerkanntes Qualitätssicherungssystem für Entwicklung, Herstellung, Endabnahme und Prüfung der betreffenden Messgeräte nach Nummer 3. Die Eignung des technischen Entwurfs der Messgeräte muss gemäß Nummer 4 geprüft worden sein.

3. **Qualitätssicherungssystem**
3.1 Die Bestimmungen von Modul D Nummer 3.1 sind mit der Maßgabe entsprechend anzuwenden, dass die dortige Nummer 3.1.5 nicht zur Anwendung kommt.
3.2 Die Bestimmungen von Modul H Nummer 3.2 und 3.3 sind entsprechend anzuwenden.
3.3 Die Bestimmungen von Modul D Nummer 3.4 bis 3.8 sind entsprechend mit der Maßgabe anzuwenden, dass die Anforderungen der hiesigen Nummer 3.2 erfüllt sein müssen.

4. Entwurfsprüfung

4.1 Der Hersteller hat bei der in Nummer 3.1 genannten Konformitätsbewertungsstelle die Prüfung des Entwurfs zu beantragen.

4.2 Der Antrag hat Aufschluss über Konzeption, Herstellung und Funktionsweise des Messgeräts zu geben und eine Bewertung der Übereinstimmung mit den geltenden Anforderungen des Mess- und Eichgesetzes und dieser Verordnung zu ermöglichen. Er muss Folgendes enthalten:

4.2.1 Name und Anschrift des Herstellers,

4.2.2 eine schriftliche oder elektronisch übersandte Erklärung, dass derselbe Antrag bei keiner anderen Konformitätsbewertungsstelle eingereicht worden ist,

4.2.3 die technischen Unterlagen nach Teil A Nummer 1 und

4.2.4 den zusätzlichen Nachweis für eine angemessene Lösung durch den technischen Entwurf; der zusätzliche Nachweis hat einen Verweis auf sämtliche Dokumente zu enthalten, die zugrunde gelegt wurden, insbesondere wenn die einschlägigen harmonisierten Normen oder technischen Spezifikationen nicht vollständig angewandt wurden; der zusätzliche Nachweis muss erforderliche Ergebnisse von Prüfungen einschließen, die in einem geeigneten Labor des Herstellers oder in seinem Auftrag und unter seiner Verantwortung in einem anderen Prüflabor durchgeführt worden sind.

4.3 Die Konformitätsbewertungsstelle hat den Antrag zu prüfen und dem Hersteller eine Entwurfsprüfbescheinigung auszustellen, wenn der Entwurf die für das Messgerät geltenden Anforderungen dieser Verordnung erfüllt. Diese Bescheinigung muss Folgendes enthalten:

4.3.1 den Namen und die Anschrift des Herstellers,

4.3.2 die Ergebnisse der Prüfungen sowie etwaige Bedingungen für ihre Gültigkeit,

4.3.3 die erforderlichen Daten für die Identifizierung des von der Konformitätsbewertungsstelle anerkannten Entwurfs und

4.3.4 alle zweckdienlichen Angaben, anhand deren sich die Übereinstimmung der hergestellten Messgeräte mit dem geprüften Entwurf beurteilen und gegebenenfalls eine Kontrolle nach ihrer Inbetriebnahme durchführen lässt. Der Bescheinigung dürfen ein oder mehrere Anhänge beigefügt werden.

4.4 Die Bestimmungen von Modul B Nummer 6.2 bis 6.4 und 7 bis 9 sind entsprechend anzuwenden, wobei Baumuster durch Entwurf und Baumusterprüfbescheinigung durch Entwurfsprüfbescheinigung zu ersetzen sind.

5. Überwachung unter der Verantwortung der Konformitätsbewertungsstelle

5.1 Die Überwachung ist so auszugestalten, dass sie gewährleistet, dass der Hersteller die Verpflichtungen aus dem von der Konformitätsbewertungsstelle anerkannten Qualitätssicherungssystem vorschriftsmäßig erfüllt.

5.2 Der Hersteller hat der Konformitätsbewertungsstelle für die Bewertung Zugang zu den Entwicklungs-, Herstellungs-, Abnahme-, Prüf- und Lagereinrichtungen zu gewähren und ihr alle erforderlichen Unterlagen zur Verfügung zu stellen, insbesondere:

5.2.1 die Dokumentation über das Qualitätssicherungssystem,

5.2.2 die im Qualitätssicherungssystem für den Entwicklungsbereich vorgesehenen qualitätsbezogenen Aufzeichnungen wie Ergebnisse von Analysen, Berechnungen und Tests und
5.2.3 die im Qualitätssicherungssystem für den Fertigungsbereich vorgesehenen qualitätsbezogenen Aufzeichnungen wie Prüfberichte, Inspektionsberichte, Testdaten, Kalibrierdaten und Berichte über die Qualifikation der in diesem Bereich beschäftigten Mitarbeiter.
5.3 Die Bestimmungen von Modul D Nummer 4.3 und 4.4 sind entsprechend anzuwenden.
6. **Konformitätskennzeichnung und Konformitätserklärung**
6.1 Der Hersteller hat an jedem einzelnen Messgerät, das die geltenden Anforderungen des Mess- und Eichgesetzes und dieser Verordnung erfüllt, die Kennzeichnung nach § 14 dieser Verordnung und unter der Verantwortung der Konformitätsbewertungsstelle deren Kennnummer anzubringen.
6.2 Der Hersteller hat für jedes Messgerätemodell eine Konformitätserklärung im Sinne des § 11 dieser Verordnung auszustellen.
7. **Aufbewahrung von Unterlagen**
Der Hersteller hat die Unterlagen für einen Zeitraum von mindestens zehn Jahren ab dem Inverkehrbringen des Messgeräts aufzubewahren. Darunter fallen:
7.1 die Unterlagen über das Qualitätssicherungssystem gemäß Nummer 3.1,
7.2 die Unterlagen über Änderungen des Qualitätssicherungssystems in ihrer von der Konformitätsbewertungsstelle anerkannten Form und
7.3 die Entscheidungen und Berichte der Konformitätsbewertungsstelle nach diesem Modul.
8. **Bevollmächtigter**
Der in den Nummern 4.1 und 4.2 genannte Antrag darf vom Bevollmächtigten eingereicht und die in den Nummern 3.1, 6 und 7 genannten Verpflichtungen sowie die Verpflichtung zur Unterrichtung der Konformitätsbewertungsstelle über Änderungen dürfen vom Bevollmächtigten unter der Verantwortung des Herstellers erfüllt werden, falls dies in der Beauftragung ausdrücklich festgelegt ist.

Teil X — Gesetzes- und Verordnungstexte

Anlage 5 Konformitätserklärung für Messgeräte, die nicht europäischen Vorschriften unterliegen

(zu § 11 Absatz 2)

1. Nr.: .... (eindeutige Kennnummer des Messgeräts)
2. Name und Anschrift des Herstellers oder seines Bevollmächtigten
3. Die alleinige Verantwortung für die Ausstellung dieser Konformitätserklärung trägt der nachfolgend genannte Hersteller oder Einführer:
4. Gegenstand der Erklärung (Bezeichnung des Messgeräts zwecks Rückverfolgbarkeit, Angabe von Fotografie möglich):
5. Der Hersteller bestätigt, dass der oben beschriebene Gegenstand der Erklärung das Mess- und Eichgesetz und die darauf gestützten Rechtsverordnungen einhält.
6. Angabe der einschlägigen Regeln, technischen Spezifikationen oder Feststellungen im Sinne des § 46 des Mess- und Eichgesetzes, die zugrunde gelegt wurden:
7. Angabe sonstiger technischer Regeln oder Spezifikationen, die zugrunde gelegt wurden:
8. Soweit beteiligt: Angabe der Konformitätsbewertungsstelle (Name, Kennnummer) und Angabe ihrer Mitwirkung und der von ihr ausgestellten Bescheinigungen.
9. Zusatzangaben:

Unterzeichnet für und im Namen von ....

(Ort, Datum der Ausstellung)

(Name, Funktion, Unterschrift)

Anlage 6 Messgeräte für EG-Bauartzulassung und EG-Ersteichung

(zu § 18 Absatz 3 und 5)

Tabelle 1

Nummerierung nach § 18 Absatz 1 Nummer	Nummerierung nach § 18 Absatz 2 Nummer	Spalte 1 Kurzbezeichnung	Spalte 2 Begriffsbestimmung nach	Spalte 3 spezifische Anforderungen geregelt in
1		EG-Schüttdichtemessgeräte	Artikel 2 der Richtlinie 71/347/EWG, geändert durch Richtlinie 2006/96/EG	den Anhängen I und II der Richtlinie 71/347/EWG, geändert durch Richtlinie 2006/96/EG
2		EG-Kaltwasserzähler	Artikel 1 in Verbindung mit Abschnitt I Nummer 1.0 des Anhangs der Richtlinie 75/33/EWG	Abschnitte II bis IV des Anhangs der Richtlinie 75/33/EWG
3		EG-Alkoholometer	Nummer 1.1 des Anhangs der Richtlinie 76/765/EWG, geändert durch Richtlinie 82/624/EWG	Nummern 2 bis 10 des Anhangs der Richtlinie 76/765/EWG, geändert durch Richtlinie 82/624/EWG
4		EG-Aräometer für Alkohol	Nummer 1.1 des Anhangs der Richtlinie 76/765/EWG, geändert durch Richtlinie 82/624/EWG	Nummern 2 bis 10 des Anhangs der Richtlinie 76/765/EWG, geändert durch Richtlinie 82/624/EWG
5		EG-Reifendruckmessgeräte für Kraftfahrzeugreifen	Nummer 1 des Anhangs der Richtlinie 86/217/EWG	Nummern 2 bis 4 des Anhangs der Richtlinie 86/217/EWG

Nummerierung nach § 18 Absatz 1 Nummer	Nummerierung nach § 18 Absatz 2 Nummer	Spalte 1 Kurzbezeichnung	Spalte 2 Begriffsbestimmung nach	Spalte 3 spezifische Anforderungen geregelt in
6		EG-Gaszähler	Artikel 1 der Richtlinie 71/318/EWG	Abschnitt B der Kapitel I, II und III des Anhangs der Richtlinie 71/318/EWG
7		EG-Volumenzähler für Flüssigkeiten	Artikel 1 der Richtlinie 71/319/EWG	Kapitel I und II des Anhangs der Richtlinie 71/319/EWG
8		EG-Zusatzeinrichtung – Volumenzähler	Nummern 1.1, 2.1, 3.1, 4.1, 5.1, 6.1 des Anhangs der Richtlinie 71/348/EWG	Anhang der Richtlinie 71/348/EWG
9		EG-Längenmaße	Artikel 1 in Verbindung mit Nummer 1.1 des Anhangs der Richtlinie 73/362/EWG	Nummern 2 bis 9 des Anhangs der Richtlinie 73/362/EWG
10		EG-Wasserzähler – Kaltwasser	Artikel 1 in Verbindung mit Abschnitt I Nummer 1.0 des Anhangs der Richtlinie 75/33/EWG	Abschnitte II bis IV des Anhangs der Richtlinie 75/33/EWG
11		EG-Förderbandwaagen	Artikel 1 in Verbindung mit Kapitel I Nummer 2 des Anhangs der Richtlinie 75/410/EWG	Kapitel II, III und V des Anhangs der Richtlinie 75/410/EWG

Nummerierung nach § 18 Absatz 1 Nummer	Nummerierung nach § 18 Absatz 2 Nummer	Spalte 1 Kurzbezeichnung	Spalte 2 Begriffsbestimmung nach	Spalte 3 spezifische Anforderungen geregelt in
12		EG-Elektrizitätszähler	Artikel 1 der Richtlinie 76/891/EWG	Kapitel II und III des Anhangs der Richtlinie 76/891/EWG
13		EG-Fahrpreisanzeiger	Artikel 1 in Verbindung mit Nummer 1.1 des Anhangs der Richtlinie 77/95/EWG	Nummer 2 bis 6 des Anhangs der Richtlinie 77/95/EWG
14		EG-Volumenmessanlagen für Flüssigkeiten	Artikel 1 in Verbindung mit Nummer 1.1.1 des Anhangs der Richtlinie 77/313/EWG	Nummer 1.2 bis 1.17, 2 und 4 des Anhangs der Richtlinie 77/313/EWG
15		EG-Kontroll- und Sortierwaagen	Kapitel I Nummer 1 des Anhangs der Richtlinie 78/1031/EWG	Kapitel II und III des Anhangs der Richtlinie 78/1031/EWG
16		EG-Wasserzähler – Warmwasser	Artikel 1 in Verbindung mit Abschnitt I Nummer 1.0 des Anhangs der Richtlinie 79/830/EWG	Abschnitte II bis IV des Anhangs der Richtlinie 79/830/EWG
	1	EG-Blockgewichte	Artikel 1 der Richtlinie 71/317/EWG	Anhang I und II der Richtlinie 71/317/EWG
	2	zylindrische EG-Gewichtstücke	Artikel 1 der Richtlinie 71/317/EWG	Anhang III und IV der Richtlinie 71/317/EWG

Nummerie-rung nach § 18 Absatz 1 Nummer	Nummerie-rung nach § 18 Absatz 2 Nummer	Spalte 1 Kurzbezeichnung	Spalte 2 Begriffsbestimmung nach	Spalte 3 spezifische Anforderungen geregelt in
	3	EG-Wägestücke	Artikel 1 in Verbindung mit Nummer 1 des Anhangs der Richtlinie 74/148/EWG	Nummern 2 bis 11 des Anhangs der Richtlinie 74/148/EWG
	4	EG-Volumenmessanlagen für Flüssigkeiten	Artikel 1 in Verbindung mit Nummer 1.1.1 des Anhangs der Richtlinie 77/313/EWG	Nummer 1.2 bis 1.17 und 2.3 des Anhangs der Richtlinie 77/313/EWG

Anlage 7 Besondere Eichfristen für einzelne Messgeräte[*]

(zu § 34 Absatz 1 Nummer 1)

Tabelle 1

Ordnungsnummer	Messgeräteart	Eichfrist in Jahren, sofern nicht anders angegeben
1.	Messgeräte zur Bestimmung der Länge oder Kombinationen von Längen zur Längen- oder Flächenbestimmung	
1.1	verkörperte Längenmaße, mechanische Messkluppen und mechanische Messschieber	nicht befristet
1.2	Längenmessgeräte im Einzelhandel, die die Länge von länglichen Gebilden während einer Vorschubbewegung bestimmen	nicht befristet
1.3	Messgeräte zur Bestimmung des Muskelfleischanteils an Schweineschlachtkörpern anhand der Dicke der Speck- oder Muskelschichten (Choirometer)	1
2.	Messgeräte zur Bestimmung der Masse	
2.1	Gewichtstücke	
2.1.1	Gewichtstücke	4
2.2	Nichtselbsttätige Waagen	
2.2.1	nichtselbsttätige Waagen mit einer Höchstlast von 3 000 Kilogramm oder mehr mit Ausnahme der Baustoffwaagen	3
2.2.2	nichtselbsteinspielende Fein- und Präzisionswaagen	4
2.2.3	nichtselbsteinspielende Handelswaagen mit einer Höchstlast von weniger als 350 Kilogramm	4
2.2.4	Waagen zum Wiegen von Personen einschließlich der Säuglingswaagen und der Waagen zur Feststellung des Geburtsgewichts mit Ausnahme der Bettenwaagen und Waagen nach Nummer 2.2.5	4
2.2.5	Waagen zum Verwiegen von Personen, soweit sie nicht in Krankenhäusern aufgestellt sind	nicht befristet

---

[*] Sofern für Zusatzeinrichtungen keine besondere Regelung getroffen wird, gilt die Eichfrist des angeschlossenen Messgeräts auch für die Zusatzeinrichtung.

Ordnungsnummer	Messgeräteart	Eichfrist in Jahren, sofern nicht anders angegeben
2.2.6	Säuglingswaagen, Waagen zur Bestimmung des Geburtsgewichts	4
2.2.7	Behälterwaagen für verflüssigte Gase mit fest mit der Waage verbundenem Druckgasbehälter, dem das Messgut stoßfrei zugeführt und entnommen wird	4
2.2.8	Viehwaagen in landwirtschaftlichen Betrieben	4
2.3	**Selbsttätige Waagen**	
2.3.1	selbsttätige Kontrollwaagen einschließlich der selbsttätigen Sortierwaagen	1
2.3.2	selbsttätige Waagen mit Etikettendruckwerk, die zur Herstellung von Fertigpackungen ungleicher Füllmenge verwendet werden	1
2.3.3	selbsttätige Gleiswaagen mit einer Höchstlast von 3 000 Kilogramm oder mehr	3
3.	**Messgeräte zur Bestimmung der Temperatur**	
3.1	Flüssigkeits-Glasthermometer mit Ausnahme der Thermometer nach Nummer 3.2	15
3.2	Thermometer für Messgeräte zur Bestimmung des Feuchtegehalts von Getreide oder Ölfrüchten	nicht befristet
3.3	Messgeräte zur Bestimmung der Temperatur in Lagerbehältern oder Rohrleitungen mit Messwiderständen aus Platin oder Nickel, wenn der Isolationswiderstand und die Richtigkeit der Temperaturanzeige ohne Ausbau des Temperaturaufnehmers in zweijährigem Abstand von der zuständigen Behörde überprüft werden	6
4.	**Messgeräte zur Bestimmung des Drucks**	
4.1	Druckmessgeräte, die nicht Reifendruckmessgeräte für Kraftfahrzeugreifen sind, der Klassen 0,1 bis 0,6	1
5.	**Messgeräte zur Bestimmung des Volumens**	
5.1	**Hohlmaße für flüssige Messgüter**	
5.1.1	Flüssigkeitsmaße	nicht befristet

Mess- und Eichverordnung Anlage 7 Teil X

Ordnungsnummer	Messgeräteart	Eichfrist in Jahren, sofern nicht anders angegeben
5.1.2	Ausschankmaße	nicht befristet
5.1.3	Transport-Messbehälter	9
5.1.4	Holzfässer und Kunststofffässer	5
5.1.5	Metallfässer	8
5.1.6	Fässer aus nicht rostendem Stahl Nummer 1.4301 nach DIN EN 10028–7, Ausgabe Februar 2008, oder aus einem gleichwertigen Werkstoff, mit oder ohne Kunststoffummantelung, die einen Innenüberdruck von 5 bar ohne bleibende Verformung aushalten	nicht befristet
5.2	**Hohlmaße für nichtflüssige Messgüter**	
5.2.1	Messbehälter	nicht befristet
5.3	**Messgeräte für Flüssigkeiten in ruhendem Zustand**	
5.3.1	Messwerkzeuge für Flüssigkeiten mit Ausnahme der Messwerkzeuge nach den Nummern 5.3.2 und 5.3.3	3
5.3.2	Messwerkzeuge für Flüssigkeiten mit festen Maßwänden, bei denen der Maßraum und die Maßraumeinstellung einsehbar sind	nicht befristet
5.3.3	Volumenmessgeräte, bei denen die messwertbestimmenden Teile aus Glas sind	nicht befristet
5.3.4	Lagerbehälter und Lagergefäße, soweit sie nicht zu den Lagerbehältern nach Nummer 5.3.5 oder 5.3.6 gehören	12
5.3.5	Lagergefäße, Haupt- und Zwischensammelgefäße nach dem Branntweinmonopolrecht	nicht befristet
5.3.6	Lagerbehälter, bei denen die Messbeständigkeit des Maßraums durch eine vollständige Vermessung frühestens fünf Jahre nach der Konformitätsbewertung oder nach einer vorausgegangenen Eichung festgestellt ist und der Sumpf bei Behältern mit voll aufliegendem Boden nicht in den Maßraum einbezogen ist	nicht befristet
5.3.7	Volumenmessgeräte für Laborzwecke	nicht befristet

Ordnungsnummer	Messgeräteart	Eichfrist in Jahren, sofern nicht anders angegeben
5.4	Messgeräte für strömende Flüssigkeiten außer Wasser	
5.4.1	Messgeräte für verflüssigte Gase	1
5.4.2	Messgeräte für Milch, soweit sie nicht für die direkte Abgabe von Milch durch den Erzeuger an den Endverbraucher verwendet werden für Milch	1
5.4.3	Messgeräte für Schmieröle mit Viskositäten größer als 20 mPa·s im Messzustand	4
5.4.4	Ortsfeste Heizölzähler zur Versorgung einzelner Wohnungen	nicht befristet
5.5	Messgeräte für strömendes Wasser	
5.5.1	Wasserzähler für Kaltwasser und ihre mechanischen Zusatzeinrichtungen mit Ausnahme der Einrichtungen nach Nummer 5.5.5	6
5.5.2	Wasserzähler für Warmwasser mit Ausnahme der Zähler nach Nummer 5.5.4	5
5.5.3	elektronische Zusatzeinrichtungen für Wasserzähler (Kalt- und Warmwasser), sofern diese netzbetrieben sind und bei batteriebetrieben Geräten die Lebensdauer der Batterie mindestens für diesen Zeitraum ausreicht oder ein Batteriewechsel ohne Verletzung von Kennzeichen möglich ist	8
5.5.4	Kondensatwasserzähler	8
5.5.5	Einrichtungen zur Messwertübertragung einschließlich der zugehörigen Messwertgeber an Wasserzählern	nicht befristet
5.6	Messgeräte für strömende Gase	
5.6.1	Gaszähler, ausgenommen Wirkdruckgaszähler, soweit nicht unter den Nummern 5.6.2 bis 5.6.13 dieser Anlage etwas anderes festgelegt ist	5
5.6.2	Balgengaszähler mit einem maximalen Durchfluss von 10 m³/h oder kleiner sowie Turbinenradgaszähler mit dauergeschmierten Lagern der Turbinenradwelle (ohne Schmierungseinrichtung) sowie Ultraschallgaszähler mit einem maximalen Durchfluss von mindestens 1 600 m³/h	8

Mess- und Eichverordnung Anlage 7   Teil X

Ordnungsnummer	Messgeräteart	Eichfrist in Jahren, sofern nicht anders angegeben
5.6.3	Balgengaszähler mit einem maximalen Durchfluss von über 10 m³/h und kleiner 25 m³/h, Turbinenradgaszähler mit Schmierungseinrichtung mit einem maximalen Durchfluss von 4 000 m³/h und kleiner sowie Wirbelgaszähler	12
5.6.4	Balgen- und Drehkolbengaszähler mit einem maximalen Durchfluss von 25 m³/h bis 1 600 m³/h	16
5.6.5	Turbinenradgaszähler mit Schmierungseinrichtung mit einem maximalen Durchfluss von über 4 000 m³/h bis kleiner 16 000 m³/h	16
5.6.6	Drehkolbengaszähler mit einem maximalen Durchfluss von über 1 600 m³/h sowie Turbinenradgaszähler mit Schmierungseinrichtung mit einem Durchfluss von 16 000 m³/h und größer	nicht befristet
5.6.7	Drehkolbengaszähler, Turbinenradgaszähler, Wirbelgaszähler und Ultraschallgaszähler im geschäftlichen Verkehr zwischen gleichbleibenden Partnern mit einem maximalen Durchfluss von mindestens 1 600 m³/h Gas im Betriebszustand, wenn ein Vergleichszähler eingebaut ist, der zu Vergleichsmessungen in Reihe geschaltet werden kann, oder wenn in Dauerreihenschaltung ein Vergleichszähler mit unterschiedlichen physikalischen Messverfahren eingebaut ist oder zwei Ultraschallgaszähler mit unterschiedlicher Reaktion auf Strömungseinflüsse eingebaut sind, unter der Voraussetzung, dass Vergleichsmessungen bei der ersten Inbetriebnahme und nachfolgend mindestens einmal jährlich ausgeführt werden, deren Ergebnisse keine Veränderungen der Abweichungen von mehr als der Hälfte der Eichfehlergrenzen gegenüber den bei der Inbetriebnahme festgestellten Abweichungen zeigen	nicht befristet
5.6.8	Wirkdruckgaszähler, wenn ein Filter vorgeschaltet ist, das durch Differenzdruckmessung mit Maximumanzeige überwacht wird, oder Wirkdruckgaszähler ohne Filter, wenn die Blenden mindestens nach 2 Jahren von einer Eichbehörde oder einer staatlich anerkannten Prüfstelle überprüft werden und keine Beschädigungen oder Verschmutzungen aufweisen	4

Ordnungsnummer	Messgeräteart	Eichfrist in Jahren, sofern nicht anders angegeben
5.6.9	Temperatur-, Zustands- und Dichte-Mengenumwerter für Gase	5
5.6.10	mechanische Zusatzeinrichtungen für Gasmessgeräte mit Ausnahme der Gebergeräte und der Schalteinrichtungen	5
5.6.11	elektronische Zusatzeinrichtungen für Gasmessgeräte, sofern diese netzbetrieben sind und bei batteriebetriebenen Geräten die Lebensdauer der Batterie mindestens für diesen Zeitraum ausreicht oder ein Batteriewechsel ohne Verletzung von Kennzeichen möglich ist	8
5.6.12	Gebergeräte für Gasmessgeräte und für deren Zusatzeinrichtungen	nicht befristet
5.6.13	Umschalt- und Zuschalteinrichtungen für Gaszähler	nicht befristet
6.	**Messgeräte zur Bestimmung von Messgrößen bei der Lieferung von Elektrizität**	
6.1	Elektrizitätszähler in der Ausführung als Einphasen- und Mehrphasen-Wechselstromzähler mit Induktionsmesswerk einschließlich Doppeltarifzähler, mit Ausnahme der Zähler nach Nummer 6.2	16
6.2	Elektrizitätszähler in der Ausführung als Einphasen- und Mehrphasen-Wechselstromzähler mit Induktionsmesswerk als Messwandlerzähler, als mechanische Mehrtarif-, Maximum- und Überverbrauchszähler sowie mechanische Zusatzeinrichtungen für Elektrizitätszähler	12
6.3	Elektrizitätszähler in der Ausführung als Einphasen- und Mehrphasen-Wechselstromzähler mit elektronischem Messwerk für direkten Anschluss und Anschluss an Messwandler sowie eingebaute und getrennt angeordnete elektronische Zusatzeinrichtungen für Elektrizitätszähler, sofern diese netzbetrieben sind und bei batteriebetriebenen Geräten die Lebensdauer der Batterie mindestens für diesen Zeitraum ausreicht oder ein Batteriewechsel ohne Verletzung von Kennzeichen möglich ist	8

Ordnungsnummer	Messgeräteart	Eichfrist in Jahren, sofern nicht anders angegeben
6.4	Elektrizitätszähler für Gleichstrom	4
6.5	Messwandler für Elektrizitätszähler	nicht befristet
6.6	Messgeräte und Zusatzeinrichtungen bei der Lieferung von Elektrizität für Elektrofahrzeuge und an Ladepunkten	8
7.	Messgeräte zur Bestimmung der Wärmemenge (Wärme und Kälte in Kreislaufsystemen)	
7.1	Wärmezähler und Kältezähler	5
7.2	Warm- und Heißwasserzähler für Wärmetauscher-Kreislaufsysteme	5
7.3	elektronische Zusatzeinrichtungen für Wärme- und Kältezähler, sofern diese netzbetrieben sind und bei batteriebetriebenen Geräten die Lebensdauer der Batterie mindestens für diesen Zeitraum ausreicht oder ein Batteriewechsel ohne Verletzung von Kennzeichen möglich ist	8
8.	Messgeräte zur Bestimmung von Dichte oder Massenanteil oder Massenkonzentration oder Volumenkonzentration von Flüssigkeiten	
8.1	Dichte- oder Gehaltsmessgeräte, bei denen die messwertbestimmenden Teile aus Glas hergestellt sind	nicht befristet
8.2	hydrostatische Waagen, Tauchkörper und Pyknometer aus Metall	4
8.3	Messgeräte zur Bestimmung des Fettgehalts von Milch und Milcherzeugnissen, bei denen die messwertbestimmenden Teile aus Glas hergestellt sind	nicht befristet
9.	Einzelne Messgeräte zur Bestimmung von Dichte oder Massenanteil oder Massenkonzentration oder Volumenkonzentration von anderen Medien als Flüssigkeiten	
9.1	Getreideprober	4

Ordnungsnummer	Messgeräteart	Eichfrist in Jahren, sofern nicht anders angegeben
9.2	Messgeräte zur Bestimmung des Feuchtegehalts von Getreide und Ölfrüchten, bei denen die Bestimmung des Feuchtegehalts über Infrarot-Spektralmesstechnik erfolgt	1
9.3	Messgeräte zur Bestimmung des Atemalkoholgehalts	6 Monate
9.4	Messgeräte zur Bestimmung des Fettgehalts von Milcherzeugnissen, bei denen die messwertbestimmenden Teile aus Glas hergestellt sind	nicht befristet
9.5	Messgeräte zur Bestimmung des Muskelfleischanteils von Schweineschlachtkörpern (Choirometer)	1
10.	**Messgeräte zur Bestimmung von sonstigen Messgrößen bei der Lieferung von strömenden Flüssigkeiten oder strömenden Gasen**	
10.1	Brennwertmessgeräte für Gase	1
10.2	Brennwert-Mengenumwerter für Gase	5
10.3	Gasdruckregelgeräte zur thermischen Gasabrechnung, wenn Geräte der Genauigkeitsklassen AC 2,5 und AC 5 mindestens einmal jährlich und Geräte der Genauigkeitsklassen AC 10 mindestens in Zeitabständen, die der Eichfrist der zugehörigen Gaszähler entsprechen, vom Versorgungsunternehmen nachgeprüft, gekennzeichnet und die Ergebnisse aufgezeichnet werden	nicht befristet
11.	**Messgeräte zur Bestimmung des Schalldruckpegels und daraus abgeleitete Messgrößen**	
12.	**Messgeräte zur Bestimmung von Messgrößen im öffentlichen Verkehr**	
12.1	Radlastwaagen und Geschwindigkeitsmessgeräte für die amtliche Überwachung des öffentlichen Verkehrs	1
12.2	Messgeräte für die Abgasuntersuchung von Kraftfahrzeugen für die amtliche Überwachung des öffentlichen Verkehrs	1
12.3	mechanische Stoppuhren für die amtliche Überwachung des öffentlichen Verkehrs	1

Ordnungsnummer	Messgeräteart	Eichfrist in Jahren, sofern nicht anders angegeben
12.4	Taxameter einschließlich Wegstreckensignalgeber in Kraftfahrzeugen	1
13.	Messgeräte zur Bestimmung der Dosis ionisierender Strahlung	
13.1	Messgeräte zur Bestimmung der Dosis ionisierender Photonenstrahlung mit einer radioaktiven Kontrollvorrichtung, die die Kontrolle des gesamten Dosimeters (Detektor und Messwerterfassungs- und Anzeigesystem) gestattet und die über eine von der Physikalisch-Technischen Bundesanstalt ausgestellte Baumusterprüfbescheinigung verfügt und wenn der Verwender Kontrollmessungen entsprechend der für die Kontrollvorrichtung ausgestellten Baumusterprüfbescheinigung mindestens halbjährlich durchführt, die Ergebnisse aufzeichnet und mindestens sechs Jahre aufbewahrt	6
13.2	Passive, integrierende Dosimeter, wenn sie nach § 29 Absatz 1 und 2 von einer Dosimetriestelle verwendet werden	nicht befristet

Anlage 8 MessEV – Kennzeichen

(zu § 38, § 50 Absatz 2 und 3, § 54 Absatz 3 Satz 2, § 55 Absatz 2 Satz 2)

0. **Vorgaben für alle Kennzeichen**
0.1 Die Farbe der in den nachfolgend aufgeführten Kennzeichen verwendeten Schriften und Zeichen ist schwarz. Die Kennzeichen können auch als Relief ohne zusätzliche Farbe in eine Plombe eingedrückt werden.
0.2 Sind Kennzeichen als Klebemarke ausgeführt, dürfen diese nicht zerstörungsfrei abgelöst werden können.
1. **Kennzeichen der Eichbehörden (§ 38)**
1.1 Das Eichkennzeichen besteht im linken Teil aus einem gewundenen Band mit dem Buchstaben »D«. Oberhalb des Bandes ist die Kennung der jeweiligen Eichaufsichtsbehörde und unterhalb des Bandes ist ein sechsstrahliger Stern angebracht. Anstelle des Sterns kann auch die Kennung des prüfenden Eichamtes verwendet werden. Rechts neben dem Band steht in einem auf der Spitze stehenden Quadrat mit nach innen gewölbten Kanten die Jahresangabe, bestehend aus den beiden letzten Ziffern des Jahres, in dem die Eichfrist beginnt. Die Mindesthöhe des Eichkennzeichens beträgt 5 mm; in der Ausführung als Schlagstempel beträgt sie 2 mm.

▶ Beispiel:

Wird das Eichkennzeichen als Marke verwendet, kann dieses in einer rechteckigen oder runden Form erfolgen. Die Marke kann den Namen der Eichbehörde enthalten. Die Hintergrundfarbe der Marke ist gelb, entsprechend der nachfolgenden Darstellung.

▶ Beispiel:

1.2 Beträgt die Eichfrist weniger als zwölf Monate, besteht die Kennzeichnung aus einer runden Klebemarke mit den Monatszahlen 1 bis 12 am Rand sowie dem Eichkennzeichen in der Mitte. Der Kalendermonat der Eichung ist auf der Klebemarke kenntlich zu machen. Die Kennzeichnung kann auch durch

Kombination der runden Marke nach Nummer 1.1 mit einem Ringaufkleber erfolgen, der die Monatszahlen 1 bis 12 trägt.

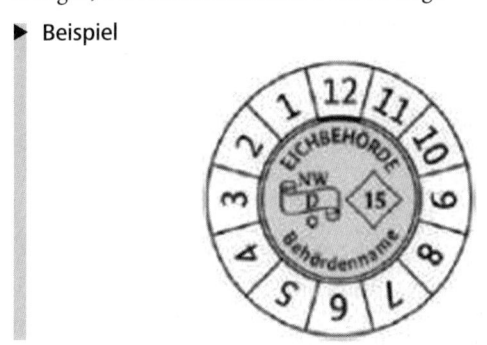

▶ Beispiel

1.3 Das Zusatzzeichen zur Bezeichnung des Endes der Eichfrist hat eine der folgenden Formen.

▶ Beispiel:

1.4 Das Sicherungszeichen besteht aus dem ersten Teil des Eichkennzeichens nach Nummer 1.1; die Hintergrundfarbe ist orange, entsprechend der nachfolgenden Darstellung.

▶ Beispiel:

1.5 Das Entwertungszeichen besteht aus zwei sich tangierenden Halbkreisen in nachstehender Ausführung.

▶ Beispiel:

2. **Kennzeichen der staatlich anerkannten Prüfstellen (§ 50 Absatz 2 und 3)**
2.1 Das Eichkennzeichen der Prüfstellen trägt in der oberen Hälfte eines Kreises den Buchstaben E bei Messgeräten für Elektrizität, G bei Messgeräten für Gas, K bei Messgeräten für Wärme und W bei Messgeräten für Wasser, gefolgt von der Kennung der zuständigen Behörde. Darunter befindet sich die der Prüfstelle von der zuständigen Behörde zugeteilte Ordnungsnummer. Unterhalb des Kreises oder daneben steht die Jahresangabe, bestehend aus den letzten beiden Ziffern des Jahres, in dem die Eichfrist beginnt. Das Kennzeichen kann als Plombe ausgeführt werden. Auf Plomben darf die Jahresangabe auf der Rückseite angebracht werden. Bei der Ausführung als Klebemarke ist die Hintergrundfarbe des Eichkennzeichens gelb, entsprechend der nachfolgenden Darstellung.

▶ Beispiel:

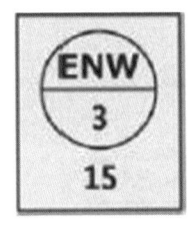

Erläuterung: Kennzeichen einer Prüfstelle für Elektrizitätsmessgeräte (E), zuständige Behörde Nordrhein-Westfalen (NW), zugeteilte Ordnungsnummer »3«, Jahr der Eichung 2015.

2.2 Das Sicherungszeichen der staatlich anerkannten Prüfstelle entspricht dem oberen Teil des Eichkennzeichens nach Nummer 2.1. Es kann als Plombe ausgeführt werden. Bei Ausführung als Klebemarke ist die Hintergrundfarbe orange, entsprechend der nachfolgenden Darstellung.

▶ Beispiel

Mess- und Eichverordnung Anlage 8   Teil X

3. **Kennzeichen des Instandsetzers (§ 54 Absatz 3 Satz 2, § 55 Absatz 2 Satz 2)**

3.1 Das Instandsetzerkennzeichen besteht aus einer dreieckigen Klebemarke mit einer Seitenlänge von 30 mm.
Das Kennzeichen enthält im oberen Feld die Kennung der zuständigen Behörde, im mittleren Feld eine dem Instandsetzer von der zuständigen Behörde zugeteilte Nummer. Das untere Feld ist für die Angabe des Datums der Instandsetzung sowie des Namenskürzels des Mitarbeiters bestimmt, der die Instandsetzung vorgenommen hat. Die Hintergrundfarbe des Kennzeichens ist rot, entsprechend der nachfolgenden Darstellung.

▶ Beispiel:

3.2 Das Sicherungszeichen des Instandsetzers besteht aus einer dreieckigen Klebemarke mit einer Seitenlänge von mindestens 7 mm. Die Rückseite des Sicherungszeichen in der Ausführung als Plombe darf mit einem Firmenzeichen versehen sein.
Das Kennzeichen trägt im oberen Feld die Kennung der zuständigen Behörde, darunter die dem Instandsetzer von der zuständigen Behörde zugeteilte Nummer. Die Hintergrundfarbe des Kennzeichens ist rot, entsprechend der nachfolgenden Darstellung.

▶ Beispiel:

4. Kennungen der in den Ländern zuständigen Behörden:

Tabelle 1

Land	Kennung
Baden-Württemberg	BW
Bayern	BY
Berlin/Brandenburg	BB
Bremen	HB
Hamburg/Schleswig-Holstein/Mecklenburg-Vorpommern	NO
Hessen	HE
Niedersachsen	NI
Nordrhein-Westfalen	NW
Rheinland-Pfalz	RP
Saarland	SL
Sachsen	SN
Sachsen-Anhalt	ST
Thüringen	TH

Stichwortverzeichnis

Die Zahlen verweisen auf die Randnummern.

Abflussrohre 5603
Abkürzungen 3485 ff.
Ablesefehler 6205
Ablesetermin 2034b, 6124
Ablesung 6123
Abrechnung
– außerhalb des Anwendungsbereiches der Heizkostenverordnung 6322
– im Prozess 7033
– Schätzungen 1176
Abrechnungsanspruch 3602
Abrechnungseinheiten 3492 ff., 3550, 4049 ff.
Abrechnungsmaßstab
– Festlegung durch den Vermieter 6176
– Heizkosten 6176
Abrechnungsreife 3257, 3405
Abrechnungsvereinbarung
– als Vereinbarung einer Pauschale 2069
Allgemeinstrom 5402, 5506, 5622, 5657
Altersheime 6068
Anbringung der Ausstattung 6120
Änderung Verteilerschlüssel 4021, 4067, 4124
Änderungen 3126 ff., 3812, 4131 ff.
Änderungspflicht 4163
Änderungsvereinbarung 3140
Änderungsvorbehalt 4154
Anerkenntnis 3797 ff., 7023
Anfechtung 3164
Ankündigung 2034b
Anlagenbetreiber 6037
Anmietung 6136, 6152
Anschaffungen 1035
Antennenkosten 3068, 5551 ff.
Aufenthaltsermittlung 3334
Aufrechnung 3282, 3393
Aufzug 5195
Auskunftsanspruch 3736 ff.
Ausschlussfrist 3303 ff., 3741 ff., 3766 ff.
Ausschreibungen 1077b
Ausstattung zur Verbrauchserfassung 6126

– Beschaffung 6134
– verschiedene 6116b

Badewannenheizungen 6054
Balkone 6171
beendetes Mietverhältnis 1128 ff.
beheizte Räume 6174a
Beispiele
– Betriebskostenabrechnung 8004
– Betriebskostenabrechnung nach der NMV 1970 8005
– Erhöhung der Betriebskostenpauschale 8016
– Erhöhung der Betriebskostenvorauszahlungen durch den Vermieter 8013
– Erklärung zur Einführung einer verbrauchsabhängigen Abrechnung der Kosten der Wasserversorgung 8020
– Grundsteueraufteilung nach Wohn–und Gewerberaum 8008
– Herabsetzung der Betriebskostenpauschale nach § 560 Abs. 3 BGB 8018
– Klage auf Betriebskostennachzahlung 8023
– Klageerwiderung auf die Klage auf Betriebskostennachzahlung 7024
– verbrauchsabhängige Verteilung der Wasserkosten 8006
– verschiedene Abrechnungszeiträume Versorger/Vermieter 8009
Belegeinsicht 3613 ff.
– Bevollmächtigter 3669, 3677
– Datenschutz 3626
– Durchführung 3655
– Fotokopien 3681 ff.
– Inhalt 3619 ff.
– Kostenerstattung 3704
– Ort 3666
– Streitwert 7060
– Weigerung 3716
– Zurückbehaltungsrecht 3732
Beschwer 1115, 7041, 7135
Besitzstörung 1018

Stichwortverzeichnis

Bestimmtheitsgrundsatz 3033 ff., 3042
Bestimmungsgemäßer Gebrauch 1050a
Bestreiten 7027
Betretungsrecht 6120 ff.
Betreutes Wohnen 2044
Betriebskosten
- Begriff 1021 ff., 3037 ff.
- Beweislast 3003, 3036 ff.
- Konkludente Vereinbarung 3054 ff.
- Vereinbarung 3004 ff.
- Verwirkung 3362 ff.
Betriebskostenabrechnung
- Abflussprinzip 3410, 3436
- Abrechnungsanspruch 3267, 3302
- Abrechnungsfrist 3285, 3345 ff.
- Abrechnungszeitraum 3395, 3474 ff.
- Aufenthaltsermittlung 3334 ff.
- Berichtigung 3605
- Formelle Wirksamkeit 3442 ff.
- Leistungsprinzip 3409, 3424
- Prüfungsrecht 3722 ff., 3823
- Tatsachenerklärung 3264
- Teilabrechnung 3276 ff.
- Transparenzgebot 3478
- Vertretenmüssen 3321, 3766
- Zugang 3271, 3298
Betriebskostenerhöhung
- rückwirkende 1130, 1131
Betriebskostenmanagement 1075
Betriebskostenspiegel 1077h
Betriebsstrom
- BetrKV–Text 9006
Bewachungskosten 5610
Beweislast 5510, 5515, 5526 f.
- Abrechnungszugang 3792
- Anscheinsbeweis 7028
- Ausschlussfrist 3346
- Betriebskostenvereinbarung 3002, 3036
- Beweisantritt im Prozess 7116
- Ermessensausübung 7038
- Inhaltliche Abrechnungsrichtigkeit 7028
- Verbrauchserfassung 4264
- Verteilerschlüssel 4122
- Verwirkung 3352
- Vorausteilung 4317
- Vorauszahlungen 3173, 3190, 3222, 3251
- Vorbehalt 7037
- Wasserverbrauch 5093

Beweisvereitelung 7096 ff.
Bezugnahme auf 2. BVO 3014 ff.
Bezugnahme auf BetrKV 2060
Blitzschutzanlage 5611
Brandschutzanlage 5395

Checklisten
- Kontrolle der Nebenkostenvereinbarung 8002
- Kostenpositionen bei der Vermietung von Gewerberäumen 8003
- Übergang zur verbrauchs- oder verursachungsbezogenen Abrechnung durch Erklärung des Vermieters 8019
- Überprüfung einer Erhöhung der Betriebskostenpauschale nach § 560 BGB 8017
- Überprüfung einer Heizkostenabrechnung nach der HeizkostenV 8012
- Überprüfung einer Nebenkostenabrechnung 8011
- Zählerdifferenzen 8007
Concierge 5613

Dachbegrünung 5614
Dachgarten 5616, 6171
Dachrinnenbeheizung 5617
Dachrinnenreinigung 5286, 5618
Datenschutz 3626 ff.
Decken–Fußbodenheizungen 6065
Doppelbeauftragung 1060i
Duldungspflicht
- Ablesung von Zählern 2034a, 6122
- Anbringung von Zählern 2034a
- Austausch von Messgeräten 6133b
- Verdunstungsmessgeräte 6120
Durchschnittsverbrauch 6216c

Eichrecht 4269 ff.
Eichung 6127
- Kosten 1036
- Schätzungen 1169
Eidesstattliche Versicherung 7077
Eigenleistung
- des Vermieters 1045 ff., 1087
- Entschädigung 1088
- Umsatzsteuer 1087
Einrohrheizungen 6055, 6065

Stichwortverzeichnis

Einstweilige Verfügung 6122
Einwendungen 3739 ff., 3780, 7100
Einwendungen und Einreden des
 Mieters 7031
Einzelheizungen 6323
Einzelne Tätigkeiten 5471 ff.
Energieeinsparung 6001
Energieeinsparungsgesetz 6000
Entgelt 5491
Entwässerung 6253
Erfassungsgeräte s.a. Messgeräte, Ausstattungen zur Verbrauchserfassung 2017
Erfassungsmängel 4272, 6199
Erhöhungsbetrag 2094
Erhöhungserklärung
– Rückwirkung 2108
Erläuterungen
– Betriebskostenabrechnung 3481 ff.
– Heizkosten 3503, 3536 ff.
– Verteilerschlüssel 3536
– Vorauszahlungserhöhung 3226
Ersatzbeschaffung 1035, 6324
Ersatzteile 1035
Euro
– Einführung 1154 ff.

Fälligkeit 3154, 3605, 3824
Falschbezeichnungen 3585
Fassadenreinigung 5622
fehlender Mietvertrag 1142
Ferienwohnungen 6069
Feststellungsklage 7007
Feuerlöscher 3071, 5623
Fotokopien
– Zwangsvollstreckung 7072
Fußbodenheizung 5624, 6054 ff.
Fußmatten 5625

Gartenpflege 5337 ff.
– Erneuerungskosten 5355, 5359
– Gartenabfall 5369
Gasleitung 5626
Gebäudeeigentümer 6028
– Gleichgestellte 6034
Gebäudereinigung
– Dachrinnen 5286
– Fassade 5288
– Fußmatten 5290
– Glasdach 5291

– Graffiti 5306
– Personalkosten 5308
– Reinigungspflicht 5317
– Sachkosten 5311
– Verschmutzungen Dritter 5305
– Verteilerschlüssel 5314
Gebäudeversicherung 5434
Gebrauch
– bestimmungsgemäßer 1050a
Gebrauchsüberlassung 6136, 6152
Gebühren
– überhöhte 1068b
Geldautomat 5628
Gemeinschaftlich genutzte Räume
 6114
Geräte
– Anschaffung 1035
Geräteausfall 6202
Gesamtkosten 3492 ff., 3511 ff.
Geschäftsraum
– Verwaltungskosten 5501
Geschäftsräume
– Abrechnungsfrist 3288, 3794
– Abrechnungszeitraum 3404
– Anerkenntnis 3729
– Betriebskostenvereinbarung 3007,
 3052, 3078
– Bezugnahme auf 2. BVO 3027
– Heizkostenverteilung 4123
– Mehrbelastungsklausel 3105
– Neue Betriebskosten 3091
– Versicherungen 3060
– Verwalterabrechnung 3048
– Vorauszahlungen 3562
– Vorauszahlungserhöhung 3230
– Vorauszahlungsherabsetzung 3131
Gesellschaft als Mieterin 1141a
Glasdach 5629
Glasversicherung 5639
Gradtagszahlen 6230
Graffiti 5632
Grundsteuer 5006 ff.
– Mischräume 5014 ff.
– Umlegung 5007, 5020
– Wohnungseigentum 5019

Hauswart 5465 ff., 6250
Hauswarttätigkeiten
– Umfasste Kosten 6246

839

Stichwortverzeichnis

Heizanlagen
– Verbesserung 6185
Heizkörperverkleidungen 6055, 6311
Heizkosten 5114 ff.
– Bedienungskosten 5130
– Betriebsbereitschaft 5136
– Betriebsstrom 5127
– Lieferkosten 5123
– Mietkosten 5141, 5156
– Reinigungskosten 5139, 5178
– umfasste Kosten 6246
– Verbrauchserfassung 5145
– Verteilerschlüssel 5158
– Wärmelieferung 5165
– Warmwasser 5184
– Wartungskosten 5178
– Wirtschaftlichkeitsgrundsatz 5174
Heizkostenpauschale 6103
Heizkostenspiegel 1077h
Heizkostenverordnung 6004 ff.
– Ausnahmetatbestände 6050
– Geltungsbereich 6002
– Text 9007
Heizkostenverteiler 6126
Heizleistung 6106
Herabsetzung
– Pauschalen 2125 ff.
Hinweise
– Allgemein 8000
– Erleichterung der Nebenkostenumlegung 8001
– Überprüfung einer Mietnebenkostenabrechnung 8010
Hotel 6069
Hundesalon
– II. BV–Textauszug 9004, 9009

Inklusivmiete 2000 ff.
– Übergang zur Nebenkostenumlegung 2007

Insolvenz 3856
– Nutzerwechsel 6224
Instandhaltung 1028, 6325
Jalousien 5635
Kaltverdunstung 6131, 6175c
Kaminreinigung 5416
Kapazität von Anlagen 1062
Kaution 3391

– Anrechnung bei Teilzahlungen 1120
– Einbehalt für Nachzahlungen 1136
– Preisgebundener Wohnraum 1106
Keller
– Heizkosten 6172
kick-back 1041
Klage
– Klageantrag 7001
– Nebenkostenrückzahlung 7033
– Nebenkostenvorauszahlungen 7014
Klingelsprechanlage 5636
Kontrollrechte s.a. Belegeinsicht,
  Fotokopien 2114
konzernverbundene Unternehmen 1046
Kosten
– Prozesskosten 7049 ff.
Kostenaufteilung 5500
– Nutzerwechsel 6224
Kostenkontrolle 1075
Kostensenkung 1068c
Kostensteigerungen 3491, 3499
Kostenumlegungsvereinbarung 5542
Kostenverteilung
– in Sonderfällen 6198
– Pflicht 6156
Kündigung 1111, 3165, 3387 ff., 3607
Kürzungsrecht 6296 ff.

laufende Entstehung 1036 ff.
Leer stehende Räume 6175a
Leerstand 4011 ff.
Leerstehende Räume 6188
Lehrlingsheime 6068
Leistungsbeschreibung 5500
Leitungen
– freiliegende 6109
– überwiegend ungedämmte 6108, 6110
Lichtschacht 5637
Lieferer 6046 ff.
Loggia 6171
Lüftungsanlage 5638

Mahngebühren 1058
Mangel s.a. Minderung 4028
Mehrbelastungsklausel 3100 ff.
Messeinrichtung
– Fehler 6132, 6201 ff.
Messgeräte 6126, 6306

Stichwortverzeichnis

Messungenauigkeiten 6131
Mietausfall 5434
Miete
– Begriff 1100 f.
Mieterhöhung 1102
Mieterlisten 5506
Mietersprechstunden 5509
Mieterwechsel 3423, 3552
– Kostenaufteilung 6224
– Nutzerwechsel 6224
Miethöhe 2002 ff.
– veränderte Betriebskosten 2002
Mietkosten 5639, 5650 ff.
Mietnebenkostenprozess 7001 ff.
Mietnebenkostenprozess Streitwert 7057 ff.
Mietpreisüberhöhung 1104
Mietsicherheiten 1105
Mietspiegel 1103
Mietstruktur 1095 ff.
Mietvertrag
– Anpassung 6094
– fehlender 1142
Mietwucher 1104
Minderung 1108, 3533, 3569, 4209
Mitteilungspflicht
– Ableseergebnisse 6116j
Modernisierung 3097
– Härteklausel 1110a
Müllbeseitigung 5244 ff.
– Gartenabfälle 5258
– Müllmanagement 5251
– Sperrmüll 5249
– Verteilerschlüssel 5269
– Videokamera 5282

Nachhaftung 1141a
Nachzahlung 3308 ff., 3392, 3438, 3819
Namensschild 5642
Nebenkosten
– Begriff 1020
Nebenleistungen 1010 ff.
– Zurückbehaltungsrecht 1018
Neue Betriebskosten 3082 ff., 3096
neue Kostenarten 2102
Nicht-Vertretenmüssen 3766
Notfallsystem 5643
Notmaßnahmen 1062
Nutzer 6023

Nutzerwechsel
– Insolvenz des Mieters 6224
– Kostenaufteilung 6224
– Nutzerwechselgebühr s.a. Mieterwechsel 6241
Nutzungsentschädigung 3156, 3563
Nutzungsverhältnisse
– besondere 6068

Objektbetreuung 5526a
Ökologie 1074a
ordentliche Geschäftsführung 1053
Organisationskompetenz 1071

Passivhaus 6052a
Pauschale 2042 ff.
– Änderung 2071 ff.
– Betriebskosten 2045
– Durchführung der Erhöhung 2095
– Erhöhung 2048, 2081
– Ermäßigung 2048, 2125 ff.
– Festbetrag 2047
– Heizkosten 6104a
– Herabsetzung 2115
– Höhe 2046
– Senkung 2081
– übermäßiger Verbrauch 2043a
– variable 2047
– Vereinbarung 2054 ff.
– Warmwasser 6104a
Personenschlüssel 4247, 4256
Pfändbarkeit 7076
Pflanzenentfernung 5364
– Rasenmähen 5347
– Sturmschäden 5361
– Unkraut 5348
– Verkehrssicherungspflicht 5357
– Wirtschaftlichkeitsgrundsatz 5374
Pflegeheime 6068
Pförtner 5644
Preisbindung
– Abflussprinzip 3418
– Abrechnungsform 3464 ff.
– Änderung, einseitige 3141
– Betriebskostenbekanntgabe 3108
– Betriebskostenvereinbarung 3121 ff.
– Bezugnahme auf 2. BVO 3025
– Einwendungsausschluss 3793
– Formelle Wirksamkeit 3461 ff.

841

Stichwortverzeichnis

- Gebäudebegriff 4037
- Leerstand 4031
- Neue Betriebskosten 3090
- Rückwirkungsklausel 3101
- Verteilerschlüssel 4076, 4149
- Voraufteilung 3532, 4291
- Vorauszahlungserhöhung 3223
- Vorauszahlungsherabsetzung 3245
- Wirtschaftseinheiten 4038
- Wohnfläche 4076 ff.

Preisnachlässe 1041

Prozess
- Abrechnungsklage 7105
- Bestreiten des Mieters 7088 ff.
- Feststellungsklage 7011
- Klageantrag 7001 ff.
- Pfändbarkeit Betriebskosten 7188
- Rechtskraft 7169
- Saldoklage 7058 ff.
- Streitverkündung 7166
- Streitwert 7135
- Stufenklage 7007
- Urkundenverfahren 7021
- Zwangsvollstreckung 7170

Prozessuales 7000 ff.

Rabatte 1033, 1041
Rauchabzugsanlage 5646
Rauchmelder 3496, 5647
Rauchwarnmelder, Regelungen 9013
Räume ohne Heizkörper 6054
Reparaturen 1028 ff., 6324
Rückforderungen 3376 ff., 3837
Rückgabe
- verspätete 1137

Rückstausicherung 5654
Rückvergütung 1041
Rüstkosten 1033

Sach- und Haftpflichtversicherung 5418
Sachkosten 5496
Säumniszuschläge 1060g
Schadenersatz 5503
Schadensersatz 3166, 3385 ff., 3609
Schadensverhütung 1028
Schadensvorsorge 1028
Schätzung 1154, 3580 ff.
- Abrechnung 1176
- Erfassungsmängel 1154, 7042

- Heizung 6217
- Prozess 1180, 7042
- Schadensersatz 1179
- Schätzgrundlagen 1163
- Unmöglichkeit der Verbrauchserfassung 1156
- Unwirtschaftlichkeit der Verbrauchserfassung 1159
- Voraussetzungen 1155
- Warmwasser 6217

Schätzungen 5512
schlechte Aufgabenerfüllung 1060g
Schlechtleistung 5548
Schneefanggitter 5655
Schriftform 2076
Servicegebühren 5656
Sollvorauszahlung 3557 ff.
Sonstige Betriebskosten 2061, 5598 ff.
Spielplatz 5381

Steuer
- überhöhte s.a. *Umsatzsteuer* 1068b

Steuerberatungskosten 5512
Steuerdienliche Angaben 3574 ff.
Stillschweigende Vereinbarungen 3148, 3394 ff.
Straßenreinigung 5220
Streitwert 7057 ff.
Studentenheime 6068
Stufenklage 7006

Tatsächliches Entstehen der Kosten 1039 ff.
Teilzahlungen 1116 ff.
- Verrechnung 1116

Transparenzgebot 4122a
Trinkgeld 1058
Trinkwassercheck 5659 ff.
Trinkwasseruntersuchung 5658
Übergangsregelungen
- Betriebskostenänderung 2122
- Betriebskostenverordnung 1187
- HeizkostenV 1192, 6332
- Mieterhöhung wegen gestiegener Betriebskosten 2004

Überlassungsberechtigte 6035
Überprüfungskosten 1058
Überwachung
- fehlende 1069

Umbauter Raum 4275, 6173
Umdeutung 3175

842

Stichwortverzeichnis

Umlageausfallwagnis 1051, 5676
Umlegbare Kosten 1121 ff.
Umlegungsmaßstäbe
– Änderung 6180
– einzelne 2123 ff.
– erstmalige Festlegung 6176
– Festlegung 6176
Umsatzsteuer 1080 ff.
Umzugskosten 5536
Unfallverhütungsvorschriften 1060a
Ungezieferbekämpfung 5330
Unmöglichkeit
– Schätzungen 1156
– Verbrauchserfassung 6053
unnötige Kosten 1057 ff.
Untervermietungszuschlag 5694
Unverhältnismäßigkeit 6056
unwirtschaftliche Anlagen 1069
Unwirtschaftlichkeit 1159

Verbesserungen 1065
verbrauchsabhängige Kostenverteilung
– Ausschluss 6220
Verbrauchsbeeinflussung 6064
Verbrauchserfassung 4140, 4259 ff.
– Kosten 6149
– Pflicht 6105
– Unmöglichkeit 6310
Verbrauchsunabhängiger Anteil 6171
verbundene Heizungs- und Warmwasserversorgungsanlagen 6157
Vereinbarung einer Erhöhungsmöglichkeit 2093
Vergleichsmiete
– Pauschalen 2043a
Vergleichszeitpunkt 2091
Vergütungen 5705 ff.
Verjährung 1146, 3829
– Abrechnungsanspruch 3272
– Vorauszahlungen 3252
– Wirtschaftlichkeit, Schadensersatzanspruch 1079a
– Wirtschaftlichkeit, verjährte Forderungen 1058
Vermieterwechsel 3863
Verschleißteile 1028, 1035
Versicherungen 5418 ff.
– Regressverzicht 5456
– Versicherungspflicht des Mieters 5460 ff.

Versicherungen, Arten 5424 ff.
Verteilerschlüssel 4072 ff., 5544
Vertretung 8001
Verwaltungskosten 1026 f., 3075 ff., 5500
Verwaltungstätigkeiten 5502 ff.
Verwirkung 3352 ff., 3803, 3832
Verzug 3826
Verzugszinsen 3375
Videoüberwachung 5666
Vollmacht (Abrechnungserstellung) 3470
Voraufteilung 3525 ff., 3553, 4282 ff., 4308
Vorauszahlungen 2034, 3008, 3044, 3143 ff.
– Abrechnungsangabe 3553 ff.
– Anpassung an die HeizkostenV 6104i
– Betriebskostenabrechnung 3553
– Erhöhung 3179 ff.
– Herabsetzung 3238, 3553 ff.
– Höhe 3157
– Rückforderung 3376
Vorbehalt 3130 ff., 3587 ff., 3801, 3851, 7110
Vorerfassung
– aus sachgerechten Gründen 6114, 6163
– gemeinschaftlich genutzter Räume 6165
– verschiedene Ausstattungen 6163
Vorrang der Heizkostenverordnung 6080 ff.

Wärmelieferung s.a. Wärmecontracting 6030
Wärmezähler 6126
Warmwasserlieferung 6030
Warmwasserpauschale 6103
Warmwasserzähler 6126
Wartung 1058
Wartungskosten 3069, 3072 ff.
Wäschepflege 5570
Wasserversorgung
– Besuch 5054
– Betretungsrecht 5091
– Eichung 5069
– Entwässerungskosten 5098 ff.
– Erfassungsmängel 5074
– Haustiere 5058
– Kostenverteilung 5047
– Mieterwechsel 5092
– Preisbindung 5047
– Schätzung 5047

843

- Umlegung 5024
- Verbrauch, hoher 5076 ff.
- Wasserzähler 5065
- Wohnungseigentum 5097
- Zählerdifferenzen 5084

Werbegemeinschaften 5528
Werbemaßnahmen 5527
Winterdienst 5384 ff.
Wirtschaftlichkeitsgrundsatz 1053 ff., 5520
- Anmietung von Ausstattungen zur Verbrauchserfassung 6147a
- Darlegungs- und Beweislast 1077d
- Erforderlichkeit 1061
- Hausmeister 5520
- Heizkosten 4142, 6050
- Sach- und Haftpflichtversicherung 5423
- Unwirtschaftliche Anlagen 1069
- Verbesserungen 1065
- Verstoß 1076
- Verursachungsbezogene Abrechnung 2020, 6050, 6056 ff.

Wissenserklärung
- WoBindG–Textauszug 9003

Wohnfläche 3486 ff., 3541 ff., 4082, 4178 ff., 4202 ff., 4233, 7112
- HeizkostenV 6171

Wohnungseigentum
- Abrechnungsfrist 3338 ff., 3428
- Abrechnungsgrundsätze 1152
- Anpassung an die HeizkostenV 6104c
- Belegeinsicht 3647 ff., 3658, 3671, 3700, 3707
- Betriebskostenabrechnung 3590 ff.
- Erhöhung der Pauschale 2103
- HeizkostenV 6040, 6146
- Miteigentumsanteile 4272
- ungedämmte Leitungen 6113
- Verwalterabrechnung 3048
- Verweisungsklausel 4107
- Wirtschaftlichkeitsgrundsatz 1077c

Wohnungsrecht 3348
Wohnungsvermittlung 1114

Zählerstände 3508, 3534, 7092
zentrale Heizungsanlage
- Kosten 6246

Zurückbehaltungsrecht 3366 ff., 3383, 3732
Zuschläge 1051
Zusicherung 3176
Zuständigkeit 7000
Zwangsverwalter 3331, 3856
Zwischenablesung 6226
- Entbehrlichkeit 6234
- Kosten 6241

Wolters Kluwer

Der Effizienz-Booster für erfolgreiche Anwälte

Anwaltspraxis Premium

Die völlig neue Verbindung aus digitalen Assistenten und umfassenden Fachinhalten.

- Über 100 Top-Titel aus 14 Rechtsgebieten inkl. 9 Zeitschriften und den BGHZ- und BGHSt-Entscheidungssammlungen
- Mindestens 12 Online-Seminare pro Jahr – gemäß § 15 FAO
- Digitale Assistenten: Formular-Assistent zur einfachen Dokumentenerstellung, Schmerzensgeld-Assistent und Anwaltsgebühren Online
- Aktuelle Inhalte zu rechtlichen Fragestellungen zur Corona-Krise

Jetzt QR-Code scannen & kostenlos testen.

wolterskluwer-online.de

ALLES, WAS EXPERTEN BEWEGT.

Wolters Kluwer

Alles Wissenswerte zum Miet- und WEG-Recht

Mit dem Modul Miet- und WEG-Recht auf dem neuesten Stand:

- Stellt die Bereiche Wohnraummiete, Geschäftsraummiete und das Wohnungseigentumsrecht umfassend dar
- Bietet praxisnahe Handbücher, Kommentare und Formulare
- Inkl. der renommierten Zeitschrift „ZMR" zum Miet- und Raumrecht

Jetzt abonnieren ab 39 € mtl. zzgl. MwSt.

Wolters Kluwer MODUL

Miet- und WEG-Recht

Profitieren Sie von den Vorteilen eines Abonnements: stets aktuelle Inhalte und komfortable Tools, die Ihre Recherche erleichtern.
Mit Wolters Kluwer Recherche haben Sie außerdem Zugriff auf unsere kostenlose Rechtsprechungs- und Gesetzesdatenbank.

wolterskluwer-online.de

ALLES, WAS EXPERTEN BEWEGT.